Rohrböck

Das Bundesgesetz über die Gewährung von Asyl

Kommentar

Das Bundesgesetz über die Gewährung von Asyl

Kommentar

von

Dr. Josef Rohrböck

Wien 1999

Die Deutsche Bibliothek – CIP-Einheitsaufnahme

Rohrböck, Josef:
Das Bundesgesetz über die Gewährung von Asyl : Kommentar / von
Josef Rohrböck. - Wien : Orac, 1999
ISBN 3-7007-1308-8

Information an unsere Leser

Das vorliegende Buch wurde auf **chlorfrei gebleichtem Umweltschutzpapier Bio Top 3** gedruckt. Auch die Plastikfolie, in die unsere Bücher eingeschweißt sind, ist ein **umweltfreundliches Produkt.** Sie ist aus Polyäthylen **chlor- und schwefelfrei** hergestellt und verbrennt in Müllverbrennungsanlagen **völlig ungiftig;** sie zerfällt unter Lichteinfluß langsam, verhält sich auf Mülldeponien grundwasserneutral und ist **voll recyclingfähig.**

ISBN 3-7007-1308-8

Verlag Orac, Wien

Hersteller: Druckerei Robitschek & Co. Ges.m.b.H., Wien

Vorwort

Der Gesetzgeber sah sich zum zweiten Mal innerhalb weniger Jahre zu einer umfangreichen Reform des Asylrechts veranlaßt; es ist kaum ein Stein auf dem anderen geblieben: Die Asyldefinition wurde aus kompetenzrechtlichen Gründen auf ein dauerndes Einreise- und Aufenthaltsrecht reduziert, die Drittstaatsicherheit neu und verantwortungsbewußter geregelt, unerläßliche Anpassungen an das Dubliner Übereinkommen vorgenommen, in bestimmten Fällen die Feststellung der Flüchtlingseigenschaft eingeführt, die Asylausdehnung unter dem Titel „Asylerstreckung" neu gestaltet, die refoulement-Prüfung zum Teil bei den Asylbehörden konzentriert und der unabhängige Bundesasylsenat als Berufungsbehörde eingerichtet. Dem Gesetzgeber ist es mit dem Asylgesetz 1997 gelungen, einige wesentliche Härten des Asylgesetzes 1991 zu beseitigen und wichtige Schritte in die richtige Richtung zu setzen. Andererseits aber hat er mit dem Asylgesetz 1997 die Rechtslage erheblich verkompliziert und neue Probleme heraufbeschworen.

Dem unabhängigen Bundesasylsenat wird im Hinblick auf die „richterliche Rechtsfortbildung" eine kaum zu unterschätzende Bedeutung zukommen. Vornehmlich an ihm wird es liegen, ob nun endlich auch im Asylrechtsbereich rechtsstaatliche Prinzipien und eine der österreichischen Rechtstradition entsprechende Rechtskultur Einzug halten werden. Es bleibt zu hoffen, daß der unabhängige Bundesasylsenat dieser Aufgabe und seiner Verantwortung gewachsen sein wird.

Zu besonderem Dank bin ich Herrn ao. Univ.-Prof. Dr. Michael Geistlinger für seine wertvollen Diskussionsbeiträge und die Durchsicht der Arbeit verpflichtet. Zugleich darf ich Herrn ao. Univ.-Prof. Dr. Ewald Wiederin für seine unverzichtbaren Anregungen danken, wobei auch ihm für die Durchsicht der Arbeit besonderer Verdienst zukommt. Dank gebührt auch Herrn Mag. Walter Eller, der besonders im Zusammenhang mit der AsylG-N 1998 stets hilfsbereit gewesen ist. Neben Frau Mag. Dr. Christine Amann, Frau Mag. Claudia Eigelsberger und Frau Mag. Judith Putzer, Herrn Mag. Martin Moritz und Herrn Dr. Andreas Lanyi, die mir während meiner Abwesenheit laufend die notwendigen und aktuellen Information zukommen ließen, haben auch andere meiner Kollegen aus dem unabhängigen Bundesasylsenat – unter ihnen besonders Herr MMag. Dr. Alexander Balthasar – diese Arbeit durch kritische und fördernde Anregungen befruchtet. Ihnen gebührt ebenso mein Dank, wie allen anderen, die zum Entstehen dieses Buches beigetragen haben.

Es wäre wohl unmöglich, ohne gedeihliche Zusammenarbeit mit einem Verlag ein auch nur annähernd entsprechendes Werk zustande zu bringen. Vor diesem Hintergrund gebührt Frau Dr. Gerit Kandutsch für die geleistete Arbeit und nicht zuletzt auch für ihre oftmals strapazierte Geduld besonderer Dank, wie ich auch dem Verlag Orac zu Dank verpflichtet bin.

Anregungen der Praxis folgend, wurde dieses Werk in Form eines Gesetzeskommentars gestaltet. Damit soll einerseits die erforderliche Übersichtlichkeit geboten und das Arbeiten mit diesem Werk erleichtert werden. Möge dieses Buch, auch wenn es angesichts der am 1. Jänner 1999 in Kraft getretenen AsylG-N 1998 erst relativ spät veröffentlicht werden konnte, einen fruchtbringenden Beitrag zur Vollziehung und dogmatischen Aufarbeitung des Asylgesetzes leisten.

Wien, im Februar 1999 | Josef Rohrböck

Inhaltsverzeichnis

Seite

Seite

Seite

Abkürzungs- und Literaturverzeichnis

AA	anderer Ansicht
AB [Seite]	Ausschußbericht (wenn nicht anderes angegeben Bericht des Ausschusses für innere Angelegenheiten 755 BlgNR 20. GP)
Abs	Absatz
Achermann, Schengen und Asyl	*Achermann*, Schengen und Asyl: Das Schengener Übereinkommen als Ausgangspunkt der Harmonisierung europäischer Asylpolitik, in *Achermann/Bieber/Epiney/Wehner*, Schengen und die Folgen
Achermann/Bieber/Epiney/Wehner,	*Achermann/Bieber/Epiney/Wehner*, Schengen und die Folgen [1995]
Achermann/Gattiker, Asyl	*Achermann/Gattiker*, Asyl [1994]
Achermann/Hausammann, Handbuch	*Achermann/Hausammann*, Handbuch des Asylrechts^{2} [1991]
Adamovich, Verfassungsrecht	*Adamovich*, Handbuch des österreichischen Verfassungsrechts^{6} [1971]
Adamovich, Verwaltungsrecht	*Adamovich*, Handbuch des österreichischen Verwaltungsrechts I^{5} [1954]
Adamovich/Funk	*Adamovich/Funk*, Allgemeines Verwaltungsrecht^{3} [1987]
Adamovich/Funk, Verfassungsrecht	*Adamovich/Funk*, Österreichisches Verfassungsrecht^{3} [1985]
Add	Addendum
ADV	Automationsunterstützte Datenverarbeitung
AEMR	Allgemeine Erklärung der Menschenrechte
Aga Khan, Problems	*Aga Khan*, Legal Problems Relating to Refugees and Displaced Persons, RdC 1976 I, 287
AHG	BG 18. 12. 1948 womit die Haftung des Bundes, der Länder, der Bezirke, der Gemeinden und der sonstigen Körperschaften und Anstalten des öffentlichen Rechts für den in Vollziehung der Gesetze zugefügten Schaden geregelt wird (Amtshaftungsgesetz) BGBl 1949/20 idFdlN BGBl 1993/91
Aichlreiter, Normenprüfung	*Aichlreiter*, Unabhängige Verwaltungssenate und generelle Normenprüfung, JBl 1990, 606
Aicher, Grundfragen	*Aicher*, Grundfragen der Staatshaftung bei rechtmäßigen hoheitlichen Eigentumsbeeinträchtigungen [1978]
AJIL	American Journal of International Law
Alleweldt, Schutz vor Abschiebung	*Alleweldt*, Schutz vor Abschiebung bei drohender Folter oder unmenschlicher oder erniedrigender Behandlung oder Strafe [1996]
AlVG	Arbeitslosenversicherungsgesetz 1977 (AlVG) wv BGBl 1977/609 idFdlN BGBl I 1997/78

Amann, Flüchtlingsrechte	*Amann*, Die Rechte des Flüchtlings. Die materiellen Rechte im Lichte der travaux preparatoires zu der Genfer Flüchtlingskonvention [1993]
Amann, Republikflucht	*Amann*, Die deutsche Rechtsprechung zum Tatbestand der Republikflucht im Lichte der Genfer Flüchtlingskonvention 1951, in Flucht – Asyl – Migration, 101
Anm	Anmerkung
Antoniolli/Koja	*Antoniolli – Koja*, Allgemeines Verwaltungsrecht[3] [1996]
AnwBl [Jahr, Seite]	Österreichisches Anwaltsblatt
Arg, arg	argumentum, argumento
ARHG	BG 4. 12. 1979 über die Auslieferung und die Rechtshilfe in Strafsachen (Auslieferungs- und Rechtshilfegesetz – ARHG) BGBl 529 idFdlN BGBl 1996/762
Arnold, Wiedereinsetzung	*Arnold*, Wiedereinsetzung nach unvollständiger Befolgung des Mängelbehebungsauftrages, AnwBl 1988, 315
Art	Artikel
ÄrzteG	BG über die Ausübung des ärztlichen Berufes und die Standesvertretung der Ärzte (Ärztegesetz 1984 – ÄrzteG) BGBl 373 idFdlN BGBl I 1998/30
AsylG 1968	BG 7. 3. 1968 über die Aufenthaltsberechtigung von Flüchtlingen im Sinne der Konvention über die Rechtsstellung der Flüchtlinge BGBl 1955/55 BGBl 126 idF BGBl 1974/796 und BGBl 1990/190
AsylG 1991	BG über die Gewährung von Asyl (Asylgesetz 1991) BGBl 1992/8 idFdlK BGBl 1994/610
AsylG 1997	BG über die Gewährung von Asyl (Asylgesetz 1997 – AsylG) BGBl I 1997/76 idF BGBl I 1998/106, I 1998/110 und I 1999/4
AsylG-DV	Verordnung des Bundesministers für Inneres zur Durchführung des Asylgesetzes (Asylgesetz-Durchführungsverordnung – AsylG-DV) BGBl II 1997/428
AsylG-N 1998	BG mit dem das Asylgesetz 1997 – AsylG, BGBl. I Nr. 76/1997, in der Fassung der Kundmachung BGBl. I Nr. 106/1998 und BGBl. I Nr. 110/1998, geändert wird BGBl I 1999/4
AufG	BG, mit dem der Aufenthalt von Fremden in Österreich geregelt wird (Aufenthaltsgesetz – AufG) BGBl 1992/466 idFdlN BGBl 1995/351
Ausländerrecht	*Barwig/Huber/Lörcher/Schumacher/Sieveking* (Hrsg), Das neue Ausländerrecht [1991]
AuslBG	BG 20. 3. 1975, mit dem die Beschäftigung von Ausländern geregelt wird (Ausländerbeschäftigungsgesetz – AuslBG) BGBl 218 idFdlKdm BGBl I 1997/82
AußStrG	G 9. 8. 1854 über das gerichtliche Verfahren in Rechtsangelegenheiten außer Streitsachen RGBl 208 idFdlN BGBl I 1997/140

AVG	BG 21. 7. 1925 über das allgemeine Verwaltungsverfahren (Allgemeines Verwaltungsverfahrensgesetz 1991 – AVG) BGBl 1925/274 wv BGBl 1991/51 idFdlN BGBl I 1998/158 idFdlKdm BGBl I 1998/164 (DFB)
AVG-N 1998	Artikel 1 des BG, mit dem das Allgemeine Verwaltungsverfahrensgesetz 1991, das Verwaltungsstrafgesetz 1991, das Verwaltungsvollstreckungsgesetz 1991, das Zustellgesetz, das Agrarverfahrensgesetz, das Auskunftspflichtgesetz, das Auskunftspflicht-Grundsatzgesetz, das Verwaltungsgerichtshofgesetz 1985, das Sicherheitspolizeigesetz, das Fremdengesetz 1997, das Handelsgesetzbuch, das Volksanwaltschaftsgesetz 1982, das Bundesgesetz über das Bundesgesetzblatt 1996, das Verlautbarungsgesetz 1985 und das Bundesstraßenfinanzierungsgesetz 1996 geändert werden BGBl I 1998/158 idFdlKdm BGBl I 1998/164 (DFB)
AVR	Archiv des Völkerrechts
AWR [Jahr/Nr, Seite]	AWR-Bulletin
Azizi, Bindung	*Azizi*, Zur Bindung an die Rechtsanschauung der zurückverweisenden Behörde nach § 66 Abs 2 AVG, ZfV 1976, 133
BAA	Bundesasylamt
Balthasar, Datenschutzkommission	*Balthasar*, Art und Wirkung von Besheiden der Daten schutzkommission, ÖJZ 1997, 1
BAO	BG 28. 6. 1961 betr allgemeine Bestimmungen und das Verfahren für die von den Abgabebehörden des Bundes verwalteten Abgaben (Bundesabgabenordnung – BAO) BGBl 1969/194 idFdlN BGBl I 1998/9
Barfuß, Entlastung	*Barfuß*, Maßnahmen zur Entlastung der Gerichtshöfe des öffentlichen Rechts, ÖJZ 1985, 393
Barfuß, Ressortzuständigkeit	*Barfuß*, Ressortzuständigkeit und Vollzugsklausel [1968]
BBetrG	BG, mit dem die Bundesbetreuung von Asylwerbern geregelt wird (Bundesbetreuungsgesetz) BGBl 1991/405 idF BGBl 1994/314
BBetrVO	Verordnung des Bundesministers für Inneres über die Bundesbetreuung für Asylwerber (Bundesbetreuungsverordnung – BBetrVO) BGBl 1992/31 idFdlN 1993/352
BeglBefG	BG 31. 5. 1967 über die Ausstellung der Apostille nach dem Übereinkommen zur Befreiung ausländischer öffentlicher Urkunden von der Beglaubigung BGBl 1968/28
BeglBefÜb	Übereinkommen v 5. 10. 1961 zur Befreiung ausländischer öffentlicher Urkunden von der Beglaubigung BGBl 1968/27

Behinderten-einstellungsG	BG v 11. 12. 1969 über die Einstellung und Beschäftigung Invalider (Behinderteneinstellungsgesetz (BeinstG) BGBl 1970/22 idFdlN BGBl 1996/757
Berchtold	*Berchtold*, Die maßgebliche Rechtslage bei Verwaltungsentscheidungen ZfV 1993, 246
Berchtold, Entlastung	*Berchtold*, Die Entlastung der Gerichtshöfe des öffentlichen Rechts in Österreich, EuGRZ 1984, 385
Berchtold, Gesetzlicher Richter	*Berchtold*, Das Recht auf ein Verfahren vor dem gesetzlichen Richter in Österreich, EuGRZ 1982, 246
Bernatzik	*Bernatzik*, Rechtsprechung und materielle Rechtskraft [1886]
Bertel	*Bertel*, Grundriß des österreichischen Strafprozeßrechts[5] [1997]
BerufsausbildungsG	BG 26. 3. 1969 über die Berufsausbildung von Lehrlingen (Berufsausbildungsgesetz) BGBl 1969/142 idFdlN BGBl I 1997/67
Besonderes Verwaltungs-recht	*Bachmann/Feik/Giese/Ginzinger/Grussmann/Jahnel/Kostal/Lebitsch/Lienbacher* (Hrsg), Besonderes Verwaltungsrecht [1996]
Betr, betr	betreffend
BG	Bundesgesetz(e)
BGBl [(Teil) Jahr/Nummer]	Bundesgesetzblatt für die Republik Österreich
Bgld, bgld	Burgenland, burgenländisch, -e, -er, -es
BIA	Board of Immigration Appeals
Bieber, Schengen und Integration	*Bieber*, Schengen als Modell zukünftiger Integration, in Schengen und die Folgen [1995]
Bierwirth/Göbel-Zimmermann, Handlungsspielräume	*Bierwirth/Göbel-Zimmermann*, Handlungsspielräume und Grenzen einer Änderung des Asylrechts, ZRP 1992, 470
BKA	Bundeskanzleramt
Bleckmann, Anwendbarkeit	*Bleckmann*, Begriff und Kriterien der innerstaatlichen Anwendbarkeit völkerrechtlicher Verträge [1970]
BlgNR	Beilagen zu den stenographischen Protokollen des Nationalrats (mit Nummer und Gesetzgebungsperiode)
BM	Bundesminister; Bundesministerium (Bundesministerien)
BMG	Bundesministeriengesetz wv als Bundesministeriengesetz 1986 BGBl 76 idFdlN BGBl 1997/113
Bolten, From Schengen to Dublin	*Bolten*, From Schengen to Dublin: The new frontiers of refugee law, in *Meijers* ua (Hrsg), Schengen Internationalisation of central chapters of the law on aliens, refugees, privacy, security and the police [1991]
BMI	Bundesminister(ium) für Inneres
Boeles/Kuijer, Family Reunification	*Boeles/Kuijer*, Harmonisation of Family Reunification, in New Immigration Law for Europe, 25 ff
Bordewin, Aufenthaltsrecht	*Bordewin*, Das Aufenthaltsrecht der Ausländer [1962]

BPräs	Bundespräsident
Brandl, Europäisierung	*Brandl*, Die Europäisierung der Asylpolitik, 50, in Torschluß
Brötel, Familienleben	*Brötel*, Der Anspruch auf Achtung des Familienlebens [1991]
Buchner, Sachverständiger	*Buchner*, Die Stellung und Bedeutung des Sachverständigen im Ermittlungsverfahren der Verwaltungsbehörde, ÖGZ 1968, 475
Bulmerincq, Asylrechtsgeschichte	*Bulmerincq*, Das Asylrecht in seiner geschichtlichen Entwicklung, beurteilt vom Standpunkt des Rechts und dessen völkerrechtlicher Bedeutung für die Auslieferung flüchtiger Verbrecher – Eine Abhandlung auf dem Gebiete der universellen Rechtsgeschichte und des positiven Völkerrechts [1853]
BundespflegeldG	BG mit dem das Pflegegeldgesetz eingerichtet wird – BPG-G BGBl 1993/110 idFdlN BGBl 1996/758
Bundesverwaltungsabgaben V	Verordnung der Bundesregierung über die Verwaltungsabgaben in den Angelegenheiten der Bundesverwaltung und über die Art ihrer Einhebung bei den Bundesbehörden (Bundesverwaltungsabgabenverordnung 1983 – BVwAbgV) BGBl 1983/24 idFdlN BGBl II 1997/190
BVerfG	(deutsches) Bundesverfassungsgericht
BVerfGE	Entscheidungssammlung des (deutschen) Bundesverfassungsgerichts
BVerwG	(deutsches) Bundesverwaltungsgericht
BVerwGE	Entscheidungssammlung des (deutschen) Bundesverwaltungsgerichts
B-VG	Bundesverfassungsgesetz idF 1929 wv BGBl 1930/1 idFdlN BGBl 1993/508
Bzw, bzw	beziehungsweise
CCPR	Internationaler Pakt über bürgerliche und politische Rechte BGBl 1978/591 (International Covenant on Civil and Political Rights)
CESCR	Internationaler Pakt über wirtschaftliche, soziale und kulturelle Rechte BGBl 1978/590 (International Covenant on Economic, Social and Cultural Rights)
Cohen-Jonathan, La Convention	*Cohen-Jonathan*, La Convention européenne des Droits de l´Homme [1989]
Cohen-Jonathan, Revue universelle	*Cohen-Jonathan*, Revue universelle des droits de l´homme[1991]
CONF	Conference
Coulon, Ausländer	*Coulon*, Ausländer im österreichischen Recht [1991]
Crawford/Hyndman, Refugee Convention	*Crawford/Hyndman*, Three Heresis in the Application of the Refugee Convention, 1 IJRL [1989], 155

Datenschutzabkommen	Übereinkommen zum Schutz des Menschen bei der automatischen Verarbeitung personenbezogener Daten samt Interpretativen Erklärungen und Mitteilungen BGBl 1988/317
Davy B., Sachverständigenbeweis	*Davy B.*, Sachverständigenbeweis und Fairness des Verfahrens, ZfV 1986, 310
Davy U., Ablehungstatbestände	*Davy U.*, Die Ablehungstatbestände des 144 Abs 2 B-VG, ZfV 1985, 245
Davy U., Asylrechtsreform	*Davy U.*, Die Asylrechtsreform 1997, ecolex 1997, 708 und 821
Davy U., Flüchtlingsrecht	*Davy U.*, Asyl und internationales Flüchtlingsrecht I: Völkerrechtlicher Rahmen, II: Innerstaatliche Ausgestaltung [1996]
Davy U., Neuordnung	*Davy U.*, Die Neuordnung des österreichischen Asylrechts, ZAR 1993, 70
Davy U., Schubhaft	*Davy U.*, Asylverfahren und Schubhaft, JRP 1993, 41
DBGBl	deutsches Bundesgesetzblatt
Ders, ders	derselbe
DFW	(schweizerischer) Delegierter für das Flüchtlingswesen (ab 1. 10. 1990 Bundesamt für Flüchtlinge)
Dh, dh	das heißt
Di, di	das ist
Dijk/Hoof, Theory and Practice	*van Dijk/van Hoof*, Theory and Practice of the European Convention on Human Rights[2] [1990]
Doc	Document
Doehring, Konventionsentwurf	*Doehring*, Der Konventionsentwurf der International Law Association über die Gewährung des territorialen Asyls, ZaöRV XXXIII, 1973, 56
Dohr/Pollirer/Weis	*Dohr/Pollirer/Weis*, Datenschutzgesetz [1988]
DÖV [Jahr, Seite]	Die öffentliche Verwaltung
DR [Band, Seite]	European Comission of Human Rights, Decisions and Reports
Dreher, Amtshilfe	*Dreher*, Die Amtshilfe [1959]
Drüke, Turmoil	*Drüke*, Asylum-Seekers and Refugees in the Turmoil After the Opening (or Closing) of the Frontiers and After the Entry into Force of the Treaty on European Union, in *Pauly*, Schengen,
Ds, ds	das sind
DSG	BG 18. 10. 1978 über den Schutz personenbezogener Daten (Datenschutzgesetz – DSG) BGBl 1978/565 idFdlKdm BGBl 1994/79
Dublin, Dubliner Übereinkommen	Übereinkommen über die Bestimmung des zuständigen Staates für die Prüfung eines in einem Mitgliedstaat der Europäischen Gemeinschaften gestellten Asylantrags samt Protokoll sowie Protokoll über die Berichtigung des Übereinkommens BGBl III 1997/165

Durchführungsbeschluß	Beschluß Nr 1/97 des Ausschusses nach Art 18 des Dubliner Übereinkommens vom 15. Juni 1990 über Bestimmungen zur Durchführung des Übereinkommens, ABl 14. 10. 1997 L 281/1
Duschanek, Datenschutzrechtliche Schranken	*Duschanek*, Datenschutz der rechtliche Schranken Publizität umweltrelevanter Betriebsdaten, RdW 1988, 310
DVBl	Deutsches Verwaltungsblatt
EAA	Europäisches Auslieferungsabkommen BGBl 1969/320
EB	Erläuternde Bemerkungen
EGMR	Europäischer Gerichtshof für Menschenrechte
EGVG	Einführungsgesetz zu den Verwaltungsverfahrensgesetzen 1991 – EGVG BGBl 50 idFdlN BGBl I 1998/28
Ehrenfort, Bundesvertriebenengesetz	*Ehrenfort*, Bundesvertriebenengesetz vom 14. August 1957 [1959]
Ehrenzweig	*Ehrenzweig*, System des österreichischen allgemeinen Privatrechts I/1: Allgemeiner Teil[2] [1951]
EKMR	Europäische Kommission für Menschenrechte
Eriksson	*Eriksson*, Aufenthaltsrecht von Ausländern – Die Regelung der Einreise und des Aufenthaltes von Ausländern nach geltendem Völkerrecht und dem Recht Schwedens, der Schweiz und der Bundesrepublik Deutschland [1984]
Ermacora	*Ermacora*, Asylwerber und gesetzlicher Richter, JBL 1965, 602
Ermacora, Menschenrechte	*Ermacora*, Handbuch der Grundfreiheiten und Menschenrechte [1963]
Ermacora, Staatsvertrag	*Ermacora*, Der Staatsvertrag und die österreichische Bundesverfassung, JBl 1955, 317
Ermacora/Hummer, Völkerrecht, Recht der Europäischen Union und Landesrecht	*Ermacora*, Völkerrecht, Recht der Europäischen Union und Landesrecht, in Handbuch des Völkerrechts I, 113
Ermacora/Klecatsky/Ringhofer/Weiler	*Ermacora/Klecatsky/Ringhofer/Weiler,* Die Rechtsprechung des VfGH. im Jahre 1957, ÖJZ 1960, 7, 169, 197, 225
Ermacora/Nowak/Tretter	*Ermacora/Nowak/Tretter* (Hrsg), Die Europäische Menschenrechtskonvention in der Rechtsprechung der österreichischen Höchstgerichte [1983]
Etc, etc	et cetera
EuGRZ [Jahr/Seite]	Europäische Grundrechte – Zeitschrift
Evers, Privatleben	*Evers*, Der Schutz des Privatlebens und das Grundrecht auf Datenschutz in Österreich, EuGRZ 1984, 281
EXCOM	Exekutivkomitee für das Programm des Hohen Flüchtlingskommissars der Vereinten Nationen
EZAR	Entscheidungssammlung zum Ausländer- und Asylrecht

F, f	und der (die) folgende
Fasching [Band, Seite]	*Fasching*, Kommentar zu den Zivilprozeßgesetzen I bis IV [1959 bis 1971]
Fasching, Ergänzungsband	*Fasching*, Ergänzungsband zum Kommentar zu den Zivilprozeßgesetzen [1974]
Fasching, Lehrbuch	*Fasching*, Lehrbuch des österreichischen Zivilprozeßrechts² [1990]
Felchlin	*Felchlin*, Das politische Delikt [1979]
Fernhout/Meijers, Asylum	*Fernhout/Meijers*, Asylum, in New Immigration Law for Europe? The 1992 London and 1993 Copenhagen Rules on Immigration [1993]
ff	und die folgenden
Fischer/Köck, Völkerrecht	*Fischer/Köck*, Allgemeines Völkerrecht² [1983]
FLAG	BG 24. 10. 1967 betr den Familienausgleich durch Beihilfen (Familienlastenausgleichsgesetz 1967) BGBl 376 idFdlN BGBl I 1998/30
Flucht – Asyl – Migration	*Geistlinger/Pöckl/Skuhra* (Hrsg), Flucht – Asyl – Migration [1991]
Flüchtlingsalltag	*UNHCR*, Flüchtlingsalltag in Österreich. Eine quantitativqualitative Analyse der Vollzugspraxis des Asylgesetzes 1991 [1995]
Folterkonvention	Übereinkommen gegen Folter und andere grausame, unmenschliche oder erniedrigende Behandlung oder Strafe BGBl 1987/492
Foregger/Kodek	*Foregger/Kodek*, StPO und wichtige Nebengesetze⁶ [1994]
Frankenberg	*Frankenberg*, Menschenrassen und Menschentum [1965]
Franz, Asylgewährung	*Franz*, Die Asylgewährung in der Bundesrepublik Deutschland im Spannungsfeld der obergerichtlichen Rechtsprechung, DVBl 1978, 865
FrG 1992	BG über die Einreise und den Aufenthalt von Fremden (Fremdengesetz – FrG) BGBl 1992/838 idFdlN BGBl 1994/505
FrG 1997	Bundesgesetz über die Einreise, den Aufenthalt und die Niederlassung von Fremden (Fremdengesetz 1997 – FrG) BGBl I 1997/75 idFdlN BGBl I 1998/158
Friedl/Schönherr/Thaler	*Friedl/Schönherr/Thaler*, Patent- und Markenrecht [1979]
Fröhler, Wirtschaftspolitik	*Fröhler*, Das Wirtschaftsrecht als Instrument der Wirtschaftspolitik [1979]
Fromherz	*Fromherz*, Ist Österreich wieder Asylland?, AwBl 1993, 810
Frowein/Peukert, EMRK	*Frowein/Peukert*, Europäische Menschenrechtskonvention² [1996]
Frowein/Zimmermann	*Frowein/Zimmermann*, Der völkerrechtliche Rahmen für die Reform des deutschen Asylrechts [1993]

FrPolG	BG 17. 3. 1954 betr die Ausübung der Fremdenpolizei (Fremdenpolizeigesetz) BGBl 75 idFdlN BGBl 1991/406
Fruhmann, Mandatsverfahren	*Fruhmann*, Das Mandatsverfahren nach dem Asylgesetz 1991, ZfV 1993, 566
FS	Festschrift
Funk, Entlastung	*Funk*, Noch mehr Entlastung für den VfGH? ZfV 1985, 258
Funk, Marktforschung	*Funk*, Marktforschung und Datenschutz, ÖBl. 1987, 1
Funk, Verwaltungsakt	*Funk*, Der verfahrensfreie Verwaltungsakt [1975]
Fuchs/Funk/Szymanski	*Fuchs/Funk/Szymanski* (Hrsg), SPG^2 [1993]
G	Gesetz(e), -en; -gesetz(e), -en
Gallent, Amtshilfe	*Gallent*, Amtshilfe zwischen Gemeinde und Gericht, ÖGZ 1980, 506
Gampl, Staatskirchenrecht	*Gampl*, Österreichisches Staatskirchenrecht [1971]
Gaisbauer, Rechtslexikon	*Gaisbauer*, Wiedereinsetzung in den vorigen Stand (Verwaltungsverfahren), in Rechtslexikon
GebührenG	Gebührengesetz 1957 wv BGBl 267 idFdlN BGBl I 1997/130
Geistlinger, Asylrecht	*Geistlinger*, Asyl- und Flüchtlingsrecht, in *Geistlinger/Lebitsch/Stolzlechner*, Zur Rechtsstellung der Ausländer nach österreichischem Recht, in *Frowein/Stein* (Hrsg), Die Rechtsstellung von Ausländern nach staatlichem Recht und Völkerrecht [1987]
Geistlinger, Flüchtlingskonvention	*Geistlinger*, Zur Zeitlosigkeit der Flüchtlingskonvention, Juridicum 1992/1, 25
Geistlinger, Folterverbot	*Geistlinger*, Verbot der Folter, unmenschlicher und erniedrigender Behandlung als europaweite Begrenzung nationaler Auslieferung und Abschiebung, in Europa und Strafverteidigung, 14. Strafverteidigertag (23.–25. März 1990 in Frankfurt), 95
Geistlinger, Fremdenfeindlichkeit	*Geistlinger*, Der Beitrag des neuen österreichischen Fremdenrechts zur Fremdenfeindlichkeit in Österreich, in *Hödl* (Hrsg), Der Umgang mit „Anderen" [1996], 121
Geistlinger, Harmoniebedürfnis	*Geistlinger*, Unverbindliches Harmoniebedürfnis, Juridicum 1997/1, 25
Geistlinger, OSZE	*Geistlinger*, Die Bedeutung der OSZE im Zusammenhang mit Migrationsfragen, AWR, 1997/4, 197
Gem, gem	gemäß
Geuder, Gutachten	*Geuder*, Die Anforderungen an ein Gutachten im Verwaltungsverfahren aus rechtlicher Sicht, ÖGZ 1978, 274
GewO	BG 29. 11. 1973, mit dem Vorschriften über die Ausübung von Gewerben erlassen werden (Gewerbeordnung 1973 – GewO 1973) BGBl 1974/50 idFdlN BGBl 1993/532 wv als Gewerbeordnung 1994 – GewO 1994 BGBl 194 idFdlN BGBl I 1998/30

GFK	Konvention über die Rechtsstellung der Flüchtlinge BGBl 1955/55 idF des Protokolls über die Rechtsstellung der Flüchtlinge BGBl 1974/78
Goldstein, Kompetenzen	*Goldstein*, Kompetenzen der Europäischen Gemeinschaften zur Regelung des Asylrechts [1994]
Goodwin-Gill, Determination	*Goodwin-Gill*, The Determination of Refugee Status: Problem of Access to Procedures and the Status of Proof, in Yearbook of the International Institute of Humanitarian Law [1985]
Goodwin-Gill, European Community´s Response	*Goodwin-Gill*, Refugees in the World: The European Community´s Response [1989]
Goodwin-Gill, Refugee	*Goodwin-Gill*, The Refugee in International Law[2] [1996]
Gornig, Refoulement	*Gornig*, Das Refoulement-Verbot im Völkerrecht [1987]
GP	Gesetzgebungsperiode
Grahl-Madsen	*Grahl-Madsen*, The Status of Refugees in International Law, I [1966] und II [1972]
GrekoG	BG über die Durchführung von Personenkontrollen aus Anlaß des Grenzübertritts (Grenzkontrollgesetz – GrekoG) BGBl 1996/435
Griller, Die Übertragung von Hoheitsrechten	*Griller*, Die Übertragung von Hoheitsrechten auf Zwischenstaatliche Einrichtungen [1989]
Grotius	*Grotius*, De iure belli ac pacis libri tres [1625]
Grüner	*Grüner*, Probleme um den § 68 Abs 2 AVG, JBl 1955, 112
Grussmann, Ausländerrecht	*Grussmann*, Die Entwicklung des österreichischen Ausländerrechts vor dem Hintergrund einer zunehmenden Harmonisierung der europäischen Ausländerpolitik, in Torschluß, 61
Grützner, Auslieferungsverbot	*Grützner*, Auslieferungsverbot und Asylrecht, in *Neumann/Nipperdey/Scheuner* (Hrsg), Die Grundrechte, Handbuch der Thorie und Praxis der Grundrechte II [1954], 583
Groiss/Schantl/Welan, Verfassungsgerichtsbarkeit	*Groiss/Schantl/Welan*, Betrachtungen zur Verfassungsgerichtsbarkeit (Slg 1973), ÖJZ 1976, 253
Guilleminet	*Guilleminet*, La nation de réfugié statutaire [1958]
Gusy, Asylrecht	*Gusy*, Asylrecht und Asylverfahren in der Bundesrepublik Deutschland [1980]
Gusy, Asylrechtsgrenzen	*Gusy*, Grenzen des Asylrechts, in Hb AsylR I, 247
GV	Gerneralversammlung
H	Heft
Hackl	*Hackl*, Wann müssen Verwaltungsbehörden Verordnungen erlassen? ZfV1977, 257
Hailbronner, Asylrecht	*Hailbronner*, Asylrecht und Völkerrecht I, II und III, in Hb AsylR I, 69

Hailbronner, AuslR	*Hailbronner/Bargen/Schenk*, Ausländerrecht I, II und III, Loseblattausgabe (Stand: Mai 1998)
Hailbronner, Flüchtlingsbegriff	*Hailbronner*, Der Flüchtlingsbegriff der Genfer Flüchtlingskonvention und die Rechtsstellung von De-facto-Flüchtlingen, ZAR 1993, 3
Hailbronner, Humaniterian Refugees	*Hailbronner*, Non refoulement and „Humanitarian" Refugees: Customary International Law or Wishful Legal Thinking? In *Martin* (Hrsg), The New Asylum Seekers: Refugee Law in the 1980s [1988], 123
Hailbronner, Koordinierung	*Hailbronner*, Möglichkeiten und Grenzen einer europäischen Koordinierung des Einreise- und Asylrechts: Ihre Auswirkungen auf das Asylrecht der Bundesrepublik Deutschland [1989]
Hailbronner, Perspektiven	*Hailbronner*, Perspektiven einer europäischen Asylrechtsharmonisierung nach der Maastrichter Gipfelkonferenz, ZAR 1992, 51
Hailbronner, Refoulement	*Hailbronner*, Das Refoulement-Verbot und die humanitären Flüchtlinge im Völkerrecht, ZAR 1987, 3
Haller, Novelle	*Haller*, Die geplante Novelle zum Allgemeinen Verwaltungsverfahrensgesetz, ZfV 180, 216
Haller, Prüfung	*Haller*, Die Prüfung bereits außer Kraft getretener Gesetze durch den Verfassungsgerichtshof, ÖStZ 1975, 237
Handbuch	Office of the UNHCR, Handbook on Procedures and Criteria for Determining Refugee Status [1992]
Handbuch des Völkerrechts	*Neuhold/Hummer/Schreuer* (Hrsg), Österreichisches Handbuch des Völkerrechts[3], I und II [1997]
Haslauer, Suspensiveffekt	*Haslauer*, Der Suspensiveffekt im AVG, JBl 1954, 383
Hauer, Wiedereinsetzung	*Hauer*, Zur Wiedereinsetzung in den vorigen Stand, ÖImmZ 1967, 99, 134 und 148
Hauer/Kepplinger	*Hauer/Kepplinger*, Handbuch zum Sicherheitspolizeigesetz [1993]
Hauer/Leukauf	*Hauer/Leukauf*, Handbuch des österreichischen Verwaltungsverfahrens[5] [1996]
Hausammann	*Hausammann*, Bestrebungen des UNHCR zum Schutze von Flüchtlingen, in Asyl 1990 H 2, 3
HausRG	G 27. 10. 1862 zum Schutze des Hausrechtes RGBl 88 idFdlN BGBl 1974/422
Hb AsylR	*Beitz/Wollenschläger* (Hrsg), Handbuch des Asylrechts, I [1980] und II [1981]
Hellbling [Band, Seite]	*Hellbling*, Kommentar zu den Verwaltungsverfahrensgesetzen I und II [1954]
Heller, Rechtsschutz	*Heller*, Rechtsschutz und Ablehnung von Beschwerden an den VfGH, ÖJZ 1987, 577
Hermann	*Hermann*, Das österreichische Paß- und Fremdenrecht einschließlich der Konvention über die Rechtsstellung der Flüchtlinge [1962]

Hermann/Hackauf/ Sellner	*Hermann/Hackauf/Sellner*, Paß-, Fremdenpolizei und Asylrecht[3] [1986]
Herrnritt	*Herrnritt*, Das Verwaltungsverfahren [1932]
Hickisch/Kepplinger	*Hickisch/Kepplinger*, Handbuch des Fremdengesetzes [1995]
Holborn, Refugees	*Holborn*, Refugees: A Problem of Our Time. The Work of United Nations High Commissiner for Refugees, 1951–1971 I [1975]
Holoubek, Wirksame Beschwerde	*Holoubek*, Das Recht auf eine wirksame Beschwerde bei einer nationalen Instanz, JBl 1992, 137
Howland	*Howland*, A Comparative Analysis of the Changing Definition of a Refugee, in New York Law School Journal of Human Rights [1987], 33
Hrsg	Herausgeber
Huber	*Huber*, Ausländer und Asylrecht [1983]
Hummer/Obwexer, Europäische Union	*Hummer/Obwexer*, Österreich in der Europäischen Union I [1995], und III [1996]
HWG	Hauptwohnsitzgesetz BGBl 1994/505
IdF, idF	in der Fassung
IdFdKdm, idFdKdm	in der Fassung der Kundmachung
IdFdlKdm, idFdlKdm	in der Fassung der letzten Kundmachung
IdFdlN, idFdlN	in der Fassung der letzten Novelle
IdR, idR	in der Regel
IJIL	The Indian Journal of International Law
IJRL	International Journal of Refugee Law
Index 1998	BKA (Hrsg), Index 1998, Systematisches Verzeichnis des Bundesrechts [1998]
Insb, insb	Insbesondere
IPR	Internationales Privatrecht
IPRG	BG 15.6.1978 über das internationale Privatrecht (IPR – Gesetz) BGBl 304
IRO	International Refugee Organisation
IS, iS	Im Sinne
ISd, iSd	im Sinne des
ISv, iSv	im Sinne von
IVm, iVm	in Verbindung mit
IwS, iwS	im weiteren Sinne
Jabloner, Mittelbare Bundesverwaltung	*Jabloner*, Bundesminister und mittelbare Bundesverwaltung, FS *Walter* [1991], 293
Jaeger, Réfugiés	*Jaeger*, Les Nations Unies et les Réfugiés, Revue belge de droit international [1989]
Jahn, Flüchtlingsschutz	*Jahn*, Der völkerrechtliche Schutz von Flüchtlingen (1955)

Jahn, Flüchtlingsbegriff	*Jahn*, Der Flüchtlingsbegriff im Völkerrecht, AWR 1972, 79 ff
JAP [Semester, Seite]	Juristische Ausbildung und Praxisvorbereitung
JBl [Jahr, Seite]	Juristische Blätter
Jhering, Entwicklung	*Jhering*, Der Geist des römischen Rechts auf den verschiedenen Stufen seiner Entwicklung[5], I
JN	G 1. 8. 1895 über die Ausübung der Gerichtsbarkeit und die Zuständigkeit der ordentlichen Gerichte in bürgerlichen Rechtssachen (Jurisdiktionsnorm) RGBl 111 idFdlN BGBl I 1997/140
JÖR [Jahr, Seite]	Jahrbuch des öffentlichen Rechts der Gegenwart
Jud	Judikatur
Kälin, Bedeutung der EMRK	*Kälin*, Die Bedeutung der EMRK für Asylsuchende und Flüchtlinge: Materialien und Hinweise [1997]
Kälin, Grundriß	*Kälin*, Grundriß des Asylverfahrens [1990]
Kälin, Menschenrechtsverletzungen	*Kälin*, Menschenrechtsverletzungen im Heimatstaat als Schranke der Rückschiebung gemäß Art. 3 EMRK, ZAR 1986, 172 ff
Kälin, Nichteintreten	*Kälin*, Nichteintreten auf Asylgesuche bei fehlenden Ausweispapieren oder illegalem Aufenthalt, ASYL 1998/2, 23
Kälin, Non-refoulement	*Kälin*, Das Prinzip des non-refoulement. Das Verbot der Zurückweisung, Ausweisung und Auslieferung von Flüchtlingen in den Verfolgerstaat im Völkerrecht und im schweizerischen Landesrecht [1982]
Kälin, Well-Founded Fear	*Kälin*, Well-Founded Fear of Persecution: A European Perspective, in *Coll/Blaha*, Asylum Law and Practice in Europe and North America: A Comparativ Analysis [1992]
Kaul, Flüchtlingsbegriff	*Kaul*, Bemerkungen zum Flüchtlingsbegriff der Genfer Flüchtlingskonvention, in Flucht – Asyl – Migration
Kdm	Kundmachung
KFG	BG 23. 6. 1967 über das Kraftfahrwesen (Kraftfahrgesetz 1967 – KFG 1967) BGBl 267 idFlN BGBl I 1997/121
Kimminich, Asylrecht	*Kimminich*, Asylrecht [1968]
Kimminich, Asylrechtsgeschichte	*Kimminich*, Die Geschichte des Asylechtes, in amnesty international (Hrsg), Bewährungsprobe für ein Grundrecht [1978]
Kimminich, Entwicklung	*Kimminich*, Die Entwicklung des internationalen Flüchtlingsrechts – faktischer und rechtsdogmatischer Rahmen, AVR 20 [1982] 369
Kimminich, Grundprobleme	*Kimminich*, Grundprobleme des Asylrechts [1983]
Kimminich, Rechtsstatus	*Kimminich*, Der Internationale Rechtsstatus des Flüchtlings [1962]

KJ [Band, Jahr, Seite]	Kritische Justiz
Klecatsky, Sachverständigenbeweis	*Klecatsky*, Der Sachverständigenbeweis im Verwaltungsverfahren, ÖJZ 1961, 309
Klemenz, Gleichheitssatz und gesetzlicher Richter	*Klemenz*, Die Judikatur des Verfassungsgerichtshofes zum Gleichheitssatz und zum Recht auf ein Verfahren vor dem gesetzichen Richter [1987]
Köfner/Nicolaus	*Köfner/Nicolaus*, Grundlagen des Asylrechts in der Bundesrepublik Deutschland, I und II [1986]
Köhler, Verwaltungssenate	*Köhler*, Das Verfahren vor den unabhängigen Verwaltungssenaten, JBl 1991, 620
Kooijmans	*Kooijmans*, Ambiguities in Refugee Law in FS Ermacora [1988]
König	*König*, Konformität, Aktenwidrigkeit und offenbare Gesetzwidrigkeit in zivilgerichtlichen Verfahren [1975]
Kopetzki, Aspekte	*Kopetzki*, Neue Aspekte des Art 6 MRK für Österreich, JBl 1981, 468
Kopp	*Kopp*, Probleme der Abänderung und Behebung von Bescheiden gemäß § 68 AVG, ZfV 1977, 389
Kopp/Pressinger, Entlastung	*Kopp/Pressinger*, Entlastung des VfGH und Abgrenzung der Kompetenzen von VfGH und VwGH, JBl 1978, 617
Korinek, Gleichheitsgrundsatz	*Korinek*, Gedanken zur Bindung des Gesetzgebers an den Gleichheitsgrundsatz nach der Judikatur des Verfassungsgerichtshofes, in FS *Melichar* [1983]
Korinek/Holoubek, Subventionsverwaltung	*Korinek/Holoubek*, Bundesverfassungsrechtliche Probleme privatrechtsförmiger Subventionsverwaltung, ÖZW 1995, 1
Körner, Entscheidungspflicht	*Körner*, Die Entscheidungspflicht, ÖVBl 1932, 252
Koziol/Welser	*Koziol/Welser*, Grundriß des bürgerlichen Rechts I[10] [1995]
KrankenpflegeG	Bundesgesetz über die Regelung des medizinisch-technischen Fachdienstes und der Sanitätshilfsdienste (MTF-SHD-G) BGBl 1961/102 idFdlN BGBl I 1997/108
Krüger, Vorläufige Maßnahmen	*Krüger*, Vorläufige Maßnahmen nach Art. 36 VerfO-EKMR, insbes in Ausweisungs- und Auslieferungsfällen, EuGRZ 1996, 346 ff
Ktn, ktn	Kärnten, kärntner
Kucsko-Stadlmayer, Beamtenernennung	*Kucsko-Stadlmayer*, Beamtenernennung im Rechtsstaat, FS *Walter* [1991], 387
Kucsko-Stadlmayer, Disziplinarrecht	*Kucsko-Stadlmayer*, Das Disziplinarrecht der Beamten [1985]
Ladame	*Ladame*, Le rôle des migrations dans le monde libre [1958]
Lange, Grundfragen	*Lange*, Grundfragen des Auslieferungs- und Asylrechts [1953]

Lanzer, Nichtigerklärung	*Lanzer*, Die Nichtigerklärung von Verwaltungsakten nach § 68 Abs 4 AVG, ÖVBl 1930, H 9, 1
Lapenna, Asylum	*Lapenna*, Territorial Asylum – Development from 1961 to 1977. Comments on the Conference of Plenipotentiaries, AWR 1978, 1
Laurer, Untersuchungsausschuß	*Laurer*, Der parlamentarische Untersuchungsausschuß [1984]
Laurer, Verfassungsänderungen	*Laurer*, Der verfassungsrechtliche Schutz der persönlichen Freiheit nach dem Bundesverfassungsgesetz vom 29. November 1988, in *Walter* (Hrsg), Verfassungsänderungen 1988 [1989]
Lauterpacht	*Lauterpacht*, International Law and Human Rights [1950]
leg cit	legis citatae
Leitgeb, Zurückweisung	*Leitgeb*, Die Zurückweisung an der Grenze gemäß § 9 Fremdenpolizeigesetz – ein Rechtsbereich verdünnter Legalität, in Flucht – Asyl – Migration, 143
LGBl	Landesgesetzblatt
Lieber	*Lieber*, Die neuere Entwicklung des Asylrechts im Völkerrecht und Staatsrecht unter besonderer Berücksichtigung der schweizerischen Asylpraxis [1973]
Lienbacher, Öffentlichkeitsgrundsatz	*Lienbacher*, Der Öffentlichkeitsgrundsatz des Zivil- und Strafverfahrens im österreichischen Verfassungsrecht, ÖJZ 1990, 425, 515
Linke/Epp/Dokoupil/Felsenstein	*Linke/Epp/Dokoupil/Felsenstein*, Internationales Strafrecht [1981]
lit	litera (-ae)
LNTS	League of Nations Treaty Series
Mannlicher/Coreth	*Mannlicher/Coreth*, Die Gesetze zuf Vereinfachung der Verwaltung [1926]
Mannlicher/Quell	*Mannlicher/Quell*, Das Verwaltungsverfahren I[8] [1975] und II[8] [1990]
Mannlicher/Quell, Ergänzung	*Mannlicher/Quell*, Das Verwaltungsverfahren, Ergänzungsheft zum zweiten Halbband [1990]
Marx, Anforderungen	*Marx*, Anforderungen an ein europäisches Asylrecht, KJ 25, 1992, 405
Marx, Asylrecht	*Marx*, Asylrecht und Menschenrechte[5] I [1991]; *Marx*, Asylrecht[5] II und III [1991]
Marx, Konventionsflüchtlinge	*Marx*, Konventionsflüchtlinge ohne Rechtsschutz – Untersuchungen zu einem vergessenen Begriff, ZAR 1992, 3
Marx/Strate/Pfaff	*Marx/Strate/Pfaff*, Asylverfahrensgesetz[2] [1987]
Matzka/Kotschy	*Matzka/Kotschy*, Datenschutzrecht für die Praxis, Loseblattsammlung (Stand September 1988)
Mayer, B-VG	*Mayer*, B-VG[2] [1997]
Mayer, Integration	*Mayer*, Rechtsgrundlagen der Integration von Fremden, AnwBl 1994, 6

Mayer, Mittelbare Bundesverwaltung	*Mayer*, Lebensmittelüberwachung und mittelbare Bundesverwaltung, ÖZW 1977, 97
Mayer, Neuerungen	*Mayer*, Die Kompetenzverschiebung zwischen Bund und Ländern, in *Mayer/Rill/Funk/Walter*, Neuerungen im Verfassungsrecht [1976], 9
Mayer, Parteibegriff	*Mayer*, Der Parteibegriff im allgemeinen Verwaltungsverfahren, ZfV 1977, 485
Mayer, Prozeßgegenstand	*Mayer*, Präklusion und Prozeßgegenstand im Berufungsverfahren, ZfV 1981, 521
Mayer, Staatsmonopole	*Mayer*, Staatsmonopole [1976]
Mayer, Verordnung	*Mayer*, Die Verordnung [1977]
Mayer, Verwaltungssenate	*Mayer*, Die unabhängigen Verwaltungssenate in den Ländern, in Verfassungsänderungen, 83
Mayer, Wasserkraftwerke	*Mayer*, Wasserkraftwerke im Verwaltungsrecht [1990]
Mayer, Zivilrechtsbegriff	*Mayer*, Zivilrechtsbegriff und Gerichtszuständigkeit, ZfV 1988, 473
Mayer, Zuständigkeit	*Mayer*, Die Zuständigkeit der Verwaltungsbehörden im Vollstreckungsverfahren [1974]
Mayer/Stöberl, Verwaltungssenate	*Mayer/Stöberl*, Die Unabhängigen Verwaltungssenate im Rechtsschutzsystem, ÖJZ 1991, 257
Melander	*Melander*, Further Development of International Refugee Law, in Thesaurus Acroasium [1987]
MeldeG	BG über das Meldewesen (Meldegesetz 1991 – MeldeG) BGBl 1992/9 idFdlN BGBl 1995/352
Merkl, Rechtskraft	*Merkl*, Die Lehre von der Rechtskraft [1932]
Meron	*Meron*, The Meaning and Reach of the International Convention on the Elimination of all Forms of Racial Discrimination, AJIL 1985
Miehsler/Vogler/Wildhaber	*Miehsler/Vogler/Wildhaber*, Art 6 EMRK in *Karl/Miehsler* (Red), Internationaler Kommentar zur Europäischen Menschenrechtskonvention (Loseblattausgabe)
Mindestgarantien	Entschließung des Rates über Mindestgarantien für Asylverfahren vom 20. Juni 1995 (ABl 19. 9. 1996 C 274/13)
Morscher, Rechtsprechung	*Morscher*, Die Rechtsprechung des österreichischen Verfassungsgerichtshofes zum Fremdengesetz, EuGRZ 1997, 133
MSchG	G 6. 1. 1890 betreffend den Markenschutz RGBl 19 wv als Markenschutzgesetz 1970 BGBl 260 idFdlKdm BGBl 1993/917
MuSchG	BG 7. 6. 1990 über den Schutz von Mustern (Musterschutzgesetz 1990 – MuSchG) BGBl 497 idF BGBl 1992/772
Muzak, Aufenthaltsberechtigung	*Muzak*, Die Aufenthaltsberechtigung im österreichischen Fremdenrecht [1995]
MwH, mwH	mit weiteren Hinweisen

N	Novelle
NÄG	BG 22. 3. 1988 über die Änderung von Familiennamen und Vornamen (Namensänderungsgesetz – NÄG) BGBl 195 idF BGBl 1995/25
Nessmann, Sachverständiger	*Nessmann*, Stellung und Bedeutung des Sachverständigen im Ermittlungsverfahren der Verwaltungsbehörde, ÖGZ 1969, 56
Neuhold, Grundregeln	*Neuhold*, Die Grundregeln zwischenstaatlicher Beziehungen, in Handbuch des Völkerrechts I, 319
Nicolaus, Flüchtlingsbegriff	*Nicolaus*, Der Flüchtlingsbegriff in der deutschen Rechtsprechung, in *Heitger* (Hrsg), Verantwortung – Wissenschaft – Forschung. Festgabe zum 20jährigen Bestehen des Internationalen Forschungszentrums in Salzburg [1981], 126
Nicolaus, Flüchtlingsstatus	*Nicolaus*, Die Zuerkennung des Konventionsflüchtlingsstatus nach dem Gesetz zur Neuregelung des Ausländerrechts an nicht originär Asylberechtigte, in Ausländerrecht, 169
NÖ, nö	Niederösterreich, niederösterreichisch, -e, -er, -es
Nov	Novelle
Nowak, Verschärfung	*Nowak*, Verschärfung des Fremdenrechts, in Kritik und Fortschritt im Rechtsstaat. 17. Tagung der Österreichischen Juristenkommission [1990 und 1991]
Nowak/Schwaighofer, Urteilsverkündung	*Nowak/Schwaighofer*, Das Recht auf öffentliche Urteilsverkündung in Österreich, EuGRZ 1985, 725
Nowakowsky, Strafrecht	*Nowakowsky*, Das österreichische Strafrecht in seinen Grundzügen [1955]
NR	Nationalrat
NRWO	BG über die Wahl des Nationalrates (Nationalrats-Wahlordnung 1992 – NRWO) BGBl 471 idFdlN BGBl I 1998/30
Oberndorfer, Verwaltungsgerichtsbarkeit	*Oberndorfer*, Die österreichische Verwaltungsgerichtsbarkeit [1983]
ÖGZ [Jahr, Seite; ab 1985 Jahr/Heft, Seite]	Österreichische Gemeindezeitung
Öhlinger	*Öhlinger*, Der völkerrechtliche Vertrag im staatlichen Recht [1973]
Öhlinger, Verfassungsentwicklung	*Öhlinger*, Die Verfassungsentwicklung in Österreich seit 1974, ZaöRV 1977, 399
ÖImmZ [Jahr, Seite]	Österreichische Immobilien-Zeitung
ÖJZ [Jahr, Seite]	Österreichische Juristen-Zeitung
Okresek, Organe der EMRK	*Okresek*, Die Organe der Europäischen Menschenrechtskonvention vor neuen Herausforderungen, ÖJZ 1993, 329
OÖ, oö	Oberösterreich, oberösterreichisch, -e, -er, -es

Oppenheim	*Oppenheim*, International Law I[7]
OrgHG	BG 19.5.1967 über die Haftung der Organe der Gebietskörperschaften und der sonstigen Körperschaften und Anstalten des öffentlichen Rechts für Schäden, die sie dem Rechtsträger in Vollziehung der Gesetze unmittelbar zugefügt haben (Organhaftpflichtgesetz) BGBl 181 idFdlN BGBl 1985/104
ÖVBl [Jahr, Seite]	Österreichisches Verwaltungsblatt
ÖZW [Jahr, Seite]	Österreichische Zeitschrift für Wirtschaftsrecht
ParteienG	BG 2. 7. 1975 über die Aufgaben, Finanzierung und Wahlwerbung politischer Parteien (Parteiengesetz) BGBl 404 idFdlN BGBl I 1997/130
PatG	G 11. 1. 1897 betreffend den Schutz von Erfindungen (Patentgesetz) RGBl 30 wv als Patentgesetz 1970 BGBl 259 idFdlN BGBl 1996/181
Pauly, Schengen	*Pauly* (Hrsg), Schengen en panne [1994]
Pernthaler, Gleichheitsgrundsatz	*Pernthaler*, Der Gleichheitsgrundsatz als Organisationsgarantie in FS *Wenger* [1983]
Pernthaler, Leistende Verwaltung	*Pernthaler*, Über Begriff und Standort der leistenden-Verwaltung in der österreichischen Rechtsordnung, JBl 1965, 57
PersFrG	Bundesverfassungsgesetz vom 29. November 1988 über den Schutz der persönlichen Freiheit BGBl 684
PersonengruppenV	Verordnung des Bundesministers für Wissenschaft und Verkehr über die Festlegung von Personengruppen bei der Zulassung zu ordentlichen Studien (Personengruppenverordnung) BGBl II 1997/211
PersonenstandsG	Bundesgesetz vom 19. Jänner 1983 über die Regelung der Personenstandsangelegenheiten einschließlich des Matrikenwesens (Personenstandsgesetz – PStG) BGBl 1983/60 IdFdlN BGBl 1995/25
Pfeifer	*Pfeifer*, Das neue österreichische Asylgesetz JBl 1969, 57
Pfeil	*Pfeil*, Österreichisches Sozialhilferecht [1989]
Pichler, Wiederaufnahme	*Pichler*, Die Grenzen des wiederaufgenommenen Verfahrens, JBl 1970, 462
Pichler/Drexler	*Pichler/Drexler*, Notwehr und Notstand im Verwaltungsstrafrecht, JBl 1955, 87
Picker	*Picker*, Die definitionsgemäße Erfassung des internationalen Flüchtlings [1969]
Pieck, Gereichtsverfahren	*Pieck*, Der Anspruch auf ein rechtsstaatliches Gerichtsverfahren [1986]
Plender	*Plender*, International Migration Law[2] [1988]
Pollern	*Pollern*, Das moderne Asylrecht [1980]
Pollern, Asylrecht	*Pollern*, Asylrecht im deutschen Recht, in Hb AsylR I, 185

Pollern, Konventionsentwurf	*Pollern*, Der Konventionsentwurf über territoriales Asyl der Expertengruppe der Vereinten Nationen vom April/Mai 1975 und die Genfer Asylrechtskonferenz vom 10. Jänner bis 4. Februar 1977, AWR 1978, 6
Pompe	*Pompe*, The Convention of 28. July 1951 and the International Protection of Refugees
Potacs, Rechtsschutz	*Potacs,* Rechtsschutz beim Vollzug von Gemeinschaftsrecht in Österreich, in *Griller/Rill* (Hrsg), Verfassungsrechtliche Grundfragen der EU-Mitgliedschaft [1997]
PrivatschulG	Bundesgesetz vom 25. Juli 1962 über das Privatschulwesen (Privatschulgesetz) BGBl 1962/244 idFdlN BGBl 1994/448
ProkuraturG	Gesetz vom 12. September 1945 über die Finanzprokuratur in Wien (Prokuraturgesetz) StGBl 1945/172 idfdlN BGBl 1992/763
Proudfoot	*Proudfoot*, European Refugees 1939–52 [1957]
Puck, Aufschiebende Wirkung	*Puck*, Die aufschiebende Wirkung bei Beschwerden vor den Gerichtshöfen des öffentlichen Rechts, ZfV 1982, 359
Randelholzer	*Randelholzer*, Neubearbeitung von Art 16 Abs 2 Satz 2 GG, in *Maunz/Düring*, Grundgesetz [1985]
RAO	G 6. 7. 1868, womit eine Rechtsanwaltsordnung eingeführt wird RGBl 96 idFdlN BGBl I 1997/140
Raschauer, Handlungsformen	*Raschauer*, Grenzen der Wahlfreiheit zwischen den Handlungsformen der Verwaltung im Wirtschaftsrecht, ÖZW 1977, 1
RdC	Recueil des Cours de l´Academie de Droit International
Rechberger/Simotta	*Rechberger/Simotta*, Zivilprozeßrecht[4] [1994]
Rechtslexikon	*Maultaschl/Schuppich/Stagel (Hrsg),* Rechtslexikon, Handbuch des österreichischen Rechts für die Praxis (Loseblattsammlung)
Rechtsstellung	*Geistlinger/Lebitsch/Stolzlechner*, Zur Rechtsstellung der Ausländer nach österreichischem Recht, in *Frowein/Stein* (Hrsg), Die Rechtsstellung von Ausländern nach staatlichem Recht und Völkerrecht [1987]
Res	Resolution
Ress, Auswirkungen	*Ress*, Die Auswirkungen der Abkommen von Schengen und Dublin auf die Asylpolitik der EG, in *Pauly* (Hrsg), Les accords de Schengen: Abolition des frontières ou menace pour les libertés publiques? [1993], 89
Ress, Subjektives Recht	*Ress*, Das subjektive öffentliche Recht, FS *Antoniolli*, 105
RGBl [Jahr, Nummer]	Reichsgesetzblatt
Rill, Gliedstaatsverträge	*Rill*, Gliedstaatsverträge [1972]
Rill, Grundrecht	*Rill*, Das Grundrecht auf Datenschutz, in *Duschanek* (Hrsg), Datenschutz in der Wirtschaft [1981]

Ringhofer	*Ringhofer*, Verwaltungsverfahrensgesetze I [1987]
Ringhofer, Rechtskraft	*Ringhofer*, Von der Bedeutung des Sachverhalts für die Rechtskraft verwaltungsbehördlicher Bescheide, ÖJZ 1953, 87, 120
Ringhofer, Strukturprobleme	*Ringhofer*, Strukturprobleme des Rechts [1966]
Ringhofer, Verwaltungsgerichtshof	*Ringhofer*, Der Verwaltungsgerichtshof [1955]
Rittler, Strafrecht	*Rittler*, Lehrbuch des österreichischen Strafrechts I^2 [1954]
Robinson	*Robinson*, Convention Relating to the Status of Refugees [1953]
Rohrböck, AsylG 1991	*Rohrböck*, Das Asylgesetz 1991. Völkerrechtliche, verfassungs- und verfahrensrechtliche Probleme [1994]
Rohrböck, Asylpolitik	*Rohrböck*, Asylpolitik und Asylgesetz in Österreich, in Torschluß, 84
Rohrböck, Bestrebungen	*Rohrböck*, Bestrebungen zur Reform des österreichischen Asyl- und Fremdenrechts, AWR 1996/4, 172
Rohrböck, Dublin	*Rohrböck*, Das Übereinkommen von Dublin und das österreichischen Asylrecht, in *Wiederin*, Perspektiven, 47
Rohrböck, Prozeßfähigkeit	*Rohrböck*, Die Prozeßfähigkeit minderjähriger Asylwerber, ZfV 1991, 1
Rosenmayr, Aufenthaltsverbot	*Rosenmayr*, Aufenthaltsverbot, Schubhaft und Abschiebung, ZfV 1988, 1
Rosenmayr, Asylverfahren	*Rosenmayr*, Asylrecht und Asylverfahren in Österreich, in *Konrad* (Hrsg), Grundrechtsschutz und Verwaltungsverfahren unter besonderer Berücksichtigung des Asylrechts – Internationaler Menschenrechtsschutz [1985], 113
Rosenmayr, Asylrecht	*Rosenmayr*, Asylrecht, in *Machacek/Pahr/Stadler*, Grund- und Menschenrechte in Österreich III [1997], 535
Rosenmayr, EMRK	*Rosenmayr*, Art 3 EMRK, in *Ermacora/Nowak/Tretter* (Hrsg), Die Europäische Menschenrechtskonvention in der Rechtsprechung der österreichischen Höchstgerichte [1983], 177 ff
Rosenmayr, Auslieferungsrecht	*Rosenmayr*, Asyl- und Auslieferungsrecht, in Kritik und Fortschritt im Rechtsstaat. 17. Tagung der ÖJK vom 24. bis 27. Mai 1990 in Weißenbach am Attersee [1991], 194
RV [Seite]	Regierungsvorlage (wenn nicht anderes angegeben 686 BlgNR 20. GP; die in der Regierungsvorlage in eckigen Klammern zitierten Zahlen bezeichnen das jeweilige Ende des Zitats auf der entsprechenden Seite in den Materialien. Die eingangs zu RV angegebenen Zahl(en) in eckigen Klammern bezeichnet (bezeichnen) jene Seite(n) in den Materialien, über die sich das Zitat insgesamt erstreckt.)
Rz	Randzahl, -ziffer

SachvG	BG 19. 2. 1975 über den allgemein beeideten gerichtlichen Sachverständigen und Dolmetscher BGBl 137 idF BGBl 1994/623
Savigny	*Savigny*, System des heutigen römischen Rechts IV [1878]
Schaeffer, Asylberechtigung	*Schaeffer*, Asylberechtigung – Politische Verfolgung nach Art 16 GG [1980]
Schäffer, Privatwirtschaftsverwaltung	*Schäffer*, Die sogenannte Privatwirtschaftsverwaltung und das Gesetz, *Antoniolli* FS
Schambeck, Wirtschaft	*Schambeck*, Verwaltungsrecht im Dienste der Wirtschaft, DÖV 1969
Schengener Durchführungsübereinkommen	Übereinkommen zur Durchführung des Übereinkommens vom 14. Juni 1985 zwischen den Regierungen der Staaten der Benelux-Wirtschaftsunion, der Bundesrepublik Deutschland und der Französischen Republik betreffend den schrittweisen Abbau der Kontrollen an den gemeinsamen Grenzen BGBl III 1997/90
Schengen und die Folgen	*Achermann/Bieber/Epiney/Wehner*, Schengen und die Folgen (1995)
Schenk, Listenvorbehalt	*Schenk*, Zum Asylrecht unter Listenvorbehalt, ZRP 1992, 102
Schick/Wiederin, Wohnsitzbegriff	*Schick/Wiederin*, Landesbürgerschaft; Gemeindemitgliedschaft und Bundesverfassung – Überlegungen zum Wohnsitzbegriff des B-VG, ÖJZ 1988, 6
Schlesinger, Asylie	*Schlesinger*, Die griechische Asylie [1933]
Schnyder, Les aspects	*Schnyder*, Les aspects juridique du problème des réfugiés, RdC (I) 1965, 346
SchOG	BG 25. 6. 1962 über die Schulorganisation (Schulorganisationsgesetz) BGBl 242 idFdlN BGBl 1998/20
Schönherr	*Schönherr*, Gewerblicher Rechtsschutz und Urheberrecht [1982]
SchPflG	Schulpflichtgesetz BGBl 1962/241 wv als BG über die Schulpflicht (Schulpflichtgesetz 1985) BGBl 1985/76 idFdlN 1996/768
Schrammel, Ausländerbeschäftigung	*Schrammel*, Rechtsfragen der Ausländerbeschäftigung [1995]
SchUG	BG 6. 2. 1974 über die Ordnung von Unterricht und Erziehung in den im Schulorganisationsgesetz geregelten Schulen (Schulunterrichtsgesetz – SchUG) BGBl 139 wv BGBl 1986/472 idFdlN BGBl I 1998/22
SchülerbeihilfenG	Bundesgesetz über die Gewährung von Schulbeihilfen und Heimbeihilfen (Schülerbeihilfengesetz 1983) wv BGBl 1983/455 idFdlN BGBl I 1997/34
Schwamberger	*Schwamberger*, Akteneinsicht und Verwaltungsabgabe, ZfV 1983, 377
Schwarzer, Klaglosstellung	*Schwarzer*, Die Klaglosstellung des Beschwerdeführers im Bescheidprüfungsverfahren vor den Gerichtshöfen des öffentlichen Rechts, ZfV 1984, 1

Schwimann	*Schwimann*, Grundriß des internationalen Privatrechts [1982]
SDÜ	Schengener Durchführungsübereinkommen
Seidl-Hohenveldern, Staaten	*Seidl-Hohenveldern,* Die Staaten, in Handbuch des Völkerrechts I, 134
Seifert	*Seifert*, Freie Beweiswürdigung und freies Ermessen, ÖVBl 1993, 166
Slg	Sammlung
Sog, sog	sogenannt, -e, -er, -es
Spanner	*Spanner*, Zur Frage der Zulässigkeit einer amtswegigen Änderung irrtümlicher, erschlichener oder erzwungener Verwaltungsakte, ÖVBl 1932, 305
SPG	BG über die Organisation der Sicherheitsverwaltung und die Ausübung der Sicherheitspolizei (Sicherheitspolizeigesetz – SPG) BGBl 1991/566 idFdlN BGBl I 1998/158
StbG	BG über die österreichische Staatsbürgerschaft (Staatsbürgerschaftsgesetz 1985 – StbG) wv BGBl 1985/311 idFdlN BGBl I 1998/124
Stein, Auslieferungsausnahme	*Stein*, Die Auslieferungsausnahme bei politischen Delikten [1983]
Steiner, AsylR	*Steiner*, Österreichisches Asylrecht [1990]
Steiner, AsylR '92	*Steiner*, Asylrecht '92 [1992]
StempelmarkgenG	BG 5. 2. 1964 mit dem Bestimmungen über Stempelmarken getroffen werden (Stempelmarkengesetz) BGBl 24
StGB	BG 23. 1. 1974 über die mit gerichtlichen Strafen bedrohten Handlungen (Strafgesetzbuch – StGB) BGBl 1974/60 idFdlN BGBl I 1998/153
StGBl [Jahr/Nummer]	Staatsgesetzblatt
StGG	Staatsgrundgesetz vom 21. Dezember 1867 über die allgemeinen Rechte der Staatsbürger für die im Reichsrate vertretenen Königreiche und Länder RGBl 142 idFdlN BGBl 1982/262 idF PersFrG BGBl 1988/684
Stmk, stmk	Steiermark, steiermärkisch, -e, -er, -es
Stoitzner	*Stoitzner*, Ist der Organisationsgesetzgeber berechtigt, Zuständigkeitsnormen zu erlassen?, ÖJZ 1986, 135
Stolzlechner, Politische Rechte	*Stolzlechner*, Die politischen Rechte der Ausländer in Österreich [1980]
StPO	G 23. 5. 1873 betreffend die Einführung einer Strafprozeßordnung wv als Strafprozeßordnung 1975 (StPO) BGBl 1975/631 idFdlN BGBl I 1997/112
Strassmann, Bundesvertriebenengesetz	*Strassmann*, Bundesvertriebenengesetz [1958]
StudFG	BG über die Gewährung von Studienbeihilfen und anderen Studienförderungsmaßnahmen (Studienförderungsgesetz 1992 – StudFG) BGBl 1992/305 idFdlN BGBl I 1998/39

Subramanya	*Subramanya*, Rights and Status of the Individual in International Law [1984]
SZ [Band/Nummer]	Entscheidungen des österreichischen Obersten Gerichtshofes in Zivilsachen
Takkenberg/Tahbaz	*Takkenberg/Tahbaz*, The Collected Travaux Préparatoires of the 1951 Geneva Convention Relating to the Status of Refugees, I, II und III [1989]
Tberghien	*Tberghien*, La protection des réfugiés en France[2] [1988]
Tezner, Zuständigkeit	*Tezner*, Die Ordnung der Zuständigkeit der österreichischen Verwaltungsbehörden [1925]
Thienel, Berufungsvorentscheidung	*Thienel*, Zweifelsfragen der Berufungsvorentscheidung im Mehrparteienverfahren, ÖGZ 1991/2, 7
Thienel, Klaglosstellung	*Thienel*, Die Klaglosstellung im Bescheidprüfungsverfahren vor dem Verwaltungs- und Verfassungsgerichtshof, JBl 1985, 405
Thienel, Probleme	*Thienel*, Verfassungsrechtliche Probleme der derzeitigen Ausgestaltung der unabhängigen Verwaltungssenate, in *Pernthaler* (Hrsg), Unabhängige Verwaltungssenate und Verwaltungsgerichtsbarkeit [1993], 5
Thienel, Staatsbürgerschaft	*Thienel*, Österreichische Staatsbürgerschaft, I [1989] und II [1990]
Thienel, Verfahren	*Thienel*, Das Verfahren der Verwaltungssenate [2] [1992]
Thienel, Verfahrensdauer	*Thienel*, Die angemessene Verfahrensdauer (Art 6 Abs 1 MRK) in der Rechtsprechung der Straßburger Organe, ÖJZ 1993, 473
Tir, tir	tiroler
Tomuschat	*Tomuschat*, A Right to Asylum in Europe, HRLJ 1992, 257
Torschluß	*Althaler/Hohenwarter* (Hrsg), Torschluß. Wanderungsbewegungen und Politik in Europa [1992]
Traxler	*Traxler*, Bemerkungen zu § 73 Abs 2 AVG, ÖJZ 1973, 319
Türk; Flüchtlingshochkommissariat	*Türk*, Das Flüchtlingshochkommissariat der Vereinten Nationen (UNHCR) [1992]
Türk, Flüchtlingsschutz	*Türk*, Das Konzept des internationalen Flüchtlingsschutzes und die Menschenrechte, AWR, 1996/4, 161
Ua, ua	unter anderem (-n); und andere
UBAS	Unabhängiger Bundesasylsenat
UBASG	BG über den unabhängigen Bundesasylsenat, (UBASG) BGBl I 1997/77
Uibopuu, Anderweitiger Schutz	*Uibopuu*, § 7 Abs 2 Asylgesetz und der „anderweitige Schutz" des Asylwerbers, ZaöRV 34, 1984, 305
UN	United Nations
UNHCR	United Nations High Commissioner for Refugees
UNHCR, Collection	UNHCR (Hrsg), Collection of International Instruments Concerning Refugees [1990]

UniStG	Bundesgesetz über die Studien an den Universitäten (Universitäts-Studiengesetz – UniStG) BGBl I 1997/48
UNKRA	United Nations Korean Reconstruction Agency
UNRWA	United Nations Relief and Works Agency
UOG	Bundesgesetz über die Organisation der Universitäten (UOG 1993) BGBl 1993/805 idFdlN BGBl I 1997/99
uva	und viele andere
UVS	unabhängige(r) Verwaltungssenat(e); UVSL und UBAS
UVSL	unabhängige(r) Verwaltungssenat(e) in den Ländern
UWG	BG gegen den unlauteren Wettbewerb 1984 – UWG BGBl 448 idFdlKdm BGBl 1994/422
V, v	von, vom
V	Verordnung
VA	Bericht des Verfassungsausschusses
Vbg, vbg	Vorarlberg, vorarlberger
Veiter, Asylrecht	*Veiter*, Asylrecht als Menschenrecht [1969]
Veiter, Rechtsprechung	*Veiter*, Die Flüchtlingskonvention in der österreichischen Rechtsprechung JBl 1972, 349
Velu/Ergec, La Convention	*Velu/Ergec*, La Convention eurpéenne des Droits de l´Homme [1990]
Verdross/Simma, Völkerrecht	*Verdross/Simma*, Universelles Völkerrecht, Theorie und Praxis³ [1984]
Verfassungs-änderungen	*Walter*, Verfassungsänderungen 1988 [1989]
Vernant, Refugee	*Vernant*, The Refugee in the Post-War World [1953]
VfGG	Verfassungsgerichtshofgesetz – VerfGG 1953 wv BGBl 1953/85 idFdlN BGBl I 1997/88
VfGH	Verfassungsgerichtshof
VfSlg [Nummer]	Erkenntisse und Beschlüsse des Verfassungsgerichtshofes
VG	(deutsches) Verwaltungsgericht
Vgl, vgl	vergleiche
VN	Vereinte(n) Nationen
VO	Verordnung
Vol	Volume
VStG	BG 21. 7. 1925 über die allgemeinen Bestimmungen gesetz Verwaltungsstrafrechts und das Verwaltungs-strafverfahren (Verwaltungsstrafgesetz 1991 – VStG) BGBl 1925/275 wv BGBl 1991/52 idFdlN BGBl I 1998/158
VwGG	Verwaltungsgerichtshofgesetz 1985 – VwGG wv BGBl 1985/10 idFdlN BGBl I 1997/88
VwGH	Verwaltungsgerichtshof
VwSlg	Erkenntnisse des Verwaltungsgerichtshofes (1901–1934)
– [Nummer] A	administrativrechtlicher Teil

– [Nummer] F	finanzrechtlicher Teil
VwSlgNF	Erkenntnisse und Beschlüsse des Verwaltungsgerichtshofes, Neue Folge (ab 1946)
– [Nummer] A	administrativrechtlicher Teil
– [Nummer] F	finanzrechtlicher Teil

Walter, Gerichtsbarkeit	*Walter*, Verfassung und Gerichtsbarkeit [1960]
Walter, Wiedereinsetzung	*Walter*, Die Wiedereinsetzung in der BAO im Lichte interner Prozeßvergleichung, ÖJZ 1962, 617 und 650
Walter/Mayer, Besonderes Verwaltungsrecht	*Walter/Mayer*, Besonderes Verwaltungsrecht[2] [1987]
Walter/Mayer, Bundesverfassungsrecht	*Walter/Mayer*, Grundriß des österreichischen Bundesverfassungsrechts[8] [1996]
Walter/Mayer, Verwaltungsverfahrensrecht	*Walter/Mayer*, Grundriß des österreichischen Verwaltungsverfahrensrechts[6] [1995]
Walter/Mayer, Zustellrecht	*Walter/Mayer*, Österreichisches Zustellrecht [1983]
Walter/Thienel	*Walter/Thienel*, Die Verwaltungsverfahrensnovellen 1995
Walter/Thienel, Verfahren	*Walter/Thienel*, Verwaltungsverfahrensgesetze I[2] [1998]
Weis, Concept	*Weis*, The Concept of the Refugee in International Law in Journal du Droit international 1960, 928
Weis, Declaration	*Weis*, The United Nations Declaration on Territorial Asylum, Canadian Yearbokk of International Law VII, 92 [1969]
Weis, Draft Convention	*Weis*, The Draft Convention on Terrtorial Asylum of the Crnegie Endowment for International Peace, AWR, 1973, 94
Weis, Protection	*Weis*, The International Protection of Refugees, AJIL 1954, 193
Weis, Territorial Asylum	*Weis*, Territorial Asylum, Indian Journal of International Law 1966, 173
Weis, Travaux	*Weis*, Travaux Préparatoires of the Convention relating to the Status of Refugees of 28 July 1951, United Nations Institut for Training and Research, IV, 1268
Weis, UNHCR	*Weis*, The Office of the United Nations High Commissioner for Refugees an Human Rights; Human Rights Law Journal 1968, 249
Weis/Jahn	*Weis/Jahn*, Die Vereinten Nationen und die Flüchtlinge, in *Schätzel/Veiter*, Handbuch des internationalen Flüchtlingsrechts (1960)
Welturheberrechtsabkommen (Genfer Fassung)	Welturheberrechtsabkommen BGBl 1957/108

Welturheberrechtsabkommen (Pariser Fassung)	Welturheberrechtsabkommen revidiert am 24. Juli 1971 in Paris BGBl 1982/293
Wenger, Selbstbindungsgesetze	*Wenger*, Zur Problematik der österreichischen Selbstbindungsgesetze in FS *Korinek* [1972]
Wenger, Subventionsbegriff	*Wenger*, Funktion und Merkmale eines verwaltungsrechtlichen Subventionsbegriffs, in Förderungsverwaltung
Werenfels, Flüchtlingsbegriff	*Werenfels*, Der Begriff des Flüchtlings im schweizerischen Asylrecht [1987]
Werner	*Werner*, Probleme des Verwaltungsverfahrens, JBl 1954, 293
Weyr	*Weyr*, Die Verfahrensordnung der politischen Verwaltung in der Czechoslowakei [1930]
WFG 1984	BG 27. 11. 1984 über die Förderung der Errichtung von Wohnungen sowie zur Änderung des Wohnungsgemeinnützigkeitsgesetzes (Wohnbauförderungsgesetz 1984 – WFG) BGBl 482 idFlKdm BGBl 1993/917
Wiederin, Aufenthaltsbeendende Maßnahmen	*Wiederin*, Aufenthaltsbeendende Maßnahmen im Fremdenpolizeirecht [1993]
Wiederin, Bundesrecht und Landesrecht	*Wiederin,* Bundesrecht und Landesrecht [1995]
Wiederin, Drittstaatsklauseln	*Wiederin*, Drittstaatsklauseln im Asylrecht, JAP 1995/96, 153
Wiederin, Sicherheitspolizei	*Wiederin*, Einführung in das Sicherheitspolizeirecht [1998]
Wiederin, Perspektiven	*Wiederin*(Hrsg), Neue Perspektiven im Ausländerrecht [1996]
Wiederin, Recht auf Prüfung	*Wiederin*, Asyl im Dublin-Verbund. Kein Recht auf Prüfung?, Juridicum 1997/2, 14 ff
Wiederin, Versteinerungstheorie	*Wiederin*, Anmerkungen zur Versteinerungstheorie in *Winkler*-FS, 1271
Wiederin, Zustellung	*Wiederin*, Zustellung bei Abwesenheit des Empfängers, ZfV 1988, 222, 375
Wielinger/Gruber, Mitwirkungspflicht	*Wielinger/Gruber*, Zur Frage der Mitwirkungspflicht der Parteien im Verwaltungsverfahren, ZfV 1983, 365
Wierer, Asylrecht	*Wierer*, Das Asylrecht, in *Veiter* (Hrsg), Handbuch des internationalen Flüchtlingsrechts I [1960], 76
Winkelhofer	*Winkelhofer*, Säumnis von Verwaltungsbehörden [1991]
Winkler	*Winkler*, Zur Frage der unmittelbaren Anwendbarkeit von Staatsverträgen, JBl 1961, 8
Winkler, Bescheid	*Winkler*, Der Bescheid [1956]
Wollenschläger, Geschichte	*Wollenschläger*, Geschichte und Fomen des Asylrechts, in Hb AsylR I, 53
Wr, wr	wiener
Wurst, Wiedereinsetzung	*Wurst*, Die Wiedereinsetzung in den vorigen Stand im allgemeinen Verwaltungsverfahren, JBl 1962, 366

Wv, wv	wiederverlautbart
WVK	Wiener Übereinkommen über das Recht der Verträge BGBl 1980/40
YB [Band, Seite]	Yearbook of the European Convention on Human Rights
Z	Ziffer, Zahl
ZaöRV [Band, Jahr, Seite]	Zeitschrift für ausländisches öffentliches Recht und Völkerrecht
ZAR [Jahr, Seite]	Zeitschrift für Ausländerrecht und Ausländerpolitik
ZB, zB	zum Beispiel
Zemanek, Humanitätsrecht	*Zemanek*, Das Kriegs- und Humanitätsrecht, in Handbuch des Völkerrechts I, 472
Zemanek, Völkervertragsrecht	*Zemanek*, Völkervertragsrecht, in Handbuch des Völkerrechts I, 51
Zeyringer	*Zeyringer*, Namensänderungsgesetz [1988]
ZfV [Jahr, Seite]	Zeitschrift für Verwaltung
Zierl, Entmündigung	*Zierl*, Die Auswirkungen einer Entmündigung auf das Verwaltungsrecht, ÖJZ 1982, 566
Zimmermann, Grundrecht	*Zimmermann*, Das Grundrecht auf Asyl [1994]
Zink, Asylrecht	*Zink*, Das Asylrecht in der Bundesrepublik Deutschland nach dem Abkommen von 28. Juli 1951 über die Rechtsstellung der Flüchtlinge unter besonderer Berücksichtigung der Rechtsprechung der Verwaltungsgerichte [1962]
Zink, Verfolgung	*Zink*, Zur Bestimmung des Begriffs „Verfolgung" im Sinne des Abkommens vom 28. Juli 1951 über die Rechtsstellung der Flüchtlinge [1956]
Zit, zit	zitiert, -e, -en, -er, -es
Zogler, Verordnungsrecht	*Zogler*, Österreichisches Verordnungsrecht [1898]
ZÖR [Band, Jahr, Seite]	Zeitschrift für öffentliches Recht
ZP	Zusatzprotokoll
ZPO	G 1. 8. 1895 über das gerichtliche Verfahren in bürgerlichen Rechtsstreitigkeiten (Zivilprozeßordnung) BGBl 1895/113 idFdlN BGBl I 1997/140
ZRP [Jahr, Seite]	Zeitschrift für Rechtspolitik
ZustellG	BG 1. 4. 1982 über die Zustellung behördlicher Schriftstücke (Zustellgesetz) BGBl 200 idF BGBl 1990/357

Die Entwicklung des Asylrechts

1 Der Begriff „Asyl" (ασυλον) stammt aus dem Griechischen. In dem Wort το ασυλον steckt der Wortkern συλον. Dies bedeutet soviel wie „gewaltsames Wegreißen, Plünderung". Das Wort συλον wandelte sich zum terminus technicus für das „gewaltsame Wegschleppen von Personen und Sachen zur Durchsetzung von Rechtsansprüchen". Der Begriff το ασυλον bezeichnete den Ort, an dem die Ausübung des συλον verboten war. Hier bedeutet das Wort soviel wie Freistätte, ein Ort also, an welchem ein Verfolgter Schutz findet (*Veiter*, Asylrecht, 87; *Kimminich,* Asylrecht, 1 ff; ders, Asylrechtsgeschichte, 18). Das Asylrecht hatte ursprünglich religiösen Charakter (*Wollenschläger*, Geschichte, 56). Im Laufe der Zeit bildete sich in der griechischen Welt ein staatlicher Asylschutz dokumentiert in zahlreichen Dekreten und Staatsverträgen heraus, welcher nicht mehr notwendigerweise auf religiösem Ursprung beruhte (*Schlesinger*, Asylie, 5; *Kimminich*, Asylrechtsgeschichte, 33). Mit der Loslösung des Asylrechts aus dem religiösen Bereich und dessen Wandlung zum Asyl als Recht des Schutz gewährenden Staates setzte eine Entwicklung ein, die auch für das moderne Asylrecht insofern von Bedeutung ist, als das Asylrecht nicht mehr nur aus Verträgen abgeleitet wird.

2 Die Römer standen der Einrichtung des Asyls eher zwiespältig gegenüber. Zum Schutz der Fremden wurde in Rom ein eigenes Rechtsinstitut entwickelt, nämlich das „hospitum publice datum" (*Jhering*, Entwicklung, 233). Dies war ein auf zwischenstaatlichen Vereinbarungen beruhendes Gastrecht. Das römische Reich anerkannte allerdings nicht den Grundsatz der Gegenseitigkeit. Dadurch wurde das Asylrecht dergestalt verändert, daß geflohene „gemeine Verbrecher" unbehelligt blieben, während politische Flüchtlinge zurückgefordert und sogar mit Gewalt zurückgeholt wurden (*Kimminich*, Asylrechtsgeschichte, 35).

3 Der Ursprung und die Entstehung des Asyls der christlichen Kirchen, welches in Kirchen und Klöstern gewährt wurde, ist umstritten (*Bulmerincq*, Asylrechtsgeschichte, 74). Das kirchliche Asylrecht war etwa vom 5. Jahrhundert bis zum 15. Jahrhundert wirksam. Da die Kirche von Anfang an auch vorsätzlich handelnden Verbrechern Asyl gewährte (vgl *Kimminich*, Asylrechtsgeschichte, 37) und so teilweise der staatlichen Strafrechtspflege hinderlich war, zog die kaiserliche Gesetzgebung dem Asylrecht der Kirche bis zu dessen Abschaffung sukzessive mehr und mehr Schranken (*Wollenschläger*, Geschichte, 62).

4 Das weltliche Asylrecht im mittelalterlichen Staat und dessen Erscheinungsformen leiten sich teilweise aus dem Asylrecht der Kirche ab (*Bulmerincq*, Asylrechtsgeschichte, 107), wobei das Asylrecht entweder an einer weltlichen Person oder an einem weltlichen Gegenstand haftete. So wurde etwa auch der Gerichtsstätte und später der häuslichen Stätte der das Gericht übenden Richter das Asylrecht verliehen. Daneben existierte die mit Asylrecht bezeichnete Freiheit des Hauses als ein Vorrecht der Schlösser und Burgen des Adels. Das Asylrecht im Sinne eines Rechtes zur Schutzgewährung beruhte vielfach auf ausdrücklicher Verleihung an Städte sowie an Organisationen wie dem Johanniterorden und dem Deutschen Orden. Die Souveränität des Herrschers beeinflußte auch das Asylrecht. Das Recht, Asyl zu gewähren, galt als subjektives Recht des Fürsten (*Kimminich*, Asylrechtsgeschichte, 41). Politische Verbrecher wurden vom Asyl ausgenommen, wobei bereits damals kritische Stimmen laut wurden. Hugo Grotius – ein Denker, der seiner Zeit in vielem weit voraus war – verstand das politische Asyl nicht nur als Recht, sondern als Pflicht des Staates, an den sich der Flüchtling wendet (*Grotius*, II. Buch, Kap II/XII).

5 Die französische Revolution, die die Souveränität des Herrschers in eine Souveränität des Staates wandelte, löste im 19. Jahrhundert eine „Kodifikationswelle“ aus und ließ das Asyl auch Personen zuteil werden, die vergebens versucht hatten, die politische Ordnung ihres Heimatstaates zu stürzen oder zu restaurieren und nun Zuflucht auf dem Gebiet eines Staates suchten, dessen Regierung deren politische Ansichten billigte oder teilte (*Wollenschläger*, Geschichte, 65). Mit zunehmender Kodifikation des Staatsbürgerschaftsrechts gewann zwangsläufig auch das Fremdenrecht an Bedeutung.

6 Die erste Unterscheidung zwischen In- und Ausländern fällt in die Zeit des Entstehens der Territorial- bzw Nationalstaaten des ausgehenden 18. Jahrhunderts (vgl das Konskriptionspatent von Maria Theresia aus dem Jahre 1779). Die Entwicklung von Staatsbürgerschaftskodifikationen in Europa hängt eng mit der Einführung der allgemeinen Wehrpflicht zusammen. Seit dem Jahre 1811 gibt es erstmals eine einheitliche österreichische Staatsbürgerschaft in allen Ländern, in denen das ABGB galt (*Thienel*, Staatsbürgerschaft I, 35). Im Jahre 1863 wird das Heimatrechtsgesetz (RGBl 1863/105) mit dem Ziel der Armenvorsorge, der Abschaffung fremder Vagabunden und der Erfassung der Stellungspflichtigen verfügt.

7 Auf dieses Gesetz nimmt das 1871 erlassene Reichsschubgesetz (RGBl 1871/88) Bezug, indem das Heimatrecht in einer Gemeinde vor „Abschaffung“ schützte. Durch den Beschluß über die grundlegenden Einrichtungen der Staatsgewalt im Jahre 1918 (StGBl 1918/1) wurden die staatsbürgerschafts- und heimatrechtlichen Regelungen in die Rechtsordnung der Ersten Republik übergeleitet. In der Ersten Republik lag das Schwergewicht der Gesetzgebung darauf, die rechtliche Zugehörigkeit jener Personen zu bestimmen, die auf „altösterreichischem“ und „altungarischem“ Gebiet gelebt haben (*Thienel*, Staatsbürgerschaft I, 50).

8 Mit dem Anschluß Österreichs an das Deutsche Reich am 13. März 1938 wurden alle österreichischen Bundesbürger zu deutschen Staatszugehörigen. Im Zuge der Gleichschaltung der österreichischen Rechtsordnung mit dem Recht des Dritten Reiches wurde die Ausländerpolizeiverordnung (dRGBl I 1938/1035) eingeführt. Durch das R-ÜG 1945 (StGBl 1945/6) wurde die Ausländerpolizeiverordnung in Gesetzesrang in die österreichische Rechtsordnung übernommen.

9 Diese Verordnung wurde im Jahre 1954 durch das Fremdenpolizeigesetz (BGBl 1954/75) abgelöst. Obwohl dieses Gesetz in mancher Hinsicht ausländerfreundlicher anmutet, ist die Vorbildwirkung der deutschen Ausländerpolizeiverordnung nicht zu übersehen. Dieses Gesetz war von zahlreichen allgemeinen Klauseln und Gesetzesbegriffen geprägt und räumte den Verwaltungsbehörden eine große Beweglichkeit in der Vollziehung ein. Mit BG vom 2. Juni 1954 betreffend den Erwerb der Staatsbürgerschaft durch Volksdeutsche (BGBl 1954/142) wurde für den genannten Personenkreis unter näheren Voraussetzungen (das sind im wesentlichen: Staatenlosigkeit bzw ungeklärte Staatszugehörigkeit infolge von Ereignissen des zweiten Weltkrieges und Wohnsitznahme in Österreich in der Zeit von 1. 1. 1944 bis 31. 12. 1949) die Möglichkeit des Staatsbürgerschaftserwerbs durch Erklärung geschaffen.

10 Nach dem ersten Weltkrieg war die internationale Entwicklung nicht stehengeblieben. Während der Massenflucht russischer Flüchtlinge zwischen 1919 und 1921 hatten sich um das damalige Konstantinopel so viele Flüchtlinge zusammengefunden, daß eine regionale Lösung des Flüchtlingsproblems nicht mehr möglich erschien (vgl *Simpson*, Refugees, 43; *Bentwich*, League of Nations, 115). Im Juni 1921 entschloß sich der Völkerbundrat dazu, eine Lösung dieses Problems auf internationaler Ebene zu versuchen (*Holborn*, Refugees I, 5; *Türk*, Flüchtlingshochkommissariat, 3; *Simpson*, Refugees, 76). Im August wurde Fridtjof Nansen zum „High

Commissioner on behalf of the League in connection with the Problems of Russian Refugees in Europe" ernannt (vgl *Holborn*, Refugees I, 7). Im Juli 1922 wurde verschiedenen Staaten im Rahmen einer internationalen Konferenz empfohlen, russischen Flüchtlingen Identitätspapiere auszustellen und diese unter näheren Voraussetzungen auch als Reisedokumente anzuerkennen (Arrangement with Regard to the Issue of Certificates of Identity to Russian Refugees vom 5. Juli 1992, 13 LNTS 238).

11 Diese Empfehlung wurde im Mai 1924 auf armenische Flüchtlinge, und im Juni 1928 auf assyrische und türkische Flüchtlinge ausgedehnt (Arrangement Concerning the Extension to Other Categories of Refugees of Certain Messures taken in Favour of Russian and Armenian Refugees vom 30. Juni 1928, 89 LNTS 65). In der Folge einigten sich die Staatenvertreter auf eine Definition der russischen und der armenischen Flüchtlingsgruppe. Danach bezeichnete der Ausdruck „Russian Refugee": *„Any person of Russian origin who does not enjoy or who no longer enjoys the protection of the Government of the Union of Socialist Soviet Republics and who has not acquired another nationality"*. Ähnlich wurde der Ausdruck „Armenian Refugee" umschrieben: *„Any person of Armenian origin formerly a subject of the Ottoman Empire who does not enjoy or who no longer enjoys the protection of the Government of the Turkish Republic and who has not acquired another nationalitiy"*.

12 Eine weitere Konferenz im Jahre 1928 widmete sich erstmals der Rechtsstellung der Flüchtlinge im Aufenthaltsstaat und unterzeichnete das Arrangement Relating to the Legal Status of Russian and Armenian Refugees vom 30. Juni 1928 (89 LNTS 55). Dieses Arrangement wurde lediglich für zehn Staaten wirksam (vgl A Study of Statelessness, UNDoc E/1112,82). Die Arrangements aus den zwanziger Jahren gaben lediglich unverbindliche Richtlinien vor (*Kimminich*, Entwicklung, 379).

13 In den dreißiger Jahren wurden zwei Konventionen über den Rechtsstatus von Flüchtlingen ausgearbeitet. Im Jahre 1933 wurde eine Konvention über die Rechtsstellung der rumänischen, assyrischen und türkischen Flüchtlinge zur Unterzeichnung aufgelegt. Im Jahre 1938 folgte eine Konvention über die Rechtsstellung der Flüchtlinge aus Deutschland und Österreich (siehe dazu *Davy U.*, Flüchtlingsrecht I, 23). Beide Konventionen orientierten sich deutlich an den Arrangements aus den zwanziger Jahren. Die Konventionen aus den Jahren 1933 und 1938 enthielten jedoch völkerrechtliche Verpflichtungen für die Vertragsstaaten (siehe dazu *Davy U.*, Flüchtlingsrecht I, 24, 29 f).

14 Im Jahre 1946 begann man mit der Ausarbeitung eines Statuts der „International Refugee Organisation" (vgl dazu UNDoc A/127; UNDoc A/C.3/SR.15; UNDoc A/265; vgl weiters *Türk*, Flüchtlingshochkommissariat, 15). Das Statut wurde noch im Dezember 1946 von der UN-Vollversammlung beschlossen (vgl die Diskussion und die Beschlußfassung in der UN-Vollversammlung am 15. 12. 1946, GAOR 2nd Part 1st Session 1946, 1432, 1453 und Res 62, I). Die International Refugee Organisation (IRO) war als temporary specialist agency eingerichtet und stellte im Jahre 1952 ihre Tätigkeit ein.

15 Bereits im Jahre 1949 einigten sich die Staaten darauf, daß die weitere Flüchtlingsarbeit im Rahmen der Vereinigten Nationen auf zwei rechtlichen Instrumentarien beruhen sollte: einem Statut, das einen United Nations High Commissioner for Refugees (UNHCR) errichtet, und einer Konvention, die den Staaten die einzuräumende Rechtsstellung der Flüchtlinge bindend vorgibt (vgl dazu die Empfehlungen in „A Study of Statelessness", UNDoc E/1112, 72 und die beiden Resolutionen des UN Economic and Social Council vom 6. und 8. 8. 1949, 248A (IX) und 248B (IX)).

16 Im Dezember 1950 beschloß die UN-Vollversammlung das UNHCR-Statut (vgl *Türk*, Flüchtlingshochkommissariat, 113, 138). Die Arbeiten an der Flüchtlingskonvention konnten im Jahre 1950 nicht beendet werden. Vielmehr beschloß die UN-Vollversammlung, mit der endgültigen Fassung des Textes eine eigene Bevollmächtigtenkonferenz zu betrauen. Die Bevollmächtigtenkonferenz schloß ihre Arbeit innerhalb eines Jahres am 25. 7. 1951 ab (vgl UNDoc A/CONF.2/SR.35, 44). Die Flüchtlingskonvention (GFK) lag ab 28. 7. 1951 in Genf zur Unterzeichnung auf und trat am 22. 4. 1954 völkerrechtlich in Kraft. Österreich hat die GFK mit BGBl 1955/55 in das österreichische Recht transformiert. Mit der GFK wurde ein neues Kapitel aufgeschlagen (zur Zeitlosigkeit der GFK siehe *Geistlinger*, Flüchtlingskonvention). Die GFK schützt im wesentlichen alle Personen, die (politische) Verfolgung zu befürchten haben (siehe dazu die Anmerkung zu § 12, Rz 369 ff).

17 Schon parallel zu den Beratungen zur GFK waren mehrere Versuche unternommen worden, ein „right of asylum" in die Menschenrechtsdokumente der Vereinten Nationen aufzunehmen, wobei allerdings zahlreiche Versuche fehlschlugen (siehe dazu *Davy U.*, Flüchtlingsrecht I, 52 ff). Es dauerte etwa 10 Jahre, bis man sich auf einen proklamierten, aber unverbindlichen Text einigen konnte (vgl *Weis*, Declaration, 97; *Kimminich*, Entwicklung 393), der letztendlich als Asylrechtsdeklaration 1967 beschlossen wurde (vgl dazu *Davy U.*, Flüchtlingsrecht I, 56 ff). Die Deklaration empfiehlt den Staaten im wesentlichen vier Grundsätze: die wechselseitige Achtung der Asylgewährung, die wechselseitige Hilfestellung für den Fall, daß aus der Asylgewährung Belastungen erwachsen, die Achtung des Prinzips des non-refoulement, die „Pflicht", Aktivitäten der aufgenommenen Personen zu unterbinden, wenn sie den Zielen und Prinzipien der Vereinten Nationen zuwiderlaufen.

18 Es dauerte wiederum zehn Jahre, bis die Vorarbeiten zu einer internationalen Konferenz abgeschlossen waren, bei der die endgültige Fassung der „Convention on Territorial Asylum" erarbeitet werden sollte (vgl *Doehring*, Konventionsentwurf, 56; *Weis*, Draft Convention, 94; *Lapenna*, Asylum, 1; *Pollern*, Konventionsentwurf, 6; *Aga Khan*, Problems, 318). Nach Ablauf der für die Konferenz geplanten Zeitspanne wurden jedoch die Arbeiten abgebrochen. Der UN-Vollversammlung wurde empfohlen, die Bemühungen fortzusetzen und die Konferenz zu einem anderen geeigneten Zeitpunkt wieder einzuberufen (vgl UNDoc A/CONF.78/12). Ein solcher „geeigneter Zeitpunkt" hat sich bis dato nicht gefunden.

19 Bis zur Erlassung des AsylG 1968 hatten die Fremdenpolizeibehörden die Flüchtlingseigenschaft lediglich als Vorfrage in einem fremdenpolizeilichen Verfahren zu prüfen. Von der damals geltenden Rechtslage abweichend war die Überprüfung der Konventionsflüchtlingseigenschaft durch Erlässe des BMI (vgl die Erlässe des BMI vom 29. 3. 1958, 1. 10. 1959 und 28. 6. 1961, abgedruckt bei *Hermann*, 77 (Anm 4) und 92 (Anm 1, 2)) dergestalt geregelt, daß nach einem Ermittlungsverfahren, das mit einer nicht bescheidmäßigen (internen) Feststellung der Flüchtlingseigenschaft endete, nach einem entsprechenden Aktenvermerk eine „Bescheinigung der Flüchtlingseigenschaft" in Form eines Lichtbildausweises ausgestellt und, wenn die Flüchtlingseigenschaft verneint wurde, die Frage der Flüchtlingseigenschaft als Vorfrage in einem Verfahren nach dem Paßgesetz bzw Fremdenpolizeigesetz gelöst wurde (zu diesem „Verfahren" näher *Ermacora*, 602 ff; *Pfeifer*, 57 ff).

20 Mit dem AsylG 1968 wurden die Voraussetzungen des Art 1 Abschn A GFK und das Fehlen von Ausschlußgründen nach Art 1 Abschn C oder F GFK hinsichtlich einer Person bescheidmäßig festgestellt. An diese Feststellung knüpfte sich die Flüchtlingseigenschaft im Sinne des AsylG 1968 und unter näheren Voraussetzungen das dauernde Aufenthaltsrecht im Bundesgebiet. Subsidiär blieb das FrPolG anwendbar. Die seit 1983 stetig steigende Zahl der Asylwerber in den letzten Jahren soll eine immer länger werdende Verfahrensdauer und damit vermehrte finanzielle, soziale und humanitäre Probleme bedingt haben (vgl dazu *Geistlinger*, Fremdenfeindlichkeit, 123 ff), die nicht zuletzt durch die nicht immer gesetzmäßige und willkürlich eingeschränkte Betreuung der Asylwerber durch den BMI verstärkt wurden.

21 Die letzten Novellen zum FrPolG (vgl dazu insb BGBl 1990/190 und BGBl 1990/451) und das FrG 1992 brachten eine wesentliche Verschärfung des Fremdenrechts (vgl dazu *Davy U.*, Neuordnung, 71; *Nowak*, Verschärfung, 175; *Grussmann*, Ausländerrecht, 70; *Geistlinger*, Fremdenfeindlichkeit). Im Jahre 1990 wurde zunächst das auf ein Jahr befristete BG über die Bundesbetreuung für Asylwerber (BGBl 1990/452) erlassen. Dieses G wurde im August 1991 durch das BBtrG (BGBl 1991/405 idF BGBl 1994/314) abgelöst, das die Bundesbetreuung nicht nur an die „Hilfsbedürftigkeit" knüpft, sondern auch daran, daß sich der Asylwerber bereit erklärt, „an der Feststellung seiner Identität und Hilfsbedürftigkeit mitzuwirken" (vgl § 2 Abs 2 BBetrG). Das BBetrG wurde durch die BBetrVO (BGBl 1992/31) ergänzt. Mit dem AsylG 1991 (BGBl 1992/8 idF BGBl 1992/838, BGBl 1993/437 und BGBl 1994/610) wurde das Asylverfahren – nicht zuletzt mit dem Argument der Bekämpfung des „Asylmißbrauchs" (siehe dazu *Geistlinger*, Fremdenfeindlichkeit, 130 ff) – vollständig reformiert (siehe dazu *Rohrböck*, AsylG 1991; *Davy U.*, Neuordnung, 72; *Rohrböck*, Asylpolitik, 84 ff).

22 Am 1. Jänner 1993 wurde das FrPolG durch das Fremdengesetz (BGBl 1992/838 idFdlN BGBl 1994/505; zur Entstehungsgeschichte dieses G siehe *Wiederin*, Aufenthaltsbeendende Maßnahmen, 6 f) ersetzt. Dieses BG enthielt zwar einige begrüßenswerte Neuerungen, die allerdings in der Praxis umgangen werden (zB §§ 37, 54 FrG 1992; die Praxis machte diese Bestimmungen insofern wertlos, als sich die Sicherheitsbehörden auf die Prüfung einer Verfolgungsgefahr iwS nicht einließen; die Sicherheitsbehörden verschoben bei abweichendem Beweisthema die Prüfungslast auf die Asylbehörden, die ihrerseits die Verfolgungsgefahr – wenn überhaupt – nur unvollkommen prüfen; vgl dazu *Davy U.*, Neuordnung, 78). Am 1. Juli 1993 trat das AufG (BGBl 1992/466 idFdlN BGBl 1995/351) in Kraft, das weitere Einschränkungen der Einreiselegitimation und des Aufenthaltsrechtes für Fremde enthielt.

23 Mit 1. Jänner 1998 traten das FrG 1997 (BGBl I 1997/75), das AsylG 1997 (BGBl I 1997/76), das Bundesgesetz über den unabhängigen Bundesasylsenat (BGBl I 1997/77) sowie eine Verfassungsnovelle betreffend die verfassungsgesetzliche Ermächtigung zur Schaffung eines unabhängigen Bundesasylsenats (Art 129c und Art 131 Abs 3 der B-VGN BGBl I 1997/87) in Kraft. Das AsylG 1997 wurde mit Wirkung vom 1. 1. 1999 novelliert. Das FrG 1997 vereinigt das AufG und das FrG 1992 zu einem Gesetzeswerk und bringt neben alten und neuen Problemen insb vor dem Hintergrund der sog „Aufenthaltsverfestigung" wesentliche Fortschritte. Das AsylG 1997 enthält als die wesentlichen Neuerungen eine geänderte Drittstaatklausel (§ 4 leg cit), die nunmehr eine Prognose im Hinblick auf die Sicherheit in einem anderen Staat verlangt, und beruft den UBAS als weisungsfreie Berufungsbehörde (§ 38 leg cit).

24 Der Harmonisierungsprozeß auf europäischer Ebene im Bereich des Asylrechts war lange Zeit durch eine unüberschaubare Vielzahl von Arbeitsgruppen und Unterarbeitsgruppen gekennzeichnet. Die sog TREVI-Gruppe bestand aus mehreren Untergruppen, von denen sich eine mit Fragen der Verschärfung der Grenzkontrollen an den Außengrenzen, Visaerteilungen und Verhinderung des Asylmißbrauchs beschäftigt hat (vgl zB *Goldstein*, Kompetenzen, 37 f) Während der Präsidentschaft des Vereinigten Königreiches wurde im Jahre 1985 eine Ad-hoc-Gruppe „Einwanderung" geschaffen. Das erste spürbare Resultat der Ad-hoc-Gruppe Einwanderung stellt die Unterfertigung des Übereinkommens über die Bestimmung des zuständigen Staates für die Prüfung eines in einem Mitgliedstaat der Europäischen Gemeinschaften gestellten Asylantrags dar (publiziert in: International Legal Materials, Band XXX, Nr. 2, 427 ff; ABl 19. 8. 1997 C 254; in der Folge kurz Dubliner Übereinkommen oder Dublin), das nach seinem Inkraftreten den entsprechenden Teilen des Übereinkommens zur Durchführung des Übereinkommens vom 14. Juni 1985 zwischen den Regierungen der Staaten der Benelux-Wirtschaftsunion, der Bundesrepublik Deutschland und der Französischen Republik betreffend den schrittweisen Abbau der Kontrollen an den gemeinsamen Grenzen (Schengener Durchführungsübereinkommen) vorgeht.

25 Das Dubliner Übereinkommen trat am 1. September 1997 in Kraft (vgl dazu ABl 4. 9. 1997 C 268/1). Österreich ist diesem Abkommen beigetreten und hat die Beitrittsurkunde am 29. Juli 1997 (bereits vor Inkrafttreten des Dubliner Übereinkommens) beim Depositarstaat hinterlegt. Das Dubliner Übereinkommen wurde gem Art 50 Abs 1 B-VG und Verlautbarung im BGBl III 1997/165 generell in die österreichische Rechtsordnung im Rang eines einfachen Bundesgesetzes transformiert und trat für Österreich am 1. Oktober 1997 in Kraft.

26 An einem Abkommen betreffend die Überschreitung der Außengrenzen der Gemeinschaft wird von der Ad-hoc-Gruppe Einwanderung seit Jahren gearbeitet. Dieses Abkommen entspricht den übrigen Bestimmungen des II. Teiles des Übereinkommens zur Durchführung des Übereinkommens vom 14. Juni 1985 zwischen den Regierungen der Staaten der Benelux-Wirtschaftsunion, der Bundesrepublik Deutschland und der Französischen Republik betreffend den schrittweisen Abbau der Kontrollen an den gemeinsamen Grenzen (Schengener Durchführungsübereinkommen) betreffend die Überschreitung der Außengrenzen, Bestrafung illegaler Einreise, Harmonisierung der Visapoltik und Sanktionen für Beförderungsunternehmen (vgl dazu *Brandl*, Europäisierung, 50). Parallel dazu hat die Kommission – gestützt auf Art K.3 des Vertrages über die Europäische Union – einen eigenen Vorschlag erarbeitet, der ebenfalls den Abschluß einer Konvention über die Überschreitung der Außengrenzen zum Ziel hat (siehe dazu die Mitteilung der Kommission an den Rat und das Europäische Parlament vom 10. Dezember 1993, Kom 93, 684). Darüber hinaus hat die Kommission dem Rat – gestützt auf Art 100c EGV – einen Verordnungsentwurf vorgelegt, der die visumspflichtigen Länder einheitlich festlegen soll (aaO). Neben dem Übereinkommen von Dublin, das sich inhaltlich im wesentlichen auf Zuständigkeitsregeln beschränkt, haben die für die Einwanderung zuständigen Minister der EU-Staaten – gestützt auf die Vorarbeiten der Ad-hoc-Gruppe mehrere Resolutionen und Entschließungen angenommen, die für das Asylrecht von weitreichender Bedeutung sind.

27 Die Entwicklung des Asylrechts im Rahmen der Europäischen Union ist im Fluß, wobei die Ergebnisse dieser Entwicklung noch nicht absehbar sind. Der Vertrag von Amsterdam vom 19. Juni 1997 (vgl 1211 BlgNR 20. GP; BVG über den Abschluß des Vertrages von Amsterdam BGBl I 1998/76) sieht als Ergebnis der in Art N Abs 2 des EU-Vertrages angesprochenen Regierungskonferenz eine beträchtliche Ausweitung der Kompetenzen der Gemeinschaft im Bereiche des Asylrechts vor (*Rosenmayr*, Asylrecht, 617 f). Gem Art 73 k Z 1 Vertrag zur Gründung der Europäischen Gemeinschaften idF des Vertrags von Amsterdam (Titel III a; siehe 1211 BlgNR 20. GP, 18 ff) beschließt der Rat innerhalb eines Zeitraumes von fünf Jahren nach Inkrafttreten des Vertrags von Amsterdam in Übereinstimmung mit der GFK sowie anderen einschlägigen anderen Verträgen Asylmaßnahmen in folgenden Bereichen: Kriterien und Verfahren zur Bestimmung des Mitgliedstaats, der für die Prüfung eines Asylantrags zuständig ist, den ein Staatsangehöriger eines dritten Landes in einem Mitgliedstaat gestellt hat (lit a); Mindestnormen für die Aufnahme von Asylbewerbern in den Mitgliedstaaten (lit b); Mindestnormen für die Anerkennung von Staatsangehörigen dritter Länder als Flüchtlinge (lit c); Mindestnormen für Verfahren in den Mitgliedstaaten zur Zuerkennung oder Aberkennung der Flüchtlingseigenschaft (lit d). Nach Art 73 k Z 2 beschließt der Rat in gleicher Form Maßnahmen in bezug auf Flüchtlinge und vertriebene Personen in folgenden Bereichen: Mindestnormen für den vorübergehenden Schutz von vertriebenen Personen aus dritten Ländern, die nicht in ihr Herkunftsland zurückkehren können, und von Personen, die anderweitig internationalen Schutz benötigen (lit a); Förderung einer ausgewogenen Verteilung der Belastungen, die mit der Aufnahme von Flüchtlingen und vertriebenen Personen und den Folgen dieser Aufnahme verbunden sind, auf Mitgliedstaaten (lit b). Weiters beschließt der Rat unter genannten Modalitäten gem Art 73 k Z 3 einwanderungspolitische Maßnahmen in folgenden Bereichen: Einreise- und Aufenthaltsvoraussetzungen sowie Normen für die Verfahren zur Erteilung Visa für einen langfristigen Aufenthalt und Aufenthaltstiteln, einschließlich solcher zur Familienzusammenführung, durch die Mitgliedstaaten (lit a); illegale Einwanderung und illegaler Aufenthalt, einschließlich der Rückkehr solcher Personen, die sich illegal in einem Mitgliedstaat aufhalten (lit b). In gleicher Weise beschließt der Rat gem Art 73 k Z 4 Maßnahmen zur Festlegung der Rechte und der Bedingungen, aufgrund derer sich Staatsangehörige dritter Länder, die sich rechtmäßig in einem Mitgliedstaat aufhalten, in anderen Mitgliedstaaten aufhalten dürfen.

Die Wahrnehmung dieser Aufgaben durch die Gemeinschaft steht gem Art 73 l Abs 1 unter dem Vorbehalt der *„Aufrechterhaltung der öffentlichen Ordnung und des Schutzes der inneren Sicherheit“*, wobei Abs 2 der genannten Regelung auch die Kompetenz des Rates zur Erlassung von Maßnahmen im Fall eines *„plötzlichen Zustroms“* von Drittstaatsangehörigen in einem Mitgliedstaat vorsieht. Angesichts der umfangreichen Kompetenzen der Gemeinschaft ist somit zu erwarten, daß das Asylrecht in den nächsten Jahren wesentlichen Änderungen unterworfen sein wird, wobei die Bestimmungen der GFK und die EMRK als maßgebliche Schranken wohl bestehen bleiben werden (vgl *Rosenmayr*, Asylrecht, 618; zu den Neuerungen des Vertrages von Amsterdam siehe ausführlich *Hailbronner,* Die Neuregelung der Bereiche Freier Personenverkehr, Asylrecht und Einwanderung in *Hummer* (Hrsg), Die Europäische Union nach dem Vertrag von Amsterdam [1998], 179 ff).

Wichtige Rechtsgrundlagen

28 Eine wesentliche Rechtsgrundlage ist das Bundesgesetz über die Gewährung von Asyl (Asylgesetz 1997) BGBl I 1997/76 und die Verordnung des Bundesministers für Inneres zur Durchführung des Asylgesetzes (Asylgesetz-Durchführungsverordnung – AsylG-DV) BGBl II 1997/428. In engstem Zusammenhang mit dem Asylgesetz 1997 stehen die Konvention über die Rechtsstellung der Flüchtlinge (Genfer Flüchtlingskonvention) BGBl 1955/55 und das Protokoll über die Rechtsstellung der Flüchtlinge BGBl 1974/78.

29 Weitere wichtige Rechtsvorschriften des innerstaatlichen Rechts, die gegenüber dem „eigentlichen Asylrecht" subsidiär zur Anwendung kommen, sind: das Bundesgesetz über die Einreise, den Aufenthalt und die Niederlassung von Fremden (Fremdengesetz 1997– FrG) BGBl I 1997/75, die Verordnung der Bundesregierung, mit der die Höchstzahlen der quotenpflichtigen Aufenthaltstitel für das Jahr 1998 festgelegt werden (Niederlassungsverordnung 1998 – NLV) BGBl II 1997/371 und die Verordnung des Bundesministers für Inneres zur Durchführung des Fremdengesetzes (Fremdengesetz-Durchführungsverordnung 1997 – FrG-DV) BGBl II 1997/418. In der Praxis dürfte – besonders in sozialer Hinsicht – auch das Bundesgesetz vom 20. März 1975, mit dem die Beschäftigung von Ausländern geregelt wird (Ausländerbeschäftigungsgesetz – AuslBG) BGBl 218 idFdlKdm BGBl I 1997/82 eine bedeutende Rolle spielen.

30 Hervorzuheben sind weiters das Bundesgesetz, mit dem die Bundesbetreuung von Asylwerbern geregelt wird (Bundesbetreuungsgesetz) BGBl 1991/407 idF BGBl 1994/314; die Verordnung des Bundesministers für Inneres über die Bundesbetreuung für Asylwerber (Bundesbetreuungsverordnung – BBetrVO) BGBl 1992/31 idF BGBl 1993/352; und die Verordnung des Bundesministers für Inneres, mit denen im Land Burgenland (BGBl 1992/411), im Land Wien (BGBl 1992/412) und in den Ländern Kärnten, Tirol und Vorarlberg (BGBl 1993/71) Aufgaben der Bundesbetreuung dem Landeshauptmann übertragen werden.

31 Eine weitere – in der Praxis allerdings bedeutungslose – Rechtsgrundlage ist das Übereinkommen über die Internationale Zusammenarbeit auf dem Gebiet der Verwaltungshilfe für Flüchtlinge BGBl 1987/334. Daneben verweisen zahlreiche Gesetze auf die GFK bzw das AsylG 1997 (zB das AuslBG, das FrG 1997, das IPR-G, das ARHG, das FLAG, die GewO, sowie verschiedene Landesgesetze über die Wohnbauförderung, das Pflegegeld und die Sozialhilfe).

32 Im Asylverfahren spielen die allgemeinen Verfahrensgesetze eine bedeutende Rolle (vgl dazu § 23 Asylgesetz 1997). Hervorzuheben sind insb das Einführungsgesetz zu den Verwaltungsverfahrensgesetzen 1991 – EGVG BGBl 273 idFdlN BGBl I 1997/72, das Allgemeine Verwaltungsverfahrensgesetz 1991 – AVG wv BGBl 51 idFdlN BGBl 1995/471 und das BG 1. 4. 1982 über die Zustellung behördlicher Schriftstücke (Zustellgesetz) BGBl 200 idF BGBl 1990/357.

33 Am 19. Juni 1990 wurde das Schengener Durchführungsübereinkommen unterzeichnet. Bereits vier Tage vorher, am 15. Juni 1990 schlossen die EG-Staaten in Dublin das „Übereinkommen über die Bestimmung des zuständigen Staates für die Prüfung eines in einem Mitgliedstaat der Europäischen Gemeinschaften gestellten Asylantrages" ab. Gem Art 22 Abs 3 erster Satz tritt dieses Übereinkommen am ersten Tag des dritten Monat nach Hinterlegung der Ratifikations-, Annahme- oder Genehmigungsurkunde des Unterzeichnerstaates, der diese Förmlichkeit zuletzt vornimmt, in Kraft. Das Abkommen ist seit 1. September 1997 völkerrechtlich in Kraft.

Österreich ist dem Dubliner Übereinkommen beigetreten und hat dieses Abkommen in das österreichische Recht generell transformiert (BGBl III 1997/165); für Österreich trat das Dubliner Übereinkommen am 1. Oktober 1997 in Kraft.

34 Die zeitliche Abfolge der Vertragsabschlüsse darf allerdings nicht darüber hinwegtäuschen, daß sich das Dubliner Abkommen an den Vorgaben des Schengener Durchführungsübereinkommens orientiert und nicht umgekehrt (vgl dazu *Achermann*, Schengen und Asyl, in Schengen und die Folgen, 83), worin der sog „Laborcharakter" des Schengener Durchführungsübereinkommens deutlich zum Ausdruck kommt (siehe dazu *Bieber*, Schengen und Integration, in Schengen und die Folgen, 181).

35 Das Dubliner Abkommen und die Schengener Vertragswerke stehen nur EU-Mitgliedstaaten offen. Anläßlich der Unterzeichnung des Dubliner Übereinkommens wurde allerdings auch Nichtmitgliedstaaten die Möglichkeit in Aussicht gestellt, Parallelabkommen abzuschließen (vgl *Achermann*, Schengen und Asyl, 83; Bonner Protokoll publiziert zB bei *Hailbronner*, AuslR III, D 8.1). Der Abschluß solcher Parallelabkommen ist nach herrschender Ansicht erst nach der Ratifizierung des Übereinkommens durch alle Mitgliedstaaten möglich (vgl Groupe Ad Hoc Immigration, Programme de travail du Groupe ad hoc „Immigration" au cours de la Présidence belge, Brüssel, 1. Juli 1993, SN 3675/93 WGI 1566 Z 1, C.).

36 Zum Übereinkommen von Dublin, das sich inhaltlich im wesentlichen auf Zuständigkeitsregeln beschränkt, faßte der Exekutivausschuß bisher zwei Beschlüsse: Beschluß Nr 1/97 vom 9. September 1997 des Ausschusses nach Artikel 18 des Dubliner Übereinkommens vom 15. Juni 1990 über Bestimmungen zur Durchführung des Übereinkommens (ABl 14. 10. 1997 Nr L 281/1) und den Beschluß Nr 2/97 vom 9. September 1997 des Ausschusses nach Art 18 des Dubliner Übereinkommens vom 15. Juni 1990 über die Verfahrensregeln des Ausschusses (ABl 14. 10. 1997 Nr L 281/26). Zudem haben die für die Einwanderung zuständigen Minister der EU-Staaten – gestützt auf die Vorarbeiten der Ad-hoc-Gruppe – mehrere Resolutionen und Entschließungen angenommen, die für das Asylrecht von weitreichender Bedeutung sind. Zu nennen sind an dieser Stelle insb die allgemeinen Leitlinien für die Durchführung des Übereinkommens über die Bestimmung des zuständigen Staates für die Prüfung eines in einem Mitgliedstaat der Europäischen Gemeinschaften gestellten Asylantrags (Leitlinien vom 11./12. 6. 1992 in Lissabon, Textsammlung des Rates der Europäischen Union vom 25. 4. 1996, Dok Nr 4464/95 REV 1, Abschn I. D.), die Entschließung über offensichtlich unbegründete Asylanträge (Entschließung vom 30. 11/12. 1. 1992 in London; zu den Resolutionen und der Entschließungen der für Einwanderung zuständigen Minister der EU-Staaten in London siehe zB *Joly*, IJRL 1994, 166 ff; *Fernhout/Meijers*, Asylum, 8 ff, Texte abgedruckt auf den Seiten 69 ff; zur Position des UNHCR bezüglich der in London gefaßten Resolutionen vgl *Drüke*, Turmoil, in *Pauly*, Schengen, 162 f; siehe dazu auch Beschluß des EXCOM Nr 30 (XXXIV); die Entschließung ist publiziert zB bei *Hailbronner*, AuslR III, D 12.1), die Schlußfolgerungen betreffend Länder, in denen im allgemeinen keine ernstliche Verfolgungsgefahr besteht (Schußfolgerungen vom 31. 11./1. 12. 1992 in London, publiziert in *Hailbronner*, AuslR III, D 12.3.); Entschließung zu einem einheitlichen Konzept in bezug auf Aufnahmedrittländer (Resolution on a harmonized approach to questions concerning host third countries, London 30. 11./1. 12. 1992; eine deutsche Übersetzung findet sich im Anhang zu *Barwig* ua, Asyl nach der Änderung des Grundgesetzes (1994); *Hailbronner*, AuslR III, D 12.2; vgl weiters *Fernhout/Meijers*, Asylum, 16 ff; *Achermann/Gattiker*, Asyl, 24 f; *Hailbronner*, IJRL 1993, 59 ff), die Schlußfolgerungen zur

Überstellung von Asylbewerbern gemäß dem Dubliner Übereinkommen (Schlußfolgerungen vom 30. 11./1. 12. 1992 in London; siehe dazu die Textsammlung des Rates der Europäischen Union vom 25. 4. 1996, Dok Nr 4464/95 REV 1, Abschn I.H.) und der Beschluß zur Schaffung des Informations-, Reflexions- und Austauschzentrums für Asylfragen (Beschluß vom 30. 11./1. 12. 1992 in London; veröffentlicht in *Hailbronner*, AuslR III, D 12.4). In Kopenhagen verabschiedeten die für Einwanderungsfragen zuständigen Minister der EG-Staaten die Resolution betreffend die Harmonisierung nationaler Politiken im Bereich der Familienzusammenführung (Groupe ad hoc Immigration, Harmonization of National Policies on Family Reunification, Kopenhagen, 1. 6. 1993, WGI 1497; vgl dazu *Boeles/Kuijer*, Family Reunification, 25 ff, Text abgedruckt auf Seiten 78 ff; siehe dazu auch den EXCOM-Beschluß Nr 9 (XXVIII)), eine Resolution betreffend die Aufnahme besonders schutzwürdiger Personen aus Ex- Jugoslawien (vgl die Textsammlung des Rates der Europäischen Union vom 25. 4. 1996, Dok Nr 4464/95 REV 1, Abschn II.F.; vgl weiters *Joly*, IJRL 1994, 180; *Hailbronner*, SZIER 4/1993, 520 f), eine Empfehlung betreffend Kontrollen und Entfernung Staatsangehöriger dritter Staaten ohne Aufenthalts- oder Arbeitserlaubnis (der Text ist publiziert in Groupe ad hoc Immigration, Draft Recommendation concerning checks on and expulsion of third country nationals; zum Rechtscharakter dieser Resolutionen und Empfehlungen siehe *Achermann* in Schengen und die Folgen, 87; *Hailbronner*, IJRL 1993, 61; *Joly*, IJRL 1994, 166). Hervorzuheben sind weiters die Schlußfolgerungen des Rates über die Ausgestaltung des Informations-, Reflexions- und Austauschzentrums für Fragen im Zusammenhang mit dem Überschreiten der Außengrenzen und der Einwanderung (Schlußfolgerungen vom 30. 11./1. 12. 1994; publiziert in *Hailbronner*, AuslR III, D 9.6; ABl 19. 9. 1996 Nr C 274/50), die Entschließung über Mindestgarantien für Asylverfahren vom 20. 6. 1995 (ABl 19. 9. 1996 C 274/13; veröffentlicht in *Hummer/Obwexer*, Europäische Union III, 359 ff; *Hailbronner*, AuslR III, D 12.12), die Entschließung des Rates vom 25. 9. 1995 zur Lastenverteilung hinsichtlich der Aufnahme und des vorübergehenden Aufenthalts von Vertriebenen (ABl 7. 10. 1995, Nr C 262, 1; *Hailbronner*, AuslR III, D 12.13; vgl dazu die Schlußfolgerungen des Rates für das Ratsprotokoll, Rat der Europäischen Union, Dok Nr 8515/95), der Beschluß des Rates über ein Warnsystem und ein Dringlichkeitsverfahren zur Lastenverteilung hinsichtlich der Aufnahme und des vorübergehenden Aufenthalts von Vertriebenen vom 23. 11. 1995 (ABl 13. 3. 1996 Nr L 63/10; Rat der Europäischen Union Dok Nr 11498/95; *Hailbronner*, AuslR III, D 12.15), der Gemeinsame Standpunkt des Rates der Europäischen Union vom 4. 3. 1996 betreffend die harmonisierte Anwendung der Definition des Begriffs „Flüchtling" in Artikel 1 des Genfer Abkommens vom 28. Juli 1951 über die Rechtsstellung der Flüchtlinge (ABl 13. 3. 1996 Nr L 63/2; *Hailbronner*, AuslR III, D 12.14), die gemeinsame Maßnahme des Rates der Europäischen Union vom 4. 3. 1996 betreffend den Transit auf Flughäfen (ABl 1996 Nr 63/8), die Schlußfolgerungen des Rates vom 20. 6. 1994 über die eventuelle Anwendung des Artikels K.9 des Vertrags über die Europäische Union auf die Asylpolitik (ABl 19. 9. 1996 Nr C 274/34; *Hailbronner*, AuslR III, D 12.5), Beschluß des Rates betreffend die Beweismittel im Rahmen des Dubliner Übereinkommens vom 20. 6. 1994 (angenommener Text vom 19. 9. 1996, ABl 19. 9. 1996 Nr C 274/35; *Hailbronner*, AuslR III, D 12.6), Beschluß des Rates vom 20. 6. 1996 betreffend das Laissez-Passer-Formular für die Überstellung eines Asylbewerbers von einem Mitgliedstaat in einen anderen (ABl 19. 9. 1996 Nr C 274/42; *Hailbronner*, AuslR III, D 12.7), Beschluß des Rates vom 20. 6. 1994 betreffend ein einheitliches Formular zur Bestimmung des für die Prüfung eines Asylantrags zuständigen Staates (ABl 19. 9.

1996 Nr C 274/44; *Hailbronner*, AuslR III, D 12.9), Beschluß des Rates vom 20. 6. 1994 betreffend Verteilung und Vertraulichkeit der gemeinsamen Berichte über die Situation in bestimmten Drittländern (ABl 19. 9. 1996 Nr C 274/43; *Hailbronner*, AuslR III, D 12.8) und die Leitlinien des Rates vom 20. 6. 1994 für die Ausarbeitung der gemeinsamen Berichte über Drittstaaten (ABl 19. 9. 1996 Nr C 274/52). All diesen Akten des Rates der Europäischen Union in den Bereichen Asyl- und Einwanderungspolitik kann – zumindest solange Art K.9 des Vertrages von Maastricht nicht zum Tragen kommt – vor dem Hintergrund des Art 189 EG-Vertrag keine rechtliche Verbindlichkeit zugesprochen werden (vgl dazu *Geistlinger*, Harmoniebedürfnis).

Bundesgesetz über die Gewährung von Asyl (Asylgesetz 1997 – AsylG) BGBl I 1997/76

1. Abschnitt

Begriffsbestimmungen

§ 1. Im Sinne dieses Bundesgesetzes ist

1. **die Genfer Flüchtlingskonvention die Konvention über die Rechtsstellung der Flüchtlinge, BGBl. Nr. 55/1955, in der Fassung des Protokolls über die Rechtsstellung der Flüchtlinge, BGBl. Nr. 78/1974;**
2. **Asyl das dauernde Einreise- und Aufenthaltsrecht, das Österreich Fremden nach den Bestimmungen dieses Bundesgesetzes gewährt;**
3. **Asylwerber(in) ein Fremder oder eine Fremde ab Einbringung eines Asylantrages oder eines Asylerstreckungsantrages bis zum rechtskräftigen Abschluß des Verfahrens oder bis zu dessen Einstellung;**
4. **Herkunftsstaat der Staat, dessen Staatsangehörigkeit Fremde besitzen, oder – im Falle der Staatenlosigkeit – der Staat ihres früheren gewöhnlichen Aufenthaltes.**

RV: [16]

Die **Asyldefinition** (Abs. 2) wurde gegenüber der geltenden Rechtslage auf die Gewährung des dauernden Einreise- und Aufenthaltsrechts in Österreich reduziert. Damit soll deutlich gemacht werden, daß mit dem Asylgesetz ausschließlich Belange aus der Vollziehung des Bundes, im speziellen aus dem Zuständigkeitsbereich des Bundesministers für Inneres, geregelt werden. Belange aus dem Vollziehungsbereich anderer Bundesminister sowie aus dem Vollziehungsbereich der Länder, die nach der Genfer Flüchtlingskonvention die Rechtsstellung eines Flüchtlings völkerrechtlich mitbestimmen, werden vom Asylgesetz nicht geregelt.

Die neu gefaßte Definition des Begriffs **Asylwerber** (Abs. 3) spiegelt im wesentlichen die geltende Rechtslage wider; es wurde jedoch eine Erweiterung auf Fremde vorgenommen, die einen Antrag auf Asylerstreckung gestellt haben. Fremde sind nicht mehr Asylwerber, wenn entweder das Verfahren rechtskräftig abgeschlossen oder nach § 30 des Entwurfs eingestellt wurde. Mit Aufhebung eines rechtskräftigen Bescheides durch einen der Gerichtshöfe des öffentlichen Rechts oder mit Fortsetzung des Verfahrens nach § 30 Abs. 2 des Entwurfs lebt die Asylwerbereigenschaft wieder auf.

Die Definition des **Herkunftsstaates** (Abs. 4) hat die entsprechende Wortfolge in Art. 1 Abschnitt A Z 2 der Genfer Flüchtlingskonvention zum Vorbild.

Inhaltsübersicht

A. Asylbegriff

I. Allgemeines

37 Der Ausdruck „Asyl" wird zwar oft gebraucht, ist aber im Hinblick auf seine inhaltliche Ausgestaltung kaum greifbar (vgl *Goodwin-Gill*, Refugee, 173; *Kälin*, Grundriß, 157 ff). Beispielsweise bestimmt Art 14 Abs 1 AEMR: „*Everyone has the* *right to seek and to enjoy in other countries asylum from persecution"* (vgl zB *Goodwin-Gill*, Refugee, 174; *Lauterpacht*, 421; *Kimminich*, Rechtsstatus, 81). Umschrieben wird der Asylbegriff darin allerdings nicht. Ein Asylbegriff wurde selbst in der GFK nicht expressis verbis definiert. Ursprünglich war jedoch geplant, einen Artikel über die Zulassung von Flüchtlingen in die GFK aufzunehmen (vgl dazu UN-Doc E/AC. 32/2, 22; *Goodwin-Gill*, Refugee, 175). Gleichwohl lassen sich der GFK einzelne Rechtselemente entnehmen, die dem Begriff „Asyl" zurechenbar sind. Dazu gehören zB Art 31, 32, 33 GFK (vgl dazu *Amann*, Flüchtlingsrechte, 85 ff). Auch in der Deklaration der GV der VN zum Territorialasyl vom 14. Dezember 1967 (GA Res 2312 (XII); vgl dazu *Goodwin-Gill*, Refugee, 176) findet sich keine klare Umschreibung. Art 3 erwähnt das Prinzip des non-refoulement (vgl dazu Art 33 GFK) und läßt Ausnahmen für die Fälle der nationalen Sicherheit, der Sicherheit für die Bevölkerung und im Falle eines „mass influx" zu (vgl dazu allerdings EXCOM-Beschluß Nr 15 (XXX), nach dem *„in Fällen von Massenflucht (...) Personen, die Asyl suchen, in jedem Fall zumindest voläufige Zuflucht gewährt werden (soll)"*). In der Empfehlung 293 vom 26. September 1961 der Beratenden Versammlung des Europarates (veröffentlicht in UNHCR, Collection, 304) kommt zum Ausdruck, daß Asyl zumindest den Genuß von Menschenrechten und fundamentalen Freiheiten umfaßt.

38 Die Deklaration zum Territorialasyl des Ministerkomitees des Europarates vom 18. November 1977 (veröffentlicht in UNHCR, Collection, 306) beschreibt die Gewährung von Territorialasyl als einen friedvollen humanitären Akt. Anhaltspunkte für den Asylbegriff ergeben sich weiters aus Art 7 CCPR. Nach dieser Bestimmung darf niemand der Folter oder grausamer, unmenschlicher Behandlung unterworfen werden. Ähnlich darf gem Art 3 EMRK niemand der Folter oder unmenschlicher erniedrigender Strafe oder Behandlung unterworfen werden. Neben dem refoulement-Verbot nach Art 33 GFK ist im gegebenen Zusammenhang auch der Grundsatz der Nichtauslieferung wegen politischer Straftaten zu erwähnen, welcher seit dem vorigen Jahrhundert Bestandteil von internationalen Auslieferungsabkommen ist (*Rosenmayr*, Asylverfahren, 115; vgl zB Art 3 Europäisches Auslieferungsabkommen 1957 BGBl 1969/320).

39 Dem Asylbegriff ist eine Schutzkomponente inhärent (vgl *Kimminich*, Asylrecht, 33). Der Asylbegriff umfaßt – völkerrechtlich betrachtet – jedenfalls das refoulement-Verbot, den Genuß fundamentaler Menschenrechte, insb das Verbot der unmenschlichen Behandlung im weiteren Sinne, und dient als humanitärer Akt der Schutzgewährung. Vor diesem Hintergrund stellt sich „Asyl" als relativ umfassender und schwer definierbarer Begriff dar, der viele Deutungsmöglichkeiten zuläßt (vgl *Davy U.*, Flüchtlingsrecht I, 62 ff).

II. Asylbegriff des Asylgesetzes 1997 (Asylbegriff im engeren Sinne)

40 Das B-VG kennt keinen Kompetenztatbestand „Asylrecht" bzw „Asylwesen". Der Asylbegriff des AsylG 1991 erfaßte eine typische Querschnittsmaterie, obwohl der Gesetzgeber mit der Kompetenzbestimmung des Art 10 Abs 1 Z 7 B-VG das Auslangen finden wollte (vgl dazu 270 BlgNR 18. GP, 11; siehe dazu *Rohrböck*, AsylG 1991, 38, 65, 158; aA *Davy U.*, Flüchtlingsrechte II, 121 ff). § 1 Z 2 AsylG 1991 definierte Asyl als den Schutz, der einem Fremden im Hinblick auf seine Flüchtlingseigenschaft in Österreich gewährt wird. Dieser Schutz umfaßte expressis verbis *„insbesondere das Recht zum Aufenthalt im Bundesgebiet und neben den Rechten nach diesem Bundesgesetz die Rechte, die einem Flüchtling aufgrund der Konvention über die Rechtsstellung der Flüchtlinge (...) zustehen"*.

41 Um dieses „Querschnittsproblem“ zu beseitigen, hat der Gesetzgeber in § 1 Z 2 AsylG 1997 nunmehr einen relativ engen Asylbegriff gewählt, wobei die materielle Rechtslage nicht angetastet werden sollte. Das AsylG 1997 umschreibt den Begriff Asyl als das dauernde Einreise- und Aufenthaltsrecht, das Österreich Fremden nach den Bestimmungen dieses Bundesgesetzes gewährt (§ 1 Z 2 AsylG 1997). Im Zusammenhang mit dem Asylbegriff des AsylG 1997 könnte man von einem Asylbegriff in einem engeren Sinne sprechen, um den Asylbegriff des AsylG 1997 von jenen Rechten abzugrenzen, die sich mit einer inhaltlich weit verstandenen Schutzgewährung von Personen befassen, die als Flüchtlinge angesehen werden bzw denen Asyl gewährt wird (wurde). Letztere könnte man mit Asyl im weiteren Sinne bezeichnen.

42 Diese Abgrenzung bietet sich deshalb an, weil das AsylG 1997 diesen Weg vorzeichnet. Die Asylgewährung nach dem AsylG 1997 ist ein konstitutiver Hoheitsakt in Gestalt eines Rechtsgestaltungsbescheids (zum Rechtsgestaltungsbescheid siehe *Walter/Mayer*, Verwaltungsverfahrensrecht, Rz 396, 400, 404 f). Das FrG 1997 definiert in § 1 Abs 2 die Einreise als das „Betreten des Bundesgebietes“. Vice versa ist die Ausreise als das „Verlassen des Bundesgebiets“ definiert. Was im einzelnen unter „Betreten“ zu verstehen ist, bedarf näherer Präzisierung. Festzustehen scheint, daß die Einreise iSd FrG 1997 nicht mit dem Begriff des Grenzübertritts nach § 1 Abs 1 GrekoG übereinstimmt. Das GrekoG beschreibt den Grenzübertritt als „die Bewegung eines Menschen über die Bundesgrenze“, sei es auf dem Land-, Wasser- oder Luftweg. Die Grenzkontrolle selbst findet – von wenigen Ausnahmen abgesehen (vgl § 11 Abs 1 GrekoG) – an einer Grenzübergangsstelle statt. Demgegenüber umschreibt die Einreise nach dem FrG 1997 jenen zeitlichen Moment, in dem eine Person in den örtlichen Anwendungsbereich der österreichischen Rechtsordnung gelangt. Im Flugverkehr etwa können zwischen dem Grenzübertritt iSd GrekoG und der Einreise iSd FrG 1997 erhebliche Zeitspannen liegen (zum Begriff der „Einreise“ etwa im Zusammenhang mit der „Anreise“ siehe ausführlich UBAS 2. 6. 1998, 202.992/0-I/03/98).

43 Die aus der Asylgewährung resultierenden Rechte (ds das dauernde Einreise- und Aufenthaltsrecht) werden mit der Rechtskraft des Bescheides, mit dem Asyl zuerkannt (erstreckt) wird, wirksam. Das Einreise- und Aufenthaltsrecht sind „dauernde“ Rechte. Der Begriff „dauernd“ ist im Sinne von unbefristet zu verstehen.

a) Das Recht zum Aufenthalt im Bundesgebiet

44 Das Aufenthaltsrecht ist wesentlicher Bestandteil jeder Schutzgewährung. Vor diesem Hintergrund halten die Mindestgarantien rechtlich nicht unmittelbar verbindlich in Z 29 fest: *„Der Mitgliedstaat, der unbeschadet einer im nationalen Recht vorgesehenen Anwendung des Begriffs Aufnahmedrittland den Asylantrag geprüft hat, erkennt dem Asylbewerber, der die Kriterien des Artikels 1 des Genfer Abkommens erfüllt, die Flüchtlingseigenschaft zu. Dabei können die Mitgliedstaaten gemäß ihrem nationalen Recht vorsehen, von den Ausschlußklauseln des Genfer Abkommens nicht in vollem Umfang Gebrauch zu machen. Diesem Flüchtling sollte grundsätzlich Aufenthaltsrecht in dem vorgenannten Mitgliedstaat gewährt werden.“*

45 Die Einflußmöglichkeit eines Staates auf das Schicksal einer Person setzt deren Anwesenheit im Machtbereich des Zufluchtsstaates voraus. Entfällt das Aufenthaltsrecht, kann nicht (mehr) von Asyl gesprochen werden. Das AsylG 1997 ist insofern konsequent, als es die Asylgewährung mit dem Aufenthaltsrecht verknüpft (vgl § 1 Z 2 AsylG 1997). Mit dem Aufenthaltsrecht ist auch das Recht der Freizügigkeit der

Person verbunden (vgl Art 4 Abs 1 StGG und Art 2 Abs 1 des 4. ZP EMRK). Das Recht auf Aufenthalt enthält auch einen Mindestschutz vor Ausweisung und Auslieferung. Nach Art 6 Abs 1 StGG kann jeder Staatsbürger an jedem Ort des Staatsgebiets seinen Aufenthalt und Wohnsitz nehmen; darüber hinausgehend bestimmt Art 2 Abs 1 4. ZP EMRK, daß jedermann (auch Fremde), der sich rechtmäßig im Hoheitsgebiet eines Staates aufhält, seinen Wohnsitz frei wählen darf (*Muzak*, Aufenthaltsberechtigung, 23). Staatsbürger dürfen gem Art 3 Abs 1 des 4. ZP EMRK überhaupt nicht, Fremde nach Art 4 leg cit nicht kollektiv ausgewiesen werden (siehe dazu näher *Muzak*, Aufenthaltsberechtigung, 19). Eine Einzelausweisung Fremder kann gegen Art 3 EMRK (EKMR 11. 3. 1982, Nr 9693/82, EuGRZ 1983, 416; EGMR 7. 7. 1989 Soering, EuGRZ 1989, 314) oder Art 8 EMRK (EKMR 14. 7. 1982, Nr 9492/81, EuGRZ 1983, 423)verstoßen.

46 Das Recht auf Asyl ist jedoch nicht die einzige Quelle für den rechtmäßigen Aufenthalt im Bundesgebiet (vgl dazu ausführlich *Muzak*, Aufenthaltsberechtigung). Gem § 31 Abs 1 FrG 1997 halten sich Fremde rechtmäßig im Bundesgebiet auf, wenn sie unter Einhaltung des 2. Hauptstückes („Ein- und Ausreise von Fremden") und ohne die Grenzkontrolle zu umgehen, eingereist sind (Z 1 leg cit), wenn sie auf Grund eines Aufenthaltstitels oder einer Verordnung für Vertriebene (§ 29 leg cit) zum Aufenthalt berechtigt sind (§ 31 Abs 1 Z 2 leg cit), sie Inhaber eines von einem Vertragsstaat (§ 1 Abs 8 leg cit) ausgestellten Aufenthaltstitels sind (§ 31 Abs 1 Z 3 leg cit), oder solange ihnen eine Aufenthaltsberechtigung nach dem AsylG 1997 zukommt. Abs 2 des § 31 FrG 1997 bestimmt, daß sich Fremde auch bei Vorliegen der Voraussetzungen des Abs 1 Z 1 nicht rechtmäßig im Bundesgebiet aufhalten, wenn sie auf Grund eines Rückübernahmeabkommens (siehe § 4 Abs 4 FrG 1997; zu den sog Schubabkommen siehe *Schmidt/Aigner/Taucher/Petrovic*, 70 f) oder internationaler Gepflogenheiten (unter internationaler Gepflogenheit als Rechtsquelle kann wohl nur eine solche iSd Art 9 Abs 1 B-VG verstanden werden; vgl *Walter/Mayer*, Zustellrecht, 60 f; dazu siehe auch *Muzak*, Aufenthaltsberechtigung, 6 ff) rückgenommen werden mußten oder auf Grund einer Durchbeförderungserklärung (§ 58 FrG 1997) oder einer Durchlieferungsbewilligung gem § 67 ARHG eingereist sind oder wenn ein Vertragsstaat (§ 1 Abs 8 FrG 1997; di ein Staat, für den das Übereinkommen vom 28. April 1995 über den Beitritt Österreichs zum SDÜ BGBl III 1997/90 in Kraft gesetzt ist) über sie einen Zurückweisungstatbestand mitgeteilt hat. Der Tatbestand der „Mitteilung durch einen Vertragsstaat" ist dem Wesen nach eine Datenübermittlung iSd DSG und bezieht sich auf Art 96 SDÜ: Nach Abs 1 dieser Bestimmung werden Daten bezüglich Drittausländer, die zur Einreiseverweigerung ausgeschrieben sind, auf Grund einer nationalen Ausschreibung gespeichert, die auf Entscheidungen der Verwaltungsbehörden oder Gerichte beruht, wobei die Verfahrensregeln des nationalen Rechts zu beachten sind. Welche Qualität diese Entscheidungen der nationalen Behörden haben müssen, bleibt unklar; fest steht nur, daß die nationalen Entscheidungen auf Grund eines Verfahrens erfließen müssen (verfahrensgebundene Hoheitsakte). Ein Aufenthaltsrecht könnte sich auch auf Grund des Assoziationsratsbeschlusses Nr 1/80 für türkische Staatsangehörige ergeben (vgl dazu insb VwGH 22. 2. 1996, 95/19/0424).

47 Aufenthaltsberechtigungen nach dem AsylG 1997 gehen den Einschränkungen des § 31 Abs 2 FrG 1997 jedenfalls vor. Gleiches gilt für die Versagung eines Einreise- und Aufenthaltstitels nach § 10 FrG 1997. Gem § 28 Abs 5 FrG 1997 genießen Fremde, denen in Österreich Asyl gewährt wird, Sichtvermerksfreiheit. Fremde, die sonst auf Grund der Bestimmungen des AsylG 1997 zum Aufenthalt berechtigt sind, benötigen hiefür keinen Einreise- oder Aufenthaltstitel.

48 Die Dauer des rechtmäßigen Aufenthaltes eines Fremden im Bundesgebiet richtet sich gem § 31 Abs 3 FrG 1997 nach der durch zwischenstaatliche Vereinbarung (zu diesen zwischenstaatlichen Übereinkommen siehe *Schmidt/Aigner/Taucher/Petrovic*, 85 ff, 90), Bundesgesetz oder Verordnung getroffenen Regelung (Z 1 leg cit) oder der Befristung des Einreise- oder Aufenthaltstitels (Z 2 leg cit).

49 Visa (Einreisetitel) können nur für eine zeitlich beschränkte Gültigkeitsdauer (zu einem sechs Monate nicht übersteigenden Aufenthalt) erteilt werden (§§ 6, 8 Abs 3 FrG 1997). Aufenthaltstitel (ds Aufenthalts- und Niederlassungsbewilligungen) können sowohl befristet als auch unbefristet erteilt werden. Sonderregeln bestehen für die Erteilung einer unbefristeten Niederlassungsbewilligung (§ 24 FrG 1997).

50 Fremde, die einen Antrag auf Ausstellung eines weiteren Aufenthaltstitels vor Ablauf der Gültigkeitsdauer des ihnen zuletzt erteilten Aufenthaltstitels oder vor Entstehen der Sichtvermerkspflicht eingebracht haben, halten sich gem § 31 Abs 4 FrG 1997 bis zum Zeitpunkt der rechtskräftigen Entscheidung über diesen Antrag rechtmäßig im Bundesgebiet auf. Als Entscheidung in diesem Sinne gilt auch eine von der Behörde veranlaßte Aufenthaltsbeendigung (§ 15 FrG 1997).

b) Das Recht auf Einreise

51 Unter „Einreise" versteht das FrG 1997 das „Betreten des Bundesgebietes" (§ 1 Abs 2 FrG 1997). Mit dieser gleichnishaften Umschreibung ist jener Zeitpunkt angesprochen, zu dem eine Person auf das Bundesgebiet gelangt. Im Rahmen einer juristischen Betrachtung des Staatsgebiets kann es sich nur darum handeln, ob und inwieweit Rechtsnormen eine territoriale Begrenzung beinhalten. Im juristischen Sinne geht es also um die Frage des territorialen Geltungs- und Anwendungsbereiches. Dieser örtliche Bereich orientiert sich nicht starr an den Bundesgrenzen (vgl dazu *Walter/Mayer*, Bundesverfassungsrecht Rz 171 ff). Bei den sog Verhaltensnormen, die in jeder Rechtsordnung einen Schwerpunkt bilden, wird das Bundesgebiet in aller Regel mit dem *„Sanktionsbereich"* der Verhaltensnormen gleichgesetzt. Freilich spielt auch der *„Gebotsbereich"* eine gewisse Rolle, der jedoch gegenüber seiner, die Sanktion räumlich begrenzenden Funktion in den Hintergrund tritt. Diese Problematik stellt sich auch im Rahmen der Einreise. Im Flugverkehr etwa reist eine Person nicht zu dem Zeitpunkt ein, zu dem das Flugzeug die Grenze überfliegt, sondern erst wenn sie in den Anwendungsbereich des österreichischen Fremdenrechts gelangt, was regelmäßig erst bei der Landung der Fall ist, wenn das Luftfahrzeug nicht im Inland registriert ist (vgl 692 BlgNR 18. GP, in *Hickisch/Kepplinger,* 18; zum Begriff der Einreise siehe auch *Muzak,* Aufenthaltsberechtigung, 130). Die Einreise unterscheidet sich wesentlich vom Grenzübertritt und der Grenzkontrolle nach dem GrekoG. Ähnliches gilt für die Einreise auf dem Land- und Wasserweg, wenn die Grenzkontrollstelle außerhalb der Bundesgrenzen oder eine ausländische Grenzkontrollstelle innerhalb der Bundesgrenzen gelegen ist. Der örtliche Anwendungsbereich (Sanktions- oder Gebotsbereich) ist nicht für alle Normen ident, sondern muß im Lichte jeder Norm (jedes Normenkomplexes) gesondert beurteilt werden. So unterscheidet sich der örtliche Anwendungsbereich wesentlich, ob er nun nach fremdenrechtlichen Vorschriften oder etwa nach Strafnormen des StGB zu beurteilen ist (beispielsweise sind fremdenrechtliche oder grenzkontrollrechtliche Vorschriften in Transiträumen von Flughäfen nur verdünnt anwendbar, während Strafnormen des StGB dort uneingeschränkt Anwendung finden). Umgekehrt kann es im Bereich von Grenzkontrollstellen, die außerhalb der Bundesgrenzen gelegen sind, zu einer verdünnten Anwendung fremdenrechtlicher bzw grenzkontrollrechtlicher Normen kommen, während das StGB dort keine Anwendung findet.

52 Die GFK regelt die Einreise zwar nicht unmittelbar, doch ergibt sich aus „Zurückweisungsverboten" auch ein Bezug zur Einreise (siehe dazu ausführlich *Davy U.*, Flüchtlingsrecht I, 93 ff). Auch aus Art 3 und Art 8 EMRK kann sich ein Zurückweisungsverbot ergeben, wenn der Betroffene als Folge der Zurückweisung der Folter oder unmenschlicher oder erniedrigender Strafe oder Behandlung unterworfen bzw der Betroffene durch eine Zurückweisung in seinem Recht auf Achtung des Privat- und Familienlebens verletzt werden würde.

53 Fremde brauchen für die Einreise, während des Aufenthalts und für die Ausreise einen gültigen Reisepaß (Paßpflicht), soweit nicht anderes bundesgesetzlich oder durch zwischenstaatliche Vereinbarungen bestimmt wird oder internationalen Gepflogenheiten entspricht (§ 2 Abs 1 FrG 1997). Fremden, denen in Österreich Asyl gewährt wird und die über kein gültiges Reisedokument verfügen, aber ihre Identität glaubhaft machen können, darf – ungeachtet ihrer Verantwortlichkeit nach den §§ 107 und 108 FrG 1997 (unbefugter Aufenthalt und sonstige Übertretungen) – die Einreise nicht versagt werden (§ 3 Abs 4 FrG 1997). Diese Vorschrift versteht sich als logische Ergänzung zur Asylgewährung (Asylerstreckung) nach dem AsylG 1997. Paßpflichtige Fremde unterliegen grundsätzlich der Sichtvermerkspflicht und brauchen einen Einreise- oder Aufenthaltstitel (§ 5 Abs 2 und 3 FrG 1997). Nach § 28 Abs 5 FrG 1997 genießen Fremde, denen in Österreich Asyl gewährt wird, Sichtvermerksfreiheit. Fremde, die sonst auf Grund der Bestimmungen des AsylG 1997 zum Aufenthalt im Bundesgebiet berechtigt sind (befristete Aufenthaltsberechtigung nach § 15 AsylG 1997 und vorläufige Aufenthaltsberechtigung nach § 19 leg cit), benötigen hiefür keinen Einreise- oder Aufenthaltstitel.

54 Auch das AsylG 1997 beschäftigt sich an wesentlichen Stellen mit der Einreise, wobei der Einreisebegriff an das FrG 1997 anknüpft. Gem § 16 AsylG 1997 gelten Asyl- und Asylerstreckungsanträge, die bei einer österreichischen Berufsvertretungsbehörde einlangen, in deren Amtsbereich sich die Antragsteller aufhalten, außerdem als Anträge auf Erteilung eines Einreisetitels (Abs 1 leg cit). Werden solche Anträge gestellt, hat die Vertretungsbehörde dafür Sorge zu tragen, daß die Fremden ein in einer ihnen verständlichen Sprache gehaltenes Antrags- und Befragungsformular ausfüllen. (...) Außerdem hat die Vertretungsbehörde den Inhalt der ihr vorgelegten Urkunden aktenkundig zu machen. Der Asylantrag ist unverzüglich dem Bundesasylamt zuzuleiten (Abs 2 leg cit). Die Vertretungsbehörde hat dem Antragsteller oder der Antragstellerin ohne weiteres ein Visum zur Einreise zu erteilen (Abs 3 leg cit), wenn ihr das Bundesasylamt mitgeteilt hat, daß die Asylgewährung wahrscheinlich ist (siehe dazu die Ausführungen zu § 16, Rz 499 ff). Fremden, die – nach Anreise über einen Flugplatz oder nach direkter Anreise (Art 31 GFK) aus dem Herkunftsstaat (di nach § 1 Z 4 AsylG 1997 der Staat, dessen Staatsangehörigkeit Fremde besitzen oder – im Falle der Staatenlosigkeit – der Staat des früheren gewöhnlichen Aufenthaltes) – anläßlich der an der Grenzübergangsstelle erfolgenden Grenzkontrolle einen Asyl- oder Asylerstreckungsantrag stellen, sind gem § 17 Abs 1 AsylG 1997 dem Bundesasylamt vorzuführen (zur Vorführung siehe die Ausführungen zu § 18, Rz 532 ff), es sei denn, sie verfügten über einen Aufenthaltstitel oder ihr Antrag wäre wegen entschiedener Sache zurückzuweisen (§ 68 AVG). Fremde, die sonst anläßlich einer an einer Grenzübergangsstelle erfolgenden Grenzkontrolle einen Asyl- oder Asylerstreckungsantrag stellen, sind nach Abs 2 dieser Bestimmung – sofern die Einreise nicht nach dem 2. Hauptstück des FrG 1997 gestattet werden kann – zurückzuweisen und darauf hinzuweisen, daß sie die Möglichkeit

haben, entweder im Staat ihres Aufenthaltes Schutz vor Verfolgung zu suchen oder den Asylantrag bei der zuständigen österreichischen Berufsvertretungsbehörde zu stellen (siehe dazu § 16 AsylG 1997). Verlangen diese Fremden jedoch den Asylantrag an der Grenze zu stellen, so sind sie darüber in Kenntnis zu setzen, daß in diesem Falle in die Entscheidung über ihre Einreise die Asylbehörden eingebunden werden und daß sie die Entscheidung im Ausland abzuwarten hätten. Dieses „Verlangen" ist dem Wesen nach eine Prozeßhandlung, die nur von prozeßfähigen Personen oder deren gesetzlichen oder bevollmächtigten Vertretern abgegeben werden kann, wobei sich die Prozeßfähigkeit nach der allgemeinen Handlungsfähigkeit orientiert. An dieser Stelle ist anzumerken, daß in diesem Zusammenhang auch das IPR–G und die zahlreichen Konsularverträge eine bedeutende Rolle spielen (siehe dazu *Rohrböck*, Prozeßfähigkeit, 2 ff und 8 f). Der Asylantrag ist gem § 17 Abs 3 AsylG 1997 unverzüglich dem Bundesasylamt zuzuleiten. Fremden, die auf diese Weise einen Asylantrag (keinen Asylerstreckungsantrag) gestellt haben, ist gem Abs 4 des § 17 AsylG 1997 die Einreise zu gestatten, wenn das Bundesasylamt den Grenzkontrollbehörden mitgeteilt hat, daß die Asylgewährung nicht unwahrscheinlich ist. Die rechtliche Natur der Mitteilung bleibt weithin unklar. Der Ausdruck „nicht unwahrscheinlich" spricht einen geringeren Wahrscheinlichkeitsgrad an als der Ausdruck „wahrscheinlich". Liegt eine derartige Mitteilung des BAA nicht vor, hat die Grenzkontrollbehörde den Asylwerber zu informieren, daß er die Überprüfung der Sache durch den UBAS verlangen kann. Wird dem Asylwerber die Einreise nicht gestattet, ist er nach den Bestimmungen des FrG 1997 zurückzuweisen.

55 Auf das „Einreiseverfahren" findet – soweit davon nicht der Zurückweisungsakt nach dem FrG 1997 betroffen ist – das AVG Anwendung (vgl § 23 AsylG 1997). Dies bedeutet, daß hier grundsätzlich alle verfahrensrechtlichen Bestimmungen einzuhalten sind, sofern das AsylG 1997 selbst nicht anderes bestimmt (zum „Einreiseverfahren" siehe unten die Ausführungen zu § 17, Rz 503 ff).

III. Asylrelevante Rechte außerhalb des AsylG 1997 (Asyl im weiteren Sinne)

56 Hier sollen jene Rechtsvorschriften in einer groben Übersicht behandelt werden, die (subjektive) Rechte jenen Personen zusprechen, die als Flüchtlinge (im Sinne der GFK) angesehen werden, sich aber außerhalb der Asyldefinition des AsylG 1997 bewegen und deshalb vom „Asylgewährungsbescheid" nicht umfaßt sind. Dies tut den Rechtswirkungen aus diesen „Drittnormen" keinen Abbruch, weil sie von einem Asylgewährungsbescheid (Asylerstreckungsbescheid) unabhängig sind. Eine besondere Rolle spielen in diesem Zusammenhang jene (subjektiven) Rechte, die sich direkt (möglicherweise in Verbindung mit anderen Vorschriften) aus der GFK ergeben.

a) Rechte aus der Flüchtlingskonvention

57 Die Flüchtlingskonvention in der Fassung des Protokolls – dem Wesen nach ein multilateraler Völkerrechtsvertrag – wurde gem Art 49 B-VG (idF BVG BGBl 1996/659) generell transformiert (vgl dazu *Rosenmayr*, Asylverfahren, 121; zum Prinzip der generellen Transformation zB *Ermacora/Hummer*, Völkerrecht, Recht der Europäischen Union und Landesrecht, Rz 579 ff; *Fischer/Köck*, Völkerrecht, 14; *Öhlinger*, 110 ff). Dadurch, daß ein Staatsvertrag nach der Genehmigung durch den

NR (Art 50 B-VG idF vor dem BVG 4. 3. 1964 BGBl 59) im BGBl kundgemacht wurde (beachte dazu, daß die Flüchtlingskonvention vor dem BVG 4. 3. 1964 BGBl 59 kundgemacht wurde), ist seine Rechtsquellenqualität als eine Vorschrift auf der Stufe eines BG und damit seine rechtsverbindende Kraft (Art 49 Abs 1 B-VG idF BVG BGBl 1996/659) jedem Meinungsstreit entrückt (VfSlg 3.767). Obgleich die GFK unbestreitbar als innerstaatliche Rechtsquelle existiert, bleibt doch die Notwendigkeit, die Qualität der Rechtsbindung zu untersuchen, wobei strikt zwischen dem völkerrechtlichen und dem innerstaatlichen Normenkomplex zu unterscheiden ist. Wie bei anderen Normen auch ist am Inhalt des Staatsvertrages zu prüfen, ob er unmittelbar anwendbares Recht oder nur eine die gesetzgebenden Organe treffende Verpflichtung enthält, die bestehende Rechtsordnung dem Staatsvertrag anzupassen, soweit jene mit ihm nicht übereinstimmt, und in Hinkunft keine Rechtsvorschriften zu erlassen, die dem Staatsvertrag widersprechen, der Staatsvertrag also „self-executing" oder „non self-executing" ist. Self-executing ist eine Vertragsbestimmung dann, wenn der Normadressat (Anspruchsberechtigte) so bezeichnet und der Norminhalt (Anspruch) so formuliert ist, daß die innerstaatlichen Vollzugsorgane die Bestimmung ohne weiteres anwenden können (*Zemanek*, Völkervertragsrecht, Rz 342 f). Maßgeblich sind demnach inhaltliche und nicht formelle Kriterien, sodaß die Qualifikation einer Norm als self-executing letztendlich eine Frage der Interpretation ist (vgl *Öhlinger*, 141). Das erforderliche Maß der inhaltlichen Bestimmtheit richtet sich nicht nach Art 18 B-VG (vgl dazu *Walter/Mayer*, Bundesverfassungsrecht, Rz 239; so aber noch zB *Bleckmann*, Anwendbarkeit, 305 ff; *Ermacora*, Staatsvertrag, 397; *Öhlinger*, 142 f; *Rosenmayr*, Asylverfahren, 121; *Winkler*, JBl 1961, 12), weil Art 18 B-VG nicht die Qualifikation einer Norm als Norm berührt. Ist eine Norm non self-executing, fehlen der „Norm" essentielle Momente wie zB Normenadressat oder irgendein faßbarer Inhalt, sodaß im innerstaatlichen Rechtsbereich eine Norm überhaupt nicht vorliegt. Im Gegensatz dazu kann Art 18 B-VG nur geltende und verbindliche Normen treffen; die genannte Verfassungsbestimmung konstituiert nichts anderes als ein Fehlerkalkül im Hinblick auf das Bestimmtheitsgebot im Lichte des rechtsstaatlichen Prinzips. Würde man das erforderliche Maß der inhaltlichen Bestimmtheit im Lichte des Art 18 B-VG betrachten, wäre jede Aufhebung einer Norm eines transformierten (adoptierten) Staatsvertrages durch den VfGH vor dem Hintergrund des Art 18 B-VG ausgeschlossen, weil eine transformierte Bestimmung, sollte sie unter den Anforderungen des Art 18 liegen, non self-executing und damit im innerstaatlichen Rechtsbereich eine Nichtnorm darstellen würde.

58 Allgemein ist noch darauf hinzuweisen, daß Art 5 GFK eine Kollisionsregel bezüglich anderer als in dieser Konvention gewährten Rechte enthält, indem normiert wird, daß keinerlei Rechte oder Vorteile, die von einem vertragschließenden Staat vor oder neben diesem Abkommen gewährt wurden, durch dieses Abkommen beeinträchtigt werden sollen. Die GFK kann also im Verhältnis zu anderen Normen Flüchtlinge in ihren Rechten nicht verkürzen. Die GFK enthält demnach „relativ zwingendes Recht" in dem Sinne, daß sie nur einen Mindeststandard regelt. Diese Bestimmung kann für sich allein einem Flüchtling keine Rechte zubilligen und ist deshalb für die Asyldefinition nur im Rahmen der Auslegung anderer schutzgewährender Normen von Bedeutung.

59 Gem Art 6 GFK besagen die Worte „unter den gleichen Umständen", daß alle Bedingungen (einschließlich der Dauer und der Bedingung des vorübergehenden oder gewöhnlichen Aufenthaltes) erfüllt werden müssen, wie sie von der in Frage stehenden Person erfüllt werden müssen, wie sie von der in Frage stehenden Person zur Ausübung des betreffenden Rechts zu erfüllen wären, wenn sie nicht ein Flüchtling wäre. Ausgenommen sind nur jene Bedingungen, die ihrer Natur nach von einem Flüchtling nicht erfüllt werden können. Art 6 GFK stellt im wesentlichen eine Interpretationsregel dar, aus der unmittelbar keine Rechte erfließen.

60 Gem Art 2 GFK hat jeder Flüchtling gegenüber dem Lande, in dem er sich aufhält, Pflichten, die insb darin bestehen, daß er sich dessen Gesetzen und Verordnungen sowie den Maßnahmen, die zur Erhaltung der öffentlichen Ordnung getroffen wurden, unterwirft. Art 2 GFK ist Ausdruck einer generellen Regel des Völkerrechts, daß Fremde unter die Hoheitsgewalt des Staates fallen, den sie betreten haben (siehe dazu E/AC 32, SR 11, 49 ff; *Oppenheim*, 626). Nach den Ausführungen in der Regierungsvorlage zur GFK (136 BlgNR 7. GP, 36) ist Art 2 leg cit nicht erläuterungsbedürftig, weil er eine selbstverständliche Bestimmung beinhalte.

61 Art 10 GFK enthält Zeitrechnungsregeln für die „ununterbrochene Aufenthaltsdauer". Art 10 leg cit hat nur im Zusammenhang mit anderen Bestimmungen Bedeutung, die auf die ununterbrochene Aufenthaltsdauer Bezug nehmen. Hervorzuheben bleibt, daß diese Bestimmung dem Wortlaut nach nicht auf die GFK beschränkt ist (vgl dazu *Robinson*, 97).

62 In der Folge sind nun die einzelnen Bestimmungen der GFK auch darauf zu prüfen, ob aus den einzelnen Normen eine derartige „Regelungsdichte" hervorleuchtet, sodaß man im Hinblick auf die einzelnen Normen von self-executing sprechen kann (zur unmittelbaren Anwendbarkeit der GFK siehe *Geistlinger*, Asylrecht, 1124; *Rosenmayr*, Asylverfahren, 121). An dieser Stelle ist hervorzuheben, daß die unmittelbar anwendbaren Bestimmungen der GFK grundsätzlich neben dem AsylG 1997 zur Anwendung kommen und das AsylG 1997 grundsätzlich – im Rahmen des möglichen Wortsinns – iSd GFK zu interpretieren ist (vgl dazu insb § 43 AsylG 1997). Zur unmittelbaren Anwendbarkeit der GFK hat der VwGH ausgeführt: *„Im Gegensatz zu der von der belangten Behörde insbesondere in ihrer Gegenschrift vertretenen Rechtsansicht, es handle sich bei den Bestimmungen der GFK im allgemeinen und deren Art. 23 im besonderen um Normen, die nicht in das innerstaatliche Recht übernommen worden seien, wird in Judikatur und Lehre der gegenteilige Standpunkt vertreten, nämlich der, daß es sich bei der GFK um unmittelbar anzuwendendes, einfaches Bundesrecht handelt, das ‚self executing' ist (vgl. dazu insbesondere das hg. Erkenntnis vom 17. Juni 1966, Zl. 759/1965 Slg. N.F. Nr. 6948/A, das Urteil des OGH vom 4. April 1956, 3 Ob 70/6 SZ 29/32 sowie Veiter, Die Flüchtlingskonvention in der österreichischen Rechtsprechung, JBl. 1972, 349 ff insb. 351 und Steiner, Österreichisches Asylrecht 2 FN 1). Daß dies insbesondere auch für den Fall des Art. 23 der Konvention gilt, ergibt sich aus dem eben zitierten hg. Erkenntnis Slg. N.F. 6948/A welches zu Art. 31 der GFK ergangen ist, dessen maßgeblicher Wortlaut mit dem des hier in Rede stehenden Art. 23 in den entsprechenden Passagen ident ist, nämlich: ‚Die vertragsschließenden Staaten sollen (...) keine Strafen wegen (...) verhängen' (Art. 31) bzw. ‚die vertragsschließenden Staaten sollen (...) gewähren' (Art. 23)"* (VwGH 14. 12. 1992, 92/15/0146).

1. Rechtmäßiger Aufenthalt

63 An mehreren Stellen der GFK wird der Begriff des erlaubten bzw rechtmäßigen Aufenthaltes („lawfully staying"; „residant regulièrement") verwendet (vgl dazu die Art 15, 17, 18, 19, 21, 23, 24, 26, 28, 32). Daneben kennen die authentischen Texte auch den Begriff „being lawfully in the territory of a Contracting State" (vgl dazu die Art 18, 26, 32 GFK), welcher in der deutschen Übersetzung keinen Niederschlag fand. Der Unterschied zwischen beiden Begriffen dürfte darin liegen, daß letzterem jede zeitliche Komponente fehlt. Einige Bestimmungen (siehe dazu die Art 14, 16 Z 2 GFK) sprechen vom gewöhnlichen Aufenthalt („habitual residence"; vgl *Grahl-Madsen* II, 298). Zum erlaubten Aufenthalt hat der VwGH ausgeführt, daß ein solcher grundsätzlich nur dann vorliege, wenn die in dem betreffenden Konventionsland bestehenden Einreise- und Aufenthaltsvorschriften eingehalten werden (VwSlg-NF 4.345 A; in diesem Fall ging es um eine nach Art 13 des Anhanges zur GFK zulässige Beschränkung der Wiedereinreise). Ein genereller Verweis dieser Art auf die nationale Rechtsordnung ist nicht unproblematisch, stünde damit einem Staat die Möglichkeit offen, durch die Einengung nationaler Vorschriften betreffend Einreise- und Aufenthaltsbestimmungen einzelne Regeln der Konvention (zB Art 32, 33 GFK, aber auch Art 42 GFK betreffend Vorbehalte) auszuhöhlen (in diesem Sinne auch *Grahl-Madsen* II, 367). Wäre die Festlegung des erlaubten Aufenthaltes ohne jede Schranke in das Ermessen der Vertragsstaaten gestellt, so könnten sie den Grad ihrer völkerrechtlichen Verpflichtung, soweit sie den erlaubten Aufenthalt zum Gegenstand hat, selbst festlegen und hätten auf diese Weise die Möglichkeit, einen großen Teil der GFK für sich außer Kraft zu setzen. Dies würde dem Zweck der GFK, dem Schutz der Flüchtlinge und der Gewährung eines effektiven Asyls, offensichtlich zuwiderlaufen (*Rosenmayr*, Asylverfahren, 142). All jene Rechte der Flüchtlinge, deren Anwendbarkeit an die Voraussetzung der Erlaubtheit ihres Aufenthaltes geknüpft sind, können nicht als Scheingarantien verstanden werden (*Rosenmayr*, Asylverfahren, 143). Dies läßt den Schluß zu, daß es einen völkerrechtlich vorgeformten Begriff des erlaubten Aufenthaltes gibt. *Grahl-Madsen* hat, gestützt auf eine umfassende Analyse der GFK und einzelner nationaler Rechtsordnungen, vorgeschlagen, daß ein Flüchtling, der sich mehr als drei Jahre im Staatsgebiet eines Vertragsstaates der GFK aufgehalten hat, auch dann, wenn sein Aufenthalt zunächst nicht ausdrücklich erlaubt war, ein *„erlaubtes Aufenthaltsrecht"* erworben haben muß und gem Art 32 GFK nur aus Gründen der Staatssicherheit oder der öffentlichen Ordnung ausgewiesen werden darf (*Grahl-Madsen* II, 437 ff). Richtigerweise wird – obwohl der besagte Lösungsvorschlag willkürlich anmutet – auf ein faktisches Naheverhältnis abgestellt. Wesentliche Elemente dieses „factual link" sind neben der Aufenthaltsdauer, die nicht als starre Größe gesehen werden darf, insb die verwandtschaftlichen Beziehungen (nicht nur zu Staatsangehörigen), (unbewegliches) Vermögen im Staatsgebiet, soziale, nationale, kulturelle, ethnische und religiöse Beziehungen. Auch Rechtsbeziehungen sind dazu geeignet, eine tatsächliche Bindung zu schaffen bzw zu vertiefen. Der Ausdruck erlaubter Aufenthalt ist insofern mißverständlich, als es aus völkerrechtlicher Sicht auf einen „erlaubenden nationalen Akt" im Einzelfall nicht ankommt. „Lawful residence" ist eher im Sinne eines rechtmäßigen (gerechtfertigten) Aufenthaltes zu verstehen. Ab einer bestimmten Intensität des factual link geht die GFK davon aus, daß der Aufenthalt auch „lawfully" ist. Damit hängen eng die völkerrechtlichen Verpflichtungen aus der EMRK (vgl insb Art 1 des 7. ZP EMRK) zusammen. Auch innerstaatlich nimmt die Rechtsordnung auf Beziehungen zum Staat Bezug. Dies kommt deutlich in den §§ 33 ff FrG 1997 zum Ausdruck. Darüber hinaus sind nicht nur jene Rechtsvorschriften heranzuziehen, die sich ausdrücklich mit dem Aufenthaltsrecht befassen (zB § 31 FrG 1997, §§ 1 Z 2 iVm §§ 9 ff und §§ 19, 20 AsylG 1997). Auch § 57 FrG 1997 spielt – wenn auch nur aus dogmatischer Sicht und weniger in der Praxis – eine zentrale Rolle. Diese Bestimmung enthält unter näheren Voraussetzungen ein Verbot der Zurückweisung, Zurückschiebung und Abschiebung, wenn stichhaltige Gründe für die Annahme bestehen, daß der Fremde im Zielstaat menschenunwürdiger Behandlung, Strafe oder der Todesstrafe unterworfen würde oder daß er von dort aus in einen Staat weitergeschoben würde, wo ihm ein solches Schicksal droht (vgl dazu *Wiederin*, Aufenthaltsbeendende Maßnahmen, 25 ff). Die Bestimmung des § 57 FrG 1997 ist in der Praxis weitestgehend ineffektiv, obgleich dieser Bestimmung im Gesamtgefüge des Asylrechts eine wesentliche – subsidiäre – Schutzfunktion zukommt (siehe dazu vor dem Hintergrund des FrG 1992 *U. Davy*, Neuordnung, 78). Die Verfolgungsgefahr iSd GFK begründet nur ein relatives Abschiebungshindernis (vgl § 57 Abs 4 FrG 1997). Die Abschiebung von Fremden, die unter § 57 FrG 1997 fallen, ist gem § 56 Abs 2 FrG 1997 von der Behörde mit Bescheid aufzuschieben. Für den Fall der Säumnis der Behörde gibt es kein (sofort) wirksames Rechtsmittel; ein „Aufschiebungsbescheid" gem § 56 Abs 2 FrG 1997 ist notwendige Rechtsbedingung für die Aufschiebung (Unterlassung) der Abschiebung bzw für die Rechtmäßigkeit des Aufenthalts. Für die im Bescheid festgesetzte Frist ist dem Fremden der weitere Aufenthalt in Österreich gestattet (vgl § 107 Abs 2 FrG 1997). Der Abschiebungsaufschub stellt – zumindest im Lichte des fremdenpolizeilichen Verwaltungsstrafrechts – einen Rechtfertigungsgrund dar.

2. Diskriminierungsverbot

64 Gem Art 3 GFK sollen die vertragschließenden Staaten die Bestimmungen des vorliegenden Abkommens auf die Flüchtlinge anwenden, ohne bei ihnen einen Unterschied wegen Rasse, Religion oder ihres Herkunftslandes zu machen. Im Entwurf des ersten Ad-hoc-Komitees lautete diese Bestimmung folgendermaßen: *„The Contracting States shall not discriminate against a refugee on account of his race, religion, or country of origin, or because he is a refugee"* (UNDoc E/1618 in *Takkenberg/Tahbaz* I, 409). Das zweite Ad-hoc-Komitee ergänzte diesen Entwurf mit den Worten: *„within the territory"* (vgl UNDoc E/1850 in *Takkenberg/Tahbaz* II, 213). Als Motiv wurde dazu geäußert: *„(...) to make clear, that it was not intended to apply to special conditions of immigration imposed on aliens but only to the treatment of aliens within the territory of a Contracting State"* (vgl UNDoc E/1850 in *Takkenberg/Tahbaz* II, 211; vgl auch UNDoc E/AC.32/SR.34). In der Bevollmächtigtenkonferenz wurden im wesentlichen zwei Fragen diskutiert: erstens ging es um den Ausdruck „within the terrritory". Der französische Delegierte schlug vor, diesen Ausdruck zu streichen (UNDoc A/CONF.2/SR.4, 19 in *Takkenberg/Tahbaz* III, 234), weil damit die Diskriminierung von Personen möglich wäre, die sich noch nicht im Gebiet des betreffenden Staates aufhielten (UNDoc A/CONF.2/SR.4, 19 in *Takkenberg/Tahbaz* III, 234. Der gleichen Meinung war der Vertreter des World Jewish Congress (vgl UNDoc A/CONF.2/SR.4, 13 in *Takkenberg/Tahbaz* III, 231; vgl dazu auch UNDoc A/CONF.2/SR.5, 7 in *Takkenberg/Tahbaz* III, 238). Die Mehrzahl der Delegierten war sich darin einig, daß sich das Verbot der Nichtdiskriminierung auch auf die Einreise beziehen müsse (vgl insb UNDoc A/CONF.2/SR.5, 15 f in *Takkenberg/Tahbaz* III, 242). Die Lösung dieser Frage wurde einem eigens zu diesem Zweck eingesetzten Komitee übertragen (das Komitee bestand aus Vertretern Australiens, Belgiens, Frankreichs, Israels und der USA; vgl dazu UNDoc A/Conf.2/SR.5, 8 in *Takkenberg/Tahbaz* III, 238). Dieses Komitee erstellte einen Entwurf, der die Wortfolge *„within the territory"* nicht mehr enthielt (vgl UNDoc A/CONF.2/72 in *Takkenberg/Tahbaz* III, 604). Der zweite wesentliche Punkt, der in der Bevollmächtigtenkonferenz diskutiert wurde, war die Frage, ob sich Art 3 auch auf die Gleichbehandlung der Flüchtlinge untereinander beziehen soll. Auf Vorschlag des israelischen Delegierten wurden die Worte *„or because he is a refugee"* gestrichen (vgl dazu UNDoc A/CONF.2/SR.4, 17 in *Takkenberg/Tahbaz* III, 233;

vgl dazu näher *Amann*, Flüchtlingsrechte, 88 f). In der weiteren Diskussion führte der französische Delegierte zu dieser Frage aus: *„(...) there could be no question of discrimination* ***between*** *refugees, since that would open the door to discriminatory measures of all kinds. For example, a Contracting State would only need to reserve prejudicial treatment for all refugees to avoid contravening the provisions of the Convention"* (vgl UNDoc A/CONF.2/SR.5, 8 in *Takkenberg/Tahbaz* III, 238; UNDoc A/CONF.2/SR.4, 18 aaO, 233). Letztendlich wurde von dem zuvor erwähnten speziellen Komitee die Formulierung *„without discrimination"* vorgeschlagen; dieser Wortlaut fand in der endgültigen Fassung seinen Niederschlag.

65 Das Diskriminierungsverbot nach Art 3 leg cit ist self-executing und findet weitestgehend seine Entsprechung im Übereinkommen über die Beseitigung aller Formen rassischer Diskriminierung BGBl 1972/377, das durch BVG vom 3. Juli 1973 zur Durchführung des Internationalen Übereinkommens über die Beseitigung aller Formen rassischer Diskriminierung BGBl 390 speziell transformiert wurde (vgl auch Art 7 Abs 1 B-VG; Art 2 StGG RGBl 1867/142; Art 66 StV v Saint-Germain StGBl 1920/303; Art 7 StV v Wien BGBl 1955/152; Art 14 EMRK BGBl 1958/210 iVm BVG 4. 3. 1964 BGBl 59). Self-executing ist diese Bestimmung deshalb, weil sie inhaltlich ausreichend determiniert ist. Art 3 leg cit enthält allerdings nur ein beschränktes Gleichbehandlungsgebot, indem nur auf Rasse, Religion und Herkunft als Ursache einerseits und auf die Bestimmungen des vorliegenden Abkommens andererseits Bezug genommen wird (vgl dazu *Amann*, Flüchtlingsrechte, 89). Andere Gründe für eine mögliche Diskriminierung wie Geschlecht, politische Meinung oder soziale Abstammung sind nicht angesprochen (siehe dazu *Robinson*, 74 f; vgl dazu auch UNDoc A/CONF.2/SR.4, 13, 19 in *Takkenberg/Tahbaz* III, 231, 234), finden allerdings in der Rechtsordnung anderweitig – insb im oben genannten BVG – Deckung. Aus Art 3 GFK läßt sich aus innerstaatlicher Sicht für den Flüchtling das Recht auf Gleichbehandlung gegenüber anderen Flüchtlingen und Ausländern ableiten (vgl dazu *Amann*, Flüchtlingsrechte, 89). Die deutsche Übersetzung des Art 3 GFK ist irreführend. Die deutsche Übersetzung enthält nämlich den Ausdruck *„bei ihnen"* (nämlich bei den Flüchtlingen); dieser oder ein gleichbedeutender Passus findet sich in den authentischen Texten nicht (vgl zu diesem Problemkreis auch Art 7 GFK). Das Diskriminierungsverbot nach Art 3 GFK kann zwar nicht abgesondert durchgesetzt werden, ist aber im Rahmen jedes Verfahrens relevierbar. Wenn man an die Ungleichbehandlung der Flüchtlinge in den Asylverfahren, aber auch in Bezug auf Reisepässe, Sichtvermerke, Aufenthaltsberechtigung, etc denkt, begreift man die Wichtigkeit dieser Bestimmung. Im gegebenen Zusammenhang spielt Art 3 GFK idR in Verfahren nach dem AsylG 1997 und nach dem FrG 1997 eine bedeutende Rolle. Auch in Gerichtsverfahren ist grundsätzlich eine Bezugnahme auf Art 3 GFK denkbar. Hervorzuheben ist, daß dieses Recht an den materiellen Flüchtlingsbegriff der GFK anknüpft, sodaß auch Asylwerber, aber auch Personen, die keinen Antrag auf Asylgewährung stellen oder keine Feststellung der Flüchtlingseigenschaft nach dem AsylG 1997 erlangen, sogar abgelehnte Asylwerber, sofern sie die Voraussetzungen des Art 1 GFK erfüllen, von diesem Recht betroffen sind. Ein Recht auf Gleichbehandlung im Unrecht gibt es allerdings nicht (VfSlg 9.191). Wie in der Regierungsvorlage zur GFK ausgeführt wird, verbietet Art 3 GFK nicht die Anwendung des Ausländerrechts schlechthin; er verbietet nur, daß Flüchtlinge ungünstiger behandelt werden als andere Ausländer, etwa mit der Begründung, daß sie Flüchtlinge iSd GFK sind (vgl 136 BlgNR 7. GP, 37).

66 Neben dem Diskriminierungsverbot des Art 3 GFK ist auf die Bestimmung des Art 7 Abs 1 GFK hinzuweisen, die Grundsätze für die Ausländergleichbehandlung enthält; diese Regelung wurde erst vom zweiten Ad-hoc-Komitee in den Entwurf der GFK aufgenommen (vgl UNDoc E/1850, 19 in *Takkenberg/Tahbaz* II, 211; *Robinson*, 82) und von der Bevollmächtigtenkonferenz ohne Änderungen akzeptiert (vgl UNDoc A/CONF.2/SR.24, 24 in *Takkenberg/Tahbaz* III, 439; UNDoc A/CONF.2/SR.35, 37 in *Takkenberg/Tahbaz* III, 580). Art 7 Abs 1 GFK enthält den Grundsatz, daß Konventionsflüchtlingen dieselbe Behandlung wie Ausländern im allgemeinen zukommen muß, sofern nicht in den Bestimmungen der GFK eine *„bessere Behandlung"* vorgesehen ist (vgl UNDoc E/1850, 19 in *Takkenberg/Tahbaz* II, 211; zu den verschiedenen Arten der „besseren Behandlung" siehe *Amann*, Flüchtlingsrechte, 91). Während sich Art 3 GFK auf die „Bestimmungen des vorliegenden Abkommens" bezieht, reicht Art 7 Abs 1 GFK darüber hinaus. Ob die „Behandlung" nach Art 7 Abs 1 leg cit auf einer gesetzlichen Grundlage beruht, ist irrelevant. Die Worte *„im allgemeinen"* (*„generally"*) wurden in dem Bewußtsein gewählt, daß die Behandlung von Ausländern in vielen Staaten nicht auf gesetzlichen Regelungen, sondern auf einer Verwaltungspraxis beruht (vgl dazu UNDoc E/AC.32/SR.34, 13 in *Takkenberg/Tahbaz* II, 78). Mit *„Ausländer im allgemeinen"* sind jene Ausländer gemeint, die keine besonderen Privilegien genießen (vgl *Robinson*, 82). Art 7 Z 2 GFK schließt nach einem Aufenthalt von drei Jahren im Bundesgebiet den Grundsatz der Reziprozität aus. Art 7 Abs 4 GFK ist non self-executing, da er inhaltlich eine Empfehlung darstellt (arg *„Die vertragschließenden Staaten sollen die Möglichkeit wohlwollend ins Auge fassen* (...)").

3. Freiheit der Religionsausübung

67 Art 4 GFK stellt die im Inland befindlichen Flüchtlinge hinsichtlich der Freiheit der Religionsausübung und der Freiheit des Religionsunterrichtes ihrer Kinder den österreichischen Staatsbürgern gleich (siehe dazu Art 9 EMRK). Ein Recht auf Religionsausübung war weder im Entwurf des ersten noch des zweiten Ad-hoc-Komitees vorgesehen. Ein solches wurde erst in der elften Sitzung der Bevollmächtigtenkonferenz durch einen Vertreter der Pax Romana vorgeschlagen (vgl UNDoc A/CONF.2/SR.11, 9 ff in *Takkenberg/Tahbaz* III, 299 f). Ein Textvorschlag des Delegierten aus Luxemburg (UNDoc A/CONF.2/94 in *Takkenberg/Tahbaz* III, 37) wurde von der Bevollmächtigtenkonferenz vorläufig angenommen und vom Style Committee endgültig ausformuliert (UNDoc A/CONF.2/102, 4 in *Takkenberg/Tahbaz* III, 176). Art 4 GFK ist self-executing und knüpft an den materiellen Flüchtlingsbegriff an. Damit erwächst Flüchtlingen das Recht auf freie Religionsausübung und das Recht, die religiöse Erziehung ihrer Kinder frei zu bestimmen. Art 14 Abs 1 StGG bestimmt, daß *„die volle Glaubens- und Gewissensfreiheit (...) jedermann gewährleistet (ist)"*; nach Art 14 Abs 2 StGG ist der Genuß der bürgerlichen und politischen Rechte vom Religionsbekenntnis unabhängig; den staatsbürgerlichen Pflichten darf durch das Religionsbekenntnis „kein Abbruch geschehen"; weiters kann niemand zu einer kirchlichen Handlung oder zur Teilnahme an einer kirchlichen Feierlichkeit gezwungen werden, *„insofern er nicht der nach dem Gesetz hiezu berechtigten Gewalt eines anderen untersteht"* (Art 14 Abs 3 StGG). Art 63 Abs 2 StV St. Germain gewährt allen Einwohnern Österreichs das Recht, öffentlich oder privat jede Art Glauben, Religion oder Bekenntnis frei zu üben, sofern deren Übung mit der öffentlichen Ordnung (vgl dazu *Gampl*, Staatskirchenrecht, 76) oder mit den guten Sitten (vgl dazu *Gampl*, aaO, 84) vereinbar ist. Darüber hinausgehend gewährt Art 9 Abs 1 EMRK jedermann einen Anspruch „auf Gedanken-, Gewissens- und Religionsfreiheit"; dieses Recht umfaßt die Freiheit des einzelnen zum Wechsel der Religion oder der Weltanschauung sowie die Freiheit, seine Religion oder Weltanschauung einzeln oder in

Gemeinschaft mit anderen öffentlich oder privat, durch Gottesdienst, Unterricht, Andachten und Beachtung religiöser Gebräuche auszuüben. Art 66 Abs 1, 2 und Art 67 StV St. Germain normieren ein Diskriminierungsverbot – allerdings nur für österreichische Staatsbürger – aus Gründen der Religion, des Glaubens oder des Bekenntnisses; sie stellen besondere Ausprägungen des Gleichheitsgrundsatzes dar (vgl auch Art 14 Abs 2 StGG und Art 7 Abs 1 B-VG; *Gampl*, Staatskirchenrecht, 93). Die in Art 9 EMRK normierten Rechte (siehe dazu auch Art 2 des 1. ZP EMRK) stehen als Menschenrechte auch Fremden zu.

4. Ausnahme von Sondermaßnahmen

68 Gem Art 8 GFK werden die vertragschließenden Staaten Sondermaßnahmen, die gegen die Person, das Eigentum oder die Interessen von Staatsbürgern eines fremden Staates ergriffen werden können, nicht auf einen Flüchtling anwenden, der formell Staatsbürger des betreffenden Landes ist, nur weil er eine solche Staatsangehörigkeit besitzt. Die vertragschließenden Staaten, die nach ihrer Gesetzgebung den vorstehenden Grundsatz nicht anwenden können, werden in geeigneten Fällen Ausnahmen von der Anwendung der Sondermaßnahmen zugunsten der Flüchtlinge gewähren. Aus Art 8 GFK ergibt sich für einen Flüchtling grundsätzlich das Recht, von den angesprochenen Sondermaßnahmen ausgenommen zu werden, wobei dieses Recht für den Fall, daß das innerstaatliche Recht die Umsetzung dieses Grundsatzes nicht vorsieht, durch den abstrakten Gesetzesbegriff „geeignete Fälle" („appropriate cases") relativiert wird.

5. Provisorische Maßnahmen für die Staatssicherheit

69 Nach Art 9 GFK soll einen vertragschließenden Staat in Kriegs- oder nationalen Notstandszeiten nichts in diesem Abkommen hindern, gegen jede Person provisorisch die für die Staatssicherheit erforderlichen Maßnahmen zu ergreifen, bis es geklärt ist, ob die betreffende Person tatsächlich ein Flüchtling ist und ob solche Maßnahmen in diesem Falle noch immer im Interesse der Staatssicherheit notwendig sind. In der deutschen Übersetzung der authentischen Texte liegt in dieser Bestimmung ein Übersetzungsfehler vor. Der Ausdruck *„nationale Notstandszeiten"* ist mit dem englischen Ausdruck *„other grave and exceptional circumstances"* oder dem französischen Ausdruck *„d'autres circonstances graves et exceptionelles"* nicht deckungsgleich. Praktische Bedeutung kommt dieser Vorschrift nicht zu.

6. Seeleute

70 Sonderregeln für geflüchtete Seeleute normiert Art 11 GFK (vgl dazu *Robinson*, 98). Diese Bestimmung ist inhaltlich als Empfehlung formuliert und demnach non self-executing. Völkerrechtlich enthält Art 11 leg cit die Verpflichtung des Staates, sich mit den angesprochenen Problemen auseinanderzusetzen und Seeleute als Flüchtlinge nicht grundlos abzuweisen.

7. Personenrechtliche Stellung

71 Gem Art 12 Abs 1 GFK wird die personenrechtliche Stellung eines Flüchtlings vom Gesetz seines Wohnsitzlandes oder, wenn er keinen Wohnsitz hat, vom Gesetz des Aufenthaltslandes bestimmt. Lag vor Inkrafttreten des AsylG 1991 die eigentliche Bedeutung dieser Bestimmung darin, daß die personenrechtliche Stellung im Einklang mit dem IPR-G auch die Handlungsfähigkeit und iVm § 8 AVG auch die

Prozeßfähigkeit im Asylverfahren (vgl dazu *Rohrböck*, Prozeßfähigkeit, 1) umfaßte, bestimmt nunmehr § 25 AsylG 1997, daß Fremde, die das neunzehnte Lebensjahr vollendet haben (§ 25 AsylG 1997 regelt nur die Prozeßfähigkeit im Hinblick auf das Alter; für den übrigen Bereich bleibt die allgemeine Rechtslage bestehen), in Verfahren nach diesem Bundesgesetz handlungsfähig (besser wohl prozeßfähig) sind. Gem § 25 Abs 2 AsylG 1997 sind Minderjährige, deren Interessen von ihren gesetzlichen Vertreten nicht wahrgenommen werden können, berechtigt, Anträge zu stellen. Gesetzlicher Vertreter wird mit Einleitung eines Verfahrens der örtlich zuständige Jugendwohlfahrtsträger. Sobald für solche Jugendliche ein gesetzlicher Vertreter gemäß § 95 Abs 3 FrG 1997 einzuschreiten hat wird er auch Vertreter nach diesem Bundesgesetz (zur Prozeßfähigkeit siehe die Ausführungen zu § 25, Rz 745 ff). § 25 AsylG 1997 hat dem Art 12 GFK und dem § 9 Abs 3 IPR-G teilweise derogiert. Rechte aus Art 12 GFK können sich für den Flüchtling nur im Zusammenhang mit anderen Rechtsvorschriften ergeben. Nach Art 12 Abs 2 der GFK sollen Rechte, die von einem Flüchtling vorher erworben wurden und die auf der personenrechtlichen Stellung beruhen, insb solche Rechte, die sich aus einer Verehelichung ergeben, von den vertragschließenden Staaten anerkannt werden, vorausgesetzt, daß die nach der Gesetzgebung des betreffenden Staates allfällig vorgesehenen Formalitäten erfüllt worden sind. Voraussetzung ist weiters, daß es sich bei diesen Rechten um solche handelt, die von der Gesetzgebung des betreffenden Staates auch anerkannt werden würden, wenn die in Frage stehende Person nicht Flüchtling wäre. Dem Wortlaut zufolge könnte man meinen, daß diese Bestimmung insofern im Widerspruch zu Abs 1 steht, als auch die Regeln über die Handlungsfähigkeit (Prozeßfähigkeit) zu den *„vorher erworbenen Rechten"* zu zählen sind. Dies würde heißen, daß die im Verfolgerstaat erworbene Handlungsfähigkeit in Österreich anzuerkennen ist, auch wenn der Flüchtling nach österreichischem Recht nicht handlungsfähig wäre (dies träfe va minderjährige Personen). In diesem Falle wäre die maßgebliche Rechtsordnung im Gegensatz zu Art 12 Abs 1 GFK und zum IPR-G das Recht des Verfolgerstaates. Für die Handlungsfähigkeit ist allerdings die letzte Rechtsbedingung des Abs 2 leg cit nicht erfüllt, die voraussetzt, daß die „erworbenen Rechte" im Hinblick auf die personenrechtliche Stellung aus der Sicht der österreichischen Rechtsordnung nicht flüchtlingsspezifisch sondern allgemein fremdenbezogen sind. Die vorher erworbenen Rechte müssen seitens der österreichischen Rechtsordnung für Fremde allgemein und nicht nur für Flüchtlinge anerkannt werden. Als solche Rechte kommen neben der Verehelichung Rechte aus dem Bereich der Familie (zB Rechte der Erziehungsberechtigten bzw Eltern insb zur Pflege, Erziehung und zur Namengebung; Unterhaltsansprüche; Rechte aus einer Adoption etc) und Rechte aus der Staatszugehörigkeit, soweit sie die personenrechtliche Stellung berühren (hierher gehört insb das Recht zum Verkehr mit den Heimatbehörden), in Betracht, nicht aber die Handlungsfähigkeit (Prozeßfähigkeit), die für Flüchtlinge eine besondere Regelung erfahren hat.

8. Eigentumserwerb

72 Gem Art 13 GFK werden die vertragschließenden Staaten den Flüchtlingen beim Erwerb von beweglichem und unbeweglichem Eigentum und anderen dazugehörigen Rechten und bei der Abschließung von Miet- und anderen Verträgen eine möglichst günstige Behandlung zuteil werden lassen und auf alle Fälle keine schlechtere, als sie gewöhnlichen Ausländern unter den gleichen Umständen gewährt wird. Der erste – vom Generalsekretär der VN erstellte – Entwurf enthielt ua noch das Erfordernis des „rechtmäßigen Aufenthaltes" (vgl UNDoc E/AC.32/2, 26 in *Tak-*

kenberg/Tahbaz I, 130). Bereits der Entwurf des ersten Ad-hoc-Komitees enthielt dieses Erfordernis nicht mehr (vgl UNDoc E/1618 in *Takkenberg/Tahbaz* I, 409). Nachdem schon das zweite Ad-hoc-Komitee den Text des Entwurfs unverändert gelassen hatte (vgl UNDoc E/1850 in *Takkenberg/Tahbaz* II, 214), nahm die Bevollmächtigtenkonferenz den Text ohne weitere Diskussion fast unverändert an (an die Stelle der Wortfolge *„accorded generally to aliens"* trat die Wortfolge *„accorded to aliens generally"*).

73 Der erste Teil dieser Bestimmung ist zu unbestimmt und daher nicht self-executing (arg *„(...) möglichst günstige Behandlung (...)"*). Aus dem zweiten Halbsatz ergibt sich für den Flüchtling das Recht auf Gleichbehandlung mit Fremden. Wie alle Rechte, die auf eine Gleichbehandlung mit Fremden abstellen, ist auch dieses Recht relativ wirkungslos. Je „fremdenfeindlicher" eine Rechtsordnung ist, desto weniger ist einem Flüchtling durch diese Bestimmung gewährleistet. Der Begriff „Eigentum" darf nicht technisch verstanden werden (arg *„(...) rights pertaining to property (...)"*; vgl dazu *Laurer*, Wirtschaftsaufsicht, 150; vgl auch VfSlg 3.684, 5.371, 7.160). Er umfaßt auch den Rechtsbesitz etwa aus Miet- und Pachtverträgen. Art 5 StGG bestimmt, daß *„das Eigentum (...) unverletzlich ist. Eine Enteignung gegen den Willen des Eigentümers kann nur in den Fällen und in der Art eintreten, welche das Gesetz bestimmt"*. Dazu legt Art 1 des 1. ZP EMRK ergänzend fest, daß *„jede natürliche oder juristische Person (...) ein Recht auf Achtung ihres Eigentums (hat)"* und *„niemandem (...) sein Eigentum entzogen werden (darf), es sei denn, daß das öffentliche Interesse es verlangt und nur unter den durch Gesetz und durch die allgemeinen Grundsätze des Völkerrechts vorgesehenen Bedingungen"*. Österreich hat zu Art 1 des 1. ZP EMRK einen Vorbehalt abgegeben, der sich auf die Teile IV und V des StV v Wien bezieht (vgl dazu die E der EKMR 48 und 148 bei *Khol*, JBl 1967, 102; JBl 1972, 492). Der verfassungsrechtliche Schutz des Eigentums kommt auch Ausländern (VfSlg 2.680) sowie in- und ausländischen juristischen Personen (VfSlg 5.513, 5.531) zu; der Gesetzgeber ist bei Enteignungen an den *„Wesenskern"* des Grundrechtes gebunden (zum Wesenskern siehe *Walter/Mayer*, Bundesverfassungsrecht, Rz 1373); zudem sind Eigentumseingriffe nur nach Grundsätzen der Verhältnismäßigkeit zulässig (VfSlg 13.579; VfGH 9. 3. 1995, G 28/93; 21. 6. 1995, G 294/94; die Verhältnismäßigkeit wird verneint, wenn die Enteignung nicht „ultima ratio" war). Damit ist jedenfalls das Privateigentum als Institut geschützt; es darf nur ausnahmsweise und nicht hinsichtlich ganzer Eigentumskategorien ausgeschlossen werden (vgl *Aicher*, Grundfragen, 130). Art 6 Abs 1 StGG bestimmt, daß jeder Staatsbürger *„Liegenschaften jeder Art erwerben und über dieselben frei verfügen"* kann. Die Freiheit des Liegenschaftserwerbs gem Art 6 Abs 1 StGG steht nur österreichischen Staatsbürgern zu. Für Ausländer ergeben sich aus den Grundverkehrsgesetzen und den Ausländergrunderwerbsgesetzen (vgl dazu Art 10 Abs 1 Z 6 B-VG idF BGBl 1993/508; Art VII B-VG-Nov BGBl 1974/444; VfSlg 6718, 7838) der Länder zahlreiche Beschränkungen.

9. Schutz des gewerblichen Eigentums

74 Im Gegensatz zu Art 13 GFK stellt Art 14 leg cit auf eine Gleichstellung mit Inländern ab, wenn normiert wird, daß bezüglich des Schutzes von gewerblichem Eigentum wie Erfindungen, technischen Plänen oder Modellen, Schutzmarken und Handelsnamen und des Schutzes von literarischen, künstlerischen und wissenschaftlichen Arbeiten dem Flüchtling der gleiche Schutz gewährt werden wird, der dort Staatsangehörigen des Landes gewährt wird, in dem er seinen gewöhnlichen Aufenthalt hat. Der ursprüngliche Entwurf kannte das Erfordernis des *„gewöhnlichen Auf-*

enthaltes" nicht (vgl UNDoc E/1618 in *Takkenberg/Tahbaz* I, 409). Das zweite Ad-hoc-Komitee fügte das Kriterium des Aufenthaltes ein (vgl UNDoc E/1850 in *Takkenberg/Tahbaz* II, 214). Erst die Bevollmächtigtenkonferenz formulierte den „gewöhnlichen Aufenthalt" als Rechtsbedingung (siehe dazu *Amann*, Flüchtlingsrechte, 125 f). Die Voraussetzung des „gewöhnlichen Aufenthaltes" wurde den Beratungen zufolge deshalb in die Bestimmung aufgenommen, um deren Anwendbarkeit bei einem vorübergehenden Aufenthalt („temporary residence") in einem Vertragsstaat auszuschließen. Gem Art 14 erster Satz GFK hat der Flüchtling das Recht, im Hinblick auf den Schutz von gewerblichen Rechten, insb Erfindungen, Muster und Modellen, Warenzeichen und Handelsnamen, sowie im Hinblick auf den Schutz von Rechten an Werken der Literatur, Kunst und Wissenschaft, gleich den Inländern behandelt zu werden, wenn der Flüchtling im betreffenden Staat seinen gewöhnlichen Aufenthalt hat (vgl damit im Zusammenhang die Pariser Verbandsübereinkunft BGBl 1973/399; die Revidierte Berner Übereinkunft zum Schutze von Werken der Literatur und der Kunst (Pariser Fassung) BGBl 1982/319; das Welturheberrechtsabkommen (Pariser Fassung) BGBl 1982/293). Der Patent- und Musterschutz kann von Ausländern in Österreich ohne weiteres in Anspruch genommen werden (*Schönherr*, Rz 929.1). Im Gegensatz hiezu setzt der (strafrechtliche) Schutz von Kennzeichen ausländischer Unternehmen nach dem MSchG die Feststellung formeller Gegenseitigkeit (§ 60 MSchG), der Schutz des UWG für Ausländer ohne Hauptniederlassung im Inland die Feststellung „entsprechenden Schutzes" – also einer gewissen materiellen Gegenseitigkeit (§ 40 UWG) – durch Kundmachung im Bundesgesetzblatt voraus. Solche Kundmachungen sind bisher nur für das MSchG erlassen worden (vgl *Friedl/Schönherr/Thaler*, 401, Anm 4). Hat ein Flüchtling seinen gewöhnlichen Aufenthalt nicht im Inland, so wird ihm der gleiche Schutz zuteil, wie er einem Angehörigen des Staates zuteil wird, in dem er seinen gewöhnlichen Aufenthalt hat (vgl Art 14 zweiter Satz GFK).

75 Veröffentlichte Werke der Angehörigen eines Vertragsstaates und die zum ersten Mal im Hoheitsgebiet eines Vertragsstaates veröffentlichten Werke genießen gem Art II Z 1 Welturheberrechtsabkommen (Pariser Fassung; vgl auch Art II Z 1 Welturheberrechtsabkommen in der Genfer Fassung) in jedem anderen Vertragsstaat den gleichen Schutz, den dieser andere Staat den zum ersten Mal in seinem eigenen Hoheitsgebiet veröffentlichten Werken seiner Staatsangehörigen gewährt, sowie den durch dieses Abkommen besonders gewährten Schutz. Unveröffentlichte Werke der Angehörigen eines Vertragsstaats genießen in jedem anderen Vertragsstaat gem Z 2 leg cit den gleichen Schutz, den dieser andere Staat den unveröffentlichten Werken seiner Staatsangehörigen gewährt, sowie den durch dieses Abkommen besonders gewährten Schutz. Für die Anwendung dieses Abkommens kann gem Z 3 des Welturheberrechtsabkommen (Pariser Fassung) jeder Vertragsstaat durch seine innerstaatliche Gesetzgebung seinen Staatsangehörigen die Personen gleichstellen, die ihren Wohnsitz in seinem Hoheitsgebiet haben. Staatenlose und Flüchtlinge, die ihren gewöhnlichen Aufenthalt in einem Vertragsstaat haben, werden gem Z 1 des Zusatzprotokolls (BGBl. Nr. 293/1982; vgl dazu auch BGBl 1957/108) für die Anwendung des Abkommens von 1971 (Welturheberrechtsabkommen in der Pariser Fassung) den Angehörigen dieses Staates gleichgestellt.

10. Vereinsfreiheit

76 Gem Art 15 GFK werden die vertragschließenden Staaten den Flüchtlingen, die sich erlaubterweise auf ihrem Gebiet aufhalten, die vorteilhafteste Behandlung bezüglich der unpolitischen und nicht auf Gewinn berechneten Vereine und Gewerkschaften gewähren, die unter den gleichen Umständen den Staatsangehörigen eines fremden Landes gewährt wird. Der Passus „*vorteilhafteste Behandlung*" ist als non self-executing anzusehen, während die Gleichbehandlung mit Fremden nach dem letzten Halbsatz unmittelbar vollziehbar ist. Hervorzuheben bleibt, daß dieses Recht nur Flüchtlingen zuteil wird, die sich „*erlaubterweise*" im Bundesgebiet aufhalten. Im Entwurf des Ad Hoc Committee on Statelessness and Related Problems (UNDoc E/1618, E/AC. 32/5) fehlte der Ausdruck „non-political". Ein französischer Vorschlag, eine ausdrückliche Regelung dahingehend aufzunehmen, politische Aktivitäten von Flüchtlingen zu untersagen, wurde allerdings nicht angenommen (UNDoc E/AC. 32/L. 3, Art 8). Ein Verbot politischer Betätigung ist aus der GFK nicht ableitbar.

77 Art 12 StGG bestimmt, daß die österreichischen Staatsbürger das Recht haben, „*sich zu versammeln und Vereine zu bilden*". Die Ausübung dieser Rechte wird durch besondere Gesetze geregelt; nach Z 3 des Beschlusses der provisorischen Nationalversammlung v 30. Oktober 1918 (StGBl 1918/3) sind „*die Ausnahmeverfügungen betreffs des Vereins- und Versammlungsrechts (...) aufgehoben. Die volle Vereins- und Versammlungsfreiheit ohne Unterschied des Geschlechts ist hergestellt*". Gem Art 11 Abs 1 EMRK haben alle Menschen das Recht, „*sich friedlich zu versammeln und sich frei mit anderen zusammenzuschließen, einschließlich des Rechts, zum Schutze ihrer Interessen Gewerkschaften zu bilden und diesen beizutreten*"; nach Art 11 Abs 2 EMRK kann die Ausübung dieser Rechte solchen gesetzlichen Einschränkungen unterworfen werden, „*die in einer demokratischen Gesellschaft im Interesse der nationalen und öffentlichen Sicherheit, der Aufrechterhaltung der Ordnung und der Verbrechensverhütung, des Schutzes der Gesundheit und der Moral oder des Schutzes der Rechte und Freiheiten anderer notwendig sind*" (siehe dazu VfSlg 12.155). Art 16 EMRK läßt eine Beschränkung der politischen Tätigkeit von Ausländern zu (vgl dazu *Wieser*, EuGRZ 1990, 56). Das Vereinsgesetz 1951 (BGBl 1951/233 idF BGBl 1954/141, BGBl 1962/102, BGBl 1987/648) kennt allerdings keine Unterschiede zwischen In- und Ausländern (vgl *Schmidt/Aigner/Taucher/Petrovic*, 371; anders das Versammlungsgesetz 1953; vgl § 8 leg cit). Gem Art 11 EMRK stellen die Vereins- und Versammlungsfreiheit Menschenrechte dar (vgl dazu Art 12 StGG; Internationales Übereinkommen über die Vereinigungsfreiheit und den Schutz des Vereinigungsrechtes BGBl 1950/228). Auch das ParteienG nimmt nach dessen Wortlaut auf Ausländer nicht Bezug, doch besteht das Wahlrecht nur für österreichische Staatsbürger (vgl zB § 21 NRWO).

11. Justizgewährungsanspruch

78 Gem Art 16 Z 1 GFK wird ein Flüchtling zu den Gerichten auf dem Gebiete der vertragschließenden Staaten zugelassen. Ein Flüchtling, der im Inland seinen gewöhnlichen Aufenthalt (zum gewöhnlichen Aufenthalt siehe § 66 Abs 2 JN RGBl 1895/111 idF BGBl 1983/135) hat, wird gem Art 16 Z 2 leg cit in bezug auf Zulassung zu den Gerichten einschließlich Armenrecht und Befreiung von der cautio judicatum solvi (vgl §§ 57 ff ZPO; *Fasching*, Lehrbuch, Rz 475) die gleiche Behandlung wie ein eigener Staatsangehöriger genießen. Gem Art 16 Z 3 leg cit wird ein Flüchtling im Gebiete vertragschließender Staaten, in denen er nicht seinen gewöhnlichen Aufenthalt hat, bei der in Art 16 Z 2 leg cit angeführten Angelegenheiten die gleiche Behandlung wie ein Staatsangehöriger des Landes genießen, in dem der Flüchtling seinen gewöhnlichen Aufenthalt hat. Der Entwurf des Generalsekretärs der VN enthielt in den Bestimmungen der Z 2 und 3 noch die Formulierung „*domicile or regular residence*" (vgl UNDoc E/AC.32/2, 29 f in *Takkenberg/Tahbaz* I, 132). Das erste Ad-hoc-Komitee wählte die Formulierung „*habitual residence*" (vgl UNDoc

E/AC.32/SR.11, 7 in *Takkenberg/Tahbaz* I, 216). Die Bevollmächtigtenkonferenz nahm den Text des ersten Ad-hoc-Komitees in der Fassung des Style Committee an (vgl *Amann*, Flüchtlingsrechte, 128). Die österreichische Rechtsordnung macht im Hinblick auf den Justizgewährungsanspruch (vgl dazu *Fasching*, Lehrbuch, Rz 9 ff) keinen Unterschied zwischen In- und Ausländern. Der Justizgewährungsanspruch ergibt sich schon aus § 19 ABGB, der es *„jedem, der sich in seinem Rechte gekränkt erachtet"*, freistellt, *„seine Beschwerde vor der durch die Gesetze bestimmten Behörde anzubringen"*. Eindeutiger kommt dies in Art 6 Abs 1 Satz 1 EMRK zum Ausdruck, der dem einzelnen als im Verfassungsrang geschütztes Menschenrecht einen *„Anspruch darauf"* gibt, *„daß seine Sache in billiger Weise öffentlich und innerhalb einer angemessenen Frist gehört wird"* (vgl dazu *Walter/Mayer*, Bundesverfassungsrecht, Rz 1472 ff).

12. Unselbständige Erwerbstätigkeit

79 Gem Art 17 Z 1 GFK werden die vertragschließenden Staaten den Flüchtlingen, die sich erlaubterweise auf ihrem Gebiete aufhalten, die günstigste Behandlung im Hinblick auf das Recht der Annahme einer Anstellung gewähren, die unter den gleichen Umständen Staatsangehörigen eines fremden Landes gewährt wird. Nach Art 17 Z 2 leg cit sollen auf jeden Fall einschränkende Maßnahmen gegen Ausländer oder gegen die Anstellung von Ausländern zum Schutz des heimischen Arbeitsmarktes nicht auf Flüchtlinge angewendet werden, die bereits am Tage des Inkrafttretens dieses Abkommens für den betreffenden Staat davon ausgenommen waren, oder die sich bereits volle drei Jahre im Lande aufgehalten haben (Art 17 Z 2 lit a GFK); oder mit Staatsangehörigen ihres Aufenthaltslandes verheiratet sind (Flüchtlinge, die den Ehegatten verlassen haben, können sich auf diese Bestimmung nicht berufen; Art 17 Z 2 lit b GFK); oder eines oder mehrere Kinder besitzen, die die Staatsangehörigkeit des Aufenthaltslandes besitzen (Art 17 Z 2 lit c GFK). Gem Art 17 Z 3 leg cit werden die vertragschließenden Staaten die rechtliche Gleichstellung aller Flüchtlinge mit den eigenen Staatsangehörigen in bezug auf die Ausübung eines bezahlten Berufes wohlwollend in Erwägung ziehen, insbesondere bei Flüchtlingen, die auf Grund von Arbeitsanwerbung oder Einwanderungsplänen in ihr Gebiet einwandern (siehe dazu *Amann*, Flüchtlingsrechte, 131 f). Österreich hat die GFK ua unter dem Vorbehalt ratifiziert, daß es die in den Art 17 Z 1 und 2 lit a (hier jedoch mit Ausnahme des Satzes: „die bereits am Tage des Inkrafttretens (...) bis (...) davon ausgenommen waren, oder") enthaltenen Bestimmungen für sich nicht als bindende Verpflichtung, sondern nur als Empfehlung anerkennt. Die Z 1 und 2 des Art 17 GFK sind demnach für Österreich nicht verbindlich; Art 17 Z 3 GFK stellt inhaltlich eine Bestimmung dar, die non self-executing ist. Gem § 1 Abs 2 lit a AuslBG sind die Bestimmungen dieses Bundesgesetzes (AuslBG) nicht auf Flüchtlinge im Sinne der GFK anzuwenden, die entweder zum dauernden Aufenthalt im Bundesgebiet berechtigt sind oder die mit einem österreichischen Staatsbürger verheiratet sind, es sei denn, daß sie den Ehegatten verlassen haben, oder die ein Kind haben, das österreichischer Staatsbürger ist. Flüchtlinge iSd GFK unterliegen somit unter den Voraussetzungen des § 1 Abs 2 lit a AuslBG hinsichtlich des Antritts einer unselbständigen Beschäftigung keinen Beschränkungen nach dem AuslBG (vgl 1451 BlgNR 13. GP, 19).

13. Selbständige Erwerbstätigkeit

80 Die vertragschließenden Staaten werden gem Art 18 GFK den Flüchtlingen, die sich erlaubterweise auf ihrem Gebiete aufhalten, im Hinblick auf das Recht, sich in der Landwirtschaft, Industrie, Gewerbe und Handel niederzulassen und Handels- und Industriegesellschaften zu gründen, die günstigste Behandlung zusichern, auf jeden Fall aber keine schlechtere, als sie im allgemeinen Ausländern unter den gleichen Umständen zuteil wird. Diese Bestimmung enthielt von Anfang an die Rechtsbedingung *„lawfully in their territory"*. Die Bevollmächtigtenkonferenz hat lediglich die Worte *„on his own account"* hinzugefügt (vgl UNDoc A/CONF.2/SR.9, 19 in *Takkenberg/Tahbaz* III, 281; in der deutschen Übersetzung findet diese Phrase keinen Niederschlag). Art 18 GFK sichert einem Flüchtling die Gleichbehandlung mit Fremden zu. In diesem Zusammenhang ist auf § 14 GewO zu verweisen. Der Zugang zu freien Berufen ist Flüchtlingen insoweit eröffnet, als nicht die entsprechenden Berufsorganisationsgesetze für die Ausübung des jeweiligen Berufes ausdrücklich den Besitz der österreichischen Staatsbürgerschaft voraussetzen. Die österreichische Staatsbürgerschaft setzen beispielsweise voraus: § 2 Abs 2 lit f BG über den allgemein beeideten gerichtlichen Sachverständigen und Dolmetscher (BGBl 1975/137 idF BGBl 1994/623) und § 1 Abs 2 lit a RAO.

14. Freie Berufe

81 Gem Art 19 GFK soll jeder vertragschließende Staat Flüchtlingen, die sich erlaubterweise auf seinem Gebiet aufhalten, Diplome besitzen, welche von den zuständigen Behörden des betreffenden Staates anerkannt wurden (vgl dazu Art 25 GFK, der allerdings unter einen „einschränkenden" österreichischen Vorbehalt zur GFK fällt), und einen freien Beruf ausüben wollen, die günstigste Behandlung angedeihen lassen, auf keinen Fall aber eine schlechtere als die, die im allgemeinen Ausländern unter gleichen Umständen gewährt wird. Der Entwurf des ersten Ad-hoc-Komitees gebrauchte noch die Formulierung *„lawfully resident in their territory"*. Das zweite Ad-hoc-Komitee zog die Wortfolge *„lawfully in their territory"* vor (siehe UNDoc E/1850 in *Takkenberg/Tahbaz* II, 215). Das Style Committee gebrauchte die Formulierung *„lawfully staying in their country"* (vgl UNDoc A/CONF.2/102, 9 in *Takkenberg/Tahbaz* III, 179). Unter freien Berufen versteht man üblicherweise Ärzte, Dentisten, Veterinäre, Pharmazeuten, Architekten, Künstler (vgl *Robinson*, 118) uam. Eine Nostrifikation ausländischer Zeugnisse sieht § 75 SchUG vor. Die Bestimmungen der §§ 70 bis 73 UniStG regeln die Nostrifikation ausländischer akademischer Grade. § 27a BerufsausbildungsG behandelt die Gleichhaltung von ausländischen Prüfungszeugnissen. § 3 Abs 7 ÄrzteG befreit Flüchtlinge, denen nach dem AsylG 1991 Asyl gewährt worden ist, vom Erfordernis der österreichischen Staatsbürgerschaft, unter näheren Voraussetzungen von der ausreichenden Kenntnis der deutschen Sprache und (oder) von den „besonderen Erfordernissen" des § 3 Abs 3 ÄrzteG (ds ein in Österreich erworbenes oder nostrifiziertes Doktorat und das von der Ärztekammer ausgestellte Diplom).

82 Zur selbständigen Ausübung des ärztlichen Berufes als Arzt für Allgemeinmedizin oder als Facharzt bedarf es gem § 3 Abs 1 ÄrzteG, unbeschadet der §§ 3a bis 3d leg cit, des Nachweises der Erfüllung der nachfolgend angeführten allgemeinen Erfordernisse, der für den Arzt für Allgemeinmedizin oder für den Facharzt vorgeschriebenen besonderen Erfordernisse sowie der Eintragung in die Ärzteliste (§ 11a leg cit). Nach § 3 Abs 2 leg cit sind allgemeine Erfordernisse im Sinne des Abs 1: die österreichische Staatsbürgerschaft oder die Staatsangehörigkeit einer der übrigen Vertragsparteien des Abkommens über den Europäischen Wirtschaftsraum (Z 1 leg cit), die Eigenberechtigung (Z 2 leg cit), die Vertrauenswürdigkeit (Z 3 leg cit), die gesundheitliche Eignung (Z 4 leg cit) sowie ausreichende Kenntnisse der deutschen

Sprache (Z 5 leg cit). Besondere Erfordernisse im Sinne des Abs 1 sind gem § 3 Abs 3 ÄrzteG: das an einer Universität in der Republik Österreich erworbene Doktorat der gesamten Heilkunde oder ein gleichartiges, im Ausland erworbenes und in Österreich nostrifiziertes Doktorat (Z 1 leg cit) und das von der Österreichischen Ärztekammer gemäß § 11 Abs 1 ausgestellte Diplom über die erfolgreiche Absolvierung einer praktischen Ausbildung nach den für den Arzt für Allgemeinmedizin oder Facharzt geltenden Ausbildungserfordernissen (Z 2 leg cit). Gem § 3 Abs 4 ÄrzteG ist Ausbildungserfordernis für den Arzt für Allgemeinmedizin im Sinne des Abs 3 Z 2 die mindestens dreijährige praktische, mit Erfolg zurückgelegte Ausbildung in der in diesem Bundesgesetz umschriebenen Art sowie für Personen, die nach dem 31. Dezember 1996 eine Ausbildung zum Arzt für Allgemeinmedizin beginnen werden oder begonnen haben, die mit Erfolg abgelegte Prüfung zum Arzt für Allgemeinmedizin (§§ 4 und 8). Ausbildungserfordernis für den Facharzt im Sinne des Abs 3 Z 2 ist gem § 3 Abs 5 leg cit die praktische, im betreffenden Sonderfach und in den hiefür einschlägigen Nebenfächern mit Erfolg zurückgelegte Ausbildung in der in diesem Bundesgesetz vorgeschriebenen Art und Dauer sowie für Personen, die nach dem 31. Dezember 1996 eine Ausbildung zum Facharzt eines Sonderfaches der Heilkunde beginnen werden oder begonnen haben, die mit Erfolg abgelegte Facharztprüfung (§§ 5 und 8). Zur unselbständigen Ausübung des ärztlichen Berufes als Turnusarzt (§ 2 Abs 3) bedarf es nach § 3 Abs 6 leg cit des Nachweises der Erfüllung der im Abs 2 und Abs 3 Z 1 angeführten Erfordernisse sowie der Eintragung in die Ärzteliste (§ 11a). Staatsangehörige der Vertragsparteien des Abkommens über den Europäischen Wirtschaftsraum, die zur selbständigen Ausübung des ärztlichen Berufes gemäß den §§ 3a bis 3c berechtigt sind, sind ungeachtet des Mangels des Erfordernisses gemäß Abs 3 Z 1 zur unselbständigen Ausübung des ärztlichen Berufes als Turnusärzte berechtigt und diesbezüglich diesen gleichgestellt. Für Flüchtlinge, denen nach dem Bundesgesetz über die Gewährung von Asyl (Asylgesetz 1991), BGBl. Nr. 8/1992, Asyl gewährt worden ist, entfällt gem § 3 Abs 7 ÄrzteG das Erfordernis des Abs 2 Z 1. Sofern die ärztliche Tätigkeit dieser Personen ausschließlich Patienten ihrer Muttersprache umfaßt, entfällt auch das Erfordernis des Abs 2 Z 5. Das Erfordernis gemäß Abs 3 entfällt, sofern eine im Ausland absolvierte ärztliche Aus- oder Weiterbildung glaubhaft gemacht worden ist. Ärzte, deren Doktorat der gesamten Heilkunde vor dem 1. Jänner 1984 in Österreich erworben bzw. nostrifiziert wurde und denen die venia docendi für das gesamte Gebiet eines Sonderfaches oder für ein Teilgebiet desselben längstens bis 31. Dezember 1989 verliehen wurde, gelten gem § 3 Abs 8 ÄrzteG als Fachärzte für dieses Sonderfach bzw des jeweiligen Teilgebietes.

83 Umsiedler und Flüchtlinge, die eine dreijährige zahntechnische Lehrzeit und eine mindestens dreijährige Beschäftigung in einer zahnheilkundlichen Praxis nachweisen, können gem § 18 Abs 1 Dentistenprüfung – Anerkennung als Dentist (Ausführungsbestimmungen zu § 123 der Reichsversicherungsordnung (RVO) über die Zulassung zur staatlichen Dentistenprüfung und Anerkennung als Dentist im Sinne der RVO v 25. 11. 1939 (MBliV. S. 2396) in der Fass. v. 2. 1. 1942 RdErl. d. RMdI. v. 2. 1. 1942 – IV d 1/42-3680 MBlI S 58/1942) bis zum 31. 3. 1943 nach einjährigem Besuch eines Lehrinstituts für Dentisten (Fachschule des Reichsverbandes Deutscher Dentisten) zur staatl. Dentistenprüfung zugelassen werden. Umsiedlern und Flüchtlingen, die noch nicht eingebürgert sind, ist nach Ablegung der Prüfung die Anerkennung als Dentist im Sinne des § 123 RVO mit der Maßgabe zu erteilen, daß sie bis zum Vollzug der Einbürgerung jederzeit widerrufen werden kann (§ 18 Abs 2 leg cit).

15. Inländergleichstellung in Bewirtschaftungssystemen

84 Art 20 GFK normiert die Gleichstellung von Flüchtlingen mit eigenen Staatsangehörigen dort, wo ein Bewirtschaftungssystem besteht, das auf die breite Bevölkerung Anwendung findet und die allgemeine Verteilung von Mangelwaren regelt (zur Genese dieser Bestimmung siehe *Amann*, Flüchtlingsrechte, 94 f). Art 20 leg cit erfaßt alle Flüchtlinge ohne jede weitere Qualifikation, auch wenn sie sich illegal im Staatsgebiet aufhalten (vgl UNDoc E/AC.32/SR.41, 18 in *Takkenberg/Tahbaz* II, 175). Die Bestimmung des Art 20 GFK ist in der Praxis nur von sehr geringer Bedeutung.

16. Ausländergleichbehandlung im Wohnungswesen

85 Gem Art 21 GFK sollen die vertragschließenden Staaten bezüglich der Unterkunft, soweit dies durch Gesetze und Verordnungen geregelt oder Gegenstand der Kontrolle von öffentlichen Behörden ist, den Flüchtlingen, die sich erlaubterweise auf ihrem Gebiete aufhalten, die günstigste Behandlung gewähren, auf keinen Fall aber eine schlechtere, als sie gewöhnlich Ausländer unter den gleichen Umständen erhalten. Bereits im Entwurf des ersten Ad-hoc-Komitees (vgl UNDoc E/1618 in *Takkenberg/Tahbaz* I, 410) war das Erfordernis des rechtmäßigen Aufenthaltes und das Gebot der möglichst günstigen Behandlung enthalten (vgl dazu auch UNDoc E/1850 in *Takkenberg/Tahbaz* II, 215; UNDoc A/CONF.2/SR.10, 11 in *Takkenberg/Tahbaz* III, 288; UNDoc A/CONF.2/SR.35, 5 in *Takkenberg/Tahbaz* III, 564). Spezielle fremdenrechtliche Vorschriften – sieht man vom BBetrG ab – gibt es im Bereich des Wohnungswesens nicht. Damit im Zusammenhang steht allerdings der Anspruch auf Achtung der Wohnung nach Art 8 EMRK (vgl dazu auch Art 8, 9, 10 StGG; HausRG; Art 63 StV v Saint-Germain). Dieses Recht steht als Menschenrecht In- und Ausländern gleichermaßen zu. Im Lichte dessen ist die Praxis der BPD Wien zweifelhaft, in regelmäßigen Zeitabständen fremdenpolizeiliche Streifen vornehmlich in „Asylwerberunterkünften" durchzuführen und im Rahmen dieser Streifen Nachschau in Wohnungen zu halten und Dokumentenkontrollen abzuwickeln. (vgl dazu § 71 FrG 1997; dieser Bestimmung ist entnehmbar, daß regelmäßige Kontrollen in Wohnräumen prinzipiell nicht zulässig sind). Aus Art 21 GFK läßt sich zwar unmittelbar kein Recht auf Unterbringung von Flüchtlingen oder Asylwerbern ableiten, doch kann die Unterlassung jeder Unterkunftsgewährung in Extremfällen eine unmenschliche Behandlung im Sinne des Art 3 EMRK darstellen. Vor diesem Hintergrund ist die zufällig anmutende Gewährung der Bundesbetreuung und die willkürliche Entlassung aus derselben in der Praxis des BMI ausgesprochen bedenklich. Im gegebenen Zusammenhang sind weiters die Sozialhilfegesetze der Länder von Bedeutung, auf die in der Praxis allerdings kaum zurückgegriffen wird. Die Integrationshilfe gem § 41 AsylG 1997 umfaßt je nach Lage des Einzelfalles auch die Unterkunftsgewährung. Im Lichte des Art 21 GFK bleibt auf Art 11 Abs 1 CESCR (Yearbook of the United Nations 1966, 423; BGBl 1978/590) hinzuweisen, welcher ua das Recht eines jeden auf Unterbringung sowie eine stetige Verbesserung der Lebensbedingungen vorsieht.

17. Recht auf Bildung

86 Gem Art 22 Z 1 GFK werden die vertragschließenden Staaten den Flüchtlingen die gleiche Behandlung zuteil werden lassen, die eigene Staatsangehörige bezüglich der Pflichtschulen erhalten. Gem Z 2 dieser Bestimmung werden die vertragschließenden Staaten Flüchtlingen eine ebenso günstige und jedenfalls keine ungünstigere Behandlung zuteil werden lassen, wie sie Ausländer im allgemeinen unter den gleichen Umständen hinsichtlich aller anderen Schulen als der Pflichtschulen genießen, insb was die Zulassung zum Studium, die Anerkennung von ausländischen Studienzeugnissen, Diplomen und Universitätsgraden sowie den Gebührenerlaß und die Erteilung von Stipendien betrifft. Bereits im ersten Entwurf des Generalsekretärs der VN war im Hinblick auf die Grundschulbildung die Pflicht zur Inländergleichbehandlung enthalten (vgl UNDoc E/AC.32/2, 40 in *Takkenberg/Tahbaz* I, 137). Im Bewußtsein dessen, daß die Bestimmung des Art 22 GFK Art 26 AEMR (Art 26 AEMR lautet auszugsweise: *„Everyone has the right to education. Education shall be free, at least in the elementary and fundamental stages. Elementary education shall be compulsory (...)")* nachgebildet ist, kam es weder im ersten (vgl UNDoc E/1618 in *Takkenberg/Tahbaz* I, 410, 418), im zweiten Ad-hoc-Komitee (vgl UNDoc E/1850 in *Takkenberg/Tahbaz* II, 216), noch in der Bevollmächtigtenkonferenz zu einer eingehenderen Diskussion. Art 22 GFK wurde von Österreich mit der Maßgabe ratifiziert, daß die in Art 22 Z 1 angeführten Bestimmungen nicht auf die Gründung und Führung von Privatschulen bezogen werden können. Im Rahmen des öffentlichen Unterrichtes gewährt Z 1 des Art 22 GFK bezüglich der Pflichtschulen dem Flüchtling ein Recht auf Gleichbehandlung mit Inländern und bezüglich anderer Schulen zumindest ein Recht auf Gleichbehandlung mit Ausländern.

87 Das oberste Kollegialorgan jeder Universität und Hochschule hat gem § 31 Abs 1 UniStG für jedes Semester die allgemeine Zulassungsfrist festzulegen. Dies ist der Zeitraum, in dem die in Abs 2 bezeichneten Personen ihre Anträge auf Zulassung einzubringen und die allfälligen Hochschultaxen gemäß Hochschul-Taxengesetz 1972 zu bezahlen haben. Die allgemeine Zulassungsfrist hat mindestens vier Wochen zu betragen und spätestens vier Wochen nach Beginn des Semesters zu enden. Die allgemeine Zulassungsfrist gilt nach § 31 Abs 2 UniStG für: österreichische Staatsangehörige (Z 1 leg cit), Staatsangehörige einer anderen Vertragspartei des EU-Beitrittsvertrages, BGBl 1995/45, oder einer anderen Vertragspartei des Abkommens über den Europäischen Wirtschaftsraum, BGBl 1993/909 (Z 2 des § 31 Abs 2 UniStG), andere ausländische Staatsangehörige und Staatenlose, die eine auf höchstens zwei Semester befristete Zulassung zum Studium in Österreich entweder auf Grund von Austauschprogrammen zwischen inländischen und ausländischen Universitäten und Hochschulen oder nach Absolvierung ausländischer Studien in einem der ersten Diplomprüfung des gewählten Diplomstudiums entsprechenden Umfang anstreben (Z 3 leg cit), Personengruppen, welche die Bundesministerin oder der Bundesminister auf Grund deren besonderer persönlicher Nahebeziehungen zu Österreich oder deren Tätigkeit im Auftrag der Republik Österreich durch Verordnung festlegt (Z 4 leg cit). Für alle anderen ausländischen Staatsangehörigen und Staatenlosen gilt gem § 31 Abs 3 UniStG die besondere Zulassungsfrist. Sie endet bei Antragstellung für das Wintersemester am 1. September, bei Antragstellung für das Sommersemester am 1. Februar jedes Kalenderjahres. Die Anträge müssen vor dem Ende dieser Frist vollständig in der gewählten Universität oder Hochschule einlangen. Nach § 31 Abs 4 UniStG ist das oberste Kollegialorgan jeder Universität und Hochschule unter Berücksichtigung der Dauer und des Durchführungszeitraumes berechtigt, für die Zulassung zu Universitätslehrgängen und für die Zulassung zu ordentlichen Studien im Rahmen europäischer Bildungsprogramme eine abweichende Regelung für die allgemeine Zulassungsfrist zu treffen. § 1 PersonengruppenV sieht vor, daß gemäß § 31 Abs 2 Z 4 UniStG für folgende Personengruppen die allgemeine Zulassungsfrist gemäß § 31 Abs 1 UniStG gilt: Personen, die in Österreich auf Grund staatsvertraglicher oder gesetzlicher Bestimmungen Privilegien und Immunitäten genießen, sowie Personen, die sich zum Zeitpunkt des Erwerbes des Reifezeugnisses im Auftrag der Republik Österreich im Ausland aufhalten und dort auf Grund staatsvertraglicher oder gesetzlicher Bestimmungen Privilegien und Immunitäten genießen, sowie deren Ehegattinnen und Ehegatten und deren Kinder (§ 1 Z 1 PersonengruppenV); in Österreich akkreditierte und hier hauptberuflich tätige Auslandsjournalistinnen und Auslandsjournalisten sowie ihre Ehegattinnen und Ehegatten und ihre Kinder (§ 1 Z 2 PersonengruppenV); Personen, die entweder selbst wenigstens fünf zusammenhängende Jahre unmittelbar vor der Antragstellung auf Zulassung den Mittelpunkt ihrer Lebensinteressen in Österreich hatten oder die mindestens eine gesetzliche Unterhaltspflichtige oder einen gesetzlichen Unterhaltspflichtigen haben, bei der oder bei dem dies der Fall ist (§ 1 Z 3 PersonengruppenV); Personen, die ein Stipendium für das angestrebte Studium entweder auf Grund staatsvertraglicher Bestimmungen oder in gleicher Höhe aus jenen Mitteln einer österreichischen Gebietskörperschaft erhalten, die gemäß den Finanzvorschriften dieser Gebietskörperschaft ausdrücklich für Stipendien zu verwenden sind (§ 1 Z 4 PersonengruppenV); Inhaberinnen und Inhaber von Reifezeugnissen österreichischer Auslandsschulen (§ 1 Z 5 PersonengruppenV); Personen, die auf Grund des § 7 Abs 1 des Bundesgesetzes vom 7. März 1968, BGBl. Nr. 126, über die Aufenthaltsberechtigung von Flüchtlingen im Sinne der Konvention über die Rechtsstellung der Flüchtlinge, BGBl. Nr. 55/1955, in der jeweils geltenden Fassung, zum Aufenthalt im Bundesgebiet berechtigt sind (§ 1 Z 6 PersonengruppenV; vgl dazu § 44 Abs 6 AsylG 1997); Personen, die auf Grund des § 7 oder § 8 des Bundesgesetzes über die Gewährung von Asyl (Asylgesetz 1991), BGBl. Nr. 8/1992, in der jeweils geltenden Fassung, Aufenthaltsberechtigung im Bundesgebiet haben (§ 1 Z 7 PersonengruppenV; vgl dazu § 44 Abs 6 AsylG 1997).

88 § 4 SchOG sieht die allgemeine Zugänglichkeit der Schulen vor und ist nicht auf Staatsbürger beschränkt. Auch Fremde unterliegen der allgemeinen Schulpflicht, wenn sie ein Alter zwischen vollendetem 6. Lebensjahr und 15. Lebensjahr aufweisen und sich in Österreich dauernd aufhalten. Halten sie sich in Österreich nur vorübergehend auf, sind sie unter denselben Voraussetzungen, wie sie für Schulpflichtige vorgesehen sind, gem § 17 SchPflG zum Schulbesuch berechtigt. Auf eine etwaige fehlende Schulreife – etwa wegen mangelnder Sprachkenntnisse – wird nur dann Rücksicht genommen, wenn dies im ersten Jahr der Schulpflicht festgestellt wird (vgl § 14 Abs 1 iVm § 7 Abs 2 SchPflG). § 4 Abs 2 lit a iVm § 4 Abs 3 SchUG sieht die Aufnahme eines schulpflichtigen Kindes, das die Unterrichtssprache nicht ausreichend beherrscht, für die Dauer von zwölf Monaten, längstens jedoch für die Dauer von zwei Jahren als außerordentlicher Schüler vor. Gem § 9 Abs 5 Z 1 KrankenpflegeG sind Flüchtlinge gemäß Artikel 1 der Konvention über die Rechtsstellung der Flüchtlinge, BGBl. Nr. 55/1955, die sich erlaubterweise auf dem Gebiet der Republik Österreich aufhalten oder um die österreichische Staatsbürgerschaft angesucht haben, bei Bewerbung um Aufnahme in eine Krankenpflegeschule österreichischen Staatsbürgern gleichzuhalten.

89 Nach Art 17 Abs 2 StGG hat jeder Staatsbürger das Recht, Unterrichts- und Erziehungsanstalten zu gründen und an solchen Unterricht zu erteilen, sofern er seine Befähigung in gesetzlicher Weise nachgewiesen hat; der häusliche Unterricht unterliegt nach Art 17 Abs 3 StGG nicht diesen Beschränkungen. Unter den Schutz des Art 17 Abs 2 StGG fällt der Unterricht, der erzieherische Zwecke verfolgt, nicht jedoch die Vermittlung bloßer Fertigkeiten, wie etwa tanzen oder schilaufen (VfSlg 4579, 4990). Ein Konzessionssystem für die Errichtung und den Betrieb von Unterrichts- und Erziehungsanstalten ist durch Art 17 Abs 2 StGG ausgeschlossen (*Ada-*

movich, Verfassungsrecht, 551). Art 2 des 1. ZP EMRK bestimmt, ohne auf Staatsbürger einzuschränken, daß das Recht auf Bildung niemandem verwehrt werden darf. Diese Bestimmung umfaßt jedenfalls das Recht, in der Staatsprache erzogen zu werden, das Recht auf Zugang zu allen bestehenden Erziehungseinrichtungen sowie das Recht auf amtliche Anerkennung der absolvierten Studien nach den staatlichen Gesetzen.

18. Öffentliche Unterstützung und Hilfeleistung

90 Gem Art 23 GFK sollen die vertragschließenden Staaten den Flüchtlingen, die sich erlaubterweise auf ihrem Gebiete aufhalten, die gleiche Behandlung in der öffentlichen Unterstützung und Hilfeleistung gewähren, wie sie ihren eigenen Staatsbürgern zuteil wird. Bereits im Entwurf des ersten Ad-hoc-Komitees war diese Bestimmung inhaltlich weitestgehend fixiert (vgl UNDoc E/1618 in *Takkenberg/Tahbaz* I, 410). Die GFK wurde von Österreich mit der Maßgabe ratifiziert, daß unter den in Art 23 angeführten *„öffentlichen Unterstützungen und Hilfeleistungen"* nur „Zuwendungen aus der öffentlichen Fürsorge (Armenversorgung)" zu verstehen sind. Unter „Fürsorge" versteht man allgemein Instrumente zur Vorsorge für einen im Einzelfall eventuell auftretenden Bedarf bei Eintritt bestimmter sozialer Risiken (vgl *Pfeil*, 31 ff). Aus Art 23 GFK erwächst Flüchtlingen iSd GFK – soweit sie sich erlaubterweise im Inland aufhalten – das Recht, im Rahmen der öffentlichen Fürsorge (Armenversorgung) wie österreichische Staatsbürger behandelt zu werden. Nach der Jud des VwGH handelt es sich auch bei Art 23 GFK um unmittelbar anzuwendendes, einfaches Bundesrecht, das „self-executing" ist (vgl VwGH 14. 12. 1992, 92/15/0146; vgl auch OGH 4.4.1956, 3 Ob 70/6 SZ 29/32).

91 An dieser Stelle sei beispielsweise auf das SchülerbeihilfenG hingewiesen: Gem § 1 Abs 1 SchülerbeihilfenG haben österreichische Staatsbürger, die nach erfolgreichem Abschluß der 8. Schulstufe in der 9. Schulstufe eine polytechnische Schule, eine mittlere Schule oder eine höhere Schule als ordentliche Schüler besuchen, nach Maßgabe dieses Bundesgesetzes Anspruch auf Heimbeihilfen (einschließlich der Fahrtkostenbeihilfe). Nach § 1 Abs 2 SchülerbeihilfenG haben österreichische Staatsbürger, die eine mittlere oder höhere Schule ab der 10. Schulstufe oder eine Schule für Berufstätige als ordentliche Schüler oder eine Schule für den medizinisch-technischen Fachdienst besuchen, nach Maßgabe dieses Bundesgesetzes Anspruch auf Schulbeihilfen und Heimbeihilfen (einschließlich Fahrtkostenbeihilfen). An Schulen für Berufstätige entspricht ein Semester einer Schulstufe im Sinne dieses Bundesgesetzes (§ 1 Abs 2a leg cit). Die Gewährung von Beihilfen berührt den Anspruch auf Unterhalt weder dem Grunde noch der Höhe nach (§ 1 Abs 3 leg cit). Als Polytechnische Schulen, mittlere Schulen und höhere Schulen im Sinne dieses Bundesgesetzes gelten gem § 1 Abs 4 SchülerbeihilfenG die entsprechenden öffentlichen oder mit dem Öffentlichkeitsrecht ausgestatteten Schulen einer im Schulorganisationsgesetz, BGBl Nr. 242/1962, oder im land- und forstwirtschaftlichen Bundesschulgesetz, BGBl Nr 175/1966, geregelten Schulart einschließlich der Sonderformen der höheren Schulen sowie die Forstfachschulen im Sinne des Forstgesetzes 1975, BGBl Nr 440. Ferner gelten als Schulen im Sinne dieses Bundesgesetzes die öffentlichen oder mit dem Öffentlichkeitsrecht ausgestatteten Sonderformen der mittleren Schulen im Sinne des Schulorganisationsgesetzes, die öffentlichen oder mit dem Öffentlichkeitsrecht ausgestatteten land- und forstwirtschaftlichen Fachschulen im Sinne des Art 14a Abs 2 lit c des Bundes-Verfassungsgesetzes in der Fassung von 1929 und des Bundesgesetzes betreffend die Grundsätze für land- und forstwirtschaftliche Fachschulen BGBl 1975/320, die öffentlichen oder mit dem Öffentlichkeitsrecht ausgestatteten Schulen im Sinne des Bundesgesetzes über Schulen zur Ausbildung von Leibeserziehern und Sportlehrern BGBl 1974/140, sowie die den mittleren und höheren Schulen vergleichbaren mit dem Öffentlichkeitsrecht ausgestatteten Privatschulen mit Organisationsstatut (§ 14 Abs 2 des Privatschulgesetzes BGBl 1962/224), jeweils unter der Voraussetzung, daß sie entweder in einem Unterrichtsjahr mindestens acht Monate mit mindestens 30 Wochenstunden oder in mehreren Unterrichtsjahren insgesamt mindestens 1.200 Unterrichtsstunden, hievon in jedem vollen Unterrichtsjahr jedoch mindestens 500 Unterrichtsstunden, in den Pflichtgegenständen umfassen. Wenn für eine Privatschule erstmals um das Öffentlichkeitsrecht angesucht wurde (§ 1 Abs 5 Z 1 leg cit) oder im vorangegangenen Schuljahr das Öffentlichkeitsrecht verliehen und nicht gemäß § 16 Abs 1 des Privatschulgesetzes entzogen worden ist sowie für das laufende Schuljahr um die Verleihung des Öffentlichkeitsrechtes angesucht wurde (§ 1 Abs 5 Z 2 leg cit), ist sie bei der Anwendung dieses Bundesgesetzes so zu behandeln, als ob das Öffentlichkeitsrecht bereits verliehen wäre (§ 1 Abs 5 leg cit). Gem § 1 Abs 6 SchülerbeihilfenG sind Schüler, die nur wegen mangelnder Kenntnis der Unterrichtssprache (§ 3 Abs 1 lit b des Schulunterrichtsgesetzes BGBl 1986/472 oder gleichartige Bestimmung) oder wegen Zulassung zur Ablegung einer Einstufungsprüfung (§ 3 Abs 6 des Schulunterrichtsgesetzes oder gleichartige Bestimmung) oder wegen der Zulassung zur Ablegung einer Aufnahmsprüfung (§ 29 Abs 5 des Schulunterrichtsgesetzes oder gleichartige Bestimmung) als außerordentliche Schüler aufgenommen wurden, ordentlichen Schülern gleichgestellt. Ferner sind jene außerordentlichen Schüler ordentlichen Schülern gleichgestellt, die alle Pflichtgegenstände besuchen, ausgenommen jene, deren Besuch infolge einer Behinderung ausgeschlossen ist, sofern die besuchten Pflichtgegenstände beurteilt werden und das Ausmaß dieser Pflichtgegenstände die in Abs 4 vorletzter Satz angeführte Mindestzahl an Wochen- bzw. Unterrichtsstunden erreicht. Österreichischen Staatsbürgern sind gem § 1 Abs 7 SchülerbeihilfenG hinsichtlich der Gewährung von Beihilfen nach diesem Bundesgesetz gleichgestellt: Staatsbürger von Vertragsparteien des Abkommens über den Europäischen Wirtschaftsraum (EWR) mit Wohnsitz in Österreich sowie deren Kinder, soweit es sich aus diesem Übereinkommen ergibt (Z 1 leg cit), nicht vom Anwendungsbereich der Z 1 erfaßte Schüler, wenn deren Eltern in Österreich durch wenigstens fünf Jahre einkommensteuerpflichtig waren und in Österreich den Mittelpunkt ihrer Lebensbeziehungen hatten (Z 2 leg cit) und Flüchtlinge im Sinne des Artikels I des Abkommens über die Rechtsstellung der Flüchtlinge, BGBl Nr 55/1955 (§ 1 Abs 7 Z 3 SchülerbeihilfenG).

92 Gem § 3 Abs 1 StudFG können folgende österreichische Staatsbürger Förderungen erhalten: ordentliche Hörer an österreichischen Universitäten (Z 1 leg cit), ordentliche Hörer an der Akademie der bildenden Künste in Wien und an Kunsthochschulen (Z 2 leg cit), Studierende an einer in Österreich gelegenen Theologischen Lehranstalt (Art V § 1 Abs 1 des Konkordates BGBl II 1934/2) nach Ablegung einer Reifeprüfung (§ 3 Abs 1 Z 3 StudFG), nach Z 4 leg cit ordentliche Studierende an öffentlichen oder mit dem Öffentlichkeitsrecht ausgestatteten Pädagogischen Akademien, Berufspädagogischen Akademien oder Akademien für Sozialarbeit (ausgenommen deren Vorbereitungslehrgang), ordentliche Studierende an Privatschulen, wenn diese mit dem Öffentlichkeitsrecht ausgestattet sind, ein eigenes Organisationsstatut haben und ihre Vergleichbarkeit mit den Pädagogischen Akademien oder Berufspädagogischen Akademien oder Akademien für Sozialarbeit auf Grund gleicher Bildungshöhe und gleichen Bildungsumfanges durch Verordnung des Bundesministers für Unterricht und Kunst festgestellt ist (Z 5 leg cit), ordentliche Studierende an öffentlichen oder mit dem Öffentlichkeitsrecht ausgestatteten land- und forstwirtschaftlichen Berufspädagogischen Akademien (Z 6 leg cit), gem Z 7 leg cit ordentliche Studierende an mit dem Öffentlichkeitsrecht ausgestatteten Konservatorien, wenn sie die durch Verordnung des Bundesministers für Unterricht und Kunst bezeichneten Hauptstudiengänge besuchen (§ 5 Abs 2), Studierende an medizinisch-technischen Akademien und an Hebammenakademien (Z 8 leg cit) und Studierende von Fachhochschul-Studiengängen (Z 9 leg cit). Den im Abs 1 genannten, mit Öffentlichkeitsrecht ausgestatteten Schulen sind gem § 3 Abs 2 StudFG Privatschulen gleichgestellt, die erstmals um das Öffentlichkeitsrecht angesucht haben (Z 1 leg cit) oder denen im vorangegangenen Schuljahr das Öffentlichkeitsrecht verliehen (und nicht entzogen) worden ist, wenn sie für das laufende Schuljahr um die neuerliche Verleihung angesucht haben (Z 2 leg cit). Unter Kunsthochschulen im Sinne dieses Bundesgesetzes ist gem § 3 Abs 3 StudFG auch die Akademie der bildenden Künste in Wien zu verstehen. Unter Akademien werden nach § 3 Abs 4 StudFG im folgenden die im Abs 1 Z 4, 5 und 6 genannten Einrichtungen verstanden. Voraussetzung für den Anspruch auf Studienbeihilfe für die in Abs 1 genannten Studierenden ist nach § 3 Abs 5 StudFG die Inskription, soweit eine solche in den Studien- und Ausbildungsvorschriften vorgesehen ist. Für Studien, die nach dem UniStG eingerichtet sind, tritt an die Stelle der Inskription die Zulassung. Semester, für die eine Inskription oder Zulassung besteht, sind für die Anspruchsdauer (§ 18) des Studiums jedenfalls zu berücksichtigen. Gem § 4 Abs 1 StudFG sind Staatsbürger von Vertragsparteien des Übereinkommens zur Schaffung des Europäischen Wirtschaftsraumes (EWR) österreichischen Staatsbürgern gleichgestellt, soweit es sich aus diesem Übereinkommen ergibt. Nach § 4 Abs 2 StudFG sind Ausländer und Staatenlose österreichischen Staatsbürgern gleichgestellt, wenn sie vor der Aufnahme an einer im § 3 genannten Einrichtung gemeinsam mit ihren Eltern wenigstens durch fünf Jahre in Österreich unbeschränkt einkommensteuerpflichtig waren (Z 1 leg cit), in Österreich während dieses Zeitraumes den Mittelpunkt ihrer Lebensinteressen hatten (Z 2 leg cit) und eine österreichische Reifeprüfung abgelegt haben, wenn diese eine Voraussetzung für die Zulassung zum Studium ist (Z 3 leg cit). Flüchtlinge iSd Art 1 GFK sind gem § 4 Abs 3 StudFG österreichischen Staatsbürgern gleichgestellt.

19. Arbeitsrecht und Sozialversicherung

93 Auf dem Gebiete der Arbeitsgesetzgebung und Sozialversicherung normiert Art 24 GFK eine Gleichbehandlung des Flüchtlings mit Inländern in zahlreichen Punkten wie etwa Remunerationen einschließlich Familienbeihilfen, Arbeitsstunden, Überstundenvereinbarungen, bezahlten Urlaub, Beschränkungen bezüglich Heimarbeit, Mindestalter für Arbeitnehmer, Lehrzeit und Ausbildung, Frauenarbeit, Arbeit von Jugendlichen und Genuß der Vorteile des Kollektivvertrages sowie Arbeitsunfälle, Berufskrankheiten, Entbindungen, Krankheit, Arbeitsunfähigkeit, Alter, Todesfall, Arbeitslosigkeit, Familienverpflichtungen und sonstige Verpflichtungen, die unter das Sozialversicherungswesen fallen. Der Flüchtling, der sich rechtmäßig im Inland aufhält, hat in diesen Punkten ein Anrecht auf Gleichbehandlung mit Inländern. Das Kriterium des rechtmäßigen Aufenthaltes war von Anfang an in den Entwürfen enthalten (vgl dazu UNDoc E/1618 in *Takkenberg/Tahbaz* I, 410; UNDoc E/1850 in *Takkenberg/Tahbaz* II, 216; UNDoc A/CONF.2/SR.10, 24 in *Takkenberg/Tahbaz* III, 294; UNDoc A/CONF.2/SR.35, 8 in *Takkenberg/Tahbaz* III, 565). Im gegebenen Zusammenhang ist auf den CESCR zu verweisen. Dieser Pakt sieht Mindestrechte im Bereich des Arbeits- und Sozialrechtes vor, ohne zwischen Staatsbürgern und Fremden zu differenzieren.

94 Wenn die Lage auf dem Arbeitsmarkt für bestimmte Gruppen von Arbeitslosen oder für bestimmte Gebiete andauernd günstig ist, kann der Bundesminister für soziale Verwaltung gem § 34 Abs 1 AlVG nach Anhörung der gesetzlichen Interessenvertretungen der Dienstgeber und der Dienstnehmer für solche Gruppen von Arbeitslosen oder für solche Gebiete die Gewährung der Notstandshilfe ausschließen. Gem Abs 2 leg cit kann der Bundesminister für soziale Verwaltung die Gewährung der Notstandshilfe an arbeitslose Angehörige eines anderen Staates zulassen, wenn dieser Staat eine der österreichischen Notstandshilfe gleichwertige Einrichtung besitzt, die auf österreichische Staatsbürger in gleicher Weise wie auf eigene Staatsangehörige angewendet wird. Nach § 34 Abs 3 AlVG stehen für den Anspruch auf Notstandshilfe den Arbeitslosen, die die österreichische Staatsbürgerschaft besitzen, folgende Arbeitslose gleich: Flüchtlinge im Sinne des Artikels 1 des am 28. Juli 1951 in Genf unterzeichneten Abkommens über die Rechtsstellung der Flüchtlinge (Z 1 leg cit); Staatenlose im Sinne des Artikels 1 des am 28. September 1954 in New York unterzeichneten Abkommens über die Rechtsstellung der Staatenlosen (Z 2 leg cit); Personen, die im Bereich des gegenwärtigen Staatsgebietes der Republik Österreich geboren sind und in diesem Gebiet seither ununterbrochen ihren Wohnsitz haben (Z 3 leg cit); Personen, die seit 1. Jänner 1930 ununterbrochen im Bereich des gegenwärtigen Staatsgebietes der Republik Österreich ihren Wohnsitz haben (Z 4 leg cit); ausländische Staatsbürger, soweit dies durch zwischenstaatliche Abkommen oder internationale Verträge geregelt ist (Z 5 leg cit); Inhaber von Befreiungsscheinen und ihnen gleichgestellte Personen nach Maßgabe des Abs 4 (Z 6 leg cit); verletzte Personen, die im Besitz eines von einer österreichischen Behörde ausgestellten Personalausweises sind (Z 7 leg cit); Südtiroler- und Canaltaler-Umsiedler (Z 8 leg cit).

20. Verwaltungshilfe

95 Gem Art 25 Z 1 GFK sollen die vertragschließenden Staaten, auf deren Gebiet sich ein Flüchtling aufhält, wenn die Ausübung eines Rechtes durch einen Flüchtling normalerweise die Hilfe fremder Behörden notwendig macht, an die sich der Flüchtling nicht wenden kann, Verfügungen treffen, daß diese Hilfe ihm, sei es von ihren eigenen Behörden oder von einer internationalen Behörde, gewährt wird. Die genannten Behörden sollen gem Art 25 Z 2 GFK den Flüchtlingen Dokumente oder Bescheinigungen ausstellen oder unter ihrer Aufsicht ausstellen lassen, die normalerweise Ausländern von ihren eigenen staatlichen Behörden oder durch deren Vermittlung ausgestellt werden. Nach Art 25 Z 3 GFK werden so ausgefolgte Dokumente oder Bescheinigungen die offiziellen Papiere, die Ausländern sonst von ihren nationalen Behörden oder durch deren Vermittlung ausgestellt werden, ersetzen und bis zum Gegenbeweis Glaubwürdigkeit besitzen. Abgesehen von bedürftigen Flüchtlingen, denen eine Ausnahmebehandlung gewährt wird, können gem Art 25 Z 4 GFK für die hier erwähnten Amtshandlungen Abgaben eingehoben werden; jedoch müssen diese gering und jenen Abgaben angemessen sein, die für ähnliche Dienste von eigenen Staatsbürgern eingehoben werden. Gem Art 25 Z 5 bleiben die Bestimmungen der Art 27 und 28 leg cit unbeeinflußt. Die GFK wurde von Österreich ua mit der Maßgabe ratifiziert, daß unter den im Art 25 Z 2 und 3 angeführten „Dokumenten oder Bescheinigungen" nur Identitätsausweise zu verstehen sind, die im Flüchtlingsabkommen vom 30. Juni 1928 erwähnt werden (siehe dazu *Goodwin-Gill*, Refugee, 208). Aus Art 25 GFK erwachsen einem Flüchtling, sofern er sich – gleich-

gültig ob legal oder illegal – im Inland aufhält, auf umfangreichen Gebieten Rechte auf Verwaltungshilfe, die sich quer durch die Kompetenzverteilung nach dem B-VG ziehen.

21. Freizügigkeit

96 Gem Art 26 GFK sollen die vertragschließenden Staaten den Flüchtlingen, die sich erlaubterweise auf ihrem Gebiet aufhalten, das Recht gewähren, ihren Wohnort zu wählen und frei innerhalb ihres Gebietes herumzureisen, genau so, wie dies auch Ausländern unter den gleichen Umständen freisteht (zur Rolle der OSZE betreffend die Freizügigkeit und Ausreisefreiheit siehe *Geistlinger*, OSZE, 1998 ff). Im Laufe der Beratungen zu Art 26 GFK gab es kaum Meinungsverschiedenheiten; der endgültige Text entspricht im wesentlichen seiner ursprünglichen Fassung (vgl dazu UNDoc E/1618 in *Takkenberg/Tahbaz* I, 411; UNDoc E/ 1850 in *Takkenberg/Tahbaz* II, 217; UNDoc A/CONF.2/SR. 11, 17 in *Takkenberg/Tahbaz* III, 303; UNDoc A/CONF.2/SR.35, 9 in *Takkenberg/Tahbaz* III, 566). Damit zusammenhängend normiert Art 31 Z 2 GFK, daß die vertragschließenden Staaten Flüchtlingen, die, direkt aus einem Gebiet kommend, wo ihr Leben oder ihre Freiheit im Sinne des Art 1 bedroht war, ohne Erlaubnis einreisen oder sich ohne Erlaubnis auf ihrem Gebiet befinden, keine Bewegungsbeschränkungen auferlegen sollen, außer denen, die notwendig sind; solche Beschränkungen sollen nur so lange bestehen, bis der Stand des Flüchtlings geordnet ist oder bis er die Erlaubnis erhält, in ein anderes Land einzureisen. Die Ordnung des Standes des Flüchtlings bedeutet nichts anderes als eine „Regularisierung“ im weiten Sinne und betrifft demnach auch die Regelung (Rechtfertigung) des Aufenthaltes. Notwendigkeit ist dann gegeben, wenn ein rechtmäßiger Erfolg ohne Bewegungsbeschränkungen nicht oder nur unverhältnismäßig schwer erreicht werden kann.

97 Gem § 19 Abs 1 zweiter Satz AsylG 1997 dürfen nach § 18 leg cit vorgeführte Asylwerber (Asylwerber sind Fremde nach Einbringung eines Asylantrags oder Asylerstreckungsantrags bis zum rechtskräftigen Abschluß des Verfahrens; § 1 Z 3 leg cit) dazu verhalten werden, sich zur Sicherung der Ausweisung während der der Grenzkontrolle folgenden Woche an einem bestimmten Ort aufzuhalten, wobei diese Asylwerber jederzeit ausreisen dürfen. In dieser Sicherung der Ausweisung kann im Einzelfall auch eine Freiheitsentziehung gelegen sein (siehe dazu unten die Ausführungen zu § 19, Rz 571). Gemäß § 18 Abs 1 AsylG 997 haben Organe des öffentlichen Sicherheitsdienstes unter näheren Voraussetzungen bestimmte Asylwerber dem Bundesasylamt vorzuführen. Doch selbst unter der Annahme, daß in Einzelfällen die Notwendigkeit zu einer Bewegungsbeschränkung iSd Art 31 Z 2 GFK bestünde, bleibt doch die Frage, ob die Freiheitsentziehungen nach § 18 Abs 1 und § 19 Abs 1 AsylG 1997 verfassungsrechtlich zulässig wären (vgl insb VfGH 12. 12. 1992, G 142/92 ua; siehe im näheren dazu unten die Ausführungen zu den § 18, Rz 535 ff und § 19, Rz 567 ff).

22. Ausstellung von Identitätspapieren

98 Die vertragschließenden Staaten werden gem Art 27 GFK jedem Flüchtling in ihrem Gebiete, der kein gültiges Reisedokument besitzt, Identitätspapiere ausstellen. Der Entwurf des Generalsekretärs der VN sah die Ausstellung von Personalausweisen für Flüchtlinge vor, die zum Aufenthalt im Staatsgebiet ermächtigt sind („*(...) authorized to reside in their territory*“ in UNDoc E/AC.32/2, 41 in *Takkenberg/Tahbaz* I, 138). Die Rechtsbedingung der Aufenthaltserlaubnis stieß im ersten Ad-hoc-

Komitee auf erheblichen Widerspruch (vgl UNDoc E/AC.32/SR.15, 11 ff in *Takkenberg/Tahbaz* I, 250 ff); im Zuge der Diskussionen einigte man sich auf nachstehenden Text: *„The Contracting States shall issue identity papers to any refugee in their territory who does not possess a valid travel document issued pursuant to article 23"* (vgl UNDoc E/1618 in *Takkenberg/Tahbaz* I, 411; der in dieser Stelle erwähnte Art 23 entspricht dem derzeitigen Art 28 GFK). Im zweiten Ad-hoc-Komitee wurde betont, daß die Bestimmung für alle Flüchtlinge gelten müsse, auch für solche, die sich unrechtmäßig im Territorium des Vertragsstaates befinden (vgl UNDoc E/AC.32/SR.38, 24 in *Takkenberg/Tahbaz* II, 130; das zweite Ad-hoc-Komitee änderte den Text der Bestimmung nicht ab). Die Bevollmächtigtenkonferenz strich lediglich die Wortfolge *„issued pursuant to article 28"*, ließ aber ansonsten den Text unverändert (vgl *Amann*, Flüchtlingsrechte, 115 f). Jeder Flüchtling, der sich im örtlichen Geltungsbereich der österreichischen Gesetze aufhält, hat Anspruch auf ein Identitätspapier (nach der Jud besteht eine „Verpflichtung des Staates" zur Ausstellung von Identitätspapieren nach Art 27 GFK; vgl VwGH 18. 2. 1969, 1182/68; 21. 9. 1988, 88/01/0182). Identitätspapiere sind im Gegensatz zu den Reisedokumenten vorrangig für den Gebrauch innerhalb des Territoriums der Vertragsstaaten gedacht.

99 Identitätspapiere sind insb Übernahmserklärungen für Fremde gem § 4 leg cit, Lichtbildausweise für Träger von Privilegien und Immunitäten gem § 84 FrG 1997 (vgl die VO des BMaA über die Ausstellung von Lichtbildausweisen an Angehörige jener Personengruppen, die in Österreich Privilegien und Immunitäten genießen, BGBl 1979/378), Lichtbildausweise für Fremde gem § 85 leg cit, die Bescheinigung der vorläufigen Aufenthaltsberechtigung gem § 19 Abs 3 und 4 AsylG 1997, aber auch andere Dokumente wie etwa Führerscheine nach § 71 KFG. Lichtbildausweise für Fremde werden nur für Fremde ausgestellt, die zum Aufenthalt im Bundesgebiet berechtigt sind (§ 85 Abs 1 FrG 1997). Es gibt nunmehr keine speziellen „Identitätspapiere", die ohne weitere Rechtsbedingung Flüchtlingen, die kein Reisedokument besitzen, auszustellen sind. Die österreichische Rechtslage entspricht insofern nicht dem Art 27 GFK. Während Art 27, 28 GFK Vorsorge dafür treffen, Flüchtlingen durch die Ausstellung von Personaldokumenten die Lebensführung zu erleichtern, akzeptiert die Praxis in vielen Bereichen – etwa im Bereich der Bundesbetreuung – ausweislose Flüchtlinge nicht.

23. Reisedokumente

100 Gem Art 28 Z 1 GFK hat jeder Flüchtling, der sich erlaubterweise im Hoheitsgebiet eines vertragschließenden Staates aufhält, Anspruch auf ein Reisedokument, vorausgesetzt, daß keine zwingenden Gründe der nationalen Sicherheit oder der öffentlichen Ordnung dagegen sprechen (vgl dazu die Anlage zur GFK; UNDoc E/1618 in *Takkenberg/Tahbaz* I, 411; UNDoc E/1850 in *Takkenberg/Tahbaz* II, 217; UNDoc A/CONF.2/SR.12, 9 in *Takkenberg/Tahbaz* III, 308; UNDoc A/CONF.2/SR.12, 9 in *Takkenberg/Tahbaz* III, 357; UNDoc A/CONF.2/102/Add 1, 2 in *Takkenberg/Tahbaz* III, 183; zur Entwicklung dieser Bestimmung siehe *Amann*, Flüchtlingsrechte, 138 f). Nach der Jud des VwGH läßt sich dem Wortlaut des Art 28 Z 1 GFK unter den näheren Voraussetzungen eine „Verpflichtung zur Ausstellung von Reisedokumenten an Flüchtlinge" entnehmen (VwGH 15. 5. 1963, 1980/61; vgl auch VwGH 18. 2. 1969, 1182/68; 21. 9. 1988, 88/01/0182). Art 28 GFK bezweckt, dem Flüchtling Reisen über Staatsgrenzen hinweg zu ermöglichen (vgl dazu UNDoc E/AC.32/SR.16, 4 in *Takkenberg/Tahbaz* I 258), und dient als Ersatz für einen nationalen Reisepaß (vgl UNDoc E/1918 in *Takkenberg/Tahbaz* I, 419). Art 28 Z 1 zweiter Satz GFK ermächtigt die Staaten zwar, jedem Flüchtling, der sich nur auf ihrem Gebiet befindet, ein Reisedokument auszustellen, ein Rechtsanspruch besteht aber für Flüchtlinge mit bloßem Aufenthalt nicht. Der Bedarf nach einer Regelung zur Ausstellung von Reisedokumenten ist historisch belegt. In diesem Zusammenhang ist auf das Übereinkommen vom 5. 7. 1922 betreffend die sog Nansendokumente für russische Flüchtlinge, das Abkommen vom 31. 5. 1924 für armenische Flüchtlinge und die Abkommen vom 12. 5. 1926, 30. 5. 1928 sowie vom 30. 7. 1935, die sich nur mit Reisedokumenten befaßten (LNTS Vol XIII. No 355), hinzuweisen. Der Anspruch solcher Flüchtlinge auf ein Identitätspapier nach Art 27 bleibt unberührt. Als Reisedokumente kommen Fremdenpässe nach §§ 76 ff FrG 1997 und Konventionsreisedokumente nach § 83 leg cit in Frage.

101 Vor dem Hintergrund der völkerrechtlichen Rechtslage ist die Regelung des § 83 FrG 1997 betreffend die Konventionsreisedokumente ohne jeden Zweifel zu eng. Gem § 83 Abs 1 leg cit sind Konventionsreisedokumente Flüchtlingen auszustellen, denen in Österreich Asyl gewährt wird (siehe dazu auch den besonderen Teil B Abschnitt I Z 8 der BundesverwaltungsabgabenV; danach ist ua für die Ausstellung eines Konventionsreisedokumentes eine Abgabe von 80,– Schilling zu entrichten). Nach der Ermessensbestimmung des Abs 2 können Konventionsreisedokumente Flüchtlingen, denen in einem anderen Staat Asyl gewährt wurde, auf Antrag ausgestellt werden, wenn sie kein gültiges Reisedokument besitzen und ohne die Umgehung der Grenzkontrolle eingereist sind. Während Art 28 GFK auf die (materielle) Flüchtlingseigenschaft und den „erlaubten" Aufenthalt im Hoheitsgebiet abstellt und demnach irgendeine Aufenthaltsberechtigung genügt, erfordert § 83 FrG 1997 die Asylgewährung. Die Asylgewährung ist allerdings nur eine von mehreren Rechtsgrundlagen für einen erlaubten Aufenthalt im Bundesgebiet (vgl insb § 31 FrG 1997). Damit bleibt das innerstaatliche Recht hinter dem Völkerrecht zurück. Dieses Problem harrt bereits seit Jahrzehnten einer Lösung durch den Gesetzgeber.

24. Gebühren und Steuern

102 Art 29 Z 1 GFK bestimmt, daß die vertragschließenden Staaten Flüchtlingen in ihrem Gebiet keine Gebühren, Abgaben oder Steuern irgendwelcher Art auferlegen sollen, die anders oder höher als jene sind, die von ihren eigenen Staatsangehörigen in einer ähnlichen Situation verlangt werden. Gem Art 29 Z 2 leg cit steht die Z 1 dieser Bestimmung in keiner Weise der Anwendung von Gesetzen und Verordnungen auf Flüchtlinge, betreffend die Gebühren für die Ausstellung von Verwaltungsdokumenten einschließlich der Identitätspapiere an Ausländer, entgegen. Der Entwurf des ersten Ad-hoc-Komitees (vgl UNDoc E/1918 in *Takkenberg/Tahbaz* I, 411) und der Entwurf des zweiten Ad-hoc-Komitees (vgl UNDoc E/1850 in *Takkenberg/Tahbaz* II, 217) enthielten noch die Passage *„in their territory"*. Diese Wortfolge wurde in der Bevollmächtigtenkonferenz gestrichen (vgl UNDoc A/CONF.2/SR.35, 10 in *Takkenberg/Tahbaz* III, 566). Die österreichische Rechtsordnung kennt keine in dieser Bestimmung angesprochenen fremdenspezifischen fiskalischen Belastungen („charges").

25. Vermögenstransfer

103 Gem Art 30 Z 1 GFK wird ein vertragschließender Staat im Rahmen seiner Gesetze und Verordnungen einem Flüchtling den Transfer seines Vermögens, das er in das Gebiet mitgebracht hat, in ein anderes Land gestatten, wenn er die Erlaubnis erhielt, sich dort niederzulassen. Nach Art 30 Z 2 leg cit wird ein vertragschließender Staat das Gesuch eines Flüchtlings um Erlaubnis zum Transfer seines Vermögens, das für die Niederlassung in einem anderen Lande, in dem er sich ansiedeln darf, notwendig ist, wo immer es auch sein mag, wohlwollend in Erwägung ziehen. Die von der Bevollmächtigtenkonferenz angenommene Textierung (vgl UNDoc A/CONF.2/SR.35, 10 in *Takkenberg/Tahbaz* aaO) entsprach im wesentlichen den Entwürfen des ersten und des zweiten Ad-hoc-Komitees (vgl UNDoc E/1618 in *Takkenberg/Tahbaz* I, 411; UNDoc E/1850 in *Takkenberg/Tahbaz* II, 217; näheres zur Genese des Art 30 GFK siehe bei *Amann*, Flüchtlingsrechte, 99 ff). Art 30 Z 2 leg cit ist zur Gänze non self-executing (arg *„(...) wohlwollend in Erwägung ziehen (...)“*). Es darf aber nicht übersehen werden, daß ein Staat, der seine „Gesetze und Verordnungen“ betreffend den Vermögenstransfer drastisch einschränkt und so dem Verständnis der GFK widerspricht, völkerrechtswidrig handeln würde. Nach Art 4 Abs 1 StGG unterliegt die Freizügigkeit der Person und des Vermögens innerhalb des Staatsgebietes keiner Beschränkung. Nach der Jud des VfGH bezieht sich Art 4 Abs 1 StGG nur auf die örtliche Bewegung der Person und des Vermögens (vgl VfSlg 1.631, 3.975, 7.361). Verfügungen, die nicht die örtliche Bewegung betreffen, sondern vermögensrechtliche Verfügungsbeschränkungen anderer Art auferlegen, sind nach der Jud durch Art 4 Abs 1 StGG nicht ausgeschlossen (VfSlg 2.009; vgl auch VfSlg 1.631).

26. Straffreiheit bei illegaler Einreise und illegalem Aufenthalt

104 Gem Art 31 Z 1 GFK sollen die vertragschließenden Staaten keine Strafen wegen illegaler Einreise oder Anwesenheit über Flüchtlinge verhängen, die, direkt aus einem Gebiet kommend, wo ihr Leben oder ihre Freiheit im Sinne des Art 1 GFK bedroht war, ohne Erlaubnis einreisen oder sich ohne Erlaubnis auf ihrem Gebiet befinden, vorausgesetzt, daß sie sich unverzüglich bei den Behörden melden und gute Gründe für ihre illegale Einreise oder Anwesenheit vorbringen.

105 Der im Entwurf des Generalsekretärs der VN enthaltene Art 24 – betitelt mit „Expulsion and Non-admittance“ – umfaßte die Regelungen der späteren Art 31, 32, 33 GFK (siehe UNDoc E/AC.32/2 in *Takkenberg/Tahbaz* I, 140). Das erste Ad-hoc-Komitee befaßte sich mit der Aufgabe, die Bestimmung des ursprünglichen Art 24 inhaltlich voneinander zu trennen und in drei verschiedene Artikel zu fassen (siehe dazu UNDoc E/AC.32/SR.19, 9 ff; UNDoc E/AC.32/SR.20, 2 ff; UNDoc E/AC.32/SR.21, 2 ff in *Takkenberg/Tahbaz* I, 288 ff). Die Wortfolge *„direkt aus seinem Heimatstaat kommend“* (*„coming directly from his country of origin“*) – wie sie im ersten Ad-hoc-Komitee vorgeschlagen wurde – löste in der Bevollmächtigtenkonferenz eine breite Diskussion aus (siehe dazu *Amann*, Flüchtlingsrechte, 117 ff). Diese Wendung ging auf einen französischen Vorschlag zurück (vgl UNDoc A/CONF.2/62 in *Takkenberg/Tahbaz* III, 83). Schließlich wurde sie durch die Worte *„coming directly from a territory where their life or liberty was threatened“* ersetzt (vgl UNDoc A/CONF.2/SR.13, 15 in *Takkenberg/Tahbaz* III, 320; UNDoc A/CONF.2/SR.14, 4 f in *Takkenberg/Tahbaz* III, 322 f; UNDoc A/CONF.2/SR.35, 10 in *Takkenberg/Tahbaz* III, 566 ff; zur weiteren Entstehungsgeschichte siehe *Amann*, Flüchtlingsrechte, 116 ff).

106 Nach der Judikatur stellt Art 31 GFK keine Derogation paß- oder fremdenpolizeirechtlicher Vorschriften, sondern einen besonderen Strafausschließungsgrund iSd § 6 VStG dar (VwSlgNF 6.948 A; vgl dazu auch *Veiter*, Rechtsprechung, 353; *Steiner*, AsylR `92, 21; *Rohrböck*, AsylG 1991, 101 ff; *Muzak*, Aufenthaltsberechtigung,

248 f; *Davy U.*, ZAR 1993, 74). § 6 VStG bestimmt, daß eine Tat nicht strafbar ist, wenn sie durch „Notstand" entschuldigt oder, obgleich sie dem Tatbestand einer Verwaltungsübertretung entspricht, vom Gesetz geboten oder erlaubt ist. Was unter Notstand zu verstehen ist, wird vom VStG als bekannt vorausgesetzt (VA 27 mit Hinweis insb auf § 1306a ABGB; vgl dazu § 10 StGB). Vom „entschuldigenden Notstand", bei dem die Tat rechtswidrig bleibt, wird der „übergesetzliche Notstand" unterschieden, der die Tat rechtfertigt, weil ein deutlich höherwertiges Rechtsgut auf Kosten eines weniger wertvollen gerettet wird (vgl zB *Rittler*, Strafrecht, 143; *Nowakowsky*, Strafrecht, 61; *Pichler/Drexler*, 90). Setzt man die Rechtsgüter des Art 31 Z 1 GFK, nämlich Freiheit und Leben, auf der einen Seite und die der §§ 10 und 11 GrekoG, des 2. Hauptsückes des FrG 1997, nämlich das (polizeiliche) Interesse des Staates auf die geordnete Einreise, auf der anderen Seite zueinander in Verhältnis, zeigt sich ein deutliches Überwiegen der Rechtsgüter des Art 31 Z 1 GFK. Im Lichte dessen könnte davon ausgegangen werden, daß diese Bestimmung keinen Entschuldigungsgrund, sondern im Lichte des Verwaltungsstrafrechts einen Rechtfertigungsgrund darstellt. In diesem Zusammenhang ist auf § 107 Abs 2 FrG 1997 hinzuweisen; nach den Materialien (vgl die Regierungsvorlage zum gleichlautenden § 82 Abs 4 FrG 1992, 692 BlgNR 18. GP, 60) stellt diese Bestimmung einen Rechtfertigungsgrund dar. Dies ist im Hinblick auf die widerlegliche Schuldvermutung des § 5 Abs 1 VStG nicht ohne Bedeutung. Sind die illegale Einreise und (oder) der illegale Aufenthalt im Lichte strafrechtlicher Vorschriften nach Art 31 Z 1 GFK gerechtfertigt, so heißt das nicht zwangsläufig, daß der illegale Aufenthalt auch im Lichte anderer Rechtsnormen rechtmäßig wird. Dies ist vielmehr im Wege der Interpretation der rechtfertigenden Norm festzustellen. Der Text des Art 31 Z 1 GFK läßt dem ersten Anschein nach beide Deutungsmöglichkeiten zu. Dies gilt auch für die deutsche Übersetzung der Überschrift zu Art 31 GFK, die von *„Flüchtlingen ohne gesetzliche Einreise"* spricht. Anders hingegen findet sich in der englischen Version die Wortfolge *„Refugees unlawfully in the Country of Refuge"*. Dies ist ein deutlicher Hinweis darauf, daß der Aufenthalt als solcher nur im Lichte strafrechtlicher Vorschriften gerechtfertigt werden soll, sonstige den Aufenthalt regelnde Vorschriften allerdings nicht berührt werden. Ein ähnliches Ergebnis zeigt sich in einer systematischen Betrachtung der Art 26 und 31 GFK. Während Art 26 GFK die Fälle des rechtmäßigen Aufenthaltes erfaßt (arg *„refugees lawfully in its territory"* in Art 26 GFK), regelt Art 31 GFK die Situation von Flüchtlingen mit illegalem Aufenthalt (vgl dazu insb die Z 2 des Art 31 GFK, der inhaltlich einen ähnlichen Sachverhalt wie Art 26 GFK regelt. In Art 31 Z 2 GFK findet sich die Wortfolge *„(...) bis der Stand des Flüchtlings geordnet ist (...)"*. Die Ordnung des Standes des Flüchtlings bedeutet nichts anderes als eine „Regularisierung" im weiten Sinne und betrifft demnach auch die Regelung (Rechtfertigung) des Aufenthaltes. Dies wird durch die travaux préparatoires belegt (vgl dazu UNDoc E/AC.32/L.32 in *Takkenberg/Tahbaz* I, 392 ff; UNDoc E/AC.32/8 in *Takkenberg/Tahbaz* II, 206 ff; UNDoc A/CONF.2/L.1/Add.3 in *Takkenberg/Tahbaz* III, 650; UNDoc A/CONF.2/L.1/Add.4 in *Takkenberg/Tahbaz* III, 651). Steht allerdings der Abschiebung eines der Verbote des § 57 FrG 1997 entgegen oder erscheint sie aus tatsächlichen Gründen unmöglich, so muß (der Ausdruck „muß" läßt keinen Handlungsspielraum für die Fremdenpolizeibehörden zu) sie gem § 56 Abs 2 FrG 1997 auf Antrag oder von Amts wegen aufgeschoben werden. Im „Aufschiebungsbescheid" ist eine Frist zu bestimmen, die jeweils ein Jahr nicht übersteigen darf. Während dieser Zeitspanne ist dem Fremden der weitere Aufenthalt in Österreich gestattet (vgl *Wiederin*, Aufenthaltsbeendende Maßnahmen, 143; vgl § 107 Abs 2 FrG 1997).

27. Ausweisungsbeschränkungen

107 Die vertragschließenden Staaten sollen gem Art 32 Z 1 GFK keinen Flüchtling, der sich erlaubterweise (beachte dazu auch Art 31 Z 1 und Art 33 Z 1 GFK) auf ihrem Gebiet aufhält, ausweisen, es sei denn aus Gründen der Staatssicherheit oder der öffentlichen Ordnung. Nach Z 2 dieser Bestimmung soll die Ausweisung (dieser Begriff der Ausweisung ist mit dem der §§ 33 und 34 FrG 1997 nicht ident, sondern umfaßt allgemein jede Art der „Außerlandesschaffung") eines Flüchtlings nur in Ausführung einer Entscheidung erfolgen, die gemäß den gesetzlichen Verfahren erflossen ist. Dem Flüchtling soll, wenn keine zwingenden Gründe der nationalen Sicherheit entgegenstehen, erlaubt werden, Entlastungsbeweise zu liefern, gegen die Ausweisung zu berufen und sich zu diesem Zwecke vor der zuständigen Behörde oder vor einer oder mehreren Personen, die von den zuständigen Behörden besonders dafür bestimmt sind, vertreten zu lassen (vgl dazu auch Art 1 des 7. ZP EMRK). Gem Art 32 Z 3 GFK sollen die vertragschließenden Staaten solchen Flüchtlingen einen angemessenen Zeitraum gewähren, während dessen sie sich um die Einreise in ein anderes Land bewerben können. Die vertragschließenden Staaten behalten sich das Recht vor, während dieses Zeitraumes die notwendigen internen Maßnahmen zu treffen.

108 Der Entwurf des ersten Ad-hoc-Komitees nahm den endgültigen Text im wesentlichen vorweg (vgl UNDoc E/AC.32/2, 45 in *Takkenberg/Tahbaz* I, 140). In der Diskussion im zweiten Ad-hoc-Komitee ging es ua um den Begriff der *„öffentlichen Ordnung"* (vgl UNDoc E/AC.32/SR.40, 10 ff in *Takkenberg/Tahbaz* II, 151 ff). Schlußendlich beschloß das Komitee, den Wortlaut des vorliegenden Entwurfes beizubehalten; es wurde jedoch deutlich hervorgehoben, daß Ausweisungen aus sozialen Gründen, wie zB Bedürftigkeit oder Krankheit, keinesfalls erlaubt sind und keinesfalls unter den Begriff der „öffentlichen Ordnung" subsumiert werden können (vgl UNDoc E/1850, 29 in *Takkenberg/Tahbaz* II, 212; vgl dazu auch UNDoc A/CONF.2/44 in *Takkenberg/Tahbaz* III, 86; UNDoc A/CONF.2/SR.14, 19 ff in *Takkenberg/Tahbaz* III, 330 ff). Die Bevollmächtigtenkonferenz vertrat die Auffassung, daß die Auslegung des Begriffs der „öffentlichen Ordnung" zwar der Rechtsprechung des jeweiligen Vertragsstaates überlassen bleibe, doch nur bei schwerwiegenden Gründen anzunehmen sei (vgl UNDoc A/CONF.2/SR.14, 19 ff in *Takkenberg/Tahbaz* aaO; UNDoc A/CONF.2/SR.15, 4 ff in *Takkenberg/Tahbaz* III, 335).

109 Art 32 Z 1 und 2 GFK wurde durch Art 1 des 7. ZP EMRK teilweise derogiert. Z 3 des Art 32 GFK ist nach wie vor anwendbar. Daraus resultiert für einen Flüchtling mit erlaubtem Aufenthalt das Recht zum Aufenthalt für einen angemessenen Zeitraum, um sich um die Einreise in ein anderes Land bewerben zu können. Gem Art 1 des 7. ZP EMRK darf ein Ausländer (beachtenswert ist, daß der Adressatenkreis dieser Bestimmung weiter ist als derjenige der GFK), der seinen rechtmäßigen Aufenthalt (der rechtmäßige Aufenthalt im Sinne der EMRK entspricht dem erlaubten Aufenthalt im Sinne der GFK) im Hoheitsgebiet eines Staates hat, aus diesem nur auf Grund einer rechtmäßig ergangenen Entscheidung ausgewiesen werden; ihm muß gestatten werden, Gründe vorzubringen, die gegen seine Ausweisung sprechen, seinen Fall prüfen zu lassen und sich zu diesem Zweck vor der zuständigen Behörde oder vor einer oder mehreren von dieser Behörde bestimmten Personen vertreten zu lassen (vgl dazu *Trechsel*, Das verflixte Siebente? Bemerkungen zum 7. Zusatzprotokoll zur EMRK, in FS *Ermacora* (1988), 197 ff). Ein Ausländer kann vor Ausübung seiner oben genannten Verfahrensrechte ausgewiesen werden, wenn die Ausweisung im Interesse der öffentlichen Ordnung erforderlich ist oder aus Gründen der nationalen Sicherheit erfolgt (vgl dazu *Wiederin*, Aufenthaltsbeendende Maßnahmen, 86; *Rosenmayr*, Aufenthaltsverbot, 8). Wie *Rosenmayr* und *Wiederin* aufgezeigt haben, genügt es im Lichte des 7. ZP EMRK entgegen der deutschen Übersetzung nicht, daß die *Ausweisung selbst* im Interesse der öffentlichen Ordnung erforderlich ist; um dem 7. ZP EMRK genüge zu tun, muß vielmehr die *vorzeitige Vollstreckung* der Ausweisung unter den näheren Voraussetzungen notwendig sein. Zum Recht, „seinen Fall prüfen zu lassen", gehört nicht nur das Recht auf ein Berufungsverfahren, sondern in Einzelfällen auch das Asylverfahren, dessen Ergebnis zu einer „Ausweisung" in ursächlichem Zusammenhang stehen kann. Im gegebenen Zusammenhang sind weitgehende Einschränkungen der Aufenthaltsrechte von Fremden und Flüchtlingen aus völkerrechtlicher und verfassungsrechtlicher Sicht bedenklich, da mit der Einengung des rechtmäßigen Aufenthaltes auch der Anwendungsbereich (genauer der persönliche Anwendungsbereich) des Art 1 des 7. ZP EMRK minimiert wird. Gem § 57 Abs 3 FrG 1997 darf ein Fremder, der sich auf eine der in § 57 Abs 1, 2 FrG 1997 genannten Gefahren beruft, erst zurückgewiesen oder zurückgeschoben werden, nachdem er Gelegenheit hatte, entgegenstehende Gründe darzulegen.

28. Refoulement

110 Gem Art 33 Z 1 GFK darf kein vertragschließender Staat einen Flüchtling in irgendeiner Form in ein Gebiet ausweisen oder zurückweisen, wo sein Leben oder seine Freiheit aus Gründen seiner Rasse, seiner Religion, seiner Nationalität, oder seiner politischen Ansichten bedroht wäre (zum refoulement-Verbot siehe zB *Kälin*, Non-refoulement; *Lieber*, 21 ff; *Gornig*, EuGRZ 1986, 521 ff; *Hailbronner*, Asylrecht, 69 ff; ders, AuslR, Kommentar zu § 1 Ausländergesetz, Rz 21). Eine ähnliche Regelung ist dem Art 3 Folterkonvention zu entnehmen, wonach ein Vertragsstaat eine Person nicht in einen anderen Staat ausweisen, abschieben oder an diesen ausliefern darf, wenn stichhaltige Gründe für die Annahme bestehen, daß sie dort Gefahr liefen, gefoltert zu werden (vgl dazu *Hailbronner/Randelholzer*, EuGRZ 1985, 109 ff). Gem Art 33 Z 2 GFK kann der Vorteil dieser Bestimmung (Art 33 Z 1 GFK) jedoch von einem Flüchtling nicht in Anspruch genommen werden, der aus gewichtigen Gründen eine Gefahr für die Sicherheit seines Aufenthaltslandes darstellt oder der, wegen eines besonders schweren Verbrechens rechtskräftig verurteilt, eine Gefahr für die Gemeinschaft des betreffenden Landes bedeutet. In der Diskussion im ersten Ad-hoc-Komitee nahm die Frage der Zurückweisung an der Grenze breiten Raum ein (vgl dazu *Amann*, Flüchtlingsrechte, 102 f). Zu dieser Frage hatte der amerikanische Delegierte bezeichnend ausgeführt: „*The Committee had decided to delete the chapter on admittance, considering that the convention should not deal with the right on Asylum (...). It did not, however, follow that the Convention would not apply to persons fleeing from persecution who asked to enter the territory of the Contracting State. Whether it was a question of closing the frontier to a refugee who asked admittance, or of turning him back after he had crossed the frontier, or even of expelling him after he had been admitted to residence on the territory, the problem was more or less the same. Whatever the case may be, whether or not the refugee was in a regular position, he must not be turned back to a country where his life or freedom could be threatened.*" Das erste Ad-hoc-Komitee hat ausdrücklich darauf hingewiesen, daß die Anwendung des Art 33 nicht voraussetze, daß ein Flüchtling auf jeden Fall in das betreffende Land zugelassen werden müsse (vgl UNDoc E/1618 in *Takkenberg/Tahbaz* I, 421; anders noch UNDoc E/AC.32/L.32/Add.1, 7 in *Takkenberg/Tahbaz* I, 404). Festgehalten wurde weiters, daß sich das Rückweisungsverbot nicht nur auf den Heimatstaat des Flüchtlings beziehe, sondern auf jeden Staat, in dem das Leben oder die Freiheit des Flüchtlings gefährdet ist (vgl UNDoc E/1618 in *Takkenberg/Tahbaz* I, 421). Im zweiten Ad-hoc-Komitee wurde die Frage der Zurückweisung an der Grenze erneut aufgeworfen und ähnlich wie im ersten Ad-hoc-Komitee kommentiert (vgl UNDoc E/AC.32/SR.40, 32 ff in *Takkenberg/Tahbaz* II, 162 f). In der Bevollmächtigtenkonferenz wurde auch die Frage der „Weiterschiebung" durch einen Drittstaat diskutiert, aber keiner eindeutigen Lösung zugeführt, wobei jedoch einiges dafür spricht, daß man diesen Punkt im Lichte des Art 33 GFK als relevant betrachtet hat (vgl dazu UNDoc A/CONF.2/70 in *Takkenberg/Tahbaz* III, 89; UNDoc A/CONF.2/SR.16, 4 in *Takkenberg/Tahbaz* III, 344; UNDoc A/CONF.2/SR.16, 10 in *Takkenberg/Tahbaz* III, 347; UNDoc A/CONF.2/SR.16, 11 in *Takkenberg/Tahbaz* III, 348; vgl dazu auch *Amann*, Flüchtlingsrechte, 103 f). Differenzierend behandelte man auch die Frage der Zurückweisung an der Grenze (vgl dazu *Amann*, Flüchtlingsrechte, 105 f). In der zweiten Lesung einigten sich die Delegierten darauf, daß Art 33 GFK im Falle einer Massenflucht nicht zur Anwendung komme (vgl UNDoc A/CONF.2/SR.35, 21 in *Takkenberg/Tahbaz* III, 572). Im Wortlaut des Art 33 GFK findet diese Ansicht allerdings keine Stütze. Allgemein bleibt zu Art 33 Z 2 GFK festzuhalten, daß die EMRK zu Art 3 einen vergleichbaren Vorbehalt nicht kennt und die EMRK in diesem Punkt weiter ist als die GFK (vgl dazu EGMR 17. 12. 1996 Ahmed 71/1995/577/633; vgl dazu auch Art 1 7. ZP EMRK); die EMRK geht hier der GFK vor (vgl dazu Art 5 GFK).

111 Das refoulement-Verbot des Art 33 GFK ist bei jeder Abschiebung zu beachten. Dabei umfaßt dieses Verbot zwei Aspekte: zum einen darf der Flüchtling in dem Staat, in den er abgeschoben wird, nicht einer konventionsrelevanten Verfolgung ausgesetzt sein, zum anderen aber umfaßt Art 33 GFK auch das Verbot der sog Kettenabschiebung, dh einen Flüchtling in einen Staat zu verbringen, wo ihm zwar nicht selbst unmittelbar Verfolgung droht, ihm jedoch die Weiterschiebung in (irgend) einen Verfolgerstaat bevorsteht (vgl zB *Zimmermann*, Grundrecht, 171; *Bierwirth/Göbel-Zimmermann*, Handlungsspielräume, 474; *Kälin*, Non-refoulement, 216; *Lieber*, 23; zur Kettenabschiebung fragwürdig UBAS Sen 22. 12. 1998, 206.792/0-II/4/98). Das Problem des refoulement-Verbots stellt sich, sobald ein Flüchtling iSd GFK auf das Hoheitsgebiet (genauer: in den örtlichen Anwendungsbereich des österreichischen Rechtes) gelangt ist, was auch dann bereits der Fall sein kann, wenn sich der Flüchtling noch vor der Einreise im technischen Sinn der Grenzkontrolle stellt.

112 Neben Art 33 Z 1 GFK ergibt sich ein refoulement-Verbot auch aus Art 3 EMRK. Die Folgerung, daß sich Ausländer auf Art 3 EMRK berufen können, um Schutz vor Ausweisung zu erlangen, wurde erstmalig von der EKMR in den Jahren 1961 und 1962 gezogen (Beschw. Nr 984/61 – unveröffentlicht, auf die jedoch in der Entscheidung vom 6. 10. 1962, Yb 1964, 256 ff, Bezug genommen wird). Dort hieß es: *„(...) the Commission held that the deportation of a foreigner to a praticular country might in exceptionel cases give rise to the question whether there had been ‚inhuman treatment' within the meaning of Art 3 of the Convention"* (nach *Kälin*, Non-refoulement, 167, FN 4 existieren etwa 40 Kommissionsentscheidungen in dieser Frage; vgl näher auch *Zimmermann*, Grundrecht, 84). Bereits im Jahre 1989 hat auch der EGMR in seiner *Soering*-Entscheidung (EGMR 7. 7. 1989, Serie A 161, 35) anerkannt, daß eine *Auslieferungsentscheidung* gegen Art 3 EMRK verstößt, wenn dem Betroffenen in dem Staat, an den er ausgeliefert werden soll, eine nach Art 3 EMRK verbotene Behandlung droht: *„(...) the decision by a Contracting State to extradite a fugitive may give rise to an issue under Art. 3, and hence engage the responsibilitiy of the State under the Convention, where substantial grounds have been shown for believing that the person concerned, if extradited, faces a real risk of beeing subjected to torture or to inhuman or degrading treatment or punischment in the requesting country"*.

113 In der Entscheidung im Fall *Cruz Varas* (EGMR 20. 3. 2991, Serie A 201 = EuGRZ 1991, 203) gelangt der Gerichtshof im Jahre 1991 zu dem Ergebnis, daß auch für *Ausweisungsentscheidungen* nichts anderes gelten kann: *„Although the present case concerns expulsion as opposed to a decision to extradite, the Court considers that the above principle* (gemeint waren die im Fall Soering aufgestellten Prinzipien) *also applies to expulsion and a fortiori to cases of actual expulsion"*. Diese Rechtsprechung wurde sodann in zwei Entscheidungen betreffend die Ausweisung von Tamilen nach Sri Lanka in den Jahren 1991 (EGMR 30. 10. 1991 *Vilvarajah* ua, Serie A 215) und 1992 (EGMR 27. 8. 1992 *Vijayanathan* und *Pusparajah*, Serie A 241-B = HRLJ 1993, 24) fortgeführt und bestätigt.

114 Im völkerrechtlichen Schrifttum wird überwiegend die Auffassung vertreten, daß sich aus Art 3 EMRK auch ein Verbot der Abweisung an der Grenze ergibt, wenn die Person ansonsten Folter oder unmenschlicher oder erniedrigender Strafe oder Behandlung ausgesetzt wäre (*Kälin*, Non-refoulement, 169; *Seger*, Asylrecht, 13; *Dijk/Hoof*, Theory and Practice, 236; *Achermann*, Handbuch, 187; *Hailbronner*, Perspektiven, 55). Zudem hatte der EGMR bereits im Fall *Soering* ausgeführt, daß Art 3 EMRK eine Interpretation erfordere, die dessen Garantien effektiv umsetze (Serie A 161, 34). Da aber die Gefährdung der durch Art 3 EMRK geschützten Rechtsgüter die gleiche ist, gleichgültig ob es sich nun um eine Zurückweisung oder Abschiebung handelt, muß Art 3 EMRK auch gegen eine im Widerspruch zu dieser Norm stehende Zurückweisung an der Grenze schützen. Zuletzt kann noch darauf hingewiesen werden, daß auch die beratende Versammlung des Europarates davon ausging, daß Art 3 EMRK ein Verbot der Abweisung an der Grenze umfaßt, wenn andernfalls eine unmenschliche Behandlung oder Folter drohe (Recommendation 434 (1965); vgl auch *Zimmermann*, Grundrecht, 87).

115 § 57 Abs 1 FrG 1997 bestimmt, daß die Zurückweisung, Zurückschiebung oder Abschiebung eines Fremden in einen Staat unzulässig ist, wenn stichhaltige Gründe für die Annahme bestehen, daß er Gefahr liefe, dort einer unmenschlichen Behandlung oder Strafe oder der Todesstrafe unterworfen zu werden. Gem § 57 Abs 2 FrG 1997 ist die Zurückweisung oder Zurückschiebung eines Fremden in einen Staat unzulässig, wenn stichhaltige Gründe für die Annahme bestehen, daß dort sein Leben oder seine Freiheit aus Gründen seiner Rasse, seiner Religion, seiner Nationalität, seiner Zugehörigkeit zu einer bestimmten sozialen Gruppe oder seiner politischen Ansichten bedroht wäre (Art 33 Z 1 GFK). Art 33 Z 2 GFK enthält vor dem Hintergrund der Durchbrechung des Refoulementschutzes im wesentlichen zwei Falltypen. Zum ersten wird aus gewichtigen Gründen die Gefährlichkeit eines Flüchtlings für die Staatssicherheit gefordert. Gewichtige Gründe bedeutet, daß Umstände vorliegen müssen, die mit hinreichender Wahrscheinlichkeit eine Staatsgefährlichkeit nahelegen. Es handelt sich hier dem Wesen nach um eine Prognose.

116 Gegenstand dieser Prognose sind im wesentlichen die §§ 242 ff, 249 ff und 252 ff StGB. Der Ausdruck „Gefahr" besagt, daß im Einzelfall auch erhebliche Schäden für den Staat zu erwarten sein müssen. Der zweite Falltypus verlangt eine rechtskräftige Verurteilung wegen eines besonders schweren Verbrechens sowie eine daraus resultierende Gefährlichkeit für die Allgemeinheit. Besonders schwere Verbrechen sind solche, deren Unrechtsgehalt im Einzelfall mit außergewöhnlichem sozialen Unwert verbunden ist. Der Ausdruck Gefahr verlangt auch hier eine Prognose und zu erwartende nicht unerhebliche Schäden. Die Gefährlichkeit muß hinsichtlich der Allgemeinheit gegeben sein, was regelmäßig mit einer Wiederholungsgefahr im Hinblick auf geschützte Rechtsgüter eines weiteren Personenkreises verbunden ist. Art 33 Z 2 GFK muß in Verbindung mit Art 31, 32 leg cit gesehen werden. Daraus folgt, daß eine Aus- bzw Zurückweisung – die „direkte Einreise" vorausgesetzt – nur zulässig ist, wenn dem Flüchtling zuvor ein angemessener Zeitraum gewährt wurde, um sich um die Einreise in ein anderes Land bewerben zu können (vgl *Robinson*, 165). Anzumerken bleibt, daß der „Vorbehalt" des Art 33 Z 2 GFK hinter Art 3 EMRK zurücktritt.

117 Art 33 Z 1 GFK verlangt, daß die Verfolgung in jenem Staat droht, in den der Flüchtling zurückgeschoben werden soll. Die GFK schützt auch dann vor einer Abschiebung, wenn – wie sich den Quellen bereits entnehmen läßt – der Flüchtling Gefahr läuft, vom aufnehmenden Staat in einen Drittstaat verbracht zu werden, wo zumindest sein Leben oder seine Freiheit bedroht wäre (BVerfGE 74, 51(67); *Kälin*, Non refoulement, 111; *Uibopuu*, Anderweitiger Schutz, 321; *Gornig*, Refoulement, 19; *Crawford/Hyndman*, Refugee Convention, 171 ff; *Hailbronner*, Koordinierung, 40; *Marx*, Anforderungen, 423 f; fragwürdig UBAS Sen 22. 12. 1998, 206.792/0-II/04/98). Der Begriff „Abschiebung" ist in einem weiten Sinn zu verstehen und umfaßt jede Art der „Außerlandesschaffung" wie auch die „Zurückweisung an der Grenze" (vgl dazu *Marx*, Anforderungen, 411).

29. Naturalisation

118 Gem Art 34 GFK sollen die vertragschließenden Staaten soweit als möglich die Gleichstellung und Einbürgerung von Flüchtlingen erleichtern. Sie sollen insb alles tun, um das Einbürgerungsverfahren zu beschleunigen und soweit als möglich die Kosten eines solchen Verfahrens zu reduzieren. Diese Bestimmung ist zu abstrakt, um self-executing zu sein (arg *„(...) soweit als möglich die Gleichstellung und Einbürgerung von Flüchtlingen erleichtern. Sie sollen alles tun (...)";* siehe dazu auch *Robinson*, 167), sodaß aus dieser Bestimmung für einen Flüchtling unmittelbar keine Rechte ableitbar sind. Bis zur Novelle BGBl I 1998/124 bestimmte § 11 zweiter Satz des StbG, daß bei der Verleihung der Staatsbürgerschaft gegebenenfalls besonders auf den Umstand Bedacht zu nehmen war, daß der Fremde Flüchtling iSd GFK ist. Gem § 10 Abs 3 StbG war eine vorzeitige (dh, wenn der Fremde seit mindestens vier Jahren ununterbrochen seinen Hauptwohnsitz im Gebiet der Republik hatte) Verleihung der Staatsbürgerschaft ua dann möglich, wenn ein besonders berücksichtigungswürdiger Grund (vgl dazu *Thienel*, Staatsbürgerschaft II, 206 f) für die Verleihung vorlag. Die Flüchtlingseigenschaft stellte an sich einen derartigen berücksichtigungswürdigen Grund dar (vgl dazu 875 BlgNR 10. GP, 4); demgegenüber vertrat der VwGH die Meinung, daß die Flüchtlingseigenschaft für sich allein noch kein berücksichtigungswürdiger Grund war (zB VwSlgNF 12.409A; VwGH 21. 1. 1987, 87/01/0002; VwGH 15. 6. 1988, 86/01/0191). Mit der StbG-N BGBl I 1998/124, mit 1. 1. 1999 in Kraft getreten, gilt insb die Gewährung von Asyl nach dem AsylG 1997 einschließlich der Asylberechtigung (§ 44 Abs 6 AsylG 1997) nach einer Wohnsitzdauer von vier Jahren als berücksichtigungswürdiger Grund, sodaß hier vom Erfordernis des für zehn Jahre ununterbrochenen Hauptwohnsitzes im Bundesgebiet abgesehen werden kann (§ 10 Abs 5 Z 4 iVm § 10 Abs 4 Z 1 und § 10 Abs 1 Z 1 StbG; vgl dazu näher die Ausführungen unter Rz 127). Der Regelungsgehalt des StbG bleibt zumindest in jenen Fällen hinter den völkerrechtlichen Vorgaben des Art 34 GFK zurück, in denen Flüchtlingen iSd GFK keine Asylberechtigung zukommt.

b) Beispiele für sonstige Rechte

119 Zahlreiche Normen des materiellen Rechts beziehen sich auf die Flüchtlingseigenschaft – sei diese nun bescheidmäßig nach § 12 AsylG 1997 festgestellt oder nicht – bzw auf die Asylgewährung, die nur bescheidmäßig erfolgen kann (vgl §§ 7, 9, 10, 11 AsylG 1997). Diese Normen bewegen sich innerhalb eines weiten Asylbegriffs, der im Gegensatz zur Asyldefinition des AsylG 1997 (§ 1 Z 2 leg cit) all jene Rechte beschreibt, die einer Person zustehen, weil sie Flüchtling ist und/oder ihr Asyl gewährt wurde. In der Folge seien einige markante Beispiele aufgezeigt:

1. Zugang zum Arbeitsmarkt

120 Gem § 1 Abs 2 lit a AuslBG sind die Bestimmungen dieses BG nicht auf Flüchtlinge im Sinne der GFK anzuwenden, die entweder zum dauernden Aufenthalt im Bundesgebiet berechtigt sind, oder die mit einem österreichischen Staatsbürger verheiratet sind, es sei denn, daß sie den Ehegatten verlassen haben, oder die ein Kind haben, das österreichischer Staatsbürger ist (vgl dazu Art 17 Abs 1 GFK; *Schrammel*, Ausländerbeschäftigung, 74; *Davy U.*, ZAR 1993, 72). Aus dieser Bestimmung kann kein Recht darauf abgeleitet werden, eine Beschäftigung antreten oder ausüben zu dürfen, für den Flüchtling besteht lediglich das Recht, aus dem Anwendungsbereich des AuslBG ausgenommen zu werden. Soll auf eine Person gem §§ 10, 11 AsylG 1997 Asyl ausgedehnt werden, ist der Asylerstreckungsbescheid mit der Feststellung zu verbinden, daß dem Fremden damit kraft Gesetzes die Flüchtlingseigenschaft zukommt; hier hat ein materieller Flüchtlingsbegriff iSd GFK idR keine Bedeutung, weil die Flüchtlingseigenschaft keine Rechtsbedingung für die Asylausdehnung ist.

2. Zulassung zum Studium

121 Das oberste Kollegialorgan jeder Universität und Hochschule hat gem § 31 Abs 1 UniStG für jedes Semester die allgemeine Zulassungsfrist festzulegen. Dies ist der Zeitraum, in dem die in Abs 2 bezeichneten Personen ihre Anträge auf Zulassung einzubringen und die allfälligen Hochschultaxen gemäß Hochschul-Taxengesetz 1972 zu bezahlen haben. Die allgemeine Zulassungsfrist hat mindestens vier Wochen zu betragen und spätestens vier Wochen nach Beginn des Semesters zu enden. Die allgemeine Zulassungsfrist gilt nach § 31 Abs 2 UniStG für: österreichische Staatsangehörige (Z 1 leg cit), Staatsangehörige einer anderen Vertragspartei des EU-Beitrittsvertrages, BGBl Nr 45/1995, oder einer anderen Vertragspartei des Abkommens über den Europäischen Wirtschaftsraum, BGBl Nr 909/1993 (Z 2 des § 31 Abs 2 UniStG), andere ausländische Staatsangehörige und Staatenlose, die eine auf höchstens zwei Semester befristete Zulassung zum Studium in Österreich entweder auf Grund von Austauschprogrammen zwischen inländischen und ausländischen Universitäten und Hochschulen oder nach Absolvierung ausländischer Studien in einem der ersten Diplomprüfung des gewählten Diplomstudiums entsprechenden Umfang anstreben (Z 3 leg cit) und Personengruppen, welche die Bundesministerin oder der Bundesminister auf Grund deren besonderer persönlicher Nahebeziehungen zu Österreich oder deren Tätigkeit im Auftrag der Republik Österreich durch Verordnung festlegt (Z 4 leg cit). Für alle anderen ausländischen Staatsangehörigen und Staatenlosen gilt gem § 31 Abs 3 UniStG die besondere Zulassungsfrist. Sie endet bei Antragstellung für das Wintersemester am 1. September, bei Antragstellung für das Sommersemester am 1. Februar jedes Kalenderjahres. Die Anträge müssen vor dem Ende dieser Frist vollständig in der gewählten Universität oder Hochschule einlangen. Nach § 31 Abs 4 UniStG ist das oberste Kollegialorgan jeder Universität und Hochschule unter Berücksichtigung der Dauer und des Durchführungszeitraumes berechtigt, für die Zulassung zu Universitätslehrgängen und für die Zulassung zu ordentlichen Studien im Rahmen europäischer Bildungsprogramme eine abweichende Regelung für die allgemeine Zulassungsfrist zu treffen. § 1 PersonengruppenV sieht vor, daß gemäß § 31 Abs 2 Z 4 UniStG für folgende Personengruppen die allgemeine Zulassungsfrist gemäß § 31 Abs 1 UniStG gilt: Personen, die in Österreich auf Grund staatsvertraglicher oder gesetzlicher Bestimmungen Privilegien und Immunitäten genießen, sowie Personen, die sich zum Zeitpunkt des Erwerbes des Reifezeugnisses im Auftrag der Republik Österreich im Ausland aufhalten und dort auf Grund staatsvertraglicher oder gesetzlicher Bestimmungen Privilegien und Immunitäten genießen, sowie deren Ehegattinnen und Ehegatten und deren Kinder (§ 1 Z 1 PersonengruppenV); in Österreich akkreditierte und hier hauptberuflich tätige Auslandsjournalistinnen und Auslandsjournalisten sowie ihre Ehegattinnen und Ehegatten und ihre Kinder (§ 1 Z 2 PersonengruppenV); Personen, die entweder selbst wenigstens fünf zusammenhängende Jahre unmittelbar vor der Antragstellung auf Zulassung den Mittelpunkt ihrer Lebensinteressen in Österreich hatten oder die mindestens eine gesetzliche Unterhaltspflichtige oder einen gesetzlichen Unterhaltspflichtigen haben, bei der oder bei dem dies der Fall ist (§ 1 Z 3 PersonengruppenV); Personen, die ein Stipendium für das angestrebte Studium entweder auf Grund staatsvertraglicher Bestimmungen oder in gleicher Höhe aus jenen Mitteln einer österreichischen Gebietskörperschaft erhalten, die gemäß den Finanzvorschriften dieser Gebietskörperschaft ausdrücklich für Stipendien zu verwenden sind (§ 1 Z 4 PersonengruppenV); Inhaberinnen und Inhaber von Reifezeugnissen österreichischer Auslandsschulen (§ 1 Z 5 PersonengruppenV); Personen, die auf Grund des § 7 Abs 1 des Bundesgesetzes vom 7. März 1968, BGBl Nr 126, über die Aufenthaltsberechtigung von Flüchtlingen im Sinne der Konvention über die Rechtsstellung der Flüchtlinge, BGBl Nr 55/1955, in der jeweils geltenden Fassung, zum Aufenthalt im Bundesgebiet berechtigt sind (§ 1 Z 6 PersonengruppenV; vgl dazu § 44 Abs 6 AsylG 1997); Personen, die auf Grund des § 7 oder § 8 des Bundesgesetzes über die Gewährung von Asyl (Asylgesetz 1991), BGBl Nr 8/1992, in der jeweils geltenden Fassung, Aufenthaltsberechtigung im Bundesgebiet haben (§ 1 Z 7 PersonengruppenV; vgl dazu § 44 Abs 6 AsylG 1997).

3. Ausübung eines Gewerbes

122 Gem § 14 Abs 1 GewO dürfen ausländische natürliche Personen, sofern die GewO nicht anderes bestimmt, Gewerbe wie Inländer ausüben, wenn dies in Staatsverträgen festgelegt worden ist oder wenn der Bezirksverwaltungsbehörde nachgewiesen wurde, daß österreichische natürliche Personen in dem Heimatstaat des Ausländers bei der Ausübung des betreffenden Gewerbes keinen anderen wie immer gearteten Beschränkungen unterliegen als die Angehörigen dieses Staates (Gegenseitigkeit). Nach § 14 Abs 2 leg cit bedürfen Angehörige eines Staates, hinsichtlich dessen diese Gegenseitigkeit nicht nachgewiesen werden kann, und Staatenlose für die Ausübung eines Gewerbes einer Gleichstellung mit Inländern durch den Landeshauptmann. Gem § 14 Abs 3 leg cit gilt die Voraussetzung des Abs 2 leg cit nicht für Personen, denen Asyl gewährt wird, sofern diese Personen nachweisen, daß sie sich drei Jahre im Gebiet der Republik Österreich aufhalten.

123 § 14 Abs 3 leg cit deckt sich nicht vollständig mit Art 18 GFK. Während die GewO von Personen spricht, „denen Asyl gewährt wird", spricht die GFK von „Flüchtlingen, die sich erlaubterweise" auf dem Staatsgebiet „aufhalten". Durch die GewO sind insb Flüchtlinge nicht erfaßt, die auf Grund eines anderen Rechtstitels als dem der Asylgewährung (Asylerstreckung) zum Aufenthalt berechtigt sind. Das Recht auf Ausübung eines Gewerbes ohne die Voraussetzungen des § 14 Abs 2

GewO entsteht gem § 14 Abs 3 leg cit mit der Asylgewährung gem §§ 7, 9 10 und 11 AsylG 1997 (siehe dazu § 44 AsylG 1997). Beachtenswert ist, daß auch die Asylerstreckung nach §§ 10 und 11 AsylG 1997 grundsätzlich das Recht auf Ausübung eines Gewerbes bewirkt. Denkbar wäre auch, die „Asylgewährungsbescheide" gem §§ 7, 9, 10 und 11 AsylG 1997 als Tatbestandselement zu betrachten, dessen Vorliegen das Recht auf Ausübung eines Gewerbes ohne die Voraussetzungen des § 14 Abs 2 leg cit unmittelbar über § 14 Abs 3 GewO bewirkt. Dagegen spricht allerdings der Wortlaut dieser Bestimmung, wo von Personen die Rede ist, denen „Asyl gewährt wird", und nicht etwa von Personen, die „asylberechtigt sind" oder „Asylrecht haben". Der Gesetzeswortlaut beschreibt eher eine Aktion und weniger einen Zustand.

4. Namensänderung

124 Gem § 1 Abs 1 NÄG ist eine Änderung des Familiennamens oder Vornamens auf Antrag zu bewilligen, wenn ein Grund im Sinn des § 2 vorliegt, § 3 der Bewilligung nicht entgegensteht und die Namensänderung betrifft: einen österreichischen Staatsbürger (Z 1 leg cit); einen Staatenlosen oder eine Person ungeklärter Staatsangehörigkeit, wenn sie ihren gewöhnlichen Aufenthalt im Inland haben (Z 2 leg cit); einen Flüchtling im Sinne der Konvention über die Rechtsstellung der Flüchtlinge, BGBl Nr 55/1955 und des Protokolls über die Rechtsstellung der Flüchtlinge, BGBl Nr 78/1974, wenn er seinen Wohnsitz, mangels eines solchen seinen gewöhnlichen Aufenthalt im Inland hat (Z 3 leg cit; vgl dazu *Zeyringer*, 1 f). Insoweit der Antragsteller in seiner Geschäftsfähigkeit beschränkt ist, hat der gesetzliche Vertreter den Antrag einzubringen. Die Einbringung bedarf der persönlichen Zustimmung des Antragstellers, wenn dieser das 14. Lebensjahr vollendet hat (§ 1 Abs 2 NÄG).

125 Ein Grund für die Änderung des Familiennamens liegt gem § 2 Abs 1 NÄG vor, wenn der bisherige Familienname lächerlich oder anstößig wirkt (Z 1 leg cit); der bisherige Familienname schwer auszusprechen oder zu schreiben ist (Z 2 leg cit); der Antragsteller ausländischer Herkunft ist und einen Familiennamen erhalten will, der ihm die Einordnung im Inland erleichtert und der Antrag innerhalb von zwei Jahren nach dem Erwerb der österreichischen Staatsbürgerschaft gestellt wird (Z 3 leg cit); der Antragsteller den Familiennamen erhalten will, den er bisher in gutem Glauben, dazu berechtigt zu sein, geführt hat (Z 4 leg cit); der Antragsteller einen Familiennamen erhalten will, den er früher zu Recht geführt hat (Z 5 leg cit); die Vor- und Familiennamen sowie der Tag der Geburt des Antragstellers mit den entsprechenden Daten einer anderen Person derart übereinstimmen, daß es zu Verwechslungen der Personen kommen kann (Z 6 leg cit); der Antragsteller einen Familiennamen erhalten will, den er durch eine befristete namensrechtliche Rechtshandlung erlangt hätte, jedoch die rechtzeitige Rechtshandlung ohne sein Verschulden oder bloß mit einem minderen Grad hievon unterlassen hat, oder der Antragsteller einen Doppelnamen nach § 93 Abs 2 ABGB wünscht oder bereits zu führen hat und den gemeinsamen Familiennamen ohne Voran- oder Nachstellung seines früheren Familiennamens führen will (Z 7 leg cit); der Antragsteller den Familiennamen seiner Eltern oder eines Elternteils erhalten will oder der Antragsteller den Familiennamen einer Person erhalten will, von der er seinen Familiennamen abgeleitet hat und deren Familienname geändert worden ist oder dessen Änderung beantragt ist (Z 8 leg cit); der minderjährige Antragsteller den Familiennamen der Person erhalten soll, der die Obsorge für ihn zukommt oder in deren Pflege er sich befindet und das Pflegeverhältnis nicht nur für kurze Zeit beabsichtigt ist (Z 9 leg cit); der Antragsteller glaubhaft macht, daß die Änderung des Familiennamens notwendig ist, um unzumutbare Nachteile in wirtschaftlicher Hinsicht oder in seinen sozialen Beziehungen zu vermeiden und diese Nachteile auf andere Weise nicht abgewendet werden können (Z 10 leg cit); der Antragsteller aus sonstigen Gründen einen anderen Familiennamen wünscht (Z 11 leg cit).

126 Gem § 2 Abs 2 NÄG gelten die in Abs 1 Z 1 bis 6, 10 und 11 angeführten Gründe auch für die Änderung von Vornamen; ein Grund liegt weiter vor, wenn das minderjährige Wahlkind andere als die bei der Geburt gegebenen Vornamen erhalten soll und der Antrag innerhalb von zwei Jahren nach der Bewilligung der Annahme an Kindesstatt oder dem Erwerb der österreichischen Staatsbürgerschaft eingebracht wird (Z 1 leg cit); der Antragsteller nach Änderung seiner Religionszugehörigkeit einen zur nunmehrigen Religionsgemeinschaft in besonderer Beziehung stehenden Vornamen erhalten oder einen zur früheren Religionsgemeinschaft in besonderer Beziehung stehenden Vornamen ablegen will und der Antrag innerhalb von zwei Jahren nach der Änderung der Religionszugehörigkeit eingebracht wird (Z 2 leg cit); ein Vorname nicht dem Geschlecht des Antragstellers entspricht (Z 3 leg cit). Die Änderung des Familiennamens oder Vornamens darf nach § 3 Abs 1 NÄG nicht bewilligt werden, wenn die Änderung des Familiennamens die Umgehung von Rechtsvorschriften ermöglichen würde (Z 1 leg cit); der beantragte Familienname lächerlich, anstößig oder für die Kennzeichnung von Personen im Inland nicht gebräuchlich ist (Z 2 leg cit); der beantragte Familienname von einer anderen Person rechtmäßig geführt wird, der ein berechtigtes Interesse am Ausschluß des Antragstellers von der Führung des gleichen Familiennamens zukommt; dies gilt nicht in den Fällen des § 2 Abs 1 Z 5 und 7 bis 9 (Z 3 leg cit); der beantragte Familienname aus mehreren Namen zusammengesetzt ist (Z 4 leg cit); die beantragte Änderung des Familiennamens nach § 2 Abs 1 Z 1 bis 3, 6, 10 und 11 oder des Vornamens nach § 2 Abs 2, gegebenenfalls in Verbindung mit § 2 Abs 1 Z 1 bis 3, 6, 10 und 11, dazu führen würde, daß eine Verwechslungsfähigkeit mit einer anderen Person im Sinn des § 2 Abs 1 Z 6 eintritt (Z 5 leg cit); die beantragte Änderung des Familiennamens oder Vornamens dem Wohl einer hievon betroffenen, nicht eigenberechtigten Person abträglich ist (Z 6 leg cit); der beantragte Vorname nicht gebräuchlich ist oder als erster Vorname nicht dem Geschlecht des Antragstellers entspricht (Z 7 leg cit); der Antragsteller die Änderung eines Familiennamens oder Vornamens beantragt, den er durch eine Namensänderung auf Grund eines von ihm selbst gestellten Antrags innerhalb der letzten zehn Jahre erhalten hat; dies gilt nicht, wenn die Namensänderung nach § 2 Abs 1 Z 6 bis 9 erfolgen soll (Z 8 leg cit). Gem § 3 Abs 2 NÄG ist die Namensänderung jedoch zulässig, wenn im Fall des Abs 1 Z 4 der Antragsteller den Familiennamen einer Person erhalten soll, die rechtmäßig einen aus mehreren Namen zusammengesetzten Familiennamen führt, von dem der Name einer anderen Person abgeleitet werden kann (Z 1 lit a leg cit), oder der Antragsteller in sinngemäßer Anwendung des § 93 Abs 2 ABGB nach der Eheschließung einen Doppelnamen erhalten soll und angeführt wird, welcher Bestandteil des Doppelnamens gemeinsamer Familienname (§ 93 Abs 1 ABGB) ist (Z 1 lit b leg cit); im Fall des Abs 1 Z 5 der Antragsteller aus besonders gewichtigen Gründen einen bestimmten Familiennamen wünscht (Z 2 leg cit).

5. Einbürgerung

127 Gem Art 34 GFK sollen die vertragschließenden Staaten soweit als möglich die Gleichstellung und Einbürgerung von Flüchtlingen erleichtern. Sie sollen insb alles tun, um das Einbürgerungsverfahren zu beschleunigen und soweit als möglich die Kosten eines solchen Verfahrens zu reduzieren. Obwohl diese Bestimmung non self-executing ist, stellt sie doch Anforderungen an den österreichischen Gesetzgeber, der Art 34 GFK allerdings restriktiv interpretiert hat (vgl 136 BlgNR 7. GP, 45). Unter

Bezug auf den Wortlaut (gemeint ist der Ausdruck „soweit als möglich") wird die Bestimmung als bloß „fakultativ" angesehen, deren Hauptbedeutung darin liege, daß Einbürgerungsverfahren zu beschleunigen seien. In bedenklicher Weise – der Wortlaut des Art 34 GFK deutet darauf hin, daß auch gesetzgeberische Vorkehrungen für eine wirksame Erleichterung der Gleichstellung und Einbürgerung von Flüchtlingen getroffen werden müssen (arg „soweit als möglich die Gleichstellung und Einbürgerung von Flüchtlingen erleichtern" in Art 34 GFK) – wird eine Verpflichtung des Gesetzgebers zur Normierung von „Erleichterungen" nicht angenommen. Dementsprechend gestaltet sich auch die österreichische Rechtslage (siehe dazu *Thienel*, Staatsbürgerschaft I, 197) Die „Erleichterung", die das StbG vorsieht, ist, daß Flüchtlinge keine für das Ausscheiden aus dem Heimatverband erforderlichen Handlungen setzen müssen (vgl § 10 Abs 3 und § 20 Abs 3 StbG), und daß die Behörde bei der Ausübung ihres Ermessens auf die Asylgewährung Rücksicht zu nehmen hat (vgl § 10 Abs 5 Z 4 iVm § 10 Abs 4 Z 1 und § 10 Abs 1 Z 1 StbG; vgl auch die Ausführungen unter Rz 118).

127a Gem § 10 Abs 1 StbG kann die Staatsbürgerschaft einem Fremden verliehen werden, wenn er seit mindestens zehn Jahren seinen Hauptwohnsitz ununterbrochen im Bundesgebiet hat (Z 1 leg cit); er nicht durch ein inländisches oder ausländisches Gericht wegen einer oder mehrerer Vorsatztaten rechtskräftig zu einer Freiheitsstrafe von mehr als drei Monaten verurteilt worden ist, die der Verurteilung durch das ausländische Gericht zugrundeliegenden strafbaren Handlungen auch nach dem inländischen Recht gerichtlich strafbar sind und die Verurteilung in einem den Grundsätzen des Art 6 EMRK entsprechendem Verfahren ergangen ist (Z 2 leg cit); er nicht durch ein inländisches Gericht wegen eines Finanzvergehens rechtskräftig zu einer Freiheitsstrafe von mehr als drei Monaten verurteilt worden ist (Z 3 leg cit); gegen ihn nicht wegen des Verdachtes einer mit Freiheitsstrafe bedrohten Vorsatztat oder eines mit Freiheitsstrafe bedrohten Finanzvergehens bei einem inländischen Gericht ein Strafverfahren anhängig ist (Z 4 leg cit); gegen ihn kein Aufenthaltsverbot besteht und auch kein Verfahren zur Aufenthaltsbeendigung anhängig ist (Z 5 leg cit); er nach seinem bisherigen Verhalten Gewähr dafür bietet, daß er zur Republik bejahend eingestellt ist und weder eine Gefahr für die öffentliche Ruhe, Ordnung und Sicherheit darstellt noch andere in Art 8 Abs 2 EMRK genannte öffentliche Interessen gefährdet (Z 6 leg cit); sein Lebensunterhalt hinreichend gesichert ist oder ihn an seiner finanziellen Notlage kein Verschulden trifft (Z 7 leg cit) und er nicht mit fremden Staaten in solchen Beziehungen steht, daß die Verleihung der Staatsbürgerschaft die Interessen der Republik schädigen würde (Z 8 leg cit). Nach § 10 Abs 2 StbG liegt eine gemäß Abs 1 Z 2 oder 3 maßgebliche Verurteilung nicht vor, wenn sie in Strafregisterauskünfte an die Behörde nicht aufgenommen werden darf. Eine gemäß § 10 Abs 1 Z 2 oder 3 leg cit maßgebliche Verurteilung liegt vor, wenn sie wegen einer Jugendstraftat erfolgt. Einem Fremden, der eine fremde Staatsangehörigkeit besitzt, darf gem § 10 Abs 3 die Staatsbürgerschaft nicht verliehen werden, wenn er die für das Ausscheiden aus seinem bisherigen Staatsverband erforderlichen Handlungen unterläßt, obwohl ihm diese möglich und zumutbar sind (Z 1 leg cit) oder auf Grund seines Antrages oder auf andere Weise absichtlich die Beibehaltung seiner bisherigen Staatsangehörigkeit erwirkt (Z 2 leg cit). Von der Voraussetzung des § 10 Abs 1 Z 1 StbG kann nach § 10 Abs 4 leg cit aus besonders berücksichtigungswürdigem Grund abgesehen werden, sofern es sich um einen Minderjährigen, der seit mindestens vier Jahren, oder um einen Fremden handelt, der seit mindestens sechs Jahren seinen Hauptwohnsitz ununterbrochen im Bundesgebiet hat, es sei denn, es wäre in Abs 5 des § 10 StbG hinsichtlich dieser Wohnsitzdauer anderes vorgesehen (Z 1 leg cit), oder bei einem Fremden, der vor dem 9. Mai 1945 die Staatsangehörigkeit eines der Nachfolgestaaten der ehemaligen österreichisch-ungarischen Monarchie hatte oder staatenlos war, seinen Hauptwohnsitz im Bundesgebiet hatte und sich damals deshalb in das Ausland begeben hat, weil er Verfolgung durch Organe der NSDAP oder der Behörden des Dritten Reiches mit Grund zu befürchten hatte oder erlitten hat oder weil er wegen seines Einsatzes für die demokratische Republik Österreich Verfolgungen ausgesetzt war oder solche mit Grund zu befürchten hatte (Z 2 leg cit). Gem § 10 Abs 5 gilt als besonders berücksichtigungswürdiger Grund (Abs 4 Z 1 des § 10 StbG) insbesondere nach Z 1 des § 10 Abs 5 leg cit der Verlust der Staatsbürgerschaft anders als durch Entziehung (§§ 33 und 34), bereits erbrachte und zu erwartende besondere Leistungen auf wissenschaftlichem, wirtschaftlichem, künstlerischem oder sportlichem Gebiet (§ 10 Abs 5 Z 2 leg cit), der Nachweis nachhaltiger persönlicher und beruflicher Integration (Z 3 leg cit), die Gewährung von Asyl nach dem AsylG 1997 einschließlich der Asylberechtigung (§ 44 Abs 6 AsylG 1997) nach einer Wohnsitzdauer von vier Jahren (Z 4 leg cit), der Besitz der Staatsangehörigkeit einer Vertragspartei des Abkommens über den Europäischen Wirtschaftsraum (EWR-Abkommen), BGBl Nr 909/1993, nach einer Wohnsitzdauer von vier Jahren (Z 5 leg cit), oder die Geburt im Bundesgebiet (Z 6 leg cit). Nach der Verfassungsbestimmung des § 10 Abs 6 StbG entfallen die Voraussetzungen des § 10 Abs 1 Z 1 und 7 sowie des Abs 3 leg cit, wenn die Bundesregierung bestätigt, daß die Verleihung der Staatsbürgerschaft wegen der vom Fremden bereits erbrachten und von ihm noch zu erwartenden außerordentlichen Leistungen im besonderen Interesse der Republik liegt. Voraussetzungen jeglicher Verleihung sind gem § 10a StbG unter Bedachtnahme auf die Lebensumstände des Fremden jedenfalls entsprechende Kenntnisse der deutschen Sprache.

Die Behörde hat sich gem § 11 StbG unter Bedachtnahme auf das Gesamtverhalten des Fremden bei der Ausübung des ihr in § 10 leg cit eingeräumten freien Ermessens von Rücksichten auf das allgemeine Wohl, die öffentlichen Interessen und das Ausmaß der Integration des Fremden leiten zu lassen. Einem Fremden ist gem § 11a StbG unter den Voraussetzungen des § 10 Abs 1 Z 2 bis 8 und Abs 3 leg cit die Staatsbürgerschaft zu verleihen, wenn sein Ehegatte Staatsbürger ist und im gemeinsamen Haushalt mit ihm lebt (§ 11a Abs 1 Z 1 leg cit), die Ehe weder von Tisch und Bett noch sonst ohne Auflösung des Ehebandes gerichtlich geschieden ist (Z 2 leg cit), er nicht infolge der Entziehung der Staatsbürgerschaft nach § 33 Fremder ist (Z 3 leg cit) und die Ehe seit mindestens einem Jahr aufrecht ist und er seinen Hauptwohnsitz seit mindestens vier Jahren ununterbrochen im Gebiet der Republik hat oder bei einer Ehedauer von mindestens zwei Jahren ein solcher Wohnsitz seit mindestens drei Jahren besteht (Z 4 lit a leg cit), die Ehe seit mindestens fünf Jahren aufrecht und sein Ehegatte seit mindestens zehn Jahren ununterbrochen österreichischer Staatsbürger ist (Z 4 lit b leg cit) oder der Ehegatte die Staatsbürgerschaft durch Verleihung gemäß § 10 Abs 4 Z 2 oder durch Erklärung gemäß § 58c erworben hat und der Fremde seinen Hauptwohnsitz vor dem 9. Mai 1945 im Bundesgebiet hatte und sich damals gemeinsam mit seinem späteren Ehegatten ins Ausland begeben hat (Z 4 lit c leg cit). Nach § 11a Abs 2 StbG darf einem Fremden die Staatsbürgerschaft gemäß § 11a Abs 1 leg cit nicht verliehen werden, wenn er mit dem Ehegatten das zweite Mal verheiratet ist (§ 11a Abs 2 Z 1 leg cit) und diesem Ehegatten die Staatsbürgerschaft nach Scheidung der ersten gemeinsamen Ehe auf Grund der Heirat mit einem Staatsbürger verlieben wurde (Z 2 leg cit).

Einem Fremden ist gem § 12 StbG unter den Voraussetzungen des § 10 Abs 1 Z 2 bis 8 und Abs 3 die Staatsbürgerschaft zu verleihen, wenn er nicht infolge der

Entziehung der Staatsbürgerschaft (§§ 33 oder 34) oder des Verzichtes auf die Staatsbürgerschaft (§ 37) Fremder ist (Z 1 leg cit) und entweder seit mindestens 30 Jahren ununterbrochen seinen Hauptwohnsitz im Bundesgebiet hat (Z 1 lit a leg cit) oder seit mindestens 15 Jahren ununterbrochen seinen Hauptwohnsitz im Bundesgebiet hat und seine nachhaltige persönliche und berufliche Integration nachweist (Z 1 lit b leg cit) oder durch mindestens zehn Jahre die Staatsbürgerschaft ununterbrochen besessen, diese auf andere Weise als durch Entziehung (§§ 33 oder 34) oder Verzicht (§ 37) verloren hat, seither Fremder ist und mindestens ein Jahr ununterbrochen seinen Hauptwohnsitz im Gebiet der Republik hat (Z 2 leg cit), die Staatsbürgerschaft zu einer Zeit, da er nicht eigenberechtigt war, auf andere Weise als durch Entziehung nach § 33 verloren hat, seither Fremder ist und die Verleihung der Staatsbürgerschaft binnen zwei Jahren nach Erlangung der Eigenberechtigung beantragt (Z 3 leg cit) oder die Staatsbürgerschaft nach § 17 durch Erstreckung der Verleihung nur deshalb nicht erwerben kann, weil der hiefür maßgebende Elternteil (Wahlelternteil) bereits Staatsbürger ist (Z 4 leg cit). Einem Fremden ist gem § 13 StbG unter den Voraussetzungen des § 10 Abs 1 Z 2 bis 8 und Abs 3 leg cit die Staatsbürgerschaft zu verleihen, wenn er die Staatsbürgerschaft dadurch verloren hat, daß er einen Fremden geheiratet (§ 13 Z 1 lit a leg cit), gleichzeitig mit dem Ehegatten dieselbe fremde Staatsangehörigkeit erworben (§ 13 Z 1 lit b leg cit) oder während der Ehe mit einem Fremden dessen Staatsangehörigkeit erworben hat (§ 13 Z 1 lit c leg cit); er seither Fremder ist (§ 13 Z 2 leg cit); die Ehe durch den Tod des Ehegatten oder sonst dem Bande nach aufgelöst ist (§ 13 Z 3 leg cit) und er die Verleihung der Staatsbürgerschaft binnen fünf Jahren nach Auflösung der Ehe beantragt (§ 13 Z 4 leg cit).

Einem Fremden ist gem § 14 Abs 1 StbG die Staatsbürgerschaft ferner zu verleihen, wenn er im Gebiet der Republik geboren und seit seiner Geburt staatenlos ist (§ 14 Abs 1 Z 1 leg cit); insgesamt mindestens zehn Jahre seinen Hauptwohnsitz im Gebiet der Republik hatte, wobei ununterbrochen mindestens fünf Jahre unmittelbar vor der Verleihung der Staatsbürgerschaft liegen müssen (§ 14 Abs 1 Z 2 leg cit); nicht von einem inländischen Gericht rechtskräftig nach einer der folgenden Gesetzesstellen verurteilt worden ist: §§ 103, 124, 242, 244, 246, 248, 252 bis 254, 256, 257 Abs 2, 258, 259, 260, 269, 274 bis 276, 279 bis 285 und 320 StGB, BGBl Nr 60/1974 (§ 14 Abs 1 Z 3 lit a leg cit); §§ 277 und 278 StGB, soweit die Tat mit Beziehung auf eine nach § 103 StGB strafbare Handlung begangen worden ist (§ 14 Abs 1 Z 3 lit b leg cit); § 286 StGB, soweit die Tat mit Beziehung auf die in lit a angeführten strafbaren Handlungen begangen worden ist (§ 14 Abs 1 Z 3 lit c leg cit); §§ 3a und 3b sowie 3d bis 3g des Verbotsgesetzes 1947 (Z 3 lit d leg cit); weder von einem inländischen noch von einem ausländischen Gericht zu einer Freiheitsstrafe von fünf oder mehr Jahren rechtskräftig verurteilt worden ist, die der Verurteilung durch das ausländische Gericht zugrunde liegenden strafbaren Handlungen auch nach inländischem Recht gerichtlich strafbar sind und die Verurteilung in einem den Grundsätzen des Art 6 EMEK entsprechenden Verfahren ergangen ist (§ 14 Abs 1 Z 4 leg cit) und die Verleihung der Staatsbürgerschaft nach Vollendung des 18. Lebensjahres und spätestens zwei Jahre nach dem Eintritt der Volljährigkeit beantragt (§ 14 Abs 1 Z 5 leg cit). Eine Person, die an Bord eines die Seeflagge der Republik führenden Schiffes oder eines Luftfahrzeuges mit österreichischer Staatszugehörigkeit geboren wurde, gilt bei der Anwendung des Abs 1 Z 1 als im Gebiet der Republik geboren (§ 14 Abs 2 StbG).

Der Lauf der Wohnsitzfristen nach § 10 Abs 1 Z 1 und Abs 4, § 11a Z 4 lit a, § 12 Z 1 und 2 sowie § 16 Abs 1 Z 3 lit a wird gem § 15 Abs 1 StbG unterbrochen durch (BGBl Nr 170/1983, Art. I Z 14) ein rechtskräftiges Aufenthaltsverbot (§ 15

Abs 1 lit a leg cit); gem § 15 Abs 1 lit b leg cit einen mehr als sechsmonatigen Aufenthalt in einer Anstalt zum Vollzug von Freiheitsstrafen, in einer Anstalt für geistig abnorme Rechtsbrecher, einer Anstalt für entwöhnungsbedürftige Rechtsbrecher oder einer Anstalt für gefährliche Rückfallstäter des Inlandes oder diesen gleichzuwertenden Anstalten des Auslandes infolge Verurteilung wegen einer nach österreichischem Recht gerichtlich strafbaren Handlung; hiebei sind der Aufenthalt in einer Anstalt zum Vollzug von Freiheitsstrafen und die Zeit des Vollzuges einer mit Freiheitsentziehung verbundenen vorbeugenden Maßnahme zusammenzurechnen. (BGBl Nr 202/1985, Art. I Z 8) (BGBl Nr 170/1983, Art. I Z 14) Nach § 15 Abs 2 StbG ist eine Unterbrechung des Fristenlaufes gemäß Abs 1 lit a leg cit nicht zu beachten, wenn das Aufenthaltsverbot deshalb aufgehoben wurde, weil sich seine Erlassung in der Folge als unbegründet erwiesen hat. (BGBl Nr 170/1983, Art. I Z 15)

Die Verleihung der Staatsbürgerschaft an einen Fremden ist gem § 16 Abs 1 StbG unter den Voraussetzungen des § 10 Abs 1 Z 2 bis 8 und Abs 3 auf seinen mit ihm im gemeinsamen Haushalt lebenden Ehegatten zu erstrecken, wenn die Ehe weder von Tisch und Bett noch sonst ohne Auflösung des Ehebandes gerichtlich geschieden ist (§ 16 Abs 1 Z 1 leg cit); er nicht infolge der Entziehung der Staatsbürgerschaft nach § 33 Fremder ist (§ 16 Abs 1 Z 2 leg cit) und die Ehe seit mindestens einem Jahr aufrecht ist und er seinen Hauptwohnsitz seit mindestens vier Jahren ununterbrochen im Gebiet der Republik hat oder bei einer Ehedauer von mindestens zwei Jahren ein solcher Wohnsitz seit mindestens drei Jahren besteht (§ 16 Abs 1 Z 3 lit a leg cit) oder die Ehe seit mindestens fünf Jahren aufrecht ist (§ 16 Abs 1 Z 3 lit b leg cit). Das Fehlen der Voraussetzungen nach Abs 1 Z 3 und § 10 Abs 3 steht der Erstreckung nicht entgegen, wenn die Staatsbürgerschaft nach § 10 Abs 6 verliehen wird (§ 16 Abs 2 StbG).

Die Verleihung der Staatsbürgerschaft ist gem § 17 Abs 1 StbG unter den Voraussetzungen des § 10 Abs 1 Z 2 bis 8 und Abs 3 zu erstrecken auf die ehelichen Kinder des Fremden (§ 17 Abs 1 Z 1 leg cit), die unehelichen Kinder der Frau (§ 17 Asb 1 Z 2 leg cit), die unehelichen Kinder des Mannes, wenn seine Vaterschaft festgestellt oder anerkannt ist und ihm die Pflege und Erziehung der Kinder zustehen (§ 17 Abs 1 Z 3 leg cit), die Wahlkinder des Fremden, sofern die Kinder minderjährig, ledig und nicht infolge der Entziehung der Staatsbürgerschaft nach § 33 Fremde sind (§ 17 Abs 1 Z 4 leg cit). Die Verleihung der Staatsbürgerschaft ist unter den Voraussetzungen des § 10 Abs 2 weiters auf die unehelichen Kinder der im Abs 1 genannten Nachkommen zu erstrecken, soweit letztere weiblichen Geschlechtes sind und die Verleihung der Staatsbürgerschaft auf sie erstreckt wird (§ 17 Abs 2 StbG). Die Voraussetzung der Minderjährigkeit entfällt bei einem behinderten Kind, wenn die Behinderung erheblich ist und das Kind mit dem für die Erstreckung der Verleihung maßgebenden Elternteil im gemeinsamen Haushalt lebt oder diesem die Sorgepflicht für das Kind obliegt und er seiner Unterhaltspflicht nachkommt. Als erheblich behindert im Sinne dieser Bestimmung gelten Personen, die infolge eines Leidens oder Gebrechens in ihrer körperlichen oder geistigen Fähigkeit so wesentlich beeinträchtigt sind, daß sie einer besonderen Pflege oder eines besonderen Unterhaltsaufwandes bedürfen und voraussichtlich dauernd nicht fähig sind, sich selbst den Unterhalt zu verschaffen. Die erhebliche Behinderung ist durch ein Zeugnis eines inländischen Amtsarztes nachzuweisen (§ 17 Abs 3 StbG). Nach § 17 Abs 4 StbG steht das Fehlen der Voraussetzung nach § 10 Abs 3 gem § 17 Abs 4 StbG der Erstreckung nicht entgegen, wenn die Staatsbürgerschaft nach § 10 Abs 6 verliehen wird (vgl dazu BGBl 1983/170, Art. I Z 17). Die Erstreckung der Verleihung darf nach § 18 StbG nur gleichzeitig mit der Verleihung der Staatsbürgerschaft und nur mit demselben Erwerbszeitpunkt verfügt werden.

Die Verleihung der Staatsbürgerschaft sowie die Erstreckung der Verleihung bedarf gem § 19 Abs 1 StbG eines schriftlichen Antrages. Minderjährige Fremde, die das 14. Lebensjahr vollendet haben, können einen Antrag gemäß Abs 1 nur selbst stellen; er bedarf der Einwilligung des gesetzlichen Vertreters (§ 19 Abs 2 leg cit). Anträge anderer nicht eigenberechtigter Fremder bedürfen deren schriftlicher Zustimmung (§ 19 Abs 3 leg cit). Erteilt der gesetzliche Vertreter in den Fällen des Abs 2 die Einwilligung nicht, so ist diese auf Antrag des Minderjährigen oder von Amts wegen vom Pflegschaftsgericht zu ersetzen, wenn die Verleihung oder Erstreckung der Verleihung dem Wohl des Minderjährigen entspricht. Dies gilt auch, wenn der Antragsteller keinen gesetzlichen Vertreter hat oder sein gesetzlicher Vertreter nicht erreichbar ist und die Bestellung eines gesetzlichen Vertreters auf unüberwindliche Hindernisse stößt (§ 19 Abs 4 leg cit). Erteilt der nicht eigenberechtigte Fremde in den Fällen des Abs 3 die Zustimmung nicht oder ist er hiezu nicht in der Lage, so ist diese auf Antrag des gesetzlichen Vertreters oder von Amts wegen vom Pflegschaftsgericht zu ersetzen, wenn die Verleihung oder Erstreckung der Verleihung dem Wohl des Fremden entspricht (§ 19 Abs 5 leg cit).

Die Verleihung der Staatsbürgerschaft ist gem § 20 Abs 1 StbG einem Fremden zunächst für den Fall zuzusichern, daß er binnen zwei Jahren das Ausscheiden aus dem Verband seines bisherigen Heimatstaates nachweist, wenn er nicht staatenlos ist (§ 20 Abs 1 Z 1 leg cit); weder § 10 Abs 6 noch die §§ 16 Abs 2 oder 17 Abs 4 Anwendung finden (§ 20 Abs 1 Z 2 leg cit) und ihm durch die Zusicherung das Ausscheiden aus dem Verband seines bisherigen Heimatstaates ermöglicht wird oder erleichtert werden könnte (§ 20 Abs 1 Z 3 leg cit). Die Zusicherung ist gem § 20 Abs 2 StbG zu widerrufen, wenn der Fremde auch nur eine der für die Verleihung der Staatsbürgerschaft erforderlichen Voraussetzungen nicht mehr erfüllt. Die Staatsbürgerschaft, deren Verleihung, zugesichert wurde, ist nach § 20 Abs 3 StbG zu verleihen, sobald der Fremde aus dem Verband seines bisherigen Heimatstaates ausgeschieden ist (§ 20 Abs 3 Z 1 leg cit) oder nachweist, daß ihm die für das Ausscheiden aus seinem bisherigen Staatsverband erforderlichen Handlungen nicht möglich oder nicht zumutbar waren (§ 20 Abs 3 Z 2 leg cit). Die Staatsbürgerschaft, deren Verleihung zugesichert wurde, kann gem § 20 Abs 4 StbG verliehen werden, sobald der Fremde glaubhaft macht, daß er für das Ausscheiden aus seinem bisherigen Staatsverband Zahlungen zu entrichten gehabt hätte, die für sich allein oder im Hinblick auf den für die gesamte Familie erforderlichen Aufwand zum Anlaß außer Verhältnis gestanden wären. Die Bestimmungen der Abs 1 bis 4 leg cit gelten auch für die Erstreckung der Verleihung (§ 20 Abs 5 StbG).

Ein Fremder, der eigenberechtigt ist oder der das 18. Lebensjahr vollendet hat und nur infolge seines Alters nicht eigenberechtigt ist, hat vor der Verleihung der Staatsbürgerschaft (Erstreckung der Verleihung) ein Gelöbnis abzulegen (vgl § 21 StbG). Hat der Fremde seinen Hauptwohnsitz im Gebiet der Republik, so ist das Gelöbnis mündlich vor der nach § 39 zuständigen Behörde abzulegen. Diese kann jedoch die Bezirksverwaltungsbehörde, in deren Bereich der Fremde seinen Hauptwohnsitz hat, zur Entgegennahme des Gelöbnisses ermächtigen (§ 22 Abs 1 StbG). Hat der Fremde seinen Hauptwohnsitz im Ausland, so ist das Gelöbnis mündlich vor der österreichischen Vertretungsbehörde abzulegen, die von der nach § 39 zuständigen Behörde um die Entgegennahme des Gelöbnisses ersucht worden ist. Dies gilt nicht, wenn es dem Fremden wegen der Entfernung seines Wohnsitzes oder aus anderen wichtigen Gründen nicht zugemutet werden kann, sich zur Ablegung des Gelöbnisses bei der österreichischen Vertretungsbehörde einzufinden (§ 22 Abs 2 leg cit). Hat der Fremde überhaupt keinen Hauptwohnsitz oder ist auf ihn Abs 2 zweiter Satz anzuwenden, so ist das Gelöbnis schriftlich der nach § 39 zuständigen Behörde zu übermitteln, sofern sich der Fremde nicht selbst zur mündlichen Ablegung des Gelöbnisses bei dieser Behörde einfindet (§ 22 Abs 3 leg cit). Wird das Gelöbnis mündlich abgelegt, so ist hierüber eine Niederschrift aufzunehmen (§ 22 Abs 4 leg cit).

Der Bescheid über die Verleihung der Staatsbürgerschaft (Erstreckung der Verleihung) ist schriftlich zu erlassen (§ 23 Abs 1 StbG). Die Staatsbürgerschaft wird mit dem im Bescheid angegebenen Zeitpunkt erworben. Dieser ist unter Bedachtnahme auf den voraussichtlichen Zeitpunkt der Aushändigung oder Zustellung des Bescheides nach der Kalenderzeit zu bestimmen (§ 23 Abs 2 leg cit). Hat der Fremde, dem die Staatsbürgerschaft verliehen werden soll, das Gelöbnis mündlich abgelegt, so ist ihm der Bescheid im Anschluß daran auszuhändigen. Sonst ist der Bescheid derjenigen Person zuzustellen, die den Antrag auf Verleihung der Staatsbürgerschaft gestellt hat (§ 23 Abs 3 leg cit). Die Wiederaufnahme eines Verleihungsverfahrens darf nach § 24 StbG aus den im § 69 Abs 1 Z 2 und 3 AVG, BGBl Nr 51/1991, genannten Gründen nur bewilligt oder verfügt werden, wenn der Betroffene hiedurch nicht staatenlos wird.

6. Familienbeihilfe

128 Konventionsflüchtlinge haben gem § 3 Abs 2 FLAG unter den gleichen Bedingungen wie österreichische Staatsbürger Anspruch auf Familienbeihilfe (siehe dazu *Geistlinger*, Asylrecht, 1180). Gem § 2 Abs 1 FLAG wird ua an einen „Wohnsitz" oder „gewöhnlichen Aufenthalt" im österreichischen Bundesgebiet angeknüpft. Im Sinne des § 26 BAO bedeutet der Begriff Wohnsitz die Innehabung einer Wohnung unter Umständen, die darauf schließen lassen, daß die betreffende Person die Wohnung beibehalten und benutzen wird. Der Begriff des „gewöhnlichen Aufenthaltes" ist mangels einer Sondernorm im Lichte des § 66 Abs 2 JN zu verstehen. Die Ansprüche auf Schulfahrtbeihilfe gem § 30a Abs 1 FLAG und Schülerfreifahrt gem § 30a Abs 2 leg cit sind vom Anspruch auf Familienbeihilfe abhängig und stehen insoweit auch Konventionsflüchtlingen zu. Konventionsflüchtlinge haben ferner Anspruch auf unentgeltliche Schulbücher gem § 31 Abs 1, 5 leg cit. Der Bundesminister für Umwelt, Jugend und Familie kann gem § 38a Abs 1 FLAG Familien sowie werdenden Müttern, die durch ein besonderes Ereignis unverschuldet in Not geraten sind, finanzielle Zuwendungen zur Milderung oder Beseitigung der Notsituation gewähren. Als Familien sind gem § 38a Abs 2 FLAG Eltern (Großeltern, Adoptiveltern, Pflegeeltern) oder Elternteile mit Kindern zu verstehen, für die ihnen Familienbeihilfe gewährt wird. Leben beide Elternteile mit den Kindern im gemeinsamen Haushalt, kann die Zuwendung ihnen gemeinsam gewährt werden. Zuwendungen können auch Kindern gewährt werden, die für sich selbst Anspruch auf Familienbeihilfe haben. Empfänger von Zuwendungen können nach Abs 3 leg cit nur österreichische Staatsbürger, Staatenlose mit ausschließlichem Wohnsitz im Bundesgebiet und Flüchtlinge im Sinne des Art 1 des Abkommens über die Rechtsstellung der Flüchtlinge vom 28. Juli 1951, BGBl Nr 55/1955, und des Protokolls über die Rechtsstellung der Flüchtlinge, BGBl Nr 78/1974, die voraussichtlich im Bundesgebiet bleiben werden, sein. Auf die Gewährung von Zuwendungen besteht gem § 38a Abs 4 FLAG kein Rechtsanspruch.

7. Behinderteneinstellung

129 Gem § 2 Abs 1 BehinderteneinstellungsG sind begünstigte Behinderte im Sinne dieses BG österreichische Staatsbürger mit einem Grad der Behinderung von mindestens 50 vH. Österreichischen Staatsbürgern sind Flüchtlinge mit einem Grad der Behinderung von mindestens 50 vH, denen Asyl gewährt worden ist, gleichgestellt, solange sie zum dauernden Aufenthalt im Bundesgebiet berechtigt sind. Österreichischen Staatsbürgern sind weiters Staatsbürger von Vertragsparteien des Abkommens über den Europäischen Wirtschaftsraum mit einem Grad der Behinderung von mindestens 50 vH gleichgestellt. Nach § 2 Abs 2 leg cit gelten nicht als begünstigte Behinderte im Sinne des Abs 1 behinderte Personen, die sich in Schul- oder Berufsausbildung befinden (lit a leg cit) oder das 65. Lebensjahr überschritten haben und nicht in Beschäftigung stehen (lit b leg cit) nach bundes- oder landesgesetzlichen Vorschriften Geldleistungen wegen dauernder Erwerbsunfähigkeit (dauernder Berufsunfähigkeit) bzw. Ruhegenüsse oder Pensionen aus dem Versicherungsfall des Alters beziehen und nicht in Beschäftigung stehen (lit c leg cit) oder infolge des Ausmaßes ihrer Gebrechen zur Ausübung einer Erwerbstätigkeit auch auf einem geschützten Arbeitsplatz oder in einer geschützten Werkstätte (§ 11) nicht geeignet sind (lit d leg cit). Gem § 2 Abs 3 BehinderteneinstellungsG gelten die Ausschlußbestimmungen des Abs 2 lit a nicht für behinderte Personen, die als Lehrlinge in Beschäftigung stehen, eine Ausbildung zum Krankenpflegefachdienst absolvieren, an einer Hebammenlehranstalt ausgebildet werden oder zum Zwecke der vorgeschriebenen Ausbildung für den künftigen, eine abgeschlossene Hochschulbildung erfordernden Beruf nach Abschluß dieser Hochschulbildung beschäftigt werden und die Voraussetzungen des Abs 1 erfüllen. Auf Behinderte, auf die Abs 1 nicht anzuwenden ist, findet gem § 2 Abs 4 BehinderteneinstellungsG dieses Bundesgesetz mit Ausnahme des § 10a Abs 3a nur nach Maßgabe der mit ihren Heimatstaaten getroffenen Vereinbarungen Anwendung. Die Mittel des Ausgleichstaxfonds sind gem § 10a Abs 1 BehinderteneinstellungsG insbesondere zu verwenden für Zwecke der Fürsorge für die im Sinne dieses Bundesgesetzes begünstigten Behinderten (§ 2 Abs 1 und 3) und die in den Abs 2, 3 und 3a angeführten Behinderten; für alle diese Personen jedoch nur dann, wenn sie ihren dauernden Aufenthalt im Bundesgebiet haben (lit a leg cit); nach lit b leg cit für Zwecke der Fürsorge für die nach dem Kriegsopferversorgungsgesetz 1957, BGBl Nr 152, und Heeresversorgungsgesetz, BGBl Nr 27/1964, versorgungsberechtigten Personen und deren nicht selbsterhaltungsfähige Kinder sowie für die nach dem Opferfürsorgegesetz Versorgungsberechtigten (§ 6 Z 5 Opferfürsorgegesetz, BGBl Nr 183/1947); die Gewährung von Zuschüssen und Darlehen zur Errichtung, den Ausbau, die Ausstattung und den laufenden Betrieb von geschützten Werkstätten (§ 11), von Ausbildungseinrichtungen (§ 11a) sowie von sonstigen zur Vorbereitung von Behinderten auf eine berufliche Eingliederung geeigneten Einrichtungen (lit c leg cit); die Gewährung von Zuschüssen und Darlehen für Maßnahmen nach § 6 Abs 2 (lit d leg cit); Information und Forschung betreffend die beruflichen und sozialen Angelegenheiten von Behinderten oder von Behinderung bedrohten Personen (lit e leg cit); nach lit f leg cit für Prämien für Dienstgeber (§ 9a); gem lit g leg cit für den Ersatz von Reise- und Aufenthaltskosten sowie die Entschädigung für Zeitversäumnis (§§ 10 Abs 4, 12 Abs 8, 13d, 14 Abs 6 und 19 Abs 5) und die Entschädigung für die in der Berufungskommission tätigen Richter (§ 13d); Sonderprogramme zur Verbesserung der beruflichen Eingliederung Behinderter (lit h leg cit). Anstelle von Zuschüssen oder Darlehen können gem § 10a Abs 1a BehinderteneinstellungsG auch Sachleistungen gewährt werden. Die im Abs 1 lit a, d und h aufgezählten Hilfen können nach § 10a Abs 2 BehinderteneinstellungsG auch Behinderten, die österreichische Staatsbürger, Staatsbürger von Vertragsparteien des Abkommens über den Europäischen Wirtschaftsraum oder Flüchtlinge (§ 2 Abs 1) sind, gewährt werden, deren Grad der Behinderung weniger als

50 vH, jedoch mindestens 30 vH beträgt, wenn diese ohne solche Hilfsmaßnahmen einen Arbeitsplatz nicht erlangen oder beibehalten können. Behinderten, die österreichische Staatsbürger, Staatsbürger von Vertragsparteien des Abkommens über den Europäischen Wirtschaftsraum oder Flüchtlinge (§ 2 Abs 1) sind, die das 15. Lebensjahr überschritten haben, deren Grad der Behinderung mindestens 50 vH beträgt und die nicht dem im § 2 Abs 3 angeführten Personenkreis angehören, können gem § 10a Abs 3 BehinderteneinstellungsG Hilfen nach Abs 1 lit a dann gewährt werden, wenn ohne diese Hilfsmaßnahmen die Aufnahme oder Fortsetzung einer Schul- oder Berufsausbildung gefährdet wäre. Behinderten, die nicht österreichische Staatsbürger, Staatsbürger von Vertragsparteien des Abkommens über den Europäischen Wirtschaftsraum oder Flüchtlinge (§ 2 Abs 1) sind, können nach §10a Abs 3a BehinderteneinstellungsG die im Abs 1 lit a, d und h aufgezählten Hilfen gewährt werden, wenn der Grad ihrer Behinderung mindestens 50 vH beträgt, sie ihren dauernden Aufenthalt im Bundesgebiet haben und sie ohne diese Hilfsmaßnahmen einen Arbeitsplatz nicht erlangen oder beibehalten können. Gem § 10a Abs 4 BehinderteneinstellungsG ist die Vergabe von Sach- oder Geldleistungen aus Mitteln des Ausgleichstaxfonds nur zulässig, wenn die Sparsamkeit, Wirtschaftlichkeit und Zweckmäßigkeit des Einsatzes der Mittel gewährleistet sind. Die Auszahlung einer Förderung ist nur insoweit und nicht eher vorzunehmen, als sie zur Vornahme fälliger Zahlungen benötigt wird. Die Auszahlung darf zu einem früheren Zeitpunkt vorgenommen werden, wenn dies aus Gründen, die sich aus der Eigenart der Leistung ergeben, notwendig erscheint. Auf die Gewährung von Sach- oder Geldleistungen (ausgenommen Leistungen nach § 9a), Darlehen oder sonstigen Zuwendungen aus den Mitteln des Ausgleichstaxfonds besteht kein Rechtsanspruch. Bewilligte Geldleistungen sind auf offene Forderungen des Ausgleichstaxfonds gegen den Leistungsempfänger anzurechnen. Nach § 10a Abs 5 BehinderteneinstellungsG ist vor Gewährung einer Zuwendung aus den Mitteln des Ausgleichstaxfonds vorbehaltlich sonstiger bürgerlichrechtlicher Ansprüche des Bundes zu vereinbaren, daß ein Zuschuß vom Empfänger rückzuerstatten ist oder ein noch nicht zurückgezahltes Darlehen nach Kündigung vorzeitig fällig wird und beide vom Tage der Auszahlung an mit 4 vH über dem jeweils geltenden Zinsfuß für Eskontierungen der Österreichischen Nationalbank pro Jahr zu verzinsen sind, wenn der Empfänger wesentliche Umstände verschwiegen oder unwahre Angaben gemacht hat (lit a leg cit); der Empfänger das geförderte Vorhaben nicht oder aus seinem Verschulden nicht zeitgerecht durchgeführt hat (lit b leg cit); der Empfänger den Zuschuß (das Darlehen, die Sachleistung) widmungswidrig verwendet hat oder Bedingungen aus seinem Verschulden nicht eingehalten wurden (lit c leg cit); der Empfänger die unverzügliche Meldung von Ereignissen, welche die Ausführung der geförderten Leistung verzögern oder unmöglich machen oder deren Abänderung erfordern würden, unterlassen hat (lit d leg cit) oder der Empfänger die Überprüfung der widmungsgemäßen Verwendung der Zuwendungen vereitelt hat. Wenn bei der Durchführung des zu fördernden Vorhabens Einrichtungen oder Geräte, deren Wert (Preis) im Einzelfall 20.000 S übersteigt, ausschließlich aus nicht rückzahlbaren Zuwendungen aus den Mitteln des Ausgleichstaxfonds angeschafft werden sollen, kann vereinbart werden, daß der Empfänger bei Wegfall oder wesentlicher Änderung des Zuwendungszweckes entweder eine angemessene Abgeltung in Geld zu erstatten oder die Einrichtungen oder Geräte dem Ausgleichstaxfonds zwecks weiterer Verwendung zu überlassen hat. In die Vereinbarung können abweichende oder zusätzliche Bedingungen, Auflagen und Eigentumsvorbehalte zugunsten des Ausgleichstaxfonds aufgenommen werden, sofern dies die Eigenart der Förderung geboten erscheinen läßt. Die Verpflichtung zum

Ersatz trifft den gesetzlichen Vertreter, wenn er an einer der in lit a) bis e) umschriebenen Handlungen mitgewirkt hat (lit e leg cit). Ist die sofortige Rückzahlung eines entsprechend einer Vereinbarung nach Abs 5 fällig gewordenen Betrages auf Grund der wirtschaftlichen Verhältnisse des Zahlungspflichtigen unbillig, so kann gem § 10a Abs 6 BehinderteneinstellungsG die Forderung des Ausgleichstaxfonds auf Antrag des Zahlungspflichtigen gestundet oder die Abstattung in Raten bewilligt werden. Hiebei sind Zinsen in der Höhe von 3 vH über dem jeweils geltenden Zinsfuß für Eskontierungen der Österreichischen Nationalbank pro Jahr auszubedingen. Die Vorschreibung von Zinsen hat zu unterbleiben, wenn der gestundete Förderungsbetrag 20.000 S nicht übersteigt. Die Bewilligung zur Abstattung in Raten ist zu widerrufen und die sofortige Entrichtung aller aushaftenden Teilbeträge samt Zinsen zu verlangen, wenn der Rückzahlungspflichtige mit mindestens zwei Teilbeträgen in Verzug ist. Der Bundesminister für Arbeit und Soziales als Verwalter des Ausgleichstaxfonds kann gem § 10 Abs 7 BehinderteneinstellungsG nach Anhörung des Beirates (§ 10 Abs 2) ganz oder teilweise auf die Rückzahlung eines entsprechend einer Vereinbarung nach Abs 5 fällig gewordenen Betrages verzichten, wenn alle Möglichkeiten der Einziehung erfolglos versucht worden sind und auf Grund der Sachlage auch nicht angenommen werden kann, daß Einziehungsmaßnahmen zu einem späteren Zeitpunkt zu einem Erfolg führen werden oder Einziehungsmaßnahmen von vornherein offenkundig aussichtslos sind (Z 1 leg cit) oder die Einziehung der Forderung nach der Lage des Falles, insbesondere unter Berücksichtigung der wirtschaftlichen Verhältnisse des Zahlungspflichtigen und des Ausmaßes seines allfälligen Verschuldens an der Entstehung der Forderung unbillig wäre (Z 2 leg cit) oder die Einziehung mit Kosten verbunden wäre, die in keinem Verhältnis zur Höhe der Forderung stehen. Bei einem Verzicht auf eine Forderung ist jedenfalls auszubedingen, daß ein Widerruf zulässig ist, wenn der Verzicht durch Fälschung einer Urkunde, falsches Zeugnis oder eine andere gerichtlich strafbare Handlung oder sonstwie erschlichen worden ist (lit 3 leg cit).

8. Wohnbauförderung

130 Gem § 19 Abs 3 Z 2 WFG 1984 waren Personen, die Flüchtlinge im Sinne des AsylG 1968 und zum Aufenthalt im Bundesgebiet berechtigt sind, hinsichtlich der nach diesem Gesetz gewährten Förderungsdarlehen und Zuschüsse zur Errichtung oder Erwerb von Eigenheimen und Wohnungen im Wohnungseigentum österreichischen Staatsbürgern gleichgestellt. Gem Art 11 Abs 2 Z 3 B-VG (idF BVG 15.12.1987 BGBl 640) iVm Art 15 Abs 1 B-VG fallen die Angelegenheiten der Förderung des Wohnbaus und der Wohnhaussanierung mit Wirkung ab 1. 1. 1988 sowohl in Gesetzgebung und Vollziehung in die ausschließliche Zuständigkeit der Länder. § 19 Abs 3 Z 2 WFG 1984 blieb – wie ein Großteil der Bestimmungen des WFG 1984 – gem Art VII BVGN 1988 zunächst als Landesgesetz in Geltung, wurde jedoch in der Folge durch die von den Landesgesetzgebern erlassenen Wohnbauförderungsgesetze aufgehoben und in allen Bundesländern durch landesgesetzliche Vorschriften ersetzt. Diese landesrechtlichen Vorschriften orientieren sich in den meisten Ländern an § 19 Abs 3 Z 2 WFG 1984.

130a Gem § 9 Abs 1 Salzburger Wohnbauförderungsgesetz 1990 (S.WFG 1990) sbg LGBl 1991/1 idFdlN sbg LGBl 1997/74 nur kann eine Person begünstigt sein, wenn sie volljährig ist (Z 1 leg cit); seit mindestens zwei Jahren ihren Hauptwohnsitz im Land Salzburg hat; dies gilt nicht für die Überlassung einer Dienstnehmerwohnung (Z 2 leg cit); einen Bedarf an der geförderten Wohnung und die erweisliche oder aus den Umständen hervorgehende Absicht hat, ausschließlich diese Wohnung zur Befriedigung ihres dringenden Wohnbedürfnisses regelmäßig zu verwenden (Z 3 leg cit). Ein solcher Bedarf liegt insbesondere vor, wenn bisher eine Mietwohnung bewohnt wurde (Z 3 lit a leg cit); der Bedarf an einer anderen Wohnung aufgrund geänderter Familienverhältnisse besteht (Z 3 lit b leg cit); der Bedarf an einer anderen Wohnung wegen eines berufsbedingten Ortswechsels besteht (Z 3 lit c leg cit); oder eine wesentliche Änderung der finanziellen Verhältnisse des Förderungswerbers eingetreten ist (Z 3 lit d leg cit). Eine Person kann weiters nur begünstigt sein, wenn sie sich verpflichtet, ihre Rechte an der Wohnung, die sie bisher zur Befriedigung ihres Wohnbedürfnisses regelmäßig verwendet hat, sowie an sonstigen Wohnungen, deren Errichtung oder Erwerb ihr nach Wohnbauförderungsgesetzen des Bundes oder eines Landes gefördert wurde, binnen sechs Monaten nach Bezug der geförderten Wohnung aufzugeben; dies gilt nicht bei Bezug einer Dienstnehmerwohnung (§ 9 Abs 1 Z 4 leg cit); über ein jährliches Einkommen (Haushaltseinkommen) verfügt, dessen Höhe den gemäß Abs. 4 festgelegten Betrag nicht übersteigt (§ 9 Abs 1 Z 5 leg cit); und österreichischer Staatsbürger ist (Z 6 leg cit); dies gilt nicht für Personen, die mit einem österreichischen Staatsbürger oder mit einer nach Abs. 3 gleichgestellten Person verheiratet sind (§ 9 Abs 1 Z 6 lit a leg cit); für die Überlassung einer Wohnung in Miete (§ 9 Abs 1 Z 6 leg cit). Von der Voraussetzung der Volljährigkeit (Abs 1 Z 1) kann nach § 9 Abs 2 S.WFG 1990 aus wichtigen Gründen abgesehen werden. (...) Gem § 9 Abs 3 S.WFG 1990 sind österreichischen Staatsbürgern gleichgestellt: Ausländer, die die österreichische Staatsbürgerschaft nach dem 6. März 1933 verloren haben, aus politischen, rassischen oder religiösen Gründen aus Österreich auswandern mußten, wieder nach Österreich zurückgekehrt sind und beabsichtigen, sich für ständig in Österreich niederzulassen (Z 1 leg cit); Angehörige eines Staates, der Vertragspartei des Abkommens über den Europäischen Wirtschaftsraum ist, die im Inland eine selbständige oder unselbständige Erwerbstätigkeit ausüben oder ausgeübt haben und aufenthaltsberechtigt sind (Z 2 leg cit); Flüchtlinge, die gemäß dem Asylgesetz 1991 Asyl gewährt erhalten haben und zum Aufenthalt im Bundesgebiet berechtigt sind, sowie diesen gemäß § 25 Abs. 3 des Asylgesetzes gleichgestellte Fremde (Z 3 leg cit). Das höchstzulässige Jahreseinkommen ist von der Landesregierung unter Bedachtnahme auf die durchschnittlichen Einkommensverhältnisse und Lebenshaltungskosten sowie den Wohnungsaufwand im Land Salzburg festzusetzen. Dabei kann nach der Art der Förderung unterschieden werden (§ 9 Abs 4 S.WFG 1990).

130b Gem § 10 Abs 1 Burgenländisches Wohnbauförderungsgesetz 1991 (BWFG 1991) bgld LGBl 1991/53 idFdlN bgld LGBl 1998/8 dürfen Förderungsdarlehen nur gewährt werden: österreichischen Staatsbürgern für die Errichtung von Eigenheimen (Z 1 lit a leg cit), für die Sanierung von Wohnhäusern und Wohnungen (Z 1 lit b leg cit); österreichischen Staatsbürgern, die sich als Bewohner zur Sanierung von Wohnhäusern und Wohnungen, die in ihrem Eigentum stehen, zu Interessensgemeinschaften zusammengeschlossen haben (Z 2 leg cit); Gemeinden für die Errichtung von Eigenheimen, Gebäuden in verdichteter Flachbauweise, Reihenhäusern und Wohnungen zur Übertragung ins Eigentum (Wohnungseigentum) oder zur Überlassung in Miete, oder, sofern sie an ihre Dienstnehmer überlassen werden, auch zu sonstiger Nutzung (Z 3 lita leg cit), für die Errichtung von Wohnheimen (Z 3 lit b leg cit), für die Sanierung von Wohnhäusern, Wohnungen und Wohnheimen (Z 3 lit c leg cit); gemeinnützigen Bauvereinigungen mit dem Sitz im Inland für die Errichtung von Eigenheimen, Gebäuden in verdichteter Flachbauweise, Reihenhäusern und Wohnungen zur Übertragung ins Eigentum (Wohnungseigentum) oder zur Überlassung in Miete, oder, sofern sie an ihre Dienstnehmer überlassen werden, auch zu sonstiger Nutzung (Z 4 lit a leg cit), für die Errichtung von Wohnheimen (Z 4 lit b leg cit), für die Sanierung von Wohnhäusern, Wohnungen und Wohnheimen (Z 4 lit c leg cit); sonstigen Bauträgern im Sinne des Bauträgervertragsgesetzes – BTVG, BGBl I Nr 7/1997, mit dem Sitz im Inland oder in einem anderen EU-Mitgliedsstaat zur Errichtung von Gebäuden in verdichteter Flachbauweise und Reihenhäusern zur Übetragung ins Eigentum (Wohnungseigentum; Z 5 lit a leg cit), Wohnungen zur Übertragung ins Wohnungseigentum (Z 5 lit b leg cit); anderen als den in Z 4 genannten juristischen Personen mit dem Sitz im Inland und die, sofern es sich um Betriebe handelt, eine Betriebsvertretung (Betriebsrat, Vertrauensmänner) nach den Bestimmungen des Arbeitsverfassungsgesetzes eingerichtet haben für die Errichtung von Wohnungen zur unentgeltlichen Überlassung an ihre Dienstnehmer oder zur Überlassung an ihre Dienstnehmer in Miete (Z 6 lit a leg cit), für die Sanierung von Dienstnehmerwohnungen (Z 6 lit b leg cit); Körperschaften, Personenvereinigungen und Vermögensmassen, die nach Satzung, Stiftung oder sonstiger Verfassung und ihrer tatsächlichen Geschäftsführung ausschließlich und unmittelbar kirchlichen, gemeinnützigen oder mildtätigen Zwecken dienen (§ 5 Z 6 KStG 1988) für die Errichtung von Wohnheimen und Dienstnehmerwohnungen (Z 7 lit a leg cit), für die Sanierung von Wohnheimen und Dienstnehmerwohnungen (Z 7 lit b leg cit). Österreichischen Staatsbürgern sind gem § 10 Abs 2 BWFG 1991 gleichgestellt: Ausländer, die die österreichische Staatsbürgerschaft nach dem 6. März 1933 verloren haben, aus politischen, rassischen oder religiösen Gründen aus Österreich auswandern mußten, wieder nach Österreich zurückgekehrt sind und beabsichtigen, sich für ständig in Österreich niederzulassen (Z 1 leg cit); Personen, deren Flüchtlingseigenschaft gemäß dem Asylgesetz festgestellt ist und die zum Aufenthalt im Bundesgebiet berechtigt sind (Z 2 leg cit; ob hier eine – eine an sich verfassungswidrige – dynamische Verweisung auf Bundesrecht vorliegt, ist fraglich); Angehörige von Vertragsparteien des Abkommens über den Europäischen Wirtschaftsraum, die in Österreich eine Erwerbstätigkeit ausüben oder danach in Österreich verbleiben (Z 3 leg cit). Juristische Personen, Körperschaften, Personenvereinigungen, gemeinnützige Bauvereinigungen und Vermögensmassen mit dem Sitz in einem Mitgliedstaat des Europäischen Wirtschaftsraumes (EWR) sind gem § 10 Abs 3 BWFG 1991 solchen mit dem Sitz im Inland gleichgestellt. Bauträgern gemäß Abs 1 Z 5 darf gem § 10 Abs 4 BWFG 1991 eine Förderung nur dann zuerkannt werden, wenn sie die ordnungsgemäß Bauführung und Bauvollendung mit einer Erfüllungsgarantie zugunsten des Landes sicherstellen. Diese Erfüllungsgarantie hat so lange aufrecht zu bleiben, bis eine genehmigte Endabrechnung vorliegt und alle geförderten Wohneinheiten und Reihenhäuser in das Eigentum der einzelnen Wohnungswerber grundbücherlich übertragen sind oder für alle geförderten Wohneinheiten und Reihenhäuser die Anmerkung der Einräumung von Wohnungseigentum gemäß § 24a Abs 2 WEG 1975 vorliegt. Sind ab dem Zeitpunkt der Endabrechnung einzelne geförderte Objekte Anmerkungen der Einräumung von Wohnungseigentum vor, kann eine anteilsmäßige Aufhebung der Erfüllungsgarantie erfolgen. Eine Förderung darf nach § 10 Abs 5 BWFG 1991 einer gemeinnützigen Bauvereinigung solange nicht gewährt werden, als von der Landesregierung als Anerkennungsbehörde nach WGG festgestellte Mängel, für deren Behebung durch Bescheid eine Frist gesetzt wurde, nicht behoben sind. Ferner sind gemeinnützige Verwaltungsvereinigungen (§ 39 Abs 3 WGG) sowie Förderungswerber, denen die Gemeinnützigkeit entzogen wurde, von der Förderung ausgeschlossen. Bei der Sanierung von Wohnhäusern, Wohnungen und Wohnheimen ist gem § 10 Abs 6 BWFG 1991 Förderungswerber der Eigentümer des Gebäudes, der Bauberechtigte oder der nach § 6 Abs 2 MRG oder nach § 14c Abs 2 WGG bestellte Verwalter und mit Zustimmung des Eigentümers bzw. Wohnungseigentümers auch der Wohnungsinhaber (Mieter, Nutzungsberechtigter).

130c Gem § 17 Abs 1 Tiroler Wohnbauförderungsgesetz 1991 – TWFG 1991 tir LGBl 1991/55 idgF muß der Förderungswerber um ein Förderungsdarlehen Eigentümer oder Bauberechtigter des Baugrundstückes sein, wobei das Baurecht auf mindestens 50 Jahre bestellt sein muß. Ist der Förderungswerber eine natürliche Person, so kann auch für ein Superädifikat ein Förderungsdarlehen gewährt werden, wenn das Recht zur Errichtung des Gebäudes auf fremdem Grund für mindestens 50 Jahre eingeräumt wird. Für die Sanierung einer Wohnung, für die Annuitäten- oder Zinsenzuschüsse gewährt werden, kann auch dem Mieter unter den Voraussetzungen nach § 9 des Mietrechtsgesetzes, BGBl Nr 520/1981, zuletzt geändert durch das Gesetz BGBl I Nr 22/1997 eine Förderung gewährt werden. Förderungsdarlehen dürfen gem § 17 Abs 2 TWFG 1991 nur gewährt werden: österreichischen Staatsbürgern für die Errichtung, den Erwerb und die Vergrößerung von Eigenheimen und Wohnungen (lit a Z 1 leg cit); für die Sanierung von Eigenheimen und Wohnungen; sanierte Eigenheime und Wohnungen dürfen auch an begünstigte Personen vermietet werden (lit a Z 2 leg cit); für die Errichtung und die Sanierung von Wohnheimen, wenn ein Bedarf gegeben ist und ein ordnungsgemäßer und wirtschaftlich gesicherter Betrieb erwartet werden kann (lit a Z 3 leg cit); für förderbare Vorhaben im Sinne des dritten Abschnittes (lit a Z 4 leg cit); Gemeinden und in begründeten Ausnahmefällen auch öffentlich-rechtlichen Fonds mit Sitz in Tirol für die Errichtung, die Sanierung und die Vergrößerung von Wohnhäusern, Wohnungen und Wohnheimen, für den Erwerb von Wohnhäusern und Wohnungen und für förderbare Vorhaben im Sinne des dritten Abschnittes sowie Gemeindeverbänden für die Errichtung, die Vergrößerung und die Sanierung von Wohnheimen (lit b leg cit); gemeinnützigen Bauvereinigungen mit Sitz oder Zweigniederlassung in Tirol für die Errichtung von Eigenheimen in verdichteter Bauweise zur Übertragung in das Eigentum oder Wohnungseigentum sowie von Wohnhäusern mit Eigentums- oder Mietwohnungen und von Wohnheimen (lit c Z 1 leg cit); für die Sanierung von Wohnhäusern, Wohnungen und Wohnheimen (lit c Z 2 leg cit); für förderbare Vorhaben im Sinne des dritten Abschnittes (lit c Z 3 leg cit); Körperschaften, Personenvereinigungen und Vermögensmassen mit Sitz in Tirol, die nach Satzung, Stiftung oder sonstigem Statut und ihrer Geschäftstätigkeit ausschließlich und unmittelbar kirchlichen, gemeinnützigen oder sozialen Zwecken dienen, für die Errichtung, den Erwerb, die Vergrößerung und die Sanierung von Wohnungen und Wohnheimen (lit d leg cit); sonstigen befugten Bauträgern mit Sitz oder Zweigniederlassung in Tirol unter den für gemeinnützige Bauvereinigungen zulässigen Preisberechnungen und nach diesem Gesetz geltenden Voraussetzungen für die Errichtung von förderbaren Vorhaben, wobei die für eine ordnungsgemäße Abwicklung der zu fördernden Vorhaben erforderlichen Sicherheiten zu gewährleisten und die Prüfung der Verwendung der Förderungen durch das Land sicherzustellen sind (lit e leg cit); sonstigen juristischen Personen mit Sitz oder Zweigniederlassung in Tirol für die Sanierung von Wohnhäusern und Wohnungen (lit f leg cit); österreichischen Staatsbürgern sowie juristischen Personen, eingetragenen Erwerbsgesellschaften oder Personengesellschaften des Handelsrechts mit Sitz oder Zweigniederlassung in Tirol für die Errichtung von Geschäftsräumen, für den Erwerb und die Errichtung von Wohnungen für Dienstnehmer sowie für Forschungsvorhaben im Rahmen des Wohnbaues (lit g leg cit). Für die Gewährung von Annuitäten- und Zinsenzuschüssen für Vorhaben der Wohnhaussanierung ist die österreichische Staatsbürgerschaft nicht Voraussetzung. Sonstige Zuschüsse dürfen in der Regel nur österreichischen Staatsbürgern gewährt werden (§ 17 Abs 3 TWFG 1991). Beihilfen dürfen nach § 17 Abs 4 TWFG 1991 nur gewährt werden: österreichischen Staatsbürgern (lit a leg cit), anderen natürlichen Personen, die seit mindestens fünf Jahren in Tirol ihren Hauptwohnsitz haben (lit b leg cit). Bürgschaften dürfen in der Regel nur für österreichische Staatsbürger übernommen werden (§ 17 Abs 5 TWFG 1991). Österreichischen Staatsbürgern sind gem § 17 Abs 6 TWFG 1991 gleichgestellt: Staatsangehörige eines EU- oder EWR-Mitgliedstaates, die sich im Rahmen der Freizügigkeit der Arbeitnehmer (nach Art 48 des EG-Vertrages bzw nach Art 28 des EWR-Abkommens) oder der Niederlassungsfreiheit (nach den Art 52 und 58 des EG-Vertrages bzw nach den Art 31 und 34 des EWR-Abkommens) in Tirol aufhalten (lit a leg cit); Personen, die nach § 2 Abs 1 des Asylgesetzes, BGBl Nr 126/1968, als Flüchtlinge anerkannt wurden und zum unbefristeten Aufenthalt in Österreich berechtigt sind, Personen, denen nach dem Asylgesetz 1991, BGBl Nr 8/1992, in der Fassung des Gesetzes BGBl Nr 838/1992 Asyl gewährt wurde, und Personen, denen nach dem Asylgesetz 1997, BGBl I Nr 76, Asyl gewährt wurde (lit b leg cit); Ehegatten, die gemeinsam mit dem Ehepartner, der österreichischer Staatsbürger ist, um die Gewährung einer Förderung ansuchen (lit c leg cit). Einer gemeinnützigen Bauvereinigung darf eine Förderung so lange nicht gewährt werden, als Mängel, die von der Landesregierung als Aufsichtsbehörde nach dem Wohnungsgemeinnützigkeitsgesetz, BGBl Nr 139/1979, zuletzt geändert durch das Gesetz BGBl I Nr 22/1997 festgestellt wurden und für deren Behebung eine Frist gesetzt wurde, nicht behoben sind. Weiters sind gemeinnützige Verwaltungsvereinigungen nach § 39 Abs 3 des Wohnungsgemeinnützigkeitsgesetzes hinsichtlich der Errichtung von Wohnhäusern, Wohnungen und Wohnheimen sowie Förderungswerber, denen die Anerkennung der Gemeinnützigkeit entzogen wurde, von einer Förderung ausgeschlossen (§ 17 Abs 7 TWFG 1991).

130d Nach § 2 Z 12 Kärntner Wohnbauförderungsgesetz 1997 – K-WFG 1997 ktn LGBl 1997/60 gelten im Sinne dieses Gesetzes als österreichischen Staatsbürgern gleichgestellt: Ausländer, die die österreichische Staatsbürgerschaft nach dem 6. März 1933 verloren haben, aus politischen, rassischen oder religiösen Gründen aus Österreich auswandern mußten, wieder nach Österreich zurückgekehrt sind und beabsichtigen, sich für ständig in Österreich niederzulassen (lit a leg cit); Personen, deren Flüchtlingseigenschaften gemäß Bundesgesetz BGBl Nr 126/1968, in der Fassung BGBl Nr 796/1974, festgestellt sind und die zum Aufenthalt im Bundesgebiet berechtigt sind (lit b leg cit); Staatsangehörige eines Vertragsstaates des Abkommens über den Europäischen Wirtschaftsraum, die aufgrund des Abkommens über den Europäischen Wirtschaftsraum in Österreich eine Erwerbstätigkeit ausüben oder danach in Österreich verbleiben (lit c leg cit);

130e Gem § 3 Abs 1 vbg Wohnbauförderungsgesetz vbg LGBl 1989/31 idgF ist die Förderung als Darlehen oder als rückzuerstattender Zuschuß zum Schuldendienst zu geben. Die Förderung ist nach § 3 Abs 2 vbg Wohnbauförderungsgesetz zu gewähren: natürlichen Personen, die die österreichische Staatsbürgerschaft besitzen oder die aufgrund des Abkommens über den Europäischen Wirtschaftsraum in Österreich eine Erwerbstätigkeit ausüben oder danach in Österreich verbleiben, zur Errichtung oder zum Ersterwerb von Eigenheimen und damit verbundenen Tiefgaragenplätzen (lit a Z 1 leg cit), zur Errichtung oder zum Ersterwerb von Eigentumswohnungen und damit verbundenen Tiefgaragenplätzen (lit a Z 2 leg cit), zur Errichtung von Mietwohnungen und damit verbundenen Tiefgaragenplätzen (lit a Z 3 leg cit), zur Errichtung von Wohnungen durch Zu-, Ein- und Umbauten (lit a Z 4 leg cit), zu Wohnungserweiterungen, wobei die vergrößerte Wohnung baulich nicht in sich abgeschlossen sein muß (lit a Z 5 leg cit); Gemeinden zur Errichtung von Mietwohnungen, Wohnheimen und damit verbundenen Tiefgaragenplätzen (lit b leg cit); gemeinnützigen Bauvereinigungen zur Errichtung von Mietwohnungen, Wohnheimen und damit verbundenen Tiefgaragenplätzen (lit c Z 1 leg cit), Eigentumswohnungen und damit verbundenen Tiefgaragenplätzen, die in das Eigentum übertragen werden sollen (lit c Z 2 leg cit), Wohnhäusern in verdichteter Bauweise, die als Eigenheime in das Eigentum übertragen werden sollen, und damit verbundenen Tiefgaragenplätzen (lit c Z 3 leg cit); Unternehmungen zur Errichtung von Dienstnehmerwohnungen (lit d leg cit); juristischen Personen und Personengesellschaften zur Errichtung von Mietwohnungen und damit verbundenen Tiefgaragenplätzen (lit e leg cit); Körperschaften, Anstalten und Stiftungen, die nach ihrer Satzung und ihrer tatsächlichen Geschäftsführung ausschließlich und unmittelbar gemeinnützigen, mildtätigen oder kirchlichen Zwecken dienen, zur Errichtung von Wohnheimen (lit f leg cit). Als Ersterwerb gilt gem § 3 Abs 3 vbg Wohnbauförderungsgesetz der erste Übergang des Eigentums an neuerrichteten Wohnhäusern, Wohnungen und damit verbundenen Tiefgaragenplätzen vom Errichter auf den Förderungswerber, sofern dieser innerhalb von drei Jahren ab Erteilung der baubehördlichen Benützungsbewilligung erfolgt. Wohnhäuser und Wohnungen in verdichteter Bauweise sind solche, die als Teile einer grundsparenden Gesamtanlage in einem Zug errichtet werden (§ 3 Abs 4 vbg Wohnbauförderungsgesetz).

Eine Förderung darf gem § 4 Abs 1 vbg Wohnbauförderungsgesetz nur gewährt werden, wenn die Finanzierung des Bauvorhabens gesichert ist (lit a leg cit), der Preis für das Baugrundstück angemessen ist (lit b leg cit), das Bauvorhaben den rechtlichen Anforderungen, insbesondere hinsichtlich des Schall-, Wärme-, Feuchtigkeits- und Abgasschutzes, entspricht (lit c leg cit) und der Förderungswerber das Eigentum oder das Baurecht am Baugrundstück nachweist (lit d leg cit). Natürlichen Personen darf nach § 4 Abs 2 vbg Wohnbauförderungsgesetz eine Förderung nur gewährt werden, wenn sie den geförderten Wohnraum zur Deckung ihres ständigen, dringenden Wohnbedarfes benötigen (lit a leg cit), ihr monatliches Haushaltseinkommen die festgelegten Grenzen nicht übersteigt (lit b leg cit) und sie seit mindestens drei Jahren ihren ständigen Wohnsitz und Mittelpunkt ihrer Lebensinteressen in Vorarlberg haben sowie in Österreich unbeschränkt steuerpflichtig sind (lit c leg cit). Die Bestimmungen der lit. a und b gelten nicht für Förderungen zur Errichtung von Mietwohnungen (§ 4 Abs 2 vbg Wohnbauförderungsgesetz).

Gem § 10 Abs 1 vbg Wohnbauförderungsgesetz darf eine Förderung nur für die Erneuerung von Wohnraum in Häusern gewährt werden, deren Baubewilligung im Zeitpunkt der Antragstellung mindestens 20 Jahre zurückliegt (lit a leg cit), deren Bestand mit den Flächenwidmungs- und Bebauungsplänen vereinbar oder im öffentlichen Interesse gelegen ist (lit b leg cit), bei denen die Durchführung von Erneuerungsmaßnahmen im Hinblick auf den allgemeinen Bauzustand des Hauses und seine voraussichtliche Restnutzungsdauer wirtschaftlich vertretbar ist (lit c leg cit), die nach Beendigung der Erneuerungsmaßnahmen regelmäßig oder längerfristig bewohnt werden (lit d leg cit) und die nicht im Eigentum des Bundes oder des Landes stehen, es sei denn, der Mieter sucht um eine Förderung für seine Wohnung an (lit e leg cit). Eigentümer und Mieter, welche die geförderte Wohnung selbst bewohnen, können gem § 10 Abs 2 vbg Wohnbauförderungsgesetz Zuschüsse zum Schuldendienst nur erhalten, wenn sie die österreichische Staatsbürgerschaft besitzen oder sie aufgrund des Abkommens über den Europäischen Wirtschaftsraum in Österreich eine Erwerbstätigkeit ausüben oder danach in Österreich verbleiben und das monatliche Haushaltseinkommen die festgelegten Grenzen nicht übersteigt. Die Nutzfläche der einzelnen Wohnungen darf höchstens 150 m² betragen (§ 10 Abs 3 vbg Wohnbauförderungsgesetz). Wird der Eigentümer oder Mieter von gefördertem Wohnraum durch den Wohnungsaufwand unzumutbar belastet, hat ihm das Land Wohnbeihilfe zu gewähren, sofern er seit mindestens drei Jahren seinen ständigen Wohnsitz und Mittelpunkt seines Lebensinteresses in Vorarlberg hat sowie in Österreich unbeschränkt steuerpflichtig ist und die österreichische Staatsbürgerschaft besitzt oder aufgrund des Abkommens über den Europäischen Wirtschaftsraum in Österreich eine Erwerbstätigkeit ausübt oder danach in Österreich verbleibt (§ 14 vbg Wohnbauförderungsgesetz).

130f Gem § 2 Z 13 O.ö. Wohnbauförderungsgesetz 1993 – O.ö. WFG 1993 oö LGBl 1993/6 idFdlN oö LGBl 1997/102 gilt als förderbare Person: jene Person, die beabsichtigt, die geförderte Wohnung ausschließlich zur Befriedigung ihres dauernden Wohnbedürfnisses zu verwenden (lit a leg cit), die eigenberechtigt ist (lit b leg cit) und deren Jahreshaushaltseinkommen bei Eigenheimen zum Zeitpunkt der Einbringung des Ansuchens, bei Eigentumswohnungen und Reihenhäusern zum Zeitpunkt der Förderungszusicherung sowie bei Mietwohnungen zum Zeitpunkt der Wohnungszuweisung die vom Land durch Verordnung (§ 33 Abs 1 Z 12 O.ö. WFG 1993) festzulegenden Einkommensgrenzen nicht übersteigt; diese Einkommensgrenzen können unter Berücksichtigung der Haushaltsgröße nach der Art der Förderung oder der Rechtsform der Nutzung unterschiedlich hoch festgelegt werden (lit c leg cit).

Eine Förderung darf gem § 7 Abs 1 O.ö. WFG 1993 nur gewährt werden: österreichischen Staatsbürgern oder diesen durch Staatsverträge über die Wohnbauförderung gleichgestellte Personen oder Staatsangehörigen von Mitgliedstaaten des EWR für die Errichtung von Wohnungen und Eigenheimen, wenn sie zum Zeitpunkt der Einbringung ihrer Ansuchen förderbare Personen sind (Z 1 leg cit); gemeinnützigen Bauvereinigungen, Gemeinden oder privaten Bauträgern für die Errichtung von Wohnungen, Eigenheimen, Reihenhäusern und Wohnheimen, wobei geförderte Wohnungen, Eigenheime und Reihenhäuser nur an förderbare Personen überlassen werden dürfen und eine Übertragung ins Eigentum nur an österreichische Staatsbürger oder diesen gleichgestellte Personen im Sinne der Z. 1 erfolgen kann (Z 2 leg cit). Gemeinnützigen Bauvereinigungen und Gemeinden darf eine Förderung für die Errichtung von Mietwohnungen nur dann gewährt werden, wenn sie bei der Vergabe dieser Wohnungen auf soziale Kriterien, wie insbesondere die bisherige Wartezeit auf eine Wohnung, die Haushaltsgröße und die Höhe des Einkommens der zukünftigen Mieter Bedacht nehmen. Um eine einheitliche Vergabe nach diesen Kriterien sicherzustellen, hat der Österreichische Verband gemeinnütziger Bauvereinigungen - Revisionsverband, Landesgruppe Oberösterreich, nach Anhörung des O.ö. Gemeindebundes und des Österreichischen Städtebundes, Landesgruppe Oberösterreich, Vergaberichtlinien festzulegen; sie bedürfen zu ihrer Wirksamkeit der Genehmigung durch das Land und sind danach in der Amtlichen Linzer Zeitung zu veröffentlichen (§ 7 Abs 2 O.ö. WFG 1993). Eine Förderung darf nach § 7 Abs 3 O.ö. WFG 1993 weiters nur gewährt werden, wenn der Förderungswerber zum Zeitpunkt der Einbringung seines Ansuchens sein Eigentum (Mit- oder Wohnungseigentum) oder das Baurecht an der zu verbauenden Liegenschaft nachgewiesen hat (Z 1 leg cit), zum Zeitpunkt der Einbringung seines Ansuchens die Einverleibung eines Belastungsverbots zugunsten des Landes auf der zu verbauenden Liegenschaft nachgewiesen hat, wobei das zuständige Grundbuchsgericht dieses Belastungsverbot auf Antrag des Eigentümers zugunsten des Landes einzuverleiben hat (Z 2 leg cit), und sofern die geförderten Wohnungen im Wohnungseigentum vergeben werden sollen, vor der Zusicherung den Nachweis der vorbehaltenen Verpfändung gemäß § 24a Abs 1 des

Wohnungseigentumsgesetzes 1975 vorgelegt hat (Z 3 lit a leg cit) und in den Anwartschafts- bzw. Kaufverträgen auf das Antragsrecht gemäß § 24a Abs 2 des Wohnungseigentumsgesetzes 1975 hingewiesen hat (Z 3 lit b leg cit). Einer gemeinnützigen Bauvereinigung darf eine Förderung solange nicht gewährt werden, als der Mangel der Unzuverlässigkeit der Verwaltung, der vom Revisionsverband im Zuge der gesetzlichen Prüfung in seinem Prüfungsbericht gemäß § 28 des Wohnungsgemeinnützigkeitsgesetzes festgestellt wurde, nicht beseitigt ist (§ 7 Abs 4 O.ö. WFG 1993). § 7 Abs 3 Z. 2 und 3 O.ö. WFG 1993 gelten nicht bei der Errichtung von Gebäuden durch Gemeinden oder von Eigenheimen durch natürliche Personen (§ 7 Abs 5 leg cit).

Gem § 13 O.ö. WFG 1993 darf eine Förderung nur gewährt werden: dem Eigentümer oder dem Bauberechtigten oder der Wohnungseigentümergemeinschaft für die Sanierung von Wohnungen, Wohnhäusern und Wohnheimen; sofern sie zum Zeitpunkt der Einbringung des Ansuchens förderbare Personen sind: dem Eigentümer für die Sanierung seines Eigenheimes sowie dem Eigentümer bzw. dem Mieter für die Sanierung innerhalb seiner Wohnung.

Gem § 18 O.ö. WFG 1993 darf eine Förderung natürlichen oder juristischen Personen nur gewährt werden für: die Durchführung von Forschungsvorhaben, Dokumentationen sowie Planungs- und Ideenwettbewerben im Bereich des Wohnbaues und der Wohnhaussanierung (Z 1 leg cit), Maßnahmen zur optimalen Energienutzung, umweltschonenden Bauweise oder Verbesserung der Infrastruktur (Z 2 leg cit) und sonstige Vorhaben im Zusammenhang mit der qualitativen Verbesserung der Wohnversorgung, des Wohnumfeldes und der örtlichen Baukultur (Z 3 leg cit).

Zur Behebung einer Wohnungsnot kann das Land unabhängig von den im ordentlichen Haushalt des Voranschlages für ein Verwaltungsjahr für die Wohnbauförderung vorgesehenen Mittel die zusätzliche Errichtung von Wohnungen während eines begrenzten Zeitraumes nach Maßgabe der dafür vorgesehenen Mittel fördern (§ 22 Abs 1 O.ö. WFG 1993). Eine Förderung darf nur gemeinnützigen Bauvereinigungen zur Errichtung von Mietwohnungen gewährt werden, wobei Eigenmittel zu erbringen sind (§ 22 Abs 2 O.ö. WFG 1993). Jede Gemeinde, die am Sonderwohnbauprogramm teilnimmt, hat die Finanzierung eines Anteiles der Gesamtbaukosten zu übernehmen (§ 22 Abs 3 O.ö. WFG 1993). Abweichend vom § 26 Abs 2 darf mit dem Bau der Wohnungen bereits begonnen werden, sobald das Land die Förderbarkeit des Vorhabens festgestellt hat (§ 22 Abs 4 O.ö. WFG 1993). Die im Rahmen eines Sonderwohnbauprogramms errichteten Wohnungen dürfen nur an besonders förderbare Personen vergeben werden. Zur Beurteilung einer Person als besonders förderbar ist zusätzlich zu den Kriterien gemäß § 2 Z 13 vor allem auf die Familiengröße, das Alter, die bisherige Wartezeit auf eine Wohnung und allfällige Behinderungen abzustellen. Das Vorliegen der Voraussetzungen nach § 2 Z 13 allein rechtfertigt die Beurteilung als besonders förderbar nicht (§ 22 Abs 5 O.ö. WFG 1993).

Der Hauptmieter oder Eigentümer einer geförderten Wohnung oder der Wohnungseigentumsbewerber um eine geförderte Wohnung (§ 23 Abs 1 des Wohnungseigentumsgesetzes 1975) kann um die Gewährung einer Wohnbeihilfe ansuchen, wenn er durch den Wohnungsaufwand unzumutbar belastet wird (§ 23 Abs 1 O.ö. WFG 1993). Gem § 23 Abs 2 O.ö. WFG 1993 darf Wohnbeihilfe gemäß Abs 1 nur gewährt werden, wenn der Förderungswerber österreichischer Staatsbürger oder diesem im Sinne des § 7 Abs 1 Z 2 gleichgestellt ist (Z 1 leg cit), der Förderungswerber die geförderte Wohnung zur Befriedigung seines Wohnbedürfnisses dauernd bewohnt (Z 2 leg cit), die Rückzahlung des Förderungsdarlehens (§ 9), eines Konversionsdarlehens (§ 2 Z 6) oder eines bezuschußten Hypothekardarlehens (§ 10) bereits eingesetzt hat (Z 3 leg cit) und der Förderungswerber sonstige Zuschüsse zur Minderung des Wohnungsaufwandes (§ 24 Abs 1 O.ö. WFG 1993) beantragt hat, auf die er einen Rechtsanspruch besitzt (§ 23 Abs 2 Z 4 leg cit). Der Hauptmieter einer nicht geförderten Wohnung kann nach § 23 Abs 3 O.ö. WFG 1993 um die Gewährung einer Wohnbeihilfe ansuchen, wenn er durch den Wohnungsaufwand unzumutbar belastet wird (Z 1 leg cit), er seine Wohnung zur Befriedigung seines Wohnbedürfnisses dauernd bewohnt (Z 2 leg cit), er keine nach dem Landes-Wohnungs- und Siedlungsfondsgesetz geförderte Wohnung benützt (Z 3 leg cit), das Mietverhältnis nicht mit einer nahestehenden Person abgeschlossen wurde (Z 4 leg cit) und die Voraussetzungen gemäß Abs 2 Z 1 und 4 vorliegen (Z 5 leg cit).

130g Gem § 7 Abs 1 Steiermärkisches Wohnbauförderungsgesetz 1993 (Stmk. WFG 1993) wv stmk LGBl 1993/25 idFdlN stmk LGBl 1998/25 dürfen Förderungen nur gewährt werden: für die Errichtung von Eigentumswohnungen in Bauvorhaben mitmindestens 5 Wohnungen Gemeinden (Z 1 lit a leg cit) und gemeinnützigen Bauvereinigungen gemäß dem Wohnungsgemeinnützigkeitsgesetz (Z 1 lit b leg cit); für die Errichtung von Mietwohnungen Gemeinden und Gemeindeverbänden (Z 2 lit a leg cit) und gemeinnützigen Bauvereinigungen gemäß dem Wohnungsgemeinnützigkeitsgesetz (Z 2 lit b leg cit); für die Errichtung von Eigenheimen natürlichen Personen zur eigenen Wohnversorgung (Z 3 leg cit); für die Errichtung von Wohnheimen Gemeinden und Gemeindeverbänden (Z 4 lit a leg cit), gemeinnützigen Bauvereinigungen gemäß dem Wohnungsgemeinnützigkeitsgesetz (Z 4 lit b leg cit) und Körperschaften, Personenvereinigungen oder Vermögensmassen, die nach Satzung, Stiftung oder sonstiger Verfassung und ihrer tatsächlichen Geschäftsführung ausschließlich und unmittelbar kirchlichen, gemeinnützigen oder mildtätigen Zwecken dienen (Z 4 lit c leg cit). Förderungen für in Abs 1 angeführte Maßnahmen dürfen gem § 7 Abs 2 Stmk. WFG 1993 nur gewährt werden, wenn der Förderungswerber sein Eigentum (Wohnungseigentum) oder das Baurecht an der Bauliegenschaft nachweist. Natürlichen Personen kann trotz Fehlens dieser Voraussetzung eine Förderung gemäß Abs 1 Z 3 gewährt werden, wenn eine nahestehende Person (§ 2 Z 9 Stmk. WFG 1993) Eigentümer (Wohnungseigentümer) oder Bauberechtigter an der Bauliegenschaft ist. Förderungen für im Abs 1 Z 3 angeführte Maßnahmen dürfen nach § 7 Abs 3 Stmk. WFG 1993 natürlichen Personen nur dann gewährt werden, wenn sie österreichische Staatsbürger oder diesen gleichgestellt (Abs 5 leg cit) und begünstigte Personen (§ 2 Z 12 Stmk. WFG 1993) sind. Gem § 7 Abs 4 Stmk. WFG 1993 darf die Wohnbeihilfe unter der Voraussetzung, daß die Volljährigkeit im Sinne der österreichischen Rechtsordnung bis auf begründete Ausnahmefälle vorliegt, gewährt werden: österreichischen Staatsbürgern (Z 1 leg cit), Personen, die österreichischen Staatsbürgern nach § 7 Abs 5 Stmk. WFG 1993 gleichgestellt sind (Z 2 leg cit), Mietern ohne österreichische Staatsbürgerschaft, die seit mindestens fünf Jahren sich ständig in Österreich aufhalten, unbeschränkt steuerpflichtig sind und über eine Beschäftigungsbewilligung oder einen Befreiungsschein im Sinne des Ausländerbeschäftigungsgesetzes, BGBl Nr 218/1975, verfügen (Z 2 leg cit), Mietern gemäß Z 3 und Personen gemäß Abs 5 Z 3, die nach einer mindestens fünfjährigen Berufstätigkeit in Österreich einen Ruhegenuß beziehen, nach deren Tod auch den hinterbliebenen Ehegatten bzw Lebensgefährten (Z 4 leg cit). Nach § 7 Abs 5 Stmk. WFG 1993 sind österreichischen Staatsbürgern gleichgestellt: Ausländer, die die österreichische Staatsbürgerschaft nachdem 6. März 1933 verloren haben, aus politischen, rassischen oder religiösen Gründen aus Österreich auswandern mußten, wieder nach Österreich zurückgekehrt sind und beabsichtigen, sich für ständig in Österreich niederzulassen (Z 1 leg cit); Personen, deren Flüchtlingseigenschaft gemäß Bundesgesetz BGBl Nr 126/1968, in der Fassung des Bundesgesetzes BGBl Nr 796/1974, festgestellt ist und die zum Aufenthalt im Bundesgebiet berechtigt sind (Z 2 leg cit); in Österreich selbständig oder unselbständig erwerbstätige Personen, die Staatsangehörige eines Staates sind, der Vertragspartei des Abkommens über den Europäischen Wirtschaftsraum ist Z 3 leg cit). Eine Förderung darf einer gemeinnützigen Bauvereinigung so lange nicht gewährt werden, als von der Landesregierung als Anerkennungsbehörde nach dem Wohnungsgemeinnützigkeitsgesetz festgestellte Mängel, für deren Behebung durch Bescheid eine Frist gesetzt wurde, nicht behoben sind. Ferner sind gemeinnützige Verwaltungsvereinigungen (§ 39 Abs 3 Wohnungsgemeinnützigkeitsgesetz) sowie Förderungswerber, denen die Anerkennung der Gemeinnützigkeit entzogen wurde, von der Förderung ausgeschlossen (§ 7 Abs 6 Stmk. WFG 1993). Eine Förderung darf nur dem Eigentümer des Gebäudes, dem Bauberechtigten oder dem nach § 6 Abs 2 Mietrechtsgesetz oder § 14c Abs 2 Wohnungsgemeinnützigkeitsgesetz bestellten Verwalter, bei Sanierungsmaßahmen innerhalb einer Wohnung auch dem Mieter, Wohnungseigentümer oder Eigentümer (Miteigentümer), der eine in seinem Haus gelegene Wohnung selbst benützt, gewährt werden (§ 25 Stmk. WFG 1993). Der Förderungswerber muß die österreichische Staatsbürgerschaft besitzen oder im Sinne des § 7 Abs 5 österreichischen Staatsbürgern gleichgestellt sein (§ 36 Stmk. WFG 1993).

130h Gem § 9 Abs 1 Gesetz über die Förderung der Errichtung und der Sanierung von Wohnhäusern, Wohnungen und Heimen (Wiener Wohnbauförderungs- und Wohnhaussanierungsgesetz – WWFSG 1989) wr LGBl 1989/18 idFdlN wr LGBl 1998/20 dürfen Förderungsmaßnahmen gemäß § 7 Abs 1 Z 1 bis 4 nur gewährt werden: für die Errichtung von Wohnungen (Geschäftsräumen) zur Überlassung in Miete natürlichen Personen (Z 1 lit a leg cit) und juristischen Personen mit dem Sitz im Inland Z 1 lit b leg cit); für die Errichtung von Wohnungen (Geschäftsräumen) im Wohnungseigentum bzw. zur Übertragung ins Wohnungseigentum sowie von Eigenheimen österreichischen Staatsbürgern, bei Eigenheimen lediglich begünstigten Personen (Z 2 lit a leg cit) und juristischen Personen mit dem Sitz im Inland (Z 2 lit b leg cit); für die Errichtung von Heimen gemeinnützigen Bauvereinigungen im Sinne des Wohnungsgemeinnützigkeitsgesetzes Z 3 lit a leg cit), Körperschaften, Personenvereinigungen und Vermögensmassen mit dem Sitz im Inland, die nach Gesetz, Satzung, Satzungsbrief oder ihrer sonstigen Rechtsgrundlage und nach ihrer tatsächlichen Geschäftsführung ausschließlich und unmittelbar gemeinnützigen, mildtätigen oder kirchlichen Zwecken dienen Z 3 lit b leg cit), der Stadt Wien (Z 3 lit c leg cit) und im Falle der Inanspruchnahme einer Förderung gemäß § 7 Abs 1 Z 3 juristischen Personen mit dem Sitz im Inland, deren Betriebsgegenstand nach ihren Satzungen und der tatsächlichen Geschäftsführung die Schaffung von Heimen für Arbeitnehmer, in Ausbildung befindliche Personen oder Studenten, die ein temporäres Wohnbedürfnis in Wien haben, ist, oder die das von ihnen errichtete Heim nicht selbst betreiben, sondern den Betrieb und die Nutzung des Heimes im Wege eines Pachtvertrages einem Bauträger gemäß lit a bis c übertragen (Z 3 lit d leg cit); für die Errichtung von Kleingartenwohnhäusern den Nutzungsberechtigten, sofern es sich um österreichische Staatsbürger und begünstigte Personen (§ 11) handelt. Wohnbeihilfe im Sinne des I. Hauptstückes darf nur österreichischen Staatsbürgern und gemäß Abs 3 gleichgestellten Personen gewährt werden (§ 9 Abs 2 WWFSG 1989). Österreichischen Staatsbürgern sind gem § 9 Abs 3 WWFSG 1989 gleichgestellt: Ausländer, die die österreichische Staatsbürgerschaft nach dem 6. März 1933 verloren haben, aus politischen, rassischen oder religiösen Gründen aus Österreich auswandern mußten, wieder nach Österreich zurückgekehrt sind und beabsichtigen, sich für ständig in Österreich niederzulassen (Z 1 leg cit); Personen, deren Flüchtlingseigenschaft gemäß dem Bundesgesetz über die Aufenthaltsberechtigung von Flüchtlingen im Sinne der Konvention über die Rechtsstellung der Flüchtlinge festgestellt ist und die zum Aufenthalt im Bundesgebiet berechtigt sind (Z 2 leg cit); Personen, die durch das Abkommen über den Europäischen Wirtschaftsraum begünstigt sind (Z 3 leg cit). Juristische Personen, Körperschaften, Personenvereinigungen, Unternehmen und Vermögensmassen mit dem Sitz in einem Staat, der Vertragspartei des Abkommens über den Europäischen Wirtschaftsraum ist, sind solchen mit dem Sitz im Inland gleichgestellt (§ 9 Abs 4 WWFSG 1989). Vom Erhalt von Förderungsmitteln sind nach § 9 Abs 5 WWFSG 1989 ausgeschlossen: der Bund und die Länder sowie ausländische Staaten (Z 1 leg cit), gemeinnützige Verwaltungsvereinigungen nach § 39 Abs 3 des Wohnungsgemeinnützigkeitsgesetzes (Z 2 leg cit) und Bauvereinigungen, denen die Anerkennung der Gemeinnützigkeit entzogen worden ist (Z 3 leg cit).

130i Gem § 1 Abs 1 NÖ Wohnungsförderungsgesetz (NÖ WFG), 8304-0 Stammgesetz 83/89, 1989-09-15, Blatt 1-258304-1, 1. Novelle 8/91, 1991-01-22, Blatt 4, 14, 14a, 8304-2, 2. Novelle 105/91 1991-09-25, Blatt 188304-3, 3. Novelle 122/94 1994-09-21, Blatt 1, 5-11, 14, 16, 17, 19, 21, 238304-4, 4. Novelle 66/96 1996-06-20, Blatt 6, 7, 11, 19, 218304-5, 5. Novelle 132/96 1996-09-11, Blatt 3, 198304-6, 6. Novelle 125/97 1997-12-19, Blatt 14, 14a, ausgegeben am 19. Dezember 1997 Jahrgang 1997, 125. Stück, fördert das Land Niederösterreich nach Maßgabe der zur Verfügung stehenden Mittel die Errichtung und Sanierung von Wohnhäusern, Wohnungen und Wohnheimen (Z 1 leg cit) sowie den Ankauf von Wohnhäusern und Wohnungen (Z 2 leg cit). Auch Geschäftsräume können nach § 1 Abs 2 NÖ WFG gefördert werden, jedoch nur dann, wenn sie in geförderten Gebäuden liegen (Z 1 leg cit) und zur ärztlichen Betreuung oder zur Versorgung der Wohnbevölkerung mit Bedarfsgegenständen oder Dienstleistungen des täglichen Lebens erforderlich sind (Z 2 leg cit). Vom Anwendungsbereich dieses Gesetzes sind gem § 2 NÖ WFG ausgenommen: Gebäude des Bundes oder eines Landes, außer der Wohnungsinhaber beantragt die Förderung (Z 1 leg cit); Gebäude, die im Eigentum stehen oder benützt werden von einem fremden Staat, einer internationalen Organisation, einem Diplomaten, einem Konsul oder einer Person mit sonstigen diplomatischen Vorrechten und Immunitäten, wenn in diesen Gebäuden diplomatische Vertretungen oder exterritorial anerkannte Personen zu Wohnzwecken untergebracht werden (Z 2 leg cit); Gebäude und Wohnungen in einem Assanierungsgebiet gemäß § 1 des Stadterneuerungsgesetzes, BGBl Nr 287/1974 in der Fassung BGBl Nr 640/1987, wenn sie mit dem Assanierungsvorhaben nicht im Einklang stehen (Z 3 leg cit).

Gem § 6 Abs 1 NÖ WFG ist die wirtschaftlichste, sparsamste und zweckmäßigste Art der Vergabe von Leistungen bei der Errichtung von Gebäuden mit mehr als vier Wohnungen zu wählen, soweit es sich nicht um die Errichtung von Gruppenwohnbauten handelt, zur Durchführung von Sanierungsmaßnahmen von Gebäuden mit mehr als 4 Wohnungen, soweit ein Förderungsdarlehen zuerkannt wird. Die Landesregierung hat nach § 6 Abs 2 NÖ WFG die näheren Bestimmungen durch Verordnung zu treffen. Sie muß dabei die Art der Vergabe, die Ausschreibung, die Anwendung standardisierter Leistungsbeschreibungen, die Form und Behandlung der Angebote sowie die für die Erteilung des Zuschlages maßgebenden Gesichtspunkte berücksichtigen. Die Förderung (zur Förderungswürdigkeit siehe § 14 NÖ WFG) kann gem § 12 Abs 1 NÖ WFG bestehen aus: Förderungsdarlehen (Z 1 leg cit), Zuschüssen (Z 2 leg cit) und Wohnbeihilfe (Z 3 leg cit). Förderungsdarlehen und Zuschüsse dürfen auch nebeneinander zuerkannt werden (§ 12 Abs 3 NÖ WFG). Die

Wohnbeihilfe darf jedoch nur dann bewilligt werden, wenn auch ein Förderungsdarlehen und/oder ein Zuschuß zuerkannt wird (§ 12 Abs 3 leg cit).

Gem § 13 Abs 1 NÖ WFG dürfen Förderungsdarlehen und Zuschüsse nur zuerkannt werden: österreichischen Staatsbürgern für die Errichtung von Eigenheimen, die der Förderungswerber oder ihm nahestehende Personen benützen oder benützen werden. Eine Förderung darf nur für eine Wohnung des Eigenheimes zuerkannt werden, wenn der Förderungswerber und die nahestehende Person in einem gemeinsamen Haushalt leben oder leben werden (Z 1 lit a leg cit), zur Errichtung von Gruppenwohnbauten oder Gebäuden in verdichteter Flachbauweise zur Übertragung in das Eigentum (Wohnungseigentum) oder zur Überlassung an ihre Dienstnehmer in Miete (Z 1 lit b leg cit), zur Errichtung von Wohnungen zur Übertragung in das Wohnungseigentum (Z 1 lit c leg cit), zur Errichtung von Wohnungen zur Überlassung an ihre Dienstnehmer in Miete (Z 1 lit d leg cit) und für den Ankauf eines Wohnhauses oder einer Wohnung (Z 1 lit e leg cit); österreichischen Staatsbürgern, die sich als künftige Bewohner zu Vereinen oder sonstigen Gemeinschaften zusammengeschlossen haben, zur Errichtung von Gruppenwohnbauten sowie von Gebäuden in verdichteter Flachbauweise jedoch nur zur Übertragung in das Wohnungseigentum (Z 2 leg cit); Gemeinden zur Errichtung von Gruppenwohnbauten oder Gebäuden in verdichteter Flachbauweise (Z 3 lit a leg cit), Wohnungen zur Übertragung in das Eigentum (Wohnungseigentum) oder zur Überlassung in Miete (Z 3 lit b leg cit) und Wohnheimen (Z 3 lit c leg cit); Gemeinnützige Bauvereinigungen mit dem Sitz im Inland oder in einem anderen EWR-Mitgliedstaat zur Errichtung von Gruppenwohnbauten oder Gebäuden in verdichteter Flachbauweise (Z 4 lit a leg cit), Wohnungen zur Übertragung in das Eigentum (Wohnungseigentum) oder zur Überlassung in Miete (Z 4 lit b leg cit) und Wohnheimen (Z 4 lit c leg cit); sonstigen juristischen Personen mit dem Sitz im Inland oder in einem anderen EWR-Mitgliedstaat zur Errichtung von Gruppenwohnbauten oder Gebäuden in verdichteter Flachbauweise zur Übertragung in das Eigentum (Wohnungseigentum) oder zur Überlassung an ihre Dienstnehmer in Miete (Z 5 lit a leg cit), Wohnungen zur Übertragung in das Wohnungseigentum (Z 5 lit b leg cit) und Wohnungen zur Überlassung an ihre Dienst-nehmer in Miete (Z 5 lit c leg cit); Körperschaften, Personenvereinigungen und Vermögensmassen, die nach Satzung, Stiftung oder sonstiger Verfassung und ihrer tatsächlichen Geschäftsführung ausschließlich und unmittelbar kirchlichen, gemeinnützigen oder mildtätigen Zwecken dienen (§ 5 Z 6 Körperschaftssteuergesetz 1988, BGBl Nr 401/1988), zur Errichtung von Wohnheimen (Z 6 leg cit); bei der Sanierung von Wohnhäusern, Wohnungen und Wohnheimen dem Eigentümer des Gebäudes, dem Bauberechtigten oder dem nach § 6 Abs 2 MRG, BGBl Nr 520/1981 in der Fassung BGBl Nr 800/1993, oder § 14c Abs 2 WGG, BGBl Nr 139/1979 in der Fassung BGBl Nr 800/1993, bestellten Verwalter und mit Zustimmung des Eigentümers bzw Wohnungseigentümers auch dem Mieter oder Pächter (Z 7 leg cit).

Gem § 13 Abs 2 NÖ WFG sind österreichischen Staatsbürgern gleichgestellt: Ausländer, die die österreichische Staatsbürgerschaft nach dem 6. März 1933 verloren haben, aus politischen, rassischen oder religiösen Gründen aus Österreich auswandern mußten, wieder nach Österreich zurückgekehrt sind und beabsichtigen, sich für ständig in Österreich niederzulassen (Z 1 leg cit); Personen, denen nach den Bestimmungen des Asylgesetzes 1991, BGBl Nr 8/1992 in der Fassung BGBl Nr 838/1992, Asyl gewährt wurde (Z 2 leg cit); Staatsangehörige eines anderen EWR-Mitgliedstaates (Z 3 leg cit). Bei Ehegatten oder nahestehenden Personen im Sinne des § 3 Z 7 NÖ WFG muß bei der Förderung gemäß Abs 1 Z 1 zumindest die Hälfte der Liegenschaft im Eigentum österreichischer Staatsbürger oder Gleichgestellter gemäß Abs 2 stehen (§ 13 Abs 3 NÖ WFG). Eine Förderung darf einer gemeinnützigen Bauvereinigung nicht zuerkannt werden, bis jene Mängel fristgerecht behoben sind, die die Landesregierung auf Grund des WGG, BGBl Nr 139/1979, in der Fassung BGBl Nr 800/1993, bescheidmäßig zur Abstellung angeordnet hat (§ 13 Abs 4 NÖ WFG). Förderungswerbern, die weder gemeinnützige Bauvereinigungen noch Gemeinden sind, darf eine Förderung nur dann zuerkannt werden, wenn sie die ordnungsgemäße Bauführung und zügige Bauvollendung mit einer Erfüllungsgarantie nachweisen und diese bis nach Genehmigung der Endabrechnung zugunsten des Landes zu sperren. Ausgenommen davon ist die Errichtung von Eigenheimen, der Wohnhaus- und Wohnungskauf und Sanierungsmaßnahmen, soweit sie mit Zuschuß gefördert werden (§ 13 Abs 5 NÖ WFG).

Das Bundesland Niederösterreich bedient sich zudem als Träger von Privatrechten zur Förderung der Schaffung von Wohnungen und Heimen sowie der Sanierung von Wohnungen bzw Wohnraum, erhaltungwürdigen Wohnhäusern und Heimen, sofern diese Bauvorhaben in Niederösterreichzur Ausführung gelangen, des mit dem NÖ Landeswohnbauförderungsgesetz 1973 errichteten „Wohnbauförderungsfonds für das Bundesland Niederösterreich" (NÖ LANDESWOHNBAUFÖRDERUNGSGESETZ 1977, 8300-0 Stammgesetz 36/78 1978-02-24, Blatt 1, 38300-1 Druckfehlerberichtigung 63/78 1978-04-19, Blatt 1, 28300-2, 1. Novelle 72/81 1981-05-19, Blatt 1, 2, 3, ausgegeben am 19. Mai 1981, Jahrgang 1981, 72. Stück; vgl dazu auch LANDESWOHNBAUFÖRDERUNGSSTATUT 1986, 8300/1-0, Kundmachung 26/86 1986-02-18, Blatt 1, 48300/1-1, 1. Novelle 3/87 1987-01-20, Blatt 1, 2, 2a, ausgegeben am 20. Jänner 1987, Jahrgang 1987, 3. Stück)

130j Die Landesrechtlichen Vorschriften wurden durchwegs (noch) nicht an das AsylG 1997 angepaßt; teilweise ist sogar eine Anpassung an das AsylG 1991 unterblieben. Dies hat zur Folge, daß Fremde, denen gemäß §§ 7, 9 oder 10 und 11 AsylG 1997 Asyl gewährt wurde, in den Bundesländern generell österreichischen Staatsbürgern nicht gleichgestellt und daher von der Wohnbauförderung grundsätzlich ausgeschlossen sind. Die Verweisungsregeln des § 45 AsylG 1997 greifen im Verhältnis zu den Ländern nicht, weil sich derartige dynamische Verweisungsregeln im Hinblick auf die Kompetenzbestimmungen des B-VG nur auf den Bund beziehen und beziehen können.

9. Sozialhilfe

131 Gem Art 12 Abs 1 Z 1 B-VG fällt das „Armenwesen" in die Zuständigkeit des Bundes zur Grundsatzgesetzgebung und der Länder zur Ausführungsgesetzgebung und Vollziehung. Ein entsprechendes Grundsatzgesetz des Bundes wurde bis dato nicht erlassen, so daß die Länder die Grundsatzangelegenheiten frei regeln können (vgl Art 15 Abs 6 B-VG; VfSlg 9.800). Gem Art 23 GFK sollen die vertragschließenden Staaten den Flüchtlingen, die sich erlaubterweise auf ihrem Gebiet aufhalten, die gleiche Behandlung in der öffentlichen Unterstützung und Hilfeleistung gewähren, wie sie ihren eigenen Staatsbürgern zuteil wird. Nach dem zu Art 23 GFK angebrachten Vorbehalt sind unter den „Öffentlichen Unterstützungen und Hilfeleistungen" nur Zuwendungen aus der Öffentlichen Fürsorge (Armenversorgung) zu verstehen.

132 Die Sozialhilfegesetze der Länder entsprechen diesen völkerrechtlichen Verpflichtungen zum Teil nicht: das Kärntner Sozialhilfegesetz 1996 nimmt auf die „Anerkennung als Flüchtling" iSd AsylG 1968 (hier ist selbst die Anpassung an das AsylG 1991 unterblieben; vgl § 3 Abs 1 lit e) Bezug und stellt diese österreichischen

Staatsbürgern gleich; das salzburger Sozialhilfegesetz sowie das wiener Sozialhilfegesetz stellen auf die Asylgewährung nach dem AsylG 1991 ab; damit ist aber der Personenkreis „Flüchtling mit erlaubtem Aufenthalt" nicht vollständig erfaßt. Das vorarlberger Sozialhilfegesetz stellt bereits auf die Asylgewährung nach dem AsylG 1997 ab. Die völkerrechtskonforme Rechtslage könnte etwa durch ein entsprechendes Grundsatzgesetz des Bundes hergestellt werden. Vertritt man die Ansicht, daß die gegenständliche Frage nicht in die Grundsatzregelungskompetenz des Bundes fällt, bleibt auf Art 16 Abs 4 B-VG zu verweisen, wonach der Bund auch diesfalls die völkerrechtskonforme innerstaatliche Rechtslage herbeiführen könnte.

133 Einige Landesgesetze sehen ein subjektives Recht auf Sozialhilfe vor, ohne Fremde – und damit auch Flüchtlinge – davon auszuschließen (zB § 7 und 8 bgld LG 13. 11. 1974 über die Regelung der Sozialhilfe bgld LGBl 1975/7 idFdlN bgld LGBl 1998/28; § 7 Abs 1 oö LG 6. 8. 1973 über die Sozialhilfe oö LGBl 1973/66 idFKdm LGBl 1996/93; § 4 Abs 1 stmk LG über die Sozialhilfe(Steiermärkisches Sozialhilfegesetz – SHG) stmk LGBl 1998/29; § 1 Abs 2 tir LG 23. 10. 1973 über die Regelung der Sozialhilfe tir LGBl 1973/105 idFdlN tir LGBl 1998/32).

134 Gem § 3 Abs 1 Kärntner Sozialhilfegesetz 1996 – K-SHG 1996 wv ktn LGBl 1996/30 gelten die Bestimmungen dieses Gesetzes für Staatsbürger. Den Staatsbürgern sind gleichgestellt: Personen, die auf Grund des Abkommens über den Europäischen Wirtschaftsraum und der Europäischen Union rechtmäßig ihren Aufenthalt in Kärnten haben, wenn sie ihr Aufenthaltsrecht nicht durch die Inanspruchnahme von Leistungen der Sozialhilfe nach diesem Gesetz verlieren (lit a leg cit); ausländische Angehörige von Staatsbürgern, wenn sie als Angehörige eines Staatsangehörigen eines anderen Vertragsstaates des Europäischen Wirtschaftsraumes und der Europäischen Union den Staatsbürgern gleichgestellt wären (lit b leg cit); Fremde, insoweit sich eine Gleichstellung aus anderen Staatsverträgen ergibt (lit c leg cit); Fremde, wenn mit ihrem Heimatstaat auf Grund tatsächlicher Übung Gegenseitigkeit besteht, insoweit sie dadurch nicht besser gestellt sind als Staatsbürger in dem betroffenen Staat (lit d leg cit); anerkannte Flüchtlinge im Sinne des Bundesgesetzes über die Aufenthaltsberechtigung von Flüchtlingen im Sinne der Konvention über die Rechtsstellung der Flüchtlinge, BGBl Nr 126/1968, in der Fassung des Gesetzes BGBl Nr 796/1974 (lit e leg cit). Fremden, die nach Abs 1 K-SHG den Staatsbürgern nicht gleichgestellt sind und sich für einen Zeitraum von mehr als drei Monaten erlaubterweise in Österreich aufhalten, kann der Sozialhilfeträger als Träger von Privatrechten gem § 3 Abs 2 K-SHG Leistungen zur Sicherung des Lebensunterhaltes, Krankenhilfe und Hilfe für werdende Mütter und Wöchnerinnen gewähren, wenn das auf Grund ihrer persönlichen, familiären oder wirtschaftlichen Verhältnisse zur Vermeidung einer sozialen Härte geboten erscheint. Bei Maßnahmen nach § 14 Abs 5 lit a bis g K-SHG kann die Landesregierung vom Erfordernis des Besitzes der österreichischen Staatsbürgerschaft Nachsicht erteilen, wenn eine besondere soziale Härte und ein mindestens dreijähriger Hauptwohnsitz in Kärnten gegeben sind. Hier vermag die Übergangsbestimmung des § 44 AsylG 1997 nicht zu greifen. Bis zum 1. Juni 1991 nach dem AsylG 1968 „anerkannte Flüchtlinge" erfüllen die Rechtsbedingung auch weiterhin, auch wenn die Anerkennung aus irgendeinem Grund inhaltlich unrichtig geworden ist (im gegebenen Zusammenhang ist anzumerken, daß die „Anerkennung iSd AsylG 1968" als solche nach dem Außerkrafttreten des AsylG 1968 nicht mehr rückgängig gemacht werden kann).

135 Gem § 3 Abs 1 vbg LG über die Sozialhilfe (Sozialhilfegesetz – SHG.) vbg LGBl 1998/1 ist hilfsbedürftigen Inländern Sozialhilfe in vollem Umfang zu gewähren. Den Inländern sind gem § 3 Abs 2 vbg SHG gleichgestellt: Personen, die aufgrund des Abkommens über den Europäischen Wirtschaftsraum rechtmäßig ihren Aufenthalt in Vorarlberg haben, wenn sie ihr Aufenthaltsrecht nicht durch Inanspruchnahme von Leistungen der Sozialhilfe verlieren (lit a leg cit), ausländische Angehörige von Inländern, wenn sie als Angehörige eines Staatsangehörigen eines anderen Mitgliedstaates des Europäischen Wirtschaftsraumes den Inländern gleichgestellt wären (lit b leg cit), Ausländer, insoweit sich eine Gleichstellung aus anderen Staatsverträgen ergibt (lit c leg cit), Ausländer, wenn mit ihrem Heimatstaat aufgrund tatsächlicher Übung Gegenseitigkeit besteht, insoweit sie dadurch nicht bessergestellt sind als Inländer in dem betreffenden Staat (lit d leg cit), unbeschadet der lit a bis d Flüchtlinge, denen aufgrund des Bundesgesetzes über die Gewährung von Asyl, BGBl I Nr 76/1997, Asyl gewährt wird, wenn die Asylbehörde vor ihrer Entscheidung die Zustimmung der Landesregierung eingeholt hat (lit e leg cit). Die Landesregierung hat gem § 3 Abs 3 vbg SHG die Zustimmung nach Abs 2 lit e leg cit zu erteilen, wenn im Hinblick auf die für Sozialhilfe zur Verfügung stehenden Mittel und Einrichtungen keine Beeinträchtigung des vollen Umfanges der Sozialhilfe für Inländer und für die ihnen Gleichgestellten zu befürchten ist.

Die Zustimmung einer Landesregierung zur Asylgewährung ist im AsylG 1997 freilich nicht vorgesehen. Dies hat zur Folge, daß Flüchtlingen bzw Asylberechtigten letztendlich kein Anspruch nach dem vbg Sozialhilfegesetz zukommt. Die gewählte Konstruktion ist überdies vor dem Hintergrund der Kompetenzbestimmungen des B-VG verfassungsrechtlich bedenklich.

Einem Hilfsbedürftigen ist, ausgenommen im Falle des Abs 6, so lange Sozialhilfe zu gewähren, als er seinen Hauptwohnsitz in Vorarlberg hat oder mangels eines solchen sich in Vorarlberg aufhält, es sei denn, daß die Verlegung des Hauptwohnsitzes oder die Änderung des Aufenthaltes durch die Gewährung der Sozialhilfe bedingt ist (§ 3 Abs 4 vbg SHG). Hilfsbedürftigen Ausländern, sofern sie nicht nach Abs 2 Inländern gleichgestellt sind, ist nur der ausreichende Lebensunterhalt (§ 5), Krankenhilfe (§ 6 Abs 2) sowie Hilfe für werdende Mütter und Wöchnerinnen (§ 6 Abs 4) zu gewähren. Außerdem sind die Kosten für eine einfache Bestattung (§ 7) zu übernehmen (§ 3 Abs 5 vbg SHG). Einem Inländer, der im Ausland wohnt, kann Sozialhilfe gewährt werden, wenn er vor der Ausreise ins Ausland durch sechs Monate hindurch seinen Hauptwohnsitz in Vorarlberg gehabt hat, ihm aus dem Grunde der Hilfsbedürftigkeit die Abschiebung droht und infolge der Abschiebung dem Land voraussichtlich höhere Kosten erwachsen würden, als sie zu erwarten sind, wenn dem im Ausland wohnenden Inländer Sozialhilfe gewährt wird. Sofern die Abschiebung eine Härte bedeutet, kann Sozialhilfe auch dann gewährt werden, wenn die hiefür erforderlichen Aufwendungen nicht erheblich höher sind als die dem Land im Falle der Abschiebung voraussichtlich erwachsenden Kosten (§ 3 Abs 6 vbg SHG). Der Abs 6 gilt gem § 3 Abs 7 vbg SHG sinngemäß auch für die in Abs 2 lit a und b genannten Personen.

136 Gem § 7a Abs 1 wr LG über die Regelung der Sozialhilfe (Wiener Sozialhilfegesetz – WSHG) wr LGBl 1973/11 idFdlN wr LGBl 1997/29 stehen Leistungen nach diesem Gesetz grundsätzlich nur Staatsbürgern zu. Den Staatsbürgern sind nach § 7a Abs 2 WSHG folgende Personen gleichgestellt, wenn sie sich erlaubterweise im Inland aufhalten: Fremde, insoweit sich eine Gleichstellung aus Staatsverträgen ergibt (lit a leg cit), Fremde, wenn mit ihrem Heimatstaat auf Grund tatsächlicher Übung Gegenseitigkeit besteht, insoweit sie dadurch nicht besser gestellt sind als Staatsbürger in dem betreffenden Staat (lit b leg cit), Fremde, denen nach den Bestimmungen des Bundesgesetzes über die Gewährung von Asyl, BGBl Nr 8/1992, Asyl gewährt wurde (lit c leg cit), oder durch das Abkommen über den Europäischen

Wirtschaftsraum Begünstigte (lit d leg cit). Fremden, die nicht nach Abs 2 den Staatsbürgern gleichgestellt sind und sich für einen Zeitraum von mehr als drei Monaten erlaubterweise in Österreich aufhalten, kann der Sozialhilfeträger als Träger von Privatrechten gem § 7a Abs 3 WSHG Leistungen zur Sicherung des Lebensunterhaltes, Krankenhilfe und Hilfe für werdende Mütter und Wöchnerinnen gewähren, wenn das auf Grund ihrer persönlichen, familiären oder wirtschaftlichen Verhältnisse zur Vermeidung einer sozialen Härte geboten erscheint. Fremde, die nach den Bestimmungen des Bundesgesetzes über die Gewährung von Asyl einen Asylantrag gestellt haben, haben bis zum rechtskräftigen Abschluß des Verfahrens keinen Anspruch auf Sozialhilfe (§ 7a Abs 4 WSHG).

137 Gem § 7 Abs 1 NÖ SOZIALHILFEGESETZ – NÖ SHG, 9200-0 Stammgesetz 78/74 1974-05-21, Blatt 1-179200-1; 1. Novelle 21/77 1977-03-03, Blatt 10, 10a, 12, 12a 9200–2; 2. Novelle 49/78 1978-03-23, Blatt 79200–3; 3. Novelle 30/80 1980-02-26, Blatt 129200-4; 4. Novelle 92/82 1982-08-20, Blatt 139200–5; 5. Novelle 50/85 1985-03-26, Blatt 1-14, 14a, 14b, 14c, 16, 17 9200-6; 6. Novelle 20/87 1987-02-20, Blatt 14a, 14b, 16 9200-7; 7. Novelle 97/89 1989-10-02, Blatt 11, 12, 14, 14a, 14b 9200-8; 8. Novelle 109/91 1991-09-25, Blatt 12, 12a, 12b 9200-9; 9. Novelle 81/92 1992-06-30, Blatt 2, 3, 10, 14, 14b, 14c 9200-10; 10. Novelle 46/93 1993-05-11, Blatt 6-10, 12, 12a, 14, 14a 9200-11; 11. Novelle 3/94 1994-01-18, Blatt 14, 14a 9200-12; 12. Novelle 15/95 1995-01-27, Blatt 14a 9200-13; 13. Novelle 69/96 1996-06-20, Blatt 3, 14b, haben österreichische Staatsbürger Anspruch auf Sozialhilfe, sofern dieses Gesetz bestimmt, daß die Hilfe zu gewähren ist. Den Staatsbürgern sind gem § 7 Abs 2 NÖ SHG gleichgestellt: Fremde, insoweit sich die Gleichstellung aus Staatsverträgen ergibt (lit a leg cit); Ausländer, wenn mit dem Heimatstaat auf Grund tatsächlicher Übung Gegenseitigkeit besteht, insoweit sie dadurch nicht besser gestellt sind als Inländer in dem betreffenden Staat (lit b leg cit); Flüchtlinge im Sinne der Konvention über die Rechtsstellung der Flüchtlinge, BGBl Nr 55/1955, sofern sie sich erlaubterweise im Lande aufhalten (lit c leg cit). Gem § 7 Abs 3 NÖ SHG haben Fremde, sofern sie nicht unter die Bestimmungen des Abs 2 fallen, nur Anspruch auf Hilfe zum Lebensunterhalt (Abschnitt II), Krankenhilfe (§ 27) und Hilfe für werdende Mütter und Wöchnerinnen (§ 28). Außerdem sind die Kosten für eine einfache Bestattung (§ 35) zu übernehmen (vgl auch § 29 betreffend Hilfe zur Erziehung und Erwerbsbefähigung; § 33 betreffend Hilfe für pflegebedürftige Menschen und § 34 betreffend Hilfe für betagte Menschen). Das NÖ SHG enthält als einziges Sozialhilfegesetz eine Inzidentbeurteilung der Flüchtlingseigenschaft iSd GFK.

137a Gem § 4 Abs 1 stmk LG über die Sozialhilfe (Steiermärkisches Sozialhilfegesetz – SHG) stmk LGBl 1998/29 besteht auf Hilfe zur Sicherung des Lebensbedarfes für Personen, die den Lebensbedarf für sich und unterhaltsberechtigte Angehörige nicht oder nicht ausreichend aus eigenen Mitteln und Kräften beschaffen können und ihn auch nicht von anderen Personen oder Einrichtungen erhalten, nach Maßgabe der Bestimmungen dieses Abschnittes ein Rechtsanspruch. Wer sich in der Steiermark aufhält und zu einem mehr als dreimonatigen Aufenthalt berechtigt ist, hat einen Rechtsanspruch auf Leistungen im Sinne der §§ 7 und 14 stmk SHG (lit a leg cit). Wer sich in der Steiermark aufhält und die genannten Voraussetzungen nicht erfüllt, hat einen Rechtsanspruch im Sinne der §§ 7 Abs 1 lit. b, c, d, Abs 2 lit. a Z 2 und 3 und lit b und 14 stmk SHG (§ 4 Abs 1 lit b leg cit). Zur Vermeidung unbilliger Härten können vom Träger der Sozialhilfe als Träger von Privatrechten auch andere Leistungen gewährt werden. Zuwendungen der freien Wohlfahrtspflege, durch die der Lebensbedarf nicht ausreichend gesichert wird, sind nicht zu berücksichtigen (§ 4 Abs 2 stmk SHG). Pflegegeld nach bundes- oder landesgesetzlichen Bestimmungen gilt nicht als Einkommen im Sinne des § 5 leg cit. Es ist jedoch bei einer Hilfeleistung nach §§ 7 Abs 1 lit b, 9 Abs 2 lit a und b, 13 und 16 zu berücksichtigen (§ 4 Abs 3 stmk SHG).

137b Gem § 5 sbg LG 13. 12. 1974 über die Sozialhilfe im Lande Salzburg (Salzburger Sozialhilfegesetz) sbg LGBl 1975/19 idF sbg LGBl 1998/18 hat der Hilfesuchende einen Rechtsanspruch auf die Hilfe zur Sicherung des Lebensbedarfes; auf die Leistung der Hilfe in besonderen Lebenslagen und auf soziale Dienste besteht kein solcher Anspruch. Sozialhilfe ist in der Form zu leisten, die die zu erzielende Wirkung auf die kostengünstigste Weise erreichen läßt. Ein Hilfesuchender, der sich im Lande Salzburg aufhält, hat gem § 6 Abs 1 Salzburger Sozialhilfegesetz Anspruch auf Hilfe zur Sicherung des Lebensbedarfes, wenn er den Lebensbedarf für sich und die mit ihm in Familiengemeinschaft lebenden unterhaltsberechtigten Angehörigen nicht oder nicht ausreichend aus eigenen Kräften und Mitteln beschaffen kann und ihn auch nicht von anderen Personen oder Einrichtungen erhält. Die Hilfe zur Sicherung des Lebensbedarfes wird gem § 6 Abs 2 Salzburger Sozialhilfegesetz grundsätzlich nur auf Antrag gewährt. Sie ist auch ohne Antrag zu gewähren, sobald dem Sozialhilfeträger Tatsachen bekannt werden, die eine Hilfeleistung erfordern und eine Antragstellung dem Hilfesuchenden auf Grund besonderer Umstände nicht zumutbar ist. Leistungen nach diesem Gesetz stehen gem § 6 Abs 3 Salzburger Sozialhilfegesetz grundsätzlich nur österreichischen Staatsbürgern zu. Unter der Voraussetzung, daß sie sich erlaubterweise im Inland aufhalten, sind den österreichischen Staatsbürgern gleichgestellt: Fremde, insoweit sich eine Gleichstellung aus Staatsverträgen ergibt (Z 1 leg cit); Fremde, wenn mit ihrem Heimatstaat auf Grund tatsächlicher Übung Gegenseitigkeit besteht, insoweit sie dadurch nicht besser gestellt sind als österreichische Staatsbürger in dem betreffenden Staat (Z 2 leg cit); und Fremde, denen gemäß § 3 des Asylgesetzes, BGBl Nr 8/1992, Asyl gewährt worden ist (Z 3 leg cit). Fremden, die nicht österreichischen Staatsbürgern nach Abs 3 gleichgestellt sind und sich für einen Zeitraum von mehr als sechs Monaten erlaubterweise in Österreich aufhalten, kann der Sozialhilfeträger als Träger von Privatrechten gem § 6 Abs 4 Salzburger Sozialhilfegesetz Leistungen zur Sicherung des Lebensunterhaltes, Krankenhilfe und Hilfe für werdende Mütter und Wöchnerinnen gewähren, wenn es auf Grund ihrer persönlichen, familiären oder wirtschaftlichen Verhältnisse zur Vermeidung einer sozialen Härte geboten erscheint. Bei Nichterfüllung der Mindestaufenthaltsdauer kann in besonderen Ausnahmefällen eine Unterstützung gewährt werden.

137c Gem § 7 bgld LG 13. 11. 1974 über die Regelung der Sozialhilfe (Burgenländisches Sozialhilfegesetz) bgld LGBl 1975/7 idFdlN bgld LGBl 1998/28 hat der Hilfesuchende nach Maßgabe der Bestimmungen des Abschnittes 2 einen Rechtsanspruch auf Hilfe zur Sicherung des Lebensbedarfes. Die Zuerkennung hat durch Bescheid zu erfolgen. Anspruch auf Hilfe zur Sicherung des Lebensbedarfes hat gem § 8 Burgenländisches Sozialhilfegesetz nach Maßgabe der folgenden Bestimmungen dieses Abschnittes, wer den Lebensbedarf für sich und die mit ihm im gemeinsamen Haushalt lebenden unterhaltsberechtigten Angehörigen nicht oder nicht ausreichend aus eigenen Kräften und Mitteln beschaffen kann und ihn auch nicht von anderen Personen oder Einrichtungen erhält.

137d Gem § 1 Abs 1 tir LG 23. 10. 1973 über die Regelung der Sozialhilfe (Tiroler Sozialhilfegesetz) tir LGBl 1973/105 idFdlN tir LGBl 1998/32 ist Sozialhilfe staatliche Hilfe zur Führung eines menschenwürdigen Lebens. Sozialhilfe ist gem § 1 Abs 2 Tiroler Sozialhilfegesetz nach den Bestimmungen dieses Gesetzes Personen zu gewähren, die sich in einer Notlage befinden. In einer Notlage im Sinne dieses

Gesetzes befindet sich nach § 1 Abs 3 Tiroler Sozialhilfegesetz, wer den Lebensunterhalt für sich nicht oder nicht ausreichend aus eigenen Kräften und Mitteln beschaffen kann und ihn auch nicht von anderen Personen oder Einrichtungen erhält (lit a leg cit; vgl dazu VfSlg 11.993), wer außergewöhnliche Schwierigkeiten in seinen persönlichen, familiären oder sozialen Verhältnissen – im folgenden besondere Lebenslage genannt – nicht selbst oder mit Hilfe anderer Personen oder Einrichtungen bewältigen kann (lit b leg cit). Bei der Prüfung der Notlage im Sinne des Abs 3 sind gem § 1 Abs 4 Tiroler Sozialhilfegesetz insbesondere Leistungen nach dem Tiroler Rehabilitationsgesetz, LGBl. Nr 58/1983, in der jeweils geltenden Fassung sowie nach bundesrechtlichen Vorschriften nach Maßgabe des § 7 Abs 1 und der Verordnung nach § 7 Abs 6 zu berücksichtigen. Leistungen nach dem Bundespflegegeldgesetz, BGBl Nr 110/1993, zuletzt geändert durch das Gesetz BGBl Nr 131/1995, nach dem Tiroler Pflegegeldgesetz, LGBl. Nr 55/1993, in der jeweils geltenden Fassung sowie gleichartige Leistungen nach anderen bundes- oder landesrechtlichen Vorschriften sind jedoch nur bei der Gewährung einer Hilfe nach § 5 Abs. 1 lit. d zu berücksichtigen.

137e Gem § 7 oö LG 6. 8. 1973 über die Sozialhilfe (O.ö. Sozialhilfegesetz) oö LGBl 1973/66 idFdlKdm oö LGBl 1996/93 hat nach Maßgabe der Bestimmungen dieses Abschnittes auf Hilfe zur Sicherung des Lebensbedarfes einen Rechtsanspruch, werden Lebensbedarf (§ 11 leg cit) für sich und die mit ihm in Familiengemeinschaft lebenden unterhaltsberechtigten Angehörigen nicht oder nicht ausreichend aus eigenen Kräften und Mitteln beschaffen kann und ihn auch nicht von anderen Personen oder Einrichtungen (§ 8 leg cit) erhält.

138 Fremde, denen gemäß §§ 7, 9 oder 10 und 11 AsylG 1997 Asyl gewährt wurde, sind mangels entsprechender Anpassungen in den Sozialhilfegesetzen der Länder in den Bundesländern von der Sozialhilfe ausgeschlossen. Aufgrund der Inzidentbeurteilung der Flüchtlingseigenschaft iSd GFK bezieht lediglich das NÖ Sozialhilfegesetz Flüchtlinge iSd GFK in die Sozialhilfe mit ein. Die Verweisungsregeln des § 45 AsylG 1997 greifen im Verhältnis zu den Ländern nicht, weil sich derartige dynamischen Verweisungsregeln im Hinblick auf die Kompetenzbestimmungen des B-VG nur auf den Bund beziehen und beziehen können.

10. Pflegegeld

139 Das BPGG unterscheidet nicht zwischen In- und Ausländern, sondern knüpft generell an bestehende Versicherungsverhältnisse und an einen gewöhnlichen Aufenthalt im Inland an (§ 3 leg cit; vgl dazu auch die Verordnungsermächtigung nach § 3 Abs 3 bis 5 leg cit und die VO BGBl 1993/442 idF BGBl 1994/48). Das Pflegegeld nach dem BPGG hat den Zweck, in Form eines Beitrages pflegebedingte Mehraufwendungen pauschaliert abzugelten, um pflegebedürftigen Personen soweit wie möglich die notwendige Betreuung und Hilfe zu sichern sowie die Möglichkeit zu verbessern, ein selbstbestimmtes, bedürfnisorientiertes Leben zu führen (§ 1 leg cit). Das Pflegegeld gebührt bei Zutreffen der Anspruchsvoraussetzungen ab Vollendung des dritten Lebensjahres, wenn auf Grund einer körperlichen, geistigen oder psychischen Behinderung oder einer Sinnesbehinderung der ständige Betreuungs- und Hilfsbedarf (Pflegebedarf) voraussichtlich mindestens sechs Monate andauern wird oder würde.

140 Anspruch auf Pflegegeld vor Vollendung des dritten Lebensjahres besteht jedoch dann, wenn damit für den Pflegebedürftigen eine besondere Härte vermieden wird; insbesondere sind hiebei die persönlichen, wirtschaftlichen und familiären Umstände zu berücksichtigen (§ 4 Abs 1 leg cit). Anspruch auf Pflegegeld besteht in

Höhe der Stufe 1: für Personen, deren Pflegebedarf nach Abs 1 durchschnittlich mehr als 50 Stunden monatlich beträgt; Stufe 2: für Personen, deren Pflegebedarf nach Abs 1 durchschnittlich mehr als 75 Stunden monatlich beträgt; Stufe 3: für Personen, deren Pflegebedarf nach Abs 1 durchschnittlich mehr als 120 Stunden monatlich beträgt; Stufe 4: für Personen, deren Pflegebedarf nach Abs 1 durchschnittlich mehr als 180 Stunden monatlich beträgt; Stufe 5: für Personen, deren Pflegebedarf nach Abs 1 durchschnittlich mehr als 180 Stunden monatlich beträgt, wenn ein außergewöhnlicher Pflegeaufwand erforderlich ist; Stufe 6: für Personen, deren Pflegebedarf nach Abs 1 durchschnittlich mehr als 180 Stunden monatlich beträgt, wenn dauernde Beaufsichtigung oder ein gleichzuachtender Pflegeaufwand erforderlich ist; Stufe 7: für Personen, deren Pflegebedarf nach Abs 1 durchschnittlich mehr als 180 Stunden monatlich beträgt, wenn praktische Bewegungsunfähigkeit oder ein gleichzuachtender Zustand vorliegt (§ 4 Abs 2 leg cit). Zudem besteht eine Verordnungsermächtigung des BMAS nach Anhörung des Bundesbehindertenbeirates (§ 8 des Bundesbehindertengesetzes BGBl 1990/283) zur näheren Bestimmungen für die Beurteilung des Pflegebedarfes (vgl § 4 Abs 3 leg cit; vgl dazu die VO BGBl 1993/314; vgl dazu auch die AnpassungsVO BGBl 1994/1002).

141 Gem § 3 Abs 1 wr Pflegegeldgesetz – WPGG wr LGBl 1993/42 idFdlN wr LGBl 1996/47 ist Voraussetzung für die Leistung eines Pflegegeldes nach Maßgabe der Bestimmungen dieses Gesetzes, daß der Anspruchswerber die österreichische Staatsbürgerschaft besitzt (Z 1 leg cit), seinen Hauptwohnsitz oder, in Ermangelung eines inländischen Hauptwohnsitzes, seinen Aufenthalt in Wien hat (Z 2 leg cit) und nicht eine der im § 3 des Bundespflegegeldgesetzes (BPGG), BGBl Nr 110/1993, angeführten Leistungen bezieht oder einen Anspruch auf eine solche Leistung hätte (Z 3 lit a leg cit), oder nicht ein Pflegegeld nach der Pensionsordnung 1966, LGBl für Wien Nr 19/1967, dem Unfallfürsorgegesetz 1967, LGBl für Wien Nr 8/1969, oder dem Wiener Bezügegesetz, LGBl für Wien Nr. 4/1973, bezieht oder einen Anspruch auf eine solche Leistung hätte (Z 3 lit b leg cit). Nicht zum Kreis der anspruchsberechtigten Personen zählen gem § 3 Abs 2 WPGG jedenfalls die Personen: die gemäß § 3 Abs 2 BPGG durch Verordnung des Bundesministers für Arbeit und Soziales in den persönlichen Geltungsbereich dieses Gesetzes einbezogen werden können (Z 1 leg cit), oder die gemäß § 3 Abs 3 BPGG durch Verordnung des Bundesministers für Arbeit und Soziales in den persönlichen Geltungsbereich dieses Gesetzes einbezogen werden können (Z 2 leg cit), oder die nach den landesgesetzlichen Bestimmungen eines anderen Bundeslandes auch bei Hauptwohnsitz (Aufenthalt) in Wien eine pflegebezogene Geldleistung beziehen oder einen Anspruch auf eine solche Leistung hätten (Z 3 leg cit). Gem § 3 Abs 3 WPGG sind den österreichischen Staatsbürgern gleichgestellt: Fremde, insoweit sich eine Gleichstellung aus Staatsverträgen ergibt (Z 1 leg cit), Fremde, wenn mit ihrem Heimatstaat auf Grund tatsächlicher Übung Gegenseitigkeit besteht, insoweit sie dadurch nicht besser gestellt sind als Staatsbürger in dem betreffenden Staat (Z 2 leg cit), Fremde, denen gemäß § 3 des Bundesgesetzes über die Gewährung von Asyl, BGBl Nr 8/1992, Asyl gewährt wurde (Z 3 leg cit), oder Fremde, die durch das Abkommen über den Europäischen Wirtschaftsraum begünstigt sind (Z 4 leg cit). Die Voraussetzung des § 3 Abs 1 Z 1 WPGG kann nach § 3 Abs 4 leg cit nachgesehen werden, wenn das auf Grund der persönlichen, familiären oder wirtschaftlichen Verhältnisse des Fremden zur Vermeidung einer sozialen Härte geboten erscheint. Entscheidungen über das Nachsehen von dieser Voraussetzung sind nach § 3 Abs 4 leg cit keine Sozialrechtssachen nach § 65 des Arbeits- und Sozialgerichtsgesetzes (ASGG), BGBl Nr 104/1985. Bei minderjährigen Anspruchswerbern gilt gem § 3 Abs 5 WPGG folgende Regelung: Eheliche (adoptierte) Minderjährige teilen den Hauptwohnsitz (Aufenthalt) der Eltern oder des Elternteiles, dessen Haushalt sie zugehören. Leben sie nicht bei einem Elternteil, so teilen sie den Hauptwohnsitz (Aufenthalt) des Vaters; fehlt ein solcher im Inland, teilen sie den Hauptwohnsitz (Aufenthalt) der Mutter (§ 3 Abs 5 Z 1 leg cit). Uneheliche Minderjährige teilen nach § 3 Abs 5 Z 2 leg cit den Hauptwohnsitz (Aufenthalt) der Mutter; fehlt ein solcher im Inland oder gehören sie tatsächlich dem Haushalt des Vaters an, teilen sie dessen Hauptwohnsitz (Aufenthalt). Liegen die Voraussetzungen nach Z 1 und 2 nicht vor, teilen minderjährige Anspruchswerber den Hauptwohnsitz (Aufenthalt) der Person, deren Haushalt sie tatsächlich angehören; fehlt ein solcher, teilen sie den Hauptwohnsitz des gesetzlichen Vertreters (§ 3 Abs 5 Z 3 leg cit). Hat eine Person mit Hauptwohnsitz in Wien mehrere Wohnsitze, so besteht ein Rechtsanspruch auf Pflegegeld nach diesem Gesetz, wenn sie in den letzten zwölf Monaten vor Antragstellung, wird sie zu diesem Zeitpunkt jedoch in einer Einrichtung im Sinne des § 11 Abs 1 stationär gepflegt, vor der Aufnahme in die Einrichtung, am längsten am Wiener Wohnsitz gelebt hat. Hatte eine Person in den letzten zwölf Monaten vor Antragstellung, wird sie zu diesem Zeitpunkt jedoch in einer Einrichtung im Sinne des § 11 Abs 1 stationär gepflegt, vor Aufnahme in die Einrichtung, mehrere Aufenthalte, so gilt ihr Aufenthalt dann als in Wien gelegen, wenn sie während dieses Zeitraumes am längsten in Wien gelebt hat (§ 3 Abs 6 WPGG).

141a Gem § 3 Abs 1 LG 15. 6. 1993, mit dem in der Steiermark ein Pflegegeld eingeführt wird (Steiermärkisches Pflegegeldgesetz – StPGG) stmk LGBl 1993/80 idFdlN stmk LGBl 1998/29 ist Voraussetzung für die Leistung eines Pflegegeldes nach Maßgabe der Bestimmungen dieses Gesetzes , daß der Anspruchswerber die österreichische Staatsbürgerschaft besitzt (Z 1 leg cit), seinen Hauptwohnsitz in einer Gemeinde der Steiermark hat (Z 2 leg cit) und nicht eine der in § 3 des Bundespflegegeldgesetzes (BPGG),BGBl Nr 110/1993, in der Fassung BGBl Nr 131/1995, angeführten Leistungen bezieht oder einen Anspruch auf eine solche Leistung hat (Z 3 leg cit). Nicht zum Kreis der anspruchsberechtigten Personen zählen nach § 3 Abs 2 StPGG jedenfalls die Personen, die gemäß § 3 Abs 2 BPGG durch Verordnung des Bundesministers für Arbeit und Soziales in den persönlichen Geltungsbereich dieses Gesetzes einbezogen werden können (Z 1 leg cit), die gemäß § 3 Abs 3 BPGG durch Verordnung des Bundesministers für Arbeit und Soziales in den persönlichen Geltungsbereich dieses Gesetzes einbezogen werden können (Z 2 leg cit) und die auf Grund des Pflegegeldgesetzes eines anderen Bundeslandes auch beim Hauptwohnsitz in einer Gemeinde der Steiermark Anspruch auf Pflegegeld haben oder hätten (Z 3 leg cit). Den österreichischen Staatsbürgern sind gem § 3 Abs 3 StPGG gleichgestellt: Fremde, insoweit sich eine Gleichstellung aus Staatsverträgen ergibt (Z 1 leg cit), Fremde, wenn mit ihrem Heimatstaat auf Grund tatsächlicher Übung Gegenseitigkeit besteht, insoweit sie dadurch nicht bessergestellt sind als Staatsbürger in dem betreffenden Staat (Z 2 leg cit), Fremde, denen gemäß § 3 des Bundesgesetzes über die Gewährung von Asyl, BGBl Nr 8/1992, Asyl gewährt wurde (Z 3 leg cit) und Fremde, die durch das Abkommen über den Europäischen Wirtschaftsraum begünstigt sind (Z 4 leg cit). Soweit in diesem Gesetz der Begriff ‚Hauptwohnsitz' verwendet wird, ist gem § 3 Abs 4 StPGG darunter der Hauptwohnsitz im Sinne des Hauptwohnsitzgesetzes, BGBl Nr 505/1994, zu verstehen. Wird der Anspruchswerber zum Zeitpunkt der Antragstellung in einer Einrichtung im Sinne des § 11 Abs 1 StPGG stationär gepflegt, so hat er Anspruch auf Pflegegeld nur dann, wenn er vor Aufnahme in die Einrichtung seinen Hauptwohnsitz in der Steiermark hatte (§ 3 Abs 6 leg cit).

141b Gem § 3 Abs 1 sbg LG 7. 7. 1993, mit dem ein einheitliches Pflegegeld eingeführt wird (Salzburger Pflegegeldgesetz – PGG) sowie das Salzburger Blindenbeihilfengesetz 1966 und das Salzburger Pflegegeldgesetz aufgehoben und das Salzburger Bezügegesetz 1992, das Gesetz über die Bezüge der Mitglieder der Gemeindeorgane, das Salzburger Landesbeamtengesetz 1987, das Salzburger Magistratsbeamtengesetz 1981 und das Salzburger Gemeindebeamtengesetz 1968 geändert werden sbg LGBl 1993/99 idFdlN sbg LGBl 1996/75 haben Pflegebedürftige Personen Anspruch auf Pflegegeld, wenn sie die österreichische Staatsbürgerschaft besitzen (Z 1 leg cit); ihren Hauptwohnsitz im Land Salzburg haben (Z 2 leg cit), und keine der im § 3 des Bundespflegegeldgesetzes (BPGG), BGBl Nr 110/1993, angeführten Leistungen beziehen und keinen Anspruch auf eine solche Leistung haben (Z 3 leg cit). Nicht anspruchsberechtigt sind gem § 3 Abs 2 sbg PGG Personen, die einer Personengruppe angehören, die gemäß § 3 Abs 2 und 3 BPGG durch Verordnung des Bundesministers für Arbeit und Soziales in den persönlichen Anwendungsbereich des Bundespflegegeldgesetzes einbezogen werden können (lit a leg cit); oder auf Grund des Pflegegeldgesetzes eines anderen Bundeslandes trotz Wohnsitz oder Aufenthalt im Land Salzburg Anspruch auf Pflegegeld haben oder hätten (lit b leg cit). (...) Österreichischen Staatsbürgern sind gem § 3 Abs 4 sbg PGG gleichgestellt: Fremde, soweit sich dies aus Staatsverträgen ergibt (lit a leg cit); Fremde, mit deren Heimatstaat auf Grund tatsächlicher Übung Gegenseitigkeit besteht, soweit sie dadurch nicht besser gestellt sind als Staatsbürger in dem betreffenden Staat (lit b leg cit); oder Fremde, denen gemäß § 3 des Asylgesetzes, BGBl Nr 8/1992, Asyl gewährt worden ist (lit c leg cit). Der Besitz der österreichischen Staatsbürgerschaft kann gem § 3 Abs 5 sbg PGG nachgesehen werden, wenn die Gewährung des Pflegegeldes auf Grund der persönlichen, familiären oder wirtschaftlichen Verhältnisse des Fremden zur Vermeidung einer sozialen Härte geboten erscheint. Die näheren Voraussetzungen hiefür hat die Landesregierung durch Verordnung festzulegen. Bei minderjährigen Personen gelten nach § 3 Abs 6 sbg PGG folgende Regelungen: Eheliche (adoptierte) Minderjährige teilen den Hauptwohnsitz der Eltern oder des Elternteils, dessen Haushalt sie angehören. Leben sie nicht bei einem Elternteil, teilen sie den Hauptwohnsitz des Vaters; in Ermangelung eines solchen im Inland teilen sie den Hauptwohnsitz der Mutter (Z 1 leg cit); uneheliche Minderjährige teilen den Hauptwohnsitz der Mutter; in Ermangelung eines solchen im Inland oder wenn sie tatsächlich dem Haushalt des Vaters angehören, teilen sie dessen Hauptwohnsitz (Z 2 leg cit); in allen anderen Fällen teilen minderjährige Personen den Hauptwohnsitz der Person, deren Haushalt sie tatsächlich angehören, und mangels eines solchen den Hauptwohnsitz des gesetzlichen Vertreters (Z 3 leg cit). Wird der Antragsteller zum Zeitpunkt der Antragstellung in einer Einrichtung im Sinne des § 11 Abs 1 und 2 sbg PGG stationär gepflegt, ist ausschließlich der Hauptwohnsitz zum Zeitpunkt der Aufnahme in die Einrichtung maßgebend (§ 3 Abs 7 sbg PGG).

141c Gem § 3 Abs 1 bgld LG 17. 6. 1993, mit dem im Burgenland das Pflegegeld neu geregelt wird (Burgenländisches Pflegegeldgesetz – Bgld. PGG), das Burgenländische Behindertengesetz geändert und das Burgenländische Blindenbeihilfegesetz 1981 außer Kraft gesetzt wird bgld LGBl 1993/58 idFdlN bgld LGBl 1998/30, ist Voraussetzungen für die Leistung eines Pflegegeldes nach Maßgabe der Bestimmungen dieses Gesetzes, daß der Anspruchswerber die österreichische Staatsbürgerschaft besitzt (Z 1 lit a), seinen Hauptwohnsitz oder mangels eines solchen seinen gewöhnlichen Aufenthalt im Burgenland hat (Z 1 lit b leg cit) und nicht eine der in § 3 des Bundespflegegeldgesetzes (BPGG), BGBl Nr 110/1993, in der Fassung des Bundesgesetzes BGBl Nr 131/1995, angeführten Leistungen bezieht oder einen Anspruch auf eine solche Leistung hat (Z 1 lit c leg cit) oder unter der Voraussetzung der Z 1 lit c einen Ruhe- oder Versorgungsgenuß, Versorgungsgeld oder einen Unterhaltsbeitrag (auf Pensionsleistungen) aufgrund eines anderen Burgenländischen Landesgesetzes erhält (Z 2 leg cit). Nicht zum Kreis der anspruchsberechtigten Personen zählen nach § 3 Abs 2 Bgld. PGG jedenfalls die Personen: die einen privatrechtlichen Anspruch oder eine privatrechtliche Anwartschaft auf eine pflegebezogene Geldleistung gegenüber einem Betrieb, Unternehmen oder dergleichen erworben haben und aus diesem Grund nicht in § 3 Abs 1 BPGG Berücksichtigung gefunden haben (Z 1 leg cit), oder die aufgrund des Pflegegeldgesetzes eines anderen Bundeslandes auch bei einem Hauptwohnsitz im Burgenland Anspruch auf Pflegegeld haben oder hätten (Z 3 leg cit). Den österreichischen Staatsbürgern sind gem § 3 Abs 3 Bgld. PGG gleichgestellt: Fremde, insoweit sich eine Gleichstellung aus Staatsverträgen ergibt (Z 1 leg cit), Fremde, wenn mit ihrem Heimatstaat auf Grund tatsächlicher Übung Gegenseitigkeit besteht, insoweit sie dadurch nicht besser gestellt sind, als Staatsbürger in dem betreffenden Staat (Z 2 leg cit), Fremde, denen gemäß § 3 des Bundesgesetzes über die Gewährung von Asyl, BGBl Nr 8/1992, idF des Bundesgesetzes BGBl Nr 838/1992, Asyl gewährt wurde (Z 3 leg cit), oder durch das Abkommen über den Europäischen Wirtschaftsraum Begünstigte (Z 4 leg cit). Die Voraussetzung des Abs 1 Z 1 lit a kann gem § 3 Abs 4 Bgld. PGG nachgesehen werden, wenn das auf Grund der persönlichen, familiären oder wirtschaftlichen Verhältnisse des Fremden zur Vermeidung einer sozialen Härte geboten erscheint (§ 19 Abs 3 und § 23 Abs 2 Bgld. PGG sind nicht anzuwenden). Bei minderjährigen Anspruchswerbern gilt nach § 3 Abs 5 Bgld. PGG folgende Regelung: Eheliche (adoptierte) Minderjährige teilen den Hauptwohnsitz der Eltern oder des Elternteiles, dessen Haushalt sie zugehören. Leben sie nicht bei einem Elternteil, so teilen sie den Hauptwohnsitz des Vaters; in Ermangelung eines solchen im Inland durch Tod des Vaters oder dessen Aufenthalt im Ausland teilen sie den Hauptwohnsitz der Mutter (Z 1 leg cit). Uneheliche Minderjährige teilen den Hauptwohnsitz der Mutter; in Ermangelung eines solchen im Inland durch Tod der Mutter oder deren Aufenthalt im Ausland oder wenn sie tatsächlich dem Haushalt des Vaters angehören, teilen sie dessen Hauptwohnsitz (Z 2 leg cit). Bei Tod beider Elternteile oder deren Aufenthalt im Ausland teilen minderjährige Anspruchswerber den Hauptwohnsitz der Person, deren Haushalt sie tatsächlich angehören; in Ermangelung eines solchen teilen sie den Hauptwohnsitz des gesetzlichen Vertreters (Z 3 leg cit). Wird ein Anspruchswerber zum Zeitpunkt der Antragstellung in einer Einrichtung im Sinne des § 11 Abs 1 und 2 Bgld. PGG stationär gepflegt, so hat er Anspruch auf Pflegegeld nur dann, wenn er vor Aufnahme in die Einrichtung zumindest sechs Monate seinen Hauptwohnsitz im Burgenland hatte (§ 3 Abs 6 leg cit).

141d Gem § 3 Abs 1 tir LG 12. 12. 1996 über das Pflegegeld (Tiroler Pflegegeldgesetz – TPGG) tir LGBl 1997/8 idFdlN tir LGBl 1998/34 gebührt Pflegegeld nur Pflegebedürftigen, die die österreichische Staatsbürgerschaft besitzen (lit a leg cit), das dritte Lebensjahr vollendet haben (lit b leg cit), in Tirol ihren Hauptwohnsitz oder mangels eines solchen ihren gewöhnlichen Aufenthalt haben (lit c leg cit) und nicht eine gleichartige Leistung nach dem Bundespflegegeldgesetz, BGBl Nr 110/1993, zuletzt geändert durch das Gesetz BGBl Nr 201/1996, beziehen oder einen Anspruch dem Grunde nach auf eine solche Leistung haben (lit d leg cit). Gem § 3 Abs 2 TPGG haben abweichend von Abs 1 lit c Pflegebedürftige, denen ein Ruhe- oder Versorgungsgenuß oder ein Unterhaltsbeitrag nach dem Landesbeamtengesetz 1994, LGBl Nr 19, in der jeweils geltenden Fassung, nach dem Gemeindebeamtengesetz 1970, LGBl Nr 9, in der jeweils geltenden Fassung, nach dem Innsbrucker Gemeindebeamtengesetz 1970, LGBl Nr 44, in der jeweils geltenden Fassung, nach dem Tiroler Bezügegesetz 1995, LGBl Nr 23, in der jeweils geltenden Fassung oder nach dem Stadtrecht der Landeshauptstadt Innsbruck 1975, LGBl Nr 53, in der jeweils geltenden Fassung oder eine wiederkehrende Leistung nach dem Beamten- und Lehrer- Kranken- und Unfallfürsorgegesetz, LGBl Nr 42/1979, in der jeweils geltenden Fassung, nach dem Tiroler Bezügegesetz 1995 in Verbindung mit dem Beamten- und Lehrer-Kranken- und Unfallfürsorgegesetz oder nach dem Gemeindebeamten-Kranken- und Unfallfürsorgegesetz, LGBl Nr 48/1979, in der jeweils geltenden Fassung gebührt, auch dann Anspruch auf Pflegegeld, wenn sie ihren Hauptwohnsitz oder mangels eines solchen ihren gewöhnlichen Aufenthalt nicht in Tirol haben. Kein Anspruch auf Pflegegeld besteht nach § 3 Abs 3 TPGG, wenn der Pflegebedürftige einer Personengruppe angehört, die nach § 3 Abs 2 oder 3 des Bundespflegegeldgesetzes in den Kreis der nach dem Bundespflegegeldgesetz anspruchsberechtigten Personen einbezogen werden kann (lit a leg cit), auch bei Hauptwohnsitz oder mangels eines solchen bei gewöhnlichem Aufenthalt in Tirol einen Anspruch auf eine gleichartige Leistung nach den gesetzlichen Vorschriften eines anderen Bundeslandes hat oder eine solche Leistung bezieht (lit b leg cit). Österreichischen Staatsbürgern sind gem § 3 Abs 4 TPGG gleichgestellt: Staatsangehörige einer Vertragspartei des EWR-Abkommens, die sich im Rahmen der Freizügigkeit der Arbeitnehmer oder der Niederlassungsfreiheit nach diesem Abkommen in Tirol aufhalten, sowie deren Familienangehörige (lit a leg cit), Personen, deren Gleichstellung sich aus anderen Staatsverträgen ergibt (lit b leg cit), Fremde, wenn mit ihrem Heimatstaat auf Grund tatsächlicher Übung Gegenseitigkeit besteht, soweit sie dadurch nicht besser gestellt sind als Staatsangehörige im betreffenden Staat (lit c leg cit), Fremde, die nach § 2 Abs 1 des Asylgesetzes, BGBl Nr 126/1968, als Flüchtlinge anerkannt wurden und zum unbefristeten Aufenthalt in Österreich berechtigt sind, und Fremde, denen nach dem Asylgesetz 1991, BGBl Nr 8/ 1992, in der Fassung des Gesetzes BGBl Nr 838/1992, Asyl gewährt wurde (lit d leg cit). Die Voraussetzung nach Abs lit a kann nach § 3 Abs 5 TPGG ausnahmsweise nachgesehen werden, wenn der Fremde seit drei Jahren seinen Hauptwohnsitz in Tirol hat und auf Grund der persönlichen, familiären oder wirtschaftlichen Verhältnisse des Fremden die Nachsicht zur Vermeidung einer sozialen Härte geboten scheint. Die Voraussetzung nach Abs 1 lit b kann nach § 3 Abs 5 TPGG ausnahmsweise nachgesehen werden, wenn dies auf Grund der persönlichen, familiären oder wirtschaftlichen Verhältnisse des Pflegebedürftigen zur Vermeidung einer sozialen Härte geboten scheint. Wird der Pflegebedürftige zum Zeitpunkt der Antragstellung in einer der im § 9 Abs 1 TPGG genannten Einrichtungen stationär gepflegt, so besteht Anspruch auf Pflegegeld, wenn er sich während der letzten zwölf Monate vor der Aufnahme in die Einrichtung am längsten in Tirol aufgehalten hat (§ 3 Abs 6 leg cit).

141e Gem § 3 Abs 1 ktn LG 14. 6. 1993, mit dem ein Pflegegeld eingeführt wird (Kärntner Pflegegeldgesetz – K-PGG) ktn LGBl 1993/76 idFdlKdm ktn LGBl 1996/16 ist Voraussetzung für die Leistung eines Pflegegeldes nach Maßgabe der Bestimmungen dieses Gesetzes, daß der Anspruchswerber die österreichische Staatsbürgerschaft besitzt (Z 1 leg cit), seinen Hauptwohnsitz oder mangels eines solchen seinen Aufenthalt in Kärnten hat, soweit Abs 8 nicht anderes bestimmt (Z 2 leg cit), und nicht eine der in § 3 des Bundespflegegeldgesetzes, BGBl Nr 110/1993, angeführten Leistungen bezieht oder einen Anspruch auf eine solche Leistung hat (Z 3 leg cit). Nicht zum Kreis der anspruchsberechtigten Personen zählen gem § 3 Abs 2 K-PGG jedenfalls die Personen, die einer Personengruppe angehören, die nach § 3 Abs 2 und 3 des Bundespflegegeldgesetzes in den anspruchsberechtigten Personenkreis nach § 3 Abs 1 des Bundespflegegeldgesetzes einbezogen wurden, von dieser Einbeziehung jedoch keinen Gebrauch gemacht haben (Z 1 leg cit) oder die einen privatrechtlichen Anspruch oder eine privatrechtliche Anwartschaft auf eine pflegebezogene Geldleistung gegenüber einem Betrieb, Unternehmen oder dergleichen erworben haben (Z 2 leg cit). Den österreichischen Staatsbürgern sind gem § 3 Abs 3 K-PGG gleichgestellt: Fremde, insoweit sich eine Gleichstellung aus Staatsverträgen ergibt (Z 1 leg cit), Fremde, wenn mit ihrem Heimatstaat auf Grund tatsächlicher Übung Gegenseitigkeit besteht, insoweit sie dadurch nicht besser gestellt sind als Staatsbürger in dem betreffenden Staat (Z 2 leg cit), Fremde, denen gemäß § 3 des Bundesgesetzes über die Gewährung von Asyl, BGBl Nr 8/1992, Asyl gewährt wurde (Z 2a leg cit), Fremde, denen ein Ruhe- oder Versorgungsgenuß nach dem Kärntner Dienstrechtsgesetz, dem Gemeindebedienstetengesetz 1992 oder dem Stadtbeamtengesetz oder ein Versorgungsgenuß nach dem Kärntner Bezügegesetz 1992 gebührt (Z 3 leg cit), oder durch das Abkommen über den Europäischen Wirtschaftsraum oder den EG-Vertrag begünstigte Personen (Z 4 leg cit). Die Voraussetzung des Abs 1 Z 1 kann gem § 3 Abs 4 K-PGG nachgesehen werden, wenn das auf Grund der persönlichen, familiären oder wirtschaftlichen Verhältnisse des Fremden zur Vermeidung einer sozialen Härte geboten erscheint (§ 20 Abs 2 und § 24 Abs 2 K-PGG sind nicht anzuwenden). Bei minderjährigen Anspruchswerbern gilt nach § 3 Abs 6 K-PGG folgende Regelung: Eheliche (adoptierte) Minderjährige teilen den Hauptwohnsitz der Eltern oder des Elternteiles, dessen Haushalt sie zugehören. Leben sie nicht bei einem Elternteil, so teilen sie den Hauptwohnsitz des Vaters; in Ermangelung eines solchen im Inland durch Tod des Vaters oder dessen Aufenthalt im Ausland teilen sie den Hauptwohnsitz der Mutter (Z 1 leg cit). Uneheliche Minderjährige teilen den Hauptwohnsitz der Mutter; in Ermangelung eines solchen im Inland durch Tod der Mutter oder deren Aufenthalt im Ausland oder wenn sie tatsächlich dem Haushalt des Vaters angehören, teilen sie dessen Hauptwohnsitz (Z 2 leg cit). Im Falle des Todes beider Elternteile oder deren Aufenthalt im Ausland teilen minderjährige Anspruchswerber den Hauptwohnsitz der Person, deren Haushalt sie tatsächlich angehören; in Ermangelung eines solchen teilen sie den Hauptwohnsitz des gesetzlichen Vertreters (Z 3 leg cit). Personen, denen ein Ruhe- oder Versorgungsgenuß nach dem Kärntner Dienstrechtsgesetz, dem Gemeindebedienstetengesetz 1992, dem Stadtbeamtengesetz 1993 oder dem Kärntner Bezügegesetz 1992 gebührt und die ihren Hauptwohnsitz oder mangels eines solchen ihren Aufenthalt in Österreich haben, sind gem § 3 Abs 8 K-PGG von der Voraussetzung des Abs 1 Z 2 leg cit ausgenommen.

141f Gem § 4 Abs 1 Gesetz über das Pflegegeld (Landes-Pflegegeldgesetz, L-PGG) vbg LGBl 1993/38 idF vbg LGBl 1997/57 wird Pflegegeld bei Zutreffen der Voraussetzungen nach § 3 (diese Bestimmung betrifft im wesentlichen die Pflegebedürftigkeit) Pflegebedürftigen gewährt, wenn sie die österreichische Staatsbürgerschaft besitzen oder nach § 4 Abs 3 gleichgestellt sind (§ 4 Abs 1 lit a leg cit), das dritte Lebensjahr vollendet haben (§ 4 Abs 1 lit b leg cit), ihren Hauptwohnsitz oder mangels eines solchen ihren Aufenthalt in Vorarlberg haben (§ 4 Abs 1 lit c leg cit) und nicht einen Anspruch auf eine gleichartige Leistung nach dem Bundespflegegeldgesetz, dem Landesbedienstetengesetz, dem Gemeindebedienstetengesetz oder dem Landes-Bezügegesetz haben oder eine solche Leistung beziehen (§ 4 Abs 1 lit d leg cit). Pflegegeld wird gem § 4 Abs 2 L-PGG Personen nicht gewährt, die einer Personengruppe angehören, die nach § 3 Abs 2 und 3 des Bundespflegegeldgesetzes in den Kreis der nach diesem Bundesgesetz anspruchsberechtigten Personen einbezogen werden kann (lit a leg cit), die auch bei einem Hauptwohnsitz in Vorarlberg einen

Anspruch auf eine gleichartige Leistung nach den gesetzlichen Vorschriften eines anderen Landes haben oder eine solche Leistung beziehen (lit b leg cit). Den österreichischen Staatsbürgern sind nach § 4 Abs 3 L-PGG gleichgestellt: Personen, die aufgrund des Rechtes der Europäischen Union rechtmäßig ihren Aufenthalt in Vorarlberg haben und hinsichtlich des Pflegegeldes gleichzustellen sind (lit a leg cit), ausländische Angehörige von Inländern, sofern sie als Angehörige eines ausländischen Unionsbürgers den Inländern gleichgestellt wären (lit b leg cit), Fremde, insoweit sich eine Gleichstellung aus nicht unter lit a fallenden Staatsverträgen ergibt (lit c leg cit), Fremde, wenn mit ihrem Heimatstaat aufgrund tatsächlicher Übung Gegenseitigkeit besteht, insoweit sie dadurch nicht besser gestellt sind als Inländer in dem betreffenden Staat (lit d leg cit), Fremde, denen aufgrund des Asylgesetzes Asyl gewährt wurde (lit e leg cit). Vom Erfordernis der Vollendung des dritten Lebensjahres (Abs 1 lit b) kann nach § 4 Abs 4 L-PGG abgesehen werden, wenn der Pflegebedarf nach § 3 Abs 2 zusätzlich zu jenem Pflegebedarf gegeben ist, der auch ohne die Behinderung aufgrund eines dem Alter entsprechenden normalen Entwicklungsstandes geboten wäre (lit a leg cit), und dies nach der Lage des Falles zur Vermeidung einer besonderen Härte geboten scheint; hiebei sind insbesondere die persönlichen, familiären und wirtschaftlichen Verhältnisse des Pflegebedürftigen zu berücksichtigen (lit b leg cit). Ist ein Pflegebedürftiger im Zeitpunkt der Antragstellung in einer Einrichtung nach § 26 Abs 1 L-PGG zur Betreuung und Hilfe untergebracht, gebührt das Pflegegeld abweichend von Abs 1 lit c dann, wenn er sich während der letzten zwölf Monate vor Aufnahme in diese Einrichtung überwiegend in Vorarlberg aufgehalten hat (§ 4 Abs 5 L-PGG).

141g Gem § 3 Abs 1 oö LG 2. 6. 1993, mit dem in Oberösterreich ein einheitliches Pflegegeld eingeführt wird, (O.ö. Pflegegeldgesetz – O.ö. PGG) oö LGBl 1993/64 idFdlKdm oö LGBl 1996/93 (vgl dazu auch die AnpassungsVO oö LGBl 1993/118 und 1994/116) wird Pflegegeld auf Grund dieses Landesgesetzes auf Antrag (§ 20 Abs 1 O.ö. PGG) Personen gewährt, die die österreichische Staatsbürgerschaft besitzen (Z 1 leg cit), ihren Hauptwohnsitz und ihren rechtmäßigen Aufenthalt in Oberösterreich haben (Z 2 leg cit), pflegebedürftig im Sinn des § 4 Abs 1 O.ö. PGG sind (§ 3 Abs 1 Z 3 leg cit), das dritte Lebensjahr vollendet haben (Z 4 leg cit), nicht eine der im Bundespflegegeldgesetz, BGBl Nr 110/1993, angeführten Leistungen geltend machen können (Z 5 leg cit). Nicht zum Kreis der Personen gemäß Abs 1 zählen nach § 3 Abs 2 O.ö. PGG Personen, die dem Personenkreis des § 3 Abs 2 und 3 Bundespflegegeldgesetz, BGBl Nr 110/1993, zuletzt geändert durch das Bundesgesetz BGBl Nr 201/1996, angehören (Z 1 leg cit), die einen Anspruch auf eine Pension, einen Ruhe-(Versorgungs-)genuß oder eine gleichartige Leistung auf Grund einer privatrechtlichen Vereinbarung oder auf Grund bundesgesetzlicher Vorschriften haben oder geltend machen können (Z 2 leg cit), die auf Grund landesgesetzlicher Vorschriften eines anderen Bundeslandes auch bei Hauptwohnsitz in Oberösterreich einen Anspruch auf Pflegegeld haben oder geltend machen können (Z 3 leg cit), oder die auf Grund landesgesetzlicher Vorschriften einen Ruhe- oder Versorgungsgenuß, ein Versorgungsgeld oder einen Unterhaltsbeitrag beziehen (Z 4 leg cit). Den österreichischen Staatsbürgern sind gem § 3 Abs 3 O.ö. PGG gleichgestellt: Fremde, insoweit sich eine Gleichstellung aus Staatsverträgen ergibt (Z 1 leg cit), Fremde, wenn mit ihrem Heimatstaat auf Grund tatsächlicher Übung Gegenseitigkeit besteht, insoweit sie dadurch nicht besser gestellt sind als in ihrem Heimatstaat (Z 2 leg cit), Fremde, denen gemäß § 3 des Bundesgesetzes über die Gewährung von Asyl, BGBl Nr 8/1992, Asyl gewährt wurde (Z 3 leg cit), oder Staatsangehörige der Vertragsparteien des Abkommens über den Europäischen Wirtschaftsraum (Z 4 leg cit). Das Erfordernis der österreichischen Staatsbürgerschaft (Abs 1 Z 1) kann gem § 3 Abs 4 O.ö. PGG nachgesehen werden, wenn dies auf Grund der persönlichen, familiären oder wirtschaftlichen Verhältnisse des Fremden zur Vermeidung einer sozialen Härte geboten erscheint. Die Voraussetzung der Vollendung des dritten Lebensjahres (Abs 1 Z 4) kann von der Landesregierung zur Vermeidung besonderer sozialer Härten nachgesehen werden, insbesondere dann, wenn durch die Gewährung des Pflegegeldes Pflege in einem Heim entbehrlich wird (§ 3 Abs 5 O.ö. PGG). Bei Minderjährigen gilt nach § 3 Abs 6 O.ö. PGG folgende Regelung: Eheliche (adoptierte) Minderjährige teilen den Hauptwohnsitz der Eltern oder des Elternteiles, dessen Haushalt sie zugehören. Leben sie nicht bei einem Elternteil, so teilen sie den Hauptwohnsitz des Vaters; fehlt dieser im Inland, teilen sie den Hauptwohnsitz der Mutter (Z 1 leg cit). Uneheliche Minderjährige teilen den Hauptwohnsitz der Mutter; fehlt dieser im Inland oder gehören sie tatsächlich dem Haushalt des Vaters an, so teilen sie dessen Hauptwohnsitz (Z 2 leg cit). Bei Tod beider Elternteile oder bei deren Hauptwohnsitz im Ausland teilen Minderjährige den Hauptwohnsitz der Person, deren Haushalt sie tatsächlich angehören; fehlt dieser, so teilen sie den Hauptwohnsitz des gesetzlichen Vertreters (Z 3 leg cit). Ist die pflegebedürftige Person zum Zeitpunkt der Antragstellung in einer Einrichtung im Sinn des § 11 Abs 1 und 2 O.ö. PGG zur Betreuung und Hilfe oder Behandlung stationär untergebracht, so gilt der Hauptwohnsitz dann als in Oberösterreich begründet, wenn sie sich in den letzten zwölf Monaten vor Aufnahme in die Einrichtung am längsten in Oberösterreich aufgehalten hat (§ 3 Abs 7 leg cit).

141h Gem § 3 Abs 1 NÖ Pflegegeldgesetz 1993 (NÖ PGG); 9220-0 Stammgesetz 47/93 1993-05-11, Blatt 1-139220-1; 1. Novelle 122/95 1995-08-16, Blatt 1–7, 9, 10, 11, 11a, 9220-2; 2. Novelle 95/96 1996-07-18, Blatt 4–7, 11 Ausgegeben am 30. 7. 1996, Jahrgang 1996, ist Voraussetzung für die Leistung eines Pflegegeldes ist, daß der Antragsteller die österreichische Staatsbürgerschaft besitzt (Z 1 leg cit), seinen Hauptwohnsitz oder mangels eines solchen seinen Aufenthalt in Niederösterreich hat (Z 2 leg cit) und nicht eine der in § 3 des Bundespflegegeldgesetzes BGBl Nr 110/1993, angeführten Leistungen bezieht oder gleichartige Leistungen nach einem Pflegegeldgesetz eines anderen Landes erhält oder einen Anspruch auf eine solche Leistung hat (Z 3 leg cit) oder unter der Voraussetzung der Z 3 einen Ruhe- oder Versorgungsgenuß, Versorgungsgeld oder einen Unterhaltsbeitrag (auf Pensionsleistungen) aufgrund eines anderen NÖ Landesgesetzes erhält (Z 4 leg cit). Nicht zum Kreis der anspruchsberechtigten Personen zählen gem § 3 Abs 2 NÖ PGG jedenfalls die Personen: die im Sinne des § 3 Abs 2 und 3 des Bundespflegegeldgesetzes BGBl Nr 110/1993, die Möglichkeit hatten, aufgrund einer sozialversicherungsrechtlichen Regelung in die gesetzliche Pensionsversicherung einbezogen zu werden, davon jedoch keinen Gebrauch gemacht haben (Z 1 leg cit), oder die einen privatrechtlichen Anspruch oder eine privatrechtliche Anwartschaft auf eine pflegebezogene Geldleistung gegenüber einem Betrieb, Unternehmen oder dergleichen erworben haben und aus diesem Grund nicht in den § 3 Abs 1 Bundespflegegeldgesetz BGBl Nr 110/1993 aufgenommen wurden (Z 2 leg cit). Den österreichischen Staatsbürgern sind nach § 3 Abs 3 NÖ PGG gleichgestellt: Fremde, insoweit sich eine Gleichstellung aus Staatsverträgen ergibt (Z 1 leg cit), Fremde, wenn mit ihrem Heimatstaat aufgrund tatsächlicher Übung Gegenseitigkeit besteht, insoweit sie dadurch nicht besser gestellt sind als Staatsangehörige in dem betreffenden Staat (Z 2 leg cit), Fremde, denen gemäß § 3 des Bundesgesetzes über die Gewährung von Asyl, BGBl Nr 8/1992, Asyl gewährt wurde (Z 3 leg cit), oder Staatsangehörige anderer EWR-Mitgliedstaaten (Z 4 leg cit). Die Voraussetzung des Abs 1 Z 1 NÖ PGG kann gem § 3 Abs 4 leg cit nachgesehen werden, wenn das auf Grund der persönlichen, familiären oder wirtschaftlichen Verhältnisse des Fremden zur Vermeidung einer sozialen Härte geboten ist. Bei minderjährigen Antragstellern gilt nach § 3 Abs 5 NÖ PGG folgende Regelung: Eheliche (adoptierte) Minderjährige teilen den Hauptwohnsitz (Aufenthalt) der Eltern oder des Elternteiles, dessen Haushalt sie zugehören. Leben sie nicht bei einem Elternteil, so teilen sie den Hauptwohnsitz (Aufenthalt) des Vaters; fehlt dieser im Inland, teilen sie den Hauptwohnsitz der Mutter (Z 1 leg cit). Uneheliche Minderjährige teilen gem Z 2 leg cit den Hauptwohnsitz (Aufenthalt) der Mutter; fehlt ein solcher im Inland oder gehören sie tatsächlich dem Haushalt des Vaters an, teilen sie dessen Hauptwohnsitz (Aufenthalt). Liegen die Voraussetzungen nach Z 1 und 2 nicht vor, teilen minderjährige Antragsteller den Hauptwohnsitz (Aufenthalt) der Person, deren Haushalt sie tatsächlich angehören. Fehlt ein solcher, so teilen sie den Hauptwohnsitz des gesetzlichen Vertreters (Z 3 leg cit). Ein pflegebedürftiger Mensch, der zum Zeitpunkt der Antragstellung in einer Einrichtung im Sinne des § 11 Abs 1 und 2 NÖ PGG stationär gepflegt wird, hat nur dann einen Rechtsanspruch auf ein Pflegegeld nach diesem Gesetz, wenn er sich in den letzten zwölf Monaten vor Heimeintritt überwiegend in Niederösterreich aufgehalten hat (§ 3 Abs 6 NÖ PGG).

142 Im Lichte der Pflegegesetze der Länder sind Fremde, denen gemäß §§ 7, 9 oder 10 und 11 AsylG 1997 Asyl gewährt wurde, in den Bundesländern generell vom Pflegegeld ausgeschlossen. Für die Länder besteht hier zumindest insoweit ein Anpassungsbedarf, als die Verweisungsregeln des § 45 AsylG 1997 hier nicht greifen.

11. Personenstand

143 Jeder im Inland eingetretene Personenstandsfall (Geburt, Eheschließung, Tod) ist nach § 2 Abs 1 PersonenstandsG in die Personenstandsbücher einzutragen (Örtlichkeitsgrundsatz). Gem § 2 Abs 2 leg cit ist ein im Ausland eingetretener Personenstandsfall auf Antrag einer Person, die ein rechtliches Interesse daran glaubhaft macht, in ein inländisches Personenstandsbuch einzutragen, wenn der Personenstandsfall betrifft: einen österreichischen Staatsbürger (Z 1 leg cit); einen Staatenlosen oder eine Person ungeklärter Staatsangehörigkeit, wenn sie ihren gewöhnlichen Aufenthalt im Inland haben (Z 2 leg cit); einen Flüchtling im Sinne der Konvention über die Rechtsstellung der Flüchtlinge, BGBl Nr 55/1955, und des Protokolls über die Rechtsstellung der Flüchtlinge, BGBl Nr 78/1974, wenn er seinen Wohnsitz, mangels eines solchen seinen gewöhnlichen Aufenthalt im Inland hat (Z 3 leg cit). Nach § 2 Abs 3 PersonenstandsG ist Abs 2 auf Geburten und Todesfälle, die sich auf einem zur Führung der Flagge der Republik Österreich berechtigten Seeschiff auf hoher See ereignen, anzuwenden; die Einschränkung auf die in diesem Absatz angeführten Personen entfällt.

B. Asylwerber(in)

I. Allgemeines

144 § 8 AVG scheidet die von einem Verfahren betroffenen Personen (Rechtssubjekte) in Beteiligte und Parteien; „*Beteiligte*" sind „*Personen, die eine Tätigkeit der Behörde in Anspruch nehmen oder auf die sich die Tätigkeit der Behörde bezieht*". „*Parteien*" sind sie nach § 8 AVG, „*insoweit sie an der Sache vermöge eines Rechtsanspruches oder eines rechtlichen Interesses beteiligt sind*". Eine wortgetreue

Interpretation des § 8 AVG könnte zur Annahme führen, daß nur demjenigen im Verfahren die Stellung einer Partei zukommt, dem durch das materielle Recht der betreffende Rechtsanspruch oder das rechtliche Interesse wirklich eingeräumt ist; darüber abzusprechen ist aber erst Ziel des Verwaltungsverfahrens, weshalb davon die verfahrensrechtliche Legitimation nicht abhängen kann (VwSlgNF 170 A). Man wird daher anzunehmen haben, daß derjenige Partei ist, der einen Rechtsanspruch oder ein rechtliches Interesse vor einer Behörde behauptet (vgl *Weyr*, 40), wenn diese Behauptung zumindest möglich ist (*Walter/Mayer*, Verwaltungsverfahrensrecht, Rz 124; vgl VwSlgNF 9.485 A; dazu näher *Mayer*, Parteibegriff, 490).

145 Nach der Jud des VfGH *„(besteht) zwar (...) – von bestimmten Einzelfällen abgesehen – keine Verfassungsnorm, die Parteirechte in einem Verfahren überhaupt oder in einem bestimmten Umfang garantieren würde, das die Parteirechte bestimmende Gesetz unterliegt aber dem aus dem Gleichheitssatz abzuleitenden Sachlichkeitsgebot, weshalb die Zuerkennung subjektiver Rechte in aller Regel auch die Zuerkennung von Parteirechten erfordern wird. (...)Die Einräumung der Parteistellung soll es dem am Verfahren Beteiligten ermöglichen, seine Einschätzung der Sach- und Rechtslage darzutun und der Behörde alle zweckdienlichen Beweismittel und sonstigen Erkenntnisquellen an die Hand zu geben, gegebenenfalls auch Rechtsmittel zu ergreifen und dies alles mit dem Ziel, eine ihm günstige Entscheidung zu erwirken. Soweit die Parteistellung aus verfassungsrechtlichen Gründen geboten ist, muß sie dem Betroffenen daher diese – vom rechtsstaatlichen Prinzip geforderte – Möglichkeit eröffnen"* (VfSlg 13.646; vgl dazu auch VfSlg 6664, 6808, 8279, 8328, 8397, 9094, 10.605, 10.692, 10.844, 11.934, 12.465).

146 Asylwerber sind Fremde als Parteien in einem Asylverfahren (§§ 7, 9 AsylG 1997) oder in einem Asylerstreckungsverfahren (§§ 10, 11 AsylG 1997). Neben dem „Asylverfahren" kennt das Asylgesetz 1997 ein „non-refoulement-Verfahren (§§ 8, 14 Abs 3 leg cit), ein Verfahren zur „Feststellung der Flüchtlingseigenschaft" (§ 12 leg cit) und ein Verfahren zur „Erteilung einer befristeten Aufenthaltsberechtigung" (§ 15 leg cit). In diesen zuletzt genannten Verfahren kommt der Asylwerberbegriff nicht zu tragen (arg „(...) ab Einbringung eines Asylantrages oder Asylerstreckungsantrages in § 1 Z 3 AsylG 1997 (...)"). Dort ist man lediglich Partei oder Beteiligter iSd § 8 AVG.

147 Einzigartig in der Rechtsordnung unterscheidet das AsylG 1997 zwischen der *„Einbringung"* und der *„Stellung"* eines Asylantrags. Die Asylwerbereigenschaft entsteht erst mit Einbringung des Asylantrags gem § 24 AsylG 1997, dh mit Einlangen beim Asylamt, nicht aber mit der Stellung des Asylantrags. Nach § 3 Abs 2 leg cit ist der Asylantrag gestellt, wenn Fremde auf welche Weise immer gegenüber einer Sicherheitsbehörde oder einem Organ des öffentlichen Sicherheitsdienstes zu erkennen geben, in Österreich Schutz vor Verfolgung zu suchen. Der Asylantrag reist auf Gefahr des (der) Antragstellers (Antragstellerin).

148 Begrifflich ist genau zwischen „Asylwerbern" nach dem AsylG 1997 und „Asylbewerbern" im Sinne des Dubliner Übereinkommens zu unterscheiden: Während § 1 Z 3 AsylG 1997 in dessen Kontext Asylwerber als *„Fremde ab Einbringung eines Asylantrags oder eines Asylerstreckungsantrags bis zum rechtskräftigen Abschluß des Verfahrens oder bis zu dessen Einstellung"* umschreibt, ist nach dem Dubliner Übereinkommen (Art 1 Abs 1 lit c Dublin) ein Asylbewerber *„ein Ausländer, der einen Asylantrag gestellt hat, über den noch nicht endgültig befunden wurde"*. Im Dublin-Kontext ist auf den Begriff des „Asylbewerbers" und nicht auf den Begriff des „Asylwerbers" abzustellen. Beide Begriffe sind nicht deckungsgleich, sondern unterscheiden sich in wesentlichen Punkten: Die Stellung des Asylantrags im Sinne des Dubliner Übereinkommens unterscheidet sich von der Einbringung des Asylantrags nach dem österreichischen Recht, insbesondere auch von der Asylantragsstellung nach § 3 Abs 2 AsylG 1997. Nach Art 2 Abs 1 des Beschlusses Nr 1/97 des Ausschusses nach Art 18 des Dubliner Übereinkommens vom 15. Juni 1990 über Bestimmungen zur Durchführung des Übereinkommens (ABl 14. 10. 1997 Nr L 281/1) gilt ein Asylantrag ab dem Zeitpunkt als gestellt, zu dem die Behörden des betroffenen Mitgliedstaates in schriftlicher Form damit befaßt werden, sei es durch ein vom Asylbewerber benutztes Formblatt, sei es durch ein behördliches Protokoll (siehe dazu unten die Anmerkungen zu § 5, Rz 230 ff). Nach dem Dubliner Übereinkommen ist ein Asylantrag gestellt, wenn irgendein Mitgliedstaat befaßt wurde, Asylwerber sind Fremde erst dann, wenn der Asylantrag bzw Asylerstreckungsantrag beim BAA eingebracht wurde. Die Asylwerbereigenschaft endet, wenn das Verfahren rechtskräftig abgeschlossen oder eingestellt wurde. Dies ist idR spätestens mit der Erlassung eines Berufungsbescheides der Fall, wobei hier zu beachten ist, daß einer Beschwerde vor den Gerichtshöfen des öffentlichen Rechts aufschiebende Wirkung zuerkannt werden kann, was sich nicht zuletzt auch auf den Asylwerberstatus auswirkt. „Asylbewerber“ sind Fremde bis zu dem Zeitpunkt, zu dem über den Asylantrag endgültig befunden wurde. Was unter dem Begriff des „endgültigen Befindens über den Asylantrag“ im Dubliner System bedeutet, ist im Dubliner Übereinkommen nur angedeutet: Es ist primäre Pflicht der zuständigen Vertragsstaates, *„jeden Asylantrag zu prüfen, den ein Ausländer an der Grenze oder im Hoheitsgebiet eines Mitgliedstaates stellt“* und *„die Prüfung des Asylantrages bis zum Ende durchzuführen“* (Art 10 Abs 1 lit b Dublin; ähnlich auch Art 29 Abs 3 Schengener Durchführungsübereinkommen). Unter *„Prüfung eines Asylantrages“* ist *„die Gesamtheit der Prüfungsvorgänge, der Entscheidungen beziehungsweise Urteile der zuständigen Stellen in bezug auf einen Asylantrag, mit Ausnahme der Verfahren zur Bestimmung des Staates, der gemäß den Bestimmungen des vorliegenden Übereinkommens für die Prüfung des Asylantrages zuständig ist“*, zu verstehen (vgl Art 1 Abs 1 lit d; Art 3 Abs 1 und Art 10 Abs 1 lit b Dublin). Im Lichte dieser Grundsätze spricht einiges dafür, daß solange eine Beschwerde bei einem der Gerichtshöfe des öffentlichen Rechts anhängig ist, über den Asylantrag noch nicht endgültig befunden wurde.

II. Rechte der Asylwerber

a) Verfahrensrechtliche Komponenten

149 Da Asylwerber Partei iSd § 8 AVG in Asyl- oder Asylerstreckungsverfahren sind, kommen ihnen auch sämtliche Parteirechte nach dem AVG zu. Zu diesen zählen das Recht auf Akteneinsicht (§ 17 AVG), das Recht auf Parteiengehör (§§ 37, 43 Abs 3 und 4, § 45 Abs 3, § 65 AVG), Ablehnung eines nichtamtlichen Sachverständigen (§ 53 Abs 1 leg cit),Verkündung oder Zustellung des Bescheids (§ 62 Abs 2 und 3 leg cit), Erhebung ordentlicher (Vorstellung, Berufung; §§ 57, 63 leg cit) und außerordentlicher Rechtsmittel (Wiederaufnahme des Verfahrens, Wiedereinsetzung in den vorigen Stand; §§ 69 f und 71 f leg cit) und auf Geltendmachung der Entscheidungspflicht (§ 73 leg cit). Diese Rechte kommen nicht nur Asylwerbern iSd Definition des § 1 Z 3 AsylG 1997, sondern auch Parteien in „non-refoulement-Verfahren“ (§§ 8, 14 Abs 3 leg cit), Verfahren zur „Feststellung der Flüchtlingseigenschaft“ (§ 12 leg cit) und in Verfahren zur „Erteilung einer befristeten Aufenthaltsberechtigung“ (§ 15 leg cit) zu.

b) Materiellrechtliche Komponenten

150 Gem § 19 Abs 1 erster Satz AsylG 1997 sind Asylwerber, die sich im Bundesgebiet befinden, vorläufig zum Aufenthalt berechtigt, es sei denn, ihr Antrag wäre wegen entschiedener Sache zurückzuweisen. Der Ausdruck „Asylwerber“ impliziert, daß ein Asylantrag eingebracht (§ 24 leg cit) und nicht bloß gestellt wurde (§ 3 Abs 2 leg cit). Asylwerber, die unter Umgehung der Grenzkontrolle oder entgegen den Bestimmungen des 2. Hauptstückes des Fremdengesetzes eingereist sind, haben die vorläufige Aufenthaltsberechtigung erst, wenn sie von der Behörde zuerkannt wird. In diesem Fall bedarf es – entgegen der Regelung des § 19 Abs 1 erster Satz leg cit – eines behördlichen Hoheitsaktes.

151 Asylwerber (nicht aber Fremde, die einen Asylantrag bloß gestellt haben) haben ein Anrecht auf Belehrung nach § 26 AsylG 1997, das sich im wesentlichen auf die Aushändigung eines Merkblatts erschöpft. Die Aushändigung dieses Merkblatts exkulpiert jedoch nicht von der Manuduktionspflicht nach § 13a AVG. Gleich der Unterlassung der Manuduktionspflicht kann auch die Unterlassung der Belehrung zu wesentlichen Verfahrensmängeln führen (vgl VwGH 8. 3. 1991, 90/11/0188).

152 Soweit dies ohne unverhältnismäßigen Aufwand möglich ist, sind Asylwerber gem § 27 Abs 1 AsylG 1997 persönlich von dem zur Entscheidung berufenen Organwalter des Bundesasylamts zu vernehmen. Damit ist in Verfahren vor dem BAA ein beschränktes Unmittelbarkeitsprinzip vorgesehen. Asylwerber dürfen gem § 27 Abs 3 leg cit in Begleitung einer Vertrauensperson vor der Behörde erscheinen. Minderjährige (§ 25 leg cit) dürfen nur in Gegenwart eines gesetzlichen Vertreters vernommen werden. Besonderes gilt im Berufungsverfahren vor dem UBAS (vgl dazu unten die Ausführungen zu § 38 Rz 1116 ff).

153 Asylwerber haben gem § 29 AsylG 1997 ein Recht auf eine Übersetzung des Spruchs, der Rechtsmittelbelehrung und des Hinweises nach § 61a AVG. Diese Übersetzungen sind im Gegensatz zum AsylG 1991 Bestandteile des Bescheids selbst und keine bloße Beigabe. Fehlt eine der Übersetzungen, ist der Bescheid selbst mit Mangelhaftigkeit behaftet. Wird der Antrag (dh ein Asylantrag) als offensichtlich unbegründet abgewiesen (§ 6 AsylG 1997) bzw wegen Drittstaatsicherheit (§ 4 leg cit) oder wegen vertraglicher Unzuständigkeit (§ 5 leg cit) zurückgewiesen, ist sind dem Bescheid Übersetzungen der maßgeblichen Gesetzesbestimmungen beizugeben. Diese Beigabe der Übersetzung der maßgeblichen Gesetzesbestimmungen steht inhaltlich in einem sachlichen Zusammenhang mit dem abgekürzten Berufungsverfahren, wobei allerdings auf der Hand liegt, daß die Zugabe der Übersetzung der maßgeblichen Gesetzesbestimmung kein taugliche Ersatz für den Rechtsschutzverlust im Rahmen des abgekürzten Berufungsverfahrens ist, bleibt doch die eigentliche Begründung der Zurückweisung nach den §§ 4 und 5 AsylG 1997 bzw der Abweisung des Asylantrags nach § 6 leg cit, die für die Wahrnehmung des Rechtsschutzes unentbehrlich ist, für den Asylwerber im Dunkeln.

154 Gem § 39 Abs 1 AsylG 1997 ist Asylwerbern jederzeit Gelegenheit zu geben, sich an den Hochkommissär der Vereinten Nationen zu wenden. Wird einem Asylwerber nicht die Möglichkeit geboten, sich an den Hochkommissär zu wenden, kann dies im Einzelfall zu einem wesentlichen Verfahrensmangel führen, wenn etwa dadurch die Feststellung eines entscheidungswichtigen Sachverhaltselements unterbleibt.

155 Die Übermittlung personenbezogener Daten eines Asylwerbers an den Herkunftsstaat ist gem § 21 Abs 2 AsylG 1997 im Prinzip nicht zulässig. Daten (auch personenbezogene) des Asylwerbers, die erforderlich sind, um die zur Einreise notwendigen Bewilligungen (Heimreisezertifikate) zu beschaffen, dürfen jedoch auch an den Herkunftsstaat (di auch ein potentieller Verfolgerstaat) übermittelt werden, wenn der Antrag – wenn auch nicht rechtskräftig – abgewiesen oder zurückgewiesen worden ist, das Ergebnis der non-refoulement-Prüfung dem nicht entgegensteht und die Identität des Asylwerbers nicht geklärt ist.

156 Asylwerber sind teilweise von der Anwendung des FrG 1997 ausgenommen (vgl §§ 20 und 21 AsylG 1997). Ein Asylwerber darf in den Herkunftsstaat nicht zurückgewiesen und überhaupt nicht zurückgeschoben oder abgeschoben werden (§ 21 Abs 2 erster Halbsatz AsylG 1997). Das Zurückschiebungs- und Abschiebungsverbot gilt generell für alle Staaten. Asylwerber können demnach nur in einen Drittstaat zurückgewiesen werden, wobei auch hier die Bestimmung des § 57 FrG 1997 – wenn auch nur von Amts wegen – zu beachten ist.

157 Nach § 28 Abs 5 erster Satz FrG 1997 genießen Fremde, denen in Österreich Asyl gewährt wird, Sichtvermerksfreiheit. Gem § 28 Abs 5 zweiter Satz leg cit benötigen Fremde, die (...) auf Grund der Bestimmungen des AsylG 1997 zum Aufenthalt im Bundesgebiet berechtigt sind (befristete Aufenthaltsberechtigung nach § 15 AsylG 1997 und vorläufige Aufenthaltsberechtigung nach § 19 leg cit), hiefür keinen Einreise- oder Aufenthaltstitel. Damit sind Asylberechtigte und Fremde, denen nach dem AsylG 1997 eine Aufenthaltsberechtigung zukommt, von der Sichtvermerkspflicht des § 5 FrG 1997 ausgenommen und benötigen daher für die Einreise und für den Aufenthalt im Bundesgebiet weder einen Einreise- noch Aufenthaltstitel (zu den Einreisetitel siehe § 6 FrG 1997; zu den Aufenthaltstitel siehe § 7 leg cit).

C. Herkunftsstaat

158 Der Begriff des Herkunftsstaates ist der Flüchtlingsdefinition des Art 1 Abschn A Z 2 GFK entnommen. Dort heißt es: *„Flüchtling ist, wer aus wohlbegründeter Furcht (…) sich außerhalb des Heimatlandes (…) oder sich (…) außerhalb des Landes seines gewöhnlichen Aufenthaltes befindet“.* Herkunftsstaat ist somit entweder jener Staat, zu dem ein formelles Band der Staatsbürgerschaft besteht; nur wenn ein solcher Staat nicht existiert wird subsidiär auf sonstige feste Bindungen zu einem Staat in Form eines dauernden (gewöhnlichen) Aufenthaltes zurückgegriffen. Dies schließ allerdings nicht aus, daß einer Person nicht nur ein, sondern mehrere „Herkunftsstaaten“ zuzurechnen sind (aA UBAS 19. 8. 1998, 204.551/0-VII/19/98); dies ist etwa immer dann der Fall, wenn eine Person mehre „Staatszugehörigkeiten“ besitzt („Mehrstaater“). In diesem Sinne bestimmt Art 1 Abschn A Z 2 letzter Absatz GFK: *„Falls jemand mehr als eine Staatsangehörigkeit hat, ist unter dem Heimatland jedes Land zu verstehen, dessen Staatsangehöriger er ist; wenn jemand ohne triftige, auf wohlbegründeter Furcht beruhender Ursache sich des Schutzes eines der Staaten, dessen Staatsangehöriger er ist, nicht bedient, soll er nicht als eine Person angesehen werden, der der Schutz des Heimatlandes versagt worden ist.“* Der Herkunftsstaat hat insb im Rahmen der Flüchtlingseigenschaft (siehe dazu zB die Ausführungen zu § 12 Rz 418), im Rahmen der non-refoulement-Prüfung (siehe dazu die Ausführungen zu § 8 Rz 334) aber auch im Hinblick auf die Zulässigkeit bzw Unzulässigkeit fremdenpolizeilicher Maßnahmen (siehe dazu die Ausführungen zu § 21 Rz 632 ff) besondere Bedeutung.

158a Zum Begriff der Herkunftsstaates hat der VwGH ausgeführt, daß *„nach Ansicht des Verwaltungsgerichtshofes der Begriff des ‚Herkunftsstaates‘ im Sinne des § 1 Z. 4 Asylgesetz 1997 teleologisch dahin zu reduzieren (ist), daß er nur den Staat* *bezeichnet, dessen Staatsangehörigkeit der Fremde besitzt und in dem er behauptet, verfolgt zu werden"* (VwGH 29. 5. 1998, 98/02/0044; vgl dazu auch die Ausführungen zu § 21 Rz 632a).

Damit engt der VwGH in – aus methodischer Sicht – fragwürdiger Weise den Gesetzesbegriff des Herkunftsstaates in § 1 Z 4 AsylG 1997 insofern ein, als er den dort festgelegten Rechtsbedingungen eine weitere Rechtsbedingung, nämlich die *„Behauptung, im betreffenden Staat verfolgt zu werden"* hinzufügt. Entgegen der Ansicht des VwGH liegt hier eine Gesetzeslücke nicht vor (vgl dazu auch die Ausführungen zu § 21 Rz 632a).

Zudem wirft das Judikat des VwGH ein weiteres Problem auf: Aus dem Umstand, daß ein Fremder *eine Verfolgungsgefahr in einem bestimmten Staat* nicht behauptet, kann – selbst wenn dies in der Praxis häufig zutreffen sollte – nicht zwangsläufig der Schluß gezogen werden, daß *tatsächlich keine Verfolgungsgefahr vorliegt*; so sind etwa (psychisch) kranke oder minderjährige Personen selbst bei bestehender Verfolgungsgefahr oft gar nicht in der Lage, eine Verfolgungsgefahr zu behaupten. Die *Behauptung einer Verfolgungsgefahr* ist nicht immer ein *konstitutives Element einer tatsächlich drohenden Verfolgung.*

207 Zudem irrt der VwGH, wenn er davon ausgeht, daß der *„Herkunftsstaat"* nicht der *„Heimatstaat"* sei. Wie sich aus den Materialien eindeutig ergibt, hat die *„Definition des Herkunftsstaates* (in § 1 Z 4 AsylG 1997) *die entsprechende Wortfolge in Art 1 Abschnitt A Z 2 der Genfer Flüchtlingskonvention zum Vorbild"* (RV, 16). Wie sich Art 1 Abschn A Z 2 zweiter Absatz GFK unbestreitbar entnehmen läßt, ist der *„Heimatstaat jedes Land, dessen Staatsangehöriger ein Fremder ist"* („each of the countries of which he is a national"). Neben dem Heimatstaat subsidiär ist eine potentielle Verfolgungsgefahr dem „Land seines gewöhnlichen Aufenthaltes" (country of his former habitual residence") zurechenbar. Folgerichtig umschreibt § 1 Z 4 AsylG 1997 den Herkunftsstaat umfassend als den Staat (richtig wohl die Staaten), dessen (deren) *„Staatsangehörigkeit Fremde besitzen"*; nur im Falle der Staatenlosigkeit ist unter Herkunftsstaat der Staat des „früheren gewöhnlichen Aufenthaltes" zu begreifen. Im Lichte dessen trifft nicht zu, daß der „Herkunftsstaat" nicht der „Heimatstaat" ist; richtig ist vielmehr, daß der „Heimatstaat" *vorrangig* (und in der Regel) auch der „Herkunftsstaat" nach § 1 Z 4 AsylG 1997 ist; hat ein Fremder eine Staatszugehörigkeit bzw Staatsangehörigkeit ist der „Heimatstaat" *immer* der „Herkunftsstaat".

2. Abschnitt

Schutz der Flüchtlinge in Österreich

Umfang des Schutzes

§ 2. Fremde, die sich im Bundesgebiet aufhalten, erlangen nach den Bestimmungen dieses Bundesgesetzes Asyl und die Feststellung, daß sie damit kraft Gesetzes Flüchtlinge sind.

RV: [16]

Nach den Bestimmungen dieses Bundesgesetzes sollen nur jene Fremden Asyl erhalten, die sich im Bundesgebiet aufhalten. Eine Asylgewährung an Fremde im Ausland wäre insofern ein inhaltsloser Akt, als in solchen Fällen ein für die Asylgewährung unabdingbares Moment, nämlich die tatsächliche Möglichkeit, über den betreffenden Fremden die Hoheitsgewalt in einem erforderlichen Mindestmaß auszuüben, fehlt.

Die Gewährung von Asyl und die Asylerstreckung an Fremde im Ausland sind somit nach dieser Bestimmung unzulässig. Gleiches gilt für die Feststellung der Flüchtlingseigenschaft. Diese Regelung ist vor dem Hintergrund des § 16 Abs 3 zu sehen, der in Fällen, in denen bei einer österreichischen Vertretungsbehörde ein Asylantrag eingebracht wird, unter näheren Voraussetzungen die Erteilung eines Visums vorsieht. Asylanträge, die aus dem Ausland eingebracht werden, sind – wenn sie nicht binnen kurzem zur Einreise führen (§ 16 Abs 3 und § 17 Abs 4) – als gegenstandslos abzulegen (§ 31).

Die Entscheidung, mit der Fremden entweder von Amts wegen oder auf Grund eines Asylantrages oder eines Asylerstreckungsantrages Asyl gewährt wird, ist mit der Feststellung zu verbinden, daß dem Fremden damit kraft Gesetzes die Flüchtlingseigenschaft zukommt (§ 12).

Inhaltsübersicht

I. Allgemeines

Die Überschrift des 2. Abschnitts enthält eine weitreichende Formulierung, wenn sie den Schutz der Flüchtlinge in Österreich anspricht. Demgegenüber behandelt das AsylG 1997 in § 2 nur einen kleinen, wenn auch wichtigen Ausschnitt der Schutzgewährung in Österreich. Andere wesentliche Elemente der Schutzgewährung in Österreich ergeben sich quer durch die Kompetenzverteilung aus verschiedenen Drittnormen (siehe dazu die Ausführungen zum Asylbegriff bei § 1, Rz 56 ff). Der Schutz der Flüchtlinge iSd AsylG 1997 erstreckt sich ausschließlich auf die Zuerkennung eines dauernden Einreise- und Aufenthaltsrechts (Asylgewährung) und die Feststellung der Flüchtlingseigenschaft, deren Rechtswirkungen weithin ungewiß sind (siehe dazu die Ausführungen zu § 12, Rz 433 ff). In diesem Sinne könnte man von einer Schutzgewährung iSd AsylG 1997 bzw von einer Schutzgewährung im engeren Sinne sprechen. Adressaten des § 2 AsylG 1997 sind Fremde (§ 1 Abs 1 FrG 1997; ds Personen, die die österreichische Staatsbürgerschaft nicht besitzen).

II. Aufenthalt im Bundesgebiet

160 Eine Rechtsbedingung für die Erlangung des Schutzes iSd AsylG 1997 ist, daß sich der Fremde im Bundesgebiet aufhält (vgl *Rosenmayr*, Asylrecht, 568; zum Aufenthalt siehe die Ausführungen zu § 1, Rz 44 ff). Daß sie im Bundesgebiet eine Abgabestelle iSd § 4 ZustellG haben müssen, ist nicht gefordert. Aufenthalt bedeutet soviel wie physische Anwesenheit. Ob der Aufenthalt legal oder illegal ist, hat hier keine Bedeutung. Schwierig ist die Frage abzuklären, zu welchem Zeitpunkt bzw in welchem Zeitraum sich der Fremde im Bundesgebiet aufhalten muß. Mehrere Varianten stünden zur Disposition: der Aufenthalt muß sich auf die gesamte Zeit des Asylverfahrens bzw des Verfahrens zur Feststellung der Flüchtlingseigenschaft erstrecken, der betroffene Fremde muß sich in dieser Zeitspanne überwiegend im Bundesgebiet befinden, es genügt, wenn er zum Zeitpunkt der Bescheiderlassung bzw zum Zeitpunkt der Bescheidausfertigung im Bundesgebiet anwesend ist.

161 Die RV deutet auf einen Zeitrahmen hin, wenn hervorgehoben wird: *„Eine Asylgewährung an Fremde im Ausland wäre insofern ein inhaltsleerer Akt, als in solchen Fällen ein für die Asylgewährung unabdingbares Moment, nämlich die tatsächliche Möglichkeit, über den betreffenden Fremden die Hoheitsgewalt in einem erforderlichen Mindestmaß auszuüben, fehlt“.*

162 Die Frage um den Zeitpunkt (Zeitraum) des Aufenthalts im Bundesgebiet ist auf dogmatischer Ebene zufriedenstellend nicht zu lösen. § 2 spricht wörtlich davon, daß Fremde, die sich im Bundesgebiet aufhalten, nach den Bestimmungen des AsylG 1997 Asyl und die Feststellung der Flüchtlingseigenschaft „erlangen“. Der Ausdruck „erlangen“ scheint eher einen Zeitpunkt, denn einen Zeitraum anzusprechen, zumal hier die „Erlangung“ von Bescheiden gemeint zu sein scheint. Damit ist dem Wortlaut nach die Rechtsbedingung erfüllt, wenn sich der betroffene Fremde zumindest zum Zeitpunkt der Bescheidzustellung im Inland befindet. Besondere Probleme kann eine Fallkonstellation aufwerfen, in der sich ein Fremder, mag sein überwiegend, aber ausgerechnet nicht zum Zeitpunkt der Bescheidzustellung im Bundesgebiet aufhält. In dieser Situation ist wohl die Zustellung eines positiven Asyl- und Feststellungsbescheids unzulässig. Die Anwesenheit im Bundesgebiet ist eine positive Rechtsbedingung für die Asylgewährung, Asylerstreckung (vgl § 12 AsylG 1997; dieser Bestimmung läßt sich entnehmen, daß durch Asylerstreckung auch „Asyl gewährt“ wird) und die Feststellung der Flüchtlingseigenschaft, nicht aber für die non-refoulement-Prüfung nach § 8. Vice versa ist die Abwesenheit vom Bundesgebiet eine negative Rechtsbedingung für die Asylgewährung und Feststellung der Flüchtlingseigenschaft und somit ein temporärer Asylausschlußtatbestand. Temporär ist dieser Ausschlußtatbestand deshalb, weil mit der (neuerlichen) Einreise die negative Rechtsbedingung wieder wegfällt, dadurch ein neuer Sachverhalt vorliegt, und somit ein neues Asylverfahren angestrengt werden kann.

III. Schutzumfang nach dem AsylG 1997

163 § 2 AsylG 1997 legt den Schutzumfang relativ eng mit der Asylgewährung (di das dauernde Einreise- und Aufenthaltsrecht) und der bescheidmäßigen Feststellung der Flüchtlingseigenschaft fest (siehe dazu die Ausführungen zu § 1, Rz 40 ff und § 12, Rz 369 ff). Der tatsächliche „Schutzgehalt“ des AsylG 1997 ist allerdings wesentlich weiter, insb dann, wenn man sich in der Betrachtung nicht auf materielles Asylrecht beschränkt. In § 8 enthält das AsylG 1997 ein Verfahren zur non-refoule-

ment-Prüfung. Auch die befristete Aufenthaltsberechtigung nach § 15 leg cit und die vorläufige Aufenthaltsberechtigung nach § 19 leg cit gehören zum „Schutzumfang“ des AsylG 1997. § 21 leg cit sieht unter näheren Voraussetzungen einen beschränkten Schutz vor Aufenthaltsbeendigung vor.

Asylantrag

§ 3. (1) Fremde, die in Österreich Schutz vor Verfolgung (Art. 1 Abschnitt A Z 2 der Genfer Flüchtlingskonvention) suchen, begehren mit einem Asylantrag die Gewährung von Asyl. Ein gesonderter Antrag auf Feststellung der Flüchtlingseigenschaft ist nicht zulässig.

(2) Ein Asylantrag ist gestellt, wenn Fremde auf welche Weise immer gegenüber einer Sicherheitsbehörde oder einem Organ des öffentlichen Sicherheitsdienstes zu erkennen geben, in Österreich Schutz vor Verfolgung zu suchen.

RV: [16, 17]

An sich ist jeglicher Antrag auf Feststellung der Flüchtlingseigenschaft unzulässig. Solche Anträge wären daher zurückzuweisen. Allerdings haben die Asylbehörden gemäß § 12 des Entwurfs im Interesse der Rechtssicherheit eine Entscheidung, mit der Fremden von Amts wegen, aufgrund Asylantrages oder aufgrund Asylerstreckungsantrages Asyl gewährt wird, mit der Feststellung zu verbinden, daß dem Fremden kraft Gesetzes die Flüchtlingseigenschaft zukommt. Die Behörden haben daher die Flüchtlingseigenschaft eines Fremden stets dann bescheidmäßig festzustellen, wenn dem Fremden Asyl gewährt wird und zwar unabhängig davon, ob dies wegen Vorliegens der Voraussetzungen nach Art. 1 der Genfer Flüchtlingskonvention, wegen einer Asylerstreckung oder wegen der Erfüllung einer Kontingentverpflichtung erfolgt. Im Falle der Abweisung des Asylantrages entfällt auch die Feststellung der Flüchtlingseigenschaft. Die Behörde soll insbesondere nicht verpflichtet sein, sich inhaltlich mit einem solchen Antrag eines abgewiesenen Asylwerbers auseinanderzusetzen.

Die Flüchtlingseigenschaft eines Fremden ist nach der Genfer Flüchtlingskonvention von materieller Natur. Die Asylgewährung ist gemäß § 3 Abs 1 an die Voraussetzungen des Art 1 der Genfer Flüchtlingskonvention gebunden, so daß sich in diesen Fällen zwangsläufig auch die Flüchtlingseigenschaft nach diesen Kriterien richtet. Flüchtlinge im Sinne dieses Bundesgesetzes können sowohl [16] Flüchtlinge nach Art 1 der Genfer Flüchtlingskonvention, Kontingentflüchtlinge oder Asylberechtigte Kraft Asylerstreckung sein, wenn den betreffenden Personen rechtskräftig mit Bescheid Asyl gewährt oder auf die betreffenden Personen rechtskräftig Asyl erstreckt wurde. Die Feststellung der Flüchtlingseigenschaft ist mit der Asylgewährung oder Asylerstreckung untrennbar verbunden und bildet daher insgesamt einen einzigen Verfahrensgegenstand.

Der Entwurf unterscheidet zwischen der Antragstellung und der Einbringung eines Asylantrags. Ein Asylantrag ist gestellt, wenn Fremde gegenüber einer Sicherheitsbehörde (§ 4 SPG) oder einem Organ des öffentlichen Sicherheitsdienstes (§ 5 Abs 2 SPG) in irgendeiner Weise zu erkennen geben, in Österreich Schutz vor Verfolgung zu suchen, wobei unter dem Ausdruck „auf welche Weise immer" insbesondere auch undeutliche aber verstehbare mündliche Äußerungen zu verstehen sind. Die Entscheidungspflicht nach § 73 AVG entsteht hingegen erst mit Einbringung des Asylantrages. Eingebracht sind Asylanträge, wenn sie beim Bundesasylamt einlangen, wobei auch die Weiterleitung eines gestellten Asylantrags auf Gefahr des Antragstellers erfolgt [17].

Inhaltsübersicht

I. Asylantrag

a) Allgemeines

164 Die Verfahrenshandlungen eines Beteiligten, mit denen er an die Behörde herantritt, faßt § 13 AVG unter dem Begriff *„Anbringen"* zusammen; darunter sind Anträge, Gesuche, Anzeigen, Beschwerden und sonstige Mitteilungen zu verstehen (vgl § 13 Abs 1 AVG). Anbringen sind keine Willenserklärungen sondern sog Willensbetätigungen. Anbringen können auf die Erlassung eines Bescheides abzielen und begründen diesfalls eine Entscheidungspflicht der Behörde (vgl § 73 Abs 1 AVG); vielfach ist in den Verwaltungsvorschriften vorgesehen, daß ein Verwaltungsverfahren nur auf Grund einer Initiative eines Beteiligten einzuleiten ist. In diesen Fällen darf ein Bescheid nur auf Grund eines Anbringens erlassen werden. Ein Anbringen kann auch auf die Erbringung einer behördlichen Leistung (Ausstellung eines Reisepasses, eines Führerscheines; Vornahme einer amtsärztlichen Untersuchung) gerichtet sein; die Verweigerung der beantragten Leistung hat bescheidmäßig zu erfolgen (*Walter/Mayer*, Verwaltungsverfahrensrecht, Rz 150). Wenn die Asylbehörde ohne entsprechenden Antrag Asyl gewährt oder Asyl ausdehnt, wird der gesetzliche Richter verletzt (vgl VfSlg 4.730, 5.419, 5.685; vgl dazu allerdings § 9 AsylG 1997). Gem § 13 Abs 8 AVG kann der verfahrenseinleitende Antrag in jeder Lage des Verfahrens geändert werden. Durch die Antragsänderung darf die Sache ihrem Wesen nach (vgl dazu 1167 BlgNR 20. GP, 27) nicht geändert und die sachliche und örtliche Zuständigkeit nicht berührt werden. Sohin kann mit 1. 1. 1999 ein Asylantrag in jeder Lage des Verfahrens in einen Asylerstreckungsantrag abgeändert werden. Ob eine Antragsänderung rückgängig gemacht werden kann, ist fraglich. Durch eine Antragsänderung wird die funktionelle Zuständigkeit nicht berührt.

b) Antrag auf Asylgewährung

165 Nach dem Wortlaut des § 3 Abs 1 AsylG 1997 begehren *„Fremde, die in Österreich Schutz vor Verfolgung (Art 1 Abschn A Z 2 GFK) suchen"*, die Gewährung von Asyl. Dazu stellt sich die Frage, ob der Ausdruck „Fremde" und „Schutz vor Verfolgung suchen" Rechtsbedingungen (Zulässigkeitsvoraussetzungen) für die Antragstellung verkörpern. Folgt man diesem Ansatz, wären Asylanträge von österreichischen Staatsbürgern nicht ab-, sondern zurückzuweisen. Desgleichen wären die Anträge Fremder, die zwar formell einen Asylantrag stellen, aber nicht Schutz vor Verfolgung suchen, zurückzuweisen. Bei strenger Interpretation wären auch jene Personen betroffen, die auf Grund ihres Alters oder ihres geistigen Zustandes nicht in der Lage sind, Schutz zu suchen; das Suchen von Schutz erfordert ein Mindestmaß an Dispositions- und Diskretionsfähigkeit, die etwa Kleinkinder oder geistig schwer Behinderte nicht aufbringen können.

166 Während der Rechtsfolgewille nach § 3 Abs 1 AsylG 1997 auf die Asylgewährung gerichtet ist, richtet sich der Rechtsfolgewille bei der Stellung des Asylantrags nach § 3 Abs 2 leg cit auf das Suchen von Schutz vor Verfolgung in Österreich. Die Regelung des § 3 leg cit ist daher in sich wenig konsistent. Wäre das „Suchen von Schutz vor Verfolgung in Österreich" zugleich Zulässigkeitsbedingung und Rechtsfolgewille zugleich, ist die Frage schlichtweg nicht zu klären, ob der Asylantrag für den Fall, daß diese Rechtsbedingung fehlt, zurück- oder abzuweisen ist.

167 Dieses Ergebnis dürfte allerdings dem Sinn und Zweck des AsylG 1997 und der GFK widersprechen. Es spricht daher einiges dafür, daß der Gesetzgeber so scharf nicht zwischen Rechtsfolgewillen und Antragsbedingungen unterscheiden wollte. Demzufolge muß man mit einer gewissen Wahrscheinlichkeit davon ausgehen, daß der Gesetzgeber den Rechtsfolgewillen „Erlangen von Asyl" mit dem Tatbestandsmerkmal „Suchen um Schutz vor Verfolgung" gleichsetzen wollte und diese Begriffe synonym verwendet.

c) Verfolgungsbegriff

168 Beachtenswert ist in diesem Zusammenhang, daß § 3 Abs 1 zwar auf den Verfolgungsbegriff der GFK verweist, die Verfolgungsgründe des Art 1 Abschn A Z 2 GFK aber nicht erwähnt. Die Verfolgungsgefahr und die Ursachen für diese sind in der GFK zwei trennbare Betrachtungsgegenstände. Ein Fremder muß dem Wortlaut nach nur Schutz vor Verfolgung iSd GFK suchen, wobei die einschlägigen Verfolgungsgründe keine Rolle spielen. Ob dies vom Gesetzgeber auch so intendiert war, ist allerdings fraglich. In der RV geht man offenbar davon aus, daß durch den Hinweis auf die Verfolgung nach Art 1 Abschn A Z 2 GFK auch die dort normierten Verfolgungsgründe erfaßt sind. Auch systematische Überlegungen deuten in diese Richtung. Wenn der Gesetzgeber des AsylG 1997 sich vollständig an den Flüchtlingsbegriff der GFK angelehnt hat, spricht vieles dafür, daß er dies auch für jene Komponenten getan hat, die für den Verfolgungsbegriff der GFK in wesentlicher Weise bestimmend sind.

d) Einbringungsbehörde

169 Einbringungsbehörde ist grundsätzlich das BAA (§ 24 AsylG 1997). Die Außenstellen sind dem BAA zuzurechnen (vgl bereits zum AsylG 1991 270 BlgNR 18. GP, 17). Hält sich ein Fremder (noch) im Ausland auf, dann bleibt für die Entscheidung auch in diesen Fällen das BAA zuständig, wobei es hier vorrangig um eine Einreiseentscheidung geht (siehe dazu die Ausführungen zu § 16, Rz 497 ff und 17, Rz 503 ff). Gem § 24 AsylG 1997 können Anträge nach dem AsylG 1997 in jeder geeignet erscheinenden Weise gestellt werden. Asylanträge können somit auch telefonisch, per e-mail oder im Faxwege eingebracht werden (vgl *Steiner*, AsylR '92, 25). Anträge nach dem AsylG 1997 können – wie bereits nach der alten Rechtslage – schriftlich auch in einer der Amtssprachen der Vereinten Nationen gestellt werden.

e) Stellung und Einbringung von Asylanträgen

170 In einzigartiger Weise unterscheidet das AsylG 1997 zwischen Einbringung und Stellung des Asylantrages. Eingebracht ist ein Asylantrag dann, wenn er in die Sphäre des BAA gelangt ist (vgl § 24 AsylG 1997). Ein Asylantrag ist gestellt, wenn sich Fremde gegenüber einer Sicherheitsbehörde (§ 4 SPG) oder einem Organ des öffentlichen Sicherheitsdienstes (§ 5 SPG) iSd § 3 Abs 2 AsylG 1997 äußern. Diese Unterscheidung zwischen Einbringung und Stellung bezieht sich dem Gesetzeswortlaut des § 3 Abs 2 leg cit nach ausschließlich auf Asylanträge; in diesem Zusammenhang ist aber zu beachten, daß § 24 Abs 2 leg cit die „Stellung von Anträgen" auf „Anträge nach diesem Bundesgesetz" (siehe dazu die Ausführungen zu § 24, Rz 733 ff; § 44, Rz 1216) bezieht. Es ist sohin nicht von der Hand zu weisen, daß – „entgegen dem Wortlaut das § 3 Abs 2 leg cit – nicht nur „Asylanträge", sondern sämtliche „Anträge nach dem AsylG 1997" iSd § 3 Abs 2 leg cit „gestellt" werden können.

f) Weiterleitung von Asylanträgen

171 § 3 AsylG 1997 berührt die Bestimmungen des allgemeinen Verwaltungsverfahrensrechts betreffend die Weiterleitung von Anträgen nicht. Langen bei einer Behörde Anbringen ein, zu deren Behandlung sie nicht zuständig ist, so hat sie diese gem § 6 Abs 1 AVG ohne unnötigen Aufschub auf Gefahr des Einschreiters (zB Fristversäumnis; VwSlgNF 8044 A, 9563 A) an die zuständige Stelle weiterzuleiten oder den Einschreiter an diese zu verweisen (vgl auch § 44 Abs 1 JN). Eine Abtretung an die zuständige Behörde durch eine derartige formlose Verfügung (vgl VfSlg 6984; VwSlgNF 7110 A) hat nur bei offenkundiger Unzuständigkeit zu erfolgen. Der VwGH verneint einen Rechtsanspruch auf formlose Weiterleitung (VwGH 12. 11. 1986, 86/03/0194; vgl aber VwSlgNF 7634 A). Nach der Jud erlischt durch die Weiterleitung eines Anbringens die Entscheidungspflicht der abtretenden Behörde; dies gilt selbst dann, wenn die Weiterleitung rechtswidrig ist (VwGH 3. 4. 1989, 89/10/0085; 18. 3. 1993, 93/09/0042). *„Beharrt"* eine Partei auf einer Zuständigkeitsentscheidung, so ist über die Frage der Zuständigkeit bescheidmäßig durch Zurückweisung des Antrags abzusprechen. Ein Antrag ist auch zurückzuweisen, wenn für das Anbringen keine Behörde zuständig ist.

g) Entscheidungspflicht und Säumnis

172 Im Asylverfahren gelten gem § 23 AsylG 1997 grundsätzlich die Regeln betreffend die Entscheidungspflicht und Säumnis des AVG. § 73 AVG normiert subsidiär zu den „Verwaltungsvorschriften", daß die Behörden verpflichtet sind, über Anträge von Parteien (§ 8) und Berufungen ohne unnötigen Aufschub, spätestens aber sechs Monate nach deren Einlangen den Bescheid zu erlassen. Die Behörde hat Anträge iSd § 73 „ohne unnötigen Aufschub" zu erledigen; dies bedeutet, daß die Behörde ehestmöglich zu entscheiden hat. Sie darf nicht grundlos zuwarten oder überflüssige Verwaltungshandlungen setzen, um die Entscheidung hinauszuzögern (VwGH 14. 4. 1983, 82/08/0129). Die Behörde hat spätestens sechs Monate nach Einlangen des Antrags (Höchstfrist) den Bescheid zu erlassen.

173 Das AsylG 1997 kennt im Hinblick auf die Entscheidungsfrist vom AVG zulässigerweise abweichende Bestimmungen. Gem § 31 leg cit entsteht überhaupt keine Entscheidungspflicht iSd § 73 Abs 1 AVG. Asyl- und Asylerstreckungsanträge Fremder, denen nach einer Befassung des BAA die Einreise nach den § 16 Abs 3 und § 17 Abs 4 AsylG 1997 nicht gewährt worden ist, sind als gegenstandslos abzulegen. In Fällen der Abweisung eines Asylantrags „als offensichtlich unbegründet" (§ 6 AsylG 1997) oder der Zurückweisung eines Asylantrags „wegen Unzuständigkeit" (§§ 4 und 5 AsylG 1997) beträgt die Berufungsfrist gem § 32 Abs 1 leg cit zehn Tage nach Zustellung des Bescheides (zur Fristenberechnung siehe § 32 AVG). Die Entscheidungsfrist im Berufungsverfahren ist in § 32 Abs 4 AsylG 1997 relativ zwingend mit „zehn Arbeitstagen" nach dem Tag des Einlangens beim UBAS festgelegt; insgesamt „soll" das abgekürzte Berufungsverfahren nicht länger als zwanzig Arbeitstage dauern (vgl dazu die Ausführungen zu § 32 Rz 908 ff). Eine Unterbrechung der Entscheidungsfrist der Asylbehörden (BAA und UBAS) ist in § 30 AsylG 1997 vorgesehen: Mit der Einstellung des Asylverfahrens (Asylerstreckungsverfahrens) wird die Entscheidungsfrist unterbrochen, mit der Fortsetzung des Verfahrens beginnt die Entscheidungsfrist von neuem zu laufen.

174 Wird gegenüber der Partei innerhalb der Entscheidungsfrist ein ihren Antrag (vollständig) erledigender Bescheid der angerufenen Behörde nicht erlassen, so geht auf schriftlichen Antrag der Partei die Zuständigkeit zur Entscheidung auf die sachlich in Betracht kommende Oberbehörde, wenn aber gegen den Bescheid Berufung an den unabhängigen Verwaltungssenat (UVSL bzw UBAS; vgl auch § 33 AsylG 1997) erhoben werden könnte, auf diesen über (Devolutionsantrag). Unter *„Entscheidungsfrist"* ist die sechsmonatige Frist des § 73 Abs 1 AVG, wenn die Verwaltungsvorschriften jedoch eine kürzere oder längere Frist vorsehen, diese zu verstehen (1167 BlgNR 20. GP, 39). Der Devolutionsantrag ist bei der Oberbehörde (beim UVS) einzubringen; § 6 AVG ist auch in diesem Zusammenhang anwendbar (vgl 1167 BlgNR 20. GP, 39). Der Devolutionsantrag ist eigentlich auf Erledigung durch Kompetenzübergang gerichtet (*Körner*, 253). Mit Einlangen des Devolutionsantrags bei der Oberbehörde bzw UVS geht die Zuständigkeit zur Entscheidung über den zugrundeliegenden Antrag ohne jeden weiteren behördlichen Akt an diese(n) über (§ 73 Abs 2 AVG; VwSlgNF 7072 A; VwGH 18. 9. 1984, 84/07/ 0137; 3. 4. 1990, 89/11/0236; *Hellbling* I, 494). Ein Devolutionsantrag ist abzuweisen, wenn zwar die zeitliche Voraussetzung der Säumnis gegeben ist, aber die Verzögerung nicht auf ein überwiegendes Verschulden der Behörde zurückzuführen ist (§ 73 Abs 2 AVG). In diesem Fall tritt zwar ein Kompetenzübergang ein (VwGH 23. 1. 1985, 84/11/0180), wird jedoch durch die Rechtskraft der abweislichen Entscheidung der Oberbehörde wieder aufgehoben. Ein verfrüht – vor Ablauf der Entscheidungsfrist, wie sie in § 73 Abs 1 AVG oder den Verwaltungsvorschriften vorgesehen ist – eingebrachter Devolutionsantrag bewirkt keinen Zuständigkeitsübergang; er ist unzulässig und selbst dann zurückzuweisen, wenn die Entscheidungsfrist inzwischen verstrichen ist (VwSlgNF 10.263 A; VwGH 27. 1. 1987, 85/04/0165; 18. 3. 1994, 92/07/0055). Ein Kompetenzübergang tritt auf Grund eines unzulässigen Devolutionsantrags nicht ein.

II. Antrag auf Feststellung der Flüchtlingseigenschaft

a) Allgemeines

175 Die Feststellung der Flüchtlingseigenschaft soll grundsätzlich von Amts wegen erfolgen (§ 12 AsylG 1997). § 3 Abs 1 zweiter Satz AsylG 1997 schließt Anträge auf Feststellung der Flüchtlingseigenschaft zwar weitgehend aber nicht gänzlich aus. Das AsylG 1997 erklärt nur *„gesonderte Anträge auf Feststellung der Flüchtlingseigenschaft"* für unzulässig (vgl § 3 Abs 1 zweiter Satz AsylG 1997). Einbringungsbehörde ist das BAA (§ 24 Abs 1 AsylG 1997). Vor diesem Hintergrund ist im Lichte des § 73 Abs 1 AVG zwischen Verfahren zur Feststellung der Flüchtlingseigenschaft, die auf Antrag eingeleitet werden, und Verfahren, die von Amts wegen eingeleitet werden, zu unterscheiden. Eine *„Stellung"* eines Antrags auf Feststellung der Flüchtlingseigenschaft ist im Lichte des § 24 Abs 1 AsylG 1997 möglich, wenngleich sich § 3 Abs 2 leg cit nur auf Asylanträge bezieht (zur Stellung und Einbringung eines Asylantrags siehe oben die Ausführungen zu § 3, Rz 170). Die Rechtsbedingungen und die Rechtsfolgen der Feststellung der Flüchtlingseigenschaft werden unter § 12 behandelt (vgl dazu die Ausführungen zu Rz 369 ff).

b) Zulässigkeit

176 § 3 Abs 1 zweiter Satz AsylG 1997 bestimmt, daß ein *„gesonderter Antrag auf Feststellung der Flüchtlingseigenschaft"* nicht zulässig ist. Damit wäre aber nicht jeder Antrag auf Feststellung der Flüchtlingseigenschaft unzulässig, sondern nur ein solcher, der *„abgesondert"* eingebracht wird. Das Tatbestandsmerkmal „abgesondert" bleibt weitestgehend im Dunkeln. Der systematische Zusammenhang deutet darauf hin, daß Asylanträge nur zusammen (welcher zeitliche bzw sachliche Zusammenhang hier gemeint ist, bleibt aus rechtsdogmatischer Sicht unklar) mit Asylanträgen gestellt werden dürfen. An dieser Stelle fällt auf, daß § 12 die Feststellung der Flüchtlingseigenschaft von Amts wegen vorsieht. Vor diesem Hintergrund sind die Asylbehörden verpflichtet, die Feststellung der Flüchtlingseigenschaft von Amts wegen vorzunehmen, sofern die entsprechenden Rechtsbedingungen erfüllt sind. Die RV spricht davon, daß jegliche Anträge auf Feststellung der Flüchtlingseigenschaft unzulässig sind; sichtlich geht man davon aus, daß die Feststellung der Flüchtlingseigenschaft nur mit einem Bescheid, mit dem einem Fremden Asyl gewährt wird, verbunden werden soll und das Verfahren betreffend die Feststellung der Flüchtlingseigenschaft das Schicksal des Bescheides, mit dem Asyl zuerkannt wird, teilen soll. Würde man dieser Ansicht folgen, wäre das Wort „gesondert" in § 3 Abs 1 zweiter Satz AsylG 1997 inhaltsleer. Nicht ausgeschlossen sind jedenfalls Anträge auf Feststellung, daß Fremde (als Flüchtlinge im materiellen Sinn) bestimmte Rechte nach einzelnen Gesetzen genießen (vgl *Rosenmayr*, Asylrecht, 581).

177 Das Verwaltungsrecht kennt verschiedene Verfahrenstypen: amtswegige, antragsbedürftige sowie Verfahren, die sowohl auf Antrag als auch von Amts wegen einzuleiten sind. Vor dem Hintergrund des Verfahrens zur Feststellung der Flüchtlingseigenschaft ergibt sich eine Gemengelage zwischen einzelnen Verfahrenstypen. Nicht „abgesonderte" Anträge auf Feststellung der Flüchtlingseigenschaft sind zulässig und auch von Amts wegen zu erledigen. Daraus resultiert ein Verfahrenstyp, nach dem das Verfahren zur Feststellung der Flüchtlingseigenschaft sowohl auf Antrag als auch von Amts wegen zulässig ist. „Abgesonderte" Anträge sind – im Gegensatz zu nicht „abgesonderten" Anträgen – unzulässig und daher zurückzuweisen. Das Feststellungsverfahren ist in solchen Fällen ausschließlich ein amtswegiges Verfahren. Vor diesem Hintergrund muß man wohl im Gegensatz zur RV zwischen zulässigen und unzulässigen Anträgen auf Feststellung der Flüchtlingseigenschaft unterscheiden.

c) Entscheidungspflicht

178 § 73 Abs 1 AVG sieht eine Entscheidungspflicht der Behörden nur vor, wenn über *„Anträge von Parteien (§ 8 AVG) oder über Berufungen"* zu entscheiden ist und in den Verwaltungsvorschriften nicht anderes bestimmt ist. Wenn nun ein Verfahren zur Feststellung von Amts wegen eingeleitet wird und ein Antrag einer Partei nicht vorliegt, was in aller Regel der Fall ist, besteht außerhalb eines Berufungsverfahrens nach dem Wortlaut des AVG keine Entscheidungspflicht. Ob die Unterbrechung der Entscheidungsfrist nach § 30 AsylG 1997 – soweit § 73 Abs 1 AVG überhaupt eine Entscheidungspflicht vorsieht – auch für Verfahren betreffend die Feststellung der Flüchtlingseigenschaft gilt, ist fraglich. Vom sachlichen Zusammenhang her würde vieles dafür sprechen. Vom Wortlaut des § 30 AsylG 1997 her betrachtet, wäre eine derartige Deutung nicht zulässig, da sich der Wortlaut ganz eindeutig auf *„mit Asylantrag oder Asylerstreckungsantrag eingeleitete Verfahren“* bezieht. Durch einen Asylantrag oder Asylerstreckungsantrag kann ein Verfahren auf Feststellung der Flüchtlingseigenschaft nicht eingeleitet werden. Wie sich der RV entnehmen läßt, geht der Gesetzgeber davon aus, daß das Asylverfahren und das Verfahren zur Feststellung der Flüchtlingseigenschaft ein Verfahren und daher einen einzigen Verfahrensgegenstand bilden.

179 Dem ist aber nicht so: Mit jedem Bescheid wird über eine bestimmte Verwaltungssache entschieden. Sie wird dadurch zur entschiedenen Sache („res iudicata“). Die Bescheidwirkungen erstrecken sich ausschließlich auf die entschiedene Sache. Sie ist durch den angenommenen Sachverhalt in Relation zur angewandten Rechtsvorschrift bestimmt (*Ringhofer* I, 660 f; *Mayer*, ZfV 1977, 488). Die Verfahren betreffend die Asylgewährung (das AsylG 1997 kennt mehrere Verfahren zur Asylgewährung, denen wiederum verschiedene Tatbestände zugrunde liegen) einerseits, und das Verfahren zur Feststellung der Flüchtlingseigenschaft andererseits, unterscheiden sich sowohl in den Rechtsfolgen als auch im Tatbestand. Für die Feststellung der Flüchtlingseigenschaft ist nach § 12 AsylG 1997 einzige Rechtsbedingung, daß einem Fremden von Amts wegen, auf Grund Asylantrags oder auf Grund Asylerstreckungsantrags Asyl gewährt wird. Nach der Anordnung des § 12 leg cit ist die Feststellung der Flüchtlingseigenschaft mit der Asylgewährung zu verbinden; es liegen somit ausschließlich zwei Bescheide (als Normen) – möglicherweise in einer einzigen Bescheidurkunde – vor.

180 Vor dem Hintergrund der Fehleinschätzung des Gesetzgebers liegt die Annahme auf der Hand, daß hier eine echte Gesetzeslücke vorliegen könnte, die dermaßen zu schließen wäre, daß die Unterbrechung der Entscheidungsfrist nach § 30 AsylG 1997 nicht nur auf Asylanträge oder Asylerstreckungsanträge eingeleitete Verfahren, sondern auch für Verfahren zur Feststellung der Flüchtlingseigenschaft – sofern nach dem AVG eine Entscheidungspflicht überhaupt gegeben ist – gilt. Ob dieser Befund im Ergebnis auch für die „Gegenstandslosigkeit“(§ 31 AsylG 1997) und das „Abgekürzte Berufungsverfahren“ (§ 32 AsylG 1997) gilt, ist fraglich.

Unzulässige Asylanträge wegen Drittstaatsicherheit

§ 4. (1) Ein Asylantrag ist unzulässig, wenn der oder die Fremde in einem Staat, mit dem kein Vertrag über die Bestimmung der Zuständigkeit zur Prüfung eines Asylantrages anwendbar ist, Schutz vor Verfolgung finden kann (Schutz im sicheren Drittstaat).

(2) Schutz im sicheren Drittstaat besteht für Fremde, wenn ihnen in einem Staat, in dem sie nicht gemäß § 57 Abs. 1 oder (2) FrG bedroht sind, ein Verfahren zur Einräumung der Rechtsstellung eines Flüchtlings nach der Genfer Flüchtlingskonvention offensteht, sie während dieses Verfahrens in diesem Staat zum Aufenthalt berechtigt sind und wenn sie dort Schutz vor Abschiebung in den Herkunftsstaat – auch im Wege über andere Staaten – haben, sofern sie in diesem gemäß § 57 Abs. 1 oder 2 FrG bedroht sind. Dasselbe gilt bei gleichem Schutz vor Zurückweisung, Zurückschiebung oder Abschiebung für Staaten, die in einem Verfahren zur Einräumung der Rechtsstellung eines Flüchtlings nach der Genfer Flüchtlingskonvention bereits eine Entscheidung getroffen haben.

(3) Die Voraussetzungen des Abs. 2 sind in einem Staat regelmäßig darin gegeben, wenn er die Genfer Flüchtlingskonvention ratifiziert und gesetzlich ein Asylverfahren eingerichtet hat, das die Grundsätze dieser Konvention umsetzt, sowie die Konvention zum Schutze der Menschenrechte und Grundfreiheiten, BGBl. Nr. 210/1958, und das Protokoll Nr. 11 zur Konvention zum Schutze der Menschenrechte und Grundfreiheiten über die Umgestaltung des durch die Konvention eingeführten Kontrollmechanismus samt Anhang, BGBl. III Nr. 30/1998, ratifiziert hat.

(3a) Der Bundesminister für Inneres kann mit Verordnung Staaten bezeichnen, die Asylwerbern regelmäßig effektiven Schutz vor Verfolgung gewähren (Abs. 2), weil

1. **ihre Behörden aus Österreich zurückgewiesenen, zurückgeschobenen oder abgeschobenen Fremden, die im Drittstaat Schutz vor Verfolgung suchen, uneingeschränkt Zugang zum Asylverfahren gewähren und solche Fremde – auch im Wege über andere Staaten – nicht in den Herkunftsstaat abschieben, sofern sie in diesem gemäß § 57 Abs. 1 oder 2 FrG bedroht sind;**
2. **die Verfahren zur Prüfung von Asylanträgen einzelfallbezogen geführt, insbesondere die Asylwerber persönlich einvernommen werden, erforderlichenfalls Dolmetscher beigezogen werden und die Entscheidung (Spruch) den Asylwerbern in einer ihnen verständlichen Sprache mitgeteilt wird;**
3. **die Entscheidung der zur Prüfung von Asylanträgen zuständigen Behörde vor eine Überprüfungsinstanz gebracht werden kann;**
4. **die Asylwerber im Hoheitsgebiet des Staates bleiben können, bis die Entscheidung der Überprüfungsinstanz getroffen oder die Entscheidung der Behörde endgültig geworden ist.**

(3b) Gewähren mit Verordnung gemäß Abs. 3a bezeichnete Staaten regelmäßig keinen effektiven Schutz vor Verfolgung mehr, so hat der Bundesminister für Inneres dies mit Verordnung festzustellen. Außerdem kann der Bundesminister für Inneres mit Verordnung bestimmte Staaten bezeichnen, die regelmäßig keinen effektiven Schutz vor Verfolgung gewähren.

(3c) Vor der Erlassung von Verordnungen gemäß Abs. 3a und 3b hat der Bundesminister für Inneres eine Stellungnahme des Bundesministers für auswärtige Angelegenheiten zu diesem Vorhaben einzuholen.

(3d) Asylwerber, die aus in ihrer Person gelegenen Umständen behaupten, in einem durch eine Verordnung gemäß Abs. 3a bezeichneten Staat keinen Schutz im sicheren Drittstaat zu genießen (Abs. 2), haben diese Umstände glaubhaft zu machen.

(4) Schutz in einem sicheren Drittstaat ist unbeachtlich, wenn

1. die Asylwerber EWR-Bürger sind oder

2. den Eltern minderjähriger, unverheirateter Asylwerber in Österreich Asyl gewährt wurde oder

3. den Ehegatten oder minderjährigen Kindern der Asylwerber in Österreich Asyl gewährt wurde.

(5) Können Fremde, deren Asylantrag nach Abs. 1 (als) unzulässig zurückgewiesen wurde, nicht in einen sicheren Drittstaat zurückgewiesen, zurückgeschoben oder abgeschoben werden, so tritt der Bescheid, mit dem der Asylantrag zurückgewiesen wurde, mit dem Zeitpunkt des Einlangens der Mitteilung nach § 57 Abs. 7 FrG außer Kraft. Mit diesem Zeitpunkt beginnt die Entscheidungsfrist nach § 73 Abs. 1 AVG von neuem zu laufen; ein anhängiges Berufungsverfahren ist als gegenstandslos einzustellen.

(IdF BGBl I 1999/4)

RV: [17, 18]

Die Drittlandklausel ist als (negative) Prozeßvoraussetzung konstruiert. Folglich sind im Falle der Drittlandsicherheit Asylanträge als unzulässig zurückzuweisen. Staaten, mit denen ein Vertrag über die Bestimmung der Zuständigkeit zur Prüfung eines Asylantrages besteht, also etwa Mitgliedstaaten des Dubliner Vertragswerks kommen als „sichere Drittstaaten" nicht in Betracht, weil für sie im Lichte eines solchen Übereinkommens ein besonderes Zuständigkeitsregime nach § 5 greifen soll.

Die Drittlandsicherheit wurde auch inhaltlich anders gestaltet und ist im Gegensatz zur bisherigen Rechtslage als Prognose formuliert. Dieser Grundsatz der Prognose steht im Einklang mit der Entschließung der für Einwanderungsfragen zuständigen Minister der Europäischen Gemeinschaften zu einem einheitlichen Konzept in Bezug auf Aufnahmedrittländer. Demnach liegt Drittlandsicherheit dann vor, wenn Betroffene im Falle der Rückkehr oder Abschiebung in diesen Staat sicher sein werden, und nicht bereits dann, wenn sie zu einem bestimmten Zeitpunkt in der Vergangenheit sicher waren oder gewesen wären. Damit soll eine Aussage darüber getroffen werden können, ob der Drittlandschutz – worauf es letztendlich ankommt – auch tatsächlich effektuierbar ist.

Inhaltlich formuliert auch die genannte Entschließung der für Einwanderungsfragen zuständigen Minister der Europäischen Gemeinschaften die Bedingungen und Kriterien für die Bezeichnung eines Aufnahmedrittlandes, die in jedem Einzelfall vom Staat zu beurteilen wären: Für das Leben und die Freiheit des Asylwerbers darf in diesen Drittländern keine Bedrohung gemäß Art. 33 des Genfer Abkommens bestehen. Der Asylwerber darf in dem Drittland weder Folter noch unmenschlicher oder erniedrigender Behandlung zu gewärtigen haben (vgl. insb Art 3. EMRK). Entweder muß dem Asylwerber bereits Schutz in einem Drittland gewährt worden sein oder er muß an der Grenze oder im Hoheitsgebiet des Drittlandes die Möglichkeit gehabt haben, sich um Schutz an die Behörden dieses Landes zu wenden, bevor er sich in den Mitgliedstaat begeben hat, oder die Voraussetzungen für seine Aufnahme in einem Drittland müssen offensichtlich gegeben sein. Der Asylwerber muß im Aufnahmedrittland einen tatsächlichen Schutz gegen Aus- oder Zurückweisung im Sinne des Genfer Abkommens genießen.

Der vorliegende Entwurf versucht das Anliegen einer handhabbaren Drittstaatklausel durch ein Nebeneinanderstellen der eben beschriebenen Anforderungen (Abs 2) und eines Grundsatzes, daß Staaten, die ein gewisses Maß an völkerrechtlicher Verpflichtung eingegangen sind (GFK, EMRK) und den dadurch vorgegebenen Standard in ihrer Rechtsordnung umgesetzt haben, in der Regel sichere Drittstaaten sein werden (Abs 3), umzusetzen. Dies bedeutet, daß im Falle einer Einreise aus einem Staat, der diese Kriterien erfüllt – es sind dies sämtliche Anrainerstaaten Österreichs – ohne konkrete und spezifische Behauptung des Betroffenen dennoch einer unmittelbaren Gefahr im Drittstaat ausgesetzt zu sein, von gegebenem Schutz im sicheren Drittstaat auszugehen sein wird. Die sich aus Abs 2 ergebende Verpflichtung zur Einzelfallprüfung wird freilich durch eine solche Gefährdungsbehauptung unmittelbar ausgelöst. Damit ist Antragstellern die Möglichkeit eingeräumt, die Vermutung, er könne Schutz vor Verfolgung finden, zu widerlegen.

Auf die Drittlandsicherheit soll nicht zurückgegriffen werden, wenn die Asylwerber (§ 1 Z 3) Staatsangehörige eines EWR-Staates sind oder wenn Eltern minderjähriger, unverheirateter Kinder, Ehegatten oder minderjährigen Kindern in Österreich Asyl gewährt und zwischenzeitig nicht aberkannt wurde. Wenn Asylsuchende enge Bindungen zu Österreich haben, entspricht es humanitären Gesichtspunkten, wenn sie in Österreich um Asyl ansuchen. Von ähnlichen Erwägungen geht Art 4 des Dubliner Übereinkommens aus. In diesem Sinne wird auch im Beschluß Nr 15 (XXX) des EXCOM (Exekutiv-Komitee für das Programm des Hohen Flüchtlingskommissars der vereinten Nationen) unter [17] anderem ausgeführt: „Im Interesse der Familienzusammenführung und aus humanitären Gründen sollten die Staaten zumindest Ehegatten und minderjährigen oder abhängigen Kindern einer jeden Person, der bereits vorläufige Zuflucht oder dauerndes Asyl gewährt worden ist, die Aufnahme in ihr Land erleichtern."

Stellt sich im nachhinein heraus, daß ein Fremder, dessen Asylantrag wegen Drittlandsicherheit zurückgewiesen wurde, nicht in diesen Staat reisen kann und auch durch fremdenpolizeiliche Maßnahmen nicht dazu verhalten werden kann, sich in diesen sicheren Staat zu begeben, so soll der Bescheid, mit dem der Asylantrag zurückgewiesen wurde, von Gesetzes wegen außer Kraft treten (Abs 5). Der Zeitpunkt des Außerkrafttretens dieses Bescheides richtet sich nach dem Einlangen der Mitteilung der Fremdenpolizeibehörde bei den Asylbehörden. Die Mitteilung erfolgt demnach auf Gefahr des Asylwerbers. Entscheidungsfristen beginnen mit diesem Zeitpunkt neu zu laufen.

Nach einer Mitteilung der Fremdenpolizeibehörden gemäß § 57 Abs 7 des Fremdengesetzes 1997 ist ein Asylverfahren durchzuführen, wobei der betroffene Fremde nach negativem Abschluß des Asylverfahrens auch der Abschiebung in seinen Herkunftsstaat unterliegen kann [18].

AB *(1494 BglNR 20. GP)***:** [2, 3]

Die Änderung in **Abs. 1** ist erforderlich, da Fallkonstellationen denkbar sind, in denen zwar ein Vertrag über die Bestimmung der Zuständigkeit zur Prüfung eines Asylantrages abgeschlossen ist, dieser aber im konkreten Fall nicht zur Anwendung kommt. Durch die Bezugnahme auf die Anwendbarkeit eines solchen Vertrages wird klargestellt, daß es sehr wohl möglich ist, einen solchen Staat als sicheren Drittstaat anzusehen. Dies ist etwa dann der Fall, wenn einem Fremden in einem Staat, mit dem ein solcher Vertrag abgeschlossen wurde (hier: Dubliner Konvention), Asyl gewährt wurde. Nach Meinung der Mehrzahl der Mitgliedstaaten der Europäischen Union und des juristischen Dienstes des Rates der Europäischen Union ist in diesem Fall der Vertrag über die Bestimmung der Zuständigkeit der Prüfung des Asylantrages nicht anwendbar. Es wäre aber widersinnig, einen neuerlichen Asylantrag (in eadem re) in Österreich zu prüfen, wenn dem Betroffenen bereits von einem anderen Vertragsstaat die Flüchtlingseigenschaft zuerkannt wurde und dieser Staat sich (in der Regel) zur Zurücknahme dieses Fremden verpflichtet hat. Der zweite denkbare Fall ist, daß ein Asylantrag vor Inkrafttreten der Dubliner Konvention für Österreich (1. 10. 1997) gestellt wurde.

Die Anfügung des letzten Satzes an **§ 4 Abs. 2** stellt klar, daß Schutz in einem sicheren Drittstaat auch dann besteht, wenn ein Zugang zu einem (weiteren) Asylverfahren bloß deshalb nicht besteht, weil bereits rechtskräfitg über den Asylantrag in dieser Sache abgesprochen wurde.

Die Änderung des Textes in **Abs. 3** ist technischer Natur und nimmt Bezug auf die Neufassung der EMRK, die sich durch die Umstrukturierung des Europäischen Gerichtshofes für Menschenrechte ergeben hat.

Das Konzept der Drittstaatsicherheit ist im Rahmen der Verpflichtung zur Einzelfallprüfung von drei wesentlichen Pfeilern getragen: Es sind dies die Möglichkeit, sich in einem Staat während des Asylverfahrens aufhalten zu dürfen, Schutz vor Abschiebung (auch im Wege über andere Staaten) in den Herkunftsstaat zu genießen und Zugang zu einem Asylverfahren in diesem Staat zu haben (§ 4 Abs. 2). Im geltenden Recht werden in Abs. 3 als Regelvermutung Parameter genannt, unter denen diese Bedingungen erfüllt sind. All dies ist immer im Lichte des Einzelfalles zu prüfen. Der Initiativantrag ändert dieses Konzept nicht, er ermöglicht jedoch eine Differenzierung. Die Verordnungsermächtigung für den Innenminister ermöglicht, die Regelvermutung des Abs. 3 zur „Regelgewißheit" werden zu lassen, wenn Staaten bestimmte asylverfahrensrechtliche Qualitätsparameter in gesicherter Verwaltungspraxis erfüllen. Dies jedoch immer unter Aufrechterhaltung der einzelfallbezogenen Prüfung des Asylantrages. Ergibt sich aus dem Vorbringen des Asylwerbers, daß auf ihn aus in seiner Person gelegenen Umständen diese „Regelgewißheit" keine Anwendung findet, kann auch ein Staat, für den nach Erlassung einer Verordnung die „Regelgewißheit" zur Anwendung kommt, für diesen Asylwerber kein sicherer Drittstaat sein. Nunmehr wird das Zusammenspiel der Normen dargestellt:

Abs. 3a sieht eine Verordnungsermächtigung für den Bundesminister für Inneres vor. Mit dieser Verordnung kann der Bundesminister für Inneres Staaten bezeichnen, die deshalb Schutz vor Verfolgung im Sinne des Abs. 2 gewähren, weil sie regelmäßig in gesicherter Verwaltungspraxis jene asylverfahrensrechtliche Qualitätsparameter erfüllen, die im Gesetz enumeriert sind. Ändern sich die politischen oder rechtlichen Verhältnisse in den durch Verordnung bezeichneten Staaten dergestalt, daß sie **keinen** effektiven Schutz vor Verfolgung **mehr** gewähren, so **hat** der Bundesminister für Inneres dies mit Verordnung festzustellen **(Abs. 3b erster Satz)**.

Die Verordnungsermächtigung **des Abs. 3b zweiter Satz** ermächtigt den Bundesminister für Inneres, Staaten zu bezeichnen, die regelmäßig keinen effektiven Schutz vor Verfolgung gewähren, weil sie die vom Gesetz geforderten Qualitätsparameter **nicht** erfüllen. Eine Verpflichtung zur Bezeichnung aller derartigen Staaten besteht nicht.

Abs. 3c normiert, daß der Bundesminister für Inneres **vor** Erlassung dieser Verordnungen jeweils eine Stellungnahme des Bundesministers für auswärtige Angelegenheiten einzuholen hat.

Dieses Instrumentarium stellt einerseits sicher, daß Staaten bezeichnet werden können, die Drittstaatsicherheit gewähren oder eben nicht gewähren und schafft andererseits ein rasches Reaktionspotential, wenn sich die politischen oder rechtlichen Gegebenheiten in einem Staat ändern.

Ist eine Verordnung erlassen, mit der der Bundesminister für Inneres nach Stellungnahme des Bundesministers für auswärtige Angelegenheiten Staaten bezeichnet, die in gesicherter Verwaltungspraxis regelmäßig Schutz vor Verfolgung gewähren und behauptet ein Asylwerber, in einem solchen Staat – aus in seiner Person gelegenen Umständen – keinen Schutz vor Verfolgung finden zu können, hat er dies [2] glaubhaft zu machen (**Abs. 3d**). Der Asylwerber wird dartun müssen, welche diese in seiner Person gelegenen Umstände sind, die einen durch Verordnung bezeichneten Staat für ihn als unsicheren Staat qualifizieren [3].

Anmerkung:

Anläßlich der Beschlußfassung am 27. 11. 1998 betreffend das Bundesgesetz, mit dem das BG über die Gewährung von Asyl (Asylgesetz 1997 – AsylG) geändert wird, hat der Nationalrat gegenüber dem Gesetzesentwurf in 1494 BlgNR 20. GP die hier berücksichtigte Änderung des § 4 Abs 3a Z 1 beschlossen (vgl dazu den Abänderungsantrag im StenProtNR 20. GP, 150. Sitzung, Seite 68).

Inhaltsübersicht

I. Drittstaatsicherheit

a) Allgemeines

181 Eingangs sei darauf hingewiesen, daß die GFK das Rechtsinstitut der Drittstaatsicherheit nicht kennt. Dessen ungeachtet wird allgemein vertreten, daß Regelungen über die Drittstaatsicherheit zulässig sind. Erschließbar ist dies nur im Wege einer Zweckinterpretation. Es ist nicht Sinn der GFK, daß ein Vertragsstaat einem Flüchtling Asyl gewährt, wenn bereits ein anderer Staat in die Schutzpflichten eines anderen Vertragsstaates eingetreten und somit eine Schutzbedürftigkeit des Flüchtlings – die allerdings eine in der Zeit veränderliche Größe ist – nicht (mehr) gegeben ist. Die Bestimmungen des Art 1 Abschn C und E GFK weisen deutlich in diese Richtung. Unterschreitet eine innerstaatliche Regelung betreffend die Drittstaatsicherheit diese Anforderungen, so verstößt sie gegen die GFK.

182 Die Frage der Drittlandsicherheit wird auch im internationalen Rahmen heftig diskutiert. Richtungsweisend sind die Beschlüsse des EXCOM Nr 15 (XXX), 19 (XXXI) und 22 (XXXII), die zwar keinen rechtlich verbindlichen Charakter haben, jedoch allgemein in der Staatenpraxis bei der Regelung von Rechtsschutzstandards beachtet werden (vgl *Marx*, Asylrecht II, 164; der VwGH hat sich allerdings von diesen Beschlüssen des EXCOM ausdrücklich distanziert; vgl insb VwGH 24. 11. 1993, 93/01/0357; 27. 5. 1993, 94/20/0888). Besonders hinzuweisen ist auf die Empfehlung Nr 15 (XXX), in der hervorgehoben wird, daß Asyl nicht mit der Begründung verweigert werden sollte, der Antragsteller hätte es in einem Drittstaat erlangen können (anders hingegen zB VwGH 7.10.1993, 92/01/1118). Nach dem genannten EXCOM-Beschluß sollten die Absichten des Flüchtlings bezüglich des von ihm gewünschten Asylstaates mit in Betracht gezogen werden. Aus dem außergewöhnlichen Charakter des vorübergehenden Asyls („temporary asylum") wird im übrigen im internationalen Schrifttum geschlossen, daß eine Zurückweisung von Flüchtlingen in einen Staat, der lediglich vorübergehendes Asyl gewährt, unzulässig ist (vgl *Marx*, Asylrecht II, 165). Im Gegensatz zu den entsprechenden Bestimmungen des AsylG 1968 (vgl § 5 Abs 3, § 7 Abs 2 AsylG 1968; hier war von einem Flüchtling die Rede, der Schutz vor Verfolgung *„gefunden hat"*) hing § 2 Abs 2 Z 3 AsylG 1991 eindeutig der Theorie von der objektiven Verfolgungssicherheit an (vgl dazu *Marx*, Asylrecht II, 166; zum AsylG 1968 siehe *Uibopuu*, Anderweitiger Schutz, 306 ff; vgl auch VwGH 24.11. 1993, 93/01/0357).

183 Die Konstruktion der Drittstaatsicherheit war einer der wesentlichsten Kritikpunkte am AsylG 1991 (vgl dazu *Rosenmayr*, Asylrecht, 594 ff). Dies lag im wesentlichen daran, daß die Drittlandsicherheit ausschließlich vergangenheitsorientiert betrachtet wurde (vgl dazu *Muzak*, Aufenthaltsberechtigung, 236). Nach der Jud war der allein maßgebliche Zeitpunkt der des Aufenthalts im Drittstaat (VwGH 26. 1. 1995, 94/19/1019; 23. 3. 1994, 94/01/0115). Einem Flüchtling wurde nach § 2 Abs 2 Z 3 AsylG 1991 kein Asyl gewährt, wenn er bereits in einem anderen Staat vor Verfolgung sicher war (siehe dazu die Ausführungen des UNHCR in 1161 BlgNR 18. GP, 10). Die Schutzbedürftigkeit konnte nach Jud und Praxis auch nicht wieder aufleben, sodaß Asylsuchende häufig auf eine fiktive Schutzmöglichkeit verwiesen wurden (vgl dazu *Davy U.*, Asylrecht II, 134 und 145).

184 Der Verwaltungsgerichtshof hat sich im seinerzeit richtungsweisenden Erkenntnis vom 24. November 1993, 93/01/0357, im wesentlichen der Auslegung des § 2 Abs 2 Z 3 AsylG 1991 durch die Erläuterungen zum AsylG 1991 angeschlossen (vgl dazu Flüchtlingsalltag, 110 ff). Nach der Regierungsvorlage zu § 2 Abs 2 Z 3 AsylG 1991 war die Wortfolge „bereits in einem anderen Staat vor Verfolgung sicher war" wie folgt auszulegen: *„Das Schutzbedürfnis als Voraussetzung der Asylgewährung entfällt nach Z 3 in dem Fall, wenn der Flüchtling in einem anderen Nichtverfolgungsstaat (Drittstaat) Schutz vor Verfolgung gefunden hat. Diese Bestimmung folgt dem Beispiel des § 2 des deutschen Asylverfahrensgesetzes und geht davon aus, daß der Anspruch auf Asyl ebenso wie der Flüchtlingsbegriff ein Sicher-*

heitsbedürfnis voraussetzt. Zwischen Flucht und Asylantrag muß ein Zusammenhang bestehen, der nicht mehr gegeben ist, wenn der ‚Verfolgte' bereits sicher war. Zweck dieses Ausschließungsgrundes ist es, unerwünschtes Zweitasyl zu verhindern. Es sollen keine nomadisierenden Flüchtlingsströme geschaffen werden, die von einem Land zum anderen reisen und dort jeweils Asyl suchen. Durch die Verknüpfung der Begriffe ‚Sicherheit' und ‚Verfolgung' in Z 3 soll deutlich gemacht werden, daß die Sicherheit allein auf die vom Herkunftsstaat des Asylwerbers ausgehende Verfolgungsgefahr bezieht, dh es genügt, daß der Asylwerber im früheren Aufnahmestaat keiner Gefahr einer Verfolgung ausgesetzt war und auch wirksamen Schutz vor Abschiebung in den Verfolgerstaat hatte" (270 BlgNR 18. GP, 12 f). Dieser Ansatz ist auch international nicht ohne Bedeutung (vgl zB A/CONF.2/SR.13, 14, 35; vgl auch VwGH 7. 10. 1993, 92/01/1118). Die Argumentation des VwGH lief letztendlich darauf hinaus, daß die *„Möglichkeit der Schutzerlangung"* mit dem *„tatsächlich erlangten Schutz"* gleichgesetzt wird. Dies war allerdings schon nach dem Wortlaut des AsylG 1991 problematisch: Der Ausdruck *„war"* ist nicht gleichbedeutend mit *„gewesen wäre"*. Der VwGH setzte jedoch „war" mit „gewesen wäre" inhaltlich gleich (VwGH 6. 9. 1995, 95/01/0030).

185 Materiell lag demnach nach der Jud Verfolgungsschutz in einem anderen Staat vor, wenn der Asylwerber vor seiner Einreise nach Österreich in einem Drittland keiner Verfolgung ausgesetzt gewesen sei und nicht habe befürchten müssen, ohne Prüfung der Fluchtgründe in sein Heimatland bzw in einen Verfolgerstaat abgeschoben zu werden (statt vieler: VwGH 27. 5. 1993, 93/01/0256; 9. 9. 1993, 93/01/0340; 8. 11. 1994, 94/01/0799; 7. 11. 1995, 95/20/0071; 29. 10. 1993, 93/01/0274; 4. 10. 1995, 94/01/0567; 4. 10. 1995, 94/01/0568; 20. 9. 1995, 95/20/0468; 26. 4. 1995, 94/20/0351; 26. 7. 1995, 94/20/0332; 17. 5. 1995, 94/01/0447; 27. 4. 1995, 93/01/0103; 21. 2. 1995, 94/20/0374). Zur Erfüllung dieses Tatbestandes sei ein bewußtes Zusammenwirken zwischen der Person des Asylwerbers und den Behörden des Drittstaates nicht notwendig. Es komme nicht darauf an, ob der Aufenthalt den Behörden des Drittstaates bekannt geworden und von ihm geduldet war (VwGH 27. 5. 1993, 93/01/0256; 27. 5. 1993, 93/01/0256; 26. 7. 1995, 94/20/0332; 4. 4. 1994, 94/01/0402; 27. 1. 1994, 93/01/0058). Es hätten lediglich die rechtlichen Voraussetzungen für den geforderten Schutz bestehen und tatsächlich die Möglichkeit bestanden haben müssen, ihn durch oder bei Kontaktaufnahme mit der Behörde zu aktualisieren (VwGH 27. 5. 1993, 93/01/0256; 21. 4. 1994, 94/19/1004, 1005; 15. 12. 1993, 93/01/1177; 26. 1. 1994, 93/01/1083; 27. 4. 1994, 94/01/0230; 22. 6. 1994, 94/01/0418; 30. 6. 1994, 94/01/0303; 22. 2. 1995, 94/01/0111; 22. 2. 1995, 94/01/0539; 23. 5. 1995, 94/20/0785; 26. 7. 1995, 94/20/0351; 7. 11. 1995, 94/20/0739; 8. 11. 1995, 94/01/0799; 9. 5. 1996, 95/20/0100). Auf die Aufenthaltsdauer im Drittstaat kam es nicht an (VwGH 28. 3. 1995, 94/19/1187). Schutz vor Verfolgung hat ein Asylwerber daher dann gefunden, wenn er sich nach Verlassen seines Heimatlandes, in dem er verfolgt zu werden behauptet, in einem anderen Staat – selbst nur im Zuge der Durchreise – befunden hat und die genannte Sicherheit – aus objektiver Sicht – bereits dort hätte in Anspruch nehmen können. (VwGH 21. 4. 1994, 94/19/1004, 1005; 26. 7. 1995, 94/20/0332; 27. 4. 1995, 93/01/0103; 24. 4. 1995, 94/19/1232). Eine umfangreiche Judikaturübersicht zur (anderweitigen) Verfolgungssicherheit findet sich in ZfVB 1996, 405 ff.

186 Besonders deutlich kommt die Auffassung des Verwaltungsgerichtshofes, wonach Verfolgungssicherheit in einem Drittstaat (im allgemeinen) schon dann gegeben war, wenn dieser die Flüchtlingskonvention (und die EMRK) ratifiziert hat, zum Ausdruck (VwGH 24. 11. 1993, 93/01/1139; 27. 4. 1994, 93/01/0474, 26. 7. 1995,

94/20/0332; 2. 2. 1994, 93/01/1542; 26. 1. 1994, 93/01/1064; 26. 1. 1993, 93/01/1003; anders jedoch: VwGH 18. 5. 1995, 94/19/1356). Der Regelvermutung, daß ein Signatarstaat der Flüchtlingskonvention ein sicherer Drittstaat ist, mußte der Asylwerber durch Aufzeigen „konkreter Umstände“ entgegentreten; die materielle Beweislast traf also – entgegen den einschlägigen Bestimmungen des Verfahrensrechts – den Asylwerber (vgl VwGH 21. 9. 1994, 94/01/0444; 17. 5. 1995, 94/01/0447; siehe dazu aber: VwGH 24. 4. 1995, 94/19/1346).

187 Vereinzelt hielt der VwGH fest, daß es im Lichte der Drittstaatsicherheit auf die Mitgliedschaft eines Staats zur GFK nicht ankomme. Vielmehr komme es auch in diesen Fällen ausschließlich darauf an, ob die betreffende Person in diesem Staat keiner Gefahr einer Verfolgung ausgesetzt war und auch nicht befürchten mußte, in den Verfolgerstaat abgeschoben zu werden (VwGH 27. 4. 1995, 93/01/0103; 20. 5. 1994, 93/01/1290). Andererseits sah der Verwaltungsgerichtshof für wesentlich an, daß Ungarn seinerzeit der GFK unter dem Vorbehalt der Alternative a des Abschnittes B des Art 1 beigetreten war, was bedeutete, daß in diesem Land die Flüchtlingskonvention auf Asylwerber, die ihr Ansuchen um Asyl mit Ereignissen außerhalb Europas begründen, keine Anwendung fand (VwGH 20. 9. 1995, 95/20/0468).

188 Der Erlaß des Bundesministers für Inneres vom 15. Mai 1992, 70.027/10-III/16/92 („Asylgesetz 1991; fremdenpolizeiliche Konsequenzen“), führte zu § 2 Abs 2 Z 3 AsylG 1991 nach Wiedergabe des Gesetzeswortlauts aus: „*Hiebei handelt es sich um eine Tatsachenfrage, die von der Rechtsfrage, ob der Drittstaat die Genfer Flüchtlingskonvention ratifiziert hat bzw. Asylverfahren durchführt (im Original: durchgeführt), unabhängig ist. Vielmehr wird als entscheidend anzusehen sein, ob dem Fremden im Drittstaat selbst Verfolgung droht, sowie ob er zu befürchten hat, von den Behörden des Drittstaates in jenen Staat zurückgestellt zu werden, in dem er verfolgt zu werden behauptet. In diese Richtung verweist auch § 2 Abs 3 Asylgesetz 1991, der darauf abstellt, ob ein Staat die Genfer Flüchtlingskonvention beachtet und nicht, ob diese im betreffenden Staat formell in Geltung steht. Das Bundesasylamt hält jene Staaten evident, in denen Verfolgungssicherheit angenommen werden kann.*“ In Übereinstimmung mit den Erläuterungen (270 BlgNR 18. GP, 12 f) setzte Verfolgungssicherheit laut Erlaß jedenfalls fehlende Verfolgungsgefahr im Drittstaat selbst und Schutz vor Zurückstellung in den Verfolgerstaat (= Herkunftsstaat) voraus. Es war jedoch laut Erlaß nicht erforderlich, daß der Drittstaat Vertragspartei der Flüchtlingskonvention ist bzw ein Asylverfahren durchführte. Verfolgungssicherheit liege vielmehr – analog § 2 Abs 3 AsylG 1991 – schon dann vor, wenn der Drittstaat das refoulement-Verbot des Art 33 FK (tatsächlich) beachtet, auch wenn er nicht Vertragspartei der Flüchtlingskonvention ist.

189 Die Ausgestaltung der Drittstaatsicherheit ist und war ein zentraler Angelpunkt jeder Asylrechtsgestaltung. Eine mangelhafte Ausgestaltung dieses Rechtsinstituts führt zwangsläufig dazu, daß schutzbedürftige Flüchtlinge im Einzelfall keinen entsprechenden Schutz erlangen. Dies gilt insbesondere für eine Drittstaatregelung, die rein vergangenheitsorientiert gefaßt ist und eine zukunftsorientierte Betrachtung nicht zuläßt. Was ist für einen schutzbedürftigen Flüchtling gewonnen, wenn er zwar irgendwann „sicher“ war, aber es gegenwärtig und in Zukunft nicht sein wird. Dies kann nicht im Sinne der GFK gelegen sein, die derartige Schutzlücken (in Form von Asylausschlußtatbeständen im Gewand einer überzogenen Drittstaatregelung) nicht kennt.

190 Das AsylG 1997 versucht vor diesem Hintergrund die Drittstaatsicherheit als Prognose auszugestalten, um so der tatsächlichen Schutzbedürftigkeit eines (potentiellen) Flüchtlings Rechnung zu tragen (vgl *Rosenmayr*, Asylrecht, 598). Es kommt nunmehr ua darauf an, daß die Drittstaatsicherheit nicht nur theoretisch vorausgesetzt, sondern tatsächlich effektuierbar ist (vgl dazu insb die Regelung des § 4 Abs 5 AsylG 1997; RV, 17; UBAS 21. 8. 1998, 204.606/0-I/02/98; zur Effektivität der Drittlandsicherheit siehe auch die Empfehlung des Europarates vom 25. 11. 1997, Nr R (97) 22). Das Konzept der *„vergangenen Sicherheit"* wurde durch das Konzept der *„verfügbaren Sicherheit"* ersetzt (*Davy U.*, Asylrechtsreform, 823; UBAS 10. 6. 1998, 203.413/0-II/28/98; Sen 21. 4. 1998, 202.689/0-I/01/98). Dazu hat der UBAS ausdrücklich festgehalten, daß die neue Rechtslage gebiete, *„zu prüfen, ob der Asylwerber* ***zum Zeitpunkt der behördlichen Entscheidung*** *über seinen in Österreich gestellten Asylantrag* ***noch*** *über die Möglichkeit verfügt, nunmehr* ***von Österreich kommend*** *in dem betrachteten Drittstaat Schutz vor Verfolgung iSd § 4 Abs 1 bis 3 AsylG zu finden"* (UBAS Sen 21. 1. 1998, 201.559/0-II/4/98; vgl auch UBAS 21. 1. 1998, 201.556/0-III/08/98; 20. 1. 1998, 201.564/0-IV/12/98; Sen 16. 2. 1998, 201.749/0-VII/19/98; 17. 2. 1998, 202.127/0-VII/19/98; 3. 3. 1998, 201.923/0-IV/10/98; 3. 3. 1998, 201.997/0-VII/19/98; 4. 3. 1998, 201.970/0-III/09/98; Sen 18. 3. 1998, 202.139/0-I/01/98 mwH; 23. 3. 1998, 202.192/0-II/04/98; Sen 6. 4. 1998, 202.416/0-I/01/98; Sen 21. 4. 1998, 202.689/0-I/01/98; 10. 6. 1998, 203.413/0-II/28/98; 21. 8. 1998, 204.606/0-I/02/98). Im Lichte dessen ist – im Gegensatz zur Rechtslage nach dem AsylG 1991 – ein Gebietskontakt zum potentiell sicheren Drittstaat nicht erforderlich (vgl UBAS 5. 6. 1998, 203.296/0-VII/20/98). *„Die Behörde hat im Rahmen ihrer amtswegigen Ermittlungspflicht gemäß § 39 AVG festzustellen, ob der Betroffene in dem in Betracht gezogenen Staat ‚Schutz vor Verfolgung* ***finden kann****' (§ 4 Abs 1 AsylG). Die Verpflichtung, diese umfassende zukunftsorientierte Prognose treffen zu müssen, kann auch nicht mit dem (bloßen) Verweis auf die Regelvermutung des Abs. 3 umgangen werden. Die Regelvermutung stellt lediglich einen Aspekt der in* ***Abs. 2 und 3*** *festgelegten Definition von* ***‚Schutz vor Verfolgung'*** *dar. Und die Qualifikation, ob ein Staat die in Abs. 2 und 3 definierten Kriterien erfüllt, ist wiederum nur ein wichtiger Teil einer umfassenden zukunftsorientierten Prognose, die die Behörde zu treffen hat"* (UBAS Sen 16. 2. 1998, 201.749/0-VII/19/98; 17. 2. 1998, 202.127/0-VII/19/98; 3. 3. 1998, 201.997/0-VII/19/98; vgl auch UBAS 16. 3. 1998, 202.106/0-VI/18/98; 17. 3. 1998, 202.127/0-VII/19/98; 26. 5. 1998, 202.537/3-VII/19/98).

Der UBAS geht davon aus, daß sich die widerlegliche Gesetzesvermutung des § 4 Abs 3 AsylG 1997 auf die Ermittlungspflichten der Behörde nicht auswirkt (zB UBAS 21. 8. 1998, 204.606/0-I/02/98; vgl dazu auch *Davy U.*, Asylrechtsreform II, 823): *„Auf Grund der die gesamte Prüfung des § 4 AsylG betreffenden amtswegigen Ermittlungspflicht gemäß § 39 AVG kann auch die Regelvermutung des Abs. 3 immer nur dann zum Tragen kommen, wenn sie nicht durch konkrete, in seiner Sphäre gelegenen Behauptung des Betroffenen und/oder den amtsbekannten Informationsquellen widerlegt werden kann. Die Regelvermutung kann also sowohl durch eine Behauptung des Betroffenen entsprechend seiner Mitwirkungspflicht als auch (nur) durch amtsbekannte Informationsquellen zu dem in Betracht gezogenen Drittstaat widerlegt werden. Sobald ein konkretes Faktum auftritt, das die Regelvermutung widerlegt, ist Abs. 2 materiell zu prüfen"* (UBAS Sen 16. 2. 1998, 201.749/0-VII/19/98; 17. 2. 1998, 202.127/0-VII/19/98; 3. 3. 1998, 201.997/0-VII/19/98; 17. 3. 1998, 202.127/0-VII/19/98; 21. 8. 1998, 204.606/0-I/02/98; vgl dazu auch VwGH 23. 7. 1998, 98/20/0175 und die Ausführungen unter Rz 204 ff).

In einer anderen Entscheidung hat der UBAS die Drittstaatsicherheit entgegen dem Gesetzeswortlaut und den Erläuterungen vergangenheitsorientiert betrachtet:

„Keine der (...) Rechtsgrundlagen räumt ein subjektives Recht ein, daß Asylwerber zwischen mehreren Ländern (abwägend) entscheiden können, wo sie ihrer persönlichen Meinung nach günstigere Zugangsvoraussetzungen zum Asyl zu haben vermeinen, um in der Folge ihr Asylantragstellungsland nach Zweckmäßigkeitsgesichtspunkten auszusuchen. Eben ein solches ‚Asylshopping' soll dadurch vermieden werden, daß nach dem Willen der Mitglieder der EU dort, wo Gemeinschaftsrecht anwendbar ist, im Sinne des § 5 ein einmaliger und exklusiver Zuständigkeitstatbestand geschaffen wird und dort, wo – wie im konkreten Fall – keine vertragliche Regelung über die Zuständigkeit gegeben ist, die negative Prozeßvoraussetzung der Drittlandsicherheit immer dann wirksam wird, wenn im ersten Land, wo eine entsprechende Antragstellung möglich wäre, dies – ohne hinreichende Gründe – nicht erfolgt ist" (UBAS 11. 2. 1998, 201,571/0-IV/10/98). Damit griff der UBAS hier gesetzwidrig auf das System der Drittstaatsicherheit nach dem AsylG 1991 zurück näherte sich materiell einem Asylausschlußtatbestand der „verwirkten Asylantragstellungsmöglichkeit".

Zudem ging der UBAS – eine Gesetzeslücke annehmend – bedenklicherweise auch von Drittstaatsicherheit aus, wenn nach Abweisung des Asylantrages und Verlust der Aufenthaltsberechtigung in der Schweiz in der „Sache des Asylwerbers bereits in einem nach den Maßstäben der GFK und der MRK eingerichteten rechtsstaatlichen Asylverfahren eines Drittlandes entschieden wurde" (UBAS 19. 6. 1998, 203.584/0-I/02/98). Auch hier hat der UBAS den Boden der Prognose der Drittstaatsicherheit verlassen, gelangte im Wege der Drittstaatsicherheit zu einer extraterritorialen Wirkung einer Asylantragsabweisung und schuf so materiellen, gesetzlich nicht vorgesehenen Asylausschlußtatbestand, in dem er eine Art internationale Bindungswirkung schuf. Das Problem der extraterritorialen Wirkung von Asylentscheidungen betrifft die Frage, (ob und) inwiefern (positive und/oder negative) Entscheidungen in Asylangelegenheiten eines Staates Wirkungen in einem anderen Staat entfalten (vgl dazu allgemein *Uibopuu,* FS Schlochauer [1981], 719 ff). Entgegen verbreiteter Lehre (vgl zB *Aman,* Flüchtlingsrechte, 147 f) findet sich in der GFK keine Stütze für die Annahme einer exterritorialen Bindungswirkung von „Asylentscheidungen". Vielmehr liegt es an jedem einzelnen Vertragsstaat, die Pflichten aus der GFK (insb die Beurteilung der Flüchtlingseigenschaft) in eigener Verantwortung wahrzunehmen; ein Vertragsstaat kann sich dieser Verantwortung nicht mit dem Hinweis entziehen, ein anderer Vertragsstaat habe die Anwendbarkeit der GFK (die Flüchtlingseigenschaft nach der GFK) bereits geprüft (und allenfalls verneint). Einem Vertragsstaat ist es hingegen unbenommen, die in einem Verfahren vor Organen eines anderen Vertragsstaates gewonnenen Erkenntnisse im eigenen Verfahren nach Grundsätzen der materiellen Beweiskraft zu verwerten. Die oben genannte Entscheidung (UBAS 19. 6. 1998, 203.584/0-I/02/98) dürfte – bedenklicherweise – Vorbild für die Beifügung des letzten Satzes des § 4 Abs 2 AsylG 1997 durch die AsylG-N 1998 gewesen sein (vgl dazu auch die Ausfürungen unter Rz 210a).

191 Für die Drittstaatsicherheit nach § 4 AsylG 1997 ist es nicht erforderlich, daß sich der betreffende Asylwerber insb vor der Einreise in das Bundesgebiet im „potentiell sicheren Drittstaat" befunden haben muß (vgl UBAS 30. 3. 1998, 202.332/2-II/5/98; 16. 6. 1998, 203.295/0-VII/19/98); Drittstaatsicherheit kann auch dann vorliegen, wenn der Asylwerber nicht durch den in Betracht kommenden Drittstaat (di ein Staat, der von dem Zufluchtsstaat und Herkunftsstaat verschieden ist) angereist ist (vgl dazu UBAS Sen 21. 1. 1998, 201.559/0-II/04/98; vgl auch UBAS Sen 6. 4. 1998, 202.416/0-I/01/98; Sen 21. 4. 1998, 202.689/0-I/01/98; 5. 6. 1998,

203.296/0-VII/20/98; 23. 6. 1998, 203.723/0-VIII/23/98; UBAS Sen 22. 12. 1998, 206.792/0-II/04/98). *„Es kommt daher nach unveränderter Ansicht des erkennenden Senates – entgegen zwischenzeitigen, von Einzelmitgliedern des unabhängigen Bundesasylsenates gefällten Entscheidungen (vgl. dazu etwa UBAS vom 18.3.1998, Zl 202.159/0-III/09/98 und, vom selben Tag, Zl 202.156/0-III/08/98) – bei der Anwendung des § 4 AsylG jedenfalls zunächst, d. h. soweit nicht der betrachtete Drittstaat nach seiner Rechtslage dem früheren Aufenthalt des Asylwerbers in seinem Staatsgebiet Bedeutung für die künftige Schutzgewährung beimißt, nicht auf den konkreten Fluchtweg an"* (UBAS Sen 30. 3. 1998, 202.332/0-II/05/98; vgl auch UBAS vom 23. 3. 1998, 202.192/0-II/04/98; UBAS Sen 22. 12. 1998, 206.792/0-II/04/98). Allerdings erfordert die Prognose der Drittstaatsicherheit auch, daß zumindest ein bestimmter Staat als drittstaatsicher nach den Grundsätzen des Verwaltungsverfahrens festgestellt werden kann; Drittstaatsicherheit liegt nicht vor, wenn von mehreren möglichen Staaten keiner festgestellt werden kann, der die Pflichten eines sicheren Drittstaates wahrnimmt (vgl dazu UBAS 5. 6. 1998, 203.296/0-VII/20/98). Es ist jedoch denkbar, daß in Einzelfällen nicht nur ein, sondern mehrere sichere Drittstaaten in Frage kommen, weil mehrere Staaten dazu bereit sind, in die Pflichten eines sicheren Drittstaates einzutreten. Drittstaatsicherheit liegt allerdings nicht vor, wenn sich der vermeintlich sichere Drittstaat selbst auf die Drittstaatsicherheit eines unsicheren Staates oder die Drittstaatsicherheit Österreichs beruft. Schon im Lichte des § 2 Abs 2 Z 3 AsylG 1991 hat der VwGH ausgeführt: *„Der Beschwerdeführer hat es wohl unterlassen, unmittelbar nach seiner erstmaligen Einreise nach Österreicheinen Asylantrag zu stellen. Der Umstand, daß er dies erst später und erst nach Aufenthalten in mehreren anderen Staaten, die Mitglieder der Genfer Flüchtlingskonvention sind, getan hat, kann die belangte Behörde aber, wenn sie vom Ausschließungsgrund des § 2 Abs. 2 Z 3 Asylgesetz 1991 Gebrauch machen wollte, nicht ihrer Verpflichtung entbinden, zu klären, ob der Beschwerdeführer nach dem mit dem Vorliegen von Verfolgung begründeten Verlassen seines Heimatlandes VOR SEINER ERSTMALIGEN EINREISE NACH ÖSTERREICH bereits in einem anderen Staat vor Verfolgung sicher war. Den Aufenthalten des Beschwerdeführers in den Staaten, in denen er sich nach seiner erstmaligen Einreise nach Österreich befunden hat, kommt für die Frage, ob der Beschwerdeführer bereits in einem anderen Staat Verfolgungssicherheit erlangt hat, nur dann Bedeutung zu, wenn in diesen Staaten eine dem Ausschlußgrund der Erlangung von Verfolgungssicherheit in einem früheren Aufenthaltsstaat im Sinne des § 2 Abs. 2 Z 3 Asylgesetz 1991 vergleichbare Regelung oder eine entsprechende Praxis nicht besteht (in dieser Hinsicht hat die belangte Behörde keine Feststellungen getroffen). Es kann daher nicht ausgeschlossen werden, daß im Fall einer Asylantragstellung in einem dieser Staaten der Beschwerdeführer im Zuge einer Reihe von jeweils auf die Erlangung von Verfolgungssicherheit im vorher bereisten Staat gegründeten Rückschiebungen aus diesen Staaten nach Österreich als aus dortiger Sicht sicheres Drittland rückgeschoben worden wäre, wo ihm unter Zugrundelegung der Rechtsauffassung der belangten Behörde zu § 2 Abs. 2 Z 3 AsylG 1991 nicht Asyl gewährt würde. Damit liegen aber auch keine ausreichenden Sachverhaltsgrundlagen dafür vor, daß der Beschwerdeführer in einem der nach seiner erstmaligen Einreise nach Österreich bereisten Staaten jedenfalls vor Rückschiebung in einen der vorher von ihm bereisten Staaten sicher war. Dieses Ergebnis wird auch insoweit durch zu § 2 Abs. 3 AsylG 1991 ergangene Judikatur gestützt, als die Ablehnung eines von einem durch Österreich nach Deutschland gereisten Asylwerber gestellten Asylantrages wegen eingetretener Verfolgungssicherheit in Österreich durch die deutschen Behörden nicht als Abweisung eines Asylantrages im Sinne dieser Gesetzesstelle zu* *werten ist (vgl. hg. Erkenntnis vom 26. Jänner 1995, Zl. 94/19/0221), sodaß trotz einer solchen Abweisung in Deutschland die österreichischen Asylbehörden zur Behandlung eines nach der Wiedereinreise nach Österreich gestellten Asylantrages verpflichtet sind. Im Falle einer bestehenden ‚Drittlandsklausel' in diesen Ländern seines Aufenthaltes mangelt es dem angefochtenen Bescheid aber an Feststellungen über die Frage der Erlangung von Verfolgungssicherheit in den dann allein in Frage kommenden Staaten, in denen sich der Beschwerdeführer VOR seiner erstmaligen Einreise nach Österreich aufgehalten hat"* (VwGH verst Sen 9. 1. 1997, 95/20/0458).

Die Drittstaatsicherheit kommt ausschließlich in jenen Asylverfahren zum Tragen, in denen Asyl auf Grund eines Asylantrags gem § 7 AsylG 1997 gewährt werden soll. Gegen Bescheide, mit denen Asylanträge aus den Gründen des § 4 leg cit (Drittstaatsicherheit) zurückgewiesen wurden, kann gem § 32 Abs 1 erster Satz AsylG 1997 nur binnen zehn Tagen Berufung erhoben werden (vgl dazu die Ausführungen zu § 32 Rz 911 ff); die Bestimmungen der §§ 32 und 33 AVG sind auch hier anzuwenden. Über die Berufung ist grundsätzlich innerhalb von zehn Arbeitstagen nach dem Tag des Einlangens bei der Berufungsbehörde (idR Datum des Einlaufstempels) zu entscheiden; insgesamt soll das abgekürzte Berufungsverfahren nicht länger als zwanzig Arbeitstage (Werktage) dauern (§ 32 Abs 3 AsylG 1997; siehe dazu die Ausführungen zu § 32 Rz 908 ff).

b) Die Verfolgungsfreiheit im Drittstaat

192 Voraussetzung und zentrales Kriterium für das Vorliegen einer Drittstaatsicherheit (vgl dazu *Hailbronner*, AuslR II, B 1, Rz 229; *Köfner/Nicolaus* I, 384 ff) ist, daß der Flüchtling im Drittstaat keiner wie immer gearteten Verfolgungsgefahr ausgesetzt ist (vgl *Davy U.*, Neuordnung, 75; VwGH 27. 5. 1993, 93/01/0256; 9. 10. 1993, 93/01/0340; 24. 11. 1993, 93/01/0357; 17. 5. 1995, 94/01/0447; 27. 4. 1995, 93/01/0103; 21. 2. 1995, 94/20/0374). Dementsprechend formuliert § 4 Abs 2 AsylG 1997: *„Schutz im sicheren Drittstaat besteht für Fremde in einem Staat, in dem sie nicht gemäß § 57 Abs 1 oder 2 FrG 1997 bedroht sind (...)."* An dieser Stelle ist darauf hinzuweisen, daß man im Rahmen der Asyl-N 1998 in § 4 Abs 2 erster Satz AsylG 1997 idF BGBl I 1999/4 die Zitierung des Abs 2 des § 57 FrG 1997 versehentlich unterlassen hat. Vor dem Hintergrund des § 57 FrG 1997 dürfen im Drittstaat keine stichhaltigen Gründe für die Annahme bestehen, daß sie Gefahr liefen, dort einer unmenschlichen Behandlung oder Strafe oder der Todesstrafe unterworfen zu werden. Hier zeigt sich eine deutliche Parallele zu Art 3 EMRK (zu dieser Bestimmung siehe *Frowein/Peukert*, EMRK, 40 ff), wobei ins Auge sticht, daß das Tatbestandselement der *„erniedrigenden Strafe oder Behandlung"* sich in § 57 Abs 1 FrG 1997 nicht wiederfindet und daß in Art 3 EMRK im Gegensatz zu § 57 Abs 1 FrG 1997 nicht von *„stichhaltigen Gründen"* die Rede ist. Nach Art 1 des 6. ZP EMRK ist die Todesstrafe abgeschafft (vgl auch Art 85 B-VG). Niemand darf zu dieser Strafe verurteilt oder hingerichtet werden. Der „sichere Drittstaat" hat zudem das refoulement-Verbot einzuhalten, *„wenn stichhaltige Gründe für die Annahme bestehen, daß dort das Leben Fremder oder ihre Freiheit aus Gründen ihrer Rasse, ihrer Religion, ihrer Nationalität, ihrer Zugehörigkeit zu einer bestimmten sozialen Gruppe oder ihrer politischen Ansichten bedroht wäre"*. Diese normative Anordnung des § 57 Abs 2 FrG 1997 orientiert sich weitestgehend an Art 33 GFK. Das refoulement-Verbot erstreckt sich nicht nur auf die Herkunftsstaaten (§ 1 Z 4 AsylG 1997), sondern auf sämtliche Staaten der Welt. Ein Staat kann nicht als *„sicher"* angesehen werden, wenn er gegen das refoulement-Verbot verstößt (vgl dazu die Empfehlung des Europarates vom 25. 11. 1997, Nr R (97) 22).

Vor diesem Hintergrund sieht § 4 Abs 2 erster Satz AsylG 1997 als eine Rechtsbedingung für das Vorliegen von Drittstaatsicherheit vor, daß die betreffenden Fremden im potentiell sicheren Drittstaat *„Schutz vor Abschiebung in den Herkunftsstaat – auch im Wege über andere Staaten – haben (müssen), sofern sie in diesem (im Herkunftsstaat) gemäß § 57 Abs 1 oder 2 FrG bedroht sind"*. Schutz vor Abschiebung in den Herkunftsstaat ist allgemein nur dann erforderlich, wenn in diesem eine „Verfolgungsgefahr" iSd § 57 FrG besteht. Der Schutz vor Abschiebung bezieht sich hier nur auf den Herkunftsstaat, mag sie auch über andere Staaten erfolgen. Der Abschiebungsschutz iSd § 4 Abs 2 erster Satz AsylG 1997 ist insofern lückenhaft, als Drittstaaten nicht ausdrücklich vom Abschiebungsschutz erfaßt sind. Vorgesehen ist lediglich, daß die Abschiebung in einen „unsicheren Herkunftsstaat" nicht direkt und nicht im Wege über andere Staaten erfolgen darf; daß die Drittstaaten, über die die Abschiebung in den Herkunftsstaat erfolgen soll (erfolgt), selbst auch „sicher" sein müssen, ist nicht ausdrücklich normiert. Man wird aber in der Annahme nicht fehl gehen, daß hier eine echte Gesetzeslücke vorliegt, die insb im Lichte des Art 3 EMRK verfassungs- und völkerrechtskonform zu schließen ist. Dies heißt im Ergebnis, daß sich der Abschiebungsschutz nach § 4 Abs 2 erster Satz AsylG 1997 nicht nur auf den Herkunftsstaat, sondern auf sämtliche Staaten der Welt zu beziehen hat (in diesem Sinne wohl auch UBAS Sen 22. 12. 1998, 206.792/0-II/04/98).

Der Begriff der „Abschiebung" in § 4 Abs 2 erster Satz AsylG 1997 darf nicht technisch iSd § 56 FrG verstanden werden, sondern erfaßt jede Art von aufenthaltsbeendender Maßnahme schlechthin. In diesem Sinne spricht § 4 Abs 2 letzter Satz AsylG 1997 idFd AsylG-N 1998 ausdrücklich von „Zurückweisung, Zurückschiebung oder Abschiebung" (vgl §§ 52, 55 und 56 FrG). Aber auch das Rechtsinstitut der „Durchlieferung" (§ 58 FrG) muß verfassungs- und völkerrechtskonform vom Abschiebungsschutz des § 4 Abs 2 erster Satz AsylG 1997 erfaßt sein.

193 Zur Verfolgungsfreiheit im Drittstaat sind hinsichtlich des Begriffs „Verfolgung" ähnliche Überlegungen wie zum Flüchtlingsbegriff anzustellen. Im gegebenen Zusammenhang geht es um das Fehlen eines drohenden schweren Eingriffs in Schutzgüter der GFK, nicht nur etwa Leben oder Freiheit. Auch hier muß im Lichte einer Verfolgungsgefahr die erforderliche *„Gefahrenneigung"* gegeben sein. Die Verfolgungsursachen des Art 1 Abschn A Z 2 GFK spielen im Zusammenhang mit der Drittstaatsicherheit nur im Hinblick auf § 57 Abs 2 FrG 1997 eine Rolle, wobei die Bestimmung des § 57 Abs 2 leg cit gegenüber § 57 Abs 1 FrG 1997 zurücktritt (vgl dazu § 57 Abs 4 FrG 1997; vgl dazu auch die Ausführungen zu § 8, Rz 331). Der Begriff der objektiven Verfolgungssicherheit ist nach verbreitetem Verständnis nicht auf den Abschiebungsschutz und das Fehlen jeder Verfolgungsgefahr beschränkt (anders hingegen zB VwGH 27. 5. 1993, 93/01/0256; 24. 11. 1993, 93/01/0357; 27. 4. 1995, 93/01/0103; 21. 2. 1995, 94/20/0374). Diese Ansicht gründet sich darin, daß im Bereich der anderweitigen Verfolgungssicherheit ein sachlicher Zusammenhang mit der Schutzbedürftigkeit besteht, wie sie dem Flüchtlingsbegriff entspringt. An den Schutz im Drittland sind demnach auch andere, qualitative Kriterien anzulegen. Ein solches Kriterium ist das der menschenwürdigen Lebensbedingungen. Wer im Aufnahmestaat etwa dem Tod durch Hunger oder Seuche ausgesetzt ist oder wer nichts anderes zu erwarten hat, als ein Dahinvegetieren am Rande des Existenzminimums auf nicht absehbare Zeit, der hat als Flüchtling noch keinen Aufenthalt gefunden, der ausreicht, ihm den aus der Sicht des Asylwerbers erforderlichen Verfolgungsschutz zu vermitteln (*Köfner/Nicolaus* I, 397; vgl die dort zitierte deutsche Judikatur und Literatur). Mindestanforderungen an menschenwürdige Lebensbedingungen stellen Unterkunft, ausreichende Verpflegung und Bekleidung sowie die Befriedigung fundamentaler physischer und psychischer Bedürfnisse (dazu zählen etwa die Gesundheitsversorgung und ein Mindestmaß an (geistiger) Entwicklungsmöglichkeit) dar. Nicht erforderlich ist, daß der soziale Mindeststandard durch staatliche Organe abgesichert werden muß. Es genügt, daß der Flüchtling – von wem auch immer – in ausreichendem Maße versorgt wird.

c) Verfahren zur Einräumung der Rechtsstellung eines Flüchtlings und Aufenthaltsrecht

194 Schutz in einem sicheren Drittstaat besteht gem § 4 Abs 2 AsylG 1997 für Fremde nur dann, wenn ihnen ein Verfahren zur Einräumung der Rechtsstellung eines Flüchtlings nach der GFK offensteht und sie während dieses Verfahrens in diesem Staat – auf Grund welchen Rechtstitels auch immer – zum Aufenthalt berechtigt sind. Obwohl dies im Wortlaut des Gesetzes keinen Niederschlag findet, muß es sich – orientiert man sich an Ziel und Zweck der Bestimmung des § 4 Abs 2 AsylG 1997 – ein *„effektives"* Verfahren zur Einräumung der Rechtsstellung eines Flüchtlings handeln (siehe dazu auch die Ausführungen unter Rz 210a). Die Bestimmung des § 4 Abs 2 leg cit befreit daher die Asylbehörden nicht davon, im Hinblick auf das offenstehende „Asylverfahren" im potentiell sicheren Drittstaat die Verfahrensqualität zu bewerten und diese in der Erstellung der Prognose der Drittstaatsicherheit zu berücksichtigen; ein „Asylverfahren" in einem möglichen sicheren Drittstaat, das wichtige Verfahrensgrundsätze nicht berücksichtigt, ist kein Verfahren zur Einräumung der Rechtsstellung eines Flüchtlings iSd § 4 Abs 2 AsylG 1997. Andererseits darf die Bestimmung des § 4 Abs 2 leg cit nicht so verstanden werden, daß einem Fremden in jedem Fall im Drittstaat die Flüchtlingseigenschaft zuerkannt werden muß; wesentlich ist, daß es sich beim Asylverfahren im Drittstaat um ein taugliches Verfahren dahingehend handeln muß, daß einem Fremden, sollte er tatsächlich Flüchtling iSd GFK sein, mit verläßlicher Sicherheit auch der Status eines Flüchtlings zuerkannt wird und ihm in der Folge die in der GFK verbrieften Rechte eingeräumt werden.

194a Seit der AsylG-N 1998 besteht Schutz im sicheren Drittstaat für Fremde auch *„bei gleichem Schutz vor Zurückweisung, Zurückschiebung oder Abschiebung in Staaten, die in einem Verfahren zur Einräumung der Rechtsstellung eines Flüchtlings nach der Genfer Flüchtlingskonvention bereits eine Entscheidung getroffen haben"* (siehe dazu auch die Ausführungen unter Rz 190 und 210a). Mit dieser Regelung hat der Gesetzgeber den Boden der Prognose der Drittstaatsicherheit verlassen. Auch hier sind an *„Entscheidungen in einem Verfahren zur Einräumung der Rechtsstellung eines Flüchtlings nach der Genfer Flüchtlingskonvention"* gewisse qualitative Mindeststandards anzulegen; das Verfahren muß tatsächlich und objektiv dazu geeignet sein, einem Fremden gegebenenfalls die Rechtsstellung eines Flüchtlings einzuräumen und in diesem Sinne *„effektiv"* sein (siehe dazu die Ausführungen unter Rz 210a). Schutz im sicheren Drittstaat ist nach § 4 Abs 2 letzter Satz idFd AsylG-N 1998 des weiteren nur dann gegeben, wenn – soweit im Lichte des Gesetzeswortlautes ersichtlich – im potentiell sicheren Drittstaat „gleicher Schutz vor Zurückweisung, Zurückschiebung oder Abschiebung" vorliegt. Damit wird offenbar auf die refoulement-Regelung des § 4 Abs 2 erster Satz AsylG 1997 zurückgegriffen. *„Gleicher Schutz vor Zurückweisung, Zurückschiebung oder Abschiebung"* liegt sohin dann vor, wenn die betreffenden Fremden im potentiell sicheren Drittstaat *„Schutz vor Abschiebung in den Herkunftsstaat – auch im Wege über andere Staaten – haben, sofern sie in diesem* (dh im Herkunftsstaat) *gemäß § 57 Abs 1 oder 2 FrG bedroht sind"* (vgl dazu die Ausführungen unter Rz 192). Die Bestimmung des § 4

Abs 2 letzter Satz idFd AsylG-N 1998 bewirkt im Ergebnis eine extraterritoriale Wirkung von Entscheidungen in einem Asylverfahren schlechthin (siehe dazu die Ausführungen unter Rz 210a) und stellt für den Fall, daß der betroffene Flüchtling iSd GFK ist, einen Asylausschlußtatbestand dar, der in dieser Form keine Deckung in der GFK findet.

195 Einem Fremden steht ein Verfahren zur Einräumung der Rechtsstellung eines Flüchtlings nach der GFK nicht offen, wenn er – aus welchen Gründen auch immer – Antragsfristen versäumt hat. Dazu hat der UBAS im Lichte der alten Rechtslage in Ungarn, die allerdings mit 1. März 1998 in diesem Punkt eine wesentliche Änderung erfahren hat (vgl dazu zB UBAS 3. 3. 1998, 201.924/0-III/08/98; 3. 3. 1998, 201.925/0-III/09/98; 3. 3. 1998, 201.923/0-IV/10/98), festgehalten: „*In Ungarn besteht für Fremde entsprechend dem Kabinettsdekret 101/98, Abschnitt 3 (1), eine Frist von 72 Stunden ab Einreise zur Einbringung von Asylanträgen. Aufgrund eines UNHCR-Berichts ist die ungarische Verwaltungspraxis in bezug auf die Anrechnung dann widersprüchlich, wenn ein Fremder bereits vorher in Ungarn war, von einem anderen Staat aus nochmals nach Ungarn (z. B. bei einer Rückschiebung) einreist. Durch ‚Auslegungsschwierigkeiten‘ kann es in solchen Fällen zur Anrechnung der Zeit des vorherigen Ungarnaufenthaltes kommen. Dieser Sachverhalt stellt somit eine amtsbekannte Tatsache dar, sodaß im gegenständlichen Fall von einer negativen Prognose für die Drittlandsicherheit der Beschwerdeführerin auszugehen ist, da aus dem Vorbringen nicht erkennbar ist, wie lange sich die Beschwerdeführerin vor ihrer Einreise nach Österreich bereits in Ungarn aufgehalten hat. Es besteht daher nicht die Möglichkeit, die Anrechnungszeit auf die erwähnte 72-Stundenfrist beurteilen zu können. Aus den Ausführungen ergibt sich, daß die Regelvermutung des § 4 Abs 3 AsylG nicht zutrifft, und daß nicht davon die Rede sein kann, es bestünde für sie die Möglichkeit, in Ungarn Schutz vor Verfolgung (...) zu finden*“ (UBAS 21. 1. 1998, 201.550/0-VI/17/98; vgl auch UBAS 21. 1. 1998, 201.535/0-IV/11/98; 16. 2. 1998, 201.764/0-IV/11/98). Andererseits spielt eine Antragsfrist, die den Zugang zum Verfahren nach der Praxis des betreffenden Staates nicht verwehrt, im Lichte der Drittstaatsicherheit keine Rolle: „*(...) die Tatsache, daß ein Asylsuchender die in § 5 Abs 3 des Gesetzes 498/90 normierte Frist nicht einhält, (führt) in der tschechischen Behördenpraxis nicht dazu (...), daß ihm der Zugang zum Verfahren verwehrt wird, und eine derartige Behauptung daher nicht geeignet ist, die in § 4 Abs 3 AsylG festgelegte Rechtsvermutung zu erschüttern*“ (UBAS 18. 2. 1998, 201.794/0-V/15/98; vgl auch UBAS 6. 2. 1998, 201.671/0-V/15/98). Nach der Jud des UBAS besteht grundsätzlich Drittstaatsicherheit, wenn dem Fremden nach der Einreise in einen potentiell sicheren Drittstaat eine – wenn auch nur kurze – Antragsfrist zur Verfügung steht: „*Betreffend der Berufungsbehauptung des Antragstellers, daß in Slowenien aufgrund der in Geltung sehenden Drei-Tage-Regelung des Art 37 des slowenischen FrG pro futuro kein Asylverfahren offenstehe, wird Nachstehendes angeführt: Die erkennende Behörde trat aufgrund des letztzitierten Berufungsvorbringens unmittelbar in Ermittlungen ein und konnte im Rahmen einer unverzüglichen an das UNHCR-Regionalbüro Wien herangetragenen Anfrage erhoben werden, daß die in Rede stehende Drei-Tage-Frist in jedem Fall der neuerlichen Einreise in das slowenische Staatsgebiet gemäß der Praxis des slowenischen Fremden- bzw. Asylbehörden jeweils n e u e r l i c h zu laufen beginnt und daher laut eindeutiger Aussage des UNHCR-Regionalbüros Wien im Falle der Rückschiebung bzw. Abschiebung einer Person nach Slowenien jedenfalls die Drei-Tages-Frist neuerlich zu laufen beginnt, was bedeutet, daß einer ab- bzw. zurückgeschobenen Person jedenfalls die Möglichkeit eröffnet wird, einen Antrag auf Asylgewährung zu stellen*“ (UBAS

13. 2. 1998, 201.763/0-IV/10/98). Neben der Zugangsmöglichkeit zu einem „Verfahren zur Einräumung der Rechtsstellung eines Flüchtlings nach der Genfer Flüchtlingskonvention verlangt § 4 Abs 2 AsylG 1997 zur Drittstaatsicherheit eine Aufenthaltsberechtigung während „dieses Verfahrens" im potentiell sicheren Drittstaat. Der Ausdruck „Aufenthaltsberechtigung" erfordert einen Rechtstitel zum Aufenthalt im betreffenden Staat; die bloße Duldung des Aufenthaltes genügt nicht (anders UBAS Sen 15. 4. 1998, 202.689/0-V/13/98). Die Aufenthaltsberechtigung muß für die Dauer des „Verfahrens zur Einräumung der Rechtsstellung eines Flüchtlings nach der Genfer Flüchtlingskonvention" Bestand haben; das Aufenthaltsrecht darf sohin nach dem Wortlaut des Gesetzes nicht vor dem Zeitpunkt enden, zu dem die Frage der „Einräumung der Rechtsstellung eines Flüchtlings" nicht endgültig entschieden wurde. Der UBAS hat die gesetzliche Rechtsbedingung der „Aufenthaltsberechtigung während des Verfahrens zur Einräumung der Rechtsstellung eines Flüchtlings in unzulässiger Weise eingeschränkt und aus unerfindlichen Gründen die österreichische Rechtsordnung als Maßstab herangezogen, indem er festhielt, *„daß auch nach der österreichischen Rechtslage einer Bescheidbeschwerde bei den Gerichtshöfen des öffentlichen Rechts nicht ex lege die aufschiebende Wirkung zukommt, sodaß ein Asylwerber während eines solchen Verfahrens nicht notwendigerweise zum Aufenthalt im Bundesgebiet berechtigt ist.* ***Es kann nun aber nicht angenommen werden, daß bei der Qualifikation eines Staates als sicherer Drittstaat iSd § 4 Abs 1 und 2 AsylG ein noch höherer Standard als im österreichischen Recht normiert als Maßstab heranzuziehen ist.*** *Dies erhellt schon allein aus der Regelvermutung des § 4 Abs 3 leg cit, wonach vom Schutz im sicheren Drittstaat grundsätzlich bereits dann auszugehen ist, wenn die in dieser Bestimmung geforderten* ***Mindestvoraussetzungen*** *gegeben sind. Angesichts dieser Rechtslage erst dann von Schutz im sicheren Drittstaat zu sprechen, wenn der zu prüfende Staat einen derart hohen Standard aufweist, den nicht einmal der österreichische Gesetzgeber normiert hat bzw normieren wollte, erscheint interpretativ nicht erreichbar und daher verfehlt"* (UBAS 31. 3. 1998, 202.417/0-III/07/98, Sen 15. 4. 1998, 202.669/0-V/13/98; 16. 4. 1998, 202.707/0-III/07/98). Ein Verweis auf die österreichische Rechtsordnung ist dem Gesetz an dieser Stelle freilich nicht entnehmbar, wobei im Lichte der zit Jud darauf hinzuweisen ist, daß die österreichische Rechtsordnung durchaus Fallkonstellationen kennt, in denen Asylwerbern überhaupt keine Aufenthaltsberechtigung zukommt (vgl dazu die Ausführungen zu § 19, Rz 557); spätestens hier wird erkennbar, daß die Jud des UBAS mit dem Gesetzeswortlaut nicht in Einklang zu bringen ist und daß der Gesetzgeber tatsächlich höhere Anforderungen an das Aufenthaltsrecht im Drittstaat nach § 4 Abs 2 AsylG 1997 stellt, als er für Asylwerber im Bundesgebiet vorgesehen hat.

d) Der dauerhafte Charakter der Drittstaatsicherheit

196 Nach hL setzt die Drittstaatsicherheit voraus, daß der Aufenthalt im Drittland auf Dauer angelegt ist. Ein Aufenthalt hat nur dann „stationären Charakter", wenn das Fluchtende eingetreten ist. Hiebei kommt nach internationaler Lehre, die auch eine vergangenheitsorientierte Betrachtung miteinfließen läßt, der Aufenthaltsdauer als Indiz wesentliche Bedeutung zu (*Marx*, Asylrecht II, 169 f; anders hingegen der VwGH im Lichte des § 2 Abs 2 Z 3 AsylG 1991, der die anderweitige Verfolgungssicherheit auch dann annahm, wenn die „Verweildauer" im Drittland nur kurz bemessen war; VwGH 24.11. 1993, 93/01/0357). Je länger ein (freiwilliger) Aufenthalt im Drittstaat dauert, umso mehr geht nach der Lehre vom stationären Charakter des anderweitigen Verfolgungsschutzes das äußere Erscheinungsbild einer Flucht verloren (vgl dazu die deutsche Judikatur bei *Marx*, Asylrecht I, 189 ff). Auch ein länger dauernder Aufenthalt genügt nach verbreiteter Lehre jedoch nicht, wenn der Aufenthalt ohne Chance auf Verlängerung befristet ist. Anders als Praxis und Jud im Lichte des AsylG 1991 annahmen, ist eine Aufenthaltsdauer von wenigen Stunden oder Tagen in der Regel kein Indiz für einen anderweitigen Verfolgungsschutz, da daraus kein Schluß auf das Ende der Flucht gezogen werden kann. Anderweitige Verfolgungssicherheit tritt nach internationalem Ansatz erst ein, wenn die Schutzbedürftigkeit eines Flüchtlings durch den Drittstaat beseitigt wird. Der bloße Umstand, daß jemand – mehr oder weniger zufällig – auf des Hoheitsgebiet eines abstrakt sicheren Staates gelangt ist, reicht nicht aus. Vielmehr bleibt zu berücksichtigen, daß ein auf Dauer ausgelegter Schutz – im gegebenen Zusammenhang ist eine Prognose erforderlich – für die fragliche Person gegeben ist.

197 Obwohl im gegebenen Zusammenhang die objektive Theorie der Verfolgungssicherheit maßgeblich ist, schließt dies nicht aus, daß subjektive Kriterien in die objektive Betrachtung miteinfließen (zur Bedeutung der subjektiven Fluchtvorstellungen siehe *Marx*, Asylrecht I, 168 f). Begehrt etwa ein Flüchtling im einem Drittstaat Asyl, so kann dies nach Lage des Einzelfalles ein Indiz für die Prognose der Sicherheit im Drittstaat und damit verbunden für die Dauerhaftigkeit des anderweitigen Verfolgungsschutzes sein. Umgekehrt kann auch der Umstand, daß im Einzelfall nicht Asyl begehrt wurde, ein Indiz für den vorübergehenden Charakter des „Verfolgungsschutzes" sein. Die Asylantragstellung beweist aber nicht in jedem Fall, daß ein Verfolgungsschutz (zwangsläufig) vorliegt. Hier ist regelmäßig eine genaue Fallanalyse angebracht. Generell kann gesagt werden, daß die subjektive Einstellung des Flüchtlings in der einen oder anderen Richtung ein Indiz für die Drittstaatsicherheit sein kann, daß aber ein allgemeingültiger Schluß vom Willen des Flüchtlings auf anderweitigen Verfolgungsschutz nicht zulässig ist.

198 Wie bereits mehrmals erwähnt, konstruiert das AsylG 1997 die Drittstaatsicherheit als Prognose, während im Schrifttum das Problem des stationären Charakters des Aufenthalts allgemein in der Vergangenheit betrachtet wird. Dessen ungeachtet ist der stationäre Charakter des Aufenthalts im Rahmen der zu stellenden Prognose auch für die österreichischen Rechtsordnung nicht ohne Bedeutung. Zwar ist die (erforderliche) Dauer der Drittstaatsicherheit in § 4 AsylG 1997 nicht ausdrücklich, geregelt, doch ergibt sich aus Sinn und Zweck dieser Bestimmung, daß die Drittstaatsicherheit nicht von vornherein zeitlich beschränkt sein darf. Die Drittstaatsicherheit nach dem § 4 leg cit erfordert die Prognose, daß der Drittlandschutz, wie er in § 4 Abs 2 leg cit umschrieben ist, auf Dauer ausgelegt ist. Ist die Drittstaatsicherheit von vornherein ohne die Aussicht auf Verlängerung beschränkt, so kann von Drittstaatsicherheit nicht gesprochen werden.

e) Die Aktualität

199 Der Wortlaut des § 2 Abs 2 Z 3 AsylG 1991 stellte auf die Vergangenheit ab (arg „war"; vgl auch VwGH 24. 11. 1993, 93/01/0357). In diesem Punkt ist durch das AsylG 1997 eine wesentliche Änderung eingetreten. § 4 leg cit stellt im Rahmen der Drittstaatsicherheit ausdrücklich darauf ab, ob ein Fremder Schutz vor Verfolgung finden kann (vgl dazu § 5 Abs 3 und § 7 Abs 2 AsylG 1968; dort stellte sich die Frage, ob ein Asylwerber bzw ein Flüchtling Schutz vor Verfolgung gefunden hat). Wie in den RV ausgeführt wird, verlangt die Drittstaatsicherheit nunmehr eine Prognose (vgl zB UBAS 21. 8. 1998, 204.606/0-I/02/98). Der VwGH hat noch zur alten Rechtslage ausgeführt, daß dem *„Sicherheitsbedürfnis des Betreffenden bereits Rechnung getragen wurde, und eine Entscheidung über den (erst) in Österreich gestellten Asylantrag nicht davon abhängig ist, ob der Asylwerber auch noch zu die-*

sem Zeitpunkt in dem betreffenden Drittland vor Verfolgung sicher wäre, welcher Frage lediglich im Zusammenhang mit der bei Anwendung fremdenpolizeilicher Vorschriften zu beurteilenden Möglichkeit der Abschiebung aus Österreich rechtliche Relevanz zukommen könnte" (VwGH 24. 11. 1993, 93/01/0357). In diesem Punkt wird der Verwaltungsgerichtshof seine ständige Judikatur revidieren müssen.

200 Die Drittstaatsicherheit nach dem AsylG 1997 richtet sich – wie auch nach dem AsylG 1991 – nach objektiven Kriterien, die in § 4 Abs 2 AsylG 1997 näher umschrieben sind. Dazu tritt – wie sich aus § 4 Abs 5 AsylG 1997 ergibt – die aktuelle Einreisemöglichkeit in einen sicheren Drittstaat, sei es auch, daß die Einreise durch Zurückweisung (§ 52 FrG 1997), Zurückschiebung (§ 55 FrG 1997) oder Abschiebung (§ 56 FrG 1997) vollzogen wird (vgl UBAS 5. 6. 1998, 203.299/0-VII/21/98). Die Aktualität bedingt geradezu eine aufrechte Einreisemöglichkeit in den Drittstaat (vgl *Davy U.*, Neuordnung, 75; vgl auch die Ausführungen des UNHCR in 1161 BlgNR 18. GP, 10; vgl auch UBAS 26. 5. 1998, 202.537/3-VII/19/98). Der UBAS stellt im gegebenen Zusammenhang auch darauf ab, ob im konkreten Fall eine Rückübernahme entsprechend dem jeweiligen Schubabkommen *„noch"* möglich ist; er verneint Drittstaatsicherheit dann, wenn *„kein Antrag auf Rückübernahme* (nach dem betreffenden Schubakommen) *gestellt"* wurde bzw ein solcher *„nicht sehr aussichtsreich gewesen wäre"* (UBAS 26. 5. 1998, 202.537/3-VII/19/98) oder der potentielle sichere Drittstaat sich nicht dazu bereit erklärt, den Asylwerber zu übernehmen (UBAS 5. 6. 1998, 203.296/0-VII/20/98). Können Fremde, deren Asylantrag nach Abs 1 des § 4 AsylG 1997 als unzulässig zurückgewiesen wurde, nicht in einen sicheren Drittstaat zurückgewiesen, zurückgeschoben oder abgeschoben werden, so tritt der Bescheid, mit dem der Asylantrag zurückgewiesen wurde (...) außer Kraft. Damit wird ein Asylverfahren zulässig, wenn der Drittlandschutz nicht (mehr) aktualisierbar ist.

201 Nach den allgemeinen verfahrensrechtlichen Regeln ist der maßgebliche Beurteilungszeitpunkt der Zeitpunkt der Bescheiderlassung (vgl dazu *Walter/Mayer*, Verwaltungsverfahrensrecht, Rz 413; *Ringhofer*, 477; VwSlgNF 8.941 A, 10.285 A; vgl auch VwGH 18.10.1985, 85/18/0054; aA *Hellbling* I, 337 f; *Winkler*, Bescheid, 112; *Berchtold*, 249 ff; *Davy U.*, Neuordnung, 75).

f) Das Wiederaufleben der Schutzbedürftigkeit

202 Die Drittstaatsicherheit beruht – wie die Verfolgungsgefahr – auf einem in der Zeit veränderlichen Sachverhalt. Der Begriff des anderweitigen Verfolgungsschutzes korrespondiert mit dem der Schutzbedürftigkeit. Die Schutzbedürftigkeit ist eine Funktion der Zeit und in dieser veränderlich. Dementsprechend kann die Schutzbedürftigkeit beispielsweise wieder aufleben, wenn ein im Drittstaat zunächst gewährter Schutz durch Widerruf, praktischen Entzug oder aus anderen Gründen entfällt oder eine solche Entwicklung abzusehen ist (vgl *Marx*, Asylrecht II, 171). Im Wiederaufleben der Schutzbedürftigkeit ist der Prognosecharakter der Drittstaatsicherheit deutlich erkennbar. Die Schutzbedürftigkeit lebt immer dann wieder auf, wenn sich die Prognose der Drittstaatsicherheit als unrichtig herausgestellt hat.

203 Lebt die Schutzbedürftigkeit auf Grund des Entfalls der Drittstaatsicherheit nach dem Zeitpunkt (wieder) auf, nachdem sich der betroffene Fremde mit oder ohne Zwang in dieses Land begeben hat, tritt der Zurückweisungsbescheid zwar nicht nach § 4 Abs 5 AsylG 1997 außer Kraft, doch steht es einem Fremden jederzeit offen, einen (neuen Asylantrag) einzubringen, weil durch die Konstruktion der Drittlandsicherheit als Prozeßvoraussetzung (siehe dazu UBAS 14. 1. 1998, 200.090/0-III/09/98; 20. 1. 1998, 200.007/0-IV/12/98; 22. 1. 1998, 201.544/0-III/08/98; 26. 1. 1998, 201.553/0-III/07/98) im Hinblick auf das Asylverfahren keine res iudicata gegeben ist.

II. Gesetzliche Vermutung der Drittstaatsicherheit

204 Die Voraussetzungen der Drittstaatsicherheit sind *„regelmäßig"* dann gegeben, wenn der betreffende Staat die GFK ratifiziert (zu den Mitgliedstaaten der GFK siehe Index 1998, 369 f) und gesetzlich ein Asylverfahren eingerichtet hat, das die Grundsätze dieser Konvention (GFK) umsetzt, sowie die EMRK (zu den Mitgliedstaaten der EMRK siehe Index 1998, 80 f) und das 11. ZP EMRK samt Anhang (BGBl III 1998/30) ratifiziert hat. Fraglich ist, ob und inwieweit seit dem Inkrafttreten des 11. ZP EMRK (1. 11. 1998) bis zum Inkrafttreten der AsylG-N 1948 (1. 1. 1998) die gesetzliche Vermutung der Drittstaatsicherheit anwendbar war, da für diesen Zeitraum die damals erforderliche „Unterwerfungserklärung nach Art 25 EMRK für die meisten Staaten (die an Österreich angrenzenden Staaten) entfallen war.

Die gesetzliche Vermutung der Drittstaatsicherheit nach § 4 Abs 3 AsylG 1997 stellt eine widerlegbare Gesetzesvermutung dar (arg „regelmäßig"). Ein substantiiertes Vorbringen der Betroffenen muß jedenfalls eine Einzelfallprüfung auslösen (vgl in diesem Sinne RV, 17); für Flüchtlinge iSd GFK muß der Gesetzgeber im potentiell sicheren Staat auf bestimmte Weise tätig geworden sein; zudem folgt aus dem Grundsatz der amtswegigen Wahrheitsforschung, daß die Asylbehörden auch die Praxis der in Betracht kommenden Drittstaaten laufend beobachten müssen (vgl UBAS Sen 21. 4. 1998, 202.689/0-I/01/98); die Widerlegung der Rechtsvermutung kann sich nicht zuletzt aus dem individuellen Vorbringen oder amtswegigen Ermittlungen ergeben (*Davy U.*, Asylrechtsreform, 823; VwGH 23. 7. 1998, 98/20/0175; 11. 11. 1998, 98/01/0284). Es liegt auf der Hand, daß allein die Ratifikation von völkerrechtlichen Verträgen nicht zwangsläufig dazu führt, daß Fremde in einem solchen Staat tatsächlich sicher sind (so schon VwGH 27. 4. 1995, 93/01/0103). Der UBAS hat die „Reformstaaten" des ehemaligen Ostblocks betreffend nur Vorbringen berücksichtigt, die auf belegten Beobachtungen *„jüngsten Datums"* (innerhalb der letzten ein bis zwei Jahre) beruhen: *„Bereits mit Entscheidung (Zahl 200 516/0-IV/10/98) hat der unabhängige Bundesasylsenat klargelegt, daß grundsätzlich in Regionen und politischen Strukturen, wo rasante gesellschaftliche Entwicklungen stattfinden und insbesondere Anhaltspunkte für positive Bemühungen von Staaten zur Eingliederung in die Europäische Staatengemeinschaft festzustellen sind, und Bemühungen bestehen, diesem Rechtssystem adäquate innerstaatliche Rechtsordnungen zu schaffen, es die erkennende Behörde ablehnt – als ob keine Lernfähigkeit gegeben wäre – auf weit zurückliegende Einzelfälle von (bedauernswerten) Rechtsschutzverletzungen Bezug zu nehmen, insbesondere dann, wenn diese der Staatsgründungsphase naheliegen und keine aktuellen belegten Beobachtungen jüngsten Datums über Wiederholungen vorliegen"* (UBAS 13. 2. 1998, 201 763/0-IV/10/98). Demgegenüber liegt auf der Hand, daß es nicht auf „Bemühungen" von Staaten ankommen kann, sondern ausschließlich darauf, ob sie einen gewissen rechtlich geforderten Standard (§ 4 Abs 1 und 2 AsylG 1997) gegenwärtig und in weiterer Zukunft tatsächlich umsetzen. Der UBAS geht ua davon aus, daß die Gesetzesvermutung des § 4 Abs 3 AsylG 1997 nicht nur durch Behauptungen sondern auch durch amtsbekannte Informationen widerlegt wird, wobei allerdings die Offizialmaxime anfänglich nur beschränkt ins Kalkül gezogen und in weiterer Folge dem Anschein nach wieder ausgedehnt wurde: *„Auf Grund der die gesamte Prüfung des § 4 AsylG betreffenden amtswegigen Ermittlungspflicht gemäß § 39 AVG kann auch die Regelvermutung des Abs. 3 immer nur dann zum Tragen kommen, wenn sie nicht durch eine konkrete, in seiner Sphäre gelegenen Behauptung des Betroffenen und/oder den amtsbekannten Informationsquellen widerlegt werden kann. Die Regelvermutung kann also sowohl durch eine Be-*

hauptung des Betroffenen entsprechend seiner Mitwirkungspflicht als auch (nur) durch amtsbekannte Informationen zu dem in Betracht gezogenen Drittstaat widerlegt werden. Sobald ein konkretes Faktum auftritt, das die Regelvermutung widerlegt, ist Abs. 2 materiell zu prüfen. (...) Die Behörde hat im Rahmen ihrer amtswegigen Ermittlungspflicht gemäß § 39 AVG festzustellen, ob der Betroffene in dem in Betracht gezogenen Staat ‚Schutz vor Verfolgung ***finden kann****' (§ 4 Abs 1 AsylG). Die Verpflichtung, diese umfassende zukunftsorientierte Prognose treffen zu müssen, kann auch nicht mit dem (bloßen) Verweis auf die Regelvermutung des Abs. 3 umgangen werden. Die Regelvermutung stellt lediglich einen Aspekt der in* ***Abs. 2 und 3*** *festgelegten Definition von ‚****Schutz vor Verfolgung****' dar. Und die Qualifikation, ob ein Staat die in Abs. 2 und 3 definierten Kriterien erfüllt, ist wiederum nur ein wichtiger Teil einer umfassenden zukunftsorientierten Prognose, die die Behörde zu treffen hat"* (UBAS Sen 16. 2. 1998, 201.749/0-VII/19/98; vgl auch UBAS 21. 1. 1998, 201.556/0-III/08/98; 23. 3. 1998, 202.192/0-II/04/98; 16. 4. 1998, 202.707/0-III/07/98; Sen 21. 4. 1998, 202.689/0-I/01/98; 19. 4. 1998, 203.094/0-X/30/98; 24. 6. 1998, 203.709/0-X/30/98).

205 Grundsätzlich bedürfen alle Tatsachen, auf die eine behördliche Entscheidung gestützt werden soll, eines Beweises; eine Ausnahme besteht nach § 45 Abs 1 AVG nur für Tatsachen, die bei der Behörde offenkundig sind (vgl auch § 56 AVG) und für solche Tatsachen, für deren Vorliegen das Gesetz eine Vermutung aufstellt (vgl auch §§ 269 f ZPO; § 167 Abs 1 BAO). Gesetzliche Vermutungen können Tatsachenvermutungen (sog Beweisvermutung, „praesumptio facti") sein. Von einer Tatsachenvermutung wird dann gesprochen, wenn das Gesetz aus dem Vorliegen einer bestimmten Tatsache auf das Vorliegen einer anderen rechtserheblichen Tatsache schließt (vgl *Fasching*, Lehrbuch, Rz 865; *Walter/Mayer*, Verwaltungsverfahrensrecht, Rz 318). Eine Rechtsvermutung liegt dann vor, wenn das Gesetz aus dem Vorliegen einer Tatsache auf den Bestand oder Nichtbestand eines Rechtsverhältnisses schließt (vgl dazu *Fasching*, Lehrbuch, Rz 866; *Walter/Mayer*, Verwaltungsverfahrensrecht, Rz 318). Eine gesetzliche Vermutung kann widerleglich oder unwiderleglich sein (vgl *Fasching*, Lehrbuch, Rz 866; *Walter/Mayer*, Verwaltungsverfahrensrecht, Rz 318). Die Abgrenzung zwischen Rechts- und Tatsachenvermutung ist schwierig: problematisch ist, ob sich § 45 Abs 1 AVG auf beide Arten von Vermutungen bezieht (zum analogen § 270 bejahend *Fasching*, Lehrbuch, Rz 866). Der Wortlaut des AVG scheint sich auf Tatsachenvermutungen zu beschränken (arg *„Tatsachen"* in § 45 Abs 1 AVG). Die gesetzliche Vermutung des § 4 Abs 3 AsylG 1997 stellt eine widerlegliche Tatsachenvermutung dar (vgl UBAS 16. 4. 1998, 202.707/0-III/07/98): von der Ratifikation der GFK und der EMRK sowie des 11. ZP EMRK und der gesetzlichen Einrichtung eines entsprechenden Asylverfahrens wird auf das Vorliegen der Sachverhaltselemente des § 4 Abs 2 AsylG 1997, nämlich dem Fehlen einer Gefahr iSd § 57 Abs 1 und 2 FrG 1997 im Drittstaat, dem Offenstehen eines Verfahrens zur Einräumung der Rechtsstellung eines Flüchtlings nach der GFK im Drittstaat, dem Aufenthaltsrecht während dieses Verfahrens im Drittstaat und den Schutz vor Abschiebung in den Herkunftsstaat, sofern sie im Herkunftsstaat iSd § 57 Abs 1 oder 2 FrG 1997 bedroht sind, geschlossen. Vermutungen erlangen im Beweisrecht dadurch Bedeutung, daß sie primär das *Beweisthema* von der originär zu beweisenden rechtserzeugenden Tatsache auf die erleichtert beweisbare vermutungsauslösende Tatsache (die Vermutungsbasis) verschieben (vgl dazu *Rosenberg/Schwab*, 712; *Holzhammer*, Zivilprozeßrecht, 242; *Fasching*, Lehrbuch, Rz 866). Erst wenn die Vermutungsbasis erwiesen ist, tritt die gesetzliche Vermutung ein. Ist die Vermutungsbasis bewiesen, stehen der Partei zwei Möglichkeiten offen: der *„Gegenbeweis"*, daß die Vermutungsbasis nicht zutrifft (ihre Tatsachen nicht existieren); dieser ist auch bei unwiderleglichen gesetzlichen Vermutungen und Fiktionen möglich; oder der *„Beweis des Gegenteils"*, daß trotz des Zutreffens der die Vermutung auslösenden Tatsachen die vermutete Tatsache nicht eingetreten ist, also im konkreten Fall kein Kausalzusammenhang zwischen Vermutungsbasis und vermutetem Faktum besteht (vgl dazu *Fasching*, Lehrbuch, Rz 867).

206 Legt man die gesetzliche Vermutung des § 4 Abs 3 AsylG 1997 streng aus und hält man sich strikt an den dahinterstehenden „Beweisverschiebungsmechanismus", indem man sich im Hinblick auf die Rechtsbedingungen formal auf die „Ratifikation der GFK, der EMRK und des 11. ZP EMRK und die – womöglich ohne auf inhaltliche Kriterien des Asylverfahrens einzugehen – formale „Einrichtung eines die Grundsätze der GFK umsetzenden gesetzlichen Asylverfahrens" beschränkt, stößt man bald auf verfassungsrechtliche Schranken, indem man Asylwerbern eine Beweislast auferlegt, die diese niemals effektiv tragen können (vgl dazu *Rohrböck*, Prozeßfähigkeit, 4). Der UBAS hat die widerlegliche Gesetzesvermutung des § 4 Abs 3 für verfassungskonform betrachtet: *„Die Bedenken des Berufungswerbers hinsichtlich der Verfassungswidrigkeit des § 4 Abs. 3 AsylG vermag die erkennende Behörde nicht zu teilen, weil es sich bei der in Frage stehenden Regelvermutung um eine widerlegliche handelt, die daher vom Gesichtspunkt des Rechtsschutzes unbedenklich ist. Die Regelvermutung des § 4 Abs. 3 AsylG besagt, daß die Voraussetzungen für einen Staat, als sicherer Drittstaat anerkannt zu werden, regelmäßig dann gegeben sei, wenn er die Genfer Flüchtlingskonvention ratifiziert und gesetzlich ein Asylverfahren entsprechend den Grundsätzen dieser Konvention eingerichtet sowie die Konvention zum Schutze der Menschenrechte und Grundfreiheiten ratifiziert und eine Erklärung nach Art. 25 dieser Konvention abgegeben habe. Es ist nicht unsachlich, wenn der Gesetzgeber einen Staat, welcher diese grundsätzlichen Instrumente des Menschenrechtsschutzes und der Asylgewährung unterzeichnet habe, an sich als einen Rechtsstaat, der durch das Eingehen eines gewissen Maßes an völkerrechtlicher Verpflichtung (GFK, MRK) und den dadurch vorgegebenen Standard in seine Rechtsordnung umgesetzt habend in der Regel als sicheren Drittstaat anzusehen"* (UBAS 3. 3. 1998, 201.925/0-III/09/98; vgl auch UBAS 3. 3. 1998, 201.923/0-IV/10/98). In der Folge hat der UBAS seine Ansicht in seiner Entscheidung vom 25. 3. 1998, 202.248/0-I/03/98 näher begründet: *„Der Berufungswerber hat die Verfassungswidrigkeit der gesetzlichen Vermutung des § 4 Abs 3 AsylG gerügt und diese Ansicht damit begründet, daß die Bestimmung des § 4 Abs 3 leg cit gegen das Rechtsstaatsprinzip und gegen Art 11 Abs 2 B-VG verstoße. Im Gegensatz zu den Ausführungen in der Berufung geht der unabhängige Bundesasylsenat davon aus, daß die gesetzliche Vermutung nicht so zu interpretieren ist, daß sie einem Asylwerber eine Beweislast auferlegt, die er nicht auch zu tragen im Stande ist. Im Lichte dessen hat der UBAS mehrmals festgehalten, daß die ‚Regelvermutung' des § 4 Abs 3 AsylG bereits dann widerlegt sei, wenn ein konkretes Faktum – ua eine konkrete, in der Sphäre des Asylwerbers gelegenen Behauptung – auftritt (UBAS 16. 2. 1998, 201.749/0-VII/19/98; 23. 3. 1998, 202.192/0-II/04/98; vgl dazu auch UBAS 3. 3. 1998, 201.925/0-III/09/09; 3. 3. 1998, 201.923/0-IV/10/98). Diese gesetzliche Bestimmung entbindet die Asylbehörden nicht von ihrer Verpflichtung, auch die Praxis der in Betracht kommenden Drittstaaten laufend zu beobachten, sodaß sie sich nicht zuletzt auf das individuelle Vorbringen oder auf amtswegige Ermittlungen stützen müssen (Davy U., Asylrechtsreform II, ecolex 1997, 823). Bei einer derart engen Sicht der gesetzlichen Vermutung des § 4 Abs 3 AsylG kann dieser Bestimmung im Lichte des Rechtsschutzprinzips ein verfassungswidriger Inhalt nicht unterstellt werden. Das rechtsstaatliche Prinzip verbietet es freilich, die ‚gesetzliche Einrichtung* *eines Asylverfahrens entsprechend den Grundsätzen der Genfer Flüchtlingskonvention' im Sinne des § 4 Abs 3 AsylG ausschließlich aus einem formalen Standpunkt zu betrachten und es dabei bewenden zu lassen; vielmehr ist auch in diesem Zusammenhang im Einzelfall zu prüfen, ob das im potentiell sicheren Drittstaat gesetzlich eingerichtete Asylverfahren auch tauglich ist, einem Fremden in seiner individuellen Situation die Stellung eines Flüchtlings nach der Genfer Flüchtlingskonvention zu verschaffen, wenn er die entsprechenden materiellen Voraussetzungen nach der Genfer Flüchtlingskonvention erfüllt. Verfassungsrechtlich bedenklich wäre es wohl, die gesetzliche ‚Einrichtung eines Asylverfahrens' nach § 4 Abs 3 AsylG sehenden Auges formal auf das Faktum der ‚gesetzlichen Einrichtung' eines Verfahrens ohne irgendein inhaltliches Kriterium zu beschränken, obgleich bekannt ist, daß dieses Verfahren im konkreten Fall nicht zu Ziel führen kann, und so den Rechtsschutzsuchenden einseitig mit dem Rechtsschutzrisiko zu behaften (vgl dazu z. B. VfSlg 11.196). Solange sich die Auslegung des § 4 Abs 3 AsylG auf diesen Bahnen bewegt, kann dieser Bestimmung im Lichte des rechtsstaatlichen Prinzips ein verfassungswidriger Inhalt nicht unterstellt werden. Der Berufungswerber sieht in der gesetzlichen Vermutung des § 4 Abs 3 AsylG insofern ein unzulässige Abweichung von den Verwaltungsvorschriften, als durch die Bestimmung des § 4 Abs 3 leg cit die Asylbehörde von der amtswegigen Ermittlung (des maßgebenden Sachverhalts) befreit wird, was dem Grundgedanken der Einheitlichkeit der Verwaltungsvorschriften widerspreche und aufgrund mangelnder Erforderlichkeit keine Deckung in Art 11 Abs 2 B-VG finde. Dieser Hinweis auf Art 11 Abs 2 B-VG kann vor dem Hintergrund der Bestimmung des § 4 Abs 3 AsylG nicht zielführend sein. Nach § 39 Abs 1 AVG sind nämlich für die Durchführung des Ermittlungsverfahrens die Verwaltungsvorschriften maßgeblich. Daraus folgt unzweifelhaft, daß das Ermittlungsverfahren durch den materiellen Gesetzgeber geregelt werden kann. Nur wenn und soweit die Verwaltungsvorschriften (d. i. das materielle Recht) hierüber keine Anordnungen enthalten, hat die Behörde von Amts wegen vorzugehen und unter Beobachtung der in diesem Teil (II. Teil des AVG betreffend das Ermittlungsverfahren) enthaltenen Vorschriften den Gang des Ermittlungsverfahrens zu bestimmen (vgl § 39 Abs 2 erster Halbsatz AVG)"* (vgl dazu auch UBAS Sen 30. 3. 1998, 202.332/0-II/05/98; vgl auch UBAS 21. 8. 1998, 204.606/0-I/02/98).

Der VwGH hat die gesetzliche Vermutung des § 4 Abs 3 AsylG 1997 als – auch durch Amtswissen widerlegliche – *„Effektivitätsvermutung"*, die bei Anhaltspunkten für die Ineffektivität des im Drittstaat rechtlich vorgesehenen Schutzes auch entsprechende Ermittlungspflichten auslöst, gedeutet und festgehalten, daß *„eine ‚mängelfreie Feststellung' gemäß § 4 Abs. 3 AsylG nach dem insoweit klaren Inhalt dieser Bestimmung die Prüfung und Bewertung der Asylrechtslage des Drittstaates voraussetzt. Als Vermutung darüber, wie diese Rechtslage beschaffen sei, kann § 4 Abs. 3 AsylG daher nicht gedeutet werden. Nach der Art ihrer Voraussetzung kann die Vermutung aber auch nicht darauf bezogen werden, daß die Bedingungen, an die die Rechtsordnung des Drittstaates die Schutzgewährung knüpft, im zu beurteilenden Einzelfall erfüllt seien. Gegenstand der Vermutung muß vielmehr sein, daß der Drittstaat den Schutz, den er nach seiner Rechtslage zu gewähren hat, auch tatsächlich gewährt. Ermittlungen über die Effektivität des in seiner Rechtsordnung vorgesehenen Schutzes – im besonderen über die Beachtung der entsprechenden Rechtsvorschriften in der Praxis der Behörden und Organe des Drittstaates – sollen ohne Anhaltspunkte für die Notwendigkeit solcher Ermittlungen nicht stattzufinden haben, wenn sich der Drittstaat in der in § 4 Abs. 3 AsylG umschriebenen, spezifischen Weise rechtlich gebunden hat. Die Effektivitätsvermutung muß nach dem Gesetz – entge-*

gen den insoweit mißverständlichen Erläuterungen der Regierungsvorlage (686 BlgNR 20. GP, 17) – nicht das Ergebnis einer ‚Einzelfallprüfung' sein, und sie erfordert auch nicht immer eine ‚konkrete und spezifische Behauptung des Betroffenen'. Die Vermutung kann vielmehr auch durch Amtswissen der Behörde erschüttert oder schon widerlegt sein, und dies kann auf Gründen beruhen, die nicht nur den zu beurteilenden Einzelfall betreffen. Nach § 4 Abs. 2 AsylG trifft es – entgegen einer Formulierung in den Erläuterungen – auch nicht zu, daß nur ‚unmittelbare' Gefahren beachtlich wären" (VwGH 23. 7. 1998, 98/20/0175). Der VwGH hat in der Folge seine Argumentation ausgebaut und im Falle von entsprechendem Amtswissen weitgehende Ermittlungspflichten angenommen (VwGH 11. 11. 1998, 98/01/0284).

Ob die Effektivitätsvermutung iSd oben zit Jud des VwGH auch im Lichte der AsylG-N 1998 ohne Einschränkungen aufrecht erhalten werden kann, ist fraglich. Die neugeschaffene Bestimmung des § 4 Abs 3a AsylG 1997 stellt nämlich außer Diskussion, daß unter Schutz iSd § 4 leg cit nur ein *„effektiver"* Schutz (arg *„regelmäßig effektiven Schutz vor Verfolgung"* in § 4 Abs 3a erster Satz leg cit) zu verstehen ist, indem in weiterer Folge jene Rechtsbedingungen festgelegt werden, unter denen Staaten regelmäßig als sicher angesehen werden können (vgl § 4 Abs 3a Z 1 bis 4 AsylG 1997), wobei diese Rechtsbedingungen wiederum deutliche Hinweise darauf enthalten, daß die tatsächliche Effektivität eines Asylverfahrens und nicht bloß dessen abstrakte Eignung maßgebend sein soll. Damit wird klar, daß auf die (tatsächliche) *„Effektivität des Asylverfahrens"* als *„Rechtsbedingung für die Vermutung der Drittstaatsicherheit"* abgestellt wird. Damit wird aber die Effektivität des Asylverfahrens zur „Vermutungsbasis" und nicht zur gesetzlichen Vermutung (als Rechtsfolge; vgl dazu auch die Ausführungen unter Rz 212a ff). In die gleiche Richtung deutet auch der Umstand, daß in § 4 Abs 3 leg cit idF der AsylG-N 1998 von der gesetzlichen Einrichtung eines Asylverfahrens die Rede ist, das die Grundsätze der GFK *„umsetzt"*. Unter diesen Vorzeichen besteht allerdings für eine Effektivitätsvermutung iSd Jud des VwGH eigentlich kein Raum.

207 Die Vermutung der Drittstaatsicherheit ist an vier Tatbestandselemente geknüpft. Zum ersten muß der potentiell sichere Drittstaat die GFK ratifiziert und zum zweiten ein näher umschriebenes gesetzliches „Asylverfahren" eingerichtet, zum dritten muß dieser Staat die EMRK und letztendlich auch das 11. ZP EMRK ratifiziert haben. Diese Tatbestandselemente müssen kumulativ vorliegen. Der UBAS hat in diesem Zusammenhang ausdrücklich festgehalten, *„daß es sowohl nach der internationalen Rechtslage der GFK und MRK, als auch nach der österreichischen Rechtslage des § 4 AsylG 1997 nicht darauf ankommen kann, einem dritten Staat Vorschreibungen zu machen,* ***wie*** *er im Rahmen einer funktionsfähigen und effektiven Rechtsordnung sein eigenes Asylverfahren gestaltet. Maßgeblich ist ausschließlich,* ***ob*** *ein solches Asylverfahren grundsätzlichen Rechtsstaatsgesichtspunkten entspricht und Deckung in internationalen Verträgen (GFK, MRK) findet"* (UBAS 11. 2. 1998, 201,571/0-IV/10/98). Dieser Ansatz ist insoweit problematisch, als er zu einer abstrakten – von der Einzelperson losgelösten – Prüfung der Drittstaatsicherheit führt; die gesetzliche Vermutung der Drittstaatsicherheit darf nicht dazu führen, „sehenden Auges" Drittstaatsicherheit anzunehmen, obwohl im Einzelfall ausgeschlossen ist, das der potentiell sichere Drittstaat im Einzelfall seine Pflichten wahrnimmt. In weiteren Entscheidungen hat sich der UBAS mit dem Fall beschäftigt, daß die Rechtsordnung des potentiell sicheren Staates ihrerseits auf die Drittstaatsicherheit in Österreich „rückverweist"; in einem solchen Fall hat der UBAS die Heranziehung der gesetzlichen Vermutung der Drittstaatsicherheit nach § 4 Abs 3 AsylG 1997 für unzulässig erachtet: *„Das Bundesasylamt hat sich ohne* *weiteres auf die widerlegliche Rechtsvermutung des § 4 Abs 3 AsylG gestützt und dabei außer Acht gelassen, daß die Heranziehung der ‚Regelvermutung' des § 4 Abs 3 AsylG – wie der unabhängige Bundesasylsenat mehrmals ausgesprochen hat – für die Beantwortung der Frage, ob der Asylwerber ‚nunmehr von Österreich' einem aus ungarischer Sicht sicheren Drittstaat kommend in Ungarn (noch) Schutz vor Verfolgung finden könne, bereits vom Ansatz her verfehlt ist (vgl UBAS 21. 1. 1998, 201.559/0-II/04/98; 23. 3. 1998, 202.192/0-II/04/98). Damit geht der unabhängige Bundesasylsenat davon aus, daß für einen Staat, der durch seine gesetzlichen Vorschriften betreffend die Drittstaatsicherheit den Asylwerber im Einzelfall an Österreich ‚zurückverweist', die widerlegliche Vermutung des § 4 Abs 3 AsylG nicht herangezogen werden darf; die gesetzliche Vermutung des § 4 Abs 3 leg cit darf im Ergebnis nicht dazu führen, daß Drittstaatsicherheit auch dann angenommen wird, wenn den Asylbehörden bereits von vornherein klar sein muß, daß die Drittstaatsicherheit iSd § 4 Abs 2 AsylG im betreffenden Staat nicht gegeben ist. Im Lichte dessen ist auf die Bestimmung des Art 4 Abs 1 lit c des ungarischen Asylgesetzes Nr 1997:CXXXIX hinzuweisen. Nach dieser Bestimmung soll die Anerkennung als Flüchtling verweigert werden, wenn ein Fremder aus einem Land angereist ist, daß nach dem ungarischen Asylgesetz als sicherer Herkunftsstaat oder als sicherer Drittstaat angesehen wird, und der Antragsteller nicht nachgewiesen hat, daß das betreffende Land ua die Kriterien des Art 2 lit e des ungarischen Asylgesetzes erfüllt. Nach Art 2 lit e des ungarischen Asylgesetzes ist im Sinne dieses Gesetzes ein sicherer Drittstaat ein Land, das im Hinblick auf den Asylwerber die für einen sicheren Herkunftsstaat typischen Bedingungen erfüllt (vgl dazu Art 2 lit d des ungarischen Asylgesetzes) und wo der Asylwerber, bevor er in Ungarn angekommen ist, bereits war, sich niedergelassen hat, durchgereist oder von dort angereist ist, sodaß die Anwendbarkeit der Genfer Konvention im Lichte seines Asylantrages für ihn bereits anerkannt wurde, oder daß er die Möglichkeit hatte, einen Antrag zur Anerkennung einzubringen, aber die Gelegenheit nicht wahrgenommen hatte; der Fremde nach den Bestimmungen dieses Staates nicht in einen Staat zurückgebracht werden darf, wo er einer Verfolgung, Folter oder unmenschlichen oder erniedrigenden Behandlung ausgesetzt wäre. Die Bestimmungen des ungarischen Asylgesetzes legen die Vermutung nahe, daß die ungarischen Behörden die Drittstaatsicherheit eines Asylwerbers in Österreich auch dann annehmen könnten, wenn sich Österreich seinerseits auf die Drittstaatsicherheit des Asylwerbers in Ungarn berufen hat"* (UBAS 25. 3. 1998, 202.248/0-I/03/98; vgl dazu auch die Senatsentscheidung UBAS 30. 3. 1998, 202.332/0-II/05/98; 24. 6. 1998, 203.709/0-X/30/98; 10. 6. 1998, 203.413/0-II/28/98; davon ausgehend, daß die ungarische Rechtsordnung im Lichte des § 4 AsylG 1997 nicht auf österr. Drittstaatsicherheit zurückverweist UBAS 14. 8. 1998, 204.455/0-X/31/98, 21. 4. 1998, 202.693/0-VII/19/98; 16. 4. 1998, 202.707/0-III/07/98; inzident auch UBAS 21. 4. 1998, 202.693/0-VII/19/98; 26. 5. 1998, 202.537/3-VII/19/98).

a) Ratifikation der GFK und gesetzliches Asylverfahren

208 Ratifikation ist eine bestimmte formelle völkerrechtlich relevante Zustimmung zu einem völkerrechtlichen Vertragswerk. Durch die Ratifikation wird ein Staat an einen bestimmten Vertrag gebunden. Das Völkerrecht kennt – wovon die Bestimmung des § 4 Abs 3 AsylG 1997 nicht auszugehen scheint – mehrere Arten der Zustimmung, durch einen bestimmten Vertrag gebunden zu sein. Gem Art 11 WVK kann die Zustimmung eines Staates, durch einen Vertrag gebunden zu sein, durch Unterzeichnung, Austausch von Urkunden, die den Vertrag bilden, Ratifikation, Annahme, Genehmigung oder Beitritt oder auf eine andere vereinbarte Art ausgedrückt werden. Diese verschiedene Arten der Zustimmung zu einem völkerrechtlichen Vertrag stehen grundsätzlich gleichwertig nebeneinander. Art 39 GFK unterscheidet zwischen Ratifikation der GFK und Beitritt zur GFK. Vor diesem Hintergrund zeigt sich, daß die Regelung des § 4 Abs 3 AsylG 1997 unvollständig ist. Erfaßt sind nicht nur jene Staaten, die die GFK ratifiziert haben, sondern auch jene, die diesem Vertrag beigetreten sind (zu den Mitgliedstaaten der GFK siehe Index, 396 f; BGBl III 1998/190 und 191). Daß die Ratifikation bzw der Beitritt zur GFK keine Garantie dafür bietet, daß die Bestimmungen der GFK tatsächlich auch eingehalten werden, liegt auf der Hand, befinden sich doch auch typische „Verfolgerstaaten" unter den Mitgliedstaaten der GFK.

209 Das AsylG 1997 forderte in der Stammfassung, daß der potentiell sichere Staat gesetzlich ein Asylverfahren *„entsprechend den Grundsätzen der GFK"* eingerichtet hat. In diesem Zusammenhang fiel auf, daß die GFK prinzipiell keine Verfahrensbestimmungen und damit auch keine Verfahrensgrundsätze enthält (vgl dazu *Kälin*, Nichteintreten, 24; vgl auch UBAS 27. 7. 1998, 203.722/1-VII/19/98). Es ist den Mitgliedstaaten nach der GFK anheim gestellt, entsprechende Verfahren aus eigenem zu gestalten. § 4 Abs 3 AsylG 1997 in der Stammfassung konnte nach der GFK demnach keine Verfahrensgrundsätze der GFK im Auge haben. Gemeint war vielmehr ein anderer Zusammenhang: die dienende Funktion des Verfahrensrechts. Das Verfahrensrecht ist nicht Selbstzweck, sondern soll ein Mittel zur Realisierung abstrakter Normen (subjektiver Rechte) sein und muß daher auch zwangsläufig ein Mindestmaß an Qualität und Rechtsschutz enthalten. Ein Asylverfahren entsprechend den Grundsätzen der GFK war demnach ein Verfahren, das qualitativ geeignet ist, die in der GFK verbürgten Rechte im Einzelfall umzusetzen. Die AsylG-N 1998 spricht hier insofern eine deutlichere Sprache, als nunmehr von der *„Einrichtung eines gesetzlichen Asylverfahrens, das die Grundsätze der GFK umsetzt"*, die Rede ist; im Lichte dessen muß ein gesetzliches Asylverfahren iSd GFK „effektiv" sein (vgl dazu auch die Ausführungen unter Rz 206).

Steht im Einzelfall außer Zweifel, daß einem Fremden im „sicheren Drittstaat" ein gesetzliches Asylverfahren *nicht zugänglich* ist, kann nicht davon ausgegangen werden, daß ein Asylverfahren iSd § 4 Abs 3 AsylG 1997 eingerichtet ist. Zur „gesetzlichen Einrichtung eines Asylverfahrens entsprechend den Grundsätzen der Genfer Flüchtlingskonvention hat der UBAS festgehalten: *„Es kann dem Gesetzgeber nicht unterstellt werden, daß er mit den (...) Bestimmungen über die ‚Drittstaatsicherheit', im besonderen mit der Wendung ‚wenn er . . . eingerichtet . . . hat' lediglich meinte, daß eine solche durch das hiefür erforderliche Normenkompendium bloß formal installiert werden müßte und dies auch schon genüge. Es ist vielmehr davon auszugehen, daß die Drittstaatsicherheit auch durch die Vollziehung dieser Normen im jeweiligen Drittland in aller Regel effektiv gewährleistet ist (vgl UBAS 16. 2. 1998, 201.749/0-VII/19/98 und Davy U., Asylrechtsreform II, ecolex 1997, 823). Unter dem Begriff ‚eingerichtet' kann im wohlverstandenem Sinn des Schutzes von Flüchtlingen nur gemeint sein, daß eine Institution dann als eingerichtet gelten kann, wenn Norm(en) und Vollzug in gleicher Weise Bestand haben"* (UBAS 16. 6. 1998, 203.527/0-X/31/98; 3. 7. 1998, 203.858/0-X/31/98; 14. 8. 1998, 204.455/0-X/31/98). Im Hinblick auf die Zugänglichkeit zu einem Asylverfahren hat der UBAS andererseits das Risiko weithin dem Asylwerber auferlegt und in diesem Sinne nicht unbedenklich festgehalten: *„(Nach den Ausführungen des Asylwerbers sei) der Zugang zum Asylverfahren (in Ungarn) zweifelhaft, was sich daraus ergebe, daß einem Kosovoalbaner (...) das Asylverfahren trotz zweimal mündlich vorgetragenen Asylwunsches verwehrt worden und er in die Bundesrepublik Jugoslawien abgeschoben* *worden sei, was schwere Mißhandlungen durch dortige Sicherheitskräfte zur Folge gehabt habe. Zum Beweis beantragt der Berufungswerber eine Anfrage an amnesty international. Im übrigen liege auch keine Zusage der ungarischen Behörden vor, daß dem Asylwerber dort ein Asylverfahren offenstehe. (...) Auf (...) Anfrage (...) hat das UNHCR-Büro (...) Auskunft erteilt, wonach der UNHCR über keine konkreten, ausreichend dokumentierten Fälle verfügt, die auf einen gegen die gesetzlichen Bestimmungen verstoßende Vollzugspraxis der ungarischen Behörden schließen lassen. (...) Bisher nicht verifizierbare Angaben eines von amnesty international präsentierten Falles eines Asylwerbers aus dem Kosovo können jedenfalls die Annahme Ungarns als sicheren Drittstaat iSd § 4 AsylG 1997 nicht in Zweifel ziehen. (...) (Es) kann daher von einer systematischen, die gesetzlichen Bestimmungen negierenden Vollzugspraxis ungarischer Behörden nicht ausgegangen werden. Von der Einholung der vom Antragsteller in der Berufung geforderten Gutachten hat der unabhängige Bundesasylsenat Abstand genommen, da hiefür für den Berufungswerber nichts gewonnen wäre, da auch bei Verifizierung des zitierten Vorfalles von einem Einzelfall nicht auf eine allgemein übliche Verwaltungspraxis geschlossen werden kann. Erst bei Vorliegen hinreichend und repräsentativer Anhaltspunkte dafür, daß einer für sich genommenen ausreichenden Gesetzeslage abweichende Praxis entgegensteht, könnte allenfalls festgestellt werden, daß der gesetzlich eingeräumte Rechtsschutz im Drittstaat trotz entsprechender Rahmenbedingungen für den Asylwerber möglicherweise nicht effektuierbar ist"* (UBAS 11. 8. 1998, 204.456/0-IX/25/98).

210 Das Asylverfahren muß nach § 4 Abs 3 AsylG 1997 ein *„gesetzlich eingerichtetes"* sein. Unter Gesetz ist – zumindest unter Heranziehung der bisherigen Jud der EKMR und des EGMR – nicht bloß ein formelles Gesetz im Lichte der österreichischen Verfassungsstruktur zu sehen, sondern jede allgemeine abstrakte Norm, die ein Mindestmaß an Publizität aufweist (vgl zB EGMR Sunday Times = EuGRZ 1979, 386). Wie diese Normen im innerstaatlichen Recht bezeichnet, strukturiert oder erzeugt werden, spielt vor diesem Hintergrund keine Rolle. Jedoch ist zu bezweifeln, ob ein vollständiger Verzicht auf formelle Anforderungen vertretbar ist (vgl *Frowein/Peukert*, EMRK, 84). Es bleibt fraglich, ob nicht doch gewisse grundlegende äquivalente Elemente eines Gesetzes im formellen Sinn nach österreichischem Verständnis, wie etwa die Gesetzesschöpfung durch eine eigene gesetzgebende Körperschaft und nicht durch die Verwaltung, in die Interpretation des § 4 Abs 3 AsylG 1997 miteinfließen müssen. Folgte man dem nicht, könnten unter „Gesetz" auch Erlässe (Weisungen) und Verordnungen verstanden werden. Unbedingt erforderlich ist jedoch, daß ein Gesetz iSd § 4 Abs 3 leg cit dem einzelnen erkenntlich und verständlich sein muß, sodaß er sein Verhalten danach einrichten kann (vgl *Frowein/Peukert*, EMRK, 84). Das schließt seine Auslegungsfähigkeit, die auch eine Anpassung an sich ändernde Lebensbedingungen ermöglicht, nicht aus. Wie hoch die Anforderungen an Erkennbarkeit und Vorhersehbarkeit im Lichte des Drittstaatsicherheit zu stellen sind, ist fraglich; die Anforderungen an Erkennbarkeit und Vorhersehbarkeit dürften umso höher sein, je schwerer die Rechtsfolgen sind, die an eine Verletzung des fraglichen Gesetzes geknüpft sind.

210a Die AsylG-N 1998 hat der gesetzlichen Vermutung der Drittstaatsicherheit nach § 4 Abs 3 AsylG 1997 eine weitere Vermutung der Drittstaatsicherheit hinzugefügt (zur gesetzlichen Vermutung siehe *Fasching*, Lehrbuch, Rz 866; *Walter/Mayer*, Verwaltungsverfahrensrecht, Rz 318). Gem § 4 Abs 2 letzter Satz AsylG 1997 gilt nämlich *„dasselbe"* (dh es besteht Schutz im sicheren Drittstaat für Fremde) *„bei gleichem Schutz vor Zurückweisung, Zurückschiebung oder Abschiebung für Staaten, die in einem Verfahren zur Einräumung der Rechtsstellung eines Flücht-*

lings nach der Genfer Flüchtlingskonvention bereits eine Entscheidung getroffen haben". Für diese Bestimmung dürfte die nicht unbedenkliche Entscheidung des UBAS 19. 6. 1998, 203.58410-1/02/98 Vorbild gewesen sein (siehe dazu auch die Ausführungen unter Rz 190).

War in der zit Entscheidung des UBAS noch von einem „nach den Maßstäben der GFK und der MRK eingerichteten rechtsstaatlichen Asylverfahren eines Drittlandes" die Rede, findet sich in der Bestimmung des § 4 Abs 2 letzter Satz AsylG 1997 kein eindeutiger Hinweis in diese Richtung; der nunmehr potentiell sichere Drittstaat muß lediglich in einem *„Verfahren zur Einräumung der Rechtsstellung eines Flüchtlings nach der Genfer Flüchtlingskonvention"* entschieden haben. Ob und inwieweit dieses Verfahren auch tatsächlich geeignet sein muß, dem betreffenden Fremden die Rechtsstellung eines Flüchtlings einzuräumen, ist unklar. Nach dem Wortlaut des Gesetzes gilt die Vermutung der Drittstaatsicherheit auch dann, wenn die Entscheidung des fraglichen Drittstaates objektiv unrichtig ist. In diesem Punkt zeigt sich deutlich der „Vermutungscharakter" der Bestimmung des § 4 Abs 2 letzter Satz AsylG 1997; vermutet wird (unwiderleglich) die inhaltliche Richtigkeit der Entscheidung des Drittstaates. Um dieser Vermutung die verfassungsrechtliche Problematik im Hinblick auf das Sachlichkeitsgebot (Gleichheitsgebot) weitgehend zu nehmen, scheint es indiziert zu sein, im Wege der notwendigen sachlichen Rechtfertigung der Vermutung qualitative Erfordernisse an das Verfahren im potentiell sicheren Drittstaat anzulegen; in diese Richtung spricht auch der systematische Zusammenhang mit § 4 Abs 2 erster Satz AsylG 1997 (vgl dazu die Ausführungen zu Rz 194). Es kann nicht im Sinne des Gesetzes sein, von Drittstaatsicherheit auszugehen, wenn die „negative" Entscheidung des betreffenden Staates im Asylverfahren inhaltlich unrichtig ist.

Schutz im sicheren Drittstaat nach § 4 Abs 2 letzter Satz AsylG 1997 ist des weiteren nur dann gegeben, wenn – soweit im Lichte des Gesetzeswortlautes ersichtlich – im potentiell sicheren Drittstaat „gleicher Schutz vor Zurückweisung, Zurückschiebung oder Abschiebung" vorliegt. Damit wird offenbar auf die refoulement-Regelung des § 4 Abs 2 erster Satz AsylG 1997 zurückgegriffen. *„Gleicher Schutz vor Zurückweisung, Zurückschiebung oder Abschiebung"* liegt sohin dann vor, wenn die betreffenden Fremden im potentiell sicheren Drittstaat *„Schutz vor Abschiebung in den Herkunftsstaat – auch im Wege über andere Staaten – haben, sofern sie in diesem* (dh im Herkunftsstaat) *gemäß § 57 Abs 1 oder 2 FrG bedroht sind"* (vgl dazu die Ausführungen unter Rz 192).

Im Wege der Regelung des § 4 Abs 2 letzter Satz idFd AsylG-N 1998 gelangt der Gesetzgeber einer extraterritorialen Wirkung einer Entscheidung in einem Asylverfahren (auch Asylantragsabweisung) und schuf so einen materiellen, gesetzlich nicht vorgesehenen Asylausschlußtatbestand, in dem er eine Art „internationale Bindungswirkung" (vgl dazu schon § 2 Abs 3 AsylG 1991) schuf. Das Problem der extraterritorialen Wirkung von Asylentscheidungen betrifft die Frage, (ob und) inwiefern (positive und/oder negative) Entscheidungen in Asylangelegenheiten eines Staates Wirkungen in einem anderen Staat entfalten (vgl dazu allgemein *Uibopuu*, FS Schlochauer [1981], 719 ff). Entgegen verbreiteter Lehre (vgl zB *Amann*, Flüchtlingsrechte, 147 f) findet sich in der GFK keine Stütze für die Annahme einer exterritorialen Bindungswirkung von „Asylentscheidungen". Vielmehr liegt es an jedem einzelnen Vertragsstaat, die Pflichten aus der GFK (insb die Beurteilung der Flüchtlingseigenschaft) in eigener Verantwortung wahrzunehmen; ein Vertragsstaat kann sich dieser Verantwortung (der Staatenverantwortlichkeit) nicht mit dem Hinweis entziehen, ein anderer Vertragsstaat habe die Anwendbarkeit der GFK (die Flüchtlingseigenschaft nach der GFK) bereits geprüft (und allenfalls verneint). Auch der

EXCOM-Beschluß 12 (XXIX) negiert die Staatenverantwortlichkeit keineswegs (vgl dazu insb lit g und h des Beschlusses, die ausdrücklich eine abweichende Beurteilung der Flüchtlingseigenschaft durch die Vertragsstaaten zulassen), sondern ist – ohne rechtliche Bindung – im Kern der Auffassung, „daß der Zweck des Abkommens von 1951 und des Protokolls von 1967 impliziert, daß die von einem Vertragsstaat festgestellte Flüchtlingseigenschaft auch von anderen Vertragsstaaten anerkannt wird"; der zit EXCOM-Beschluß befaßt sich bezeichnenderweise – wie auch das internationale Schrifttum – ausdrücklich nur mit der „Anerkennung der Flüchtlingseigenschaft". Gäbe es aber eine extraterritoriale Wirkung von Asylentscheidungen, müßte dies wohl gleichermaßen für negative und positive Asylentscheidungen gelten.

b) Ratifikation der EMRK und des 11. Zusatzprotokolls

211 In weiterer Folge verlangt die gesetzliche Vermutung der Drittstaatsicherheit die Ratifikation (nicht bloß die Unterzeichnung; vgl UBAS 13. 2. 1998, 201.780/III/07/98) der EMRK (zu den Mitgliedstaaten der EMRK siehe Index, 79 ff) und des 11. ZP EMRK. Vor der AsylG-N 1998 war statt der Ratifikation des 11. ZP EMRK eine Erklärung nach Art 25 EMRK vorgesehen. Gem Art 25 Z 1 EMRK konnte die Kommission durch ein an den Generalsekretär des Europarats gerichtetes Gesuch jeder natürlichen Person, nichtstaatlichen Organisationen oder Personenvereinigung angegangen werden, die sich durch eine Verletzung der in dieser Konvention anerkannten Rechte durch einen der Hohen Vertragschließenden Teile beschwert fühlte, vorausgesetzt, daß der betreffende Hohe Vertragschließende Teil eine Erklärung abgegeben hatte, wonach er die Zuständigkeit der Kommission zur Entgegennahme solcher Gesuche anerkannt hatte. Die Hohen Vertragschließenden Teile, die eine solche Erklärung abgegeben hatten, verpflichteten sich, die wirksame Ausübung dieses Rechts in keiner Weise zu behindern. Gem Z 2 des Art 25 EMRK konnten diese Erklärungen auch für einen Bestimmten Zeitabschnitt abgegeben werden. Gem Art 25 Z 4 EMRK waren die Erklärungen dem Generalsekretär des Europarats zu übermitteln, der den Hohen Vertragschließenden Teilen Abschriften davon zuleitete und für die Veröffentlichung der Erklärung sorgte (zu Art 25 EMRK ausführlich *Frowein/Peukert*, EMRK, 523 ff). Dieser Mechanismus ist mit Inkrafttreten des 11. ZP EMRK (1. 11. 1998) für die Vertragsparteien dieses ZP entfallen.

212 Mit dem am 1. 11. 1998 in Kraft getretenen 11. ZP EMRK BGBl III 1998/30 wurde der Wortlaut der Abschn II bis IV der EMRK (Art 19 bis 56) und das 2. ZP EMRK BGBl 1970/329 durch den Abschn II (Art 19 bis 51) idFd 11. ZP EMRK ersetzt. Die AsylG-N 1998 versucht dieser Änderung der EMRK Rechnung zu tragen. Eine Unterwerfungserklärung iSd Art 25 EMRK idF vor dem 11. ZP EMRK ist nicht mehr vorgesehen, doch bleiben Beschränkungen für die Gerichtsbarkeit des Gerichtshofes nach diesem Protokoll gültig, wenn ein Hoher Vertragschließender Teil eine Erklärung abgegeben hat, mit der er nach den bisherigen Art 25 oder 46 der EMRK die Zuständigkeit der Kommission oder die Gerichtsbarkeit des Gerichtshofs nur für Angelegenheiten anerkennt, die sich nach dieser Erklärung ergeben oder auf Sachverhalten beruhen, die nach dieser Erklärung eintreten (Art 6 11. ZP EMRK). Um die Einhaltung der Verpflichtungen sicherzustellen, welche die Hohen Vertragschließenden Teile in dieser Konvention (EMRK) und den Protokollen dazu übernommen haben, wird ein (einheitlicher) Europäischer Gerichtshof für Menschenrechte errichtet. Er nimmt seine Aufgaben als ständiger Gerichtshof wahr. Die EKMR ist nicht mehr vorgesehen (vgl Art 19 EMRK idF 11. ZP EMRK). Der Gerichtshof kann von jeder natürlichen Person, nichtstaatlichen Organisation oder Personengruppe, die behauptet, durch einen der Hohen Vertragschließenden Teile in einem der in dieser Konvention oder den Protokollen dazu anerkannten Rechte verletzt zu sein, mit einer Beschwerde befaßt werden. Die Hohen Vertragschließenden Teile verpflichten sich, die wirksame Ausübung dieses Rechts nicht zu behindern (Art 34 leg cit). Der Gerichtshof entscheidet in Ausschüssen, Kammern bzw in der „Großen Kammer" (vgl dazu Art 27 ff leg cit).

Der Gerichtshof kann sich mit einer Angelegenheit erst nach Erschöpfung aller innerstaatlichen Rechtsbehelfe in Übereinstimmung mit den allgemein anerkannten Grundsätzen des Völkerrechts und nur innerhalb einer Frist von sechs Monaten nach der endgültigen innerstaatlichen Entscheidung befassen (Art 35 Abs 1 leg cit). Der Gerichtshof befaßt sich nicht mit einer nach Artikel 34 erhobenen Individualbeschwerde, die anonym ist (Art 35 Abs 2 lit a leg cit) oder im wesentlichen mit einer schon vorher vom Gerichtshof geprüften Beschwerde übereinstimmt oder schon einer anderen internationalen Untersuchungs- oder Vergleichsinstanz unterbreitet worden ist und keine neuen Tatsachen enthält (Art 35 Abs 2 lit b leg cit). Der Gerichtshof erklärt eine nach Artikel 34 erhobene Individualbeschwerde für unzulässig, wenn er sie für unvereinbar mit dieser Konvention oder den Protokollen dazu, für offensichtlich unbegründet oder für einen Mißbrauch des Beschwerderechts hält (Art 35 Abs 3 leg cit). Der Gerichtshof weist eine Beschwerde zurück, die er nach diesem Artikel für unzulässig hält. Er kann dies in jedem Stadium des Verfahrens tun (Art 35 Abs 4 leg cit). In allen bei einer Kammer oder der Großen Kammer anhängigen Rechtssachen ist der Hohe Vertragschließende Teil, dessen Staatsangehörigkeit der Beschwerdeführer besitzt, berechtigt, schriftliche Stellungnahmen abzugeben und an den mündlichen Verhandlungen teilzunehmen (Art 36 Abs 1 leg cit). Im Interesse der Rechtspflege kann der Präsident des Gerichtshofs jedem Hohen Vertragschließenden Teil, der in dem Verfahren nicht Partei ist, oder jeder betroffenen Person, die nicht Beschwerdeführer ist, Gelegenheit geben, schriftlich Stellung zu nehmen oder an den mündlichen Verhandlungen teilzunehmen (Art 36 Abs 2 leg cit).

Der Gerichtshof kann jederzeit während des Verfahrens entscheiden, eine Beschwerde in seinem Register zu streichen, wenn die Umstände Grund zur Annahme geben, daß der Beschwerdeführer seine Beschwerde nicht weiterzuverfolgen beabsichtigt (Art 37 Abs 1 lit a leg cit), die Streitigkeit einer Lösung zugeführt worden ist (Art 37 Abs 1 lit b leg cit) oder eine weitere Prüfung der Beschwerde aus anderen vom Gerichtshof festgestellten Gründen nicht gerechtfertigt ist (Art 37 Abs 1 lit c leg cit). Der Gerichtshof setzt jedoch die Prüfung der Beschwerde fort, wenn die Achtung der Menschenrechte, wie sie in dieser Konvention und den Protokollen dazu anerkannt sind, dies erfordert (Art 37 Abs 1 leg cit). Der Gerichtshof kann die Wiedereintragung einer Beschwerde in sein Register anordnen, wenn er dies den Umständen nach für gerechtfertigt hält (Art 37 Abs 2 leg cit).

Erklärt der Gerichtshof die Beschwerde für zulässig, so setzt er mit den Vertretern der Parteien die Prüfung der Rechtssache fort und nimmt, falls erforderlich, Ermittlungen vor; die betreffenden Staaten haben alle zur wirksamen Durchführung der Ermittlungen erforderlichen Erleichterungen zu gewähren (Art 38 Abs 1 lit a leg cit); hält er sich zur Verfügung der Parteien mit dem Ziel, eine gütliche Einigung auf der Grundlage der Achtung der Menschenrechte, wie sie in dieser Konvention und den Protokollen dazu anerkannt sind, zu erreichen (Art 38 Abs 1 lit b leg cit). Das Verfahren nach Absatz 1 Buchstabe b ist vertraulich (Art 38 Abs 2 leg cit). Im Fall einer gütlichen Einigung streicht der Gerichtshof durch eine Entscheidung, die sich auf eine kurze Angabe des Sachverhalts und der erzielten Lösung beschränkt, die Rechtssache in seinem Register (Art 39 leg cit).

Die Verhandlung ist öffentlich, soweit nicht der Gerichtshof auf Grund besonderer Umstände anders entscheidet (Art 40 Abs 1 leg cit). Die beim Kanzler verwahrten Schriftstücke sind der Öffentlichkeit zugänglich, soweit nicht der Präsident des Gerichtshofs anders entscheidet (Art 40 Abs 2 leg cit).

Stellt der Gerichtshof fest, daß diese Konvention oder die Protokolle dazu verletzt worden sind, und gestattet das innerstaatliche Recht des beteiligten Hohen Vertragschließenden Teiles nur eine unvollkommene Wiedergutmachung für die Folgen dieser Verletzung, so spricht der Gerichtshof der verletzten Partei eine gerechte Entschädigung zu, wenn dies notwendig ist (Art 40 leg cit).

Urteile der Kammern werden nach Maßgabe des Artikels 44 Absatz 2 endgültig (Art 42 leg cit). Innerhalb von drei Monaten nach dem Datum des Urteils der Kammer kann jede Partei in Ausnahmefällen die Verweisung der Rechtssache an die Große Kammer beantragen (Art 43 Abs 1 leg cit). Ein Ausschuß von fünf Richtern der Großen Kammer nimmt den Antrag an, wenn die Rechtssache eine schwerwiegende Frage der Auslegung oder Anwendung dieser Konvention oder der Protokolle dazu oder eine schwerwiegende Frage von allgemeiner Bedeutung aufwirft (Art 43 Abs 2 leg cit). Nimmt der Ausschuß den Antrag an, so entscheidet die Große Kammer die Sache durch Urteil (Art 43 Abs 3 leg cit). Das Urteil der Großen Kammer ist endgültig (Art 44 Abs 1 leg cit). Das Urteil einer Kammer wird endgültig, wenn die Parteien erklären, daß sie die Verweisung der Rechtssache an die Große Kammer nicht beantragen werden (Art 44 Abs 2 lit a leg cit), drei Monate nach dem Datum des Urteils, wenn nicht die Verweisung der Rechtssache an die Große Kammer beantragt worden ist (Art 44 Abs 2 lit b leg cit), oder wenn der Ausschuß der Großen Kammer den Antrag auf Verweisung nach Artikel 43 abgelehnt hat (Art 44 Abs 2 lit c leg cit). Das endgültige Urteil wird veröffentlicht (Art 44 Abs 3 leg cit). Urteile sowie Entscheidungen, mit denen Beschwerden für zulässig oder für unzulässig erklärt werden, werden begründet (Art 45 Abs 1 leg cit). Bringt ein Urteil ganz oder teilweise nicht die übereinstimmende Meinung der Richter zum Ausdruck, so ist jeder Richter berechtigt, seine abweichende Meinung darzulegen (Art 45 Abs 2 leg cit). Die Hohen Vertragschließenden Teile verpflichten sich, in allen Rechtssachen, in denen sie Partei sind, das endgültige Urteil des Gerichtshofs zu befolgen (Art 46 Abs 1 leg cit). Das endgültige Urteil des Gerichtshofs ist dem Ministerkomitee zuzuleiten; dieses überwacht seine Durchführung (Art 46 Abs 2 leg cit).

Weder die Ratifikation der EMRK noch die Ratifikation des 11. ZP EMRK ist hinreichende Garantie dafür, daß ein Vertragsstaat die Verpflichtungen aus der EMRK auch tatsächlich einlöst; zu oft wird diese These in Verfahren vor den Straßburger Instanzen (der Straßburger Instanz) widerlegt. Eine Ratifikation der EMRK und des 11. ZP EMRK ist – für sich genommen – nicht einmal hinreichende Garantie dafür, daß ein Vertragsstaat regelmäßig (in der überwiegenden Mehrzahl der Fälle) die Verpflichtungen aus der EMRK einhält. Dies läßt sich nur anhand einer ausgeprägten Staatenpraxis verifizieren oder widerlegen. Ein Indiz unter mehreren in Richtung der Vertragstreue ist allerdings eine effektive Möglichkeit der Anrufung des Gerichtshofes; dies setzt voraus, daß der in Frage kommende sichere Drittstaat die Anrufung des Gerichtshofes nicht blockiert oder auf andere Weise unmöglich macht. Fremde müssen sich des Schutzes durch die Straßburger Instanz vor der drohenden Rechtsverletzung im potentiell sicheren Drittstaat auch tatsächlich bedienen können (vgl dazu im Lichte der Rechtslage vor dem 11. ZP EMRK *Alleweldt*, Schutz vor Abschiebung, 61 ff).

III. Bezeichnung sicherer bzw unsicherer Staaten

a) Allgemeines

212a Mit der AsylG-N 1998 hat der Gesetzgeber erstmals – auf einfacher Gesetzesstufe – eine ausdrückliche gesetzliche Ermächtigung geschaffen, per Verordnung des BMI einzelne Staaten zu bezeichnen, die Asylwerbern regelmäßig effektiven Schutz (§ 4 Abs 3a leg cit) bzw regelmäßig keinen effektiven Schutz (§ 4 Abs 3b zweiter Satz leg cit) vor Verfolgung iSd § 4 Abs 2 AsylG 1997 gewähren. Zudem ist eine verordnungsmäßige „Feststellung" vorgesehen, wenn „mit Verordnung gemäß § 4 Abs 3a leg cit bezeichnete Staaten regelmäßig keinen effektiven Schutz vor Verfolgung mehr" gewähren (§ 4 Abs 3b erster Satz leg cit).

Art 18 Abs 2 B-VG ermächtigt jede Verwaltungsbehörde (vgl dazu *Walter/Mayer*, Bundesverfassungsrecht, Rz 595) innerhalb ihres Wirkungsbereiches (vgl dazu *Walter/Mayer*, Bundesverfassungsrecht, Rz 598) zur Erlassung von Durchführungsverordnungen (vgl dazu *Walter/Mayer*, Bundesverfassungsrecht, Rz 590 ff; *Mayer*, B-VG, 117 ff). Solche VO dürfen gesetzliche Regelungen nur präzisieren (VfSlg 11.072, 11.547). Sie bedürfen einer – iSd Art 18 Abs 1 B-VG (vgl dazu VfSlg 7251; *Mayer*, Verordnung, 33; *Koja*, ZAS 1977, 203) – ausreichend bestimmten gesetzlichen Grundlage (VfSlg 11.072, 11.547, 11.639, 11.859; VfGH 12. 12. 1996, G 36/95); die gesetzliche Grundlage darf die Verwaltung nicht lediglich (ohne weitere Determinierung) zur Regelung einer Angelegenheit durch VO ermächtigen (verfassungswidrige „formalgesetzliche Delegation"). Zur Erlassung einer „Durchführungsverordnung" bedarf es an sich keiner ausdrücklichen gesetzlichen Ermächtigung; sie dürfen unmittelbar auf Grund des Art 18 Abs 2 B-VG erlassen werden (VfSlg 11.653, 12.780, 13.818; VfGH 16. 6. 1995, B 1583/93; *Walter/Mayer*, Bundesverfassungsrecht, Rz 598; *Mayer*, B-VG, 117; unzutreffend daher VfSlg 13.886). Im Lichte des Art 18 Abs 2 B-VG und des § 4 Abs 2 AsylG 1997 ist – zumindest aus dem Gesichtspunkt der Ermächtigung zur Erlassung der Verordnung – fraglich, wozu der Gesetzgeber im Zuge der AsylG-N 1998 mit den Bestimmungen der Abs 3a bis 3c des § 4 den BMI ermächtigen wollte, was er nicht schon unmittelbar auf Grund des Art 18 Abs 2 B-VG gedurft hätte; dabei darf allerdings nicht übersehen werden, daß durch die Regelungen der Abs 3a bis 3c des § 4 leg cit auch Zwänge für den BMI geschaffen wurden, die nach Art 18 Abs 2 B-VG an sich nicht bestünden (vgl zB § 4 Abs 3b erster Satz AsylG 1997).

212b Der VfGH nimmt in ständiger Jud an, daß eine Verwaltungsbehörde das Vorliegen der vom Gesetz geforderten Voraussetzungen, unter denen die Erlassung einer Verordnung zulässig ist, – bei sonstiger Fehlerhaftigkeit – umfassend und objektiv nachvollziehbar zu ermitteln hat (VfSlg 9582, 9591, 9871, 10.313, 11.972, 13.482, 13.548). Besteht ein Ermessen (Planungsermessen) der Behörde, so hat sie eine eigenständige (VfSlg 12.169) Abwägung aller relevanten Interessen vorzunehmen (VfSlg 12.149, 12.846, 12.949, 13.481, 13.570). Je weiter der Spielraum der Behörde nach dem Gesetz ist, desto genauer überprüft der VfGH die Ermittlung der Entscheidungsgrundlagen (vgl VfSlg 8280, 12.687; VfGH 28. 11. 1995, V 107/95; 28. 2. 1996, V 357/94).

Verschiedentlich bestehen für die Erlassung von Verordnungen auch gesetzliche Verfahrensvorschriften (etwa Anhörungsrechte: VfSlg 9598, 10.044, 10.316, 11.643, 11.920, 12.785; VfGH 4. 12. 1995, V 69/95; vgl dazu auch § 4 Abs 3c AsylG 1997; Auflage zur öffentlichen Einsicht: VfSlg 8463, 8697, 10.694, 12.480, 13.573; Recht, Einwendungen zu einem VO-Entwurf zu erheben: VwGH 20. 9. 1994, 94/05/0209); diese sind – bei sonstiger Gesetzwidrigkeit – einzuhalten. Vor diesem Hintergrund bestimmt § 4 Abs 3c AsylG 1997, daß der BMI vor der Erlassung von VO gemäß § 4 Abs 3a und 3b (erster und zeiter Satz) leg cit *„eine Stellungnahme des Bundesministers für auswärtige Angelegenheiten zu diesem Vorhaben"* einzuholen hat. Die Einholung einer Stellungnahme des UNHCR ist im Gesetz nicht ausdrücklich vorgesehen; eine derartige Verpflichtung – wie auch die Einholung entsprechender Sachverständigengutachten – könnte sich aber allenfalls aus der oben dargelegten Pflicht zur umfassenden und objektiv nachvollziehbaren Ermittlung des Vorliegens der vom Gesetz geforderten Voraussetzungen ergeben.

Die AsylG-N 1998 hat in § 4 Abs 3a Z 1 bis 4 AsylG 1997 relativ genau umschriebene Rechtsbedingungen festgelegt, unter denen der BMI zur Bezeichnung sicherer bzw unsicherer Staaten im Verordnungswege schreiten darf. Nach ständiger Jud des VfGH hat der BMI das Vorliegen der vom Gesetz geforderten Voraussetzungen (§ 4 Abs 3a Z 1 bis 4 AsylG 1997) umfassend und objektiv nachvollziehbar zu ermitteln; tut er dies nicht, behaftet er die Verordnung mit Fehlerhaftigkeit.

212c Die Verfassung enthält keine ausdrückliche Vorschrift darüber, wie Verordnungen kundzumachen sind; aus Art 89 Abs 1 und Art 139 Abs 3 lit c B-VG ergibt sich aber, *daß* Verordnungen kundzumachen sind (vgl VfSlg 11.467, 12.173, 12.281, 12.574, 12.744; *Walter/Mayer*, Bundesverfassungsrecht, Rz 602; *Mayer*, B-VG, 121). Gem § 2 Abs 2 BGBlG ist das Bundesgesetzblatt II (BGBl II) bestimmt: zur Verlautbarung der allgemeinen Entschließungen des Bundespräsidenten auf Grund seiner verfassungsrechtlich festgelegten Befugnisse (§ 2 Abs 2 Z 1 leg cit); der Verordnungen der Bundesregierung und der Bundesminister – jedoch mit Ausnahme der Verordnungen nach § 2 Abs 6 leg cit (betrifft die Verlautbarung von Staatsverträgen, die nicht nach Art. 50 B-VG zu genehmigen sind, Rechtsvorschriften im Sinne des § 2 Abs 5 Z 2 leg cit sowie ausländische Rechtsvorschriften, die auf Grund von Staatsverträgen oder Bundesgesetzen kundzumachen sind, einschließlich ihrer Übersetzung in die deutsche Sprache) und der ausschließlich an unterstellte Verwaltungsbehörden ergehenden allgemeinen Verordnungen – sowie der Verordnungen des Präsidenten des Nationalrates, der Volksanwaltschaft und des Präsidenten des Rechnungshofes (§ 2 Abs 2 Z 2 leg cit); der Kundmachung des zuständigen Bundesministers über das Außerkraftsetzen von im Bundesgesetzblatt kundgemachten Verordnungen infolge des Inkrafttretens von Landesgesetzen oder Verordnungen einer Landesbehörde gemäß Art 16 Abs 4 B-VG (§ 2 Abs 2 Z 3 leg cit); der Kundmachung des Bundeskanzlers oder des zuständigen Bundesministers über die Aufhebung gesetzwidriger Verordnungen einer Bundesbehörde (Art 139 Abs 5 B-VG; § 2 Abs 2 Z 4 BGBlG); von Vereinbarungen des Bundes und der Länder untereinander (Art 15a Abs 1 B-VG), soweit sie nicht unter § 2 Abs 1 Z 5 BGBlG fallen (§ 2 Abs 2 Z 5leg cit). Ferner können auch sonstige Kundmachungen der Bundesregierung, der Bundesminister, des Präsidenten des Nationalrates, der Volksanwaltschaft und des Präsidenten des Rechnungshofes, sofern sie rechtsverbindlichen Inhalt haben oder ihre Verlautbarung im Bundesgesetzblatt in anderen Rechtsvorschriften angeordnet ist, im Bundesgesetzblatt II verlautbart werden (§ 2 Abs 3 BGBlG). Für Verordnungen im Sinne des § 2 Abs 2 Z 2 BGBlG kann der Bundeskanzler im Einvernehmen mit dem zuständigen Bundesminister durch Verordnung bestimmen, daß sie nicht im Bundesgesetzblatt, sondern im Amtsblatt des zuständigen Bundesministeriums zu verlautbaren sind. Eine solche Verordnung kann erlassen werden, wenn die nicht im Bundesgesetzblatt kundzumachende Verordnung bloß für einen beschränkten Kreis von Personen von Interesse ist. Dies ist insbesondere bei Lehrplänen sowie bei einzelne Berufe betreffenden Ausbildungs- und Prüfungsvorschriften der Fall. Auf derartige Kundmachungen ist im BGBl II unter Angabe des Titels der Verordnung und ihrer

Fundstelle im Amtsblatt des zuständigen Bundesministeriums hinzuweisen (§ 2 Abs 4 BGBlG). Kundmachungsmängel haben nach der Jud differenzierte Rechtsfolgen (siehe dazu *Walter/Mayer*, Bundesverfassungsrecht, Rz 603 f; *Mayer*, B-VG, 121 f).

b) Bezeichnung sicherer Staaten

212d Die Tatbestände des § 4 Abs 3a AsylG 1997 sind Rechtsbedingungen für die Zulässigkeit einer Bezeichnung sicherer bzw unsicherer Staaten im Wege einer Verordnung durch den BMI nach § 4 Abs 3a erster und zweiter Halbsatz und § 4 Abs 3b leg cit; sie müssen kumulativ und nicht bloß alternativ vorliegen. Die Aufzählung in § 4 Abs 3a ist abschließend (taxativ). Die Feststellung der in § 4 Abs 3a Z 1 bis 4 leg cit festgelegten Parameter kann nur anhand *„gesicherter Verwaltungspraxis"* erfolgen (vgl dazu 1494 BlgNR 20. GP, 2); der BMI hat das Vorliegen dieser Voraussetzungen (§ 4 Abs 3a Z 1 bis 4 AsylG 1997) umfassend und objektiv nachvollziehbar zu ermitteln (vgl dazu oben die Ausführungen unter Rz 212b); dies erfordert die Einholung bzw die Beachtung entsprechender Gutachten durch den BMI.

212e Der BMI darf gem § 4 Abs 3a AsylG 1997 allgemein nur Staaten mit Verordnung bezeichnen, die Asylwerbern *„regelmäßig effektiven Schutz gewähren"*. Eine VO nach § 4 Abs 3a leg cit hat sich auf die bloße Bezeichnung der Staaten zu beschränken. Ob dadurch die weitere Ermächtigung zur Erlassung einer DurchführungsVO nach Art 18 Abs 2 B-VG eingeschränkt wird, ist fraglich, wird aber im Ergebnis zu bejahen sein, da die gesetzliche Regelung des § 4 Abs 3a AsylG 1997 sonst weitestgehend ihren Sinn verlieren würde. Der „Schutzumfang" nach § 4 Abs 3a AsylG 1997 entspricht hier jenem nach § 4 Abs 2 leg cit (siehe dazu die Ausführungen unter Rz 181 ff); dies ergibt sich nicht nur aus dem systematischen Zusammenhang, sondern auch aus dem ausdrücklichen Verweis auf „Abs. 2" in § 4 Abs 3a zweiter Halbsatz AsylG 1997. Der Schutz muß zudem ein *„effektiver"* sein; dies muß aus systematischen Gründen zwangsläufig auch Auswirkungen auf die gesetzliche Vermutung der Drittstaatsicherheit nach § 4 Abs 3 leg cit haben (siehe dazu die Ausführungen unter Rz 206).

Ein Staat muß, um durch den BMI rechtmäßig als sicher bezeichnet werden zu können, den effektiven Schutz iSd § 4 Abs 2 AsylG 1997 *„regelmäßig"* gewähren. „Regelmäßig" bedeutet weniger als „in allen Fällen", zumindest aber „in der überwiegenden Mehrzahl der Fälle". Die Grenzziehung zwischen „regelmäßig" und „nicht regelmäßig" ist nur schwer zu ziehen; sie ist aber insofern von tragender Bedeutung, als sie letztendlich für die Gesetzmäßigkeit der Verordnung entscheidend ist.

212f Eine weitere Rechtsbedingung für die Rechtmäßigkeit der Verordnung gem § 4 Abs 3a ist, daß der bezeichnete Staat Fremden, die aus Österreich zurückgewiesen, zurückgeschoben oder abgeschoben (problematischerweise ist hier die Durchlieferung nach § 58 FrG 1997 vom Gesetzeswortlaut nicht angesprochen) werden und Schutz vor Verfolgung suchen (nicht aber etwa nur „benötigen"), regelmäßig uneingeschränkt (und effektiv) Zugang zum Asylverfahren gewähren (§ 4 Abs 3a Z 1 AsylG 1997). Der Zugang zum Asylverfahren (dh die Möglichkeit, ein Asylverfahren in Anspruch zu nehmen) darf im betreffenden Staat (regelmäßig) keinen wie immer gearteten Beschränkungen unterworfen werden. Ein Asylverfahren darf Fremden nicht nur theoretisch zur Verfügung stehen, sondern muß auch tatsächlich („effektiv") in Anspruch genommen werden können.

Im Lichte eines „effektiven Schutzes" müssen die „Verfahren zur Prüfung von Asylanträgen" (vom Wortlaut her sind hier „amtswegige" Asylverfahren nicht erfaßt) „einzelfallbezogen" geführt werden (§ 4 Abs 3a Z 2 AsylG 1997; vgl dazu auch

Art 1 des 7. ZP EMRK; Ausführungen zu § 1 Rz 107). Asylverfahren dürfen sohin im bezeichneten Staat (regelmäßig) nicht nach generalisierenden Merkmalen erledigt werden. Das Gesetz nennt in weiterer Folge beispielhaft (arg „insbesondere") einige Kriterien, die erfüllt sein müssen, um von einem einzelfallbezogenen Asylverfahren sprechen zu können: Asylwerber müssen *„persönlich einvernommen"* und *„erforderlichenfalls Dolmetscher beigezogen"* werden; zudem muß – vergleichbar mit § 29 Abs 1 AsylG 1997 – die Entscheidung (Spruch; wohl aber nicht die Begründung der Entscheidung) den Asylwerbern in einer ihnen verständlichen Sprache mitgeteilt werden. Es liegt auf der Hand, daß die Beschränkung der „Mitteilungspflicht" auf den bloßen normativen Gehalt der Entscheidung (dh die Ausnahme der Gründe der Entscheidung von der „Mitteilungspflicht") einer effektiven Rechtsschutzmöglichkeit nicht zuträglich ist.

Eine Bezeichnung eines Staates als solchen, der Asylwerbern regelmäßig effektiven Schutz vor Verfolgung gewährt, ist nur dann rechtmäßig, wenn die Entscheidung der zur Prüfung von Asylanträgen zuständigen Behörde vor eine Überprüfungsinstanz gebracht werden kann (§ 4 Abs 3a Z 3 AsylG 1997). Die Zuständigkeit richtet sich nach dem Recht des potentiell sicheren Drittstaates. Im Wege eines Größenschlusses muß man wohl davon ausgehen, daß ein Instanzenzug auch dann eingeräumt werden muß, wenn eine – nach dem Recht des betreffenden Staates – unzuständige Behörde über den Asylantrag entschieden hat. Die Bestimmung des § 4 Abs 3a Z 3 leg cit sagt an sich nichts darüber aus, ob das einzuräumende Rechtsmittel – in welchem Ausmaß auch immer – effektiv sein muß. Vor dem Hintergrund des rechtsstaatlichen Prinzips und des Art 3 iVm Art 13 EMRK sowie im Lichte des Sinns und Zwecks der Bestimmung des § 4 Abs 3a AsylG 1997 wird man jedoch in der Annahme nicht fehl gehen, daß der Instanzenzug im Drittstaat auch ein Mindestmaß an Effektivität entfalten muß. Die Überprüfungsinstanz muß hier jedoch nicht notwendigerweise unabhängig sein; jedoch darf ein wie immer geartetes „Weisungsgefüge" bzw „Abhängigkeitsverhältnis" nicht dazu führen, daß der im Drittstaat einzuräumende Rechtssschutz ineffektiv wird.

Asylwerber müssen im Hoheitsgebiet des Drittstaates bleiben können, bis „die Entscheidung der Überprüfungsinstanz getroffen *oder* die Entscheidung der Behörde endgültig geworden ist" (§ 4 Abs 3a Z 4 AsylG 1997; vgl dazu auch die Formulierung in Art 1 Abs 1 lit c Dublin); erst wenn diese Rechtsbedingung vorliegt, ist die Bezeichnung eines Drittstaates als einen solchen, der Asylwerbern regelmäßig effektiven Schutz vor Verfolgung gewährt, rechtmäßig. Die Bestimmung stellt auf eine tatsächliche Aufenthaltsmöglichkeit des Drittstaates ab; ob diesem (physischen) Aufenthalt im Drittstaat auch ein gültiger Rechtstitel zugrunde liegt, ist irrelevant. Die Dauer der Aufenthaltsmöglichkeit richtet sich alternativ entweder nach dem Zeitpunkt der „getroffenen Entscheidung durch die Überprüfungsinstanz" oder nach der „Endgültigkeit der Entscheidung der Behörde". Der Zeitpunkt, zu dem eine Entscheidung „getroffen ist", richtet sich nach dem Recht des Drittstaates; die gilt auch für die Endgültigkeit der Entscheidung. Unter der „Endgültigkeit der Entscheidung" ist die materielle Rechtskraft der Entscheidung zu verstehen.

c) Bezeichnung und Feststellung unsicherer Staaten

212g Eine ursprünglich rechtmäßige VO kann durch Änderung der tatsächlichen Verhältnisse, auf die die gesetzliche Grundlage abstellt, gesetzwidrig werden (Invalidation; vgl dazu *Walter/Mayer*, Bundesverfassungsrecht, Rz 598; *Mayer*, B-VG, 123; *Hackl*, ZfV 1977, 257; VfSlg 8329, 9588, 12.290; VwGH 20. 1. 1993, 92/02/0237);

in gleicher Weise – oder durch (nachträglichen) Erhalt einer gesetzlichen Grundlage – kann sie auch konvalidieren, dh gesetzmäßig werden (vgl *Walter/Mayer*, Bundesverfassungsrecht, Rz 598; *Mayer*, B-VG, 124; *Mayer*, Verordnung, 38; VfSlg 10.097, 12.325, 13.126). Obgleich nach Art 18 Abs 2 B-VG eine „Pflicht" zur Erlassung einer VO nicht besteht (vgl *Koja*, ZAS 1977, 203), kann sich entweder durch Änderung der Sachlage oder durch einfaches Gesetz (VfSlg 13.714; VfGH 4. 10. 1995, K I-9/94) die Pflicht zu deren Änderung ergeben (vgl *Walter/Mayer*, Bundesverfassungsrecht, Rz 596; *Mayer*, B-VG, 124; VfSlg 6774, 9558, 12.555, 13.744; VwSlg-NF 2965 A; VwGH 28. 9. 1993, 92/12/0252; 27. 2. 1996, 96/05/0017). Diesfalls sind im Falle der Säumigkeit der zuständigen Verwaltungsbehörde Amtshaftungsansrüche (bzw im Falle eines BM „Ministerverantwortlichkeit" gegenüber dem NR) denkbar (vgl *Mayer*, Verordnung, 41; VwSlgNF 13.110 – verst Sen; VwGH 30. 1. 1990, 89/18/0008; 5. 4. 1990, 86/09/0196). Vor diesem Hintergrund würde eine Verordnung nach § 4 Abs 3a AsylG 1997 invalidieren, sofern die in Z 1 bis 4 leg cit festgelegten Kriterien bei einer Änderung der Sachlage nicht mehr anwendbar wären bzw Regelmäßigkeit und Effektivität des Schutzes im bezeichneten Drittstaat nicht mehr gegeben wäre; der BMI wäre diesfalls verhalten, eine Verordnung gem § 4 Abs 3a AsylG 1997 entsprechend abzuändern.

In der AsylG-N 1998 hat der Gesetzgeber – aus systematischer Sicht nicht ganz verständlich – jedoch einen anderen Weg gewählt: Gewähren mit Verordnung gemäß § 4 Abs 3a AsylG 1997 bezeichnete Staaten regelmäßig keinen effektiven Schutz mehr, so hat der BMI *„dies mit Verordnung festzustellen"* (§ 4 Abs 3b erster Satz leg cit). Diese VO nach nach § 4 Abs 3b erster Satz AsylG 1997 soll – soweit ersichtlich – zu einer (partiellen) Derogation der VO nach § 4 Abs 3a leg cit führen. Inhalt einer VO nach § 4 Abs 3b erster Satz AsylG 1997 ist ausschließlich die Feststellung, daß ein bestimmter Staat (bestimmte Staaten) regelmäßig keinen effektiven Schutz vor Verfolgung mehr gewährt (gewähren). Damit eine VO nach § 4 Abs 3b erster Satz leg cit, mit der ein bestimmter Staat (bestimmte Staaten) festgestellt wird (werden), der (die) regelmäßig keinen effektiven Schutz vor Verfolgung mehr gewährt (gewähren), rechtmäßig ist, muß der betreffende Staat (müssen die betreffenden Staaten) zuvor in einer VO nach § 4 Abs 3a leg cit als „sicher" festgestellt worden sein. Unter den gesetzlichen Voraussetzungen (ein nach § 4 Abs 3a leg cit bezeichneter Staat gewährt regelmäßig keinen effektiven Schutz vor Verfolgung mehr) ist der BMI verpflichtet, eine VO nach § 4 Abs 3b erster Satz leg cit zu erlassen (vgl 1494 BlgNR 20. GP, 2). Die Wortfolge *„gewähren ... regelmäßig keinen effektiven Schutz vor Verfolgung mehr"* bedeutet, daß im betreffenden Staat mindestens einer der Tatbestandselemente des § 4 Abs 3a Z 1 bis 4 AsylG 1997 nicht (mehr) den Tatsachen entspricht oder kein effektiver Schutz (mehr) gegeben ist bzw dieser Schutz nicht (mehr) regelmäßig gewährt wird; trifft dies nicht zu, ist die VO nach § 4 Abs 3b erster Satz AsylG 1997 rechtswidrig.

212h Neben der verordnungsmäßigen Feststellung nach § 4 Abs 3b erster Satz AsylG 1997 sieht § 4 Abs 3b zweiter Satz leg cit eine Bezeichnungspflicht betreffend „unsichere" Staaten durch VO des BMI vor: Der BMI *„kann mit Verordnung bestimmte Staaten bezeichnen, die regelmäßig keinen effektiven Schutz vor Verfolgung gewähren"*. Das Wort *„kann"* soll bewirkten, daß den BMI eine *„Verpflichtung zur Bezeichnung aller derartigen Staaten"* nicht trifft (1494 BlgNR 20. GP, 2). Festzuhalten bleibt allerdings, daß der gegenständlichen Bestimmung keine Ermessensdeterminante entnehmbar ist; das Wort „kann" bedeutet sohin ein „muß" (zum Gebrauch des Wortes „kann" *Adamovich/Funk*, 121 und die dort zit Jud; *Rohrböck*, AsylG 1991, 68 f), soll dem BMI im Hinblick auf die Bezeichnung von „bestimmten Staaten, die regelmäßig keinen Schutz vor Verfolgung gewähren," nicht Willkür eingeräumt werden.

Eine VO nach § 4 Abs 3b zweiter Satz AsylG 1997 hat sich grundsätzlich auf die bloße Bezeichnung der betreffenden Staaten zu beschränken. Eine VO nach § 4 Abs 3b zweiter Satz leg cit hat zu ergehen, wenn ein bestimmter Staat – mag er auch vereinzelt Schutz vor Verfolgung gewähren – diesen Schutz nicht „regelmäßig und effektiv" gewährt (zur Bedeutung des Begriffs „regelmäßig siehe die Ausführungen unter Rz 212e); nur unter diesen Rechtsbedingungen ist eine VO nach § 4 Abs 3b zweiter Satz AsylG 1997 auch rechtmäßig. Eine VO nach § 4 Abs 3b erster und zweiter Satz AsylG 1997 ist zudem nur rechtmäßig, wenn der BMI vor ihrer Erlassung eine Stellungnahme des BMaA eingeholt hat (siehe dazu die Ausführungen unter Rz 212b).

d) Rechtsfolgen

212i Die Verordnungsermächtigungen nach § 4 Abs 3a und 3b erster und zweiter Satz AsylG 1997 sind dem Wesen nach Ermächtigungen zur Erlassung einer besonderen Art einer „Durchführungsverordnung" zur Bestimmung der Drittstaatsicherheit nach § 4 Abs 2 leg cit; im Lichte dessen stellen die Bestimmungen der Abs 3, 3a und 3b erster und zweiter Satz des § 4 AsylG 1997 eine systematische Einheit dar; sowohl die Bestimmung des § 4 Abs 3 als auch die Bestimmung des § 4 Abs 3a verweisen ausdrücklich auf § 4 Abs 2 leg cit. Daraus erklärt sich zunächst die Rückwirkung der mit der AsylG-N 1998 geschaffenen Bestimmung des § 4 Abs 3a AsylG 1997 auf § 4 Abs 3 leg cit (vgl dazu die Ausführungen unter Rz 206), die unbestreitbar auf die Effektivität der Drittstaatsicherheit auch im Rahmen ihrer gesetzlichen Vermutung abstellt, des weiteren aber auch die weitgehenden Parallelen der Rechtswirkungen der gesetzlichen Vermutung der Drittstaatsicherheit nach § 4 Abs 3 leg cit und einer Verordnung nach § 4 Abs 3a und 3b erster und zweiter Satz leg cit (vgl dazu die Ausführungen unter Rz 224a).

Obgleich die Materialien im Hinblick auf die gesetzliche Vermutung des § 4 Abs 3 AsylG 1997 von einer „Regelvermutung" und vor dem Hintergurnd der Verordnungsermächtigungen der Abs 3a und 3b erster und zweiter Satz des § 4 leg cit von einer „Regelgewißheit" sprechen (vgl 1494 BlgNR 20. GP, 2), ist eine derartige Unterscheidung aus rechtsdogmatischer Sicht nicht auszumachen: Sowohl die gesetzliche Vermutung nach § 4 Abs 3 AsylG 1997 und eine VO nach § 4 Abs 3a bzw Abs 3b erster oder zweiter Satz AsylG 1997 sind widerlegliche Vermutungen (vgl dazu die Ausführungen unter Rz 204); die Widerlegbarkeit einer VO nach § 4 Abs 3a leg cit ergibt sich unzweifelhaft aus der Bestimmung des § 4 Abs 3d leg cit, wonach Asylwerber, die eine VO nach § 4 Abs 3a leg cit widerlegen wollen, eine näher umschriebene Glaubhaftmachungspflicht betrifft.

212j Wiewohl klar ist, daß Verordnungen nach § 4 Abs 3a AsylG 1997 grundsätzlich widerlegbar sind, könnte nach der Formulierung des § 4 Abs 3d leg cit fraglich sein, ob auch amtsbekannte Tatsachen zur Widerlegung der Verordnung führen können; § 4 Abs 3d AsylG 1997 nimmt nämlich auf Asylwerber bezug, *„die aus in ihrer Person gelegenen Umstände behaupten, in einem durch eine Verordnung gemäß Abs 3a bezeichneten Staat keinen Schutz im sicheren Drittstaat zu genießen"*, und sieht für diese Asylwerber eine Glaubhaftmachung *„dieser Umstände"* vor. Geht man allerdings – mit der vorherrschenden Jud (vgl dazu die Ausführungen zu Rz 206) – davon aus, daß die gesetzliche Vermutung auch durch amtsbekannte Tatsachen widerlegbar ist, wird man in der Annahme nicht fehl gehen, daß im Hinblick auf die Widerlegbarkeit einer VO nach § 4 Abs 3a AsylG 1997 gleiches gelten muß. Wie im Lichte des § 4 Abs 3 AsylG 1997 kann es wohl auch im Lichte des § 4 Abs 3a leg cit nicht im Sinne des Gesetzes liegen, wider besseres (amtsbekanntes) Wissen Drittstaatsicherheit dort anzunehmen, wo Drittstaatsicherheit bekanntermaßen nicht vorliegt; dies würde einem Bruch mit völkerrechtlichen und verfassungsrechtlichen Grundsätzen gleichkommen. Die Bestimmung des § 4 Abs 3d AsylG 1997 sieht sohin eine „Glaubhaftmachungspflicht" betreffend behauptete und in der Person des Asylwerbers gelegenen Umstände vor, schließt aber im übrigen eine Widerlegbarkeit einer VO nach § 4 Abs 3a leg cit nicht aus.

212k Unklar ist, was der Gesetzgeber mit der Wortfolge *„in ihrer Person* (gemeint ist in der Person des Asylwerbers) *gelegenen Umstände"* gemeint haben könnte. Der gesetzlichen Formulierung ist zu entnehmen, daß eine VO nach § 4 Abs 3a AsylG 1997 einerseits durch Umstände, die in der Person des Asylwerbers gelegen sind, und andererseits durch Umstände, die nicht in der Person des Asylwerbers gelegen sind, widerlegt werden kann. Fraglich ist, nach welchen Kriterien eine Abgrenzung zwischen diesen „Sphären" vorgenommen werden soll; notwendig ist eine derartige Abgrenzung insofern, als die „Glaubhaftmachungspflicht" nur für die erste Sphäre (ds in der Person des Asylwerbers gelegene Umstände) vorgesehen ist. Da sich die Bestimmung des § 4 Abs 3d leg cit nach Sinn und Zweck auf die Feststellung des maßgebenden Sachverhalts bezieht, ist es naheliegend, die Abgrenzung zwischen den angesprochenen Sphären auch vor diesem Hintergrund zu treffen: Aus dem Blickpunkt des Prinzips der materiellen Wahrheit (siehe dazu die Ausführungen zu § 32 Rz 672 ff) trennt die Jud die „Mitwirkungspflicht" von Parteien in zwei Bereiche. Dem ersten Bereich (di jener Bereich, in dem die Mitwirkungspflicht der Partei zum Tragen kommt) kommt dort Bedeutung zu, *„wo es der Behörde nicht möglich ist, von sich aus und ohne Mitwirkung der Partei tätig zu werden"*. Der zweite Bereich ist jener in dem die Feststellung des maßgebenden Sachverhaltes auch ohne Mitwirkung der Partei möglich ist (zu dieser Abgrenzung siehe zB VwGH 23. 1. 1987, 86/11/0044; 27. 4. 1993, 91/08/0123; 26. 1. 1995, 94/19/0413; 27. 3. 1996, 95/01/00657; vgl dazu auch die Ausführungen zu § 23 Rz 673). In diesem Sinne wäre mit der Wortfolge *„in ihrer Person* (in der Person des Asylwerbers) *gelegenen Umstände"* die Sphäre zu verstehen, in der im Rahmen der Feststellung des maßgebenden Sachverhalts eine „Mitwirkungspflicht" der Partei zum Tragen kommt.

212l Eine wesentliche Rechtsfolge einer VO nach § 4 Abs 3a und 3b erster und zweiter Satz AsylG 1997 liegt darin, daß „die Regelmäßigkeit eines effektiven Schutzes im bezeichneten bzw festgestellten Staat" auf Verordnungsebene gehoben wird, sodaß dieser Bereich im Hinblick auf die Rechtmäßigkeit der VO – abgesehen von einer Anfechtungsbefugnis iSd Art 129a Abs 3 iVm Art 89, 139 und 140 B-VG – der Überprüfung durch die Verwaltungsbehörden entzogen ist; die Überprüfung der Rechtmäßigkeit einer VO obliegt letztendlich ausschließlich dem VfGH (Art 139 B-VG). Hat der UBAS im Hinblick auf die Gesetzmäßigkeit einer VO nach § 4 Abs 3a bzw 3b erster und zweiter Satz AsylG 1997 Bedenken, so ist er verpflichtet, einen Antrag auf Aufhebung an den VfGH zu stellen (vgl VfSlg 2927, 10.640, 11.190, 11.248; VwSlgNF 7606 A; zur Anfechtung genereller Normen beim VfGH durch den UBAS siehe die Ausführungen zu § 38 Rz 1140 ff). Damit liegt aber – neben allen anderen Rechtsbedingungen für die Rechtmäßigkeit einer VO nach § 4 Abs 3a bzw 3b erster und zweiter Satz AsylG 1997 – auch die Überprüfung der Frage, ob ein (bestimmter) durch VO des BMI *„bezeichneter Drittstaat Asylwerbern regelmäßig effektiven Schutz gewährt"*, letztendlich beim VfGH.

IV. Unbeachtlichkeit der Drittstaatsicherheit

213 Die Drittstaatsicherheit geht – zumindest nach innerstaatlichem Regime – den Regelungen nach dem Dubliner Übereinkommen, das sich im wesentlichen auf Zuständigkeitsregelungen innerhalb der Vertragsstaaten beschränkt, vor. Art 3 Abs 5 des Dubliner Übereinkommens behält den Vertragsstaaten das Recht vor, einen Asylbegehrenden nach Maßgabe ihres nationalen Rechts und unter Wahrung der Bestimmungen des Genfer Abkommens in der Fassung des New Yorker Protokolls in einen Drittstaat zurück- oder auszuweisen (vgl auch Art 29 Abs 2 zweiter Satz Schengener Durchführungsübereinkommen). Dieses Recht besteht nach herrschender Ansicht unbeschadet einer möglichen Zuständigkeit zur Prüfung eines Asylantrages nach dem Dubliner Übereinkommen (vgl zB *Fernhout/Meijers*, Asylum, 16; *Achermann*, Schengen und Asyl, 108; vgl auch Z 3 der Entschließung der für Einwanderungsfragen zuständigen Minister der Europäischen Gemeinschaften zu einem einheitlichen Konzept in bezug auf Aufnahmedrittländer vom 30.11/1.12.1992). Damit würde aber ein ausdrückliches Ziel des Übereinkommens, die Verhinderung von „refugees in orbit" teilweise untergraben (siehe zB *Gerlach*, ZRP 1993, 166; *Bolten*, From Schengen to Dublin, 18 ff; *Ress*, Auswirkungen, 86).

Aus dem Wortlaut und der Systematik des Dubliner Übereinkommens ist nicht erkennbar, ob nur der zur Prüfung des Asylantrages zuständige oder auch der unzuständige Staat vom Recht der Aus- oder Zurückweisung Gebrauch machen darf. Die für die Einwanderung zuständigen Minister der EG-Staaten haben sich für letzteren Ansatz entschieden (vgl dazu *Fernhout/Meijers*, 16) In ihrer „Entschließung zu einem einheitlichen Konzept in bezug auf Aufnahmedrittländer" (abgedruckt in deutscher Sprache zB in *Hailbronner*, AuslR III, Abschnitt D 12.2) wird in Z 3 lit a unter Bezugnahme auf Art 3 Abs 5 Dublin ausgeführt: *„Der Mitgliedstaat, in dem ein Asylantrag gestellt worden ist, prüft die Möglichkeit, den Grundsatz des Aufnahmedrittlandes anzuwenden. Entscheidet dieser Staat, diesen Grundsatz anzuwenden, so leitet er die erforderlichen Verfahren für die Rückreise des Asylwerbers in das Aufnahmedrittland ein, bevor er die Übertragung der Zuständigkeit für die Prüfung des Asylantrages auf einen anderen Mitgliedstaat in Anwendung des Übereinkommens von Dublin in Aussicht nimmt"* (vgl dazu *Achermann*, 108 f). Mithin soll das Zuständigkeitsmodell des Dubliner Übereinkommens nur dann Anwendung finden, wenn kein Drittaufnahmestaat ausfindig gemacht werden kann (zu den völkerrechtlichen Schranken der Rückweisung in Drittstaaten siehe *Achermann/Gattiker*, ASYL 1994, 26 ff und die dort zit Lit; *Frowein/Zimmermann*, 45 ff; *Hailbronner*, AuslR II, B 1, Rz 327 ff; *Köfner/Nicolaus*, 384 ff; *Zimmermann*, Grundrecht, 140 ff). Damit wurden die Prinzipien des Dubliner Zuständigkeitsmodells insofern durchlöchert, als die Abschiebung in einen Drittstaat nicht die Ausnahme, sondern die Regel sein soll.

Auch das AsylG 1997 richtet sich – ohne dazu völkerrechtlich gezwungen zu sein (vgl dazu *Geistlinger*, Harmoniebedürfnis) – nach dem Modell der genannten Entschließung und reglementiert die Zuständigkeitsverteilung nach dem Dubliner Modell subsidiär zur Drittstaatsicherheit (arg *„mit dem kein Vertrag über die Bestimmung der Zuständigkeit zur Prüfung des Asylantrages anwendbar ist"* in § 4 Abs 1 leg cit; vgl auch § 5 AsylG 1997).

Der UBAS ist dem zunächst in einer Senatsentscheidung vom 18. 3. 1998, 202.139/0-I/01/98, gefolgt und hat einen Vorrang der Drittstaatsicherheit gem § 4 AsylG 1997 vor der Wahrnehmung der vertraglichen Unzuständigkeit nach § 5 leg cit angenommen. Davon ist der UBAS in einer späteren Senatsentscheidung abgegangen und eine grundsätzliche Gleichstellung der Regelungen der §§ 4 und 5 AsylG 1997 angenommen: *„Die Notwendigkeit der Prüfung eines konkreten Fluchtweges ergibt sich auch nicht etwa aus der Existenz des § 5 AsylG iVm dem sogenannten ‚Dubliner Übereinkommen' (BGBl. III Nr. 165/1997). Denn sowohl § 5 AsylG (arg: ‚ein nicht gemäß § 4 erledigter Asylantrag') wie auch das Dubliner Übereinkommen (vgl. dessen Art. 3 Abs. 5) eröffnen die Möglichkeit (nach Ansicht des erkennenden Senates aber nicht unbedingt auch die Verpflichtung; zu weit gehend daher UBAS vom 18.3.1998, Zl 202.139/0-I/01/98), auch bei Vorhandensein eines die Zuständigkeit eines Vertragsstaates begründenden Umstandes (wobei dieser Umstand keineswegs stets im Fluchtweg gelegen sein muß, vgl. etwa Art. 4 des Dubliner Übereinkommens) nach § 4 AsylG vorzugehen"* (UBAS Sen 30. 3. 1998, 202.332/0-II/05/98).

214 Die Drittstaatsicherheit ist nach § 4 Abs 4 Z 1 AsylG 1997 weiters unbeachtlich, wenn die Asylwerber EWR-Bürger sind. Zwar kennt der EWR-Vertrag keine EWR-Bürgerschaft im ureigentlichen Verständnis, doch umschreibt § 1 Abs 9 FrG 1997 EWR-Bürger als Fremde, die Staatsangehörige einer Vertragspartei des Abkommens über den Europäischen Wirtschaftsraum (EWR-Abkommen) sind. EWR-Bürger haben ungeachtet einer allfällig gegebenen Drittstaatsicherheit Zugang zum Asylverfahren. Darin könnte man eine Bevorzugung EWR-Bürger und vice versa eine Benachteiligung anderer Fremder sehen. Ob darin eine Diskriminierung wider Art 3 GFK und entgegen dem BVG vom 3. Juli 1973 zur Durchführung des Internationalen Übereinkommens über die Beseitigung aller Formen rassischer Diskriminierung (BGBl 1973/390; vgl auch Art 7 Abs 1 B-VG; Art 2 StGG RGBl 1867/142; Art 66 StV v Saint-Germain StGBl 1920/303; Art 7 StV v Wien BGBl 1955/152; Art 14 EMRK BGBl 1958/210 iVm BVG 4. 3. 1964 BGBl 59) gelegen ist, bleibt fraglich.

215 Drittstaatsicherheit ist zudem unbeachtlich, wenn Eltern minderjähriger, unverheirateter Asylwerber oder den Ehegatten oder minderjährigen Kindern der Asylwerber in Österreich Asyl gewährt wurde (§ 4 Abs 4 Z 2 und 3 AsylG 1997). Diese Bestimmung soll einen Beitrag zur sog Familienzusammenführung leisten (vgl dazu auch §§ 10 und 11 AsylG 1997; §§ 20 und 21 FrG 1997). Es entspricht einer bereits Jahrzehnte alten Rechtstradition im Bereich des Fremdenrechts, daß unter dem Gesichtspunkt der Einheit der Familie die sog „natürlichen" Familien in den Rechtsschutz kaum miteinbezogen werden, sodaß hier auf tatsächliche „Familienbande" abgestellt werden könnte, sondern vorrangig das Eheband als solches Schutzgut einschlägiger Vorschriften des Fremdenrechts ist. Die natürliche Familie wird nach dem FrG 1997 unter näheren Voraussetzungen nur relevant, wenn es um die Zulässigkeit einer Ausweisung oder eines Aufenthaltsverbots geht (vgl dazu insb § 37 FrG 1997). Darin liegt eine wesentliche Ursache für die sog „Scheinehenproblematik".

V. Die Drittstaatsicherheit als Prozeßvoraussetzung

216 § 4 Abs 1 AsylG 1997 gestaltet die Drittstaatsicherheit als negative Prozeßvoraussetzung (vgl VwGH 23. 7. 1998, 98/20/0175; vgl für viele andere UBAS, 21. 8. 1998, 207.606/0-I/02/98; vgl auch UBAS Sen 21. 4. 1998, 202.689/0-I/01/98; 16. 2. 1998, 201.749/0-VII/19/98). Wenn Fremde in einem Staat (...) Schutz vor Verfolgung finden können, ist ein Asylantrag unzulässig. Der Asylantrag selbst ist daher zurückzuweisen. Die Drittstaatsicherheit als Prozeßvoraussetzung bezieht sich dem Wortlaut nach ausschließlich auf das Asylverfahren, nicht aber etwa auf ein Verfahren betreffend die Feststellung der Flüchtlingseigenschaft oder die Asylerstreckung.

217 Wie oben ausgeführt wurde (siehe die Ausführungen zu § 3, Rz 175), ist neben dem Asylantrag auch ein „nicht gesonderter" Antrag auf Feststellung der Flüchtlingseigenschaft zulässig, auf den sich aber die Prozeßvoraussetzung der Drittstaatsicherheit nicht bezieht. Das hat zur Folge, daß im Falle der Drittstaatsicherheit der Asylantrag zurückzuweisen ist, während über den nicht „gesonderten" Antrag auf Feststellung der Flüchtlingseigenschaft in der Sache abzusprechen ist. „Gesonderte" Anträge auf Feststellung der Flüchtlingseigenschaft sind nach § 3 Abs 1 zweiter Satz AsylG 1997 – weil unzulässig – zurückzuweisen. Ob der Gesetzgeber dies auch so beabsichtigt hat, muß hier dahingestellt bleiben. Die RV spricht davon, daß jegliche Anträge auf Feststellung der Flüchtlingseigenschaft unzulässig sind; sichtlich geht man davon aus, daß die Feststellung der Flüchtlingseigenschaft nur mit einem Bescheid, mit dem einem Fremden Asyl gewährt wird, verbunden werden und das Verfahren betreffend die Feststellung der Flüchtlingseigenschaft das Schicksal des Bescheides, mit dem Asyl zuerkannt wird, teilen soll. Ob dies mit dem Wortlaut des § 3 Abs 1 AsylG 1997 (arg ein *„gesonderter"* Antrag auf Feststellung der Flüchtlingseigenschaft in § 3 Abs 1 leg cit) vereinbar ist, bleibt fraglich (siehe dazu die Ausführungen zu § 3, Rz 176).

218 Dadurch, daß die Drittstaatsicherheit in Asylverfahren nach dem AsylG 1997 nicht „Verwaltungssache" ist, unterliegt sie in dieser Hinsicht auch keiner res iudicata und entfaltet insoweit auch keine Bindungswirkung. Vor diesem Hintergrund liegt auf der Hand, daß nach einer Zurückweisung eines Asylantrags Folgeanträge (neuerliche Asylanträge) zulässig sind, die ihrerseits wieder der Entscheidungspflicht nach § 73 AVG unterliegen. Wie jede Prozeßvoraussetzung ist auch die Drittstaatsicherheit in jeder Lage des Verfahrens (auch im Berufungsverfahren) von Amts wegen wahrzunehmen; dies gilt auch in den „Übergangsfällen" iSd § 44 AsylG 1997 (vgl dazu UBAS 17. 2. 1998, 201.580/0-III/07/98).

VI. Außerkrafttreten des Zurückweisungsbescheids

219 Wurde ein Asylantrag eines Fremden mit dem Argument der Drittstaatsicherheit zurückgewiesen und kann der betroffene Fremde auch mit Mitteln fremdenpolizeilicher Zwangsmaßnahmen (Zurückweisung nach § 52 FrG 1997; Zurückschiebung nach § 55 und Abschiebung nach § 56 FrG 1997) nicht in den „sicheren Drittstaat" verbracht werden, so tritt der Zurückweisungsbescheid – sofern eine entsprechende Mitteilung (§ 57 Abs 7 FrG 1997) der Fremdenpolizeibehörden einlangt – unmittelbar auf Grund des Gesetzes (§ 4 Abs 5 AsylG 1997) außer Kraft. Gem § 4 Abs 5 letzter Halbsatz AsylG 1997 ist ein anhängiges Berufungsverfahren – in welcher Form auch immer – als gegenstandslos einzustellen. Der UBAS hat ein anhängiges Berufungsverfahren *mit Bescheid* auch dann gem § 4 Abs 5 leg cit eingestellt, wenn die Berufung verspätet war (UBAS 8. 7. 1998, 203.758/0-II/06/98). Auch in anderen Fällen hat der UBAS Berufungsverfahren gem § 4 Abs 5 letzter Halbsatz in *Bescheidform* eingestellt (vgl zB UBAS 6. 8. 1998, 203.598/4-II/28/98; 6. 8. 1998; 203.599/4-II/28/48); in wieder anderen Fällen bediente er sich hiezu der Form eines *Aktenvermerkes* (vgl zB UBAS 17. 8. 1998, 203.229/1-I/02/98). Ist aber ein Berufungsbescheid zum Zeitpunkt des Einlangens der Mitteilung nach § 57 Abs 7 FrG 1997 bereits (rechtskräftig) erlassen, geht man im Wege eines Größenschlusses wohl nicht fehl in der Annahme, daß auch der Berufungsbescheid von Gesetzes wegen außer Kraft tritt. Für einen Bescheid ist hier kein Raum. Um diesen Regelungsmechanismus effektiv zu gestalten, wurde in § 57 Abs 7 FrG 1997 vorgesehen, daß das Bundesasylamt (nach dem Gesetzeswortlaut nicht auch der UBAS) durch die Frem-

denpolizeibehörden unverzüglich darüber in Kenntnis zu setzen ist, sollte sich die Zurückweisung, Zurückschiebung oder Abschiebung eines Fremden, dessen Asylantrag unter Annahme gegebener Drittstaatsicherheit zurückgewiesen wurde, in den Drittstaat als nicht möglich erweisen. Obgleich dies im Lichte des Sinn und Zwecks der Bestimmung des § 4 Abs 5 AsylG 1997 nicht zwingend ist, ging der UBAS in seiner Senatsentscheidung vom 30. 3. 1998, 202.332/0-II/05/98, sich streng an den Wortlaut des § 4 Abs 5 AsylG 1997 orientierend (arg „als unzulässig zurückgewiesen wurde") davon aus, daß eine Mitteilung der Fremdenpolizeibehörde gem § § 57 Abs 7 FrG 1997 erst dann das Außerkrafttreten eines Bescheides, mit dem ein Asylantrag gem § 4 AsylG 1997 als unzulässig zurückgewiesen wurde, bewirkt, wenn der betreffende Bescheid zumindest in erster Instanz bereits erlassen wurde: „*Vorweg ist anzumerken, daß der im Sachverhalt erwähnten Mitteilung der Bezirkshauptmannschaft Neusiedl/See an das Bundesasylamt vom 21. Jänner 1998 die in § 4 Abs. 5 AsylG umschriebene Wirkung in bezug auf den angefochtenen Bescheid bzw. das anhängige Berufungsverfahren zum einen schon deshalb nicht zukommt, weil diese Mitteilung* ***vor*** *Erlassung des angefochtenen Bescheides – also zu einem Zeitpunkt, in dem der Asylantrag des Berufungswerbers noch nicht einmal in erster Instanz ‚als unzulässig zurückgewiesen' worden war – erstattet wurde, zum anderen aber auch deshalb nicht, weil der Berufungswerber über eine vorläufige Aufenthaltsberechtigung verfügt und daher gemäß § 19 Abs. 4 AsylG bis zum* ***rechtskräftigen*** *Abschluß des gegenständlichen Verfahrens zum Aufenthalt im Bundesgebiet berechtigt ist, was bedeutet, daß jedenfalls in einem derartigen Fall (vgl. aber auch § 21 Abs. 2 AsylG) der der ‚Mitteilung' iSd § 4 Abs. 5 AsylG vorgelagerte Versuch der Zurückweisung, Zurückschiebung oder Abschiebung erst nach Rechtskraft der Zurückweisung des Asylantrages gemäß § 4 AsylG erfolgen darf und daher schon aus diesem Grunde nur* ***nach*** *diesem Zeitpunkt einlangende ‚Mitteilungen' iSd § 4 Abs. 5 AsylG beachtlich sind.*"

220 Die Rechtsnatur dieser Mitteilung nach § 57 Abs 7 FrG 1997 ist aus rechtsdogmatischer Sicht mit keiner Rechtsquelle nach dem B-VG vergleichbar. Sie ist aus der Perspektive der Fremdenpolizei mit Sicherheit kein Bescheid und kein Akt unmittelbarer behördlicher Befehls- und Zwangsgewalt, da ihr – streng gesehen – keine „Außenwirkung" zukommt und sie sich an keinen Normunterworfenen als Rechtssubjekt richtet. Die Mitteilung ist somit vorerst ein rein „innerbehördlicher" Akt. Aus der Perspektive der Asylbehörden stellt die Mitteilung ein (notwendiges) Tatbestandselement für das Außerkrafttreten des Zurückweisungsbescheids nach § 4 Abs 5 AsylG 1997 dar. Hier entfaltet die Mitteilung demnach Tatbestandswirkung. Sind die Fremdenpolizeibehörden säumig oder unterlassen sie diese Mitteilung gänzlich, tritt der Zurückweisungsbescheid nicht außer Kraft. Dem betroffenen Fremden stellt die Rechtsordnung keine Rechtsbehelfe zur Verfügung, um in diesen Fällen das Außerkrafttreten des Zurückweisungsbescheids zu erreichen. In diesem Punkt besteht offenbar ein Rechtsschutzdefizit, das auch in die Verfassungssphäre reicht. Eine eingegrenzte Beschwerdemöglichkeit räumt aber § 88 Abs 2 SPG ein. Nach dieser Bestimmung erkennen die unabhängigen Verwaltungssenate (hier: UVSL) außerdem (dh neben der Maßnahmenbeschwerde nach § 88 Abs 1 SPG) über Beschwerden von Menschen, die behaupten, auf andere Weise durch die Besorgung der Sicherheitsverwaltung in ihren Rechten verletzt worden zu sein, sofern dies nicht in Form eines Bescheides erfolgt. Geht man davon aus, daß die Mitteilung nach § 57 Abs 7 FrG 1997 eine Akt der Fremdenpolizei ist, könnte, da die „Fremdenpolizei" zur Sicherheitsverwaltung zählt (§ 2 Abs 2 SPG), eine unrichtige Mitteilung nach § 57 Abs 7 FrG 1997 nach § 88 Abs 2 SPG bekämpft werden; ob eine Beschwerde nach § 88 Abs 2 SPG auch in Fällen der Säumnis der Fremdenpolizeibehörden greift, ist zumindest fraglich.

221 Nicht nur materiellrechtliche Bescheide sondern auch Zurückweisungsbescheide entfalten Bindungswirkungen. Die Bindungswirkung ist ein tragendes Element jeder Normativität. Es gilt normativ, was der Bescheid ausspricht. Parteien und Behörden haben sich an den Bescheid zu halten (vgl dazu *Walter/Mayer*, Verwaltungsverfahrensrecht, Rz 465 ff; VwGH 18. 1. 1971, 1311/70; 15. 9. 1978, 2300/77; 8. 2. 1994, 93/08/0166). Die objektiven Grenzen der Bindungswirkung liegen in der „Verwaltungssache". Verwaltungssache ist im gegebenen Zusammenhang die „Unzulässigkeit des Asylantrages wegen Drittstaatsicherheit. Zwar wird die Drittstaatsicherheit im Zurückweisungsbescheid nicht ausdrücklich festgestellt, doch spielt die Begründung des Bescheids für die Festlegung der objektiven Grenzen der Bindungswirkung insofern eine Rolle, als sie für die Auslegung des Spruchs von Bedeutung ist (*Hellbling* I, 420; *Mannlicher/Quell* I, 373; VwSlgNF 1177 A, 1281 A, 1400 A; VwGH 28. 6. 1994, 94/08/0021; VfSlg 8739). Nicht nur der Fremde, sondern auch die Asylbehörden sind solange an den Zurückweisungsbescheid (die Erledigung der Verwaltungssache „Unzulässigkeit wegen Drittstaatsicherheit") gebunden, bis dieser Bescheid rechtlich beseitigt wird. Vor diesem Hintergrund wird hier das bestehende Rechtsschutzdefizit deutlich sichtbar.

VII. Bindungswirkung

222 Gem § 75 Abs 1 FrG 1997 hat die Fremdenpolizeibehörde auf Antrag eines Fremden mit Bescheid festzustellen, ob stichhaltige Gründe für die Annahme bestehen, daß dieser Fremde in einem von ihm bezeichneten Staat gemäß § 57 Abs 1 oder 2 leg cit bedroht ist. Dies gilt ua nicht, wenn eine Asylbehörde festgestellt hat, daß für den Fremden in einem Drittstaat Schutz vor Verfolgung besteht. Obwohl hier erkennbar ist, daß § 4 AsylG 1997 angesprochen ist, muß doch angemerkt werden, daß das AsylG 1997 eine ausdrückliche bescheidmäßige Feststellung der Drittstaatsicherheit nicht kennt (vgl VwGH 23. 7. 1998, 98/20/0175). Im Falle der Drittstaatsicherheit ist ein Asylantrag zurückzuweisen; nur über die Zurückweisung selbst erfolgt ein ausdrücklicher normativer Abspruch. Die Drittstaatsicherheit ist im Falle der Zurückweisung des Asylantrags gem § 4 AsylG 1997 nur Bestandteil der Begründung.

223 Der VfGH nimmt an, daß nicht nur förmliche, als „Bescheid" erlassene Akte als Bescheide iSd Art 144 Abs 1 B-VG anzusehen sind, und vertritt einen inhaltlich orientierten, weiten Bescheidbegriff (VfSlg 13.642, 13.723; VfGH 12. 12. 1996, B 2903/95; 14. 3. 1997, G 401/96); ob eine Erledigung ein Bescheid ist, bestimmt sich nach ihrem Inhalt, wobei auch zu berücksichtigen sein kann, ob die Behörde zur Erlassung eines Bescheides verpflichtet war (VfSlg 13.750). Entscheidend sei der objektiv erkennbare Wille, gegenüber einer individuell bestimmten Person die normative Regelung einer konkreten Verwaltungsangelegenheit zu treffen (*Mayer*, B-VG, 410). Ob ein bestimmter formloser Akt als Bescheid zu qualifizieren ist, beantwortet der VfGH im Zweifel so, daß dies nicht zu Lasten der Partei geht (VfSlg 9247). Die Begründung eines Bescheides hat im allgemeinen aber keine normative Kraft und entfaltet daher grundsätzlich keine Bindungswirkung; eine unrichtige Begründung kann daher einen Bescheid, dessen Spruch rechtmäßig ist, nicht rechtswidrig machen (VwSlgNF 690 A, 2087 A; vgl jedoch VwGH 17. 12. 1984, 83/11/0288; unzutreffend VwGH 18. 10. 1989; 89/02/0150). Die Begründung eines Bescheids kann allenfalls für die Auslegung der im Spruch enthaltenen Norm von Bedeutung sein (vgl VfSlg 5920; VwSlgNF 7869 A, 7967 A; VwGH 28. 6. 1994, 94/08/0021);

doch darf ein klarer Spruch aus der Begründung nicht umgedeutet oder ergänzt werden (VwGH 15. 9. 1980, 633/79; 7. 6. 1988, 87/10/0204); nur ausnahmsweise wird auch der Begründung eines Bescheids „bindende Wirkung" beigemessen („tragende Gründe"; so etwa für den Fall der Zurückverweisung gem § 66 Abs 2 AVG; *Azizi*, ZfV 1976, 133; für den kassatorischen Bescheid der Gemeindeaufsichtsbehörde gem Art 119a Abs 5 B-VG auch *Mannlicher/Quell* I, 318 sowie VwSlgNF 8091 – verst Sen; VwGH 30. 4. 1984, 83/12/0098). Ob im Falle der Zurückweisung eines Asylantrags die Begründung betreffend die Drittstaatsicherheit als „tragender Grund" anzusehen ist, bleibt fraglich.

224 Aus systematischen Überlegungen ergibt sich jedoch, daß § 75 Abs 1 FrG 1997 ua nur die Zurückweisung des Asylantrags gem § 4 AsylG 1997 gemeint haben kann, auch wenn die Zurückweisung im Hinblick auf die Drittstaatsicherheit keine Bindungswirkung im technischen Sinn entfalten sollte; daher ist die Wortfolge in § 75 Abs 1 FrG 1997 *„(eine Asylbehörde) festgestellt hat, daß für einen Fremden in einem Drittstaat Schutz vor Verfolgung besteht"* im Sinne von *„eine Asylbehörde den Asylantrag eines Fremden gem § 4 AsylG 1997 zurückgewiesen hat"* zu verstehen. Der Zurückweisungsbescheid nach § 4 leg cit entfaltet im Lichte des § 75 Abs 1 zweiter Satz FrG 1997 Tatbestandswirkung.

224a Nicht nur die Zurückweisung eines Asylantrages wegen bestehender Drittstaatsicherheit nach § 4 Abs 1 AsylG 1997 ist im Lichte eines fremdenrechtlichen Verfahrens nach § 75 FrG 1997 von Bedeutung. Auch die gesetzliche Vermutung der Drittstaatsicherheit ist von den Fremdenpolizeibehörden insb in Verfahren nach § 75 FrG 1997 (vgl dazu auch § 57 Abs 1 und 2 leg cit) zu beachten und ist nicht auf die Zurückweisung eines Asylantrages wegen bestehenden Drittstaatsicherheit nach § 4 Abs 1 AsylG 1997 durch die Asylbehörden beschränkt. Auch eine Verordnung, mit welcher der BMI Staaten bezeichnet, die regelmäßig effektiven Schutz gewähren (§ 4 Abs 3a AsylG 1997), eine Verordnung, mit welcher der BMI feststellt, daß gemäß § 4 Abs 3a bezeichnete Staaten regelmäßig keinen effektiven Schutz vor Verfolgung mehr gewähren (§ 4 Abs 3b erster Satz AsylG 1997) und eine Verordnung, mit welcher der BMI bestimmte Staaten bezeichnet, die regelmäßig keinen effektiven Schutz vor Verfolgung gewähren (§ 4 Abs 3b zweiter Satz AsylG 1997), binden die Fremdenpolizeibehörden in fremdenpolizeilichen Verfahren, insb auch in einem Verfahren nach § 75 Abs 1 FrG 1997.

Unzulässige Asylanträge wegen vertraglicher Unzuständigkeit

§ 5. (1) Ein nicht gemäß § 4 erledigter Asylantrag ist als unzulässig zurückzuweisen, wenn ein anderer Staat vertraglich zur Prüfung des Asylantrages zuständig ist. Mit dem Zurückweisungsbescheid hat das Bundesasylamt auch festzustellen, welcher Staat zuständig ist. Ein solcher Bescheid ist mit einer Ausweisung zu verbinden.

(2) Gemäß Abs. 1 ist auch vorzugehen, wenn ein anderer Staat vertraglich dafür zuständig ist zu prüfen, welcher Staat zur Prüfung des Asylantrages zuständig ist.

(3) Eine Ausweisung gemäß Abs. 1 und 2 gilt stets auch als Feststellung der Zulässigkeit der Zurückweisung, Zurückschiebung oder Abschiebung in den bezeichneten Staat.

(§ 5 Abs 3 angefügt durch BGBl I 1999/4)

RV: [18, 19]

Für den Fall, daß die Regelung über das sichere Drittland nicht anwendbar ist, soll geprüft werden, ob ein anderer Staat zur Prüfung des Asylantrages, wenn auch nur im Rahmen eines Verfahrens zur Bestimmung des zur Prüfung des Asylantrages zuständigen Staates, staatsvertraglich berufen ist. In diesem Zusammenhang ist auf das Dubliner Übereinkommen über die Bestimmung des zuständigen Staates für die Prüfung eines in einem Mitgliedstaat der Europäischen Gemeinschaften gestellten Asylantrags vom 15. Juni 1990 (in der Folge: Dubliner Übereinkommen) hinzuweisen, das in absehbarer Zeit in Kraft treten sowie nach Art. 50 Abs. 1 in das innerstaatliche Recht transformiert werden wird.

Nach diesem Abkommen ergibt sich eine komplexe Zuständigkeitsregelung, die sich wie folgt zusammenfassen läßt:

Primär zuständig ist nach Art. 4 erster Satz des Dubliner Übereinkommens der Staat, in dem ein als Flüchtling im Sinne der Genfer Flüchtlingskonvention anerkannter Familienangehöriger des Asylwerbers seinen legalen Wohnsitz hat, wenn der Asylwerber zustimmt oder dies wünscht. Zu Art. 4 des Dubliner Übereinkommens subsidiär zuständig ist gemäß Art. 5 Abs. 1 und 2 jener Staat, der dem Asylsuchenden eine gültige Aufenthaltserlaubnis oder ein gültiges Visum erteilt hat. Unter Aufenthaltserlaubnis ist jede von den Behörden eines Mitgliedstaates erteilte Erlaubnis zu verstehen, mit der der Aufenthalt eines Ausländers im Hoheitsgebiet dieses Staates gestattet wird, mit Ausnahme der Visa und Aufenthaltsberechtigungen, die während der Prüfung eines Antrags auf Aufenthaltserlaubnis oder eines Asylantrages ausgestellt wird. Ist allerdings das Visum mit schriftlicher Zustimmung eines anderen Dublin-Staates erteilt worden, so ist dieser für die Prüfung des Asylantrages zuständig. Stellt der Asylwerber, der ein Transitvisum besitzt, seinen Antrag in einem anderen Mitgliedstaat, in dem er nicht visumpflichtig ist, so ist dieser Mitgliedstaat für die Prüfung des Asylantrages zuständig.

Stellt der Asylwerber, der ein Transitvisum besitzt, seinen Antrag in dem Staat, der ihm dieses Visum erteilt hat und der von den diplomatischen oder konsularischen Behörden des Bestimmungsmitgliedstaats eine schriftliche Bestätigung erhalten hat, derzufolge der von der Visumpflicht befreite Ausländer die Voraussetzungen für die Einreise in diesen Staat erfüllt, so ist letzterer für die Prüfung des Asylantrages zuständig. Besitzt ein Asylwerber mehrere gültige Aufenthaltsgenehmigungen oder Visa verschiedener Mitgliedstaaten, so ist für die Prüfung des Asylantrages jener

Staat zuständig, der die Aufenthaltserlaubnis (das Visum) mit der längsten Gültigkeitsdauer bzw. die zuletzt ablaufende Aufenthaltserlaubnis (das zuletzt ablaufende Visum) erteilt hat. Ein Einreisevisum geht einem Transitvisum grundsätzlich vor.

Besitzt ein Asylwerber eine seit weniger als zwei Jahren abgelaufene Aufenthaltsgenehmigung oder ein seit weniger als sechs Monaten abgelaufenes Visum, auf Grund dessen er in das Hoheitsgebiet eines Mitgliedstaates einreisen konnte, so sind die vorstehenden Kriterien weiter anwendbar, solange der Ausländer das Hoheitsgebiet der Mitgliedstaaten nicht verlassen hat. Wurde die Frist von zwei Jahren bzw. von sechs Monaten überschritten und hat der Asylwerber das gemeinsame Hoheitsgebiet nicht verlassen, so ist der Mitgliedstaat zuständig, in dem der Antrag gestellt wird.

Hat der Asylwerber aus einem Drittstaat die Grenze eines Mitgliedstaates illegal auf dem Land-, See- oder Luftweg überschritten, so ist gemäß Art. 6 des Dubliner Übereinkommens des weiteren der Mitgliedstaat, über den er nachweislich eingereist ist, für die Antragsprüfung zuständig. Die Prüfung des Asylantrages obliegt gemäß Art. 7 Abs. 1 des Dubliner Übereinkommens in weiterer Folge dem Mitgliedstaat, der für die Kontrolle der Einreise des Ausländers in das Hoheitsgebiet der Mitgliedstaaten zuständig ist, es sei denn, daß der Ausländer, nachdem er legal in einen Mitgliedstaat, in dem für ihn kein [18] Visumzwang besteht, eingereist ist, seinen Asylantrag in einem anderen Mitgliedstaat stellt, in dem er ebenfalls kein Einreisevisum vorweisen muß. In diesem Fall ist der letztgenannte Staat für die Prüfung des Asylantrages zuständig. Ein Mitgliedstaat, der die Durchreise durch die Transitzone seiner Flughäfen ohne Visum zuläßt, gilt gemäß Art. 7 Abs. 2 des Dubliner Übereinkommens solange nicht als zuständig, bis ein Abkommen über die Modalitäten des Grenzübergangs an den Außengrenzen in Kraft tritt. Wird ein Asylantrag beim Transit in einem Flughafen eines Mitgliedstaates gestellt, so ist gemäß Art. 7 Abs 3 des Dubliner Übereinkommens dieser Staat zuständig.

Kann auf der Grundlage der übrigen Kriterien kein für die Prüfung des Asylantrages zuständiger Staat bestimmt werden, so ist der erste Mitgliedstaat, bei dem der Asylantrag gestellt wird, für die Prüfung zuständig (Art. 8 des Dubliner Übereinkommens).

Der vorliegende Entwurf verzichtet darauf, die Bestimmungen des Dubliner Abkommens gesondert ins innerstaatliche Recht zu transformieren, die die Relation zwischen den betroffenen Staaten regeln. Im Falle eines Asylantrages wird daher die Asylbehörde, die zur Ansicht gelangt, es wäre nach dem Dubliner Abkommen ein anderer Staat für die Durchführung des Asylverfahrens zuständig, dafür Sorge zu tragen haben, daß es zu dem völkerrechtlich vereinbarten Konsultationsverfahren kommt. Anschließend wird sie das Ergebnis mit den Mitteln, die ihr § 5 zur Verfügung stellt, im Asylverfahren umzusetzen haben. Dementsprechend wurden nur jene Bestimmungen in den Entwurf aufgenommen, die die Rechte der Asylwerber unmittelbar betreffen.

Wenn sich die Zuständigkeit eines anderen Staates ergibt, ist der Asylantrag zurückzuweisen. Mit dieser Zurückweisung des Asylantrages ist auch der zuständige Staat zu nennen. Zugleich ist gegen den Asylwerber die Ausweisung zu verhängen. Wird ein Asylantrag nach dieser Bestimmung wegen gegebener Zuständigkeit eines anderen Staates zurückgewiesen, steht nur ein verkürztes Berufungsverfahren zur Verfügung (§ 31 des Entwurfs) [19].

AB *(1494 BglNR 20. GP):* [3]

Die Anfügung des Abs. 3 dient der Klarstellung, daß nicht nur ein anderer Staat für die Prüfung eines Asylantrages zuständig ist, sondern es auch rechtlich zulässig ist, den Fremden dorthin zurückzuweisen, zurückzuschieben oder abzuschieben. Diese Bestimmung geht davon aus, daß derartige Verträge nur mit Staaten abgeschlossen werden, die sich innerstaatlich denselben Verpflichtungen unterwerfen, wie sie für Österreich in § 57 FrG festgelegt sind.

Inhaltsübersicht

A. Vertragliche Unzuständigkeit

I. Allgemeines

225 Subsidiär zur Drittstaatsicherheit (RV 28; vgl UBAS 17. 6. 1998, 203.550/0-II/28/98; vgl dazu auch die Ausführungen zu § 4, Rz 213) sieht das AsylG 1997 als weitere Prozeßvoraussetzung vor, daß kein anderer Staat *„vertraglich"* zur Prüfung des Asylantrags (§ 5 Abs 1 AsylG 1997) bzw zur Zuständigkeitsprüfung (§ 5 Abs 2 leg cit) zuständig ist. Unter „vertraglicher" Zuständigkeit ist eine Zuständigkeit auf Grund eines völkerrechtlichen Vertrags, oder um mit der Terminologie des B-VG zu sprechen, eine Zuständigkeit auf Grund eines Staatsvertrags gemeint. Unter „Staatsvertrag" sind – unter Anlehnung an die Völkerrechtslehre – alle Verträge zwischen Völkerrechtssubjekten (soweit sie nicht privatrechtliche Verträge sind) zu verstehen. Derzeit existiert nur ein Staatsvertrag, auf den sich § 5 AsylG 1997 bezieht, nämlich das Übereinkommen über die Bestimmung des zuständigen Staates für die Prüfung eines in einem Mitgliedstaat der europäischen Gemeinschaften gestellten Asylantrags (BGBl III 1997/165; *Achermann/Bieber/Epiney/ Wehner*, Schengen und die Folgen, 243 ff; *Hummer/Obwexer*, III, 341 ff; *Rohrböck*, Dublin, 94 ff; *Hailbronner*, AuslR II, B 11; in der Folge kurz Dubliner Übereinkommen bzw Dublin), das nach dem Protokoll vom 26. 4. 1994 zu den Konsequenzen des Inkrafttretens des Dubliner Übereinkommens für einige Bestimmungen des Durchführungsübereinkommens zum Schengener Übereinkommen (Bonner Protokoll publiziert zB *Hailbronner*, AuslR III, D 8.1) dem Schengener Durchführungsübereinkommen (kurz: SDÜ) vorgeht. Die Formulierung des § 5 AsylG 1997 schließt nicht aus, daß in Zukunft weitere Staatsverträge unter dessen Anwendungsbereich fallen könnten (vgl dazu auch Z 1 des Protokolls über die Konferenz der für Einwanderungsfragen zuständigen Minister der Mitgliedstaaten der Europäischen Gemeinschaften am 15. Juni 1990 in Dublin BGBl III 1997/165).

226 Mit einem Zurückweisungsbescheid wegen vertraglicher Unzuständigkeit nach § 5 AsylG 1997 hat das BAA (nach dem Gesetzeswortlaut nicht aber der UBAS; beachte aber dessen Rolle als Berufungsbehörde) auch festzustellen, welcher Staat zuständig ist. Zudem ist die Zurückweisung mit einem Ausweisungsbescheid (§§ 33 und 34 FrG 1997) zu verbinden. Zwar sind nach dem Gesetz die Zurückweisung des Antrags wegen vertraglicher Unzuständigkeit, die Feststellung des zuständigen Staates und die Ausweisung uno actu zu erlassen, doch bilden diese Absprüche jeweils eine eigene Verwaltungssache und sind demnach einzeln (abgetrennt) bekämpfbar. Das abgekürzte Berufungsverfahren nach § 32 AsylG 1997 ist nach dem Wortlaut des Gesetzes nur auf eine dieser Verwaltungssachen, nämlich die Zurückweisung des Asylantrags wegen vertraglicher Unzuständigkeit anwendbar. Schwierige Interpretationsprobleme wirft in diesem Zusammenhang die Ausweisung nach § 5 leg cit auf (siehe dazu unten Rz 261 ff). Der UBAS ist funktionell zur Feststellung des zuständigen Staates und zur Erlassung der Ausweisung nur dann befugt, wenn er über diese Fragen als Berufungsbehörde zu entscheiden hat (vgl dazu Art 129c Abs 1 B-VG; diese Bestimmung ermächtigt den einfachen Gesetzgeber ausschließlich, den UBAS *„als Berufungsbehörde“* einzurichten, sodaß eine Zuständigkeit des UBAS verfassungswidrig wäre, wenn er funktionell nicht als Berufungsbehörde entscheidet).

227 Wie in der RV ausgeführt wird, hat man – wohl bewußt – darauf verzichtet, *„die Bestimmungen des Dubliner Abkommens gesondert ins innerstaatliche Recht zu transformieren, die die Relation zwischen den betroffenen Staaten regeln. Im Falle eines Asylantrages werde daher die Asylbehörde, die zur Ansicht gelangt sei, es wäre nach dem Dubliner Abkommen ein anderer Staat für die Durchführung des Asylverfahrens zuständig, dafür Sorge zu tragen haben, daß es zu dem völkerrechtlich vereinbarten Kosultationsmechanismus komme. Anschließend werde sie das Ergebnis mit den Mitteln, die ihr § 5 zur Verfügung stellt, umzusetzen haben.“* Mit der AsylG-N 1998 hat der Gesetzgeber dennoch versucht, die Zuständigkeit des BAA im Rahmen des *„Konsultationsmechanismus“* durch die Regelung des § 37 Abs 7 letzter Satz AsylG 1997 auch im innerstaatlichen Recht zu *„verankern“* (1494 BlgNR 20. GP, 4; vgl dazu auch die Ausführungen zu § 37 Rz 1041a).

228 Das Dubliner Übereinkommen enthält wesentliche Bestimmungen, denen nach ihrer Transformation gemäß Art 50 Abs 1 B-VG Außenwirkung zukommt (vgl insb Art 11 und 13). Es kann daher nicht davon ausgegangen werden, das Dubliner Übereinkommen beinhalte lediglich Regeln der schichten Hoheitsverwaltung. Dies ergibt sich schon daraus, daß Zuständigkeitsbestimmungen niemals der schlichten Hoheitsverwaltung zuzurechnen sind und Zuständigkeitsbestimmungen den Kern des Dubliner Übereinkommens ausmachen. Im Hinblick auf die generelle Transformation des Dubliner Übereinkommens ist dieser Punkt nicht weiter wesentlich, da durch die Transformation das Dubliner Übereinkommen der österreichischen Rechtsordnung im Rang eines einfachen Gesetzes angehört. Wesentlich ist allerdings ein weiterer Punkt: Das Dubliner Übereinkommen enthält keine Aussage darüber, welche (innerstaatliche) Behörde zur Vollziehung berufen ist. Auch das AsylG 1997 schweigt teilweise zu diesem Punkt; es sieht lediglich ein Feststellungsverfahren durch das BAA darüber vor, welcher Staat zuständig ist (§ 5 Abs 1 zweiter Satz AsylG 1997), sodaß zunächst das diesbezügliche Ermittlungsverfahren gesetzlich gedeckt ist. Gem § 37 Abs 1 letzter Satz AsylG 1997 ist das BAA – bezogen auf Einzelfälle – die für den Informationsaustausch mit jenen Staaten zuständige Behörde, mit denen „ein Vertrag über die Bestimmung der Zuständigkeit zur Prüfung eines Asylantrages (dies betrifft derzeit nur das Dubliner Übereinkommen) abgeschlossen wurde". Diese Regelung bezieht sich sachlich ausschließlich auf den *„Informationsaustausch bezogen auf Einzelfälle"* mit Vertragsstaaten des Dubliner Übereinkommens (siehe dazu die Ausführungen zu § 37 Rz 1041a). Die Regelung des § 37 Abs 1 letzter Satz leg cit tritt neben die Bestimmung des § 36 AsylG 1997 (vgl dazu insb § 36 Abs 3 Z 6 AsylG 1997), die auch bisher das „Konsultationsverfahren", soweit es das Übermitteln von Daten an Dublinstaaten bzw das Datenermitteln von Dublinstaaten betrifft, abgedeckt hatte (siehe dazu die Ausführungen zu § 37 Rz 1041a; vgl dazu auch §§ 32 und 33 DSG). Außerhalb dieses Bereiches gelangt man auf Grund des sachlichen Naheverhältnisses – wenn auch in methodisch fragwürdiger Weise – zu dem Ergebnis, daß die Asylbehörden zur Vollziehung des Dubliner Übereinkommens (insb Übernahme- und Rücknahmeverfahren) zuständig sind. Ob die Asylbehörden zudem auch zur Setzung der mit Übernahme- bzw Rückübernahme möglicherweise verbundenen Zwangsakte zuständig sind, ist unklar. Hier liegt ein wesentliches Regelungsdefizit vor, das vor dem Hintergrund des Legalitätsprinzips auch in die Verfassungssphäre reicht. Im Dubliner Übereinkommen fehlen Vorschriften, wonach bestimmte Behörden, die das Dubliner Übereinkommen zu vollziehen hätten, ausdrücklich genannt wären (vgl dazu im Lichte der GFK VwSlg 6948 A; UBAS 3. 8. 1998, 203.333/10-VIII/24/98). Es stellt sich sohin die Frage nach der *„Vollzugstauglichkeit"* des Dubliner Übereinkommens (vgl *Potacs,* Rechtsschutz). Der Gesetzgeber hat es in weiten Bereichen verabsäumt, durch die Erlassung eindeutiger Zuständigkeitsvorschriften das Dubliner Übereinkommen *„vollzugsfähig"* zu machen.

229 Gegen Bescheide, mit denen Asylanträge aus den Gründen des § 5 Abs 1 erster Satz leg cit (vertragliche Unzuständigkeit) zurückgewiesen werden, kann nur binnen zehn Tagen nach Zustellung Berufung erhoben werden (§ 32 Abs 1 erster Satz AsylG 1997); die Bestimmungen der §§ 32 und 33 AVG sind auch hier anzuwenden. Über die Berufung ist grundsätzlich innerhalb von zehn Arbeitstagen nach dem Tag des Einlangens bei der Berufungsbehörde (idR Datum des Einlaufstempels) zu entscheiden; insgesamt „soll" das abgekürzte Berufungsverfahren nicht länger als zwanzig Arbeitstage (Werktage) dauern (§ 32 Abs 3 AsylG 1997). Nach dem Wortlaut des § 32 Abs 1 AsylG 1997 fällt die Feststellung des zuständigen Staates nach § 5 Abs 1 zweiter Satz AsylG 1997 nicht unter das abgekürzte Berufungsverfahren; dies trifft auch für die Ausweisung nach § 5 Abs 1 letzter Satz zu. Für die Feststellung des zuständigen Staates und die Ausweisung würden sohin die allgemeinen Berufungs- und Entscheidungsfristen nach dem AVG gelten. Ob dieses Ergebnis im Sinne des Gesetzgebers gelegen ist, ist zweifelhaft.

II. Zuständigkeitskriterien nach dem Dubliner Übereinkommen

a) Zuständigkeit zur Bestimmung des für die Prüfung des Asylantrages zuständigen Mitgliedstaates

230 Das Verfahren zur Bestimmung des zuständigen Staates ist einzuleiten, sobald ein Asylantrag zum ersten Mal in einem Mitgliedstaat gestellt wird (Art 3 Abs 6

Dublin). Dazu hat die Europäische Union ein einheitliches Formular entworfen (vgl die Textsammlung des Rates der Europäischen Union vom 25. April 1996, Dok Nr 4464/95 REV 1, Abschn I.C; Anhang I zum Beschluß Nr 1/97 des Ausschusses gem Art 18 Dublin). Nach Art 2 Abs 1 des Beschlusses Nr 1/97 des Ausschusses nach Art 18 des Dubliner Übereinkommens vom 15. Juni 1990 über Bestimmungen zur Durchführung des Übereinkommens (ABl 14. 10. 1997 Nr L 281/1) gilt ein Asylantrag ab dem Zeitpunkt als gestellt, zu dem die Behörden des betroffenen Mitgliedstaates in schriftlicher Form damit befaßt werden, sei es durch ein vom Asylbewerber (im Dublin-Kontext ist vom Asylbewerber und nicht vom Asylwerber die Rede) benutztes Formblatt, sei es durch ein behördliches Protokoll. Gem Art 2 Abs 2 dieses Beschlusses muß bei einem nicht in schriftlicher Form gestellten Antrag die Frist zwischen der Abgabe der Willenserklärung und der Erstellung einer Niederschrift so kurz wie möglich sein. Der materiellen Prüfung des Asylantrages ist ein besonderes „Zuständigkeitsverfahren" vorgelagert. Für dieses Zuständigkeitsverfahren ist jener Staat zuständig, bei dem der Asylantrag zum ersten Mal gestellt wurde (vgl Art 3 Abs 6 Dublin). Wird allerdings ein Asylantrag bei den zuständigen Behörden eines Mitgliedstaates von einem Asylbewerber gestellt, der sich im Hoheitsgebiet eines anderen Mitgliedstaates aufhält, so obliegt gem Art 12 Dublin die Bestimmung des für die Prüfung des Asylantrages zuständigen Mitgliedstaates demjenigen Mitgliedstaat, in dessen Hoheitsgebiet sich der Asylbewerber aufhält. Dieser Mitgliedstaat wird von dem mit dem Asylantrag befaßten Mitgliedstaat unverzüglich unterrichtet und gilt dann für die Zwecke dieses Übereinkommens als derjenige Mitgliedstaat, in dem der Asylantrag gestellt wurde.

231 Im Rahmen des Zuständigkeitsverfahrens kommt es zu einer Art perpetuatio fori (vgl Art 11 Abs 3 Dublin). Die Zuständigkeit für das Zuständigkeitsverfahren erlischt, wenn es abgeschlossen wurde (dies findet sich nicht ausdrücklich im Dubliner Übereinkommen, ergibt sich jedoch zwangsläufig aus dessen Systematik; mit welchem Zeitpunkt vom Abschluß des Zuständigkeitsverfahrens gesprochen werden kann, ist unklar, wobei ein Zuständigkeitsverfahren jedenfalls dann abgeschlossen ist, wenn ein Mitgliedstaat die Prüfung des Asylantrages übernommen hat), der Asylbewerber unterdessen das Hoheitsgebiet der Mitgliedstaaten mindestens drei Monate lang verlassen oder in einem Mitgliedstaat eine Aufenthaltserlaubnis für mehr als drei Monate erhalten hat (vgl Art 3 Abs 7 zweiter Satz Dublin). Der für das Zuständigkeitsverfahren zuständige Mitgliedstaat ist gehalten, einen Asylbewerber, der sich im Hoheitsgebiet eines anderen Mitgliedstaates befindet, selbst dann nach den Bestimmungen des Art 13 wieder aufzunehmen, wenn er dort einen Asylantrag gestellt hat, nachdem er seinen Antrag noch während des Verfahrens zur Bestimmung des zuständigen Mitgliedstaates zurückgezogen hat (vgl Art 3 Abs 7 erster Satz und Art 10 Abs 1 lit d Dublin). Dies gilt argumento a minori ad maiorem auch in all jenen Fällen, in denen der Asylbewerber seinen Asylantrag nicht zurückgezogen hat. Ob ein Asylbewerber vom zuständigen Mitgliedstaat während des Zuständigkeitsverfahrens wieder aufzunehmen ist, wenn er sich im Hoheitsgebiet eines anderen Mitgliedstaates befindet aber dort keinen Asylantrag stellt, bleibt unklar, zumal sich die Aufnahme- und Wiederaufnahmepflichten nach Art 10, 11 und 13 Dublin nur auf die Zuständigkeit zur Prüfung des Asylantrages im Sinne des Art 1 Abs 1 lit d beziehen. Im Sinne dieses Übereinkommens ist die Prüfung eines Asylantrages als die Gesamtheit der Prüfungsvorgänge, der Entscheidungen bzw. Urteile der zuständigen Staaten in bezug auf einen Asylantrag, *mit Ausnahme der Verfahren zur Bestimmung des Staates, der gemäß den Bestimmungen des vorliegenden Übereinkommens für die Prüfung des Asylantrages zuständig ist* (Hervorhebung nicht im Original). Indes liegt auch hier ein Größenschluß mit dem Ergebnis nahe, daß auch in diesen Fällen der für das Zuständigkeitsverfahren kompetente Staat den Asylbewerber auf- bzw wiederaufzunehmen hat.

232 Das AsylG 1997 beschränkt sich vor diesem Hintergrund lediglich darauf, die Unzuständigkeit nach dem Dubliner Übereinkommen als negative Prozeßvoraussetzung wahrzunehmen, enthält jedoch keine Regelungen darüber, welche Behörde für das Aufnahme bzw Wiederaufnahmeverfahren nach dem Dubliner Übereinkommen zuständig ist. Andererseits soll der Überstellungsbeschluß im Sinne des Art 11 Abs 5 Dublin – soweit ersichtlich – innerstaatlich als Ausweisung nach § 5 Abs 1 AsylG 1997 iVm §§ 33 und 34 FrG 1997 konstruiert werden. Die Überstellung in den zuständigen Staat nach Art 11 Abs 5 Dublin soll gleichfalls mit fremdenpolizeilichen Mitteln, nämlich der Abschiebung (vgl § 56 FrG 1997), bewerkstelligt werden. Über die Stellung und Behandlung von Aufnahmegesuchen im Sinne des Art 11 Abs 1, 2 und 4 Dublin schweigt das AsylG 1997, was die Festlegung einer zuständigen Behörde betrifft. Dies gilt auch für die Stellung und Behandlung von Wiederaufnahmegesuchen nach Art 13 Abs 1 Dublin und die Übernahme (Aufnahme und Wiederaufnahme) von Ausländern, deren Asylanträge zu prüfen die Republik Österreich nach dem Dubliner Übereinkommen zuständig ist. Der Asylwerber kann lediglich die bescheidmäßige Feststellung des zuständigen Staates (§ 5 Abs 1 zweiter Satz AsylG 1997) und die Erlassung der Ausweisung (§ 5 Abs 1 letzter Satz leg cit) beim UBAS bekämpfen. Fremdenpolizeiliche Maßnahmen können im übrigen als Akte unmittelbarer behördlicher Befehls- und Zwangsgewalt beim örtlich zuständigen UVSL bekämpft werden.

b) Zuständigkeit für die Behandlung von Asylbegehren

233 Nach Art 3 Abs 1 des Dubliner Übereinkommens verpflichten sich die Mitgliedstaaten, jeden Asylantrag zu prüfen, den ein Ausländer (gem Art 1 Abs 1 lit a Dublin ist ein Ausländer jede Person, die nicht Angehöriger eines Mitgliedstaates ist) an der Grenze oder im Hoheitsgebiet eines Mitgliedstaates stellt. Das AsylG 1997 sieht in § 17 ein besonderes Verfahren für Anträge an der Bundesgrenze vor. Ob dieses Verfahren mit Art 3 Abs 1 Dublin vereinbar ist, bleibt fraglich, da nicht jeder Antrag an der Grenze zu einer inhaltlichen Prüfung des Asylantrags führt (vgl dazu insb § 31 AsylG 1997). Ein Antrag wird jedoch nur von *„einem einzigen"* Mitgliedstaat gemäß den in diesem Übereinkommen definierten Zuständigkeitskriterien geprüft (Art 3 Abs 2 erster Satz Dublin). Demnach wären mehrfache Prüfungen von Asylanträgen im „Dublinraum" nicht zulässig. Dem Dubliner Übereinkommen liegt demnach das Konzept einer Zuständigkeitsmonopolisierung zugrunde. Die Zuständigkeitsmonopolisierung wird gem Art 11 Abs 3 des Dubliner Übereinkommens durch eine Zuständigkeitsversteinerung ergänzt, indem bestimmt wird, daß *„bei der Bestimmung des (...) zuständigen Staates von der Situation ausgegangen wird, die zu dem Zeitpunkt gegeben ist, zu dem der Asylbewerber seinen Antrag zum ersten Mal in einem Mitgliedstaat stellt"* (vgl dazu auch Art 3 Abs 6 Dublin). Der nach dem Dubliner Übereinkommen zuständige Staat ist gem Art 10 Abs 1 lit b leg cit verpflichtet, die Prüfung des Asylantrages bis zum Ende durchzuführen. Diese Prüfungspflicht wird nach herrschender Meinung durch die Existenz eines sicheren Drittstaates durchbrochen (vgl dazu Punkt 3 der Entschließung der für Einwanderungsfragen zuständigen Minister der EG-Mitgliedstaaten zu einem einheitlichen Konzept in bezug auf Aufnahmedrittländer, veröffentlicht zB bei *Hailbronner*, AuslR III, Abschnitt D 12.2; zu den Drittlandsregelungen siehe *Wiederin*, Drittstaatsklauseln im Asylrecht, JAP, Jahrgang 1995/96, Heft 3, 153 ff). Die Pflicht zur Prüfung eines Asylantrages stellt eine völkerrechtliche Neuerung dar; bisher stand es den Staaten aus völkerrechtlicher Sicht frei, ein Asylverfahren durchzuführen (vgl *Achermann*, Schengen und Asyl, 92). Aber auch ohne Verpflichtung zur Prüfung eines Asylantrages ist etwa die GFK nach dem völkergewohnheitsrechtlichen Grundsatz „pacta sunt servanda" (vgl Art 26 WVK BGBl 1980/40; dazu weiters *Zemanek*, Völkervertragsrecht, Rz 328 ff) inhaltlich zu beachten, wodurch ein „innerer Zwang" zu einem entsprechenden Verfahren entsteht. Die Pflicht zur (weiteren) Prüfung eines Asylantrages erlischt grundsätzlich dadurch, daß der Ausländer das Hoheitsgebiet der Mitgliedstaaten für die Dauer von mindestens drei Monaten verlassen hat (Art 10 Abs 3 Dublin).

234 Grundsätzlich wird ein Staat zur Asylgesuchsprüfung auch bei einer nach den besonderen Kriterien der Art 4 bis 8 Dublin gegebenen Zuständigkeit eines anderen Vertragsstaates zuständig, wenn dem Asylbewerber eine Aufenthaltserlaubnis von mehr als drei Monaten ausgestellt wird (Art 10 Abs 2 Dublin), wenn ein Staat ein Aufnahmegesuch an den an sich zuständigen Staat nicht innerhalb von sechs Monaten stellt (Art 11 Abs 1 Dublin; vgl auch Art 31 Abs 3 Schengener Durchführungsübereinkommen) oder wenn ein Aufnahmegesuch nicht innerhalb von drei Monaten (negativ) beantwortet wird (Art 11 Abs 4 iVm Art 3 Abs 1 und Art 10 Abs 1 lit b Dublin).

235 Für die Berechnung von Fristen sind nach Art 16 des Beschlusses Nr 1/97 des Ausschusses nach Art 18 des Dubliner Übereinkommens vom 15. Juni 1990 über Bestimmungen zur Durchführung des Übereinkommens (ABl 14. 10. 1997 Nr L 281/1) besondere Grundsätze vorgesehen: Bei der Berechnung der im Übereinkommen genannten Fristen werden die Samstage, Sonntage und Feiertage berücksichtigt. Was speziell die Zeiträume von Art 11 Abs 4 und Art 13 Abs 1 lit b Dublin anbelangt, gilt gem Art 17 des genannten Beschlusses folgendes: Die Frist beginnt am Tag nach Eingang des Antrags; der letzte Tag der Frist ist der späteste Zeitpunkt für die Übermittlung der Antwort. Fraglich ist die innerstaatliche Relevanz der Beschlüsse des Ausschusses nach Art 18 Dublin. Unklar ist, ob diesem Ausschuß aus österreichischer Sicht „Gesetzkompetenz" übertragen wurde (vgl dazu Art 9 Abs 2 B-VG) und ob die Beschlüsse dieses Ausschusses daher in Österreich unmittelbar wirksam sind, wobei dabei wohl zu berücksichtigen ist, daß die Beschlüsse des Ausschusses in Österreich nicht kundgemacht wurden (vgl im Gegensatz dazu zB die Kundmachung des Beschlusses des Exekutivausschusses zur Inkraftsetzung des Schengener Durchführungsübereinkommens in Österreich BGBl III 1997/204).

236 Gem Art 9 Dublin kann ein Mitgliedstaat, auch wenn dieser in Anwendung der in diesem Übereinkommen definierten Kriterien nicht zuständig ist, auf Ersuchen eines anderen Mitgliedstaates und unter der Voraussetzung, daß der Asylbewerber dies wünscht, aus humanitären, insbesondere aus familiären oder kulturellen Gründen, einen Asylantrag prüfen; ist der ersuchte Mitgliedstaat bereit, den Asylantrag zu prüfen, so geht die Zuständigkeit für die Prüfung des Asylantrages auf ihn über. Unklar ist, ob der Ausdruck *„familiäre Gründe"* dem engen Familienverständnis des Art 4 Dublin folgt, oder ob sich dieser Ausdruck an einem weiteren Familienbegriff orientiert. Der Umstand, daß „familiär" als eine Untergruppe von „humanitär" festgelegt ist, spricht für ein weites Familienverständnis. Jeder Mitgliedstaat kann aber von sich aus gem Art 3 Abs 4 Dublin, wenn der Asylbewerber diesem Vorgehen zustimmt, einen von einem Ausländer (Ausländer ist gemäß Art 1 Abs 1 lit a Dublin jede Person, die nicht Angehöriger eines Mitgliedstaates ist) gestellten Asylantrag auch dann prüfen, wenn er aufgrund der in diesem Übereinkommen definierten Kriterien nicht zuständig ist. Art 13 des Beschlusses Nr 1/97 des Ausschusses nach Art 18 des Dubliner Übereinkommens vom 15. Juni 1990 über Bestimmungen zur Durchführung des Übereinkommens (ABl 14. 10. 1997 Nr L 281/1) sieht hinsichtlich einer Zustimmung des Asylbewerbers besondere Formvorschriften vor: Die Zustimmung ist schriftlich zu erteilen (Art 13 Abs 1 leg cit). IdR ist die Zustimmung des Asylbewerbers zu dem Zeitpunkt zu erteilen, zu dem der Mitgliedstaat, der sich als für die Antragsprüfung zuständig erklärt, um den Austausch von Informationen ersucht (Art 13 Abs 2 leg cit). Der Asylbewerber muß auf jeden Fall wissen, wozu er seine Zustimmung gibt (Art 13 Abs 3 leg cit). Die Zustimmung erstreckt sich auf die vom Asylbewerber angeführten Gründe und gegebenenfalls auf die Gründe der ihn betreffenden Entscheidung (Art 13 Abs 4 leg cit). Der nach den genannten Kriterien zuständige Mitgliedstaat ist dann von seinen Verpflichtungen entbunden, die auf den Mitgliedstaat übergehen, der den Asylantrag zu prüfen wünscht (vgl Art 9 letzter Satz Dublin).

237 Die Art 4 bis 8 Dublin (vgl dazu auch die Art 30, 35 und 36 Schengener Durchführungsübereinkommen) sehen besondere Zuständigkeitskriterien zur Prüfung des Asylantrages vor, wobei nach dem Prinzip der Spezialität die ersteren Vorschriften den letzteren vorgehen. Gem Art 3 Abs 2 zweiter Satz Dublin werden die in den Art 4 bis 8 aufgeführten Kriterien in der Reihenfolge, in der sie aufgezählt sind, angewendet. Das Kapitel IV des Beschlusses Nr 1/97 des Ausschusses nach Art 18 des Dubliner Übereinkommens vom 15. Juni 1990 über Bestimmungen zur Durchführung des Übereinkommens (ABl 14. 10. 1997 Nr L 281/1) enthält grundsätzliche Bestimmungen betreffend ua die Grundsätze für die Beweisführung, Beweiskraft von Beweisen und Indizien und sonstige Verfahrensvorschriften. In Art 15 des genannten Beschlusses ist ein einheitliches Formular zur Bestimmung des zuständigen Staates vorgesehen, das in dessen Anhang I genau dargestellt ist. Ob dieses Formular zwingend zu verwenden ist, bleibt unklar.

1. Familieneinheit

238 Primär zuständig ist nach Art 4 erster Satz Dublin der Staat, in dem ein als Flüchtling im Sinne der GFK anerkannter Familienangehöriger des Asylbewerbers seinen legalen Wohnsitz hat, wenn der Asylbewerber zustimmt oder dies wünscht (vgl auch Art 35 Abs 1 Schengener Durchführungsübereinkommen). Ob sich die Definition des Wohnsitzes nach innerstaatlichem Recht (vgl dazu Art 6 Abs 3 B-VG idF BGBl 1994/504; § 1 Abs 6 Meldegesetz 1991 BGBl 1992/9 idF des Hauptwohnsitzgesetzes BGBl 1994/505) richtet, ist unklar. Unter den Begriff Familienangehörige fallen nach dieser Bestimmung allerdings nur Ehegatten von Asylbewerbern, unverheiratete minderjährige Kinder unter 18 Jahren oder die Eltern eines solchen Kindes (Art 4 zweiter Satz Dublin und Art 35 Abs 2 Schengener Durchführungsübereinkommen). In diesem Zusammenhang ist beachtenswert, daß dieser Familienbegriff in einem Spannungsverhältnis zum Familienbegriff des Art 8 EMRK steht, der erheblich weiter und flexibler gefaßt ist (zum Familienbegriff nach Art 8 EMRK siehe zB EGMR 13. 6. 1979 Marckx, EuGRZ 1979, 454 ff; nach Auffassung des Gerichtshofes umfaßt das „Familienleben" im Sinne des Art 8 EMRK zumindest die Beziehungen zwischen nahen Verwandten – zum Beispiel zwischen Großeltern und Enkeln – da sie innerhalb der Familie eine beachtliche Rolle spielen können). Die außerordentlich enge Fassung des Familienbegriffs in Art 4 Dublin kann in Einzelfällen zur Folge haben, daß durch die Aufteilung der Zuständigkeit zur Prüfung von Asylanträgen betreffend einzelne Familienmitglieder im Sinne des Art 8 EMRK auf verschiedene Staaten eine jahrelange Trennung der Familie bewirkt wird (vgl dazu *Achermann*, Schengen und Asyl, 111 f). Wie dieses Spannungsverhältnis zwischen Art 4 Dublin und Art 8 EMRK in Einzelfällen aufzulösen ist, bleibt weithin fraglich. Einen möglichen Ausweg aus diesem Dilemma zeichnet Art 3 Abs 4 Dublin vor, wonach jeder Mitgliedstaat unter der Voraussetzung, daß der Asylbewerber diesem Vorgehen zustimmt, das Recht hat, einen von einem Ausländer gestellten Asylantrag auch dann zu prüfen, wenn er nach den Kriterien des Dubliner Übereinkommens nicht zuständig ist.

2. Ausstellung eines Visums oder die Erteilung einer Aufenthaltserlaubnis

239 Zu Art 4 Dublin subsidiär zuständig ist gemäß Art 5 Abs 1 und 2 Dublin jener Staat, der dem Asylsuchenden eine gültige Aufenthaltserlaubnis oder ein gültiges Visum erteilt hat (Art 5 Abs 1 und 2 Dublin; vgl auch Art 30 Abs 1 lit a Schengener Durchführungsübereinkommen). Unter Aufenthaltserlaubnis ist jede von den Behörden eines Mitgliedstaates erteilte Erlaubnis zu verstehen, mit der der Aufenthalt eines Ausländers im Hoheitsgebiet dieses Staates gestattet wird, mit Ausnahme der Visa und Aufenthaltsberechtigungen, die während der Prüfung eines Antrags auf Aufenthaltserlaubnis oder eines Asylantrages ausgestellt wird (Art 1 Abs 1 lit e Dublin). Damit begründet die Zuerkennung eines vorläufigen Aufenthaltsrechtes für die Dauer eines Asylverfahrens nicht schon die Zuständigkeit zur Prüfung eines Asylantrages nach dem Dubliner Übereinkommen. Bemerkenswert ist, daß hier von keiner Zweckbindung an ein Verfahren, sondern von einem rein zeitlichen Zusammenhang ausgegangen wird. Unter Visum ist sowohl ein Einreisevisum als auch ein Transitvisum zu verstehen. Ein Einreisevisum ist die Erlaubnis bzw Entscheidung, mit der ein Mitgliedstaat die Einreise eines Ausländers durch sein Hoheitsgebiet gestattet, sofern die übrigen Einreisebedingungen erfüllt sind (vgl Art 1 Abs 1 lit f Dublin). Ein Transitvisum ist die Erlaubnis bzw Entscheidung, mit der ein Mitgliedstaat die Durchreise eines Ausländers durch sein Hoheitsgebiet oder Transitzone eines Hafens oder eines Flughafens gestattet, sofern die übrigen Durchreisebedingungen erfüllt sind (vgl Art 1 Abs 1 lit g Dublin). Ist allerdings das Visum mit schriftlicher Zustimmung eines anderen Dublin-Staates erteilt worden, so ist dieser für die Prüfung des Asylantrages zuständig. Konsultiert ein Mitgliedstaat insbesondere aus Sicherheitsgründen zuvor die zentralen Behörden eines anderen Mitgliedstaats, so stellt dessen Zustimmung keine schriftliche Zustimmung in diesem Sinne dar (Art 5 Abs 2 lit a Dublin; vgl auch Art 30 Abs 1 lit a Schengener Durchführungsübereinkommen).

240 Stellt der Asylbewerber, der ein Transitvisum besitzt, seinen Antrag in einem anderen Mitgliedstaat, in dem er nicht visumpflichtig ist, so ist dieser Mitgliedstaat für die Prüfung des Asylantrages zuständig (Art 5 Abs 2 lit b Dublin). Stellt der Asylbewerber, der ein Transitvisum besitzt, seinen Antrag in dem Staat, der ihm dieses Visum erteilt hat und der von den diplomatischen oder konsularischen Behörden des Bestimmungsmitgliedstaats eine schriftliche Bestätigung erhalten hat, derzufolge der von der Visumpflicht befreite Ausländer die Voraussetzungen für die Einreise in diesen Staat erfüllt, so ist letzterer für die Prüfung des Asylantrages zuständig (Art 5 Abs 1 lit c Dublin; vgl auch Art 30 Abs 1 lit d dritter Satz Schengener Durchführungsübereinkommen). Besitzt ein Asylbewerber mehrere gültige Aufenthaltsgenehmigungen oder Visa verschiedener Mitgliedstaaten, so ist für die Prüfung des Asylantrages jener Staat zuständig, der die Aufenthaltserlaubnis (das Visum) mit der längsten Gültigkeitsdauer bzw die zuletzt ablaufende Aufenthaltserlaubnis (das zuletzt ablaufende Visum) erteilt hat. Ein Einreisevisum geht einem Transitvisum grundsätzlich vor (Art 5 Abs 3 Dublin). Besitzt ein Asylbewerber nur eine oder mehrere seit weniger als zwei Jahren abgelaufene Aufenthaltsgenehmigungen oder ein oder mehrere seit weniger als sechs Monaten abgelaufene Visa, aufgrund deren er in das Hoheitsgebiet eines Mitgliedstaates einreisen konnte, so sind die vorstehenden Kriterien weiter anwendbar, solange der Ausländer das Hoheitsgebiet der Mitgliedstaaten nicht verlassen hat. Wurde die Frist von zwei Jahren bzw von sechs Monaten überschritten und hat der Asylbewerber das gemeinsame Hoheitsgebiet nicht verlassen, so ist der Mitgliedstaat zuständig, in dem der Antrag gestellt wird (Art 5 Abs 4 Dublin; vgl auch Art 30 Abs 1 lit c Schengener Durchführungsübereinkommen). Das Dubliner Übereinkommen zwingt die Vertragsstaaten, wollen sie der Zuständigkeit zur Prüfung des Asylantrages entgehen, zu einer restriktiven Visa-Politik (vgl *Achermann*, Schengen und Asyl, 94).

241 Art 11 des Beschlusses Nr 1/97 des Ausschusses nach Art 18 des Dubliner Übereinkommens vom 15. Juni 1990 über Bestimmungen zur Durchführung des Übereinkommens (ABl 14. 10. 1997 Nr L 281/1) regelt näher die Bestimmung der Fristen und tatsächliche Einreise in einen Staat. Was die Bestimmung der Fristen betrifft, so ist der Ausgangspunkt für die Berechnung der Verfalldauer der Aufenthaltsgenehmigung oder Visa der Tag, an dem der Asylantrag gestellt wird (Art 11 Abs 1 leg cit). Im übrigen ist eine Prüfung des Verfalls der Aufenthaltsgenehmigung und Visa insofern nicht erforderlich, als die entsprechenden Angaben in den Dokumenten des Asylbewerbers enthalten sind (Art 11 Abs 2 leg cit). Was den Nachweis für die tatsächliche Einreise betrifft, so sind folgende Fälle zu Unterscheiden: ist der Asylbewerber tatsächlich in einen Mitgliedstaat eingereist, so kann der Nachweis durch Angaben desjenigen Mitgliedstaates erbracht werden, in dem der Asylantrag gestellt worden ist; hat der Asylbewerber das Hoheitsgebiet der Mitgliedstaaten nicht verlassen, so hat derjenige Mitgliedstaat, der die abgelaufene Aufenthaltsgenehmigung bzw das abgelaufene Visum erteilt hat, die erforderlichen Angaben zu machen; teilt der Asylbewerber selbst mit, daß er das Hoheitsgebiet der Mitgliedstaaten verlassen hat, so hat der Zweitantragsmitgliedstaat den Wahrheitsgehalt dieser Angaben zu überprüfen (Art 11 Abs 3 leg cit).

3. Illegale Einreise

242 Hat der Asylbewerber aus einem Drittstaat die Grenze eines Mitgliedstaates illegal auf dem Land-, See- oder Luftweg überschritten, so ist gem Art 6 Dublin der Mitgliedstaat, über den er nachweislich eingereist ist, für die Antragsprüfung zuständig. Die Rechtmäßigkeit oder Unrechtmäßigkeit der Einreise richtet sich nach dem Recht des betreffenden Vertragsstaates und ist aus österreichischer Sicht vorwiegend im Lichte des zweiten Hauptstückes des FrG 1997 und des GrekoG zu beurteilen. Die Zuständigkeit erlischt jedoch, wenn sich der Ausländer nachweislich mindestens sechs Monate lang in dem Mitgliedstaat, in dem er den Asylantrag gestellt hat, aufgehalten hat, bevor er seinen Asylantrag einreichte. In diesem Fall ist der letztgenannte Staat für die Prüfung des Asylantrages zuständig. Was unter dem Ausdruck „nachweislich" zu verstehen ist, insbesondere welcher Grad der Sicherheit des Beweises hier angesprochen ist, wird die Praxis nach Inkrafttreten des Abkommens zeigen.

243 Art 12 des Beschlusses Nr 1/97 des Ausschusses nach Art 18 des Dubliner Übereinkommens vom 15. Juni 1990 über Bestimmungen zur Durchführung des Übereinkommens (ABl 14. 10. 1997 Nr L 281/1) führt unter der Überschrift „Illegales Überschreiten der Grenze eines Mitgliedstaates" näher aus: Die Frage des Nachweises für das illegale Überschreiten der Grenze eines Mitgliedstaats (Art 6 Abs 1 Dublin) wird erst nach Erstellung der Liste der Beweismittel (vgl dazu Art 24 f des genannten Beschlusses) geprüft (Art 12 Abs 1 leg cit). Der Nachweis des Erlöschens der Zuständigkeit für den Fall, daß der Asylbewerber seinen Antrag in dem Mitgliedstaat stellt, in dem er sich sechs Monate lang aufgehalten hat (Art 6 Abs 2 Dublin), ist in erster Linie von dem Mitgliedstaat, der diese Ausnahmeregelung geltend macht, und zwar im Geiste der Zusammenarbeit zwischen den beiden betroffenen Mitgliedstaaten, zu erbringen (Art 12 Abs 2 des genannten Beschlusses). Wenn ein Asylbewerber erklärt, sich mehr als sechs Monate in einem Mitgliedstaat aufgehalten zu haben, ist es Sache dieses Staates, den Wahrheitsgehalt dieser Angabe zu überprüfen. Bei der Übermittlung der ersten Angaben an den anderen betroffenen Mitgliedstaat muß er in jedem Fall die Angaben des Asylbewerbers einbeziehen, die in der Folge als Gegenargumente verwendet werden können (Art 12 Abs 3 leg cit).

4. Grenzkontrolle

244 Die Prüfung des Asylantrages obliegt gem Art 7 Abs 1 Dublin in weiterer Folge dem Mitgliedstaat, der für die Kontrolle der Einreise des Ausländers in das Hoheitsgebiet der Mitgliedstaaten zuständig ist, es sei denn, daß der Ausländer, nachdem er legal in einen Mitgliedstaat, in dem für ihn kein Visumzwang besteht, eingereist ist, seinen Asylantrag in einem anderen Mitgliedstaat stellt, in dem er ebenfalls kein Einreisevisum vorweisen muß. In diesem Fall ist der letztgenannte Staat für die Prüfung des Asylantrages zuständig. Ein Mitgliedstaat, der die Durchreise durch die Transitzone seiner Flughäfen ohne Visum zuläßt, gilt gem Art 7 Abs 2 Dublin solange nicht als zuständig, bis ein Abkommen über die Modalitäten des Grenzübergangs an den Außengrenzen in Kraft tritt. Wird ein Asylantrag beim Transit in einem Flughafen eines Mitgliedstaates gestellt, so ist gem Art 7 Abs 3 Dublin dieser Staat zuständig.

5. Asylantragstellung

245 Kann auf der Grundlage der übrigen Kriterien kein für die Prüfung des Asylantrages zuständiger Staat bestimmt werden, so ist gemäß Art 8 Dublin der erste Mitgliedstaat, bei dem der Asylantrag gestellt wird, für die Prüfung zuständig. Ein Asylantrag gilt ab dem Zeitpunkt als gestellt, zu dem die Behörden des betroffenen Mitgliedstaates im schriftlicher Form damit befaßt werden, sei es durch ein vom Asylbewerber benutztes Formblatt, sei es durch ein behördliches Protokoll (Art 2 Abs 1 des Beschlusses Nr 1/97 des Ausschusses nach Art 18 des Dubliner Übereinkommens vom 15. Juni 1990 über Bestimmungen zur Durchführung des Übereinkommens (ABl 14. 10. 1997 Nr L 281/1). Bei einem nicht in schriftlicher Form gestellten Antrag muß die Frist zwischen der Abgabe der Willenserklärung und der Erstellung einer Niederschrift so kurz wie möglich sein (vgl Art 2 Abs 2 des genannten Beschlusses).

246 Die nähere Regelung betreffend die Einbringung des Antrages überläßt Dublin den Mitgliedstaaten. Die Entschließung des Rates über Mindestgarantien für Asylverfahren hält dazu in Z 3 fest: *„Die Regeln für den Zugang zum Asylverfahren, die grundlegenden Merkmale dieses Verfahrens selbst und die für die Prüfung der Asylanträge zuständigen Behörden sind durch das einzelstaatliche Recht festzulegen.“* Gleichzeitig wird in der genannten Entschließung unter Z 10 ausgeführt: *„Ein Asylbewerber muß tatsächlich die Möglichkeit haben, seinen Asylantrag so rasch wie möglich zu stellen.“* In den Z 23 bis 25 sind weitere Grundsätze für Asylanträge an der Grenze vorgesehen (siehe dazu auch Z 7 der Mindestgarantien). Zusätzlich läßt sich Art 3 Abs 1 Dublin entnehmen, daß ein Asylantrag nach diesem Übereinkommen auch an der Grenze gestellt werden kann, wobei auch ein an der Grenze gestellter Asylantrag grundsätzlich geprüft werden muß.

247 Nach dem AsylG 1997 können Asylanträge nur beim Bundesasylamt und nicht an der Grenze eingebracht werden. Allerdings sieht das AsylG 1997 ein besonderes Verfahren an der Grenze vor (siehe dazu unten die Ausführungen zu § 17,

Rz 503 ff). Mit der Konstruktion des Verfahrens an der Grenze nach dem AsylG 1997 ist allerdings den Erfordernissen des Dubliner Übereinkommens und der Entschließung des Rates über Mindestgarantien für Asylverfahren, gleichwohl letztere nicht rechtlich verbindlich ist, in weiten Bereichen nicht entsprochen.

III. Pflichten der Dubliner Vertragsstaaten

248 Mit der Frage der Zuständigkeitsverteilung ist zwangsläufig auch die Frage verbunden, wozu nun die einzelnen Staaten inhaltlich zuständig (verpflichtet) sind. Das Dubliner Übereinkommen gibt in dieser Blickrichtung nur wenige und kaum faßbare Kriterien vor:

a) Prüfung des Asylantrages

249 Primäre Pflicht des zuständigen Vertragsstaates ist es, *„jeden Asylantrag zu prüfen, den ein Ausländer an der Grenze oder im Hoheitsgebiet eines Mitgliedstaates stellt“* und *„die Prüfung des Asylantrages bis zum Ende durchzuführen“* (Art 10 Abs 1 lit b Dublin; ähnlich auch Art 29 Abs 3 Schengener Durchführungsübereinkommen). In diesem Zusammenhang ist beachtenswert, daß die Prüfungspflicht nach dem Dubliner Übereinkommen bereits dann entsteht, wenn der Asylantrag bei (irgend)einem Mitgliedstaat iSd Dubliner Übereinkommens eingebracht wird. Nach österreichischem Asylrecht ist ein Asylantrag nur zu behandeln, wenn er nach dem AsylG 1997 (§ 24 Abs 1 leg cit) in Österreich beim Bundesasylamt eingebracht wird. Mithin muß ein Ausländer, der nach dem Dubliner Regime nach Österreich überstellt wird, in Österreich neuerlich einen Asylantrag stellen, will er nach österreichischem Recht die Entscheidungspflicht begründen. Der Begriff des Asylantrages steht nach dem Dubliner Übereinkommen für einen Antrag, mit dem ein Ausländer einen Mitgliedstaat um Schutz nach dem Genfer Abkommen unter Berufung auf den Flüchtlingsstatus im Sinne von Artikel 1 des Genfer Abkommens in der Fassung des New Yorker Protokolls ersucht (Art 1 Abs 1 lit b Dublin; vgl auch Art 1 Schengener Durchführungsübereinkommen). Zumindest dem Wortlaut nach fallen mithin diejenigen „Asylsuchenden“ aus dem Dubliner Zuständigkeitsmodell heraus, die nicht um Schutz nach der GFK ersuchen, sondern sich beispielsweise auf über die GFK hinausgehende Schutzbedürftigkeit, etwa im Sinne des § 57 FrG 1997, berufen (vgl dazu auch *Achermann*, Schengen und Asyl, 113; dies trifft insbesondere auch die sogenannten de facto-Flüchtlinge (Gewaltflüchtlinge); zu diesem Problemkreis siehe zB *Kälin/Achermann*, Rückkehr von Gewaltflüchtlingen in Sicherheit und Würde: Ein neues Instrument der Flüchtlingspolitik?, in Schweizerischer Wissenschaftsrat (Hrsg), Forschungspolitische Früherkennung, FER 1992/121, 4; *Hailbronner*, Rechtsstellung der de facto-Flüchtlinge in den EG Staaten, Rechtsvergleichung und europäische Harmonisierung [1993], 12; *Achermann*, Schengen und Asyl, 103 ff).

250 Beachtenswert ist in diesem Zusammenhang, daß sich das Dubliner Übereinkommen nur auf Ausländer, dh nur auf Personen, die nicht Angehörige eines Mitgliedstaates sind, bezieht. Dublin untersagt ein Asylverfahren betreffend Angehörige der Mitgliedstaaten nicht ausdrücklich, nimmt aber diese Verfahren vom Dubliner Zuständigkeitsmodell aus. In der Entschließung über Mindestgarantien für Asylverfahren stellen die Mitgliedstaaten (unter den Mitgliedstaaten sind in diesem Zusammenhang nicht nur die Dublin-Staaten, sondern die Mitgliedstaaten der Europäischen Union gemeint) fest, *„daß nach dem Genfer Abkommen von 1951 de jure und de facto kein Grund dafür vorhanden sein dürfte, die Flüchtlingseigenschaft einem*

Asylwerber zuzuerkennen, der Staatsangehöriger eines anderen Mitgliedstaates ist. Dementsprechend wird auf einen Asylantrag, den ein Staatsangehöriger eines anderen Mitgliedstaates gestellt hat, nach den Vorschriften und Gepflogenheiten der einzelnen Mitgliedstaaten ein besonders schnelles oder vereinfachtes Verfahren angewendet, wobei die Mitgliedstaaten allerdings (...) weiterhin verpflichtet sind, jeden Asylantrag einzeln zu prüfen". Der Umstand, daß sich das AsylG 1997 allgemein auf Fremde (vgl § 1 Z 4 AsylG 1997) bezieht, verstößt mithin nicht gegen das Dubliner Übereinkommen; vielmehr wird die Pflicht, jeden Asylantrag – auch den von Angehörigen der Mitgliedstaaten – einzeln zu prüfen, auf europäischer Ebene vorausgesetzt.

251 Unter „Prüfung eines Asylantrages" ist die Gesamtheit der Prüfungsvorgänge, der Entscheidungen beziehungsweise Urteile der zuständigen Stellen in bezug auf einen Asylantrag, mit Ausnahme der Verfahren zur Bestimmung des Staates, der gemäß den Bestimmungen des vorliegenden Übereinkommens für die Prüfung des Asylantrages zuständig ist, zu verstehen (vgl Art 1 Abs 1 lit d; Art 3 Abs 1 und Art 10 Abs 1 lit b Dublin). Der Antrag wird vom (zuständigen) Staat gemäß seinen innerstaatlichen Rechtsvorschriften und seinen internationalen Verpflichtungen geprüft (vgl Art 3 Abs 3 Dublin). Dieser Ausdruck umfaßt dem Wortlaut nach sowohl materielles als auch formelles (innerstaatliches) Recht. Die internationalen Verpflichtungen beziehen sich vorrangig auf die GFK. Aber beispielsweise auch die EMRK und der Pakt über bürgerliche und politische Rechte enthalten internationale Verpflichtungen im Sinne des Art 3 Abs 3 Dublin. Ob nun im Einzelfall dem innerstaatlichen Recht oder den internationalen Verpflichtungen Vorrang zukommt, ist unklar. Die Vertragsstaaten sind demnach, was die inhaltlichen Verpflichtungen im Hinblick auf die Prüfung eines Asylantrages betrifft, weitestgehend frei. Daran ändert sich auch durch die Vorschrift des Art 10 Abs 1 lit b Dublin wenig, wonach der (zuständige) Mitgliedstaat grundsätzlich verpflichtet ist, die Prüfung des Asylantrages bis zum Ende durchzuführen. Es ist den Mitgliedstaaten des Dubliner Übereinkommens aber verwehrt, Anträge von Asylbewerbern, denen die Einreise ins Inland verwehrt wurde oder die zwangweise in einen sicheren Drittstaat verbracht wurden, als nicht gestellt zu fingieren oder sie ohne weitere Veranlassung zu den Akten zu nehmen (*Wiederin,* Recht auf Prüfung, 16; so aber § 31 AsylG 1997). Nach weitverbreiteter Ansicht (vgl die bei *Wiederin,* Recht auf Prüfung, 14 zit Lit) sowie nach der Entschließung der für Einwanderungsfragen zuständigen Minister der EG zu einem einheitlichen Konzept in bezug auf Aufnahmedrittländer vom 30. 11. und 1. 12. 1992 (abgedruckt zB in *Hailbronner,* AuslR III, D 12.2) sowie nach dem Konzept des AsylG 1997 (§§ 4 und 5 leg cit) und wohl auch nach verbreiteter Staatenpraxis ist zunächst zu prüfen, ob ein Staat außerhalb des europäischen Asylverbundes als Aufnahmeland in Betracht kommt; erst nach negativem Ergebnis dieses Prüfungsschritts ist in einem weiteren Schritt zu untersuchen, welcher europäische Staat zur Prüfung des Asylantrags (bzw zur Durchführung des Zuständigkeitsverfahrens) zuständig ist. Eine Analyse des Dubliner Übereinkommens ergibt jedoch erhebliche Zweifel an dieser Auslegung: Die Wahrnehmung der Drittstaatsicherheit hat durchaus neben der Pflicht zur Prüfung des Asylantrages ihren Platz (zur berechtigten Kritik an der herrschenden Ansicht siehe *Wiederin,* Recht auf Prüfung).

b) Aufnahme oder Zurücknahme von Asylbewerbern

252 Ein nach dem Dubliner Übereinkommen zuständiger Staat hat grundsätzlich die Pflicht, Asylsuchende, die in einem anderen Vertragsstaat ein Asylgesuch gestellt haben, aufzunehmen oder zurückzunehmen, wenn der Asylsuchende während des anhängigen Verfahrens oder nach Abschluß des Verfahrens in diesen Mitgliedstaat gelangt ist und dort ein Verfahren anstrebt oder sich dort illegal aufhält (vgl Art 10 Abs 1 lit a, c, d und e, Art 11 und 13 Dublin. Diese Verpflichtungen erlöschen unter den näheren Voraussetzungen des Art 10 Abs 3 und 4 Dublin; vgl dazu auch Art 31 Abs 2 und 3 Art 33 und 34 Schengener Durchführungsübereinkommen; Z 4 der Schlußfolgerungen zur Überstellung von Asylbewerbern gemäß dem Dubliner Übereinkommen vom 30. 11 und 1. 12. 1992 in London, Textsammlung des Rates der Europäischen Union vom 25. 4. 1996, Dok Nr 4464/95 REV 1, Abschn I.H., sieht besondere Mitteilungen an den Asylbewerber im Zuge des Überstellungsverfahrens vor). Das Dubliner Zuständigkeitskonzept geht von einer strengen Verknüpfung von Zuständigkeit und Übernahmspflichten (Aufnahme bzw Rücknahme) aus. Die Pflicht zur Wiederaufnahme des Asylbewerbers gilt grundsätzlich auch während des Verfahrens zur Bestimmung der Zuständigkeit nach dem Dubliner Übereinkommen (vgl Art 3 Abs 7 Dublin; nach dem zweiten Satz dieser Regelung erlischt diese Pflicht, wenn der Asylbewerber unterdessen das Hoheitsgebiet der Mitgliedstaaten mindestens drei Monate lang verlassen hat oder in einem Mitgliedstaat eine Aufenthaltserlaubnis für mehr als drei Monate erhalten hat).

253 Das „Überweisungsverfahren" bzw das „Aufnahmeverfahren" bei Auf- oder Rücknahme von Asylbewerbern ist näher geregelt: Ein Gesuch um Aufnahme muß innerhalb von sechs Monaten nach Stellung des Asylantrages erfolgen (vgl Art 10 bis 13 Dublin; vgl auch Art 31 bis 34 Schengener Durchführungsübereinkommen). Die Entscheidung des ersuchten Staates muß innerhalb von drei Monaten ergehen, sonst gilt das Gesuch als angenommen (Art 11 Abs 4 Dublin; das Schengener Durchführungsübereinkommen kennt keine derartige Frist). Gem Art 3 des Beschlusses Nr 1/97 des Ausschusses nach Art 18 des Dubliner Übereinkommens vom 15. Juni 1990 über Bestimmungen zur Durchführung des Übereinkommens (ABl 14. 10. 1997 Nr L 281/1) muß die Entscheidung über ein Aufnahmegesuch in schriftlicher Form ergehen, wenn verhindert werden soll, daß die Bestimmung über die Dreimonatsfrist nach Art 11 Abs 4 Dublin zum Tragen kommt. Zur Beantwortungsfrist bei Aufnahmegesuchen wird in Art 4 des genannten Beschlusses weiter ausgeführt: Der Mitgliedstaat, an den ein Aufnahmegesuch gerichtet wird, sollte alles daran setzen, das Gesuch innerhalb von einem Monat ab Erhalt zu beantworten (Art 4 Abs 1 leg cit). Der ersuchte Mitgliedstaat kann jedoch im Fall besonderer Schwierigkeiten vor Ablauf der einmonatigen Frist eine vorläufige Antwort erteilen und dabei angeben, bis wann er eine endgültige Antwort erteilen kann. Dieser Zeitraum sollte so kurz wie möglich sein und darf gemäß Art 11 Abs 4 Dublin in keinem Fall die Frist von drei Monaten ab Erhalt des Gesuchs überschreiten (Art 4 Abs 2 des genannten Beschlusses). Wird innerhalb der einmonatigen Frist eine ablehnende Antwort erteilt, so hat der ersuchende Mitgliedstaat die Möglichkeit, die Ablehnung des ersuchten Mitgliedstaats innerhalb einer einmonatigen Frist ab Erhalt der Antwort anzufechten, sofern ihm nach Übermittlung des Gesuchs neue und schwerwiegende Gründe bekannt geworden sind, die für die Zuständigkeit des ersuchten Mitgliedstaates sprechen. Der ersuchte Mitgliedstaat erteilt hierauf schnellstmöglich eine Antwort (Art 4 Abs 3 leg cit). Der Ausschuß nach Art 18 Dublin bewertet nach einem Jahr die Auswirkungen dieser Praxis. Dabei wird geprüft, ob die einmonatige Frist als Höchstfrist praktikabel ist (Art 4 Abs 4 des genannten Beschlusses).

254 Die Überstellung des Asylbewerbers durch den Mitgliedstaat, in dem ein Asylantrag gestellt wurde, an den zuständigen Staat muß spätestens einen Monat nach Annahme des Aufnahmegesuches erfolgen; ein vom Asylbewerber angestrengtes Rechtsmittel verlängert diese Frist entsprechend der Dauer dieses Verfahrens (vgl

Art 11 Abs 5 Dublin; im Schengener Durchführungsübereinkommen fehlt eine entsprechende Regelung). Zur Überstellung eines Asylbewerbers sieht Art 20 des Beschlusses Nr 1/97 des Ausschusses nach Art 18 des Dubliner Übereinkommens vom 15. Juni 1990 über Bestimmungen zur Durchführung des Übereinkommens (ABl 14. 10. 1997 Nr L 281/1) vor: „*Wenn Einvernehmen darüber besteht, daß der Bewerber in den zweiten Mitgliedstaat überstellt werden soll, so ist der erste Mitgliedstaat verpflichtet, so weit wie möglich dafür Sorge zu tragen, daß der Bewerber die Überstellung nicht umgeht. Zu diesem Zweck bestimmt der erste Mitgliedstaat entsprechend den Gegebenheiten des jeweiligen Falles und gemäß den einzelstaatlichen Rechtsvorschriften und Verfahren, wie die Überstellung des Asylbewerbers erfolgen soll. Sie kann entweder auf eigene Initiative des Asylbewerbers innerhalb einer vorgegebenen Frist* (lit a) *oder in Begleitung eines Beamten des ersten Mitgliedstaats* (lit b) *erfolgen*" (Art 20 Abs 1 des Beschlusses). Gem Art 20 Abs 2 des genannten Beschlusses gilt „*die Überstellung des Bewerbers (...) als abgeschlossen, wenn sich der Bewerber entweder bei den in der Mitteilung an ihn genannten Behörden des zweiten Mitgliedstaates gemeldet hat (bei Überstellung gemäß Absatz 1 Buchstabe a) oder von den zuständigen Behörden des zweiten Mitgliedstaates in Empfang genommen worden ist (bei Überstellung gemäß Absatz 1 Buchstabe b). Bei Überstellung gemäß Absatz 1 Buchstabe a) unterrichtet der zweite Mitgliedstaat den ersten so bald wie möglich, nachdem die Überstellung abgeschlossen ist, bzw. wenn sich der Asylbewerber nicht innerhalb der vorgegebenen Frist gemeldet hat*" (Art 20 Abs 3 des genannten Beschlusses).

255 Art 21 des Beschlusses Nr 1/97 des Ausschusses nach Art 18 des Dubliner Übereinkommens vom 15. Juni 1990 über Bestimmungen zur Durchführung des Übereinkommens (ABl 14. 10. 1997 Nr L 281/1) enthält zusätzliche Regelungen betreffend die Fristen für die Überstellung des Asylbewerbers: Ausdrücklich wird auf die Bestimmungen der Art 11 Abs 5 und Art 13 Abs 1 lit b Dublin verwiesen und festgehalten, daß nach diesen Bestimmungen „*die Überstellung binnen eines Monats, nachdem der zweite Mitgliedstaat die Zuständigkeit für die Prüfung des Asylantrags übernommen hat, abgeschlossen sein muß. Die Mitgliedstaaten setzen alles daran, diese Frist einzuhalten, wenn die Überstellung gemäß Art 20 Absatz 1 Buchstabe b) dieses Beschlusses erfolgt*" (Art 21 Abs 1 leg cit). „*Wird eine Überstellung gemäß Artikel 20 Absatz 1 Buchstabe a) dieses Beschlusses vereinbart, jedoch nicht durchgeführt, weil sich der Asylbewerber nicht kooperativ verhält, so kann der zweite Mitgliedstaat die Prüfung des Antrags anhand der Angaben aufnehmen, die ihm bei Ablauf der Frist gemäß Artikel 11 Absatz 5 und Artikel 13 Absatz 2 Buchstabe b)*" (Dubliner Übereinkommen) „*vorliegen*" (Art 21 Abs 2 des Durchführungsbeschlusses). „*Wird der Antrag abgelehnt, so bleibt der zweite Mitgliedstaat für die Wiederaufnahme des Asylbewerbers gemäß Artikel 10 Absatz 1 Buchstabe e)*" (Dubliner Übereinkommen), „*sofern nicht Artikel 10 Absatz 2, 3 und 4*" (Dubliner Übereinkommen) „*anwendbar ist, zuständig*" (Art 21 Abs 3 des Durchführungsbeschlusses). „*Wenn die Überstellung des Asylbewerbers wegen besonderer Umstände wie Krankheit, Schwangerschaft, Haft und dergleichen verschoben werden muß und deshalb nicht innerhalb der üblichen einmonatigen Frist erfolgen kann, bestimmen die betroffenen Mitgliedstaaten im gegenseitigen Einvernehmen, innerhalb welcher Frist die Überstellung in einem derartigen Fall zu erfolgen hat*" (Art 21 Abs 4 des Durchführungsbeschlusses). „*Entzieht sich der Asylbewerber der Überstellung, sodaß diese nicht erfolgen kann, so ist es in bezug auf die Zuständigkeit unerheblich, ob der Asylbewerber vor oder nach der förmlichen Annahme der Zuständigkeit durch den zuständigen Mitgliedstaat untergetaucht ist. Taucht der Asylbewerber* *auf, so bestimmen die betreffenden Mitgliedstaaten im gegenseitigen ·n, innerhalb welcher Frist die Überstellung in einem derartigen Fall hat"* (Art 21 Abs 5 des genannten Beschlusses). *„Die Mitgliedstaaten ı einander so schnell wie möglich, wenn ihnen bekannt wird, daß eine Absätzen 4 und 5"* (des Durchführungsbeschlusses) *„genannten Situa-rliegt. In beiden genannten Fällen bleibt der nach dem Übereinkommen ʾrüfung des Asylantrags zuständige Mitgliedstaat unbeschadet des Arti-Absätze 2, 3 und 4"* (des Dubliner Übereinkommens) *„für die Aufnahme die Wiederaufnahme des Asylbewerbers zuständig"* (Art 21 Abs 6 des ıführungsbeschlusses). Ein Muster des Laissez-passer für die Überstellung des ɔewerbers ist in Anhang II des Durchführungsbeschlusses enthalten (Art 22 des :hlusses).

256 Ein Staat, der um Wiederaufnahme des Asylbewerbers ersucht wird, muß auf ;en Antrag binnen acht Tagen, nachdem er hiermit befaßt wurde, antworten. Gem Art 6 Abs 2 des Beschlusses Nr 1/97 des Ausschusses nach Art 18 des Dubliner Übereinkommens vom 15. Juni 1990 über Bestimmungen zur Durchführung des Übereinkommens (ABl 14. 10. 1997 Nr L 281/1) *„können die Mitgliedstaaten"* (in Ausnahmefällen) *„innerhalb der Achttagefrist eine vorläufige Antwort erteilen, in der sie eine Frist angeben, innerhalb der sie in der Lage sein werden, zu dem Antrag endgültig Stellung zu nehmen. Diese Frist muß so kurz wie möglich sein und darf auf keinen Fall mehr als einen Monat ab Erteilung der vorläufigen Antwort betragen"*. Nach Art 6 Abs 3 des genannten Beschlusses wird davon ausgegangen, daß der ersuchte Mitgliedstaat die Wiederaufnahme akzeptiert, wenn er innerhalb der in Art 6 Abs 1 und 2 des Durchführungsbeschlusses genannten Fristen keine Antwort erteilt. Er ist zudem verpflichtet, den Asylbewerber schnellstmöglich, spätestens innerhalb einer Frist von einem Monat, nachdem er die Wiederaufnahme akzeptiert hat, wiederaufzunehmen (vgl Art 13 Dublin; im Schengener Durchführungsübereinkommen fehlt eine derartige Regelung).

257 Der nach Art 18 Dublin eingerichtete Exekutivausschuß kann gem Art 11 Abs 6 und Art 13 Abs 2 die besonderen Modalitäten der Aufnahme und der Wiederaufnahme regeln (vgl dazu den Beschluß Nr 1/97 des Ausschusses nach Art 18 des Dubliner Übereinkommens vom 15. Juni 1990 über Bestimmungen zur Durchführung des Übereinkommens, ABl 14. 10. 1997 Nr L 281/1). Die Wirkung der Beschlüsse des Exekutivausschusses sind dem Dubliner Übereinkommen nicht mit hinreichender Deutlichkeit zu entnehmen. Es ist unklar, ob die Beschlüsse unmittelbar in den nationalen Rechtsordnungen wirken, oder ob es – völkerrechtlich verpflichtend – eines staatlichen Umsetzungsaktes bedarf. Gemäß Art 9 Abs 2 B-VG können durch *„Gesetz oder durch einen gemäß Art 50 Abs 1 zu genehmigenden Staatsvertrag"* einzelne Hoheitsrechte des Bundes auf zwischenstaatliche Einrichtungen und ihre Organe übertragen und die Tätigkeit von Organen fremder Staaten im Inland sowie die Tätigkeit österreichischer Organe im Ausland im Rahmen des Völkerrechts geregelt werden (vgl dazu *Griller*, Die Übertragung von Hoheitsrechten). Im einzelnen wirft diese Frage schwierige Interpretationsprobleme auf.

258 Art 5 des Beschlusses Nr 1/97 des Ausschusses nach Art 18 des Dubliner Übereinkommens vom 15. Juni 1990 über Bestimmungen zur Durchführung des Übereinkommens (ABl 14. 10. 1997 Nr L 281/1) kennt ein sog Dringlichkeitsverfahren: *„Wird bei der Verweigerung einer Einreise- oder Aufenthaltserlaubnis, bei Festnahme wegen unrechtmäßigen Aufenthalts oder bei Notifizierung bzw. Vollstreckung einer aufenthaltsbeendenden Maßname ein Asylantrag an einen Mitgliedstaat gerichtet, so unterrichtet dieser unverzüglich den vermutlich zuständigen Mitglied-*

staat; er gibt die rechtlichen und sachlichen Gründe für eine dringende Beantwortung sowie die Frist an, innerhalb deren die Antwort erfolgen soll. Der Mitgliedstaat bemüht sich, innerhalb dieser Frist zu antworten. Ist ihm dies nicht möglich, so teilt er dies schnellstmöglich dem ersuchenden Mitgliedstaat mit". Das Dringlichkeitsverfahren ist im Hinblick auf die gesetzten Fristen nur insofern relativ zwingend, als es für die Fristversäumung keine Sanktionen – etwa in Gestalt eines Zuständigkeitsüberganges – enthält und kann daher nicht zur Rechtfertigung des abgekürzten Berufungsverfahrens nach § 32 AsylG 1997 herangezogen werden.

259 Gemäß § 4 FrG 1997 wird eine Übernahmserklärung auf Ersuchen einer zuständigen Behörde eines anderen Staates für einen Fremden ausgestellt, der zwangsweise (das einschränkende Tatbestandsmerkmal „zwangsweise" könnte insofern zu Problemen führen, als die Rück- und Übernahme von Asylbewerbern, die sich freiwillig nach Österreich als den zur Prüfung des Asylantrages zuständigen Staat begeben, dem Wortlaut nach nicht erfaßt sind) aus dem Gebiet dieses Staates in das Bundesgebiet überstellt werden soll und auf Grund einer zwischenstaatlichen Vereinbarung oder nach internationaler Gepflogenheit von der Republik Österreich zu übernehmen ist. Die Übernahmserklärung nach § 4 leg cit bietet selbst keine Rechtsgrundlage für die Auf- oder Rücknahme eines Fremden, sondern setzt diese Rechtsgrundlage geradezu voraus. Die Übernahmserklärung könnte zwar für die „Annahme des Aufnahmegesuchs" im Sinne des Art 11 Dublin bzw als „Annahme der Wiederaufnahme" im Sinne des Art 13 Dublin stehen, im übrigen kennt das österreichische Recht aber ein „Aufnahme-" bzw „Wiederaufnahmeverfahren" nicht.

260 Ähnlich ist die Lage im Hinblick auf das Pendant zum „Aufnahmeverfahren", dem „Überweisungsverfahren". Das Fremdengesetz kennt zwar ein dem Überstellungsbeschluß nach dem Dubliner Übereinkommen (vgl Art 11 Abs 5 Dublin) ähnliches Rechtsinstitut, nämlich die Ausweisung nach §§ 33 f FrG 1997, doch unterscheidet sich die Ausweisung vom Dubliner Überstellungsbeschluß insb darin, daß in der Ausweisung ein Zielstaat nicht festgelegt ist (zur Ausweisung siehe ausführlich *Wiederin*, Aufenthaltsbeendende Maßnahmen, 51 ff), während dies für den Dubliner Überstellungsbeschluß zutreffen müßte. Beachtenswert ist allerdings der Umstand, daß gem § 5 Abs 1 zweiter Satz AsylG 1997 das BAA (der UBAS nur in seiner Funktion als Berufungsbehörde; vgl Art 129c Abs 1 B-VG) in Bescheidform festzustellen hat, welcher Staat (im Sinne des Dubliner Übereinkommens) zuständig ist, sodaß dieser Punkt dem Rechtsschutz nicht entzogen ist. Auch das Überweisungsverfahren im Sinne des Dubliner Übereinkommens ist im übrigen dem österreichischen Recht fremd.

c) Anwendung der GFK

261 Die Vertragsstaaten sind schließlich verpflichtet, das Genfer Abkommen (GFK) in der Fassung des Protokolls von New York (Protokoll über die Rechtsstellung der Flüchtlinge BGBl 1974/78) ohne geographische Beschränkung (Art 1 Abschnitt B GFK läßt an sich eine Beschränkung des Abkommens auf Flüchtlinge aus Europa zu; allerdings haben alle EU-Staaten, zuletzt auch Italien, für die diese Einschränkung galt, eine Erklärung abgegeben, mit der diese Beschränkung gegenstandslos wurde) anzuwenden und mit dem Hohen Flüchtlingskommissar der Vereinten Nationen (UNHCR) zusammenzuarbeiten (Art 2 Dublin; vgl auch Art 28 Schengener Durchführungsübereinkommen). Die Pflicht zur Zusammenarbeit mit dem UNHCR ergibt sich bereits aus Art 35 GFK. Beachtenswert ist, daß im Dubliner Übereinkommen nicht – wie etwa in der Entschließung über Mindestgarantien für Asylverfahren

– auf *„sonstige völkerrechtliche Verpflichtungen betreffend Flüchtlinge und Menschenrechte"* Bezug genommen wird (vgl dazu etwa auch Art K.2 EUV, der ua auch die *„Europäische Konvention vom 4. November 1950 zum Schutze der Menschenrecht und Grundfreiheiten"* ausdrücklich erwähnt).

262 Das Dubliner Übereinkommen enthält keine Regelungen betreffend die Harmonisierung des materiellen Asylrechts (vgl *Brandl*, Die Europäisierung der Asylpolitik, 51). Gestützt auf Art K.1 und K.3 des Vertrages über die Europäische Union hat der Rat der Europäischen Union einen Gemeinsamen Standpunkt betreffend die harmonisierte Anwendung der Definition des Begriffs „Flüchtling" in Artikel 1 des Genfer Abkommens vom 28. Juli 1951 über die Rechtsstellung der Flüchtlinge (ABl 1996 Nr L 63/2) festgelegt (siehe dazu *Rohrböck*, Dublin, 76 ff).

B. Die Feststellung des zuständigen Staates

I. Allgemeines

263 Im Falle der Zurückweisung eines Asylantrags wegen vertraglicher Unzuständigkeit hat das BAA mit dem Zurückweisungsbescheid auch festzustellen, welcher Staat – wohl nach der vertraglichen Regelung – zuständig ist (§ 5 Abs 1 zweiter Satz AsylG 1997). Die Formulierung dieser Bestimmung ist etwas unglücklich, weil die Feststellung des zuständigen Staates nicht *„mit"* der Zurückweisung des Asylantrages erfolgen kann, sind doch beide Absprüche zwei selbständige aber auch verschiedene normative Absprüche. Zwar wird hier häufig wohl eine Bescheidurkunde des BAA vorliegen, was jedoch nichts daran ändert, daß in dieser Urkunde mehrere Bescheide enthalten sind (vgl dazu auch die Verpflichtung des BAA zur Erlassung einer Ausweisung).

II. Wirkung und Rechtsmittel

264 Rechtsmittel gegen die bescheidmäßige Feststellung des zuständigen Staates unterliegen prima facie nicht den Regelungen betreffend das abgekürzte Berufungsverfahren nach § 32 AsylG 1997. § 32 leg cit betrifft nach dem Wortlaut des Gesetzes nur die bescheidmäßige Zurückweisung des Asylantrags wegen Drittstaatsicherheit (§ 4 AsylG 1997) oder staatlicher Unzuständigkeit (§ 5 leg cit) und die Abweisung eines Asylantrags wegen offensichtlicher Unbegründetheit des Asylantrags (§ 6 leg cit). Ob dies so auch im Sinne des Gesetzgebers ist, ist fraglich. Zwar ist in § 32 Abs 2 AsylG 1997 untechnisch von einer „Feststellung" die Rede, doch trifft dies nur sog „tragende Teile" der Begründung der Zurückweisung bzw der Abweisung des Asylantrags nach den §§ 4, 5 bzw 6 AsylG 1997 (vgl dazu VwGH 23. 7. 1998, 98/20/0175).

265 Wurde mit Bescheid festgestellt, welcher Staat für die Prüfung des Asylantrags bzw welcher Staat für das Zuständigkeitsverfahren nach dem Dubliner Übereinkommen zuständig ist, so ist mit dieser Feststellung keine Bindungswirkung dahingehend verbunden, daß dieser Staat auch Zielstaat fremdenpolizeilicher Maßnahmen zu sein hat. Zwar ist mit der Zurückweisung wegen vertraglicher Unzuständigkeit nach § 5 zwingend eine Ausweisung zu erlassen, doch wird auch in dieser (bescheidmäßigen) Ausweisung ein Zielstaat nicht festgelegt.

266 Das AsylG 1997 kennt keinen Regelmechanismus für den Fall, daß zwar ein Asylantrag wegen vertraglicher Unzuständigkeit zurückgewiesen und ein zuständiger Staat festgestellt wurde, aber eine Aufnahme bzw Rückübernahme durch diesen

Staat aus welchen Gründen auch immer scheitert. Zwar ist die vertragliche Unzuständigkeit als solche als Prozeßvoraussetzung konstruiert, so daß die Zurückweisung des Antrags einem neuen Asylantrag im Grunde nicht entgegensteht, doch entfaltet die Feststellung des zuständigen Staates Bindungswirkung. Die Asylbehörden haben solange von dieser Feststellung auszugehen, bis dieser Bescheid auf rechtlichem Wege beseitigt wird. Solange die Feststellung eines nach einem Staatsvertrag zuständigen Staates – sei diese rechtmäßig oder auch rechtswidrig – in Rechtskraft dem Rechtsbestand angehört, muß jeder (neuerliche) Asylantrag der Zurückweisung nach § 5 AsylG 1997 verfallen. Rechtskräftige Feststellungsbescheide nach § 5 Abs 1 zweiter Satz leg cit können wohl nach § 68 Abs 2 AVG von Amts wegen abgeändert oder behoben werden, doch steht niemandem auf die Ausübung des der Behörde zustehenden Abänderungs- und Behebungsrechts ein Anspruch zu (§ 68 Abs 7 AVG). In solchen Fällen kann eine Asylentscheidung in der Sache mit adäquaten Rechtsmitteln nicht erwirkt werden.

C. Ausweisung und Überstellungsbeschluß

I. Allgemeines

267 Jede Zurückweisung wegen vertraglicher Unzuständigkeit ist zwingend mit einer Ausweisung zu verbinden. Die Ausweisung ist der normative Befehl in Gestalt eines Bescheides, das Bundesgebiet zu verlassen, ohne damit ein Rückkehrverbot zu verbinden. Die Ausweisung bildet gegenüber der Zurückweisung des Asylantrags und der Feststellung des zuständigen Staates einen eigenen Prozeßgegenstand, der nach dem Gesetzeswortlaut nicht dem abgekürzten Berufungsverfahren nach § 32 AsylG 1997 unterliegen würde, was wohl nicht im Sinne des Gesetzgebers gelegen ist. Durch die Ausweisung wird ein Zielstaat einer allfälligen fremdenpolizeilichen Maßnahme (noch) nicht festgelegt. Allerdings gilt eine Ausweisung nach § 5 AsylG 1997 unwiderleglich – auch die Fremdenpolizeibehörden – als bindende Feststellung der Zulässigkeit der Zurückweisung, Zurückschiebung oder Abschiebung in den gem § 5 leg cit als „zuständig festgestellten" Staat (§ 5 AsylG 1997). Darin, daß mit der Ausweisung ein „Zielstaat" nicht fixiert wird, liegt ein wesentlicher Unterschied zu Art 11 Abs 5 Dublin.

II. Voraussetzungen der Ausweisung

268 Das AsylG 1997 kennt nur eine einzige Rechtsbedingung für die Erlassung einer Ausweisung durch die Asylbehörden, nämlich die Zurückweisung des Asylantrags wegen vertraglicher Unzuständigkeit. Das FrG 1997 unterscheidet zwischen Ausweisung Fremder mit Aufenthaltstitel (§ 33 leg cit) und der Ausweisung Fremder ohne Aufenthaltstitel (§ 34 leg cit). Der Ausweisungstatbestand des § 5 Abs 1 AsylG 1997 tritt kumulativ neben die Tatbestände der §§ 33 und 34 FrG 1997. Nach der RV soll die Ausweisung nach § 5 AsylG 1997 der Umsetzung des Konsultationsverfahrens nach dem Dubliner Übereinkommen dienen.

III. Rechtswirkungen

269 Wie nach den §§ 33 und 34 FrG 1997 bewirkt auch eine rechtskräftige Ausweisung nach § 5 Abs 1 AsylG 1997 die Verpflichtung, das Bundesgebiet – wohin auch immer – zu verlassen. Ob und inwieweit auf eine Ausweisung nach § 5 Abs 1 leg cit im Gesamtgefüge des Fremdenrechts – soweit dem nicht im Einzelfall die §§ 20 und 21 AsylG 1997 entgegenstehen – im Sinne des FrG 1997 als Ausweisung iSd §§ 33 und 34 leg cit zu behandeln ist, bleibt aus rechtsdogmatischer Sicht unklar. Das AsylG 1997 und das FrG 1997 sowie die RV schweigen zu der Frage, ob auf die Ausweisung nach § 5 Abs 1 AsylG 1997 die Bestimmungen des § 37 FrG 1997 betreffend den Schutz des Privat- und Familienlebens, der §§ 40, 42 und 43 leg cit betreffend die Ausreiseverpflichtung und den Durchsetzungsaufschub anwendbar sind. Letztlich bleibt sogar fraglich, ob Fremde, gegen die eine Ausweisung nach dem AsylG 1997 erlassen worden ist, nach § 56 FrG 1997 abgeschoben werden können, oder ob er lediglich nach Art 11 Abs 5 des Dubliner Übereinkommens in den zuständigen Staat überstellt werden darf. Unklar ist weiters, wie die Ausweisung nach § 5 AsylG 1997 im Lichte des Überstellungsbeschlusses nach Art 11 Abs 5 Dublin zu sehen ist.

270 Arg e silentio ging der Gesetzgeber wohl davon aus, daß die Ausweisung nach § 5 Abs 1 letzter Satz AsylG 1997 grundsätzlich einer Ausweisung nach den §§ 33 und 34 FrG 1997 gleichzuhalten ist. Vor diesem Hintergrund ist zumindest die Annahme gerechtfertigt, daß nach der Absicht des Gesetzgebers die Ausweisung nach § 5 Abs 1 AsylG 1997 durch die Abschiebung nach § 56 FrG 1997 umsetzbar ist, wobei dazu wohl die Fremdenpolizeibehörden zuständig wären. Ob die Asylbehörden im Interesse des Schutzes des Privat- und Familienlebens iSd § 37 von einer Ausweisung absehen können, ist im Hinblick auf den zwingenden Charakter des § 5 Abs 1 letzter Satz zu verneinen. Auf die Ausweisung nach dem AsylG 1997 finden die Regelungen betreffend den Abschiebungsaufschub (§§ 40, 42 und 43 FrG 1997) dem Wortlaut des Gesetzes nach keine Anwendung, weil die entsprechenden Regelungen des FrG 1997 genau spezifizierte Fälle ansprechen und die Ausweisung des § 5 Abs 1 AsylG 1997 dort nicht genannt ist. Ob hier eine echte Gesetzeslücke vorliegt, bleibt fraglich, ging doch der Gesetzgeber davon aus, mit der Ausweisung und damit auch mit dem Rechtsinstitut der Abschiebung nach § 56 FrG 1997 das Dubliner Überstellungsverfahren (vgl Art 11 Dublin) umzusetzen.

271 Die Konzeption des § 5 AsylG ist insgesamt vor dem Hintergrund des Dubliner Übereinkommens zu sehen. Dieses kennt ein komplexes System von Übernahme- bzw Rücknahmeregelungen und dementsprechende Überstellungsregelungen (siehe dazu oben die Ausführungen Rz 261 ff). Art 11 Abs 5 kennt in diesem Zusammenhang den sog *„Überstellungsbeschluß“*, wobei die Regelung der Frage, ob Rechtsmitteln gegen diesen Beschluß aufschiebende Wirkung zukommen soll, den Mitgliedstaaten vorbehalten bleibt. Das Dubliner Übereinkommen wurde gem Art 50 Abs 1 B-VG generell in das innerstaatliche Recht transformiert. Durch die Transformation steht fest, daß die Regelungen des Dubliner Übereinkommens dem österreichischen Rechtsbestand im Range eines einfachen Bundesgesetzes angehören. Vor diesem Hintergrund ist der Überstellungsbeschluß nach Art 11 Abs 5 Dublin ein innerstaatliches Rechtsinstitut und demnach materiell in das österreichische Rechtsquellensystem einzuordnen. Demnach muß man davon ausgehen, daß der Überstellungsbeschluß nach dem Dubliner Übereinkommen ein Bescheid ist, der – obwohl dies dem Gesetzgeber offenbar nicht bewußt war (RV, 19) – kumulativ zur Ausweisung nach § 5 Abs 1 AsylG 1997 hinzutritt. Das österreichische Recht schweigt aber darüber, welche Behörde zur Erlassung des Überstellungsbeschlusses zuständig ist. In diesem Punkt ist ein wesentliches Regelungsdefizit zu konstatieren, das in die Verfassungssphäre reicht. Aus dem materiellen Naheverhältnis zum Asylrecht wird man – allerdings in methodisch fragwürdiger Weise – davon ausgehen, daß die Asylbehörden für die Vollziehung des Dubliner Übereinkommens zuständig sind.

272 Setzt man die Zuständigkeit der Asylbehörden voraus, so haben diese (in erster Instanz das BAA) neben der Ausweisung nach § 5 AsylG 1997 gegebenenfalls nach einem entsprechenden Konsultationsverfahren nach dem Dubliner Übereinkommen (Art 11, 13 Dublin) auch einen Überstellungsbeschluß zu erlassen. Das Asylrecht läßt jede Kollisionsregelung zwischen diesen beiden Rechtsinstituten vermissen; die Asylbehörden haben keine Möglichkeit, den Überstellungsbeschluß der Ausweisung vorzuziehen oder umgekehrt. Der Überstellungsbeschluß ist eine Norm, die den Adressaten verpflichtet, das Bundesgebiet zu verlassen und sich in den festgesetzten zuständigen Staat zu begeben. Der Überstellungsbeschluß unterscheidet sich von der Ausweisung nach § 5 Abs 1 AsylG 1997 dadurch, daß er auch den zuständigen Staat festzulegen hat. Der Überstellungsbeschluß ist gegenüber der Ausweisung (auf Bescheidebene) die speziellere Norm.

273 Der Überstellungsbeschluß kann durch die Überstellung nach Art 11 Abs 5 Dubliner Übereinkommen umgesetzt werden. Im Lichte dessen drängt sich der Vergleich der Überstellung nach Dublin mit der Abschiebung nach § 56 FrG 1997 auf. Für beide Hoheitsakte ist fraglich, ob sie einen selbständig anfechtbaren Akt unmittelbarer behördlicher Befehls- und Zwangsgewalt, oder wie die ständige Rechtsprechung (VfSlg 9999/1984, 10175/1984, 10467/1985, 10978/1986, 11171/1986, 11839/1988, 12368/1990; VwSlg 11468 A) und die hL (*Coulon*, Ausländer, 73; *Fessler*, Rosenzweig-FS, 102; *Funk*, Verwaltungsakt, 201; *Rosenmayr*, Asylverfahren, 139; *ders*, ZfV 1988; *Stolzlechner*, in Rechtsstellung , 1067; *Szirba*, Polizeibefugnisse, 32; anders *Geistlinger*, Asylrecht, 1167; *Walter/Mayer*, Verwaltungsverfahrensrecht, Rz 970) noch zu FrPolG annahm, lediglich eine der Vollstreckung vorangegangener Bescheide dienende Maßnahme „tatsächlicher Art" darstellen (zu diesem Problem siehe ausführlich *Wiederin*, Aufenthaltsbeendende Maßnahmen, 114 ff). Nachdem der vor dem Hintergrund des FrPolG herrschende Ansatz einer ausführlichen Kritik unterzogen wurde (vgl *Wiederin* aaO), ging der VwGH im Lichte des FrG 1992 von seiner bisherigen Rechtsprechung ab und hielt in seinem richtungsweisenden Erkenntnis vom 23. 11. 1994, 94/02/0139 (vgl zB auch VwGH 17. 11. 1995, 95/02/0217; 23. 2. 1996, 95/02/0495) fest: *„Die Abschiebung wird – neben der Zurückweisung, der Transitsicherung, der Zurückschiebung und der Durchbeförderung – im § 40 FrG als Akt der unmittelbaren Befehls- und Zwangsgewalt bezeichnet. Dazu kommt, daß nach § 36 FrG für die Rechtmäßigkeit einer Abschiebung zusätzlich zum durchsetzbaren Aufenthaltsverbot bzw. zur durchsetzbaren Ausweisung noch weitere Voraussetzungen treten müssen. Daß die in Rede stehenden durchsetzbaren Bescheide vorliegen, genügt somit noch nicht. Daß ein derartiger Bescheid vorhanden ist, ist nur eine der Voraussetzungen für die Abschiebung. Es muß daher ein Weg eröffnet sein, die Rechtswidrigkeit der Abschiebung trotz Vorliegens durchsetzbarer Bescheide betreffend Aufenthaltsverbot oder Ausweisung geltend zu machen. Das Gesetz wird dem insoferne gerecht, als es die Umsetzung des Bescheides als unmittelbare Befehls- und Zwangsgewalt bezeichnet und damit die Möglichkeit einer Maßnahmenbeschwerde nach Art. 129a Abs. 1 Z 2 B-VG in Verbindung mit § 67c AVG eröffnet (und zwar unabhängig davon, ob ein Schubhaftbescheid vorliegt oder nicht). Es gibt keinen Anhaltspunkt dafür, daß unter der ‚unmittelbaren Befehls- und Zwangsgewalt' im Sinne des § 40 FrG die Anwendung unmittelbaren Zwanges im Sinne des § 7 VVG zu verstehen sei. Letztere setzte als Vollstreckungsmittel die Erlassung einer Vollstreckungsverfügung (§ 10 VVG) voraus. Dies scheidet aber im gegebenen Zusammenhang aus; abgesehen davon ist auch im vorliegenden Beschwerdefall kein als Vollstreckungsverfügung zu wertender Verwaltungsakt gesetzt worden. Die Rechtslage nach dem FrG ist in diesem Punkt an-*

ders gestaltet als die seinerzeitige nach dem Fremdenpolizeigesetz (vgl. dazu, aber auch zum Problem insgesamt, Wiederin, Aufenthaltsbeendende Maßnahmen im Fremdenpolizeirecht, Wien 1993, S. 136 ff., 149 ff.). Aus der zu diesem Gesetz ergangenen Rechtsprechung ist für die Lösung des vorliegenden Problems daher nichts zu gewinnen.“ Im Gegensatz zum VwGH hielt der VfGH auch im Lichte des FrG 1992 grundsätzlich an seiner nicht unproblematischen Jud fest: „*Wie der Verfassungsgerichtshof in seiner ständigen Rechtsprechung zu den §§ 11 und 13 des – gemäß § 86 Abs 3 FrG mit Ablauf des 31. Dezember 1992 außer Kraft getretenen – Fremdenpolizeigesetzes, BGBl. 75/1954, zuletzt geändert durch das Bundesgesetz BGBl. 406/1991 (im folgenden: FrPolG), dargetan hat, war die Schubhaft nach dem FrPolG, wie sich aus § 11 Abs 2 FrPolG ergab, mit Bescheid anzuordnen. Die Verhängung der Schubhaft schloß auch die Festnahme ein. Ein vollstreckbarer Schubhaftbescheid war also Voraussetzung dafür, daß ein Fremder in Schubhaft genommen, in Schubhaft gehalten und in weiterer Folge iSd. § 13 FrPolG abgeschoben werden durfte (s. VfSlg. 9465/1982, 9999/1984, 10083/1984, 10175/1984, 10467/1985, 11333/1987, 12340/1990, 12368/1990, u.a.). Demgemäß qualifizierte der Verfassungsgerichtshof eine Festnahme und Anhaltung vor Erlassung eines (vollstreckbaren) Schubhaftbescheides regelmäßig als Ausübung unmittelbarer verwaltungsbehördlicher Befehls- und Zwangsgewalt, weil solche Maßnahmen nicht der Vollstreckung eines Schubhaftbescheides dienten (s. VfSlg. 10978/1986, 11171/1986, 11596/1988, 11694/1988). Die Abschiebung selbst stellte nach der ständigen Rechtsprechung des Verfassungsgerichtshofes zum FrPolG keine (bescheidmäßig zu verfügende) Vollstreckungsverfügung dar, sondern die Anwendung unmittelbaren Zwangs in der Form einer bestimmten Maßnahme tatsächlicher Art (vgl. VwGH 31. 5. 1961, Zl. 2488/60), war also eine der Vollstreckung der vorangegangenen Bescheide (mit denen das Aufenthaltsverbot und die Schubhaft verhängt worden waren) dienende Maßnahme. Derartige Verwaltungsakte, die bloß als Maßnahmen zur Vollstreckung vorangegangener Bescheide anzusehen waren, konnten nicht als Ausübung unmittelbarer verwaltungsbehördlicher Befehls- und Zwangsgewalt qualifiziert werden, die nach Art 144 Abs 1 B-VG (idF vor Inkrafttreten der B-VG-Novelle 1988, BGBl. 685; vgl. nunmehr Art 129a Abs 1 Z2 B-VG) beim Verfassungsgerichtshof bekämpfbar waren (vgl. z.B. VfSlg. 9999/1984, 10083/1984, 10175/1984, 10467/1985, 11333/1987, 12340/1990, 12368/1990, VfGH 19.6.1993, B 1084/92). Gemäß dem 1. Satz des § 13a Abs 2 FrPolG war aber die Abschiebung eines Fremden in einen Staat, in dem er iSd. Abs 1 Z 1 dieses Paragraphen ‚bedroht‘ war (wenn dort also ‚sein Leben oder seine Freiheit aus Gründen seiner Rasse, seiner Religion, seiner Nationalität, seiner Zugehörigkeit zu einer bestimmten sozialen Gruppe oder seiner politischen Ansichten bedroht wäre (Art 33 Z 1 der Konvention über die Rechtsstellung der Flüchtlinge, BGBl. Nr. 55/1955)‘, nicht zulässig, es sei denn, daß ‚der Landeshauptmann gemäß § 4 des Bundesgesetzes, BGBl. Nr. 126/1968 (AsylG 1968) ..., festgestellt hat(te), daß der Fremde aus gewichtigen Gründen eine Gefahr für die Sicherheit der Republik Österreich darstelle oder daß er nach rechtskräftiger Verurteilung wegen eines Verbrechens, das mit mehr als fünf Jahren Freiheitsstrafe bedroht ist, eine Gefahr für die Gemeinschaft bedeute (Art 33 Z 2 der Konvention über die Rechtsstellung der Flüchtlinge)‘. Nach dem 2. Satz des § 13a Abs 2 FrPolG war die Abschiebung eines Fremden ebenfalls unzulässig, ‚wenn stichhaltige Gründe für die in Abs. 1 Z 2 (dieses Paragraphen) genannte Annahme bestehen‘ (d.h. wenn der Fremde im Zielland ‚Gefahr liefe, gefoltert oder einer unmenschlichen Behandlung oder der Todesstrafe unterworfen zu werden‘). Im vorliegenden Beschwerdefall ist nicht mehr das FrPolG, sondern das FrG anzu-*

wenden. (...) Der Verfassungsgerichtshof ist der Auffassung, daß seine oben wiedergegebene Rechtsprechung zum FrPolG (...), wonach die Abschiebung als bloße Maßnahme zur Vollstreckung vorangegangener Bescheide zu qualifizieren war, grundsätzlich auch auf Grundlage des FrG Geltung beanspruchen kann (vgl. in ähnlichem Zusammenhang VfGH 4. 10. 1993, B 364/93, 3. 3. 1994, B 960/93, 16. 6. 1994, B 1774/93). Weder dem FrG noch den diesbezüglichen Materialien (vgl. die Erläuterungen zur Regierungsvorlage, 692 BlgNR 18. GP, S 47) läßt sich Gegenteiliges entnehmen. Wie nach dem FrPolG stellt daher auch eine Abschiebung gemäß § 36 FrG keine (bescheidmäßig zu verfügende) Vollstreckungsverfügung dar. Vielmehr handelt es sich bei der Abschiebung, sofern dies auf andere Weise nicht oder nicht rechtzeitig möglich ist, um die ‚Ausübung von Befehls- und Zwangsgewalt' (so ausdrücklich nunmehr § 40 FrG) in der Form einer bestimmten Maßnahme tatsächlicher Art, also (anders als bei einer Zurückweisung oder Zurückschiebung – vgl. VfGH 16. 6. 1994, B 1117/93, B 1119/93) um eine der Vollstreckung vorangegangener Bescheide dienende Maßnahme. Dient allerdings die Anwendung von ‚Befehls- und Zwangsgewalt' zwecks Abschiebung iSd. § 40 FrG nicht bloß der Vollstreckung vorangegangener Bescheide, ist diese als – selbständig bekämpfbare – Ausübung unmittelbarer verwaltungsbehördlicher Befehls- und Zwangsgewalt iSd Art 129a Abs 1 Z 2 B-VG zu werten. § 54 FrG sieht im Gegensatz zum FrPolG hinsichtlich der Feststellung der insbesondere im Hinblick auf Art 3 EMRK grundrechtlich bedeutsamen Frage der Unzulässigkeit der Abschiebung in einen bestimmten Staat ein gesondertes Verwaltungsverfahren vor (VfGH 4. 10. 1993, B 364/93). Bis zur rechtskräftigen Entscheidung über den Antrag auf Feststellung der Unzulässigkeit der Abschiebung in einen bestimmten Staat darf der Fremde in diesen Staat nicht abgeschoben werden (§ 54 Abs. 4 FrG). Die Zulässigkeit der Abschiebung ist sohin erst mit Rechtskraft des Bescheides, mit dem gemäß § 54 FrG die Zulässigkeit der Abschiebung in einen bestimmten Staat festgestellt wird, gegeben. Eine Vollstreckung der vorangegangenen Bescheide, mit denen eine Ausweisung bzw. ein Aufenthaltsverbot und die Schubhaft verhängt wurden, ist bis zu diesem Zeitpunkt jedenfalls unzulässig. Wird der Fremde entgegen § 54 Abs 4 FrG dennoch bereits vor Rechtskraft der Entscheidung über den Antrag gemäß § 54 FrG abgeschoben, so stellt sich die Abschiebung daher nicht bloß als zulässige Vollstreckung vorangegangener Bescheide dar, weil ihre Zulässigkeit noch gar nicht feststeht. Eine Abschiebung ist diesfalls vielmehr als gesondert bekämpfbare Ausübung unmittelbarer verwaltungsbehördlicher Befehls- und Zwangsgewalt iSd. Art 129a Abs 1 Z 2 B-VG zu qualifizieren, nicht anders etwa als die Überschreitung der einer Verwaltungsbehörde durch richterlichen Befehl eingeräumten Ermächtigung zu einer Amtshandlung (VfSlg. 10975/1986, 10979/1986, 11098/1986, 11524/1987, 12746/1991) oder die Festnahme und Anhaltung eines Fremden vor Erlassung eines vollstreckbaren Schubhaftbescheides nach dem FrPolG (VfSlg. 10978/1986, 11171/1986, 11596/1988, 11694/1988). In diesem Falle kann die Abschiebung daher gemäß Art 129a Abs 1 Z 2 B-VG beim unabhängigen Verwaltungssenat bekämpft werden" (VfGH 1. 10. 1994, B 75/94). Mit seinem Erkenntnis vom 8. 9. 1995, 95/02/0197 hat der VwGH der zit Jud des VfGH ausdrücklich widersprochen: *„Der Verwaltungsgerichtshof hat in dem vom Beschwerdeführer bezogenen Erkenntnis vom 23. September 1994, Zl. 94/02/0139, (...) näher dargelegt, weshalb die Abschiebung nach dem Fremdengesetz (anders als nach dem Fremdenpolizeigesetz) die Ausübung unmittelbarer verwaltungsbehördlicher Befehls- und Zwangsgewalt darstellt, die mit einer Maßnahmenbeschwerde nach Art. 129a Abs. 1 Z 2 B-VG in Verbindung mit § 67c AVG beim unabhängigen Verwaltungssenat bekämpfbar ist. Die belangte Behörde hat im vor-*

liegenden Beschwerdefall zwar auf das Erkenntnis des Verfassungsgerichtshofes vom 1. Oktober 1994, Zl. B 75/94, verwiesen, in welchem der Rechtsstandpunkt vertreten wurde, daß auch die Abschiebung nach dem Fremdengesetz ‚grundsätzlich' als bloße Maßnahme zur Vollstreckung vorausgegangener Bescheide zu qualifizieren ist (sofern es sich nicht um einen Fall handelt, wo die Anwendung von ‚Befehls- und Zwangsgewalt' zwecks Abschiebung nicht bloß der Vollstreckung vorausgegangener Bescheide dient oder der Fremde entgegen § 54 Abs. 4 Fremdengesetz dennoch bereits vor Rechtskraft der Entscheidung über den Antrag gemäß § 54 leg. cit. abgeschoben wurde). Damit wird aber übersehen, – was der Verwaltungsgerichtshof im zitierten Erkenntnis vom 23. September 1994, Zl. 94/02/0139, ausdrücklich hervorgehoben hat –, daß nach § 36 Fremdengesetz für die Rechtmäßigkeit einer Abschiebung zusätzlich zum durchsetzbaren Aufenthaltsverbot bzw. zur durchsetzbaren Ausweisung – jeweils bescheidmäßig verfügt – noch WEITERE Voraussetzungen treten müssen. Der Verwaltungsgerichtshof sieht sich daher nicht veranlaßt, von seiner zitierten Rechtsanschauung abzugehen."

273a Bis zur AsylG-N 1998 war auch im Hinblick auf jene Staaten, die nach dem Dubliner Übereinkommen zur Prüfung des Asylantrages bzw zur Durchführung des Zuständigkeitsverfahrens zuständig sind, § 75 FrG 1997 betreffend die Feststellung der Unzulässigkeit der Abschiebung in einen bestimmten Staat ohne Einschränkungen anzuwenden. Zudem hätten die Fremdenpolizeibehörden bis dahin auch im Rahmen fremdenpolizeilicher Maßnahmen, die iSd Dubliner Übereinkommens „zuständige Staaten" betrafen, von Amts wegen die Bestimmung des § 57 FrG 1997 zu beachten gehabt. § 5 Abs 3 AsylG 1997 sieht nunmehr die unwiderlegliche Vermutung vor, daß eine Ausweisung nach § 5 AsylG 1997 ausnahmslos (arg „stets" in § 5 Abs 3 leg cit) *„auch als Feststellung der Zulässigkeit der Zurückweisung, Zurückschiebung oder Abschiebung in den* (als nach dem Dubliner Übereinkommen gem § 5 AsylG 1997 als zuständig) *bezeichneten Staat"* gilt. Dieser Regelung liegt die – allerdings in wenigen Fällen nicht unproblematische – Vorstellung zugrunde, daß Staaten, die auf Grund eines Staatsvertrages zur Durchführung eines Asylverfahrens iwS zuständig sind, immer auch „sichere Drittstaaten" sind (vgl dazu 1494 BlgNR 20, GP, 3).

Rechtsbedingung für die Vermutung ist, daß gem § 5 Abs 1 zweiter Satz bzw Abs 2 AsylG 1997 ein Staat als „zuständig festgestellt" wurde; hat die Asylbehörde eine derartige Feststellung nicht getroffen, kommt § 5 Abs 3 AsylG 1997 nicht zur Anwendung. Die unwiderlegliche Vermutung nach § 5 Abs 3 leg cit ist eine unmittelbar auf Grund des Gesetzes wirkende (in diesem Sinne eine „gesetzliche") Vermutung; für einen Bescheid besteht hier kein Raum. Die Bestimmung des § 5 Abs 3 AsylG 1997 bindet auch die Fremdenpolizeibehörden, die sohin – eine Feststellung eines zuständigen Staates nach § 5 Abs 1 zweiter Satz bzw Abs 2 AsylG 1997 vorausgesetzt – ohne weiteres von der Zulässigkeit der Zurückweisung, Zurückschiebung oder Abschiebung in den „festgestellten Staat" auszugehen haben.

Die Vermutung des § 5 Abs 3 AsylG 1997 bewirkt allerdings nicht die Unzulässigkeit eines Verfahrens nach § 75 FrG 1997 (beachte dazu insb das Abschiebungsverbot nach § 75 Abs 4 leg cit, das auch hier Wirkung entfalten kann); es ist insb nicht davon auszugehen das im Anwendungsbereich des § 5 Abs 3 AsylG 1997 im Hinblick auf § 75 FrG 1997 entschiedene Sache („res iudicata") vorliegt. Die Fremdenpolizeibehörden sind *inhaltlich* an die Vermutung nach § 5 Abs 3 AsylG 1997 gebunden; im sachlichen Anwendungsbereich des § 5 Abs 3 leg cit ist ein Antrag nach § 75 Abs 1 FrG 1997 nicht zurück- sondern abzuweisen. Im Zusammenhang mit der Zurückweisung des Asylantrages wegen vertraglicher Unzuständigkeit nach § 5 AsylG 1997 kommt es zu keiner non-refoulement-Prüfung nach § 8 AsylG 1997, da diese an eine „Abweisung" des Asylantrages gebunden ist.

IV. Instanzenzug

274 Gemäß § 38 Abs 1 AsylG 1997 entscheidet grundsätzlich der unabhängige Bundesasylsenat (UBAS) über Rechtsmittel gegen Bescheide (nicht aber gegen Akte unmittelbarer behördlicher Befehls- und Zwangsgewalt) des Bundesasylamts (BAA). Es kommt nicht darauf an, ob sich die bekämpften Bescheide auf das Asylgesetz stützen, sondern lediglich darauf, daß die bekämpften Bescheide vom BAA als Organ des Bundes erlassen wurden. Dies trifft sowohl für die Ausweisung nach § 5 Abs 1 letzter Satz als auch (mit den in Punkt III aufgeworfenen Problemen) für den Überstellungsbeschluß zu. Ausweisung und Überstellungsbeschluß sind demnach beim UBAS innerhalb der allgemeinen Berufungsfrist von zwei Wochen (§ 63 Abs 5 AVG) bekämpfbar. Das abgekürzte Berufungsverfahren gem § 32 kommt nach dem Gesetzeswortlaut lediglich im Hinblick auf die Zurückweisung des Asylantrags, nicht jedoch für die Ausweisung und den Überstellungsbeschluß zum Tragen. Die aufschiebende Wirkung von Rechtsmitteln gegen die Ausweisung und den Überstellungsbeschluß richtet sich nach den Regeln des allgemeinen Verwaltungsverfahrensrechts (§ 64 AVG).

Offensichtlich unbegründete Asylanträge

§ 6. Asylanträge gemäß § 3 sind als offensichtlich unbegründet abzuweisen, wenn sie eindeutig jeder Grundlage entbehren. Dies ist der Fall, wenn ohne sonstigen Hinweis auf Verfolgungsgefahr im Herkunftsstaat

1. **sich dem Vorbringen der Asylwerber offensichtlich nicht die Behauptung entnehmen läßt, daß ihnen im Herkunftsstaat Verfolgung droht oder**
2. **die behauptete Verfolgungsgefahr im Herkunftsstaat nach dem Vorbringen der Asylwerber offensichtlich nicht auf die in Art. 1 Abschnitt A Z 2 der Genfer Flüchtlingskonvention genannten Gründe zurückzuführen ist oder**
3. **das Vorbringen der Asylwerber zu einer Bedrohungssituation offensichtlich den Tatsachen nicht entspricht oder**
4. **die Asylwerber an der Feststellung des maßgebenden Sachverhalts trotz Aufforderung nicht mitwirken oder**
5. **im Herkunftsstaat auf Grund der allgemeinen politischen Verhältnisse, der Rechtslage und der Rechtsanwendung in der Regel keine begründete Gefahr einer Verfolgung aus den in Art. 1 Abschnitt A Z 2 der Genfer Flüchtlingskonvention genannten Gründe besteht.**

RV: [19, 20]

Die vorgeschlagene Regelung orientiert sich im wesentlichen an der Entschließung der für Einwanderung zuständigen Minister der Europäischen Gemeinschaften über offensichtlich unbegründete Asylanträge vom 30. November und 1. Dezember 1992. Ein Asylantrag soll nur dann als **offensichtlich unbegründet** abgewiesen werden, wenn eine Verfolgungsgefahr mit an Sicherheit grenzender Wahrscheinlichkeit (eindeutig) ausgeschlossen werden kann. Nach Nummer 1 der genannten Entschließung gilt ein Asylantrag als offensichtlich unbegründet, wenn eindeutig keines der wesentlichen Kriterien der Genfer Konvention und des New Yorker Protokolls erfüllt ist; dies ist der Fall, wenn die Behauptung des Asylwerbers, in seinem Heimatland Verfolgung befürchten zu müssen, eindeutig jeder Grundlage entbehrt oder der Antrag zweifellos auf einer vorsätzlichen Täuschung beruht oder einen Mißbrauch der Asylverfahren darstellt. In diesem Sinne hat auch das Exekutivkomitee für das Programm des Hohen Flüchtlingskommissars der Vereinten Nationen ausgeführt, daß in Fällen offenkundiger und mißbräuchlicher Asylanträge Überlegungen angestellt werden sollten, um zu gewährleisten, daß derartige Entscheidungen nur getroffen werden, wenn der Antrag in betrügerischer Absicht gestellt wurde oder sich nicht auf Kriterien für die Anerkennung der Flüchtlingseigenschaft bezieht, wie sie im Abkommen der Vereinten Nationen über die Rechtsstellung der Flüchtlinge von 1951 festgelegt sind [Beschluß Nr 28 (XXXIII) lit d].

Ein Asylantrag gilt beispielsweise als offensichtlich unbegründet, wenn Asylwerber an der Feststellung des maßgebenden Sachverhalts trotz Aufforderung nicht mitwirkt. Die Weigerung an der Mitwirkung der Feststellung des maßgebenden Sachverhalts ist vor dem Hintergrund von Sinn und Zweck dieser Bestimmung nur dann heranzuziehen, wenn dieser Umstand den Schluß zuläßt, daß der Asylantrag mißbräuchlich gestellt wurde.

Ein Asylantrag gilt insbesondere auch dann als offensichtlich unbegründet, wenn im Herkunftsstaat im allgemeinen keine ernstliche Verfolgungsgefahr besteht.

Nach den **Schlußfolgerungen** der für Einwanderungsfragen zuständigen Minister der Europäischen Gemeinschaften vom 30. November und 1. Dezember 1992 **betreffend die Länder, in denen im allgemeinen keine ernstliche Verfolgungsgefahr besteht,** sind bei der Bewertung nachstehende Faktoren zu berücksichtigen: frühere Flüchtlingszahlen und Anerkennungsraten, Achtung der Menschenrechte, demokratische Einrichtungen und die Stabilität. Jede Beurteilung von Staaten muß von Zeit zu Zeit überprüft werden. Die Bewertungen hinsichtlich der Verfolgungsgefahr in einzelnen Ländern sollten möglichst vielfältige Informationsquellen zur Grundlage haben, in denen auch Stellungnahmen und Berichte von diplomatischen Vertretungen, internationalen Organisationen und Nichtregierungsorganisationen sowie Presseberichte einzubeziehen sind. Informationen des UNHCR kommt in diesem Rahmen besondere Bedeutung zu [19].

Wurde ein Asylantrag als offensichtlich unbegründet abgewiesen, kommt ein abgekürztes Berufungsverfahren vor dem unabhängigen Bundesasylsenat (§ 32) zum Tragen. Gegen derartige Bescheide kann nur innerhalb von zwei Tagen berufen werden. Der unabhängige Bundesasylsenat hat diesfalls über Berufungen innerhalb der dem Tag des Einlangens folgenden vier Arbeitstage zu entscheiden. Gegenstand des Berufungsverfahrens ist lediglich die offensichtliche Unbegründetheit des Asylantrags und dort, wo das Bundesasylamt in erster Instanz auch über die Zulässigkeit einer Zurückweisung, Zurückschiebung oder Abschiebung abgesprochen hat, auch dieser Ausspruch nach § 8.

Kommt der unabhängige Bundesasylsenat zu dem Schluß, daß der dem Verfahren zugrunde liegende Asylantrag nicht offensichtlich unbegründet ist, hat er den bekämpften Bescheid zu beheben und die Sache an das Bundesasylamt zu verweisen, wobei das Bundesasylamt diesfalls gemäß § 19 Abs 2 auch jenen Asylwerbern eine vorläufige Aufenthaltsberechtigung zu erteilen hat, wenn sie illegal eingereist sind. Diese Differenzierung im Hinblick auf den Rechtsschutz liegt auf der Linie der Nummern 2 und 3 der genannten Entschließung über offensichtlich unbegründete Asylanträge [20].

Inhaltsübersicht

I. Allgemeines

275 Das Rechtsinstitut der „offensichtlich unbegründeten Asylanträge" war als solches auch dem AsylG 1991 nicht fremd (vgl dazu *Fruhmann*, Mandatsverfahren; *Rosenmayr*, Asylrecht, 586 ff). Gem § 17 Abs 1 AsylG 1991 war über den Asylantrag ohne weiteres Ermittlungsverfahren zu entscheiden, wenn der Asylantrag auf Grund des Ergebnisses der Erstvernehmung offensichtlich begründet oder offensichtlich unbegründet war. Gem § 17 Abs 3 AsylG 1991 war ein Asylantrag insbesondere, sofern sich aus der Erstvernehmung nicht anderes ergab, als gemäß Abs 1 leg cit offensichtlich unbegründet anzusehen, wenn die Identität des Asylwerbers und insbesondere seine Staatsangehörigkeit oder – soweit er staatenlos ist – sein bisheriger Wohnsitz nicht glaubhaft festgestellt werden konnte (Z 1 leg cit); der Asylwerber Staatsangehöriger eines Staates war, oder – sofern er staatenlos war – in einem Staat seinen bisherigen Wohnsitz hatte, von dem auf Grund der allgemeinen Erfahrung, seiner Rechtslage und Rechtsanwendung anzunehmen war, daß in diesem Staat in der Regel keine begründete Gefahr einer Verfolgung aus einem der im § 1 Z 1 AsylG 1991(Art 1 Abschn A Z 2 GFK) genannten Gründen bestand (Z 2 leg cit); einer der Gründe des § 2 Abs 2 AsylG 1991 (dies betraf Art 1 Abschn C und F, subjektive Nachfluchtgründe und Drittstaatsicherheit) gegeben war (Z 3 leg cit); oder der Antrag mit einer wirtschaftlichen Notlage begründet wurde (Z 4 leg cit).

276 Ähnlich dazu umschreibt § 30 Abs 1 dt Asylverfahrensgesetz dt BGBl I, 1361, zuletzt geändert durch Gesetz vom 1. 11. 1996 dt BGBl I, 1626, 1629, einen Asylantrag als offensichtlich unbegründet, wenn die Voraussetzungen für eine Anerkennung als Asylberechtigter und die Voraussetzungen des § 51 Abs 1 dt Ausländergesetz vom 9. 7. 1990 BGBl I, 1354, zuletzt geändert durch Art 36 des Gesetzes vom 24. 3. 1997 BGBl I, 709, offensichtlich nicht vorliegen. Gem § 51 Abs 1 dt Ausländergesetz darf ein Ausländer nicht in einen Staat abgeschoben werden, in dem sein Leben oder seine Freiheit wegen seiner Rasse, Religion, Staatszugehörigkeit, seiner Zugehörigkeit zu einer bestimmten sozialen Gruppe oder wegen seiner politischen Überzeugung bedroht ist. Gem § 30 Abs 2 dt Asylverfahrensgesetz ist ein Asylantrag insbesondere offensichtlich unbegründet, wenn nach den Umständen des Einzelfalles offensichtlich ist, daß sich der Ausländer nur aus wirtschaftlichen Gründen oder, um einer allgemeinen Notsituation oder einer kriegerischen Auseinandersetzung zu entgehen, im Bundesgebiet aufhält. Ein Asylantrag ist gem § 30 Abs 3 dt Asylverfahrensgesetz als offensichtlich unbegründet abzulehnen, wenn in wesentlichen Punkten das Vorbringen des Ausländers nicht substantiiert oder in sich widersprüchlich ist, offenkundig den Tatsachen nicht entspricht oder auf gefälschte oder verfälschte Beweismittel gestützt wird (Z 1 leg cit), der Ausländer im Asylverfahren über seine Identität oder Staatsangehörigkeit täuscht oder diese Angaben verweigert (Z 2 leg cit), er unter Angabe anderer Personalien einen weiteren Asylantrag oder ein weiteres Asylbegehren anhängig gemacht hat (Z 3 leg cit), er den Antrag gestellt hat, um eine drohende Aufenthaltsbeendigung abzuwenden, obwohl er zuvor ausreichend Gelegenheit hatte, einen Asylantrag zu stellen (Z 4 leg cit), er seine Mitwirkungspflichten (...) gröblich verletzt hat, es sei denn, er hat die Verletzung der Mitwirkungspflichten nicht zu vertreten oder ihm die Einhaltung der Mitwirkungspflichten aus wichtigen Gründen nicht möglich war (Z 5 leg cit), oder er nach § 47 des dt Ausländergesetzes (diese Bestimmung betrifft die Ausweisung wegen besonderer Gefährlichkeit) vollziehbar ausgewiesen ist. Nach § 30 Abs 4 dt Asylverfahrensgesetz ist ein Asylantrag ferner als offensichtlich unbegründet abzulehnen, wenn die Voraussetzungen des § 51 Abs 3 des dt Ausländergesetzes (diese Bestimmung entspricht der des Art 33 Z 2 GFK) vorliegen. Ein beim Bundesamt gestellter Asylantrag ist gem § 30 Abs 5 dt Asylverfahrensgesetz auch dann als offensichtlich unbegründet abzulehnen, wenn es sich nach Inhalt nicht um einen Asylantrag im Sinne des § 13 Abs 1 leg cit handelt. Gem § 13 Abs 1 dt Asylverfahrensgesetz liegt ein Asylantrag vor, wenn sich dem schriftlich, mündlich oder auf andere Weise geäußerten Willen des Ausländers entnehmen läßt, daß er im Bundesgebiet Schutz vor politischer Verfolgung sucht und daß er Schutz vor Abschiebung oder einer sonstigen Rückführung in einen Staat begehrt, in dem ihm die in § 51 Abs 1 des Ausländergesetzes bezeichneten Gefahren drohen.

277 § 16a des schweizerischen Asylgesetzes normiert die Ablehnung des Gesuchs ohne weitere Abklärung, wenn aufgrund der Anhörung zu den Asylgründen offensichtlich wird, daß der Gesuchssteller weder beweisen noch glaubhaft machen kann, daß er ein Flüchtling ist, und seiner Wegweisung keine Gründe entgegenstehen. Der Entscheid ist in der Regel innert zehn Tagen seit der Anhörung zu treffen: er muß zumindest summarisch begründet sein.

278 Nach der Londoner Entschließung der für Einwanderungsfragen zuständigen Minister der Mitgliedstaaten der EG vom 30. 11. und 1. 12. 1992 (publiziert in *Hailbronner*, AuslR III, Abschn D 12.1) gilt ein Asylantrag „*als offensichtlich unbegründet, wenn eindeutig keines der wesentlichen Kriterien der Genfer Konvention und des New Yorker Protokolls erfüllt ist; dies ist dann der Fall, wenn*

- *die Behauptung des Asylbewerbers, in seinem Heimatstaat Verfolgung befürchten zu müssen, eindeutig jeder Grundlage entbehrt (Nummer 6 bis Nummer 8);*
- *der Antrag auf einer vorsätzlichen Täuschung beruht oder einen Mißbrauch der Asylverfahren darstellt (Nummer 9 bis 10).*

Unbeschadet der Bestimmungen des Dubliner Übereinkommens braucht ein Asylantrag von einem Mitgliedstaat für die Zuerkennung der Flüchtlingseigenschaft im Sinne des Genfer Abkommens über die Rechtsstellung der Flüchtlinge außerdem nicht in Betracht gezogen zu werden, wenn er unter die von den für Einwanderungsfragen zuständigen Minister auf ihrer Tagung am 30. November und 1. Dezember 1992 in London angenommene Entschließung über Aufnahmedrittländer fällt“ (Nummer 1 lit a und b).

279 „*Die Mitgliedstaaten können bei Anträgen, auf die Nummer 1 zutrifft, ein beschleunigtes Verfahren (sofern ein solches Verfahren bereits existiert oder eingeführt wird) anwenden, bei dem nicht auf jeder Verfahrensstufe eine umfassende Prüfung vorgenommen zu werden braucht; von der Anwendung dieses Verfahrens kann gleichwohl abgesehen werden, wenn es innerstaatliche Grundsätze gibt, nach denen der Antrag aus anderen Gründen angenommen werden kann. Die Mitgliedstaaten können auch Zulässigkeitsprüfungen durchführen, bei denen Anträge sehr rasch aus objektiven Gründen abgelehnt werden können*“ (Nummer 2).

280 „*Die Mitgliedstaaten sind bestrebt, erste Entscheidungen über Anträge, die unter Nummer 1 fallen, so rasch wie möglich und spätestens innerhalb eines Monats zu treffen und sämtliche Berufungs- oder Überprüfungsverfahren so rasch wie möglich abzuschließen. Die Berufungs- oder Überprüfungsverfahren können stärker vereinfacht sein als diejenigen, die im allgmeinen bei anderen Asylanträgen zur Anwendung kommen*“ (Nummer 3).

281 „*Über die Ablehnung eines unter Nummer 1 fallenden Antrags entscheidet eine auf der entsprechenden Ebene zuständige Behörde, die in Asyl- oder Flüchtlingsfragen voll qualifiziert ist. Neben anderen Verfahrensgarantien sollten die Asylbewerber, bevor eine endgültige Entscheidung getroffen wird, Gelegenheit zu einem persönlichen Gespräch mit einem nach dem nationalen Recht befugten qualifizierten Bediensteten erhalten*“ (Nummer 4).

282 „*Unbeschadet der Bestimmungen des Dubliner Übereinkommens trägt der Mitgliedstaat, der einen Asylantrag nach den Kriterien der Nummer 1 abgelehnt hat, dafür Sorge, daß der Asylbewerber das Gebiet der Gemeinschaft verläßt, sofern ihm nicht die Einreise oder der Aufenthalt aus anderen Gründen gestattet werden*“ (Nummer 5).

283 „*Die Mitgliedstaaten können gemäß Nummer 2 alle Anträge prüfen, bei denen es nicht um die Flüchtlingseigenschaft im Sinne des Genfer Abkommens geht. Dies kann der Fall sein, wenn*

- *die Begründung des Antrags nicht vom Genfer Abkommen gedeckt ist: der Antragsteller gibt nicht an, Verfolgung aufgrund seiner Rasse, Religion, Staatsangehörigkeit, Zugehörigkeit zu einer bestimmten sozialen Gruppe oder wegen seiner politischen Überzeugung befürchten zu müssen, sondern führt Gründe wie die Suche nach einem Arbeitsplatz oder den Wunsch nach besseren Lebensbedingungen an;*
- *der Antrag jeder Grundlage entbehrt: der Antragsteller weist nicht nach, daß er Verfolgung befürchten müßte, bzw. seine Einlassungen enthalten keinerlei konkrete oder auf seine Person bezogene Angaben;*
- *der Antrag offensichtlich völlig unglaubwürdig ist: der Bericht des Antragstellers ist nicht stichhaltig, in sich widersprüchlich oder von Grund auf unwahrscheinlich"* (Nummer 6).

284 *„Die Mitgliedstaaten können Asylanträge wegen angeblicher Verfolgung, die eindeutig auf eine spezifische Region beschränkt ist, gemäß Nummer 2 prüfen, wenn der Antragsteller in einem Teil seines Heimatstaates wirksam Schutz finden und nach Art 33 Absatz 1 des Genfer Abkommens billigerweise erwartet werden kann, daß er sich dorthin begibt. Sofern erforderlich führen die Mitgliedstaaten in den entsprechenden Gremien und unter Berücksichtigung der Informationen des UNHCR Konsultationen über die Fälle, in denen vorbehaltlich einer individuellen Prüfung die Bestimmungen unter Nummer 2 Anwendung finden könnten"* (Nummer 7).

285 *„Die Mitgliedstaaten können entsprechend den Schlußfolgerungen der für Einwanderungsfragen zuständigen Minister vom 1. Dezember 1992 selbst entscheiden, ob es sich um ein Land handelt, in dem im allgemeinen keine ernste Verfolgungsgefahr besteht. Bei ihrer Entscheidung darüber, ob es sich um ein Land handelt, in dem keine ernste Verfolgungsgefahr besteht, tragen die Mitgliedstaaten den in den oben erwähnten Schlußfolgerungen der Minister dargelegten Kriterien Rechnung. Die Mitgliedstaaten haben zum Ziel, zu einer gemeinsamen Beurteilung bestimmter Länder zu gelangen, die in diesem Zusammenhang von besonderem Interesse sind. Die Mitgliedstaaten prüfen dennoch die individuelle Behauptung aller aus diesen Ländern stammenden Asylbewerber und alle spezifischen Hinweise der Antragsteller, die schwerer als eine allgemeine Annahme wiegen könnten. Mangels solcher Hinweise können die Anträge nach Nummer 2 geprüft werden"* (Nummer 8).

286 *„Die Mitgliedstaaten können nach Nummer 2 alle Anträge prüfen, die eindeutig auf vorsätzlicher Täuschung beruhen oder einen Mißbrauch des Asylrechts darstellen. Die Mitgliedstaaten können im beschleunigten Verfahren alle Fälle prüfen, in denen der Asylbewerber ohne einleuchtende Begründung seinen Antrag unter falschem Namen oder unter Vorlage gefälschter oder verfälschter Dokumente gestellt hat, von denen er bei einer Befragung hierzu gleichwohl behauptet, daß sie echt seien; nach Antragstellung mündlich oder schriftlich bewußt falsche Angaben über seinen Anspruch gemacht hat; seinen Reisepaß oder andere Papiere oder Fahr- bzw. Flugscheine, die für seinen Anspruch von Bedeutung sind, arglistig vernichtet, beschädigt oder beseitigt hat, um sich entweder für die Zwecke seines Asylantrags einen falschen Namen zu verschaffen oder die Prüfung seines Antrages zu erschweren; bewußt nicht angegeben hat, daß er zuvor einen Antrag in einem oder mehreren Mitgliedstaaten gestellt hat, insbesondere wenn ein falscher Name benutzt wird; den Antrag gestellt hat, um einer drohenden Ausweisung zuvorzukommen, obwohl er zuvor hinreichend Gelegenheit hatte, einen Asylantrag zu stellen; es auf eklatante Weise unterlassen hat, ihm nach nationalen Vorschriften auferlegten wesentlichen Verpflichtungen nachzukommen; einen Asylantrag in einem Mitgliedstaat gestellt hat, nachdem sein Antrag von einem anderen Land, in dem er mit den aus-*

reichenden Verfahrensgarantien und im Einklang mit dem Genfer Abkommen über die Rechtsstellung der Flüchtlinge geprüft worden war, abgewiesen worden ist. Diesbezüglich würden gegebenenfalls über den UNHCR Kontakte zwischen den Mitgliedstaaten und den Drittländern aufgenommen. Die Mitgliedstaaten konsultieren einander in einem geeigneten Rahmen, wenn neue Situationen eintreten, die die Einführung beschleunigter Verfahren rechtfertigen können" (Nummer 9 lit a bis g).

287 *„Die unter Nummer 9 angeführten Punkte sind ein eindeutiger Hinweis für unredliche Absichten und rechtfertigen eine Prüfung nach den in Nummer 2 genannten Verfahren, wenn es für das Verfahren des Antragstellers keine hinreichende Begründung gibt. Sie können jedoch nicht schwerer wiegen als die begründete Furcht vor Verfolgung nach Artikel 1 des Genfer Abkommens, und keiner von ihnen ist gewichtiger als die anderen"* (Nummer 10).

288 *„Diese Entschließung berührt nicht die einzelstaatlichen Rechtsvorschriften der Mitgliedstaaten, andere Fälle, in denen eine dringende Entscheidung erforderlich ist, im Rahmen beschleunigter Verfahren – sofern vorhanden – zu prüfen, wenn ein Asylbewerber nachweislich eine schwere Straftat im Hoheitsgebiet des Mitgliedstaates begangen hat, wenn es sich eindeutig um einen Fall nach Art 1 Buchstabe F des Genfer Abkommens von 1951 handelt, oder wenn dies aus Gründen der öffentlichen Sicherheit dringend geboten ist, selbst wenn es sich in diesen Fällen nicht um offensichtlich unbegründete Asylanträge nach Nummer 1 handelt"* (Nummer 11).

289 *„Die Minister kamen überein, nach Möglichkeit Sorge zu tragen, daß die innerstaatlichen Rechtsvorschriften erforderlichenfalls angepaßt und die Grundsätze dieser Entschließung so bald wie möglich, spätestens jedoch zum 1. Jänner 1995, darin aufgenommen werden. Die Mitgliedstaaten überprüfen von Zeit zu Zeit in Zusammenarbeit mit der Kommission und im Benehmen mit dem UNHCR das Funktionieren dieser Verfahren und beraten darüber, ob zusätzliche Maßnahmen erforderlich sind"* (Nummer 12).

290 Zwar ist die zitierte Entschließung der für Einwanderungsfragen zuständigen Minister der Mitgliedstaaten der EG nicht zwingendes Recht, sondern seinem Wesen nach „soft law", doch kann man andererseits nicht sagen, daß diese Entschließung überhaupt keine Verpflichtungen enthält. Nach Nummer 12 der genannten Entschließung haben sich die zuständigen Minister im Namen der Mitgliedstaaten immerhin verpflichtet, die innerstaatlichen Rechtsvorschriften den Grundsätzen dieser Entschließung anzupassen. Ähnliches gilt für die Mindestgarantien. Dazu halten sie in Z 31 fest: *„Die Mitgliedstaaten tragen diesen Grundsätzen bei allen Vorschlägen für eine Änderung ihrer innerstaatlichen Rechtsvorschriften Rechnung. Die Mitgliedstaaten werden sich weiter darum bemühen, ihre innerstaatlichen Rechtsvorschriften bis zum 1. Januar 1996 mit diesen Grundsätzen in Einklang zu bringen. Sie überprüfen von Zeit zu Zeit in Zusammenarbeit mit der Kommission und im Benehmen mit dem UNHCR das Funktionieren dieser Grundsätze und beraten darüber, ob zusätzliche Maßnahmen erforderlich sind."* Zwar enthalten die Mindestgarantien keine Rechtspflichten im technischen Sinn, doch muß man von einer *„freiwilligen Selbstbindung"* ausgehen (vgl dazu *Geistlinger*, Harmoniebedürfnis).

291 Zum Institut der offensichtlich unbegründeten Asylanträge wird in den Mindestgarantien, wobei die einzelstaatlichen Rechtsvorschriften der Mitgliedstaaten gem Z 30 Mindestgarantien hinsichtlich der Fälle, die in Nummer 11 der oben genannten Entschließung aufgeführt sind, nicht berührt werden, nachstehendes ausgeführt: *„Die offensichtlich unbegründeten Asylanträge im Sinne der von den für Einwanderungsfragen zuständigen Minister auf ihrer Tagung am 30. November und 1. Dezember 1992 angenommenen Entschließung werden nach den Bedingungen* *dieser Entschließung behandelt. Nach Maßgabe der dort genannten Grundsätze gelten die Garantien der vorliegenden Entschließung"* (Z 18 Mindestgarantien). *„Die Mitgliedstaaten können abweichend von Grundsatz Nr. 8"* (dieser Grundsatz sieht die Möglichkeit zur Einlegung eines Rechtsmittels bei einem Gericht oder bei einer unabhängigen Überprüfungsinstanz vor) *„die Möglichkeit, gegen eine ablehnende Entscheidung ein Rechtsmittel einzulegen, ausschließen, wenn statt dessen eine unabhängige, von der Prüfungsbehörde getrennte Stelle zuvor die Entscheidung bestätigt hat"* (Z 19 Mindestgarantien).

292 *„Die Mitgliedstaaten stellen fest, daß nach dem Genfer Abkommen von 1951 de jure und de facto kein Grund dafür vorhanden sein dürfte, die Flüchtlingseigenschaft einem Asylwerber zuzuerkennen, der Staatsbürger eines Mitgliedstaats ist. Dementsprechend wird auf einen Asylantrag, den ein Staatsangehöriger eines anderen Mitgliedstaats gestellt hat, nach den Vorschriften und Gepflogenheiten der einzelnen Mitgliedstaaten ein besonders schnelles oder vereinfachtes Verfahren angewendet, wobei die Mitgliedstaaten allerdings – wie im Genfer Abkommen vorgesehen, auf das der Vertrag über die Europäische Union Bezug nimmt – weiterhin verpflichtet sind, jeden Asylantrag einzeln zu prüfen"* (Z 20 Mindestgarantien).

293 *„Die Mitgliedstaaten können in begrenzten, im einzelstaatlichen Recht festgelegten Fällen eine Ausnahme von Grundsatz Nr. 17"* (dieser betrifft den Grundsatz der Aufenthaltsberechtigung für die Dauer eines Rechtsmittelverfahrens) *„vorsehen, wenn nach objektiven Kriterien, die außerhalb des Antrags selbst liegen, ein Antrag offensichtlich unbegründet im Sinne der Nummer 9 und 10 der von den für Einwanderungsfragen zuständigen Minister auf ihrer Tagung am 30. November und 1. Dezember 1992 angenommenen Entschließung ist. Dabei muß zumindest gewährleistet sein, daß die Entscheidung über den Antrag auf hoher Ebene getroffen und zusätzliche hinreichende Vorkehrungen (z. B. gleiche Beurteilung durch eine andere, zentrale Behörde, die über die erforderliche Sachkenntnis und Erfahrung auf dem Gebiet des Asyl- und Flüchtlingsrechts verfügt, vor Vollzug der Entscheidung) die Richtigkeit der Entscheidung sicherstellen"* (Z 21 Mindestgarantien).

294 *„Die Mitgliedstaaten können von Grundsatz Nr. 17 für Asylanträge eine Ausnahme vorsehen, soweit nach nationalem Recht der Begriff Aufnahmedrittland entsprechend der Entschließung der für Einwanderungsfragen zuständigen Minister vom 30. November und 1. Dezember 1992 Anwendung findet. In diesen Fällen können die Mitgliedstaaten als Ausnahme von Grundsatz Nr. 15"* (schriftliche Mitteilung der Entscheidung an den Asylbewerber und Informationsrechte des Asylbewerbers) *„ebenfalls vorsehen, daß dem Antragsteller die ablehnende Entscheidung, die sie tragenden Gründe und seine Rechte mündlich anstatt schriftlich mitgeteilt werden. Auf Verlangen wird die Entscheidung in schriftlicher Form bestätigt. Die Behörden des Drittstaates sind erforderlichenfalls darüber in Kenntnis zu setzen, daß keine inhaltliche Prüfung des Asylantrags stattgefunden hat"* (Z 22 Mindestgarantien).

295 Gegen Bescheide, mit denen Asylanträge als offensichtlich unbegründet abgewiesen werden (§ 6 AsylG 1997), kann nur binnen zehn Tagen Berufung erhoben werden (§ 32 Abs 1 erster Satz AsylG 1997; vgl dazu die Ausführungen zu § 32 Rz 911 ff). Die Bestimmungen der §§ 32 und 33 AVG sind auch hier anzuwenden. Über die Berufung ist grundsätzlich innerhalb von zehn Arbeitstagen nach dem Tag des Einlangens bei der Berufungsbehörde (idR Datum des Einlaufstempels) zu entscheiden; insgesamt „soll" das abgekürzte Berufungsverfahren nicht länger als zwanzig Arbeitstage (Werktage) dauern (§ 32 Abs 3 erster Satz AsylG 1997; vgl dazu die Ausführungen zu § 32 Rz 908 ff). Der Berufung ist stattzugeben, wenn die

Feststellung der Behörde (BAA), der Antrag sei offensichtlich unbegründet, nicht zutrifft. In diesem Fall hat die Berufungsbehörde (UBAS) die Angelegenheit zur neuerlichen Durchführung des Verfahrens und Erlassung eines Bescheides an die Behörde erster Instanz zurückzuverweisen (vgl § 32 Abs 2 erster und zweiter Satz AsylG 1997; siehe dazu die Ausführungen zu § 32 Rz 923 ff). Eine *abgesonderte* Berufung gegen eine Feststellung gemäß § 8 AsylG 1997 ist in solchen Fällen nur insoweit möglich, als das Bestehen einer Gefahr gem § 57 Abs 1 FrG 1997 (nicht jedoch gem § 57 Abs 2 FrG 1997) behauptet wird. E contrario könnte eine Berufung gegen eine Feststellung gem § 8 AsylG 1997, die *nicht abgesondert* erfolgt, ohne Beschränkung zulässig sein. Ob eine nicht abgesonderte Berufung – wenn zulässig – in das abgekürzte Berufungsverfahren fällt, ist fraglich, dürfte aber im Sinne des Gesetzgebers gelegen sein. Wird ein Bescheid, mit dem der Asylantrag als offensichtlich unbegründet abgewiesen wurde, von der Berufungsbehörde (vom UBAS) bestätigt (dh die Berufung abgewiesen), so hat sie – seit der AsylG-N 1998 – „jedenfalls" eine Feststellung gemäß § 8 AsylG 1997 zu treffen (vgl dazu unten die Ausführungen zu § 32, Rz 927 ff).

II. Ermittlungspflichten

296 Asylanträge dürfen ausnahmslos nur dann als offensichtlich unbegründet abgewiesen werden, wenn sie eindeutig jeder Grundlage entbehren, dh wenn nichts die Annahme rechtfertigt, daß dem betreffenden Fremden auf Grund Asylantrags Asyl zu gewähren wäre (vgl dazu UBAS 3. 2. 1998, 201.593/0-IV/12/98; 9. 2. 1998, 201.690/0-V/14/98; 10. 3. 1998, 202.049/0-VII/19/98; 7. 5. 1998, 202.982/0-IV/11/98; 3. 6. 1998, 203.254/0-VII/19/98). Mit fortschreitendem Ermittlungsverfahren allerdings tritt jedes Verfahren in ein Stadium, in dem erkennbar wird, ob der dem Verfahren zugrundeliegende Antrag mehr oder weniger begründet oder unbegründet ist; zum Abschluß eines vollständigen Ermittlungsverfahrens sollte in aller Regel eindeutig feststehen, ob der Antrag jeder Grundlage entbehrt oder nicht. Darin liegt eine konstruktionsbedingte Schwäche des Rechtsinstituts der offensichtlich unbegründeten Asylanträge: Die (offensichtliche) Unbegründetheit von Anträgen ist eine Funktion zum fortschreitenden Ermittlungsverfahren; die (offensichtliche) Unbegründetheit von Anträgen kann Ergebnis jedes Ermittlungsverfahrens sein. Im Lichte dessen ist es nicht ganz einfach, irgendwelche Kriterien zu beschreiben, die einen wesensgemäßen Unterschied zu „normalen" Verfahren erkennen lassen.

297 Nach dem Wortlaut des § 6 AsylG 1997 deutet – im Gegensatz zur Vorgängerbestimmung des § 17 AsylG 1991 – nichts darauf hin, daß ein Ermittlungsverfahren vor dem BAA abzubrechen oder nicht (vollständig) durchzuführen wäre. Im Gegenteil: § 6 AsylG 1997 sieht in den Z 1 bis 5 taxativ aufgezählte Tatbestände (*Rosenmayr*, Asylrecht, 587) vor, bei deren Vorliegen anzunehmen ist, daß die Asylanträge offensichtlich unbegründet sind und eindeutig jeder Grundlage entbehren, und setzt diese Tatbestände unter die Rechtsbedingung *„ohne sonstigen Hinweis auf Verfolgungsgefahr"*. Diese Rechtsbedingung ist wohl ein Indiz dafür, daß auch in den Fällen des § 6 AsylG 1997 ein Ermittlungsverfahren stattzufinden hat, daß sich an den Grundsätzen des AVG zu orientieren hat.

298 Wenn nun in Verfahren nach § 6 AsylG 1997 – zumindest vor dem BAA; nach der Jud des VwGH auch vor dem UBAS – ein vollständiges Ermittlungsverfahren stattzufinden hat, stellt sich zwangsläufig die Frage, nach welchen Kriterien ein Verfahren nach § 6 leg cit von anderen Asylverfahren, insb von Asylverfahren auf Grund Asylantrags (§ 7 leg cit) abzugrenzen ist. Die Beantwortung dieser Frage ist deshalb von Bedeutung, weil an ein Verfahren nach § 6 AsylG 1997 das abgekürzte Berufungsverfahren nach § 32 leg cit zur Anwendung kommen soll. Ein Asylverfahren ist dann nach § 6 AsylG 1997 (mit anschließendem nach § 32 leg cit abgekürzten Berufungsverfahren) durchzuführen, wenn einer der Tatbestände des § 6 Z 1 bis 5 leg cit vorliegt und nach einem Ermittlungsverfahren ein sonstiger Hinweis auf Verfolgungsgefahr nicht feststellbar ist; liegt keiner dieser Tatbestände oder ein sonstiger Hinweis auf Verfolgungsgefahr vor, ist das Asylverfahren nach § 7 leg cit abzuführen, wobei sich die Fristen betreffend das Berufungsverfahren nach den im AVG vorgesehenen Fristen richten. Die Abgrenzung zwischen einem Verfahren nach § 6 AsylG 1997 und einem „ordentlichen" Verfahren nach § 7 leg cit bereitet insb in den Fällen des § 6 Z 2, 3 und 5 AsylG 1997 erhebliche Probleme (vgl dazu auch die Ausführungen zu § 32 Rz 920).

298a Der VwGH geht davon aus, daß die *„offensichtliche Unbegründetheit von Asylanträgen"* nach § 6 AsylG 1997 gegenüber der *„Asylgewährung auf Grund Asylantrages"* gem § 7 AsylG 1997 eine eigenständige Verwaltungssache bildet. So hat der VwGH vor dem Hintergrund eines (abgekürzten) Berufungsverfahrens vor dem UBAS festgehalten, daß *„(...) in bezug auf Entscheidungen nach § 6 AsylG klargestellt wird, daß nur die offensichtliche Unbegründetheit Gegenstand der Überprüfung ist. Die Berufung kann demnach nicht mit der Begründung abgewiesen werden, daß der Asylantrag zwar nicht ‚offensichtlich', aber doch ‚unbegründet' sei. Von klarstellender Bedeutung könnte die Bestimmung auch insofern sein, als sie vor allem für Fälle des § 6 AsylG zum Ausdruck zu bringen scheint, daß nur die ‚Feststellung' als solche zählt und die Berufung daher auch dann abzuweisen ist, wenn der Asylantrag aus anderen als den vom Bundesasylamt angenommenen Gründen offensichtlich unbegründet ist"* (VwGH 23. 7. 1998, 98/20/0175; vgl dazu auch die Ausführungen zu § 32 Rz 924). Bildet aber die „offensichtliche Unbegründetheit von Asylanträgen" nach § 6 AsylG 1997 einen eigenständigen Verfahrensgegenstand (eine eigenständige Verwaltungssache), dann müßte aber die „offensichtliche Unbegründetheit von Asylanträgen" auch einem eigenständigen rechtlichen Schicksal unterliegen. Dem BAA ist es daher im Lichte dessen grundsätzlich verwehrt, nach einer (rechtskräftigen) Entscheidung nach § 6 AsylG 1997 neuerlich einen Bescheid auf § 6 leg cit zu stützen; dem stünde das Prozeßhindernis der „res iudicata" entgegen (gleiches gilt sinngemäß auch für die Bestimmungen der §§ 4 und 5 AsylG 1997). Streng gesehen würde dies aber auch bedeuten, daß die (rechtskräftige) Abweisung eines Asylantrages wegen offensichtlicher Unbegründetheit nach § 6 AsylG 1997 im Hinblick auf ein Verfahren nach § 7 betreffend die „Asylgewährung auf Grund Asylantrages" keine „entschiedene Sache" („res iudicata") bilden würde. Daß dem allerdings nicht so sein kann, liegt auf der Hand.

III. Rechtsbedingungen der offensichtlichen Unbegründetheit von Asylanträgen

299 Jene Rechtsbedingungen, bei deren Vorliegen davon auszugehen ist, daß der dem Verfahren zugrunde liegende Asylantrag offensichtlich unbegründet ist, finden sich abschließend in § 6 Z 1 bis 5 AsylG 1997. Dazu tritt die Rechtsbedingung, daß kein sonstiger Hinweis, dh irgendein Indiz, auf irgendeine Verfolgungsgefahr hindeutet. Diese letzte Rechtsbedingung tritt generell zu den einzelnen Tatbeständen der Z 1 bis 5 des § 6 leg cit. Die Wortfolge „wenn sie (nämlich die Asylanträge) eindeutig jeder Grundlage entbehren" in § 6 erster Satz AsylG 1997, spricht dafür, daß an den Grad der Sicherheit, mit dem ein Indiz auf eine bestehende Verfolgungsgefahr hinweist, nicht zu hoch anzusetzen ist. Aus dem systematischen Zusammenhang mit § 7 ist zu schließen, daß auch in diesem Zusammenhang die bloße Wahrscheinlichkeit (die Glaubhaftmachung) einer bestehenden Verfolgungsgefahr ausreicht.

a) Behauptung einer Verfolgung

300 Ein Asylantrag gilt bei Fehlen eines sonstigen Hinweises auf Verfolgungsgefahr als offensichtlich unbegründet, wenn sich dem Vorbringen der Asylwerber offensichtlich nicht die Behauptung entnehmen läßt, daß ihnen im Herkunftsstaat Verfolgung droht (§ 6 Z 1 AsylG 1997). *„Offensichtlich"* bedeutet hier soviel wie *„mit nahezu absoluter Sicherheit erkennbar"*. Einem Asylantrag muß sich die Behauptung einer Verfolgungsgefahr im Herkunftsstaat nicht wörtlich entnehmen lassen, es genügt, wenn sie schlüssig erkennbar ist. Die Verfolgungsgefahr muß als eine im Herkunftsstaat (nicht in einem Drittstaat) bestehende Verfolgungsgefahr (entweder ausdrücklich oder erschließbar) dargestellt werden. Dies gilt nach dem Wortlaut des Gesetzes auch für entweder auf Grund des Alters oder auf Grund einer geistigen Behinderung handlungsunfähige Asylwerber, die häufig gar nicht in der Lage sind, eine entsprechende Behauptung aufzustellen; daß hier besondere Vorsicht geboten ist, liegt auf der Hand (dies gilt gleichermaßen für die Tatbestände der Z 2 bis 5 des § 6 AsylG 1997).

b) Ursachen der Verfolgungsgefahr außerhalb der GFK

301 Ein Asylantrag gilt zudem als offensichtlich unbegründet, wenn die behauptete Verfolgungsgefahr im Herkunftsstaat nach dem Vorbringen der Asylwerber offensichtlich nicht auf die in Art 1 Abschn A Z 2 GFK genannten Gründe zurückzuführen ist und irgendein sonstiger Hinweis auf eine Verfolgungsgefahr nicht zutage tritt (§ 6 Z 2 AsylG 1997). Hier muß sich den Ausführungen des Asylwerbers ausdrücklich eine Verfolgungsgefahr entnehmen lassen (arg „behauptete Verfolgungsgefahr"). Zudem muß nach den Ausführungen des Asylwerbers mit qualifizierter Sicherheit („offensichtlich") erschlossen werden können, daß die behauptete Verfolgungsgefahr auch nicht teilweise in einem der in Art 1 Abschn A Z 2 GFK genannten Gründe (Gründe der Rasse, Religion, Nationalität Zugehörigkeit zu einer bestimmten sozialen Gruppe oder der politischen Gesinnung) ihre Ursache hat (Kausalzusammenhang).

c) Unwahre Vorbringen

302 Fehlt ein sonstiger Hinweis auf eine Verfolgungsgefahr, dann gilt ein Asylantrag auch dann als offensichtlich unbegründet, wenn das Vorbringen des Asylwerbers zu einer Bedrohungssituation offensichtlich nicht den Tatsachen entspricht (§ 6 Z 3 AsylG 1997); dh das Vorbringen des Asylwerbers mit an absoluter Sicherheit grenzender Wahrscheinlichkeit nicht auf wirkliche der Tatsachenwelt entstammende Umstände gestützt ist. Dieser Tatbestand kommt im Lichte des Zwecks dieserBestimmung nur dann zur Anwendung, wenn die sich Tatsachenwidrigkeit auf das *gesamte* Vorbringen des Asylwerbers bezieht; ist das Vorbringen des Asylwerbers auch nur in einem Punkt möglicherweise auf eine wahre Tatsache gestützt, scheidet die Anwendbarkeit des § 6 Z 3 leg cit aus (vgl auch UBAS 25. 3. 1998, 202.271/0-V/14/98).

d) Verletzung der Mitwirkungspflicht

303 Ohne sonstigen Hinweis auf eine Verfolgungsgefahr gilt ein Asylantrag auch dann als offensichtlich unbegründet, wenn die Asylwerber an der Feststellung des maßgebenden Sachverhalts trotz Aufforderung nicht mitwirken (§ 6 Z 4 AsylG 1997), dh ihre Mitwirkungspflichten (siehe dazu unten die Ausführungen zu § 27, Rz 808) in qualifizierter Weise verletzen. Die Verletzung der Mitwirkungspflichten ist hier nur dann maßgeblich, wenn sie entgegen einer entsprechenden (schriftlichen oder mündlichen) Aufforderung erfolgt und dem Asylwerber die Aufforderung auch zukommt. Zudem muß dem Asylwerber die Mitwirkung am Verfahren auch möglich sein. Zum Begriff der Aufforderung hat der UBAS festgehalten: *„Die Wendung ‚trotz Aufforderung' in § 6 Z 4 ragt aber aus dem Regime der allgemeinen Mitwirkungspflicht heraus. Will die Asylbehörde ihre Entscheidung auf die mangelnde Mitwirkung stützen, was sich im Verlaufe einer Vernehmung durchaus als Möglichkeit einer Erledigung abzuzeichnen beginnen kann, so ist sie (...) verpflichtet, ausdrücklich zur Mitwirkung aufzufordern"* (UBAS 2. 7. 1998, 203.832/0-X/31/98).

e) Sicherer Herkunftsstaat

304 Besteht im Herkunftsstaat (§ 1 Z 4 AsylG 1997) auf Grund der allgemeinen politischen Verhältnisse, der Rechtslage und der Rechtsanwendung in der Regel keine begründete Gefahr einer Verfolgung aus den in Art 1 Abschn A Z 2 GFK genannten Gründen (§ 6 Z 5 AsylG 1997) und zudem kein sonstiger Hinweis auf eine Verfolgungsgefahr („safe country of origin"), dann gilt der Asylantrag als offensichtlich unbegründet. Hier ist die Besonderheit zu erwähnen, daß es im Lichte des Tatbestands des § 6 Z 5 AsylG 1997 teilweise zu einer Abstraktion vom Einzelfall kommt (arg *„allgemein"* und *„in der Regel"*). Eine Prüfung der Verhältnisse im Herkunftsstaat (politische Verhältnisse, Rechtsordnung, Rechtsumsetzung) muß ergeben, daß in dem betreffenden Staat eine Verfolgung einzelner Personen nahezu ausgeschlossen ist. Aus diesem generellen Ergebnis schließt man, daß auch im Einzelfall die Gefahr einer Verfolgung nahezu ausgeschlossen ist, mag eine solche auch behauptet werden. Damit nähert sich das AsylG 1997 einem Konzept, das man allgemein als das „Konzept sicherer Herkunftsstaaten" umschreibt (vgl dazu Art 16a Abs 3 dt GG; Art 16 Abs 2 schweizerisches Asylgesetz; *Zimmermann*, Grundrecht, 42 ff; *Schenk*, Listenvorbehalt; *Achermann/Hausamann*, Handbuch, 298 f; *Kälin*, Grundriß, 264 f; siehe dazu ferner Arbeiten im Rahmen des Europarates, dazu den Bericht des Expertenkomitees des Europarates vom 4. 9. 1991, CAHAR (91) 2: Ad hoc Committee of Experts on the Legal Aspects of Territorial Asylum, Refugees and Stateless Persons: „The Concept of ‚safe country' and expedient asylum procedures", prepared by *K. Hailbronner*).

305 Ausführlich behandelt wird das Konzept der sicheren Herkunftsstaaten in den Schlußfolgerungen der für Einwanderungsfragen zuständigen Minister der Mitgliedstaaten der EG vom 30. November und 1. Dezember 1992 in London betreffend Länder, in denen im allgemeinen keine ernstliche Verfolgungsgefahr besteht, wobei an Nummer 1 Buchstabe a der Entschließung über offensichtlich unbegründete Asylanträge angeknüpft wird, die an der genannten Stelle auf Länder Bezug nimmt, in denen im allgemeinen keine ernstliche Gefahr einer Verfolgungsgefahr besteht. Nach den obigen Schlußfolgerungen bedeutet *„dieser Begriff"* (gemeint ist die Wortfolge „Länder, in denen im allgemeinen keine ernstliche Verfolgungsgefahr besteht"), *„daß eindeutig, d. h. objektiv und überprüfbar nachgewiesen werden kann, daß in der Regel aus dem betreffenden Land keine Flüchtlinge kommen bzw. daß Gegebenheiten, die in der Vergangenheit die Anwendung des Genfer Abkommens von 1951 gerechtfertigt haben können, nicht mehr bestehen"* (Nummer 1 zweiter Absatz).

306 Unter dem Titel „Zielsetzung" wird in den Schlußfolgerungen der Minister ausgeführt: *„Mit der Entwicklung dieses Konzepts soll die Ausarbeitung eines harmonisierten Verfahrens zur Behandlung der Asylanträge von Bewerbern aus Ländern unterstützt werden, aus denen ein hoher Prozentsatz eindeutig unbegründeter Asylanträge stammt; zugleich soll der Druck auf die Stellen verringert werden, die über die Asylanträge zu entscheiden haben und die zur Zeit aufgrund derartiger Anträge überlastet sind. Damit kann dazu beigetragen werden, daß wirklich schutzbedürftige Flüchtlinge nicht unnötig lange auf die Anerkennung ihres Status warten müssen und daß Asylverfahren nicht mißbräuchlich in Anspruch genommen werden. Die Mitgliedstaaten sind bestrebt, hinsichtlich einiger Länder, an die in diesem Zusammenhang besonders zu denken ist, zu einer gemeinsamen Beurteilung zu gelangen. Zu diesem Zweck werden sie in einem geeigneten Rahmen Informationen über etwaige nationale Entscheidungen austauschen, wonach bestimmte Länder als Länder zu betrachten sind, in denen im allgemeinen keine ernstliche Verfolgungsgefahr besteht. Bei einer solchen Bewertung sind zumindest die in diesem Dokument niedergelegten Bewertungsfaktoren zu berücksichtigen"* (Nummer 2 der Schlußfolgerungen).

307 *„Wird ein Land von einem Mitgliedstaat als Land bewertet, in dem im allgemeinen keine ernstliche Verfolgungsgefahr besteht, so sollte das nicht automatisch die Ablehnung aller Asylanträge von Staatsangehörigen dieses Landes zur Folge haben oder dazu führen, daß solche Staatsangehörige von Einzelprüfungsverfahren ausgeschlossen werden. Ein Mitgliedstaat kann sich dafür entscheiden, aufgrund einer solchen Bewertung in bestimmten Fällen beschleunigte Verfahren anzuwenden, wie sie unter Nummer 2 der von den für Einwanderungsfragen zuständigen Minister auf ihrer Tagung am 30. November und 1. Dezember 1992 angenommenen Entschließung über offensichtlich unbegründete Asylanträge genannt sind. Die Mitgliedstaaten werden dennoch die individuellen Ansprüche aller Asylbewerber aus solchen Ländern und alle von ihnen vorgebrachten besonderen Hinweise prüfen, die gewichtiger sein könnten als die allgemeine Annahme"* (Nummer 3 der Schlußfolgerungen).

308 *„Bei der Bewertung der allgemeinen Verfolgungsgefahr in einem bestimmten Land sollten folgende Faktoren berücksichtigt werden:*

a) ***Frühere Flüchtlingszahlen und Anerkennungsraten:*** *Es ist erforderlich, die Prozentsätze der Anerkennung von Asylbewerbern zu berücksichtigen, die in den letzten Jahren aus dem betreffenden Land in die Mitgliedstaaten geflüchtet sind. Die Lage kann sich natürlich ändern, und traditionell niedrige Anerkennungsraten müssen nicht unbedingt weiterbestehen, wenn es (zum Beispiel) einen gewaltsamen politischen Umsturz gegeben hat. Treten in einem Land jedoch keine wesentlichen Veränderungen ein, so kann normalerweise davon ausgegangen werden, daß die Anerkennungsraten weiterhin niedrig sein werden und keine Tendenz besteht, daß aus diesem Land Flüchtlinge kommen.*

b) ***Achtung der Menschenrechte:*** *Zu berücksichtigen ist, welche* ***förmlichen*** *Verpflichtungen ein Land durch seinen Beitritt zu internationalen Menschenrechts-Übereinkünften und durch die Annahme innerstaatlicher Rechtsvorschriften eingegangen ist und wie dieses diesen Verpflichtungen* ***in der Praxis*** *nachkommt. Das letztgenannte Kriterium ist eindeutig wichtiger, und der Beitritt oder Nichtbeitritt zu einer bestimmten Übereinkunft darf nicht allein schon die Annahme bewirken, daß in einem betreffenden Land im allgemeinen keine ernstliche Verfolgungsgefahr besteht. Es sollte anerkannt werden, daß eine bestimmte Art von Menschenrechtsverletzungen ausschließlich mit einer bestimmten Bevölkerungsgruppe oder Region eines Landes verbunden sein kann. Die Bereitschaft des betreffenden Landes, die Achtung* *der Menschenrechte in seinem Bereich durch NGOs überwachen zu lassen, ist auch ein wichtiges Kriterium dafür, wie ernst es diesem Land mit seinen Verpflichtungen aufgrund der Menschenrechte ist.*

c) ***Demokratische Einrichtungen:*** *Das Bestehen einer oder mehrerer spezifischer Einrichtungen kann nicht als unabdingbare Voraussetzung angesehen werden; vielmehr sollte das Augenmerk auf demokratische Prozesse, Wahlen, politischen Pluralismus, das Recht auf freie Meinungsäußerung und Gedankenfreiheit gerichtet werden. Besonders aufmerksam sollte geprüft werden, ob Rechtsmittel zur Wahrung der Wiederherstellung der betreffenden Rechte zur Verfügung stehen und wirksam eingelegt werden können.*

d) ***Stabilität:*** *Unter Berücksichtigung der obigen Gesichtspunkte muß beurteilt werden, ob mit dramatischen Veränderungen in unmittelbarer Zukunft zu rechnen ist. Jede Beurteilung muß von Zeit zu Zeit im Lichte der Ereignisse überprüft werden"* (Nummer 4 der Schlußfolgerungen).

309

„Die Bewertungen hinsichtlich einer Verfolgungsgefahr in einzelnen Ländern sollten möglichst vielfältige Informationsquellen zur Grundlage haben, in die auch Stellungnahmen und Berichte von diplomatischen Vertretungen, internationalen Organisationen und Nichtregierungsorganisationen sowie Presseberichte einzubeziehen sind.

Informationen des UNHCR kommt in diesem Rahmen besondere Bedeutung zu. Das UNHCR bildet sich ein Urteil über die relative Sicherheit der Herkunftsländer der Flüchtlinge, und zwar sowohl für eigene operationelle Zwecke als auch in Beantwortung von Ersuchen um Stellungnahme. Das UNHCR hat Zugang zu Informationsquellen der Vereinten Nationen und der Nichtregierungsorganisationen" (Nummer 5 der Schlußfolgerungen).

„Die Mitgliedstaaten können auch andere als die obengenannten und von Zeit zu Zeit zu überprüfenden Bewertungsfaktoren berücksichtigen" (Nummer 6 der Schlußfolgerungen).

Asyl auf Grund Asylantrages

§ 7. Die Behörde hat Asylwerbern auf Antrag mit Bescheid Asyl zu gewähren, wenn glaubhaft ist, daß ihnen im Herkunftsstaat Verfolgung (Art. 1 Abschnitt A Z 2 der Genfer Flüchtlingskonvention) droht und keiner der in Art. 1 Abschnitt C oder F der Genfer Flüchtlingskonvention genannten Endigungs- oder Ausschlußgründe vorliegt.

RV: [20]

Die Asylgewährung auf Grund Asylantrages ist nur möglich, wenn die betreffende Person einer Verfolgungsgefahr im Sinne des Art 1 Abschnitt A Z 2 der Genfer Flüchtlingskonvention ausgesetzt ist und keiner der Endigungs- oder Ausschlußgründe vorliegt. Diese Asylausschlußtatbestände sind somit bereits im Rahmen der Asylgewährung zu prüfen, so daß es deren gesonderten Normierung als Asylausschlußtatbestände nicht mehr bedarf.

Wie bisher hat die Asylgewährung nach dieser Bestimmung auf Antrag zu erfolgen und wird das Prinzip der Glaubhaftmachung festgeschrieben; die Beweislast liegt nach wie vor bei den Behörden.

Nach § 12 des Entwurfs ist mit einer Asylgewährung kraft Gesetzes die Feststellung der Flüchtlingseigenschaft verbunden. Infolge dessen hat die Behörde im Bescheid über die Asylgewährung – nicht aber im Falle der Ablehnung des Asylantrags – festzustellen, daß dem Fremden die Flüchtlingseigenschaft zukommt.

Inhaltsübersicht

I. Asylgewährung

a) Allgemeines

310 Die Asylgewährung ist die Zuerkennung eines dauernden Einreise- und Aufenthaltsrechts (§ 1 Z 2 AsylG 1997) durch rechtsgestaltenden Bescheid. Das AsylG 1997 kennt neben § 7 weitere Fälle der Asylgewährung: Asyl von Amts wegen nach § 9 und die Asylerstreckung nach den §§ 10 und 11 AsylG 1997. Mit der Asylgewährung ist regelmäßig die Feststellung der Flüchtlingseigenschaft verbunden (§ 12 leg cit). Die normative Verweigerung von Asyl ist dem AsylG 1997 fremd. Ein Asylantrag kann nach den gesetzlichen Bestimmungen lediglich abgewiesen werden. Die bloße Abweisung des Asylantrags besagt jedoch nichts über ein bestehendes Einreise und Aufenthaltsrecht, das auch auf anderen Rechtsgrundlagen beruhen kann (siehe dazu oben die Ausführungen zu § 1, Rz 46).

b) Antragsbedürftigkeit des Verfahrens

311 Vielfach ist in den Verwaltungsvorschriften vorgesehen, daß ein Verwaltungsverfahren nur auf Initiative der Behörde, auf Initiative der Behörde oder eines Beteiligten oder nur auf Grund einer Initiative eines Beteiligten einzuleiten ist. Im letzten Fall spricht man von „antragsbedürftigen Verfahren". In solchen Fällen darf die Behörde einen Bescheid nur erlassen, wenn ein entsprechender Antrag eines Beteiligten vorliegt. Die Asylgewährung ist kraft gesetzlicher Anordnung des § 7 AsylG 1997 – ausgenommen die Fälle des § 9 leg cit – nur auf Grund eines Asylantrags eines Asylwerbers möglich. Asylwerber(in) ist ein Fremder oder eine Fremde ab Einbringung (nicht Stellung nach § 3 Abs 2 leg cit) eines Asylantrags oder eines Asylerstreckungsantrags bis zum rechtskräftigen Abschluß des Verfahrens oder bis zu dessen Einstellung (§ 1 Z 3 leg cit). Wenn die Asylgewährung nur an Asylwerber zulässig ist, ergibt sich die Antragsbedürftigkeit des Verfahrens in den Fällen des § 7 leg cit auch aus § 1 Z 3 AsylG 1997. Das Asylverfahren ist nicht nur ein antragsbedürftiges, sondern auch ein amtswegiges Verfahren. Dies bedeutet, daß das Verfahren zwar auf Antrag eingeleitet, der Fortgang des Verfahrens aber grundsätzlich von Amts wegen bestimmt wird.

c) Rechtsbedingungen

312 Für jede Asylgewährung ist Rechtsbedingung, daß sich der (die) betroffene Fremde im Bundesgebiet aufhält (§ 2 erster Halbsatz AsylG 1997; siehe dazu oben die Ausführungen zu § 2, Rz 160 ff). Weiters ist gefordert, daß eine drohende Verfolgung im Herkunftsstaat glaubhaft ist. Zuletzt darf keiner der in Art 1 Abschn C oder F der GFK genannten Endigungs- oder Ausschlußtatbestände vorliegen.

1. Verfolgungsgefahr

313 Unter einer drohenden Verfolgung (Verfolgungsgefahr) versteht man einen mit einer gewissen Wahrscheinlichkeit bevorstehenden Eingriff von bestimmter Intensität und Qualität in die schützenswerte Sphäre einer Person. Die Verfolgungsgefahr bezieht sich nicht auf vergangene Ereignisse (vgl dazu auch VwGH 10. 9. 1997, 96/21/0424), sondern verlangt eine Prognose, mag auch eine bereits erlittene Verfolgung ein wichtiges Indiz für eine drohende Verfolgung sein. Auch der VwGH hat ausdrücklich darauf hingewiesen, daß es im Hinblick auf die Flüchtlingseigenschaft *„auf wohlbegründete Furcht vor Verfolgung (und somit auf eine Verfolgungsprognose)"* ankomme (vgl VwGH 5. 11. 1992, 92/01/792). Nach dem Gesetzestext muß es sich um eine Verfolgungsgefahr iSd GFK handeln (zur Verfolgungsgefahr iSd Art 1 Abschn A Z 2 GFK siehe die Ausführungen zu § 12, Rz 380 ff). Durch diesen Verweis auf die GFK, der sich dem Wortlaut nach nur auf den Ausdruck *„Verfolgung"* bezieht, ist nicht ohne weiteres klargestellt, daß die notwendige Verfolgungsgefahr auch in den in Art 1 Abschn A Z 2 GFK genannten Gründen (ds Gründe der Rasse, Religion, Nationalität, Zughörigkeit zu einer bestimmten sozialen Gruppe oder der politischen Einstellung; zu den Verfolgungsgründen siehe unten die Ausführungen zu § 12, Rz 398 ff) ihre Ursache haben muß. Auf Grund des Umstands allerdings, daß mit der Asylgewährung regelmäßig die Feststellung der Flüchtlingseigenschaft verbunden ist, läßt sich vermuten, daß zwischen Asylgewährung und Flüchtlingseigenschaft ein enger sachlicher Konnex besteht, der nur im Sinne einer gewollten Gleichbehandlung aller Personen, denen Asyl (auch nach den §§ 9, 10 und 11 AsylG 1997) gewährt wird, im Einzelfall (etwa im Fall einer Asylerstreckung) durchbrochen wird. Dies läßt nach systematischen Überlegungen den – allerdings nicht zwingenden – Schluß zu, daß der Verfolgungsbegriff des § 7 AsylG 1997 auch die in der GFK genannten Verfolgungsursachen mitumfaßt.

314 Die Verfolgungsgefahr muß nicht mit an Sicherheit grenzender Wahrscheinlichkeit vorliegen. Gefordert ist lediglich, daß die Verfolgungsgefahr glaubhaft ist. Von einer *„Glaubhaftmachung“* (*„Bescheinigung“*) spricht man – zum Unterschied vom *„Beweis“* – dann, wenn die Herbeiführung eines behördlichen Urteils über die Wahrscheinlichkeit einer Tatsache genügt (*Walter/Mayer*, Verwaltungsverfahrensrecht, Rz 315; *Hellbling* I, 272; *Herrnritt*, 89; *Rosenmayr*, Asylrecht, 584; vgl auch UBAS 3. 2. 1998, 201.190/0-II/04/98). Die bloße Glaubhaftmachung genügt nur dann, wenn dies im Gesetz vorgesehen ist (§ 7 zweiter Halbsatz AsylG 1997; vgl auch § 49 Abs 4, § 53 Abs 1, § 71 Abs 1 Z 1 AVG und § 8 Abs 1 VVG). Der VwGH geht davon aus, daß „Glaubwürdigkeit“ im Sinne der Beweiswürdigung und „Glaubhaftmachung“ im Sinne der rechtlichen Eignung zur Dartuung wohlbegründeter Furcht vor Verfolgung unterschiedlich zu behandelnde Termini sind (VwGH 11. 6. 1997, 95/01/0627).

315 Zur Glaubhaftmachung bzw zur Glaubwürdigkeit hat sich der VwGH in eine kasuistische Judikatur eingelassen: *„(…) daß die Vorladung des wegen seiner politischen Gesinnung den Behörden seines Heimatlandes seit langem bekannten und wegen der Teilnahme an Demonstrationen bereits verurteilten, mehrmals inhaftierten und mißhandelten Beschwerdeführers wegen des Ergebnisses der vorgenommenen Hausdurchsuchung zur Miliz (in Verbindung mit der allgemein bekannten Lage der albanischen Minderheit im Kosovo) aus objektiver Sicht eine Situation geschaffen habe, in der die Furcht des Beschwerdeführers, wegen seiner politischen Gesinnung verfolgt zu werden wohlbegründet und ihm dadurch ein weiterer Verbleib in seinem Heimatland unerträglich sei, kann ohne nähere Begründung nicht verneint werden. Auch kann – soferne die vorgelegte Urkunde als glaubwürdig zu erachten ist – der Verurteilung des Beschwerdeführers wegen des ‚Schürens von National-, Gruppen- und Rassenhasses und -intoleranz‘ nicht ohne nähere Begründung ein solcher Zusammenhang mit der politischen Tätigkeit des Beschwerdeführers abgesprochen werden, der es rechtfertigen würde, die wegen dieser Tat verhängte Strafe als Verfolgung wegen der politischen Gesinnung anzusehen (vgl. z.B. das Erkenntnis des Verwaltungsgerichtshofes vom 18. März 1993, Zl. 92/01/0720). Der Hinweis, daß es sich bei der Tat des Beschwerdeführers um ein ‚in Übereinstimmung mit dem jugoslawischen Strafgesetzen rechtswidriges Verhalten‘ gehandelt habe, vermag die hiefür erforderliche Begründung jedenfalls nicht zu geben“* (VwGH 15. 12. 1993, 93/01/0019). *(Es) kann (...) nicht grundsätzlich ausgeschlossen werden, daß allfällige Maßnahmen staatlicher Behörden gegen Teilnehmer illegaler Demonstrationen auch asylrechtliche Relevanz haben können“* (VwGH 10. 6. 1998, 96/20/0287). *„Der Beschwerdeführer (macht) mit Recht sinngemäß geltend, daß entgegen der Ansicht der belangten Behörde aus der Abhaltung von Wahlen für sich allein kein zwingender Schluß auf den allgemeinen Wegfall von zuvor als ‚typisch‘ anzusehenden Verfolgungshandlungen gegenüber bestimmten Personen oder Personengruppen gezogen werden kann“* (VwGH 26. 11. 1993, 92/01/0723; vgl auch VwGH 20. 5. 1992, 91/01/0216, 25. 11. 1992, 92/01/0585, 0586). *„Die belangte Behörde hat den Haftbefehl zunächst schon allein deshalb als nicht verfahrensentscheidend beurteilt, weil er lediglich in Ablichtung vorgelegt worden sei. Zu einer solchen Beweiswürdigung wäre die belangte Behörde aber nur dann berechtigt gewesen, wenn sie dargetan hätte, aus welchen Gründen sie Zweifel an der Richtigkeit der Ablichtung hege und daß das Originaldokument trotz entsprechender an den Beschwerdeführer gerichteter Aufforderung nicht beigebracht worden sei. Derartige Feststellungen bzw. verfahrensrechtliche Schritte wurden von der belangten Behörde nach Ausweis der Verwaltungsakten aber nicht getroffen. Aber auch was die Würdigung des Inhaltes des Haftbefehls anbelangt, hätte die belangte Behörde nicht ohne weiteres davon* *ausgehen dürfen, daß ,der Hintergrund, warum nach Ihnen gesucht wird, nicht erhellt' worden sei. Vielmehr wäre die belangte Behörde verpflichtet gewesen, den Haftbefehl insbesondere unter dem Blickwinkel der darin dem Beschwerdeführer vorgeworfenen Verletzung konkret angeführter gesetzlicher Bestimmungen darauf hin zu überprüfen, ob sich daraus – etwa infolge des Vorwurfs der Begehung eines politischen Deliktes – für den Ausgang des Verfahrens über die Feststellung der Flüchtlingseigenschaft des Beschwerdeführers relevante Umstände ergeben"* (VwGH 26. 11. 1993, 92/01/0723).

„Die Beurteilung eines Vorbringens als unglaubwürdig kann nicht auf einem Mangel an Information, sondern müßte auf Widersprüchen und Divergenzen innerhalb der erteilten Information durch Abwägung der Argumente beruhen. Die Würdigung eines Vorbringens kann daher nur aufeine entsprechende Sachverhaltsgrundlage gestützt werden" (VwGH 10. 3. 1994, 94/19/0273).

Europäische Maßstäbe können ohne entsprechende in das Ermittlungsverfahren einbezogene Feststellungen auf außereuropäische Länder nicht übertragen werden (vgl VwGH 10. 3. 1994, 94/19/0275): *„Der Verwaltungsgerichtshof hat bereits zu wiederholten Malen ausgesprochen, daß bei der Beurteilung der von einem außereuropäischen Asylwerber geschilderten Verfolgungsgefahr nicht nur die dortigen politischen, wirtschaftlichen und sozialen Verhältnisse im Rahmen einer Gesamtschau mitzuberücksichtigen sind, sondern daß auch eine gewisse Zurückhaltung bei der Beurteilung der Wahrscheinlichkeit und Angemessenheit staatlicher Sanktionen auf ein inkriminiertes Verhalten unter Anlegung europäischer Maßstäbe und Wertungen geboten erscheint. Die für europäische Begriffe unverhältnismäßig harte Strafe für eine nach solchen Maßstäben nicht strafbare Handlung kann daher ohne genauere Kenntnis der im – politisch und gesellschaftlich in Unruhe befindlichen – Heimatland des Beschwerdeführers herrschenden Verhältnisse nicht von vornherein als völlig unwahrscheinlich gewertet werden. Dieselben grundsätzlichen Überlegungen beziehen sich auch auf das nächste von der belangten Behörde herangezogene Argument, die vom Beschwerdeführer behauptete Flucht nach Hause sei unglaubwürdig, weil dort wohl als erstes nach ihm gesucht worden wäre, was angesichts nicht näher dargelegter Kenntnis über die Schnelligkeit und Effektivität von Fahndungen der staatlichen Organe im Heimatland des Beschwerdeführers nicht stichhältig ist. Im übrigen ergibt sich aus der niederschriftlichen Befragung des Beschwerdeführers nicht, wann bzw. wie lange er sich ,zu Hause' aufgehalten hat"* (VwGH 19. 3. 1997, 95/01/0553).

„Die Ansicht der belangten Behörde, es sei nicht glaubwürdig, daß die Beschwerdeführerin als Auskunftsperson länger angehalten worden sei als zur Befragung erforderlich, zumal es nicht zielführend sei, den Gatten durch die Haft der Beschwerdeführerin zu zwingen, sich den Behörden zu stellen, ist ohne nähere Kenntnis über die Vorgangsweise des nigerianischen Militärregimes gegenüber politisch unliebsamen Personen und deren Familienangehörigen nicht schlüssig. Es wäre durchaus denkbar, daß ein Regime versucht, einen politisch Andersdenkenden dadurch zu bewegen, sich den Behörden zu stellen, daß Repressionen gegen dessen Angehörige ausgeübt werden. Ebenso ist es nicht schlüssig, wenn die belangte Behörde ohne nähere Feststellungen über die Zustände in nigerianischen Krankenhäusern, in denen Häftlinge untergebracht werden, die Ansicht vertrat, es sei nicht glaubwürdig, daß der Beschwerdeführerin die Flucht durch die Mithilfe einer (bestochenen) Krankenschwester gelungen sei" (VwGH 28. 1. 1998, 95/01/0651).

„Völlig unverständlich (...) erweist sich die Begründung des angefochtenen Bescheides, wenn sie dem Beschwerdeführer empfiehlt, auch zu Unrecht erhobene

Strafvorwürfe im Rahmen eines gerichtlichen Verfahrens entkräften zu sollen, übersieht sie doch, daß nach den Behauptungen des Beschwerdeführers durch ein Militärgericht bereits die Verurteilung des Beschwerdeführers zu lebenslanger Haft ausgesprochen wurde, ohne daß es ihm offenbar gelungen wäre, die gegen ihn erhobenen Anschuldigungen zu entkräften, wie es die belangte Behörde nun offenbar verlangt" (VwGH 10. 3. 1994, 94/19/0275).

„Insoweit die belangte Behörde dem Vorbringen des Beschwerdeführers mangelnde Glaubwürdigkeit lediglich aus dem Grunde zumißt, er habe sich bereits im April 1994 um einen Personalausweis und im Mai 1994 um einen türkischen Reisepaß bemüht, also zu einem Zeitpunkt, in dem die behaupteten Festnahmen von Gesinnungsgenossen noch nicht erfolgt gewesen seien, er daher bereits vor diesem Zeitpunkt offenkundig die Absicht gehabt habe, seine Heimat zu verlassen, wird übersehen, daß allein aus der Tatsache der Besorgung dieser (auf falschen Personalangaben beruhenden) Dokumente auf das Nichtvorliegen der Flüchtlingseigenschaft nicht rückgeschlossen werden kann, zumal nicht geklärt wurde, ob es lediglich die beabsichtigte Flucht war, die den Beschwerdeführer dazu veranlaßte. Die diesbezüglichen Erwägungen der belangten Behörde erweisen sich demnach als nicht schlüssig" (VwGH 27. 6. 1995, 94/20/0817).

„Der Beschwerdeführer hat nämlich als Grund für seine Verhaftung im Jahr 1991 seine politische Vergangenheit in der vorerwähnten kurdischen Partei angegeben, sodaß seine Behauptung, aufgrund seiner Weigerung für den irakischen Gemeindienst als ‚Spitzel' tätig zu sein und deshalb durch ein als Richter auftretendes staatliches Organ zum Tode verurteilt worden zu sein, von vornherein nicht als unschlüssig abgetan werden kann. Allein deshalb, weil das Todesurteil nach seinen Angaben auf vorerst unbestimmte Zeit aufgeschoben worden sei, kann noch nicht auf die Unglaubwürdigkeit der behaupteten Verkündung dieses Urteils – ob es nun tatsächlich von einem richterlichen Organ oder einem dazu nicht Befugten ausgesprochen worden war – geschlossen werden, zumal in Gebieten der bürgerkriegsähnlichen politisch bedingten Auseinandersetzungen beim Verhalten staatlicher Behörden nicht ohne weiteres jener Maßstab angelegt werden kann, der in einer gefestigten, nicht durch innere Unruhen erschütterten Demokratie angebracht erscheint. Mit welchen Mitteln ein Staat daher vermeintliche staatsgefährdende Elemente zu bekämpfen versucht, kann nicht mit Hilfe abstrakter Hypothesen beantwortet werden. Da aus dem Inhalt der Verwaltungsakten nicht hervorgeht, daß dem Beschwerdeführer seinerzeit eine schriftliche Ausfertigung des Todesurteils ausgehändigt worden war, kann der Umstand, daß dieser eine solche Urkunde nicht vorgelegt hatte, nicht zur Begründung der Unglaubwürdigkeit dieser Aussage herangezogen werden" (VwGH 7. 11. 1995, 95/20/0025).

„Was das (...) Argument der belangten Behörde betrifft, so hat der Verwaltungsgerichtshof bereits mehrfach ausgesprochen, daß aus einer problemlosen (legalen) Ausreise eines Asylwerbers alleine noch nicht der Schluß gezogen werden könne, dem Beschwerdeführer drohe in seinem Heimatland keine Verfolgung" (VwGH 9. 11. 1995, 95/19/0082; vgl auch VwGH 18. 9. 1991, 91/01/0037; 14. 10. 1992, 92/01/0410; 24. 3. 1994, 94/19/0059; 16. 7. 1994, 94/19/0298, 24. 3. 1994, 94/19/0059; 19. 3. 1997, 95/01/0553). Ebensowenig ist der Umstand, daß der Asylwerber einen gültigen Reisepaß seines Heimatstaates besitzt, für sich allein kein Hindernis für die Anerkennung der Flüchtlingseigenschaft (vgl VwGH 24. 3. 1994, 94/19/0059; unschlüssig UBAS 3. 2. 1998, 201.190/0-II/04/98). In dieser Allgemeinheit problematisch hält der VwGH aber fest: *„Bei Zutreffen der Feststellung der belangten Behörde, es stehe nicht einmal fest, daß der Beschwerdeführer ‚derje-*

nige sei, als der er sich ausgebe', stieße schon deshalb ihre Schlußfolgerung, dem Beschwerdeführer sei eine nach der ständigen Rechtsprechung des Verwaltungsgerichtshofes gebotene Glaubhaftmachung einer konkreten, seine Person betreffenden aktuellen Gefährdungs- bzw. Bedrohungssituation im Irak nicht gelungen, auf keine Bedenken, setzt doch ein solches Glaubhaftmachen das Feststehen der Identität des Beschwerdeführers voraus" (VwGH 21. 2. 1997, 97/18/0061).

„Insoweit die belangte Behörde im vorliegenden Verfahren dem – im wesentlichen gleichlautenden – Vorbringen des Beschwerdeführers entgegenhält, die Festnahme durch die Revolutionswächter wegen Besitzes von Alkohol, Bildern des Kronprinzen und Videos sei vom Beschwerdeführer ‚lediglich behauptet' worden, diese Angaben seien derart dürftig, daß sie ‚sich einer Überprüfung an der Wirklichkeit entzögen' und daher im Rahmen der von der erkennenden Behörde vorzunehmenden Beweiswürdigung ‚einen geringeren Grad der Glaubwürdigkeit' einnähmen, ist zu erwidern, daß unerfindlich ist und von der belangten Behörde auch nicht näher ausgeführt wird, was an diesen Angaben so nebulos gewesen sei, daß dies die Glaubwürdigkeit des Dargestellten beeinträchtigt. Dem Akt ist nicht zu entnehmen, daß der Beschwerdeführer eingehender befragt, die Antworten darauf jedoch schuldig geblieben wäre" (VwGH 18. 12. 1996, 95/20/0581).

„Der Umstand, daß der Beschwerdeführer ungehindert aus Indien ausreisen konnte, ergibt für sich allein im Zusammenhang mit der Behauptung der drohenden Strafhaft und den vorgelegten Urkunden noch keine tragfähige Begründung dafür, warum aus objektiver Sicht die vom Beschwerdeführer geäußerte (nicht weiter geprüfte) Befürchtung, er habe im Falle der Rückkehr in sein Heimatland wegen seiner politischen Gesinnung den Verlust der Freiheit und seines Lebens zu befürchten, nicht wohl begründet und dadurch ein weiterer Verbleib in seinem Heimatland für ihn nicht unerträglich gewesen sei" (VwGH 26. 7. 1995, 94/20/0722).

Der VwGH hält in ständiger Jud fest, *„daß die Angaben eines Asylwerbers bei seiner ersten Befragung der Wahrheit am nächsten kommen"* (vgl zB VwGH 4. 11. 1992, 92/01/0514; 20. 1. 1993, 92/01/0894; 3. 3. 1994, 94/18/0073; 2. 3. 1995, 94/19/0445; kritisch dazu *Geistlinger*, Fremdenfeindlichkeit, 140 f). Der VwGH behält sich aber eine nähere Schlüssigkeitsprüfung dazu vor: *„Wie die belangte Behörde selbst zutreffend aus Erkenntnissen des Verwaltungsgerichtshofes zitiert, ist bei der Beurteilung, ob es sich um ‚standardisiertes Vorbringen' eines Asylwerbers handelt, Vorsicht geboten. Ganz davon abgesehen, daß der Umstand der Zuhilfenahme von Schlepperorganisationen auf die Glaubwürdigkeit nur im Zusammenhang mit anderen, hinzutretenden Faktoren Einfluß haben kann, ist die Behauptung der ‚Widersprüchlichkeit' oder ‚Steigerung des Vorbringens' oder der ‚vagen Behauptungen' aus dem Akteninhalt nicht verifizierbar. Um einem Asylwerber vorwerfen zu können, er sei nicht in der Lage gewesen, nähere Angaben über ein bestimmtes Beweisthema zu machen, muß zunächst einmal festgestellt werden, daß solche näheren Angaben als möglicherweise entscheidungswesentliche Kriterien überhaupt erfragt worden sind"* (VwGH 27. 1. 1994, 92/01/1117). *„Wenn der Beschwerdeführer in seiner Berufung ausgeführt hat, er sei auf Grund einer Verurteilung inhaftiert worden und habe von der verhängten dreijährigen Freiheitsstrafe ein Jahr und vier Monate verbüßt, stellt dies zwar eine weitergehende Ausführung der (behaupteten) ihm widerfahrenen Verfolgung dar, doch kann aus der näheren Darstellung eines bereits bei der Erstbefragung erhobenen Vorbringens, dessen Detaillierung von der Behörde erster Instanz nicht gefordert worden war, noch nicht auf die Unglaubwürdigkeit des Gesamtvorbringens geschlossen werden"* (VwGH 20. 6. 1995, 94/19/0625; 20. 6. 1995, 94/19/0652). Andererseits hat der VwGH festgehalten: *„Aus der*

Unwahrheit der ersten Angaben zum Fluchtweg ist allein der Schluß nicht zulässig, daß auch die Angaben zu den Fluchtgründen der Wahrheit nicht entsprächen" (VwGH 14. 1. 1998, 97/01/0736).

Zur formlosen (vorläufigen) Entlassung hielt dert VwGH fest: *„Ebensowenig hält die Argumentation der belangten Behörde, der Umstand, daß die Beschwerdeführerin nach ihrer Inhaftierung im Zusammenhang mit dem in ihrem Haus aufgefundenen Plakat formlos freigelassen worden sei, woraus auf mangelndes Interesse des türkischen Staates an einer ‚nachhaltigen Belangung' der Beschwerdeführerin geschlossen werden könne, der dem Verwaltungsgerichtshof aufgegebenen Schlüssigkeitsprüfung stand. Vielmehr deuten die mehrfachen Verhaftungen der Beschwerdeführerin und insbesondere das Auffinden eines für die PKK werbenden Plakates in ihrem Haus darauf hin, daß sie bei einem Verbleib in ihrer Heimat im Hinblick auf den durch das angeführte Plakat erhärteten Verdacht, die PKK zu unterstützen, durchaus mit weiteren Verhaftungen rechnen mußte. Ihre Furcht, weiteren Verfolgungshandlungen ausgesetzt zu werden, kann daher nicht von vornherein als unbegründet angesehen werden"* (VwGH 23. 5. 1995, 95/20/0026; vgl dazu auch VwGH 22. 2. 1995, 94/01/0388).

„Das von der belangten Behörde überdies herangezogene Argument eines ‚rationalen Kosten-Nutzen-Kalküls' des angeblichen Verfolgungsstaates hält einer logischen Überprüfung ebenfalls nicht stand. In Gebieten der bürgerkriegsähnlichen politischen oder ethnisch-religiös bedingten Auseinandersetzungen kann an das Verhalten staatlicher Behörden nicht ohne weiteres jener Maßstab angelegt werden, der in einer gefestigten, nicht durch innere Unruhen erschütterten Demokratie angebracht erscheint. Mit welchen Mitteln ein Staat daher vermeintliche staatsgefährdende Elemente zu bekämpfen versucht, kann nicht mit Hilfe abstrakter Hypothesen beantwortet werden" (VwGH 23. 5. 1995, 94/20/0806; vgl dazu auch VwGH 22. 2. 1995, 94/01/0388).

„Verhaftungen und Verfahren in Ländern, für welche nicht feststeht, daß ihre Organe nach rechtsstaatlichen Grundsätzen handeln, sind in einem anderen Licht zu beurteilen, als in demokratischen Rechtsstaaten. Es ist die Gesamtsituation des Asylwerbers zu berücksichtigen, einzelne zusammenhängende Aspekte seiner „Situation dürfen nicht aus dem (asylrechtlich relevanten) Zusammenhang gerissen werden" (VwGH 10. 6. 1998, 96/20/0287).

„In der Beschwerde stützt sich der Beschwerdeführer hinsichtlich der Frage seiner Flüchtlingseigenschaft ebenfalls ausschließlich darauf, daß ihm Kroatien ‚die Ausstellung von Personaldokumenten verweigert' habe, wodurch ihm die Möglichkeit, dieses Land legal zu verlassen, und auch jedwede Existenzgrundlage genommen sei. Damit ist aber nicht gemäß § 3 Asylgesetz 1991 nach diesem Bundesgesetz glaubhaft, daß der Beschwerdeführer Flüchtling ist, hat er doch nicht dargetan, daß bei ihm einer der im § 1 Z 1 leg. cit. taxativ genannten Verfolgungsgründe, nämlich der der Rasse, der Religion, der Nationalität, der Zugehörigkeit zu einer bestimmten sozialen Gruppe oder der politischen Gesinnung, vorliege. Der Ansicht der belangten Behörde, aus der Tatsache der Verweigerung der Ausstellung von Personaldokumenten auf Grund bestehender Sachlage durch die kroatischen Behörden könne keine asylrechtlich relevante Verfolgungshandlung erkannt werden, da die Verweigerung offenbar nicht auf die Diskriminierung des Beschwerdeführers zurückzuführen, sondern unabhängig davon bloß auf Grund fehlender rechtlicher Voraussetzungen erfolgt sei, tritt der Beschwerdeführer auch nicht entgegen" (VwGH 17. 5. 1995, 95/01/0007).

„Wenn allerdings die belangte Behörde es als ‚unglaubwürdig' erachtet, daß der Beschwerdeführer fünfeinhalb Monate ausschließlich infolge der Teilnahme an

einer verbotenen Versammlung ohne entsprechendes Gerichtsverfahren inhaftiert gewesen sei, so ist ihr nicht zu folgen, da ihre Begründung, daraus müsse man FOLGERN, ‚daß die türkische Polizei erst NACH dieser Anhaltung die Vermutung gehegt habe‘, daß der Beschwerdeführer sich politisch betätigt habe, mit den Regeln der Logik nicht in Einklang steht, gab doch der Beschwerdeführer anläßlich seiner Vernehmung auch an, daß anläßlich des von ihm besuchten Nevroz-Festes sehr wohl auch prokurdische Parolen geschrieen worden seien, der Versammlung daher ein durchaus politischer Aspekt einzuräumen ist. Daran anknüpfend widerspricht es auch keineswegs den Denkgesetzen, daß Teilnehmer an einer derartigen Versammlung als politische Agitatoren in polizeilichen Gewahrsam genommen werden. Wenn sich aber – im vorliegenden Fall von der belangten Behörde festgestellt – die Haftzeit über ein nach rechtsstaatlichen Prinzipien vertretbares Maß ausdehnte und Mißhandlungen und Folter angewendet wurden, kann eine sich aus der Intensität dieser Maßnahmen ergebende Asylrelevanz nicht mehr ohne weiteres in Abrede gestellt werden“ (VwGH 25. 4. 1995, 94720/0784).

„Wie der Verwaltungsgerichtshof in ständiger Judikatur ausführt, ist die Zugehörigkeit zu einer ethnischen Minderheit alleine nicht geeignet, begründete Furcht vor Verfolgung im Sinne des § 1 Z 1 Asylgesetz 1991 glaubhaft zu machen (vgl. z.B. das Erkenntnis des Verwaltungsgerichtshofes vom 25. November 1992, Zl. 92/01/0719). Auch die Auswirkungen von Schwierigkeiten, mit denen christliche Minderheiten in islamischen Staaten konfrontiert werden, treffen alle Angehörigen dieser Minderheit in gleicher Maße. Diese Unbilden reichen für sich alleine (noch) nicht aus, lediglich daraus, daß ein Asylwerber einer religiösen Minderheit angehört, begründete Furcht vor konkreter Verfolgung abzuleiten“ (VwGH 16. 12. 1993, 93/01/1024; vgl auch VwGH 16. 12. 1992, 92/01/0600-0602; 8. 4. 1992, 92/01/0052; 7. 11. 1995, 94/20/0891; UBAS 9. 2. 1998, 200.794/0-IV/10/98; 19. 2. 1998, 200.515/0-III/09/98; 5. 2. 1998, 201.006/0-V/13/98; 27. 2. 1998, 200.018/0-VII/19/98).

„(...) die belangte (hat) Behörde aufgezeigt, daß es dem Beschwerdeführer bei seiner Ersteinvernahme nicht einmal möglich war, den Namen der von ihm ins Treffen geführten Bewegung anzugeben. Aber auch in bezug auf den vom Beschwerdeführer in seiner Berufung angegebenen Namen dieser Bewegung hat die belangte Behörde schlüssig dargelegt, daß wegen der Gleichheit der Kurzbezeichnung mit jener der Regierungspartei ‚PNDC‘ (Provisional National Defence Council) die Existenz einer solchen Bewegung nicht glaubhaft sei“ (VwGH 29. 10. 1993, 93/01/0316).

„Aus allgemeinen Verhältnissen im Heimatland eines Asylwerbers kann keine individuell gegen ihn gerichtete Verfolgung abgeleitet werden“ (VwGH 29. 10. 1993, 93/01/0316; vgl auch VwGH 11. 11. 1998, 98/01/0274; UBAS 21. 1. 1998, 200.890/0-V/13/98; 27. 1. 1998, 201.528/0-V/13/98; 30. 1. 1998, 200.692/0-V/13/98; 5. 2. 1998, 201.006/0-V/13/98; *Steiner*, AsylR, 28).

„Gegenstand der Überprüfung durch den Verwaltungsgerichtshof ist weiters die Schlüssigkeit der Erwägungen innerhalb der Beweiswürdigung. Bei der Beweiswürdigung handelt es sich nicht um eine Frage der Gesetzesanwendung, sondern um einen Denkvorgang, der dafür bestimmt ist, den einer Norm zu unterstellenden Tatbestand zu gewinnen. Die Beweiswürdigung kann durch den Verwaltungsgerichtshof nur insoweit überprüft werden, als es sich um die Feststellung handelt, ob der Denkvorgang zu einem den Denkgesetzen entsprechenden Ergebnis geführt hat, bzw. ob der Sachverhalt, der im Denkvorgang gewürdigt wurde, ineinem ordnungsgemäßen Verfahren ermittelt worden ist. Eine unschlüssige Beweiswürdigung bewirkt Rechtswidrigkeit infolge Verletzung von Verfahrensvorschriften. Die belangte Behörde kam zum Schluß, der Beschwerdeführer habe, konkret auf die Unstimmigkeit in den Aus-

führungen zur Verfassung bzw. Einbringung seines Asylantrages angesprochen, nichts zu deren Klärung beitragen können, und vermeinte, für die Beurteilung seiner Ausführungen in ihrer Gesamtheit, d.h. zu den von ihm geltend gemachten Fluchtgründen, sei auch die ‚zweifelsfreie Kenntnis über den Zeitpunkt des Entschlusses zur Stellung des Asylantrages notwendig'. Dies ist nicht nachvollziehbar. Auf die zweifelsfreie Kenntnis über den Zeitpunkt des Entschlusses zur Stellung des Asylantrages als für die Beurteilung der von einem Asylwerber geltend gemachten Fluchtgründe kommt es nicht an. Da der Entschluß zur Asylantragstellung das Ergebnis innerer Vorgänge ist, erscheint es zumindest nicht denkunmöglich, daß der Betroffene selbst zu einer lückenlosen Reproduktion der zum Entschluß führenden Überlegungen im nachhinein nicht mehr in der Lage ist. Die allein im mentalen Bereich des Betreffenden gelegenen Gründe, wie, wann bzw. unter welchen konkreten Umständen um Asyl angesucht wird, können für die Beurteilung der von ihm sodann geltend gemachten inhaltlichen Fluchtgründe nicht ausschlaggebend sein. Die diesbezüglichen Erwägungen der belangten Behörde werden daher vom Verwaltungsgerichtshof nicht geteilt. Insoweit die belangte Behörde ‚angesichts der vom Beschwerdeführer geschilderten hohen Qualifikation' sein Vorgehen bei Verfassung und Überreichung seines Asylantrages als ‚nachgerade dilettantisch' sowie selbst- und drittgefährend erachtet, ist ihr zu entgegnen, daß sie sich mit dieser Argumentation von der Sachverhaltsgrundlage ihrer eigenen Ermittlungsergebnisse entfernt. Weder ist die Position eines Privatsekretärs und gelernten Stenotypisten von jener ‚hohen Qualifikation', die es gänzlich unwahrscheinlich gemacht hätte, in einer Zwangslage und (zumindest subjektiv empfundenen) Furcht vor Verfolgung in Panik und möglicherweise nicht im Vollbesitz der Fähigkeit zur nüchternen Überlegung zu handeln. Daß der Beschwerdeführer damit hätte rechnen müssen, von einem Dritten verraten zu werden, entbehrt überhaupt jeder Grundlage, da der Beschwerdeführer – wie er auch in der Beschwerde zutreffend aufzeigt – sich offenkundig nur jenen Freunden anvertraut hat, denen er auch vertrauen durfte. (Tatsächlich ist ein solcher ‚Verrat' auch nicht aktenkundig). Der dem Beschwerdeführer von der belangten Behörde unterstellte Versuch, als ‚hilflos' dazustehen, indem er nicht einmal gewußt habe, wohin er sich hätte wenden sollen, um seinen Asylantrag abzugeben, dürfte ein Mißverständnis von seiten der belangten Behörde sein, da sich aus der Darstellung des Beschwerdeführers nicht ergibt, er habe nicht gewußt, wo (in Österreich) er seinen Asylantrag einzubringen hätte, sondern allenfalls überlegt haben dürfte, wo (in welchem Land) er um Asyl ansuchen solle. Überdies war entgegen der Ansicht der belangten Behörde der Beschwerdeführer trotz der erst relativ kurzfristig vor Einbringung des Asylantrages geänderten Rechtslage (durch Inkrafttreten des AsylG 1991) durchaus über diese hinreichend informiert, was sich daraus ergibt, daß er den Asylantrag bei dem nach dem AsylG 1991 zuständig gewordenen Bundesasylamt – somit bei der richtigen Behörde – eingebracht und damit ausreichend seine Kenntnis über die Rechtslage dokumentiert hat. Es kann der belangten Behörde auch nicht gefolgt werden, wenn sie dem Beschwerdeführer als ‚durchaus zumutbar' vorhält, er hätte sich mit österreichischen Behörden zum Zwecke der Stellung eines Asylantrages bereits schon vor dem 21. September 1992 in Verbindung setzen können. Es muß dem Betroffenen überlassen bleiben, wann er sich zu dem von ihm möglicherweise vorbereiteten Schritt zur Asylantragstellung in tatsächlicher Hinsicht endgültig entschließt. Eine ‚Verzögerung' der Stellung des Asylantrages ist aufgrund der besonderen Umstände dieses Beschwerdefalles nicht geeignet, den Schluß auf ein mangelndes subjektives Furchtempfinden oder das mangelnde Vorliegen von Furcht auslösender Verfolgung zu rechtfertigen" (VwGH 19. 3. 1997, 95/01/0525).

Der UBAS hält Widersprüche in zentralen Punkten, die nicht Folge von Mißverständnissen sind, im Lichte Glaubwürdigkeit des Asylwerbers insgesamt von wesentlicher Bedeutung: *„Da im gegenständlichen Verfahren die Einvernahme des Antragstellers die zentrale Erkenntnisquelle darstellt, ist dem Inhalt der Aussagen des Antragstellers, welche er im Rahmen niederschriftlicher Einvernahme gemacht hat, besondere Bedeutung beizumessen. Überdies muß das Vorbringen des Antragstellers plausibel sein, d. h. mit den Tatsachen oder den allgemeinen Lebenserfahrungen übereinstimmen. Letztlich muß der Asylwerber auch persönlich glaubwürdig sein. Die erkennende Behörde ist über weite Strecken des Verfahrens darauf angewiesen, die vom Asylwerber gemachten Angaben nachzuvollziehen und sodann auf deren Plausibilität zu überprüfen. Als glaubwürdig können Fluchtgründe im allgemeinen nicht angesehen werden, wenn der Asylwerber die nach seiner Meinung nach einen Asylrechtstatbestand begründenden Tatsachen im Laufe des Verfahrens bzw. auch im Rahmen vor verschiedenen Behörden gemachter niederschriftlicher Angaben unterschiedlich oder gar widersprüchlich darstellt, wobei die erkennende Behörde zur Überprüfbarkeit des Wahrheitsgehalts besonderes Augenmerk auf zentrale Passagen der Aussage zu legen hat (...). Wenn Widersprüchlichkeiten im Vorbringen eines Asylwerbers hervorkommen, so gilt es zu beachten, ob diese lediglich die Konsequenz von Mißverständnissen sind, die nach Rückfrage aufgeklärt werden können, oder aber, ob der Antragsteller sein Vorbringen wahlweise austauscht, je nach dem es ihm gerade opportun erscheint (...). Bei objektiver Betrachtung der Angaben des Antragstellers liegt sohin die Vermutung dringend nahe, daß seine Aussage auch in den übrigen, weniger zentralen Punkten, nicht mit der Wirklichkeit übereinstimmten, und es daher angezeigt erscheint, den gesamten Ausführungen zu den Fluchtgründen keine Glaubwürdigkeit bezumessen“* (UBAS 23. 1. 1998, 201.426/0-V/13/98; vgl auch UBAS 30. 1. 1998, 200.160/0-III/07/98).

Der UBAS geht davon aus, daß Angaben von *„bloß vager und wenig konkreter und detaillierter“* Natur nicht glaubwürdig sind, läßt aber im konkreten Fall offen, ob der Asylwerber – was die oben zit Jud des VwGH verlangen würde (vgl zB (VwGH 27. 1. 1994, 92/01/1117; 20. 6. 1995, 94/19/0625; 20. 6. 1995, 94/19/0652) – nach näheren Angaben befragt wurde: *„Es liegt in der Natur der Sache, daß in Anwendungsfällen der angeführten Konventionsnorm* (hier: Art 1 Abschn A Z 2 GFK) *die vom Asylwerber geltend gemachte Furcht nicht nur objektivierbar sein und von ihm nicht bloß behauptet, sondern glaubhaft gemacht werden muß. Dabei steht die Vernehmung des Asylwerbers als wichtigstes Beweismittel zur Verfügung. Um den Erfordernissen der Glaubwürdigkeit zu genügen muß das Vorbringen des Asylwerbers hinreichend substantiiert sein, weshalb eine bloß vage Schilderung entscheidender Umstände bzw eine wenig konkrete und detaillierte Ausführung der Asylgründe nicht für eine Glaubhaftmachung der asylrechtlichen Relevanz der Erlebnisse des Antragstellers ausreicht. Weiters muß das Vorbringen, um als Glaubhaft zu gelten, in sich schlüssig sein. Der Asylwerber darf sich nicht in wesentlichen Passagen seiner Aussagen widersprechen. Überdies muß das Vorbringen plausibel sein, d. h. mit den Tatsachen oder den allgemeinen Erfahrungen übereinstimmen. Letztlich muß der Asylwerber persönlich glaubwürdig sein“* (UBAS 30. 1. 1998, 200.160/0-III/07/98).

Der UBAS hält – nachdem er akzeptiert hatte, daß der Umstand der Ausstellung eines Reisedokumentes für sich allein betrachtet nicht unter allen Umständen gegen die Annahme des Vorliegens „begründeter Furcht vor Verfolgung“ sprechen muß – nicht in allen Punkten überzeugend fest: *„Im gegenständlichen Fall kommt hinzu* (hier: zur Ausstellung eines Reisepasses), *daß die angeblichen Fluchtgründe sich spätestens 1995 ereignet haben (vgl. Niederschrift v. 25. 11. 1997), die Ausreise* *aber erst im August 1997 erfolgte (zur mangelnden Glaubwürdigkeit eines weiteren Verbleibes eines angeblich Verfolgten in seinem Heimatland über mehrere Jahre hinweg vgl. etwa VwGH v. 13. 11. 1996; Zl. 95/01/0395) und daß kurze Zeit vor der ‚problemlosen' (vgl. Niederschrift v. 27. 11. 1997) Ausstellung eines Reisepasses für die Asylwerberin die standesamtliche Registrierung ihrer am 20. 12. 1996 geschlossene(n) Ehe erfolgte sowie, daß die Asylwerberin sich nicht nur im (ihren Angaben zufolge weniger verfolgungsintensiven) ‚Westen der Türkei' (vgl. NS v. 24.11.1997) aufhalten, sondern offenbar anstandslos sich auch nach Ankara begeben und dort die österreichische Botschaft aufsuchen konnte"* (UBAS 3. 2. 1998, 201.190/0-II/04/98).

2. Endigungs- oder Ausschlußgründe

316 Die Asylgewährung auf Grund Asylantrags ist nur zulässig, wenn keiner der in Art 1 Abschn C oder F GFK genannten Endigungs- oder Ausschlußgründe vorliegt (siehe dazu die Ausführungen zu § 12, Rz 369 ff, § 13, Rz 442 ff und § 14, Rz 457 ff). Neben den genannten Endigungs- oder Ausschlußtatbeständen kennt die GFK weitere Tatbestände, die zur Unanwendbarkeit und damit verbunden zur Negierung der Flüchtlingseigenschaft führen (ds Art 1 Abschn D und E GFK; siehe dazu die Ausführungen zu § 12, Rz 427 ff). Der Unterschied zwischen den Endigungs- und den Ausschlußtatbeständen besteht im wesentlichen darin, daß im Falle der Endigungstatbestände die Flüchtlingseigenschaft ex nunc erlischt, während im Falle der Ausschlußtatbestände die Flüchtlingseigenschaft ex tunc (a limine) verloren geht bzw nicht entsteht. Im Falle der Ausschlußtatbestände spricht man auch von „Asylunwürdigkeit". Das Prinzip der Glaubhaftmachung gilt nach dem Wortlaut des § 7 AsylG 1997 nur für das Tatbestandselement der Verfolgungsgefahr, nicht jedoch für das Vorliegen eines Endigungs- oder Ausschlußtatbestandes. Für letztere ist nach allgemeinen Grundsätzen des Verwaltungsverfahrensrechts Beweis gefordert. Ein Sachverhalt kann als bewiesen angenommen werden, wenn ein behördliches Urteil über die Gewißheit über das Vorliegen (oder Nichtvorliegen) eines Lebenssachverhalts herbeigeführt wird (vgl dazu *Walter/Mayer*, Verwaltungsverfahrensrecht, Rz 315).

II. Rechtswirkungen

317 Die Asylgewährung ist ein rechtsgestaltender Bescheid. Mit Rechtskraft des „Asylbescheids" steht dem Normadressaten ein dauerndes Einreise- und Aufenthaltsrecht zu (siehe dazu oben die Ausführungen zu § 1, Rz 40 ff). Dieses dauernde Einreise und Aufenthaltsrecht kann dem Fremden nur im Wege der Asylaberkennung nach § 14 AsylG 1997 entzogen werden. Fremde, die im Besitze eines dauernden Einreise- und Aufenthaltsrechts iSd AsylG 1997 sind, halten sich rechtmäßig im Bundesgebiet auf (§ 31 FrG 1997), genießen gem § 28 Abs 5 FrG 1997 Sichtvermerksfreiheit und benötigen keinen Einreise- oder Aufenthaltstitel. Asylberechtigten Fremden, die über kein gültiges Reisedokument verfügen, aber ihre Identität glaubhaft machen können, darf – ungeachtet ihrer Verantwortlichkeit nach den §§ 107 und 108 leg cit (unbefugter Aufenthalt und sonstige Übertretungen nach dem FrG 1997) – die Einreise nicht versagt werden (§ 3 Abs 4 FrG 1997). Über einen Größenschluß ergibt sich zwangsläufig, daß Asylberechtigten die Einreise auch dann nicht verweigert werden darf, wenn sie über die notwendigen Reisedokumente verfügen. Gegenüber Asylberechtigten besteht demnach ein allgemeines Zurückweisungsverbot an der Grenze (bei der Grenzkontrolle).

Non refoulement-Prüfung

§ 8. Ist ein Asylantrag abzuweisen, so hat die Behörde von Amts wegen bescheidmäßig festzustellen, ob die Zurückweisung, Zurückschiebung oder Abschiebung der Fremden in den Herkunftsstaat zulässig ist (§ 57 FrG); diese Entscheidung ist mit der Abweisung des Asylantrages zu verbinden.

RV: [20]

Im Falle der Abweisung eines Asylantrages hat die Asylbehörde von Amts wegen zugleich mit Bescheid festzustellen, ob die Zurückweisung, Zurückschiebung oder Abschiebung eines Fremden nach § 57 des Fremdengesetzes 1997 zulässig ist. Da die Prozeßgegenstände im Asylverfahren und in fremdenpolizeilichen Verfahren betreffend die Zulässigkeit einer Zurückweisung, Zurückschiebung oder Abschiebung einander inhaltlich in weiten Bereichen überschneiden, liegt darin ein wesentlicher Beitrag zu einer Verfahrenskonzentration, der um den Preis einer geringen Mehrbelastung der Asylbehörden den Fremdenpolizeibehörden einen wesentlichen Arbeitsaufwand erspart. Der Rechtszug richtet sich auch im Falle einer Berufung gegen den Ausspruch gemäß § 8 an den unabhängigen Bundesasylsenat. Die Verknüpfung des Asylverfahrens mit der Feststellung der Zulässigkeit der Zurückweisung, Zurückschiebung oder Abschiebung ist nur für Fälle der Asylaberkennung vorgesehen. In jenen Fällen, in denen die Asylbehörden zu einer derartigen Feststellung nicht befugt sind, kann eine solche nach dem Fremdengesetz 1997 erwirkt werden. Darüber hinaus haben die Fremdenpolizeibehörden alle Umstände jederzeit von Amts wegen wahrzunehmen, die zu einer Unzulässigkeit der Zurückweisung, Zurückschiebung oder Abschiebung im Sinne des § 57 des Fremdengesetzes 1997 führen könnten.

Inhaltsübersicht

I. Allgemeines

318 Der Grundsatz des non-refoulement bezeichnet das Verbot, Personen zwangsweise in einen Staat zu befördern, in welchem sie in flüchtlingsrechtlich relevanter Weise verfolgt oder Folter, unmenschlicher Behandlung oder anderen schwerwiegenden Menschenrechtsverletzungen ausgesetzt würden (vgl *Kälin*, Grundriß, 210; *Alleweldt*, Schutz vor Abschiebung; *Rosenmayr*, Asylrecht, 552 ff). Dieses Prinzip fußt im Völkerrecht und beschränkt die völkergewohnheitsrechtliche Befugnis der Staaten, in Ausübung ihrer Souveränität Ausländer an der Grenze in irgendeiner Form zurückzuweisen, ihnen die Gewährung von Asyl und anderem Schutz zu verweigern und sie zur Ausreise aus dem eigenem Territorium zu verpflichten. Die eigentliche Funktion des Prinzips des non-refoulement liegt ganz allgemein im Schutz der Menschenrechte.

319 Im jüngeren Völkervertragsrecht findet sich das non-refoulement Prinzip in drei verschiedenen Vertragskategorien: Verschiedene Flüchtlingskonventionen (Art 33 GFK; Art 10 der Vereinbarung über Flüchtlingsseeleute vom 23. 11. 1957,

SR 0.142.311, und Art 2 der Flüchtlingskonvention der Organisation für Afrikanische Einheit vom 10. 9. 1969) verbieten ausdrücklich die Rückschiebung (Abschiebung) von Flüchtlingen in Staaten, in welchen ihnen politisch oder ähnlich verursachte Verfolgung droht. Menschenrechtsverträge kennen Rückschiebungsverbote (Abschiebungsverbote) vor allem (anders aber Art 22 Z 8 der Amerikanischen Menschenrechtskonvention vom 22. 11. 1969, der ein flüchtlingsähnliches Abschiebungsverbot enthält; vgl dazu *Kälin*, Non-refoulement, 55 ff) in der Form von Abschiebungsverboten bei drohender Folter oder unmenschlicher Behandlung (Art 3 EMRK; Art 3 Folterkonvention und Art 7 CCPR). Schließlich verbieten auch Auslieferungsverträge, Personen für politische Delikte oder bei drohender Gefahr politischer Verfolgung dem ersuchenden Staat auszuliefern (zB § 14 ARHG; zum non-refoulement Prinzip im Auslieferungsrecht siehe ausführlich *Kälin*, Non-refoulement, 202 ff; *Felchlin*, 139 ff; *Stein*, Auslieferungsausnahme, 49 ff).

II. Refoulement-Verbot

320 Gem Art 33 Z 1 GFK darf kein vertragschließender Staat einen Flüchtling in irgendeiner Form in ein Gebiet ausweisen oder zurückweisen, wo sein Leben oder seine Freiheit aus Gründen seiner Rasse, seiner Religion, seiner Nationalität, oder seiner politischen Ansichten bedroht wäre (zum Refoulement-Verbot siehe zB *Kälin*, Non-refoulement; ders, Menschenrechtsverletzungen, 172 ff; Lieber, 21 ff; *Gornig*, EuGRZ 1986, 521 ff; *ders*, Refoulement; *Hailbronner*, Asylrecht, 69 ff; *ders*, AuslR, Kommentar zu § 1 Ausländergesetz, Rz 21; *Rosenmayr*, EMRK, 177 ff; *ders*, Aufenthaltsverbot, 1 ff; *ders*, Asylrecht, 540 ff; *Verdross/Simma*, Völkerrecht, 799 ff; *Davy U.*, Neuordnung, 70 ff; *dieselbe*, Flüchtlingsrecht II, 174 ff; *Alleweldt*, Schutz vor Abschiebung; *Frowein/Peukert*, EMRK, 40 ff; *Wiederin*, Aufenthaltsbeendende Maßnahmen, 27 ff, 141 ff). Eine ähnliche Regelung ist einerseits dem Art 3 Folterkonvention zu entnehmen, wonach ein Vertragsstaat eine Person nicht in einen anderen Staat ausweisen, abschieben oder an diesen ausliefern darf, wenn stichhaltige Gründe für die Annahme bestehen, daß sie dort Gefahr liefen, gefoltert zu werden (vgl dazu *Hailbronner/Randelholzer*, EuGRZ 1985, 109 ff; *Geistlinger*, Folterverbot) und ist andererseits in Art 3 EMRK enthalten, nach dem niemand der Folter oder unmenschlicher oder erniedrigender Behandlung oder Strafe unterworfen werden darf (vgl dazu *Geistlinger*, Folterverbot; *Rosenmayr*, EMRK, 139; *Frowein/Peukert*, EMRK, 40; *Muzak*, Aufenthaltsberechtigung, 11; *Mayer*, B-VG, 529; ausführlich *Rosenmayr*, Asylrecht, 543 ff; vgl dazu auch Art 7 CCPR). Gem Art 33 Z 2 GFK kann der Vorteil dieser Bestimmung jedoch von einem Flüchtling nicht in Anspruch genommen werden, der aus gewichtigen Gründen eine Gefahr für die Sicherheit seines Aufenthaltslandes darstellt oder der, wegen eines besonders schweren Verbrechens rechtskräftig verurteilt, eine Gefahr für die Gemeinschaft des betreffenden Landes bedeutet.

321 In der Diskussion im ersten Ad-hoc-Komitee nahm die Frage der Zurückweisung an der Grenze breiten Raum ein (vgl dazu *Amann*, Flüchtlingsrechte, 102 f). Zu dieser Frage hatte der amerikanische Delegierte bezeichnend ausgeführt: „*The Committee had decided to delete the chapter on admittance, considering that the convention should not deal with the right on Asylum (...). It did not, however, follow that the convention would not apply to persons fleeing from persecution who asked to enter the territory of the Contracting State. Whether it was a question of closing the frontier to a refugee who asked admittance, or of turning him back after he had crossed the frontier, or even of expelling him after he had been admitted to residence on the territory, the problem was more or less the same. Whatever the case may be,* *whether or not the refugee was in a regular position, he must not be turned back to a country where his life or freedom could be threatened.*". Das erste Ad-hoc-Komitee hat ausdrücklich darauf hingewiesen, daß die Anwendung des Art 33 nicht voraussetze, daß ein Flüchtling auf jeden Fall in das betreffende Land zugelassen werden müsse (vgl UNDoc E/1618 in *Takkenberg/Tahbaz* I, 421; in diesem Sinne auch *Hailbronner*, Flüchtingsbegriff, 8; *Rosenmayr*, Asylrecht, 541; anders noch UNDoc E/AC.32/L.32/Add.1, 7 in *Takkenberg/Tahbaz* I, 404; problematisch auch VwGH 16. 3. 1988, 87/01/0020). Festgehalten wurde weiters, daß sich das Rückweisungsverbot nicht nur auf den Heimatstaat des Flüchtlings beziehe, sondern auf jeden Staat, in dem das Leben oder die Freiheit des Flüchtlings gefährdet ist (vgl UNDoc E/1618 in *Takkenberg/Tahbaz* I, 421). Im zweiten Ad-hoc-Komitee wurde die Frage der Zurückweisung an der Grenze erneut aufgeworfen und ähnlich wie im ersten Ad-hoc-Komitee kommentiert (vgl UNDoc E/AC.32/SR.40, 32 ff in *Takkenberg/Tahbaz* II, 162 f). In der Bevollmächtigtenkonferenz wurde auch die Frage der „Weiterschiebung" durch einen Drittstaat diskutiert, aber keiner eindeutigen Lösung zugeführt, wobei jedoch einiges dafür spricht, daß man diesen Punkt im Lichte des Art 33 GFK als relevant betrachtet hat (vgl dazu UNDoc A/CONF.2/70 in *Takkenberg/Tahbaz* III, 89; UNDoc A/CONF.2/SR.16, 4 in *Takkenberg/Tahbaz* III, 344; UNDoc A/CONF.2/SR.16, 10 in *Takkenberg/Tahbaz* III, 347; UNDoc A/CONF.2/SR.16, 11 in *Takkenberg/Tahbaz* III, 348; vgl dazu auch *Amann*, Flüchtlingsrechte, 103 f). Differenzierend behandelte man auch die Frage der Zurückweisung an der Grenze (vgl dazu *Amann*, Flüchtlingsrechte, 105 f; vgl dazu auch *Rosenmayr*, Asylrecht, 542, FN 38). In der zweiten Lesung einigten sich die Delegierten darauf, daß Art 33 GFK im Falle einer Massenflucht nicht zur Anwendung komme (vgl UNDoc A/CONF.2/SR.35, 21 in *Takkenberg/Tahbaz* III, 572). Im Wortlaut des Art 33 GFK findet diese Ansicht allerdings keine Stütze (vgl dazu *Goodwin-Gill*, Refugee, 169 f; *Hailbronner*, Humanitarian Refugees, 126; *Rosenmayr*, Asylrecht, 543).

322 Die GFK schützt jedenfalls alle Flüchtlinge vor aufenthaltsbeendenden Maßnahmen, die bereits – sei es rechtmäßig oder unrechtmäßig– in das Staatsgebiet eingereist sind (*Rosenmayr*, Asylrecht, 542). Art 33 Z 1 GFK verlangt, daß die Verfolgung in jenem Staat droht, in den (das) der Flüchtling zurückgeschoben (abgeschoben) werden soll. Die GFK schützt auch dann vor einer Abschiebung, wenn – wie sich den Quellen bereits entnehmen läßt – der Flüchtling Gefahr läuft, vom aufnehmenden Staat in einen Drittstaat verbracht zu werden, wo zumindest sein Leben oder seine Freiheit bedroht wäre („Kettenabschiebung" bzw „indirektes refoulement"; *Kälin*, Non-refoulement, 110; *Uibopuu*, Anderweitiger Schutz, 321; *Gornig*, Refoulement, 19; *Crawford/Hyndman*, Refugee Convention, 171 ff; *Hailbronner*, Koordinierung, 40; *Marx*, Anforderungen, 423 f; *Lieber*, 23; *Rosenmayr*, Asylrecht, 542; kritsch – allerdings mit fragwürdiger Begründung – UBAS Sen 22. 12. 1998, 206.792/0-II/04/98). Der Begriff „Abschiebung" ist in einem weiten Sinn zu verstehen und umfaßt jede Art der „Außerlandesschaffung" (vgl dazu *Marx*, Anforderungen, 411; *Goodwin-Gill*, Refugee, 307; *Rosenmayr*, Asylrecht, 542) wie auch die „Zurückweisung an der Grenze" (vgl Art 3 der Deklaration der Vereinten Nationen über Territoriales Asyl vom 14. Dezember 1967, G.A. Res 2312 (XXII), 22 UN GAOR Supp (Nr 16) 81 und die Resolution des Ministerkommitees des Europarates vom 29. Juni 1967, Nr 14/1967; vgl zB auch *Lieber*, 24; *Kälin*, Non-refoulement, 105 ff; *Hailbronner*, Humanitarian Refugees, 126 f; *Goodwin-Gill*, Refoulement, 105 f; *Gornig*, Refoulement, 20 ff; *Plender*, 426 f; *Weis*, Territorial Asylum, 183; verneinend *Robinson*, 163; *Grahl-Madsen* I, 108; *Pollern*, 131; *Frowein/Zimmermann*, 18 ff und 28 f mwH).

323 Neben Art 33 GFK enthält auch Art 3 EMRK einen Abschiebungsschutz im weiteren Sinne (siehe dazu ausführlich *Rosenmayr*, Asylrecht, 543 ff), der in wesentlichen Punkten weiter ist, als der Abschiebungsschutz durch Art 33 GFK (vgl dazu EGMR 17. 12. 1996 Ahmed 71/1995/577/663) und bildet den eigentlichen Kern des Refoulementverbots. Art 3 EMRK stellt nicht nur auf Flüchtlinge, sondern auf Fremde allgemein ab (EGMR 7. 7. 1989 Soering EuGRZ 1989, 314 ff; 20. 3. 1991 Cruz Varas ua EuGRZ 1991, 203 ff = ÖJZ 1991, 519 ff; 30. 10. 1991 Vilvarajah ua ÖJZ 1992, 309 ff; *Rosenmayr*, Asylrecht, 554). Art 3 EMRK enthält ein verfassungsrechtlich gewährleistetes Recht, nicht in einen Staat verbracht zu werden, in welchem einem Fremden Folter oder unmenschliche oder erniedrigende Strafe oder Behandlung droht (vgl *Alleweldt*, Schutz vor Abschiebung, 10 ff; *Morscher*, Rechtsprechung, 142; *Frowein/Peukert*, EMRK, 51 ff; *Muzak*, Aufenthaltsberechtigung, 11 f). Art 3 EMRK schützt auch vor Abschiebungen in einen Staat, in dem selbst keine wie immer geartete Verfolgung droht, der aber in einen potentiellen Verfolgerstaat weiterschiebt („Kettenabschiebung"; siehe dazu *Alleweldt*, Schutz vor Abschiebung, 64 ff; *Zimmermann*, ZaöRV 1993, 74; *Wiederin*, Aufenthaltsbeendende Maßnahmen, 25; *Rosenmayr*, Auslieferungsrecht, 201; fragwürdig UBAS Sen 22. 12. 1998, 206.792/0-II/04/98). Zudem enthält Art 3 EMRK keinen Gesetzesvorbehalt (siehe dazu EGMR 17. 12. 1996 Ahmed 71/1995/577/663), der etwa dem Art 33 Abs 2 GFK vergleichbar wäre. Daneben enthält auch Art 45 des Genfer Abkommens über den Schutz von Zivilpersonen in Kriegszeiten vom 12. August 1949 (BGBl 1953/155), der die Überstellung von Zivilpersonen in internationalen bewaffneten Konflikten an eine Macht verbietet, die nicht gewillt oder nicht in der Lage ist, ihren Verpflichtungen nach der Konvention nachzukommen. Zudem verbietet diese Konvention willkürliche Einzel- oder Massenausweisungen von Zivilpersonen (Art 49 leg cit). Allgemein besteht eine völkerrechtliche Verpflichtung zur Zulassung von Personen, die im Fall von *„force majeure"* zum Betreten des Staatsgebiets gezwungen sind (zB Notlandungen von Flugzeugen oder Schiffen; vgl *Plender*, 181 ff; *Rosenmayr*, Asylrecht, 551).

324 § 57 Abs 1 FrG 1997 bestimmt, daß die Zurückweisung, Zurückschiebung oder Abschiebung eines Fremden in einen Staat unzulässig ist, wenn stichhaltige Gründe für die Annahme bestehen, daß er Gefahr liefe, dort einer unmenschlichen Behandlung oder Strafe oder der Todesstrafe unterworfen zu werden. Der VfGH nimmt in seiner Rechtsprechung zu § 37 Abs 1 FrG 1992 ausdrücklich auf die Rechtsprechung des EGMR in den Fällen Soering (EGMR 7. 7. 1989, EuGRZ 1989, 314), Cruz Varas (EGMR 20. 3. 1991, EuGRZ 1991, , 203, ÖJZ 1991, 519) und Vilvarajah ua (EGMR 30. 10. 1991 Serie A 215, EuGRZ 1991. 203, ÖJZ 1991, 519) sowie den Bericht der EKMR im Fall Memis (EKMR 15. 3. 1984, EuGRZ 1986, 324) bezug und formuliert *„in Übereinstimmung"* mit dieser, *„daß die Entscheidung eines Vertragsstaates, einen Fremden auszuliefern, – oder in welcher Form immer außer Landes zu schaffen –, unter dem Blickwinkel des Art 3 EMRK erheblich und demnach die Verantwortlichkeit des Staates nach der EMRK begründen kann, wenn stichhaltige Gründe für die Annahme glaubhaft gemacht worden sind, daß der Fremde konkret Gefahr liefe, in dem Land, in das er ausgewiesen werden soll, Folter oder unmenschlicher odr erniedrigender Strafe oder Behandlung unterworfen zu werden"* (vgl VfSlg 14.116; vgl auch UBAS 25. 6. 1998, 203.384/0-IV/10/98; 30. 6. 1998, 203.764/0-I/02/98). Es müssen konkrete Anhaltspunkte dafür vorliegen, daß gerade die betroffene Person einer deartigen Gefahr ausgesetzt sein würde; die bloße Möglichkeit eines „realen Risikos" („real ris") genügt nicht (vgl *Rosenmayr,* Asylrecht, 547 ff; UBAS 30. 6. 1998, 203.764/0-I/02/98). Nach verbreiteter aber nicht unbestreitbarer Ansicht soll das Risiko zum Augenblick der Entscheidung der Behörde und nicht etwa der Zeitpunkt der Setzung des kausalen Zwangsaktes (Hoheitsaktes) maßgeblich sein (vgl *Kälin*, Bedeutung der EMRK, 20 ff; UBAS 30. 6. 1998, 203.764/0-I/02/98). Ebenfalls vor dem Hintergrund des § 37 Abs 1 und 2 FrG 1992 (nunmehr § 57 Abs 1 und 2 FrG 1997) hat der VwGH ausgeführt: *„Die (...) Wendung ‚wenn stichhaltige Gründe für die Annahme bestehen', bringt zum Ausdruck, daß die dort näher umschriebene Gefahr bzw. Bedrohung aufgrund konkreter Angaben des Fremden objektivierbar sein muß"* (VwGH 25. 11. 1993, 93/18/0381; vgl dazu auch VwGH 3. 3. 1994, 93/18/0538; 14. 4. 1994, 94/18/0169; 26. 6. 1997, 95/18/1291; 17. 7. 1997, 97/18/0336; UBAS 12. 2. 1998, 201.740/0-III/07/98; 30. 6. 1998, 203.764/0-I/02/98). Gem § 57 Abs 2 FrG 1997 ist die Zurückweisung oder Zurückschiebung eines Fremden in einen Staat unzulässig, wenn stichhaltige Gründe für die Annahme bestehen, daß dort sein Leben oder seine Freiheit aus Gründen seiner Rasse, seiner Religion, seiner Nationalität, seiner Zugehörigkeit zu einer bestimmten sozialen Gruppe oder seiner politischen Ansichten bedroht wäre (Art 33 Z 1 GFK). Auch hier ist darauf hinzuweisen, daß Verfolgerstaaten Verfolgungshandlungen häufig in ein strafrechtliches Delikt kleiden: *„Der Umstand, daß (ein Fremder) durch seine Mitgliedschaft bei einer verbotenen Partei sich einer nach dem Recht seines Heimatstaates strafbaren Handlung schuldig gemacht hat und daher mit strafrechtlichen Konsequenzen rechnen mußte, hat nicht zur Folge, daß diese strafrechtlichen Konsequenzen keine Bedrohung seiner Freiheit aus Gründen seiner politischen Gesinnung darstellen können. Strafverfahren wegen absolut politischer Delikte, aber auch wegen relativ politischer Delikte, das heißt anderer als politischer Delikte, die aus politischen Motiven oder zu politischen Zwecken begangen werden, können eine Bedrohung der Freiheit des Fremden aus Gründen seiner politischen Ansichten darstellen (vgl. dazu das hg. Erkenntnis vom 9. September 1993, Zl. 92/01/1010). Die Verhängung einer Freiheitsstrafe wegen der Mitgliedschaft bei einer verbotenen politischen Bewegung kann daher die Gefahr der Verfolgung aus Gründen der politischen Ansichten darstellen, sodaß die Auffassung der belangten Behörde, ‚die Vollziehung einer gerichtlichen Entscheidung' sei vom Schutzumfang des § 37 FrG – sofern nicht die Todesstrafe oder eine unmenschliche Strafe verhängt worden sei – nicht erfaßt, rechtswidrig ist"* (VwGH 28. 4. 1995, 93/18/0146). Die Gefahr iSd § 57 Abs 1 und 2 FrG 1997 muß sich auf das gesamte Staatsgebiet beziehen (vgl dazu VwGH 23. 6. 1994, 94/18/0295; 29. 6. 1995, 95/18/0883; 4. 4. 1997, 95/18/1127; UBAS 12. 2. 1998, 201.740/0-III/07/98; 30. 6. 1998, 203.764/0-I/02/98; 8. 7. 1998, 201.655/0-II/06/98). Ein Fremder wäre mit erheblicher Wahrscheinlichkeit jedenfalls einer im § 37 Abs 1 FrG 1992 (nunmehr § 57 Abs 1 FrG 1997) umschriebenen Gefahr (im gesamten Staatsgebiet ausgesetzt, wenn *„aufgrund der bewaffneten Auseinandersetzungen eine derart extreme Gefahrenlage besteht, daß praktisch jedem, der in diesen Staat abgeschoben wird, Gefahren für Leib und Leben in einem Maße drohen, daß die Abschiebung im Lichte des Art 3 EMRK unzulässig erschiene. Dies ergibt sich schon daraus, daß der Abs. 1 des § 37 FrG der Konkretisierung des durch Art 3 EMRK verfassungsgesetzlich gewährleisteten Rechtes dient (...). Ansatzpunkt im Sinne der Art. 3 EMRK ist die konkrete Gefahr für den Fremden, in dem Land, in das er ausgewiesen werden soll, Folter oder unmenschlicher oder erniedrigender Strafe oder Behandlung unterworfen zu werden (...), auch wenn sich die konkrete Gefahr aus den ‚allgemeinen Gefahren' des Bürgerkriegs im genannten Lande und nicht etwa im Sinne des § 37 Abs. 2 FrG auf Grund der Zugehörigkeit zu einer bestimmten Bevölkerungsgruppe oder Bürgerkriegspartei ergibt"* (VwGH 26. 6. 1995, 95/21/0294). *„Die Auffassung der belangten Behörde, daß eine Gefährdungs- bzw. Bedrohungssituation im Sinne des § 37 Abs. 1 oder 2*

FrG nur dann anzunehmen sei, wenn sie sich auf das gesamte Gebiet des Heimatstaates des Fremden erstreckt, ist nicht als rechtswidrig zu erkennen (vgl. dazu Steiner, Österreichisches Asylrecht, Seite 30 und die dort zitierte hg. Rechtsprechung). Die Beschwerde enthält keine konkreten Ausführungen zu dieser Frage. (...) Soweit der Beschwerdeführer den Krieg in Bosnien-Herzegowina ins Treffen führt, ist ihm zu erwidern, daß die Tatsache, daß es in der Heimat des Beschwerdeführers zu kriegerischen Handlungen kommt, keinen Grund bildet, darin eine Gefährdung bzw. Bedrohung des Beschwerdeführers im Sinne des § 37 Abs. 1 und 2 FrG zu erblicken" (VwGH 23. 6. 1994, 94/18/0295; vgl auch *Steiner*, AsylR, 29).

325 Art 33 Z 2 GFK enthält vor dem Hintergrund der Durchbrechung des Refoulementschutzes im wesentlichen zwei Falltypen. Zum ersten wird aus gewichtigen Gründen die Gefährlichkeit eines Flüchtlings für die Staatssicherheit gefordert. Gewichtige Gründe bedeutet, daß Umstände vorliegen müssen, die mit hinreichender Wahrscheinlichkeit eine Staatsgefährlichkeit nahelegen. Es handelt sich hier dem Wesen nach um eine Prognose (vgl *Rosenmayr*, Asylrecht, 554, FN 111). Gegenstand dieser Prognose sind im wesentlichen die §§ 242 ff, 249 ff und 252 ff StGB. Der Ausdruck *„Gefahr"* besagt, daß im Einzelfall auch erhebliche Schäden für den Staat zu erwarten sein müssen. Der zweite Falltypus verlangt eine rechtskräftige Verurteilung wegen eines besonders schweren Verbrechens sowie eine daraus resultierende Gefährlichkeit für die Allgemeinheit. Besonders schwere Verbrechen sind solche, deren Unrechtsgehalt im Einzelfall mit außergewöhnlichem sozialen Unwert verbunden ist. Der Ausdruck Gefahr verlangt auch hier eine Prognose und zu erwartende nicht unerhebliche Schäden. Die Gefährlichkeit muß hinsichtlich der Allgemeinheit gegeben sein, was regelmäßig mit einer Wiederholungsgefahr im Hinblick auf geschützte Rechtsgüter eines weiten Personenkreises verbunden ist. Der Schutzzweck der GFK verlangt in den Fällen des Art 33 Abs 2 leg cit eine Interessenabwägung, die wegen der Gefahr für die Sicherheit oder die Gemeinschaft des Aufenthaltslandes trotz bestehender Bedrohung des Lebens oder der Freiheit eines Flüchtlings aus Konventionsgründen zu seinen Ungunsten ausfällt (*Kälin*, Non-refoulement; 131; *Plender*, 427; *Rosenmayr*, Asylrecht, 543). Es handelt sich dabei um einen gravierenden Eingriff in die persönliche Rechtssphäre eines Flüchtlings, von dem nur dann Gebrauch gemacht werden soll, wenn er aus einem der darin genannten Gründe tatsächlich erforderlich ist. Die nach Art 33 Abs 2 der Konvention zulässige Ausweisung oder Zurückweisung ist nicht als (über die Verurteilung hinausgehende) weitere Sanktion wegen der Begehung eines besonders schweren Verbrechens anzusehen (vgl VwGH 18. 1. 1995, 94/01/0746). Art 33 Z 2 GFK muß in Verbindung mit Art 31, 32 leg cit gesehen werden. Daraus folgt, daß eine Aus- bzw Zurückweisung – die „direkte Einreise" vorausgesetzt – nur zulässig ist, wenn dem Flüchtling zuvor ein angemessener Zeitraum gewährt wurde, um sich um die Einreise in ein anderes Land bewerben zu können (vgl *Robinson*, 165).

326 Die Verbote des § 57 Abs 1 FrG 1997 orientieren sich an Art 3 EMRK und erweitern ihn um die Todesstrafe, die *per se* noch keine unmenschliche oder erniedrigende Strafe iSd EMRK darstellt (zB EGMR 7. 7. 1989 Soering EuGRZ 1989, 321; *Wiederin*, Aufenthaltsbeendende Maßnahmen, 25; *Alleweldt*, Schutz vor Abschiebung, 23 und die dort zit Jud; vgl *Rosenmayr*, Asylrecht, 553 f). Der VfGH hebt im Lichte der österreichischen Rechtsordnung hervor, daß die Verhängung der Todesstrafe in Kriegs- und Friedenszeiten unzulässig ist, was sich auch auf die Bestimmung des § 37 Abs 1 FrG 1992 (jetzt § 57 Abs 1 FrG 1997) auswirken soll: *„Der zweite Satz des Art 1 des 6. ZP EMRK, welches vom Nationalrat als ‚verfassungsergänzend' genehmigt wurde (siehe die Kundmachung BGBl 138/1985), gewährleistet* *ein subjektives Recht, [in Friedenszeiten] nicht zur Todesstrafe verurteilt oder hingerichtet zu werden. Angesichts der Unteilbarkeit der Menschenrechte ist eine Bedachtnahme auf alle einschlägigen Entscheidungen des Bundesverfassungsgesetzgebers geboten. In Art 85 B-VG kommt die Grundsatzentscheidung des Bundesverfassungsgesetzgebers zum Ausdruck, beim Verbot der Todesstrafe nicht zwischen Kriegs- und Friedenszeiten zu unterscheiden. Diese Bestimmung blieb auch nach Inkrafttreten des 6. ZP EMRK in sinngemäßer Beachtung des Günstigkeitsprinzips des Art 60 EMRK ‚ungeändert erhalten' und steht daher ‚uneingeschränkt in Geltung'. Eine Betrachtung der Bestimmung des Art 85 B-VG in Zusammenhalt mit Art 1 des 6. ZP EMRK führt daher zu dem Ergebnis, daß die österreichische Bundesverfassung das subjektive Recht, nicht zur Todesstrafe verurteilt oder hingerichtet zu werden, ausnahmslos garantiert. Gleich dem gemäß Art 3 EMRK verfassungsgesetzlich gewährleisteten Recht, nicht der Folter oder unmenschlicher oder erniedrigender Strafe oder Behandlung unterworfen zu werden, wird demnach das gemäß Art 1 des 6. ZP EMRK iVm Art 85 B-VG verfassungsgesetzlich gewährleistete Recht, nicht zur Todesstrafe verurteilt oder hingerichtet zu werden, durch den Bescheid einer Verwaltungsbehörde verletzt, wenn der Bescheid in Anwendung eines den genannten Verfassungsvorschriften widersprechenden Gesetzes ergangen ist, wenn er auf einer dem genannten Grundrecht widersprechenden Auslegung des Gesetzes beruht oder wenn der Behörde grobe Verfahrensfehler unterlaufen sind"* (VfGH 14. 12. 1994, B 711/94; zu Art 3 EMRK vgl VfGH 4. 10. 1994, B 986/94 ua). § 57 Abs 1 FrG 1997 bleibt in verfassungsrechtlich nicht unbedenklicherweise um den Begriff der „erniedrigenden Behandlung oder Strafe" hinter Art 3 EMRK zurück (siehe dazu *Wiederin*, Aufenthaltsbeendende Maßnahmen, 26, der von einer verfassungskonformen Interpretation und damit von einer Gleichschaltung der Begriffe nach gleichlautendem § 37 FrG 1992 und Art 3 EMRK ausgeht; in diese Richtung wohl auch VfSlg 14.116; siehe demgegenüber *Geistlinger*, Folterverbot, 98).

327 Entgegen Art 3 EMRK stellt § 57 Abs 1 FrG 1997 dem Wortlaut nach nur auf jene Behandlung ab, die der betreffende Fremde im unmittelbar aufnehmenden Staat zu gewärtigen hat. Der Fall, daß er dort vorhersehbar Gefahr läuft, in einen Drittstaat abgeschoben zu werden, wo ihm eine gegen Art 3 EMRK verstoßende Behandlung droht, wird vom FrG 1997 nicht explizit erfaßt. Auch in diesen eher seltenen Fällen muß mit *Wiederin* (*ders*, Aufenthaltsbeendende Maßnahmen, 25) in verfassungskonformer Weise davon ausgegangen werden, daß in Fällen einer drohenden Kettenabschiebung, die eine Verletzung des Art 3 EMRK mit sich bringen würde, letztendlich gem § 57 Abs 1 FrG 1997 nicht zurückgewiesen, zurückgeschoben oder abgeschoben werden darf (VfSlg 13.897 = EuGRZ 1995, 621; VwGH 14. 4. 1994, 94/18/0169; 11. 6. 1997, 95/21/0151; 8. 10. 1997, 95/21/0375; 5. 11. 1997, 95/21/0984; *Rosenmayr*, Asylrecht, 555).

328 Wie nach den Außerlandesschaffungsverboten (ds die Verbote der Zurückweisung, Zurückschiebung und Abschiebung) nach § 57 Abs 2 FrG 1997 (zur Zurechnung einer Verfolgungsgefahr iSd GFK siehe unten die Ausführungen zu § 12, Rz 369 ff) ist auch nach Abs 1 dieser Bestimmung nicht erforderlich, daß die menschenunwürdige Behandlung iwS vom Staat ausgeht oder von ihm zu verantworten ist (siehe dazu *Wiederin*, Aufenthaltsbeendende Maßnahmen, 26 und die dort zit Jud; *Rosenmayr*, Asylrecht, 549, 554). Es genügt, wenn sie ihm bloß zurechenbar ist. Dies ist etwa dann der Fall, wenn der Heimatstaat zB in Bürgerkriegsituationen nicht in der Lage ist, dem Fremden einen sicheren Aufenthalt zu bieten, und dieser als Unbeteiligter auch keinen äquivalenten Schutz durch nichtstaatliche Gruppierungen in Anspruch nehmen kann (*Rosenmayr*, Auslieferungsrecht, 200). Selbst Verfolgung durch Private wie etwa drohende Blutrache kann grundsätzlich aufenthaltsbeendende Maßnahmen unzulässig machen, weil es gleichermaßen unmenschlich ist, Menschen einer solchen Gefahr auszusetzen (*Wiederin* aaO). Demgegenüber hat die Jud des öfteren in bedenklicher Weise festgehalten, daß eine drohende Verfolgung iSd § 37 FrG 1992 (nunmehr § 57 FrG 1997) vom Staat „*ausgehen*" muß: „*Die Anwendung dieser das sogenannte ‚Refoulement-Verbot' (vgl. zu diesem Begriff u.a. das Erkenntnis des Verfassungsgerichtshofes vom 16. Dezember 1992, B 1035/92) enthaltenden Bestimmung (vgl. 692 BlgNR 18. GP, 48) setzt voraus, daß die dort umschriebene Gefahr für den Fremden vom Staat ausgeht. Eine Bedrohung, die – ohne Billigung durch staatliche Stellen – nur von Privatpersonen ausgeht, wie sie von der Beschwerdeführerin geltend gemacht wurde, fällt nicht darunter*" (VwGH 11. 3. 1993, 93/18/0083; 28. 6. 1996, 95/21/0206; UBAS 30. 6. 1998, 203.764/0-I/02/98; vgl auch UBAS 8. 7. 1998, 201.655/0-II/06/98).

329 Das FrG 1997 verlangt im Anschluß an Art 3 Abs 1 Folterkonvention, daß „stichhaltige Gründe" für die Annahme einer Gefahr iSd § 57 Abs 1 FrG 1997 vorliegen müssen. Es genügen demnach konkrete ernsthafte Anhaltspunkte, die auf Tatsachen gründen und sich nicht in bloßen Spekulationen oder Plausibilitätsvermutungen erschöpfen. Einer ständigen Praxis grober, offenkundiger oder sogar massenhafter Verletzungen der Menschenrechte kommt wichtige Indizfunktion zu. „*Ungeachtet dessen, daß das Vorliegen (solcher) konkreter Gefahren für jeden einzelnen Fremden für sich zu prüfen ist, ist für diese Beurteilung der Umstand nicht unmaßgeblich, daß bislang gehäufte Verstöße der umschriebenen Art gegen Art. 3 EMRK [vgl. Art. 3 Abs. 2 des Übereinkommens gegen Folter und andere grausame, unmenschliche oder erniedrigende Behandlung oder Strafe, BGBl. Nr. 492/1987, wonach bei der Feststellung, ob stichhaltige Gründe für die Annahme drohender Folter vorliegen, auch der Umstand zu berücksichtigen ist, daß im betreffenden Staat eine ständige Praxis grober, offenkundiger oder massenhafter Verletzungen der Menschenrechte herrscht] (...) nicht bekannt geworden ist*" (VfGH 12. 10. 1994, B 1419; UBAS 30. 6. 1998, 203.764/0-I/02/98). Nach der Jud des VwGH erfordert die Feststellung nach § 8 AsylG 1998 „*das Vorliegen einer konkreten, den Beschwerdeführer betreffenden, aktuellen, durch staatliche Stellen zumindest gebilligten Gefährdung bzw Bedrohung. Ereignisse, die bereits längere Zeit zurückliegen, sind daher ohne Hinzutreten besonderer Umstände, welche ihnen noch einen aktuellen Stellenwert geben, nicht geeignet, die begehrte Feststellung nach dieser Gesetzesstelle zu tragen*" (VwGH 14. 10. 1998, 98/01/0122; vgl auch VwGH 18. 12. 1997, 97/18/0588).

330 Die Außerlandesschaffungsverbote des § 57 Abs 2 FrG 1997 sind – wie der beigefügte Klammerausdruck belegt – dem Refoulementverbot des Art 33 Abs 1 GFK nachgezeichnet. Anders als die GFK bezieht sich die Bestimmung des § 57 Abs 2 FrG 1997 nicht nur auf Flüchtlinge, sondern erfaßt unterschiedslos alle Fremden gleichermaßen. Vor diesem Hintergrund kann durchaus der Fall eintreten, daß einem Fremden wegen mangelnder Flüchtlingseigenschaft kein Asyl gewährt wird und trotzdem ein Verbot fremdenpolizeilicher Maßnahmen nach § 57 leg cit vorliegt. Auch im Lichte des § 57 Abs 2 drängt sich – wie nach Abs 1 dieser Bestimmung – die sog Drittstaatsproblematik (Problematik der Kettenabschiebungen) auf. Der Gesetzestext verlangt lediglich, daß die Verfolgung in jenem Staat droht, in den der Fremde in irgendeiner Form verbracht werden soll; daß er dort Sicherheit vor einer Abschiebung in den Verfolgerstaat haben muß, besagt der Gesetzestext des § 57 Abs 2 leg cit nicht. Wie allerdings oben dargelegt wurde, schützt allerdings Art 33 Abs 1 GFK vor Kettenabschiebungen auch dann, wenn der Flüchtling Gefahr läuft, vom aufnehmenden Staat aus in einen Drittstaat verbracht zu werden, wo er iSd GFK bedroht wäre (siehe dazu auch *Kälin*, Non refoulement, 111; *Uibopuu*, Anderweitiger Schutz, 321; *Gornig*, Refoulement, 19; *Crawford/Hyndman*, Refugee Convention, 171 ff; *Hailbronner*, Koordinierung, 40; *Bierwirth/Göbel-Zimmermann*, Handlungsspielräume, 474; weitergehend *Marx*, KJ 25, 1992; 423 f). Im Wege einer völkerrechtskonformen Interpretation liegt auch hier das Ergebnis nahe, daß auch § 57 Abs 2 FrG 1997 vor Kettenabschiebungen schützt (in diesem Sinne wohl auch UBAS Sen 22. 12. 1998, 206.792/0-II/04/98).

331 Im Gegensatz zu den Verboten nach § 57 Abs 1 FrG 1997 bildet die Gefahr einer Verfolgung nach Abs 2 dieser Bestimmung nur ein relatives Verbot aufenthaltsbeendender Maßnahmen. Gem § 57 Abs 4 FrG 1997 ist die Abschiebung Fremder in einen Staat, in dem sie zwar im Sinne des Abs 2, jedoch nicht im Sinne des Abs 1 bedroht sind, nur zulässig, wenn sie aus gewichtigen Gründen eine Gefahr für die Sicherheit der Republik darstellen oder wenn sie von einem inländischen Gericht wegen eines besonders schweren Verbrechens rechtskräftig verurteilt worden sind und wegen dieses strafbaren Verhaltens eine Gefahr für die Gemeinschaft bedeuten (Art 33 Z 2 GFK). Die Wortfolgen *„aus gewichtigen Gründen eine Gefahr für die Sicherheit der Republik"* und *„wegen dieses strafbaren Verhaltens eine Gefahr für die Gemeinschaft bedeuten"* verlangen eine Prognose. Dazu hat der VwGH festgehalten: *„Die Verurteilung wegen eines besonders schweren Verbrechens ist jedoch nicht die einzige Voraussetzung des Art. 33 Abs. 2, zweiter Fall, der Genfer Flüchtlingskonvention. Es muß hinzukommen, daß der Flüchtling ‚eine Gefahr für die Gemeinschaft' des Aufenthaltslandes bedeutet. In bezug auf diese Voraussetzung bedarf es nach dem zitierten Erkenntnis vom 18. Jänner 1995, Zl. 94/01/0746, einer entsprechenden Zukunftsprognose durch die Behörde, wobei – insbesondere neben der Beachtung der näheren Umstände der Tat – das gesamte Verhalten seit der Begehung der strafbaren Handlung (des ‚besonders schweren Verbrechens') unter Einschluß des Verhaltens während der Haft von Belang ist, auch wenn der Flüchtling während der zuletzt genannten Zeit mangels Freizügigkeit eine Änderung seiner Einstellung zu den rechtlich geschützten Werten noch nicht voll unter Beweis stellen konnte. Nach dem genannten Erkenntnis ist auch darauf Bedacht zu nehmen, daß in den Fällen des Art. 33 Abs. 2 der Genfer Flüchtlingskonvention deren Schutzzweck aufgrund einer Interessenabwägung, die wegen der Gefahr für die Sicherheit oder die Gemeinschaft des Aufenthaltslandes trotz bestehender Bedrohung des Lebens oder der Freiheit eines Flüchtlings aus Konventionsgründen zu seinen Ungunsten ausfällt, ausnahmsweise aufgegeben werden soll und es sich dabei um einen gravierenden Eingriff in die persönliche Rechtssphäre des Flüchtlings handelt, von dem nur dann Gebrauch gemacht werden soll, wenn er aus einem der genannten Gründe tatsächlich erforderlich ist"* (VwGH 10. 10. 1996, 95/20/0247; vgl auch VwGH 18. 1. 1995, 94/01/0746; zur Prognose und zum Gesichtspunkt der Güterabwägung siehe auch UVS OÖ 8. 6. 1993, VwSen-420034/6/Gf/La; *Kälin*, Non-refoulement, 135 f; *ders* Grundriß, 230 f). Im FrG 1992 hatte es noch den Anschein, als ginge dem Wortlaut des damaligen § 37 entsprechend die Regelung betreffend die Zulässigkeit der Abschiebung auch der Bestimmung des damaligen § 37 Abs 1 (gleichlautend mit § 57 Abs 1 FrG 1997) vor (zu dieser Problematik siehe *Rohrböck*, Bestrebungen, 177 ff). Dies hat man nunmehr mit der Wortfolge *„zwar im Sinne des Abs 2 jedoch nicht im Sinne des Abs 1"* verfassungs- und völkerrechtskonform bereinigt. Im Gegensatz zum FrG 1992 hat der Gesetzgeber davon Abstand genommen, den Begriff des „besonders schweren Verbrechens" innerstaatlich näher zu determinieren (siehe dazu auch § 14 Abs 1 Z 5 AsylG 1997). Damit ist auch dieser Begriff völkerrechtskonform zu interpretieren. Allgemein kann angemerkt werden, daß für die Zulässigkeit einer fremdenpolizeilichen Maßnahme bei einer Gefährdungslage nach § 57 Abs 1 und/oder 2 FrG 1997 inhaltlich kaum irgendein Spielraum zurückbleibt.

332 § 57 Abs 6 FrG 1997 ordnet schließlich an, daß die Abschiebung (nach dem Gesetzeswortlaut nicht die Zurückweisung bzw Zurückschiebung) eines Fremden in einen Staat unzulässig ist, „solange die Abschiebung die Empfehlung einer einstweiligen Maßnahme durch die Europäische Kommission für Menschenrechte oder die Empfehlung einer vorläufigen Maßnahme durch den Europäischen Gerichtshof für Menschenrechte entgegensteht". Die Vorschrift verleiht einstweiligen Verfügungen gemäß Art 36 der Verfahrensordnung der EKMR (BGBl 1991/400 idF BGBl 1992/393; zur jüngsten Entwicklung dazu siehe *Krüger*, Vorläufige Maßnahmen) und Art 36 der Verfahrensordnung des EGMR (BGBl 1984/22 idF BGBl 1991/587) unabhängig davon bindende Wirkung, ob sie im völkerrechtlichen Sinne verbindlich sind. Im Urteil Cruz Varas hat der EGMR die Verbindlichkeit derartiger einstweiliger Verfügungen verneint; anderer Ansicht war hingegen die Kommission (vgl dazu *Frowein/Peukert*, EMRK, 555; vgl auch *Oellers-Frahm*, EuGRZ 1991, 197; *Cohen-Jonathan*, Revue universelle, 205).

III. Feststellung der Unzulässigkeit aufenthaltsbeendender Maßnahmen

333 Die Rechtsbedingung für eine Feststellung, ob die Zurückweisung, Zurückschiebung oder Abschiebung eines Fremden in den Herkunftsstaat nach § 57 FrG 1997 zulässig ist, besteht gem § 8 AsylG 1997 in der Abweisung (nicht aber in der Zurückweisung; vgl *Rosenmayr*, Asylrecht, 575) eines Asylantrags (nicht aber eines Asylerstreckungsantrags). Die Feststellung nach § 8 AsylG 1997 ist nach dem Wortlaut des Gesetzes „von Amts wegen" zu treffen; ob daneben noch Raum für einen Antrag auf eine Feststellung nach § 8 leg cit bleibt, ist fraglich (arg „begehrte Feststellung" inzident bejahend VwGH 14. 10. 1998, 98/01/0122). Die Feststellung nach § 8 AsylG 1997 ist mit Bescheid zu treffen und ist mit der Abweisung des Asylantrags zu verbinden. „Verbinden" bedeutet, daß die Erlassung der Feststellung in einem engen sachlichen und zeitlichen Naheverhältnis zur Abweisung des Asylantrags stehen muß. Obzwar nicht gefordert ist, daß die Abweisung des Asylantrags und die Feststellung nach § 8 leg cit in einer „Bescheidurkunde" enthalten sein müssen, wird dies in der Praxis häufig der Fall sein. Dies darf aber nicht darüber hinwegtäuschen, daß in der Abweisung des Asylantrags und in der Feststellung, ob eine aufenthaltsbeendende Maßnahme zulässig ist, zwei (trennbare) Bescheide vorliegen, mögen sie auch in einer Bescheidurkunde enthalten sein. Nach der Jud des VwGH zu § 54 Abs 1 iVm § 37 Abs 1 und 2 FrG 1992, die auch im gegebenen Zusammenhang von Bedeutung ist, *„(...)wird (...) im Verfahren gemäß § 54 Abs 1 FrG nicht verlangt, die ihm* (den Beschwerdeführer) *im betreffenden Staat drohende Gefahr nachzuweisen. Es ist aber mit konkreten, durch entsprechende Bescheinigungsmittel untermauerten Angaben das Bestehen einer aktuellen, also im Falle der Abschiebung des Fremden in den von seinem Antrag erfaßten Staat dort gegebenen, durch staatliche Stellen zumindest gebilligten oder infolge nicht ausreichenden Funktionierens der Staatsgewalt von diesem nicht abwendbaren Bedrohung im Sinne des § 37 Abs 1 oder 2 FrG glaubhaft zu machen (...). Das Vorliegen konkreter Gefahren für jeden einzelnen Fremden ist für sich zu prüfen; für diese Beurteilung ist jedoch auch nicht unmaßgeblich, ob – wie der Beschwerdeführer behauptet – bislang gehäufte Verstöße der in § 37 Abs 1 FrG umschriebenen Art durch den genannten Staat be-*

kannt geworden seien (...). Ebenso wie bei der Beurteilung der Flüchtlingseigenschaft (...) ist auch bei der Beurteilung gemäß § 37 Abs 1 FrG zunächst die konkrete Einzelsituation des Fremden maßgeblich, die erforderlichenfalls einer Gesamtschau vor dem Hintergrund allgemeiner Verhältnisse zu unterziehen ist" (VwGH 17. 12. 1997, 95/21/0381; vgl auch VwGH 17. 11. 1994, 94/18/0607; 23. 2. 1995, 95/18/0049; 26. 6. 1997, 95/18/1291; 17. 7. 1997, 97/18/0336; 14. 10. 1998, 98/01/0122; zur Glaubhaftmachung siehe UBAS 8. 7. 1998, 201.655/0-II/06/98). Für die Glaubhaftmachung des Vorliegens einer drohenden Gefahr ist nach der Jud erforderlich, daß der Fremde die für diese ihm drohende Behandlung oder Verfolgung sprechenden Gründe konkret und in sich stimmig schildert (vgl VwGH 26. 6. 1997, 95/21/0294) und daß diese Gründe objektivierbar sind (vgl VwGH 5. 4. 1995, 93/18/0289; UBAS 8. 7. 1998, 201.655/0-II/06/98). Demnach ist es nicht hinreichend, aus Vermutungen, die aus Vorfällen abgeleitet werden, an denen der Asylwerber nicht beteiligt war (VwGH 5. 4. 1995, 90/18/0496), bzw aus bloßen Behauptungen, bei einer Rückkehr in den Heimatstaat mit unmenschlicher Behandlung oder Todesstrafe rechnen zu müssen (vgl VwGH 8. 9. 1994, 94/18/0442), die Unzulässigkeit einer Zurückweisung, Zurückschiebung oder Abschiebung darzutun (vgl UBAS 11. 5. 1998, 202.580/0-V/14/98; 30. 6. 1998, 203.764/0-I/02/98). Die Mitwirkungspflicht des Fremden bezieht sich auch hier nur auf jene Umstände, die in seiner Sphäre gelegen sind, und deren Kenntnis sich die Behörde nicht von Amts wegen verschaffen kann (vgl VwGH 30. 9. 1993, 93/18/0214; UBAS 30. 6. 1998, 203.764/0-I/02/98; 8. 7. 1998, 201.655/0-II/06/98; anders aber UBAS 12. 2. 1998, 201.740/0-III/07/98; 26. 3. 1998, 202.269/0-VII/19/98).

334 Gegenstand der Feststellung nach § 8 AsylG 1997 ist einzig und allein, ob aufenthaltsbeendende Maßnahmen im Hinblick auf den *„Herkunftsstaat"* zulässig sind. Herkunftsstaat ist nach § 1 Z 4 leg cit der Staat, dessen Staatsangehörigkeit Fremde besitzen, oder – im Falle der Staatenlosigkeit – der Staat des früheren gewöhnlichen Aufenthalts. Andere Zielstaaten aufenthaltsbeendender Maßnahmen bleiben im Rahmen einer Feststellung nach § 8 leg cit außer Betracht und obliegen im übrigen regelmäßig den Fremdenpolizeibehörden (vgl § 57 Abs 5 und § 75 FrG 1997; vgl dazu auch *Rosenmayr*, Asylrecht, 557). Einer Person können auch mehrere Herkunftsstaaten zuzurechnen sein (siehe dazu die Ausführungen zu § 1 Rz 158). Die Asylbehörden müssen den „Herkunftsstaat" im Rahmen einer refoulement-Prüfung ausdrücklich spezifizieren (in diesem Sinne UBAS 19. 8. 1998, 204.551/0-VII/19/98); die Festlegung des Herkunftsstaats obliegt funktionell den Asylbehörden und darf nicht den Fremdenpolizeibehörden überlassen werden (bedenklich daher UBAS 8. 4. 1998, 202.553/0-V/15/98 und UBAS 8. 4. 1998, 202,584/0-V/13/98, wo einer derartige Feststellung unterlassen wurde). Fraglich könnte sein, ob einer derartige Feststellung, wie sie in § 8 AsylG 1997 vorgesehen ist, unter den Begriff „Asylsache" iSd Art 129c B-VG fällt. Vor diesem Hintergrund hat der UBAS festgehalten: *„Im verfassungskonformer Auslegung der dem unabhängigen Bundesasylsenat nach Art. 129c Abs. 1 B-VG übertragenen Zuständigkeit, ‚als oberste Berufungsbehörde in* ***Asylsachen‘*** *zu entscheiden, beschränkt sich die Zuständigkeit des unabhängigen Bundesasylsenats in Entscheidungen nach § 8 AsylG iVm § 57 FrG darauf, festzustellen, ob der abgewiesene Asylwerber in seinem Herkunftsstaat einer seinem ‚refoulement‘ in diesen Staat entgegenstehenden Gefahr iSd § 57 Abs. 1 oder Abs. 2 FrG (nicht) ausgesetzt wäre. Auch ein (wie im gegenständlichen Fall) die Zulässigkeit des refoulements bejahender Ausspruch des unabhängigen Bundesasylsenates beinhaltet daher keinen über diese gerade beschriebenen Grenzen hinausgehenden Ausspruch über die Zulässigkeit der ‚Zurückweisung, Zurückschiebung oder Ab-*

schiebung' des betroffenen Fremden in sonstiger, das heißt insbesondere in sonstiger fremdenrechtlicher oder in sonstiger menschenrechtlicher (vgl. idZ insbesondere das durch Art. 2 Z 2 des vierten ZP zur EMRK verbürgten Rechts) Hinsicht. Innerhalb dieser Grenzen genügt es nun, im gegenständlichen Fall darauf hinzuweisen, daß das von der Behörde erster Instanz durchgeführte Ermittlungsverfahren – aus den nicht auf den konkreten Einzelfall abgestellten Berufungsausführungen war aus diesem Grunde für den Berufungswerber nichts zu gewinnen – ***keinerlei Anhaltspunkte*** *dafür ergeben hat, daß der abgewiesene Asylwerber, der gemäß den unter Spruchteil I. getroffenen Feststellungen keiner Verfolgung iSd § 7 AsylG ausgesetzt ist, dennoch, im Falle seines ‚refoulements', einer sonstigen Gefahr iSd § 57 Abs. 1 FrG bzw. einer derartigen Gefahr iSd Abs. 2 leg. cit. ausgesetzt wäre. Damit bestehen jedenfalls zum Entscheidungszeitpunkt keine iSd § 57 Abs. 1 oder Abs. 2 FrG ‚stichhaltigen Gründe' für die Annahme einer derartigen, die Zulässigkeit des ‚refoulements' hindernden Gefahr im Herkunftsstaat"* (UBAS 12. 3. 1998, 201.843/0-II/04/98). Neben die Bestimmung des § 8 AsylG 1997 tritt die Bestimmung des § 57 Abs 5 und – soweit davon nicht der Herkunftsstaat Gegenstand der Feststellung ist – auch die Bestimmung des § 75 Abs 1 FrG 1997. Auf Antrag eines Fremden hat die Behörde (di die Fremdenpolizeibehörde) gem § 75 Abs 1 leg cit festzustellen, ob stichhaltige Gründe für die Annahme bestehen, daß er in einem von ihm bezeichneten Staat gemäß § 57 Abs 1 und/oder Abs 2 FrG 1997 bedroht ist. Eine Abschiebung des Fremden in den von ihm bezeichneten Staat ist nach § 75 Abs 4 FrG 1997 bis zur rechtskräfigen Entscheidung über diesen Antrag ausdrücklich unzulässig (vgl dazu *Rosenmayr*, Asylrecht, 557). Die Antragslegitimation zu einem Antrag nach § 75 Abs 1 FrG besteht nur während des Verfahrens zur Erlassung einer Ausweisung oder eines Aufenthaltsverbots einschließlich des Rechtsmittelverfahrens (vgl VfSlg 13.784; VwGH 11. 11. 1993, 93/18/0742) und eines Verfahrens vor den Gerichtshöfen des öffentlichen Rechts, wenn der Beschwerde aufschiebende Wirkung zuerkannt wurde (siehe dazu *Rosenmayr*, Asylrecht, 557). Ob das Feststellungsverfahren nach § 75 FrG 1997 im Lichte des Art 13 EMRK eine *„wirksame Beschwerde"* ist, bleibt fraglich (bejahend VfSlg 14.116 und die dort zit Jud; vgl auch 692 BlgNR 18. GP, 55; *Wiederin*, Aufenthaltsbeendende Maßnahmen, 160; zu dieser Probelmatik insgesamt siehe *Rosenmayr*, Asylrecht, 556 ff; *Wiederin*, Aufenthaltsbeendende Maßnahmen, 156 ff).

335 § 57 Abs 5 FrG 1997 sieht vor, daß die bescheidmäßige Feststellung der Voraussetzungen des § 57 Abs 4 FrG in jenen Fällen, in denen ein Asylantrag abgewiesen wird oder in denen Asyl aberkannt wird, die Asylbehörden zu treffen haben; im übrigen ist zu dieser Feststellung die örtlich zuständige Sicherheitsdirektion berufen. Nach § 57 Abs 4 ist die Abschiebung Fremder in einen Staat, in dem sie zwar im Sinne des Abs 2 leg cit (vgl dazu Art 33 Z 1 GFK) jedoch nicht im Sinne des Abs 1 leg cit bedroht sind, nur zulässig wenn sie aus gewichtigen Gründen eine Gefahr für die Sicherheit der Republik darstellen oder wenn sie von einem inländischen Gericht wegen eines besonders schweren Verbrechens rechtskräftig verurteilt worden sind und wegen dieses strafbaren Verhaltens eine Gefahr für die Gemeinschaft bedeuten (Art 33 Z 2 GFK). Nach § 57 Abs 5 FrG 1997 ist nicht – wie dies nach § 8 AsylG 1997 der Fall ist – die Zulässigkeit bzw Unzulässigkeit aufenthaltsbeendender Maßnahmen, sondern „das Vorliegen der Voraussetzungen" des § 57 Abs 4 FrG 1997, somit die *„Gefahr für die Sicherheit der Republik aus gewichtigen Gründen"* bzw die *„rechtskräftige Verurteilung durch ein inländischen Gericht wegen eines besonders schweren Verbrechens"* und damit verbunden die *„Gefahr für die Gemeinschaft"* festzustellen. Über die Bindungswirkung des Feststellungsbescheides wird dann eine Abschiebung des betroffenen Fremden selbst in einen Staat zulässig, in dem der Fremde iSd § 57 Abs 2 FrG 1997, nicht aber nach § 57 Abs 1 leg cit, gefährdet ist. Im Gegensatz dazu ist nach § 8 AsylG 1997 die Zulässigkeit bzw Unzulässigkeit aufenthaltsbeendender Maßnahmen als solche festzustellen, wobei diese Feststellung – im Gegensatz zur Feststellung nach § 57 Abs 5 bzw § 75 Abs 1 FrG 1997 – auf den Herkunftssststaat beschränkt ist. Im Ergebnis bedeutet dies, daß eine Feststellung § 57 Abs 5 bzw § 75 Abs 1 FrG 1997 regelmäßig neben § 8 bzw § 14 Abs 3 AsylG 1997 zu treffen ist. Eine Feststellung nach § 57 Abs 5 FrG 1997 ist gegenüber einer Feststellung nach § 8 bzw § 14 Abs 3 AsylG 1997 ein aliud. Sowohl der Feststellungsbescheid nach § 8 AsylG 1997 und § 14 Abs 3 leg cit als auch die Feststellung nach § 57 Abs 5 FrG 1997 sind von Amts wegen zu erlassen.

336 § 57 Abs 5 FrG 1997 sieht eine Zuständigkeitsverteilung zwischen den Asylbehörden und den Sicherheitsdirektionen vor. Diese sachliche Zuständigkeitsregelung knüpft – wie bereits im FrG 1992 – an den Status des Fremden an. Ist der Fremde Asylwerber oder Asylberechtigter, sind für die Feststellung der Voraussetzungen des § 57 Abs 5 FrG 1997 die Asylbehörden zuständig. Im übrigen sind die örtlich zuständigen Sicherheitsdirektionen zur Entscheidung berufen.

337 Ein Feststellungsbescheid nach § 8 AsylG 1997 bzw nach § 57 Abs 5 und § 75 Abs 4 FrG 1997 entfacht Bindungswirkung. Das bedeutet, daß die Asyl- und Fremdenpolizeibehörden an die Feststellung der Zulässigkeit (Unzulässigkeit) aufenthaltsbeendender Maßnahmen bei einer Gefährdungslage nach § 57 Abs 1 und/oder 2 FrG 1997 gebunden sind, solange ein solcher Bescheid dem Rechtsbestand angehört. Zu beachten ist hier allerdings, daß sich die Bindungswirkung einer Feststellung nach § 8 AsylG 1997 auf den Herkunftsstaat beschränkt; es bleibt dem Fremden daher unbenommen, im Hinblick auf andere Staaten als den Herkunftsstaat einen Antrag nach § 75 Abs 1 FrG 1997 zu stellen, ohne daß diesem Antrag „res iudicata“ entgegengehalten werden könnte. Der Rechtszug gegen eine Feststellung nach § 8 AsylG 1997 richtet sich an den UBAS. Welche Behörde gegen eine Berufung einer Feststellung nach § 57 Abs 5 FrG 1997 zuständig ist, ist unklar. § 94 Abs 1 FrG 1997 bestimmt, daß über Berufungen gegen Bescheide nach diesem Bundesgesetz, sofern nicht anderes bestimmt ist, die Sicherheitsdirektion in letzter Instanz entscheidet. Nimmt man diese Vorschrift wörtlich, hätte die Sicherheitsdirektion auch im Berufungsverfahren (nicht bloß im Rahmen einer Berufungsvorentscheidung nach § 64a AVG) gegen ihren eigenen Bescheid in letzter Instanz zu entscheiden. Vor diesem Hintergrund liegt auf der Hand, daß der Gesetzgeber übersehen hat, im Fall einer Feststellung nach § 57 Abs 5 FrG den Instanzenzug besonders zu regeln, sodaß die allgemeinen Grundsätze über den Instanzenzug heranzuziehen sind. Demnach würde sich im Falle einer Feststellung nach § 57 Abs 5 leg cit durch die Sicherheitsdirektion der Instanzenzug an den Bundesminister für Inneres richten. Hat jedoch das Bundesasylamt eine Feststellung nach § 57 Abs 5 getroffen, geht der Instanzenzug an den UBAS (vgl dazu § 38 Abs 1 AsylG 1997).

IV. Funktionelle Zuständigkeit

338 Die Bestimmung des § 8 AsylG 1997 verlangt einerseits die Feststellung, ob die Zurückweisung, Zurückschiebung oder Abschiebung eines Fremden in den Herkunftsstaat zulässig ist und verlangt andererseits die *Verbindung* dieser Entscheidung mit der Abweisung des Asylantrags, wobei dazu schlicht *„die Behörden“* verpflichtet sind. Unter Behörden sind nach dem AsylG 1997 sowohl das BAA als auch der

UBAS zu verstehen; beide sind in Abschnitt 6 unter der Überschrift „Behörden" geregelt. Damit stellt sich die Frage, ob der UBAS zur Feststellung der Zulässigkeit der Zurückweisung, Zurückschiebung oder Abschiebung eines Fremden in den Herkunftsstaat funktionell auch dann zuständig ist, wenn er funktionell nicht als Berufungsbehörde entscheidet, was insb dann zutrifft, wenn in erster Instanz – aus welchen Gründen auch immer – nicht über die Zulässigkeit der Zurückweisung, Zurückschiebung oder Abschiebung eines Fremden in den Herkunftsstaat gem § 8 AsylG 1997 bescheidmäßig abgesprochen wurde, sohin ein bekämpfbarer Bescheid in der betreffenden Verwaltungssache nicht vorliegt, oder die Feststellung nach § 8 AsylG 1997 nicht durch Berufung bekämpft wurde.

339 Bei der funktionellen Zuständigkeit geht es um die Frage, welche von mehreren Behörden eines organisatorischen oder instanzenmäßigen (in Fällen mittelbarer Verwaltung) Organkomplexes zur Setzung eines bestimmten Verwaltungsaktes zuständig ist (vgl *Walter/Mayer*, Verwaltungsverfahrensrecht, Rz 96). Der Wortlaut des § 8 AsylG 1997 würde zunächst dafür sprechen, daß der UBAS – wie das BAA auch – bei der Abweisung des Asylantrags (Abweisung des Berufungsantrags betreffend die Abweisung des Asylantrags) immer mit einer Feststellung betreffend die Zulässigkeit der Zurückweisung, Zurückschiebung oder Abschiebung eines Fremden in den Herkunftsstaat zu *„verbinden"* hat, sohin funktionell auch dann zuständig ist, wenn er nicht als Berufungsbehörde entscheidet. Dieses Ergebnis würde die Partei in bestimmten Fällen vor dem Hintergrund des Rechtsschutzinteresses (vgl dazu insb Art 13 EMRK) um eine Instanz verkürzen. Dieser Ansatz widerspricht zudem der Verfassungsbestimmung des Art 129c Abs 1 B-VG, der es dem einfachen Gesetzgeber nur ermöglicht, den UBAS ausschließlich als *„Berufungsbehörde"* einzusetzen. Vor diesem Hintergrund ist die Bestimmung des § 8 AsylG 1997 so zu verstehen, daß der UBAS eine Feststellung betreffend die Frage der Zulässigkeit der Zurückweisung, Zurückschiebung oder Abschiebung eines Fremden in den Herkunftsstaat nur dann zu treffen hat, wenn diese Feststellung gem § 8 leg cit im Rahmen eines Berufungsverfahrens zu treffen ist; die Feststellung durch den UBAS, ob die Zurückweisung, Zurückschiebung oder Abschiebung eines Fremden in den Herkunftsstaat zulässig ist, ist demnach nur dann verfassungskonform, wenn der UBAS zu dieser Feststellung auch funktionell als Berufungsbehörde zuständig ist. In bedenklicher Weise hat sich der UBAS wiederholt in eine refoulement-Prüfung eingelassen, obwohl er nicht als Berufungsbehörde tätig war (vgl UBAS 9. 2. 1998, 201.659/0-VII/19/98; 9. 2. 1998, 201.726/0-III/07/98).

339a Wird ein Bescheid, mit dem der Asylantrag als offensichtlich unbegründet abgewiesen wurde, von der Berufungsbehörde (im Rahmen des abgekürzten Berufungsverfahrens) bestätigt, so hat sie (der UBAS) ihrerseits (seinerseits) *„jedenfalls"* eine Feststellung gemäß § 8 AsylG 1997 zu treffen (§ 32 Abs 2 letzter Satz AsylG 1997; vgl dazu auch die Ausführungen unter Rz 927 ff); diese Feststellung ist nach dem systematischen Zusammenhang mit § 8 leg cit an sich nicht nur an die Tatbestände des § 57 Abs 1 FrG 1997 gebunden sondern umfaßt sowohl Abs 1 und 2 des § 57 FrG 1997, wobei ausgesprochen fraglich ist, ob dieses Ergebnis vom Gesetzgeber auch so gewollt war. Welchen Sinn im Lichte dessen die Einschränkung der Berufungsmöglichkeit auf die *„Behauptung des Bestehens einer Gefahr gemäß § 57 Abs 1 FrG"* verfolgt, bleibt weitgehend im Dunkeln. Der Zwang, im abgekürzten Berufungsverfahren „jedenfalls" (dh auch wenn die non-refoulement-Prüfung nicht Gegenstand eines Berufungsverfahrens ist) eine Feststellung nach § 8 AsylG 1997 treffen zu müssen, ist im Lichte des Art 129c Abs 1 B-VG verfassungswidrig (vgl auch die Ausführungen zu § 32 Rz 926)

Asyl von Amts wegen

§ 9. Fremden ist von Amts wegen und ohne weiteres Verfahren mit Bescheid Asyl zu gewähren, wenn sich die Republik Österreich völkerrechtlich dazu bereit erklärt hat.

RV: [20]

Neu ist das von der Praxis immer wieder geforderte Rechtsinstitut des sogenannten Kontingentflüchtlings. Es soll in Hinkunft genügen, daß sich die Republik Österreich völkerrechtlich zur Übernahme einer bestimmten Flüchtlingsgruppe bereit erklärt. Die völkerrechtliche Übernahme eines Fremden im Rahmen eines Flüchtlingskontingentes soll ohne weitere Prüfung der Voraussetzungen im Einzelfall und von Amts wegen die Asylgewährung zur Folge haben. Die Asylverlust- und Aberkennungstatbestände bleiben auch für den Kontingentflüchtling anwendbar.

Inhaltsübersicht

I. Kontingentflüchtlinge

340 Die Republik Österreich hat in der Vergangenheit mehrmals Gruppen von Fremden aus humanitären Gründen übernommen, von denen allgemein vermutet wurde, daß sie in materieller Hinsicht Flüchtlinge im Sinne der GFK seien. Zwei bekannte Beispiele sind die Übernahme von vietnamesischen „Flüchtlingen" (sog „boat people") vor der Ost-West-Entspannung während der achziger Jahre und die Übernahme von irakischen Kurden während der Ereignisse unmittelbar vor und während des Golfkrieges. Nach der Übernahme sog „Kontingente" mußte im Hinblick auf jede einzelne Person ein Asylverfahren durchgeführt werden, das in der Praxis zwar sehr oberflächlich durchgeführt wurde, aber trotzdem einen recht hohen Verwaltungsaufwand verursachte. Vor diesem Hintergrund hat sich der Gesetzgeber entschlossen, für diese Fälle eine besondere Regelung zu treffen. Von der Erlassung eines eigenen „Kontingentflüchtlingsgesetzes", wie etwa das deutsche G über Maßnahmen für im Rahmen humanitärer Hilfsaktionen aufgenommene Flüchtlinge vom 22. 6. 1980 dBGBl I S. 1057, wurde Abstand genommen.

341 Das AsylG 1997 nennt den Begriff des „Kontingentflüchtlings" nicht ausdrücklich, scheint diesen Begriff jedoch vorauszusetzen, wobei einzelne Begriffselemente nur schwer zu fassen sind. Unter Kontingentflüchtlinge versteht man gemeiniglich eine nach sozialen, ethnischen, rassischen, religiösen oder politischen Kriterien abgrenzbare Gruppe von Fremden, denen Verfolgung vergleichbarer Art und Weise droht und zu deren Übernahme (§ 9 AsylG 1997 spricht hier von Asylgewährung) sich ein Staat bereit erklärt. Kontingentflüchtlinge sind demnach eine Gruppe von Menschen, von denen man annimmt, daß ihnen „Gruppenverfolgung" oder „gruppenähnliche" Verfolgung droht.

342 Das AsylG 1997 spricht davon, daß Fremden unter der Voraussetzung, daß sich die Republik Österreich dazu bereit erklärt hat, ohne weiteres Verfahren mit Bescheid Asyl zu gewähren ist. Der Ausdruck „ohne weiteres Verfahren" läßt darauf schließen, daß die Flüchtlingseigenschaft in diesen Fällen nicht nach einem umfassenden Ermittlungsverfahren festzustellen ist, sondern zum Zeitpunkt der Bescheiderlassung widerleglich vermutet wird („praesumptio iuris").

II. Asylverfahren

343 In Fällen des § 9 AsylG 1997 sind die Asylverfahren von Amts wegen zu führen. Adressaten der Bescheide, mit denen nach § 9 leg cit Asyl gewährt wird, sind nicht etwa Gruppen von Fremden als juristische Person, sondern jeder einzelne Fremde als natürliche Person, zu deren „Asylgewährung" sich die Republik Österreich bereit erklärt hat. Im Lichte dessen sind auch die Asylverfahren „Einparteienverfahren".

344 Die Asylverfahren sind „ohne weiteres Verfahren" zu führen. Das bedeutet, daß – ähnlich wie im Falle eines Mandatsverfahrens nach § 57 Abs 1 AVG – ein umfassendes Ermittlungsverfahren zu entfallen hat. Die Ermittlungstätigkeiten der Asylbehörden sind auf das Notwendigste (etwa Ermittlung der Identitätsdaten, Ermittlung einer Abgabestelle etc) zu beschränken. Ob im Hinblick auf die Asylausschlußtatbestände nach § 13 AsylG 1997 ein vollständiges Ermittlungsverfahren durchzuführen ist, muß nach der historischen Absicht des Gesetzgebers (arg „ohne weitere Prüfung der Voraussetzungen" in der RV) eher verneint werden. Systematische Überlegungen sprechen jedoch dafür, da die Ausschlußtatbestände des § 13 leg cit dem Wortlaut nach jede Asylgewährung und somit auch die Asylgewährung von Amts wegen nach § 9 leg cit hindern.

345 In der Wirkung im Hinblick auf die Asylgewährung unterscheidet sich die Asylgewährung von Amts wegen nicht von der Asylgewährung auf Grund Asylantrags nach § 7 AsylG 1997. Auch hier wird mit Asyl ein dauerndes Einreise- und Aufenthaltsrecht mit rechtsgestaltendem Bescheid zugesprochen und ist mit der Asylgewährung die Feststellung der Flüchtlingseigenschaft nach § 12 AsylG 1997 zu verbinden. Desgleichen bleiben auch in diesen Fällen die Tatbestände der Asylaberkennung nach § 14 leg cit anwendbar.

346 Rechtsbedingungen für die Asylgewährung von Amts wegen sind die „Erklärung" der Republik und wohl auch das Fehlen von Asylausschlußtatbeständen nach § 13 AsylG 1997. Die Erklärung der Republik Österreich muß eine „völkerrechtliche" Erklärung sein und die Bereitschaft Österreichs beinhalten, den betroffenen Fremden Asyl zu gewähren. Über weiteres schweigt das AsylG 1997. Es wird insb nicht festgelegt, welches Organ die Erklärung abzugeben hat und an wen diese Erklärung adressiert sein soll.

III. Erklärung der Republik Österreich

347 Jede „völkerrechtliche Erklärung" muß, um entsprechende Wirksamkeit zu entfalten, grundsätzlich vom zuständigen Organ abgegeben werden. Nach Art 65 Abs 1 B-VG ist der Bundespräsident zuständig, die Republik nach außen zu vertreten, die Gesandten zu empfangen und zu beglaubigen, die Bestellung der fremden Konsuln zu genehmigen, die konsularischen Vertreter der Republik im Ausland zu bestellen und Staatsverträge abzuschließen (*Koja*, JBl 1993, 622). Die völkerrechtliche Vertretung eines Staates – zu dieser gehören die rechtsgeschäftlichen völkerrechtlichen Akte eines Staates – ist eine typische Kompetenz des „Staatsoberhaupts", dessen Rechtsstellung einmal durch die staatlichen Rechtsvorschriften und andererseits durch das Völkerrecht determiniert ist. Nach der Verfassungsrechtslage wäre zuständiges Organ für die Abgabe der völkerrechtlichen Erklärung nach § 9 AsylG 1997 der Bundespräsident. Die Abgabe dieser Erklärung steht dem Bundespräsidenten nur über Vorschlag der Bundesregierung zu (Art 67 Abs 1 B-VG). Adressat dieser Erklärung kann ausschließlich ein Rechtssubjekt des Völkerrechts sein.

Asylerstreckungsantrag

§ 10. (1) Fremde begehren mit einem Asylerstreckungsantrag die Erstreckung des einem Angehörigen aufgrund eines Asylantrages oder von Amts wegen gewährten Asyl.

(2) Asylerstreckungsanträge können frühestens zur selben Zeit wie der der Sache nach damit verbundene Asylantrag eingebracht werden. Sie sind nur für Eltern eines Minderjährigen oder für Ehegatten und minderjährige unverheiratete Kinder zulässig; für Ehegatten überdies nur dann, wenn die Ehe spätestens innerhalb eines Jahres nach der Einreise des Fremden geschlossen wird, der den Asylantrag eingebracht hat.

RV: [20, 21]

Die Asylerstreckung bildet im Prinzip einen eigenen Verfahrensgegenstand, wenn auch bestimmte Verknüpfungen mit Verfahren betreffend eine originäre Asylgewährung im Rahmen des Rechtsschutzes nicht vermeidbar waren (vgl. dazu § 32 des Entwurfs). Die Asylerstreckung ist stets von der Asylgewährung nach § 7 oder § 9 abhängig. Asylerstreckungsanträge sind nur für Eltern eines Minderjährigen oder für Ehegatten und minderjährige unverheiratete Kinder zulässig. Asylerstreckungsanträge von Ehegatten sind überdies nur zulässig, wenn die Ehe spätestens innerhalb eines Jahres nach der Einreise geschlossen wird. Mit dieser einschränkenden Regelung soll der Möglichkeit entgegen- [20] gewirkt werden, daß sich Fremde die Asylgewährung gleichsam „erheiraten". Asylerstreckungsanträge sonstiger „Angehöriger" sind als unzulässig zurückzuweisen. Gleiches gilt für Asylerstreckungsanträge, die zeitlich vor dem mit diesem sachlich verbundenen Asylantrag der Bezugsperson eingebracht wird [21].

Inhaltsübersicht

I. Asylerstreckungsantrag

348 Ein Asylerstreckungsantrag ist das Begehren eines Fremden, durch Erstreckung des einem Angehörigen gem §§ 7 und/oder 9 AsylG 1997 gewährten Asyl selbst Asyl zu erhalten. Der Akt der Asylerstreckung ist zur Asylberechtigung eines Angehörigen iSd § 11 Abs 1 leg cit akzessorisch. Die Asylerstreckung verhält sich – im Gegensatz zur Asylausdehnung nach dem AsylG 1991 – zur Asylgewährung nach § 7 leg cit an den „Asylerstreckungswerber" subsidiär (§ 11 Abs 4 leg cit). Wie Asylanträge können auch Asylerstreckungsanträge formlos in jeder geeignet erscheinenden Weise und schriftlich (zumindest) auch in einer der Amtssprachen der Vereinten Nationen eingebracht werden, die von Amts wegen zu übersetzen sind (§ 24 Abs 2 AsylG 1997). Sinn und Zweck der Asylerstreckung ist der Schutz der Familieneinheit, wobei eine möglichst gleiche Rechtsposition aller Familienmitglieder erreicht werden soll. Gem § 13 Abs 8 AVG kann der verfahrenseinleitende Antrag in jeder Lage des Verfahrens geändert werden. Durch die Antragsänderung darf die Sache ihrem Wesen nach nicht geändert und die sachliche und örtliche Zuständigkeit nicht berührt werden. Damit kann ein Asylerstreckungsantrag in jeder Lage des Verfahrens in einen Asylantrag abgeändert werden. Ob eine Antragsänderung rückgängig gemacht werden kann, ist fraglich (zur Antragsänderung siehe 1167 BlgNR 20. GP, 26 f).

II. Zulässigkeitsvoraussetzungen

a) Zeitliche Dimension

349 Asylerstreckungsanträge können nicht vor dem *„der Sache nach damit verbundenen Asylantrag“* eingebracht werden. Asylerstreckungsanträge, die vor dieser zeitlichen Schranke eingebracht werden, sind als unzulässig zurückzuweisen. Ob diese Prozeßvoraussetzung in jenen Fällen, in denen „der der Sache nach verbundene Asylantrag“ noch vor Erlassung des Zurückweisungsbescheids der Heilung unterliegen kann, ist prima facie fraglich; im Hinblick auf die Verfahrensprinzipien der Zweckmäßigkeit, Raschheit und Einfachheit von Verwaltungsverfahren ist in den genannten Fällen von einer nachträglichen Heilung des Asylerstreckungsantrags auszugehen. Für die Erfüllung dieser Prozeßvoraussetzung genügt es sohin, daß ein entsprechender Asylantrag zum Zeitpunkt des Einlangens bzw vor Erlassung des Zurückweisungsbescheids (bezogen auf den Asylerstreckungsantrag) vorliegt.

b) Verwandtschaftsverhältnis

350 Der Begriff „der der Sache nach damit verbundene Asylantrag“ soll den Asylantrag jenes Fremden bezeichnen, von dem auf Grund eines bestehenden Familienbandes iSd § 10 Abs 2 AsylG 1991 eine Asylerstreckung aus objektiver Sicht zulässig ist. Es ist durchaus denkbar, daß in Einzelfällen mehrere „der Sache nach damit verbundene Asylanträge“ vorliegen können, zumal Asyl von mehreren Familienangehörigen iSd § 10 Abs 2 leg cit gleichzeitig erstreckbar ist.

351 Auch die Abgrenzung jenes Personenkreises, für den eine Asylerstreckung in Frage kommt, ist nach dem AsylG 1997 als Prozeßvoraussetzung konstruiert (siehe dazu aber § 11 Abs 1 leg cit; das Tatbestandselement der *„Fortsetzung eines bestehenden Familienlebens“* gehört zur Verwaltungssache und berechtigt daher nicht zur Zurückweisung des Asylerstreckungsantrags). Asylerstreckung ist ausschließlich für Eltern eines Minderjährigen oder für Ehegatten und minderjährige unverheiratete Kinder zulässig; für Ehegatten nur, wenn die Ehe vor Ablauf eines Jahres nach der Einreise des Fremden, der „den der Sache nach damit verbundenen Asylantrag gestellt hat, geschlossen wurde“. „Asylerstreckungswerber“ müssen ausnahmslos Fremde iSd § 1 Abs 1 FrG 1997 sein. Im theoretischen Fall einer Antragstellung durch einen österreichischen Staatsbürger wäre der Asylerstreckungsantrag als unzulässig zurückzuweisen. Gegenüber dem AsylG 1991 wurde der Kreis der Asylerstreckungsberechtigten in zweierlei Hinsicht ausgedehnt. Erstens mußte nach § 4 AsylG 1991 die Ehe schon vor der Einreise bestanden haben und zweitens war eine Asylausdehnung von Kindern auf Eltern generell nicht möglich (siehe dazu *Rohrböck*, AsylG 1991, 170 ff).

c) Personalstatut

352 Die Minderjährigkeit und die bestehende (zu schließende) Ehe iSd § 10 Abs 2 AsylG 1997 bilden Elemente des bürgerlichen Rechts. Damit erhebt sich – sind doch Asylwerber und Parteien im Erstreckungsverfahren regelmäßig Angehörige fremder Staaten – im Hinblick auf die Notwendigkeit der Abgrenzung der anzuwendenden Rechtsordnungen – ein erheblicher internationaler Bezug. § 12 IPRG bindet die Rechts- und Handlungsfähigkeit an das Personalstatut (vgl dazu *Schwimann*, 57) der betroffenen Person. Gem § 16 Abs 1 IPRG ist die Form einer Eheschließung im Inland nach inländischen Formvorschriften zu beurteilen. Die Form einer Eheschließung im Ausland ist nach dem Personalstatut jedes der Verlobten zu beurteilen; es genügt jedoch die Einhaltung der Formvorschriften des Ortes der Eheschließung (§ 16 Abs 2 leg cit). Die Voraussetzungen der Eheschließung sowie die der Ehenichtigkeit und der Aufhebung sind für jeden der Verlobten nach seinem Personalstatut zu beurteilen (§ 17 Abs 1 IPRG). Das Personalstatut einer natürlichen Person ist gemäß § 9 Abs 1 IPRG das Recht des Staates, dem die Person angehört; im Falle eines Asylwerbers oder einer Partei im Asylerstreckungsverfahren wäre dies grundsätzlich das Recht des Heimatstaates.

353 Nach § 5 IPRG sind Rück- und Weiterverweisungen insoweit maßgeblich, als nicht die Ausnahmeregel des § 9 Abs 3 IPRG für Flüchtlinge greift. Letztere Bestimmung definiert das Personalstatut einer Person, die Flüchtling iSd für Österreich geltenden internationalen Übereinkommen ist oder deren Beziehungen zu ihrem Heimatstaat aus vergleichbar schwerwiegenden Gründen abgebrochen sind, als das Recht des Staates, in dem sie ihren Wohnsitz, mangels eines solchen ihren gewöhnlichen Aufenthalt hat. Eine Verweisung dieses Rechts auf das Recht des Heimatstaates ist unbeachtlich.

354 Die Ausnahme des § 9 Abs 3 IPRG wird durch Art 12 GFK iVm § 53 IPRG – danach werden Bestimmungen zwischenstaatlicher Übereinkommen durch das IPRG nicht berührt – dahingehend modifiziert, daß die personenrechtliche Stellung eines Flüchtlings vom Gesetz seines Wohnsitzlandes oder – wenn er keinen Wohnsitz hat – vom Gesetz des Aufenthaltslandes bestimmt wird (vgl dazu 136 BlgNR 7. GP, 38; *Schwimann*, 61).

355 Vor diesem Hintergrund gestaltet sich die Rechtslage einigermaßen kompliziert: Es ist im Einzelfall – schon im Stadium der Prüfung der Prozeßvoraussetzungen – zu unterscheiden, ob ein Fremder Flüchtling iSd GFK oder eine Person, deren Beziehungen zum Heimatstaat aus vergleichbar schwerwiegenden Gründen abgebrochen wurde, ist oder nicht. Trifft dies zu, richtet sich die Minderjährigkeit und das Eherecht nach dem Personalstatut des Aufenthaltslandes (Österreich). Ist dieses hingegen zu verneinen, ist das Heimatrecht des Fremden als maßgebliche Rechtsordnung heranzuziehen.

Asylerstreckung

§ 11. (1) Die Behörde hat aufgrund eines zulässigen Antrages durch Erstreckung Asyl zu gewähren, wenn dem Asylwerber die Fortsetzung eines bestehenden Familienlebens im Sinne des Art. 8 der Europäischen Konvention zum Schutze der Menschenrechte und Grundfreiheiten EMRK, BGBl. Nr. 210/1958, mit dem Angehörigen in einem anderen Staat nicht möglich ist.

(2) Fremde, die einen Asylerstreckungsantrag eingebracht haben, können im Verfahren über den Asylantrag ihres Angehörigen aus eigenem alles vorbringen, was ihnen für dieses Verfahren maßgeblich erscheint. Wird der Asylantrag als unzulässig zurückgewiesen oder als offensichtlich unbegründet abgewiesen, so gelten die der Sache nach damit verbundenen Asylerstreckungsanträge, sofern der Betroffene nach Belehrung über die Folgen nicht ausdrücklich darauf verzichtet, als Asylanträge. Die Behörde hat über diese Anträge unverzüglich zu entscheiden; im Falle eines Verzichtes sind Asylanträge dieser Fremden innerhalb von 30 Tagen nach Eintritt der Rechtskraft der die Asylerstreckungsanträge abweisenden Entscheidung unzulässig.

(3) Bringen Fremde einen Asylerstreckungsantrag während eines bereits anhängigen Verfahrens gemäß § 7 ein, ist mit der Erledigung dieses Antrages zuzuwarten, bis die Entscheidung über ihren Asylantrag ergangen ist. Asyl durch Erstreckung darf ihnen erst gewährt werden, wenn ihr Asylantrag rechtskräftig zurückgewiesen oder abgewiesen wurde.

(4) Bescheide, mit denen Angehörigen durch Erstreckung Asyl gewährt wurde, treten außer Kraft und Asylerstreckungsanträge werden gegenstandslos, wenn den Angehörigen gemäß § 7 Asyl gewährt wird.

RV: [21]

Das Rechtsinstitut der **Asylerstreckung** wurde überwiegend neu gestaltet. Der Adressatenkreis dieser Norm entspricht weitestgehend dem der geltenden Rechtslage und ist somit auf Ehegatten und minderjährige unverheiratete Kinder beschränkt. Neu ist – im Gegensatz zur derzeit geltenden Rechtslage – die Möglichkeit, auch von minderjährigen, unverheirateten Kindern auf die Eltern Asyl zu erstrecken.

Das Rechtsinstitut der Asylerstreckung ist Teil eines umfassenden Konzepts betreffend die Familienzusammenführung, deren Wichtigkeit das Exekutiv-Komitee für das Programm des Hohen Flüchtlingskommissars der Vereinten Nationen (EXCOM) wiederholt hervorgehoben hat [vgl. zB. Beschluß Nr 9 (XXVIII) betreffend die Familienzusammenführung]. Im Interesse der Familienzusammenführung und aus humanitären Gründen sollten die Staaten zumindest den Ehegatten und minderjährigen oder abhängigen Kindern einer jeden Person, der bereits vorläufige Zuflucht oder dauerndes Asyl gewährt worden ist, die Aufnahme in ihr Land erleichtern [EXCOM Beschluß Nr 15 (XXX) lit e; vgl. auch Beschluß Nr 24 (XXXII) betreffend die Familienzusammenführung].

Auch mit der Asylerstreckung ist ex lege die Feststellung der Flüchtlingseigenschaft verbunden (§ 12). Ist einem Asylberechtigten ein Familienleben mit dem antragstellenden Angehörigen in einem anderen Staat möglich, soll es generell nicht zu einer Asylerstreckung kommen. Hiebei scheidet der Herkunftsstaat von vornherein als Ort eines möglichen Familienlebens aus: Wer in einem Staat verfolgt wird, kann dort kein Familienleben führen. Das Familienleben als Faktizität muß – im Gegensatz zum formellen Band der Ehe – bereits vor der Asylerstreckung bestanden haben.

Wenn die Flucht dazu führt, daß Angehörige vorübergehend den Kontakt zueinander verlieren, kann dies einer Asylerstreckung nicht entgegenstehen.

Weder die Asylverfahren nach § 7 noch die Asylerstreckungsverfahren nach § 10 sind Mehrparteienverfahren. Dessen ungeachtet sollen Angehörige eines Familienmitgliedes, die einen zulässigen Asylerstreckungsantrag eingebracht haben, in dem Verfahren über die Asylgewährung an den Angehörigen berechtigt sein, aus eigenem alles vorzubringen, was ihnen für die Gewährung des Asyls für dieses Familienmitglied maßgeblich erscheint. In diesem Rahmen kommt ihnen die Stellung eines Beteiligten im Sinne des § 8 AVG zu.

Aus verfahrensökonomischen Gründen soll die Asylerstreckung nicht ohne jede Rechtsbedingung kumulativ neben die Asylgewährung nach § 7 treten. Damit soll auch eine Rechtsgrundlagenanhäufung vermieden werden. Es wird daher vorgesehen, daß die Asylgewährung Vorrang vor der Asylerstreckung hat. Es entspricht dem Prinzip der Susidiarität der Asylerstreckung gegenüber der Asylgewährung, wenn Bescheide, welche eine Asylerstreckung zum Gegenstand haben, von Gesetzes wegen außer Kraft treten, wenn der betreffenden Person gemäß § 7 Asyl gewährt wird. Wird ein Asylantrag als unzulässig zurückgewiesen oder als offensichtlich unbegründet abgewiesen, so werden die der Sache nach damit verbundenen (zulässigen) Asylerstreckungsanträge ex lege zu Asylanträgen (§ 3) umgedeutet, sofern der Betroffene nach Belehrung über die Folgen nicht ausdrücklich verzichtet. Ausdrücklich bedeutet in diesem Zusammenhang, daß am Erklärungsinhalt kein Zweifel bestehen darf. Verzichtet der Betroffene, kommt es zu keiner Umdeutung und die Asylerstreckungsanträge sind abzuweisen. Mit Rechtskraft dieser Abweisung entsteht ex lege eine Sperrfrist von 30 Tagen für (neuerliche) Asylanträge.

Inhaltsübersicht

I. Asylerstreckung

a) Allgemeines

356 Die Asylerstreckung ist Teil eines umfassenden Konzepts der Familienzusammenführung (siehe dazu insb auch §§ 20 und 21 FrG 1997). Dieses Konzept hat internationale Bedeutung und muß ganz allgemein vor dem Hintergrund des Art 8 Abs 1 EMRK gesehen werden. Gem Art 8 EMRK hat *jederman* Anspruch auf Achtung des Privat- und Familienlebens, seiner Wohnung und seines Briefverkehrs. Der Eingriff einer öffentlichen Behörde in die Ausübung dieses Rechts ist nur statthaft, insoweit dieser Eingriff gesetzlich vorgesehen ist und eine Maßnahme darstellt, die in einer demokratischen Gesellschaft für die nationale Sicherheit, die öffentliche Ruhe und Ordnung, das wirtschaftliche Wohl des Landes, die Verteidigung der Ordnung und zur Verhinderung von strafbaren Handlungen, zum Schutz der Gesundheit und der Moral oder zum Schutz der Rechte und Freiheiten anderer notwendig ist (siehe dazu ausführlich *Frowein/Peukert*, EMRK, 337 ff). Die Familie, die durch

Art 8 EMRK geschützt ist, umfaßt in erster Linie Ehepartner und Kinder, wie Art 12 mit seiner Formulierung des Rechtes, eine Familie zu gründen, zeigt (siehe dazu umfassend *Brötel*, Familienleben). Die EKMR hat schon relativ früh auch die Beziehungen zwischen nicht verheirateter Mutter und ihrem Kind, aber auch dem Vater, als Familienleben iSd Art 8 EMRK angesehen (vgl *Frowein/Peukert*, EMRK, 346 f und die dort zit Jud). Der EGMR hat das ausdrücklich bestätigt und allgemein die *„famille naturelle"* dem Schutz von Art 8 EMRK unterstellt (EGMR Marckx, 31 Serie A = EuGRZ 1979, 454; EGMR Johnston ua, 122 Serie A = EuGRZ 1987, 313). Daraus darf andererseits aber nicht geschlossen werden, daß die nichteheliche Familie rechtlich generell der ehelichen gleichgestellt werden müßte. Art 12 EMRK erkennt die Institution der Ehe ausdrücklich an und stellt es den Staaten frei, in gewissen Grenzen die Ehe als Institution zu schützen und gegenüber der nichtehelichen Verbindung zu privilegieren (EGMR Marckx, 31 Serie A = EuGRZ 1979, 454).

357 Das EXCOM hat in seinem Beschluß Nr 9 (XXVIII) die „grundlegende Bedeutung des Prinzips der Familienzusammenführung unterstrichen. Nach lit e des EXCOM-Beschlusses Nr 15 (XXX) sollten die Staaten zumindest den Ehegatten und minderjährigen oder abhängigen Kindern einer jeden Person, der bereits vorläufige Zuflucht oder dauerndes Asyl gewährt worden ist, die Aufnahme in ihr Land erleichtern. Weitere Kriterien hat das EXCOM in seinem Beschluß Nr 24 (XXXII) hervorgehoben: Jede mögliche Anstrengung soll unternommen werden, um die Zusammenführung getrennter Familien zu gewährleisten. Die Herkunftsländer sollen die Familienzusammenführung im Zufluchtsland erleichtern. Es steht zu hoffen, daß die Asylländer bei der Bestimmung der Familienmitglieder liberale Kriterien anwenden. Bei der Entscheidung über die Familienzusammenführung sollte das Fehlen dokumentarischer Nachweise über die formelle Gültigkeit einer Eheschließung oder die Abstammung von Kindern nicht per se als Hindernisgrund angesehen werden. Es sollte jede mögliche Anstrengung unternommen werden, die Eltern oder andere nahe Verwandte von unbegleiteten Minderjährigen vor der Wiederansiedlung in einem Drittland ausfindig zu machen. Bemühungen, deren Familienverhältnisse zu klären, sollten auch nach der Wiederansiedlung fortgeführt werden. Um die rasche Integration von Flüchtlingsfamilien zu fördern, sollte nachziehenden nahen Familienmitgliedern grundsätzlich der gleiche Rechtsstatus zuerkannt und die gleichen Hilfen gewährt werden wie dem Familienoberhaupt, das schon als Flüchtling anerkannt worden ist. In geeigneten Fällen sollte die Familienzusammenführung durch besondere Maßnahmen zur Unterstützung des Familienoberhauptes erleichtert werden, damit wirtschaftliche Schwierigkeiten und Wohnungsprobleme im Asylland die Erteilung einer Einreiseerlaubnis für Familienmitglieder nicht ungebührlich verzögern.

358 Gem § 8 AVG sind Personen, die eine Tätigkeit der Behörde in Anspruch nehmen oder auf die sich die Tätigkeit der Behörde bezieht, Beteiligte und, soweit sie an der Sache vermöge eines Rechtsanspruches oder eines rechtlichen Interesses beteiligt sind, Parteien. Im Lichte dessen, daß die Asylerstreckung zur Asylgewährung an einen Angehörigen iSd § 10 Abs 2 AsylG 1997 akzessorisch ist, läge es nahe, potentiell Asylerstreckungsberechtigten ein rechtliches Interesse an der Asylgewährung an einen Angehörigen und damit Parteistellung im Asylverfahren betreffend den Angehörigen zuzubilligen. Vor diesem Hintergrund bestimmt § 11 Abs 2 erster Satz AsylG 1997, daß Fremde, die einen Asylerstreckungsantrag eingebracht haben, im Verfahren über den Asylantrag ihres Angehörigen aus eigenem alles vorbringen können, was ihnen für dieses Verfahren maßgeblich erscheint. Damit soll Asylerstreckungswerbern in Asylverfahren der Angehörigen lediglich Beteiligtenstellung, nicht aber Parteistellung eingeräumt werden (RV, 21). Obgleich die Regierungsvorlage zum AsylG 1997 hier eine eindeutige Sprache spricht, bleibt der Regelungsgehalt des § 11 Abs 2 erster Satz AsylG 1997 in diesem Punkt vor dem Hintergrund des § 8 AVG nicht zweifelsfrei.

b) Voraussetzungen der Asylerstreckung

359 Die Asylerstreckung ist ein antragsbedürftiges eigenständiges Verfahren. Obwohl dies eigentlich auf der Hand läge, hebt das AsylG 1997 in § 11 ausdrücklich hervor, daß Asyl nur auf Grund eines *„zulässigen"* Asylerstreckungsantrags zu erstrecken ist (zu den Zulässigkeitsvoraussetzungen eines Asylerstreckungsantrags siehe die Ausführungen zu § 10, Rz 349 ff). Der Ausdruck „durch Erstreckung Asyl zu gewähren" besagt, daß die Asylerstreckung zur Asylgewährung an einen Angehörigen iSd § 10 Abs 2 leg cit im Verhältnis der Akzessorietät steht. Die Asylgewährung an den Angehörigen bildet im Asylerstreckungsverfahren eine unabdingbare Tatbestandswirkung, von der die Asylerstreckung abhängt.

360 Als einzige materielle Rechtsbedingung für die Asylerstreckung nennt § 11 Abs 1 leg cit die Unmöglichkeit der Fortsetzung eines bestehenden Familienlebens iSd Art 8 EMRK mit dem Angehörigen in einem anderen Staat. Angehörige sind hier Eltern eines Minderjährigen, Ehegatten, wenn die Ehe spätestens innerhalb eines Jahres nach der Einreise des Fremden geschlossen wird, der den Asylantrag eingebracht hat, sowie minderjährige unverheiratete Kinder (§ 10 Abs 2 AsylG 1997; siehe auch die oben die Ausführungen zu Rz 350 f). Fraglich ist, was unter der „Unmöglichkeit der Fortsetzung eines bestehenden Familienlebens" zu verstehen ist. Unmöglichkeit ist jedenfalls dann anzunehmen, wenn die Familienbande zerrissen werden. Unmöglichkeit wird auch dann anzunehmen sein, wenn dem Familienleben schwere Beeinträchtigungen drohen bzw das Familienleben nur unter großen Mühen aufrecht erhalten werden kann. Unmöglichkeit der Fortsetzung eines bestehenden Familienlebens liegt bereits dann vor, wenn die Fortsetzung des Familienlebens im Einzelfall unzumutbar ist.

II. Verhältnis zwischen Asylantrag und Asylerstreckungsantrag eines Fremden

361 Die Asylerstreckung ist zur Asylgewährung auf Grund Asylantrags nach § 7 AsylG 1997 (dem Wortlaut des Gesetzes nach nicht zur Asylgewährung von Amts wegen nach § 9 leg cit) subsidiär. Bringen Fremde einen Antrag auf Asylerstreckung ein, während sie Partei in einem Verfahren auf Asylgewährung nach § 7 leg cit sind, so ist gem § 11 Abs 3 leg cit mit der Erledigung des Asylerstreckungsantrags zuzuwarten, bis die Entscheidung über ihren Asylantrag ergangen ist. Während dieser Zeit ist die Entscheidungsfrist nach § 73 AVG gehemmt. Dies bedeutet, daß die Verfahrensdauer des Asylverfahrens nach § 7 AsylG 1997 in die Entscheidungsfrist des Asylerstreckungsantrags nicht einzurechnen ist, wobei allerdings nach Beendigung des Asylverfahrens die Entscheidungsfrist im Asylerstreckungsverfahren nicht wieder neu zu laufen beginnt. Da das Gesetz dazu schweigt, ist fraglich, wie die Asylbehörden vorzugehen haben, wenn der „sachlich damit verbundene" Asylantrag und der Asylerstreckungsantrag nicht ein und dieselbe Person betrifft. Einerseits wäre es denkbar, daß die Asylbehörden dem Asylerstreckungsantrag jederzeit negativ bescheiden müssen, wenn und solange eine Asylgewährung an einen Angehörigen iSd § 10Abs 2 AsylG 1997 nicht vorliegt. Andererseits ist nicht auszuschließen, daß hier eine echte Gesetzeslücke vorliegt und analog zu § 11 Abs 3 leg cit vorzugehen ist, zumal anderenfalls eine Beeinträchtigung der Beteiligtenstellung des Asylerstreckungswerbers im Asylverfahren der Bezugsperson (vgl zB § 11 Abs 2 AsylG 1997) naheliegt. Folgte man dem zweiten Ansatz, hätten die Asylbehörden mit der Entscheidung über den Asylerstreckungsantrag zuzuwarten, bis der Asylantrag (die Asylanträge) des (der) Angehörigen iSd § 10 Abs 2 AsylG 1997 rechtskräftig erledigt (sind) ist (so ausdrücklich VwGH 15. 12. 1998, 98/20/0311). Die Bestimmung des § 32 Abs 2 dritter Satz AsylG 1997 deutet allerdings darin, daß das BAA die Abweisung des Asylerstreckungsantrages mit der Abweisung des „der Sache nach damit verbundenen“ Asylantrages vornehmen kann, danach dieser Bestimmung (im abgekürzten Berufungsverfahren) „zugehörige Asylerstreckungsbescheide gleichzeitig als überholt aufzuheben sind“.

362 Wird einem Asylberechtigten auf Grund Asylantrags nach § 7 AsylG 1997 Asyl gewährt, so tritt der Bescheid, mit dem Asyl erstreckt wurde, unmittelbar auf Grund des Gesetzes (§ 11 Abs 4 leg cit) außer Kraft. Eines behördlichen Aktes bedarf es hierzu nicht. Diese Gesetzeswirkung tritt ex nunc ein. Wird einem „Asylerstrekkungswerber“ nach § 7 Asyl gewährt, wird dessen Asylerstreckungsantrag gegenstandslos. Dies bedeutet, daß mit Rechtskraft der Asylgewährung nach § 7 die Entscheidungspflicht der Asylbehörden im Asylerstreckungsverfahren von Gesetzes wegen erlischt. Diese Regelung soll „Rechtsgrundlagenanhäufungen“ verhindern und auf diesem Wege der Rechtsklarheit dienen. Dies ist im Hinblick auf eine eventuelle Aberkennung der Asylberechtigung von erheblicher Bedeutung.

III. Rechtsfolgen der Asylerstreckung

363 Die Rechtsfolgen der Asylerstreckung unterscheiden sich kaum von den Rechtsfolgen der Asylgewährung. Auch mit der Asylerstreckung wird ein dauerndes Einreise- und Aufenthaltsrecht konstitutiv zugesprochen. Zudem ist auch die Asylgewährung durch Asylerstreckung ausnahmslos mit der Feststellung der Flüchtlingseigenschaft zu verbinden (§ 12 AsylG 1997). Einziger greifbarer Unterschied zwischen der Asylgewährung gem §§ 7, 9 und der Asylgewährung durch Asylerstreckung nach § 11 AsylG 1997 besteht in den anwendbaren Asylverlusttatbeständen.

364 Gem § 14 Abs 1 Z 2 AsylG 1997 ist Asyl mit Bescheid abzuerkennen, wenn der hierfür maßgebliche Grund weggefallen ist und kein anderer Grund für Asylerstreckung besteht. Hierin wird ein wesentliches Indiz für die Akzessorietät der Asylerstreckung gegenüber der Asylgewährung an Angehörige iSd § 10 Abs 2 leg cit erkennbar. Die Akzessorietät ist allerdings zeitlich beschränkt: Eine Asylaberkennung gem § 14 Abs 1 Z 2 leg cit ist nicht mehr möglich, wenn seit der Asylgewährung (durch Asylerstreckung) bereits fünf Jahre oder seit Einbringung des für die Asylgewährung maßgeblichen Antrags (hier Asylerstreckungsantrag) bereits acht Jahre verstrichen sind und die Fremden ihren Hauptwohnsitz im Bundesgebiet haben.

IV. Umdeutung eines Asylerstreckungsantrags

365 In jenen Fällen, in denen „der der Sache nach damit verbundene Asylantrag“ als unzulässig zurückgewiesen oder als offensichtlich unbegründet abgewiesen wurde, kommt es zu einer gesetzlichen Umdeutung des (zulässigen) Asylerstreckungsantrags zu einem Asylantrag. Die Rechtsbedingung der Zurückweisung des Asylantrags muß sich nicht auf eine Zurückweisung nach den §§ 4 und 5 beschränken; auch eine Zurückweisung wegen res iudicata erfüllt die Voraussetzungen für die gesetzliche Umdeutung des Asylerstreckungsantrags. Die Umdeutung tritt unmittelbar auf Grund des Gesetzes ein; für eine bescheidmäßige Umdeutung besteht kein Raum.

366 Die gesetzliche Umdeutung des Asylerstreckungsantrags tritt nicht ein, wenn der Betroffene nach Belehrung über die Folgen darauf (dh wohl auf die Umdeutung) ausdrücklich verzichtet. Die Umdeutung des Asylerstreckungsantrags steht demnach grundsätzlich zur Disposition der Partei im Asylerstreckungsverfahren. Der Verzicht muß *„ausdrücklich"* erfolgen; schlüssiger (konkludenter) Verzicht genügt demnach nicht.

367 Die gesetzliche Umdeutung berührt gesetzliche Entscheidungsfristen nicht. Die Umdeutung tritt vor diesem Hintergrund ex tunc ein. Verzichtet der Betroffene auf die Umdeutung, so bestehen die Entscheidungspflicht und die Entscheidungsfristen der Asylbehörden im Asylerstreckungsverfahren fort. In diesen Fällen führt die rechtskräftige Abweisung des Asylerstreckungsantrags zu einer Sperrfrist von 30 Tagen, während derer die Stellung eines Asylantrags unzulässig ist. Während dieser Sperrfrist gestellte Asylanträge sind zurückzuweisen. Die Sperrfrist stellt demnach eine negative Prozeßvoraussetzung für ein Asylverfahren nach § 7 AsylG 1997 dar.

368 Die Belehrung nach § 11 Abs 3 AsylG 1997 muß die adäquaten Folgen eines ausdrücklichen Verzichts auf die Umdeutung des Asylerstreckungsantrags umfassen. Dies sind zumindest die bevorstehende negative Erledigung des Asylerstreckungsantrags und die daraus resultierende Sperrfrist nach § 11 Abs 3 letzter Satz leg cit. Zudem ist in der Belehrung wohl auf das Erlöschen einer vorläufigen Aufenthaltsberechtigung und auf die naheliegenden fremdenpolizeilichen Konsequenzen hinzuweisen. Eine taugliche Belehrung ist eine rechtliche Bedingung für die Gültigkeit eines Verzichts auf die Umdeutung des Asylerstreckungsantrags (arg „nach Belehrung über die Folgen). Fehlt es an einer tauglichen Belehrung oder am ausdrücklichen Verzicht, tritt Umdeutung ein.

Flüchtlingseigenschaft

§ 12. Die Entscheidung, mit der Fremden von Amts wegen, auf Grund Asylantrages oder auf Grund Asylerstreckungsantrages Asyl gewährt wird, ist mit der Feststellung zu verbinden, daß dem Fremden damit kraft Gesetzes die Flüchtlingseigenschaft zukommt.

RV: [21]

Wird einem Fremden von Amts wegen (§ 9), auf Grund Asylantrages (§ 7) oder auf Grund Asylerstreckung (§ 11) Asyl gewährt, so ist im selben Bescheid auch festzustellen, daß dadurch dem Fremden kraft Gesetzes die Flüchtlingseigenschaft zukommt. Die Flüchtlingseigenschaft selbst entsteht demnach ex lege; die bescheidmäßige Feststellung hat nur deklaratorischen Charakter.

Das Exekutiv-Komitee für das Programm des Hohen Flüchtlingskommissars der Vereinten Nationen (EXCOM) hat ausdrücklich die Wichtigkeit eines Verfahrens betreffend die Feststellung der Flüchtlingseigenschaft betont und der Hoffnung Ausdruck gegeben, daß alle Regierungen der Vertragsstaaten des Abkommens von 1951 und des Protokolls von 1967 (Genfer Flüchtlingskonvention), die dies noch nicht getan haben, Schritte unternehmen werden, solche Verfahren in naher Zukunft einzuführen, und daß sie eine Beteiligung des UNHCR (Hoher Flüchtlingskommissar der Vereinten Nationen) an solchen Verfahren in angemessener Form in Erwägung ziehen werden [Beschluß Nr 8 (XXVIII) betreffend die Feststellung der Flüchtlingseigenschaft; Beschluß Nr 9 (XXXIV) lit.i].

Inhaltsübersicht

Rz

I. Der Flüchtlingsbegriff

a) Allgemeines

369 Das AsylG 1997 selbst definiert keinen Flüchtlingsbegriff, sondern setzt den Flüchtlingsbegriff der GFK voraus. Gem Art 1 Abschn A Z 1 GFK ist Flüchtling im Sinne dieses Abkommens, wer gemäß den Vereinbarungen vom 12. Mai 1926 (vgl 89 LNTS 47; *Grahl-Madsen* I, 122 ff) und 30. Juni 1928 (vgl 89 LNTS 63; *Grahl-Madsen* I, 127 ff), den Abkommen vom 28. Oktober 1933 (vgl 159 LNTS 199; *Grahl-Madsen* I, 130 f) und 10. Februar 1938 (vgl 192 LNTS 59; *Grahl-Madsen* I, 131 f), dem Protokoll vom 14. September 1939 (vgl 198 LNTS 141; *Grahl-Madsen* I, 131 f) oder der Verfassung der Internationalen Flüchtlingsorganisation (vgl 18 UNTS 3; *Grahl-Madsen* I, 133 f) als Flüchtling angesehen worden ist. Entscheidungen, die von der Internationalen Flüchtlingsorganisation während der Zeit ihrer Tätigkeit über die Anerkennung als Flüchtling getroffen worden sind, werden nicht hindern, daß Personen, die die Bedingungen der Z 2 dieses Abschnittes erfüllen, die Rechtsstellung von Flüchtlingen erhalten. Der erste Satz der genannten Bestimmung umschreibt die sog Statutarflüchtlinge (vgl dazu *Grahl-Madsen* I, 108 ff; *Jahn*, Flüchtlingsschutz, 26; *Köfner/Nicolaus* I, 148 ff; *Robinson*, 39 ff; *Zink*, Asylrecht, 22 ff). Der letzte Satz des Art 1 Abschn A Z 2 GFK schließt eine Bindung an Akte der Anerkennung bzw der Verneinung der Flüchtlingseigenschaft durch die IRO aus.

370 Gem Art 1 Abschn A Z 2 GFK ist Flüchtling, wer sich aus wohlbegründeter Furcht, aus Gründen der Rasse, Religion, Nationalität, Zugehörigkeit zu einer bestimmten sozialen Gruppe oder der politischen Gesinnung verfolgt zu werden, außerhalb seines Heimatlandes befindet und nicht in der Lage oder im Hinblick auf diese Furcht nicht gewillt ist, sich des Schutzes dieses Landes zu bedienen; oder wer staatenlos ist, sich außerhalb des Landes seines gewöhnlichen Aufenthaltes befindet und nicht in der Lage oder im Hinblick auf diese Furcht nicht gewillt ist, in dieses Land zurückzukehren. Falls jemand mehr als eine Staatsangehörigkeit hat, ist unter dem Heimatland jedes Land zu verstehen, dessen Staatsangehöriger er ist; wenn jemand ohne triftige, auf wohlbegründeter Furcht beruhende Ursache sich des Schutzes eines der Staaten, dessen Staatsangehöriger er ist, nicht bedient, soll er nicht als eine Person angesehen werden, der der Schutz des Heimatlandes versagt worden ist. Der Flüchtlingsbegriff der GFK ist materieller Natur (zum materiellen Flüchtlingsbegriff der GFK siehe *Steiner*, AsylR, 4, 27 ff; *Rosenmayr*, Asylverfahren, 124; *ders*, Asylrecht, 591; *Grahl-Madsen* I, 340; *Hailbronner*, Asylrecht, 90; *Kälin*, Grundriß, 30, 137 ff; *Zink*, Verfolgung, 200 ff, 212 f; *Amann*, Flüchtlingsrechte, 81; *Robinson*, 50 ff; *Marx*, Konventionsflüchtinge, 4; *Rohrböck*, AsylG 1991, 14 ff; UNDoc HCR/INF/49,10; UNDoc A/32/12/Add 1, 14). Die Fassung der GFK, wie sie in BGBl 1955/55 verlautbart wurde, enthielt in Art 1 Abschn A Z 2 erster Halbsatz nach dem Wort „sich" die Wortfolge „infolge von vor dem 1. Jänner 1951 eingetretenen Ereignissen" und im zweiten Halbsatz die Wortfolge „infolge obiger Umstände". Die GFK war demnach nur auf eine Verfolgungsgefahr anwendbar, die in zeitlich beschränkten Ursachen (Ereignisse vor dem 1. Jänner 1951) ihre Folge hatte. Dies zeigt deutlich, daß die GFK ursprünglich auf die Folgen des 2. Weltkriegs zugeschnitten war. Diese zeitliche Beschränkung ist mit dem Protokoll über die Rechtsstellung der Flüchtlinge BGBl 1974/78 weggefallen. Im Sinne dieses Protokolls ist unter dem Ausdruck „Flüchtling" (...) *jede unter die Begriffsbestimmung des Art 1 der Konvention fallende Person zu verstehen, als wären die Worte „infolge von vor dem 1. Jänner 1951 eingetretenen Ereignissen" und die Worte „infolge obiger Umstände" in Art 1 Abschn A Z 2 nicht enthalten.* Seit dem Protokoll über die

Rechtsstellung der Flüchtlinge muß eine eventuelle Verfolgungsgefahr nicht mehr auf tatsächlichen Gegebenheiten (Ereignissen) beruhen; eine wohlbegründete Furcht vor Verfolgung aus den näher bezeichneten Gründen (Ursachen) genügt.

371 Art 1 Abschn A Z 2 zweiter Satz GFK enthält teilweise Ansätze für die sog Subsidiaritätstheorie. Diese Theorie besagt, daß einem Flüchtling der fehlende Schutz nur aushilfsweise ersetzt werden soll, wenn (irgend)ein Heimatstaat oder ein Staat des vorherigen gewöhnlichen Aufenthaltes dem Flüchtling den ihm zustehenden Schutz nicht zukommen läßt. Dem Flüchtling haftet die Eigenschaft der Hilfsbedürftigkeit gleichsam an. Gewährt auch nur ein Heimatstaat (von mehreren) bzw ein Staat des vorherigen gewöhnlichen Aufenthalts (von mehreren) den notwendigen Schutz, ist eine Person nicht Flüchtling. Dies ergibt sich allerdings auch schon aus Art 1 Abschn A Z 2 erster Satz GFK. In die Richtung einer Subsidiaritätstheorie weist auch die Konzeption der Endigungstatbestände nach Art 1 Abschn C GFK.

372 Art 1 Abschn B gestattet es den Vertragsstaaten im Ergebnis, den Anwendungsbereich auf Europa zu beschränken (dies traf nach allgemeiner Ansicht bis März 1998 für Ungarn zu; vgl dazu aber *Amann*, Flüchtlingsrechte, 56 ff). Gem Art 1 Abschn B GFK können unter den in Art 1 Abschn A leg cit angeführten „vor dem 1. Jänner 1951 eingetretenen Ereignissen“ iS dieses Abkommens entweder Ereignisse, die vor dem 1. Jänner 1951 in Europa (Art 1 Abschn B lit a GFK) oder Ereignisse, die vor dem 1. Jänner 1951 in Europa oder anderswo (Art 1 Abschn B lit b GFK) eingetreten sind, verstanden werden. Mit dem Protokoll ist auch in dieser Bestimmung die Wortfolge „vor dem 1. Jänner 1951 eingetretenen Ereignisse“ für Österreich weggefallen. Die Unterzeichnung der GFK durch Österreich erfolgte seinerzeit mit der Erklärung, daß sich die Republik Österreich hinsichtlich ihrer Verpflichtungen aus diesem Abkommen an die Alternative nach lit b des Art 1 Abschn B GFK für gebunden erachtet. Damit ist für Österreich die örtliche Schranke bedeutungslos.

373 Nach Art 1 Abschn C GFK wird dieses Abkommen auf eine Person, die unter die Bestimmungen des Abschn A fällt, nicht mehr angewendet werden, wenn sie sich freiwillig wieder unter den Schutz ihres Heimatlandes gestellt hat (Art 1 Abschn C Z 1 GFK); die verlorene Staatsangehörigkeit freiwillig wieder erworben hat (Art 1 Abschn C Z 2 GFK); eine andere Staatsangehörigkeit erworben hat und den Schutz ihres neuen Heimatlandes genießt (Art 1 Abschn C Z 3 GFK); oder sich freiwillig in dem Staat, den sie aus Furcht vor Verfolgung verlassen oder nicht betreten hat, niedergelassen hat (Art 1 Abschn C Z 4 GFK); wenn die Umstände, auf Grund deren sie als Flüchtling anerkannt worden ist, nicht mehr bestehen und sie es daher nicht weiterhin ablehnen kann, sich unter den Schutz ihres Heimatlandes zu stellen (Art 1 Abschn C Z 5 GFK), oder staatenlos ist und die Umstände, auf Grund deren sie als Flüchtling anerkannt worden ist, nicht mehr bestehen, und sie daher in der Lage ist, in ihr früheres Aufenthaltsland zurückzukehren (Art 1 Abschn C Z 6 GFK). Die Bestimmungen der Z 5 und 6 sind nicht auf die in Z 1 des Abschn A des Art 1 leg cit genannten Flüchtlinge anzuwenden, wenn sie die Inanspruchnahme des Schutzes durch ihr Heimatland aus triftigen Gründen, die auf frühere Verfolgung zurückgehen, ablehnen. Ähnliche Bestimmungen betreffend das Enden der Zuständigkeit des UNHCR finden sich im Kapitel II Z 6 Abschn A des UNHCR-Statuts (vgl dazu *Grahl-Madsen* I, 368). Es besteht allgemein Übereinstimmung darüber, daß die Aufzählung des Art 1 Abschn C abschließend ist (vgl dazu *Grahl-Madsen* I, 369; BayVGH 2. 12. 1958, 137 VIII 56).

374 Im gemeinsamen Standpunkt vom 4. 3. 1996 – vom Rat aufgrund von Art K.3 des Vertrages über die Europäische Union festgelegt – betreffend die harmonisierte Anwendung der Definition des Begriffs „Flüchtling“ in Art 1 GFK wird zu Art 1

Abschn C GFK in Nummer 11 ausgeführt: *„Die Frage, ob die Flüchtlingseigenschaft aufgrund des Artikels 1 Abschnitt C des Genfer Abkommens aberkannt werden kann, wird stets im Einzelfall geprüft. Die Mitgliedstaaten bemühen sich im Wege des Informationsaustausches um eine möglichst weitgehende Harmonisierung der praktischen Anwendung der Kriterien für die Aberkennung der Flüchtlingseigenschaft gemäß Artikel 1 Abschnitt C des Genfer Abkommens. Die Umstände, aufgrund deren die Aberkennung der Flüchtlingseigenschaft nach Artikel 1 Abschnitt C des Genfer Abkommens erfolgen kann, müssen fundamentalen Charakters sein und müssen objektiv festgestellt werden und nachprüfbar sein. Informationen von seiten des CIREA und des UNHCR können hierbei wichtig sein."*

375 Gemäß Art 1 Abschn D wird die GFK auf Personen keine Anwendung finden, die derzeit von anderen Organen oder Organisationen der Vereinten Nationen als dem Hochkommissär der Vereinten Nationen für Flüchtlinge Schutz oder Hilfe erhalten. Wenn dieser Schutz oder diese Hilfe aus irgendeinem Grund wegfällt, ohne daß die Stellung dieser Personen gemäß den bezüglichen Beschlüssen der Generalversammlung der Vereinten Nationen endgültig geregelt ist, so werden sie ipso facto der Vorteile dieses Abkommens teilhaftig. Dazu führt der gemeinsame Standpunkt vom 4. 3. 1996 betreffend die harmonisierte Anwendung der Definition des Begriffs „Flüchtling" in Nummer 12 aus: *„Entzieht sich eine Person bewußt dem Schutz oder Beistand im Sinne des Artikels 1 Abschnitt D des Genfer Abkommens, so fällt sie nicht automatisch von Rechts wegen unter jenes Abkommen. In diesen Fällen bestimmt sich die Flüchtlingseigenschaft grundsätzlich nach Artikel 1 Abschnitt A des Genfer Abkommens."*

376 Zur Zeit der Entstehung der GFK gab es drei „andere Organe oder Organisationen der Vereinten Nationen als den Hochkommissär der Vereinten Nationen für Flüchtlinge", die „Schutz oder Hilfe" gewährten. Dies waren namentlich die IRO, die UNRWA und die UNKRA. Entgegen der vorherrschenden Ansicht war auch die UNKRA im gegebenen Zusammenhang angesprochen (vgl *Pompe*, 12; *Weis/Jahn*, 289 f; *Zink*, 141). Die IRO und die UNKRA haben bereits ihre Tätigkeiten vor langem eingestellt, während die UNRWA ihre Tätigkeit auch derzeit noch ausübt. Der Ausdruck „Personen" („persons") bezieht sich nicht nur auf Flüchtlinge, sondern auf jede (physische) Person. Der Ausdruck „ipso facto" deutet darauf hin, daß durch Art 1 Abschn D GFK eine eigene Flüchtlingskategorie vergleichbar den Statutarflüchtlingen iSd Art 1 Abschn A Z 1 GFK geschaffen wurde (vgl *Grahl-Madsen* I, 141; *Guilleminet*, 162 f). Gemeiniglich wird im gegebenen Zusammenhang übersehen, daß Art 1 Abschn D GFK den Ausdruck „derzeit" („at present") verwendet. Damit wird aus völkerrechtlicher Sicht auf das Datum der Unterzeichnung – das ist der 28. Juli 1951 – abgestellt. Gleich der Umschreibung des Statutarflüchtlings nach Art 1 Abschn A Z 1 GFK erhält Art 1 Abschn D GFK demnach den Charakter einer Übergangsbestimmung. Dem Wortlaut des Art 1 Abschn D leg cit entsprechend gilt die genannte Bestimmung nur für Personen, die am 28. Juli 1951 von anderen Organen oder Organisationen der VN als dem UNHCR Schutz oder Hilfe erhielten. Verschiedentlich wird das Wort „derzeit" nicht auf den Ausdruck „Personen", sondern ausschließlich auf die „derzeitigen" Organe bzw Organisationen bezogen. Auf diese Art kommt man zu dem Schluß, daß Art 1 Abschn D GFK auch Personen erfasse, die nach dem Stichtag des 28. Juli 1951 „UNRWA-Flüchtlinge" geworden sind (vgl *Grahl-Madsen* I, 264 f). Dies ist allerdings mit dem Wortlaut der GFK nicht vereinbar.

377 Nach Art 1 Abschn E wird die GFK auf Personen keine Anwendung finden, die von den zuständigen Behörden des Landes, in dem sie Aufenthalt genommen haben, als im Besitz aller Rechte und Pflichten angesehen werden, die mit dem Besitz der Staatsangehörigkeit dieses Landes verbunden sind.

378 Gem Art 1 Abschn F GFK sind die Bestimmungen dieses Abkommens auf Personen nicht anwendbar, hinsichtlich derer ernsthafte Gründe für den Verdacht bestehen, daß sie ein Verbrechen gegen den Frieden, ein Kriegsverbrechen oder ein Verbrechen gegen die Menschlichkeit begangen haben, und zwar im Sinne jener internationalen Einrichtungen, die ausgearbeitet wurden, um Bestimmungen gegen solche Verbrechen zu schaffen (Art 1 Abschn F lit a GFK); bevor sie als Flüchtling in das Gastland zugelassen wurden, ein schweres, nicht politisches Verbrechen begangen haben (Art 1 Abschn F lit b GFK) oder sich Handlungen schuldig gemacht haben, die sich gegen Ziele und Prinzipien der Vereinten Nationen richten (Art 1 Abschn F lit c GFK). Dazu hält der gemeinsame Standpunkt vom 4. 3. 1996 betreffend die harmonisierte Anwendung der Definition des Begriffs „Flüchtling" in Art 1 GFK fest: *„Die Bestimmungen des Artikels 1 Abschnitt F des Genfer Abkommens sehen den Ausschluß solcher Personen vom Schutz jenes Abkommens vor, die aufgrund der Schwere der von ihnen begangenen Straftaten keinen internationalen Schutz in Anspruch nehmen können. Sie können ferner angewandt werden, wenn der Tatbestand nach der Anerkennung als Flüchtling bekannt wird (vgl. Nummer 11). Angesichts der schwerwiegenden Folgen einer derartigen Entscheidung für den Asylsuchenden ist Artikel 1 Abschnitt F des Genfer Abkommens mit Vorsicht und nach gründlicher Prüfung sowie nach Maßgabe des einzelstaatlichen Rechts anzuwenden. (...) Die in Artikel 1 Abschnitt F Buchstabe a) des Genfer Abkommens genannten Straftaten sind in internationalen Vertragswerken, denen die Mitgliedstaaten beigetreten sind, und in Resolutionen der Vereinten Nationen oder anderer weltweiter oder regionaler internationaler Organisationen definiert, soweit sie von den Mitgliedstaaten akzeptiert wurden. (...) Die Schwere der zu erwartenden Verfolgung ist gegen die Art der Straftat, deren der Betroffene verdächtigt wird, abzuwägen. Besonders grausame Handlungen können als schwere nichtpolitische Straftaten eingestuft werden, auch wenn mit ihnen vorgeblich politische Ziele verfolgt werden. Dies gilt sowohl für die an diesen Straftaten Beteiligten als auch für ihre Anstifter. (...) Die unter Artikel 1 Abschnitt F Buchstabe c) des Genfer Abkommens genannten Ziele und Grundsätze sind in erster Linie in der Charta der Vereinten Nationen niedergelegt, die die Verpflichtungen der Vertragsstaaten in ihren Beziehungen untereinander, insbesondere im Hinblick auf die Erhaltung des Friedens sowie in bezug auf die Menschenrechte und die Grundfreiheiten, festlegt. Artikel 1 Abschnitt F Buchstabe c) des Genfer Abkommens findet bei einer Verletzung dieser Grundsätze Anwendung und richtet sich insbesondere gegen hochrangige Träger der staatlichen Gewalt, die aufgrund ihrer Befugnisse den genannten Zielen und Grundsätzen zuwiderlaufende Handlungen angeordnet oder gedeckt haben, sowie gegen Personen, die aufgrund ihrer Zugehörigkeit zu den Sicherheitskräften eine persönliche Verantwortung für die Begehung derartiger Handlungen tragen. Um zu beurteilen, ob eine Handlung als den Zielen und Grundsätzen der Vereinten Nationen zuwiderlaufend anzusehen ist, sollten die Mitgliedstaaten die Übereinkünfte und Resolutionen, die im Rahmen der Organisation der Vereinten Nationen hierzu angenommen wurden, berücksichtigen."*

b) Die wohlbegründete Furcht

379 Die wohlbegründete Furcht („well-founded fear", „craignant avec raison") vor Verfolgung ist der zentrale Bestandteil des Flüchtlingsbegriffs (vgl *Rosenmayr*, Asylverfahren, 124; *ders*, Asylrecht, 599; *Kälin*, Grundriß, 124; *Werenfels*, Flüchtlingsbegriff, 283; UBAS 20. 1. 1998, 200.803/0-III/07/98; 21. 1. 1998, 200.172/0-III/07/98; 26. 1. 1998, 200.014/0-VI/18/98; 26. 1. 1998, 200.202/0-VI/18/98; 2. 2.

1998, 201.613/0-V/14/98; 5. 2. 1998, 200.464/0-III/07/98; 10. 2. 1998, 200.522/0-IV/10/98; VwGH 14. 10. 1998, 98/01/0262; 14. 10. 1998, 98/01/0259; 14. 10. 1998, 98/01/0271). Die anderen Tatbestandselemente sind an die wohlbegründete Furcht vor Verfolgung gleichsam angelagert. Die Furcht vor Verfolgung wird häufig mit der (tatsächlichen) Verfolgung verwechselt und damit das Beweisthema im Asylverfahren verfälscht (symptomatisch zB *Steiner*, AsylR, 22, vgl insb die Überschrift zu Abschn G Punkt 6: „Bescheinigung der Fluchtgründe"; UBAS 17. 2. 1998, 201.088/0-VI/17/98). Es ist jedoch nicht notwendig, daß gegen den Flüchtling schon tatsächlich Verfolgungshandlungen gesetzt wurden (Handbuch, Rz 43; *Rosenmayr*, Asylverfahren, 124; *ders*, Asylrecht, 599; VwGH 9. 10. 1997, 95/20/0679; UBAS 3. 7. 1998, 200.010/0-VII/19/98; 17. 7. 1998, 201.165/0-VII/19/98). Nach ständiger Judikatur des Verwaltungsgerichtshofes ist es nicht erforderlich, daß es bereits zu konkreten Verfolgungshandlungen gegen den Asylwerber gekommen ist, sondern es wird vom Gesetz lediglich die begründete Furcht vor Verfolgung und deren Glaubhaftmachung verlangt (VwGH 27. 6. 1995, 94/20/0836; vgl auch VwGH 12. 9. 1996, 95/20/0284; 15. 12. 1993, 93/01/0746). Das Tatbestandselement der Furcht vor Verfolgung weist nicht auf vergangene Ereignisse hin, sondern ist in die Zukunft gerichtet. Die „wohlbegründete Furcht vor Verfolgung" – dies bleibt wesentlich hervorzuheben – stellt dem Wesen nach eine Prognose dar (in diesem Sinne *Geistlinger*, Asylrecht, 1129; *Geistlinger* spricht von einer *„zu prognostizierenden Gefahr"*; dazu weiter *Kälin*, Non-refoulement, 89; *Amann*, Republikflucht, 105; *Rosenmayr*, Asylrecht, 602), mag auch eine bereits erlittene Verfolgung im Einzelfall ein wesentliches Indiz für eine drohende Verfolgung sein (UBAS 26. 1. 1998, 201.411/0-VI/18/98). In diesem Sinne führt *Grahl-Madsen* I, 176 aus: *„ (…) if a person has experienced persecution, that may be considered* ***prima facie*** *proof to the effect that he may again become a victim of persecution should he return to his home country, so long as the regime which persecuted him prevails in that country."* Die hL geht davon aus, daß die „begründete Furcht" ein subjektives und ein objektives Element enthält (vgl zB *Amann*, Flüchtlingsrechte, 62 ff, *Eriksson*, 17 f; *Geistlinger,* Asylrecht, 1128; *Melander*, 477; *Nicolaus/Hafner*, 15 f; *Kälin*, Grundriß, 137 ff; ders, Well-Founded Fear, 26 ff; *Marx/Strate/Pfaff*, 132 f; *Pollern*, Asylrecht, 210; *Rosenmayr*, Asylverfahren, 124; *ders*, Asylrecht, 599; *Kaul*, Flüchtlingsbegriff, 34; vgl auch VwGH 15. 12. 1993, 93/01/0285; UBAS 30. 1. 1998, 200.186/0-VI/17/98; 3. 7. 1998, 200.010/0-VII/19/98).

Entgegen dem Ansatz der hL muß ein Flüchtling die Furcht als psychische Tatsache nicht in sich tragen, zumal die GFK auch Personen schützt, die auf Grund ihres geistigen Zustandes oder ihres Alters nicht in der Lage sind sich zu fürchten. Auch Personen, die sich auf Grund einer Fehleinschätzung der Verhältnisse im Verfolgerstaat nicht fürchten oder sich irrtümlicherweise vor nichtigen Gefahren fürchten, kann bei bestehender Verfolgungsgefahr eine Furcht nicht schlechthin abgesprochen werden. Im Lichte dessen hält der UBAS unzutreffend fest: *„Der Betreffende muß persönlich – d.h. individuell – mit der (drohenden) Verfolgung rechnen"* (UBAS 3. 7. 1998, 200.010/0-VII/19/98; 17. 7. 1998, 201.165/0-VII/19/98). Für eine „objektive" Furcht, die freilich am Einzelfall orientiert etwa das soziale Umfeld und die psychische Konstitution zu berücksichtigen hat (vgl dazu Handbuch, Rz 41), spricht das Attribut „wohlbegründet" („well-founded"). Eine Furcht kann nur dann wohlbegründet sein, wenn sie im Lichte der speziellen Situation des Flüchtlings unter Berücksichtigung der Verhältnisse im Verfolgerstaat objektiv (intersubjektiv) nachvollziehbar ist (VwGH 14. 10. 1998, 98/01/0259; 14. 10. 1998, 98/01/0271; in diesem Sinne auch VwGH 11. 4. 1984, 83/01/0246; 12. 10. 1983, 83/01/0249,

15. 12. 1993, 93/01/0285; 14. 10. 1998, 98/01/0262). Bloß subjektiv empfundene Furcht vor Verfolgung genügt für die Asylgewährung nicht (VwGH 8. 7. 1993, 92/01/0715; 29. 10. 1993, 92/01/1119; 21. 4. 1994, 94/19/1061; 19. 5. 1994, 94/19/0774; 25. 5. 1994, 94/20/0034; 21. 2. 1995, 94/20/0720; 26. 7. 1995, 95/20/0002; 19. 6. 1997, 95/20/0793; UBAS 9. 2. 1998, 200.794/0-IV/10/98, 10. 2. 1998, 200.522/0-IV/10/98; 16. 2. 1998, 200.876/0-IV/10/98; 6. 8. 1998, 204.176/0-VIII/22/98).

Das theoretische Verständnis von der objektiven Form der Furcht ergibt sich aus dem Schutzzweck der GFK, von dem schutzbedürftige Personen erfaßt sind, auch wenn sie psychisch aus irgendwelchen Gründen keine Furcht hegen oder nicht hegen können, nicht aber Personen, die sich ohne prognostizierbare Verfolgungsgefahr unbegründet in einem psychischen Angstzustand befinden. Die begründete Furcht muß alle Personen schützen, gleichwohl sie nervös, ängstlich, mutig veranlagt, geistig behindert oder aus anderen Gründen nicht einsichtsfähig sind (siehe dazu *Grahl-Madsen* I, 174). Der Begriff der *„begründeten Furcht"* darf nicht isoliert gesehen werden, sondern steht in engem Zusammenhang mit dem Ausdruck *„verfolgt zu werden"*. Wenn mit einer gewissen Wahrscheinlichkeit Verfolgung droht, so löst dies regelmäßig wohlbegründete Furcht aus. Nach der objektiven Furchttheorie bedingt eine derartige Verfolgungsgefahr ohne weiteres die wohlbegründete Furcht: Zu fragen ist nicht danach, ob sich eine bestimmte Person in einer konkreten Situation tatsächlich fürchtet, sondern ob sich eine mit Vernunft begabte Person (normative Maßfigur) in dieser Situation aus Konventionsgründen fürchten würde (vgl auch VwGH 19. 12. 1995, 94/20/0858; 14. 10. 1998, 98/01/0259; 14. 10. 1998, 98/01/0271; UBAS 26. 1. 1998, 201.411/0-VI/18/98; 10. 2. 1998, 200.522/0-IV/10/98). Die begründete Furcht ist also kein naturwissenschaftlich-psychologischer Begriff, sondern ein Rechtsbegriff. Der hier getätigte Interpretationsansatz ist weitreichender als der der hL, die – wie gesagt – auch ein subjektives Element der Furcht – dh ein tatsächliches psychisches Erlebnis des Betroffenen – verlangt. Dieses subjektive Element der Furcht ist eine zusätzliche Rechtsbedingung, die logischerweise den Anwendungsbereich einer Norm einschränken muß. Dazu kommt, daß die hL – gleichsam als Korrektur – eine objektive Betrachtung einfügt (vgl zB *Amann*, Flüchtlingsrechte, 63 f; *Kälin*, Grundriß, 137; *Köfner*/*Nicolaus* I, 163 ff) und sich derart bis auf die Hinzufügung eines Tatbestandselements(di das subjektive Element der Furcht als psychische Tatsache) der objektiven Betrachtungsweise annähert. Dies muß bis zu einem gewissen Grad auch so sein, weil ohne objektive Kriterien die Bezugnahme auf eine „Verfolgungsgefahr" – auf eine solche kommt es eigentlich an – nicht denkbar ist.

c) Die Verfolgungsgefahr

380 Die Wahrscheinlichkeit, ein Opfer von Verfolgung zu werden, variiert von Person zu Person. Es ist daher erforderlich, die Verfolgungsgefahr im Einzelfall zu beurteilen (siehe dazu *Grahl-Madsen* I, 175; Handbuch, Rz 44). Die Verfolgungsgefahr steht mit der wohlbegründeten Furcht in engstem Zusammenhang und ist Bezugspunkt der wohlbegründeten Furcht. Diese wiederum legt einen qualitativen Maßstab an die Verfolgungsgefahr und ist in diesem Sinne deren Attribut. Wie oben angedeutet wurde, spricht man von einer Verfolgungsgefahr dann, wenn eine Verfolgung mit einer maßgeblichen Wahrscheinlichkeit droht (siehe dazu *Kälin*, Grundriß, 143 ff). Die entfernte Möglichkeit einer Verfolgung genügt nicht. Im gegebenen Zusammenhang könnte man von einer „Gefahrenneigung" sprechen.

381 Wortlaut, Entstehungsgeschichte und Systematik von Art 1 GFK läßt sich nichts zu der Frage entnehmen, wie groß die Gefahrenneigung sein muß, um eine Furcht vor Verfolgung begründet erscheinen zu lassen. Va im angelsächsischen Raum ist das Kriterium der überwiegenden Wahrscheinlichkeit verankert und hat dort seinen Ursprung im zivilprozessualen Beweisstandard des „proof on a balance of probability" (siehe dazu *Goodwin-Gill*, Refugee, 34 f, 74 f, 87, 349). Danach ist der Beweis für eine Tatsache erbracht, wenn diese „more likely than not" ist, dh wenn die Gründe, die für ihre Existenz sprechen, gewichtiger sind als die Gegengründe (*Kälin*, Grundriß, 147; vgl *Goodwin-Gill*, Refugee, 34 f; *Grahl-Madsen* I, 180; *Bertrams*, DVBl 1987, 1189). Der Standard der überwiegenden Wahrscheinlichkeit stuft eine Verfolgungsgefahr nur als relevant ein, wenn die Chance ihres Eintritts größer als 50% ist.

„The proof beyond a reasonable doubt" verlangt geringfügigen Zweifel am Vorliegen einer Tatsache. In anglikanischen „habeas corpus proceedings" beispielsweise muß der Antragsteller geringfügigen Zweifel an der Rechtmäßigkeit seiner Anhaltung begründen (*Goodwin-Gill*, Refugee, 34 f). Verschiedentlich wird auch von „a reasonable chance" oder von „substantial grounds for thinking" gesprochen (vgl *Goodwin-Gill*, Refugee, 34 f). Als weiterer Ansatz ist die Theorie von der ernsthaften Möglichkeit erwähnenswert. Danach genügt es, wenn ein vernünftiges Ausmaß an Wahrscheinlichkeit („a reasonable degree of likelihood") einer Verfolgung besteht (Regina v Secretary of State for the Home Departement, ex parte Sivkumaran and Others, 1988, 1 All England Law Reports 193-203, abstract in IJRL 1989, 251).

In der deutschen Praxis hat sich die sog Zumutbarkeitstheorie (hiezu ausführlich *Schaeffer*, Asylberechtigung, 88 ff; vgl auch *Köfner/Nicolaus* I, 167 f; *Pollern*, 277; *Gusy*, Asylrecht, 65 ff) gebildet, welche sich auch in einigen Urteilen des US Supreme Court wiederfindet (vgl Matter of Mogharrabi, BIA 1987, Interim Decision 3028). In ständiger Rechtsprechung der deutschen Gerichte ist die Furcht des Gesuchstellers, der nicht schon Vorverfolgung erlitten hat, begründet, wenn die Verfolgung „mit beachtlicher Wahrscheinlichkeit" droht, „die sich am objektiven Maßstab eines verständigen Betrachters ausrichtet" (BVerwGE 70, 169 (171), Urteil 25. 9. 84 = EZAR 200/12, 3; BVerwG 9C32.87, Urteil 23. 2. 88 = EZAR 630/25, 5; vgl dazu *Hailbronner*, AuslR II, B 1, Rz 262 ff). Der UBAS hat vereinzelt ausgesprochen, daß eine *„Verfolgungsmaßnahme mit gewisser Wahrscheinlichkeit eintreten muß; bei der Prüfung der Wahrscheinlichkeit ist insbesondere auf die konkreten Verhältnisse im Herkunftsstaat abzustellen"* (UBAS 17. 7. 1998, 201.165/0-VII/19/98). Der VwGH spricht in diesem Zusammenhang von *„maßgeblicher Wahrscheinlichkeit"* (VwGH 9. 10. 1997, 95/20/0679; 14. 10. 1998, 98/01/0262; 14. 10. 1998, 98/01/0259). Die entfernte Möglichkeit genüge nicht (VwGH 3. 12. 1997, 97/01/0703; 14. 10. 1998, 98/01/0262; 14. 10. 1998, 98/01/0259; 14. 10. 1998, 98/01/0271).

382 Richtigerweise muß darauf abgestellt werden, ob einer Person in der Situation des Betroffenen eine Rückkehr in den Heimatstaat zugemutet werden kann. Dies hängt nicht zuletzt von der Intensität des drohenden Eingriffs ab. Je schwerer der drohende Eingriff, desto geringer ist die erforderliche Gefahrenneigung. Bei schwersten Eingriffen, etwa bei drohenden Eingriffen in Leben, Gesundheit oder Freiheit, ist darauf abzustellen, ob die Verfolgungsgefahr mit erforderlicher Sicherheit ausgeschlossen werden kann. Grundsätzlich kann gesagt werden, daß es keinen allgemeingültigen Maßstab gibt, um die erforderliche Wahrscheinlichkeit einer drohenden Verfolgung im Lichte einer Verfolgungsgefahr festzulegen. Die erforderliche Gefahrenneigung ist – orientiert am Einzelfall – immer dann gegeben, wenn das Kriterium der Unzumutbarkeit erfüllt ist.

383 Zurechnungssubjekt der Verfolgungsgefahr ist der Heimatstaat bzw der Staat des vorherigen gewöhnlichen Aufenthaltes. Nach dem gemeinsamen Standpunkt betreffend die harmonisierte Anwendung der Definition des Begriffs „Flüchtling" geht *„die Verfolgung (...) im allgemeinen von einem Organ der Staatsgewalt (Zentralstaat oder Bundesstaat, regionale oder lokale Stellen) aus, wobei sein völkerrechtlicher Status keine Rolle spielt, oder von den Parteien und Organisationen, die den Staat beherrschen. Verfolgung kann nicht nur in den Fällen gegeben sein, in denen sie mit der Anwendung brutaler Gewalt einhergeht, sie kann auch die Form von Maßnahmen von Verwaltungs- oder/und Justizbehörden annehmen, die entweder den Schein der Rechtmäßigkeit wahren, in Wahrheit aber Vergeltungszwecken dienen, oder die unter Mißachtung der Gesetze durchgeführt werden"* (Nummer 5.1 des gemeinsamen Standpunktes). Hier wird bewußt von „Zurechnung der Verfolgungsgefahr" und nicht etwa von „Verursachung" gesprochen (vgl auch BVerfGE 54, 341, 358; 67, 317; VwGH 24. 3. 1994, 94/19/0281; 19. 5. 1994, 94/19/0999; UBAS 26. 1. 1998, 201.411/0-VI/18/98; 26. 1. 1998, 200.202/0-VI/18/98). Im Lichte des Flüchtlingsbegriffes ist es egal, ob ein Verfolgerstaat selbst Verfolgungshandlungen setzt, ob er Schutzpflichten nicht wahrnimmt oder ob die Verfolgungsgefahr durch nichtstaatliche Organisationen und dgl herbeigeführt wird (vgl aber UBAS 29. 1. 1998, 200.043/0-V/13/98). Maßgeblich ist allein, ob ein Staat für eine Verfolgungsgefahr verantwortlich ist (*Grahl-Madsen* I, 115; vgl auch VwGH 8. 3. 1989, 88/01/0160; 29. 1. 1986, 84/01/0106; 23. 4. 1986, 48/01/0200, 0202; 9. 10. 1997, 95/20/0679; UBAS 7. 7. 1998, 201.261/0-VII/19/98). Dies ist immer dann der Fall, wenn ein Staat im Sinne einer normativen Maßfigur in der konkreten Situation drohende Eingriffe zu unterlassen oder vernachlässigte Schutzpflichten wahrzunehmen hätte. Eine Verfolgungsgefahr ist ua auch dann dem Heimatstaat bzw dem Staat des vorherigen gewöhnlichen Aufenthaltes zurechenbar, wenn eine Verfolgung in einem Drittstaat droht und der Heimatstaat bzw der Staat des vorherigen gewöhnlichen Aufenthaltes seine Schutzpflichten nicht wahrnimmt (dies ist va im Lichte des „Drittlandschutzes" bzw der „anderweitigen Verfolgungssicherheit" von erheblicher Bedeutung).

Der VwGH hat ausdrücklich festgehalten: *„Von einer wohlbegründeten Furcht (...) kann nämlich erst dann gesprochen werden, wenn die Zustände auch aus objektiver Sicht im Heimatland dergestalt sind, daß ein weiterer Verbleib des Asylwerbers in seinem Heimatland aus einem dieser Gründe unerträglich geworden ist. Das trifft nur dann zu, wenn die Verfolgung von der Staatsgewalt im gesamten Staatsgebiet ausgeht oder wenn die Verfolgung zwar nur von einem Teil der Bevölkerung ausgeübt, aber durch die Behörden und Regierung gebilligt wird, oder wenn die Behörde oderRegierung außerstande ist, die Verfolgten zu schützen"* (VwGH 4. 11. 1992, 92/01/0555; vgl dazu auch VwGH 30. 11. 1992, 92/01/0515; 9. 10. 1997, 95/20/0679; VwSlgNF 10255 A; UBAS 7. 7. 1998, 201.261/0-VII/19/98; vgl auch *Rosenmayr*, Asylrecht, 606). Inwieweit eine drohende Verfolgung den *„staatlichen Stellen (des) Heimatlandes zuzurechnen ist, ist nach der hg. Judikatur davon abhängig, ob der betreffende Staat in der Lage ist, diese Verfolgung hintanzuhalten (vgl. z.B. dasErkenntnis des Verwaltungsgerichtshofes vom 10. März 1993, Zl. 92/01/1090). Hätte daher die staatliche Autorität zufolge der Besetzung durch (eine fremde Armee) ihre Wirksamkeit in dem davon betroffenen Gebiet verloren, so wären die von dieser,Armee' dort gesetzten Verfolgungshandlungen – in asylrechtlicher Hinsicht – staatlichen Maßnahmen gleichzuhalten"* VwGH 26. 1. 1994, 93/01/0034; 26. 1. 1994, 93/01/0291; vgl auch VwGH 10. 3. 1993, 92/01/1090; 16. 3. 1994, 93/01/0249; vgl aber UBAS 5. 2. 1998, 201.006/0-V/13/98). *„Bietet aber der Staat vor einer von Dritten ausgehenden Verfolgung keinen wirksamen*

Schutz, sei es, daß er hiezu nicht in der Lage ist, sei es, daß er hiezu nicht gewillt ist, kann diese von Dritten ausgehende Verfolgungsgefahr dem Staat zugerechnet werden und damit Asylrelevanzhaben" (VwGH 27. 6. 1995, 94/20/0836; vgl dazu auch VwGH 24. 10. 1996, 95/20/0231; 28. 3. 1995, 95/19/0041; vgl aber UBAS 29. 1. 1998, 200.043/0-V/13/98). Der VwGH hielt – entgegen bisher ständiger Jud der Asylbehörden zutreffend fest, *„daß auch Einzelhandlungen von Behördenorganen dem Heimatstaat zuzurechnen sind, solange dieser nicht tatsächlich Maßnahmen ergreift, um Übergriffe von einzelnen Organen hintanzuhalten"* (VwGH 14. 10. 1998, 98/01/0262). *„Davon ausgehend* (nämlich vom Flüchtlingsbegriff) *hat die belangte Behörde der Berufung des Beschwerdeführers deshalb keine Folge gegeben, weil es sich bei den von ihm beschriebenen Drohungen der angeführten Gesellschaft um das Vorgehen von Privatpersonen und nicht um konkrete gegen den Beschwerdeführer gerichtete, von staatlichen Stellen ausgehende oder von diesen geduldete Verfolgung aus den angeführten Gründen handle. Dieser Argumentation der belangten Behörde ist unter Zugrundelegung des vom Beschwerdeführer im Verfahren vor der Behörde erster Instanz vorgetragenen Sachverhaltes beizupflichten, weil sich daraus nicht ergibt, daß die ihm gegenüber angeblich ausgesprochenen Drohungen von staatlichen Stellen ausgegangen oder sonst dem Staat zuzurechnen wären (vgl. die hg. Erkenntnisse vom 10. März 1994, Zl. 94/19/0541, vom 21. April 1994, Zl. 94/19/0209, und vom 4. Juli 1994, Zl. 94/19/1134). Der Beschwerdeführer bringt vielmehr selbst vor, daß ihn die Polizei seines Heimatstaates bis zu seiner Ausreise beschützt habe"* (VwGH 31. 8. 199, 95/19/0044).

Entgegen dieser nunmehr ständigen Jud des VwGH hat der UBAS in einer in mehrerer Hinsicht bedenklichen Senatsentscheidung ineinem abgekürzten Berufungsverfahren (§ 6 iVm § 32 AsylG 1997 idF BGBl I 1997/76), das mit der Zurückweisung der Berufung endete, festgehalten: *„Den Schilderungen des Berufungswerbers entsprechend wurde dieser nicht von seiten des Heimatstaates, sondern von der Groupe Islamique Armé (GIA) bedroht und handelt es sich hiebei um eine private Gruppierung, deren religiöse oder politische Zielsetzungen nicht in Abrede gestellt werden. Das Vorbringen des Berufungswerbers zugrundelegend, hegt diese fundamentalistische Gruppierung die Absicht, die Armee zu schwächen, indem sie junge Menschen unter Todesandrohungen davor warnt, in die Armee einzutreten. Dies bedeutet aber, daß die in Rede stehenden Personen – zu welchen laut eigenen Angaben auch der Berufungswerber zählt – von der GIA deshalb verfolgt werden, weil sie einer gesetzlichen Verpflichtung, nämlich der Ableistung des Militärdienstes, entsprechen. Dies stellt aber in Übereinstimmung mit der Genfer Flüchtlingskonvention keinen asylrechtlich relevanten Grund dar und hat der Berufungswerber weder im erstinstanzlichen, noch im Zuge des Berufungsverfahrens darüber hinausgehend behauptet, aufgrund seiner politischen Einstellung oder religiösen Gesinnung verfolgt worden zu sein"* (UBAS Sen 23. 3. 1998, 202.251/0-V/15/98; vgl auch UBAS 29. 1. 1998, 200.043/0-V/13/98; 5. 2. 1998, 201.006/0-V/13/98).

384 Mit der Zurechnungsfrage hängt die Frage nach dem Umfang der geschützten Rechtsgüter, wie sie unten erörtert wird, eng zusammen. Ein Staat kann nur für Verletzungen der durch die GFK geschützten Rechtsgüter verantwortlich sein. Der Staat als normative Maßfigur ist als ein mit völkerrechtlich anerkannten Werten verbundener Musterstaat zu begreifen. Einem Staat ist eine Verfolgungsgefahr dann zurechenbar, wenn sie aus einem Verhalten (di sowohl ein „Tun" als auch ein „Unterlassen") resultiert, das ein Staat im Sinne der normativen Maßfigur nicht gesetzt hätte. Die Theorie vom normativen Einheitsstaat kann die Zurechnungsproblematik zwar nicht lösen, zumal die eigentliche Frage nur auf eine andere – hypothetische – Ebene verlagert wird, ist aber eine geeignete Methode, die anstehenden Probleme zu veranschaulichen und kann aus dieser Sicht nicht abgelehnt werden. Der normative Einheitsstaat kann insb durch Rechtsvergleichung konkretisiert werden. Verschiedentlich wird im gegebenen Zusammenhang die „Rechtsstaats- und Menschenrechtswidrigkeit" als (negativer) Maßstab herangezogen (vgl *Pollern*, Asylrecht, 198).

385 Bezugspunkt der Verfolgungsgefahr ist – wie das Wort sagt – die drohende Verfolgung. Unter Verfolgung ist ein ungerechtfertigter Eingriff von erheblicher Intensität in die vom normativen Einheitsstaat zu schützende persönliche Sphäre des einzelnen zu verstehen (vgl auch UBAS 26. 1. 1998, 201.411/0-VI/18/98; 27. 1. 1998, 200.017/0-VII/19/98; 3. 2. 1998, 201.190/0-II/04/98; VwGH 30. 9. 1997, 96/01/0871; 10. 6. 1998, 96/20/0287; 14. 10. 1998, 98/01/0259). In die persönliche Sphäre fallen jedenfalls Eingriffe in Menschenrechte (vgl *Amann*, Flüchtlingsrechte, 66; *Rosenmayr*, Asylverfahren, 124; *Schaeffer*, Asylberechtigung, 97 f; *Subramanya*, 97). In dieser persönlichen Sphäre finden sich auch regelmäßig die Schutzgüter der GFK. Erhebliche Intensität (siehe dazu *Hailbronner*, Asylrecht, 116; *Pollern*, Asylrecht, 202; *Rosenmayr*, Asylrecht, 599 f) liegt dann vor, wenn der Eingriff in die zu schützende Sphäre geeignet ist, die Unzumutbarkeit der Inanspruchnahme des Schutzes des Heimatstaates bzw der Rückkehr in den Aufenthaltsstaat zu begründen (vgl VwGH 23. 1. 1997, 95/20/0320; UBAS 5. 2. 1998, 200.860/0-II/4/98).

Eine Verfolgung muß – wie soeben gesagt – Schutzgüter der GFK betreffen. In diesem Zusammenhang könnte man von einer „Qualitätskomponente" sprechen. Der Umfang der Schutzgüter ist nach weit verbreiteter Meinung nicht eindeutig bestimmbar (siehe dazu *Pollern*, Asylrecht, 200 ff mwH). Im wesentlichen gibt es dazu zwei Lehrmeinungen (siehe dazu *Grahl-Madsen* I, 193 ff; vgl auch *Köfner/Nicolaus* II, 464 ff). Ein Teil der Lehre (vgl UNDoc HCR/INF/49, 22; *Vernant*, Refugee, 8; *Gusy*, Asylrecht, 60; *Köfner/Nicolaus* II, 464 ff) vertritt die liberale Ansicht, während der andere Teil den Umfang der Schutzgüter auf Leben und physische Freiheit, teilweise wird auch die körperliche Unversehrtheit genannt (vgl etwa den gemeinsamen Standpunkt des Rates betreffend die harmonisierte Anwendung der Definition des Begriffs „Flüchtling" ABl 13. 3. 1996 Nr L 63/2), reduziert (siehe zB *Bordewin*, Aufenthaltsrecht, 159; *Grützner*, Auslieferungsverbot, 601; *Lange*, Grundfragen, 19; *Wierer*, Asylrecht, 95; *Zink*, Verfolgung, 115 ff). Hier wird menschenrechtskonform bewußt von der liberalen Schule ausgegangen (zum Naheverhältnis der GFK zur EMRK siehe *Kaul*, Flüchtlingsbegriff, 34; *Howland*, 40 f; *Rosenmayr*, Asylverfahren, 116 ff). Ein wesentliches Begründungselement liegt darin, daß die einzelnen Schutzgüter nicht isoliert betrachtet werden können, sondern mit der Schwere des Eingriffs korrespondieren. Qualitäts- und Intensitätskomponente ergänzen und beeinflussen einander. Beispielsweise kann ein lang wirkender Eingriff in die Privatsphäre (etwa in die Familieneinheit) schwerere Auswirkungen zeigen als ein kurzfristiger Eingriff in die persönliche Freiheit. Es wäre unsinnig, der GFK unterstellen zu wollen, daß sie vor leichteren Eingriffen schützt, nur weil diese formal einem bestimmten Schutzgut (Leben bzw Freiheit) zuzuordnen sind, während sie vor schweren bis schwersten Eingriffen nicht schützt, nur weil eine derartige formale Zuordnung zu einem bestimmten Schutzgut nicht möglich ist. Aus der Vielzahl der möglichen Konstellationen der Qualitätskomponente und der Intensitätskomponente zueinander ergibt sich eine Vielzahl möglicher Verfolgungsvarianten. Der Versuch, die Schutzgüter nach Art 31 Z 1 und Art 33 Z 1 GFK auf Leben und Freiheit zu beschränken, ist daher zum Scheitern verurteilt, will man der GFK nicht gravierende „Schutzlücken" unterstellen. Demgemäß ist im Rahmen der Interpretation von Art 31 Z 1 und Art 33 Z 1 GFK zwar Art 1 leg cit heranzuziehen, vice versa aber zur

Interpretation des Verfolgungsbegriffs im Sinne des Art 1 GFK ein Rückgriff auf die erstgenannten Bestimmungen nicht angebracht (siehe dazu *Amann*, Flüchtlingsrechte, 65 f; *Grahl-Madsen* I, 196 ff mwH). Die Intensitätskomponente darf nicht abstrakt in dem Sinn betrachtet werden, daß man einem Schutzgut eine von vornherein bestimmte Eingriffsschwere zuordnet, vielmehr ist die Intensität eines Eingriffs im Einzelfall individuell zu beurteilen, wobei auch die physische und psychische Konstitution des einzelnen miteinzubeziehen sind. Zu beachten bleibt, daß auch eine Summe minderschwerer Eingriffe in ihrem Zusammenwirken einen schweren Eingriff darstellen und so der Intensitätskomponente genügen kann (vgl Handbuch, Rz 53).

386 Der VwGH hat verschiedentlich die Familieneinheit als Schutzgut der GFK verneint (vgl dazu etwa VwGH 94/20/0806; vgl auch UBAS 5. 2. 1998, 200.464/0-III/07/98), andererseits aber ausgeführt: *„Inwieweit die Verfolgung von Familienmitgliedern (oder sonstiger Dritter) geeignet ist, wohlbegründete Furcht vor eigener Verfolgung auszulösen, bedarf einer konkreten Prüfung im Einzelfall (...)“* (VwGH 28. 3. 1996, 95/20/0044; vgl auch VwGH 23. 5. 1995, 94/20/0801). *„Es ist zwar zutreffend, daß der Verwaltungsgerichtshof festgehalten hat, daß bei der Asylgewährung nur Umstände Berücksichtigung finden können, die den Asylwerber unmittelbar betreffen, nicht aber gegen deren Familienmitglieder und andere Personen gerichtete Ereignisse. Der Verwaltungsgerichtshof hat aber keineswegs verkannt, daß auch gegen dritte Personen und Familienmitglieder gerichtete Verfolgungshandlungen infolge höchstpersönlicher Umstände (Naheverhältnisse) auch auf den Asylwerber durchschlagen können bzw. zur Abrundung des Gesamtbildes der Verfolgungssituation durchaus maßgeblich sein können. Hat der Beschwerdeführer daher zur Unterstreichung der eigenen Verfolgungssituation bekundet, daß sogar sein Bruder in Haft genommen worden sei, um von diesem seinen Aufenthalt zu erfragen, so ist dieser Umstand keineswegs von vornherein als unbedeutend von der Hand zu weisen. Unverständlich wird die Begründung der belangten Behörde dort, wo sie – entgegen den diesbezüglichen Ausführungen des Beschwerdeführers im Rahmen des (wiedereröffneten) Berufungsverfahrens – meint, die Eintragung seiner kurdischen Abstammung im Wehrdienstbuch habe zu ‚keinen Sanktionen geführt‘ und stelle auch ‚der Intensität nach keinen asylrechtlich relevanten Eingriff in seine zu schützende Privatspähre‘ dar. Diese Interpretation des Vorbringens des Beschwerdeführers erscheint gerade im Hinblick darauf, daß er sowohl im erstinstanzlichen Verfahren als auch im Berufungsverfahren die Zusammenhänge zwischen dieser Eintragung und den von ihm befürchteten, im Zusammenhang mit den von ihm zitierten Resolutionen der irakischen Regierung stehenden massiven Verfolgungshandlungen aufgezeigt hat, verfehlt“* (VwGH 28. 3. 1996, 95/20/0266). *„Es trifft zwar im wesentlichen zu, daß Verfolgungshandlungen gegen die Person des jeweiligen Asylwerbers gerichtet sein muß, also in der Regel gegen Familienangehörige gerichtete Verfolgungshandlungen allein nicht von Asylrelevanz sein können, doch kann auch ein solcher Umstand zur Abrundung des Gesamtbildes bei Prüfung der Frage einer begründeten Furcht vor Verfolgung sehr wohl herangezogen werden. Im vorliegenden Fall hat die Beschwerdeführerin dies auch offenbar in diesem Sinne verstanden, hat sie doch ihre eigene Flucht auf diesen Umstand – schon zufolge des mangelnden zeitlichen Konnexes, wie dies die belangte Behörde auch zutreffend festgestellt hat – nicht gestützt. Im Rahmen der Gesamtbeurteilung können aber auch Umstände in die Betrachtung einbezogen werden, die für sich allein genommen keine Asylrelevanz aufweisen“* (VwGH 23. 5. 1995, 94/20/0806). *„Zwar reicht die Verwandten widerfahrene bzw drohende Verfolgung alleine für* *sich nicht aus, die individuell konkrete Verfolgung eines Asylwerbers darzutun, doch hat sie in die Beurteilung der gesamten Situation miteinbezogen zu werden, wenn sie grundsätzlich geeignet wäre, eine dem Asylwerber selbst drohende individuelle Verfolgung zu untermauern"* (VwGH 14. 10. 1998, 98/01/0259; vgl auch VwGH 30. 9. 1998, 96/01/0467; 14. 10. 1998, 98/01/0271). *„Es trifft im wesentlichen zu, daß Verfolgungshandlungen gegen die Person des jeweiligen Asylwerbers gerichtet sein müssen, also in der Regel Verfolgungshandlungen gegen Familienangehörige nicht von Asylrelevanz sind, doch können sol-che Umstände – allenfalls im Rahmen einer ‚Sippenhaftung' – auch auf den Asylwerber durchschlagen und waren in diesem Falle für ihn insgesamt unmittelbar entscheidungswesentlich"* (VwGH 28. 2. 1996, 95/01/0182; vgl VwGH 4. 11. 1992, 92/01/0479; 5. 11. 1992, 92/01/0792; 28. 6. 1995, 94/01/0790, 0791; 23. 5. 1995, 94/20/0801; UBAS 29. 7. 1998, 204.034/0-VIII/22/98). In nicht unbedenklicher Weise ging der VwGH davon aus, *„daß die Tötung von Familienangehörigen im allgemeinen keine individuell dem Asylwerber drohende asylrechtlich relevante Verfolgung indiziert"* (VwGH 14. 10. 1998, 98/01/0260).

387 Der VwGH hat im Hinblick auf ein Verbot des Gebrauchs der Muttersprache in der Öffentlichkeit und Geboten in der islamischen Welt betreffend besondere Bekleidungsvorschriften die erforderliche Verfolgungsintensität iSd GFK verneint: *„Das Verbot, in der Öffentlichkeit türkisch zu sprechen, und die zwangsweise Änderung der Namen von Angehörigen der türkischen Minderheit hat die belangte Behörde – ohne diese Umstände ausdrücklich anzuführen – zu Recht als Nachteile gewertet, die noch nicht als derart gravierend anzusehen sind, daß daraus begründete Furcht vor Verfolgung abgeleitet werden könnte"* (VwGH 8. 4. 1992, 92/01/0013). *„Ebenso ist der belangten Behörde zuzustimmen, wenn sie die von der Erstbeschwerdeführerin als Diskriminierung empfundene Verpflichtung zur Einhaltung islamischer Bekleidungsvorschriften nicht als Verfolgung im Sinn des § 1 Z 1 AsylG 1991 gewertet hat. Bei dieser Verpflichtung handelt es sich um eine allgemeine Beschränkung des Lebens, der nicht nur Christinnen bzw. Assyrerinnen unterworfen sind, woraus sich ergibt, daß selbst wegen Nichteinhaltung dieser Vorschriften drohende Zwangsmaßnahmen nicht als konkrete Verfolgungshandlungen aus einem der Konventionsgründe – insbesondere auch nicht aus dem der Religion – angesehen werden könnten"* (VwGH 23, 5, 1995, 94/20/0808; vgl auch VwGH 7. 10. 1993, 93/01/0872 und die dort zit Jud).

Der UBAS hat in nicht unbedenklicher Weise die Jud des VwGH betreffend Bekleidungsvorschriften und betreffend die Republikflucht dahingehend verbunden, daß er drohende Verfolgung wegen einer Verletzung von Bekleidungsvorschriften auch dann als unmaßgeblich erachtet hat, wenn daran „schwerste Bestrafung" geknüpft ist; der UBAS übersieht dabei, daß bei „schwerster Bestrafung" wohl die erforderliche Verfolgungsintensität, die der VwGH in den ihm vorliegenden Fällen verneint hatte, erreicht wäre: *„Auch das Vorbringen der Asylwerberin, daß die ‚Moslems wollen, daß wir Christen so wie sie Schleier tragen', kann dem Asylbegehren nicht zum Durchbruch verhelfen (...). Abgesehen von der mangelnden Verfolgungsintensität würde die Verletzung der (von staatlicher Seite) angeordnete Pflicht zur Einhaltung von Kleidervorschriften, welche für alle Gültigkeit hätten, keine Asylrelevanz aufweisen, selbst wenn an die Verletzung dieser Vorschriften schwerste Bestrafung geknüpft ist (...). In dieselbe Richtung weist auch die Judikatur des VwGH hinsichtlich der Verletzung von den den Aufenthalt im Ausland regelnden Vorschriften, welche mit einer hohen Strafdrohung belegt sind. Das entsprechende Vorbringen in der Berufung, die Asylwerberin hätte wegen ihrer illegalen Ausreise eine* *strenge Strafe zu gewärtigen, ist also vor dem Hintergrund der soeben angesprochenen Judikatur des VwGH (...) ebenso nicht geeignet, die Flüchtlingseigenschaft zu begründen"* (UBAS 27. 1. 1998, 200.120/0-VII/20/98). *„Die belangte Behörde bewegt sich in ihrer rechtlichen Beurteilung zur Gänze auf dem Boden der ständigen Judikatur des Verwaltungsgerichtshofes, sodaß ihr nicht mit Erfolg entgegengetreten werden kann, wenn sie die in erster Instanz von den Beschwerdeführerinnen geltend gemachten Umstände (allgemeine Diskriminierung, Verspottung, zwangsweise Befassung mit dem Koran und Einhaltung der Bekleidungsvorschriften – vgl. die hg. Erkenntnisse vom 16. Juni 1994, Zl. 94/19/0575, und vom 6. März 1996, Zl. 95/20/0718, u.a. –, Verweigerung der Aufnahme der Erstbeschwerdeführerin an die Universität – vgl. die hg. Erkenntnisse vom 16. September 1992, Zl. 92/01/0068, vom 16. März 1994, Zlen 93/01/0982, 0997, u.a. –) als nicht geeignet angesehen hat, begründete Furcht vor Verfolgung im Sinn des § 1 Z 1 Asylgesetz 1991 glaubhaft zu machen"* (VwGH 24. 10. 1996, 95/20/0321; vgl auch VwGH 29. 10. 1993, 93/01/0733; 16. 3. 1994, 93/01/0982; 6. 3. 1996, 95/20/0718; 6. 3. 1996, 95/20/0718; 23. 5. 1995, 94/20/0808; 27. 1. 1994, 92/01/1094; 16. 12. 1993, 93/01/1307; 7. 10. 1993, 93/01/0872; 8. 7. 1993, 92/01/1023; 8. 7. 1993, 92/01/1009; 14. 10. 1992, 92/01/0460).

Unspezifizierbare Verfolgungshandlungen von nur geringer Schwere reichen nach ständiger Jud des VwGH nicht aus: *„Die belangte Behörde hat das Vorliegen von Gründen im Sinne des § 1 Z 1 Asylgesetz 1991 (...) deshalb verneint, weil die Beeinträchtigungen, denen assyrische Christen wegen ihrer Religionszugehörigkeit ausgesetzt seien, nicht die Intensität einer asylrechtlich beachtlichen Verfolgung erreichten. Diese Auffassung der belangten Behörde trifft im Beschwerdefall zu, weil die vom Beschwerdeführer geltend gemachten Benachteiligungen (allgemeine Geringschätzung durch die Bevölkerung, nicht näher konkretisierte Benachteiligungen allgemeiner Art, offenbar ohne weitere Konsequenzen gebliebene Beanstandungen durch Revolutionswächter, Behinderungen beim Gebrauch der Muttersprache in der Öffentlichkeit) nicht eine derartige Intensität erreichen, daß deshalb ein weiterer Aufenthalt des Beschwerdeführers in seinem Heimatland als unerträglich anzusehen wäre"* (VwGH 7. 10. 1993, 93/01/0942; 7. 10. 1993, 93/01/0872; 7. 11. 1995, 95/20/0080; 25. 4. 1995, 94/20/0762). *„(...) Benachteiligungen (allgemeine Geringschätzung, Benachteiligung und Schikanen)(erreichen) insgesamt noch nicht eine derartige Intensität (...), daß deshalb ein weiterer Aufenthalt der Erstbeschwerdeführerin in ihrem Heimatland als unerträglich oder unzumutbar anzusehen wäre"* (VwGH 23. 5. 1995, 92/20/0808). Weiters führte der VwGH aus, *„daß auch aus allgemeinen Verhältnissen im Heimatland eines Asylwerbers nach den Umständen des Einzelfalles (hier: Verhaftung eines Kontaktmannes und Beschlagnahme des Geschäftes) auf die konkrete Verfolgung einer Person rückgeschlossen werden kann. Nichts anderes macht der Beschwerdeführer im vorliegenden Fall geltend. Es ist keineswegs erforderlich – auch dies wurde bereits wiederholt vom Verwaltungsgerichtshof ausgesprochen –, daß eine Verfolgungshandlung gegen den Asylwerber bereits konkret gesetzt worden ist, geht doch selbst Art. 1 Abschnitt A Z 2 der Genfer Flüchtlingskonvention nur von der ‚Wohlbegründetheit' der Furcht vor Verfolgung aus. Es entspricht der Judikatur des Verwaltungsgerichtshofes, daß ‚eine bloß ablehnende Haltung eines Asylwerbers gegenüber dem in seinem Heimatstaat herrschenden innen- und außenpolitischen System ALLEIN' keinen Grund für die Zuerkennung der Flüchtlingseigenschaft bildet, ebensowenig wie die Verteilung von Flugblättern für eine in der Heimat des Asylwerbers verbotene politische Partei ‚ALLEIN', doch ist bereits aus den von der belangten Behörde verwendeten Textbaustei-*

nen ersichtlich, daß eben – in den meisten Fällen – nicht ‚allein' der eine oder der andere Grund herangezogen wird, sondern meist ein Zusammenspiel mehrerer vorliegt. Erst aus einer Gesamtschau der Umstände des Einzelfalles kann abgeleitet werden, inwieweit Intensität und Qualität der befürchteten Verfolgung Asylrelevanz aufweisen oder nicht" (VwGH 6. 3. 1996, 95/20/0210) und *„daß bei wirtschaftlichen Maßnahmen, wie etwa bei Enteignungen, das in diesem Zusammenhang für die Annahme einer Verfolgungsgefahr erforderliche Ausmaß an Intensität der staatlichen Maßnahme nur bei Bedrohung der (wirtschaftlichen) Existenz des Beschwerdeführers erreicht wäre"* (VwGH 27. 7. 1995, 95/19/0048; vgl auch VwGH 23. 2. 1994, 93/01/0586; 27. 4. 1994, 93/01/0487; 19. 5. 1994, 94/19/0716; 25. 4. 1995, 94/20/0762; 25. 4. 1995, 94/20/0790; vgl auch UBAS 6. 8. 1998, 204.176/0-VIII/22/98).

Zu Alkoholverbot und allgemeiner Diskriminierung religiöser Minderheiten hielt der VwGH fest: *„Aus Belästigungen wegen des Transports alkoholischer Getränke kann eine Verfolgung aus religiösen Gründen nicht abgeleitet werden, stand doch der Alkoholkonsum in keinem unmittelbaren Verhältnis zur Religionsausübung. Eine diesbezügliche behördliche oder strafgerichtliche Verfolgung und Verurteilung ist nicht unter einen der Asylgründe des § 1 Z 1 Asylgesetz 1991 zu subsumieren, selbst wenn die verhängte Strafe nach Ansicht des Erstbeschwerdeführers gegen die Menschenrechte verstößt (vgl. u.a. auch hg. Erkenntnis vom 21. April 1994, Zl. 94/19/0064). Dasselbe gilt für die Abhaltung von Festensowie den von beiden Beschwerdeführern geltend gemachten allgemeinen Diskriminierungen, denen sie als Angehörige der christlichen Minderheit in ihrem Heimatstaat ausgesetzt waren"* (VwGH 20. 9. 1995, 95/20/0042; vgl auch VwGH 16. 1. 1996, 95/20/0121).

Der Verlust des Arbeitsplatzes ist vor dem Hintergrund der erforderlichen Intensität (Schwere) der drohenden Verfolgung nur bedingt relevant: *„Der Verlust des Arbeitsplatzes – wie auch der Verlust des Ausbildungsplatzes oder Nichtzulassung zur Universität – aus Gründen der Konvention könnten zwar nach ständiger Judikatur des Verwaltungsgerichtshofes als Verfolgung gewertet werden, jedoch nur unter der weiteren Voraussetzung, daß dadurch die Lebensgrundlage eines Asylwerbers massiv bedroht würde"* (VwGH 12. 9. 1996, 95/20/0429; vgl auch VwGH 16. 12. 1993, 92/01/1041; für die Enteignung siehe VwGH 27. 7. 1995, 95/19/0048). Allgemein hat der VwGH die erforderliche Intensität der drohenden Verfolgung im Falle des *„Verlustes des Arbeitsplatzes ohne massive Bedrohung der Lebensgrundlage"* (vgl zB VwGH 20. 9. 1989, 89/01/0159; 17. 6. 1992, 91/01/0207; 7. 10. 1993, 93/01/0616; 19. 5. 1994, 94/19/0049; 22. 6. 1994, 93/01/0443; UBAS 27. 1. 1998, 200.013/0-VII/20/98; 30. 1. 1998, 200.186/0-VI/17/98; zur vorübergehenden Schließung einer Ordination siehe UBAS 9. 2. 1998, 200.794/0-IV/10/98), des *„Ausschlusses von Aufstiegschancen"* (vgl zB VwGH 20. 5. 1992, 91/01/0202, 16. 9. 1992, 92/01/0181), einer *„Schlechterstellung am Arbeitsplatz"* (vgl zB VwGH 31. 5. 1989, 89/01/0091, 18. 3. 1993, 92/01/0816; in diesem Sinne auch UBAS 30. 1. 1998, 200.186/0-VI/17/98), der *„Überwachung des Telefonanschlusses"* (VwGH 2. 2. 1994, 93/01/0951), des *„Ausschlusses vom Hochschulstudium"* (VwGH 19. 5. 1994, 94/19/0049; 22. 6. 1994, 93/01/0443; UBAS 27. 1. 1998, 200.013/0-VII/20/98), aber auch im Falle der *„Zensurierung von Briefen"* (vgl VwGH 16. 9. 1993, 92/01/0751), des *„Ansinnens, den Glauben aufzugeben und Glaubensbrüder zu verraten"*, sowie im Falle des *„beruflichen Einsatzes an Sonn- und Feiertagen"* (vgl VwGH 29. 11. 1989, 89/01/0320, 18. 3. 1992, 91/01/0211) sowohl für sich allein als auch in ihrer Gesamtheit verneint (siehe dazu zusammenfassend VwGH 15. 12. 1993, 93/01/0285).

Eine dem Asylwerber drohende Verbannung in ein anderes Gebiet seines Heimatlandes genügt gleichfalls den Anforderungen an die Intensitätskomponente grundsätzlich nicht: „*Es kann zwar nicht zweifelhaft sein, daß eine dem Beschwerdeführer allenfalls drohende Verbannung in ein anderes Gebiet seines Heimatlandes, die im übrigen aus Gründen seiner Religion erfolgt wäre bzw. erfolgen würde, eine als Verfolgungshandlung gegen ihn gerichtete Maßnahme anzusehen ist. Ungeachtet der mit dieser Maßnahme verbundenen Einschränkung in der Freizügigkeit der Person des Beschwerdeführers würde ihr aber die für die Zuerkennung der Flüchtlingseigenschaft gemäß § 1 Z 1 Asylgesetz 1991 erforderliche Intensität fehlen, sofern nicht andere Umstände hinzutreten, auf Grund derer davon gesprochen werden müßte, daß ein Verbleib des Beschwerdeführers in seinem Heimatland aus objektiver Sicht für ihn unerträglich gewesen wäre. (...) Ein Leben in der Verbannung wäre nicht einem solchen in einer Haft, die demgegenüber eine weit größere Freiheitsbeschränkung darstellt, gleichzuhalten und nach den eigenen Angaben des Beschwerdeführers in dem hiefür in Aussicht genommenen Gebiet, wenn auch unter äußerst schwierigen Bedingungen, durchaus möglich*“ (VwGH 20. 12. 1995, 95/01/0103).

Auch Hausdurchsuchungen, Verhöre, kurzfristige Inhaftierungen (zu Verhören, Befragungen und einer dreitägigen Anhaltung vgl zB VwGH 10. 3. 1994, 94/19/0257; 22. 6. 1994, 93/01/0443), Vorladungen zur Polizei (VwGH 16. 12. 1992, 92/01/0600; 1. 7. 1992, 92/01/0140; 11. 11. 1998, 98/01/0312) sollen (für sich allein) der nach der GFK geforderten Verfolgungsintensität insb dann nicht genügen, wenn eine entsprechende staatliche Verfolgungsmotivation nicht gegeben ist: „*(...) den Akten (kann) nicht entnommen werden, daß die den Beschwerdeführern gegenüber gesetzten Polizeimaßnahmen deswegen erfolgt wären, weil ihnen eine bestimmte, den staatlichen Intentionen nicht entsprechende politische Gesinnung unterstellt worden wäre. Vielmehr erfolgten die ins Treffen geführten Hausdurchsuchungen und Verhöre nach den eigenen Angaben der Beschwerdeführer ausschließlich im Zuge von polizeilichen Nachforschungen nach dem Aufenthaltsort von wegen ihrer politischen Tätigkeit gesuchten Verwandten der Beschwerdeführer. Bei dieser Sachlage konnte die belangte Behörde aber zu Recht davon ausgehen, daß den Belästigungen der Beschwerdeführer mangels Zugrundeliegens eines der in § 1 Z 1 Asylgesetz 1991 (übereinstimmend mit Art. 1 Abschnitt A Z 2 der Genfer Flüchtlingskonvention) als Verfolgungsgrund angeführten Motive Relevanz für die von den Beschwerdeführern angestrebte Asylgewährung nicht zukam (vgl. z.B. das hg. Erkenntnis vom 27. Mai 1993, Zl. 92/01/0982). Auch kommt selbst wiederholten Vorladungen zur Polizei und Befragungen nach dem Aufenthaltsort von Verwandten der ständigen hg. Judikatur zufolge nicht der Charakter von Eingriffen zu, die ihrer Intensität nach als Verfolgung im Sinne der Genfer Flüchtlingskonvention qualifiziert werden könnten (vgl. für viele andere z.B. das hg. Erkenntnis vom 21. April 1993, Zl. 92/01/1059). Ebensowenig können Hausdurchsuchungen bzw. polizeiliche Hausbesuche für sich allein als Verfolgungshandlungen im Sinne dieser Gesetzesstelle angesehen werden*“ (VwGH 23. 5. 1995, 94/20/0672, 0673; vgl zB auch VwGH 18. 12. 1991, 91/01/0146; 17. 2. 1992, 92/01/0777; 14. 10. 1992, 92/01/0216; 16. 12. 1992, 92/01/0600; 21. 4. 1993, 92/01/1059; 8. 7. 1993, 92/01/0174; 10. 3. 1994, 94/19/0277, 0278; 23. 3. 1994, 93/01/1178; 21. 2. 1995, 94/20/0720; 24. 4. 1995, 94/19/1402; 5. 6. 1996, 96/20/0323; 18. 12. 1996, 96/20/0610, 95/20/0651; 10. 7. 1997, 95/20/0706; 11. 12. 1997, 95/20/0610; UBAS 2. 2. 1998, 201.613/0-V/14/98; 10. 2. 1998, 200.522/0-IV/10/98; 10. 2. 1998, 200.327/0-IV/10/98; 10. 2. 1998, 200.522/0-IV/10/98; 16. 2. 1998, 200.876/0-IV/10/98; 29. 7. 1998, 204.034/0-VIII/22/98; *Steiner*, AsylR, 30 f).

Im Falle der viermaligen Inhaftierung zu jeweils bis drei Tagen erkannte der Verwaltungsgerichtshof, ohne an dieser Stelle eine „Verfolgungsprognose“ anzustellen, daß diese vom Beschwerdeführer beschriebenen Vorgänge von ihm zu Recht als „Schikanen“ bezeichnet worden seien, weil sie auch in ihrer Gesamtheit nicht das Maß an Intensität erreichen, dessen es bedürfte, um *„den weiteren Verbleib im Heimatland als unerträglich erscheinen zu lassen“* (vgl VwGH 26. 6. 1996, 95/20/0147). *„Anders ist allerdings ein Fall zu sehen, in dem zu Verhören und Hausdurchsuchungen noch kommt, daß der Asylwerber geltend macht, er sei dabei geschlagen worden und diese hätten ‚laufend‘ stattgefunden, wobei auslösendes Moment dieser gegen ihn gesetzten Maßnahmen der Besitz kurdischer Tonbandkassetten gewesen sei“* (VwGH 11. 11. 1998, 98/01/0312; vgl auch VwGH 26. 11. 1993, 92/01/0707).

Festnahmen und Anhaltungen im Anschluß an Demonstrationen (hier: kurdisches Newroz-Fest) sollen, wenn sie ohne weitere Folgen blieben, nicht als Verfolgung iSd GFK gewertet werden können (VwGH 27. 6. 1995, 94/20/0689; vgl auch VwGH 17. 6. 1993, 93/01/0348, 0349; 15. 12. 1993, 93/01/0019; 23. 2. 1994, 93/01/0407; 2. 2. 1994, 93/01/0345; UBAS 17. 2. 1998, 200.023/0-III/07/98). Ähnliches soll für eine tägliche Meldepflicht bei der Polizei gelten (VwGH 25. 11. 1994, 94/19/0635; vgl auch VwGH 16. 3. 1994, 93/01/0724, 0725; für die wöchentliche Meldepflicht bei der Staatspolizei siehe UBAS 30. 1. 1998, 200.186/0-VI/17/98). *„Allgemeine schlechte wirtschaftliche Verhältnisse und daraus resultierende Beschränkungen“* deuten auf *„keinerlei Grundlage in der Genfer Flüchtlingskonvention“* (UBAS 27. 1. 1998, 200.013/0-VII/20/98; 5. 2. 1998, 201.482/0-VI/16/98). *„Eine wirtschaftliche Maßnahme kann nur dann als ‚Verfolgung‘ iSd GFK qualifiziert werden, wenn eine solche Maßnahme die Existenz bedroht oder zu menschenunwürdigen oder unzumutbaren Lebensbedingungen führt und wenn dies über das hinausgeht, was die Bewohner des Herkunftsstaates aufgrund des dort herrschenden Systems allgemein hinnehmen müssen“* (UBAS 17. 7. 1998, 201.165/0-VII/19/98, vgl auch UBAS 30. 1. 1998, 200.186/0-VI/17/98).

388 Nicht jeder staatliche Eingriff in die zu schützende persönliche Sphäre des Einzelnen stellt schon Verfolgung dar. Dies ist nur dann der Fall, wenn der Eingriff nicht gerechtfertigt (zur Abgrenzung illegitimer Verfolgung von legitimen Eingriffen siehe *Kälin*, Grundriß, 99 ff) ist, mit anderen Worten, wenn ein normativer Einheitsstaat den konkreten Eingriff unter gleichen Bedingungen unterlassen würde. In bestimmten Situationen – etwa im Rahmen der Strafrechtspflege (siehe dazu *Kälin*, Grundriß, 104 ff) – darf ein Staat in gewissem Ausmaß in die persönliche Freiheit eingreifen. Ein übermäßiger Eingriff ist allerdings regelmäßig Verfolgung (siehe dazu *Pollern*, Asylrecht, 198). Auch hier leistet die Theorie vom normativen Einheitsstaat wertvolle Dienste. Im Zusammenhang mit der gegenständlichen Problematik wird häufig zwischen *„persecution“* und *„prosecution“* unterschieden. Diese Unterscheidung trifft das Problem nicht ganz, weil „prosecution“ zT auch „persecution“ sein kann (siehe dazu *Grahl-Madsen* I, 192), sich die Begriffe also überschneiden. Man denke etwa an die Verfolgung (gemischt)politischer Delikte.

389 Wie der VwGH wiederholt ausgeführt hat, *„schließen gegen einen Asylwerber gerichtete behördliche Ermittlungs- bzw. Verfolgungsmaßnahmen wegen eines ihm vorgeworfenen strafrechtlichen Deliktes seine Anerkennung als Flüchtling nicht aus, weil daraus nicht der Schluß gezogen werden kann, daß die gegen den Asylwerber eingeleiteten und von ihm allenfalls zu erwartenden Sanktionen über ihre strafrechtliche Grundlage hinaus nicht auch auf solchen Umständen beruhen, die als Konventionsgründe zu werten sind“* (VwGH 16. 9. 1993, 92/01/0757; vgl zB auch VwGH 10. 3. 1993, 92/01/0882; 17. 6. 1993, 92/01/0986 und die dort zit Jud; VwGH 14. 3.

1995, 94/20/0725; 14. 3. 1995, 94/20/0761; 26. 7. 1995, 95/20/0028; 14. 10. 1998, 98/01/0259). In nicht ganz unbedenklicherweise fährt der VwGH sodann fort: „*Einer strafrechtlichen Verfolgung wäre der Charakter einer asylrelevanten Verfolgung aus Konventionsgründen (insbesondere aus dem der politischen Gesinnung) nur dann genommen, wenn die Durchführung des Strafverfahrens nach rechtsstaatlichen Prinzipien gewährleistet wäre, weil erst dadurch der Aspekt einer mit Konventionsgründen im Zusammenhang stehenden Verfolgung derart in den Hintergrund treten würde, daß von asylrelevanter Verfolgung nicht mehr die Rede sein könnte*" (VwGH 14. 3. 1995, 94/20/0725; 26. 7. 1995, 95/20/0028; 17. 6. 1993, 92/01/0986; 21. 4. 1994, 94/19/0291; 22. 5. 1995, 94/01/0388, 0389; 14. 10. 1998, 98/01/0259). „*Wertet nun die belangte Behörde die Tätigkeit des Beschwerdeführers bei der PKK lediglich als (unpolitische) ‚kriminelle Handlung' ohne weitere Ermittlungen und Feststellungen über die tatsächlichen Umstände der Aktivitäten des Beschwerdeführers in dieser Zeit anzustellen, so belastet sie ihren Bescheid mit Verfahrensmängeln, weil nicht auszuschließen ist, daß die vom Beschwerdeführer vorgenommene Beteiligung an militärischen Auseinandersetzungen oder Unterstützungsaktionen im Zusammenhang mit den von der PKK gesetzten Aktivitäten und damit auch die von den türkischen Behörden deswegen gegen den Asylwerber ergriffenen Maßnahmen ihre Grundlage in ethnisch-politischen Belangen haben kann*" (VwGH 14. 3. 1995, 94/20/0761; vgl auch VwGH 5. 11. 1992, 92/01/0703; 21. 6. 1994, 94/20/0106). „*Im übrigen kann wohl nicht in Zweifel gezogen werden, daß auch Verleumdung zur politischen Waffe erklärt werden kann, um den dahinterliegenden politischen Charakter auch vor der internationalen Öffentlichkeit zu verschleiern*" (VwGH 6. 3. 1996, 95/20/0219; 6. 3. 1996, 95/20/0200). Nach der GFK ist indessen nicht relevant, ob einer Verfolgung ein nach rechtsstaatlichen Prinzipien gestaltetes Verfahren zugrunde liegt oder nicht. Generell hält der VwGH weiters fest: „*Es kann (...) aus der Strafbarkeit eines bestimmten Verhaltens (selbst unter Zugrundelegung der Rechtsordnung eines demokratischen Staates) alleine nicht ohne weiteres gefolgert werden, daß die Verfolgung einer Person nicht mit deren politischen Gesinnung in Zusammenhang stünde*" (VwGH 18. 5. 1995, 95/19/0002; vgl auch VwGH 6. 2. 1996, 95/20/0031). „*Die Annahme (...), polizeiliches Einschreiten aus Gründen der kriminalistischen Erhebungen schließe jegliche politische Motivierung (...) aus, kann vom Verwaltungsgerichtshof jedenfalls nicht geteilt werden*" (VwGH 9. 4. 1997, 95/01/0555). Wie der VwGH betont, „*vermag der Umstand, daß er* (der Asylwerber) *mit seinen Aktivitäten als Angehöriger der Bevölkerungsgruppe der Sikh im Rahmen der von ihm genannten Organisation separatistische Ziele verfolgt hat, für sich allein daran nichts zu ändern, daß die von ihm behaupteten Festnahmen auf seine politische Gesinnung und demnach auf einen der im § 1 Z 1 Asylgesetz 1991 angeführten Gründe zurückzuführen sind. Selbst wenn sich der Beschwerdeführer durch sein Verhalten der Begehung einer strafbaren Handlung schuldig gemacht haben sollte und ihm demnach legitimer Weise eine strafrechtliche Verfolgung drohte, ist dadurch keineswegs die Annahme ausgeschlossen, es handle sich hiebei auch um eine Verfolgung aus einem der im § 1 Z 1 Asylgesetz 1991 (in Übereinstimmung mit Art. 1 Abschnitt A Z 2 der Genfer Flüchtlingskonvention) angeführten Gründe. In diesem Sinne hat der Verwaltungsgerichtshof schon wiederholt zum Ausdruck gebracht, daß selbst terroristische Aktivitäten die Anerkennung als Flüchtling nicht von vornherein hindern, sofern nicht der Ausschließungsgrund nach Art. 1 Abschnitt F der Konvention (welcher nunmehr auch im § 2 Abs. 2 Z 1 Asylgesetz 1991 seinen Niederschlag gefunden hat) vorliege*" (VwGH 26. 7. 1995, 94/20/0722; vgl auch VwGH 29. 11. 1989, 89/01/0264; 10. 3. 1993, 92/01/0882).

390 Zum Begriff der Verfolgung iSd Art 1 Abschn A GFK führt der gemeinsame Standpunkt des Rates betreffend die harmonisierte Anwendung der Definition des Begriffs „Flüchtling" (ABl 13. 3. 1996 Nr L 63/2) im wesentlichen aus: *„Dieser Begriff wird in dem Abkommen nicht definiert. Eine allgemein anerkannte Definition dieses Begriffs ist weder in den Empfehlungen des Exekutivausschusses des UNHCR noch in der Lehre zu finden. Die in diesem Dokument enthaltenen Leitlinien stellen keine Definition dar. Es wird jedoch allgemein davon ausgegangen, daß die Verfolgung in jedem Fall nur dann als Verfolgung im Sinne des Artikels 1 Abschnitt A des Genfer Abkommens gilt, wenn die Ereignisse, die geschehen sind oder befürchtet werden,*

- *aufgrund ihrer Art oder der Tatsache, daß sie wiederholt zu verzeichnen waren, hinreichend gravierend sind: sie stellen eine gravierende Verletzung der Menschenrechte, z. B. des Rechts auf Leben, des Rechts auf Freiheit oder des Rechts auf körperliche Unversehrtheit dar, oder sie erlauben es bei Würdigung sämtlicher Umstände des Einzelfalles der Person, die von ihnen betroffen war, eindeutig nicht, weiterhin in ihrem Herkunftsland zu leben, und*
- *auf einen der in Artikel 1 Abschnitt A des Genfer Abkommens aufgeführten Gründe zurückzuführen sind: Rasse, Religion, Nationalität, Zugehörigkeit zu einer bestimmten sozialen Gruppe, politische Überzeugung. Die Gründe für die Verfolgung können sich überschneiden, und oft kommen bei ein und derselben Person mehrere Gründe zusammen. Es ist gleichgültig, ob diese Gründe real bestehen oder der betreffenden Person vom Urheber der Verfolgung zugeschrieben werden. Es können mehrere Arten der Verfolgung zusammenkommen, und die Häufung von Ereignissen, von denen jedes für sich alleine genommen nicht den Tatbestand der Verfolgung erfüllt, kann je nach den Umständen zu einer tatsächlichen Verfolgung führen oder als ein wesentlicher Grund für die Furcht vor Verfolgung angesehen werden".*

391 Als weiterer wichtiger Aspekt bleibt die Frage zu klären, zu welchem Zeitpunkt die Verfolgungsgefahr gegeben sein muß. In einer Vielzahl von Erkenntnissen hat der VwGH festgestellt, daß die Verfolgung (richtig wohl: Verfolgungsgefahr) aktuell sein muß (statt vieler VwGH 30. 5. 1990, 90/01/0078; 21. 11. 1990, 90/01/0187; vgl auch UBAS 30. 1. 1998, 200.186/0-VI/17/98). Der VwGH hält in ständiger Jud fest daß *„Umstände, die sich schon längere Zeit vor der Ausreise ereignet haben, nicht mehr beachtlich sind; die wohlbegründete Furcht muß vielmehr bis zur Ausreise andauern"* (VwGH 7. 11. 1995, 95/20/0025; vgl für viele VwGH 9. 9. 1987, 86/01/0024; 16. 9. 1992, 92/01/0716; 10. 10. 1996, 95/20/0150; UBAS 6. 8. 1998, 204.176/0-VIII/22/98). Als maßgeblicher Zeitpunkt wurde häufig der Zeitpunkt der Ausreise bzw der Flucht herangezogen (zB VwGH 29. 11. 1989, 89/01/0320; 7. 2. 1990, 89/01/0220; 10. 1. 1990, 89/01/0148; 5. 6. 1991, 91/01/0029; 5. 6. 1991, 91/01/0053; 23. 3. 1994, 93/01/1178; 17. 6. 1992, 92/01/0546; 25. 5. 1994, 94/20/0171; vgl auch UBAS 30. 1. 1998, 200.186/0-VI/17/98; 17. 2. 1998, 201.088/0-VI/17/98; 5. 2. 1998, 201.006/0-V/13/98; 30. 1. 1998, 200.525/0-V/13/98). Verschiedentlich wird auch ein *„zeitlicher Konnex zwischen der Flucht und der letzten stattgefundenen Verfolgungshandlung"* (VwGH 14. 10. 1998, 98/01/0262) oder ein *„Zusammenhang mit dem die Flucht auslösenden Ereignis"* (VwGH 14. 10. 1998, 98/01/0271) gefordert. *„Der von der Behörde verneinte zeitliche Konnex ist entgegen ihrer Auffassung dann zu bejahen, wenn zwischen dem Zeitpunkt der letzten gegen den Beschwerdeführer gerichteten Verfolgungshandlung und seiner Flucht die Möglichkeit zur Setzung solcher Handlungen de facto ausgeschlossen wurde, weil sich der Beschwerdeführer versteckt hielt und den Behörden seines Heimatlandes* *ein Aufenthaltsort nicht bekannt war. Damit hat er aber Umstände geltend gemacht, die den Schluß zuließen, es habe eine damals bestehende wohlbegründete Furcht vor Verfolgung bis zu seiner Ausreise angedauert"* (VwGH 25. 4. 1995, 94/20/0784; vgl auch VwGH 29. 11. 1989, 89/01/320; 18. 3. 1992, 91/01/0211; 14. 10. 1992, 92/01/0216; 23. 2. 1994, 92/01/0888; UBAS 30. 1. 1998, 200.186/0-VI/17/98). Vereinzelten Erkenntnissen der letzten Jahre läßt sich richtigerweise der Zeitpunkt der Bescheiderlassung als maßgebender Zeitpunkt entnehmen (zB VwGH 30. 5. 1990, 90/01/0077). Die Bezugnahme auf den Zeitpunkt der Ausreise bzw der Flucht ist unrichtig, läßt sich doch der GFK im Hinblick auf die Flüchtlingsdefinition eine „zeitliche Verknüpfung" nur insofern entnehmen, als man frühestens mit der Ausreise aus dem Verfolgerstaat Flüchtling sein kann. Daß dies gleichzeitig der maßgebliche Zeitpunkt für das Bestehen der Verfolgungsgefahr sein soll, ist nicht zu erklären (vgl dazu *Köfner/Nicolaus* I, 162; *Goodwin-Gill*, Refugee, 4 f; *Grahl-Madsen* I, 94). Richtigerweise ist auf den jeweiligen Beurteilungszeitpunkt – im Asylverfahren ist dies der Zeitpunkt der Bescheiderlassung – abzustellen. Alles andere würde der Verfolgungsgefahr als zukunftsorientiertes Tatbestandselement nicht gerecht werden. Entsteht die Verfolgungsgefahr erst nach der Ausreise, spricht man vom sog „réfugié sur place" (vgl Handbuch, Rz 94 ff; *Grahl-Madsen* I, 94; *Köfner/Nicolaus* I, 281; *Hailbronner*, AuslR II, B 1, Rz 181 ff). Dieser Begriff hat im Rahmen der Flüchtlingsdefinition eigentlich keine Berechtigung, da ein „réfugié sur place" wie ein Flüchtling im allgemeinen zu behandeln ist (vgl *Geistlinger*, Asylrecht, 1132; *Nicolaus*, Flüchtlingsstatus, 172). Der VwGH hat im Lichte dessen etwa ausgeführt: *„Der belangten Behörde ist auch zu widersprechen, wenn ihre Ausführungen dahingehend zu verstehen sind, die Gewährung asylrechtlichen Schutzes knüpfe ausschließlich an das Vorliegen von bereits gesetzten Verfolgungsmaßnahmen an. Dies widerspräche den in Art. 1 Abschnitt A Z 2 der Konvention über die Rechtsstellung der Flüchtlinge, BGBl. Nr. 55/1955, welche Grundlage für die Feststellung der Flüchtlingseigenschaft gemäß § 1 AsylG 1968 war, genannten Fluchtgründen, sieht die Konvention doch Asylgewährung bereits dann vor, wenn ein Asylwerber ‚aus wohlbegründeter Furcht, (...) verfolgt zu werden, sich außerhalb seines Heimatlandes befindet und nicht in der Lage oder im Hinblick auf diese Furcht nicht gewillt ist, sich des Schutzes dieses Landes zu bedienen'. Dabei läßt die allgemeine Lage im Heimatland des Asylwerbers grundsätzlich durchaus Rückschlüsse auch auf seine konkrete Situation zu und ist daher jedenfalls beachtlich"* (VwGH 16. 3. 1994, 93/01/0249; vgl auch VwGH 20. 1. 1993, 92/01/0774; 15. 12. 1993, 93/01/0746). Unrichtig verlangt der UBAS, daß bei Nachfluchtgründen bereits vor der Flucht eine latente Gefährdungslage bestanden haben muß, die durch den Nachfluchtgrund lediglich „gesteigert" wird: *„Der vom Beschwerdeführer erstmals in der Berufung geltend gemachte Nachfluchtgrund der Asylantragstellung im Ausland ist in seinem konkreten Fall nicht geeignet, in Verbindung mit den sonst von ihm gebrachten Fluchtgründen oder für sich alleine den Tatbestand der wohlbegründeten Furcht vor Verfolgung im Sinne des Art 1 Abschnitt A Z 2 GFK zu begründen (...). Grundsätzlich ist richtig, daß Umstände, mit denen der Asylwerber seine Furcht vor Verfolgung begründet, die erst während des Aufenthaltes in Österreich eingetreten sind (...), zur Asylgewährung führen können. Sogenannte subjektive (oder selbstgeschaffene) Nachfluchtgründe wie die Asylantragstellung können aber nur dann relevant sein, wenn eine bereits vor der Flucht bestehende latente Gefährdungslage sich durch die Antragstellung zu einer konkreten Verfolgungsgefahr steigert. Die vom Beschwerdeführer vor der Flucht geltend gemachten Gründe waren jedoch (...) nicht intensiv genug, sodaß bei ihm auch keine latente Gefährdungslage im Irak ge-*

geben war. Aufgrund der nicht vorhandenen latenten Gefährdungslage vermag daher seine Asylantragstellung auch keine asylrelevante, konkret seine Person betreffende Verfolgungsgefahr auszulösen" (UBAS 27. 1. 1998, 200.017/0-VII/19/98; 27. 2. 1998, 200.018/0-VII/19/98). Zum „réfugié sur place" wird im gemeinsamen Standpunkt betreffend die harmonisierte Anwendung der Definition des Begriffs „Flüchtling" (ABl 13. 3. 1996 Nr L 63/2) ausgeführt: *„Die Furcht vor Verfolgung muß nicht notwendigerweise bereits beim Verlassen des Herkunftslands bestanden haben. Eine Person, die keine Verfolgung zu befürchten brauchte, als sie ihr Land verließ, kann später im Ausland zu einem ‚réfugié sur place' werden. Der Grund für die Furcht vor Verfolgung kann in einer Änderung der Lage im Herkunftsland seit der Abreise des Betreffenden, die für ihn gravierende Folgen hat, oder auch in eigenen Aktivitäten liegen. Jedenfalls müssen die asylrelevanten Merkmale des Asylbewerbers den Behörden des Herkunftslands bekannt sein oder bekannt werden können, wenn im Einzelfall die Furcht vor Verfolgung begründet sein soll. (...) Politische Veränderungen im Herkunftsland können ein Grund für die Furcht vor Verfolgung sein; dies gilt jedoch nur dann, wenn der Asylbewerber darlegen kann, daß er aufgrund dieser Veränderungen persönlich im Fall seiner Rückkehr in das Herkunftsland eine begründete Furcht vor Verfolgung hätte. (...) Die Anerkennung als Flüchtling kann erfolgen, wenn die Aktivitäten, wegen deren Furcht vor Verfolgung besteht, Ausdruck und Konsequenz einer bereits im Herkunftsland bestehenden Überzeugung sind oder objektiv in ursächlichem Zusammenhang mit asylrelevanten Merkmalen des Asylbewerbers stehen. Eine solche Kontinuität kann jedoch nicht verlangt werden, wenn der Betroffene sich aufgrund seines im Herkunftsland erreichten Alters keine feste Überzeugung bilden konnte. Bringt der Betreffende hingegen seine Überzeugung ganz offensichtlich hauptsächlich mit dem Ziel zum Ausdruck, die Bedingungen für seine Anerkennung als Flüchtling zu schaffen, so können die entfalteten Aktivitäten prinzipiell nicht zu seiner Anerkennung als Flüchtling führen; dies gilt unbeschadet des Rechts des Betreffenden, nicht in ein Land abgeschoben zu werden, in dem sein Leben, seine körperliche Unversehrtheit oder seine Freiheit bedroht sein würden."* Diese Passage des gemeinsamen Standpunktes ist vor dem Hintergrund der GFK nicht in allen Punkten schlüssig. Wann und im Lichte welcher Motive des betreffenden Fremden die Verfolgungsgefahr entstanden ist, ist für den Flüchtlingsbegriff regelmäßig unmaßgeblich; wichtig ist nur, daß die Verfolgungsgefahr gegenwärtig aktuell ist. Desgleichen ist eine Unterscheidung zwischen Vor- und Nachverfolgung (siehe dazu *Kälin*, Grundriß, 127) oder Vor- und Nachfluchtgründen (siehe dazu *Kälin*, Grundriß, 131; *Köfner/Nicolaus* I, 281 ff; *Pollern*, Asylrecht, 211) im Hinblick auf die Flüchtlingseigenschaft dogmatisch nicht zweckmäßig.

392 Eine flüchtlingsrelevante Verfolgung (richtig: Verfolgungsgefahr) setzt nach weitverbreiteter Ansicht voraus, daß der Verfolger aus rassischen, religiösen oder politischen Gründen den Verfolgten selbst treffen will und deshalb konkret in seine Rechtsgüter eingreift (vgl dazu *Kälin*, Grundriß, 74; *Werenfels*, Flüchtlingsbegriff, 201 ff; *Marx/Strate/Pfaff*, Rz 89; *Köfner/Nicolaus* II, 500 ff; *Randelholzer*, Rz 53 ff; *Schaeffer*, Asylberechtigung, 85; *Gusy*, Asylrecht, 68 ff; *Pollern*, Asylrecht, 204 ff; *Huber*, Rz 445 ff; *Tberghien*, 100 ff) Der VwGH hat dies wiederholt mit dem Schlagwort *„konkrete Verfolgung"* zum Ausdruck gebracht (statt vieler VwGH 7. 11. 1990, 90/01/0180, 0183, 0115; 21. 11. 1990, 90/01/0123; 17. 11. 1990, 90/01/0156, 0171, 0058; 30.1.1991, 90/01/0197; 13. 2. 1991, 90/01/0222, 0223; 17. 2. 1998, 201.088/0-VI/17/98); die „konkrete Verfolgung" wird begrifflich häufig mit einer „allgemeinen Situation im Heimatland in Verbindung gebracht" (vgl dazu *Geistlinger*, Fremdenfeindlichkeit, 141 ff). Ausdrücklich hat der VwGH zur Verfolgungsmotivation festgehalten: *„(...) der Verwaltungsgerichtshof (hat) für einen gleichgelagerten Sachverhalt ausgesprochen, daß Übergriffe der militärischen Macht (wie sie auch im Beschwerdefall dargestellt wurden), denen grundsätzlich die gesamte Zivilbevölkerung der betreffenden Region ausgesetzt sein kann, nicht als Verfolgung im Sinne der Genfer Flüchtlingskonvention anzusehen sind, wenn sie nicht durch Gründe im Sinne der Flüchtlingskonvention motiviert sind, die in der Person des durch einen derartigen Übergriff Betroffenen liegen (vgl. das Erkenntnis vom 20. September 1989, Zl. 89/01/0188). Den Sachverhaltsbehauptungen des Beschwerdeführers kann aber nicht entnommen werden, daß die Maßnahmen, von denen er betroffen war, durch in seiner Person gelegene Gründe im Sinne der Flüchtlingskonvention motiviert gewesen wären"* (VwGH 5. 11. 1992, 92/01/0452).Weiters hat der VwGH etwa ausgeführt, *„daß die (...) Probleme, die sich ergeben hätten, nachdem sie* (die Asylwerberin) *mit ihren Kindern nach Kauf einer Wohnung durch ihren Gatten in Sarajevo Mitte April 1992 den Kosovo, wo sie bis dahin gelebt habe, verlassen habe und zu ihm dorthin gezogen sei, ihre Flüchtlingseigenschaft nicht zu begründen vermögen. Abgesehen davon, daß sich die Beschwerdeführerin ab diesem Zeitpunkt in Bosnien-Herzegowina, einem seit 3. März 1992 unabhängigen (und als solcher von Österreich am 7. April 1992 anerkannten) Staat, befunden hat, weshalb sich die Frage stellen würde, ob eine allfällige Verfolgung ihrem Heimatland zuzurechnen gewesen wäre, handelte es sich ausschließlich darum, daß die Beschwerdeführerin durch die in Sarajevo stattfindenden, weiter anhaltenden kriegerischen Auseinandersetzungen, in deren Zuge sie zufolge der Zerstörung des betreffenden Hauses am 26. April 1992 auch ihre Wohnung wieder verloren hat, in Mitleidenschaft gezogen worden ist. Darin sind jedenfalls – wie die belangte Behörde richtig erkannt hat – keine gegen die Beschwerdeführerin selbst gerichteten Verfolgungshandlungen, sondern vielmehr Aktivitäten, die von der dort lebenden Bevölkerung erduldet werden müssen, zu erblicken (vgl. die Erkenntnisse des Verwaltungsgerichtshofes vom 20. Dezember 1989, Zlen. 89/01/0283 bis 0286, und vom 26. Jänner 1994, Zl. 93/01/0291), zumal jeglicher Hinweis darauf fehlt, daß sie mit der Zugehörigkeit der Beschwerdeführerin zur albanischen Volksgruppe oder auch zur Religionsgemeinschaft der Moslems in Zusammenhang gestanden sind"* (VwGH 23. 2. 1994, 93/01/0586; 27. 4. 1994, 93/01/0487). *„Nach der Judikatur des Verwaltungsgerichtshofes (vgl. die hg. Erkenntnisse vom 26. Jänner 1994, Zl. 93/01/0370, und vom 21. Februar 1994, Zl. 93/01/1464) verlangt der Tatbestand der asylrechtlich relevanten Verfolgung jedoch konkrete gegen den Asylwerber gerichtete bzw. ihm drohende Verfolgungshandlungen. Allein aus der Zugehörigkeit zu einer Minderheit kann keine Verfolgung im Sinne des Asylgesetzes (1968) abgeleitet werden"* (VwGH 27. 4. 1994, 93/01/1188; vgl auch VwGH 20. 9. 1989, 89/01/0188; 4. 10. 1989, 89/01/0230). Nach Ansicht des VwGH genügen allgemeine Berichte (hier: Jahresberichte von amnesty international) nicht, eine „konkrete gegen den Asylwerber gerichtete bzw. drohende Verfolgungshandlungen glaubhaft zu machen" (VwGH 16. 12. 1987, 87/01/0230; 8. 11. 1989, 89/01/0287; vgl auch UBAS 2. 2. 1998, 201.386/0-VI/18/98; 17. 2. 1998, 201.547/0-VII/19/98); gleichfalls genüge der Hinweis auf die allgemeine Lage der Kurden im Nordirak nicht (VwGH 29. 11. 1989, 89/01/0362; vgl auch UBAS 30. 1. 1998, 201.564/0-VI/17/98). Die Lehre von der „Zielgerichtetheit einer (drohenden) Verfolgungshandlung" findet keine Stütze in der GFK (vgl aber UBAS 2. 2. 1998, 201.386/0-VI/18/98). Nach der GFK genügt es, wenn ein Fremder von einer Verfolgungsgefahr derart betroffen ist, daß ihm eine Rückkehr in den Heimatstaat (den Staat des gewöhnlichen Aufenthaltes) nicht zuzumuten ist; ob eine Verfolgungsgefahr auch „zielgerichtet" ist, spielt nach der GFK keine Rolle.

393 Nach hL findet die Praxis, die auf die Zielgerichtetheit abstellt, ihre Begründung in der Überlegung, daß eine politisch oder ähnlich motivierte Verfolgung gar nicht vorliegen kann, wenn der Staat den Gesuchsteller bloß „zufällig" trifft (*Kälin*, Grundriß, 75). An diesem Ansatz ist problematisch, daß auch die Theorie von der Zielgerichtetheit einer Verfolgung (Verfolgungsgefahr) im Text der GFK keinen Niederschlag findet. Maßgeblich ist einzig und allein, ob eine Person von einer Verfolgungsgefahr in dem Sinne *„betroffen"* ist, sodaß ihr eine Rückkehr in den Verfolgerstaat nicht zumutbar ist.

394 Die Theorie von der Zielgerichtetheit spricht die Unterscheidung zwischen Gruppenverfolgung und Einzelverfolgung an. Zielgerichtet ist die Verfolgungsgefahr dann, wenn eine Person individuell als Person getroffen werden soll. Mit der Zielgerichtetheit wird häufig dem Verfolgerstaat eine Art „Vorsatz" zugeschrieben. Es liegt auf der Hand, daß ein Staat als abstraktes Gebilde nicht vorsätzlich handeln kann; vorsätzlich handeln können nur natürliche Personen, mögen sie auch für einen Staat Organfunktion ausüben. Das Erfordernis der Zielgerichtetheit der Verfolgungsgefahr findet sich im Text des Art 1 Abschn A Z 2 GFK nicht. Dies bedeutet, daß durch den Rückgriff auf das Erfordernis der Zielgerichtetheit einer drohenden Verfolgung dem Tatbestand der Flüchtlingsdefinition ein Tatbestandselement hinzugefügt wird. Zugleich wird dadurch der sachliche Anwendungsbereich der GFK reduziert. Dieser Ansatz ist aus methodologischer Sicht ausgesprochen bedenklich. Wertungsgemäß macht es keinen Unterschied, ob im Einzelfall eine drohende Verfolgung zielgerichtet ist oder nicht; vielmehr kommt es auf den Erfolg des drohenden Eingriffs an. Die Verfolgungsgefahr ist demnach erfolgsorientiert und nicht handlungsorientiert. Die Lehre von der Zielgerichtetheit einer (drohenden) Verfolgung ist daher abzulehnen, weil sie den Anwendungsbereich der GFK unzulässigerweise einengt und der Schutzfunktion der GFK nicht gerecht wird, ist doch die Schutzbedürftigkeit sowie die Schutzwürdigkeit und damit auch die Unzumutbarkeit der Inanspruchnahme des Schutzes des Heimat- bzw Aufenthaltsstaates in jedem Fall von der Zielgerichtetheit einer (drohenden) Verfolgung unabhängig. Es genügt, daß eine Verfolgungsgefahr dem Heimat- bzw Aufenthaltsstaat zurechenbar ist. Daß damit auch eine bestimmte Person nicht nur betroffen ist, sondern auch getroffen werden soll, ist nicht gefordert. Im Sinne einer *„Verursachungslehre"* ist es gleichgültig, ob eine drohende Verfolgung nur eine bestimmte Person oder eine Personenmehrheit betrifft; der Effekt ist für eine schutzbedürftige Person in beiden Fällen der gleiche. Unterschiede zwischen Einzel- und Kollektivverfolgung sind aus rechtsdogmatischer Sicht nicht angebracht (bedenklich daher der VwGH, wenn er Verfolgungsgefahren als „Allgemeine Unbill" abtut; vgl zB VwGH 20. 9. 1989, 89/01/0139; 7. 3. 1990, 89/01/0444; 20. 6. 1990, 90/01/0041; 30. 5. 1990, 90/01/0078; 30. 5. 1990, 90/01/0083; 21. 11. 1990, 90/01/0123; vgl auch VwGH 29. 10. 1993, 93/01/0316; UBAS 21. 1. 1998, 200.890/0-V/13/98; 27. 1. 1998, 201.528/0-V/13/98; 30. 1. 1998, 200.692/0-V/13/98; 5. 2. 1998, 201.006/0-V/13/98; *Steiner*, AsylR, 28). Die Lehre von der Erforderlichkeit eines individuellen Verfolgungsaktes übersieht, daß die Geschichte des Asylrechts der tragische Bericht vom Exodus politisch verfolgter Volksgruppen ist (*Pollern*, Asylrecht, 207). Auch der VwGH hat sich weitgehend dieser Ansicht angeschlossen und fordert konkrete gegen den Asylwerber selbst gerichtete Verfolgungshandlungen (vgl zB VwGH 7. 11. 1990, 90/01/0115; 21. 11. 1990, 90/01/0123, 17. 11. 1990, 90/010156; 21. 11. 1990, 90/01/0169; 7. 11. 1990, 90/01/0161; 7. 11. 1990, 90/01/0163; 7. 11. 1990, 90/01/0171, 0058; 5. 6. 1991, 90/01/0198; 5. 12. 1990, 90/01/0202; 16. 1. 1991, 90/01/0180, 0183; 30. 1. 1991, 90/01/0196; 30. 1. 1991, 90/01/0197; 13. 2. 1991, 90/01/0222, 0223). Der VwGH hielt aus-

drücklich fest: „*Nach der ständigen Rechtsprechung des Verwaltungsgerichtshofes kommt es bei der Beurteilung des Vorliegens von Fluchtgründen grundsätzlich auf die konkrete Situation des jeweiligen Asylwerbers und erst in zweiter Linie auf die allgemeinen politischen Verhältnisse in seinem Heimatland an. Es genügt daher ein Hinweis auf die allgemeine Lage der Christen in Nigeria nicht, sondern es müssen konkrete, den Asylwerber selbst betreffende Umstände behauptet und glaubhaft gemacht werden, aus denen die im § 1 Z 1 AsylG 1991 geforderte Furcht rechtlich ableitbar ist*" (VwGH 27. 7. 1995, 95/19/0045; vgl auch VwGH 17. 2. 1994, 94/19/0169; im Erkenntnis vom 30. 9. 1997, 95/01/0641 spricht der VwGH allerdings nur von einer „*Untermauerung*" der Angaben „*durch konkrete Umstände*" und scheint eine „*alle Christen in Nigeria treffende Verfolgung von asylrelevanter Intensität*" nicht auszuschließen). Der VwGH hat aber auch Vorfälle für relevant angesehen, „*die nicht den Asylwerber sondern seine nahen Angehörigen unmittelbar betreffen, (...) sofern darin in Verbindung mit einem bereits individuell gegen ihn gerichteten, staatlichen Behörden seines Heimatlandes zuzurechnendem Verhalten eine auf ihn gezielte Verfolgung erkennbar ist, zumal dem die Judikatur des Verwaltungsgerichtshofes nicht entgegensteht, daß nur Nachteile, die der Asylwerber selbst erleidet, nicht aber Maßnahmen, die gegen seine Angehörigen gesetzt werden, als Grund für die Asylgewährung in Frage kommen können (vgl. unter anderem die Erkenntnisse vom 30. November 1992, Zl. 92/01/0821 und vom 17. Februar 1993, Zl. 92/01/0777). Die Begründung des angefochtenen Bescheides, eventuelle Beeinträchtigungen, die die Gattin und die Kinder des Beschwerdeführers hätten hinnehmen müssen, seien für sein Verfahren nicht entscheidungsrelevant, ist daher in dieser Allgemeinheit nicht zutreffend*" (VwGH 15. 12. 1993, 93/01/0285). „*Nach der Rechtsprechung des Verwaltungsgerichtshofes setzt die Annahme (...) einer Befürchtung nicht voraus, daß die betreffende Person vor ihrer Ausreise eine individuell gegen sie gerichtete Verfolgung erlitten hätte oder ihr zumindest eine solche bereits konkret angedroht worden wäre. Eine solche Befürchtung wäre nämlich schon dann gerechtfertigt, wenn auf Grund der Verhältnisse im Heimatland des Beschwerdeführers davon gesprochen werden müßte, daß systematisch eine Verfolgung der Angehörigen der albanischen Volksgruppe aus Gründen ihrer Nationalität erfolgt, weil er dadurch der Gefahr ausgesetzt wäre, davon unmittelbar betroffen zu sein. Dies wäre aber nur dann der Fall, wenn es sich um ein gegen die Gesamtheit der albanischen Volksgruppe, die bekanntermaßen im Kosovo einen Großteil der Bevölkerung darstellt, zielgerichtetes Vorgehen von erheblicher Intensität handeln würde, das nicht bloß in Beeinträchtigungen allgemeiner Natur, die von allen hingenommen werden müßten, besteht, sondern die Existenz dieser Volksgruppe an sich betrifft*" (VwGH 31. 5. 1995, 94/01/0769; vgl zB auch VwGH 23. 4. 1986, 84/01/0200; 8. 3. 1989, 88/01/0160; 17. 10. 1990, 90/01/0137; 26. 1. 1994, 93/01/0291; 20. 5. 1994, 93/01/0210; 27. 5. 1993, 92/01/0982; 2. 2. 1994, 92/01/0890; 15. 9. 1994, 94/19/0384, 0385; vgl auch UBAS 10. 2. 1998, 200.522/0-IV/10/98).

395 Die Lehre vom individuellen Verfolgungsakt konnte auch in der Vergangenheit nicht konsequent durchgehalten werden. Kollektivverfolgungen sind ein typisches Attribut totalitärer Herrschaftsformen (*Franz*, Asylgewährung, 868). Derartige Verfolgungsmaßnahmen können so einschneidend sein, daß die Grenze des individuell Zumutbaren überschritten wird (*Pollern*, Asylrecht, 207). Darüber hinaus enthält der Flüchtlingsbegriff selbst typische Ansätze für drohende Kollektivverfolgung, im näheren die Verfolgungsgefahr aus Gründen der Rasse, Religion, Nationalität und der Zugehörigkeit zu einer bestimmten sozialen Gruppe. Vor diesem Hintergrund wird im Gemeinsamen Standpunkt vom 4. März 1996 betreffend die harmonisierte

Anwendung des Begriffs „Flüchtling" in Art 1 GFK (ABl 13. 3. 1996 Nr L 63/2) ausgeführt: *„Jeder Asylantrag wird anhand der in jedem einzelnen Fall geltend gemachten Tatsachen und Umstände und unter Berücksichtigung der tatsächlichen Lage im Herkunftsland geprüft. In der Praxis kann es vorkommen, daß eine ganze Bevölkerungsgruppe der Verfolgung ausgesetzt ist. Auch in solchen Fällen werden die Anträge einzeln geprüft, selbst wenn sich die Prüfung in spezifischen Fällen auf die Feststellung beschränken kann, ob der Betroffene einer solchen Gruppe angehört. (...) Maßnahmen, die eine bestimmte Personengruppe oder mehrere solcher Gruppen betreffen, können in einer Gesellschaft auch dann durchaus legitim sein, wenn sie besondere Lasten oder die Einschränkung gewisser Freiheitsrechte mit sich bringen. Hingegen können sie dergestalt sein, daß eine Furcht vor Verfolgung begründet ist, insbesondere wenn mit ihnen ein von der Völkergemeinschaft verurteiltes Ziel verfolgt wird, wenn sie offensichtlich in keinem angemessenen Verhältnis zu den angestrebten Zielen stehen oder wenn bei ihrer Durchführung schwere Mißbräuche auftreten, die darauf abzielen, eine bestimmte Personengruppe anders und schlechter zu stellen als die Gesamtheit der Bevölkerung."*

396 Zur Frage der Gruppenverfolgung (vice versa dem Erfordernis einer konkreten Verfolgung) hat der VwGH in weiterer Folge ausgeführt: *„Nach der Rechtsprechung des Verwaltungsgerichtshofes setzt die Annahme einer derartigen Befürchtung nicht voraus, daß die betreffende Person vor ihrer Ausreise eine individuell gegen sie gerichtete Verfolgung erlitten hätte oder ihr zumindest eine solche bereits konkret angedroht worden wäre. Eine solche Befürchtung wäre nämlich schon dann gerechtfertigt, wenn auf Grund der Verhältnisse im Heimatland der Beschwerdeführerin davon gesprochen werden müßte, daß systematisch eine Gruppenverfolgung der Kroaten, denen die Beschwerdeführerin angehört, aus Gründen ihrer Nationalität erfolgt, weil die Beschwerdeführerin dadurch der Gefahr ausgesetzt wäre, davon unmittelbar betroffen zu sein. Für den Standpunkt der Beschwerdeführerin wäre daher selbst dann etwas zu gewinnen, wenn das Berufungsvorbringen bloß einen deutlichen Hinweis darauf enthalten hätte, daß für sie eine daraus resultierende Verfolgungsgefahr von erheblicher Intensität bestanden habe"* (VwGH 20. 5. 1994, 93/01/0210; vgl ua VwGH 26. 1. 1994, 93/01/0291; 2. 2. 1994, 92/01/0890; VwGH 31. 5. 1995, 94/01/0769). Damit hat der VwGH letztendlich die Maßgeblichkeit einer Gruppenverfolgung grundsätzlich anerkannt und darauf hingewiesen, daß *„die Annahme einer derartigen Befürchtung (...) nämlich keineswegs voraus(setze), daß die Beschwerdeführer vor ihrer Ausreise eine individuell gegen sie gerichtete Verfolgung bereits erlitten hätten oder ihnen zumindest eine solche bereits konkret angedroht worden wäre. Vielmehr weisen die Beschwerdeführer zutreffend darauf hin, daß es im Falle der Richtigkeit ihrer Behauptungen über das Vorliegen einer systematischen Gruppenverfolgung nicht zumutbar gewesen wäre, sich den auch von ihnen persönlich zu erwartenden Repressionshandlungen nicht rechtzeitig durch Flucht zu entziehen"* (VwGH 27. 6. 1995, 94/20/0860). Der BMI hat seinerzeit als Berufungsbehörde häufig von einem Asylwerber behaupteten Mißhandlungen lediglich als „Übergriffe" von Organen gewertet, denen – entsprechend den in seiner Heimat allgemein herrschenden Verhältnissen – grundsätzlich die gesamte Bevölkerung ausgesetzt sei. Dazu hielt der VwGH ausdrücklich fest: *„Abgesehen davon, daß der Begründung des angefochtenen Bescheides nicht zu entnehmen ist, auf welcher Sachverhaltsgrundlage diese Ansicht beruht, schließt – wie der Beschwerdeführer richtig rügt – die Tatsache, daß unter Umständen auch noch andere Personen ähnliche Maßnahmen zu erdulden haben, nicht aus, daß die konkret gegen den Beschwerdeführer gerichteten Verfolgungshandlungen aus in der Genfer Flüchtlingskonvention* *angeführten Gründen gesetzt wurden und daher die Furcht des Beschwerdeführers vor Verfolgung wohlbegründet sein könnte"* (VwGH 16. 11. 1993, 92/01/0707).

397 Die Bildung eines Kausalzusammenhangs zwischen der Verfolgungsgefahr und der Ausreise bzw der Flucht ist verfehlt. Demgegenüber hat der VwGH wiederholt nur jene „Gründe" als relevant betrachtet, die Ursache für die Flucht gewesen sind (vgl zB VwGH 11.4.1984, 84/01/0054). Maßgeblich ist nicht der Grund der Ausreise, sondern allein die Frage, ob die Verfolgungsgefahr eine Ursache dafür ist, daß sich die betreffende Person außerhalb des Heimatlandes bzw des Landes ihres gewöhnlichen Aufenthaltes befindet. Ob eine Person auf Grund einer drohenden Verfolgung oder aus anderen Gründen ausreist, spielt keine Rolle.

d) Die maßgeblichen Gründe einer Verfolgungsgefahr

398 Gem Art 1 Abschn A Z 2 GFK ist eine Person ua dann Flüchtling, wenn die Verfolgungsgefahr aus Gründen der Rasse, Religion, Nationalität, Zugehörigkeit zu einer bestimmten sozialen Gruppe oder der politischen Gesinnung besteht. Diese Gründe werden häufig mit einer *„Verfolgungsmotivation"* gleichgesetzt (siehe zB *Amann*, Flüchtlingsrechte, 75 ff; *Amann*, Republikflucht, 108; *Hailbronner*, AuslR II, B 1, Rz 110 ff; *Kaul*, Flüchtlingsbegriff, 39; *Kälin*, Grundriß, 86 ff; *Schaeffer*, Asylberechtigung, 28; *Rosenmayr*, Asylrecht, 604). Die deutsche Rechtsprechung folgte ursprünglich einer subjektiven Motivationstheorie (zB DFW 13.4.1989, 158 185; DFW 28.4.1989, 165414). Das dt Bundesverfassungsgericht ging davon ab und schloß sich einer objektiven Motivationstheorie an (zB EuGRZ 1989, 449). Wie die *„Zielgerichtetheit"* einer Verfolgungsgefahr findet auch die *Motivationstheorie* keine Deckung im Wortlaut des Art 1 Abschn A Z 2 GFK; dort ist nur von *„Gründen"* („reasons") die Rede. Wie die Zielgerichtetheit schränkt auch die Theorie von der Verfolgungsmotivation den Anwendungsbereich der GFK in unzulässiger Weise ein. Maßgeblich ist allein die Frage, ob einer der genannten Gründe Ursache für die Verfolgungsgefahr ist. Gefragt ist also vorrangig ein Kausalzusammenhang. Dem genügt selbst die Motivationstheorie in ihrer verobjektivierten Form nicht. Während die objektive Motivationstheorie zur Zweckbetrachtung wird, fordert die Kausalitätstheorie einen Ursache-Wirkungszusammenhang. Die Auswirkungen einer Verfolgung sind völlig unabhängig davon, ob ein Motiv vorliegt oder nicht. Die Kausalitätstheorie ist insofern weiter, als Verfolgungsmotive regelmäßig als Gründe erfaßbar sind. Motivationen sind regelmäßig „Gründe", nicht jeder Grund ist hingegen „Motivation". Relevante Gründe für eine Verfolgungsgefahr können selbst dann vorliegen, wenn eine Verfolgungsmotivation völlig fehlt. Dies trifft in all jenen Fällen zu, in denen ein Zurechnungssubjekt „Staat" zwar schutzwillig, aber schutzunfähig ist. Auch der VwGH sieht die Schutzunfähigkeit als maßgeblich an (vgl dazu VwGH 29. 1. 1986, 84/01/0106; 23. 4. 1986, 84/01/0200, 0202; 31. 5. 1989, 88/01/0072; 8. 3. 1989, 88/01/0160). Dieser Punkt kann etwa in Bürgerkriegssituationen eine Rolle spielen (zur Rolle der OSZE betreffend Massenvertreibungen infolge von Bürgerkriegen siehe *Geistlinger*, OSZE, 200 ff). Würde man in diesen Fällen auf eine Verfolgungsmotivation abstellen, käme es zu weißen (ungeschützten) Flecken auf der Landkarte, was nicht im Sinne der GFK wäre. Eine Verfolgungsmotivation fehlt überdies in allen Fällen einer fehlgerichteten Verfolgung, von der man dann sprechen kann, wenn ein Staat eine bestimmte Person treffen will, aber (auch) (eine) andere Person(en) gefährdet. Die Motivationstheorie hängt eng mit dem Problem der Kollektivverfolgung und der Theorie von der Zielgerichtetheit zusammen.

399 Die verschiedenen Ursachen einer Verfolgungsgefahr lassen sich oft nicht klar voneinander trennen. Sie überschneiden sich inhaltlich und treten kombiniert auf (vgl *Amann*, Flüchtlingsrechte, 76; *Jahn*, Flüchtlingsbegriff, 84; *Kälin*, Grundriß, 91). Eine Person kann wegen ihrer politischen Gegnerschaft verfolgt sein, zugleich aber einer mißliebigen ethnischen oder religiösen Gruppe angehören (Handbuch, Rz 66 f). Da die Rechtsfolge in allen Fällen ident ist, muß auch nicht unbedingt eine Ursache den angesprochenen Gründen exakt zugeordnet werden. Unabdingbar ist allerdings, daß die Verfolgungsgefahr auf wenigstens einem der in Art 1 Abschn A Z 2 GFK genannten Gründe beruht.

1. Die Verfolgungsgefahr aus Gründen der Rasse

400 Die Entwicklung des Tatbestandsmerkmals „Rasse", erfolgte vor dem Hintergrund der Judenverfolgung im III. Reich (*Grahl-Madsen* I, 217; *Kälin*, Grundriß, 91). Der Begriff der Rasse folgt nicht nur der Unterscheidung nach biologischen Kriterien in Weiße, Schwarze, Mongolen, Indianer uam (siehe dazu *Köfner/Nicolaus* II, 447; *Frankenberg*, 298 ff), sondern nimmt auf diffizile Unterscheidungsmerkmale wie Juden oder Zigeuner Bezug (vgl *Grahl-Madsen* I, 218; Handbuch, Rz 68). Der Schwerpunkt liegt nicht auf einer wissenschaftlich-biologischen oder ethnologischen Betrachtung, maßgeblich sind vielmehr soziologische Kriterien (vgl Handbuch, Rz 68; *Grahl-Madsen* I, 218; *Goodwin-Gill*, Refugee, 43; *Lieber*, 99; *Kälin*, Grundriß, 91; *Köfner/Nicolaus* II, 447; *Lieber*, 99; *Nicolaus*, Flüchtlingsbegriff, 130 f; *Picker*, 82 f; *Schaeffer*, Asylberechtigung, 37). Anhaltspunkte für den Begriff einer „rassischen Diffamierung" finden sich in groben Zügen auch in der Umschreibung des Internationalen Übereinkommens über die Beseitigung aller Formen rassischer Diskriminierung (BGBl 1972/377; dieses Abkommen wurde mit BVG 3. 7. 1973 BGBl 390 speziell transformiert; vgl auch die Res der GV der VN 1904 (XVIII) 1963, 2106 (XX) 1965). Art I dieses Abkommens definiert die Rassendiskriminierung als jede auf der Rasse, der Hautfarbe, der Abstammung, dem nationalen Ursprung oder dem Volkstum beruhende Unterscheidung, Ausschließung, Beschränkung oder Bevorzugung, die zum Ziel oder zur Folge hat, daß dadurch ein gleichberechtigtes Anerkennen, Genießen und Ausüben von Menschenrechten und Grundfreiheiten im politischen, wirtschaftlichen, sozialen, kulturellen oder jedem sonstigen Bereich des öffentlichen Lebens vereitelt oder beeinträchtigt wird (siehe dazu *Meron*, 283 ff). Für den Begriff der Rasse lassen sich daraus neben der Hautfarbe ua auch die Abstammung, der nationale Ursprung, Sprache, Kultur sowie das Volkstum als maßgebliche Kriterien ableiten. Die Rasse als Ursache einer Verfolgungsgefahr überschneidet sich in der Praxis mit den Elementen der „Nationalität", der „Zugehörigkeit zu einer bestimmten sozialen Gruppe" und der „politischen Gesinnung". Die gegenständlichen Verfolgungsursachen stellen typische Konstellationen einer Gruppenverfolgung dar (siehe *Köfner/Nicolaus* II, 446).

401 In Nummer 7.1. des gemeinsamen Standpunktes betreffend die harmonisierte Anwendung der Definition des Begriffs „Flüchtling" (ABl 13. 3. 1996 Nr L 63/2) wird zum „Verfolgungsgrund der Rasse" ausgeführt: *„Der Begriff ‚Rasse' ist im weiten Sinne zu verstehen und muß die Zugehörigkeit zu ethnischen Gruppen einschließen. Von einer Verfolgung aus Gründen der Rasse ist hauptsächlich dann auszugehen, wenn der Urheber der Verfolgung den von ihm Verfolgten wegen eines tatsächlichen oder angenommenen Unterschieds als einer anderen Rassengruppe als der seinigen angehörend betrachtet und wenn hierin der Grund für sein Handeln liegt".*

2. Die Verfolgungsgefahr aus Gründen der Religion

402 Unter Religion versteht man ein in sich geschlossenes metaphysisches Gedankensystem, das durch eine wie auch immer geartete Gottesvorstellung gekennzeichnet ist bzw auf einer solchen metaphysischen Vorstellung aufbaut (vgl dazu *Grahl-Madsen* I, 218; *Köfner/Nicolaus* II, 449; *Lieber*, 100 f; *Nicolaus*, Flüchtlingsbegriff, 132 f). Der Ausdruck „aus Gründen der Religion" („reasons of religion") umfaßt im wesentlichen die Zugehörigkeit zu einer religiösen Gemeinschaft (etwa Kirchen, Sekten, Orden), den persönlichen Glauben oder privaten Kult (Anbetung, Gottesdienst), die Teilnahme an Formen des öffentlichen Kults (zB öffentliche Anbetungen, Gottesdienste, Prozessionen, Predigten), das öffentliche religiöse Bekenntnis, religiös motivierte Handlungen oder Unterlassungen (etwa Wehrdienstverweigerungen) sowie den Wechsel einer Religion (siehe dazu *Goodwin-Gill*, Refugee, 44 f; *Grahl-Madsen* I, 218; *Kälin*, Grundriß, 92; *Lieber*, 100 f; *Nicolaus*, Flüchtlingsbegriff, 132 f; *Picker*, 83; *Schaeffer*, Asylberechtigung, 37 ff). Auch die Ablehnung einer bestimmten Religion zählt zu den religiösen Gründen (*Kälin*, Grundriß, 93; *Werenfels*, Flüchtlingsbegriff, 239). Auf den Inhalt der Religion kommt es grundsätzlich nicht an (vgl *Köfner/Nicolaus* II, 452). Die Religion kann zum einen Ursache einer Verfolgungsgefahr, zum anderen auch als Bestandteil des Verfolgungsbegriffs Schutzgut der GFK sein (vgl dazu Art 14, 15 StGG; Art 63, 66, 67 StV v Saint-Germain; Art 9 EMRK). Das Schutzgut Religionsfreiheit steht in einem Spannungsverhältnis zum legitimen Interesse eines Staates zur Aufrechterhaltung der öffentlichen Ruhe, Ordnung und Sicherheit (vgl *Kälin*, Grundriß, 93). In der Praxis scheitern – wie in vielen anderen Staaten auch (siehe dazu *Plender*, 420; *Tberghien*, 88; *Kälin*, Grundriß, 93) – viele Asylanträge, die mit „religiöser Verfolgung" begründet werden, an mangelnder Intensität der Verfolgungsgefahr bzw an mangelnder Schwere des drohenden Eingriffs (vgl *Steiner*, AsylR, 28). Der VwGH hat ausgesprochen, daß „allgemeine Schwierigkeiten", denen Katholiken in einem kommunistischen Staat ausgesetzt waren, zB Vorwürfe, Beschimpfungen und Zurechtweisungen wegen kirchlicher Eheschließung und Taufen nicht genügen würden (VwGH 31. 5. 1989, 89/01/0091; 28. 6. 1989, 89/01/0097). Ebenso genüge eine Bestrafung (richtig: drohende Bestrafung) wegen privater Religionsausübung nicht, wenn dadurch ein Verstoß gegen im Heimatland des Asylwerbers geltende versammlungsrechtliche Vorschriften begangen wurde (VwGH 29. 11. 1989, 89/01/0320). Der VwGH nimmt an dieser Stelle eine Interessenabwägung zwischen legitimen Staatsinteressen und dem Ausmaß der drohenden Strafe nicht vor. Allgemeine Benachteiligungen aufgrund der Religionszugehörigkeit könnten nur dann, wenn sie die Lebensgrundlage des konkreten Asylwerbers massiv bedrohen, als Verfolgung gewertet werden (VwGH 11. 10. 1989, 89/01/0161; vgl auch VwGH 20. 5. 1992, 92/01/0407; 17. 6. 1992, 92/01/0130; 16. 12. 1992, 92/01/0600; UBAS 23. 1. 1998, 200.022/0-VI/16/98). In dieser Allgemeinheit bedenklich hält der UBAS fest: *„Allgemeine Schwierigkeiten, mit denen christliche Minderheiten in islamischen Staaten konfrontiert sind, treffen alle Angehörigen dieser Minderheit in gleichem Maße und reichen für sich allein noch nicht aus, daraus begründete Furcht vor Verfolgung abzuleiten. Vielmehr müssen konkrete, gegen den Asylwerber selbst gerichtete Verfolgungshandlungen glaubhaft gemacht werden"* (UBAS 23. 1. 1998, 200.022/0-VI/16/98).

403 In Nummer 7.2. des gemeinsamen Standpunktes betreffend die harmonisierte Anwendung der Definition des Begriffs „Flüchtling" (ABl 13. 3. 1996 Nr L 63/2) wird zum „Verfolgungsgrund der Religion" ausgeführt: *„Der Begriff ‚Religion' kann in einem weiten Sinne aufgefaßt werden und theistische, nichttheistische oder atheistische Glaubensüberzeugungen umfassen. Verfolgung aus religiösen Gründen* *kann sich auf verschiedene Art und Weise äußern, etwa in einem absoluten Verbot religiöser Betätigungen und des Religionsunterrichts bis hin zu schwerwiegenden diskriminierenden Maßnahmen gegen Personen, die einer bestimmten religiösen Gruppe angehören. Eine Verfolgung liegt dann vor, wenn die Eingriffe oder Beeinträchtigungen im Sinne der Nummer 4 dieses Gemeinsamen Standpunkts hinreichend gravierend sind. Dies kann der Fall sein, wenn der Staat über die zur Durchsetzung des öffentlichen Friedens unerläßlichen Maßnahmen hinaus auch die religiöse Betätigung bis in die private Sphäre hinein verbietet oder unter Strafe stellt. Eine Verfolgung aus religiösen Gründen kann auch dann vorliegen, wenn derartige Eingriffe eine Person betreffen, die keinerlei religiöse Überzeugung hat, sich keiner bestimmten Religion anschließt oder sich weigert, sich den mit einer Religion verbundenen Riten und Gebräuchen ganz oder teilweise zu unterwerfen."*

3. Die Verfolgungsgefahr aus Gründen der Nationalität

404 Der Begriff der Nationalität kann zweierlei bedeuten. Zum ersten kann die Staatszugehörigkeit, zum zweiten die Zugehörigkeit zu einer ethnischen Gruppierung (Volksgruppe) angesprochen werden. Eine ethnische Gruppierung zeichnet sich durch gemeinsame Sprache, Erziehung, Kultur, Tradition oder Abstammung aus (Handbuch, Rz 74 ff; *Grahl-Madsen* I, 218; *Marx/Strate/Pfaff*, 113 ff; *Plender*, 421; *Köfner/Nicolaus* II, 452; *Schaeffer*, Asylberechtigung, 40). Die Konvention erfaßt beide Sichtweisen (vgl Handbuch, Rz 74; *Grahl-Madsen* I, 219; VwGH 21. 9. 1988, 88/01/0144). Der Begriff der Nationalität überschneidet sich mit jenem der Rasse und der Zugehörigkeit zu einer bestimmten sozialen Gruppe. Der Gebrauch einer verbotenen Sprache ist als Ausdruck einer kulturellen Identität vom Begriff *„Gründe der Nationalität"* erfaßt (*Kälin*, Grundriß, 94; *Marx/Strate/Pfaff*, 115; vgl dazu aber VwGH 8. 4. 1992, 92/01/0013). Darüber hinaus erfaßt dieses Tatbestandsmerkmal nicht nur eine reelle, sondern auch eine vermeintliche Nationalität (*Grahl-Madsen* I, 219). Es genügt, daß einer Person eine bestimmte Nationalität unterschoben wird (VG Ansbach 14. 5. 1957, 2816-17 II/56). Unter das Tatbestandselement „Nationalität" fällt auch die Verfolgung von Staatenlosen, die gerade wegen Fehlens einer Staatszugehörigkeit maßgebliche Eingriffe zu befürchten haben (*Grahl-Madsen* I, 219; *Kälin*, Grundriß, 94; *Lieber*, 101). In der österreichischen Praxis spielt die Nationalität als Grund für eine Verfolgungsgefahr nur eine geringe Rolle. Dies liegt nicht zuletzt daran, daß die „Nationalität" häufig im Naheverhältnis zur „politischen Gesinnung" betrachtet wird (zB VwGH 22. 2. 1989, 88/01/0325; 8. 11. 1989, 89/01/0287-0291; 29. 11. 1989, 89/01/0362).

405 Der gemeinsame Standpunkt betreffend die harmonisierte Anwendung der Definition des Begriffs „Flüchtling" (ABl 13. 3. 1996 Nr L 63/2) führt zum „Verfolgungsgrund der Nationalität" in Nummer 7.3. aus: *„Die Nationalität ist nicht ausschließlich im Sinne der Staatsangehörigkeit zu verstehen, sondern bezeichnet auch die Zugehörigkeit zu einer Gruppe, die durch ihre kulturelle oder sprachliche Identität oder auch durch ihre Verwandtschaft mit der Bevölkerung eines anderen Staates bestimmt wird."*

4. Die Verfolgungsgefahr aus Gründen der Zugehörigkeit zu einer bestimmten sozialen Gruppe

406 Dieses Element wurde als Auffangtatbestand in die GFK eingefügt (vgl UNDoc A/CONF.2/SR. 1914; *Kälin*, Grundriß, 95; *Grahl-Madsen* I, 219; *Goodwin-Gill*, Refugee, 46 ff; *Köfner/Nicolaus* II, 455 ff; *Marx/Strate/Pfaff*, 116; *Werenfels*, Flüchtlingsbegriff, 241; *Schaeffer*, Asylberechtigung, 42 f). Der Ausdruck „soziale Gruppe" überschneidet sich in weiten Bereichen mit den Gründen der Rasse, Religion, und der Nationalität (siehe dazu Handbuch, Rz 77; *Grahl-Madsen* I, 219). Personenkreise wie Bauern, Beamte, Adelige, Kapitalisten, Großgrundbesitzer, Unternehmer, Arbeiter, Mitglieder einer Minderheit, sogar Mitglieder einer bestimmten Vereinigung (etwa einer Gewerkschaft) bilden eine soziale Gruppe (vgl *Grahl-Madsen* I, 219; *Köfner/Nicolaus* II, 456 f). Auch Textilarbeiter und Händler (VG Ansbach 15. 1. 1957, 2531 II/56) sowie selbständige Unternehmer (VG Ansbach 25. 11. 1957, 3008 II/57) wurden als soziale Gruppe qualifiziert. Die Geschlechtszugehörigkeit konstituiert gleichfalls eine soziale Gruppe (siehe dazu *Kälin*, Grundriß, 96). Ist die Geschlechtszugehörigkeit für einen drohenden Eingriff von erheblicher Intensität in bestimmte Schutzgüter kausal, ist dieser Umstand für die Flüchtlingseigenschaft maßgeblich. Im Lichte dessen kann dem Beschluß des EXCOM (Beschluß Nummer 39 (XXXVI), Flüchtlingsfrauen und internationaler Schutz, UNDoc 12 A (A/40/12/ Add 1); siehe dazu *Hausammann*, 3 ff) betreffend Frauen, die aus traditionellen Gesellschaften, welche wegen Verstößen gegen den Ehrenkodex oder das religiöse Gesetz mit dem Tod oder schwerwiegenden Körperstrafen zu rechnen haben, nur bedingt gefolgt werden. Dieser Beschluß besagt, „daß es den Staaten in Ausübung ihrer Souveränität freistehe, sich die Interpretation zu eigen zu machen, daß weibliche Asylsuchende, die harte oder unmenschliche Behandlung zu erwarten haben, weil sie gegen den sozialen Sittenkodex in der Gesellschaft, in der sie leben, verstoßen haben, eine ‚besondere soziale Gruppe' im Sinne von Art 1 Abschn A Z 2 der UN-Flüchtlingskonvention von 1951 darstellen". Daraus wird vereinzelt geschlossen, daß die „Nichtanerkennung" solcher Frauen die GFK nicht verletze (zB *Kälin*, Grundriß, 97). Im Gegensatz dazu erfüllt die angesprochene Fallkonstellation sämtliche Tatbestandsmerkmale der GFK. Frauen stellen eine „bestimmte soziale Gruppe" im Sinne der Konvention dar (vgl *Köfner/Nicolaus* II, 456), wobei im kommentierten Fall auch „Gründe der Religion" zum Tragen kommen. Der drohende Eingriff ist intensiv und betrifft Schutzgüter der GFK. Ob gegen einen sozialen Sittenkodex verstoßen wurde oder nicht, spielt keine Rolle. Maßgeblich ist vielmehr, daß die Geschlechtszugehörigkeit mit eine Ursache für die Verfolgungsgefahr darstellt. Entgegen dem zitierten Beschluß des EXCOM steht es den Staaten nicht frei, sondern ist es deren Pflicht, solche Fälle als relevant einzustufen. Die Regierungsvorlage zum AsylG 1991 (vgl 270 BlgNR 18. GP, 11) bringt zum Ausdruck, daß die Verfolgungsgründe des „Geschlechts" und der „sexuellen Orientierung" vom Begriff „Zugehörigkeit zu einer bestimmten sozialen Gruppe" miterfaßt sind. Der Ausdruck „sexuelle Orientierung" sollte den Personenkreis der Homosexuellen ansprechen. Auch Homosexuelle bilden eine „bestimmte soziale Gruppe" (vgl *Kälin*, Grundriß, 97 f; *Köfner/Nicolaus* II, 456; *Marx*, Asylrecht II, 847 ff). Die Zugehörigkeit zu einer soziale Gruppe ist dann häufig eine Verfolgungsursache, wenn im Verfolgerstaat „Sippenhaftung" herrscht (zur Sippenhaftung siehe zB VwGH 23. 5. 1995, 94/20/0801; 19. 9. 1996, 95/20/0274).

407 Im gemeinsamen Standpunkt betreffend die harmonisierte Anwendung der Definition des Begriffs „Flüchtling" (Nummer 7.5.) wird zur „sozialen Gruppe" ausgeführt: *„Eine bestimmte soziale Gruppe umfaßt in der Regel Personen mit ähnlichem Hintergrund, ähnlichen Gewohnheiten oder ähnlichem sozialen Status usw. Die geltend gemachte Furcht vor Verfolgung wegen der Zugehörigkeit zu einer bestimmten sozialen Gruppe kann sich häufig mit der geltend gemachten Furcht vor Verfolgung aus anderen Gründen, z. B. Rasse, Religion oder Nationalität, überschneiden. Die Urheber einer Verfolgung können einfach unterstellen, daß die von ihnen verfolgte*

Person oder Gruppe einer solchen sozialen Gruppe angehört. In bestimmten Fällen ist eine solche soziale Gruppe nicht gegeben, kann aber durch die gemeinsamen Merkmale der verfolgten Personen bestimmt werden, weil der Urheber der Verfolgung sie als ein Hindernis bei der Durchführung seiner Ziele ansieht.“

5. Die Verfolgungsgefahr aus Gründen der politischen Gesinnung

408 Die *„politische Gesinnung“* als Ursache eines drohenden Eingriffs spielt in der Praxis die bedeutendste Rolle. Bemerkenswert ist, daß in der deutschen Fassung der GFK von „Gesinnung“ die Rede ist. Die authentischen Texte gebrauchen den Ausdruck „opinion“. Während das Wort Gesinnung eine verfestigte Einstellung im Sinne einer Überzeugung nahelegt, genügt nach den authentischen Texten bereits eine oberflächliche Meinung. Der Ausdruck *„Gesinnung“* muß demnach im Sinne des Wortes *„Meinung“* begriffen werden (vgl *Amann*, Republikflucht, 108; *Köfner/Nicolaus* II, 443; *Schaeffer*, Asylberechtigung, 30, 33). Eine politische Meinung als Ursache einer Verfolgungsgefahr genügt (*Kälin*, Grundriß, 98; *Köfner/Nicolaus* II, 433; vgl dazu auch § 57 Abs 2 FrG 1997, der den Ausdruck *„politische Ansicht“* verwendet). *„Politisch“* ist eine Umschreibung all dessen, was typisch auf die staatliche, gesellschaftliche, wirtschaftliche bzw kulturelle Ordnung menschlichen Zusammenlebens und ihre konkrete sachliche und personelle Ausgestaltung bezogen ist (vgl *Kälin*, Grundriß, 98; *Schaeffer*, Asylberechtigung, 45). Anders könnte man formulieren: Politisch ist alles, was für den Staat für die Gestaltung bzw Erhaltung der Ordnung des Gemeinwesens und des geordneten Zusammenlebens der menschlichen Individuen in der Gemeinschaft von Bedeutung ist. Maßfigur ist in diesem Zusammenhang der potentielle Verfolgerstaat. Was für den einen Staat „politisch“ ist, muß es für den anderen nicht sein. Daß hier der Verfolgerstaat als Maß heranzuziehen ist, liegt daran, daß einem Staat, welcher das tägliche Leben „verpolitisiert“, im Bereich des politischen Überhanges keine zusätzlichen – sozusagen gebilligten – Verfolgungsursachen zur Verfügung stehen dürfen, und eine Person einem daraus drohenden Eingriff nicht ungeschützt ausgeliefert sein darf. Die politische Gesinnung muß nicht eine geschlossene politische Ideologie betreffen (*Kälin*, Grundriß, 98; *Schaeffer*, Asylberechtigung, 46). Irgendeine politische Meinung, mag sie nun vernünftig oder unvernünftig, abschließend oder unvollständig, nachvollziehbar oder unnachvollziehbar sein, genügt. Eine Gesinnung muß nicht ausschließlich politischer Natur sein; es genügt, wenn sie auch politisch ist. Eine politische Meinung muß von der betreffenden Person nicht als solche begriffen werden, es genügt, daß die Meinung als politische qualifiziert wird. Daß eine politische Meinung (öffentlich) in irgendeiner Form kundgetan werden muß, ist nicht erforderlich (vgl *Köfner/Nicolaus* II, 460; vgl dazu allerdings VwGH 14. 10. 1992, 92/01/0409). Auch eine neutrale Einstellung ist eine politische Meinung (*Kälin*, Grundriß, 98). Ein Flüchtling muß eine politische Meinung nicht tatsächlich haben; eine vermeintliche politische Meinung genügt (vgl *Kälin*, Grundriß, 98; *Schaeffer*, Asylberechtigung, 44; *Werenfels*, 243).

Dieser Sicht hat sich auch der VwGH angeschlossen: *„Wie der Verwaltungsgerichtshof bereits mehrfach ausgesprochen hat, reicht es für die Annahme einer asylrechtlich relevanten Verfolgung, daß eine staatsfeindliche politische Gesinnung zumindest unterstellt wird und die Aussicht auf ein faires staatliches Verfahren zur Entkräftung dieser Unterstellung nicht zu erwarten ist“* (VwGH 6. 3. 1996, 95/20/0204; vgl auch VwGH 26. 7. 1995, 95/20/0028; 30. 9. 1997, 96/01/0871). Im gemeinsamen Standpunkt betreffend die harmonisierte Anwendung der Definition des Begriffs „Flüchtling“ (Nummer 7.4.) wird zur „politischen Überzeugung“ ausgeführt: *„Das Vertreten einer anderen politischen Überzeugung als derjenigen der Regierung reicht an sich als Grund für die Zuerkennung der Flüchtlingseigenschaft nicht aus; der Asylbewerber muß glaubhaft machen, daß die Behörden Kenntnis von seiner politischen Überzeugung haben oder ihm eine politische Überzeugung zuschreiben; diese Überzeugung von der Regierung nicht toleriert wird; er in Anbetracht der Lage in seinem Land die begründete Furcht hat, wegen seiner Überzeugung verfolgt zu werden."*

409 Ein Verfolgerstaat kann verschiedenste Ereignisse als Indiz für eine (vermeintliche) politische Meinung heranziehen. Typische Beispiele dafür sind die *„Republikflucht"* (zur Republikflucht siehe zB *Hailbronner*, AuslR II, B 1, Rz 204 ff; *Kälin*, Grundriß, 132; *Geistlinger*, Folterverbot, 98 ff), die *„Wehrdienstverweigerung"* (zur Bestrafung von Wehrdienstverweigerern siehe *Hailbronner*, AuslR II, B 1, Rz 99 ff; *Köfner/Nicolaus* II, 511 ff; *Marx*, Asylrecht III, 1602 ff) und die *„Asylantragstellung"* in einem anderen (politisch mißliebigem) Land. Der VwGH hat in ständiger Rechtsprechung zunächst judiziert, daß der Umstand, daß ein Asylwerber bei einer allfälligen Rückkehr in seinen Heimatstaat mit einer Bestrafung zu rechnen hat, weil er sich dem Militärdienst entzogen hat, keinen Grund darstellt, ihm den Status eines Konventionsflüchtlings zuzuerkennen (vgl zB VwGH 31. 5. 1989, 89/01/0059, 29. 11. 1989, 89/01/0090; 20. 9 .1989, 89/01/0139; 29. 11. 1989, 89/01/0141; 5. 6. 1989, 89/01/0052; 19. 9. 1990, 90/01/0104; 18. 9. 1991, 91/01/0038; 9. 9. 1992, 92/01/1014; 14. 10. 1992, 92/01/0345; 16. 12. 1993, 93/01/1360; 17. 2. 1994, 94/19/0039; vgl auch UBAS 27. 1. 1998, 200.013/0-VII/20/98; 12. 2. 1998, 200.394/0-III/09/98). Der VwGH hielt weiters ausdrücklich fest: *„Der VwGH hat bereits ausgesprochen, daß die ‚Flucht' eines Asylwerbers vor einem drohenden Militärdienst, mag dieser z. B. auch aus religiösen Gründen abgelehnt werden, ebensowenig ein Grund für die Anerkennung als Flüchtling ist, wie die Furcht vor einer wegen Desertion oder Wehrdienstverweigerung drohenden unter Umständen auch strengen Bestrafung"* (VwGH 8. 4. 1992, 92/01/0243; 16. 12. 1992, 92/01/0992; 29. 6. 1994, 93/01/0377; 19. 6. 1996, 95/01/0075), *„sofern nicht Umstände hinzutreten, die die Annahme rechtfertigen, die Einberufung, die Behandlung während des Militärdienstes oder Desertion sei infolge einer der in Art. 1 Abschnitt A Z 2 der Genfer Flüchtlingskonvention genannten Gründen für den Beschwerdeführer ungünstiger erfolgt"* (VwGH verst Sen 29. 6. 1994, 93/01/0377; VwGH 21. 2. 1995, 94/20/0687; vgl auch UBAS 12. 2. 1998, 200.804/0-VII/20/98), *„und zwar auch in jenen Fällen, in denen in den betroffenen Heimatstaaten Bürgerkrieg, Revolten oder bürgerkriegsähnliche Auseinandersetzungen stattgefunden haben"* (VwGH 22. 2. 1995, 92/01/0742). *„Daran ändert auch der Umstand nichts, daß der Beschwerdeführer seine Wehrdienstverweigerung mit dem Wunsch begründete, nicht gegen sein eigenes Volk zu kämpfen, denn auch dies läßt deshalb verhängte Sanktionen nicht ohne weiteres als Verfolgung wegen eines Konventionsgrundes erscheinen"* (VwGH 30. 11. 1992, 92/01/0789; vgl auch VwGH 30. 11. 1992, 92/01/0243; 16. 12. 1992, 92/01/0734; 17. 2. 1993, 92/01/0784); daran vermag auch der Einwand nichts zu ändern, *„dem Beschwerdeführer drohe in seinem Heimatland wegen Desertion die Todesstrafe, (...), weil auch für den Fall des Zutreffens dieser Behauptung damit nicht dargetan wäre, daß diese Bestrafung auf einen der in der Genfer Flüchtlingskonvention angeführten Gründe zurückzuführen wäre"* (VwGH 16. 12. 1992, 92/01/0992; vgl auch VwGH 31. 5. 1989, 89/01/0059; UBAS 5. 2. 98, 201.482/0-VI/16/98). *„Es ist daher für den Standpunkt des Beschwerdeführers auch nichts zu gewinnen, wenn ihn seine politische Gesinnung – welches Motiv allerdings jedenfalls aus seinen niederschriftlichen Angaben nicht hervorgeht – zur Desertion veranlaßt haben sollte* *(vgl. in Ansehung religiöser Gründe auch dazu unter anderem das bereits erwähnte Erkenntnis des Verwaltungsgerichtshofes vom 8. April 1992, Zl. 92/01/0243, mit weiteren Judikaturhinweisen). Schließlich würde demnach selbst dann, wenn das Berufungsvorbringen zur Gänze, also auch hinsichtlich des behaupteten Umstandes, daß der Beschwerdeführer aus politischen Gründen bereits einmal inhaftiert gewesen sei, zu berücksichtigen wäre, dies nichts daran ändern, daß ihm Maßnahmen wegen der Desertion und nicht wegen seiner politischen Gesinnung drohen"* (VwGH 17. 2. 1993, 92/01/0782). *„In der Rekrutierung von Soldaten kann – jedenfalls in der Situation des Beschwerdeführers – keine staatliche oder dem Staat zuzurechnende Verfolgung aus einem der im § 1 Z 1 AsylG 1991 angeführten Gründen gesehen werden; daß etwa nur Angehörige des Stammes des Beschwerdeführers zum Militärdienst gezwungen worden wären, hat der Beschwerdeführer nicht behauptet. Auch ist den Angaben des Beschwerdeführers nicht zu entnehmen, daß er mit einer derartigen Maßnahme, die allenfalls als Gruppenverfolgung gewertet werden könnte, in Zukunft zu rechnen gehabt hätte"* (VwGH 20. 6. 1995, 95/19/0040).

410 Der Verwaltungsgerichtshof hat in weiterer Folge zu den Fragen der Wehrdienstverweigerung und Desertion in einem gemäß § 13 Abs 1 Z 1 VwGG verstärkten Senat ausgeführt: *„(...) Die von der belangten Behörde vertretene Auffassung, daß die Einberufung zur Militärdienstleistung im allgemeinen keine asylrechtlich relevante Verfolgung darstelle, entspricht der ständigen Rechtsprechung des Verwaltungsgerichtshofes (vgl. etwa aus der jüngeren Judikatur die hg. Erkenntnisse vom 19. September 1990, Zl. 90/01/0108, vom 17. Juni 1992, Zl. 92/01/0096, vom 16. Dezember 1992, Zl. 92/01/0734, und vom 21. April 1993, Zlen 92/01/1121, 1122). Danach stellt die Furcht vor der Ableistung des Militärdienstes grundsätzlich keinen Grund für die Zuerkennung der Flüchtlingseigenschaft dar, da die Militärdienstpflicht alle in einem entsprechenden Alter befindlichen männlichen Staatsbürger in gleicher Weise trifft (vgl. z.B. das hg. Erkenntnis vom 4. Oktober 1989, Zl. 89/01/0230, und die dort zitierte Vorjudikatur). Eine wegen der Verweigerung der Ableistung des Militärdienstes bzw. wegen Desertion drohende, auch strenge Bestrafung wird in diesem Sinne grundsätzlich nicht als Verfolgung im Sinne der Flüchtlingskonvention angesehen (vgl. dazu für viele z.B. die hg. Erkenntnisse vom 30. November 1992, Zl. 92/01/0718, und vom 21. April 1993, Zlen 92/01/1121, 1122). Der Verwaltungsgerichtshof hat diese Auffassung auch in Fällen vertreten, in denen in den betroffenen Heimatstaaten Bürgerkrieg, Revolten oder bürgerkriegsähnliche Auseinandersetzungen stattgefunden haben (vgl. etwa die hg. Erkenntnisse vom 30. November 1992, Zl. 92/01/0789, betreffend Somalia, und Zl. 92/01/0718, betreffend Äthiopien, vom 8. April 1992, Zl. 92/01/0243, vom 16. Dezember 1992, Zl. 92/01/0734, und vom 17. Februar 1993, Zl. 92/01/0784, alle betreffend die frühere Sozialistische Föderative Republik Jugoslawien). Nach der Judikatur des Verwaltungsgerichtshofes könnte die Flucht wegen Einberufung zum Militärdienst nur dann asylrechtlich relevant sein, wenn die Einberufung aus einem der in der Flüchtlingskonvention genannten Gründe erfolgt wäre oder aus solchen Gründen eine drohende allfällige Bestrafung wegen Wehrdienstverweigerung schwerer als gegenüber anderen Staatsangehörigen gewesen wäre (vgl. z.B. das hg. Erkenntnis vom 21. April 1993, Zlen 92/01/1121, 1122). Vor dem Hintergrund dieser Judikatur ist zu beachten, daß der Beschwerdeführer bei seiner niederschriftlichen Befragung im erstinstanzlichen Verfahren als Fluchtgrund nicht wohlbegründete Furcht vor Verfolgung aus Gründen seiner politischen Gesinnung zum Ausdruck brachte; auch unter Bedachtnahme auf die Lage im Heimatland des Beschwerdeführers und in den Nachfolgestaaten des früheren Jugoslawien, sowie die dazu vorliegenden Äußerungen von Organen inter-*

nationaler Organisationen liegt kein Anhaltspunkt dafür vor, die dem Beschwerdeführer nach seinen Behauptungen drohende Verfolgung wegen Wehrdienstverweigerung als eine aus Gründen der politischen Gesinnung anzusehen. Es braucht daher in weiterer Folge auf die von den Verfahrensparteien im verwaltungsgerichtlichen Verfahren dazu vorgebrachten Argumente nicht eingegangen zu werden. Der Beschwerdeführer hat aber mit noch hinreichender Deutlichkeit artikuliert, den Wehrdienst deshalb verweigert zu haben, weil ‚er als Angehöriger der jahrelang von den Serben unterdrückten albanischen Volksgruppe im Kosovo nicht mit den Serben gegen die Kroaten Krieg führen wolle. Er fürchte deshalb eine mehrjährige Freiheitsstrafe, wenn nicht die Todesstrafe'. Die belangte Behörde, die die Nichtbefolgung der Einberufung zum Militärdienst durch den Beschwerdeführer ausschließlich unter dem Gesichtspunkt der Verletzung seiner staatsbürgerlichen Pflichten behandelte, verkannte in diesem Zusammenhang rechtlich das Problem des vom Beschwerdeführer behaupteten Zusammenhanges gerade zwischen seiner Einberufung zum Militärdienst (und seiner Eigenschaft) als Angehöriger der von den Serben unterdrückten albanischen Nationalität im Kosovo. Durch die Außerachtlassung des vom Beschwerdeführer damit geltend gemachten Asylgrundes der Furcht vor Verfolgung aus Gründen seiner Zugehörigkeit zur albanischen Nationalität hat die belangte Behörde ihren Bescheid mit Rechtswidrigkeit des Inhaltes belastet" (VwGH verst Sen 29. 6. 1994, 93/01/0377; vgl auch VwGH 5. 4. 1995, 94/01/0760; 5. 6. 1996, 95/20/0333).

411 Vor dem Hintergrund dieses Erkenntnisses des verstärkten Senates, hat der VwGH zögernd begonnen, die in Art 1 Abschn A Z 2 GFK genannten Gründe im Zusammenhang mit dem Problem der Wehrdienstverweigerung bzw Desertion einfließen zu lassen: *„Nach der ständigen Judikatur des Verwaltungsgerichtshofes stellt weder die Flucht eines Asylwerbers vor einem drohenden Militärdienst noch die Furcht vor einer wegen Wehrdienstverweigerung oder Desertion drohenden, unter Umständen auch strengen Bestrafung, einen Grund für die Anerkennung als Flüchtling dar, sofern nicht Umstände hinzutreten, die die Annahme rechtfertigen, die Einberufung, die Behandlung während des Militärdienstes oder die Bestrafung wegen Verweigerung des Wehrdienstes oder Desertion sei infolge einer in Art. 1 Abschnitt A Z 2 der Genfer Flüchtlingskonvention genannten Gründen für den Beschwerdeführer ungünstiger erfolgt"* (VwGH 21. 2. 1995, 94/01/0687; vgl auch VwGH 27. 7. 1995, 94/19/1369; 4. 10. 1995, 95/01/0042; 4. 10. 1995, 95/01/0073; 18. 4. 1996, 95/20/0340; 11. 9. 1996, 95/20/0711; 12. 9. 1996, 95/20/0192; 19. 3. 1997, 96/01/0023; 13. 11. 1996, 96/01/0373; 30. 4. 1997, 96/01/0157; 28. 1. 1998, 97/01/0302; vgl auch UBAS 26. 1. 1998, 201.411/0-VI/18/98; 4. 2. 1998, 201.500/0-VI/18/98). Ausdrücklich hält er fest: *„Ergibt sich nämlich, daß der Staat Personen im Zusammenhang mit der Leistung ihres Militärdienstes bzw. der Entziehung daraus wegen deren politischer Gesinnung verfolgt bzw. mit übermäßigen Strafen bedroht, so liegt das von der bisherigen Judikatur geforderte asylrelevante Anknüpfungsmerkmal vor; die Strafsanktion hat dann letztlich ihren Grund in einem der im § 1 Z 1 AsylG 1991 angeführten Tatbestandselemente"* (VwGH 27. 2. 1997, 95/20/0207). Andererseits hat der VwGH in bedenklicher Weise ausgeführt: *„Nach der ständigen Rechtsprechung des Verwaltungsgerichtshofes stellt weder die Flucht eines Asylwerbers vor einem drohenden Militärdienst noch die Furcht vor einer wegen Wehrdienstverweigerung oder Desertion drohenden, unter Umständen auch strengen Bestrafung, einen Grund für die Anerkennung als Flüchtling dar, sofern nicht Umstände hinzutreten, die die Annahme rechtfertigen, die Einberufung, die Behandlung während des Militärdienstes oder die Bestrafung wegen Verweigerung des Wehrdienstes oder*

Desertion sei infolge einer der in Art. 1 Abschnitt A Z 2 der Genfer Flüchtlingskonvention genannten Gründen für den Beschwerdeführer ungünstiger erfolgt (vgl. hg. Erkenntnis eines verstärkten Senates vom 29. Juni 1994, Zl. 94/01/0377). Daß die Einberufung oder die ihm drohende Bestrafung auch einen asylrechtlich relevanten Aspekt hätte, hat der Beschwerdeführer im Verwaltungsverfahren nicht behauptet. (...) Daß von seiten der staatlichen Behörden den Betroffenen aufgrund einer derartigen Handlungsweise eine bestimmte – staatsfeindliche – Gesinnung unterlegt wird, ändert nichts daran, daß es nicht eine solche Gesinnung war, die den Beschwerdeführer zu seinem Verhalten veranlaßte (...). Selbst die Bedrohung mit der Todesstrafe begründet aber keinen Anspruch auf Asylgewährung, wenn – wie im Beschwerdefall – kein Zusammenhang mit Konventionsgründen besteht" (VwGH 28. 11. 1995, 94/20/0758). Hier übersieht der VwGH, daß es im gegebenen Zusammenhang nicht um ein *„Verhalten des Asylwerbers"*, sondern um einen *„Kausalzusammenhang"* zwischen politischer Meinung und Verfolgungsgefahr geht.

412 Furcht vor Strafverfolgung und vor Bestrafung wegen *Wehrdienstverweigerung* (di die Nichtbefolgung von Ladungs- oder Marschbefehlen, das Nichtnachkommen von Aufforderungen zu Dienstleistungen, die Nichtmeldung bei Militärbehörden) oder *Desertion* (di das Verlassen der Truppe oder des Einsatzortes ohne entsprechende Erlaubnis) stellen – wie der VwGH in ständiger Rechtsprechung im Ansatz richtig ausführt – für sich keine begründete Furcht vor Verfolgung iSd GFK dar (Handbuch, Rz 167; *Kälin*, Grundriß, 115; *Köfner/Nicolaus* II, 511). Ein Fremder kann jedoch Flüchtling iSd GFK sein, wenn er auf Grund seiner Rasse, Religion, Nationalität seiner Zugehörigkeit zu einer bestimmten sozialen Gruppe oder politischen Überzeugung im Zusammenhang mit seinem militärischen Vergehen eine unverhältnismäßig schwere Strafe zu erwarten hätte (Flüchtlingsalltag, 128; *Kälin*, Grundriß, 116): wenn er – abgesehen von der Strafe wegen Desertion – aus in der GFK genannten Gründen wohlbegründete Furcht vor Verfolgung geltend machen kann (Handbuch, Rz 169 zweiter Satz; Flüchtlingsalltag 128); wenn die Ableistung des Militärdienstes eine Teilnahme an militärischen Maßnahmen erfordern würde, die im Widerspruch zu seiner echten politischen religiösen oder moralischen Überzeugung oder auch anzuerkennenden Gewissensgründe stehen würde (Handbuch, Rz 170; vgl auch den Bericht der UN-Menschenrechtskommission vom 5. 5. 1993, E/CN.4/1994/3, Rz 93; Flüchtlingsalltag, 128). In der Praxis kleiden viele Verfolgerstaaten eine Verfolgung politisch mißliebiger Personen in die Verfolgung wegen Wehrdienstverweigerung oder Desertion, wie sie oftmals auch Verfolgung iSd GFK in eine strafrechtliche Verfolgung kleiden (zum letzteren siehe insb VwGH 14. 3. 1995, 94/20/0725; 18. 5. 1995, 95/19/0002). Der Ausdruck der *„drohenden unverhältnismäßig schweren Bestrafung"* wird in der deutschen Lehre und Rechtsprechung mit dem Wort *„Politmalus"* umschrieben (vgl *Marx*, Asylrecht III, 1603; dt BverwGE 69, 320). Die überhöhte Strafe wegen Wehrdienstverweigerung oder Desertion hat oftmals in den Gründen des Art 1 Abschn A Z 2 GFK ihre Wurzeln und kann als solche maßgebliches Tatbestandsmerkmal für die Flüchtlingseigenschaft sein (vor diesem Hintergrund unverständlich UBAS 26. 1. 1998, 201.41/0-VI/18/98; 5. 2 1998, 201.482/0-VI/16/98). Dazu genügt es, daß dem betreffenden Fremden eine bestimmte politische Meinung unterstellt wird; er muß sie nicht tatsächlich hegen. Fälle, in denen jemand im Zusammenhang mit der Wehrpflicht begründete Verfolgungsfurcht aus anderen Gründen hegt (so *Marx*, Asylrecht III, 1603), können vorliegen, wenn Personen auch aus den in der GFK genannten Gründen (absichtlich) im Krieg an den gefährlichsten Fronten eingesetzt werden (*Achermann/Hausammann*, Handbuch, 104 ff mwH; dt BverwG 6. 12. 1988, 9 C 22.88; 20. 3. 1990 9 C 91.89; VwGH

30. 11. 1992, 92/01/0718) oder aus diesen Gründen während ihrer Dienstzeit schweren Übergriffen und Mißhandlungen durch Kameraden oder Vorgesetzte ausgesetzt sind, was gleichfalls asylrelevant ist (*Achermann/Hausammann*, Handbuch, 105). Zur persönlichen Überzeugung (dazu zählen auch schwerwiegende Gewissensgründe) wird im Handbook on Procedures and Criteria for Determining Refugee Status (Handbuch) ausgeführt: *„Nicht immer wird die Überzeugung eines Menschen, der desertiert ist oder sich der Einberufung entzogen hat, wie echt diese auch sein mag, ein ausreichender Grund für seine Anerkennung als Flüchtling sein. Es genügt nicht, daß eine Person nicht mit der Auffassung ihrer Regierung in der politischen Rechtfertigung einer bestimmten militärischen Aktion übereinstimmt. Wenn jedoch die Art der militärischen Aktion, mit der sich der Betreffende nicht identifizieren möchte, von der Völkergemeinschaft als den Grundregeln menschlichen Verhaltens widersprechend verurteilt wird, dann könnte in Anbetracht der Bestimmungen der Definition die Strafe für Desertion oder für Nichtbefolgung der Einberufung als Verfolgung angesehen werden"* (Handbuch, Rz 171). *„Echtheit und Aufrichtigkeit der politischen, religiösen oder moralischen Überzeugung einer Person oder die Echtheit ihrer Gewissensgründe, die sie für die Militärdienstverweigerung vorbringen, müssen durch eine eingehende Prüfung ihrer Persönlichkeit und ihres persönlichen Hintergrunds geklärt werden. Von Bedeutung kann sein, daß der Betreffende schon vor seiner Einberufung seine Ansichten zum Ausdruck gebracht hat oder daß wegen seiner Überzeugung schon früher Schwierigkeiten mit den Behörden aufgetreten waren. Relevant, was die Echtheit seiner Überzeugung anbelangt, wird sein, ob er freiwillig in die Armee eintrat oder ob er eingezogen wurde"* (Handbuch, Rz 174). Wehrdienstverweigerung bzw Desertion ist nach hL relevant, *„wenn Angehörige einer bestimmten ethnischen oder religiösen Minderheit gezwungen werden, gegen das eigene Volk oder die eigenen Glaubensgenossen zu kämpfen, und deshalb in einen schweren Gewissenskonflikt geraten"* (*Kälin*, Grundriß, 116; in diesem Sinne auch VwGH 22. 4. 1998, 97/01/0146).

413 Ähnlich wie eine Verfolgung häufig in das Gewand einer legitimen strafrechtlichen Verfolgung oder einer Verfolgung wegen Wehrdienstverweigerung bzw Desertion gekleidet wird, benützen Verfolgerstaaten häufig den Tatbestand der sog *„Republikflucht"*, um politisch mißliebige Personen entsprechend zu sanktionieren; dies erkennt man häufig an dem Umstand, daß an das rechtswidrige Verlassen des Staatsgebietes oder an die nicht rechtzeitige Rückkehr in das Staatsgebiet überhöhte Strafen geknüpft werden. In nicht unbedenklicher Weise hat jedoch der VwGH die Republikflucht als keinen „Fluchtgrund" iSd GFK angesehen: *„(...) in der Befürchtung, wegen Übertretung den Aufenthalt vietnamesischer Staatsbürger im Ausland regelnder Vorschriften bestraft zu werden, (kann) kein Fluchtgrund im Sinne der Genfer Flüchtlingskonvention erblickt werden (...)"* (VwGH 9. 9. 1993, 92/01/1014; vgl auch VwGH 14. 10. 1992, 92/01/0345, 20. 5. 1992, 92/01/0463; 16. 12. 1993, 95/20/1360; 17. 12. 1994,94/19/0039; vgl auch UBAS 17. 2. 1998, 201.547/0-VII/19/98; UBAS 27. 1. 1998, 200.120/0-VII/20/98). Damit verkennt der VwGH jedoch die eigentliche Problematik, die mit der Republikflucht verbunden ist. Es ist wohl nicht zu bestreiten, daß ein Staat für die Republikflucht *„angemessene"* Strafen verhängen darf. Problematisch wird die Situation allerdings dann, wenn ein Staat (weit) überhöhte Strafen wegen Republikflucht verhängt, liegt doch die Vermutung nahe, daß ein Staat mit dem Strafübermaß andere Zwecke als die Einhaltung der den Aufenthalt der Staatsbürger im Ausland betreffenden Regelungen bzw die rechtzeitige Rückkehr in das Staatsgebiet verfolgt; es liegt vielmehr nahe, daß ein Staat mit dem Strafübermaß in aller Regel politisch mißliebige Personen treffen will.

414 Verfolgerstaaten verknüpfen häufig eine Asylantragstellung in einem anderen Staat, besonders in solchen Staaten, mit denen ideologische Konflikte bestehen, mit einer politisch mißliebigen Gesinnung der betreffenden Person. Der VwGH hat jedoch die Asylantragstellung als mögliches Auslösungsmoment einer maßgeblichen Verfolgungsgefahr ausgeschlossen: *„Warum (...) die Namhaftmachung eines Asylwerbers, dessen Flüchtlingseigenschaft als nicht bestehend festgestellt wurde, gegenüber den Behörden des Heimatlandes im Rahmen eines Verfahrens zur Abschiebung nunmehr eine begründete Furcht vor asylrechtlich relevanter Verfolgung auslösen soll, ist in concreto nicht nachvollziehbar. Ein solches Ergebnis würde nahezu jedes Asylverfahren ad absurdum führen, weil einem Asylwerber regelmäßig spätestens dann Asyl zu gewähren wäre, wenn nach Abweisung seines Asylantrages Maßnahmen zu seiner Abschiebung ergriffen werden“* (VwGH 7. 11. 1995, 95/20/0223). Der UBAS hat sich in mehreren Entscheidungen durch Einzelmitglieder dieser Sicht angeschlossen und diesen Grundsatz teilweise in bedenklicher Weise verallgemeinert (vgl zB UBAS 26. 1. 1998, 200.014/0-VI/18/98; 200.202/0-VI/18/98; 200.445/0-VI/18/98; 17. 2. 1998, 201.547/0-VII/19/98; 27. 2. 1998, 200.018/0-VII/19/98). In bedenklicher Weise hielt der UBAS in seiner Entscheidung vom 27. 1. 1998, 200.026/0-VI/17/98, ausdrücklich fest: *„ Im Hinblick auf die in der Berufung zitierten Entscheidungen deutscher Gerichte und Verwaltungsbehörden wird ausgeführt, daß in keinem anderen Mitgliedsland der Europäischen Union als der Bundesrepublik Deutschland Irakern allein wegen der Asylantragstellung die Rechtsstellung nach der GFK gewährt wird (Quelle: BAFI, Nürnberg, Irak-Länderreport, S. 82, Stand: 15. 12. 1996)“*. Damit hat der UBAS zumindest hier die eigentliche Problematik gründlich verkannt.

415 Die politische Gesinnung darf dem Begriff des *„politischen Delikts“* nicht gleichgesetzt werden; obgleich politische Delikte auf einer politischen Gesinnung beruhen, decken sie nicht das gesamte hier angesprochene Spektrum ab. Ein besonderes Problem bilden die sog „gemischtpolitischen Delikte“, die neben politischen Komponenten auch kriminelle Komponenten enthalten. Auch gemischtpolitische Delikte lassen sich wenigstens zum Teil auf politische Erwägungen zurückführen. An dieser Stelle bleibt anzumerken, daß nicht jede drohende Strafverfolgung wegen (gemischt)politischer Delikte maßgeblich ist. Die politische Gesinnung ist im Zusammenhang mit der drohenden Verfolgung zu sehen. Der Verfolgungsbegriff impliziert einen illegitimen Eingriff, einen Eingriff also, den der normative Einheitsstaat in der konkreten Situation nicht setzen würde. Daraus ergibt sich, daß nur jene drohende (Straf-)Verfolgung aufgrund (gemischt)politischer Delikte maßgeblich sein kann, die einen ungerechtfertigten Eingriff darstellt (siehe dazu *Kälin*, Grundriß, 99 f). Auch hier ist ein überhöhtes Strafausmaß als Indiz für eine – wenn auch nur vermeintliche – politische Gesinnung zu berücksichtigen. Von der gegenständlichen Problematik ist das Auslieferungsverbot wegen strafbarer Handlungen politischen Charakters zu unterscheiden (siehe dazu § 14 ARHG).

416 Die Teilnahme an einem Putschversuch kann nicht ohne weiteres als rein kriminelles Delikt angesehen werden, sind doch mit einem Putschversuch in aller Regel politische Motivationen verbunden: *„Bei einem ‚Putsch‘ handelt es sich nach dem allgemeinen Verständnis um einen mit staatsstreichähnlicher Technik durchgeführten Umsturz bzw. Umsturzversuch zur Übernahme der Staatsgewalt, der in der Regel von kleineren subalternen Gruppen (etwa von Militärs) durchgeführt wird, die im Gegensatz zu den Initiatoren eines Staatsstreichs noch nicht Teilhaber der Staatsgewalt sind (vgl. etwa Meyers enzyklopädisches Lexikon[9] [1977] Band 19, 425). Ebenso wie beim Staatsstreich muß darin ein politisch motiviertes Vorgehen erblickt wer-*

den, ist die Aktion der Putschisten doch gerade gegen die Träger der jeweiligen Staatsgewalt gerichtet. Daran ändert auch nichts der Umstand, daß derartige Umsturzversuche (im Falle ihres Mißlingens) strafrechtlich verfolgt werden. So stellt etwa auch das österreichische Strafrecht hier in Betracht kommende Verhaltensweisen unter Strafe (vgl. etwa die §§ 242, 244, 246 sowie 249 bis 251 StGB); wegen des POLITISCHEN CHARAKTERS dieser Straftaten obliegt jedoch die Hauptverhandlung und Urteilsfällung darüber den Geschworenengerichten (vgl. § 14 Abs. 1 Z 2, 3 und 5 StPO in Verbindung mit Art. 91 B-VG). Es kann somit – im Gegensatz zur Ansicht der belangten Behörde – aus der Strafbarkeit eines bestimmten Verhaltens (selbst unter Zugrundelegung der Rechtsordnung eines demokratischen Staates) alleine nicht ohne weiteres gefolgert werden, daß die Verfolgung einer Person nicht mit deren politischer Gesinnung in Zusammenhang stünde" (VwGH 18. 5. 1995, 95/19/0002).

417 Das Auslieferungsverbot spricht politische Delikte an, während der Flüchtlingsbegriff eine drohende Verfolgung wegen einer politischen Meinung verlangt. Beide Beweisthemen überschneiden sich in weiten Bereichen, decken sich aber nicht. Wird etwa ein Auslieferungsantrag aufgrund eines Suchtgiftdelikts gestellt, so fehlt einer derartigen Handlung idR jeder politischer Charakter, dennoch kann im Einzelfall eine (vermeintliche) politische Gesinnung Ursache für die (überhöhte) Strafverfolgung werden, wie dies etwa in der iranischen Staatenpraxis zu beobachten ist. Diesem Umstand trägt das sog Auslieferungsasyl (siehe dazu § 19 Z 3 ARHG) Rechnung, dessen Tatbestand an den Flüchtlingsbegriff der GFK angelehnt ist.

e) Der Aufenthalt außerhalb des Heimatlandes bzw des Landes des gewöhnlichen Aufenthaltes

418 Flüchtling nach Art 1 Abschn A Z 2 GFK kann nur eine Person sein, die sich außerhalb des Heimatlandes oder, falls sie keine Staatszugehörigkeit besitzt, sich außerhalb des Landes ihres vorherigen gewöhnlichen Aufenthaltes befindet. Das Wort „vorherig" soll – ohne Bestandteil des Gesetzestextes zu sein – verdeutlichen, daß der Aufenthalt im Zufluchtsstaat im gegebenen Zusammenhang unberücksichtigt bleibt. Der Aufenthaltsstaat ist im gegebenen Zusammenhang grundsätzlich vom Zufluchtsstaat verschieden. Einer Person können auch mehrere „Heimatländer" zuzurechnen sein. Dazu legt Art 1 Abschn A Z 2 letzter Absatz GFK fest: „Falls jemand mehr als eine Staatsangehörigkeit hat, ist unter dem Heimatland jedes Land zu verstehen, dessen Staatsangehöriger er ist; wenn jemand ohne triftige, auf wohlbegründeter Furcht beruhender Ursache sich des Schutzes eines der Staaten, dessen Staatsangehöriger er ist, nicht bedient, soll er nicht als eine Person angesehen werden, der der Schutz des Heimatlandes versagt worden ist" (vgl dazu auch die Ausführungen zu § 1 Rz 158). Die Staatszugehörigkeit richtet sich (in aller Regel) nach innerstaatlichem Recht (*Grahl-Madsen* I, 154 ff). Der Ausdruck „sich außerhalb befinden" stellt lediglich auf die physische Präsenz ab (vgl dazu UNDoc E/1850,8; A/CONF.2/SR.23, 9-10). Die begründete Furcht vor Verfolgung – sprich die Verfolgungsgefahr – muß Ursache für das „Außerlandesbefinden" sein. Daß die Furcht vor Verfolgung Ursache für die „Ausreise" oder „Flucht" sein muß, ist nicht gefordert (unrichtig zB schon VwGH 27. 4. 1984, 83/01/0319; zum Kausalzusammenhang zwischen Flucht und Verfolgung siehe *Hailbronner*, AuslR II, B 1, Rz 170 ff). Art 1 Abschn A Z 2 GFK läßt sich keine zeitliche Verknüpfung der Existenz der Verfolgungsgefahr mit der Ausreise bzw Flucht entnehmen. Die Verfolgungsgefahr kann auch nach der Ausreise entstehen (vgl Handbuch, Rz 94; *Grahl-Madsen* I, 114,

151 f; *Robinson*, 50 f; *Zink*, 128). In diesen Fällen spricht man vom sog „réfugié sur place" bzw von Nachfluchtgründen. Im Lichte der Flüchtlingseigenschaft ist es unbedeutend, ob die betreffende Person legal oder illegal eingereist ist, sich legal oder illegal im Zufluchtsstaat bzw sich in einem (sicheren) Drittland aufhält oder aufgehalten hat (Handbuch, Rz 94; *Grahl-Madsen* I, 153; BayVGH 21. 12. 1955, 249 II 54; vgl dazu allerdings noch § 2 Abs 2 Z 3 und §§ 6 und 7 AsylG 1991).

f) Unzumutbarkeit der Inanspruchnahme des Schutzes des Heimatstaates bzw der Rückkehr in den vorherigen Aufenthaltsstaat

419 Im Hinblick auf die Flüchtlingseigenschaft genügt es nicht, daß sich jemand aus wohlbegründeter Furcht, aus näher bezeichneten Gründen verfolgt zu werden, außerhalb seines Heimat- bzw Aufenthaltslandes befindet. Art 1 Abschn A Z 2 GFK enthält zusätzlich ein Tatbestandselement in zweifacher alternativer Ausgestaltung. Hinsichtlich einer Person, die eine Staatszugehörigkeit besitzt, wird gefordert, daß sie nicht in der Lage oder im Hinblick auf „diese Furcht" nicht gewillt ist, sich des Schutzes dieses Landes zu bedienen. Für eine Person, die staatenlos ist, genügt es, daß sie nicht in der Lage oder im Hinblick auf „diese Furcht" nicht gewillt ist, in dieses Land (gemeint ist das Land des vorherigen gewöhnlichen Aufenthaltes) zurückzukehren. Betreffend staatenlose Personen ist deshalb nicht von „Schutz", sondern von „Rückkehr" die Rede, weil es eine althergebrachte Regel des Völkergewohnheitsrechts ist, daß staatenlose Personen keinen diplomatischen bzw konsularischen Schutz irgendeines Staates genießen (siehe dazu zB UN Publ 1949.XIV.2, 32). In der Praxis spielt diese Unterscheidung keine Rolle (vgl *Grahl-Madsen* I, 261). Die Unmöglichkeit und der Unwille, sich des Schutzes des Heimatlandes zu bedienen bzw in das Land des vorherigen Aufenthaltes zurückzukehren, werden hier mit dem Begriff der Unzumutbarkeit der Inanspruchnahme des Schutzes des Heimatstaates bzw der Rückkehr in den vorherigen Aufenthaltsstaat zusammengefaßt. Die Unzumutbarkeit der Inanspruchnahme des Schutzes bzw der Rückkehr muß Folge der drohenden Verfolgung sein (*Grahl-Madsen* I, 197). Die Unzumutbarkeit im dargestellten Sinn hängt eng mit der Gefahrenneigung der drohenden Verfolgung zusammen (vgl *Kälin*, Grundriß, 149 f).

g) Schutz des Heimatstaates

420 Der Schutz des Heimatstaates ist im Zusammenhang mit den Schutzgütern der GFK zu sehen. Die Praxis und die herrschende Lehre stellen allerdings auf in Anspruch genommene Dienste seitens des Heimatstaates ab und lassen im gegebenen Zusammenhang jede Betrachtung des Schutzgutes vermissen. So geht man im allgemeinen davon aus, daß eine Inanspruchnahme des Schutzes vorliegt, wenn eine Person Dienste der Heimatbehörden in irgendeiner Weise gebraucht oder Wohltaten des Heimatstaates, die für seine Zugehörigen bestimmt sind, genießt (*Grahl-Madsen* I, 255). Als mögliche Fälle betrachtet man gemeiniglich die Beantragung oder Übernahme eines Reisepasses, dessen Verlängerung oder Erweiterung des Gültigkeitsbereiches, die Beantragung oder Übernahme eines Staatsbürgerschaftsnachweises zum Zwecke der Regelung des Aufenthalts in einem fremden Staat, der Behandlung im Sinne der Reziprozität oder zum Zwecke der Beanspruchung einer Wohltat, die für Zugehörige des Heimatstaates bestimmt sind (siehe *Grahl-Madsen* I, 255). Zum Gebrauch eines Reisepasses bzw zur problemlosen legalen Ausreise hat der VwGH in ständiger Jud zutreffend festgehalten: *„Der Verwaltungsgerichtshof hat bereits mehrfach ausgesprochen, daß aus einer problemlosen (legalen) Ausreise alleine* *noch nicht der Schluß gezogen werden könne, dem Beschwerdeführer drohe in seinem Heimatland keine Verfolgung (vgl. z.B. die Erkenntnisse des Verwaltungsgerichtshofes vom 20. September 1989, Zl. 89/01/0179, 0180, vom 13. Dezember 1989, Zl. 89/01/0199, und vom 18. September 1991, Zl. 91/01/0037). Ebensowenig stellt nach der Rechtsprechung des Verwaltungsgerichtshofes der Umstand, daß ein Asylwerber einen gültigen Reisepaß seines Heimatstaates besitzt, für sich allein ein Hindernis für die Anerkennung der Flüchtlingseigenschaft dar"* (VwGH 14. 10. 1992, 92/01/0410; vgl zB auch VwGH 11. 10. 1989, 89/01/0161; 29. 11. 1989, 89/01/0264).

421 In seltenen Fällen betrachtet man auch eine beanspruchte Intervention der Heimatbehörden bei den Behörden eines anderen Staates als relevant. Der Umstand, daß eine Person Dienste der Heimatbehörden in Angelegenheiten, die keinen Bezug zum nationalen Status haben, in Anspruch nimmt, wurde vereinzelt im Hinblick auf die Flüchtlingseigenschaft als unmaßgeblich angesehen (vgl VG Ansbach 7. 2. 1961, 2669 II/60). Die Tatsache, daß eine Person ihr Heimatland verläßt und mit Hilfe ihres nationalen Reisepasses in das Zufluchtsland gelangt, beeinträchtigt die Flüchtlingseigenschaft nach verbreiteter Ansicht nicht (vgl franz Commission des Recours, Léon Aquèsolo, JCRR 19 (1954); Lopez Martinez, JCRR 34 (1955); Arzumanian, JCRR 92 (1957)). Die Lehre wie die Praxis stellen in bedenklicher Weise auf äußere Modalitäten ab. Bei dem Begriff „Schutz" stellt sich demgegenüber jedoch nicht die Frage nach einer Handlungsmodalität im Sinne einer formalen Tätigkeit, sondern die Frage nach dem Schutzinhalt. Gefragt ist nicht, wie etwas geschützt werden soll, sondern was geschützt werden soll. Die Schutzgüter der GFK stehen auch im gegebenen Zusammenhang im Mittelpunkt der Betrachtung. Demgemäß kann von Schutz nur gesprochen werden, wenn – wie beim Verfolgungsbegriff auch – fundamentale Rechtsgüter betroffen sind. Zu diesen Schutzgütern gehören zumindest die Menschenrechte. Dort, wo Dienste des Heimatstaates die Sphäre einer Person nur am Rande berühren, wie dies etwa bei der Paßausstellung der Fall ist, kann im Hinblick auf die Flüchtlingseigenschaft nicht von „Schutz" gesprochen werden, wird doch damit eine Verfolgungsgefahr in aller Regel nicht beseitigt. Für diese Ansicht läßt sich ins Treffen führen, daß die GFK im Zusammenhang mit dem hier behandelten Tatbestandselement auf *„diese Furcht"* verweist, worunter nur die *„begründete Furcht vor Verfolgung"* iSd Art 1 Abschn A Z 2 GFK verstanden werden kann. Der Zusammenhang mit der Verfolgungsgefahr und damit auch mit den Schutzgütern der GFK ist evident. Der Flüchtlingsbegriff bildet demnach hinsichtlich des Schutzgutbereiches eine systematische Einheit. Fraglich könnte allenfalls sein, ob hier unter „Schutz" die Garantie einzelner Schutzgüter oder die Garantie der Gesamtheit der Schutzgüter als Schutzbündel zu verstehen ist. Diese Frage kann wiederum nur mit Hilfe des Verweises „im Hinblick auf diese Furcht" beantwortet werden. Die „begründete Furcht vor Verfolgung" erfaßt sämtliche Schutzgüter der GFK, sodaß auch hinsichtlich der Unzumutbarkeit der Inanspruchnahme des Schutzes des Heimatstaates sämtliche Schutzgüter der GFK erfaßt sind. Wäre dem nicht so, dann würde man den ursprünglichen Schutzumfang der GFK über das Kriterium der Unzumutbarkeit wieder wesentlich einschränken. Die herrschende Lehre wie die Praxis sind also im wesentlichen hinsichtlich zweier Punkte fragwürdig: zum ersten kann der Schutz nicht marginale Schutzgüter betreffen und zum zweiten erfaßt der Schutz die gesamte persönliche Sphäre, die ein normativer Einheitsstaat garantiert, also die Summe der Schutzgüter der GFK. Im Gegensatz zu Art 1 Abschn C Z 1 GFK ist hier nicht gefordert, daß sich eine Person der Schutzfunktion des Heimatstaates auch tatsächlich bedient hat. Selbst wenn sich eine Person widerwillig des Schutzes des Heimatstaates bedient hat, ist dies im Lichte der Unzumutbarkeit unmaßgeblich. Normiert ist lediglich die Unmöglichkeit bzw der Unwille der Inanspruchnahme des Schutzes; dies ist nicht dasselbe wie das sich „des Schutzes zu bedienen". In diesem Zusammenhang spricht man auch vom *„Bruch des Verhältnisses zum Heimatstaat"* (zB *Grahl-Madsen* I, 253; *Kälin*, Grundriß, 36).

422 Nach hL und Jud muß sich die Verfolgungsgefahr auf das gesamte Staatsgebiet des Herkunftsstaates beziehen (vgl VwGH 30. 11. 1992, 92/01/0515; VwSlgNF 10255 A; VwGH 4. 11. 1992, 92/01/0555; *Rosenmayr*, Asylrecht, 606 f). Wenn Asylsuchende zwar in Teilen ihres Herkunftslandes einer Verfolgungsgefahr ausgesetzt, sie in anderen Landesteilen aber davor sicher sind, dh dort frei von Furcht vor Verfolgung leben können, spricht man von inländischer Fluchtalternative (vgl *Kälin*, Grundriß, 71; zur inländischen Fluchtalternative siehe weiters *Werenfels*, 333 ff; *Marx/Strate/Pfaff*, 96 ff, 141; *Köfner/Nicolaus*, 360 ff; *Randelholzer*, 122; *Huber*, Asylrecht, 160 f; *Rühmann*, Fluchtalternative, 30 ff). In diesen Fällen geht man davon aus, daß die Asylsuchenden des Schutzes nicht bedürfen, weshalb ihnen häufig die Aufnahme in den Zufluchtsstaat verweigert wird. Im Lichte dessen hat der VwGH schon früh festgehalten, daß die Furcht vor Verfolgung an sich im gesamten Gebiet des Heimatstaates des Asylwerbers bestanden haben muß (vgl zB VwGH 8. 10. 1980, 3275/79 = VwSlgNF 10.255 A; siehe dazu auch *Steiner*, AsylR, 30); dieser Ansatz ist auch im Zusammenhang mir der non-refoulement-Prüfung von Bedeutung (vgl dazu VwGH 23. 6. 1994, 94/18/0295). Eine inländische Fluchtalternative steht einem „Flüchtling" nur dann zur Verfügung, wenn ihm die Inanspruchnahme des inländischen Schutzes auch zumutbar ist (vgl *Rosenmayr*, Asylrecht, 607; VwGH 12. 9. 1996, 95/20/0185; 27. 2. 1997, 95/20/0207) und wenn er diese – worauf besonders hinzuweisen ist – auch gegenwärtig noch anzusprechen in der Lage ist. Die Zumutbarkeit der Inanspruchnahme der inländischen Fluchtalternative wurde etwa bei einem vierzehnjährigen Asylwerber hinsichtich der Möglichkeit, ohne seine Eltern oder gesetzlichen Vertreter in einem Teil seines Heimatstaates Wohnsitz zu nehmen, verneint (*Rosenmayr*, Asylrecht, 607; VwGH 26. 6. 1996, 95/20/0426). Die inländische Fluchtalternative ist eine tatsächliche und nicht bloß hypothetische, indem sie – hier liegt eine Parallele zur Drittstaatsicherheit – die Schutzbedürftigkeit in der Realität beseitigt. Der gemeinsame Standpunkt des Rates betreffend die harmonisierte Anwendung der Definition des Begriffs „Flüchtling" (ABl 13. 3. 1996 Nr L 63/2) führt zur inländischen Fluchtalternative aus: *„Zeigt sich, daß die Verfolgung eindeutig auf einen bestimmten Teil des Hoheitsgebiets beschränkt ist, so muß zur Feststellung, ob die Bedingung des Artikels 1 Abschnitt A des Genfer Abkommens erfüllt ist, wonach der Betreffende den Schutz der Behörden seines Landes wegen befürchteter Verfolgung nicht in Anspruch nehmen kann oder nicht in Anspruch nehmen will, gegebenenfalls geprüft werden, ob der Betreffende in einem anderen Teil seines Herkunftlands wirksamen Schutz finden und billigerweise erwartet werden kann, daß er sich dorthin begibt."* Eine inländische Fluchtalternative kann vor dem Hintergrund des Ziels und Zwecks der GFK ausnahmslos nur dann zum Tragen kommen, wenn dem Asylsuchenden die Inanspruchnahme des Schutzes des Herkunftsstaates in einem (dem) sicheren Landesteil auch zumutbar ist.

423 Der VwGH hat zur internen Fluchtalternative ausdrücklich festgehalten, daß *„von einer wohlbegründeten Furcht im Sinne d(ies)er Konventionsbestimmung (...) erst dann gesprochen werden (kann), wenn die Zustände auch aus objektiver Sicht im Heimatland dergestalt sind, daß ein weiterer Verbleib des Asylwerbers in seinem Heimatland aus einem dieser Gründe (*nach Art 1 Abschn A Z 2 GFK*) unerträglich geworden ist. Das trifft nur dann zu, wenn die Verfolgung von der Staatsgewalt im* *gesamten Staatsgebiet ausgeht"* (VwGH 4. 11. 1992, 92/01/0555; vgl auch VwGH 30. 11. 1992, 92/01/0515; 4. 4. 1997, 97/18/0023). *„Der belangten Behörde kann auch nicht mit Erfolg entgegengetreten werden, wenn sie auf Grund der Darlegungen des Beschwerdeführers über seinen unproblematischen Aufenthalt während der Wintermonate in der Stadt Marmaris zu der Auffassung gelangt ist, daß der Beschwerdeführer dort keine Verfolgung zu befürchten und somit für ihn eine inländische Fluchtalternative bestanden habe. Diese durch die unwidersprochen gebliebene Darstellung des erstinstanzlichen Vorbringens des Beschwerdeführers gedeckte Schlußfolgerung der belangten Behörde steht in Übereinstimmung mit der hg. Rechtssprechung, derzufolge grundsätzlich die Verfolgung bzw. die objektiv begründete Furcht vor einer solchen im gesamten Staatsgebiet eines Asylwerbers bestanden haben muß (vgl. die hg. Erkenntnisse vom 17. Februar 1993, Zl. 92/01/0930, vom 10. März 1994, Zl. 93/01/0079, und vom 21. April 1993, Zl. 92/01/0956). Soweit der Beschwerdeführer nunmehr in der Beschwerde ausführt, seine Furcht vor Verfolgung sei insbesondere deshalb begründet, weil er in den Augen der Behörden als PKK-Sympathisant gelte und weil – Medienberichten zufolge – Repressalien gegen ‚Mitglieder/Sympathisanten der PKK' in letzter Zeit erheblich zunähmen, macht er mit diesem Vorbringen lediglich allgemeine Umstände geltend, die nicht auf eine ihm konkret drohende individuelle Verfolgung schließen lassen. Wenn der Beschwerdeführer das Bestehen einer inländischen Fluchtalternative deshalb bestreitet, weil er gezwungen sei, im Sommer in seinem Heimatdorf als Bauer zu arbeiten, so ist ihm entgegenzuhalten, daß die Unmöglichkeit, an einem Ort im Inland, wo sich ein Asylwerber nach seinen eigenen Angaben problemlos aufhalten kann, einen bestimmten Beruf auszuüben, nicht geeignet ist, die dort anzunehmende Verfolgungssicherheit in Zweifel zu ziehen"* (VwGH 21. 6. 1994, 94/20/0333; vgl auch VwGH 26. 7. 1995, 94/20/0857). Eine interne Fluchtalternative ist nicht zwangsläufig anzunehmen, nur weil sich der Asylwerber nach der Flucht (kurzzeitig) in seinem Heimatstaat aufgehalten hat (vgl VwGH 11. 9. 1996, 95/20/0217).

h) Unmöglichkeit

424 Der Flüchtlingsbegriff erfordert, daß die betreffende Person nicht in der Lage ist, sich des Schutzes des Heimatlandes zu bedienen bzw als Staatenloser in das Land seines gewöhnlichen Aufenthaltes zurückzukehren (siehe dazu *Grahl-Madsen* I, 255 f; *Kälin*, Grundriß, 66 ff). Der Ausdruck „nicht in der Lage" ist mit Unmöglichkeit gleichzusetzen. Die Unmöglichkeit kann sich zum einen aus der individuellen Situation des Flüchtlings ergeben und zum anderen in einer Schutzverweigerung bzw Rückkehrverweigerung des Verfolgerstaates ihre Ursache haben. Aber auch Fälle, in denen die Unmöglichkeit niemand zu vertreten hat, zählen hierher (*Grahl-Madsen* I, 256 bringt das Beispiel, daß zwischen dem Zufluchtsstaat und dem Verfolgerstaat ein Krieg ausbricht). Die Unmöglichkeit wird alternativ durch den „Unwillen" ergänzt.

i) Unwille

425 Eine Person muß – bei gegebener Möglichkeit – nicht gewillt sein, sich des Schutzes des Heimatlandes zu bedienen bzw in das Land des vorherigen gewöhnlichen Aufenthaltes zurückzukehren. Der Unwille muß Resultat der begründeten Furcht vor Verfolgung sein und ist wie diese in einer objektivierten Form aber unter Berücksichtigung der individuellen Situation zu sehen. Im Lichte dessen können auch zu einer Willensbildung unfähige Personen, wie etwa psychisch Kranke und

Kinder, unwillig im Sinne des Art 1 Abschn A Z 2 GFK sein. Der Unwille ist als abstrahierter Rechtsbegriff – wie die begründete Furcht – vom Geisteszustand des Flüchtlings unabhängig und an der normativen Maßfigur der „vernünftigen Person" zu messen. Eine andere Ansicht stünde mit dem Schutzzweck der GFK nicht im Einklang. Der Unwille kommt nur dann zum Tragen, wenn die Inanspruchnahme des Schutzes des Heimatstaates bzw die Rückkehr in das Land des vorherigen gewöhnlichen Aufenthaltes möglich ist. Eine (aufgezwungene) Inanspruchnahme bzw Rückkehr ist bei gegebenem Unwillen unmaßgeblich (siehe dazu *Grahl-Madsen* I, 257). Bei gegebener begründeter Gefahr einer Verfolgung ist regelmäßig auch der Unwille der Inanspruchnahme des Schutzes bzw der Rückkehr gegeben, da eine mit Vernunft begabte Person eine Verfolgung willentlich idR nicht auf sich nimmt.

j) Fehlende Endigungs- und Ausschlußtatbestände

426 Gleichsam als negative Rechtsbedingung ist Voraussetzung für die Flüchtlingseigenschaft, daß kein Endigungs- oder Ausschlußtatbestand vorliegt (siehe dazu unten die Ausführungen zu § 13, Rz 442 ff und § 14, Rz 457 ff). Die Endigungstatbestände des Art 1 Abschn C GFK unterscheiden sich hinsichtlich ihrer Rechtswirkung gegenüber den Ausschlußtatbeständen des Art 1 Abschn F leg cit dahingehend, daß die Endigungstatbestände die Flüchtlingseigenschaft ex nunc zum Erlöschen bringen, während die Ausschlußtatbestände dazu führen, daß die Flüchtlingseigenschaft ex tunc (a limine) verloren geht. Personen, die unter einen Ausschlußtatbestand nach Art 1 Abschn F GFK fallen, sind so zu behandeln, als wären sie nie Flüchtlinge gewesen. In diesem Zusammenhang könnte man von *„Asylunwürdigkeit"* sprechen. Ein wesentlicher Unterschied zwischen den beiden Rechtsinstituten besteht zusätzlich darin, daß im Falle der Endigungstatbestände die Schutzbedürftigkeit des Betroffenen wieder aufleben und so der Betroffene wieder zum Flüchtling werden kann. Dies ist im Falle der Ausschlußtatbestände nicht der Fall. Ein Fremder, der im Sinne des Art 1 Abschn F GFK asylunwürdig ist, bleibt dies für sein ganzes Leben.

427 Gem Art 1 Abschn D GFK wird dieses Abkommen auf Personen keine Anwendung finden, die derzeit von anderen Organen oder Organisationen der VN als dem UNHCR Schutz oder Hilfe erhalten. Wenn dieser Schutz oder diese Hilfe aus irgendeinem Grund wegfällt, ohne daß die Stellung dieser Personen gemäß den bezüglichen Beschlüssen der GV der VN endgültig geregelt ist, so werden diese Personen gemäß Art 1 Abschn D letzter Satz GFK ipso facto der Vorteile dieses Abkommens teilhaftig. Diese Bestimmung findet im AsylG 1997 keinen Niederschlag (auch im AsylG 1968 und im AsylG 1991 wurde diese Bestimmung nicht erwähnt). Auch die Praxis hat diese Bestimmung nie ins Kalkül gezogen. Zur Zeit der Entstehung der GFK gab es drei „andere Organe oder Organisationen der Vereinten Nationen als den Hochkommissär der Vereinten Nationen für Flüchtlinge", die „Schutz oder Hilfe" gewährten. Dies waren namentlich die IRO, die UNRWA und die UNKRA. Entgegen der vorherrschenden Ansicht ist auch die UNKRA im gegebenen Zusammenhang angesprochen (vgl *Pompe*, 12; *Weis/Jahn*, 289 f; *Zink*, 141). Die IRO und die UNKRA haben bereits ihre Tätigkeiten vor langem eingestellt, während die UNRWA ihre Tätigkeit auch derzeit noch ausübt.

428 Der Ausdruck „Personen" („persons") bezieht sich nicht nur auf Flüchtlinge, sondern auf jede (natürliche) Person. Der Ausdruck „ipso facto" deutet darauf hin, daß durch Art 1 Abschn D GFK eine eigene Flüchtlingskategorie vergleichbar den Statutarflüchtlingen iSd Art 1 Abschn A Z 1 GFK geschaffen wurde (vgl *Grahl-Madsen* I, 141; *Guilleminet*, 162 f). Gemeiniglich wird im gegebenen Zusammenhang übersehen, daß Art 1 Abschn D GFK den Ausdruck „derzeit" („at present") verwendet. Damit wird aus völkerrechtlicher Sicht auf das Datum der Unterzeichnung – das ist der 28. Juli 1951 – abgestellt. Gleich der Umschreibung des Statutarflüchtlings nach Art 1 Abschn A Z 1 GFK enthält Art 1 Abschn D GFK demnach den Charakter einer Übergangsbestimmung. Dem Wortlaut des Art 1 Abschn D leg cit entsprechend gilt die genannte Bestimmung nur für Personen, die am 28. Juli 1951 von anderen Organen oder Organisationen der VN als dem UNHCR Schutz oder Hilfe erhielten. Verschiedentlich wird das Wort „derzeit" nicht auf den Ausdruck „Personen", sondern ausschließlich auf die „derzeitigen" Organe bzw Organisationen bezogen. Auf diese Art kommt man zu dem Schluß, daß Art 1 Abschn D GFK auch Personen erfasse, die nach dem Stichtag des 28. Juli 1951 „UNRWA-Flüchtlinge" geworden sind (vgl *Grahl-Madsen* I, 264 f). Dies ist allerdings mit dem Wortlaut der GFK nicht vereinbar.

429 Gem Art 1 Abschn E GFK wird dieses Abkommen auf Personen keine Anwendung finden, die von der zuständigen Behörde des Landes, in dem sie Aufenthalt genommen haben, als im Besitze aller Rechte und Pflichten angesehen werden, die mit dem Besitze der Staatsangehörigkeit dieses Landes verbunden sind. Zweck dieser Bestimmung ist es, die sog *„con-national refugees"* vom Anwendungsbereich der GFK auszunehmen. Betroffen sind vorrangig „deutsche Vertriebene" (siehe dazu *Ehrenfort*, Bundesvertriebenengesetz, 110; *Ladame*, 248 f; *Proudfoot*, 242; *Strassmann*, Bundesvertriebenengesetz, 35; *Grahl-Madsen* I, 266 ff). Art 1 Abschn E GFK könnte allerdings auch für andere Gruppen von „con-national refugees" praktisch werden. Der gegenständliche Asylausschlußtatbestand hat dadurch seine inhaltliche Berechtigung, daß in der angesprochenen Fallkonstellation die Schutzbedürftigkeit einer Person nicht (mehr) gegeben ist. Entfällt aber der (einmal gegebene) „Besitz aller Rechte und Pflichten, die mit dem Besitze der Staatszugehörigkeit dieses Landes verbunden sind", kann die Schutzbedürftigkeit wieder aufleben.

II. Feststellung der Flüchtlingseigenschaft

a) Allgemeines

430 Wird Fremden auf Grund Asylantrags (§ 7 AsylG 1997), von Amts wegen (§ 9 leg cit) oder im Wege der Asylerstreckung (§§ 10 und 11 leg cit) Asyl gewährt, ist dieser Bescheid in jedem Fall mit der bescheidmäßigen Feststellung zu verbinden, daß dem Fremden damit kraft Gesetzes die Flüchtlingseigenschaft zukommt. Der Ausdruck *„zu verbinden"* besagt, daß zwischen dem Bescheid, mit dem Asyl gewährt (erstreckt) wird und dem Bescheid, mit dem die Flüchtlingseigenschaft festgestellt wird, ein zeitliches enges Naheverhältnis bestehen muß. Das Gesetz schreibt nicht ausdrücklich vor, daß beide Bescheide in einer Bescheidurkunde enthalten sein müssen, was jedoch in der Praxis häufig der Fall sein wird. Der Ausdruck *„damit kraft Gesetzes"* weist auf den Umstand, der auch ohne diese Wortfolge auf der Hand läge, hin, daß die Flüchtlingseigenschaft selbst von Gesetzes wegen be- und entsteht wie auch endet. Die Bescheidwirkung soll sich materiell in der Feststellung eines ohnedies von Gesetzes wegen bestehende Rechtsstatus erschöpfen. Wie unten dargelegt wird, trifft dies nicht in allen Fällen zu. Wie die Rechtswirkungen des Feststellungsbescheids nicht mit der materiellen Flüchtlingseigenschaft entstehen, enden sie auch nicht mit dem gesetzlichen Wegfall der Flüchtlingseigenschaft; dazu bedarf es eines behördlichen Hoheitsaktes (siehe dazu § 14 Abs 5 AsylG 1997; vgl *Davy U.*, Asylrechtsreform, 825, FN 105); zumindest in all jenen Fällen, in denen einem Fremden die Flüchtlingseigenschaft iSd GFK nicht zukommt, wirkt die Feststellung der Flüchtlingseigenschaft konstitutiv. Gegenstand der Feststellung ist die Flüchtlingseigenschaft iSd GFK, dh, daß in dieser Feststellung regelmäßig auch die Tatbestände des Art 1 Abschn C und F enthalten sind. Hier kommt es zu einer Doppelgleisigkeit im Hinblick auf den Asylausschlußtatbestand des § 13 Abs 1 AsylG 1997.

431 Im gegebenen Zusammenhang ist erwähnenswert, daß im AsylG 1991 eine „Feststellung der Flüchtlingseigenschaft" nicht (mehr) vorgesehen war. Demgegenüber hat der VwGH interessanterweise wiederholt ausgesprochen, *„daß ein Asylwerber durch einen Bescheid – wie den angefochtenen* (Abweisung des Asylantrags nach dem AsylG 1991) *– entsprechend dem vom Beschwerdeführer bezeichneten Beschwerdepunkt gemäß § 28 Abs. 1 Z 4 VwGG – in seinem gesetzlich gewährleisteten Recht auf ‚Feststellung der Flüchtlingseigenschaft' auch auf dem Boden des Asylgesetzes 1991 verletzt sein kann"* (vgl zB VwGH 14. 10. 1992, 92/01/0834; 16. 12. 1993, 93/01/0230).

b) Voraussetzungen der Feststellung der Flüchtlingseigenschaft

432 Einzige Rechtsbedingung für die Feststellung der Flüchtlingseigenschaft ist, daß dem betreffenden Fremden – auf welchem (gesetzmäßigen Weg) auch immer – Asyl gewährt wird. In diesem Zusammenhang wirft sich die Frage auf, zu welchem Zeitpunkt *„Asyl gewährt wird"*. Bei strenger Betrachtung tritt die Asylgewährung erst mit Rechtskraft des Asylgewährungsbescheids ein. Vor diesem Hintergrund hätte die Asylbehörde die Rechtskraft des Asylbescheids abzuwarten und erst dann (möglichst rasch) den Feststellungsbescheid zu erlassen. Dem widerspricht allerdings der Umstand, daß der Gesetzgeber eine *„Verbindung"* beider Entscheidungen vorgesehen hat. Das zeitliche Naheverhältnis beider Bescheide soll möglichst nah beeinander liegen, im Idealfall sogar zusammenfallen. Dies deutet darauf hin, daß jener Bescheid, mit dem die Flüchtlingseigenschaft festgestellt wird, schon vor Rechtskraft, möglichst uno actu erlassen werden soll.

c) Materielle Wirkung der Feststellung der Flüchtlingseigenschaft

433 Nachdem das AsylG 1997 keinen eigenen Flüchtlingsbegriff kennt, sondern den Flüchtlingsbegriff der GFK voraussetzt, kann kein Zweifel daran bestehen, daß Gegenstand des Feststellungsbescheids die Flüchtlingseigenschaft der GFK ist, die ihrerseits von Gesetzes wegen entsteht und endet. Der Feststellungsbescheid tritt gleichsam neben die materielle Flüchtlingseigenschaft und hat demnach in der Regel keine konstitutive Wirkung; er kann aber in jenen Fällen konstitutive Wirkung entfalten, in denen einem betroffenen Fremden die Flüchtlingseigenschaft nach der GFK nicht zukommt. Den klassischen Zusammenhang zwischen Asylgewährung und Flüchtlingseigenschaft wollte der Gesetzgeber – soweit ersichtlich – nicht durchbrechen, mag auch der Wortlaut des § 7 AsylG 1997 in dieser Hinsicht weiter gefaßt sein (diese Bestimmung spricht nur von einer drohenden Verfolgung iSd Art 1 Abschn A Z 2 GFK und erwähnt die übrigen Elemente des Flüchtlingsbegriffs nicht). Dies gilt weitestgehend zumindest im Falle der Asylgewährung von Amts wegen nach § 7 leg cit.

434 Im Falle der Asylgewährung von Amts wegen ist der Zusammenhang zwischen Asylgewährung und materieller Flüchtlingseigenschaft nicht mehr so deutlich. Hier stellt der Gesetzgeber selbst auf keine Verfolgungsgefahr ab, sondern lediglich auf eine völkerrechtliche Zusage der Asylgewährung. Daraus folgt zwingend, daß eine drohende Verfolgungsgefahr nicht notwendigerweise Voraussetzung für die Feststellung der Flüchtlingseigenschaft sein muß, mag man diese im Falle der „Übernahme" einer Gruppe von Fremden nach abstrakten Kriterien auch vermuten (vgl dazu *Rosenmayr*, Asylrecht, 593). In diesen Fällen verdünnt sich der althergebrachte Zusammenhang zwischen der Asylgewährung und der materiellen Flüchtlingseigenschaft. Hier wendet sich der rein feststellende Charakter jenes Bescheids, mit dem die Flüchtlingseigenschaft festgestellt wird, zu einer unwiderleglichen gesetzlichen Vermutung, wobei der Feststellungsbescheid in jenen Fällen, in denen der betroffene Fremde nicht Flüchtling iSd GFK ist, in materieller Hinsicht auch konstitutive Elemente enthält.

435 Ähnliches gilt auch für die Fälle der Feststellung der Flüchtlingseigenschaft nach einer Asylerstreckung. Auch hier mutiert der Feststellungsbescheid in Einzelfällen zu einem Rechtsgestaltungsbescheid. Auch hier nimmt man bewußt in Kauf, daß die Feststellung der Flüchtlingseigenschaft auch Personen trifft, die keine Flüchtlinge iSd GFK sind, wobei man in diesem Zusammenhang allerdings nicht außer Acht lassen darf, daß die Familieneinheit im Gegensatz zur vereinzelten, jedoch bedenklichen Jud des VwGH (vgl dazu oben die Ausführungen zu Rz 386) Schutzgut der GFK ist. Dies legt nahe, daß häufig auch Ehegatten, Lebensgefährten und Kinder von Flüchtlingen gleichermaßen Flüchtlinge iSd GFK sind.

436 Eine wesentliche Frage der Rechtswirkungen eines Bescheids ist dessen Bindungswirkung als Element der Rechtskraft. Unter Verbindlichkeit (di ein Oberbegriff zur sog Bindungswirkung) versteht man allgemein die Normativität des Bescheids: Es gilt, was der Bescheid inhaltlich ausspricht (vgl *Walter/Mayer*, Verwaltungsverfahrensrecht, Rz 465). Parteien und Behörden (in bezug auf die betroffenen Parteien) haben den Bescheidinhalt als maßgeblich zu betrachten (res iudicata ius facit). Die Behörden (nicht nur die Asylbehörden) haben sich – im Rahmen der objektiven und subjektiven Grenzen der Verbindlichkeit – an den Ausspruch des Bescheids zu halten. Dieser Teil der Verbindlichkeit wird auch Bindungswirkung genannt. Auch rechtswidrige Bescheide erwachsen in Rechtskraft und sind sodann verbindlich (vgl VwGH 18. 1. 1971, 1311/70; 15. 9. 1978, 2300/77; 8. 2. 1994, 93/08/0166). Die Bindungswirkung im hier verstandenen Sinn findet sich in der Regelung des § 38 AVG wieder. Aus der Möglichkeit, das Verfahren bis zur rechtskräftigen Entscheidung einer Vorfrage zu unterbrechen (auszusetzen), muß auf die Bindung der Behörde an die Vorfragenentscheidung im Rahmen der subjektiven und objektiven Grenzen dieser Entscheidung geschlossen werden (vgl dazu den Wiederaufnahmetatbestand der abweichenden Entscheidung der Vorfrage nach § 69 Abs 1 Z 3 AVG). Vor diesem Hintergrund ist festzuhalten: Verwaltungsbehörden sind an rechtskräftige (unanfechtbare) Akte anderer Behörden (Verwaltungsbehörden und Gerichte) innerhalb der Grenzen der Rechtskraft gebunden (VwGH 19. 10. 1988, 1668/77; 19. 10. 1988, 86/01/0062; 21. 10. 1994, 94/11/0253). Die Verbindlichkeit eines Bescheids tritt mit seiner Unanfechtbarkeit ein (VwGH 30. 9. 1994, 91/08/0099) und endet mit seiner Beseitigung (vgl aber auch *Lehne*, JBl 1960, 287).

437 Im Lichte der Feststellung der Flüchtlingseigenschaft nach dem AsylG 1997 heißt dies, daß Verwaltungsbehörden und Gerichte an die Feststellung der Flüchtlingseigenschaft iSd GFK gem § 12 AsylG 1997 gebunden sind. Nach dem AsylG 1997 ist die Feststellung der Flüchtlingseigenschaft eine Hauptfrage iSd § 38 AVG. Sobald der Bescheid, mit dem die Flüchtlingseigenschaft festgestellt wurde, unanfechtbar geworden ist, haben sämtliche Behörden und Gerichte davon auszugehen, daß die betreffende Person Flüchtling iSd GFK ist. Die Behörden sind an diese Feststellung auch dann gebunden, wenn gegen deren Rechtmäßigkeit – bezogen auf die ihr zugrunde liegenden Rechtsvorschriften (die GFK) – Bedenken bestehen, was selbst dann gilt, wenn sie zur GFK in eklatantem Widerspruch steht (vgl dazu VwSlg

7250 A). Vice versa gilt ähnliches für die Feststellung nach § 14 Abs 2 AsylG 1997, daß „dem Betroffenen die Flüchtlingseigenschaft kraft Gesetzes nicht mehr zukommt".

438 Vor dem Hintergrund dieser Bindungswirkung stellt sich insb die Frage, ob der Bundesgesetzgeber nach den verfassungsrechtlichen Kompetenzbestimmungen befugt ist, eine derartige Norm zu erlassen. Die verfassungsrechtlichen Kompetenzbestimmungen enthalten keinen Kompetenztatbestand, der zur Feststellung der Flüchtlingseigenschaft ermächtigen würde, obgleich es sich bei der Flüchtlingseigenschaft um einen der Staatsbürgerschaft vergleichbaren Status handelt, durch welchen die Gesamtrechtsstellung der Flüchtlinge schlechthin und nicht bloß im Lichte aufenthalts- bzw fremdenrechtlicher Fragen bestimmt werden (siehe dazu schon *Rosenmayr*, Asylverfahren, 119 f; vgl auch *Davy U.*, Asylrechtsreform, 825). Vor diesem Hintergrund liegt es nahe, daß die Feststellung der Flüchtlingseigenschaft nach § 12 AsylG 1997 die verfassungsrechtlichen Schranken der Kompetenzverteilung sprengt und der Bund – wie generell im Falle einer Querschnittsmaterie auch (zum Wesen einer Querschnittsmaterie siehe *Walter/Mayer*, Bundesverfassungsrecht, Rz 301) – zur Erlassung einer derartigen Norm auf der Basis eines einfachen Gesetzes nicht befugt ist.

439 Nach dem historisch vorgefundenen Bestand aus der Monarchie bezieht sich etwa der Ausdruck *„Paßwesen"* im wesentlichen auf Vorschriften über die Dokumente, die die Staatsbürger für Reisebewegungen im Inland und in das Ausland benötigen. Der Ausdruck *„Fremdenpolizei"* erfaßt danach ein ganzes Bündel von Regelungen: Regeln über Reisedokumente, die Fremde benötigen, um einen Grenzübertritt vornehmen zu dürfen; Regeln über die Art und Weise, wie der Grenzübertritt vorzunehmen ist (zB Gestellungspflichten); Regeln über die Bedingungen, unter denen ein Grenzübertritt aus polizeilichen Rücksichten erlaubt wird (zB Sichtvermerkspflicht, Voraussetzungen für die Erteilung eines Sichtvermerks); Regeln über die Bedingungen, unter denen der Aufenthalt von Fremden im Staatsgebiet unter dem Blickwinkel polizeilicher Rücksichten zugelassen wird (zB Aufenthaltsbewilligungspflicht, Ausweispflicht, Meldepflicht); Regeln über die Entfernung aus dem Staatsgebiet aus Gründen der öffentlichen Ruhe, Ordnung und Sicherheit. Diese verschiedenen Bereiche der konstitutionellen „Fremdenpolizei" unterliegen nach dem B-VG keinem einheitlichen kompetenzrechtlichen Regime. Ein Teil ist dem Tatbestand „Regelung und Überwachung des Eintritts in das Bundesgebiet und des Austrittes aus ihm" zuzuordnen (Art 10 Abs 1 Z 3 B-VG), ein anderer Teil dem Tatbestand „Meldewesen" (Art 10 Abs 1 Z 7 B-VG), ein dritter Teil dem Tatbestand „Abschiebung, Abschaffung und Ausweisung" (Art 10 Abs 1 Z 3 B-VG; das gilt insb für aufenthaltsbeendende Maßnahmen). Wie immer die Grenzen der Kompetenztatbestände zu ziehen sein mögen, scheint angesichts des Befundes doch klar, daß die Tatbestände „Paßwesen" und „Fremdenpolizei" nicht die Befugnis übertragen, für die gesamte österreichische Rechtsordnung einheitlich festzusetzen, unter welchen Voraussetzungen Fremde zum Kreis jener Personen gehören, denen (wegen ihrer Flüchtlingseigenschaft) ein besonderer innerstaatlicher Rechtsstatus eingeräumt werden kann (*Davy U.*, Asylrechtsreform, 825, insb FN 107).

III. Funktionelle Zuständigkeit

440 Die Bestimmung des § 12 AsylG 1997 verlangt, daß die Entscheidung, mit der Fremden von Amts wegen oder auf Grund Asylerstreckungsantrages Asyl gewährt wird, mit der Feststellung zu *„verbinden"* ist, daß dem Fremden damit kraft Gesetzes die Flüchtlingseigenschaft zukommt. § 12 leg cit wählt nicht einen organisatorischen, sondern einen „funktionellen" Anknüpfungspunkt und spricht so die *Asylbehörden* an. Unter Behörden sind nach dem AsylG 1997 sowohl das BAA als auch der UBAS zu verstehen; beide sind in Abschnitt 6 unter der Überschrift „Behörden" geregelt. Damit stellt sich die Frage, ob der UBAS zur Feststellung der Flüchtlingseigenschaft funktionell auch dann zuständig ist, wenn er nicht als Berufungsbehörde entscheidet, was insb dann zutrifft, wenn in erster Instanz – aus welchen Gründen auch immer – nicht über die Flüchtlingseigenschaft eines Fremden bescheidmäßig abgesprochen wurde, sohin ein bekämpfbarer Bescheid in der betreffenden Verwaltungssache nicht vorliegt, oder die Feststellung nach § 12 AsylG 1997 nicht durch Berufung bekämpft wurde.

441 Bei der funktionellen Zuständigkeit geht es um die Frage, welche von mehreren Behörden eines organisatorischen oder instanzenmäßigen (in Fällen mittelbarer Verwaltung) Organkomplexes zur Setzung eines bestimmten Verwaltungsaktes zuständig ist (vgl *Walter/Mayer*, Verwaltungsverfahrensrecht, Rz 96). Der Wortlaut des § 12 AsylG 1997 würde zunächst dafür sprechen, daß der UBAS – wie das BAA auch – bei der Asylgewährung (Stattgebung des Berufungsantrags betreffend die Abweisung des Asylantrags) immer mit einer Feststellung der Flüchtlingseigenschaft zu *„verbinden"* hat, sohin funktionell auch dann zuständig ist, wenn er nicht als Berufungsbehörde entscheidet. Dieser Ansatz widerspricht der Verfassungsbestimmung des Art 129c Abs 1 B-VG, der es dem einfachen Gesetzgeber nur ermöglicht, den UBAS ausschließlich als *„Berufungsbehörde"* einzusetzen. Vor diesem Hintergrund ist die Bestimmung des § 12 AsylG 1997 so zu verstehen, daß der UBAS eine Feststellung der Flüchtlingseigenschaft nur dann zu treffen hat, wenn diese Feststellung gem § 12 leg cit im Rahmen eines Berufungsverfahrens zu treffen ist.

Ausschluß von der Asylgewährung

§ 13. (1) Asyl ist ausgeschlossen, wenn einer der in Art. 1 Abschnitt F der Genfer Flüchtlingskonvention genannten Ausschlußgründe vorliegt.

(2) Asyl ist weiters ausgeschlossen, wenn Fremde aus gewichtigen Gründen eine Gefahr für die Sicherheit der Republik darstellen oder von einem inländischen Gericht wegen eines besonders schweren Verbrechens rechtskräftig verurteilt worden sind und wegen dieses strafbaren Verhaltens eine Gefahr für die Gemeinschaft bedeuten. Einer Verurteilung durch ein inländisches Gericht ist eine solche durch ein ausländisches Gericht gleichzuhalten, die den Voraussetzungen des § 73 StGB entspricht.

RV: [22]

In den Fällen des Vorliegens von Ausschlußtatbeständen nach Art. 1 Abschnitt F der Genfer Flüchtlingskonvention und des Vorliegens eines Gefährdungstatbestandes im Sinne des Art. 33 Z 2 leg. cit. ist jede Art von Asylgewährung ausgeschlossen. Nach Art. 1 Abschnitt F der Genfer Flüchtlingskonvention sind die Bestimmungen der Genfer Flüchtlingskonvention von vornherein auf Personen nicht anwendbar, hinsichtlich derer ernsthafte Gründe für den Verdacht bestehen, daß sie ein Verbrechen gegen den Frieden, ein Kriegsverbrechen oder ein Verbrechen gegen die Menschlichkeit begangen haben, und zwar im Sinne jener internationalen Einrichtungen, die ausgearbeitet wurden, um Bestimmungen gegen solche Verbrechen zu schaffen, bevor sie als Flüchtling in das Gastland zugelassen wurden, (außerhalb des Zufluchtslandes) ein schweres nicht politisches Verbrechen begangen haben, oder sich Handlungen schuldig gemacht haben, die sich gegen die Ziele und Prinzipien der Vereinten Nationen richten. Gemäß Art. 33 Z 1 der Genfer Flüchtlingskonvention darf kein vertragschließender Staat einen Flüchtling in irgendeiner Form in ein Gebiet ausweisen oder zurückweisen, wo sein Leben oder seine Freiheit aus Gründen seiner Rasse, seiner Religion, seiner Nationalität, seiner Zugehörigkeit zu einer bestimmten sozialen Gruppe oder seiner Ansichten bedroht wäre. Nach Z 2 dieser Regelung kann der Vorteil dieser Bestimmung jedoch von einem Flüchtling nicht in Anspruch genommen werden, der aus gewichtigen Gründen eine Gefahr für die Sicherheit seines Aufenthaltslandes darstellt oder der, wegen eines besonders schweren Verbrechens rechtskräftig verurteilt, eine Gefahr für die Gemeinschaft des betreffenden Landes bedeutet.

Das Vorliegen eines Asylausschlußtatbestandes nach Art. 33 Z 2 der Genfer Flüchtlingskonvention bedeutet nicht zwangsläufig, daß auch eine Abschiebung, Zurückschiebung oder Zurückweisung zulässig wäre. Die Zulässigkeit derartiger fremdenpolizeilicher Maßnahmen richtet sich ausschließlich nach § 57 des Fremdengesetzes 1997. Danach wiederum hat Art. 3 der EMRK Vorrang gegenüber Art. 33 Z 2 der Flüchtlingskonvention (vgl. dazu Art. 5 der Genfer Flüchtlingskonvention).

Inhaltsübersicht

I. Allgemeines

442 Der Ausschluß der Asylgewährung verhindert a limine die Asylgewährung auf welchem gesetzlichen Weg auch immer. Im Falle der Verwirklichung von Asylausschlußtatbeständen ist der Asylantrag abzuweisen. Damit kommt es nach dem Mechanismus des AsylG 1997 (vgl § 12 leg cit) zu keiner Feststellung der Flüchtlingseigenschaft. Während die Verwirklichung eines der Ausschlußgründe nach Art 1 Abschn F GFK (§ 13 Abs 1 AsylG 1997) dazu führt, daß ein Fremder nie Flüchtling iSd GFK wird oder die Flüchtlingseigenschaft a limine verliert, ist in Fällen des Asylausschlußtatbestandes des § 13 Abs 2 AsylG 1997 durchaus denkbar, daß der betroffene Fremde Flüchtling iSd GFK ist. Demnach beseitigt ein Asylausschlußtatbestand nach § 13 leg cit nicht zwangsläufig die materielle Flüchtlingseigenschaft nach der GFK. Eine non-refoulement-Prüfung gem § 8 AsylG 1997 ist jedoch auch dann vorgesehen, wenn sich die Abweisung des Asylantrags auf (zumindest) einen der Asylausschlußtatbestände des § 13 leg cit stützt.

II. Asylausschlußtatbestand nach Art 1 Abschn F GFK

443 Die Abschn C und F des Art 1 GFK wurden ursprünglich als Korrektiv zur Definition des Art 1 Abschn A konzipiert (siehe dazu *Robinson*, 58). Gem Art 1 Abschn F GFK sind die Bestimmungen der GFK auf Personen nicht anwendbar, hinsichtlich derer ernsthafte Gründe für den Verdacht bestehen, daß sie ein Verbrechen gegen den Frieden, ein Kriegsverbrechen oder ein Verbrechen gegen die Menschlichkeit begangen haben, und zwar im Sinne jener internationalen Einrichtungen, die ausgearbeitet wurden, um Bestimmungen gegen solche Verbrechen zu schaffen (Art 1 Abschn F lit a GFK); bevor sie als Flüchtling in das Gastland zugelassen wurden, (außerhalb des Gastlandes) ein schweres, nicht politisches Verbrechen begangen haben (Art 1 Abschn F lit b GFK) oder sich Handlungen schuldig gemacht haben, die sich gegen Ziele und Prinzipien der Vereinten Nationen richten (Art 1 Abschn F lit c GFK). An dieser Stelle ist darauf hinzuweisen, daß die deutsche Übersetzung des Art 1 Abschn F lit b einen Übersetzungsfehler oder zumindest eine unklare Übersetzung enthält. Im Sinne des Ausschlußtatbestandes des Art 1 Abschn F lit b GFK ist die Begehung eines schweren nichtpolitischen Verbrechens nur dann maßgeblich, wenn das schwere nicht politische Verbrechen vor der *„Zulassung als Flüchtling im Gastland"* und *„außerhalb des Gastlandes"* begangen wurde. Dies ergibt sich daraus, daß die authentischen Texte in englischer bzw französischer Sprache die Worte *„outside"* bzw *„en dehors"* enthalten, obgleich im deutschen Text ein entsprechender Ausdruck nicht zu finden ist (vgl dazu VwGH 16. 1. 1996, 95/20/0018; 11. 9. 1996, 95/20/0286). Beweisthemen sind hier ua *„ernsthafte Gründe für den Verdacht"*. Unter Verdacht versteht man die Wahrscheinlichkeit des Vorliegens bestimmter Umstände (siehe dazu zB *Bertel*, Rz 328; VwGH 7. 11. 1995, 94/20/0794). Diese Wahrscheinlichkeit muß durch ernsthafte Gründe indiziert sein. Ein unbegründeter Verdacht etwa im Sinne einer Vermutung genügt nicht. Der VwGH hat ausgeführt, daß *„selbst terroristische Aktivitäten (...) die Anerkennung als Konventionsflüchtling nicht von vornherein hindern, sofern nicht der Ausschließungsgrund nach Art. 1 Abschnitt F der Genfer Flüchtlingskonvention vorliegt (vgl. hg. Erkenntnisse vom 10. März 1993, Zl. 92/01/0882, und jeweils vom 17. Juni 1993, Zlen 92/01/0986, 0987). Es ist vielmehr in jedem Falle durch Ermittlungen zu klären und festzustellen, in welchem Zusammenhang die dem Asylwerber vorzuwerfenden strafbaren Handlungen mit seiner politischen Tätigkeit bzw. Meinung stehen, um beurteilen zu können, ob die drohende Strafverfolgung sich nicht als eine solche* *wegen der politischen Gesinnung (oder aus einem anderen in der Genfer Flüchtlingskonvention angeführten Grund) angesehen werden kann"* (VwGH 14. 3. 1995, 94/20/0761; vgl auch VwGH 18. 3. 1993, 92/01/0720). *„(...) selbst der Verdacht der Teilnahme an bewaffneten Kampfhandlungen gegen (...) Regierungstruppen (des Herkunftsstaates) (hindert) die Anerkennung als Konventionsflüchtling nicht"* (VwGH 27. 6. 1995, 94/20/0817; 5. 11. 1992, 92/01/0703). *„Mit dem Ausschließungsgrund (...) sollen besonders schwere Verstöße gegen in allen Staaten gleichermaßen geschützte Rechtsgüter verstanden werden, bei denen die Verwerflichkeit ein allfälliges Schutzinteresse überwiegt"* (VwGH 14. 3. 1995, 94/20/0761; vgl auch VwGH 16. 6. 1994, 94/19/0630).

444 Verbrechen gegen den Frieden (vgl dazu *Grahl-Madsen* I, 274) umfassen insbesondere das Planen, Vorbereiten, Einleiten und Führen eines Angriffskrieges unter Verletzung völkerrechtlicher Normen. Das ius ad bellum ist durch das völkerrechtliche Gewaltverbot weitestgehend durchbrochen (zum Gewaltverbot siehe *Neuhold*, Grundregeln, Rz 1687). Jeder schwerwiegende Verstoß gegen das Gewaltverbot ist ein Verbrechen gegen den Frieden.

445 Kriegsverbrechen stellen einen schwerwiegenden Verstoß gegen das völkerrechtliche Kriegsrecht im Sinne eines ius in bello dar (zu den völkerrechtlichen Normen des Kriegsrechts siehe *Zemanek*, Humanitätsrecht, Rz 2550 ff). Solche Verstöße sind beispielsweise Mord, Mißhandlungen, Deportationen, Zwangsarbeit, Plünderungen sowie mutwillige und militärisch nicht notwendige Zerstörungen (vgl dazu *Grahl-Madsen* I, 274). Durch die Verletzung des Kriegsrechts entsteht Staatenverantwortlichkeit. Zusätzlich wurde aber va durch die Rechtsprechung der alliierten Militärgerichte nach dem zweiten Weltkrieg gewohnheitsrechtlich eine *individuelle* (völker)strafrechtliche Verantwortlichkeit der Täter für die Verletzung des Kriegsrechts (Kriegsverbrechen, „war crimes") entwickelt (*Zemanek*, Humanitätsrecht, Rz 2581 ff). Ursprünglich wurde das Völkergewohnheitsrecht in vier Genfer Abkommen über den Schutz der Opfer internationaler Konflikte (Genfer Abkommen vom 12. August 1949 zum Schutz der Opfer des Krieges BGBl 1953/155; beachte auch: Ordnung der Gesetze und Gebräuche des Landkrieges (Haager Landkriegsordnung) vom 18. 10. 1887 RGBl 1913/180; Protokoll betreffend das Verbot der Verwendung von erstickenden, giftigen oder ähnlichen Gasen und von bakteriologischen Mitteln im Krieg vom 17. 6. 1925 BGBl 1928/202; Übereinkommen über das Verbot der Entwicklung, Herstellung und Lagerung bakteriologischer (biologischer) Waffen und von Toxinwaffen sowie über die Vernichtung solcher Waffen vom 10. 4. 1972 BGBl 1975/432; Übereinkommen über das Verbot der militärischen oder einer sonstigen feindseligen Nutzung umweltverändernder Techniken vom 18. 5. 1977 BGBl 1990/144) aus dem Jahre 1949 kodifiziert und durch das erste und zweite Zusatzprotokoll zu den genannten Genfer Abkommen (Zusatzprotokoll zu den Genfer Abkommen vom 12. 8. 1949 über den Schutz der Opfer internationaler bewaffneter Konflikte BGBl 1982/527) weiterentwickelt. Im Lichte des Art 1 Abschn F lit a GFK ist eine Verletzung des *„ius in bello"* nur insofern von Bedeutung, als dadurch eine individuelle (völker)strafrechtliche Verantwortlichkeit der betreffenden Person begründet wird.

446 Verbrechen gegen die Menschlichkeit umfassen ua Mord, Versklavung, Deportation, menschenunwürdige Behandlung (vgl dazu insb Art 3 EMRK; Übereinkommen gegen Folter und andere, grausame unmenschliche oder erniedrigende Behandlung oder Strafe BGBl 1987/492; Europäisches Übereinkommen zur Verhütung von Folter und unmenschlicher oder erniedrigender Behandlung oder Strafe BGBl 1989/74) wie auch unmenschliche Akte gegen die Zivilbevölkerung im Zuge eines

Krieges, Völkermord (vgl dazu Art II der Konvention zur Verhütung und Bestrafung des Völkermordes vom 9. 12. 1948, BGBl 1958/91 idF BGBl 1964/59) sowie sonstige schwere Eingriffe in Menschenrechte (vgl dazu Art 6 Londoner Charta über das Internationale Militärtribunal vom 8. 8. 1945, 82 UNTS 279). Verbrechen gegen die Menschlichkeit sind keine Kriegsverbrechen im technischen Sinn (*Zemanek*, Humanitätsrecht, Rz 2582). Gleich den Kriegsverbrechen geht es auch hier um die individuelle (völker)strafrechtliche Verantwortlichkeit entscheidender Staatsorgane, wie sie in der Rechtsprechung der Internationalen Militärgerichtshöfe von Nürnberg und Tokio nach dem zweiten Weltkrieg für Verbrechen gegen den Frieden („crimes against peace") und Verbrechen gegen die Menschlichkeit („crimes against humanity") zum Ausdruck kam (vgl dazu *Zemanek* aaO Rz 2582).

447 Verbrechen gegen die Menschlichkeit sind dann maßgeblich, wenn sie Verbrechen im Sinne jener internationalen Einrichtungen darstellen, die ausgearbeitet wurden, um Bestimmungen gegen solche Verbrechen zu schaffen; dh es muß sich um einen Verstoß gegen völkerrechtliche Normen handeln, die die Verhinderung derartiger Verbrechen bezwecken.

448 Wesentlicher Inhalt des Art 1 Abschn F lit b GFK ist der Begriff des *„schweren nicht politischen Verbrechens"* („serious non-political crime"; siehe dazu auch Art 14 Z 2 der AEMR, Res der GV der VN vom 10. 12 1948, 217 (II)). Die Redaktoren der GFK wollten sicherstellen, daß Institute des Flüchtlingsrechts nicht durch „Justizflüchtlinge" („fugitives from justice") mißbraucht werden und daß in das Auslieferungsrecht nicht eingegriffen wird (vgl dazu *Grahl-Madsen* I, 290; nach dem österreichischen Auslieferungsrecht verhindert die Flüchtlingseigenschaft prinzipiell eine Auslieferung; vgl zB § 19 Z 3 ARHG BGBl 1979/529). Der Begriff des nicht politischen Verbrechens ergibt sich am zweckmäßigsten aus einer negativen Begriffsbestimmung. Ausgehend vom belgischen Gesetzgeber des Jahres 1833 (siehe dazu *Marx*, Asylrecht II, 336) wird unter einem politischen Delikt allgemein eine Tat verstanden, die sich *unmittelbar* gegen den Bestand oder die Sicherheit des Staates richtet (*Marx*, aaO 344). In erster Linie sind Staatsschutzdelikte wie Hochverrat, Landesverrat, Komplotte, Attentate, Erregung eines Bürgerkrieges und etwa strafbare Handlungen im Zusammenhang mit einer Wahl angesprochen (siehe dazu *Linke/Epp/Dokoupil/Felsenstein*, 31). Es umfaßt aus objektiver Sicht jene Rechtsgüter, die unmittelbar den Bestand und die Sicherheit des Staates schützen sollen. Damit ist der Kreis der politischen Straftaten dem Typus nach festgelegt, der den gemeinen Straftaten gegenübergestellt wird. Schon der belgische Gesetzgeber des Jahres 1833 wollte die von ihm als „faits connexes" bezeichneten *„Zusammenhangstaten"* vom allgemeinen Auslieferungsverkehr ausnehmen. Derartige Delikte werden auch als *„gemischt politische Delikte"* bezeichnet (vgl dazu VwGH 7. 11. 1995, 94/20/0794). Die Einordnung dieser Delikte als politische oder gemeine stößt auf erhebliche dogmatische Probleme. Maßgeblich ist insoweit, daß bestimmte an sich gemeine Straftaten mit einem politischen Delikt in einem äußeren und inneren Zusammenhang stehen (*Marx*, Asylrecht II, 345). Eine rein äußerliche Verknüpfung reicht jedoch nicht aus. Notwendig ist vielmehr ein bewußtes und gewolltes Verhältnis von Ursache und Wirkung dergestalt, daß die gemeine Straftat als Mittel, Weg oder Deckung für die politische gewollt und tatsächlich begangen wird (vgl auch dazu VwGH 7. 11. 1995, 94/20/0794). Während also die politischen Beweggründe des Täters für die Bestimmung des politischen Deliktes grundsätzlich irrelevant sind (BGH 16. 1. 1963, g.B.2StR 398/62; BGH 17. 8. 1978, 4 ARs.28/78; OLG Frankfurt 8. 6. 1973, 2 Ausl.5/73), erhalten sie bei der Frage, ob das gemeine Delikt die politische Tat vorbereiten, sichern, decken oder abwehren soll, mitentscheidende Bedeutung für die Abgrenzung (vgl zB OLG Düsseldorf 14. 12. 1950, Ausl.1/50 AR 8/50). Die Tendenz – wie auch die österreichische Rechtsordnung (vgl § 14 Z 2 ARHG) – geht dahin, bei Zusammenhangstaten danach abzugrenzen, ob noch der politische oder bereits der kriminelle Charakter überwiegt (vgl zB BGH 11. 3. 1981, g.K.4 ARs 18/80; *Linke/Epp/Dokoupil/Felsenstein*, 31; im gegebenen Zusammenhang spricht man von der „Schweizer Formel"). Art 3 EAA (BGBl 1969/320) und § 14 Z 2 ARHG verhindern grundsätzlich eine Auslieferung durch die österreichischen Behörden im Falle von politischen Delikten und strafbaren Handlungen politischen Charakters (vgl jedoch Art 1 und 2 des Europäischen Übereinkommens zur Bekämpfung des Terrorismus vom 27. 1. 1977 BGBl 1978/446; Art VII Konvention über die Verhütung und Bestrafung des Völkermordes vom 9. 12. 1958 BGBl 91).

449 Art 1 Abschn F lit b GFK verlangt ein nichtpolitisches *„schweres"* Verbrechen. Nach herrschender Lehre fallen darunter nur Straftaten, die in objektiver und subjektiver Hinsicht besonders schwerwiegend sind und deren Verwerflichkeit in einer Güterabwägung gegenüber den Schutzinteressen des Verfolgten diese eindeutig überwiegt (*Weis*, Concept, 987; *Grahl-Madsen* I, 294 f, 297; *Lieber*, 116; Handbuch Rz 155; *Goodwin-Gill*, Refugee, 104 ff; *Köfner/Nicolaus* I, 325 ff). Typischerweise schwere Verbrechen sind etwa Tötungsdelikte, Vergewaltigung, Kindesmißhandlung, Brandstiftung, Drogenhandel und bewaffneter Raub. Milderungsgründe, Schuldausschließungsgründe und Rechtfertigungsgründe sind zu berücksichtigen (vgl *Kälin*, Grundriß, 182). Die Güterabwägung zwischen Verwerflichkeit eines Verbrechens und den Schutzinteressen des Verfolgten hat die potentielle Gefahr für die Allgemeinheit dem Ausmaß und der Art der drohenden Verfolgung gegenüberzustellen. Art F lit b GFK kann etwa keine Anwendung finden, wenn die drohende Verfolgung relativ schwer ist, der Asylwerber aber als weitgehend resozialisiert gelten kann, weil er nicht rückfällig geworden ist. Hat der Asylwerber mit Folter oder Tod zu rechnen, überwiegen die öffentlichen Interessen an der Nichtanerkennung (Nichtasylgewährung) kaum je die individuellen Schutzinteressen (ähnlich Handbuch, 43; *Goodwin-Gill*, Refugee, 104 ff; *Grahl-Madsen* I, 298). In solchen Fällen sind auch Kriminelle als Flüchtlinge anzuerkennen bzw ist ihnen Asyl zu gewähren, wenn ihnen im Herkunftsstaat Verfolgung droht; vorbehalten bleibt in jedem Fall zudem der Schutz nach Art 3 EMRK. Die Güterabwägung ist aus menschenrechtlichen und rechtsstaatlichen Erwägungen unverzichtbar: Die Anwendung des Art 1 Abschn F GFK bewirkt einen vollständigen Ausschluß vom internationalen Schutz für Flüchtlinge; da grundsätzlich auch Verbrecher ihrer Menschenrechte nicht verlustig gehen, kann diese Verwirkung jeglicher Schutzansprüche bloß in extremen Situationen greifen (*Kälin*, Grundriß, 182).

450 Nach dem klaren Wortlaut der authentischen Texte des Art 1 Abschn F der GFK muß es sich bei schweren nicht politischen Verbrechen um solche handeln, die der Asylwerber *„außerhalb"* des Zufluchtsstaates (*„outside"*; *„en dehor"*) verübt hat, *„bevor"* er dort als Flüchtling Aufnahme fand. Vom Schutz ausgeschlossen werden sohin Personen, die bereits Verbrecher waren, bevor sie in den Zufluchtsstaat einreisten (*Grahl-Madsen* I, 300; *Robinson*, 68 f; *Lieber*, 117; *Köfner/Nicolaus* I, 325). Unerheblich ist, ob das Verbrechen im Herkunftsstaat oder in einem Drittstaat verübt wurde. Da der Flüchtling dem Schutz des Art 33 GFK mit dem Moment untersteht, zu welchem er an der Grenze des Zufluchtsstaates erscheint (*Kälin*, Grundriß, 217 f), bestimmt sich der Ausschluß vom Schutz der GFK für Straftaten, die *nach der Einreise* begangen werden, grundsätzlich nach den Regeln des Art 33 Z 2 GFK. Nach der Einreise verübte Straftaten verhindern also nach dem Konzept der GFK zwar nicht die Anerkennung als Flüchtling (die Asylgewährung), doch wäre nach Art 33 Z 2 GFK eine Zurückweisung, Zurückschiebung oder Abschiebung in den Verfolgerstaat zulässig, wenn dem nicht Art 3 EMRK entgegenstünde (zum Verhältnis des Art 33 Z 2 GFK zu Art 3 EMRK siehe oben die Ausführungen zu § 8, Rz 320 ff).

451 Art 1 Abschn F lit c GFK behandelt den schuldhaften Verstoß gegen Ziele und Prinzipien der Vereinten Nationen. Unter „Verstoß gegen Ziele und Prinzipien der Vereinten Nationen" sind in erster Linie die Bestimmungen des Art 1 und des Art 2 der Satzung der Vereinten Nationen angesprochen (vgl *Kälin*, Grundriß, 182; *Grahl-Madsen* I, 284; *Robinson*, 69; *Lieber*, 118; *Goodwin-Gill*, Refugee, 108; *Köfner/Nicolaus* I, 328 f). Diese Bestimmungen adressieren grundsätzlich die Mitgliedsstaaten als Völkerrechtssubjekte und regeln das Verhältnis der Staaten zueinander, richten sich aber prinzipiell nicht an die einzelne physische Person. Deshalb kann Art 1 Abschn F lit c GFK nur in Ausnahmefällen und prinzipiell nur auf Personen Anwendung finden, die als Organe von Staaten die diesem zurechenbaren Handlungen gestaltend beeinflussen. In diesem Rahmen findet Art 1 Abschn F lit c GFK auch auf Einzelpersonen Anwendung (siehe dazu *Kälin*, Grundriß, 183; *Grahl-Madsen* I, 284, 286; *Goodwin-Gill*, Refugee, 108; Handbuch Rz 163; *Köfner/Nicolaus* I, 329). Als Verstöße gegen die Ziele und Prinzipien der Vereinten Nationen kommen schwere Verstöße gegen die Menschenrechte und fundamentale Freiheitsrechte in Betracht: Sklavenhandel (vgl Art 4 AEMR), Folter (Vgl Art 5 AEMR; Art 3 EMRK; Übereinkommen gegen Folter und andere grausame, unmenschliche oder erniedrigende Behandlung oder Strafe BGBl 1987/492; Europäisches Übereinkommen zur Verhütung von Folter und unmenschlicher oder erniedrigender Behandlung oder Strafe BGBl 1989/74), Mißachtung demokratischer Grundrechte (vgl Art 21 Abs 1, 3 AEMR), Völkermord, Verstoß gegen das Gewaltverbot uam. Der Verstoß gegen die Ziele und Prinzipien der Vereinten Nationen muß an Verwerflichkeit das Schutzbedürfnis der betreffenden Person deutlich überwiegen, um eine Asylunwürdigkeit zu begründen.

III. Asylausschlußtatbestand nach Art 33 Abs 2 GFK

452 Gem Art 33 Z 1 GFK darf kein vertragschließender Staat einen Flüchtling in irgendeiner Form in ein Gebiet ausweisen oder zurückweisen, wo sein Leben oder seine Freiheit aus Gründen seiner Rasse, seiner Religion, seiner Nationalität, oder seiner politischen Ansichten bedroht wäre (zum Refoulement-Verbot siehe zB *Kälin*, Non-refoulement; *Lieber*, 21 ff; *Gornig*, EuGRZ 1986, 521 ff; *ders*, Refoulement; *Hailbronner*, Asylrecht, 69 ff; ders, AuslR, Kommentar zu § 1 Ausländergesetz, Rz 21). Eine dem Art 33 Z 1 GFK ähnliche Regelung ist dem Art 3 Folterkonvention zu entnehmen, wonach ein Vertragsstaat eine Person nicht in einen anderen Staat ausweisen, abschieben oder an diesen ausliefern darf, wenn stichhaltige Gründe für die Annahme bestehen, daß sie dort Gefahr liefe, gefoltert zu werden (vgl dazu *Hailbronner/Randelholzer*, EuGRZ 1985, 109 ff). Gem Art 33 Z 2 GFK kann den Vorteil dieser Bestimmung jedoch von einem Flüchtling nicht in Anspruch genommen werden, der aus gewichtigen Gründen eine Gefahr für die Sicherheit seines Aufenthaltslandes darstellt oder der, wegen eines besonders schweren Verbrechens rechtskräftig verurteilt, eine Gefahr für die Gemeinschaft des betreffenden Landes bedeutet. An dieser Stelle ist ausdrücklich darauf hinzuweisen, daß Art 33 Abs 2 GFK die Anwendung des Art 3 EMRK nicht hindert; Flüchtlinge dürfen auch in diesem Punkt aus menschenrechtlicher Sicht gegenüber sonstigen Fremden nicht schlechter gestellt werden (vgl dazu insb Art 5 GFK).

453 Art 33 Z 2 GFK nennt wie § 13 Abs 2 AsylG 1997 als Rechtsbedingung, daß der betreffende Fremde eine Gefahr für die Sicherheit der Republik Österreich (des Aufenthaltsstaates) bedeutet. Eine solche Gefahr besteht dann, wenn die Existenz des Staates selbst in Frage steht oder der Aufenthaltsstaat Gefahr läuft, im Hinblick auf seinen Bestand schwere Beeinträchtigungen hinnehmen zu müssen. Dies ist insb dann der Fall, wenn die Gefahr eines Umsturzes oder einer Revolution gegeben ist. Zum anderen ist erforderlich, daß die Gefahr für die Sicherheit des Aufenthaltslandes nur durch aufenthaltsbeendende Maßnahmen abgewendet werden kann.

454 Das AsylG 1968 hatte den allgemeinen Gesetzesbegriff „besonders schweres Verbrechen" mit der Umschreibung „Verbrechen, das mit mehr als fünf Jahren Freiheitsstrafe bedroht ist" präzisiert (vgl § 4 AsylG 1968). Gem § 5 Abs 1 Z 3 AsylG 1991 verlor ein Flüchtling Asyl, wenn festgestellt wurde, daß hinsichtlich seiner Person einer der in Art 33 Z 2 GFK genannten Tatbestände eingetreten ist. Gleichwohl diese Bestimmung des AsylG 1991 von einer „Konkretisierung" des Begriffs „besonders schweres Verbrechen" abzusehen schien, umschrieb § 37 Abs 4 FrG 1992 diesen Begriff weiterhin als „Verbrechen, das mit mehr als fünf Jahren Freiheitsstrafe bedroht ist" (vgl dazu *Rohrböck*, AsylG 1991, 148 ff). Wie sich im Fall Ahmed vor dem EGMR (vgl dazu EGMR 17. 12. 1996 Ahmed, 71/1995/577/663) deutlich gezeigt hatte, war die Konkretisierung des Begriffs „besonders schweres Verbrechen" nach abstrakten Deliktstypen nicht dazu geeignet, den Unwert einer Tat im Einzelfall (insb unter Berücksichtigung von Erschwernis und Milderungsgründen) zu erfassen und führte in Einzelfällen aus völkerrechtlicher Sicht zu bedenklichen Ergebnissen. Vor diesem Hintergrund entschloß man sich, von einer Konkretisierung des Begriffs „besonders schweres Verbrechen" überhaupt abzusehen und an deren Stelle schlicht auf das Völkerrecht zu verweisen (vgl § 13 Abs 2 AsylG 1997 und § 57 Abs 4 FrG 1997, die wörtlich an Art 33 Z 2 GFK anknüpfen). Dadurch soll eine völkerrechtskonforme Interpretation des Begriffs „besonders schweres Verbrechen" bewirkt werden.

455 Unter den Begriff des „besonders schweren Verbrechens" fallen nach herrschender Lehre (des Völkerrechts) nur Straftaten, die in objektiver und subjektiver Hinsicht besonders schwerwiegend sind und deren Verwerflichkeit in einer Güterabwägung gegenüber den Schutzinteressen des Verfolgten diese eindeutig überwiegt (*Weis*, Concept, 987; *Grahl-Madsen* I, 294 f, 297; *Lieber*, 116; Handbuch Rz 155; *Goodwin-Gill*, Refugee, 104 ff; *Köfner/Nicolaus* I, 325 ff). Typischerweise schwere Verbrechen sind etwa Tötungsdelikte, Vergewaltigung, Kindesmißhandlung, Brandstiftung, Drogenhandel und bewaffneter Raub. Milderungsgründe, Schuldausschließungsgründe und Rechtfertigungsgründe sind zu berücksichtigen (vgl *Kälin*, Grundriß, 182). Die Güterabwägung zwischen Verwerflichkeit eines Verbrechens und den Schutzinteressen des Verfolgten hat die potentielle Gefahr für die Allgemeinheit dem Ausmaß und der Art der drohenden Verfolgung gegenüberzustellen. Art F lit b GFK kann etwa keine Anwendung finden, wenn die drohende Verfolgung relativ schwer ist, der Asylwerber aber weitgehend als resozialisiert gelten kann, weil er nicht rückfällig geworden ist. Hat der Asylwerber mit Folter oder Tod zu rechnen, überwiegen die öffentlichen Interessen an der Nichtanerkennung (Nichtasylgewährung) kaum je die individuellen Schutzinteressen (ähnlich Handbuch, 43; *Goodwin-Gill*, Refugee, 104 ff; *Grahl-Madsen* I, 298). In solchen Fällen sind auch Kriminelle als Flüchtlinge anzuerkennen bzw ist ihnen Asyl zu gewähren, wenn ihnen im Herkunftsstaat Verfolgung droht; vorbehalten bleibt in jedem Fall zudem der Schutz nach Art 3 EMRK. Die Güterabwägung ist aus menschenrechtlichen und rechtsstaatlichen Erwägungen unverzichtbar: Die Anwendung des Art 1 Abschn F GFK be-

wirkt einen vollständigen Ausschluß vom internationalen Schutz für Flüchtlinge; da grundsätzlich auch Verbrecher ihrer Menschenrechte nicht verlustig gehen, kann diese Verwirkung jeglicher Schutzansprüche bloß in extremen Situationen greifen (*Kälin*, Grundriß, 182).

456 Für den Asylausschluß genügt es nicht, daß ein Fremder ein besonders schweres Verbrechen begangen hat. Vielmehr ist erforderlich, daß der Betroffene wegen eines solchen Verbrechens von einem inländischen Gericht rechtskräftig verurteilt worden ist. Unter den Voraussetzungen des § 73 StGB ist eine Verurteilung durch ein ausländisches Gericht einer solchen durch ein österreichisches Gericht gleichzuhalten. Gem § 73 StGB stehen, sofern das Gesetz nicht ausdrücklich auf die Verurteilung durch ein inländisches Gericht abstellt, ausländische Verurteilungen inländischen gleich, wenn sie den Rechtsbrecher wegen einer Tat schuldig sprechen, die auch nach österreichischem Recht gerichtlich strafbar ist, und in einem den Grundsätzen des Art 6 der Europäischen Konvention zum Schutze der Menschenrechte und Grundfreiheiten, BGBl. Nr. 210/1958, entsprechenden Verfahren ergangen ist.

Verlust des Asyls

§ 14. (1) Asyl ist von Amts wegen mit Bescheid abzuerkennen, wenn

1. **Asyl aufgrund eines Asylantrages oder von Amts wegen gewährt wurde und einer der in Art. 1 Abschnitt C der Genfer Flüchtlingskonvention angeführten Endigungsgründe eingetreten ist;**
2. **Asyl durch Erstreckung gewährt wurde, der hiefür maßgebliche Grund weggefallen ist und kein anderer Grund für Asylerstreckung besteht;**
3. **die Fremden den Mittelpunkt ihrer Lebensbeziehungen in einem anderen Staat haben;**
4. **einer der in Art. 1 Abschnitt F der Genfer Flüchtlingskonvention genannten Ausschlußgründe eingetreten ist;**
5. **die Fremden aus gewichtigen Gründen eine Gefahr für die Sicherheit der Republik darstellen oder von einem inländischen Gericht wegen eines besonders schweren Verbrechens rechtskräftig verurteilt worden sind und wegen dieses strafbaren Verhaltens eine Gefahr für die Gemeinschaft bedeuten. Einer Verurteilung durch ein inländisches Gericht ist eine solche durch ein ausländisches Gericht gleichzuhalten, die den Voraussetzungen des § 73 StGB entspricht.**

(2) In den Fällen einer Aberkennung hat die Behörde mit der Aberkennung die Feststellung zu verbinden, daß damit dem Betroffenen die Flüchtlingseigenschaft kraft Gesetzes nicht mehr zukommt.

(3) Mit einer Aberkennung gemäß Abs. 1 Z 4 und 5 hat die Behörde eine Feststellung darüber zu verbinden, ob die Zurückweisung, Zurückschiebung oder Abschiebung der Fremden in den Herkunftsstaat zulässig ist (§ 57 FrG).

(4) Eine Aberkennung des Asyls gemäß Abs. 1 Z 1 oder 2 ist nicht mehr zulässig, wenn seit der Asylgewährung bereits fünf Jahre oder seit Einbringung des für die Asylgewährung maßgeblichen Antrages bereits acht Jahre verstrichen sind und die Fremden ihren Hauptwohnsitz im Bundesgebiet haben. In solchen Fällen hat die Behörde die nach dem Fremdengesetz zuständige Behörde vom Sachverhalt zu verständigen.

(5) Erwerben Fremde, denen Asyl gewährt wurde, die österreichische Staatsbürgerschaft oder wird ihnen in den Fällen des Abs. 4 eine unbefristete Niederlassungsbewilligung (§ 23 Abs. 7 FrG) erteilt, so treten die Bescheide, mit denen Asyl gewährt und die Flüchtlingseigenschaft festgestellt wurde, von Gesetzes wegen außer Kraft.

RV: [22]

Die Asylverlusttatbestände des Abs. 1 entsprechen – abgesehen davon, daß versucht wurde, die einzelnen Tatbestände präziser zu fassen – im wesentlichen dem geltenden Recht. Neu ist hingegen das Rechtsinstitut der Überleitung von Asylberechtigten, die bei sozialer Verfestigung im Inland einem Asylverlusttatbestand nach § 14 Abs. 1 Z 1 oder 2 unterliegen, in das Regime des Fremdengesetzes. Die soziale Verfestigung wird nach einer Dauer von fünf Jahren beziehungsweise acht Jahren unwiderleglich vermutet. Das aufenthaltsrechtliche Anschlußstück für diese Bestimmung findet sich in § 23 Abs. 6 FrG. Eine derartige Überleitung ist nicht möglich, wenn der Fremde den Mittelpunkt seiner Lebensbeziehungen in einem anderen Staat hat und ihm dort Schutz vor Verfolgung im Sinne der Genfer Flüchtlingskonvention gewährt wurde, oder wenn der Fremde aus gewichtigen Gründen eine Gefahr für die

Sicherheit der Republik Österreich darstellt oder er von einem Gericht rechtskräftig wegen eines besonders wegen eines besonders schweren Verbrechens rechtskräftig verurteilt, eine Gefahr für die Gemeinschaft bedeutet. Zudem ist an eine Überleitung ins Fremdenrecht – selbst bei sozialer Verfestigung – nicht gedacht, wenn einer der in Art. 1 Abschnitt F der Genfer Flüchtlingskonvention genannten Ausschlußtatbestände eingetreten ist. Mit der Erteilung einer Aufenthaltsbewilligung tritt der Asylbescheid von Gesetzes wegen außer Kraft; in diesen Fällen sowie dann, wenn der Fremde die österreichische Staatsbürgerschaft erwirbt, ist der Konventionsreisepaß gemäß § 82 Abs. 5 in Verbindung mit § 81 FrG zu entziehen und einzuziehen.

Die Asylverlusttatbestände sind taxativ geregelt. Asylverlust ist nur denkbar, wenn die betreffende Person zum Entziehungszeitpunkt Asylrecht genießt. In Verbindung mit der Regelung des § 44 Abs. 3 trifft dies alle Menschen, denen vor Inkrafttreten dieses Bundesgesetzes die Rechtsstellung eines Flüchtlings zuerkannt worden ist.

Mit der Asylaberkennung ist die Feststellung zu verbinden, daß die Betroffenen nicht mehr kraft Gesetzes Flüchtlinge sind. In jenen Fällen, in denen Asyl auf Grund eines Asylausschlußtatbestandes abzuerkennen ist, ist diese Aberkennung überdies mit der bescheidmäßigen Feststellung durch die Asylbehörden zu verbinden, ob die Zurückweisung, Zurückschiebung oder Abschiebung der Fremden in den Herkunftsstaat im Sinne des § 57 des Fremdengesetzes 1997 zulässig ist. Dies dient einer Verfahrenskonzentration und damit der Verfahrensökonomie.

Inhaltsübersicht

I. Asylverlust

a) Allgemeines

457 Wie Asyl nach dem AsylG 1997 mit Bescheid zu gewähren ist, ist Asyl auch mit Bescheid abzuerkennen (contrarius actus). Im Gegensatz zum Ausschluß von der Asylgewährung bewirkt die Aberkennung von Asyl mit rechtskräftigem Bescheid den Asylverlust ex nunc. Ein Fremder, der unter die Bestimmungen betreffend den Verlust des Asyl fällt und/oder dem Asyl aberkannt wurde, kann wieder zum Asylanspruchsberechtigten werden, sollte sich der Sachverhalt entsprechend ändern. In diesen Fällen ist ein (neuerlicher) Antrag auf Asylgewährung zulässig. Die Aberkennung von Asyl ist nur dann denkmöglich, wenn der (die) betreffende Fremde asylberechtigt ist (UBAS 4. 3. 1998, 200.377/0-I/03/98).

b) Asylverlust nach Art 1 Abschn C GFK

458 Art 1 Abschn C GFK bestimmt, daß dieses Abkommen auf eine Person, die unter die Bestimmungen des Abschn A fällt, nicht mehr angewendet werden wird, wenn sie sich freiwillig wieder unter den Schutz ihres Heimatlandes gestellt hat

(Art 1 Abschn C Z 1 GFK); die verlorene Staatsangehörigkeit freiwillig wieder erworben hat (Art 1 Abschn C Z 2 GFK); eine andere Staatsangehörigkeit erworben hat und den Schutz ihres neuen Heimatlandes genießt (Art 1 Abschn C Z 3 GFK); oder sich freiwillig in dem Staat, den sie aus Furcht vor Verfolgung verlassen oder nicht betreten hat, niedergelassen hat (Art 1 Abschn C Z 4 GFK); wenn die Umstände, auf Grund deren sie als Flüchtling anerkannt worden ist, nicht mehr bestehen und sie es daher nicht weiterhin ablehnen kann, sich unter den Schutz ihres Heimatlandes zu stellen (Art 1 Abschn C Z 5 GFK; die Bestimmungen der Z 5 sind nicht auf die in Z 1 des Abschn A des Art 1 genannten Flüchtlinge anzuwenden, wenn sie die Inanspruchnahme des Schutzes durch ihr Heimatland aus triftigen Gründen, die auf frühere Verfolgung zurückgehen, ablehnen), oder staatenlos ist und die Umstände, auf Grund deren sie als Flüchtling anerkannt worden ist, nicht mehr bestehen, und sie daher in der Lage ist, in ihr früheres Aufenthaltsland zurückzukehren (Art 1 Abschn C Z 6 GFK; die Bestimmungen der Z 6 sind jedoch auf die in Z 1 des Abschn A des Art 1 genannten Personen nicht anzuwenden, wenn sie die Inanspruchnahme des Schutzes durch ihr früheres Aufenthaltsland aus triftigen Gründen, die auf frühere Verfolgung zurückgehen, ablehnen). Ähnliche Bestimmungen betreffend das Enden der Zuständigkeit des UNHCR finden sich im Kapitel II Z 6 Abschn A des UNHCR-Statuts (vgl dazu *Grahl-Madsen* I, 368). Es besteht allgemein Übereinstimmung darüber, daß die Aufzählung des Art 1 Abschn C abschließend ist (vgl dazu *Grahl-Madsen* I, 369; BayVGH 2. 12. 1958, 137 VIII 56).

459 Wie oben ausgeführt wurde, wird eine Person nur dann Flüchtling, wenn sie aus wohlbegründeter Furcht vor Verfolgung nicht in der Lage oder nicht willens ist, sich unter den Schutz des Heimatlandes zu stellen (vgl Art 1 Abschn A Z 2 GFK). Dementsprechend bestimmt Art 1 Abschn C Z 1 GFK, daß eine Person aufhört, Flüchtling zu sein, wenn sie sich freiwillig wieder unter den Schutz des besagten Landes stellt (vgl auch Kapitel II Z 6 Abschn A lit a UNHCR-Statut). Diese Bestimmung richtet sich nur an Personen, die eine Staatsangehörigkeit besitzen. Wesentliches Tatbestandselement ist der Begriff „Schutz“. Dieser Begriff korrespondiert mit dem Schutzbegriff des Art 1 Abschn A Z 2 GFK im Hinblick auf die Unzumutbarkeit der Inanspruchnahme des Schutzes des Heimatstaates. Die Unzumutbarkeit der Inanspruchnahme des Schutzes des Heimatstaates steht ihrerseits über den Flüchtlingsbegriff der GFK mit den Schutzgütern dieser Konvention in unauflöslichem Zusammenhang. Die Unterschutzstellung muß demnach Schutzgüter der GFK betreffen. Verschiedentlich unterscheidet man zwischen internem (zB durch innerstaatliche Organe) und externem Schutz (diplomatischem bzw konsularischem Schutz uam) sowie zwischen aktivem und passivem Schutz (siehe dazu *Grahl-Madsen* I, 381); für den Tatbestand der Unterschutzstellung sind diese Unterscheidungen allerdings nicht von Bedeutung. Der VwGH vertritt die Ansicht, daß eine Reise in den Herkunftsstaat idR eine Unterschutzstellung unter den Schutz des Heimatlandes bedeutet, sofern es nicht Gründe für eine gegenteilige Annahme gibt: „*In seinem Erkenntnis vom 31. Mai 1995, Zl. 94/01/0795 (…) hat der Verwaltungsgerichtshof ausgesprochen, auch die mehrmalige, nicht unter Umgehung der Grenzkontrolle erfolgte Einreise in das Heimatland – ob dies auch schon bei einmaliger Einreise der Fall wäre, könne unerörtert bleiben – stelle gewöhnlich eine Unterschutzstellung unter das Heimatland dar, sofern nicht vom Beschwerdeführer ein Sachverhalt dargebracht würde, der jeweils eine davon abweichende Beurteilung erfordere. In umgekehrtem Licht betrachtet bedeutet dies aber, daß jeweils im Einzelfall zu prüfen ist, ob nicht ein Sachverhalt behauptet wurde, der in Abweichung zu dieser generellen Aussage konkret die Annahme einer der in Art. 1 Abschnitt C GFK genannten Tatbestände ver-*

bietet" (VwGH 16. 1. 1996, 95/20/0153). Der VwGH hat – wie auch die hL – wiederholt in problematischer Weise die Auffassung vertreten, daß die Ausstellung eines Reisepasses idR einer „Unterschutzstellung" gleichkommt: *„(...) zur Frage der Rechtmäßigkeit der Heranziehung des (...) Ausschließungsgrundes ist auszuführen, daß die Ausstellung eines Reisepasses in der Regel – sofern nicht im konkreten Einzelfall ein dieser rechtlichen Beurteilung entgegenstehender Sachverhalt aufgezeigt wird – als eine der Formen angesehen werden muß, mit denen ein Staat seinen Angehörigen Schutz gewährt"* (VwGH 2. 3. 1995, 94/19/0432; vgl auch VwGH 25. 11. 1994, 94/19/0376; 27. 6. 1995, 94/20/0546; 5. 6. 1996, 96/20/0308; 20. 12. 1995, 95/01/0441; 19. 12. 1995, 94/20/0838; 2. 3. 1995, 94/19/0432; 21. 2. 1995, 94/20/0060; 24. 1. 1995, 94/20/0881; 18. 12. 1996, 95/20/0628; 24. 10. 1996, 96/20/0587; vgl auch *Grahl-Madsen* I, 379 ff; Handbuch, Rz 120 bis 124). *„Ist die Ausstellung oder Verlängerung eines Reisepasses eine der Formen, in denen ein Staat seinen Angehörigen Schutz gewährt (...), so bedarf es keiner Absicht des Betroffenen, den Schutz seines Heimatlandes auch noch auf andere Art – etwa durch eine Rückkehr in dieses Land – in Anspruch zu nehmen. Das Fehlen einer solchen Absicht ist ebenso unmaßgeblich wie ein Fortbestand der Fluchtgründe als solcher, wenn die darauf gegründete Furcht den Betroffenen nicht mehr davon abhält, den Schutz seines Heimatlandes in der erwähnten Weise in Anspruch zu nehmen. Was im Einzelfall zu einem anderen Ergebnis führen kann, sind vor allem Umstände, die die Freiwilligkeit des zu beurteilenden Verhaltens in Frage stellen. Die Freiwilligkeit in diesem Sinne wird nach Lehre und Rechtsprechung nicht ausgeschlossen durch den Wunsch, Rechtsvorteile des schutzgewährenden Staates zu erlangen, die dieser an die nationale Zugehörigkeit des Betroffenen knüpft. Dort jedoch, wo die Behörden des Schutzstaates selbst die Vorlage von Identitätspapieren für nötig erachten, wurde auch bereits vom Verwaltungsgerichtshof die ‚Freiwilligkeit' der Unterschutzstellung verneint"* (VwGH 12, 9, 1996, 96/20/0531; vgl dazu auch VwGH 19. 12. 1995, 94/20/0838; 28. 1. 1998, 97/01/0302; *Grahl-Madsen* I, 384 ff; Handbuch, Rz 120 und 124). *„Anders als die Ausstellung eines Reisepasses (...) stellt (...) die Ausstellung eines Führerscheines keine Schutzgewährung durch den Heimatstaat dar"* (VwGH 19. 3. 1997, 95/01/0151). Die Jud wie die hL sind insofern bedenklich, als mit der Ausstellung eines Reisepasses durch den Verfolgerstaat nicht zwangsläufig die Schutzbedürftigkeit eines Flüchtlings entfällt, worauf es jedoch letztendlich ankommt.

460 Der Begriff der Freiwilligkeit umschreibt vorrangig das Fehlen von physischen und psychischen Zwängen. Ist die Willensbildung frei von Zwängen und kann die betreffende Person ihr Wollen frei bestimmen, dann ist sie auch für ihr gewolltes Tun verantwortlich (siehe dazu *Grahl-Madsen* I, 388; VwGH 27. 6. 1995, 94/20/0546). Freiwilligkeit indiziert auch Verantwortlichkeit. Die Freiwilligkeit erfordert auch die geistige Fähigkeit, einen Willen bilden zu können. Die Willensbildungsfähigkeit kann beispielsweise durch psychische Krankheit, geistige Behinderung und (oder) auf Grund des Alters einer Person eingeschränkt bzw ausgeschlossen sein. Die Willensbildungsfähigkeit orientiert sich an der Handlungsfähigkeit. Ist eine Person nicht handlungsfähig, kann auch von Freiwilligkeit regelmäßig nicht die Rede sein.

461 Der Ausdruck *„sich (...) gestellt hat"* verlangt eine Handlung. Eine Unterschutzstellung ohne eine Handlung (Tun oder Unterlassen) ist undenkbar. Als Handlung muß die Unterschutzstellung der betreffenden Person auch zurechenbar sein, was wiederum die Handlungsfähigkeit des Handelnden bedingt. Zurechnungsunfähige – sei es auf Grund des Alters oder des geistigen Zustandes – sind handlungsunfähig.

462 Der freiwillige Wiedererwerb der Staatsangehörigkeit setzt voraus, daß die betreffende Person zuvor dieselbe Staatsangehörigkeit besessen und verloren hat (vgl dazu *Grahl-Madsen* I, 392). Obwohl dies nicht ausdrücklich in Art 1 Abschn C Z 2 GFK erwähnt ist, kann nur jene Staatsangehörigkeit angesprochen sein, die im Rahmen der Flüchtlingsdefinition des Art 1 Abschn A Z 2 GFK für die Zurechnung der Verfolgungsgefahr maßgeblich ist. Gleich allen anderen Tatbestandselementen des Art 1 Abschn C GFK muß der freiwillige Wiedererwerb der Staatsangehörigkeit den Entfall der Schutzbedürftigkeit der betroffenen Person bewirken. Der „Wiedererwerb" verlangt regelmäßig ein Handeln und damit die Handlungsfähigkeit.

463 Der Erwerb einer anderen Staatsangehörigkeit und der mit diesem Erwerb verbundene Schutz des neuen Heimatstaates im Sinne des Art 1 Abschn C Z 3 GFK erfordern das Element der Freiwilligkeit nicht (vgl *Grahl-Madsen* I, 392). Unter „anderer Staatsangehörigkeit" ist die „Staatsbürgerschaft" eines Staates zu verstehen, der nicht jener Staat ist, der Zurechnungssubjekt der Verfolgungsgefahr im Rahmen der Flüchtlingsdefinition ist. Die Art des Erwerbs der neuen Staatsangehörigkeit spielt keine Rolle. Der Schutzbegriff des Art 1 Abschn C Z 3 GFK korrespondiert mit dem Schutzbegriff im Lichte der Flüchtlingsdefinition des Art 1 Abschn A Z 2 GFK (vgl auch *Grahl-Madsen* I, 396). Anzumerken bleibt, daß es durch den Erwerb einer neuen Staatsangehörigkeit zwangsläufig zu einem Wechsel des Zurechnungssubjektes im Hinblick auf eine (mögliche) Verfolgungsgefahr im Lichte des Flüchtlingsbegriffs gem Art 1 Abschn A Z 2 GFK kommt. Betrachtet man den Asylverlusttatbestand des Art 1 Abschn C Z 3 GFK, wird erkennbar, daß diese Konventionsbestimmung entbehrlich ist. Auch ohne diese Regel würde die Flüchtlingseigenschaft mit dem Wechsel des Zurechnungssubjektes (das wäre nunmehr der „neue" Staat) erlöschen, falls nicht auch diesem Staat eine „neue" Verfolgungsgefahr zurechenbar ist. Auch im Lichte des Art 1 Abschn C Z 3 GFK muß der Entfall der Schutzbedürftigkeit bewirkt werden.

464 Die freiwillige Niederlassung im bisherigen Verfolgerstaat nach Art 1 Abschn C Z 4 GFK verlangt einen auf Dauer angelegten Aufenthalt, eine auf Dauer angelegte Wohnsitznahme und den Entfall der Schutzbedürftigkeit (siehe dazu *Grahl-Madsen* I, 378). Es genügt demnach nicht, wenn die betreffende Person lediglich den Fuß auf den Boden des Verfolgerstaates setzt (siehe dazu *Grahl-Madsen* I, 371). Die freiwillige Niederlassung im (bisherigen) Verfolgerstaat hindert ein Wiederaufleben der Flüchtlingseigenschaft nicht, wenn die „freiwillige Niederlassung" wieder aufgegeben wird und die Verfolgungsgefahr noch besteht oder neu entsteht.

465 Das *„Nicht-mehr-Bestehen"* der Umstände, auf Grund deren eine Person als Flüchtling anerkannt worden ist, wie dies in Art 1 Abschn C Z 5 und 6 GFK angesprochen wird, hängt eng mit der Flüchtlingsdefinition des Art 1 Abschn A Z 2 GFK zusammen. Der Umstand, daß hier von „anerkennen" die Rede ist, ändert nichts am materiellen Flüchtlingsbegriff der GFK, ist aber Indiz dafür, daß ein formaler Akt der Anerkennung völkerrechtlich zulässig ist. Jene Umstände, die seinerzeit die Prognose einer Verfolgungsgefahr rechtfertigten, müssen weggefallen sein, sodaß gegenwärtig eine Verfolgungsgefahr nicht mehr besteht. Das heißt aber auch, daß keine *„neuen Umstände"* hinzugetreten sein dürfen, die ihrerseits die Prognose einer Verfolgungsgefahr rechtfertigen. Die genannten Vorschriften sind Ausdruck eines „beweglichen Flüchtlingsbegriffs" in dem Sinne, daß der Flüchtlingsbegriff als „Norm in der Zeit" zum jeweils maßgeblichen Beurteilungszeitpunkt im Lichte des gegenwärtigen Sachverhaltes betrachtet werden muß. Die „Nichtablehnbarkeit" der Inanspruchnahme des Schutzes des Heimatstaates bzw der Rückkehr in das frühere Aufenthaltsland entspricht der Umschreibung der Unzumutbarkeit der Inanspruchnahme des Schutzes des Heimatstaates bzw der Rückkehr in das Land des vorherigen gewöhnlichen Aufenthaltes im Sinne der Flüchtlingsdefinition des Art 1 Abschn A Z 2 GFK. Zur Erfüllung des Tatbestandsmerkmals des *„Nicht-mehr-Bestehens"* der Umstände, auf Grund deren eine Person als Flüchtling anerkannt worden ist, genügt es nicht, wenn bloß das subjektive Furchtempfinden weggefallen ist (VwGH 30. 4. 1997, 94/01/0786; 29. 1. 1997, 95/01/0449, 0450).

466 Die Verlusttatbestände des Art 1 Abschn C GFK sind keine Strafnormen (vgl *Grahl-Madsen* I, 375, 391). Der Verlust der Flüchtlingseigenschaft ist keine Strafe, sondern Ausdruck des Entfalles der Schutzbedürftigkeit. Demnach steht die Normalisierung der Beziehungen zum Heimatstaat im Mittelpunkt der Betrachtung (vgl dazu *Grahl-Madsen* I, 393, 399). Dies erklärt auch die Rolle der Verlusttatbestände nach Art 1 Abschn C GFK im Rahmen des Flüchtlingsbegriffs der GFK, welcher in wesentlichen Punkten die Schutzbedürftigkeit einzelner Menschen anspricht und definiert. Hervorzuheben ist, daß die Verlusttatbestände aktuell sein müssen (siehe dazu schon VG Ansbach 24. 5. 1960, 2344-45 II/59; dieses Urteil erwähnt zwar die Aktualität nicht ausdrücklich, geht aber inhaltlich davon aus). Ein Wegfall der Verlusttatbestände läßt die Flüchtlingseigenschaft im Sinne der GFK wieder aufleben, wenn die Verfolgungsgefahr nach wie vor besteht oder neuerlich eine relevante Verfolgungsgefahr entsteht.

467 Von den Verlusttatbeständen des Art 1 Abschn C GFK unterscheiden sich wesentlich die Ausschlußtatbestände des Art 1 Abschn F GFK (zu Art 1 Abschn F GFK siehe *Köfner/Nicolaus* I, 310 ff). Im Gegensatz zu den Verlusttatbeständen verhindern die Ausschlußtatbestände im Sinne der genannten Bestimmung die Flüchtlingseigenschaft a limine und endgültig. Die Bestimmung des Art 1 Abschn F GFK schließt – wie die Bestimmung des Art 1 Abschn C GFK grundsätzlich auch – die ansonsten zwingende Anwendung der GFK und (erfordert sohin nicht die Anerkennung als Flüchtling iSd GFK) und damit auch die Anwendung des Art 33 Abs 1 GFK (nicht aber die Anwendung des Art 3 EMRK) aus. Sie dient – dies wiederum im Gegensatz zu Art 1 Abschn C GFK – primär dem Schutz des Aufnahmestaates und seiner Bevölkerung vor kriminellen Elementen, darüber hinaus aber auch der Pönalisierung von Personen, die derart schwerwiegende Akte, wie in Art 1 Abschn F GFK beschrieben, verübt haben (vgl zB *Kälin*, Grundriß, 178 f).

468 Eine Aberkennung des Asyl nach § 14 Abs 1 Z 1 und 2 AsylG 1997 ist nicht mehr zulässig, wenn seit der Asylgewährung (wenn auch durch Asylerstreckung) bereits fünf Jahre verstrichen sind oder seit des für die Asylgewährung maßgeblichen Antrags (auch Asylerstreckungsantrag) mehr alt acht Jahre verstrichen sind und die Fremden in beiden Fällen den Hauptwohnsitz (siehe dazu B-VG-Novelle BGBl 1994/504; § 1 Abs 7 MeldeG idF des Hauptwohnsitzgesetzes BGBl 1994/505; *Schick/Wiederin*, Wohnsitzbegriff; zur historischen Entwicklung *Wiederin*, Versteinerungstheorie, 1253 ff) im Bundesgebiet haben. Das Gesetz gibt keine Auskunft darüber, zu welchem Zeitpunkt (zu welchem Zeitraum) der betroffene Fremde seinen Hauptwohnsitz im Bundesgebiet haben muß. Der UBAS ging davon aus, daß es genüge, wenn der Hauptwohnsitz des betreffenden Fremden zum Zeitpunkt der Mitteilung an die Fremdenpolizeibehörde nach § 14 Abs 4 AsylG 1997 im Bundesgebiet vorliegt (UBAS 19. 2. 1998, 200.349/0-I/03/98); mag diese Ansicht pragmatisch gerechtfertigt sein, ist sie indes nicht zwingend, wäre es doch auch denkbar, den Zeitpunkt der Erteilung der weiteren Niederlassungsbewilligung nach § 23 Abs 5 FrG 1997 als maßgeblichen Zeitpunkt heranzuziehen. Es ist nach dem Gesetzeswortlaut aber nicht völlig ausgeschlossen, daß der Hauptwohnsitz vor dem Hintergrund des § 14 Abs 4 AsylG 1997 über einen gewissen Mindestzeitraum im Bundesgebiet vorliegen muß. Der Hauptwohnsitz eines Menschen ist nach dem MeldeG (§ 1 Abs 7 leg cit) an jener Unterkunft begründet, an der er sich in der erweislichen oder aus den Umständen hervorgehenden Absicht niedergelassen hat, diese zum Lebensmittelpunkt zu machen; trifft diese sachliche Voraussetzung bei einer Gesamtbetrachtung der beruflichen, wirtschaftlichen und gesellschaftlichen Lebensbeziehungen eines Menschen auf mehrere Wohnsitze zu, so hat er jenen als Hauptwohnsitz zu bezeichnen, zu dem er das überwiegende Naheverhältnis hat (vgl auch Art 6 Abs 3 B-VG).

469 In den in § 14 Abs 1 Z 1 und 2 AsylG 1997 genannten Fällen besteht eine gesetzliche Mitteilungspflicht an die Fremdenpolizeibehörde (§ 14 Abs 4 AsylG 1997). Die Art der Rechtsquelle dieser Mitteilung bleibt weithin im Dunkeln. Sicher ist lediglich, daß diese Mitteilung kein Akt der sog „schlichten Hoheitsverwaltung" ist; die Mitteilung nach § 14 Abs 4 AsylG 1997 hat insofern „Außenwirkung", als erst dadurch die Entscheidungspflicht nach § 23 Abs 7 FrG 1997 und damit ein subjektives Recht auf eine weitere unbefristete Niederlassungsbewilligung, die an keine „Aufenthaltszwecke" gebunden ist, entsteht. In diesem Zusammenhang besteht etwa im Falle der Säumigkeit der Asylbehörden ein erhebliches Rechtsschutzdefizit. Aufgrund einer derartigen Mitteilung hat die dafür zuständige Behörde dem Fremden (...) wegen Eintritts eines Endigungsgrundes iSd Art 1 Abschn C GFK von Amts wegen eine weitere Niederlassungsbewilligung unbefristet zu erteilen, die für jeglichen Aufenthaltszweck gilt. Mit der rechtskräftigen Gewährung der unbefristeten weiteren Niederlassungsbewilligung nach § 23 Abs 7 FrG 1997, treten die Bescheide, mit denen Asyl gewährt und die Flüchtlingseigenschaft festgestellt wurde, von Gesetzes wegen außer Kraft. Das bedeutet, daß die Asylberechtigung ex nunc erlischt; für eine bescheidmäßige Asylaberkennung besteht kein Raum. Damit wird der Fremde vom Anwendungsbereich des AsylG 1997 in das FrG 1997 (aufenthaltsrechtliche Regime) übergeleitet. Das Rechtsinstitut der „Überleitung ins Fremdenrecht" ist eine wesentliche Neuerung der fremdenrechtlichen Reformen iwS des Jahres 1997.

c) Asylverlust nach Asylerstreckung

470 Asyl ist von Amts wegen mit Bescheid abzuerkennen, wenn Asyl durch Asylerstreckung gewährt wurde (§§ 10 und 11 AsylG 1997), der hiefür maßgebliche Grund weggefallen ist und kein anderer Grund für die Asylerstreckung besteht. Fraglich ist, was unter dem „hierfür maßgeblichen Grund" zu verstehen ist. Denkbar ist, daß die Asylerstreckung im nachhinein nach § 10 AsylG 1997 unzulässig wird. Dies ist etwa dann der Fall, wenn die Ehe zwischen Bezugsperson und Asylberechtigten – aus welchem Grunde immer – nicht mehr besteht, wenn die Minderjährigkeit der Kinder endet oder diese eine Ehe eingehen, wenn die Fortsetzung des bestehenden Familienlebens iSd Art 8 EMRK in einem anderen Staat möglich wird und schließlich wenn die Bezugsperson Asyl verliert. Tritt einer dieser Fälle ein und war eben diese Konstellation Ursache für die Asylerstreckung, ist die Rechtsbedingung des „hiefür maßgeblichen Grundes" erfüllt.

471 Als weitere Rechtsbedingung nennt § 14 Abs 1 Z 2 AsylG 1997, daß kein anderer Grund für die Asylerstreckung (nicht: Asylgewährung) besteht. In diesem Zusammenhang sind vielschichtig gelagerte Fallkonstellation denkbar. Es könnte etwa der Fall eintreten, daß eine Bezugsperson Asyl verliert, während eine andere denkmögliche Bezugsperson auf Grund Asylantrags oder auf Grund Asylgewährung von Amts wegen asylberechtigt ist, oder etwa auch, daß ein minderjähriges Kind bei bestehender Ehe zu einem auf Grund Asylantrags oder auf Grund Asylgewährung von Amts wegen asylberechtigten Fremden „großjährig" wird oder ein „großjährig gewordenes" Kind eine Ehe mit einem Asylberechtigten innerhalb der Frist des § 10 Abs 2 AsylG 1997 eingeht. Wäre die Sachlage derart gestaltet, daß nach der Aberkennung von Asyl nach einer Asylerstreckung in derselben juristischen Sekunde – einen entsprechenden Antrag fiktiv angenommen – wieder Asyl zu erstrecken wäre, ist die Aberkennung von Asyl nach Asylerstreckung unzulässig.

472 Obiges gilt jedoch nicht für jene Fälle, in denen einem asylberechtigten Fremden nach Asylerstreckung zwar Asyl abzuerkennen ist, jedoch der Betroffene selbst ein subjektives Recht auf Asylgewährung hat. In diesem Fall ist Asyl nach Asylerstreckung abzuerkennen, mag auch daneben ein Rechtsanspruch auf Asyl nach § 7 AsylG 1997 bestehen. Um wieder Asyl zu erhalten, ist der Fremde gezwungen, einen Asylantrag nicht nur iSd § 3 Abs 2 leg cit zu stellen, sondern gem § 24 leg cit bei der zuständigen Behörde (BAA) einzubringen. Wie diese Konstellation sachlich zu rechtfertigen ist, bleibt fraglich.

473 Soll einem Fremden nach fünf Jahren nach Rechtskraft der Asylgewährung durch Asylerstreckung bzw nach acht Jahren nach dem Zeitpunkt, nachdem der maßgebliche Asylerstreckungsantrag eingebracht wurde, Asyl aberkannt werden, kommen die „Überleitungsregeln" nach § 14 Abs 4 AsylG 1997 iVm § 23 Abs 7 FrG 1997 zur Anwendung, die eine Asylaberkennung unzulässig machen.

d) Mittelpunkt der Lebensbeziehungen in einem anderen Staat

474 Gem § 5 Abs 1 Z 2 AsylG 1991 verlor ein Flüchtling Asyl, wenn festgestellt wurde, daß ihm in einem anderen Staat ein dauerndes Aufenthaltsrecht gewährt wurde (siehe dazu *Rohrböck*, AsylG 1991, 147). Nunmehr ist Asyl mit Bescheid abzuerkennen, wenn Fremde den Mittelpunkt ihrer Lebensbeziehungen in einem anderen Staat haben. Ein Mittelpunkt der Lebensbeziehungen besteht dort, wo sich der Fremde niedergelassen hat, demnach ein zentraler örtlicher Anknüpfungspunkt besteht. Diese Frage soll im Rahmen der gesamten Lebensumstände dieses Menschen – also auch der auslandsbezogenen – beantwortet werden. Es bedarf einer wesentlichen Verdichtung der Lebensbeziehungen bei Einbeziehung sämtlicher (also insb der gesellschaftlichen, wirtschaftlichen und beruflichen) Lebensumstände des Betroffenen (vgl dazu 1334 BlgNR 18. GP, 11 f), daß von einem zentralen örtlichen Anknüpfungspunkt gesprochen werden kann. Es liegt auf der Hand, daß der Mittelpunkt der Lebensbeziehungen dort gelegen ist, wo der örtlich dichteste Anknüpfungspunkt auf Dauer eingerichtet ist.

e) Asylverlust im Falle von Asylausschlußtatbeständen

475 Die Asylausschlußtatbestände des § 13 AsylG 1997 bilden gleichzeitig Verlusttatbestände nach § 14 Abs 1 Z 4 und 5 leg cit (zu den Asylausschlußtatbeständen siehe oben die Ausführungen zu § 13, Rz 442 ff). Diese Konstruktion wurde aus dem AsylG 1968 übernommen (vgl dazu §§ 1, 3 AsylG 1968). Die Asylausschlußtatbestände des § 13 leg cit kommen grundsätzlich in Verfahren betreffend Asyl auf Grund Asylantrags, Asyl von Amts wegen und Asylerstreckung zur Anwendung. Die Asylausschlußtatbestände als Asylverlusttatbestände sind nur nach einer rechtskräftigen Asylgewährung, demnach nur auf Asylberechtigte anwendbar. Das AsylG 1997 unterscheidet im Hinblick auf die Rechtswirkungen nicht zwischen den einzelnen Verlusttatbeständen. Gleich allen Asylverlusttatbeständen tritt auch in den Fällen des § 14 Abs 1 Z 4 und 5 AsylG 1997 der Asylverlust ex nunc ein.

II. Verlust der Flüchtlingseigenschaft

476 Mit jedem Bescheid, mit dem einem Fremden Asyl aberkannt wird, haben die Asylbehörden die Feststellung zu verbinden, daß damit dem Betroffenen die Flüchtlingseigenschaft kraft Gesetzes nicht mehr zukommt (§ 14 Abs 2 AsylG 1997). Der Ausdruck „zu verbinden" bedeutet, daß der Bescheid, mit dem festgestellt wird, daß die Flüchtlingseigenschaft kraft Gesetzes nicht mehr zukommt, in einem möglichst nahen zeitlichen Verhältnis zum „Asylaberkennungsbescheid" zu erlassen ist. Es ist allerdings nicht erforderlich, daß die „Asylaberkennung" und die „Feststellung" in einer Bescheidurkunde enthalten sein müssen. Der Ausdruck „kraft Gesetzes" soll augenscheinlich darauf hindeuten, daß es sich im Falle der Feststellung, daß einem bestimmten Fremden die Flüchtlingseigenschaft nicht mehr zukommt, lediglich eine Feststellung davon unabhängiger Gesetzeswirkungen sein soll.

477 Gleich dem positiven Pendant, der Feststellung der Flüchtlingseigenschaft nach § 12 AsylG 1997 ist diese Feststellung zwar häufig, aber längst nicht in allen Fällen zutreffend. In jenen Fällen, in denen die Asylverlusttatbestände nach den AsylG 1997 über die Verlusttatbestände betreffend die Flüchtlingseigenschaft hinausgehen – auch hier muß man zwischen den Verlusttatbeständen im Hinblick auf Asyl und im Hinblick auf die Flüchtlingseigenschaft iSd GFK unterscheiden – kommt es zu einer Divergenz zwischen den gesetzlichen Wirkungen auf Grund der GFK und den Bescheidwirkungen des Bescheids über die „Feststellung", daß dem Betroffenen die Flüchtlingseigenschaft nicht mehr zukommt. Hat etwa ein Flüchtling den Mittelpunkt seiner Lebensbeziehungen in einem anderen Staat, bliebe er dennoch regelmäßig Flüchtling iSd GFK; fällt ein Flüchtling in den Anwendungsbereich des Art 33 Z 2 GFK (§ 13 Abs 2 und § 14 Abs 1 Z 5 AsylG 1997), bliebe er dennoch Flüchtling iSd GFK. In diesen Fällen ist die bescheidmäßige Feststellung, daß einem Flüchtling die Flüchtlingseigenschaft nicht mehr zukommt, konstitutiv und materiell unrichtig, was in Einzelfällen zu völkerrechtlich bedenklichen Situationen führen kann.

478 Dies ändert allerdings nichts daran, daß – wie im Falle der Feststellung der Flüchtlingseigenschaft – auch die Feststellung, daß einer bestimmten Person die Flüchtlingseigenschaft nicht mehr zukommt, allgemein Bindungswirkung entfaltet (zur Bindungswirkung der Feststellung der Flüchtlingseigenschaft siehe oben die Ausführungen zu § 12, Rz 433 ff). Beruht die Aberkennung von Asyl auf dem Umstand, daß ein Fremder den Mittelpunkt seiner Lebensbeziehungen in einem anderen Staat hat bzw auf dem Umstand, daß ein Fremder unter den Anwendungsbereich des Art 33 Z 2 GFK fällt, ohne daß ein Endigungs- bzw Ausschlußtatbestand der GFK zur Anwendung käme, verstößt diese negative Feststellung gegen die GFK. Ähnliches kann vereinzelt in den Fällen der Aberkennung von Asyl nach Asylerstreckung geschehen, ist doch vor dem Hintergrund der Asylerstreckung und dem Wegfall der Voraussetzungen der Asylerstreckung noch nichts über die Flüchtlingseigenschaft einer Person iSd GFK ausgesagt.

479 Die Bestimmung des § 14 Abs 2 AsylG 1997 verlangt, daß in den Fällen einer Aberkennung (des Asyls) die Behörde mit der Aberkennung die Feststellung zu *verbinden* hat, daß dem Fremden damit kraft Gesetzes die Flüchtlingseigenschaft nicht mehr zukommt. § 14 Abs 2 leg cit wählt nicht einen organisatorischen, sondern einen „funktionellen" Anknüpfungspunkt und spricht schlicht die *„Behörde"* an. Unter Behörden sind nach dem AsylG 1997 sowohl das BAA als auch der UBAS zu verstehen; beide sind in Abschnitt 6 unter der Überschrift „Behörden" geregelt. Damit stellt sich die Frage, ob der UBAS zur Feststellung, daß dem Fremden in den

Fällen einer Asylaberkennung die Flüchtlingseigenschaft nicht mehr zukommt, funktionell auch dann zuständig ist, wenn er nicht als Berufungsbehörde entscheidet, was insb dann zutrifft, wenn in erster Instanz – aus welchen Gründen auch immer – nicht über die Aberkennung der Flüchtlingseigenschaft bescheidmäßig abgesprochen wurde, sohin ein bekämpfbarer Bescheid in der betreffenden Verwaltungssache nicht vorliegt, oder die Feststellung nach § 14 Abs 2 AsylG 1997 nicht durch Berufung bekämpft wurde.

480 Bei der funktionellen Zuständigkeit geht es um die Frage, welche von mehreren Behörden eines organisatorischen oder instanzenmäßigen (in Fällen mittelbarer Verwaltung) Organkomplexes zur Setzung eines bestimmten Verwaltungsaktes zuständig ist (vgl *Walter/Mayer*, Verwaltungsverfahrensrecht, Rz 96). Der Wortlaut des § 14 Abs 2 AsylG 1997 würde zunächst dafür sprechen, daß der UBAS – wie das BAA auch – die Asylaberkennung (Abweisung des Berufungsantrags betreffend die Aberkennung von Asyl) immer mit einer Feststellung zu *„verbinden"* hat, daß dem Betroffenen die Flüchtlingseigenschaft kraft Gesetzes nicht mehr zukommt, sohin funktionell auch dann zuständig ist, wenn er nicht als Berufungsbehörde entscheidet. Dieser Ansatz widerspricht der Verfassungsbestimmung des Art 129c Abs 1 B-VG, der es dem einfachen Gesetzgeber nur ermöglicht, den UBAS ausschließlich als *„Berufungsbehörde"* einzusetzen. Vor diesem Hintergrund ist die Bestimmung des § 14 Abs 2 AsylG 1997 so zu verstehen, daß der UBAS eine Feststellung, daß dem betreffenden Fremden die Flüchtlingseigenschaft nicht mehr zukommt, nur dann zu treffen hat, wenn diese Feststellung gem § 14 Abs 2 leg cit im Rahmen eines Berufungsverfahrens zu treffen ist; diese Feststellung durch den UBAS ist demnach nur dann verfassungskonform, wenn der UBAS zu dieser Feststellung funktionell auch als Berufungsbehörde zuständig ist.

III. Feststellung der Zulässigkeit aufenthaltsbeendender Maßnahmen

481 Mit einer Aberkennung von Asyl auf Grund jener Tatbestände, die zugleich auch Tatbestände für den Asylausschluß darstellen (§ 14 Abs 1 Z 4 und 5 AsylG 1997), ist eine Feststellung darüber zu verbinden, ob eine Zurückweisung, Zurückschiebung oder Abschiebung der Fremden in den *Herkunftsstaat* (vgl dazu aber § 57 Abs 4 und § 75 FrG 1997, die sich auch andere Staaten beziehen) zulässig ist. Inhaltlich gleicht diese Feststellung einer solchen nach der non-refoulement-Prüfung nach § 8 AsylG 1997. Zuständig sind die Asylbehörden. Im Feststellungsverfahren über die Zulässigkeit aufenthaltsbeendender Maßnahmen ist das Refoulement-Verbot zu beachten (siehe dazu oben die Ausführungen zu § 8, Rz 320 ff). Der Feststellungsbescheid – ob positiv oder negativ – entfaltet Bindungswirkung insb gegenüber den Fremdenpolizeibehörden (siehe dazu oben die Ausführungen zu § 8, Rz 337 ff).

482 Die Bestimmung des § 14 Abs 3 AsylG 1997 verlangt, daß mit einer Asylaberkennung gem Abs 1 Z 4 und 5 leg cit eine Feststellung darüber zu *„verbinden"* ist, ob die Zurückweisung, Zurückschiebung oder Abschiebung der Fremden in den Herkunftsstaat zulässig ist, wobei dazu schlicht *„die Behörden"* verpflichtet sind. Unter Behörden sind nach dem AsylG 1997 sowohl das BAA als auch der UBAS zu verstehen; beide sind in Abschnitt 6 unter der Überschrift „Behörden" geregelt. Damit stellt sich die Frage, ob der UBAS zur Feststellung der Zulässigkeit der Zurückweisung, Zurückschiebung oder Abschiebung eines Fremden in den Herkunftsstaat funktionell auch dann zuständig ist, wenn er funktionell nicht als Berufungsbehörde entscheidet, was insb dann zutrifft, wenn in erster Instanz – aus welchen Gründen auch immer – nicht über die Zulässigkeit der Zurückweisung, Zurückschiebung oder

Abschiebung eines Fremden in den Herkunftsstaat gem § 14 Abs 3 AsylG 1997 bescheidmäßig abgesprochen wurde, sohin ein bekämpfbarer Bescheid in der betreffenden Verwaltungssache nicht vorliegt, oder die Feststellung nach § 14 Abs 3 AsylG 1997 nicht durch Berufung bekämpft wurde.

483 Bei der funktionellen Zuständigkeit geht es um die Frage, welche von mehreren Behörden eines organisatorischen oder instanzenmäßigen (in Fällen mittelbarer Verwaltung) Organkomplexes zur Setzung eines bestimmten Verwaltungsaktes zuständig ist (vgl *Walter/Mayer*, Verwaltungsverfahrensrecht, Rz 96). Der Wortlaut des § 14 Abs 3 AsylG 1997 würde zunächst dafür sprechen, daß der UBAS – wie das BAA auch – die Asylaberkennung (Abweisung des Berufungsantrags betreffend die Asylaberkennung) immer mit einer Feststellung betreffend die Zulässigkeit der Zurückweisung, Zurückschiebung oder Abschiebung eines Fremden in den Herkunftsstaat zu *„verbinden"* hat, sohin funktionell auch dann zuständig ist, wenn er nicht als Berufungsbehörde entscheidet. Dieses Ergebnis würde die Partei in bestimmten Fällen vor dem Hintergrund des Rechtsschutzinteresses (vgl dazu insb Art 13 EMRK) um eine Instanz verkürzen. Dieser Ansatz widerspricht zudem der Verfassungsbestimmung des Art 129c Abs 1 B-VG, der es dem einfachen Gesetzgeber nur ermöglicht, den UBAS ausschließlich als *„Berufungsbehörde"* einzusetzen. Vor diesem Hintergrund ist die Bestimmung des § 14 Abs 3 AsylG 1997 so zu verstehen, daß der UBAS eine Feststellung betreffend die Frage der Zulässigkeit der Zurückweisung, Zurückschiebung oder Abschiebung eines Fremden in den Herkunftsstaat nur dann zu treffen hat, wenn diese Feststellung gem § 14 Abs 3 leg cit im Rahmen eines Berufungsverfahrens zu treffen ist; die Feststellung durch den UBAS, ob die Zurückweisung, Zurückschiebung oder Abschiebung eines Fremden in den Herkunftsstaat zulässig ist, ist demnach nur dann verfassungskonform, wenn der UBAS zu dieser Feststellung auch funktionell als Berufungsbehörde zuständig ist.

Befristete Aufenthaltsberechtigung

§ 15. (1) Fremden, deren Asylantrag aus anderen Gründen als den Asylausschlußgründen (§ 13) rechtskräftig abgewiesen wurde und die sich ohne rechtmäßigen Aufenthalt im Bundesgebiet befinden, ist mit Bescheid eine befristete Aufenthaltsberechtigung zu erteilen, wenn gemäß § 8 festgestellt wurde, daß eine Zurückweisung, Zurückschiebung oder Abschiebung unzulässig ist.

(2) Würden die Fremden die Berechtigung zum Aufenthalt mit der Abweisung des Antrages verlieren, so hat das Bundesasylamt die befristete Aufenthaltsberechtigung mit dieser Abweisung zu verbinden; fällt die Berechtigung zum Aufenthalt später weg, so kann sie dann erteilt werden. Verlieren die Fremden die Berechtigung zum Aufenthalt erst mit der Bestätigung der Abweisung, so hat der unabhängige Bundesasylsenat die befristete Aufenthaltsberechtigung mit dem Berufungsbescheid zu verbinden. Die Verlängerung solcher befristeter Aufenthaltsberechtigungen sowie deren Widerruf obliegt jedoch dem Bundesasylamt.

(3) Die befristete Aufenthaltsberechtigung ist für höchstens ein Jahr und nach der zweiten Verlängerung für jeweils höchstens drei Jahre zu bewilligen. Befristete Aufenthaltsberechtigungen sind mit Bescheid zu widerrufen, wenn den Fremden die Ausreise in den Herkunftsstaat zugemutet werden kann, oder wenn sie einen Asylausschließungsgrund (§ 13) verwirklichen.

(4) Befristete Aufenthaltsberechtigungen sind nicht zu erteilen oder mit Bescheid zu widerrufen, soweit den Fremden ein dauerndes Aufenthaltsrecht in einem sicheren Drittstaat gewährt wird.

(§ 15 Abs 2 und 3 neugefaßt durch BGBl I 1999/4)

RV: [22, 23]

Der Entwurf schlägt vor, daß eine befristete Aufenthaltsberechtigung nicht nur – wie bisher – aus Anlaß der Erlassung eines Bescheides, mit dem ein Asylantrag abgewiesen wird, gewährt werden kann. Die befristete Aufenthaltsberechtigung ist allerdings mit der Abweisung des Asylantrages zu verbinden, wenn [22] der Fremde unter näheren Voraussetzungen die Berechtigung zum Aufenthalt im Bundesgebiet mit der Abweisung des Asylantrages verlieren würde. Fällt die Berechtigung zum Aufenthalt später weg, ist die befristete Aufenthaltsberechtigung auch losgelöst von einer zeitlichen Verknüpfung mit der Abweisung des Asylantrages zu erteilen.

Die befristete Aufenthaltsberechtigung kann nur erteilt werden, wenn der Asylantrag des betroffenen Fremden aus anderen Gründen als nach den Asylausschlußgründen (Art. 1 Abschnitt F und Art. 33 Abs. 2 der Genfer Flüchtlingskonvention) rechtskräftig abgewiesen wurde, und wenn die Asylbehörde gemäß § 8 festgestellt hat, daß eine Zurückweisung, Zurückschiebung oder Abschiebung unzulässig ist. In diesen Fällen ist das Verfahren relativ unkompliziert, weil ausnahmslos über die wesentliche Rechtsbedingung, nämlich die Unzulässigkeit der Zurückweisung, Zurückschiebung oder Abschiebung, ein bescheidmäßig bindender Abspruch vorliegt und andererseits die rechtskräftige Abweisung des Asylantrags keiner besonderen Ermittlungen bedarf.

Die befristete Aufenthaltsberechtigung ist für höchstens jeweils ein Jahr und nach der zweiten Verlängerung für jeweils höchstens drei Jahre zu erteilen. Die befristete Aufenthaltsberechtigung ist jederzeit zu widerrufen, wenn den Fremden die Ausreise in den Herkunftsstaat zugemutet werden kann. Die Ausreise in den

Herkunftsstaat kann insbesondere dann zugemutet werden, wenn im Herkunftsstaat jegliche Verfolgungsgefahr weggefallen ist. Die befristete Aufenthaltsberechtigung ist nicht zu erteilen beziehungsweise zu widerrufen, wenn den Fremden ein dauerndes Aufenthaltsrecht in einem sicheren Drittstaat gewährt wird. Das Tatbestandselement des sicheren Drittstaates hat sich im wesentlichen an § 4 Abs. 2 zu orientieren [23].

AB *(1494 BglNR 20. GP)*: [3]

Durch die Änderung des § 15 Abs. 2 wird nunmehr festgelegt, daß jene Asylbehörde (Bundesasylamt oder unabhängiger Bundesasylsenat) die befristete Aufenthaltsberechtigung gemäß Abs. 1 erteilt, die als erste die positive Refoulement-Entscheidung trifft. Die Erteilung der befristeten Aufenthaltsberechtigung hat uno actu mit dem abweisenden Asylbescheid zu erfolgen. Diese Regelung erfolgt im Interesse der Verfahrenskonzentration und normiert, daß jene Behörde, die den letzten asylrechtlich relevanten Verfahrensschritt setzt, auch die befristete Aufenthaltsberechtigung zuerkennt. Die Verlängerung der befristeten Aufenthaltsberechtigung (auf Antrag) und deren Widerruf erfolgt – entsprechend dem Grundsatz der Zuständigkeit der Behörde I. Instanz – durch das Bundesasylamt.

Die Anfügung in Abs. 3 dient der Klarstellung, daß die befristete Aufenthaltsberechtigung nicht nur zu widerrufen ist, wenn dem Fremden die Ausreise in den Herkunftsstaat zugemutet werden kann, sondern auch wenn der Fremde während der Gültigkeitsdauer der Aufenthaltsberechtigung einen Asylausschlußtatbestand setzt.

Inhaltsübersicht

I. Allgemeines

484 Gem § 8 Abs 1 AsylG 1991 konnte die Asylbehörde aus Anlaß der Erlassung eines Bescheides, mit dem ein Asylantrag abgewiesen wurde, in besonders berücksichtigungswürdigen Fällen einem Fremden von Amts wegen den befristeten Aufenthalt im Bundesgebiet bewilligen, wenn die Abschiebung rechtlich oder tatsächlich unmöglich war oder ihm wegen der Situation in seinem Heimatstaat oder – sofern er staatenlos ist – in den Staat, in dem er zuletzt seinen gewöhnlichen Aufenthalt hatte, aus gewichtigen Gründen nicht zugemutet werden konnte (vgl dazu *Rosenmayr*, Asylrecht, 610 f). Diese Bestimmung war praktisch totes Recht (vgl dazu die Ausführungen des UNHCR in 1161 BlgNR 18. GP, 8). Dies lag zum einen daran, daß eine befristete Aufenthaltsberechtigung nur im Zusammenhang mit der Abweisung eines Asylantrags gewährt werden konnte. Es war unzulässig, die befristete Aufenthaltsberechtigung losgelöst von der Abweisung des Asylantrags zu erteilen. Zum anderen bestand kein subjektives Recht auf Erteilung einer befristeten Aufenthaltsberechtigung, sodaß entsprechende Rechtsmittel nicht in Anspruch genommen werden konnten. Mit dem AsylG 1997 hat sich die Rechtslage in diesen Punkten wesentlich geändert.

485 Das Rechtsinstitut der befristeten Aufenthaltsberechtigung soll einen Auffangtatbestand für jene Fälle bilden, die zwar keinen Rechtsanspruch auf Asyl geltend machen können, aber dennoch (allerdings nur im Hinblick auf den Herkunftsstaat) schutzbedürftig sind. Mit dem Rechtsinstitut der befristeten Aufenthaltsberechtigung soll den sog „de-facto-Flüchtlingen" der notwendige Schutz gewährt werden (zum de-facto-Flüchting siehe zB *Rosenmayr*, Asylrecht, 609 ff; *Hailbronner*, Flüchtingsbegriff, 5). Bemerkenswert ist in diesem Zusammenhang, daß die befristete Aufenthaltsberechtigung im AsylG 1997 noch immer – wenn auch erheblich loser als die Regelungen des AsylG 1991 – auf die Abweisung des Asylantrags abstellt; für die Fälle der Asylaberkennung ist das Rechtsinstitut der befristeten Aufenthaltsberechtigung prinzipiell nicht anwendbar, obwohl hier vergleichbare Sachverhalte (als Lebenstatsachen) entstehen könnten.

II. Voraussetzungen für die Erteilung einer befristeten Aufenthaltsberechtigung

486 Erste Rechtsbedingung für die Erteilung einer befristeten Aufenthaltsberechtigung ist, daß der Asylantrag des betroffenen Fremden abgewiesen (nicht zurückgewiesen) wurde. Der Asylantrag darf allerdings nicht mit der tragenden Begründung des Vorliegens eines Ausschußtatbestandes nach § 13 AsylG 1997 abgewiesen worden sein. Eine zeitliche Verknüpfung mit dieser Abweisung ist nach dem AsylG 1997 nicht mehr unbedingt erforderlich. Die Erteilung der befristeten Aufenthaltsberechtigung ist grundsätzlich nur dann mit der Abweisung des Asylantrags zu verbinden, wenn der Fremde mit der rechtskräftigen Abweisung des Asylantrags die Aufenthaltsberechtigung im Bundesgebiet (siehe dazu § 31 FrG 1997) verlieren würde, dh daß die (rechtskräftige) Abweisung des Asylantrages dafür ursächlich wird, daß sich der betreffende Fremde ohne gültigen Rechtstitel im Bundesgebiet aufhalten könnte. Der UBAS war vor der AsylG-N 1998 zur Erteilung und Befristung einer befristeten Aufenthaltsberechtigung grundsätzlich nur dann berufen, wenn er funktionell als Berufungsbehörde zuständig wurde; dies galt grundsätzlich auch für die Verlängerung und den Widerruf der befristeten Aufenthaltsberechtigung (vgl dazu Art 129c Abs 1 B-VG). Der UBAS hatte verschiedentlich Erstanträge auf Erteilung einer befristeten Aufenthaltsberechtigung – wenn auch mit unterschiedlicher Begründung, aber im Ergebnis richtig – zurückgewiesen (vgl zB UBAS 10. 2. 1998, 200.522/0-IV/10/98, 200.327/0-IV/10/98, 200.664/0-V/14/98; 9. 2. 1998, 200.906/0-IV/10/98). Vor dem Hintergrund dessen, daß das BAA im Berufungsstadium seine Zuständigkeit zur Erteilung einer befristeten Aufenthaltsberechtigung verneint hatte und somit ein negativer Kompetenzkonflikt vorlag, hat sich der UBAS auch schon vor der AsylG-N 1998 in Einzelfällen über Art 129c Abs 1 B-VG hinweggesetzt und funktionell als erste Instanz Fremden gem § 15 AsylG eine befristete Aufenthaltsberechtigung zugesprochen.

487 Eine weitere Rechtsbedingung ist, daß sich der betreffende Fremde zum Zeitpunkt der Erteilung der befristeten Aufenthaltsberechtigung ohne rechtmäßigen Aufenthalt im Bundesgebiet aufhält. Gem § 31 Abs 1 FrG 1997 halten sich Fremde rechtmäßig im Bundesgebiet auf, wenn sie unter Einhaltung des 2. Hauptstückes („Ein- und Ausreise von Fremden") und ohne die Grenzkontrolle zu umgehen eingereist sind (Z 1 leg cit), wenn sie auf Grund eines Aufenthaltstitels oder einer Verordnung für Vertriebene (§ 29 leg cit) zum Aufenthalt berechtigt sind (Z 2 leg cit), sie Inhaber eines von einem Vertragsstaat (§ 1 Abs 8 leg cit) ausgestellten Aufenthaltstitels sind (Z 3 leg cit), oder solange ihnen eine Aufenthaltsberechtigung nach dem AsylG 1997 zukommt. Abs 2 des § 31 FrG 1997 bestimmt, daß sich Fremde auch bei Vorliegen der Voraussetzungen des Abs 1 Z 1 nicht rechtmäßig im Bundesgebiet aufhalten, wenn sie auf Grund eines Rückübernahmeabkommens (siehe § 4 Abs 4 FrG 1997; zu den Schubabkommen siehe *Schmidt/Aigner/Taucher/Petrovic*, 70 f; vgl auch die Ausführungen zu § 32, Rz 915 ff) oder internationaler Gepflogenheiten (unter internationaler Gepflogenheit als Rechtsquelle kann wohl nur eine solche iSd Art 9 Abs 1 B-VG verstanden werden; vgl *Walter/Mayer*, Zustellrecht, 60 f) rückgenommen werden mußten oder auf Grund einer Durchbeförderungserklärung (§ 58 FrG 1997) oder einer Durchlieferungsbewilligung gem § 67 ARHG eingereist sind oder wenn ein Vertragsstaat (§ 1 Abs 8 FrG 1997; di ein Staat, für den das Übereinkommen vom 28. April 1995 über den Beitritt Österreichs zum SDÜ BGBl III 1997/90 in Kraft gesetzt ist) über sie einen Zurückweisungstatbestand mitgeteilt hat. Die Dauer des rechtmäßigen Aufenthaltes eines Fremden im Bundesgebiet richtet sich gem § 31 Abs 3 FrG 1997 nach der durch zwischenstaatliche Vereinbarung (zu diesen zwischenstaatlichen Übereinkommen siehe *Schmidt/Aigner/Taucher/Petrovic*, 85 ff, 90), Bundesgesetz oder Verordnung getroffenen Regelung (Z 1 leg cit) oder der Befristung des Einreise- oder Aufenthaltstitels (Z 2 leg cit). Fremde, die einen Antrag auf Ausstellung eines weiteren Aufenthaltstitels vor Ablauf der Gültigkeitsdauer des ihnen zuletzt erteilten Aufenthaltstitels oder vor Entstehen der Sichtvermerkspflicht eingebracht haben, halten sich gem § 31 Abs 4 FrG 1997 bis zum Zeitpunkt der rechtskräftigen Entscheidung über diesen Antrag rechtmäßig im Bundesgebiet auf. Als Entscheidung in diesem Sinne gilt auch eine von der Behörde veranlaßte Aufenthaltsbeendigung (§ 15 FrG 1997).

488 Ähnlich der Asylgewährung (vgl § 2 AsylG 1997) muß sich der Fremde im Hinblick auf die Erteilung der befristeten Aufenthaltsberechtigung im Bundesgebiet aufhalten. Ebenso wie dort ist auch hier die zeitliche Dimension des Aufenthalts im Bundesgebiet im Gesetz nicht umschrieben (siehe dazu oben die Ausführungen zu § 2, Rz 160 ff).

489 Eine befristete Aufenthaltsberechtigung darf nicht erteilt werden, wenn dem betreffenden Fremden in einem sicheren Drittstaat ein dauerndes Aufenthaltsrecht gewährt wird. Dieses Tatbestandselement ist im Lichte des § 4 AsylG 1997 zu interpretieren. Gem § 4 Abs 2 besteht für Fremde Schutz im sicheren Drittstaat, wenn ihnen in einem Staat, in dem sie nicht gemäß § 57 FrG 1997 bedroht sind (siehe dazu oben die Ausführungen zu § 8 , Rz 320 ff), ein Verfahren zur Einräumung der Rechtsstellung eines Flüchtlings nach der GFK offensteht, sie während dieses Verfahrens in diesem Staat zum Aufenthalt berechtigt sind und wenn sie dort Schutz vor Abschiebung in den Herkunftsstaat (§ 1 Z 4 leg cit) – wenn auch im Wege über andere Staaten – haben, sofern sie in diesem gemäß § 57 Abs 1 oder 2 FrG 1997 bedroht sind. Hat ein Staat die GFK ratifiziert, ein gesetzliches Asylverfahren entsprechend den Grundsätzen der GFK eingerichtet sowie die EMRK ratifiziert und sich der Jurisdiktion der Konventionsorgane unterworfen, wird die Drittstaatsicherheit widerleglich vermutet. Die Drittstaatsicherheit iSd § 4 Abs 4 AsylG 1997 ist auch in diesem Zusammenhang unbeachtlich, wenn die Voraussetzungen für eine Asylerstreckung vorliegen (siehe dazu oben die Ausführungen zu § 10, Rz 349 ff und § 11, Rz 359 ff).

490 Letzte Rechtsbedingung ist das Vorliegen eines Bescheids nach § 8 AsylG 1997, mit dem festgestellt wurde, daß eine Zurückweisung, Zurückschiebung oder Abschiebung (ausschließlich) in den Herkunftsstaat unzulässig ist. Ein solcher Bescheid gem § 8 leg cit entfaltet im Lichte der Norm des § 15 leg cit Tatbestandswirkung. Auf die inhaltliche Richtigkeit der Feststellung gem § 8 leg cit kommt es nicht an. Solange eine entsprechende Feststellung nach § 8 leg cit dem Rechtsbestand angehört, ist und bleibt diese Rechtsbedingung erfüllt. Liegt im konkreten Fall ein Bescheid nach § 8 AsylG 1997 nicht vor, ist ein Antrag auf Erteilung einer befristeten Aufenthaltsberechtigung nicht zurück- sondern abzuweisen (bedenklich daher UBAS 2. 4. 1998, 201.995/0-IV/10/98, wo ein Antrag auf Erteilung einer befristeten Aufenthaltsberechtigung gem „§ 8, § 15 AsylG 1997" zurückgewiesen wurde).

III. Die befristete Aufenthaltsberechtigung als subjektives Recht

491 Auf die befristete Aufenthaltsberechtigung nach § 8 AsylG 1991 bestand nach herrschender Ansicht kein Rechtsanspruch. Diese – nicht unbestreitbare Rechtsansicht – gründete sich auf die Erläuterungen (vgl 270 BlgNR 18. GP, 15 f). Soweit ersichtlich hat man sich vor diesem Hintergrund auf das Wort „kann" in § 8 AsylG 1991 gestützt, von diesem Wort auf Ermessen geschlossen und das Ermessen mit einem fehlenden Rechtsanspruch verknüpft. Diese Ansicht ist nicht unproblematisch, besteht doch auch im Falle eines Ermessens zumindest ein subjektives Recht auf korrekte Ermessensübung, sofern das subjektive Recht nicht ausdrücklich im Gesetz ausgeschlossen ist. Im Lichte des rechtsstaatlichen Prinzips des B-VG (siehe dazu *Walter/Mayer*, Bundesverfassungsrecht, Rz 165 ff) ist davon auszugehen, daß überall dort ein subjektives Recht besteht, wo es das Gesetz nicht ausdrücklich ausschließt.

492 Das AsylG 1997 schweigt in § 15 darüber, ob im Hinblick auf die Erteilung einer befristeten Aufenthaltsberechtigung ein subjektives Recht vorliegt. Auch der RV läßt sich dahingehend nichts entnehmen. Beachtenswert ist allerdings, daß § 15 AsylG 1997 von einer „kann"-Bestimmung (§ 8 AsylG 1991) zu einer „ist"-Bestimmung geworden ist. Dies läßt den Schluß zu, daß gegenüber dem AsylG 1991 die Stellung des betroffenen Fremden stärker hervorgehoben werden sollte. Vor diesem Hintergrund und vor allem im Hinblick auf des rechtsstaatliche Prinzip der Verfassung muß davon ausgegangen werden, daß Fremden unter den gesetzlichen Voraussetzungen ein subjektives Recht auf die Erteilung einer befristeten Aufenthaltsberechtigung zukommt (in diesem Sinne auch *Rosenmayr*, Asylrecht, 611).

493 Da Fremde vermöge eines Rechtsanspruchs an der Sache (Erteilung einer befristeten Aufenthaltsberechtigung iSd § 8 AVG) beteiligt sind, sind sie Parteien in einem Verfahren betreffend die Erteilung einer befristeten Aufenthaltsberechtigung. Die Erteilung einer befristeten Aufenthaltsberechtigung bildet einen eigenen Verfahrensgegenstand; die Erledigung der Behörde bildet einen selbständig (abtrennbar) bekämpfbaren Bescheid. Da das Gesetz (wie auch die RV) darüber schweigt, ob das Verfahren betreffend die Erteilung einer befristeten Aufenthaltsberechtigung von Amts wegen oder auf Grund eines Antrags einzuleiten ist, muß davon ausgegangen werden, daß dieses Verfahren sowohl auf Grund eines Antrags als auch von Amts wegen einzuleiten ist. Die Zurückweisung eines Antrags auf Erteilung einer befristeten Aufenthaltsberechtigung mangels eines subjektiven Rechts ist unzulässig und würde idR das Recht auf den gesetzlichen Richter verletzen. Für die Zulässigkeit eines Antrags auf Zuerkennung einer befristeten Aufenthaltsberechtigung spricht insb der Umstand, daß die Wortfolge „von Amts wegen", die noch in § 8 Abs 1 AsylG 1991 zu finden war, in der Bestimmung des § 15 AsylG 1997 nicht mehr enthalten ist.

IV. Befristung und Widerruf

494 Die Aufenthaltsberechtigung gem § 15 ist ausnahmslos eine befristete. Sie ist erstmals für höchstens ein Jahr und nach der zweiten Verlängerung für jeweils höchstens drei Jahre zu bewilligen. Die Fristen sind Maximalfristen und können nach Ermessen der Behörde verkürzt werden. Wichtigste Ermessensdeterminante ist die absehbare Dauer des Bestehens der tatsächlichen Voraussetzungen für das refoulement-Verbot. Ist für die zulässige Höchstdauer der befristeten Aufenthaltsberechtigung nicht zu erwarten, daß das Bestehen des refoulement-Verbots enden wird, ist die befristete Aufenthaltsberechtigung auch für die nach dem Gesetz zulässige Höchstdauer zu erteilen.

495 Die Frist ist eine materiellrechtliche. Sie ist in dem Bescheid, mit dem die befristete Aufenthaltsberechtigung zugesprochen wird, festzusetzen. Sofern zum maßgeblichen Zeitpunkt (di der Zeitpunkt der Bescheiderlassung) noch eine befristete Aufenthaltsberechtigung besteht, ist diese zu verlängern und nicht neuerlich zu erteilen. Die befristete Aufenthaltsberechtigung endet mit Fristablauf bzw mit rechtskräftigem Widerruf. Auf die Erteilung einer neuerlichen Aufenthaltsberechtigung nach Fristablauf besteht – wie im Falle der erstmaligen Erteilung einer solchen – ein Rechtsanspruch. Endet die befristete Aufenthaltsberechtigung noch vor Erteilung einer neuerlichen Aufenthaltsberechtigung nach § 15 Abs 1 AsylG 1997, befindet sich der Fremde für die Dauer des Zeitraums bis zur Rechtskraft der neuerlichen befristeten Aufenthaltsberechtigung iSd § 31 FrG 1997 nicht rechtmäßig im Bundesgebiet. Im Falle der Säumigkeit der Behörden stehen dem Fremden wirksame Rechtsbehelfe nicht zur Verfügung.

496 Die befristete Aufenthaltsberechtigung ist mit Bescheid zu widerrufen, wenn dem betroffenen Fremden die Ausreise in den Herkunftsstaat zugemutet werden kann oder soweit dem Fremden ein dauerndes Aufenthaltsrecht in einem sicheren Drittstaat gewährt wird. Das Tatbestandselement des sicheren Drittstaats ist im Lichte des § 4 AsylG 1997 zu deuten (siehe dazu oben die Ausführungen zu § 4, Rz 181). Was unter dem Begriff der *„Zumutbarkeit der Ausreise in den Herkunftsstaat"* zu verstehen ist, bleibt weithin unklar. Die Zumutbarkeit scheint gegenüber dem refoulement-Verbot der weitere Begriff zu sein. Im Lichte dessen ist für das Vorliegen der Zumutbarkeit unabdingbar, daß sich der maßgebende Sachverhalt derart verändert hat, daß das refoulement-Verbot im Hinblick auf den Herkunftsstaat mit an Sicherheit grenzender Wahrscheinlichkeit aufenthaltsbeendenden Maßnahmen nicht mehr entgegenstehen würde. Darüber hinaus fließen in die „Zumutbarkeit der Ausreise in den Herkunftsstaat" iSd § 15 AsylG 1997 auch Elemente der „Zumutbarkeit der Inanspruchnahme des Schutzes des Heimatstaates bzw der Rückkehr in den vorherigen Aufenthaltsstaat" iSd Art 1 Abschn A Z 2 GFK (siehe dazu oben die Ausführungen zu § 12, Rz 419) mit ein. Die Zumutbarkeit ist zudem an den konkreten Lebensumständen des betroffenen Fremden zu beurteilen, wobei sein gesamtes Lebensumfeld zu berücksichtigen ist. Eine Ausreise in den Herkunftsstaat ist insb dann nicht zumutbar, wenn die soziale Bindung an den Aufenthaltsstaat jene an den Herkunftsstaat deutlich überwiegt.

Seit Inkrafttreten der AsylG-N 1998 am 1. 1. 1999 ist eine befristete Aufenthaltsberechtigung gem § 15 Abs 3 letzter Halbsatz AsylG 1997 auch dann zu widerrufen, wenn zum befristeten Aufenthalt berechtigte Fremde einen Asylausschließungsgrund iSd § 13 leg cit (siehe dazu die Ausführungen unter Rz 442) verwirklichen. Ein Problem liegt darin, daß in Fällen des Asylausschlußtatbestandes des § 13 Abs 2 AsylG 1997 (Art 33 Z 2 GFK) durchaus denkbar ist, daß der betroffene Fremde Flüchtling iSd GFK ist und bleibt, während jedoch die Verwirklichung eines der Ausschlußgründe nach Art 1 Abschn F GFK (§ 13 Abs 1 AsylG 1997) dazu führt, daß ein Fremder nie Flüchtling iSd GFK wird oder die Flüchtlingseigenschaft a limine verliert. Demnach beseitigt ein Asylausschlußtatbestand nach § 13 leg cit nicht zwangsläufig die materielle Flüchtlingseigenschaft nach der GFK, wodurch hier ein Spannungsverhältnis zur GFK entsteht. Darüber hinaus besagt die Verwirklichung eines Asylausschließungsgrundes nicht zwangsläufig, daß der betreffende Fremde tatsächlich abgeschoben werden kann oder rechtlich zulässig abgeschoben werden darf (vgl dazu Art 3 EMRK, Art 3 Abs 1 Folterkonvention; Art 7 CCPR; siehe dazu die Ausführungen zu § 8, Rz 320 ff). Im Ergebnis vergrößert die Regelung des § 15 Abs 3 letzter Halbsatz AsylG 1997 eine althergebrachte „Diskrepanz" im österreichischen Fremdenrecht (vgl dazu etwa EGMR 17. 12. 1996 Ahmed 71/1995/577/663): Nicht jeder Fremde, der aus rechtlichen oder tatsächlichen Gründen nicht außer Landes gebracht werden kann, erhält tatsächlich einen Rechtstitel für seinen Aufenthalt im Bundesgebiet bzw ein subjektives Recht auf einen solchen Rechtstitel, dies selbst dann nicht, wenn ihm – auch nicht ansatzweise – zugemutet werden kann sich in ein anderes Land zu begeben. Zwar hätte die Fremdenpolizeibehörde in solchen Fällen grundsätzlich einen Abschiebungsaufschub (§ 56 Abs 2 FrG 1997; siehe dazu auch die Ausführungen zu § 1, Rz 106) zu erteilen, doch wird dadurch der Aufenthalt des Fremden nicht zu einem rechtmäßigen iSd § 31 FrG 1997.

V. Funktionelle Zuständigkeit

496a Der UBAS war bis zur AsylG-N 1998 zur Erteilung und Befristung einer befristeten Aufenthaltsberechtigung grundsätzlich nur dann berufen, wenn er funktionell als Berufungsbehörde zuständig wurde; dies galt grundsätzlich auch für die Verlängerung und den Widerruf der befristeten Aufenthaltsberechtigung (vgl dazu Art 129c Abs 1 B-VG). Der UBAS hatte verschiedentlich Erstanträge auf Erteilung einer befristeten Aufenthaltsberechtigung – wenn auch mit fragwürdiger Begründung, aber im Ergebnis richtig – zurückgewiesen (vgl zB UBAS 10. 2. 1998, 200.522/0-IV/10/98, 200.327/0-IV/10/98, 200.664/0-V/14/98; 9. 2. 1998, 200.906/0-IV/10/98). Vor dem Hintergrund dessen, daß das BAA im Stande eines Berufungsverfahrens (betreffend das Asylverfahren) seine damals gegebene Zuständigkeit zur Erteilung einer befristeten Aufenthaltsberechtigung verneint hatte und somit ein negativer Kompetenzkonflikt vorlag, hatte sich der UBAS in Einzelfällen über die Verfassungsbestimmung des Art 129c Abs 1 B-VG hinweggesetzt und funktionell als erste Instanz Fremden gem § 15 AsylG 1997 eine befristete Aufenthaltsberechtigung zugesprochen (vgl zB UBAS 6. 5. 1998, 202.516/0-IV/10/98).

496b Während die Bestimmung des § 15 Abs 2 erster Satz AsylG 1997 in der Stammfassung offen gelassen hatte, welche Asylbehörde (BAA oder UBAS) unter den näheren gesetzlichen Voraussetzungen die Erteilung der befristeten Aufenthaltsberechtigung mit der Abweisung zu verbinden hatte und hier sohin eine verfassungskonforme Interpretation indiziert war, beruft nunmehr § 15 Abs 2 erster Satz leg cit idF der AsylG-N 1998 – freilich unter dem Vorbehalt des § 15 Abs 2 letzter Satz leg cit – dazu ausdrücklich das Bundesasylamt; das BAA ist auch dann zur Erteilung der befristeten Aufenthaltsberechtigung zuständig, wenn diese iSd § 15 Abs 2 leg cit „dann" (wohl im Sinne „von der Abweisung eines Asylantrages losgelöst") zu erteilen ist. Zudem soll – nunmehr ausdrücklich – der UBAS *„die befristete Aufenthaltsberechtigung mit dem Berufungsbescheid verbinden"*, wenn Fremde die *„Berechtigung zum Aufenthalt erst mit der Bestätigung der Abweisung"* verlieren. Unter „Verbindung der befristeten Aufenthaltsberechtigung mit dem Berufungsbescheid" ist auch und vornehmlich eine erstmalige Erteilung der befristeten Aufenthaltsberechtigung im Zusammenhang mit der Abweisung einer Berufung gegen einen Bescheid des BAA, mit dem ein Asylantrag abgewiesen wurde, zu verstehen, wobei der UBAS hier funktionell nicht als Berufungsbehörde tätig wird (zur funktionellen Zuständigkeit siehe *Walter/Mayer*, Verwaltungsverfahrensrecht, Rz 96; vgl auch *Tezner*, Zuständigkeit, 83; *Stoitzner*, 141; *Hellbling* I, 97). Dieser Ansatz ist im Lichte der Verfassungsbestimmung des Art 129c Abs 1 B-VG, der es dem einfachen Gesetzgeber nur ermöglicht, den UBAS *ausschließlich* als *„Berufungsbehörde"* einzusetzen, verfassungswidrig (vgl dazu die Ausführungen zu § 8, Rz 339, § 12, Rz 441, § 38, Rz 1054).

496c Die Neuregelung des § 15 Abs 2 AsylG 1997 dürfte in der Praxis erhebliche Probleme aufwerfen: Es kann für das BAA zu dem Zeitpunkt, zu dem es den Antrag (dh Asylantrag) abweist, nie feststehen, ob Fremde mit der Abweisung des Asylantrages tatsächlich die Berechtigung zum Aufenthalt verlieren; dies steht frühestens erst mit Rechtskraft der Abweisung des Asylantrages, dh in aller Regel erst mit Ablauf der Berufungsfrist (zur Berufungsfrist siehe die Ausführungen zu § 23, Rz 690, § 32, Rz 911 ff) bzw zum Zeitpunkt des Einbringens eines möglichen Berufungsverzichts (zum Berufungsverzicht siehe die Ausführungen zu § 23, Rz 688) durch die Partei, fest. Kommt es zu einem Berufungsverfahren betreffend die Abweisung des Asylantrages, wird der UBAS funktionell zur „Verbindung der befristeten Aufenthaltsberechtigung mit der Bestätigung der Abweisung" zuständig; dh andererseits, daß der Bescheid betreffend die Erteilung der befristeten Aufenthaltsberechtigung durch das BAA, sofern es zwischenzeitig die „Abweisung des (Asyl-) Antrages mit der befristeten Aufenthaltsberechtigung verbunden" hat, invalidieren würde (beachte in diesem Zusammenhang § 68 Abs 4 Z 1 AVG). Dieses Problem wiegt um so schwerer, wenn man mit den Materialien (1494 BlgNR 20. GP, 3) den Gesetzesbegriff „verbinden" als die „Erteilung einer befristeten Aufenthaltsberechtigung uno actu mit dem abweisenden Bescheid" versteht.

3. Abschnitt

Einreise und Aufenthalt schutzsuchender Fremder

Einreisetitel

§ 16. (1) Asyl- und Asylerstreckungsanträge, die bei einer österreichischen Berufsvertretungsbehörde einlangen, in deren Amtsbereich sich die Antragsteller aufhalten, gelten außerdem als Anträge auf Erteilung eines Einreisetitels.

(2) Werden solche Anträge gestellt, hat die Vertretungsbehörde dafür Sorge zu tragen, daß die Fremden ein in einer ihnen verständlichen Sprache gehaltenes Antrags- und Befragungsformular ausfüllen; Gestaltung und Text dieses Formulars hat der Bundesminister für Inneres im Einvernehmen mit dem Bundesminister für auswärtige Angelegenheiten und nach Anhörung des Hochkommissärs der Vereinten Nationen für Flüchtlinge so festzulegen, daß dessen Ausfüllen der Feststellung des maßgeblichen Sachverhaltes dient. Außerdem hat die Vertretungsbehörde den Inhalt der ihr vorgelegten Urkunden aktenkundig zu machen. Der Asylantrag ist unverzüglich dem Bundesasylamt zuzuleiten.

(3) Die Vertretungsbehörde hat dem Antragsteller oder der Antragstellerin ohne weiteres ein Visum zur Einreise zu erteilen, wenn ihr das Bundesasylamt mitgeteilt hat, daß die Asylgewährung wahrscheinlich ist.

RV: [23]

Einbringungsbehörde ist wie bisher das Bundesasylamt. Bei österreichischen Berufsvertretungsbehörden im Ausland können zwar Asylanträge gestellt werden, diese sind an die Durchführung eines Vorverfahrens gebunden.

An diesem speziellen Sichtvermerksantrag soll nämlich ein relativ formalisiertes Ermittlungsverfahren betreffend eine mögliche Asylgewährung stattfinden, in welches das Bundesasylamt – ähnlich dem Verfahren an der Grenze – einzubinden ist; hiezu ist ein Antrags- und Befragungsformular einzusetzen, in dessen Gestaltung der Bundesminister für auswärtige Angelegenheiten und der UN-Flüchtlingskommissär einzubinden sind. Trifft das Bundesasylamt die Prognose, daß eine Asylgewährung wahrscheinlich ist, hat die Berufsvertretungsbehörde ohne weiteres einen entsprechend befristeten Sichtvermerk zur Einreise zu erteilen, worauf nun das eigentliche Asylverfahren stattzufinden hat. Dieser Mechanismus soll auf der Ebene eines Sichtvermerksverfahrens dazu dienen, die im Hinblick auf eine potentielle Schutzbedürftigkeit heiklen Fälle aus der Vielzahl der Asylanträge im Ausland herauszufiltern, ohne zugleich – im Hinblick auf das relativ formalisierte Verfahren vor der österreichischen Vertretungsbehörde – durch eine negative Asylentscheidung res iudicata zu bewirken und den Asylwerber für immer von einem ordentlichen Asylverfahren auszuschließen. Wird ein Sichtvermerk nicht erteilt, ist der betreffende Asylantrag als gegenstandslos abzulegen (§ 31 des Entwurfs).

Inhaltsübersicht

I. Allgemeines

497 Die Bestimmung des § 16 AsylG 1997 behandelt nicht, wie die dazugehörige Überschrift vermuten ließe, die Einreisetitel als solche. Diese Regelungen finden sich vielmehr in § 6 FrG 1997. Das FrG 1997 legt die Arten der Einreisetitel (Visa), deren Gültigkeitsdauer und sonstige Modalitäten fest. Die äußere Form der Visa wird durch Verordnung des Bundesministers für Inneres kundgemacht (§ 6 Abs 7 FrG 1997; vgl dazu die Verordnung (EG) Nr 1683/95 des Rates vom 29. Mai 1995 über eine einheitliche Visagestaltung; dazu ist anzumerken, daß diese Verordnung der Europäischen Union unmittelbar Wirkung entfaltet, so daß eine im wesentlichen wohl gleichlautende V des BMI entbehrlich ist). Jedes von einem Vertragsstaat ausgestellte Visum, dessen Geltungsbereich Österreich umfaßt, gilt gem § 6 Abs 2 erster Halbsatz leg cit als Einreisetitel.

498 Die Regelung des § 16 AsylG 1997 beschränkt sich im wesentlichen auf die Fiktion eines Antrags zur Erteilung eines Einreisetitels, der zum eigentlichen Asylantrag hinzutritt, die Gestaltung des Verfahrens zur Erteilung des Einreisetitels in Verbindung mit einem Asylantrag vor den österreichischen Berufsvertretungsbehörden und die Einbindung des BAA in dieses Verfahren.

II. Verfahren zur Erteilung eines Einreisetitels

499 Vom eigentlichen Asylverfahren ist das Verfahren zur Erteilung eines Einreisetitels zu unterscheiden. Das Verfahren zur Erteilung eines Einreisetitels in Verbindung mit einem Asylantrag vor österreichischen Vertretungsbehörden ähnelt in weiten Bereichen dem Verfahren an der Grenze nach § 17 AsylG 1997. Vor dem Hintergrund dessen, daß § 31 leg cit, der die weitere Vorgangsweise nach einem negativen Verfahren nach §§ 16 und 17 leg cit im Auge hat, nicht nur den Asylantrag als solchen, sondern auch Asylerstreckungsanträge miteinbezieht, ist davon auszugehen, daß der Verfahrensmechanismus des § 16 auch im Falle von Asylerstreckungsanträgen sinngemäß zur Anwendung kommt. Das Ermittlungsverfahren ist hier nicht umfassend, sondern abweichend von den Prinzipien des allgemeinen Verwaltungsverfahrensrechts weitgehend beschränkt. Das Ermittlungsverfahren beruht im wesentlichen auf dem Inhalt der von der Vertretungsbehörden aktenkundig gemachten Urkunden und den schriftlichen Angaben des asylsuchenden Fremden in einem ihm verständlichen Antrags- und Befragungsformular, dessen Text und Gestaltung (äußeres Erscheinungsbild) der Bundesminister für Inneres im Einvernehmen mit dem Bundesminister für auswärtige Angelegenheiten und nach Anhörung des UNHCR festzulegen hat. Die Festlegung des Formulars hat in Form einer Verordnung zu erfolgen (§ 16 Abs 2 AsylG 1997). Das Antrags- und Befragungsformular hat hinsichtlich Gestaltung und Text der **Anlage A** der AsylG-DV zu entsprechen. Es zweisprachig, und zwar mit Ausfüllanleitungen, Leittexten und Erklärungen in Deutsch und zumindest in folgenden 25 Sprachen bereitzuhalten: Albanisch, Amharisch, Arabisch, Armenisch, Bengalisch, Chinesisch, Englisch, Farsi, Französisch, Hindi, Khmer, Kurdisch, Pashtu, Portugiesisch, Punshabi, Rumänisch, Russisch, Serbokroatisch, Singalesisch, Somalisch, Spanisch, Tamilisch, Türkisch, Urdu, Vietnamesisch (§ 1 AsylG-DV). Die Anordnung zur Bereithaltung des Antrags- und Befragungsformulars in den genannten Sprachen ändert nichts daran, daß die Vertretungsbehörde gem § 16 Abs 2 AsylG 1997 dafür Sorge zu tragen hat, daß die Fremden ein in einer *„ihnen verständlichen Sprache"* gehaltenes Antrags- und Befragungsformular ausfüllen. Die Ausfüllung des Formulars muß der *„Feststellung des maßgeblichen Sachverhalts"* dienen. Ob die Feststellung des maßgeblichen Sachverhalts – wie das

AsylG 1997 dies ausdrücklich formuliert – auf Grund der äußerst dünnen Beweislage überhaupt technisch möglich ist, muß hier bezweifelt werden (vgl auch *Davy U.*, Asylrechtsreform, 709). Dies führt wohl in vielen Verfahren dazu, daß sich die zuständigen Behörden (idR das BAA) sehr häufig in einer „non liquet-ähnlichen" Situation wiederfinden, in der die Entscheidung vermehrt vom Gutdünken der Organwalter abhängt. Daß diese Situation vor dem Hintergrund des rechtsstaatlichen Prinzips nicht unbedenklich ist, liegt auf der Hand.

500 Teilt das BAA einer österreichischen Berufsvertretungsbehörde mit, daß die Asylgewährung an den betreffenden Fremden „wahrscheinlich" ist, hat die Vertretungsbehörde ohne weiteres ein Visum zur Einreise (idR ein Reisevisum nach § 6 Abs 1 Z 4 FrG 1997) zu erteilen. Vice versa ist es der Vertretungsbehörde untersagt, ein Visum auf Grund des § 16 AsylG 1997 zu erteilen, wenn das BAA inhaltlich mitteilt, daß die Asylgewährung nicht wahrscheinlich ist. Das Wesen dieser Mitteilung ist vor dem Hintergrund des Rechtsquellensystems der Verfassung nicht einzuordnen. Bedenklich ist allerdings der Umstand, daß diese Mitteilung, der zweifelsohne Außenwirkung zukommt, nicht bekämpfbar ist, obwohl die Erteilung des Einreisetitels ausschließlich von dieser Mitteilung abhängt. Diese „Entscheidung" der Asylbehörde in gegenständlicher Angelegenheit ist nach den Vorstellungen des Gesetzgebers keine Entscheidung im Rechtssinn; sie sollen – wie es in der RV heißt – bloß *„formlose Bestimmungselemente für die Einreiseentscheidung der Grenzkontrollbehörde"* sein, *die „nicht gesondert angefochten werden können"* (siehe dazu unten die Ausführungen zu § 17, Rz 521 ff; *Davy U.*, Asylrechtsreform, 712; VfGH 12. 10. 1995, G 65/95). Gegen die Versagung oder die Ungültigerklärung von Visa (Einreisetitel) ist eine Berufung nicht zulässig (§ 94 Abs 2 FrG 1997).

III. Antragserledigungen

501 Wie oben ausgeführt liegen in den Fällen des § 16 AsylG 1997 regelmäßig zwei Anträge vor: der Asylantrag und der gesetzlich fingierte Antrag auf Erteilung eines Einreisetitels. Der Antrag auf Erteilung eines Einreisetitels ist entweder mit der Ausstellung des Einreisetitels (Erledigung des Verfahrens durch tatsächliche Entsprechung) oder durch bescheidmäßige Verweigerung des Einreisetitels zu erledigen, wobei – obwohl dies im AsylG 1997 nicht ausdrücklich festgelegt ist – die Bestimmung des § 93 FrG 1997 sinngemäß anzuwenden ist.

502 Nach § 16 Abs 2 letzter Satz AsylG 1997 ist der Asylantrag unverzüglich dem Bundesasylamt zuzuleiten. Mit Einlangen des Asylantrags beim BAA ist der Asylantrag „eingebracht" (vgl § 24 AsylG 1997). Bis zu diesem Zeitpunkt reist der Asylantrag auf Gefahr des Antragstellers. Mit Einbringung des Asylantrags entstünde prinzipiell auch die Entscheidungspflicht nach § 73 Abs 1 AVG. Diese Bestimmung gilt wiederum nur subsidiär zu den „Verwaltungsvorschriften". Als solche sieht § 31 AsylG 1997 vor, daß Asyl- und Asylerstreckungsanträge Fremder, denen nach Befassung des Bundesasylamts nach § 16 Abs 3 bzw § 17 Abs 4 leg cit die Einreise nicht gewährt worden ist (zu ergänzen: ein Einreisetitel versagt worden ist), als gegenstandslos abzulegen sind. Dies bedeutet, daß in diesen Fällen die Entscheidungspflicht nach § 73 Abs 1 AVG erlischt. Wie die RV ausführen, soll diese Regelung bezwecken, daß auf Grund eines relativ formalisierten Verfahrens res iudicata nicht entstehen soll. Damit ist in den Fällen des § 16 die Stellung eines neuen Asylantrags jederzeit möglich (vgl auch *Davy U.*, Asylrechtsreform, 709).

Einreise

§ 17. (1) Fremden, die – nach Anreise über einen Flugplatz oder nach direkter Anreise (Art. 31 der Genfer Flüchtlingskonvention) aus dem Herkunftsstaat – anläßlich der an einer Grenzübergangsstelle erfolgenden Grenzkontrolle einen Asyl- oder Asylerstreckungsantrag stellen, sind dem Bundesasylamt vorzuführen, es sei denn, sie verfügten über einen Aufenthaltstitel oder ihr Antrag wäre wegen entschiedener Sache zurückzuweisen.

(2) Fremde, die sonst anläßlich einer an einer Grenzübergangsstelle erfolgenden Grenzkontrolle einen Asyl- oder Asylerstreckungsantrag stellen, sind – sofern die Einreise nicht nach dem 2. Hauptstück des Fremdengesetzes gestattet werden kann – zurückzuweisen und darauf hinzuweisen, daß sie die Möglichkeit haben, entweder im Staat ihres derzeitigen Aufenthaltes Schutz vor Verfolgung zu suchen oder den Asylantrag bei der zuständigen österreichischen Berufsvertretungsbehörde zu stellen. Verlangen diese Fremden jedoch den Asylantrag an der Grenze zu stellen, so sind sie darüber in Kenntnis zu setzen, daß in diesem Falle in die Entscheidung über ihre Einreise die Asylbehörden eingebunden werden und daß sie die Entscheidung im Ausland abzuwarten hätten. Für den Asylantrag ist ihnen in diesen Fällen von der Grenzkontrollbehörde ein in einer ihnen verständlichen Sprache gehaltenes Antrags- und Befragungsformular (§ 16 Abs. 2) auszuhändigen.

(3) Fremden, die in der Folge einen Asylantrag mittels Antrags- und Befragungsformulars bei der Grenzkontrollbehörde stellen, ist hierüber eine Bestätigung auszufolgen, die so abzufassen ist, daß sie im Staat des gegenwärtigen Aufenthalts als Nachweis der noch ausständigen Einreiseentscheidung verwendet werden kann. Außerdem hat sie den Inhalt der ihr vorgelegten Urkunden aktenkundig zu machen und dem Fremden den Termin für die abschließende Grenzkontrolle bekanntzugeben. Der Asylantrag ist unverzüglich dem Bundesasylamt zuzuleiten.

(4) Fremden, die einen Asylantrag nach Abs. 3 gestellt haben, ist die Einreise zu gestatten, wenn das Bundesasylamt den Grenzkontrollbehörden mitgeteilt hat, daß die Asylgewährung nicht unwahrscheinlich ist, insbesondere weil der Antrag nicht als unzulässig zurückzuweisen oder als offensichtlich unbegründet abzuweisen wäre. Liegen diese Voraussetzungen nicht vor, hat die Grenzkontrollbehörde den Asylwerber hierüber in Kenntnis zu setzen und zu informieren, daß er die Überprüfung der Sache durch den unabhängigen Bundesasylsenat verlangen kann; in einem solchen Fall entscheidet dieser endgültig über die Einreise des Asylwerbers. Wird dem Asylwerber die Einreise nicht gestattet, ist er zurückzuweisen.

(5) Die Entscheidungen gemäß Abs. 4 sollen binnen fünf Arbeitstagen ab Einbringung des Asylantrages getroffen werden. Fremde, die einen Asylantrag stellen, dürfen nur nach Befassung des Bundesasylamtes zurückgewiesen werden, es sei denn, es wäre offensichtlich, daß der Antrag wegen entschiedener Sache zurückzuweisen ist.

RV: [23, 24]

Völlig neu gestaltet wurde die Einreise Asylsuchender und damit verbunden das Verfahren an der Grenze. Grundsätzlich wird zwischen Fremden, die im Sinne des Art. 31 der Genfer Flüchtlingskonvention „direkt" anreisen, und sonstigen Fremden unterschieden. Das Zitat des Art. 31 der Genfer Flüchtlingskonvention soll klarstellen, daß der Ausdruck „direkt" streng nach völkerrechtlichen Ansätzen zu interpretieren ist. Der Ausdruck „direkt" ist dahingehend zu verstehen, daß der Betroffene noch nicht verfolgungs- und refoulementsicher gewesen sein darf.

Fremde, die nach „direkter" Anreise oder Anreise über einen Flugplatz anläßlich einer Grenzkontrolle, die an einer Grenzübergangsstelle erfolgt, die Absicht erkennen lassen, einen Asylantrag zu stellen, sind grundsätzlich nach § 18 dem Bundesasylamt vorzuführen, um in möglichst effektiver Weise eine potentielle Ausweisung zu sichern. Davon kann abgesehen werden, wenn dem betreffenden Fremden entweder ein Aufenthaltstitel gewährt wurde, oder dem Asylantrag res iudicata entgegensteht und somit ein Asylverfahren nicht (mehr) durchzuführen ist.

Fremde, die nicht „direkt" oder zu Lande und zu Wasser anreisen, sind für den Fall, daß ihnen die Einreise nicht nach dem 2. Hauptstück des Fremdengesetzes zu gestatten ist, vorläufig zurückzuweisen und damit vorbeugend die Einreise zu verweigern. Gleichzeitig sind sie darauf hinzuweisen, daß sie die Möglichkeit haben, entweder im Staat ihres derzeitigen Aufenthaltes Schutz vor Verfolgung zu suchen oder den Asylantrag bei der zuständigen österreichischen Berufsvertretungsbehörde zu stellen (§ 16). [23] Verlangen jedoch diese Asylwerber, den Asylantrag an der Grenze zu stellen, so sind sie darüber in Kenntnis zu setzen, daß ihnen – nach Befassung des Bundesasylamts – die Einreise nach Möglichkeit innerhalb von fünf Arbeitstagen gestattet werden wird, wenn das Bundesasylamt die Asylgewährung für nicht unwahrscheinlich erachtet. Dies ist insbesondere dann der Fall, wenn erkennbar nicht Drittlandsicherheit oder kein offensichtlich unbegründeter Asylantrag vorliegt. Um das Bundesasylamt in die Lage zu versetzen, die Wahrscheinlichkeit der Asylgewährung beurteilen zu können, soll ein formularisiertes Verfahren stattfinden: Das Grenzkontrollorgan hat dem Fremden ein Befragungsformular in einer ihm verständlichen Sprache, das vom Bundesminister für Inneres im Einvernehmen mit dem Bundesminister für auswärtige Angelegenheiten und nach Anhörung des UNHCR per Verordnung zu gestalten ist (§ 16 Abs. 2), zu geben. Jenen Fremden, die dem Grenzkontrollorgan dieses Formular ausgefüllt übergeben, ist hierüber eine Bestätigung auszufolgen, der zu entnehmen sein muß, daß über die Einreise des Fremden noch nicht abschließend entschieden wurde. Die Grenzkontrollorgane haben den Inhalt der vorgelegten Urkunden (etwa durch Fotokopie) aktenkundig zu machen und das Formular und sonstige Aktenteile dem Bundesasylamt auf geeignetem Wege (Telefax) zu übermitteln. Dem Fremden ist zugleich ein Termin bekannt zu geben, zu dem es zu einer endgültigen Entscheidung über die Einreise kommt.

Teilt das Bundesasylamt mit, daß Asylgewährung unwahrscheinlich ist, und wird deshalb die Einreise des Fremden nicht gestattet, hat ihm die Grenzkontrollbehörde mitzuteilen, daß er die Überprüfung durch den unabhängigen Bundesasylsenat verlangen kann. Wird die Asylgewährung vom Bundesasylsenat für unwahrscheinlich erachtet, hat das Grenzkontrollorgan mit endgültiger Zurückweisung des Fremden vorzugehen. Die Entscheidungen der Asylbehörden in diesen Angelegenheiten sind formlose Bestimmungselemente für die Einreiseentscheidung der Grenzkontrollbehörde, die nicht gesondert angefochten werden können. Die Zurückweisungsentscheidung kann als Ausübung verwaltungsbehördlicher Befehls- und Zwangsgewalt beim UVS in Beschwerde gezogen werden.

Durch das Verfahren an der Grenze, dies ist besonders hervorzuheben, wird keine res iudicata in der Sache selbst produziert, das heißt, daß einer allfälligen späteren Asylgewährung nicht entschiedene Sache entgegensteht. Asylanträge und Asylerstreckungsanträge Fremder, denen nach Befassung des Bundesasylamts die Einreise nicht gewährt worden ist, sind nach § 31 als gegenstandslos abzulegen [24].

Inhaltsübersicht

I. Allgemeines

503 In den rechtlich nicht unmittelbar verbindlichen Mindestgarantien wird den Asylanträgen an der Grenze ein eigener Abschnitt (Z 23 bis 25 Mindestgarantien) gewidmet: *„Die Mitgliedstaaten ergreifen Verwaltungsmaßnahmen, um sicherzustellen, daß Asylbewerber an der Grenze Gelegenheit zur Stellung eines Asylantrags haben“* (Z 23 Mindestgarantien; vgl § 17 AsylG 1997). *„Die Mitgliedstaaten können, soweit dies nach nationalem Recht vorgesehen ist, spezielle Verfahren anwenden, um vor der Entscheidung über die Einreise festzustellen, ob der Asylantrag offensichtlich unbegründet ist. Während dieses Verfahrens wird keine Rückführungsmaßnahme durchgeführt. Ist der Asylantrag offensichtlich unbegründet, so kann dem Asylbewerber die Einreise verweigert werden. In diesen Fällen kann das nationale Recht eines Mitgliedstaates eine Ausnahme vom allgemeinen Grundsatz des Suspensiveffekts eines Rechtsmittels (Grundsatz Nr. 17 Mindestgarantien) vorsehen. Dabei muß zumindest gewährleistet sein, daß die Entscheidung über die Einreise durch ein Ministerium oder eine vergleichbare zentrale Behörde getroffen und die Richtigkeit der Entscheidung durch ausreichende zusätzliche Absicherungsmaßnahmen (z. B. vorherige Prüfung durch eine andere zentrale Behörde) sichergestellt wird. Diese Behörden verfügen über die erforderliche Sachkenntnis und Erfahrung auf dem Gebiet des Asylrechts“* (Z 24 Mindestgarantien).

504 *„Darüber hinaus können die Mitgliedstaaten, soweit nach nationalem Recht der Begriff Aufnahmedrittland entsprechend der Entschließung der für Einwanderungsfragen zuständigen Minister vom 30. November und 1. Dezember 1992 Anwendung findet, Ausnahmen von den Grundsätzen Nrn. 7 und 17 vorsehen. Die Mitgliedstaaten können als Ausnahme von Grundsatz Nr. 15 ebenfalls vorsehen, daß dem Antragsteller die ablehnende Entscheidung, die sie tragenden Gründe und seine Rechte mündlich anstatt schriftlich mitgeteilt werden. Auf Verlangen wird die Entscheidung in schriftlicher Form bestätigt. Das Verfahren in den in Satz 1 genannten Fällen kann vor der Entscheidung über die Einreise durchgeführt werden. In diesen Fällen kann die Einreise verweigert werden“* (Z 25 Mindestgarantien).

505 Ein besonderes Verfahren an der Grenze war erstmals durch die Novelle BGBl 1990/190 in das AsylG 1968 eingeführt worden. Nach § 2a leg cit konnte der Antrag auf Asylgewährung auch bei der Grenzkontrollstelle eingebracht werden. Daraufhin hatte die zuständige Bezirksverwaltungsbehörde (Bundespolizeidirektion) binnen einer Woche festzustellen, ob ein tauglicher Asylantrag iSd § 2 Abs 1 leg cit vorlag. Traf dies zu, so war dem Asylwerber außer in jenen Fällen, in dem ihm nach § 5 Abs 3 leg cit ein vorläufiges Aufenthaltsrecht nicht zukam (Abweisung des Asylantrags, Aberkennung von Asyl und anderweitige Verfolgungssicherheit), noch innerhalb dieser Frist die Einreise zu gestatten. Lag kein tauglicher Asylantrag vor, war der Asylantrag innerhalb einer Woche zurückzuweisen. Gegen diese Entscheidung war eine Berufung innerhalb von sieben Tagen an die Sicherheitsdirektion zulässig. Weitere ordentliche Rechtsmittel waren ausgeschlossen.

506 Dem AsylG 1991 war ein besonderes Verfahren an der Bundesgrenze bzw an Flughäfen fremd. Somit lag es – wie dies auch während der Geltung des AsylG 1968 vor der Novelle BGBl 1990/190 gewesen war – ausschließlich an den Grenzkontrollorganen, ad hoc über die Zulässigkeit einer fremdenpolizeilichen Zurückweisung zu entscheiden. Damit kam dem Grenzkontrollorgan in der Schutzstruktur des Asylrechts eine wesentliche Funktion zu. Das Grenzkontrollorgan hatte insbesondere an Ort und Stelle die Voraussetzungen des § 6 Abs 1 und 2 AsylG 1991 und des § 37 FrG 1992 zu prüfen und davon die Gewährung bzw Versagung der Einreise abhängig zu machen. Gegen die drohende Zurückweisung gab es für den (asylsuchenden) Fremden keinen (vorläufigen) Rechtsschutz; die Einreiseverweigerung konnte und kann erst im nachhinein mit Beschwerde gemäß Art 129a Abs 1 Z 2 B-VG vor dem unabhängigen Verwaltungssenat angefochten werden (vgl dazu schon 270 BlgNR 18. GP, 15). Die angesprochenen Rechtsbedingungen überschneiden sich mit den Voraussetzungen der Asylgewährung, sodaß es häufig zu einer partiellen Vorwegnahme des eigentlichen Asylverfahrens kam (zur Rechtslage vor dem AsylG 1991 siehe *Leitgeb*, Zurückweisung, 153). Es liegt auf der Hand, daß die Grenzkontrollorganwalter mit dieser anspruchsvollen Aufgabe in weiten Bereichen überfordert waren und sind.

507 Vor diesem Hintergrund ging das Bestreben des Gesetzgebers dahin, das BAA als sachkundige Behörde in das Verfahren an der Bundesgrenze bzw an Flugplätzen einzubeziehen; auch nach der neuen Rechtslage hat aber das Grenzkontrollorgan noch immer darüber zu befinden, ob eine „direkte" Einreise vorliegt (vgl *Davy U.*, Asylrechtsreform, 711). Das Einreiseverfahren nach § 17 AsylG 1997 kommt nur zur Anwendung, wenn ein Fremder einen Asyl- oder Asylerstreckungsantrag *„anläßlich an einer Grenzübergangsstelle erfolgenden Grenzkontrolle stellt"*. Anträge an der sog „grünen Grenze" fließen in diesen Regelungsmechanismus nicht ein.

508 Die Bestimmung des § 17 leg cit unterscheidet erstens zwischen Einreise an Flugplätzen und damit gleichgesetzt der „direkten" Einreise iSd Art 31 GFK – gleichgültig ob auf dem Luft-, Land- oder Wasserweg – und zweitens sonstigen Asyl- oder Asylerstreckungsanträgen an der Bundesgrenze (das betrifft Fremde die an der Land- oder Wassergrenze nicht „direkt" anreisen). An diese Unterscheidung anknüpfend sind zwei verschiedene Verfahren vorgesehen.

II. Verfahren nach direkter Anreise oder Anreise über einen Flugplatz

509 Unter *„Anreise über einen Flugplatz"* ist – soweit ersichtlich – eine Reisebewegung vom Ausland in das Bundesgebiet zu verstehen. Inlandsreisen per Flugzeug fallen nicht unter den Begriff „Anreise". Ob der (letzte) Abflug von einem Drittstaat oder vom Herkunftsstaat aus erfolgt ist, ist ohne Belang (*Davy U.*, Asylrechtsreform, 710). Selbst im Hinblick auf die eindeutige Umschreibung der Rechtsbedingung *„Einreise über einen Flugplatz"* im Gesetzestext warf dieses Tatbestandselement in der Praxis erhebliche Probleme auf: Das BAA ging in mehreren Fällen davon aus, daß eine *„Einreise über einen Flugplatz"* nicht mehr vorliege, wenn der Asylwerber die Grenzkontrolle passiert habe und sohin ein Verfahren *„auf einem Flugplatz"* nicht (mehr) geführt werde. In mehreren Fällen wurde Asylwerbern, die über den Flughafen Wien-Schwechat eingereist waren, die „Einreise gestattet", eine Vorführung vor das BAA unterlassen (vgl dazu aber § 17 Abs 1 AsylG 1997), von der Anwendung der Bestimmung des § 39 Abs 3 AsylG 1997 betreffend das Zustimmungsrecht des UNHCR abgesehen um in weiterer Folge dennoch den Asylantrag gem § 6 AsylG 1997 als offensichtlich unbegründet abzuweisen und zugleich gem § 8 leg cit festzustellen, daß die Zurückweisung, Zurückschiebung oder Abschiebung des betroffenen Asylwerbers in den Herkunftsstaat zulässig sei (vgl dazu zB BAA 24. 3. 1998, 98 01.692-BAS). Vor diesem Hintergrund hat der unabhängige Bundesasylsenat (UBAS 2. 6. 1998, 202.992/0-I/03/98; vgl auch UBAS 23. 6. 1998, 202.991/0-II/04/98; 31. 7. 1998, 203.833/0-II/28/98) unter Hinweis auf § 17 Abs 1 und § 39 Abs 3 AsylG 1997 im wesentlichen festgehalten: *„Das Bundesasylamt geht zur Rechtfertigung seiner Vorgangsweise davon aus, daß das AsylG zwischen der ‚**Anreise**‘ eines Asylwerbers, mit der Möglichkeit – entsprechend den gesetzlichen Kriterien – die Zurückweisung zu sichern, und einer, nach Wegfall der rechtlichen Voraussetzungen zur Sicherung der Zurückweisung allenfalls erfolgenden ‚**Einreise**‘ von Antragstellern, unterscheide und bezieht sich dabei auf die Bestimmungen des § 17 Abs. 1 und § 19 Abs. 1 AsylG. Dieser Ansatz ist zunächst insoweit zutreffend, als sich dem AsylG erstmals der Begriff der ‚Anreise‘ entnehmen läßt. Ob damit allerdings ein gegenüber dem Gesetzesbegriff der ‚Einreise‘ losgelöster Begriff geschaffen werden sollte, bleibt zumindest fraglich. Vielmehr deutet der Umstand, daß die Bestimmung des § 17 AsylG mit dem Wort ‚Einreise‘ überschrieben ist und im Text selbst der Ausdruck ‚Anreise‘ gebraucht wird, darauf hin, daß die ‚Anreise‘ begrifflich ein Bestandteil der ‚Einreise‘ ist. Das AsylG gebraucht den Begriff der Anreise im Sinne einer Einreise bis zum Stadium zur Grenzkontrolle (d.i. gem. § 1 Abs. 2 Grenzkontrollgesetz – GrekoG, BGBl. Nr. 435/1996, die aus Anlaß oder eines beabsichtigten oder bereits erfolgten Grenzübertritts vorgenommene Überprüfung der Einhaltung der die Sicherheitspolizei, das Paßwesen, die Fremdenpolizei sowie das Waffen-, Schieß- und Sprengmittelwesen regelnden bundesgesetzlichen Vorschriften), die – entgegen dem umgangssprachlichen Begriff der Einreise – zeitlich der Einreise nachfolgt, sofern die Grenzkontrolle im Bundesgebiet durchgeführt wird. § 1 Abs. 2 des Fremdengesetzes 1997 definiert nämlich die Einreise als das ‚Betreten des Bundesgebietes‘ (vgl. dazu auch schon § 1 PaßG). Die Materialien zum Fremdengesetz 1992 halten ausdrücklich fest, was unter dieser ‚bildhaften‘ Umschreibung zu verstehen ist: ‚Bei der Definition der Begriffe ‚Einreise‘ und der ‚Ausreise‘ wurde mehr als bisher auf eine unmittelbare Kontaktaufnahme mit dem Bundesgebiet abgestellt. Der Begriff des ‚Betretens‘ soll zweierlei erfassen: einerseits all jene Bewegungen, bei denen die Bundesgrenze entlang der Erdoberfläche überquert wird, und zwar unabhängig davon, ob dies zu Fuß oder mit einem Fahrzeug erfolgt, und andererseits die Landung mit einem Flugzeug im Inland nach Überfliegen der Bundesgrenzen. Ein Betreten liegt in all diesen Fällen auch schon dann vor, wenn der Boden von Fremden noch nicht betreten wird. Das Überfliegen, um vom Ausland über das Bundesgebiet wieder in das Ausland zu kommen, konnte bei dieser Definition außer Betracht bleiben: ein ‚Betreten‘ liegt keinesfalls vor‘ (vgl. dazu die zit Regierungsvorlage 692 BlgNR 18. GP in Hickisch/Kepplinger, Handbuch des Fremdengesetzes [1995], 18; zum Begriff der Einreise siehe auch Muzak, Die Aufenthaltsberechtigung im österreichischen Fremdenrecht [1995], 130). Der Begriff der Einreise unterscheidet sich insbesondere im Flugverkehr vom Grenzbübertritt; Grenzübertritt ist gem. § 1 Abs. 1 GrekoG die Bewegung eines Menschen über die Bundesgrenze. Vor diesem Hintergrund ist aber auch klar, daß Fremde, die im Sinne des § 17 Abs. 1 und des § 19 Abs. 1 AsylG über einen Flugplatz ‚**anreisen**‘ ausnahmslos bereits ‚**eingereist**‘ sind. Damit ist aber auch die These des Bundesasylamts nicht haltbar, daß die Einreise erst nach Wegfall der rechtlichen Voraussetzungen der Sicherung der Zurückweisung vorliege. Das Rechtsinstitut der Sicherung der Zurückweisung betrifft nach § 19 Abs. 1 AsylG ‚vorgeführte‘ Asylwerber und ist nicht nur an der Grenzkontrolle, sondern – im Gegensatz zur Sicherung der Zurückweisung nach § 53 des Fremdengesetzes 1997 – auch ‚im Bereich des Bundesasylamts‘ zulässig. Damit trifft die Sicherung der Zurückweisung jedenfalls auch Fremde, die bereits im Sinne des § 1 Abs. 2 des Fremdengesetzes ‚eingereist‘ sind. Im Lichte dessen erweist sich auch die Differenzierung des Bundesasylamtes zwischen der ‚**Anreise**‘, die soweit die Sicherung der Zurückweisung zulässig sei, keine ‚**Einreise**‘ wäre, als verfehlt. Daran ändert auch der Umstand nichts, daß § 17 Abs. 2 AsylG von der ‚Gestattung der Einreise nach dem 2. Hauptstück des Fremdengesetzes‘ spricht. Die ‚**Gestattung der Einreise*** *nach dem 2.* ***Hauptstück des Fremdengesetzes****' ist begrifflich von der Einreise zu trennen und steht sachlich der ,Grenzkontrolle' näher als dem Begriff der ,****Einreise****'. Die Gestattung der Einreise nach dem 2. Hauptstück des Fremdengesetzes darf nicht in dem Sinne verstanden werden, daß bis zur Gestattung der Einreise keine Einreise vorliege; vielmehr ist die Gestattung der Einreise – hier besteht ein sachlicher Konnex zur Zurückweisung nach § 52 des Fremdengesetzes 1997 – im Sinne der Gestattung der weiteren Einreise (Weiterreise) zu verstehen. Die Bestimmung des § 39 Abs. 3 AsylG kann nicht dahingehend ausgelegt werden, daß nach dem Wortlaut dieser Bestimmung die Zustimmung des UNHCR nicht einzuholen wäre, wenn der Fremde nach Anreise über einen Flugplatz der Sicherung der Zurückweisung unterliegt, sind doch solche Fremde im Sinne des § 1 Abs. 2 des Fremdengesetzes 1997 ohne Ausnahme ,eingereist'. Es ist im Lichte dessen auch nicht inkonsistent, wenn einerseits die Bestimmung des § 39 Abs. 3 AsylG von ,Einreise' spricht und andererseits die Bestimmung des § 17 AsylG die Überschrift ,Einreise' trägt. Es besteht sohin keine Notwendigkeit, die Bestimmung des § 39 Abs. 3 AsylG teleologisch auf die Gestattung der Einreise zu reduzieren und – wie das Bundesasylamt formuliert – ,einerseits sinngebend und andererseits verfassungskonform zu lesen'. Zwar trifft es zu, daß die Regierungsvorlage die Worte ,auf Flugplätzen' verwendet, doch wird dazu präzisierend festgehalten: ,Danach dürfen Anträge von Asylwerbern, die über einen Flugplatz eingereist sind, nur mit Zustimmung des Hochkommissärs der Vereinten Nationen für Flüchtlinge als offensichtlich unbegründet abgewiesen oder wegen bestehenden Schutzes in einem sicheren Drittstaat zurückgewiesen werden' (686 BlgNR 20. GP, 31). Damit befindet sich aber die Regierungsvorlage auf dem Boden des Gesetzeswortlauts; es ist sohin nicht angebracht, die Wortfolge ,auf Flugplätzen' aus ihrem systematischen und sprachlichen Zusammenhang zu isolieren. Auch das Argument des Bundesasylamts, die Verlängerungsvoraussetzungen einer Konfinierung insbesondere nach § 39 Abs. 3 letzter Satz AsylG stellen klar, ,daß die Bestimmung des § 39 Abs. 3 zur Anwendung kommen soll, wo Personen, die über einen Flugplatz anreisen, im Zuge der Grenzkontrolle einen Asylantrag stellen und eine Sicherung der Zurückweisung erfolgt', ist unzutreffend, wobei der Asylwerber im gegenständlichen Fall gem. § 17 Abs. 1 AsylG dem Bundesasylamt vorzuführen und über ihn unter den näheren Voraussetzungen des § 19 Abs. 1 zweiter Satz AsylG die Sicherung einer Zurückweisung zu verhängen gewesen wäre. Geradezu das Gegenteil ist der Fall: Die Bestimmung des § 39 Abs. 3 AsylG spricht lediglich von einer ,allenfalls' verfügten Sicherung der Zurückweisung. Damit ist aber hinlänglich klar, daß nicht in allen Verfahren, die der Zustimmung des UNHCR unterliegen, eine Sicherung der Zurückweisung (aktuell) verfügt sein bzw. verfügt worden sein muß. Wie die Regierungsvorlage verlangt auch die Bestimmung des § 39 Abs. 3 AsylG die Zustimmung des UNHCR, wenn der Asylwerber über einen Flugplatz eingereist ist, unabhängig davon, ob sich der Asylwerber (noch) auf dem Flugplatz befindet oder (noch) der Sicherung der Zurückweisung der Zurückweisung nach § 19 Abs. 1 AsylG unterliegt. Es ist insbesondere – wie dies im vorliegenden Fall gehandhabt wurde – nicht zulässig, rechtswidrigerweise von der Vorführung des Asylwerbers nach § 17 Abs. 1 AsylG abzusehen, und damit die Anwendbarkeit der Sicherung der Zurückweisung nach § 19 Abs. 1 zu verhindern, den Inhalt des § 39 Abs. 3 so umzudeuten, daß – entgegen dem Wortlaut dieser Bestimmung – eine ,Einreise' nicht vorliege und so die Rechtsbedingung der Zustimmung des UNHCR zu umgehen und in weiterer Folge dennoch mit einer Zurückweisung gem. § 4 AsylG oder einer Abweisung nach § 6 leg cit vorzugehen. Schlußendlich können auch die verfassungsrechtlichen Bedenken des Bundesasylamts nicht geteilt werden: Die sachlich unterschiedliche Behandlung von Verfahren betreffend Asylwerber, die über einen Flugplatz eingereist sind und solche, die über den Land- bzw. Wasserweg eingereist sind, ist insofern* *sachlich gerechtfertigt, als erstere im Hinblick auf die ‚Abschiebungsmöglichkeiten' grundsätzlich einem erhöhten Risiko unterliegen, da als mögliche Zielländer fremdenpolizeilicher Maßnahmen – neben dem Herkunftsstaat im Sinne des § 1 Z 4 AsylG und den ‚Dublinstaaten' – nicht nur die geographisch an Österreich grenzenden Staaten in Frage kommen, wobei die Verfolgungssicherheit von möglichen Zielstaaten im Flugverkehr in der Regel wesentlich schwieriger zu prognostizieren ist. Vor diesem Hintergrund ist es sachlich durchaus gerechtfertigt, in jenen Fällen, in denen ein ‚Asylwerber über einen Flugplatz einreist', zusätzliche Sicherungsmechanismen wie die Zustimmung des UNHCR vorzusehen. Im Lichte dessen hegt der unabhängige Bundesasylsenat gegen die Anwendung des § 39 Abs. 3 AsylG aus dem Grund der Verfassungswidrigkeit keine Bedenken und sieht sich daher nicht veranlaßt, einen Antrag auf Aufhebung dieses Gesetzes beim Verfassungsgerichtshof zu stellen (Art 89 Abs. 2 iVm Art 129c Abs. 6 B-VG)."*

510 Das AsylG 1997 umschreibt den Begriff „direkt" im Rahmen der „direkten Anreise" nicht näher, sondern verweist auf Art 31 GFK. Die RV geht davon aus, daß der Begriff *„direkt"* – dies wohl im Gegensatz zur ständigen Jud des VwGH zu §§ 6 und 7 AsylG 1991 – streng nach völkerrechtlichen Ansätzen zu interpretieren ist (vgl dazu auch *Rosenmayr*, Asylrecht, 569 ff); der Betroffene darf noch nicht verfolgungs- und refoulementsicher gewesen sein (RV, 23). Damit hat aber der Gesetzgeber die bisherigen Auslegungsprobleme vor dem Hintergrund des § 6 AsylG 1991 nicht beseitigt: Auch der VwGH hat sich – anders als die Materialien – mit Blick auf den Drittstaat auf eine Gefahrenbeurteilung nicht eingelassen (vgl *Davy U.*, Asylrecht II, 34; *dieselbe*, Asylrechtsreform, 710; Flüchtlingsalltag, 34 ff; VwGH 14. 1. 1993, 92/18/0511; 4. 2. 1993, 93/18/0003; 29. 7. 1993, 93/18/0309; 13. 1. 1994, 93/18/0584; 21. 7. 1994, 94/18/0346). Zudem hat die Einreiseregelung des § 17 AsylG 1997 den hier maßgeblichen Gesichtspunkt des Art 33 Z 1 GFK (wieder) verfehlt (siehe dazu auch *Davy U.*, Asylrechtsreform, 710). Das Rechtsinstitut der „direkten Einreise" wurde vor dem Hintergrund einer Straffreistellung solcher Fremder entwickelt, die aus einer Notsituation heraus in einen Zufluchtsstaat einreisen. Gem Art 31 Z 1 GFK sollen die vertragschließenden Staaten keine Strafen wegen illegaler Einreise oder Anwesenheit über Flüchtlinge verhängen, die, direkt aus einem Gebiet kommend, wo ihr Leben oder ihre Freiheit iSd Art 1 GFK bedroht war, ohne Erlaubnis einreisen oder sich ohne Erlaubnis auf ihrem Gebiet befinden, vorausgesetzt, daß sie sich unverzüglich bei den Behörden melden und gute Gründe für ihre illegale Einreise oder Anwesenheit vorbringen. Die Bestimmung des § 17 AsylG 1997 reißt den Begriff der „direkten Einreise" aus dem ursprünglichen Zusammenhang des Art 31 GFK und bettet ihn in ein völlig anderes Umfeld. Wesentliche Rechtsbedingung für die Straffreiheit und die Gestattung der Einreise ist die „direkte Einreise". Die Praxis legte bisher den Begriff der *„direkten Einreise"* außergewöhnlich eng aus (vgl dazu Flüchtlingsalltag, 23 ff; BAA, 24. 11. 1993, 93 04.216; 19. 11. 1993, 93 04.142; 26. 11. 1993, 93 04.080; 18. 11. 1993, 93 04.195; 4. 11. 1993, 93 04.086 24. 11. 1993, 93 04.307; 16. 11. 1993, 93 04.093).

511 Nach Sicht der Praxis können nach Österreich über den Landweg nur mehr Staatsbürger der angrenzenden Staaten (Ungarn, Slowakei, Tschechische Republik; BRD; Schweiz, Liechtenstein, Italien, Slowenien) direkt einreisen. Bei Einreisen über den Luftweg wird von einer „direkten Einreise" nur dann ausgegangen, wenn der Flug ohne Zwischenlandung in einem Drittstaat durchgeführt wurde, oder – wenn es doch zu einer Zwischenlandung gekommen ist – das Flugzeug nicht verlassen wurde oder – wenn das Flugzeug während der Zwischenlandung verlassen wurde – keine Möglichkeit bestand, durch Einbringen eines Asylantrages Sicherheit vor Verfolgung zu finden. Eine differenzierte Prüfung, ob ein Asylwerber im Transitstaat objektiv Verfolgungsschutz erlangt hat, insb ob er in den Transitstaat wieder zurückkehren kann, findet oft nicht statt (vgl die Ausführungen des UNHCR in 1161 BlgNR 18. GP, 8).

512 Nach dem Erlaß des Bundesministers für Inneres vom 15. Mai 1992, 70.027/10-III/16/92 (dieser Erlaß trägt den Titel „Asylgesetz 1991; fremdenpolizeiliche Konsequenzen") liegt keine direkte Einreise vor, wenn der Asylwerber bei Einreise auf dem Luftweg aus dem Herkunftsstaat während eines Transitaufenthaltes die Möglichkeit hatte, (zB durch die Stellung eines Asylantrages) Sicherheit vor Verfolgung zu finden; bei der Einreise auf dem Landweg durch einen österreichischen Nachbarstaat gereist ist. Sofern ein Angehöriger eines außereuropäischen Staates durch Ungarn gereist ist (Ungarn hatte seinerzeit anläßlich des Beitritts zur Flüchtlingskonvention und dem Zusatzprotokoll am 14. März 1989 erklärt, den Begriff „Flüchtling" nach Art 1 Abschn B Abs 1 lit a GFK zu definieren und dadurch die Anwendung der Flüchtlingskonvention auf Flüchtlinge aus Europa beschränkt), ergibt sich die Verfolgungssicherheit laut zitiertem Erlaß aus dem ungarischen Grundrechtssystem, es sei denn, dieser hätte Ungarn „auf dem schnellsten Weg transitiert". Die direkte Einreise wird insbesondere verneint, wenn der Transitstaat Signatarstaat der GFK bzw (im Falle Ungarns) Signatarstaat der EMRK ist; ein Asylverfahren im Transitstaat existiert oder der UNHCR im Transitstaat präsent ist und die Belange von Asylwerbern wahrnehmen kann (ausführlich über die Rechtsansicht des Bundesministers für Inneres zur „direkten Einreise" siehe Flüchtlingsalltag, 30 ff).

513 Die vom Bundesminister für Inneres vertretene Auslegung der Wendung *„direkte Einreise"* in § 6 Abs 1 AsylG 1991 war im Lichte der anderslautenden erheblich strengeren Rechtsprechung des Verwaltungsgerichtshofes weithin überholt worden (siehe dazu Flüchtlingsalltag, 34 ff): Bereits vor Inkrafttreten des AsylG 1991 hat der Verwaltungsgerichtshof die Wendung „direkt aus einem Gebiet kommend" in Art 31 Abs 1 GFK aus einem rein geografischen Gesichtspunkt betrachtet und sich dabei irrigerweise auf den Wortlaut des Art 31 leg cit bezogen: *„Primäre Voraussetzung dafür, um sich mit Erfolg auf diese unmittelbar, auf Gesetzesstufe stehende Norm (vgl dazu das hg. Erkenntnis vom 17. Juni 1966, Slg. Nr. 6948/A) berufen zu können, ist, daß der betreffende Fremde ‚direkt' aus einem Gebiet kommt, wo sein Leben oder seine Freiheit bedroht war. Diese Voraussetzung ist im Beschwerdefall nicht gegeben. Der Beschwerdeführer ist nach den – durch die Aktenlage gedeckten – Feststellungen im bekämpften Bescheid aus Jugoslawien kommend nach Österreich eingereist. Als Gebiet, aus dem der Beschwerdeführer ‚direkt' kam, ist demnach Jugoslawien und nicht die Türkei anzusehen. Daß aber in Jugoslawien das Leben oder die Freiheit des Beschwerdeführers (im Sinne des Art. 1 der Konvention) bedroht gewesen sei, wurde von ihm nie behauptet. Die in der Beschwerde vertretene Ansicht, ‚direkte' Einreise müsse so verstanden werden, daß eine bloße Durchreise durch einen anderen Staat, auch wenn dieser Mitglied der Flüchtlingskonvention sei, direkt durch ‚diese Staaten' (im Hinblick auf den Akteninhalt gemeint: Bulgarien und Jugoslawien) hindurch gereist, um direkt nach Österreich zu gelangen, so übersieht sie, daß die in Rede stehende Konventions-Bestimmung nicht auf ein ohne Umwege und/oder Aufenthalte gestaltetes Durchreisen, sondern allein darauf abstellt, aus welchem Gebiet der Fremde ‚direkt' (unmittelbar) in einen Vertragstaat (hier: Österreich) einreist"* (VwGH 25. 11. 1991, 91/19/0187; vgl auch 3. 12. 1992, 92/18/0452; 14. 1. 1993, 92/18/0511; 4. 2. 1993, 93/18/0003; 27. 5. 1993, 93/18/0099; siehe dazu *Rosenmayr*, Asylrecht, 570). Ist die Einreise – wenn auch versteckt in einem Reisebus – von Ungarn erfolgt, so wurde vom VwGH etwa für einen Asylwerber aus der Türkei schon begrifflich das Vorliegen einer direkten Einreise verneint (vgl VwGH 14. 1. 1993, 92/18/0511; kritisch dazu *Wiederin*, Drittstaatsklauseln, 156; siehe auch *Grahl-Madsen* II, 204 ff; *Grahl-Madsen* widersprechend *Kooijmans*, 411).

514 In seinem Erkenntnis vom 3. Dezember 1992 (VwGH 3. 12. 1992, 92/18/0452) hatte sich der Verwaltungsgerichtshof erstmals mit der Auslegung des Begriffes *„direkt“* iSd § 6 Abs 1 AsylG 1991 zu befassen. Im zugrundeliegenden Fall war ein türkischer Staatsangehöriger legal mit einem von der österreichischen Botschaft in Ankara ausgestellten Sichtvermerk aus Slowenien kommend nach Österreich eingereist. Der Verwaltungsgerichtshof führte unter Hinweis auf sein Erkenntnis vom 25. 11. 1991, 91/19/0187 aus: *„Im übrigen ist eine Anwendung des Art 31 Z 1 der Konvention ebenso wie des § 6 Abs. 1 des Asylgesetzes 1991 im Fall des Beschwerdeführers auch deshalb ausgeschlossen, weil er nach den vom ihm unbekämpft gebliebenen Feststellungen der belangten Behörde aus Jugoslawien (richtig: Slowenien) kommend in Österreich ist, also nicht „direkt“ aus einem Gebiet, wo sein Leben oder seine Freiheit im Sinne des Art. 1 der Konvention bedroht war, bzw. aus dem Staat kam, in dem er behauptete, Verfolgung befürchten zu müssen. (...) Ferner liegt auch kein Anhaltspunkt für die Annahme vor, der Beschwerdeführer habe gemäß § 13 a FrPolG wegen Vorliegens der dort genannten Gründe nicht nach Slowenien zurückgewiesen werden dürfen (vgl. § 6 Abs. 2 zweiter Fall Asylgesetz 1991). Im Grunde des § 7 Abs. 1 des Asylgesetzes 1991 folgt daraus, daß die Stellung eines Asylantrages dem Beschwerdeführer nicht zu einer vorläufigen Aufenthaltsberechtigung im Bundesgebiet verhalf, sohin § 9 Abs. 1 leg cit der Verhängung eines Aufenthaltsverbotes über ihn nicht entgegenstand.“* Diese Begründung wird seither – jeweils angepaßt an die konkreten Modalitäten der Einreise – in ständiger Rechtsprechung gebraucht (Vgl zB VwGH 14. 1. 1993, 92/18/0511; 27. 5. 1993, 93/18/0099; 29. 7. 1993, 93/18/0309; 11. 11. 1993, 93/18/0417; 15. 12. 1993, 93/18/0575; 4. 2. 1993, 93/18/0003; 13. 1. 1994, 93/18/0494; 13.1. 1994, 93/18/0495).

515 Die *„direkte Einreise“* auf dem Landweg ist somit nach der bisher ständigen Rechtsprechung des Verwaltungsgerichtshofes ausgeschlossen, wenn der Asylwerber nach dem Verlassen des Verfolgerstaates und vor der Einreise nach Österreich Gebietskontakt zu irgendeinem Drittstaat (Transitstaat) gehabt hat. Sie kann demgemäß überhaupt nur dann vorliegen, wenn dieser Staatsangehöriger eines österreichischen Nachbarstaates ist bzw dort – als Staatenloser – seinen gewöhnlichen Aufenthalt hatte (kritisch dazu *Wiederin*, Drittstaatsklauseln, 156; *Davy U.*, Flüchtlingsrecht II, 64; *Rohrböck*, AsylG 1991, 175; *Muzak*, Aufenthaltsberechtigung, 250; *Rosenmayr*, Asylrecht 570). Ob und inwieweit der VwGH seine Jud (sein „formales Konzept der direkten Einreise“) den klaren Intentionen der Materialien (RV, 23) anpassen bzw der UBAS seine Jud an diese Intentionen ausrichten wird, wird die Zukunft weisen (vgl dazu *Rosenmayr*, Asylrecht, 571).

516 Konkrete Reisemodalitäten (Dauer des Transits aus dem Herkunftsstaat nach Österreich, allfällige Transitaufenthalte und deren Dauer, Legalität oder Illegalität des Transits, Kenntnis und Duldung der Behörden des Transitstaates, ja selbst die Frage, aus welchem der unmittelbaren Nachbarstaaten Österreichs der Asylwerber eingereist ist; so ausdrücklich VwGH 27. 5. 1993, 93/18/0099), menschenwürdige Lebensbedingungen im Transitstaat, ein Asylverfahren im Transitstaat, die Asylpraxis des Transitstaates, die Frage, ob der Transitstaat Signatarstaat der GFK und/oder der EMRK ist und/oder ob er das refoulement-Verbot tatsächlich beachtet, subjektive Fluchtvorstellungen des Asylwerbers, insbesondere iS einer freien Wahl des (endgültigen) Zufluchtslandes, Kriterien der Fluchtbeendigung fanden bisher in der Jud keine Berücksichtigung.

517 Die hL zu Art 31 GFK folgt diesen Ansätzen nur sehr bedingt. So führt zB *Goodwin-Gill* in Refugee, 83 f aus: *„Refugees are not required to have come directly from their country of orgin, but other countries or territories passed through should also have constituted actual or potential threats of life or freedom“*. Zudem

ist der Umstand zu beachten, daß die GFK in Art 31 Z 1 den Ausdruck *„directly“* und nicht das Wort *„direct“* gebraucht. Das Wort „directly“ bedeutet soviel wie *„in einer direkten Art und Weise“* und nicht „unmittelbar“ (vgl dazu *Grahl-Madsen* II, 206; vgl auch *Davy U.*, Flüchtlingsrecht II, 54; zur nicht unbedenklichen Jud des VwGH vor dem Hintergrund des § 6 AsylG 1997 siehe *Davy U.*, Flüchtlingsrecht II, 34). Art 31 Z 1 GFK stellt auf die typische Notsituation eines Flüchtlings ab (vgl dazu *Marx*, Asylrecht II, 491). Solange diese Notsituation fortwirkt, muß daher von direkter Einreise gesprochen werden, auch wenn der Flüchtling durch Drittstaaten transitiert. Das Fortbestehen der flüchtlingsspezifischen Notsituation korrespondiert mit der Schutzbedürftigkeit. In der Schutzbedürftigkeit liegt eine Parallele zum anderweitigen Verfolgungsschutz. Wenn eine Person zum Zeitpunkt der Einreise schutzbedürftig ist, erfolgt die Einreise auch „direkt“ (in diese Richtung wohl auch *Davy U.*, Neuordnung, 75 f). Solange die Schutzbedürftigkeit gegeben ist, besteht regelmäßig ein Strafausschließungsgrund für die „rechtswidrige“ Einreise und den „rechtswidrigen“ Aufenthalt. Dies schließt zwangsläufig eine Gefahrenprognose betreffend Drittstaaten mit ein. Die Schutzbedürftigkeit überwiegt in der Regel die Rechtsgüter der fremdenpolizeilichen und paßrechtlichen Bestimmungen unverhältnismäßig (zu einem ähnlichen Ergebnis kommt *Marx*, Asylrecht II, 491, der auf die Kriterien der Fluchtbeendigung zurückgreift).

518 Aus der Wortwahl („Gebiet“, „territory“, „territoire“) der Art 31 und 33 GFK, Ziel und Zweck der GFK und den travaux préparatoires ergibt sich eindeutig, daß nicht nur der Herkunftsstaat, sondern jeder Verfolgerstaat angesprochen ist (zur Entstehungsgeschichte des Art 31 GFK siehe *Weis*, Travaux, 1343 ff; *Rosenmayr*, Asylrecht, 569): Im Zuge der Erstellung des Textes von Art 31 GFK wurde die (vom französischen Delegierten vorgeschlagene) Formulierung „coming directly from the country of origin“ auf Anregung des Präsidenten des ad hoc-Komitees durch die Formulierung „coming directly from a territory“ ersetzt (siehe dazu die Wiedergabe der entscheidenden Debatte der Bevollmächtigtenkonferenz in UNDoc A/Conf.2/SR.35, 10-20 in *Takkenberg/Tahbaz* III, 566 ff; vgl auch *Goodwin-Gill*, Refugee, 152 f). Die Redaktoren der GFK verstanden unter „coming directly from a country“ eine kontinuierliche Fluchtbewegung auch über Drittstaaten. Diese Voraussetzung ist auch dann erfüllt, wenn der Asylsuchende, der über einen Drittstaat einreist, diesen lediglich als Durchgangsstaat benutzt hat (siehe zB *Kimminich*, Grundprobleme, 136 f; *Achermann/Hausammann*, Handbuch, 254; *Amann*, Flüchtlingsrechte, 120 f; *Davy U.*, Schubhaft, 48 f; *Wiederin*, Aufenthaltsbeendende Maßnahmen, 47 ff; *Muzak*, Aufenthaltsrecht, 250). Jedenfalls bleibt die Durchreise durch Staaten, von denen eine Zurückschiebung in den Verfolgerstaat oder eine andere Verfolgung zu befürchten ist, eine *„direkte Einreise“* aus dem Verfolgerstaat (*Amann*, Flüchtingsrechte, 121; *Davy U.*, Flüchtlingsrecht II, 36 ff; *Rosenmayr*, Asylrecht, 569).

519 Ein Asyl- oder Asylerstreckungsantrag nach direkter Anreise iSd Art 31 GFK oder nach Anreise über einen Flugplatz, der anläßlich der an einer Grenzkontrollstelle erfolgenden Grenzkontrolle gestellt (nicht eingebracht) wird, hat als ersten Verfahrensschritt die Vorführung des Antragstellers vor das BAA nach § 18 AsylG 1997 zur Folge (§ 17 Abs 1 leg cit). Fremde, die über einen Flugplatz anreisen, sind gegenüber anderen Fremden, die auf dem Land- bzw Wasserweg einreisen, insofern privilegiert, als die Vorführung vor das BAA auch dann Platz greift, wenn sie nicht „direkt“ eingereist sind. Ob diese Differenzierung sachlich gerechtfertigt ist, bleibt fraglich (vgl *Rosenmayr*, Asylrecht, 571; grundsätzlich bejahend UBAS 2. 6. 1998, 202.992/0-I/03/98; 23. 6. 1998, 202.991/0-II/04/98). Eine Vorführung vor das Bundesasylamt ist erstens nicht vorgesehen, wenn der Antragsteller über einen Aufenthaltstitel (vgl § 7 FrG 1997) verfügt; in diesem Fall wäre der Antragsteller auf Grund dieses Titels zum Aufenthalt im Bundesgebiet berechtigt. Zweitens ist die Vorführung vor das BAA dann nicht vorgesehen, wenn der Antrag des Fremden wegen entschiedener Sache (§ 68 Abs 1 AVG) zurückzuweisen wäre. Mit „Antrag" ist hier der Asylantrag gemeint. In diesem Zusammenhang ist darauf hinzuweisen, daß bei der Beurteilung der Frage der res iudicata – mag dies auch in Einzelfällen schwierig sein – die Grenzen der Rechtskraft des abweislichen Bescheids zu berücksichtigen sind. Liegt etwa auf Grund eines neuen Sachverhalts eine neue Verwaltungssache vor, kann von „entschiedener Sache" nicht gesprochen werden; der Antragsteller unterliegt der Vorführung vor das BAA.

520 Mit der Vorführung, die eine freiheitsbeschränkende Maßnahme darstellt, kommt es zur Einleitung des eigentlichen Asylverfahrens (vgl dazu UBAS 2. 6. 1998, 202.992/0-I/03/98), das sich in der Folge vom allgemeinen Asylverfahren nicht unterscheidet; allerdings ist die Verhängung der Sicherung einer Zurückweisung möglich (§ 19 Abs 1 AsylG 1997). Mit Einbringung des Antrags (Asylantrag oder Asylerstreckungsantrag) wird der Fremde zum Asylwerber, womit ihm in aller Regel die vorläufige Aufenthaltsberechtigung zukommt und er unter den Schutz des § 21 AsylG 1997 fällt. Anläßlich der Grenzkontrolle gestellte Anträge von Asylwerbern, die über einen Flugplatz eingereist sind, dürfen nur mit Zustimmung des UNHCR als offensichtlich unbegründet abgewiesen oder wegen bestehenden Schutzes in einem sicheren Drittstaat zurückgewiesen werden (vgl dazu die Ausführungen unter Rz 509 und zu § 39 Rz 1153a; zur Rechtslage vor der AsylG-N 1998 vgl auch UBAS 2. 6. 1998, 202.992/0-I/03/98; 23. 6. 1998, 202.991/0-II/4/98; 31. 7. 1998, 203.833/0-II/28/98). Dies gilt nicht in Fällen, in denen die Zurückweisung deshalb erfolgt, weil ein anderer Staat vertraglich zur Prüfung des Asylantrages zuständig ist (§ 39 Abs 3 erster und zweiter Satz AsylG 1997). Im Ansatz zutreffend hat der UNHCR darauf hingewiesen, daß das „Verfahren am Flughafen" einen „Sonderfall des Grenzverfahrens" darstellt: *„Der Zweck des ‚Verfahrens am Flughafen' besteht darin, anläßlich der Einreise von Asylwerbern deren Anträge in einem verkürzten Verfahren einer Prüfung zu unterziehen und jenen, die offensichtlich keine Verfolgung zu befürchten bzw in einem anderen Staat vor einer solchen Schutz finden können, die Einreise verweigern zu können. Als Schutzvorkehrung wurde die Voraussetzung der Befassung des UNHCR eingerichtet. Wirddiesen Asylwerbern hingegen die Einreise gestattet, so kann dies nach dem Sinn der Regelung nur aus dem Grund geschehen, daß ihre Verfolgungsangst vom Bundesasylamt gerade nicht als offensichtlich unbegründet beurteilt wird"* (Stellungnahme des UNHCR in UBAS 23. 6. 1998, 202.991/0-II/04/98; vgl dazu auch UBAS 2. 6. 1998, 202.992/0-I/03/98).

III. Verfahren nach indirekter Anreise auf dem Wasser- oder Landweg

521 Unter indirekter Anreise ist jede Anreise zu verstehen, die nicht direkt iSd Art 31 GFK erfolgt. Das AsylG 1997 umschreibt dies in Gegenüberstellung zur *„direkten Einreise"* und der Einreise auf dem Luftweg mit dem Wort *„sonst"*. Stellt ein Fremder anläßlich einer an einer Grenzübergangsstelle erfolgenden Grenzkontrolle nach indirekter Anreise einen Asyl- bzw Asylerstreckungsantrag und ist ihm die Einreise nicht schon nach dem 2. Hauptstück des FrG 1997 (betreffend die Regelung der Ein- und Ausreise von Fremden) zu gestatten, haben die Grenzkontrollorgane zwingend den Fremden nach den Bestimmungen des FrG 1997 zurückzuweisen. § 52 Abs 1 FrG 1997 umschreibt die Zurückweisung als eine Maßnahme, den Fremden am Betreten des Bundesgebietes zu hindern. Zugleich trifft das Grenzkontrollorgan eine Belehrungspflicht dahingehend, daß die betreffenden Fremden die Möglichkeit haben, entweder in dem Staat des derzeitigen Aufenthalts (angrenzender Staat) Schutz vor Verfolgung zu suchen oder den Asylantrag bei der zuständigen Berufsvertretungsbehörde zu stellen. Unterläßt das Grenzkontrollorgan die Belehrung, sind daran keine weiteren Rechtsfolgen geknüpft. Verlangen Fremde jedoch (nach der Zurückweisung) den Asylantrag an der Grenze zu stellen, trifft das Grenzkontrollorgan weitere Belehrungspflichten, deren Unterlassung gleichfalls keine weiteren Rechtsfolgen nach sich zieht. Was das AsylG 1997 mit den Worten *„verlangen diese Fremden jedoch (...) den Asylantrag zu stellen"* anspricht, könnte am besten mit einem „Beharren auf dem Asylantrag" umschrieben werden. Gemeint ist jedenfalls eine (neuerliche) Willensbetätigung, die sich in der bloßen Wiederholung des Asylantrags erschöpfen mag. Es muß lediglich – auf welche Art und Weise immer – zum Ausdruck kommen, daß der Fremde auf der Asylantragstellung an der Bundesgrenze besteht. Trifft dies zu, ist dem Fremden ein in einer ihm verständlichen Sprache gehaltenes Antrags- und Befragungsformular auszuhändigen. In diesem Verfahrensstadium kommt es zu deutlichen Parallelen zum Verfahren vor den österreichischen Berufsvertretungsbehörden (siehe dazu oben die Ausführungen zu § 16, Rz 499 ff).

522 Nach der Konstruktion des § 17 AsylG 1997 hat ein Fremder den Asyl- bzw Asylerstreckungsantrag zweimal zu „stellen". Erstmals wird der Asylantrag anläßlich der Grenzkontrolle gestellt, nach der Beharrung auf dem Asylantrag kommt es nach zwischenzeitig entsprechenden Belehrungen zur eigentlichen (neuerlichen) Stellung des Asylantrags durch ein Formular. Erst damit ist der Asylantrag endgültig „gestellt". Die Grenzkontrollorgane haben nach der eigentlichen Stellung des Asylantrags den Inhalt vorgelegter Urkunden aktenkundig zu machen und den Asylantrag unverzüglich dem Bundesasylamt zuzuleiten. Darüber hinaus haben sie die Antragstellung derart zu beurkunden, daß diese Beurkundung im Staat des gegenwärtigen Aufenthalts als Bestätigung der noch ausstehenden Einreiseentscheidung verwendet werden kann. Diese Bestätigung ist nach § 2 AsylG-DV von der Grenzkontrollbehörde mit Namen und Geburtsdatum des Betroffenen zu versehen; zudem hat diese Bestätigung folgenden auf Asylwerber oder Asylwerberinnen abgestimmten Wortlaut zu enthalten: *„Der/Die Genannte hat Österreich um Schutz vor Verfolgung ersucht. Die endgültige Einreiseentscheidung wird auf Grund einer – derzeit noch nicht abgeschlossenen – Prüfung des Sachverhalts durch die österreichische Asylbehörden getroffen."* Diese Formulierung nach § 2 AsylG-DV könnte durch die Worte *„Prüfung des Sachverhaltes"* fälschlicherweise den Eindruck erwecken, daß in jedem Falle die Flüchtlingseigenschaft geprüft wird. Ob und inwieweit der genannte Staat überhaupt irgendwelche Rechtsfolgen an die *„ausstehende Einreiseentscheidung"* durch österreichische Organe knüpft, ist für dieses Verfahren nach dem AsylG 1997 ohne Belang, könnte allerdings im Lichte der Drittstaatsicherheit (§ 4 leg cit) von Bedeutung sein. Mit der endgültigen Stellung des Asylantrags ist dem Fremden ein Termin für die endgültige Grenzkontrolle bekanntzugeben. Die erste Zurückweisung an der Bundesgrenze soll demnach nur eine vorläufige (prophylaktische) sein, wobei der österreichischen Rechtsordnung im übrigen ein derartiges Konstrukt fremd ist; es handelt sich wohl bei jeder Zurückweisung um einen eigenständigen Akt behördlicher Befehls- und Zwangsgewalt. Die (endgültige) Zurückweisung nach § 52 FrG 1997 bzw die Gestattung der Einreise erfolgt erst nach der Befassung der Asylbehörden.

523 Fremden, die einen Asylantrag (wohl auch Asylerstreckungsantrag) mittels Antrags- und Befragungsformular bei der Grenzkontrollbehörde gestellt haben, ist die Einreise zu gestatten, wenn das Bundesasylamt den Grenzkontrollbehörden mitgeteilt hat, daß die Asylgewährung nicht unwahrscheinlich ist, insbesondere weil der Asylantrag nicht als unzulässig zurückzuweisen oder als offensichtlich unbegründet abzuweisen wäre. Ein Asylantrag ist insb wegen res iudicata (§ 68 Abs 1 AVG), wegen Drittstaatsicherheit (§ 4 AsylG 1997) und wegen vertraglicher Unzuständigkeit (§ 5 leg cit) als unzulässig zurückzuweisen. Die Abweisung des Asylantrags wegen offensichtlicher Unbegründetheit beruht auf § 6 AsylG 1997. Die Andeutung jener Umstände, auf Grund derer eine Asylgewährung als „nicht unwahrscheinlich" zu gelten hat, ist eine exemplarische Aufzählung. Welche Gründe hier noch hinzutreten könnten, ist unklar.

524 Die Wahrscheinlichkeit der Asylgewährung umschreibt der Gesetzgeber mit den Worten *„nicht unwahrscheinlich"*, während vor ähnlichem Hintergrund in § 16 Abs 3 leg cit der Ausdruck *„wahrscheinlich"* gebraucht wird. Wahrscheinlich ist die Asylgewährung dann, wenn mehr für die Asylgewährung spricht als dagegen. Mit dem Ausdruck nicht unwahrscheinlich sollte der Grad der Sicherheit geringfügig herabgesetzt werden. Nicht unwahrscheinlich ist eine Asylgewährung dann, wenn mehr oder gleich viel für die Asylgewährung spricht als dagegen.

525 Hat das BAA der Grenzkontrollbehörde mitgeteilt, daß die Asylgewährung *„nicht unwahrscheinlich ist"*, muß dem betroffenen Fremden die Einreise gestattet werden. Einzige Rechtsbedingung für die Gestattung der Einreise ist die entsprechende Mitteilung des BAA; diese Konstruktion und der Gestzeswortlaut legen – wenn auch nicht zwingend – eine Bindung der Grenzkontrollbehörden an die Mitteilung des BAA (gegen eine Bindungswirkung *Rosenmayr*, Asylrecht, 572, FN 202) nahe. Wie im gleichförmigen Verfahren vor den Vertretungsbehörden ist auch hier die Mitteilung dem Wesen nach nicht in das Rechtsquellensystem der Verfassung einzuordnen. Fest steht auch hier, daß die Mitteilung *„Außenwirkung"* nach sich zieht und die Gestattung der Einreise zur Gänze vom Inhalt dieser Mitteilung abhängt; ob sie materiell richtig ist, ist hier nicht von Belang. Die RV geht davon aus, die Entscheidungen der Asylbehörden seien *„formlose Bestimmungselemente"*, die nicht gesondert angefochten werden könnten. Aus dieser Sicht ist die Mitteilung kein Bescheid, weil formlos, und auch kein Akt unmittelbarer behördlicher Befehls- und Zwangsgewalt, weil nicht an einen Normunterworfenen adressiert. Sicher ist, daß die Mitteilung im Hinblick auf die Ermächtigung zur Gestattung der Einreise bzw die endgültige Zurückweisung des Fremden Tatbestandswirkung entfaltet.

526 Die Konstruktion solcher Mitwirkungsbefugnisse (hier seitens der Asylbehörden) ist aus der Sicht des Rechtsstaatsprinzips wohl nicht grundsätzlich zu verwerfen (*Davy U.*, Asylrechtsreform, 712); derartige Mitwirkungsbefugnisse sind unbedenklich, wenn das nach außen handelnde Organ eigene Nachprüfungsbefugnisse besitzt und auch in „abstimmungsbedürftigen" Fragen einen eigenverantwortlichen Willen bilden kann, sodaß auch die abstimmungsbedürftige Frage nicht dem Rechtsschutz entzogen ist. Der Gesetzeswortlaut des § 17 Abs 4 AsylG 1997 (arg „haben") deutet freilich nicht in diese Richtung und scheint eine eigene Nachprüfungsbefugnis der Grenzkontrollorgane auszuschließen und ist insofern verfassungsrechtlich bedenklich. In diesem Zusammenhang ist auf das Erkenntnis des VfGH 12. 10. 1995, G 65/95, hinzuweisen, in dem er im wesentlichen ausführt: *„Der zuständigen Landesgeschäftsstelle des Arbeitsmarktservice obliegt es, – auf Anfrage durch die gemäß § 6 AufenthaltsG zuständige Behörde – den Antrag auf Erteilung einer solchen Aufenthaltsbewilligung auf allfällige Bedenken gegen die Aufnahme der vom Antragsteller angestrebten Beschäftigung im Hinblick auf die Aufnahmefähigkeit des Arbeitsmarktes zu prüfen und gegenüber der anfragenden Behörde eine entsprechende Feststellung zu treffen. Die gemäß § 6 AufenthaltsG zuständige Behörde hat das Vorliegen der übrigen gesetzlichen Voraussetzungen für die Erteilung der Aufenthaltsbewilligung zu beurteilen. Eine gesetzliche Regelung, die das Handeln zweier Verwaltungsbehörden in dieser Weise miteinander verbindet, ist auf Grund der folgenden Erwägungen mit dem Rechtsstaatsprinzip sehr wohl vereinbar: Der über den Antrag auf Erteilung einer Aufenthaltsbewilligung zum Zweck der Aufnahme*

einer Beschäftigung gemäß § 2 Abs 2 AuslBG absprechende Bescheid der gemäß § 6 AufenthaltsG zuständigen Behörde muß in seiner Begründung auch auf das Tatbestandselement allfälliger Bedenken gegen die Aufnahme der vom Antragsteller angestrebten Beschäftigung unter dem Gesichtspunkt der Aufnahmefähigkeit des Arbeitsmarktes eingehen. Für den Fall, daß sich wegen der Säumigkeit der angefragten Landesgeschäftsstelle des Arbeitsmarktservice die Säumigkeit der zur bescheidmäßigen Erledigung des Antrages auf Erteilung der Aufenthaltsbewilligung zuständigen Behörde gemäß § 6 Abs 1 AufenthaltsG ergeben sollte, gilt gleichfalls nichts anderes als in sonstigen Fällen der Säumigkeit von Verwaltungsbehörden (vgl § 73 AVG und Art 132 B-VG). Dabei wird – in Ermangelung einer dem § 5 Abs 2 AufenthaltsG entsprechenden Sonderregelung – die sachlich in Betracht kommende Oberbehörde bzw der Verwaltungsgerichtshof selbst auch über das im erstinstanzlichen Verfahren der zuständigen Landesgeschäftsstelle des Arbeitsmarktservice zur Prüfung und Feststellung vorbehaltene Tatbestandselement allfälliger Bedenken gegen die Aufnahme der vom Antragsteller angestrebten Beschäftigung im Hinblick auf die Aufnahmefähigkeit des Arbeitsmarktes zu befinden haben (vgl VwGH 17. 1. 84, 83/05/0049). Zur verfassungsrechtlichen Zulässigkeit eines derartigen Zusammenwirkens zweier Behörden bei der Erlassung eines Bescheides wird zudem auf VfSlg 10706/1985, S 769, hingewiesen."

527 Ist die Mitteilung des BAA an die Grenzkontrollbehörde nach § 17 Abs 4 erster Satz AsylG 1997 kein Bescheid, dann hängt die verfassungsrechtliche Zulässigkeit dieses Instituts der Mitteilung entscheidend von der Frage ab, ob die Mitteilung einer rechtlichen Kontrolle iSd Art 129 B-VG zugänglich ist. Gem Art 129 B-VG sind neben dem Verwaltungsgerichtshof die unabhängigen Verwaltungssenate (UVSL und UBAS) *„zur Sicherung der Gesetzmäßigkeit der gesamten öffentlichen Verwaltung"* berufen. Ob dem Erfordernis des Art 129 B-VG genüge getan ist, wenn die Mitteilung des BAA an die Grenzkontrollbehörde einer rechtlichen Überprüfung durch einen UVS *oder* durch den VwGH zugänglich ist, oder ob zur Sicherung der Gesetzmäßigkeit jedenfalls auch der VwGH einbezogen werden muß, bleibt vor dem Hintergrund des Art 129 B-VG fraglich; wie sich aus den dem Art 129 B-VG folgenden Bestimmungen ergibt, unterliegen jedoch die UVS – wie andere Verwaltungsbehörden (vgl aber Art 131 Abs 3 B-VG) – grundsätzlich der Kontrolle des VwGH und VfGH (vgl dazu *Mayer*, B-VG, 351). Diese Problematik stellt sich unabhängig von einer Überprüfung des fremdenpolizeilichen Befehls- und Zwangsaktes (der fremdenpolizeilichen Zurückweisung an der Bundesgrenze), der als solcher vom zuständigen UVSL überprüft werden kann (Art 129a Abs 1 Z 2 B-VG; *Mayer*, Verfassungsänderungen, 99; *Thienel*, Verfahren, 153), wobei der UVSL zur inhaltlichen Überprüfung der Mitteilung des BAA – orientiert man sich am Wortlaut des § 17 Abs 4 AsylG 1997 – nicht zuständig ist. Vielmehr entscheidet der UBAS nach Überprüfung der Sache auf Verlangen des Asylwerbers *„endgültig über die Einreise des Asylwerbers"* (§ 17 Abs 4 zweiter Satz AsylG 1997). Nachdem sich der Zwangsakt der Zurückweisung an der Grenze einer Überprüfung durch den UBAS entzieht (zuständig sind nach Art 129a Abs 1 Z 2 B-VG die UVSL), bleibt für den UBAS zur *„Überprüfung der Sache"* nur mehr die inhaltliche Überprüfung der Mitteilung des BAA, zumal das AsylG 1997 systematisch von einer Identität der Sache vor dem BAA und dem UBAS auszugehen scheint. Die Überprüfung der „Sache" durch den UBAS ist antragsbedürftig (arg „verlangen kann" in § 17 Abs 4 AsylG 1997). Sohin besteht für den UBAS hier eine Entscheidungspflicht iSd § 73 Abs 1 AVG; dies gilt nach dem Gesetzeswortlaut selbst dann, wenn der Asylwerber mittlerweile – auf welchem Wege immer – auf das Bundesgebiet gelangt ist (die Grenzkontrolle „umgangen" hat) und (neben dem „Grenzverfahren") ein Asylverfahren durchzuführen ist; die Anwendbarkeit des § 31 AsylG 1997 (Ablegung des Asylantrags als gegenstandslos) ist in diesen Fällen wohl nicht indiziert.

528 Liegt eine entsprechende Mitteilung des BAA nicht vor, etwa weil das BAA säumig ist oder die Mitteilung einen negativen Inhalt hat, entstehen neuerlich Belehrungspflichten der Grenzkontrollorgane; diese Belehrungspflichten können gewisse Ähnlichkeiten mit einer Rechtsmittelbelehrung in Bescheiden iSd § 61 AVG nicht leugnen. Der Asylwerber ist über den Inhalt der Mitteilung in Kenntnis zu setzen. Zudem ist er darüber zu informieren, daß er die Überprüfung durch den UBAS verlangen kann. Dieses Verlangen ist eine Prozeßhandlung vergleichbar einem Berufungsantrag, jedoch nicht begründungspflichtig. Zwar enthält das AsylG 1997 keine Regelung darüber, innerhalb welcher Frist dieses „Verlangen" gestellt werden kann und an wen es zu richten ist; implizit geht man offenbar davon aus, daß sich der Asylwerber augenblicklich gegenüber dem Grenzkontrollorgan entsprechend zu äußern hat (vgl dazu § 17 Abs 5 leg cit).

529 In welcher Form die Entscheidung des UBAS ergeht, ist dem Gesetz nicht zu entnehmen. Das AsylG 1997 spricht lediglich davon, daß der UBAS über die Einreise des Asylwerbers *„entscheidet"*. Die RV scheint implizit die Entscheidungen durch das BAA und den UBAS inhaltlich wie auch formell gleichzusetzen. Demnach müßte man davon ausgehen, daß auch die Entscheidung durch den UBAS als Mitteilung zu ergehen hätte. Der Gesetzeswortlaut (arg „entscheidet") scheint wiederum nahezulegen, daß es sich bei der Entscheidung durch den UBAS um einen Bescheid handelt. Hätte diese Ansicht im Lichte des Rechtsschutzes einiges für sich, wäre sie systematisch inkonsistent. Ob im Hinblick auf die tiefgreifenden Folgen der Mitteilung (Entscheidung) – auf Grund der Mitteilung (Entscheidung) ist der Asyl- bzw Asylerstreckungsantrag gem § 31 als gegenstandslos abzulegen, der dem Verfahren zugrundeliegende Antrag damit untechnisch erledigt und der Asylwerber an der Grenze fremdenpolizeilich zurückzuweisen – vor dem Hintergrund des rechtsstaatlichen Prinzips ein Bescheid zu ergehen hätte, ist fraglich (beachte dazu auch eine mögliche Bindungswirkung; *Rosenmayr*, Asylrecht, 572, FN 202), wird aber im Ergebnis zu bejahen sein. Der UBAS hat „Entscheidungen" nach § 17 Abs 4 AsylG 1997 in Bescheidform gekleidet (UBAS 20. 5. 1998, 203.201/0-III/07/98; 20. 5. 1998, 203.201/0-III/07/98; 13. 8. 1998, 204.526/0-III/09/98) und damit die „Entscheidung über die Einreise" der Überprüfung durch den örtlich zuständigen UVSL im Rahmen einer möglichen Maßnahmenbeschwerde betreffend die fremdenpolizeiliche Zurückweisung (§ 52 FrG 1997) entzogen.

530 Das Verfahren an der Bundesgrenze nach indirekter Anreise oder nach Anreise auf dem Wasser- oder Landweg soll gem § 17 Abs 5 AsylG 1997 binnen fünf Arbeitstagen abgeschlossen sein. Wird diese Frist nicht eingehalten, sind daran keine weiteren Rechtsfolgen geknüpft (arg *„sollen"* in § 17 Abs 5 AsylG 1997). Die endgültige Zurückweisung des Asylwerbers iSd § 52 FrG 1997 darf erst dann erfolgen, wenn das BAA bzw auf Verlangen auch der UBAS befaßt worden sind. Ist allerdings offensichtlich, daß der dem Verfahren an der Grenze zugrunde liegende Asyl- bzw Asylerstreckungsantrag wegen res iudicata (§ 68 Abs 1 AVG) zurückzuweisen wäre, kann ohne Befassung der Asylbehörden sofort mit Zurückweisung nach § 52 FrG 1997 vorgegangen werden.

531 Führt das Verfahren an der Bundesgrenze zu einer Zurückweisung des Fremden iSd § 52 FrG 1997, ist der entsprechende Asyl- bzw Asylerstreckungsantrag als gegenstandslos abzulegen (§ 31 AsylG 1997). Diesfalls wird mit dem Asyl- bzw Asylerstreckungsantrag – wie im Verfahren vor den Vertretungsbehörden nach § 16 AsylG 1997 – keine Entscheidungspflicht der Asylbehörden begründet. Sie können daher in diesem Punkt nicht säumig sein. Es tritt aber im Hinblick auf die Asylgewährung keine res iudicata ein, sodaß es dem Fremden jederzeit frei steht, einen neuen Asylantrag einzubringen (vgl *Davy U*.. Asylrechtsreform, 709).

Vorführung vor das Bundesasylamt

§ 18. (1) Organe des öffentlichen Sicherheitsdienstes haben Asylwerber sowie Fremde, denen die Einreise gemäß § 17 gestattet wurde, oder die im Inland einen Asylantrag stellen, dem Bundesasylamt zum Zweck der Sicherung der Ausweisung (Art. 2 Abs. 1 Z 7 des Bundesverfassungsgesetzes über den Schutz der persönlichen Freiheit, BGBl. Nr. 684/1988) vorzuführen, wenn diese keinen Aufenthaltstitel oder keine Bescheinigung der vorläufigen Aufenthaltsberechtigung vorweisen können. Die Vorführung kann unterbleiben, wenn der maßgebliche Sachverhalt auch sonst festgestellt werden kann.

(2) Das Bundesasylamt kann im Inland befindlichen Asylwerbern zur Sicherung der raschen Durchführung des Asylverfahrens eine Unterkunft, insbesondere eine solche im Rahmen der Einrichtung der Bundesbetreuung bezeichnen, die sie bis zu ihrer Einvernahme benützen können.

RV: [24]

Zur Sicherung fremdenpolizeilicher Verfahren, die häufig unter erheblichem Zeitdruck stattfinden müssen, ist die „Vorführung vor das Bundesasylamt" vorgesehen. Im Rahmen dieser Vorführung soll für die Fremdenpolizei möglichst rasch eine klare Ausgangssituation für die Durchführung beziehungsweise für die (vorläufige) Unterlassung fremdenpolizeilicher Verfahren und Maßnahmen geschaffen werden, indem möglichst rasch über das Bestehen einer Aufenthaltsberechtigung entschieden wird. Die Vorführung kann – nach dem Prinzip der Verhältnismäßigkeit – unterbleiben, wenn der im Lichte des Sicherungszweckes maßgebliche Sachverhalt auch ohne diese Maßnahme ohne erhebliche Schwierigkeiten – etwa im Telefon- oder Telefaxwege – festgestellt werden kann.

Die Vorführung vor das Bundesasylamt stellt einen Freiheitsentzug dar, die in Art. 5 Abs. 1 lit. f EMRK und in Art. 2 Abs. 1 Z 7 des Bundesverfassungsgesetzes vom 29. November 1988 über den Schutz der persönlichen Freiheit ihre verfassungsrechtliche Deckung findet.

Das Rechtsinstitut der Vorführung vor das Bundesasylamt findet neben fremdenpolizeilich zulässigen Zwangsmaßnahmen Anwendung.

Die Vorführung vor das Bundesasylamt endet, wenn nicht eine andere fremdenpolizeiliche Zwangsmaßnahme dem entgegensteht, grundsätzlich vor dem Bundesasylamt. Getreu dem Grundsatz des Verhältnismäßigkeitsprinzips, das den Einsatz der jeweils gelindesten noch zum Ziele führenden Zwangsmaßnahme erfordert, kann nun das Bundesasylamt Asylwerbern zur Sicherung der raschen Durchführung des Asylverfahrens (Asylerstreckungsverfahrens) eine Unterkunft insbesondere im Rahmen der Einrichtung der Bundesbetreuung bekannt geben, die die Asylwerber zumindest bis zu ihrer Einvernahme benützen können.

Inhaltsübersicht

I. Allgemeines

532 Gemäß § 6 Abs 1 AsylG 1968 konnte der Asylwerber, wenn dies für die Feststellung des maßgebenden Sachverhaltes notwendig erschien, bis zum Abschluß des Feststellungsverfahrens, längstens jedoch für die Dauer von zwei Monaten, von der Bezirksverwaltungsbehörde, im Wirkungsbereich einer Bundespolizeibehörde von dieser, zum Aufenthalt in dem als Überprüfungsstation einzurichtenden Teil des Flüchtlingslagers Traiskirchen verpflichtet und den zum Zwecke der Überstellung dorthin erforderlichen Bewegungsbeschränkungen unterworfen werden (vgl auch Art 31 Abs 2 GFK). Gegen diesen Bescheid war gem § 6 Abs 2 iVm Art II AsylG 1968 Berufung an die Sicherheitsdirektion zulässig. Mit Erkenntnis vom 12. 12. 1992, G 142/92 ua hat der VfGH ausgesprochen, daß § 6 des Bundesgesetzes vom 7. März 1968, BGBl. Nr. 126, über die Aufenthaltsberechtigung von Flüchtlingen im Sinne der Konvention über die Rechtsstellung der Flüchtlinge, BGBl. Nr. 55/1955, verfassungswidrig war. Dazu hat der VfGH im wesentlichen ausgeführt: *„Entgegen der Meinung der Bundesregierung ist es ausgeschlossen, das Asylverfahren nach dem AsylG 1968 als Teil eines „Ausweisungsverfahrens“ iS des Art 5 Abs 1 lit f EMRK und des Art 2 Abs 1 Z 7 PersFrG anzusehen. Die Rechtslage vor dem Inkrafttreten des AsylG 1968 ist hiebei unerheblich. Während der Geltung dieses Gesetzes aber war es nach dessen System gar nicht erlaubt, gegen einen Asylwerber ein Ausweisungsverfahren in Gang zu setzen (vgl. § 5 AsylG 1968). Selbst wenn es damals dennoch – ungeachtet des § 5 AsylG 1968 – zulässig gewesen sein sollte, einen Asylwerber nach dem Fremdenpolizeigesetz, BGBl. 75/1954, (FrPG), in Schubhaft zu nehmen, so wäre diese Maßnahme durch die zuletzt zitierten Verfassungsnormen nur dann gedeckt gewesen, wenn eine solche Maßnahme notwendig gewesen wäre, um die Ausweisung zu sichern; der im § 6 Abs 1 AsylG 1968 normierte Zweck der Aufenthaltsverpflichtung (Sicherung der Mitwirkung des Asylwerbers an der Feststellung des für die Entscheidung über seinen Asylantrag maßgebenden Sachverhaltes) steht mit der Sicherung einer allfälligen Ausweisung außer jedem Zusammenhang. § 6 Abs 1 AsylG 1968 ist sohin mit Art 2 Abs 1 Z 7 PersFrG und mit Art 5 Abs 1 lit f EMRK nicht in Einklang zu bringen.“*

533 Mit dem AsylG 1997 wurde wiederum eine freiheitsbeschränkende Maßnahme, nämlich das Rechtsinstitut der „Vorführung vor das Bundesasylamt“ eingeführt, um für die Fremdenpolizeibehörden möglichst rasch eine klare Ausgangssituation zu schaffen. Nach § 18 Abs 1 AsylG 1997 soll die Vorführung vor das Bundesasylamt „zum Zweck der Sicherung der Ausweisung“ (Art 2 Abs 1 Z 7 PersFrG) erfolgen. Die Vorführung ist ein Akt unmittelbarer behördlicher Befehls- und Zwangsgewalt. Die Vorführung hat zur nächstgelegenen Außenstelle des BAA zu erfolgen und darf nicht unverhältnismäßig verzögert werden. Die Vorführung endet jedenfalls vor dem BAA, wenn der Zweck der Vorführung erfüllt ist. Der genaue Zeitpunkt läßt sich nur im Einzelfall feststellen.

534 Zur Vorführung vor das BAA sind ausschließlich Organe des öffentlichen Sicherheitsdienstes ermächtigt. Gem § 5 Abs 2 SPG sind Organe des öffentlichen Sicherheitsdienstes Angehörige der Bundesgendarmerie, der Bundessicherheitswachekorps, der Kriminalbeamtenkorps, der Gemeindewachkörper sowie des rechtskundigen Dienstes bei Sicherheitsbehörden, wenn diese Organe zur Ausübung unmittelbarer Befehls- und Zwangsgewalt ermächtigt sind.

II. Die Vorführung als Freiheitsentziehung

535 Art 1 Abs 1 PersFrG räumt jedermann das Recht auf Freiheit und Sicherheit (persönliche Freiheit) ein und regelt die Zulässigkeit der Einschränkungen und den

erforderlichen Rechtsschutz. Daneben schützt auch Art 5 EMRK die persönliche Freiheit. Art 5 EMRK bestimmt, daß jedermann ein Recht auf Freiheit und Sicherheit hat und daß ein Entzug der Freiheit nur in bestimmten Fällen und nur auf eine durch Gesetz bestimmte Weise erfolgen darf (Abs 1 leg cit); jeder Festgenommene hat einen Anspruch darauf, in möglichst kurzer Frist in einer für ihn verständlichen Sprache über die Gründe für seine Festnahme unterrichtet (Abs 2 leg cit), unverzüglich einem Richter vorgeführt und innerhalb einer angemessenen Frist verurteilt oder entlassen (Abs 3 leg cit) zu werden; weiters hat jedermann das Recht auf eine gerichtliche Kontrolle der Rechtmäßigkeit der Haft (Abs 4 leg cit) und auf Schadenersatz, falls er in Verletzung des Art 5 EMRK von Festnahme und Haft betroffen wurde (Abs 5 leg cit; vgl auch Art 7 PersFrG). Weiters verpflichtet Art 63 Abs 1 StV v St. Germain Österreich, allen Einwohnern Österreichs ohne Unterschied der Geburt, Staatsangehörigkeit, Sprache, Rasse, oder Religion vollen und ganzen Schutz von Leben und Freiheit zu gewähren.

536 Das Recht auf persönliche Freiheit ist nicht ohne jede Schranke gewährleistet. Der Gesetzgeber darf Eingriffe in dieses Recht nur vorsehen, wenn dies nach dem Zweck der Maßnahme notwendig ist (Art 1 Abs 3 PersFrG). Die Gründe, aus denen eine Freiheitsentziehung angeordnet werden kann, sind verfassungsrechtlich festgelegt (Art 1 Abs 2, Art 2 PersFrG; Art 5 Abs 1 lit a bis f EMRK).

537 Nach Art 5 Abs 1 lit f EMRK darf einem Fremden auf die gesetzlich vorgeschriebene Weise die Freiheit entzogen werden, um ihn daran zu hindern, unberechtigt in das Staatsgebiet einzudringen oder weil er von einem gegen ihn schwebenden Ausweisungs- oder Auslieferungsverfahren betroffen ist. Es bedarf keiner näheren Erörterung, daß die Vorführung vor das BAA nicht den Zweck verfolgt, einen Fremden am rechtswidrigen Eindringen in das Bundesgebiet zu hindern. Zum einen ist die Einreise vor dem Hintergrund des Verfahrens an der Grenze gem § 17 AsylG 1997 gerechtfertigt, und zum anderen setzt die freiheitsentziehende Maßnahme im Inland an und erfaßt mithin einen Zeitraum, zu dem das rechtswidrige Eindringen in das Staatsgebiet längst abgeschlossen ist. Unter diesen Voraussetzungen kann nicht davon gesprochen werden, daß durch die Vorführung vor das BAA ein unberechtigtes Eindringen verhindert werden soll. Zudem kennt das PersFrG den Tatbestand der „Verhinderung eines unberechtigten Eindringens in das Staatsgebiet" nicht. Nach Art 2 Z 7 ist die Entziehung der persönlichen Freiheit nur zulässig, wenn dies notwendig ist, um eine beabsichtigte Ausweisung oder Auslieferung zu sichern. Das Tatbestandselement der „beabsichtigten Ausweisung oder Auslieferung" ist EMRK-konform im Sinne eines „schwebenden Ausweisungs- oder Auslieferungsverfahrens" zu verstehen (siehe dazu *Wiederin*, Aufenthaltsbeendende Maßnahmen, 36 ff). Damit hängt die verfassungsrechtliche Beurteilung im wesentlichen davon ab, ob der Fremde im Fall der Vorführung vor das BAA von einem gegen ihn schwebenden Ausweisungs- oder Auslieferungsverfahren betroffen ist.

538 Die Jud der Straßburger Instanzen steht wie die Lehre auf dem Standpunkt, daß Art 5 Abs 1 lit f EMRK die Rechtmäßigkeit der Freiheitsentziehung weder von einer vorangegangenen Ausweisung noch vom Beschluß einer Auslieferung abhängig macht (EKMR 3. 3. 1978, Nr 6871/75 Caprino, YB 21, 284; 3. 5. 1982, Nr 9540/81 = Digest of Strasbourg Case-Law relating to the Europian Convention on Human Rights. Update I (1988) 5.1.8.1., 2). Zur Rechtfertigung einer Festnahme und weiteren Anhaltung genügt die bloße Tatsache der Einleitung eines Ausweisungs- oder Auslieferungsverfahrens (EKMR 26. 3. 1963, Nr 1802/62, YB 6, 462; 8. 3. 1976, Nr 6701/74, DR 5, 69; 20. 3. 1972, Nr 4926/71 = Digest I, 435; 18. 7. 1974, Nr 5351/72 und 6579/74, CD 46, 71; 6. 10. 1976, Nr 7317/75 Lynas, DR 6,141; 12. 12. 1977, Nr

8081/77, DR 12, 207), sofern ein solches in der betreffenden nationalen Rechtsordnung gesetzlich vorgesehen ist (EKMR 30. 6. 1960, Nr 2143/64, YB 7, 314) und in Übereinstimmung der Gesetze geführt wird (EKMR 27. 5. 1974, Nr 6242/73 Brückmann, YB 17, 458; 21. 5. 1976, Nr 6565/74; 10. 12. 1976, Nr 7256/75, DR 8,161; 9. 12. 1980, Nr 9012/80, DR 24, 205), in Verbindung mit der Absicht, die Ausweisung oder Auslieferung sicherzustellen (*Frowein/Peukert*, EMRK, 117).

539 Das Ergebnis des Verfahrens ist, sofern das innerstaatliche Recht die Rechtmäßigkeit der Anhaltung von der Rechtmäßigkeit der Ausweisung nicht abhängig macht (vgl EKMR 11. 10. 1983, Nr 9174/80 Zamir, DR 40, 42; *Velu/Ergec*, La Convention, 281), grundsätzlich ebenso irrelevant, wie eine allfällige Rechtswidrigkeit der Entscheidung über die Ausweisung oder Auslieferung, die durch die Inhaftierung gesichert werden soll. Der Freiheitsentzug ist durch die EMRK auch dann gedeckt, wenn das eingeleitete Verfahren nicht zur Anordnung einer Ausweisung oder Auslieferung führt (EKMR 5. 10. 1977, Nr 7706/76 = Digest I, 435 f; 3. 3. 1978, Nr 6871/75 Caprino, YB 21, 284 = DR 22, 5; 3. 5. 1982, Nr 9540/81 = Digest Update 5.1.8.2.2.; *Trechsel*, EuGRZ 1980, 527), ja selbst dann, wenn eine dahingehende Verfügung in der Folge als rechtswidrig aufgehoben wird (EKMR 18. 6. 1986 Bozano, Serie A 111 = EuGRZ 1987, 101; 3. 3. 1978, Nr 6871/75 Caprino, YB 21, 284; *Cohen-Jonathan*, La Convention, 327 ff). Es genügt, daß die Ausweisung oder Auslieferung nicht prima facie unzulässig oder unbegründet ist (*Frowein/Peukert*, EMRK, 117).

540 In der Literatur wurde wiederholt betont, daß die bloße Absicht einer Ausweisung oder Auslieferung solange nicht genügt, als es an einem schwebenden Verfahren mangelt (siehe dazu *Wiederin*, Aufenthaltsbeendende Maßnahmen, 35 f; *Velu/Ergec*, La Convention, 281; *Cohen-Jonathan*, La Convention, 327). Die Festnahme darf der Einleitung der Ausweisungs- oder Auslieferungsverfahrens niemals vorausgehen (vgl *Wiederin*, Aufenthaltsbeendende Maßnahmen, 36 ff). Der Begriff des Verfahrens ist iSd Art 5 Abs 1 lit f EMRK autonom zu interpretieren. Vor diesem Hintergrund ist es nicht erforderlich, daß ein förmliches Verwaltungsverfahren iSd AVG anhängig ist. Auch einem Akt unmittelbarer behördlicher Befehls- und Zwangsgewalt kann ein „Verfahren" iSd EMRK darstellen.

541 Vor diesem Hintergrund wirft das Rechtsinstitut der Vorführung vor das BAA verfassungsrechtliche Probleme auf. Die Vorführung vor das BAA erfolgt nach dem Gesetzestext des § 18 Abs 1 AsylG 1997 zwar *„zum Zwecke der Sicherung der Ausweisung"* iSd PersFrG, daß der Fremde von einem schwebenden Ausweisungs- oder Auslieferungsverfahren betroffen ist, ist damit aber nicht gesagt. Damit man von einem schwebenden Verfahren sprechen kann, ist zumindest erforderlich, daß ein entsprechendes Verfahren aus der Rechtsordnung erkennbar – sei es auf Antrag oder von Amts wegen – eingeleitet worden ist. Dies ist allerdings vor dem Hintergrund der Vorführung vor das BAA in aller Regel nicht der Fall. Der Rechtsordnung läßt sich vielmehr entnehmen, daß im Stadium der Vorführung „Ausweisungsverfahren" weitestgehend unzulässig sind. Im Lichte des § 21 AsylG 1997 kann gegen Asylwerber unter näheren Voraussetzungen keine Ausweisung (§ 33 FrG 1997) verhängt werden, Aufenthaltsverbote (§ 36 leg cit) sind nicht exekutierbar, daher regelmäßig auch nicht zu „sichern" (§ 21 Abs 2 AsylG 1997), und die Zurückschiebung (§ 55 FrG 1997) ist unzulässig. Eine Zurückweisung (§ 52 leg cit) kommt im Falle der Vorführung von vornherein nicht in Betracht.

542 Das Rechtsinstitut der Vorführung vor das BAA kommt nur teilweise auf „Asylwerber" iSd Definition des § 1 Z 3 AsylG 1997 zur Anwendung. Ein Fremder wird nicht Asylwerber, wenn er den Asylantrag iSd § 3 Abs 2 leg cit „stellt", sondern erst, wenn er den Asylantrag beim BAA gem § 24 AsylG 1997 „einbringt". Dies ist in Fällen, in denen Fremde, die – die ohne „Asylwerber" zu sein – gem § 18 Abs 1 leg cit dem BAA vorgeführt werden, regelmäßig erst mit dem Zeitpunkt der Fall, zu dem der Fremde selbst im Stande der Vorführung beim BAA einlangt. Im übrigen findet die Vorführung vor das BAA unter den näheren Voraussetzungen des § 18 Abs 1 AsylG 1997 auch auf „Fremde" Anwendung, denen gem § 17 leg cit „die Einreise gestattet wurde" oder die „im Inland einen Asylantrag stellen" (nicht notwendigen Weise „einbringen").

543 Der Gesetzgeber darf Eingriffe in die persönliche Freiheit nur vorsehen, wenn dies nach dem Zweck der Maßnahme *„notwendig"* ist; stets darf eine Freiheitsentziehung – dem Grundsatz der Verhältnismäßigkeit folgend – nur vorgenommen werden, wenn und insoweit dies nach dem Zweck der Maßnahme (des Eingriffs) notwendig ist (Art 1 Abs 3 PersFrG). Vor diesem Hintergrund ist die Bestimmung des § 18 Abs 1 letzter Satz AsylG 1997 zu sehen, nach der die Vorführung unterbleiben kann, wenn der maßgebliche Sachverhalt auch sonst festgestellt werden kann. Diese Bestimmung läßt darauf schließen, daß trotz der Zweckbindung der „Sicherung der Ausweisung" iSd PersFrG – ähnlich wie dies vor dem Hintergrund des § 6 AsylG 1968 der Fall war – die Feststellung eines Sachverhalts im Vordergrund steht, der vornehmlich asylrechtliche Komponenten enthält und mit einer „Sicherung der Ausweisung" nur in sehr losem Zusammenhang steht. Unter diesen Umständen kann idR nicht davon gesprochen werden, daß der vorgeführte Fremde von einem schwebenden Ausweisungsverfahren betroffen ist.

III. Bezeichnung der Unterkunft

544 Wie oben dargelegt, endet die Vorführung gem § 18 Abs 1 AsylG 1997 ohne jede Ausnahme vor dem Bundesasylamt, sobald der Zweck der Vorführung erfüllt ist. Um nun dem BAA gegenüber etwaigen fremdenpolizeilichen Maßnahmen ein gelinderes Mittel iSd § 66 FrG 1997 zur Verfügung zu stellen, wird in § 18 Abs 2 AsylG 1997 bestimmt, daß im Inland befindlichen Asylwerbern – auch Asylwerber in Transiträumen von Flughäfen befinden sich grundsätzlich im Inland – zur Sicherung der raschen Durchführung des Asylverfahrens eine Unterkunft, insbesondere im Rahmen der Einrichtung der Bundesbetreuung, bezeichnet werden kann, die sie bis zu ihrer Einvernahme benützen können.

a) Sicherungszweck

545 Die Bezeichnung einer (benutzbaren) Unterkunft hat der *„Sicherung eines raschen Asylverfahrens"* zu dienen. Dies bedeutet, daß das Rechtsinstitut der Bezeichnung der Unterkunft eine Sachverhaltsfeststellung und eine Bescheidzustellung innerhalb kurzer Zeit ermöglichen und dazu in einem Verhältnis der Kausalität stehen muß. Ist durch die Bezeichnung einer Unterkunft eine Beschleunigung der Sachverhaltsfeststellung oder der Bescheidzustellung nicht zu erwarten, darf hievon nicht Gebrauch gemacht werden. Auch in jenen Fällen, in denen die Bezeichnung einer Unterkunft unzulässig ist, bleibt doch die Betreuung hilfsbedürftiger Fremder nach dem BBetrG zulässig. Auf diese besteht allerdings kein Rechtsanspruch (§ 1 Abs 3 BBetrG). Dies bedeutet nicht, daß dem Bund damit ein an Willkür grenzendes Ermessen eingeräumt wird.

b) Rechtsnatur der Unterkunftsbezeichnung

546 Die Einordnung der „Bezeichnung der Unterkunft“ aus hoheitsrechtlicher Sicht in das Rechtsquellensystem der Bundesverfassung ist nur schwerlich möglich. Der Gebrauch des Begriffs „Bezeichnung“ soll wohl darauf hindeuten, daß hier kein hoheitsrechtlicher normativer Abspruch vorliegt. Damit stehen aber gegen die Bezeichnung auch keine Rechtsbehelfe zur Verfügung. Auch die Rechtswirkungen einer Unterkunftsbezeichnung bleiben im Dunkeln. Fest steht, daß Fremde, denen gegenüber eine Unterkunft bezeichnet wurde, diese nicht beziehen müssen. In der Bezeichnung einer Unterkunft liegt demnach keine Beschränkung der Freizügigkeit innerhalb des Bundesgebiets. Die Bezeichnung einer Unterkunft wäre aus dieser Sicht dem Wesen nach ein Hinweis ohne irgendwelche unmittelbaren Rechtswirkungen. Eine mittelbare Rechtswirkung (Tatbestandswirkung) kann darin gelegen sein, daß die Bezeichnung einer Unterkunft im Einzelfall unter der Voraussetzung, daß diese auch bezogen wird, ein gelinderes Mittel iSd § 66 FrG 1997 darstellen kann.

547 Eine mögliche Deutungsvariante besteht darin, die Bezeichnung der Unterkunft als privatrechtliches Anbot (§ 861 erster Satz ABGB), dem Wesen nach eine Willenserklärung, zu deuten. Das Anbot bestünde darin, dem Asylwerber während eines bestimmten Zeitraums eine bestimmte Unterkunft zur Benützung zur Verfügung zu stellen. Diesfalls bedürfte die Bezeichnung der Unterkunft einer (konkludenten) Annahme durch den Asylwerber, womit ein privatrechtlicher Vertrag zustande gekommen wäre. Die Rechte und Pflichten aus diesem Vertrag wären auf dem Zivilrechtsweg durchsetzbar.

548 Für diese Deutungsvariante ist das systematische Naheverhältnis zur Bundesbetreuung ins Treffen zu führen. Zwar spricht § 1 Abs 1 BBetrG von der „Gewährung“ der Bundesbetreuung und hält § 1 Abs 3 leg cit ausdrücklich fest, daß auf die Bundesbetreuung kein Rechtsanspruch bestehe, was eher in Richtung Hoheitsverwaltung deuten würde, doch spricht § 10 leg cit insofern eine deutliche Sprache, als es sich bei der Bundesbetreuung um Agenden handelt, die nach Art 104 Abs 2 B-VG dem Landeshauptmann übertragen werden können. Art 104 B-VG wiederum behandelt die *Privatwirtschaftsverwaltung* des Bundes im Bereich der Länder. Ausdrücklich wird festgehalten, daß die Bestimmungen des Art 102 leg cit auf Einrichtungen zur Besorgung der im Art 17 bezeichneten Geschäfte des Bundes nicht anzuwenden ist (Art 104 Abs 1 B-VG). Die mit Verwaltung des Bundesvermögens betrauten Bundesminister können jedoch die Besorgung solcher Geschäfte dem Landeshauptmann übertragen (Art 104 Abs 2 erster Satz B-VG).

c) Gewährleistung

549 Eine nicht unwesentliche – aber nur schwerlich zu klärende – Frage besteht darin, ob mit der Bezeichnung der Unterkunft auch eine Gewährleistung der Benutzbarkeit der bezeichneten Unterkunft verbunden ist. Die Beantwortung dieser Frage hängt im wesentlichen davon ab, ob man die Bezeichnung als hoheitsrechtlichen Akt oder als privatrechtliches Anbot deutet. Im letzteren Fall stünden dem Asylwerber – die Annahme des Anbots vorausgesetzt – aus dem privatrechtlichen Vertrag Gewährleistungsansprüche zu. Demnach hätte der Bund für die ordnungsgemäße Benützbarkeit der bezeichneten Unterkunft einzustehen.

Vorläufige Aufenthaltsberechtigung

§ 19. (1) Asylwerber, die sich – sei es auch im Rahmen einer Vorführung nach Anreise über einen Flugplatz oder nach direkter Anreise aus dem Herkunftsstaat (§ 17 Abs. 1) – im Bundesgebiet befinden, sind vorläufig zum Aufenthalt berechtigt, es sei denn, ihr Antrag wäre wegen entschiedener Sache zurückzuweisen. Vorgeführte Asylwerber dürfen jedoch dazu verhalten werden, sich zur Sicherung einer Zurückweisung während der der Grenzkontrolle folgenden Woche an einen bestimmten Ort im Grenzkontrollbereich oder im Bereich des Bundesasylamtes aufzuhalten; solche Asylwerber dürfen jedoch jederzeit ausreisen.

(2) Asylwerber, die unter Umgehung der Grenzkontrolle oder entgegen den Bestimmungen des 2. Hauptstückes des Fremdengesetzes eingereist sind, haben die vorläufige Aufenthaltsberechtigung erst, wenn sie von der Behörde zuerkannt wird. Die Behörde hat solchen Asylwerbern, deren Antrag zulässig, aber nicht offensichtlich unbegründet ist, unverzüglich die vorläufige Aufenthaltsberechtigung durch Aushändigung der Bescheinigung zuzuerkennen.

(3) Die vorläufige Aufenthaltsberechtigung ist Asylwerbern, denen die vorläufige Aufenthaltsberechtigung zukommt, von Amts wegen zu bescheinigen. Der Bundesminister für Inneres hat mit Verordnung das Aussehen der Bescheinigung festzulegen. Die Bescheinigung ist mit einer Gültigkeitsdauer von höchstens drei Monaten zu versehen, die jeweils um höchstens drei Monate verlängert werden darf.

(4) Die vorläufige Aufenthaltsberechtigung endet, wenn das Asylverfahren eingestellt oder rechtskräftig abgeschlossen ist. Die Bescheinigung ist dann vom Bundesasylamt oder von der Fremdenpolizeibehörde einzuziehen.

RV: [24, 25]

Das Rechtsinstitut der vorläufigen Aufenthaltsberechtigung soll der Rolle einer Sicherungsmaßnahme für potentiell Verfolgte bis zur Entscheidung im Asylverfahren gerecht werden. Dies bedeutet, daß die vorläufige Aufenthaltsberechtigung – unabhängig von einer Einbringungsfrist – grundsätzlich immer entstehen soll, wenn eine Verfolgungsgefahr im Einzelfall nicht mit hinreichender Sicherheit auszuschließen ist. Eine Verfolgungsgefahr ist insbesondere dann mit hinreichender Sicherheit auszuschließen, wenn über einen Asylantrag bereits negativ entschieden wurde, ohne daß sich der [24] maßgebliche Sachverhalt in der Zwischenzeit geändert hätte. Die vorläufige Aufenthaltsberechtigung entsteht nur dann, wenn sich der Asylwerber im Bundesgebiet aufhält und kann demnach nicht selbständiger Rechtsgrund für die Gestattung der Einreise sein. Die vorläufige Aufenthaltsberechtigung soll nach diesem Entwurf nicht von Gesetzes wegen entstehen, wenn die Fremden unter Umgehung der Grenzkontrolle oder entgegen den Bestimmungen des 2. Hauptstückes des Fremdengesetzes 1997 eingereist sind. Diesfalls ist die vorläufige Aufenthaltsberechtigung vom Bundesasylamt zuzuerkennen, wenn der Asylantrag zulässig und nicht wegen offensichtlicher Unbegründetheit abzuweisen ist. Die Zuerkennung der vorläufigen Aufenthaltsberechtigung erfolgt durch die Aushändigung der Bescheinigung und nicht durch einen Bescheid. Die vorläufige Aufenthaltsberechtigung endet, wenn das Asylverfahren eingestellt (§ 30) oder rechtskräftig abgeschlossen wurde. Im Falle der Einstellung lebt die vorläufige Aufenthaltsbewilligung mit der Fortsetzung des Verfahrens wieder auf. Die vorläufige Aufenthaltsberechtigung steht einer Vorführung vor das Bundesasylamt nicht entgegen.

Die inhaltliche Ausgestaltung der Rechtsbedingungen für die vorläufige Aufenthaltsberechtigung ist im Zusammenhang mit den strengen Regeln über die Vorführung vor das Bundesasylamt (§ 18) zu sehen. Die vorgeschlagene Bestimmung entspricht Abschnitt IV Z 12 der Entschließung des Rates der Europäischen Union über Mindestgarantien für Asylverfahren. Nach dieser Regelung gilt der allgemeine Grundsatz, wonach der Antragsteller im Hoheitsgebiet des Mitgliedstaates, in dem der Asylantrag gestellt worden ist oder geprüft wird, bleiben kann, solange noch keine Entscheidung über den Asylantrag ergangen ist. Eine vergleichbare Formulierung findet sich auch in Z 17 der Entschließung des Rates der Europäischen Union über die Mindestgarantien für Asylverfahren vom 20. Juni 1995. In eine ähnliche Richtung deutet Art. 32 Z 3 erster Satz der Genfer Flüchtlingskonvention, der besagt, daß die vertragschließenden Staaten Flüchtlingen einen angemessenen Zeitraum gewähren sollen, während dessen sie sich um die Einreise in ein anderes Land bewerben können. Allerdings ist es erforderlich zumindest in der ersten Zeit nach der Anreise die Möglichkeit einer Bewegungsbeschränkung zur Verfügung zu haben. Dementsprechend wurde – analog zu den einschlägigen fremdenrechtlichen Regelungen die Möglichkeit einer Konfinierung vorgesehen.

Wie bisher ist die vorläufige Aufenthaltsberechtigung von Amts wegen zu bescheinigen. Das Aussehen dieser Bescheinigung ist per Verordnung festzulegen. Um Mißbrauchsmöglichkeiten entgegenzuwirken, ist die Einziehung von Bescheinigungen nach Erlöschen der vorläufigen Aufenthaltsberechtigung vorgesehen. Die vorläufige Aufenthaltsberechtigung entsteht – außer im Falle der illegalen Einreise – unabhängig von einer Bescheinigung; die Bescheinigung ist in diesen Fällen lediglich eine Beweisurkunde und für das Bestehen oder Enden der vorläufigen Aufenthaltsberechtigung nicht kausal [25].

Inhaltsübersicht

I. Allgemeines

550 Die vorläufige Aufenthaltsberechtigung spielt im Lichte des Rechtsschutzes im Asylverfahren eine bedeutende Rolle: Ohne vorläufige Aufenthaltsberechtigung ist der Asylwerber (Asylerstreckungswerber) nicht berechtigt, die Entscheidung über seinen Asylantrag (Asylerstreckungsantrag) in Österreich abzuwarten; der Aufenthalt eines Asylwerbers wäre diesfalls kein rechtmäßiger im Sinne des § 31 FrG 1997(zu § 15 FrG 1992 siehe VwGH 25. 11. 1991, 91/19/0187; 3. 12. 1992, 92/18/0452; 14. 1. 1993, 92/18/0511; 29. 7. 1993, 93/18/0309). Dies gilt nicht nur für die Dauer des Asylverfahrens; auch durch einen Beschluß des VwGH, mit dem einer Beschwerde gegen den letztinstanzlichen Asylbescheid aufschiebende Wirkung zuerkannt wird, erwächst nach der Jud diesfalls dem Fremden keine Berechtigung, sich bis zum Abschluß des seinen Asylantrag betreffenden Beschwerdeverfahrens in Österreich aufzuhalten (VwGH 21. 7. 1994, 94/18/0350 mwH; 14. 10. 1994, 94/02/0172; 14. 10. 1994, 94/02/0395; 21. 7. 1994, 94/18/0350 mwH; 14. 10. 1994, 94/02/0172; 14. 10. 1994, 94/02/0395). In allen diesen Fällen findet vor dem Hintergrund des § 21 Abs 1 AsylG 1997 das FrG 1997 mit der Einschränkung des § 21 Abs 2 AsylG 1997 Anwendung. § 21 Abs 2 leg cit enthält betreffend Asylwerber ein Verbot der Zurückweisung in den Herkunftsstaat und ein absolutes Verbot jeder Zurückschiebung und Abschiebung (siehe dazu die Ausführungen zu § 21, Rz 632 f). Die Fremdenpolizeibehörden sind aber ua gesetzlich *verpflichtet*, gegen Asylwerber, denen keine vorläufige Aufenthaltsberechtigung zukommt, gewisse Maßnahmen im Hinblick zur Außerlandesschaffung (Verhängung eines Aufenthaltsverbotes, Ausweisung) zu ergreifen und zur Sicherung dieser Maßnahmen erforderlichenfalls die Schubhaft zu verhängen (siehe dazu *Davy U.*, Asylrechtsreform, 821).

551 Gegenüber der Rechtslage nach dem AsylG 1991 (siehe dazu *Rohrböck*, AsylG 1991, 177 ff) hängt die vorläufige Aufenthaltsberechtigung nicht mehr von einer *„direkten“* Einreise iSd Art 31 GFK ab. Im Lichte des Zwecks der vorläufigen Aufenthaltsberechtigung als eine Art von notwendiger Sicherungsmaßnahme hat man in der Einsicht, daß die Notwendigkeit eines solchen Rechtsinstituts von einer Antragsfrist nicht abhängt, davon Abstand genommen, im Hinblick auf das Entstehen der vorläufigen Aufenthaltsberechtigung irgendeine Frist vorzusehen (siehe dazu noch die einwöchige Frist des § 7 Abs 1 AsylG 1997). Es darf jedoch nicht übersehen werden, daß die vorläufige Aufenthaltsberechtigung nicht in allen Fällen von Gesetzes wegen entsteht bzw durch Aushändigung der Bescheinigung zuzuerkennen ist; Asylwerber, die unter Umgehung der Grenzkontrolle oder entgegen den Bestimmungen des 2. Hauptstückes des FrG 1997 eingereist sind und deren Antrag gem § 6 AsylG 1997 als offensichtlich unbegründet abzuweisen ist, kommen in den Genuß der vorläufigen Aufenthaltsberechtigung nicht (vgl dazu *Davy U.*, Asylrechtsreform, 821).

552 Die vorläufige Aufenthaltsberechtigung entsteht grundsätzlich mit der Einbringung des Asylantrags (§ 24 AsylG 1997) von Gesetzes wegen, wenn sich der Asylwerber – gleichgültig ob rechtmäßig oder unrechtmäßig – im Bundesgebiet befindet, es sei denn, daß im Einzelfall res iudicata (§ 68 Abs 1 AVG) vorliegt. Dieser Regelungsmechanismus kommt dann nicht zur Anwendung, wenn der betreffende Asylwerber *„unter Umgehung der Grenzkontrolle“* oder *„entgegen den Bestimmungen des 2. Hauptstückes des FrG 1997“* eingereist ist. In diesen Fällen beruht die vorläufige Aufenthaltsberechtigung auf einem hoheitsrechtlichen Akt der *„Zuerkennung“*, auf die allerdings ein Rechtsanspruch besteht.

II. Voraussetzungen für die vorläufige Aufenthaltsberechtigung

a) Einbringung eines Asylantrags

553 Will ein Fremder die vorläufige Aufenthaltsberechtigung nach § 19 AsylG 1997 erlangen, muß er Asylwerber sein. Asylwerber(in) ist ein Fremder oder eine Fremde ab Einbringung des Asylantrags oder eines Asylerstreckungsantrags bis zum rechtskräftigen Abschluß des Verfahrens oder bis zu dessen Einstellung (§ 1 Z 4 AsylG 1997). In diesem Zusammenhang ist wesentlich, daß die Asylwerbereigenschaft die Einbringung des Antrags beim BAA (§ 24 leg cit) voraussetzt. Es genügt nicht, wenn ein Asylantrag (oder Asylerstreckungsantrag nach dem Gesetzeswortlaut aber nicht ein Asylerstreckungsantrag) iSd § 3 Abs 2 leg cit bloß gestellt wird. Ein Asylantrag ist gestellt, wenn Fremde auf welche Weise immer gegenüber einer Sicherheitsbehörde oder einem Organ des öffentlichen Sicherheitsdienstes zu erkennen geben, in Österreich Schutz vor Verfolgung zu suchen (siehe dazu oben die Ausführungen zu § 3, Rz 170 ff).

b) Aufenthalt im Bundesgebiet

554 Die vorläufige Aufenthaltsberechtigung entsteht nur dann von Gesetzes wegen oder kann nur zuerkannt werden, wenn sich der betreffende Asylwerber im Bundesgebiet aufhält. Unter Aufenthalt ist die physische Anwesenheit im Bundesgebiet zu verstehen. Ob die Einreise rechtmäßig oder unrechtmäßig erfolgte, wirkt sich ausschließlich auf das Entstehen der vorläufigen Aufenthaltsberechtigung aus. Ob der Aufenthalt des Asylwerbers a priori iSd § 31 FrG 1997 rechtmäßig oder unrechtmäßig ist, spielt keine Rolle. Die Ausreise eines aufenthaltsberechtigten Asylwerbers aus dem Bundesgebiet schadet im Hinblick auf die vorläufige Aufenthaltsberechtigung nicht. Die vorläufige Aufenthaltsberechtigung ist in diesem Punkt eine statische und keine dynamische Größe. Dies ist damit zu begründen, daß die vorläufige Aufenthaltsberechtigung ausschließlich mit rechtskräftigem Abschluß bzw Einstellung des Verfahrens endet; eine (zwischenzeitige) Ausreise aus dem Bundesgebiet fällt nicht darunter.

c) Negative Bedingung der res iudicata

555 Die vorläufige Aufenthaltsberechtigung entsteht nur dann von Gesetzes wegen bzw ist nur dann zuzuerkennen, wenn dem nicht im Hinblick auf die Asylgewährung res iudicata entgegensteht. Nach § 68 Abs 1 AVG sind „Anbringen von Beteiligten“, die – abgesehen von den ausdrücklich zugelassenen Fällen (§§ 69, 71 AVG) – „die Abänderung eines der Berufung nicht oder nicht mehr unterliegenden Bescheids begehren (...) wegen entschiedener Sache zurückzuweisen“. Auch die Einleitung eines Verfahrens von Amts wegen in einer entschiedenen Sache ist unzulässig (vgl *Walter/Mayer*, Verwaltungsverfahren, Rz 463). Liegt ein Fall der Widerrufbarkeit eines Bescheids (§ 68 Abs 2 bis 4 AVG) vor, geht es zunächst nur um die Widerrufbarkeit. Eine neue Entscheidung in derselben Sache kann erst nach oder gleichzeitig mit Widerrufung des früheren Bescheids erfolgen. Die negative Rechtsbedingung der res iudicata besteht nur innerhalb der Rechtskraft des bestehenden Bescheids bzw bei „Identität der Sache“. Die „Sache“ enthält Elemente des Sachverhalts und Elemente der diesen festlegenden Normen. Nur eine wesentliche Änderung des Sachverhalts – nicht bloß von Nebenumständen – kann zu einer neuerlichen Entscheidung führen (VwGH 29. 11. 1983, 83/07/0274; 22. 5. 1984, 84/07/0073, 5. 2. 1986, 85/09/0016); desgleichen nur Änderungen jener Rechtsvorschriften, die für die frühere Entscheidung „tragend“ waren (VwGH 5. 2. 1986, 85/09/0016; 23. 3. 1988, 88/01/0001).

556 Dazu abweichend bestimmt § 44 Abs 5 AsylG 1997, daß abweisliche Bescheide auf Grund des AsylG 1968 sowie des AsylG 1991 in derselben Sache in Verfahren nach diesem Bundesgesetz den Zurückweisungstatbestand der entschiedenen Sache begründen. Unklar ist, was der Gesetzgeber hier mit dem Ausdruck *„in derselben Sache“* gemeint haben könnte, liegen doch im Hinblick auf das AsylG 1991 und das AsylG 1997 zum Teil wesentliche Unterschiede vor, die „Identität der Sache“ regelmäßig ausschließen würden. Versteht man nun den Ausdruck „in derselben Sache“ technisch im Sinne der res iudicata nach § 68 Abs 1 AVG, wäre die Regelung des § 44 Abs 5 AsylG 1997 im wesentlichen inhaltsleer. Aus systematischen Überlegungen wird man in der Annahme nicht fehl gehen, daß die Feststellung gem § 1 AsylG

1968, ein Fremder erfülle nicht die Voraussetzungen des Art 1 Abschn A GFK oder es liege bei ihm ein Ausschließungsgrund nach Art 1 Abschn C oder F vor, sowie die Abweisung des Asylantrags nach dem AsylG 1991 im Hinblick auf einen Asylantrag nach § 3 AsylG 1997 res iudicata begründen.

d) Zuerkennung der vorläufigen Aufenthaltsberechtigung

557 Die vorläufige Aufenthaltsberechtigung entsteht gem § 19 Abs 1 AsylG 1997 grundsätzlich von Gesetzes wegen. Dies trifft dann nicht zu, wenn Asylwerber unter Umgehung der Grenzkontrolle oder entgegen den Bestimmungen des 2. Hauptstücks des FrG 1997 (betreffend die Regelungen der Ein- und Ausreise von Fremden) eingereist sind. In diesen Fällen hat die Behörde den Asylwerbern, deren Antrag zulässig (siehe dazu neben § 68 Abs 1 AVG auch die §§ 4 und 5 AsylG 1997), aber nicht offensichtlich unbegründet ist, die vorläufige Aufenthaltsberechtigung zuzuerkennen. Die Zuerkennung soll durch die *„Aushändigung"* der Bescheinigung erfolgen.

558 Die Verwaltungsbehörden haben sich bei der Beendigung eines Verfahrens, wenn es nicht einzustellen ist, im System der verwaltungsrechtlichen Rechtsverwirklichung grundsätzlich der Form eines Bescheids zu bedienen. Dieses System der Rechtsverwirklichung muß als der verfassungsrechtlich gebotene Regelfall angesehen werden, weil das verfassungsrechtliche Rechtsschutzsystem weitestgehend an die Rechtsverwirklichung in Form eines Bescheids anknüpft (vgl dazu die Art 119a Abs 5, 129a Abs 1 Z 1 und 3, Art 129c Abs 1, Art 130 f, 141 Abs 1 lit e und Art 144 B-VG). In der Praxis finden Verwaltungsverfahren auch dadurch eine Erledigung, daß die Behörde in den Fällen, in denen eine Partei die Vornahme eines bestimmten Aktes beantragt (zB Ausstellung eines Reisepasses, eines Führerscheins), diesen Akt – ohne über den Antrag einen förmlichen Bescheid zu erlassen – setzt (Erledigung durch Entsprechung). Damit ist der Antrag „erledigt" und der Entscheidungspflicht iSd § 73 AVG Genüge getan (*Hellbling* I, 492), sofern dem Begehren der Partei vollinhaltlich Rechnung getragen wird. Ob eine derartige Vorgangsweise rechtmäßig ist, ist eine Frage der Auslegung der in Betracht kommenden Verwaltungsvorschriften. Unzweifelhaft ist – will die Behörde den beantragten Akt ganz oder teilweise nicht setzen –, daß sie einen abweislichen Bescheid erlassen muß.

559 Aus der Formulierung des § 19 Abs 2 AsylG 1997 sowie aus der RV ist unzweifelhaft erkennbar, daß die Zuerkennung der vorläufigen Aufenthaltsberechtigung nicht durch Bescheid, sondern *„durch die Aushändigung der Bescheinigung"* erfolgen soll (RV, 25; *Davy U.*, Asylrechtsreform, 822). Dabei lehnt sich der Gesetzgeber offensichtlich an die Konstruktion der Erledigung durch Entsprechung an, wobei sich die Aushändigung der Bescheinigung von dieser nicht unwesentlich unterscheidet. Liegt einer Erledigung durch Entsprechung in aller Regel ein antragsbedürftiges Verfahren zugrunde, erfolgt die Aushändigung der Bescheinigung zumindest auch von Amts wegen. Wesentlich ist allerdings der Unterschied, daß nach allgemeinem Verständnis nur solche Verfahren durch Entsprechung erledigt werden können, denen ein Begehren einer Partei auf die Vornahme eines behördlichen *Aktes* (zB Ausstellung einer Urkunde) zugrunde liegt, während es bei der Zuerkennung der vorläufigen Aufenthaltsberechtigung um eine *Rechtsgestaltung* (um einen konstitutiven Akt) geht (*Davy U.*, Asylrechtsreform, 822; vgl dazu auch *Adamovich/Funk*, 285 f). Auf Grund dieser Konstruktion kann die Behörde weitgehend *rechtsschutzfrei* agieren; sie hat nur tätig zu werden, wenn sie hoheitlich handelt (sohin die voläufige Aufenthaltsberechtigung zuerkennt), nicht jedoch, wenn sie nicht zuerkennt: Schlichte behördliche Untätigkeit ist kein Anfechtungsgegenstand im Rechtsweg, und auch die Rechtsschutzinstrumente gegen behördliche Säumnis versagen (*Davy U.*, Asylrechtsreform, 822). Auf die „Zuerkennung" der vorläufigen Aufenthaltsberechtigung besteht dessen ungeachtet ein Rechtsanspruch; da das Gesetz die „Zuerkennung der vorläufigen Aufenthaltsberechtigung" nicht auf eine amtswegige Vorgangsweise beschränkt, wird man im Lichte des rechtsstaatlichen Prinzips der Verfassung in der Annahme nicht fehl gehen, daß ein Antrag auf „Zuerkennung der vorläufigen Aufenthaltsberechtigung zulässig ist (in diesem Sinne wohl UBAS 1. 7. 1998, 203.376/0-I/02/98; siehe dazu auch die Ausführungen zu § 15, Rz 491 ff). Im Lichte des § 19 Abs 2 AsylG 1997 besteht wohl für eine bescheidmäßige Feststellung des Bestehens einer vorläufigen Aufenthaltsberechtigung kein Raum (vgl dazu UBAS 10. 6. 1998, 203.388/0-VIII/24/98).

560 Die Bescheinigung selbst ist kein Bescheid, sondern eine Beweisurkunde. Enthält die Bescheinigung im Einzelfall normative Anordnungen, kann sie zu einem Bescheid mutieren. Ob die Befristung der Bescheinigung der vorläufigen Aufenthaltsberechtigung gem § 19 Abs 3 AsylG 1997 eine derartige – einen Bescheid schaffende – normative Anordnung darstellt, ist unklar. Das Wort *„aushändigen"* erfordert eine persönliche Übergabe; die Zustellung durch die Post ist somit – zumindest nach dem Wortlaut des Gesetzes – ausgeschlossen. Ob dies im Lichte des Art 11 Abs 2 B-VG mit der Verfassung in Einklang zu bringen ist, bleibt fraglich.

561 Die Aushändigung der Bescheinigung ist in den Fällen des § 19 Abs 2 AsylG 1997 für das Entstehen der vorläufigen Aufenthaltsberechtigung konstitutiv. Die vorläufige Aufenthaltsberechtigung entsteht mit der Aushändigung der Bescheinigung ex nunc. Der Aushändigung der Bescheinigung geht ein Verwaltungsverfahren nach dem AVG voran. Dies bedeutet, daß die Asylbehörden – einen entsprechenden Antrag vorausgesetzt – auch hier eine Entscheidungspflicht iSd § 73 Abs 1 AVG trifft; auch Devolution iSd § 73 Abs 2 leg cit ist grundsätzlich denkbar. Ein besonderes Problem liegt darin, daß die Asylbehörden zwar *„ohne unnötigen Aufschub"* zu entscheiden haben, der Rechtsmittelbehelf der Devolution aber erst nach einer Mindestfrist von sechs Monaten zur Verfügung steht (VwSlg 10.263 A; VwGH 19. 3. 1970, 1769/69, wobei der „sachlich in Betracht kommenden Behörde" wiederum eine Entscheidungsfrist von sechs Monaten zur Verfügung steht. Vor diesen Ausführungen liegt auf der Hand, daß die Verfolgung des Rechtsanspruchs auf Zuerkennung der vorläufigen Aufenthaltsberechtigung unverhältnismäßig viel Zeit in Anspruch nimmt, sodaß der Sicherungszweck der vorläufigen Aufenthaltsberechtigung auf diesem Weg zu einem leeren Rechtsinstrument werden könnte. Wie oben erwähnt agiert die Behörde – sofern sie nur von Amts wegen tätig wird – im Falle der Säumnis rechtsschutzfrei. Zur Zuerkennung der vorläufigen Aufenthaltsberechtigung funktionell zuständig ist grundsätzlich das BAA, da der UBAS nach Art 129c Abs 1 B-VG ausschließlich als „Berufungsbehörde" eingerichtet werden darf. Dies hat den UBAS allerdings nicht davon abgehalten, Anträge auf Erteilung einer vorläufigen Aufenthaltsberechtigung materiell abzuweisen (vgl UBAS 30. 1. 1998, 200.249/0-VII/20/98, 200.186/0-VI/17/98; 2. 2. 1998, 200.016/0-VI/16/98).

III. Ende der vorläufigen Aufenthaltsberechtigung

562 Die vorläufige Aufenthaltsberechtigung endet, wenn das Asylverfahren eingestellt (§ 30 AsylG 1997) oder rechtskräftig abgeschlossen ist. Unter rechtskräftigem Abschluß des Verfahrens ist die formelle Rechtskraft (Unanfechtbarkeit des Bescheides) zu begreifen (zur formellen Rechtskraft siehe zB *Walter/Mayer*, Verwaltungsverfahrensrecht, Rz 453; *Adamovich*, Verwaltungsrecht, 119; *Antoniolli/Koja*,

579; *Hellbling* I, 416; *Herrnritt*, 112; *Mannlicher/Quell* I, 371; *Ringhofer*, 656; *Weyr*, 77; *Merkl*, Rechtskraft, 271). Das Ende der vorläufigen Aufenthaltsberechtigung ist an den rechtskräftigen Abschluß bzw die Einstellung des Asylverfahrens, nicht aber an den Abschluß bzw die Einstellung des Verfahrens betreffend die Feststellung der Flüchtlingseigenschaft (§ 12 leg cit) oder die refoulement-Prüfung (§ 8 leg cit) geknüpft. „Asylverfahren" ist jedes Verfahren, das auf die Asylgewährung abzielt, sei es die Asylgewährung auf Grund Asylantrags, Asylgewährung von Amts wegen oder durch Asylerstreckung. Die vorläufige Aufenthaltsberechtigung endet unmittelbar auf Grund des Gesetzes und unabhängig deren Beurkundung nach § 19 Abs 3 leg cit; für einen behördlichen Akt bleibt kein Raum.

IV. Bescheinigung der vorläufigen Aufenthaltsberechtigung

563 Die vorläufige Aufenthaltsberechtigung ist Asylwerbern, denen die vorläufige Aufenthaltsberechtigung zukommt, von Amts wegen zu bescheinigen. „Bescheinigen" bedeutet, daß den Asylwerbern eine Urkunde zum Nachweis der vorläufigen Aufenthaltsberechtigung auszustellen ist. Die Bescheinigung dient demnach zum Beweis einer von Gesetzes wegen entstehenden Berechtigung. Die Bescheinigung (nicht zu verwechseln mit der Bescheinigung iSv Glaubhaftmachung) ist demnach eine öffentlichrechtliche Beurkundung.

564 Der Unterschied zwischen einem Bescheid und einer Beurkundung liegt in der Normativität; während der Bescheid (insb der Feststellungsbescheid) als „normative Willens- und Wissensäußerung" bezeichnet wird, sieht man in der Beurkundung nur eine schlichte „Wissensäußerung" (*Winkler*, Bescheid, 50). Als bloße Beurkundungen werden zB Reisepässe, Staatsbürgerschaftsnachweise, Personalausweise, behördliche Zulassungsscheine für Kraftfahrzeuge betrachtet (vgl zB *Mannlicher/Quell* I, 294; VwSlgNF 7486 A, 8353 A), wobei andere Gesetze freilich an das Vorliegen von Beurkundungen anknüpfen können (vgl zB § 339 Abs 3 GewO; § 77 Abs 2 KFG). Eine Grenzziehung zwischen Bescheid und Beurkundung ist nicht immer einfach (vgl *Bernatzik*, Rechtsprechung, 7; *Ringhofer*, ZfV 1987, 109; *Funk*, JBl 1972, 459; vgl auch die Jud bei *Mannlicher/Quell* I, 850). Entscheidend ist in diesem Zusammenhang immer das Ausmaß bzw die Art der Rechtswirkungen, die an den betreffenden Hoheitsakt unter Berücksichtigung der gesamten Rechtsordnung gebunden sind.

565 Das Aussehen der Bescheinigung ist mit Verordnung des BMI festzulegen (§ 19 Abs 3 zweiter Satz AsylG 1997). Das Aussehen der Bescheinigung über die vorläufige Aufenthaltsberechtigung hat der **Anlage B** der AsylG-DV zu entsprechen (vgl § 3 Abs 1 AsylG-DV). Das Bundesasylamt ist ermächtigt, auf der Bescheinigung Vor- und Familiennamen der Asylwerber, ihr Geburtsdatum und ihre Staatsangehörigkeit ersichtlich zu machen und die Bescheinigung mit einer Nummer zu versehen. Schreibkundige Asylwerber haben die Bescheinigung vor der Behörde zu unterfertigen (§ 3 Abs 2 AsylG-DV). Die Bescheinigung ist mit einer Gültigkeitsdauer von höchstens drei Monaten zu versehen, die um jeweils höchstens drei Monate verlängert werden darf. Mit Ausnahme der (erstmaligen) „Aushändigung der Bescheinigung" nach § 19 Abs 2 AsylG 1997 besteht die vorläufige Aufenthaltsberechtigung unabhängig von deren Beurkundung durch die Bescheinigung. Die vorläufige Aufenthaltsberechtigung bleibt auch aufrecht, wenn die Gültigkeitsdauer überschritten oder aus irgendwelchen Gründen nicht verlängert wird. Asylwerber haben einen Rechtsanspruch auf die Bescheinigung bzw deren rechtzeitige Verlängerung. Bleibt die Behörde – aus welchem Grund auch immer – säumig, stellt das Gesetz keine adäquaten Rechtsbehelfe zur Verfügung (vgl auch *Davy U.*, Asylrechtsreform, 822; *Rosenmayr*, Asylrecht, 574).

566 Wenn die vorläufige Aufenthaltsberechtigung endet (§ 19 Abs 4 AsylG 1997), ist die Bescheinigung vom BAA oder von der Fremdenpolizeibehörde nach dem Prinzip des Zuvorkommens einzuziehen (siehe dazu allerdings vor einem anderen Hintergrund die Zuständigkeit kraft Zuvorkommens nach § 27 Abs 2 VStG). Zuständig ist demnach jene Behörde, die – wenn auch nur zufällig – zuerst die Gelegenheit zur Einziehung hat. Ob die Zuständigkeit zur Einziehung perpetuiert, ist fraglich.

V. Sicherung der Zurückweisung

567 Asylwerber, die nach § 18 Abs 1 AsylG 1997 dem BAA vorgeführt worden sind, dürfen gem § 19 Abs 1 zweiter Satz leg cit dazu verhalten werden, sich zur Sicherung einer Zurückweisung während der der Grenzkontrolle folgenden Woche an einem bestimmten Ort im Grenzkontrollbereich oder im Bereich des Bundesasylamts aufzuhalten. Um zu verhindern, daß die Sicherung der Zurückweisung als Freiheitsentziehung gedeutet werden kann, fügt das Gesetz bei, daß Asylwerber, die von einer Sicherung der Zurückweisung betroffen sind, *„jederzeit ausreisen dürfen"*. Ähnlich bestimmt § 53 Abs 1 FrG 1997, daß einem Fremden, der zurückzuweisen ist, und den Grenzkontrollbereich aus rechtlichen oder tatsächlichen Gründen nicht sofort verlassen kann, aufgetragen werden kann, sich für die Zeit dieses Aufenthaltes an einem bestimmten Ort innerhalb dieses Bereichs aufzuhalten (in diesem Zusammenhang sticht ins Auge, daß man die Sicherung der Zurückweisung nach § 53 Abs 1 FrG 1997 im Gegensatz zur Transitsicherung nach § 54 leg cit in der Aufzählung der durch Ausübung von Befehls- und Zwangsgewalt durch Organe des öffentlichen Sicherheitsdienstes durchsetzbaren Rechtsinstitute nach § 60 Abs 1 leg cit vergessen hat).

568 § 19 Abs 1 zweiter Satz 2 AsylG 1997 tritt neben die Regelung des § 53 Abs 1 FrG 1997. Letztere Bestimmung ist auf vorgeführte Asylwerber nicht anwendbar, da diese – durchaus rechtmäßig – den Grenzkontrollbereich verlassen. Die Sicherung der Zurückweisung nach dem AsylG 1997 betrifft wiederum nur ausschließlich Asylwerber, die gem § 18 Abs 1 bzw § 17 Abs 1 leg cit dem BAA vorgeführt worden sind. Beide Regelungen erfassen mithin einen unterschiedlichen Personenkreis.

569 Die Zeit der Sicherung der Zurückweisung nach dem AsylG 1997 wird grundsätzlich mit einer Woche nach der Grenzkontrolle begrenzt; die Sicherung der Zurückweisung umfaßt jedenfalls auch den ungenützten Ablauf der zehntägigen Berufungsfrist im Rahmen des abgekürzten Berufungsverfahrens (§ 32 Abs 1 zweiter Satz AsylG 1997; maximal also hier eine Woche plus zehn Tage). Im Rahmen eines abgekürzten Berufungsverfahrens ist die Wochenfrist insofern nicht schlagend, als schon der „ungenützte Ablauf der Berufungsfrist" mit zehn Tagen immer über die Wochenfrist hinausgeht (vgl § 32 Abs 1 zweiter Satz AsylG 1997). Über die Berufung im abgekürzten Berufungsverfahren nach § 32 AsylG 1997 ist binnen zehn Arbeitstagen nach dem Tag des Einlangens der Berufung bei der Berufungsbehörde (UBAS) zu entscheiden; wird die Berufung nun während der Sicherung der Zurückweisung eingebracht (gem § 33 Abs 3 AVG werden die Tage des Postenlaufes nicht eingerechnet), ist die Sicherung der Zurückweisung *„entsprechend länger"* zulässig. Was unter dem Ausdruck „entsprechend länger" zu verstehen ist, ist unklar; einerseits könnte damit die nur relativ zwingende Entscheidungsfrist nach § 32 Abs 3 AsylG 1997 (vgl dazu die Ausführungen unter Rz 908), andererseits der Zeitpunkt der Entscheidung der Berufungsbehörde angesprochen sein. Da die „Sicherung der

Zurückweisung", wie die Bezeichnung des Rechtsinstituts bereits sagt, eine „Sicherungsmaßnahme" darstellt, liegt wohl der zweite Ansatz näher. Damit ist aber der zulässige Zeitrahmen für eine Sicherung der Zurückweisung hier nicht exakt eingrenzbar. Gem § 39 Abs 3 leg cit dürfen anläßlich der Grenzkontrolle gestellte Anträge von Asylwerbern, die über einen Flugplatz eingereist sind, nur mit Zustimmung des UNHCR als offensichtlich unbegründet abgewiesen oder wegen bestehenden Schutzes in einem sicheren Drittstaat zurückgewiesen werden; eine Sicherung der Zurückweisung ist hier bis zum Ende des Tages des Einlangens der Antwort des UNHCR (§ 39 Abs 3 letzter Satz AsylG 1997) zulässig. Die maximale Dauer der Sicherung der Zurückweisung ist demnach nicht genau bestimmbar (vgl auch *Rosenmayr*, Asylrecht, 577); sie liegt jedenfalls bei einer Woche plus zwei Tage, plus dem Ablauf der Entscheidungsfrist für die Berufungsbehörde im abgekürzten Berufungsverfahren nach § 32 Abs 3 AsylG 1997 plus der Zeit bis zum Ablauf des Tages, an dem die Antwort des UNHCR zu § 39 Abs 3 leg cit einlangt (hier ist eine Frist gesetzlich nicht fixiert).

570 Die Sicherung der Zurückweisung nach dem AsylG 1997 ist im Gegensatz zum FrG 1997 nicht nur im Grenzkontrollbereich, sondern auch im Bereich des BAA zulässig. Da nach § 19 Abs 1 zweiter Satz AsylG 1997 die Anordnung, sich an einem bestimmten Ort aufzuhalten, ausschließlich die Sicherung der Zurückweisung verfolgt, bleibt dieses Rechtsinstitut prima facie nur auf Asylwerber anwendbar, die nach Anreise über einen Flugplatz oder nach direkter Anreise aus dem Herkunftsstaat anläßlich an einer Grenzübergangsstelle erfolgenden Grenzkontrolle einen Asyl- oder Asylerstreckungsantrag stellen (vgl dazu § 17 Abs 1 leg cit). Hier könnte man – allerdings in einem sehr weiten Sinne – vielleicht noch von der Zulässigkeit einer *„Zurückweisung"* sprechen. Hat ein Fremder – gleichgültig ob rechtmäßig oder unrechtmäßig – die Einreise geschafft, ist eine Zurückweisung – zumindest nach dem FrG 1997 – nicht (mehr) möglich und eine solche daher auch nicht mehr sicherbar. Es ist aber nicht auszuschließen, daß der Rechtsbegriff der „Zurückweisung" nach § 19 Abs 1 AsylG 1997 ein anderer (ein weiterer) ist als der gleichlautende Begriff des FrG 1997 und sohin mit § 52 Abs 1 FrG 1997 nicht übereinstimmt.

571 Sowohl die Sicherung der Zurückweisung nach dem FrG 1997 als auch die nach dem AsylG 1997 werfen die Frage auf, ob diese Rechtsinstitute materiell die Entziehung der persönlichen Freiheit zur Folge haben können. Der VfGH hat bereits in seinem Erkenntnis vom 3. 10. 1980, B 150/77 (VfSlg 8879/80), festgehalten, daß in einer Anhaltung an der Grenze in der Dauer von etwa einer Stunde keine Entziehung der persönlichen Freiheit gelegen sei, wobei er sich bereits damals auf eine ständige Jud berufen konnte. Dazu führte er im wesentlichen aus: *„Art 8 StGG gewährt Schutz gegen gesetzwidrige Verhaftungen. Unter Verhaftung ist in diesem Zusammenhang die unmittelbare Herbeiführung einer Freiheitsbeschränkung durch eine Amtshandlung der staatlichen Vollzugsgewalt zu verstehen. Von einer Verhaftung kann aber nur dann die Rede sein, wenn der Wille der Behörde primär auf eine solche Freiheitsbeschränkung gerichtet ist, nicht auch dann, wenn eine andere Maßnahme den Betroffenen dazu nötigt, längere Zeit bei der Behörde zu verweilen und die Beschränkung der Freiheit die sekundäre Folge der Anwesenheitspflicht ist (VfSlg. 5280/1966, 5860/1968, 5963/1969, 6102/1969). Wie der VfGH des weiteren wiederholt ausgesagt hat, ist der Begriff der Verhaftung im materiellen Sinn aufzufassen, sodaß darunter jede Maßnahme zu verstehen ist, durch die in die persönliche Freiheit des Einzelnen mit physischen Mitteln eingegriffen wird (VfSlg. 3850/1960 und die dort zitierte Vorjudikatur)."* Diese Jud hat der VfGH in der Folge aufrechterhalten (kritisch dazu *Rosenmayr*, Das Recht auf persönliche Freiheit und Freizügigkeit bei der Einreise von Ausländern, EuGRZ 1988, 153 ff) und auch vor dem Hintergrund einer Anhaltung in der Transitzone des Flughafens Wien Schwechat, wobei insgesamt vier Versuche eines Rücktransportes am nachdrücklichen Widerstand der Beschwerdeführer gescheitert waren, angewendet. In seinem Erkenntnis vom 26. 11. 1990, B 558/90 bis B 560/90, auf das sich die Regierungsvorlagen zu den Fremdengesetzen im Lichte des Rechtsinstitutes der Sicherung der Zurückweisung berufen (vgl 692 BlgNR 18. GP, 47; 685 BlgNR 20. GP, 79), hat der VfGH wiederum ausgeführt: *„Nach Art 8 StGG ist die Freiheit der Person gewährleistet. Diese Verfassungsnorm und das Gesetz zum Schutze der persönlichen Freiheit, RGBl. 87/1862, schützen jedoch – ebenso wie Art. 5 EMRK – nicht vor jeglicher Beschränkung der Bewegungsfreiheit schlechthin (vgl. VfSlg. 10378/1985, 11397/1987), sondern nur vor solchen Maßnahmen, die nach dem Willen der Behörde primär auf den Freiheitsentzug abzielen (vgl zB VfSlg. 8879/1980 und die dort zitierte weitere Vorjudikatur).“* Jüngst hat der VfGH unter Bezugnahme auf die RV die Sicherung der Zurückweisung als „Konfinierung“ bezeichnet (VfGH 11. 12. 1998, G 210/98 ua).

572 Im denkwürdigen Urteil vom 25. Juni 1996, 17/1995/523/609, im Fall Amuur gegen Frankreich, mit dem die ohnehin bedenkliche „Intentionalitätsjudikatur“ des VfGH ins Wanken gerät, hatte sich der EGMR mit einer Anhaltung in der Transitzone des Flughafens Paris-Orly zu befassen. Nach Ansicht des EGMR enthält die EMRK keine spezifische Asylrechtsgarantie. Bereits aus der Soering und Folgerechtssprechung (EGMR 7. 7. 1989 Soering, EuGRZ 1989, 314; 20. 3. 1991 Cruz Varas ua, EuGRZ 1991, 203; 30. 10. 1991 Vilvarajah ua, HRLJ 1991, 432) ergibt sich ein indirekter Schutz von Asylwerbern, indem sie nicht zwangsweise in einen Staat verbracht werden dürfen, wo ihnen Folter oder unmenschliche oder erniedrigende Strafe oder Behandlung iSd Art 3 EMRK droht (vgl dazu *Tomuschat*, 260). Im Amuur-Fall bewirkt der EGMR nunmehr den Schutz von Asylwerbern in Transitzonen oder sog „internationalen“ Zonen über das Recht der Freiheit und Sicherheit nach Art 5 EMRK. Dadurch trägt er aber auch zur Effektivität eines – folgt man dem herrschenden Ansatz in dieser Frage – nach Völkerrecht an sich nicht bestehenden Rechts auf Aufnahme von Asylwerbern in einen Staat bei.

573 Der EGMR geht – dies ist wohl unbestreitbar – davon aus, daß die sog *„internationale Zonen“* oder Transitzonen auf Flugplätzen trotz ihres Namens nicht extraterritorial sind, sondern zum Hoheitsgebiet des betreffenden Staates gehören und sohin die Garantien der EMRK auch hier anwendbar sind. Eine Verletzung des Art 5 EMRK setzt ua voraus, daß das Festhalten von Asylwerbern in den speziell dafür eingerichteten Zonen (im Transitbereich) eine Freiheitsentziehung iS dieser Vorschrift darstellt. Dies könnte insb deshalb zweifelhaft sein, weil Transitzonen, wie dies auch in Österreich argumentiert wird und Frankreich im Beschwerdefall ausdrücklich vorgetragen hatte, zwar zum betroffenen Staat hin geschlossen, aber offen gegenüber der übrigen Welt sind. Asylwerber sind formell nicht gehindert, die Zone jederzeit in Richtung auf ein auswärtiges Ziel zu verlassen. Hieran anknüpfend hatte die EKMR im Fall Amuur den Tatbestand einer Freiheitsentziehung verneint. Der EGMR hingegen bejaht das Vorliegen einer Freiheitsbeschränkung und hob ausdrücklich die Pflichten eines Vertragsstaates der GFK hervor. Das Vorliegen einer Freiheitsbeschränkung sei im Einzelfall anhand der Dauer, der Art und Weise der Anhaltung, deren Auswirkungen und der Art der Umsetzung der fraglichen Maßnahme zu beurteilen. Nach Ansicht des Gerichtshofes sei im Fall Amuur in der Anhaltung in der Transitzone eine Freiheitsentziehung gelegen. Die vage Möglichkeit, daß ein Asylwerber den gewählten Zufluchtsstaat verlassen kann, könne eine Freiheitsentziehung nicht ausschließen. Diese Möglichkeit sei dann von rein theoretischer

Natur, wenn kein anderer Staat dazu bereit ist, den Asylwerbern einen vergleichbaren Schutz zu bieten, wie dies im Zufluchtsstaat der Fall wäre.

574 Vor diesem Hintergrund bleibt festzuhalten, daß in der Sicherung der Zurückweisung im Einzelfall durchaus eine Freiheitsbeschränkung gelegen sein kann; die Jud des VfGH wird sich – soweit dies nicht schon geschehen ist – dem Urteil des EGMR im Fall Amuur stellen müssen. Die Frage, ob im Einzelfall eine Freiheitsbeschränkung vorliegt, ist insb an der Art und Weise, wie die Anhaltung im Transitraum erfolgt (etwa bewacht oder unbewacht, eingeschlossen oder nicht, zellenartige Unterkunft etc), an der Dauer der Anhaltung und – dies ist für Asylwerber besonders hervorzuheben – an den tatsächlichen Möglichkeiten, in einem anderen Staat adäquaten Schutz zu erhalten, zu beurteilen. Daß im Rechtsinstitut der Sicherung einer Zurückweisung tatsächlich eine Freiheitsbeschränkung gelegen sein kann, ist ua daran erkennbar, daß gem § 53 Abs 4 FrG 1997 für Fremde, deren Zurückweisung zu sichern ist, „für den Aufenthalt an dem dafür bestimmten Ort“ § 53c Abs 1 bis 5 VStG anzuwenden sind.

575 Liegt im Einzelfall eine Freiheitsentziehung vor, stehen den Asylwerbern auch sämtliche Rechte zu, die Personen im allgemeinen zustehen, denen die Freiheit entzogen wurde. Wer festgenommen oder angehalten wird, ist unter Achtung der Menschenwürde (Art 3 EMRK) und mit möglichster Schonung der Person zu behandeln; er darf nur solchen Beschränkungen unterworfen werden, die dem Zweck der Anhaltung angemessen oder zur Wahrung der Sicherheit und Ordnung am Ort seiner Anhaltung notwendig sind (Art 1 Abs 4 PersFrG). Jedermann, der festgenommen oder angehalten wird, hat das Recht auf ein Verfahren, in dem durch ein Gericht oder durch eine andere unabhängige Behörde über die Rechtmäßigkeit des Freiheitsentzuges entschieden und im Falle der Rechtswidrigkeit seine Freilassung angeordnet wird. Die Entscheidung hat binnen einer Woche zu ergehen, es sei denn, die Anhaltung hätte vorher geendet (Art 6 Abs 1 leg cit). Im Falle von unbestimmter Dauer (vgl insb Art 2 Abs 1 Z 5 und 6 PersFrG) – dies kann auch für die Transitsicherung nach dem AsylG 1997 zutreffen (vgl dazu oben Rz 569) – ist die Notwendigkeit der Anhaltung in angemessenen Abständen durch ein Gericht oder eine andere unabhängige Behörde zu überprüfen (Art 6 Abs 2 PersFrG; vgl auch § 17 UnterbringungsG; vgl auch *Rosenmayr*, Asylrecht, 577). Jedermann, der rechtswidrig festgenommen oder angehalten wurde, hat Anspruch auf volle Genugtuung einschließlich des Ersatzes des nicht vermögensrechtlichen Schadens (Art 7 PersFrG; Art 5 Abs 5 EMRK; *Laurer*, Verfassungsänderungen, 61).

576 Das AsylG 1997 trifft im Hinblick auf die Rechte von Personen, denen die Freiheit entzogen wurde, keine Vorkehrungen. Es gibt insb kein Verfahren, das eine Überprüfung der Transitsicherung iSd Art 6 Abs 2 PersFrG durch ein Gericht oder eine andere unabhängige Behörde (UVSL oder UBAS) zuließe. Durch die Tansitsicherung kann es demnach in Einzelfällen dazu kommen, daß Asylwerber in ihren verfassungsgesetzlich gewährleisteten Rechten verkürzt werden.

577 Im übrigen bleibt anzumerken, daß das PersFrG – im Gegensatz zu Art 5 Abs 1 lit f EMRK – Eingriffe in die persönliche Freiheit nicht zuläßt, die verhindern sollen, daß Fremde unberechtigt in das Staatsgebiet eindringen. Nach Art 5 Abs 1 lit f EMRK darf einem Menschen auf die gesetzlich vorgeschriebene Weise die Freiheit entzogen werden, wenn er rechtmäßig festgenommen worden oder in Haft gehalten wird, um ihn daran zu hindern, unberechtigt in das Bundesgebiet einzudringen oder weil er von einem gegen ihn schwebenden Ausweisungs- oder Auslieferungsverfahren betroffen ist. Der Verfassungsgesetzgeber hat sich im Jahr 1988 bewußt damit begnügt, jenen Teil des Art 5 Abs 1 lit f EMRK in das PersFrG zu übernehmen, der freiheitsentziehende Maßnahmen zur Sicherung einer Ausweisung bzw einer Auslieferung betrifft (Art 2 Abs 1 Z 7 PersFrG). Der Ausweisungsbegriff des Art 2 Abs 1 Z 7 PersFrG ist zwar weiter als der entsprechende Begriff des FrG 1997 (§§ 33 und 34 leg cit) und erfaßt aufenthaltsbeendende Maßnahmen wie Maßnahmen zur Verhinderung der Einreise (vgl VfSlg 13.300). Freiheitsentziehende Maßnahmen, die sicherstellen sollen, daß sich Fremde im Landesinneren nur dann frei bewegen können, wenn die Berechtigung zur Einreise (zum Aufenthalt) geprüft wurde, sind jenem Tatbestand der EMKR (Art 5 Abs 1 lit f leg cit) zuzurechnen, der nicht in das PersFrG übernommen wurde (*Davy U.*, Asylrechtsreform, 710 f; *dieselbe*, Asylrecht II, 271). Freiheitsentziehende Maßnahmen, dagegen, die sicherstellen sollen, daß Fremde das Staatsgebiet wieder verlassen, nachdem die Einreise verweigert wurde, werden von jenem Tatbestand des Art 5 Abs 1 lit f EMRK erfaßt, der sich in Art 2 Abs 1 Z 7 PersFrG wiederfindet. Vor diesem Hintergrund ist die Sicherung der Zurückweisung nach § 19 Abs 1 zweiter Satz AsylG 1997 verfassungsrechtlich bedenklich (vgl dazu näher *Davy U.*, Asylrechtsreform, 711).

VI. Vorläufige Aufenthaltsberechtigung und Schubhaftprüfung

578 Nach der Jud des VwGH zum AsylG 1991 und zum FrG 1992 (vgl VwGH 11. 11. 1993, 93/18/0417) mußte in Schubhaftbeschwerdeverfahren gemäß § 51 FrG 1992 nicht untersucht werden, ob einem Fremden zum Zeitpunkt der Verhängung der Schubhaft eine vorläufige Aufenthaltsberechtigung nach dem AsylG 1991 zukam; dies im Hinblick auf § 9 Abs 1 AsylG 1991 idF Art II Z 2 BGBl 1992/838, demzufolge das Vorliegen einer vorläufigen Aufenthaltsberechtigung (§ 7 AsylG 1991) der Verhängung der Schubhaft nicht entgegenstand. Selbst wenn der Asylwerber also zum vorläufigen Aufenthalt berechtigt war, stand dies der Anordnung der Schubhaft wie auch der Anhaltung in Schubhaft nicht entgegen. In diesem Punkt hat sich nunmehr die Rechtslage wesentlich verändert. Auf Asylwerber mit vorläufiger Aufenthaltsberechtigung sind ua die Bestimmungen der §§ 61 bis 63 FrG 1997 ausdrücklich nicht anzuwenden, wenn sie den Antrag „außerhalb einer Vorführung persönlich beim BAA eingebracht haben“ oder den Antrag anläßlich der Grenzkontrolle oder anläßlich eines von ihnen sonst mit einer Sicherheitsbehörde oder einem Organ des öffentlichen Sicherheitsdienstes aufgenommenen Kontaktes gestellt haben (siehe dazu unten die Ausführungen zu § 21, Rz 620 ff). In diesen Fällen ist nunmehr im Rahmen eines Beschwerdeverfahrens nach § 72 FrG 1997 auch die Frage zu prüfen, ob einem in Schubhaft genommenen Fremden die vorläufige Aufenthaltsberechtigung zukommt.

Dauernd und befristet Aufenthaltsberechtigte

§ 20. (1) Das Fremdengesetz findet auf Fremde, denen Österreich Asyl gewährt oder die im Besitz einer befristeten Aufenthaltsberechtigung sind, mit Ausnahme der §§ 33, 41 bis 43, 45 Abs. 3 und 4, 52 bis 56, 59 bis 63 sowie 84 und 107 Anwendung. Ein Aufenthaltsverbot darf gegen Flüchtlinge nur verhängt werden, wenn die Voraussetzungen für die Aberkennung des Asyls gemäß § 14 Abs. 1 Z 5 gegeben sind.

(2) Ein Aufenthaltsverbot oder eine Ausweisung wird – ungeachtet der in § 40 FrG genannten Voraussetzungen – gegen die in Abs. 1 genannten Fremden erst durchsetzbar, wenn diese ihre Aufenthaltsberechtigung (§ 31 Abs. 1 und 3 FrG) verloren haben.

RV: [25]

Die Regelung betreffend die Anwendbarkeit des Fremdengesetzes wurde differenziert ausgestaltet. Für Asylberechtigte sollen diejenigen fremdenpolizeilichen Bestimmungen anwendbar bleiben, die auch nach geltendem Recht für Flüchtlinge, die Asyl haben, anwendbar sind. Ein Aufenthaltsverbot soll allerdings gegen Asylberechtigte – also vor der Aberkennung des Asyls durch die Asylbehörden – nur dann erlassen werden können, wenn der Asylberechtigte aus gewichtigen Gründen eine Gefahr für die Sicherheit der Republik darstellt oder wenn er von einem Gericht rechtskräftig wegen eines besonders schweren Verbrechens verurteilt worden ist und wegen dieses strafbaren Verhaltens eine Gefahr für die Gemeinschaft bedeutet (§ 14 Abs. 1 Z 5). Diese Umschreibung entspricht der des Art. 33 Z 2 der Genfer Flüchtlingskonvention. Ein Aufenthaltsverbot oder eine Ausweisung gegen Fremde, denen in Österreich Asyl gewährt wurde, oder die im Besitz einer befristeten Aufenthaltsberechtigung nach § 15 sind, wird erst durchsetzbar, wenn die betreffenden Fremden Asyl beziehungsweise die befristete Aufenthaltsberechtigung verloren haben.

Inhaltsübersicht

I. Allgemeines

579 Wie das AsylG 1991 (§ 9 leg cit) geht auch das AsylG 1997 vom Prinzip der allgemeinen Anwendbarkeit des gültigen Fremdengesetzes aus, wobei von diesem Prinzip nur explizit genannte Bestimmungen ausgenommen werden. Für Fremde, denen – auf welchem Weg immer (§§ 7, 9 oder 10 iVm 11 AsylG 1997) – Asyl oder eine befristete Aufenthaltsberechtigung gewährt wurde, dürfen nach § 33 FrG 1997 nicht ausgewiesen und Berufungen gegen Ausweisungen darf nach § 45 Abs 3 leg cit nicht die aufschiebende Wirkung aberkannt werden, Wiedereinreiseverbote finden auf sie keine Anwendung (§§ 41 bis 43 FrG 1997), sie dürfen nicht zurückgewiesen (§ 52 FrG 1997), zurückgeschoben (§ 55 leg cit) und abgeschoben (§ 56 leg cit) und nicht in Schubhaft genommen (§ 61 leg cit) und nicht gemäß § 63 leg cit festgenommen werden. Die Sicherung der Zurückweisung (§ 53 leg cit) ist für die genannten Fremden genauso unzulässig wie die Transitsicherung (§ 54 leg cit). Sie dürfen zudem keiner Durchbeförderung unterliegen (§ 20 Abs 1 AsylG 1997 verweist hier auf § 59 FrG 1997; richtig wohl: § 58 FrG 1997), bedürfen keines Lichtbildausweises für Träger von Privilegien und Immunitäten nach einer Verordnung nach § 84 FrG 1997 und dürfen wegen unbefugten Aufenthalts nicht gem § 107 leg cit bestraft werden. Ein Aufenthaltsverbot gegen Flüchtlinge darf nur verhängt werden, wenn sie aus gewichtigen Gründen eine Gefahr für die Sicherheit der Republik darstellen oder von einem inländischen Gericht wegen eines besonders schweren Verbrechens rechtskräftig verurteilt worden sind und wegen dieses strafbaren Verhaltens eine Gefahr für die Gemeinschaft bedeuten, wobei einer inländischen Verurteilung eine ausländische gleichzuhalten ist, wenn sie den Voraussetzungen des § 73 StGB entspricht. In diesem Zusammenhang ist § 45 Abs 4 FrG 1997 betreffend die Aberkennung der aufschiebenden Wirkung nicht anwendbar. Ein Aufenthaltsverbot wird erst mit dem Verlust jeder Aufenthaltsberechtigung iSd § 31 Abs 1 und 3 FrG 1997 (dazu zählt auch irgendeine Aufenthaltsberechtigung nach dem AsylG 1997) durchsetzbar (vollstreckbar).

II. Unzulässigkeit der Ausweisung

580 Fremde können gem § 33 Abs 1 FrG 1997 mit Bescheid ausgewiesen werden, wenn sie sich nicht rechtmäßig im Bundesgebiet aufhalten. Gem Abs 2 der genannten Bestimmung können Fremde, die weder über einen Aufenthaltstitel verfügen noch Sichtvermerks- und Niederlassungsfreiheit (§ 30 Abs 1 FrG 1997) genießen, mit Bescheid ausgewiesen werden, wenn sie von einem Strafgericht wegen einer innerhalb eines Monates nach der Einreise begangenen Vorsatztat, wenn auch nicht rechtskräftig, verurteilt wurden (Z 1), innerhalb eines Monates nach der Einreise bei der Begehung einer Vorsatztat auf frischer Tat betreten oder unmittelbar nach Begehung der Vorsatztat glaubwürdig der Täterschaft beschuldigt wurden, wenn überdies die strafbare Handlung mit beträchtlicher Strafe bedroht ist und eine Erklärung des zuständigen Staatsanwaltes vorliegt, dem Bundesminister für Justiz gemäß § 74 ARHG berichten zu wollen (Z 2), innerhalb eines Monates nach der Einreise gegen die Vorschriften, mit denen die Prostitution geregelt ist, verstoßen (Z 3), innerhalb eines Monates nach der Einreise den Besitz der Mittel zu ihrem Unterhalt nicht nachzuweisen vermögen (Z 4), innerhalb eines Monates nach der Einreise von einem Organ der Arbeitsinspektorate, der regionalen Geschäftsstellen oder der Landesgeschäftsstellen des Arbeitsmarktservices bei einer Beschäftigung betreten werden, die sie nach dem Ausländerbeschäftigungsgesetz nicht ausüben hätten dürfen (Z 5), oder wenn sie unter Mißachtung der Bestimmungen des 2. Hauptstückes oder unter Umgehung der Grenzkontrolle eingereist sind und während dieses nicht rechtmäßigen Aufenthaltes binnen einem Monat betreten werden und ihre sofortige Ausreise im Interesse der öffentlichen Ordnung erforderlich ist (Z 6). Gem § 33 Abs 3 FrG 1997 wird die Ausweisung gemäß Abs 2 mit ihrer – wenn auch nicht rechtskräftigen – Erlassung durchsetzbar (vollstreckbar); der Fremde hat dann unverzüglich auszureisen. Gem Abs 4 des § 33 leg cit kommt einer Betretung nach Abs 2 Z 5 leg cit die Mitteilung eines Arbeitsinspektorates oder einer Geschäftsstelle des Arbeitsmarktservices über die Unzulässigkeit der Beschäftigung nach dem Ausländerbeschäftigungsgesetz gleich, sofern der Fremde bei dieser Beschäftigung von einem Organ der öffentlichen Sicherheitsdienstes betreten worden ist.

581 Mit § 34 FrG 1997 wird das Rechtsinstitut der Ausweisung Fremder mit Aufenthaltstitel (vgl dazu § 7 leg cit; entweder Aufenthaltserlaubnis oder Niederlassungsbewilligung) neu eingeführt. Nach Abs 1 dieser Bestimmung können Fremde, die sich aufgrund eines Aufenthaltstitels oder während eines Verfahrens zur Erteilung eines weiteren Aufenthaltstitels im Bundesgebiet aufhalten, mit Bescheid ausgewiesen werden, wenn nachträglich ein Versagungsgrund bekannt wird, der der Erteilung des zuletzt erteilten Aufenthaltstitels entgegengestanden wäre (Z 1), der Erteilung eines weiteren Aufenthaltstitels ein Versagungsgrund entgegensteht (Z 2) oder der Aufenthaltstitel einem Fremden erteilt wurde, weil er sich auf eine Ehe berufen hat, obwohl er ein gemeinsames Eheleben im Sinne des Art 8 EMRK nicht geführt hat (Z 3). Weiters sind gem § 34 Abs 2 leg cit Fremde, die sich aufgrund eines Aufenthaltstitels oder während eines Verfahrens zur Erteilung eines weiteren Aufenthaltstitels im Bundesgebiet aufhalten, mit Bescheid auszuweisen, wenn ihnen eine Niederlassungsbewilligung erteilt wurde, sie der Arbeitsvermittlung zur Verfügung stehen und im ersten Jahr ihrer Niederlassung mehr als vier Monate keiner erlaubten unselbständigen Erwerbstätigkeit nachgegangen sind. Schließlich können gem Abs 3 leg cit Fremde, die sich aufgrund eines Aufenthaltstitels oder während eines Verfahrens zur Erteilung eines weiteren Aufenthaltstitels im Bundesgebiet aufhalten, mit Bescheid ausgewiesen werden, wenn ihnen eine Niederlassungsbewilligung für jeglichen Aufenthaltszweck ausgenommen Erwerbstätigkeit erteilt wurde, um den Familiennachzug zu gewährleisten und die Voraussetzungen hiefür vor Ablauf von vier Jahren nach Niederlassung des Angehörigen weggefallen sind (Z 1) oder eine Niederlassungsbewilligung erteilt wurde, sie länger als ein Jahr aber kürzer als acht Jahre im Bundesgebiet niedergelassen sind und während der Dauer eines Jahres nahezu ununterbrochen keiner erlaubten Erwerbstätigkeit nachgegangen sind (Z 2).

582 Gem § 34 Abs 4 FrG 1997 sind den Zeiten der erlaubten unselbständigen Erwerbstätigkeit iSd Abs 2 und Abs 3 Z 2 Zeiten des Bezuges von Wochengeld oder Karenzgeld, auch wenn das Arbeitsverhältnis nicht mehr aufrecht ist (Z 1), und der Krankheit, des Arbeitsunfalles oder des Unglücksfalles, solange noch ein Anspruch auf Entgeltfortzahlung gegenüber dem Arbeitgeber oder ein Anspruch auf Krankengeld gegenüber einem Sozialversicherungsträger besteht (Z 2), gleichzuhalten.

583 Gleichwohl § 34 FrG 1997 in § 20 AsylG 1997 nicht ausdrücklich genannt ist, bleibt doch fraglich, ob diese Bestimmung auf Asylberechtigte oder auf Fremde, die im Besitz einer befristeten Aufenthaltsberechtigung sind, anzuwenden ist. Dafür wäre nach dem Wortlaut der Bestimmung jedenfalls erforderlich, daß der Fremde neben der Asylberechtigung bzw der befristeten Aufenthaltsberechtigung einen Aufenthaltstitel innehaben oder sich während eines Verfahrens zur Erteilung eines weiteren Aufenthaltstitels im Bundesgebiet aufhalten muß. Da solche Fremde aber nicht gegenüber jenen diskriminiert werden dürfen, die neben der Asylberechtigung bzw der befristeten Aufenthaltsberechtigung keinen Aufenthaltstitel haben und sich nicht während eines Verfahrens zur Erteilung eines weiteren Aufenthaltstitels im Bundesgebiet aufhalten, ist davon auszugehen, daß § 34 FrG 1997 zur Gänze auf jene Fremden nicht anwendbar ist, die asylberechtigt bzw zum befristeten Aufenthalt im Bundesgebiet berechtigt sind. Asylwerber mit vorläufiger Aufenthaltsberechtigung gelten auch in arbeitsrechtlicher Hinsicht gem § 4 Abs 3 Z 7 AuslBG als zum Aufenthalt im Bundesgebiet berechtigt, sodaß für sie zur Ausübung einer unselbständigen Arbeit eine Beschäftigungsbewilligung ausgestellt werden darf (vgl zB VwGH 19. 1. 1995, 93/09/0450); diesbezüglich genießen sie bei der Erteilung von Beschäftigungsbewilligungen außerhalb der festgelegten Kontingente – wenn die festgelegten

Höchstzahlen nicht ausgeschöpft sind – gegenüber anderen Ausländern eine gewisse Vorrangstellung (vgl § 4b Abs 1 Z 9 AuslBG; *Rosenmayr*, Asylrecht, 575).

584 Auf Fremde, denen Österreich Asyl gewährt oder die im Besitz einer befristeten Aufenthaltsberechtigung sind, findet nach der ausdrücklichen Anordnung des § 20 Abs 1 AsylG 1997 die Bestimmung des § 33 FrG 1997 keine Anwendung. Damit ist in den angesprochenen Fällen jede Ausweisung auf Grund dieser Bestimmung unzulässig.

585 Ist jede Ausweisung (sowohl nach § 33 als auch nach § 34 FrG 1997) gesetzlich unzulässig, dann liegt auch auf der Hand, daß jede Aberkennung der aufschiebenden Wirkung einer Berufung gegen eine Ausweisung gleichermaßen unzulässig ist. Um diesen Zusammenhang zwischen der Unzulässigkeit der Ausweisung und der Unzulässigkeit der Aberkennung der aufschiebenden Wirkung zu verdeutlichen, nimmt § 20 AsylG 1997 die Bestimmung des § 45 Abs 3 FrG 1997 von der Anwendbarkeit auf Asylberechtigte und Fremde aus, die zum befristeten Aufenthalt im Bundesgebiet berechtigt sind.

586 Wurde gegen Fremde eine Ausweisung vor jenem Zeitpunkt erlassen, zu dem ihnen Asyl oder ein befristetes Aufenthaltsrecht zugesprochen wurde, tritt die Ausweisung mit der Zuerkennung von Asyl bzw der befristeten Aufenthaltsberechtigung nicht außer Kraft. Vielmehr wird in solchen Fällen eine Ausweisung – ungeachtet der in § 40 genannten Voraussetzungen – erst durchsetzbar (vollstreckbar), wenn diese ihre Aufenthaltsberechtigung iSd § 31 Abs 1 FrG 1997 (gemeint ist hier die Asylberechtigung bzw die befristete Aufenthaltsberechtigung) verloren haben (§ 20 Abs 2 AsylG 1997). Diese Regel tritt neben die Bestimmung des § 40 FrG 1997.

587 Im Lichte dessen ist auf Art 32 GFK hinzuweisen. Die vertragschließenden Staaten sollen gem Art 32 Z 1 GFK keinen Flüchtling, der sich erlaubterweise (beachte dazu auch Art 31 Z 1 und Art 33 Z 1 GFK) auf ihrem Gebiet aufhält, ausweisen, es sei denn aus Gründen der Staatssicherheit oder der öffentlichen Ordnung. Nach Z 2 dieser Bestimmung soll die Ausweisung (dieser Begriff der Ausweisung ist mit dem der §§ 33 und 34 FrG 1997 nicht ident, sondern umfaßt allgemein jede Art der „Außerlandesschaffung“) eines Flüchtlings nur in Ausführung einer Entscheidung erfolgen, die gemäß den gesetzlichen Verfahren erflossen ist. Dem Flüchtling soll, wenn keine zwingenden Gründe der nationalen Sicherheit entgegenstehen, erlaubt werden, Entlastungsbeweise zu liefern, gegen die Ausweisung zu berufen und sich zu diesem Zwecke vor der zuständigen Behörde oder vor einer oder mehreren Personen, die von den zuständigen Behörden besonders dafür bestimmt sind, vertreten zu lassen (vgl dazu auch Art 1 des 7. ZP EMRK). Gem Art 32 Z 3 GFK sollen die vertragschließenden Staaten solchen Flüchtlingen einen angemessenen Zeitraum gewähren, während dessen sie sich um die Einreise in ein anderes Land bewerben können. Die vertragschließenden Staaten behalten sich das Recht vor, während dieses Zeitraumes die notwendigen internen Maßnahmen zu treffen (zu Art 32 GFK siehe oben die weiteren Ausführungen zu § 1, Rz 107 ff).

III. Aufenthaltsverbot

588 Gem § 36 Abs 1 FrG 1997 kann gegen einen Fremden ein Aufenthaltsverbot erlassen werden, wenn auf Grund bestimmter Tatsachen die Annahme gerechtfertigt ist, daß sein Aufenthalt die öffentliche Ruhe, Ordnung und Sicherheit gefährdet (Z 1) oder anderen im Art. 8 Abs. 2 EMRK genannten öffentlichen Interessen zuwiderläuft (Z 2). Nach Abs 2 leg cit hat als bestimmte Tatsache im Sinne des Abs. 1

insbesondere zu gelten, wenn ein Fremder von einem inländischen Gericht zu einer unbedingten Freiheitsstrafe von mehr als drei Monaten, zu einer teilbedingt nachgesehenen Freiheitsstrafe, zu einer bedingt nachgesehenen Freiheitsstrafe von mehr als sechs Monaten oder mehr als einmal wegen auf der gleichen schädlichen Neigung beruhender strafbarer Handlungen rechtskräftig verurteilt worden ist (Z 1); mehr als einmal wegen einer Verwaltungsübertretung gemäß § 99 Abs 1 oder 2 der Straßenverkehrsordnung 1960, BGBl. Nr. 159, gemäß § 366 Abs 1 Z 1 der Gewerbeordnung 1994, BGBl. Nr. 194, in Bezug auf ein bewilligungspflichtiges, gebundenes Gewerbe gemäß den §§ 81 oder 82 des Sicherheitspolizeigesetzes – SPG, BGBl. Nr. 566/1991, oder gemäß den §§ 9 oder 14 in Verbindung mit § 19 des Versammlungsgesetzes 1953, BGBl. Nr. 233, oder wegen einer schwerwiegenden Übertretung dieses Bundesgesetzes, des Grenzkontrollgesetzes, BGBl. Nr. 435/1996, des Meldegesetzes 1991, BGBl. Nr. 9/1992, oder des Ausländerbeschäftigungsgesetzes rechtskräftig bestraft worden ist (Z 2); im Inland wegen vorsätzlich begangener Finanzvergehen, mit Ausnahme einer Finanzordnungswidrigkeit, oder wegen vorsätzlich begangener Zuwiderhandlungen gegen devisenrechtliche Vorschriften rechtskräftig bestraft worden ist (Z 3); im Inland wegen eines schwerwiegenden Verstoßes gegen die Vorschriften, mit denen die Prostitution geregelt ist, rechtskräftig bestraft oder im In- oder Ausland wegen Zuhälterei rechtskräftig verurteilt worden ist (Z 4); um seines Vorteils willen Schlepperei begangen oder an ihr mitgewirkt hat (Z 5); gegenüber einer österreichischen Behörde oder ihren Organen unrichtige Angaben über seine Person, seine persönlichen Verhältnisse, den Zweck oder die beabsichtigte Dauer seines Aufenthaltes gemacht hat, um sich die Einreise- oder die Aufenthaltsberechtigung gemäß § 31 Abs. 1 und 3 zu verschaffen (Z 6); den Besitz der Mittel zu seinem Unterhalt nicht nachzuweisen vermag, es sei denn, er wäre rechtmäßig zur Arbeitsaufnahme eingereist und innerhalb des letzten Jahres im Inland mehr als sechs Monate einer erlaubten Erwerbstätigkeit nachgegangen (Z 7); von einem Organ der Arbeitsinspektorate, der regionalen Geschäftsstellen oder der Landesgeschäftsstellen des Arbeitsmarktservice bei einer Beschäftigung betreten wird, die er nach dem Ausländerbeschäftigungsgesetz nicht ausüben hätte dürfen (Z 8); eine Ehe geschlossen, sich für die Erteilung eines Aufenthaltstitels oder eines Befreiungsscheines auf die Ehe berufen, aber mit dem Ehegatten ein gemeinsames Familienleben im Sinne des Art 8 EMRK nie geführt und für die Eheschließung einen Vermögensvorteil geleistet hat (Z 9). Gemäß § 36 Abs 3 leg cit liegt eine gemäß Abs. 2 maßgebliche Verurteilung nicht vor, wenn sie bereits getilgt ist. Eine solche Verurteilung liegt jedoch vor, wenn sie durch ein ausländisches Gericht erfolgte und den Voraussetzungen des § 73 StGB entspricht. Gem Abs 4 des § 36 leg cit kommt einer Betretung gemäß Abs 2 Z 8 leg cit die Mitteilung eines Arbeitsinspektorates oder einer Geschäftsstelle des Arbeitsmarktservice über die Unzulässigkeit der Beschäftigung nach dem Ausländerbeschäftigungsgesetz gleich, sofern der Fremde bei dieser Beschäftigung von einem Organ des öffentlichen Sicherheitsdienstes betreten worden ist (vgl *Rosenmayr*, Asylrecht, 575).

589 Würde durch eine Ausweisung gemäß den § 33 Abs. 1 oder § 34 Abs 1 und 3 FrG 1997 oder durch ein Aufenthaltsverbot in das Privat- oder Familienleben des Fremden eingegriffen, so ist gem § 37 Abs 1 leg cit ein solcher Entzug der Aufenthaltsberechtigung nur zulässig, wenn dies zur Erreichung der im Art 8 Abs 2 EMRK genannten Ziele dringend geboten ist. Eine Ausweisung gemäß § 34 Abs. 1 oder ein Aufenthaltsverbot darf nach § 37 Abs 2 FrG 1997 jedenfalls nicht erlassen werden, wenn die Auswirkungen auf die Lebenssituation des Fremden und seiner Familie schwerer wiegen als die nachteiligen Folgen der Abstandnahme von seiner Erlassung. Bei dieser Abwägung ist insbesondere auf folgende Umstände Bedacht zu nehmen: die Dauer des Aufenthaltes und das Ausmaß der Integration des Fremden oder seiner Familienangehörigen (Z 1); die Intensität der familiären oder sonstigen Bindungen (Z 2).

590 Ein Aufenthaltsverbot darf gem § 38 Abs 1 FrG 1997 nicht erlassen werden, wenn der Fremde in den Fällen des § 36 Abs 2 Z 8 nach den Bestimmungen des Ausländerbeschäftigungsgesetzes für denselben Dienstgeber eine andere Beschäftigung ausüben hätte dürfen und für die Beschäftigung, bei der der Fremde betreten wurde, keine Zweckänderung erforderlich oder eine Zweckänderung gem § 13 Abs 3 leg cit zulässig gewesen wäre (Z 1); eine Ausweisung gemäß § 34 Abs 1 Z 1 oder 2 leg cit wegen des maßgeblichen Sachverhaltes unzulässig wäre (Z 2); dem Fremden vor Verwirklichung des maßgeblichen Sachverhaltes die Staatsbürgerschaft gemäß § 10 Abs. 1 des Staatsbürgerschaftsgesetzes 1985, BGBl. Nr. 311, verliehen hätte werden können, es sei denn, der Fremde wäre wegen einer gerichtlich strafbaren Handlung rechtskräftig zu mehr als zwei Jahren Freiheitsstrafe verurteilt worden (Z 3); der Fremde von klein auf im Inland aufgewachsen und hier langjährig niedergelassen ist (Z 4). Fremde sind nach Abs 2 leg cit jedenfalls langjährig im Bundesgebiet niedergelassen, wenn sie die Hälfte ihres Lebens im Bundesgebiet verbracht haben und zuletzt seit mindestens drei Jahren hier niedergelassen sind.

591 Das Aufenthaltsverbot kann gem § 39 Abs 1 FrG 1997 in den Fällen des § 36 Abs. 2 Z 1 und 5 leg cit unbefristet, in den Fällen des § 36 Abs 2 Z 9 leg cit für die Dauer von höchstens fünf Jahren, sonst nur für die Dauer von höchstens zehn Jahren erlassen werden. Bei der Festsetzung der Gültigkeitsdauer des Aufenthaltsverbotes ist nach Abs 2 leg cit auf die für seine Erlassung maßgeblichen Umstände Bedacht zu nehmen. Die Frist beginnt mit Eintritt der Durchsetzbarkeit zu laufen.

592 Bei Fremden, die sich rechtmäßig im Bundesgebiet aufhalten, darf gem § 45 Abs 4 FrG 1997 die aufschiebende Wirkung einer Berufung gegen ein Aufenthaltsverbot nur ausgeschlossen werden, wenn die sofortige Ausreise des Fremden im Interesse der öffentlichen Ordnung oder aus Gründen der nationalen Sicherheit erforderlich ist.

593 Gegen Fremde, die asylberechtigt bzw zum befristeten Aufenthalt im Bundesgebiet berechtigt sind, ist die Verhängung eines Aufenthaltsverbots gem 36 FrG 1997 nicht ausgeschlossen. Gem § 20 Abs 1 zweiter Satz darf ein Aufenthaltsverbot gegen Flüchtlinge nur verhängt werden, wenn die Voraussetzungen für die Aberkennung des Asyls gemäß § 14 Abs 1 Z 5 gegeben sind. Beachtenswert ist, daß hier von „Flüchtlingen" die Rede ist, wobei nicht klar ist, ob es sich in diesem Zusammenhang ausschließlich um Fremde handelt, deren Flüchtlingseigenschaft gem § 12 AsylG 1997 festgestellt wurde, oder ob diese Bestimmung auch Flüchtlinge iSd GFK betrifft, deren Flüchtlingseigenschaft nicht festgestellt wurde. Auf Grund einer Wort- und Zweckinterpretation muß man davon ausgehen, daß beide Möglichkeiten in Frage kommen. Sohin betrifft § 20 Abs 1 zweiter Satz AsylG 1997 auch Flüchtlinge iSd GFK, deren Flüchtlingseigenschaft – aus welchen Gründen immer – nicht festgestellt wurde.

594 Gem § 14 Abs 1 Z 5 AsylG 1997 ist Asyl mit Bescheid abzuerkennen, wenn die Fremden aus gewichtigen Gründen eine Gefahr für die Sicherheit der Republik darstellen oder von einem inländischen Gericht wegen eines besonders schweren Verbrechens rechtskräftig verurteilt worden sind und wegen dieses strafbaren Verhaltens eine Gefahr für die Gemeinschaft bedeuten. Einer Verurteilung durch ein inländisches Gericht ist eine solche durch ein ausländisches Gericht gleichzuhalten, die den

Voraussetzungen des § 73 StGB entspricht. An dieser Stelle sticht ins Auge, daß § 20 Abs 1 zweiter Satz AsylG 1997 – was aus systematischen Gründen naheliegen würde – zwar die Z 5 des § 14 Abs 1 nennt, daß aber die Z 4 dieser Bestimmung nicht genannt ist, die ja inhaltlich insofern schwerer wiegt, als sie die Flüchtlingseigenschaft iSd GFK selbst a limine beseitigt; dies trifft für die Bestimmung des § 14 Abs 1 Z 5 nicht zu (vgl dazu Art 33 Z 2 GFK).

595 Wie eine Ausweisung wird auch ein Aufenthaltsverbot gegen Flüchtlinge – ungeachtet der in § 40 FrG 1997 genannten Voraussetzungen – erst durchsetzbar, wenn diese ihre Aufenthaltsberechtigung iSd § 31 Abs 1 und 3 leg cit verloren haben. Die Aberkennung der aufschiebenden Wirkung einer Berufung gegen ein Aufenthaltsverbot gem § 45 Abs 4 leg cit ist demnach insoweit unzulässig, als sie entgegen dieser Regel die Vollstreckbarkeit zeitlich vor den Verlust der Aufenthaltsberechtigung iSd § 31 Abs 1 und 3 leg cit bedingen würde.

IV. Unzulässigkeit der Einschränkung der Wiedereinreise

596 Gem § 41 Abs 2 FrG 1997 darf der Fremde während der Gültigkeitsdauer des Aufenthaltsverbotes ohne Bewilligung nicht wieder einreisen. Die Bewilligung der Wiedereinreise kann nach Abs 2 dieser Bestimmung dem Fremden auf Antrag erteilt werden, wenn dies aus wichtigen öffentlichen oder privaten Gründen notwendig ist, die für das Aufenthaltsverbot maßgeblichen Gründe dem nicht entgegenstehen und auch sonst kein Sichtvermerksversagungsgrund vorliegt. Mit der Bewilligung ist auch die sachlich gebotene Gültigkeitsdauer festzulegen. Die Bewilligung wird ungeachtet des Bestehens eines rechtskräftigen Aufenthaltsverbotes in Form eines Visums erteilt (§ 41 Abs 3 leg cit).

597 Schiebt die Fremdenpolizeibehörde gem § 42 Abs 1 FrG 1997 den Eintritt der Durchsetzbarkeit einer Ausweisung oder eines Aufenthaltsverbotes auf oder bewilligt sie die Wiedereinreise, so kann sie die dafür im Interesse der Aufrechterhaltung der öffentlichen Ruhe, Ordnung oder Sicherheit gebotenen Auflagen festsetzen; hiebei hat sie auf den Zweck des Aufenthaltes Bedacht zu nehmen. Gem Abs 2 leg cit sind Auflagen iSd Abs 1 insbesondere die Vorschreibung bestimmter Grenzübergänge, Reiserouten und Aufenthaltsorte sowie die Verpflichtung, sich bei Sicherheitsdienststellen zu melden. Gem Abs 3 leg cit kann die Erteilung von Auflagen gem Abs 1 im Reisedokument ersichtlich gemacht werden.

598 Nach § 43 Abs 1 FrG 1997 sind Durchsetzungsaufschub und Wiedereinreise zu widerrufen, wenn nachträglich Tatsachen bekannt werden, die ihre Versagung gerechtfertigt hätten oder wenn die Gründe für ihre Erteilung weggefallen sind. Ein Durchsetzungsaufschub ist gem Abs 2 leg cit zu widerrufen, wenn der Fremde während seines weiteren Aufenthaltes im Bundesgebiet ein Verhalten setzt, das die sofortige Ausreise aus einem der in § 34 Abs 1 leg cit genannten Gründe (Ausweisungstatbestände für eine Ausweisung bei rechtmäßigem Aufenthalt) gebietet. Eine Wiedereinreisebewilligung ist nach Abs 3 leg cit außerdem zu widerrufen, wenn der Fremde während seines Aufenthalts im Bundesgebiet ein Verhalten setzt, das im Zusammenhang mit den Gründen, die für das Aufenthaltsverbot maßgeblich waren, dessen unverzügliche Durchsetzung erforderlich macht (Z 1) oder neuerlich die Erlassung eines Aufenthaltsverbotes rechtfertigen würde. Die Wiedereinreisebewilligung wird durch Ungültigerklärung des Visums widerrufen.

599 Die Wiedereinreisebewilligung stellt einen Ausnahmetatbestand vom Wiedereinreiseverbot auf Grund eines Aufenthaltsverbots dar. Während sich an ein Aufenthaltsverbot iSd § 36 FrG 1997 generell die Rechtsfolge knüpft, daß keinerlei Arten von individuellen Aufenthaltsberechtigungen erteilt werden dürfen, kann durch eine Wiedereinreisebewilligung ausnahmsweise bescheidmäßig eine Einreiseerlaubnis erteilt werden (siehe dazu vor dem Hintergrund des FrG 1992 *Muzak*, Aufenthaltsberechtigung, 85), welche für die festgesetzte Gültigkeitsdauer auch den Aufenthalt im Bundesgebiet rechtfertigt.

600 Fremde, die asylberechtigt oder zum befristeten Aufenthalt im Bundesgebiet berechtigt sind, trifft eine Ausreiseverpflichtung bei bestehendem Aufenthaltsverbot nicht. Demgemäß ist es nur schlüssig, wenn man davon ausgeht, daß diesen Fremden in diesem Stadium die Wiedereinreise nicht verwehrt werden darf. § 20 Abs 1 AsylG 1997 stellt dies klar, indem es § 41 FrG 1997 von der Anwendbarkeit auf den genannten Personenkreis ausnimmt. Fremde, die asylberechtigt oder zum befristeten Aufenthalt im Bundesgebiet berechtigt sind, bedürfen demnach für die Wiedereinreise keiner Bewilligung, wie sie für den weiteren Aufenthalt im Bundesgebiet für die Dauer der Asylberechtigung bzw der befristeten Aufenthaltsberechtigung auch keinen Durchsetzungsaufschub nach § 40 FrG 1997 benötigen (vgl dazu § 20 Abs 2 AsylG 1997). Vor diesem Hintergrund ist auch den §§ 42 und 43 FrG 1997 der Boden der Anwendbarkeit auf Fremde, die asylberechtigt oder zum befristeten Aufenthalt im Bundesgebiet berechtigt sind, entzogen.

V. Unzulässigkeit fremdenpolizeilicher verfahrensfreier Maßnahmen

601 Gem § 52 Abs 1 FrG 1997 sind Fremde bei der Grenzkontrolle am Betreten des Bundesgebietes zu hindern (Zurückweisung), wenn Zweifel an ihrer Identität bestehen, wenn sie der Paß- oder Sichtvermerkspflicht nicht genügen oder wenn ihnen die Benützung eines anderen Grenzüberganges vorgeschrieben wurde (§§ 6 und 42). Eine Zurückweisung hat zu unterbleiben, soweit dies einem Bundesgesetz, zwischenstaatlichen Vereinbarungen oder internationalen Gepflogenheiten entspricht. Gem Abs 2 leg cit sind Fremde bei der Grenzkontrolle zurückzuweisen, wenn gegen sie ein durchsetzbares Aufenthaltsverbot besteht und ihnen keine Wiedereinreisebewilligung erteilt wurde (Z 1); ein Vertragsstaat mitgeteilt hat, daß ihr Aufenthalt im Gebiet der Vertragsstaaten die öffentliche Ruhe, Ordnung oder nationale Sicherheit gefährden würde, es sei denn, sie hätten einen Aufenthaltstitel eines Vertragsstaates oder einen von Österreich erteilten Einreisetitel (Z 2); sie zwar für den von ihnen angegebenen Aufenthaltszweck zur sichtvermerksfreien Einreise berechtigt sind, aber bestimmte Tatsachen die Annahme rechtfertigen, daß ihr Aufenthalt im Bundesgebiet die öffentliche Ruhe, Ordnung oder Sicherheit oder die Beziehungen der Republik Österreich zu einem anderen Staat gefährden würde (Z 3 lit a); sie ohne die hiefür erforderlichen Bewilligungen die Aufnahme einer Erwerbstätigkeit im Bundesgebiet beabsichtigen (Z 3 lit b); sie im Bundesgebiet Schlepperei begehen oder an ihr mitwirken werden (Z 3 lit c); sie keinen Wohnsitz im Inland haben und nicht über die Mittel zur Bestreitung der Kosten ihres Aufenthaltes und ihrer Wiederausreise verfügen (Z 4); bestimmte Tatsachen die Annahme rechtfertigen, sie wollten den Aufenthalt im Bundesgebiet zur vorsätzlichen Begehung von Finanzvergehen, mit Ausnahme von Finanzordnungswidrigkeiten, oder zu vorsätzlichen Zuwiderhandlungen gegen devisenrechtliche Vorschriften benützen (Z 5). Über die Zulässigkeit der Einreise ist gem § 52 Abs 3 leg cit nach Befragung des Fremden auf Grund des von diesem glaubhaft gemachten oder sonst bekannten Sachverhaltes zu entscheiden. Die Zurückweisung kann im Reisedokument des Fremden ersichtlich gemacht werden. Die an sich zwingende Vorschrift des § 52 FrG 1997 gilt – wie oben ausgeführt – nicht betreffend Fremde, die asylberechtigt oder zum befristeten Aufenthalt im Bundesgebiet (§ 15 AsylG 1997) berechtigt sind, und dort, wo das AsylG 1997 besondere Vorschriften – etwa im Rahmen des „Verfahrens an der Grenze“ (§ 17 AsylG 1997) – vorsieht.

602 Kann ein Fremder, der zurückzuweisen ist, den Grenzkontrollbereich aus rechtlichen oder tatsächlichen Gründen nicht sofort verlassen, so kann ihm gem § 53 Abs 1 FrG 1997 aufgetragen werden, sich für die Zeit bis dahin an einem bestimmten Ort innerhalb dieses Bereiches aufzuhalten. Nach Abs 2 leg cit kann Fremden, die mit einem Luft-, Land- oder Wasserfahrzeug eines Beförderungsunternehmers eingereist sind, zur Sicherung der Zurückweisung untersagt werden, das Fahrzeug zu verlassen, oder angeordnet werden, sich in ein bestimmtes Fahrzeug, mit dem sie das Bundesgebiet verlassen können, zu begeben. Wer die Fremden befördert hat, ist in diesen Fällen verpflichtet, auf eigene Kosten deren unverzügliche Abreise zu gewährleisten, sofern diese nicht von einem anderen Beförderer ohne Kosten für die Republik Österreich bewirkt wird. Beförderungsunternehmer, die Fremde mit einem Luft- oder Wasserfahrzeug oder im Rahmen des internationalen Linienverkehrs mit einem Autobus nach Österreich gebracht haben, sind gem Abs 3 leg cit verpflichtet, der Grenzkontrollbehörde auf Anfrage die Identitätsdaten der Fremden (Namen, Geburtsdatum, Geburtsort, Wohnort und Staatsangehörigkeit) und die Daten der zur Einreise erforderlichen Dokumente (Art, Gültigkeitsdauer, ausstellende Behörde und Ausstellungsdatum) unverzüglich kostenlos bekanntzugeben. Dies gilt nicht für Fremde, die zur sichtvermerksfreien Einreise berechtigt sind, sofern sich der Beförderungsunternehmer davon überzeugt hat, daß sie das erforderliche Reisedokument bei sich haben. Für Fremde, deren Zurückweisung zu sichern ist, gilt gem Abs 4 leg cit für den Aufenthalt an dem dafür bestimmten Ort der § 53c Abs 1 bis 5 des Verwaltungsstrafgesetzes 1991 (VStG), BGBl. Nr. 52.

603 Fremden, die anläßlich einer Grenzkontrolle angeben, Transitreisende zu sein, ist gem § 54 Abs1 FrG 1997 der Aufenthalt im Transitraum zu verweigern (Transitsicherung), wenn auf Grund konkreter Umstände die Wiederausreise der Fremden nicht gesichert erscheint (Z 1) oder die Fremden nicht über das erforderliche Flugtransitvisum verfügen (Z 2). Die Transitsicherung ist nach Abs 2 leg cit mit der Aufforderung zur unverzüglichen Abreise zu verbinden; ist diese nicht sofort möglich, so kann den Fremden aufgetragen werden, sich für die Zeit bis zur Abreise an einem bestimmten Ort im Grenzkontrollbereich aufzuhalten. § 53 Abs 2 und 3 leg cit ist anzuwenden.

604 Fremde können gem § 55 Abs 1 FrG 1997 von der Behörde zur Rückkehr ins Ausland verhalten werden (Zurückschiebung), wenn sie unter Umgehung der Grenzkontrolle eingereist sind und binnen sieben Tagen betreten werden (Z 1); innerhalb von sieben Tagen nach Einreise in das Bundesgebiet von der Republik Österreich auf Grund eines Schubabkommens (§ 4 Abs. 4) oder internationaler Gepflogenheiten rückgenommen werden mußten (Z 2). Die Zurückschiebung kann nach Abs 2 leg cit im Reisedokument des Fremden ersichtlich gemacht werden.

605 Fremde, gegen die ein Aufenthaltsverbot oder eine Ausweisung durchsetzbar ist, können gem § 56 Abs 1 FrG 1997 von der Behörde zur Ausreise verhalten werden (Abschiebung), wenn die Überwachung ihrer Ausreise aus Gründen der Aufrechterhaltung der öffentlichen Ruhe, Ordnung oder Sicherheit notwendig scheint (Z 1 leg cit), sie ihrer Verpflichtung zur Ausreise nicht zeitgerecht nachgekommen sind (Z 2 leg cit), auf Grund bestimmter Tatsachen zu befürchten ist, sie würden ihrer Ausreiseverpflichtung nicht nachkommen (Z 3 leg cit) oder sie dem Aufenthaltsverbot zuwider in das Bundesgebiet zurückgekehrt sind (Z 4 leg cit). Die Abschiebung eines Fremden ist gem Abs 2 leg cit auf Antrag oder von Amts wegen auf bestimmte, jeweils ein Jahr nicht übersteigende Zeit aufzuschieben (Abschiebungsaufschub), wenn sie unzulässig ist (§ 57 leg cit) oder aus tatsächlichen Gründen unmöglich scheint. Für die Festsetzung von Auflagen und für den Widerruf gelten die §§ 42 und 43 Abs 1 leg cit. Liegen bei Angehörigen (§ 72 StGB) die Voraussetzungen für die Abschiebung gleichzeitig vor, so hat die Behörde nach § 56 Abs 3 FrG 1997 bei deren Durchführung besonders darauf zu achten, daß die Auswirkung auf das Familienleben dieser Fremden so gering wie möglich bleibt. Die Abschiebung kann gem Abs 4 leg cit im Reisedokument des Fremden ersichtlich gemacht werden.

606 Obwohl § 58 FrG 1997 in § 20 Abs 1 AsylG 1997 nicht genannt ist, muß man davon ausgehen, daß auch diese Bestimmung des FrG 1997 von der Anwendbarkeit auf Fremde, denen Österrreich Asyl gewährt oder die im Besitz einer befristeten Aufenthaltsberechtigung sind, ausgenommen werden sollte. Erstens war die entsprechende Bestimmung (§ 38 FrG 1992) auch in § 9 AsylG 1991 idF BGBl 1993/838 erfaßt, und zweitens ergäbe es keinen Sinn, zwar die Bestimmung betreffend Durchbeförderungsabkommen (§ 59 FrG 1997) auszunehmen, das diese Abkommen umsetzende Rechtsinstitut aber nicht. Sohin geht man wohl nicht fehl, davon auszugehen, daß auch § 58 FrG 1997 auf den in § 20 Abs 1 AsylG 1997 genannten Personenkreis nicht angewendet werden soll, und daß das Fehlen dieser Bestimmung des FrG 1997 in der Enumeration des § 20 Abs 1 AsylG 1997 auf einem redaktionellen Fehler beruht.

607 Gem § 58 Abs 1 FrG 1997 sind Fremde aus dem Ausland durch das Bundesgebiet in das Ausland zu befördern (Durchbeförderung), wenn dies in einer Durchbeförderungserklärung gemäß einer zwischenstaatlichen Vereinbarung (vgl die Vereinbarung zwischen dem Innenministerium der Bundesrepublik Deutschland, dem Innenministerium der Republik Kroatien, der Regierung der Republik Österreich, dem Schweizerischen Bundesrat und der Regierung der Republik Slowenien über die Gestaltung der Durchreise und Durchbeförderung bosnisch-herzegowinischer Kriegsflüchtlinge BGBl 1996/298) über die Durchbeförderung von Fremden, die nicht Staatsangehörige der vertragsschließenden Staaten sind (§ 59), angeordnet ist. Die Durchbeförderung mit dem Ziel der Einreise in einen Staat, in dem der Fremde gemäß § 57 Abs 1 oder 2 bedroht ist, ist nach Abs 2 leg cit unzulässig. Eine mögliche Bedrohungssituation iSd § 57 Abs 1 oder 2 FrG 1997 ist hier von Amts wegen wahrzunehmen.

608 Sofern die Bundesregierung zum Abschluß von Regierungsübereinkommen gemäß Art 66 Abs 2 B-VG ermächtigt ist, kann sie gem § 59 Abs 1 FrG 1997 unter der Voraussetzung, daß Gegenseitigkeit gewährt wird, zwischenstaatliche Vereinbarungen über die Durchbeförderung von Fremden, die nicht Angehörige der vertragsschließenden Staaten sind, abschließen. Nach Abs 2 leg cit ist in Vereinbarungen gemäß Abs 1 vorzusehen, daß eine Durchbeförderung nur auf Ersuchen eines vertragsschließenden Staates und nur dann erfolgen darf, wenn die Weiterreise und die Übernahme durch den Zielstaat gesichert sind (Z 1 leg cit); die Durchbeförderung abzulehnen ist, wenn der Fremde in einem weiteren Durchgangsstaat oder im Zielstaat Gefahr läuft, unmenschlicher Behandlung oder Strafe oder der Todesstrafe unterworfen zu werden (Z 2 lit a leg cit), oder in seinem Leben oder seiner Freiheit aus Gründen seiner Rasse, seiner Religion, seiner Nationalität, seiner Zugehörigkeit zu einer bestimmten sozialen Gruppe oder seiner politischen Ansichten bedroht wäre (Z 2 lit b leg cit); die Durchbeförderung abgelehnt werden kann, wenn der Fremde wegen einer strafbaren Handlung verfolgt werden müßte (Z 3 leg cit).

609 Die Zurückweisung (nach dem Wortlaut des Gesetzes nicht aber die Sicherung der Zurückweisung), die Transitsicherung, die Zurückschiebung, die Abschiebung und die Durchbeförderung von Fremden sind gem § 60 Abs 1 FrG 1997 von Organen des öffentlichen Sicherheitsdienstes mit unmittelbarer Befehls- und Zwangsgewalt durchzusetzen, wenn dies auf andere Weise nicht oder nicht rechtzeitig möglich ist. Wurde eine Zurückweisung, Transitsicherung, Zurückschiebung oder Abschiebung im Reisedokument eines Fremden ersichtlich gemacht, so ist diese Eintragung nach Abs 2 leg cit auf Antrag des Betroffenen zu streichen, sofern deren Rechtswidrigkeit durch einen unabhängigen Verwaltungssenat festgestellt worden ist.

610 Fremde können gem § 61 Abs 1 FrG 1997 festgenommen und angehalten werden (Schubhaft), sofern dies notwendig ist, um das Verfahren zur Erlassung eines Aufenthaltsverbotes oder einer Ausweisung bis zum Eintritt ihrer Durchsetzbarkeit oder um die Abschiebung, die Zurückschiebung oder die Durchbeförderung zu sichern. Über Fremde, die sich rechtmäßig im Bundesgebiet aufhalten, darf Schubhaft nur verhängt werden, wenn aufgrund bestimmter Tatsachen anzunehmen ist, sie würden sich dem Verfahren entziehen. Die Schubhaft ist nach Abs 2 leg cit mit Bescheid anzuordnen; dieser ist gemäß § 57 AVG (als Mandatsbescheid) zu erlassen, es sei denn, der Fremde befände sich bei Einleitung des Verfahrens zu seiner Erlassung aus anderem Grund nicht bloß kurzfristig in Haft. Nicht vollstreckte Schubhaftbescheide gemäß § 57 AVG gelten 14 Tage nach ihrer Erlassung als widerrufen. Hat der Fremde einen Zustellungsbevollmächtigten, so gilt gem § 61 Abs 3 FrG 1997 die Zustellung des Schubhaftbescheides auch in dem Zeitpunkt als vollzogen, in dem eine Ausfertigung dem Fremden tatsächlich zugekommen ist. Die Zustellung einer weiteren Ausfertigung an den Zustellungsbevollmächtigten ist in diesen Fällen unverzüglich zu veranlassen. Gem Abs 4 leg cit kann die Verhängung der Schubhaft mit Beschwerde gemäß § 72 leg cit mit Beschwerde an den UVSL angefochten werden.

611 Die Behörde kann gem § 62 Abs 1 FrG 1997 die Festnahme eines Fremden auch ohne Erlassung eines Schubhaftbescheides schriftlich anordnen (Festnahmeauftrag), wenn auf Grund bestimmter Tatsachen anzunehmen ist, daß die Voraussetzungen für die Erlassung einer Ausweisung oder eines Aufenthaltsverbotes vorliegen und der Fremde ohne ausreichende Entschuldigung einer ihm zu eigenen Handen zugestellten Ladung, in der dieses Zwangsmittel angedroht war, nicht Folge geleistet hat (Z 1); der Aufenthalt des Fremden nicht festgestellt werden konnte, sein letzter bekannter Aufenthalt jedoch im Sprengel der Behörde liegt (Z 2). Ein Festnahmeauftrag kann nach Abs 2 leg cit gegen einen Fremden auch dann erlassen werden, wenn er seiner Verpflichtung zur Ausreise (§§ 33 Abs 3, 40 Abs 1 und 2 FrG 1997 sowie § 20 Abs 2 des Asylgesetzes 1997) nicht nachgekommen ist. Für einen Fremden, der durchbefördert (§ 58 FrG 1997) werden soll, ist ein Übernahmeauftrag zu erlassen. Festnahme- und Übernahmeauftrag ergehen gem Abs 3 leg cit in Ausübung verwaltungsbehördlicher Befehlsgewalt; sie sind aktenkundig zu machen.

612 Die Organe des öffentlichen Sicherheitsdienstes sind gem § 63 Abs 1 FrG 1997 ermächtigt, einen Fremden festzunehmen, gegen den ein Festnahmeauftrag besteht, um ihn der Behörde (§§ 88 ff leg cit) vorzuführen (§ 63 Z 1 leg cit); den sie innerhalb von sieben Tagen nach der Einreise betreten, wenn er hiebei die Grenzkontrolle umgangen hat (Z 2 leg cit); den sie auf Grund einer Übernahmserklärung (§ 4 leg cit) einreisen lassen (Z 3 leg cit). Gem § 63 Abs 2 leg cit hat eine Festnahme nach Abs 1 Z 2 zu unterbleiben, wenn gewährleistet ist, der Fremde werde das Bundesgebiet unverzüglich verlassen. Fremde, für die ein Übernahmeauftrag (§ 62 Abs 2 leg cit) erlassen worden ist, sind gem Abs 3 leg cit von Organen des öffentlichen Sicherheitsdienstes nach der Einreise in Anhaltung zu übernehmen.

613 Asylberechtigte Fremde und solche, die zum befristeten Aufenthalt im Bundesgebiet berechtigt sind (§ 15 AsylG 1997), dürfen nach der ausdrücklichen Anordnung des § 20 Abs 1 AsylG 1997 nicht am Betreten des Bundesgebietes gehindert (zurückgewiesen) werden, unterliegen nicht der Sicherung der Zurückweisung nach § 53 FrG 1997 (auch nicht jener nach § 19 Abs 1 zweiter Satz AsylG 1997, die sich nur auf Asylwerber bezieht) und der Transitsicherung (§ 54 FrG 1997), können von der Fremdenpolizeibehörde nicht zur Rückkehr ins Ausland verhalten (zurückgeschoben) und auch sonst nicht zur Ausreise verhalten (abgeschoben) werden. Soweit gegen solche Fremde eine Ausweisung oder ein Aufenthaltsverbot rechtskräftig wurde, werden diese erst mit dem Verlust der Aufenthaltsberechtigung iSd § 31 FrG 1997 exekutierbar (§ 20 Abs 2 AsylG 1997). Da sich Fremde jedenfalls rechtmäßig im Bundesgebiet aufhalten, wenn und solange ihnen (irgend)eine Aufenthaltsberechtigung nach dem AsylG 1997 zukommt (vgl § 31 Abs 1 Z 4 FrG 1997), bedeutet dies im gegebenen Zusammenhang, daß Ausweisungen und Aufenthaltsverbote gegen asylberechtigte Fremde bzw Fremde, denen eine befristete Aufenthaltsberechtigung zukommt, frühestens dann durchsetzbar (vollstreckbar) werden, wenn ihnen keine Aufenthaltsberechtigung nach dem AsylG 1997 (mehr) zukommt, sei es, daß ihnen gem § 14 leg cit Asyl aberkannt oder die befristete Aufenthaltsberechtigung nach § 15 Abs 4 leg cit widerrufen wurde. Für die Dauer des rechtmäßigen Aufenthaltes entfällt auch die Ausreiseverpflichtung bzw das Rückkehrverbot nach dem FrG 1997.

614 Asylberechtigte Fremde und Fremde, denen eine befristete Aufenthaltsberechtigung erteilt wurde, unterliegen für die Dauer dieser Berechtigungen zudem keiner Durchbeförderung, eine Zurückweisung, Transitsicherung, Zurückschiebung oder eine Abschiebung dürfen nicht durch Ausübung von Befehls- und Zwangsgewalt durchgesetzt werden. Die Streichung der Ersichtlichmachung (Eintragung) der Zurückweisung, Transitsicherung, Zurückschiebung oder Abschiebung im Reisedokument gem § 60 Abs 2 FrG 1997 wird wohl auch entgegen dem Wortlaut des § 20 Abs 1 AsylG 1997 zulässig bleiben. Diese teleologische Reduktion ist deshalb angebracht, weil asylberechtigte Fremde und solche, die zum befristeten Aufenthalt im Bundesgebiet berechtigt sind, gegenüber sonstigen Fremden nicht diskriminiert werden dürfen.

615 Fremde, die asylberechtigt sind, und solche, denen eine befristete Aufenthaltsberechtigung zukommt, dürfen für die Dauer dieser Berechtigungen nicht in Schubhaft genommen werden; gegen sie darf auch kein Schubhaftbescheid erlassen werden. Gegen sie darf zudem kein Festnahmeauftrag erlassen werden und sie unterliegen nicht der Festnahme durch die Fremdenpolizeibehörden nach § 63 FrG 1997.

VI. Ausweise für Fremde

616 Nach § 20 Abs 1 AsylG1997 findet die Bestimmung des § 84 FrG 1997 auf Fremde, denen Österreich Asyl gewährt oder die im Besitz einer befristeten Aufenthaltsberechtigung sind, keine Anwendung. Der Bundesminister für auswärtige Angelegenheiten kann gem § 84 FrG 1997 durch Verordnung für Angehörige jener Personengruppen, die in Österreich auf Grund eines völkerrechtlichen Vertrages oder auf Grund des Bundesgesetzes über die Einräumung von Privilegien und Immunitäten an internationale Organisationen, BGBl. Nr. 677/1977, Privilegien und Immunitäten genießen, zum Zwecke der Legitimation Lichtbildausweise vorsehen, aus denen die Identität, die Staatsangehörigkeit und die Funktion des Inhabers zu ersehen sind (vgl dazu die V des Bundesministers für auswärtige Angelegenheiten vom 9. 8. 1979 über die Ausstellung von Lichtbildausweisen an Angehörige jener Personengruppen, die in Österreich Privilegien und Immunitäten genießen BGBl 378). Asylberechtigte und solche Fremde, denen eine befristete Aufenthaltsberechtigung zukommt, bedürfen daher in keinem Fall eines Lichtbildausweises für Träger von Privilegien und Immunitäten; Lichtbildausweise für Fremde nach § 85 FrG 1997 (wie auch – in selteneren Fällen – Lichtbildausweise für EWR-Bürger nach § 86 leg cit und Rückkehrausweise für Staatsbürger eines Mitgliedstaates der Europäischen Union nach § 87 leg cit) bleiben ihnen allerdings nicht verwehrt.

617 Fremden, die zum Aufenthalt im Bundesgebiet berechtigt sind, ist gem § 85 Abs 1 FrG 1997 auf Antrag ein Lichtbildausweis für Fremde auszustellen. Der Ausweis dient der Legitimation und der Bescheinigung der Aufenthaltsberechtigung des Fremden. Minderjährige Fremde, die das 14. Lebensjahr vollendet haben, können die Ausstellung selbst beantragen. Die nähere Gestaltung des Lichtbildausweises für Fremde hat der Bundesminister für Inneres nach Abs 2 leg cit durch Verordnung zu regeln (vgl § 8 iVm Anlage A FrG-DV). Der Ausweis hat jedenfalls zu enthalten: Die Bezeichnungen „Republik Österreich“ und „Lichtbildausweis für Fremde“, Namen, Geschlecht, Geburtsdatum, Geburtsort, Staatsangehörigkeit, Dauer der Aufenthaltsberechtigung, Lichtbild und Unterschrift des Fremden sowie Bezeichnung der Behörde, Datum der Ausstellung und Unterschrift des Genehmigenden. Die Gültigkeitsdauer des Ausweises richtet sich gem Abs 3 leg cit nach der Befristung der darin eingetragenen Aufenthaltsberechtigung. Die amtswegige Ausstellung eines Lichtbildausweises für Fremde (§ 14 Abs 5) hat nach § 85 Abs 4 leg cit zu unterbleiben, wenn der Fremde unentschuldigt einer Ladung zur erkennungsdienstlichen Behandlung, in der diese Folge angekündigt ist, nicht Folge leistet oder an der erkennungsdienstlichen Behandlung nicht mitwirkt. Gem Abs 5 leg cit ist eine Änderung der die Person des Inhabers betreffenden Eintragungen im Ausweis unzulässig. Der Ausweis ist nach Abs 6 leg cit zu entziehen, wenn die Aufenthaltsberechtigung vorzeitig erlischt (Z 1 leg cit); das Lichtbild fehlt oder die Identität des Inhabers nicht mehr zweifelsfrei erkennen läßt (Z 2 leg cit); eine Eintragung der Behörde unkenntlich geworden ist (Z 3 leg cit); oder er nicht mehr vollständig oder aus sonstigen Gründen unbrauchbar geworden ist (Z 4 leg cit).

VII. Straffreiheit wegen unbefugten Aufenthalts

618 Auf Fremde, denen Österreich Asyl gewährt oder die im Besitz einer befristeten Aufenthaltsberechtigung sind, findet für die Dauer auch nur einer dieser Berechtigungen ua die Bestimmung des § 107 FrG 1997 betreffend den unbefugten Aufenthalt keine Anwendung. Gem § 107 Abs 1 FrG 1997 begeht eine Verwaltungsübertretung und ist in den Fällen der Z 1 und 2 mit Geldstrafe bis zu 10 000 S oder mit Freiheitsstrafe bis zu 14 Tagen, sonst mit Geldstrafe bis zu 10 000 S zu bestrafen, wer nach Erlassung eines Aufenthaltsverbotes oder einer Ausweisung nicht rechtzeitig ausreist (Z 1 leg cit), einem Aufenthaltsverbot zuwider unerlaubt in das Bundesgebiet zurückkehrt (Z 2 leg cit), sich als paßpflichtiger Fremder, ohne im Besitz eines gültigen Reisedokumentes zu sein, im Bundesgebiet aufhält (Z 3 leg cit), oder sich nicht rechtmäßig (§ 31) im Bundesgebiet aufhält (Z 4 leg cit). Als Tatort gilt der Ort der Betretung oder des letzten bekannten Aufenthaltes. Gem Abs 2 leg cit liegt eine Verwaltungsübertretung gemäß Abs 1 Z 1 nicht vor, wenn die Ausreise nur in ein Land möglich wäre, in das eine Abschiebung unzulässig (§§ 57 und 75 Abs 4 leg cit) ist, oder wenn dem Fremden ein Abschiebungsaufschub erteilt worden ist. Eine Bestrafung gemäß Abs 1 Z 3 leg cit schließt nach Abs 3 leg cit eine solche wegen der zugleich gemäß Abs 1 Z 4 leg cit begangenen Verwaltungsübertretung aus. Gemäß Abs 4 leg cit liegt eine Verwaltungsübertretung gemäß Abs 1 Z 4 nicht vor, solange dem Fremden die persönliche Freiheit entzogen ist.

619 Die Bestimmung des § 20 Abs 1 AsylG 1997 iVm § 107 FrG 1997 ist vor dem Hintergrund des Art 31 GFK zu sehen, der allerdings nur (materielle) Flüchtlinge iSd GFK erfaßt. Gem Art 31 Z 1 GFK sollen die vertragschließenden Staaten keine Strafen wegen illegaler Einreise oder Anwesenheit über Flüchtlinge verhängen, die, direkt aus einem Gebiet kommend, wo ihr Leben oder ihre Freiheit im Sinne des Art 1 GFK bedroht war, ohne Erlaubnis einreisen oder sich ohne Erlaubnis auf ihrem Gebiet befinden, vorausgesetzt, daß sie sich unverzüglich bei den Behörden melden und gute Gründe für ihre illegale Einreise oder Anwesenheit vorbringen (siehe dazu die Ausführungen zu § 1 Rz 104 ff).

Schutz vor Aufenthaltsbeendigung

§ 21. (1) Auf Asylwerber findet – soweit im folgenden nicht anderes festgelegt wird – das Fremdengesetz insgesamt Anwendung, die §§ 33 Abs. 2, 36 Abs. 2 Z 7, 55 und 61 bis 63 FrG jedoch nicht auf Asylwerber mit vorläufiger Aufenthaltsberechtigung, sofern sie

1. den Antrag außerhalb einer Vorführung persönlich beim Bundesasylamt eingebracht haben;

2. den Antrag anläßlich der Grenzkontrolle oder anläßlich eines von ihnen sonst mit einer Sicherheitsbehörde oder einem Organ des öffentlichen Sicherheitsdienstes aufgenommenen Kontaktes gestellt haben.

(2) Ein Asylwerber darf nicht in den Herkunftsstaat zurückgewiesen und überhaupt nicht zurückgeschoben oder abgeschoben werden; die Übermittlung personenbezogener Daten eines Asylwerbers an den Herkunftsstaat, ist nicht zulässig; Daten, die erforderlich sind, um die zur Einreise notwendigen Bewilligungen zu beschaffen, dürfen jedoch übermittelt werden, wenn der Antrag – wenn auch nicht rechtskräftig – abgewiesen oder zurückgewiesen worden ist und das Ergebnis der non-refoulement-Prüfung dem nicht entgegensteht und die Identität des Asylwerbers nicht geklärt ist.

(3) Fremde, deren Asylantrag rechtskräftig abgewiesen wurde, dürfen in den Herkunftsstaat nur zurückgewiesen, zurückgeschoben oder abgeschoben werden, wenn die Asylbehörde rechtskräftig festgestellt hat, daß dies nach § 57 FrG zulässig ist.

(§ 21 Abs 1 idF BGBl I 1999/4)

RV: [25, 26]

Die Anwendbarkeit fremdenrechtlicher Vorschriften auf Asylwerber soll nunmehr spezifischer geregelt werden: Gegen Asylwerber mit vorläufiger Aufenthaltsberechtigung, die selbst die Initiative zur Einbringung des Asylantrages ergriffen haben, soll während der Dauer des Asylverfahrens keine Ausweisung oder kein Aufenthaltsverbot wegen Mittellosigkeit und auch keine Schubhaft verhängt werden können. In Schubhaft genommen werden oder belassen können demnach nur solche Asylwerber, die den Asylantrag erst nach einem fremdenrechtlichen Zugriff eingebracht haben.

Für Asylwerber ist solange ein Abschiebungsverbot in den Herkunftsstaat vorgesehen, bis sein Asylantrag rechtskräftig abgewiesen wurde und die Asylbehörde rechtskräftig festgestellt hat, daß die Abschiebung nach § 57 des Fremdengesetzes zulässig ist. Das Verbot, Asylwerber in den Herkunftsstaat und Asylwerber mit vorläufiger Aufenthaltsberechtigung abzuschieben, zurückzuschieben oder zurückzuweisen, korrespondiert mit Abschnitt II Z 2 der Entschließung des Rates der Europäischen [25] Union über die Mindestgarantien für Asylverfahren vom 20. Juni 1995. Danach wird, um den Grundsatz der Nicht-Zurückweisung wirksam zu garantieren, keine Entfernungsmaßnahme durchgeführt, solange die Entscheidung über den Asylantrag noch aussteht.

Die Übermittlung personenbezogener Daten von Asylwerbern an dessen Herkunftsstaat ist generell unzulässig. Daten, die erforderlich sind, um die zur Einreise in den Herkunftsstaat notwendige Bewilligung zu beschaffen, dürfen übermittelt werden, wenn der Antrag – wenn auch nicht rechtskräftig – abgewiesen oder zurückgewiesen worden ist und nicht festgestellt wurde, daß eine Zurückweisung, Zurückschiebung oder Abschiebung unzulässig ist [26].

AB: [6]

Die Möglichkeit, personenbezogene Daten an den Herkunftsstaat vor rechtskräftigem Abschluß des Asylverfahrens zum Zwecke der Einholung eines Heimreisezertifikates zu übermitteln, soll auf jene Fälle beschränkt sein, in denen es sich um „undokumentierte" Asylwerber handelt. Dies ist deshalb verhältnismäßig, weil einerseits solche Fremde ihre Identitätsdaten oft aus Mißbrauchsgründen unterdrücken und andererseits in solchen Fällen die Erlangung von Heimreisezertifikaten besonders schwierig ist.

AB *(1994 BlgNR 20. GP)*: [3]

Hier handelt es sich um die Berichtigung eines Redaktionsversehens.

Inhaltsübersicht

I. Allgemeines

620 Die Regelung der Rechtsposition von Asylwerbern ist ein wesentliches Element aber regelmäßig auch einer der umstrittensten Punkte jeder Asylgesetzgebung. In diesem Zusammenhang stellt sich erstens die wesentliche Frage, ob und wie lange einem Asylsuchenden eine vorläufige Aufenthaltsberechtigung zukommen soll (siehe dazu oben die Ausführungen zu § 19, Rz 550 ff), und zweitens, ob und inwieweit er in fremdenpolizeilicher Hinsicht gegenüber sonstigen Fremden privilegiert ist. Beide Elemente sind sachlich nicht voneinander zu trennen und beeinflussen die Durchsetzungsmöglichkeiten der potentiellen Flüchtlingen zustehenden Rechte.

621 Wie auch für jene Fremde, die asylberechtigt oder im Besitz einer befristeten Aufenthaltsberechtigung sind, sieht das AsylG 1997 auch für Asylwerber vor, daß das Fremdengesetz grundsätzlich anwendbar ist, wobei in Form einer abschließenden Enumeration einzelne Bestimmungen des FrG 1997 von der Anwendbarkeit auf Asylwerber ausgenommen sind, wenn der Asylwerber – wie dies die Regierungsvorlage (RV, 25) formuliert – selbst die Initiative zur Einbringung des Asylantrags ergriffen hat; dh ihm eine vorläufige Aufenthaltsberechtigung zukommt (§ 19 AsylG 1997) und er den Antrag außerhalb einer Vorführung (§ 18 leg cit) persönlich, beim BAA eingebracht (§ 24 leg cit) hat oder er den Antrag anläßlich der Grenzkontrolle oder anläßlich eines von ihm sonst mit einer Sicherheitsbehörde oder einem Organ des öffentlichen Sicherheitsdienstes aufgenommenen Kontaktes gestellt (§ 3 Abs 2 leg cit) hat (vgl dazu § 21 Abs 1 leg cit). Gegen Asylwerber darf auf Grund genau umschriebener Tatbestände (§ 33 Abs 2 FrG 1997) keine Ausweisung verhängt und kein Aufenthaltsverbot wegen „*Mittellosigkeit*“ (§ 36 Abs 2 Z 7 FrG 1997) erlassen werden. In diesem Zusammenhang fällt auf, daß die Regierungsvorlage vom Verbot der Erlassung eines Aufenthaltsverbotes wegen Mittellosigkeit sprach und das AsylG 1997 in der Stammfassung irrtümlich auf § 36 Abs 2 Z 8 FrG 1997 (richtig Z 7 leg cit) verwiesen hatte. Mit der AsylG-N 1998 wurde dieses „Redaktionsversehen berichtigt“. Ob bis zum Inkrafttreten der AsylG-N 1998 (am 1. 1. 1999) die Z 7 oder Z 8 des § 36 Abs 2 FrG 1997 anzuwenden war, ist fraglich.

Unter den oben skizzierten Voraussetzungen darf ein Asylwerber nicht zurückgeschoben werden (§ 55 FrG 1997) und darf gegen Asylwerber keine Schubhaft (§ 61 leg cit) und kein Festnahmeauftrag (§ 62 leg cit) verhängt werden; zudem dürfen sie unter denselben Voraussetzungen nicht gem § 63 festgenommen werden. Im übrigen bleibt das FrG 1997 mit dessen aufenthaltsbeendenden Maßnahmen auf Asylwerber anwendbar.

II. Eigeninitiative des Asylwerbers zur Einbringung des Asylantrags

622 Die Ausnahmetatbestände gem § 21 Abs 1 AsylG 1997 entfalten nur dann Wirksamkeit wenn der betreffende Fremde vor einem fremdenpolizeilichen Zugriff selbst die Initiative zur Einbringung des Asylantrags ergriffen hat. Der VwGH spricht hier von „initiativer Kontaktaufnahme zur Stellung einer Asylantrages“ (VwGH 29. 5. 1998, 98/02/0044). Dies ist nach § 21 Abs 1 leg cit dann der Fall, wenn Fremde den Antrag (hier wohl: Asyl- und Asylerstreckungsantrag) außerhalb einer Vorführung persönlich beim Bundesasylamt eingebracht haben (Z 1), oder den Antrag anläßlich der Grenzkontrolle oder anläßlich eines von ihnen sonst mit einer Sicherheitsbehörde oder einem Organ des öffentlichen Sicherheitsdienstes aufgenommenen Kontaktes gestellt haben. Die gewählte Konstruktion des Gesetzgebers ist wenig sachgerecht und führt zu einer Art Wettlauf zwischen Fremden und der Fremdenpolizeibehörde. Gelingt es der Fremdenpolizei, möglichst rasch zuzugreifen, kann sie damit die Anwendung der Ausnahmetatbestände des § 21 Abs 1 AsylG 1997 abwenden. Dies steht sachlich mit der potentiellen Schutzbedürftigkeit von Asylwerbern in keinem Zusammenhang und kann in vielen Fällen dazu führen, daß Asylwerber umfassend fremdenpolizeilichen Maßnahmen unterworfen sind, wobei sich im nachhinein herausstellt oder sogar schon von vornherein feststeht, daß die betroffenen Fremden schutzbedürftige Flüchtlinge iSd GFK sind.

a) Einbringung des Asylantrags außerhalb einer Vorführung

623 Gem § 18 Abs 1 AsylG 1997 haben Organe des öffentlichen Sicherheitsdienstes (§ 5 Abs 2 SPG) Asylwerber sowie Fremde, denen die Einreise gem § 17 leg cit gestattet wurde, oder die im Inland einen Asylantrag stellen (§ 3 Abs 2 leg cit; zu unterscheiden von der Einbringung nach § 24 leg cit), dem Bundesasylamt zum Zweck der Sicherung der Ausweisung (Art 2 Abs 1 Z 7 PersFrG) vorzuführen, wenn diese keinen Aufenthaltstitel oder keine Bescheinigung der vorläufigen Aufenthaltsberechtigung vorweisen können. Die Vorführung kann (mangels irgendwelcher Ermessensdeterminanten bedeutet das „kann“ ein „muß“) unterbleiben, wenn der maßgebliche Sachverhalt auch sonst festgestellt werden kann.

624 Der Tatbestand des § 21 Abs 1 Z 1 AsylG 1997 ist dann erfüllt, wenn der Fremde den Asylantrag (Asylerstreckungsantrag) iSd § 24 leg cit beim BAA einbringt, dies aber nicht im Stande der Vorführung tut. In diesem Zusammenhang ist beachtenswert, daß es in den Fällen der Z 2 leg cit (Stellung des Asylantrags iSd § 3 Abs 2 leg cit) in der Folge durchaus zu einer Vorführung kommen kann; nicht jede Vorführung verhindert daher eo ipso die Anwendbarkeit des § 21 Abs 1 AsylG 1997. Im Lichte der Z 1 des § 21 Abs 1 leg cit genügt es nach dem Wortlaut des Gesetzes nicht, wenn der Antrag außerhalb einer Vorführung beim BAA iSd § 24 leg cit eingebracht wird. Der Antrag muß vielmehr *„persönlich“* beim BAA eingebracht werden. Dies bedeutet, daß sich der betreffende Fremde selbst (nicht ein gewillkürter oder gesetzlicher Vertreter, wohl aber möglicherweise in Begleitung eines Vertreters) zum BAA zu begeben und dort den Asylantrag zu deponieren hat. Das Erfordernis der „persönlichen“ Einbringung des Antrags führt in all jenen Fällen zu kaum lösbaren Problemen, in denen der betreffende Fremde prozeß- oder postulationsunfähig ist.

b) Stellung des Asylantrags

625 Die Bestimmung des § 21 Abs 1 AsylG 1997 kommt weiters dann zur Anwendung, wenn „Asylwerber“ (in diesem Stande des Verfahrens ist ein Fremder in aller Regel noch nicht „Asylwerber“ iSd § 1 Z 3 AsylG 1997) den Antrag anläßlich der Grenzkontrolle oder anläßlich eines von ihnen sonst mit einer Sicherheitsbehörde (§ 4 SPG) oder einem Organ des öffentlichen Sicherheitsdienstes (§ 5 Abs 2 SPG) aufgenommenen Kontaktes gestellt haben. Erforderlich ist hier, daß der Fremde Kontakt mit einer Sicherheitsbehörde oder einem Organ des öffentlichen Sicherheitsdienstes aufnimmt und sogleich den Antrag iSd § 3 Abs 2 AsylG 1997 stellt; es genügt nicht, daß mit dem Fremden Kontakt aufgenommen wird; die Initiative muß vom Fremden selbst ausgehen.

626 Vor diesem Hintergrund sind zwei Fallkonstellationen denkbar. Erstens, der Fremde stellt den Asylantrag an der Grenze anläßlich der Grenzkontrolle, und zweitens, der Fremde stellt den Antrag im Bundesgebiet. Im ersten Fall folgt entweder die Vorführung vor das BAA, wenn der betreffende Fremde über einen Flugplatz oder direkt iSd Art 31 GFK anreist, oder das spezifische „formalisierte“ Verfahren an der Grenze (vgl dazu oben die Ausführungen zu § 17, Rz 503 ff) zur Gestattung der Einreise nach § 17 AsylG 1997 führt. Wird der Asylwerber dem BAA vorgeführt oder wird ihm die Einreise gem § 17 Abs 4 AsylG 1997 gestattet, unterliegt er nicht mehr der Zurückweisung nach § 52 FrG 1997. Um in den Genuß des § 21 Abs 1 leg cit zu gelangen, ist auch hier erforderlich, daß die Initiative zur Antragstellung vom Fremden ausging. Zudem ist für die Anwendbarkeit der genannten Bestimmung notwendig, daß der Antrag beim BAA einlangt, um die Asylwerbereigenschaft zu begründen; nur Asylwerber gelangen in den Genuß des § 21 Abs 1 AsylG 1997. Bis zum Einlangen des Antrags reist dieser auf Gefahr des Fremden. Gleiches gilt für den Fall, daß ein Fremder den Asylantrag im Inland stellt. Auch hier muß die Initiative vom Fremden ausgehen und reist der Antrag auf Gefahr des Fremden, der erst mit dem Zeitpunkt in den persönlichen Anwendungsbereich des § 21 Abs 1 AsylG 1997 fällt, wenn der Asylantrag beim BAA einlangt. In der Zwischenzeit unterliegt auch in diesem Fall der Fremde uneingeschränkt dem fremdenpolizeilichen Regime, soweit das AsylG 1997 nicht anderes bestimmt (vgl insb § 21 Abs 2 leg cit).

627 Auch im Hinblick auf § 21 Abs 1 Z 2 AsylG 1997 wirft die gesetzliche Konstruktion in all jenen Fällen kaum lösbare Probleme auf, in denen der betreffende Fremde nicht in ausreichendem Maß prozeß- bzw postulationsfähig ist. Wird von einer Person Initiative verlangt, dann setzt dies voraus, daß die betreffende Person ausreichend dispositions- und diskretionsfähig ist und sich im erforderlichen Maße entsprechend ausdrücken kann. Wenn und soweit dies im Hinblick auf einzelne Personen nicht der Fall ist, ist es nicht möglich, daß sie die vom Gesetz geforderten Voraussetzungen von sich aus erfüllen können. Auf diese Weise werden Personen, die im allgemeinen unter dem besonderen Schutz der Gesetze stehen (zB Kinder oder geistesschwache oder geisteskranke Personen), erheblich benachteiligt werden, weil sie praktisch vom Genuß des § 21 Abs 1 AsylG 1997 ausgeschlossen sind.

III. Ausweisung

628 Im Gegensatz zur Regelung betreffend asylberechtigte und solche Fremde, die im Besitz einer befristeten Aufenthaltsberechtigung (§ 15 AsylG 1997) sind, ist eine bescheidmäßige Ausweisung nicht gänzlich untersagt (siehe dazu oben die Ausführungen zu § 20, Rz 580 ff), sondern lediglich im Hinblick auf die Tatbestände des § 33 Abs 2 FrG 1997. Nach dieser Bestimmung könnten Fremde, die weder über einen Aufenthaltstitel verfügen, noch Sichtvermerks- und Niederlassungsfreiheit (§ 30 Abs 1 FrG 1997) genießen, mit Bescheid ausgewiesen werden, wenn sie von einem Strafgericht wegen einer innerhalb eines Monates nach der Einreise begangenen Vorsatztat, wenn auch nicht rechtskräftig, verurteilt wurden (Z 1 leg cit), innerhalb eines Monates nach der Einreise bei der Begehung einer Vorsatztat auf frischer Tat betreten oder unmittelbar nach Begehung der Vorsatztat glaubwürdig der Täterschaft beschuldigt wurden, wenn überdies die strafbare Handlung mit beträchtlicher Strafe bedroht ist und eine Erklärung des zuständigen Staatsanwaltes vorliegt, dem Bundesminister für Justiz gemäß § 74 ARHG berichten zu wollen (Z 2 leg cit), innerhalb eines Monates nach der Einreise gegen die Vorschriften, mit denen die Prostitution geregelt ist, verstoßen (Z 3 leg cit), innerhalb eines Monates nach der Einreise den Besitz der Mittel zu ihrem Unterhalt nicht nachzuweisen vermögen (Z 4 leg cit), innerhalb eines Monates nach der Einreise von einem Organ der Arbeitsinspektorate, der regionalen Geschäftsstellen oder der Landesgeschäftsstellen des Arbeitsmarktservice bei einer Beschäftigung betreten werden, die sie nach dem Ausländerbeschäftigungsgesetz nicht ausüben hätten dürfen (Z 5 leg cit), oder wenn sie unter Mißachtung der Bestimmungen des 2. Hauptstückes oder unter Umgehung der Grenzkontrolle eingereist sind und während dieses nicht rechtmäßigen Aufenthaltes binnen einem Monat betreten werden und ihre sofortige Ausreise im Interesse der öffentlichen Ordnung erforderlich ist (Z 6 leg cit).

629 Die Ausweisung wegen rechtswidrigem Aufenthalt bleibt zulässig, betrifft aber nur solche Asylwerber, denen keine vorläufige Aufenthaltsberechtigung zukommt. Dies ist der Fall, wenn der betreffende Fremde unter Umgehung der Grenzkontrolle oder entgegen den Bestimmungen des 2. Hauptstücks des FrG 1997 einreist und ihm – aus welchen Gründen immer – die vorläufige Aufenthaltsberechtigung (noch) nicht gem § 19 Abs 2 AsylG 1997 zuerkannt wurde. Die vorläufige Aufenthaltsberechtigung ist Asylwerbern nicht gem § 19 Abs 2 leg cit zuzuerkennen, wenn der Asylantrag entweder unzulässig oder offensichtlich unbegründet (§ 6 leg cit) ist. In diesem Zusammenhang ist allerdings die zwingende Vorschrift des § 21 Abs 2 erster Halbsatz AsylG 1997 betreffend das Zurückweisungsverbot in den Herkunftsstaat (§ 1 Z 4 leg cit) und die umfassenden Zurück- und Abschiebungsverbote von Amts wegen zu beachten.

IV. Aufenthaltsverbot

630 Gegen Asylwerber darf grundsätzlich ein Aufenthaltsverbot verhängt werden, unabhängig davon, ob ihnen eine vorläufige Aufenthaltsberechtigung zukommt oder nicht (vgl UVS OÖ 8. 6. 1998, VwSen-400.506/4/Gf/Km). Ausgenommen ist der

Tatbestand des § 36 Abs 2 Z 7 FrG 1997, wenn die erste Initiative zur Einbringung des Asylantrags vor einem fremdenpolizeilichen Eingriff vom Fremden ergriffen wurde und dem Asylwerber eine vorläufige Aufenthaltsberechtigung zukommt. Nach § 36 Abs 2 Z 7 FrG 1997 kann ein Aufenthaltsverbot verhängt werden, wenn ein Fremder den Besitz der Mittel zu seinem Unterhalt nicht nachzuweisen vermag, es sei denn, er wäre rechtmäßig zur Arbeitsaufnahme eingereist und innerhalb des letzten Jahres im Inland mehr als sechs Monate einer erlaubten Erwerbstätigkeit nachgegangen.

631 Obwohl die Erlassung eines Aufenthaltsverbotes gegen Asylwerber grundsätzlich zulässig ist, darf ein Fremder, wenn und solange er Asylwerber iSd § 1 Z 3 AsylG 1997 mit vorläufiger Aufenthaltsberechtigung ist, nicht abgeschoben oder zurückgeschoben werden (§ 21 Abs 2 leg cit). Für die Dauer des Asylverfahrens (dh bis zu dessen rechtskräftigem Abschluß oder bis zu dessen Einstellung) besteht demnach ein absolutes Abschiebungs- und Zurückschiebungsverbot; ein Aufenthaltsverbot ist in diesem Zeitrahmen – abweichend von § 40 FrG 1997 – nicht durchsetzbar (vollstreckbar). Wird ein Asylbescheid (nicht aber etwa ein Bescheid betreffend die Feststellung der Flüchtlingseigenschaft oder die refoulement-Prüfung) von einem der Gerichtshöfe des öffentlichen Rechts aufgehoben oder ein Asylverfahren (nicht aber etwa ein Verfahren betreffend die Feststellung der Flüchtlingseigenschaft oder die refoulement-Prüfung) nach dessen Einstellung gem § 30 Abs 2 AsylG 1997 fortgesetzt, lebt mit der Asylwerbereigenschaft das Abschiebungsverbot wieder auf.

V. Unzulässigkeit der Schubhaft, des Festnahmeauftrags und der Festnahme

632 Asylwerber mit vorläufiger Aufenthaltsberechtigung, die selbst die Initiative zur Einbringung des Asylantrags iSd § 21 Abs 1 AsylG 1997 ergriffen haben, dürfen, wie auf asylberechtigte und solche Fremde, die im Besitz einer befristeten Aufenthaltsberechtigung sind, nach der ausdrücklichen Anordnung des § 21 Abs 1 AsylG 1997 nicht in Schubhaft (§ 61 FrG 1997) und nicht nach § 63 FrG 1997 festgenommen werden. Zudem darf gegen sie kein Festnahmeauftrag (§ 62 leg cit) erlassen werden.

632a Die Zulässigkeit der Schubhaft hängt im übrigen davon ab, ob die „Erlassung eines Aufenthaltsverbotes oder einer Ausweisung bis zum Eintritt ihrer Durchsetzbarkeit oder um die Abschiebung, die Zurückschiebung oder die Durchbeförderung" zu sichern ist. Überall dort, wo derartige Maßnahmen (Hoheitsakte) im Hinblick auf den *Herkunftsstaat* unzulässig sind, kann dies auf diesem Wege Rückwirkungen auf die Zulässigkeit der Schubhaft haben. Im Lichte dessen hat der VwGH in seinem Erkenntnis 29. 5. 1998, 98/02/0044 ausgeführt: *„Unter Herkunftsstaat ist nach der Definition des § 1 Z. 4 Asylgesetz 1997 der Staat zu verstehen, dessen Staatsangehörigkeit Fremde besitzen, oder – im Falle der Staatenlosigkeit – der Staat ihres früheren gewöhnlichen Aufenthaltes. Der Gesetzgeber hat bei dieser Definition erkennbar nicht an Fälle gedacht, in denen der Fremde – vergleichbar dem Beschwerdefall – Angehöriger etwa zweier Staaten ist und gar nicht behauptet, in einem dieser Staaten verfolgt zu werden. Vom Zweck des Asylgesetzes her, nämlich der Gewährung von Schutz vor Verfolgung (vgl. § 3 Asylgesetz 1997), ist somit nach Ansicht des Verwaltungsgerichtshofes der Begriff des ‚Herkunftsstaates' im Sinne des § 1 Z. 4 Asylgesetz 1997 teleologisch dahin zu reduzieren, daß er nur den Staat bezeichnet, dessen Staatsangehörigkeit der Fremde besitzt und in dem er behauptet, verfolgt zu werden. (...) Aus diesen Überlegungen erscheint trotz des Wortlautes des*

§ 21 Abs. 2 erster Satz Asylgesetz 1997 eine Abschiebung eines Fremden in seinen Heimatstaat (der nicht Herkunftsstaat ist) zulässig (vgl. dazu auch die Regierungsvorlage zu § 21 Asylgesetz 1997, abgedruckt bei Schindler-Widermann-Wimmer, Fremdenrecht unter 3.1.42).“

Damit engt der VwGH in – aus methodischer Sicht – fragwürdiger Weise den Gesetzesbegriff des Herkunftsstaates in § 1 Z 4 AsylG 1997 (siehe dazu die Ausführungen unter Rz 158) insofern ein, als er den dort festgelegten Rechtsbedingungen eine weitere Rechtsbedingung, nämlich die „Behauptung, im betreffenden Staat verfolgt zu werden“ hinzufügt. Entgegen der Ansicht des VwGH liegt hier eine Gesetzeslücke nicht vor; auch in dem dem Erkenntnis des VwGH zugrunde liegenden Fall hätte die Fremdenpolizeibehörde ohne nennenswerte (bzw gegenüber anderen Fällen überhöhte) Schwierigkeiten das Asylverfahren abwarten können, um nach Abschluß des Asylverfahrens die entsprechenden fremdenpolizeilichen Maßnahmen setzen zu können. Es bestand sohin keine Notwendigkeit, irgendeine „Gesetzeslücke“ zu schließen, da die Rechtsordnung ohnehin eine Lösung vorgegeben hat.

Zudem wirft das Judikat des VwGH ein weiteres Problem auf: Aus dem Umstand, daß ein Fremder *eine Verfolgungsgefahr in einem bestimmten Staat* nicht behauptet, kann – selbst wenn dies in der Praxis häufig zutreffen sollte – nicht zwangsläufig der Schluß gezogen werden, daß *tatsächlich keine Verfolgungsgefahr vorliegt*; so sind etwa (psychisch) kranke oder minderjährige Personen selbst bei bestehender Verfolgungsgefahr oft gar nicht in der Lage, eine Verfolgungsgefahr zu behaupten. Die *Behauptung einer Verfolgungsgefahr* ist nicht immer ein *konstitutives Element einer tatsächlich drohenden Verfolgung*.

Zudem irrt der VwGH, wenn er davon ausgeht, daß der *„Herkunftsstaat“* nicht der *„Heimatstaat“* sei. Wie sich aus den Materialien eindeutig ergibt, hat die *„Definition des Herkunftsstaates* (in § 1 Z 4 AsylG 1997) *die entsprechende Wortfolge in Art 1 Abschnitt A Z 2 der Genfer Flüchtlingskonvention zum Vorbild“* (RV, 16). Wie sich Art 1 Abschn A Z 2 zweiter Absatz GFK unbestreitbar entnehmen läßt, ist der *„Heimatstaat jedes Land, dessen Staatsangehöriger ein Fremder ist“* („each of the countries of which he is a national“). Neben dem Heimatstaat subsidiär ist eine potentielle Verfolgungsgefahr dem „Land seines gewöhnlichen Aufenthaltes“ (country of his former habitual residence“) zurechenbar. Folgerichtig umschreibt § 1 Z 4 AsylG 1997 den Herkunftsstaat umfassend als den Staat (richtig wohl die Staaten), dessen (deren) *„Staatsangehörigkeit Fremde besitzen“*, und nur im Falle der Staatenlosigkeit ist unter Herkunftsstaat der Staat des „früheren gewöhnlichen Aufenthaltes“ zu begreifen. Im Lichte dessen trifft nicht zu, daß der „Herkunftsstaat“ nicht der „Heimatstaat“ ist; richtig ist vielmehr, daß der „Heimatstaat“ *vorrangig* (und in der Regel) auch der „Herkunftsstaat“ nach § 1 Z 4 AsylG 1997 ist; hat ein Fremder eine Staatszugehörigkeit bzw Staatsangehörigkeit ist der „Heimatstaat“ *immer* der „Herkunftsstaat“.

VI. Fremdenpolizeiliche verfahrensfreie Maßnahmen

a) Zurückschiebung

633 Fremde können gem § 55 Abs 1 FrG 1997 von der Behörde zur Rückkehr ins Ausland verhalten werden (Zurückschiebung), wenn sie unter Umgehung der Grenzkontrolle eingereist sind und binnen sieben Tagen betreten werden (Z 1 leg cit); innerhalb von sieben Tagen nach Einreise in das Bundesgebiet von der Republik Österreich auf Grund eines Schubabkommens (§ 4 Abs 4 FrG 1997) oder internationaler Gepflogenheiten rückgenommen werden mußten (Z 2 leg cit). Die Zurückschiebung kann nach § 55 Abs 2 leg cit im Reisedokument des Fremden ersichtlich gemacht werden. Asylwerber mit vorläufiger Aufenthaltsberechtigung, die selbst die Initiative zur Einbringung des Asylantrags iSd § 21 Abs 1 AsylG 1997 ergriffen haben, unterliegen nach genannter Bestimmung keiner Zurückschiebung nach § 55 Abs 1 FrG 1997. Zudem verbietet § 21 Abs 2 leg cit ohne jede Ausnahme die Zurückschiebung von Asylwerbern, sei es nun, daß sie die Initiative zur Einbringung des Asylantrags ergriffen haben bzw ihnen eine vorläufige Aufenthaltsberechtigung zukommt oder nicht (vgl UVS Kärnten 19. 5. 1998, KUVS-241/4/98). Gesetzestechnisch wäre es daher nicht erforderlich gewesen, die Bestimmung des § 55 FrG 1997 in § 21 Abs 1 AsylG 1997 ausdrücklich zu erwähnen.

634 Die Zurückschiebung eines Fremden, der Asylwerber gewesen ist, ist erst dann zulässig wenn dessen Asylantrag rechtskräftig abgewiesen oder nach § 30 AsylG 1997 das Asylverfahren eingestellt wurde und der Fremde daher nicht mehr Asylwerber ist. Wird ein der Bescheid, mit dem der Asylantrag abgewiesen wurde, von einem der Gerichtshöfe des öffentlichen Rechts aufgehoben bzw das Verfahren nach § 30 Abs 2 AsylG 1997 fortgesetzt, lebt die Asylwerbereigenschaft wieder auf. Gleiches gilt, wenn einer Beschwerde vor einem der Gerichtshöfe des öffentlichen Rechts aufschiebende Wirkung zuerkannt wurde. Das allgemeine Zurückschiebungsverbot nach § 21 Abs 2 erster Satz AsylG 1997 gilt erst mit dem Zeitpunkt, zu dem der betreffende Fremde Asylwerber (§ 1 Z 3 leg cit) wird. Dafür ist allerdings Voraussetzung, daß ein Asylantrag iSd § 24 AsylG 1997 eingebracht und nicht bloß gestellt (§ 3 Abs 2 leg cit) wurde. Bis zur Einbringung des Asylantrags reist dieser auf Gefahr des Antragstellers; dies gilt selbst dann, wenn die Fremdenpolizeibehörde den Asylantrag „irrtümlich" nicht weitergeleitet hat (siehe dazu den bei UVS Burgenland 23. 7. 1998, E/13/02/98.053/5 dokumentierten Fall). Hier wird – nicht nur im Hinblick auf das Zurückschiebungsverbot – eine deutliche Rechtsschutzlücke sichtbar. Die Zurückschiebung in den Herkunftsstaat ist erst dann zulässig, wenn der Asylantrag des Fremden rechtskräftig abgewiesen wurde und zudem die Asylbehörde nach § 8 AsylG 1997 rechtskräftig festgestellt hat, daß dies nach § 57 FrG 1997 zulässig ist (§ 21 Abs 3 AsylG 1997).

635 Auf den ersten Blick unklar ist, ob das Verbot der Zurückweisung, Zurückschiebung oder Abschiebung in den Herkunftsstaat gem § 21 Abs 3 AsylG 1997 auch dann gilt, wenn der Asylantrag des Fremden nicht abgewiesen, sondern zurückgewiesen wurde. Hier ist weniger die Frage der Zurückweisung wegen „res iudicata" von Bedeutung; in diesen Fällen ist es regelmäßig (schon vorher) zu einer Entscheidung in der Sache, gegebenenfalls zu einer Abweisung verbunden mit einer non-refoulement-Prüfung nach § 8 leg cit gekommen. Von besonderer Bedeutung sind hier die Zurückweisungstatbestände der §§ 4 (Drittstaatsicherheit) und 5 AsylG 1997 (vertragliche Unzuständigkeit), weil es hier (zumindest zunächst) zu keiner Abweisung des Asylantrags verbunden mit einer non-refoulement-Prüfung kommt, gleichwohl die Fremdenpolizeibehörden die Verbote der Zurückweisung, Zurückschiebung oder Abschiebung gem § 57 FrG 1997 auch hier von Amts wegen zu beachten hätten. Vor diesem Hintergrund könnte argumentiert werden, Asylwerber, deren Asylantrag insb nach den §§ 4 und 5 *„zurückgewiesen"* wurde, seien keine Asylwerber, deren Asylantrag *„abgewiesen"* wurde und daher sei das Verbot der Zurückweisung, Zurückschiebung oder Abschiebung in dem Herkunftsstaatgem § 21 Abs 3 AsylG nicht anwendbar.

636 Dieser Ansicht würde allerdings der Schutzzweck dieser Norm, wie er auch in der Regierungsvorlage (RV, 25) zum Ausdruck kommt, widersprechen. Wie in der RV ausgeführt wird, soll das Abschiebungsverbot (nach § 21 Abs 3 AsylG 1997) in den Herkunftsstaat *„solange"* gelten, *„bis sein Asylantrag rechtskräftig abgewiesen wurde und die Asylbehörde rechtskräftig festgestellt hat, daß die Abschiebung nach § 57 des Fremdengesetzes zulässig ist"*. Diese Formulierung in der RV sprich dafür, die Wortfolge *„deren Asylantrag rechtskräftig abgewiesen wurde"*, nicht als ein den Adressatenkreis umschreibendes Element, sondern als Rechtsbedingung für die Zulässigkeit einer Zurückweisung, Zurückschiebung oder Abschiebung in den Herkunftsstaat zu deuten. Eine Zurückweisung, Zurückschiebung oder Abschiebung in den Herkunftsstaat eines Fremden, der – so muß ergänzt werden – einen Asylantrag eingebracht hat (einen Asylantrag in einem Mitgliedstaat des Dubliner Übereinkommens gestellt hat und Österreich zur Prüfung des Asylantrags zuständig ist), ist ausschließlich nur dann zulässig, wenn sein Asylantrag abgewiesen (nicht bloß aus den Gründen der §§ 4 bzw 5 AsylG 1887 zurückgewiesen) wurde und es zu einer rechtskräftigen Feststellung der Asylbehörden gekommen ist, daß dies nach § 57 FrG 1997 zulässig sei. Eine rechtskräftige Abweisung des Asylantrags liegt auch dann nicht vor, wenn das Asylverfahren gem § 30 Abs 1 AsylG 1997 eingestellt wurde.

b) Zurückweisung

637 Gem § 52 Abs 1 FrG 1997 sind Fremde bei der Grenzkontrolle am Betreten des Bundesgebietes zu hindern (Zurückweisung), wenn Zweifel an ihrer Identität bestehen, wenn sie der Paß- oder Sichtvermerkspflicht nicht genügen oder wenn ihnen die Benützung eines anderen Grenzüberganges vorgeschrieben wurde (§§ 6 und 42 leg cit). Eine Zurückweisung hat zu unterbleiben, soweit dies einem Bundesgesetz, zwischenstaatlichen Vereinbarungen oder internationalen Gepflogenheiten entspricht. Gem Abs 2 leg cit sind Fremde bei der Grenzkontrolle zurückzuweisen, wenn gegen sie ein durchsetzbares Aufenthaltsverbot besteht und ihnen keine Wiedereinreisebewilligung erteilt wurde (Z 1 leg cit); ein Vertragsstaat mitgeteilt hat, daß ihr Aufenthalt im Gebiet der Vertragsstaaten die öffentliche Ruhe, Ordnung oder nationale Sicherheit gefährden würde, es sei denn, sie hätten einen Aufenthaltstitel eines Vertragsstaates oder einen von Österreich erteilten Einreisetitel (Z 2 leg cit); sie zwar für den von ihnen angegebenen Aufenthaltszweck zur sichtvermerksfreien Einreise berechtigt sind, aber bestimmte Tatsachen die Annahme rechtfertigen, daß ihr Aufenthalt im Bundesgebiet die öffentliche Ruhe, Ordnung oder Sicherheit oder die Beziehungen der Republik Österreich zu einem anderen Staat gefährden würde (Z 3 lit a leg cit); sie ohne die hiefür erforderlichen Bewilligungen die Aufnahme einer Erwerbstätigkeit im Bundesgebiet beabsichtigen (Z 3 lit b leg cit); sie im Bundesgebiet Schlepperei begehen oder an ihr mitwirken werden (Z 3 lit c leg cit); sie keinen Wohnsitz im Inland haben und nicht über die Mittel zur Bestreitung der Kosten ihres Aufenthaltes und ihrer Wiederausreise verfügen (Z 4 leg cit); bestimmte Tatsachen die Annahme rechtfertigen, sie wollten den Aufenthalt im Bundesgebiet zur vorsätzlichen Begehung von Finanzvergehen, mit Ausnahme von Finanzordnungswidrigkeiten, oder zu vorsätzlichen Zuwiderhandlungen gegen devisenrechtliche Vorschriften benützen (Z 5 leg cit). Über die Zulässigkeit der Einreise ist gem § 52 Abs 3 leg cit nach Befragung des Fremden auf Grund des von diesem glaubhaft gemachten oder sonst bekannten Sachverhaltes zu entscheiden. Dies gilt in jenen Fällen nicht, in denen nach § 17 Abs 4 AsylG 1997 die Asylbehörden einzubinden sind. Die Zurückweisung kann im Reisedokument des Fremden ersichtlich gemacht werden.

638 Asylwerber unterliegen grundsätzlich einer Zurückweisung nach § 52 FrG 1997. Das Verfahren an der Grenze nach § 17 AsylG 1997 sieht unter näheren Voraussetzungen sogar mehrmalig eine Zurückweisung von Fremden auch in ihrer Eigenschaft als Asylwerber vor. Dies betrifft idR solche Fremde, die nicht über einen Flugplatz oder direkt iSd Art 31 GFK eingereist sind (vgl dazu § 17 Abs 2 und 4 AsylG 1997; siehe dazu auch oben die Ausführungen zu § 17, Rz 521 ff). Eine Zurückweisung von Asylwerbern ist gem § 21 Abs 2 AsylG 1997 dann ausnahmslos untersagt, wenn die Zurückweisung in den Herkunftsstaat erfolgen soll. Die Zurückweisung in den Herkunftsstaat darf erst dann erfolgen, wenn der Asylantrag rechtskräftig abgewiesen (nicht bloß insb aus den Gründen der §§ 4 bzw 5 AsylG 1997 zurückgewiesen) wurde und die Asylbehörde gem § 8 AsylG 1997 rechtskräftig festgestellt hat, daß dies nach § 57 FrG 1997 zulässig ist (§ 21 Abs 3 leg cit). Eine rechtskräftige Abweisung des Asylantrags liegt nicht vor, wenn das Asylverfahren nach § 30 AsylG 1997 eingestellt wurde.

c) Sicherung der Zurückweisung und Transitsicherung

639 Kann ein Fremder, der zurückzuweisen ist, den Grenzkontrollbereich aus rechtlichen oder tatsächlichen Gründen nicht sofort verlassen, so kann ihm gem § 53 Abs 1 FrG 1997 aufgetragen werden, sich für die Zeit bis dahin an einem bestimmten Ort innerhalb dieses Bereiches aufzuhalten. Nach Abs 2 leg cit kann Fremden, die mit einem Luft-, Land- oder Wasserfahrzeug eines Beförderungsunternehmers eingereist sind, zur Sicherung der Zurückweisung untersagt werden, das Fahrzeug zu verlassen, oder angeordnet werden, sich in ein bestimmtes Fahrzeug, mit dem sie das Bundesgebiet verlassen können, zu begeben. Wer die Fremden befördert hat, ist in diesen Fällen verpflichtet, auf eigene Kosten deren unverzügliche Abreise zu gewährleisten, sofern diese nicht von einem anderen Beförderer ohne Kosten für die Republik Österreich bewirkt wird. Beförderungsunternehmer, die Fremde mit einem Luft- oder Wasserfahrzeug oder im Rahmen des internationalen Linienverkehrs mit einem Autobus nach Österreich gebracht haben, sind gem Abs 3 leg cit verpflichtet, der Grenzkontrollbehörde auf Anfrage die Identitätsdaten der Fremden (Namen, Geburtsdatum, Geburtsort, Wohnort und Staatsangehörigkeit) und die Daten der zur Einreise erforderlichen Dokumente (Art, Gültigkeitsdauer, ausstellende Behörde und Ausstellungsdatum) unverzüglich kostenlos bekanntzugeben. Dies gilt nicht für Fremde, die zur sichtvermerksfreien Einreise berechtigt sind, sofern sich der Beförderungsunternehmer davon überzeugt hat, daß sie das erforderliche Reisedokument bei sich haben. Für Fremde, deren Zurückweisung zu sichern ist, gilt gem Abs 4 leg cit für den Aufenthalt an dem dafür bestimmten Ort der § 53c Abs 1 bis 5 des Verwaltungsstrafgesetzes 1991 (VStG), BGBl. Nr. 52.

640 Gem § 19 Abs 2 zweiter Satz AsylG 1997 dürfen Asylwerber, die dem BAA vorgeführt worden sind, dazu verhalten werden, sich zur Sicherung einer Zurückweisung während der der Grenzkontrolle folgenden Woche an einen bestimmten Ort im Grenzkontrollbereich oder im Bereich des Bundesasylamtes aufzuhalten.

641 Fremden, die anläßlich einer Grenzkontrolle angeben, Transitreisende zu sein, ist gem § 54 Abs1 FrG 1997 der Aufenthalt im Transitraum zu verweigern (Transitsicherung), wenn auf Grund konkreter Umstände die Wiederausreise der Fremden nicht gesichert erscheint (Z 1 leg cit) oder die Fremden nicht über das erforderliche Flugtransitvisum verfügen (Z 2 leg cit). Die Transitsicherung ist nach Abs 2 leg cit mit der Aufforderung zur unverzüglichen Abreise zu verbinden; ist diese nicht sofort möglich, so kann den Fremden aufgetragen werden, sich für die Zeit bis zur Abreise an einem bestimmten Ort im Grenzkontrollbereich aufzuhalten. § 53 Abs 2 und 3 leg cit ist anzuwenden.

642 Asylwerber unterliegen – soweit eine Zurückweisung zulässig ist – auch der Sicherung der Zurückweisung nach § 53 FrG 1997 und zudem der Transitsicherung nach § 54 FrG 1997. Asylwerber allerdings, die dem BAA vorgeführt wurden, unterliegen nicht der Sicherung der Zurückweisung nach § 53 FrG 1997, sondern jener nach § 19 Abs 2 zweiter Satz AsylG 1997 (siehe dazu oben die Ausführungen zu § 19, Rz 567 ff).

d) Abschiebung

643 Fremde, gegen die ein Aufenthaltsverbot oder eine Ausweisung durchsetzbar ist, können gem § 56 Abs 1 FrG 1997 von der Behörde zur Ausreise verhalten werden (Abschiebung), wenn die Überwachung ihrer Ausreise aus Gründen der Aufrechterhaltung der öffentlichen Ruhe, Ordnung oder Sicherheit notwendig scheint (Z 1 leg cit), sie ihrer Verpflichtung zur Ausreise nicht zeitgerecht nachgekommen sind (Z 2 leg cit), auf Grund bestimmter Tatsachen zu befürchten ist, sie würden ihrer Ausreiseverpflichtung nicht nachkommen (Z 3 leg cit) oder sie dem Aufenthaltsverbot zuwider in das Bundesgebiet zurückgekehrt sind (Z 4 leg cit). Die Abschiebung eines Fremden ist gem Abs 2 leg cit auf Antrag oder von Amts wegen auf bestimmte, jeweils ein Jahr nicht übersteigende Zeit aufzuschieben (Abschiebungsaufschub), wenn sie unzulässig ist (§ 57 FrG 1997) oder aus tatsächlichen Gründen unmöglich scheint. Für die Festsetzung von Auflagen und für den Widerruf gelten die §§ 42 und 43 Abs 1 FrG 1997. Liegen bei Angehörigen (§ 72 StGB) die Voraussetzungen für die Abschiebung gleichzeitig vor, so hat die Behörde nach § 56 Abs 3 FrG 1997 bei deren Durchführung besonders darauf zu achten, daß die Auswirkung auf das Familienleben dieser Fremden so gering wie möglich bleibt. Die Abschiebung kann gem Abs 4 leg cit im Reisedokument des Fremden ersichtlich gemacht werden.

644 Gem § 21 Abs 2 AsylG 1997 darf ein Asylwerber überhaupt nicht (weder in den Herkunftsstaat noch in einen Drittstaat) abgeschoben werden (vgl UVS Steiermark 20. 5. 1998, UVS 20.3.-13, 14, 15/98-4). Fremde, die Asylwerber gewesen sind, dürfen erst nach § 56 FrG 1997 abgeschoben werden, wenn der Asylantrag rechtskräftig abgewiesen oder das Asylverfahren eingestellt wurde und der Fremde daher nicht mehr Asylwerber ist. Wird der Bescheid, mit dem der Asylantrag abgewiesen wurde, von einem der Gerichtshöfe des öffentlichen Rechts aufgehoben bzw das Verfahren nach § 30 Abs 2 AsylG 1997 fortgesetzt, lebt die Asylwerbereigenschaft wieder auf. Gleiches gilt, wenn einer Beschwerde vor einem der Gerichtshöfe des öffentlichen Rechts aufschiebende Wirkung zuerkannt wurde. Fremde, die Asylwerber gewesen sind, dürfen erst dann in den Herkunftsstaat abgeschoben werden, wenn deren Asylantrag rechtskräftig abgewiesen (nicht nur insb aus den Gründen der §§ 4 bzw 5 AsylG 1997 zurückgewiesen) wurde und die Asylbehörde gem § 8 AsylG 1997 rechtskräftig festgestellt hat, daß dies nach § 57 FrG 1997 zulässig sei (§ 21 Abs 3 AsylG 1997). Eine rechtskräftige Abweisung des Asylantrags liegt nicht vor, wenn das Asylverfahren gem § 30 Abs 1 AsylG 1997 eingestellt wurde.

e) Durchbeförderung

645 Gem § 58 Abs 1 FrG 1997 sind Fremde aus dem Ausland durch das Bundesgebiet in das Ausland zu befördern (Durchbeförderung), wenn dies in einer Durchbeförderungserklärung gemäß einer zwischenstaatlichen Vereinbarung über die Durchbeförderung von Fremden, die nicht Staatsangehörige der vertragsschließenden Staaten sind (§ 59 FrG 1997), angeordnet ist. Die Durchbeförderung mit dem Ziel der Einreise in einen Staat, in dem der Fremde gemäß § 57 Abs 1 oder 2 FrG 1997 bedroht ist, ist nach § 58 Abs 2 leg cit unzulässig.

646 Fraglich ist, welche Staaten mit der Wortfolge „mit dem Ziel der Einreise in einen Staat, in dem der Fremde gemäß § 57 Abs 1 oder 2 bedroht ist", gemeint ist. Mit Ziel der Einreise könnte ausschließlich der eigentliche Zielstaat, maW der letzte Staat in einer „Durchbeförderungskette" angesprochen sein. Andererseits ist nicht ausgeschlossen, daß jeder Staat, mit dem der betroffene Fremde in Berührung kommt (in dessen Hoheitsgewalt er gelangt), gemeint ist. Die zweite Deutung verdient den Vorzug, weil sie im Einklang mit Art 3 EMRK steht und damit zu einem verfassungskonformen Ergebnis führt.

647 Da § 21 AsylG 1997 die Durchbeförderung mit keinem Wort erwähnt, muß man davon ausgehen, daß Asylwerber prinzipiell der Durchbeförderung unterliegen können. Als einzige Einschränkung läßt sich dem Gesetz entnehmen, daß eine Durchbeförderung mit dem Ziel der Einreise in einen Staat, in dem der Fremde iSd § 57 Abs 1 oder 2 FrG 1997 gefährdet wäre, unzulässig ist. Die Organe der Fremdenpolizei haben die Verbote der Abschiebung, Zurückschiebung und Zurückweisung von Amts wegen wahrzunehmen. Irgendwelche Rechtsbehelfe stellt die österreichische Rechtsordnung ex ante im Hinblick auf die Wahrnehmung dieser Verbote nicht zur Verfügung. Eine Feststellung der Unzulässigkeit der Abschiebung in einen bestimmten Staat gem § 75 FrG 1997 ist nicht zu erwirken, da diese Feststellung nur auf Antrag möglich ist und der Antrag nur während des Verfahrens zur Erlassung einer Ausweisung oder eines Aufenthaltsverbots eingebracht werden kann. Von einer Durchbeförderung ist in § 75 leg cit nicht die Rede.

648 Im Rahmen der Durchbeförderung bilden die Verbote des § 57 Abs 1 und 2 FrG 1997 für die Fremdenpolizeibehörde keine Vorfrage iSd § 38 AVG. Nach dieser Bestimmung kann die Verwaltungsbehörde das Ermittlungsverfahren – durch anfechtbaren verfahrensrechtlichen Bescheid (VwSlgNF 597 A, 3339 A, 5238 A) – aussetzen (unterbrechen), wenn im Ermittlungsverfahren eine Vorfrage auftaucht, „die schon Gegenstand eines anhängigen Verfahrens bei der zuständigen Behörde bildet oder ein solches Verfahren gleichzeitig anhängig gemacht wird." Die Verwaltungsbehörde kann gem § 38 AVG unter diesen Umständen aber auch die Vorfrage „nach der über die maßgebenden Verhältnisse gewonnenen eigenen Anschauung (...) beurteilen und diese Beurteilung ihrem Bescheid zugrunde (...) legen." Sie muß dies tun, wenn ein Verfahren bei der zuständigen Behörde nicht anhängig ist oder nicht gleichzeitig – dh mit der Unterbrechung – anhängig gemacht wird (VwSlgNF 12.356 A) und die Gesetze nicht anderes bestimmen. Da jedoch die Durchbeförderung gem § 58 FrG 1997 dem Wesen nach einen Akt unmittelbarer verwaltungsbehördlicher Befehls- und Zwangsgewalt darstellt, ist das AVG und damit auch dessen § 38 nicht anwendbar (Art II Abs 6 Z 5 EGVG; Art 129a Abs 1 Z 2 B-VG).

649 Die Unanwendbarkeit des § 38 AVG bedeutet jedoch nicht, daß im Hinblick auf die Unzulässigkeit der Durchbeförderung im Lichte des § 57 Abs 1 und 2 FrG 1997 keine Bindungswirkung entstehen könnte. Besteht zur Zeit der Durchbeförderung – aus welchen Gründen immer – ein Bescheid gem § 8 AsylG 1997 bzw gem § 75 FrG 1997, mit dem die Unzulässigkeit der Zurückweisung, Zurückschiebung oder Abschiebung iSd § 57 FrG 1997 festgestellt wurde bzw daß stichhaltige Gründe für die Annahme bestehen, daß der Fremde in einem von ihm bezeichneten Staat gem § 57 Abs 1 oder 2 bedroht ist, dann ist die Fremdenpolizeibehörde auch im Rahmen der Durchbeförderung nach § 58 FrG 1997 daran gebunden.

Verlust der Aufenthaltsberechtigung

§ 22. Das Bundesasylamt hat den Verlust einer Aufenthaltsberechtigung nach diesem Bundesgesetz unverzüglich der zuständigen Fremdenpolizeibehörde mitzuteilen; der unabhängige Bundesasylsenat ist hiezu ermächtigt. Im übrigen gilt für die Asylbehörden § 45 Abs. 1 FrG.
(IdF BGBl I 1999/4)

RV: [26]

Wie nach der derzeit geltenden Rechtslage soll das Bundesasylamt verpflichtet sein, jeden Verlust einer Aufenthaltsberechtigung nach dem Asylgesetz der Fremdenpolizeibehörde mitzuteilen, um die Fremdenpolizei in die Lage zu versetzen, entsprechend und konsequent zu reagieren.

AB *(1494 BglNR 20. GP)*: [3]

Die Ergänzung im ersten Satz ermächtigt den unabhängigen Bundesasylsenat, nicht nur das Bundesasylamt als Partei, sondern auch die Fremdenpolizeibehörde vom Verlust der Aufenthaltsberechtigung des Fremden in Kenntnis zu setzen.

Inhaltsübersicht

I. Allgemeines

650 Zweck des § 22 AsylG 1997 ist die Steigerung der fremdenpolizeilichen Effizienz durch die Mitteilung von Sachverhaltselementen, die für die Fremdenpolizeibehörden insb für die Erlassung einer Ausweisung oder eines Aufenthaltsverbots von Bedeutung sein können. Jeder Fremde, dem (irgend)eine Aufenthaltsberechtigung nach dem AsylG 1997 zukommt, hält sich iSd § 31 FrG 1997 rechtmäßig im Bundesgebiet auf (vgl § 31 Abs 1 Z 4 FrG 1997). Geht nun ein Fremder jeder Aufenthaltsberechtigung nach dem AsylG 1997 verlustig, spricht vieles dafür, daß sich dieser Fremde von diesem Zeitpunkt an unrechtmäßig iSd § 31 FrG 1997 im Bundesgebiet aufhält, erfüllen Asylwerber doch nur in den seltensten Fällen eine der übrigen Bedingungen für einen legalen Aufenthalt nach § 31 leg cit. Damit ist in der Folge die Erlassung einer Ausweisung nach § 33 Abs 1 FrG 1997 unter Berücksichtigung des § 35 FrG 1997 wahrscheinlich.

II. Mitteilungspflicht

651 Die in § 22 AsylG 1997 vorgesehene Mitteilung des Verlustes einer Aufenthaltsberechtigung ist ein Sonderfall der Amtshilfe. Art 22 B-VG verpflichtet alle Organe des Bundes, der Länder und der Gemeinden (*Gallent*, Amtshilfe; *Dreher*, Amtshilfe, 42; *Laurer*, Untersuchungsausschuß, 32) zur wechselseitigen Hilfeleistung im Rahmen ihres gesetzmäßigen Wirkungsbereiches. Alle Organe des Bundes, der Länder und der Gemeinden (nicht erfaßt sind sonstige Selbstverwaltungskörper) sind dadurch nicht nur verpflichtet, Hilfe zu leisten, sondern auch befugt, diese durch „Ersuchen" in Anspruch zu nehmen. Die Pflicht zur Amtshilfe besteht nur im Rahmen der abstrakten Kompetenz des ersuchten Organs; das ersuchende Organ muß auch konkret zuständig sein (*Walter/Mayer*, Bundesverfassungsrecht, Rz 581).

652 Die Bestimmung des Art 22 B-VG ist unmittelbar anwendbar und bedarf keiner einfachgesetzlichen Ausführung (aA VwSlgNF 7288 A). Es bestehen jedoch verschiedentlich besondere Vorschriften (zB § 52 BergG; § 45 Abs 1 DSG; § 2 Abs 2 und 3 sowie § 20 WehrG). Auch § 22 AsylG 1997 ist eine solche besondere Vorschrift im Hinblick auf die Amtshilfe nach Art 22 B-VG. Ein subjektives Recht gewährt diese Bestimmung nicht (vgl VfSlg 7802); der Amtshilfe kommt – wie auch der Mitteilung nach § 22 AsylG 1997 – keine Außenwirkung zu, sie zeigt bloß internen Charakter.

653 Gem § 22 AsylG 1997 ist der Verlust einer Aufenthaltsberechtigung nach diesem Bundesgesetz zwingend der *zuständigen* Fremdenpolizeibehörde mitzuteilen. Sachlich zuständige Fremdenpolizeibehörde iSd § 22 leg cit ist die Bezirksverwaltungsbehörde, im örtlichen Wirkungsbereich einer Bundespolizeidirektion diese (§ 88 Abs 1 FrG 1997). Die örtliche Zuständigkeit im Inland richtet sich, sofern nicht anderes bestimmt ist, nach dem Wohnsitz des Fremden im Inland, falls kein solcher besteht, nach seinem Aufenthalt zum Zeitpunkt des ersten behördlichen Einschreitens (§ 91 Abs 1 erster Satz FrG 1997).

654 Nach dem Wortlaut des § 22 AsylG 1997 unterliegt *jeder* Verlust einer Aufenthaltsberechtigung nach dem AsylG 1997 einer Mitteilung an die zuständige Fremdenpolizeibehörde. Dies ist indes nicht gemeint. Die Mitteilungspflicht („Mitteilungsermächtigung für den UBAS) soll wohl nur dann entstehen, wenn der Verlust einer Aufenthaltsberechtigung dazu führt, daß dem betroffenen Fremden keine Aufenthaltsberechtigung nach dem AsylG 1997 mehr zukommt. Dies ist etwa dann nicht der Fall, wenn die vorläufige Aufenthaltsberechtigung erlischt und gleichzeitig mit der Asylgewährung ein dauerndes Einreise- und Aufenthaltsrecht entsteht. In diesen Fällen wäre es unsinnig, den Verlust der vorläufigen Aufenthaltsberechtigung den Fremdenpolizeibehörden mitzuteilen.

654a Bis zur AsylG-N 1998 traf gem § 22 erster Satz AsylG 1997 ausschließlich das BAA die Verpflichtung, den Verlust einer Aufenthaltsberechtigung nach dem AsylG 1997 der zuständigen Fremdenpolizeibehörde mitzuteilen (vgl dazu auch § 17 Abs 3 letzter Satz leg cit; anders aber § 14 Abs 4 letzter Satz leg cit, wo nicht vom BAA, sondern von der „Behörde" die Rede ist). Mit der AsylG-N 1998 hat der Gesetzgeber eine entsprechende „Mitteilungsermächtigung" für den UBAS geschaffen (§ 22 zweiter Halbsatz des ersten Satzes AsylG 1997). Die „Ermächtigung" des UBAS zur Mitteilung des Verlustes einer Aufenthaltsberechtigung nach dem AsylG 1997 an die zuständige Fremdenpolizeibehörde bedeutet indes nicht, daß den UBAS keinerlei Pflichten treffen würden und er hier nach Willkür vorgehen dürfte. Den UBAS trifft vielmehr ein „Auswahlermessen"; der UBAS hat sich im Hinblick auf die Wahrnehmung der „Mitteilungsermächtigung" nach § 22 erster Satz AsylG 1997 von Rücksichten auf möglichste Zweckmäßigkeit, Raschheit, Einfachheit und Kostenersparnis leiten zu lassen (vgl dazu § 39 Abs 2 AVG).

III. Weitere Mitteilungspflichten

655 Der zweite Halbsatz des § 22 AsylG 1997 hält kryptisch fest, daß für die Asylbehörden § 45 Abs 1 FrG 1997 gelte. Nach dieser Bestimmung sind die Behörden des Bundes, der Länder und Gemeinden, die Geschäftsstellen des Arbeitsmarktservices sowie die Träger der Sozialversicherung ermächtigt und auf Anfrage verpflichtet, der Behörde personenbezogene Daten Fremder zu übermitteln, die für Maßnahmen nach dem 2. Abschnitt des 3. Hauptstückes (Aufenthaltsbeendigung) von Bedeutung sein können. Eine Verweigerung der Auskunft ist nicht zulässig.

656 Auf den ersten Blick ist unklar, ob der Verweis *„§ 45 Abs 1 FrG gilt auch für Asylbehörden"* bewirken soll, daß die in der verwiesenen Bestimmung genannten Behörden den Asylbehörden Daten zu übermitteln haben, oder aber, ob die Asylbehörden den Fremdenpolizeibehörden Daten zu übermitteln haben. Faßt man die angesprochenen Datenarten, nämlich *„Daten, die für Maßnahmen nach dem 2. Abschnitt des 3. Hauptstückes von Bedeutung sein können"*, ins Auge, kommt wohl nur der zweite Ansatz in Betracht. Es gibt keine Daten dieser Art, die für die Asylbehörden in diesem Sinne von Bedeutung sein könnten. Allerdings wäre dem entgegenzuhalten, daß sich diese Rechtswirkung bereits aus § 45 Abs 1 FrG 1997 ergibt und die Vorschrift des § 22 letzter Satz AsylG 1997 aus dieser Sicht nicht notwendig wäre.

657 Das Wort *„Maßnahme"* in § 45 Abs 1 FrG 1997 ist nicht technisch zu verstehen. Gemeint sind hier die Rechtsinstitute der Ausweisung (§§ 33, 34 und 35 FrG 1997), des Aufenthaltsverbots (§§ 36 ff leg cit), des Durchsetzungsaufschubes (§§ 40 ff leg cit) und das Rechtsinstitut der Wiedereinreisebewilligung (§§ 41 ff leg cit).

658 Die „Mitteilungspflichten" nach § 22 zweiter Halbsatz AsylG 1997 iVm § 45 Abs 1 FrG 1997 sind weiter als die verfassungsrechtlichen Vorgaben des Art 22 B-VG. Die fremdenrechtlichen Mitteilungspflichten nach § 45 Abs 1 FrG 1997 treffen nicht nur alle Vollzugsorgane des Bundes und der Länder sowie die Vollzugsorgane der Gemeinden, sondern auch Geschäftsstellen des Arbeitsmarktservices und die Träger der Sozialversicherung. Nach den verfassungsrechtlichen Vorgaben des Art 22 B-VG besteht die Pflicht zur Amtshilfe nur im Rahmen der abstrakten Kompetenz des ersuchten Organs und der konkreten Zuständigkeit des ersuchten Organs. Bewegt sich das Ersuchen um Amtshilfe entweder außerhalb der abstrakten Kompetenz des ersuchenden oder außerhalb der konkreten Zuständigkeit des ersuchten Organs, wäre die Amtshilfe auf Grund Verfassungsgesetzes abzulehnen (zu verweigern). Dazu bestimmt allerdings § 45 Abs 1 letzter Satz Frg 1997, daß eine Verweigerung der Auskunft (ohne jede Ausnahme) unzulässig ist. Wie bereits erwähnt (siehe oben Rz 651 ff), ist Art 22 B-VG unmittelbar anwendbar, kann jedoch nach Jud des VfGH (VfSlg 5415) durch den Gesetzgeber präzisiert werden. Präzisieren bedeutet aus methodischer Sicht, daß den Tatbeständen des Art 22 B-VG weitere Tatbestandselemente hinzugefügt werden. Ein Präzisieren liegt nicht mehr vor, wenn Tatbestandselemente des Art 22 B-VG umgangen werden. Ob sich § 45 Abs 1 FrG 1997 in diesen Schranken bewegt, ist fraglich. Fraglich ist zudem, ob aus kompetenzrechtlicher Sicht der Bundesgesetzgeber derartig weitreichende Mitteilungspflichten auch für Landesbehörden im Rahmen der „Landesvollziehung" begründen darf.

659 Inhalt der Mitteilungspflichten sind personenbezogene Daten von Fremden, die für die genannten Maßnahmen von Bedeutung sein können. Das Gesetz umschreibt die Art der personenbezogenen Daten nicht näher. Im Lichte der Zweckbindung der zu übermittelnden Daten zählen dazu insb Identitätsdaten wie Namen, Geburtsdatum, Geburtsort, besondere körperliche Merkmale, Fingerprints, Angaben zur Aufenthaltsberechtigung (Rechtstitel und Dauer), Verstöße gegen Strafrecht (sei es nun verwaltungsrechtlicher oder strafgerichtlicher Natur) und Schuldsprüche, fehlender Besitz von notwendigen Mitteln zum Unterhalt (siehe dazu insb § 33 ff FrG 1997), Angaben betreffend die Führung eines Familienlebens (siehe dazu insb § 34 Abs 1 Z 3 leg cit), Angaben zur unselbständigen Erwerbstätigkeit (siehe dazu insb § 34

Abs 4 leg cit), Angaben zu Versagungstatbeständen nach §§ 10 ff iVm § 34 FrG 1997, Angaben darüber, ob der betreffende Fremde gegenüber einer österreichischen Behörde oder ihren Organen unrichtige Angaben über seine Person, seine persönlichen Verhältnisse, den Zweck oder die beabsichtigte Dauer seines Aufenthaltes gemacht hat (§ 36 Abs 2 Z 6 leg cit) und Daten zum Privat- und Familienleben (§ 37 leg cit).

IV. Datenschutz

660 Die Verfassungsbestimmung des § 1 DSG gewährt jedermann einen Anspruch auf Geheimhaltung der ihn betreffenden personenbezogenen Daten, soweit er daran ein schutzwürdiges Interesse, insb im Hinblick auf Achtung seines Privat- und Familienlebens hat (Abs 1 leg cit). § 1 Abs 1 DSG erfaßt auch solche personenbezogenen Daten, die nicht automationsunterstützt verarbeitet werden, und geht daher in seinem Anwendungsbereich über den Datenschutz im eigentlichen Sinn hinaus. Beschränkungen des Grundrechts auf Datenschutz sieht § 1 Abs 2 DSG vor, wonach zwei Fälle zu unterscheiden sind: Zum einen sind Beschränkungen *„zur Wahrung berechtigter Interessen eines anderen"* zulässig. Ob diese Voraussetzung vorliegt, ist von den jeweils zur Vollziehung (Beachtung) des § 1 DSG verpflichteten Organen (Personen) im Einzelfall zu beurteilen. Zum anderen sind Beschränkungen auf Grund von Gesetzen zulässig („Gesetzesvorbehalt"); diese Gesetze müssen aber aus den in Art 8 Abs 2 genannten Gründen (zB Schutz der nationalen Sicherheit, der öffentlichen Ruhe und Ordnung, der Moral, der Rechte und Freiheiten anderer; vgl VfSlg 8272 und 12.166) *„notwendig"* sein. Auch im Falle solcher Beschränkungen „muß der vertraulichen Behandlung personenbezogener Daten Vorrang gegeben werden".

661 Der durch § 1 Abs 2 zweiter Satz DSG normierte Vorrang der vertraulichen Behandlung personenbezogener Daten schließt das Gebot in sich, sowohl die Voraussetzungen, die iSd Ermächtigung des § 1 Abs 2 erster Satz DSG gesetzliche Beschränkungen des Grundrechtes auf Datenschutz zu rechtfertigen vermögen, als auch die zufolge dieser Ermächtigung erlassenen, das Grundrecht beschränkenden Rechtsvorschriften restriktiv auszulegen. Dem Gesetzgeber erwächst daraus die Verpflichtung, derartige Rechtsvorschriften inhaltlich so zu gestalten, daß die Beschränkung des Grundrechtes zur Erreichung des von ihm angestrebten – iSd § 1 Abs 2 erster Satz DSG zulässigen – Zieles erforderlich und geeignet ist und zu ihm in einem angemessenen Verhältnis steht (vgl dazu etwa *Matzka/Kotschy*, Datenschutzrecht, Kommentar zu § 1 DSG, 7; *Funk*, Marktforschung, 5; *Duschanek*, Datenschutzrechtliche Schranken, 310). Die Verfassungsbestimmung des § 1 Abs 2 DSG ermächtigt somit den einfachen Gesetzgeber, Beschränkungen des durch § 1 Abs 1 DSG gewährleisteten Grundrechtes auf Datenschutz vorzusehen, setzt aber seiner Regelung zugleich insofern inhaltliche Grenzen, als solche Beschränkungen (unter anderem) aus den in Art 8 Abs 2 MRK angeführten Gründen vorgesehen werden dürfen (VfSlg 12.166).

662 Die Erhebung von Daten, an denen Rechtssubjekte ein schutzwürdiges Interesse haben, ist gemäß § 1 Abs 2 DSG iVm Art 8 Abs 2 MRK nur zulässig, wenn eine zur Datenerhebung ermächtigende Norm den Informationseingriff gestattet, dieser einem der enumerativ aufgezählten Eingriffsziele dient, auf das Erforderliche beschränkt und einem demokratischen Staat angemessen ist. Auch in solchen Fällen muß kraft der ausdrücklichen verfassungsrechtlichen Normierung in § 1 Abs 2 zweiter Satz DSG der vertraulichen Behandlung der erhobenen Daten Vorrang gegeben werden, wodurch *„der allgemeine Gedanke einer tendenziell geheimnisschutzfreundlichen Behandlung"* geschützter Daten zum Ausdruck kommt (vgl *Rill*, Das Grundrecht,

35). § 1 Abs 2 DSG verlangt, daß Datenerhebungen jedenfalls in zweifacher Hinsicht verhältnismäßig sein müssen: Einerseits darf die Datenerhebung nur in jenem Ausmaß zulässig sein, das im Interesse eines der in Art 8 Abs 2 EMRK genannten Ziele erforderlich ist. Andererseits muß auch dann, wenn Datenerhebungen zulässig sind, Vorsorge für eine möglichst vertrauliche Behandlung dieser Daten getroffen werden. Zudem muß die Datenermittlung auch als in einer demokratischen Gesellschaft notwendig anzusehen sein (vgl dazu VfGH 30. 11. 1989, G 245/89 ua).

663 Legt man die relativ abstrakte Ermächtigung (Verpflichtung) zur Übermittlung personenbezogener Daten nach § 45 Abs 1 FrG 1997 vor das verfassungsrechtliche Grundgerüst des Rechts auf Datenschutz, so zeigt sich, daß der Gesetzgeber die ihm vorgegebenen verfassungsrechtlichen Schranken erheblich überzogen hat. Die einfachgesetzliche Ermächtigung (Verpflichtung) zur Datenübermittlung nach § 45 Abs 1 leg cit greift in jedem Fall, in dem ein Fremder von Maßnahmen nach dem 2. Abschnitt des 3. Hauptstückes (Aufenthaltsbeendigung) betroffen sein könnte; von einer Notwendigkeit aus den in Art 8 Abs 2 EMRK genannten Gründen ist hier nicht die Rede. Dazu kommt, daß die Prüfung der Frage, ob die verfassungsrechtlichen Voraussetzungen vorliegen, von den jeweils zur Vollziehung (Beachtung) des § 1 DSG verpflichteten Organen (Personen) im Einzelfall zu beurteilen ist. Vor diesem Hintergrund bestimmt § 45 Abs 1 letzter Satz FrG 1997, daß eine Verweigerung der Auskunft (ohne Ausnahme) unzulässig ist. Damit ist das zur Beachtung des Grundrechts auf Datenschutz verpflichtete Organ seiner einzigen Möglichkeit beraubt, das Recht auf Datenschutz zu beachten, insb eine entsprechende Interessensabwägung wahrzunehmen.

664 Ein weiteres Problem – vor dem Hintergrund der automationsunterstützten Datenübermittlung – liegt darin, daß § 45 Abs FrG 1997 die zu übermittelten Datenarten nur sehr abstrakt umschreibt. Ob mit der Formulierung dieser Bestimmung den Erfordernissen des Art 18 Abs 1 B-VG iVm § 7 Abs 1 Z 1 DSG genüge getan ist, bleibt zweifelhaft.

4. Abschnitt
Verfahren
Verfahrensrecht

§ 23. Auf Verfahren nach diesem Bundesgesetz findet, soweit nicht anderes bestimmt wird, das AVG Anwendung.

RV: [26]

Im Asylverfahren soll grundsätzlich das allgemeine Verfahrensrecht zur Anwendung kommen, soweit dieses Bundesgesetz nicht notwendige Abweichungen festlegt. Solche erforderliche Abweichungen vom AVG finden sich insbesondere dort, wo eine Beschleunigung des Verfahrens nicht zu vermeiden ist, wobei in diesen Fällen getrachtet wird, den Rechtsschutz nicht außer Acht zu lassen. Diese Regelung entspricht der derzeitigen Rechtslage nach § 11 des Asylgesetzes 1991.

Inhaltsübersicht

I. Wesentliche Verfahrensgrundsätze

665 Da im Asylverfahren – mit Ausnahme der im AsylG 1997 enthaltenen Abweichungen – das AVG anzuwenden ist, gelten im Rahmen des Beweisverfahrens auch die Grundprinzipien des AVG. Das Beweisverfahren nach dem AVG ist von den Grundsätzen der Offizialmaxime, der materiellen Wahrheit, der freien Beweiswürdigung und der Unbeschränktheit der Beweismittel beherrscht. Weitere Verfahrensgrundsätze enthält die rechtlich nicht verpflichtende Entschließung des Rates der Europäischen Union über Mindestgarantien für Asylverfahren, wobei die Mindestgarantien nachstehend auszugsweise wiedergegeben werden:

666 *„Die Asylverfahren werden unter voller Einhaltung des Genfer Abkommens von 1951 und des New Yorker Protokolls von 1967 über die Rechtsstellung der Flüchtlinge sowie der sonstigen völkerrechtlichen Verpflichtungen betreffend Flüchtlinge und Menschenrechte durchgeführt. Insbesondere werden bei den Verfahren Artikel 1 des Abkommens von 1951 betreffend die Definition des Begriffs ‚Flüchtling', Artikel 33 betreffend den Grundsatz der ‚Nichtzurückweisung' und Artikel 35 betreffend die Zusammenarbeit mit dem Amt des Hohen Kommissars der Vereinten Natio-*

nen für Flüchtlinge insbesondere im Hinblick darauf, ihm die Überwachung der Durchführung des Abkommens zu erleichtern, in vollem Umfang eingehalten" (Nr 1 der Mindestgarantien; vgl auch Art 3 Dublin). *„Um den Grundsatz der Nichtzurückweisung wirksam zu garantieren, wird keine Rückführungsmaßnahme durchgeführt werden, solange die Entscheidung über den Asylantrag aussteht"* (Nr 2 Mindestgarantien; vgl dazu auch § 21 Abs 2 AsylG 1997). *„Solange noch keine Entscheidung über den Asylantrag ergangen ist, gilt der allgemeine Grundsatz, wonach der Antragsteller im Hoheitsgebiet des Mitgliedstaats, in dem der Asylantrag gestellt worden ist oder geprüft wird, bleiben kann"* (Nr 12 Mindestgarantien; siehe § 19 AsylG 1997). *„Solange noch keine Entscheidung über das Rechtsmittel ergangen ist, gilt der allgemeine Grundsatz, daß der Asylbewerber im Hoheitsgebiet des betreffenden Vertragsstaats bleiben kann. Wenn das nationale Recht eines Mitgliedstaats in bestimmten Fällen eine Ausnahme von diesem Grundsatz zuläßt, sollte der Antragsteller zumindest die Möglichkeit haben, bei den in Grundsatz Nr. 8 genannten Stellen (Gericht bzw. unabhängige Überprüfungsinstanz) wegen besonderer Umstände seines Falles die Erlaubnis zu beantragen, vorläufig während des Verfahrens vor diesen Stellen im Hoheitsgebiet des Staates verbleiben zu können; bis zur Entscheidung über diesen Antrag darf keine Rückführung erfolgen"* (Nr 17 Mindestgarantien). *„Die Mitgliedstaaten können in begrenzten, im einzelstaatlichen Recht festgelegten Fällen eine Ausnahme von Grundsatz Nr. 17 vorsehen, wenn nach objektiven Kriterien, die außerhalb des Antrags selbst liegen, ein Antrag offensichtlich unbegründet im Sinne der Nummern 9 und 10 der von den für Einwanderungsfragen zuständigen Ministern auf ihrer Tagung am 30. November und 1. Dezember 1992 angenommenen Entschließung ist. Dabei muß zumindest gewährleistet sein, daß die Entscheidung über den Antrag auf hoher Ebene getroffen wird und zusätzliche hinreichende Vorkehrungen (zB gleiche Beurteilung durch eine andere, zentrale Behörde, die über die erforderliche Sachkenntnis und Erfahrung auf dem Gebiet des Asyl- und Flüchtlingsrechts verfügt, vor Vollzug der Entscheidung) die Richtigkeit der Entscheidung sicherstellen"* (Nr 21 Mindestgarantien).

667 *„Asylanträge werden von einer zuständigen Behörde mit uneingeschränkter Kompetenz in Asylrechts- und Flüchtlingsfragen geprüft. Entscheidungen werden unabhängig getroffen, und zwar in dem Sinne, daß alle Asylanträge einzeln, objektiv und unparteiisch geprüft werden"* (Nr 4 Mindestgarantien). *„Für den Fall eines ablehnenden Bescheides ist vorzusehen, daß Rechtsmittel bei einem Gericht oder einer Überprüfungsinstanz, die in voller Unabhängigkeit unter den Bedingungen des Grundsatzes Nr. 4 entscheidet, eingelegt werden können"* (Nr 8 Mindestgarantien; vgl auch Art 129c B-VG und § 38 AsylG 1997). *„Die Mitgliedstaaten können abweichend von Grundsatz Nr. 8 die Möglichkeit, gegen eine ablehnende Entscheidung ein Rechtsmittel einzulegen, ausschließen, wenn statt dessen eine unabhängige, von der Prüfungsbehörde getrennte Stelle zuvor die Entscheidung bestätigt hat"* (Nr 19 Mindestgarantien). *„Bei der Prüfung des Asylantrags muß die zuständige Behörde von sich aus alle erheblichen Tatsachen berücksichtigen und ermitteln und dem Antragsteller Gelegenheit zur substantiellen Darstellung der Umstände seines Falles sowie zur Beweisführung geben. Der Antragsteller hat seinerseits alle ihm bekannten Tatsachen und Umstände darzulegen und vorhandene Beweismittel zur Verfügung zu stellen. Die Feststellung der Flüchtlingseigenschaft ist nicht an das Vorliegen förmlicher Beweismittel gebunden"* (Nr 5 Mindestgarantien; § 46 AVG).

668 *„Die Asylbewerber werden über das einzuhaltende Verfahren und über ihre Rechte und Pflichten während des Verfahrens in einer Sprache, die sie verstehen können, unterrichtet. Insbesondere*

- *können sie erforderlichenfalls die Dienste eines Dolmetschers in Anspruch nehmen, der ihre Argumente bei der Behörde vortragen kann. Diese Dolmetscherleistungen werden aus den öffentlichen Mitteln bezahlt, wenn die zuständige Stelle den Dolmetscher hinzugezogen hat;*
- *können sie einen nach den Bestimmungen des jeweiligen Mitgliedstaats zugelassenen Rechtsanwalt oder sonstigen Berater hinzuziehen, der sie während des Verfahrens unterstützt;*
- *haben sie in allen Phasen des Verfahrens die Möglichkeit, mit den Dienststellen des Hohen Kommissars der Vereinten Nationen für Flüchtlinge (UNHCR) oder mit anderen Hilfsorganisationen für Flüchtlinge, die im Namen des UNHCR in dem jeweiligen Mitgliedstaat tätig werden können, in Verbindung zu treten und umgekehrt. Darüber hinaus können Asylbewerber auf der Grundlage der von den Mitgliedstaaten festgesetzten Modalitäten mit sonstigen Hilfsorganisationen für Flüchtlinge in Kontakt treten. Die Möglichkeit für den Asylbewerber, mit dem UNHCR und anderen Hilfsorganisationen für Flüchtlinge in Verbindung zu treten, verhindert nicht notwendigerweise den Vollzug einer Entscheidung;*
- *muß der Vertreter der Dienststelle des UNHCR die Möglichkeit haben, über die Abwicklung des Verfahrens und die Entscheidung der zuständigen Behörden informiert zu werden und seine Bemerkungen vorzutragen"* (Nr 13 Mindestgarantien; § 10 AVG; § 26, § 27 Abs 3, § 39 AsylG 1997).

669 *„Bevor eine endgültige Entscheidung getroffen wird, hat der Asylwerber Gelegenheit zu einem persönlichen Gespräch mit einem nach nationalem Recht befugten qualifizierten Bediensteten"* (Nr 14 Mindestgarantien; vgl auch § 27 Abs 1 AsylG 1997). *„Die Entscheidung über den Asylantrag wird dem Bewerber schriftlich mitgeteilt. Wird der Antrag abgelehnt, so wird der Antragsteller über die Gründe und die Möglichkeit zur Überprüfung der Entscheidung unterrichtet. Der Asylwerber hat die Gelegenheit, soweit das nationale Recht dies vorsieht, sich über den wesentlichen Inhalt der Entscheidung und die Möglichkeiten der Einlegung von Rechtsmitteln in einer Sprache, die er versteht, zu informieren oder informiert zu werden"* (Nr 15 Mindestgarantien; vgl auch § 26 AsylG 1997). *„Die Mitgliedstaaten können von Grundsatz Nr. 17 für Asylanträge eine Ausnahme vorsehen, soweit nach nationalem Recht der Begriff Aufnahmedrittland entsprechend der Entschließung der für Einwanderungsfragen zuständigen Minister vom 30. November und 1. Dezember 1992 Anwendung findet. In diesen Fällen können die Mitgliedstaaten als Ausnahme von Grundsatz Nr. 15 ebenfalls vorsehen, daß dem Antragsteller die ablehnende Entscheidung, die sie tragenden Gründe und seine Rechte mündlich anstatt schriftlich mitgeteilt werden. Auf Verlangen wird die Entscheidung in schriftlicher Form bestätigt. Die Behörden des Drittstaates sind erforderlichenfalls darüber in Kenntnis zu setzen, daß keine inhaltliche Prüfung des Asylantrages stattgefunden hat"* (Nr 22 Mindestgarantien). *„Der Asylwerber verfügt über eine hinreichende Frist zur Einlegung eines Rechtsmittels und zur Vorbereitung seiner Argumentation, wenn er die Überprüfung der Entscheidung beantragt. Diese Fristen werden dem Asylbewerber rechtzeitig mitgeteilt"* (Nr 16 Mindestgarantien; zur zweitägigen Berufungsfrist vor der AsylG-N 1998 siehe VfGH 24. 6. 1998, G 31/98 ua; 11. 12. 1998, G 210/98 ua).

670 Für offensichtlich unbegründete Asylanträge und Asylanträge an der Grenze ist in der Entschließung ein besonderes Verfahren vorgesehen (Nr 18 bis 25 Mindestgarantien; vgl dazu oben die Ausführungen zu § 6, Rz 497 ff und § 17, Rz 503 ff). Weitere Abschnitte betreffen zusätzliche Garantien unbegleiteter Minderjährige (Nr 26 bis 28 Mindestgarantien; siehe dazu unten die Ausführungen zu § 25,

Rz 745 ff) und den Aufenthalt bei Erfüllung der Kriterien der Flüchtlingseigenschaft (Nr 29 Mindestgarantien; siehe dazu oben die Ausführungen zu § 1, Rz 44 ff).

a) Prinzip der Offizialmaxime

671 Dieser Grundsatz ergibt sich aus § 39 Abs 2 und 3 AVG und bedeutet, daß die Behörde den Sachverhalt von Amts wegen festzustellen hat. Die Beteiligten können zwar Beweisanträge stellen (§ 43 Abs 2 AVG), die Behörde hat aber auch ohne derartige Anträge die zur Feststellung des Sachverhalts notwendigen Beweiserhebungen anzuordnen und durchzuführen und der Partei von Amts wegen ihr Recht zu geben, wenn sie es auch unterlassen haben sollte, dieses Recht entsprechend geltend zu machen oder zu verteidigen; dies wird durch die gesetzliche Manuduktionspflicht (§ 13a AVG) unterstrichen. Das AVG selbst kennt ganz allgemein keine Mitwirkungspflicht der Parteien an der Feststellung des Sachverhalts (siehe dazu *Walter/Mayer*, Verwaltungsverfahrensrecht, Rz 320 ff). Dies gilt grundsätzlich auch dann, wenn ein Verfahren nur auf Grund eines Antrages einzuleiten ist (vgl VwGH 29. 6. 1982, 81/11/0057). Nach § 39 AVG sind jedoch für die Durchführung des Ermittlungsverfahrens die Verwaltungsvorschriften maßgebend. Das AsylG 1997 kennt in § 27 Abs 2 leg cit eine besondere Mitwirkungspflicht des Asylwerbers (siehe dazu die Ausführungen zu § 27, Rz 808 ff). Danach ist der Asylwerber verpflichtet, die für die Feststellung des maßgeblichen Sachverhaltes erforderlichen Auskünfte zu erteilen sowie die in seinem Besitz befindlichen maßgeblichen Beweismittel, einschließlich der Identitätsdokumente vorzulegen. Diese Verpflichtung ist nach § 27 Abs 2 zweiter und dritter Satz AsylG 1997 unmittelbar durchsetzbar.

b) Prinzip der materiellen Wahrheit

672 Der Grundsatz der materiellen Wahrheit ergibt sich aus der Offizialmaxime (*Herrnritt*, 4; *Mannlicher/Quell* I, 249; *Ringhofer*, 355; *Walter/Mayer*, Verwaltungsverfahrensrecht, Rz 323; *Weyr*, 59) und bedeutet, daß die Behörde die *„objektive Wahrheit"*, dh den wirklichen, entscheidungsrelevanten Sachverhalt festzustellen hat (vgl dazu *Klecatsky*, 312; VwSlgNF 1.462 A; VwGH 28. 4. 1967, 53/66). Zugeständnisse der Beteiligten oder ein „Außerstreitstellen" von Tatsachen machen eine Beweisaufnahme nicht überflüssig (vgl aber § 266 ZPO); die Behörde hat vielmehr – ohne Rücksicht auf allfällige gegenteilige Äußerungen der Beteiligten – den wirklichen Sachverhalt festzustellen (*Walter/Mayer*, Verwaltungsverfahrensrecht, Rz 323). Nach der Jud obliegt es der Behörde auch, den Inhalt oder die Zurechnung von undeutlichen Prozeßhandlungen von Amts wegen klarzustellen (VwSlgNF 11.625; VwGH 9. 11. 1989, 87/06/0064).

673 Aus den Grundsätzen der Offizialmaxime und der materiellen Wahrheit ergibt sich, daß primär die Behörde nach den betreffenden gesetzlichen Vorschriften zu bestimmen hat, was zu beweisen ist (Beweisthema, Beweisgegenstand), und daß sie für die Herbeischaffung der Beweise zu sorgen hat (VwGH 27. 11. 1987, 85/18/0098). Eine Art Beweislast der Beteiligten ergibt sich – in engen Grenzen – aus ihrer „Pflicht", an der Durchführung der Sachverhaltsfeststellung mitzuwirken (vgl § 27 Abs 2 AsylG 1997). Der VwGH geht in ständiger Jud davon aus, daß ungeachtet des Grundsatzes der Amtswegigkeit des Verfahrens die Parteien auch eine Mitwirkungspflicht trifft. Dies gilt insbesondere dann, wenn der amtswegigen Ermittlung von Sachverhalten Grenzen gesetzt sind; dort, wo der Behörde bestimmte Ermittlungen möglich bzw bestimmte Umstände nur durch ein Vorbringen der Partei bekannt werden können, hat die Partei bei der Sachverhaltsfeststellung entsprechend mitzuwirken. *„Der Grundsatz der Amtswegigkeit des Verfahrens befreit nämlich die Partei* *nicht von der Verpflichtung, zur Ermittlung des maßgebenden Sachverhaltes beizutragen und Verzögerungen des Verfahrens hintanzuhalten. Daher ist die Verfahrensrüge einer Partei abzulehnen, die im Verwaltungsverfahren untätig blieb, um erst vor dem Verwaltungsgerichtshof ihre Zurückhaltung abzulegen und das Verfahren als mangelhaft zu bekämpfen, an dem sie trotz gebotener Gelegenheit nicht genügend mitwirkte"* (VwGH 18. 1. 1990, 89/16/0099; vgl auch VwGH 30. 9. 1993, 93/18/0214; 26. 6. 1997, 95/18/1291; 17. 7. 1997, 97/18/0336; UBAS 12. 2. 1998, 201.740/0-III/07/98). *„Die Mitwirkungspflicht der Partei geht nicht so weit, daß sich die Behörde ein ordnungsgemäßes Verfahren ersparen könnte, zu dessen Durchführung sie (hier gemäß §§ 11 und 16 Asylgesetz 1991 in Verbindung mit §§ 39, 45 und 60 AVG) verpflichtet ist (vgl. das hg. Erkenntnis vom 26. April 1984, Zl. 81/05/0019, u.v.a.). Der Mitwirkungspflicht kommt dort Bedeutung zu, wo es der Behörde nicht möglich ist, von sich aus und ohne Mitwirkung der Partei tätig zu werden (vgl. die hg. Erkenntnisse vom 23. Jänner 1987, Zl. 86/11/0044, und vom 27. April 1993, Zl. 91/08/0123). Dies trifft auf die allgemein in Ungarn beobachtete Vorgangsweise betreffend den Schutz von Flüchtlingen vor Rückschiebung in ihren Heimatstaat nicht zu"* (VwGH 27. 3. 1996, 95/01/0067; vgl auch VwGH 26. 1. 1995, 94/19/0413). Zahlreiche Verwaltungsvorschriften sehen eine Beweislast der Parteien ausdrücklich vor (vgl zB § 102 BergG; § 46 Abs 2 ApothekenG wie auch § 4 Abs 3d und § 27 Abs 2 AsylG 1997). Eine amtswegige Erforschung der materiellen Wahrheit hat etwa auch im Abgabenverfahren (vgl § 115 BAO), im gerichtlichen Strafverfahren (vgl zB § 254 StPO) sowie im Verfahren außer Streitsachen zu erfolgen. In einer richtungsweisenden Entscheidung hat der UBAS die Bestimmung des § 38 Abs 2 VwGG für das Verfahren vor dem UBAS analog herangezogen. Nach dieser Bestimmung hat die Behörde die Akten vorzulegen. Unterläßt sie dies, so kann der Verwaltungsgerichtshof, wenn er die Behörde auf diese Säumnisfolge vorher ausdrücklich hingewiesen hat, auf Grund der Behauptungen des Beschwerdeführers erkennen. Im Lichte der Regelung des § 38 Abs 2 VwGG hielt nun der UBAS ausdrücklich fest: *„Im gegenständlichen Fall hat der Asylwerber vorgebracht, in Indien sich lediglich illegal aufgehalten zu haben. Das Bundesasylamt hat diesem Vorbringen entgegengehalten, daß ‚frühere Bewohner Bhutans (...) aufgrund einer vertraglichen Vereinbarung mit Indien frei nach Indien einreisen, dort wohnen und arbeiten (können).' Das Bundesasylamt hat diese ‚vertragliche Vereinbarung' weder dem Asylwerber während des erstinstanzlichen Verfahrens zur Kenntnis gebracht, noch dem unabhängigen Bundesasylsenat – trotz einem diesbezüglichen Auftrag – vorgelegt. Der unabhängige Bundesasylsenat sieht sich daher durch die erwähnte, unbelegte Behauptung der erstinstanzlichen Behörde nicht veranlaßt, der im übrigen auch der allgemeinen Lebenserfahrung nicht widersprechenden Angabe des Berufungswerbers, er habe sich in Indien nur illegalerweise aufgehalten, die Glaubwürdigkeit zu versagen (§ 7 AsylG iVm § 38 Abs. 2 VwGG analog), zumal die seitens des Bundesasylamts unterlassene Belegung der in Rede stehenden Behauptung angesichts der das Bundesasylamt als Behörde erster Instanz sowohl während des erstinstanzlichen Verfahrens wie im Verfahren vor dem unabhängigen Bundesasylsenat treffenden amtswegigen (§ 39 Abs. 2 AVG) Pflicht zur Erforschung der materiellen Wahrheit (§ 37 AVG, im Verfahren vor dem unabhängigen Bundesasylsenat iVm §§ 66 Abs. 1, 67b AVG) einer Deutung dahin zugänglich ist, daß diese Behauptung unbelegbar ist"* (UBAS 20. 3. 1998, 201/440/0-II/04/98).

674 Den Gegensatz zum Grundsatz der materiellen Wahrheit bildet der Grundsatz der formalen Wahrheit; dieser hängt strukturell eng mit der Dispositionsmaxime zusammen und bedeutet, daß Beweisthema nur die strittigen Parteienbehauptungen sind (vgl *Weyr*, 59). In diesem Sinn gilt der Grundsatz der formalen Wahrheit („Verhandlungsgrundsatz") zB im Zivilprozeß (siehe dazu *Fasching* III, 231; *Herrnritt*, 4; vgl auch § 182 ZPO).

675 Eine Einschränkung des Grundsatzes der materiellen Wahrheitserforschung ergibt sich in Fällen der Glaubhaftmachung (vgl § 7 AsylG 1997; § 49 Abs 4, § 53 Abs 1, § 71 Abs 1 Z 1 AVG; § 8 VVG) sowie im Falle einer gesetzlichen Vermutung (vgl § 45 Abs 1 AVG).

676 Das AsylG 1997 steht klar auf dem Boden der materiellen Wahrheitserforschung, wenn § 28 leg cit bestimmt, daß die Asylbehörden in allen Stadien des Verfahrens von Amts wegen darauf hinzuwirken haben, daß die für die Entscheidung erheblichen Angaben gemacht oder lückenhafte Angaben über die zur Begründung des Antrages geltend gemachten Umstände vervollständigt, die Bescheinigungsmittel (wohl auch Beweismittel) für diese Angaben bezeichnet oder die angebotenen Bescheinigungsmittel ergänzt und überhaupt alle Aufschlüsse gegeben werden, welche zur Begründung des Antrages notwendig erscheinen. Erforderlichenfalls sind Bescheinigungsmittel auch von Amts wegen beizuschaffen. Dazu hat der VwGH noch vor dem Hintergrund des § 16 Abs 1 AsylG 1991 ausgeführt, *„daß die Asylbehörden in allen Stadien des Verfahrens von Amts wegen durch Fragestellung oder in anderer geeigneter Weise darauf hinzuwirken haben, daß die für die Entscheidung erheblichen Angaben über die zur Begründung des Asylantrages geltend gemachten Umstände vervollständigt, die Bescheinigungsmittel für diese Angaben bezeichnet oder die angebotenen Bescheinigungsmittel ergänzt und überhaupt alle Aufschlüsse gegeben werden, welche zur Begründung des Asylantrages notwendig erscheinen. Erforderlichenfalls sind Bescheinigungsmittel auch von Amts wegen beizuschaffen. Diese Gesetzesstelle, die eine Konkretisierung der aus § 37 AVG in Verbindung mit § 39 Abs. 2 AVG hervorgehenden Verpflichtung der Verwaltungsbehörden, den für die Erledigung der Verwaltungssache maßgebenden Sachverhalt von Amts wegen vollständig zu ermitteln und festzustellen, darstellt, begründet aber keine über den Rahmen der angeführten Vorschriften hinausgehende Ermittlungspflicht. Nur im Fall hinreichend deutlicher Hinweise im Vorbringen eines Asylwerbers auf einen Sachverhalt, der für die Glaubhaftmachung wohlbegründeter Furcht vor Verfolgung im Sinne der Flüchtlingskonvention in Frage kommt, hat die Behörde gemäß § 16 Abs. 1 Asylgesetz 1991 in geeigneter Weise auf eine Konkretisierung der Angaben des Asylwerbers zu dringen. Aus dieser Gesetzesstelle kann aber keine Verpflichtung der Behörde abgeleitet werden, Asylgründe, die der Asylwerber gar nicht behauptet hat, zu ermitteln"* (vgl. VwGH 30. 11. 1992, 92/01/0800-0803; 25. 4. 1995, 95/20/0112; UBAS Sen 16. 2. 1998, 201.749/0-VII/19/98).

c) Prinzip der freien Beweiswürdigung

677 Der Grundsatz der freien Beweiswürdigung ergibt sich aus § 45 Abs 2 AVG, wonach die Behörde – soweit es sich nicht um offenkundige oder um gesetzlich vermutete Tatsachen handelt – unter sorgfältiger Berücksichtigung der Ergebnisse des Ermittlungsverfahrens nach freier Überzeugung zu beurteilen hat, ob eine Tatsache als erwiesen anzunehmen ist (vgl § 167 Abs 2 BAO; § 272 ZPO). Dies bedeutet, daß alle Beweismittel grundsätzlich gleichwertig sind, dh die gleiche abstrakte Beweiskraft haben und daß allein der *„innere Wahrheitsgehalt"* der Ergebnisse des Beweisverfahrens dafür ausschlaggebend zu sein hat, ob eine Tatsache als erwiesen anzusehen ist (*Walter/Mayer*, Verwaltungsverfahrensrecht, Rz 325). Bei der Feststellung dieses inneren (materiellen) Wahrheitsgehaltes hat die Behörde – ohne dabei an Beweisregeln gebunden zu sein (vgl *Walter/Thienel*, Verfahren, 641; VwGH 23. 5. 1977, 1938/75) – schlüssig im Sinne der Denkgesetze vorzugehen (*Seifert*, 166; vgl zB VwSlgNF 2.778 A; VwGH 27. 6. 1985, 85/18/0218; VwGH 25. 4. 1986, 86/18/0011). Die Überlegungen einer bestimmten Beweiswürdigung sollen jedoch möglichst intersubjektiv überprüfbar dargelegt werden, wenn auch freie Beweiswürdigung eine gewisse subjektive Komponente des beweiswürdigenden Organs nicht ausschließt. Die Überlegungen, die im Zuge der Beweiswürdigung angestellt wurden, sind in die Begründung eines Bescheides aufzunehmen (vgl § 60 AVG).

678 „Freie Beweiswürdigung" darf erst nach einer vollständigen Beweiserhebung einsetzen; eine vorgreifende (antizipierende) Beweiswürdigung, die darin besteht, daß der Wert eines Beweises abstrakt (im vorhinein) beurteilt wird, ist unzulässig (*Walter/Thienel*, Verfahren, 641; VwSlgNF 726 A, 1.497 A; VwGH 18. 12. 1978, 2470/78; VwGH 20. 1. 1988, 87/03/0197).

679 Die Grundsätze der freien Beweiswürdigung gelten auch dann, wenn eine Tatsache „glaubhaft" zu machen ist (VwGH 28. 1. 1966, 1140/65). Ausnahmen vom Grundsatz der freien Beweiswürdigung gelten in gewissem Rahmen in bezug auf Urkunden (vgl § 47 AVG).

d) Prinzip der Unbeschränktheit der Beweismittel

680 Nach § 46 AVG kommt als Beweismittel alles in Betracht, was zur Feststellung des maßgeblichen Sachverhaltes geeignet und nach Lage des einzelnen Falles zweckdienlich ist. Neben den in den §§ 47 ff AVG geregelten Beweismitteln können daher auch zB Auskunftspersonen, Auskunftssachen und mangelhafte Niederschriften (vgl auch § 318 ZPO; § 166 BAO) als Beweismittel dienen. Was als Beweismittel heranzuziehen ist, hat letztendlich die Behörde zu bestimmen; entscheidend ist dabei, ob von dem betreffenden Beweismittel ein Beitrag zur Feststellung des Sachverhalts zu erwarten ist (*Walter/Mayer*, Verwaltungsverfahrensrecht, Rz 329; VwSlgNF 10.201 A; zur Bedeutung von Beweisverboten siehe *Walter/Thienel,* Verfahren, 730).

681 Das AsylG 1991 respektierte grundsätzlich das Prinzip der Unbeschränktheit der Beweismittel, obgleich es in § 14 Abs 1 Z 1 leg cit im Hinblick auf den Nachweis der Identität expressis verbis auf Urkunden zurückgriff und in § 17 Abs 4 Z 3 leg cit die Glaubhaftmachung einer Verfolgungsgefahr *durch Urkunden* die offensichtliche Begründetheit eines Asylantrages iSd § 17 Abs 1 leg cit bewirkte. Auch das AsylG 1997 steht auf dem Boden der Unbeschränktheit der Beweismittel (vgl dazu insb § 23 leg cit), obgleich es mit den Regelungen betreffend die offensichtlich unbegründeten Asylanträge (§ 6 leg cit), die gesetzliche Vermutung der Drittstaatsicherheit (§ 4 Abs 3 leg cit), die Durchsuchungsermächtigung gemäß § 27 Abs 2 leg cit und die Ermittlungspflichten nach § 28 leg cit Bestimmungen enthält, die den Problemkreis der Unbeschränktheit der Beweismittel zwar tangieren, die Unbeschränktheit der Beweismittel nach dem AVG allerdings nicht in Frage stellen.

e) Mittelbarkeit des Verfahrens

682 Der Grundsatz der Unmittelbarkeit des Verfahrens gilt im Verwaltungsverfahren grundsätzlich nicht (VwGH 21. 9. 1977, 1823/76; VwSlgNF 8.249 A; VwGH 16. 9. 1981, 2454/79). § 55 Abs 1 AVG sieht allgemein vor, daß die Behörde Beweisaufnahmen durch ersuchte oder beauftragte Verwaltungsbehörden oder einzelne, dazu bestimmte amtliche Organe vornehmen lassen kann. Die Gerichte dürfen nach § 55 Abs 2 AVG um die Aufnahme von Beweisen nur in den gesetzlich bestimmten Fällen ersucht werden (*Walter/Mayer*, Verwaltungsverfahrensrecht, Rz 330; vgl in diesem Zusammenhang auch § 66 Abs 1 AVG).

683 Der verfahrensrechtliche Grundsatz der Unmittelbarkeit bedeutet, daß das zur Entscheidung berufene Organ an der Beweisaufnahme selbst teilnimmt; dies ist im gerichtlichen Zivil- und Strafprozeß weitgehend vorgeschrieben (vgl § 412 ZPO; *Fasching* II, 837; *Fasching*, Lehrbuch, Rz 673 ff; § 245 Abs 1, § 252 Abs 1 StPO; *Bertel*, 119).

684 Im Asylverfahren spielt die unmittelbare Vernehmung bei der Feststellung des maßgebenden Sachverhaltes eine bedeutende Rolle, weil regelmäßig nur der persönliche unmittelbare Eindruck einen einigermaßen verläßlichen Schluß auf den Wahrheitsgehalt der Aussage von Asylwerbern zuläßt. Obwohl dies den Gesetzesredaktoren des AsylG 1991 offenbar bewußt war (vgl dazu 270 BlgNR 18. GP, 17), hatte man im AsylG 1991 im Rahmen des Berufungsverfahrens eben diese Möglichkeit weitgehend ausgeschlossen (siehe dazu *Rohrböck*, AsylG 1991, 156 ff und 197 ff). Mit dem AsylG 1997 sind diese sachlich nicht zu rechtfertigenden Beschränkungen weggefallen. Gleichzeitig geht das AsylG 1997 einen kleinen Schritt weiter Richtung Unmittelbarkeit, wenn in § 27 Abs 1 leg cit bestimmt wird, daß ein Asylwerber persönlich von dem zur Entscheidung berufenen Organwalter des BAA (nicht aber des UBAS) zu vernehmen ist, soweit dies ohne unverhältnismäßigen Aufwand möglich ist. Die Rechtsbedingung „unverhältnismäßiger Aufwand" ist bedenklich unterdeterminiert. Von „unverhältnismäßigem Aufwand" wird man dann sprechen können, wenn die Aufwendungen der Behörde zum erwarteten Nutzen für die Sachverhaltsfeststellung unverhältnismäßig sind (siehe auch die Ausführungen zu § 27, Rz 818). Die Bestimmung des § 27 Abs 1 AsylG 1997 gilt ausdrücklich nur für Organe des BAA; für den UBAS (wie auch für die UVS) ist das Prinzip der Unmittelbarkeit des Verfahrens grundsätzlich verwirklicht (vgl § 67f AVG; § 10 UBASG; Art 83 B-VG; siehe dazu auch die Ausführungen zu § 38, Rz 1115 ff und Rz 1102 ff).

f) Recht auf Gehör

685 Das grundsätzliche und im Lichte des rechtsstaatlichen Prinzips fundamentale Recht der Parteien, im Rahmen des Ermittlungsverfahrens gehört zu werden (§ 37, § 43 Abs 2 AVG; vgl auch § 27 Abs 1 AsylG 1997), ist für das Beweisverfahren durch § 45 Abs 3 AVG präzisiert; nach dieser Vorschrift ist den Parteien Gelegenheit zu geben, vom Ergebnis der Beweisaufnahme Kenntnis zu nehmen und dazu – innerhalb angemessener Frist (VwGH 26. 4. 1979, 1085/78; VwSlgNF 3.840 A; UBAS Sen 18. 3. 1998, 202.139/0-I/01/98; 6. 4. 1998, 202.415/0-I/02/98; 7. 4. 1998, 202.467/0-I/03/98) – Stellung zu nehmen (vgl UBAS 21. 8. 1998, 204.606/0-I/02/98; im Hinblick auf ausländisches Recht siehe auch UBAS 16. 6. 1998, 203.527/0-X/31/98; 3. 7. 1998, 203.858/0-X/31/98; vgl dazu auch § 183 BAO). Damit ist normiert, daß alle tatsächlichen Feststellungen, die im Rahmen des Beweisverfahrens getroffen wurden (VwGH 31. 1. 1984, 83/07/0215), den Parteien von Amts wegen (VwSlg 14.952 A) zur Kenntnis zu bringen sind; darüber hinaus ist der Partei Gelegenheit zu geben, sich zu den genannten Ergebnissen des Beweisverfahrens zu äußern. Die Behörde muß der Partei (den Parteien) ausdrücklich und mit ausreichender Frist Gelegenheit zur Stellungnahme einräumen (vgl dazu *Walter/Mayer*, Verwaltungsverfahrensrecht, Rz 334; *Ringhofer*, 423; *Hauer/Leukauf*, 332; VwGH 18. 1. 1968, 1221/67; 3. 6. 1976, 283/75; 26. 4. 1979, 1392/79; 14. 11. 1979, 1652/79; 30. 3. 1982, 82/07/0001; 12. 4. 1983, 82/11/0252; 19. 10. 1983, 2981/80; VwSlg 3840 A, 4557 A, 4896 A; UBAS 19. 3. 1998, 202.139/0-I/01/98; 6. 4. 1998, 202.415/0-I/02/98; 7. 4. 1998, 202.467/0-I/03/98; 21. 8. 1998, 204.606/0-I/02/98). Die Frist zur Stellungnahme muß eine *„sachangemessene"* Frist sein (siehe VwGH 19. 10. 1983, 2981/80; vgl auch UBAS 25. 3. 1998, 202.250/0-I/02/98; 6. 4. 1998, 202.415/0-I/02/98; 24. 6. 1998, 203.709/0-X/30/98; 21. 8. 1998, 204.606/0-I/02/98). Eine fachunkundige Partei hat aber nur dann Gelegenheit, zu Fragen des (medizinischen) Fachwissens Stellung zu nehmen, wenn ihr nach Kenntnisnahme des Sachverständigenbeweises eine angemessene Frist für die Einholung fachlichen Rates oder für die Überlegung (medizinischer) Fachfragen zur Verfügung steht (VwSlg 3840 A). Ein Recht, zum Ergebnis der Beweisaufnahme Stellung zu nehmen und sich hiebei einer sachkundigen Hilfsperson zu bedienen, muß der Partei des Verwaltungsverfahrens dann zustehen, wann es sich nicht um die Stellungnahme zu einem Beweisergebnis handelt, dessen Beurteilung jedermann möglich ist, sondern um die Stellungnahme zu einem Sachverständigengutachten, dem nur in der Weise wirksam entgegengetreten werden kann, daß sich auch die Partei einer sachkundigen Person bedient (vgl VwSlg 4896 A). Dabei ist der Partei die Möglichkeit der Überlegung und der entsprechenden Formulierung der Stellungnahme zu geben (VwGH 7. 9. 1979, 1085/78; 27. 3. 1980, 58/79; 9. 4. 1981, 132/80; 29. 11. 1982, 82/12/0079; UBAS 6. 4. 1998, 202.348/0-I/02/98; 7. 4. 1998, 202.467/0-I/03/98; 24. 6. 1998, 203.709/0-X/30/98; 27. 5. 1998, 203.202/0-8/30/98; 21. 8. 1998, 204.606/0-I/02/98).

Vor diesem Hintergrund ausgesprochen bedenklich hat der UBAS in abgekürzten Berufungsverfahren nach § 32 AsylG 1997 wiederholt Fristen von weniger als einem Tag (im Stundenbereich) für das Parteiengehör eingeräumt (vgl dazu zB UBAS Sen 7. 4. 1998, 202.368/0-III/07/98; es bedarf keiner weiteren Erörterung, daß derart kurze Fristen im Lichte des Rechtsschutzes weitestgehend ineffektiv sind).

Der Partei ist gem § 45 Abs 3 AVG nicht nur das Beweisergebnis, sondern auch die Beweisquelle bekanntzugeben (VwGH 20. 2. 1991, 90/02/0151; 13. 9. 1991, 91/18/0065; UBAS 6. 4. 1998, 202.348/0-I/02/98; 7. 4. 1998, 202.467/0-I/03/98; 21. 8. 1998, 204.606/0-I/02/98). Damit ist gesetzlich geregelt, daß alle tatsächlichen Feststellungen, die im Rahmen des Beweisverfahrens getroffen wurden (VwGH 31. 1. 1984, 83/07/0215), den Parteien von Amts wegen (VwSlg 14.952 A) zur Kenntnis zu bringen sind (vgl zB VwGH 15. 12. 1993, 93/01/0900 = ZfVB 1995/2/476).

Nur Tatsachen, nicht Rechtsvorschriften sind Gegenstand des Beweises (iura novit curia); nur Tatsachen unterliegen dem Parteiengehör. Eine Ausnahme ist – analog zu § 271 ZPO – für ausländisches Recht anzunehmen (vgl dazu *Walter/Mayer*, Verwaltungsverfahrensrecht, Rz 316; VwGH 21. 12. 1987, 87/10/0157 = ZfVB 1988/4/1536; VwGH 22. 3. 1993, 92/10/0403; 27. 11. 1995, 94/10/0180; UBAS 26. 3. 1998, 202.248/0-I/03/98; Sen 21. 4. 1998, 202.689/0-I/01/98; 30. 6. 1998, 203.855/0-II/06/98; 2. 7. 1998, 203.857/0-X/30/98; 21. 8. 1998, 204.606/0-I/02/98).

Das Parteiengehör betrifft auch offenkundige Tatsachen (VwGH 9. 9. 1993, 93/01/0235; 21. 4. 1994, 94/19/0163; UBAS Sen 21. 4. 1998, 202.689/0-I/01/98; 14. 8. 1998, 204.455/0-X/31/98; 21. 8. 1998, 204.606/0-I/02/98). Der Beweis der Unrichtigkeit von Tatsachen ist selbst dann zulässig, wenn die Tatsachen als offenkundig behandelt wurden. Die Behörde hat den Parteien Gelegenheit zu geben, solche Beweise zu erbringen und sie gegebenenfalls hiezu anzuleiten (VwSlg NF 4443 A, 7227 A, 8489 A; UBAS 21. 8. 1998, 204.606/0-I/02/98).

Ein Verstoß gegen § 45 Abs 3 AVG liegt jedenfalls dann nicht vor, wenn das Beweismittel von der Partei selbst stammt; die Würdigung der Beweismittel selbst und die darauf gestützte rechtliche Schlußfolgerung ist nicht als „Ergebnis der Beweisaufnahme" zu verstehen und muß daher auch der Partei nicht zur Kenntnis gebracht werden (vgl VwGH 12. 2. 1986, 85/11/0025; 9. 11. 1995, 95/19/0540). Die Einräumung des Parteiengehörs iSd § 45 Abs 3 AVG bezieht sich ausschließlich auf die materielle Stoffsammlung, dh auf die Beweisergebnisse, welche die *„Sachverhaltsgrundlage"* für die von der Behörde anzuwendende Rechtslage bilden sollen. Eine Verletzung des Parteiengehörs durch Unterlassung der Anhörung der Partei zu der von der Behörde vertretenen Rechtsansicht kann daher begrifflich nicht vorliegen (VwGH 28. 3. 1996, 96/20/0129).

Verschiedene Gutachten wie zB Berichte von amnesty international oder Berichte des UNHCR unterliegen regelmäßig dem Parteiengehör (vgl VwGH 11. 10. 1989, 89/01/0236; 20. 1. 1993, 92/01/0740). Die Verletzung des Parteiengehörs im Verfahren erster Instanz wird im Berufungsverfahren durch die mit der Berufung gegebenen Möglichkeit der Stellungnahme saniert, wenn dem Beschwerdeführer durch den erstinstanzlichen Bescheid das Ergebnis des Ermittlungsverfahrens zur Kenntnis gebracht wurde (VwGH 25. 1. 1979, 2189/77; vgl zB auch VwGH 12. 10. 1983, 81/01/0127; 20. 2. 1987, 86/09/0099; 25. 10. 1990, 88/06/0127; 13. 9. 1991, 91/18/0093; 16. 12. 1992, 92/02/0193; 24. 11. 1995, 95/17/0009; 26. 6. 1996, 95/07/0229); dies gilt aber nicht, wenn aufgrund einer verkürzten Berufungsfrist im Berufungswege eine angemessene Frist zur Stellungnahme nicht eingeräumt werden kann (vgl dazu UBAS 6. 4. 1998, 202.416/0-I/01/98; Sen 21. 4. 1998, 202.689/0-I/01/98; 27. 5. 1998, 203.202/0-X/30/98; 14. 8. 1998, 204.455/0-X/31/98; anders aber UBAS 21. 4. 1998, 202.693/0-VII/19/98; Sen 15. 4. 1998, 202.669/0-V/13/98; 16. 4. 1998, 202.707/0-III/07/98).

II. Rechtsschutz

686 Unter Rechtsschutz ist die Sicherung der Einhaltung des objektiven Rechts – und damit auch der sich daraus ergebenden subjektiven Rechte – zu verstehen. Die sog Rechtsschutzeinrichtungen sollen diese Einhaltung gewährleisten (*Walter/Mayer*, Verwaltungsverfahrensrecht, Rz 492). Rechtsschutzeinrichtungen können ua so gestaltet sein, daß sie gegen den Organwalter straf-, disziplinar- oder zivilrechtliche Sanktionen vorsehen (vgl zB §§ 302 ff StGB, §§ 91 ff BDG, § 3 AHG, § 1 OrgHG). Einrichtungen, die auf die Herbeiführung eines pflichtgemäßen Handelns der Organe abzielen, sind ebenfalls als Rechtsschutzeinrichtungen zu bezeichnen (zB Säumnisbeschwerden bzw Devolutionsanträge). Auch der Ersatz eines Schadens, der durch ein Handeln von Organen des Staates herbeigeführt wird, gehört zum Rechtsschutzsystem (siehe dazu va das AHG und das OrgHG) Schließlich zählt auch die Beschwerde bei den Gerichtshöfen des öffentlichen Rechts zu den Rechtsschutzeinrichtungen (vgl zB § 61a AVG, Art 130 ff B-VG, Art 137 ff B-VG). Die Gesamtheit der Rechtsschutzeinrichtungen bedürfte einer umfangreichen Darstellung, die im Rahmen dieser Arbeit nicht geboten werden kann. Hier werden nur jene Rechtsschutzeinrichtungen im Überblick behandelt, die im Lichte des AsylG 1997 von erheblicher Bedeutung sind; solche sind das ordentliche Rechtsmittel der Berufung (vgl §§ 63 ff AVG; §§ 32 und 38 AsylG 1997), der Vorlageantrag (vgl § 64a AVG), die Abänderung und Behebung von Bescheiden von Amts wegen (vgl § 68 AVG), das außerordentliche Rechtsmittel der Wiederaufnahme des Verfahrens (vgl §§ 69 f AVG), der Rechtsbehelf gegen Säumnis der Partei (Wiedereinsetzung in den vorigen Stand; vgl §§ 71 f AVG), der Rechtsbehelf gegen Säumnis der Behörde (Devolutionsantrag; vgl § 73 Abs 2 AVG; § 33 AsylG 1997) und die Vorstellung (vgl § 57 Abs 2, 3 AVG). Die Rechtsschutzeinrichtungen sind ein wesentliches Merkmal des Rechtsstaates. Ein Rechtsstaat ist nicht nur ein Verfassungs- bzw Gesetzesstaat, sondern auch ein Rechtsschutzstaat. Dies heißt aber auch, daß den Rechtsschutzeinrichtungen ein Mindestmaß an Wirksamkeit bzw faktischer Effizienz zu eigen sein muß. Unter „faktischer Effizienz“ versteht der VfGH die Umsetzung einer Entscheidung rechtsrichtigen Inhalts in den Tatsachenbereich (VfSlg 11.196; 12.409). Nach der Jud des VfGH geht es nicht an, den Rechtsschutzsuchenden generell einseitig mit allen Folgen einer potentiell rechtswidrigen behördlichen Entscheidung solange zu belasten, bis sein Rechtsschutzgesuch endgültig erledigt ist (VfSlg 11.196; 12.683; 13.003; 13.027; 13.305; 13.493). Der Begriff der *„faktischen Effizienz“* korrespondiert in seinem Gehalt mit jenem des „wirksamen Rechtsbehelfes" nach Art 13 EMRK (vgl dazu *Eberhard*, Art 13 EMRK, in *Ermacora/Nowak/Tretter*, 527; *Fruhmann*, Mandatsverfahren, 570; *Matscher*, Der Rechtsmittelbegriff der EMRK, in *Kralik* FS [1986], 265; *Bernegger*, Das Recht auf eine wirksame Beschwerde: Art 13 EMRK, in *Machacek/Pahr/Stadler* (Hrsg), Grund und Menschenrechte in Österreich II, [1993], 733). Die Effektivität einer Rechtsschutzeinrichtung bedingt allerdings die Möglichkeit zu deren Inanspruchnahme, was regelmäßig – besonders im Asylverfahren – die Anwesenheit im Inland voraussetzt, wobei das Institut der Stellvertretung nur unvollkommenen Ersatz bieten kann. Besonders im Asylverfahren haben persönliche Aussagen im Ermittlungsverfahren regelmäßig besonderes Gewicht. Eine Abschiebung (vgl § 56 FrG 1997) bzw Zurückschiebung (vgl § 55 leg cit) – selbst die Einschränkung der Bewegungsfreiheit insb im Rahmen der Schubhaft (vgl § 61 leg cit) – während des offenen Asylverfahrens stellen regelmäßig einen gravierenden Eingriff in das rechtsstaatliche Prinzip dar.

a) Berufung

687 Die Berufung (vgl §§ 63 bis 67 AVG) stellt das normale ordentliche Rechtsmittel gegen Bescheide dar, durch das eine Partei die Überprüfung eines Bescheides (grundsätzlich) durch die übergeordnete Behörde anstrebt (vgl *Antoniolli/Koja*, 776). Nur im Sonderfall des als Mandat ergehenden Bescheids ist das ordentliche Rechtsmittel die Vorstellung (vgl § 57 Abs 2, 3 AVG). Das Recht, Berufung zu erheben, steht nur der (den) vom Bescheid betroffenen Partei(en) zu (arg „Partei" in § 63 Abs 4 AVG; VwSlgNF 3.891 A; 8.032 A; VwGH 8. 11. 1982, 82/10/0087; VfSlg 3.439). Ob dies in Bezug auf einen bestimmten Berufungswerber im Verhältnis zum bekämpften Bescheid der Fall ist, ist in erster Linie dem Spruch des bekämpften Bescheids zu entnehmen (vgl VwGH 8. 3. 1991, 88/17/0209), im Falle, daß dieser Spruch hinsichtlich der Bezeichnung des Adressaten unklar sein sollte, jedoch im Zusammenhalt mit der Begründung bzw der Zustellverfügung (vgl VwSlg 7703 A; siehe dazu ausführlich auch UBAS 17. 2. 1998, 200.158/5-II/04/98). Ferner ist im Zweifel der Inhalt des Spruches an den für ihn maßgebenden generellen Vorschriften zu messen (VwGH 30. 6. 1975, 2343/74; vor dem Hintergrund dessen, daß die Asylbehörden nach althergebrachter Gewohnheit häufig Kinder als Bescheidadressaten zur Mutter „hinzuschreiben", siehe UBAS 17. 2. 1998, 200.158/5-II/04/98). Über Berufungen hat grundsätzlich die Berufungsbehörde zu entscheiden, doch kann bei Berufungen gegen erstinstanzliche Bescheide die erste Instanz die Berufung durch Berufungsvorentscheidung erledigen (vgl § 64a AVG, § 51b VStG; vgl auch § 276 BAO). Gegen Berufungsvorentscheidungen steht das Rechtsmittel des Vorlageantrags offen. Parteien des Verfahrens vor dem UBAS sind der Berufungswerber, die Parteien des Verwaltungsverfahrens in allfälligen Mehrparteienverfahren und das BAA (§ 67b AVG; VwGH 23. 7. 1998, 98/20/0175; siehe dazu die Ausführungen zu § 38, Rz 1095 ff).

688 Gegenstand (Anfechtungsobjekt) einer Berufung kann nur ein Bescheid sein (vgl § 63 Abs 2, 3 AVG; VfSlg 2.742; VwSlgNF 4.868 A; *Antoniolli/Koja*, 776; *Mannlicher/Quell* I, 335; *Walter/Mayer*, Verwaltungsverfahrensrecht, Rz 500), der kein Mandatsbescheid ist. Gegen „Verfahrensanordnungen" („verfahrensrechtliche Anordnungen"; vgl zB § 17 Abs 4, § 39 Abs 2 und 3, § 53 Abs 2 AVG) ist eine abgesonderte Berufung nicht zulässig (§ 63 Abs 2 AVG). Eine Berufung ist nicht mehr zulässig, wenn die Partei nach Zustellung oder Verkündung des Bescheids ausdrücklich auf die Berufung verzichtet hat (§ 63 Abs 4 AVG). Das Vorliegen einer wirksamen Zurückziehung einer Beschwerde ist streng zu prüfen (vgl zB VwGH 16. 3. 1994, 93/01/0143 und die dort zitierte Vorjudikatur; VwGH 11. 1. 1989, 88/01/0188;

31. 5. 1995, 93/01/1040): *„Es stellt sich zunächst die Frage, ob von einem gültigen Berufungsverzicht ausgegangen werden kann. Ob ein solcher vorliegt, ist streng zu prüfen (VwGH 16. 4. 1980, 324/80; 10. 2. 1982, 3336/79). Ein Berufungsverzicht eines Fremden ohne Beiziehung eines Dolmetsch ist nur dann wirksam, wenn feststeht bzw. ausreichend ermittelt wurde, daß der Fremde der deutschen Sprache im Zeitpunkt der Abgabe des Berufungsverzichtes hinlänglich mächtig ist, um sich der Tragweite des Verzichtes bewußt zu sein und ein Willensmangel bei seiner Abgabe ausgeschlossen werden kann"* (VwGH 16. 3. 1994, 93/01/0143; vgl auch 11. 1. 1989, 88/01/0188). Von der Berufungsbehörde neuerlich zu entscheiden und Verfahrensgegenstand des Berufungsverfahrens ist nur jene „Sache", die auch schon Gegenstand der unter instanzlichen Entscheidung war und über die im angefochtenen Bescheid bereits abgesprochen worden ist. War etwa Gegenstand der unterinstanzlichen Entscheidung lediglich eine Verfahrensfrage, dann kann die Berufungsbehörde nicht über die materiellrechtliche Frage, die den Anlaß zur Erlassung des angefochtenen verfahrensrechtlichen Bescheides gebildet hat, entscheiden (vgl zB VwGH 13. 5. 1985, 84/10/0064; 12. 3. 1986, 85/11/0109; 18. 1. 1990, 89/09/0093; 4. 6. 1991, 90/11/0229; 17. 11. 1992, 92/11/0160; 29. 6. 1993, 92/08/0074; 28. 4. 1994, 93/18/0221; 20. 4. 1995, 93/08/0207, 94/05/0178; 16. 12. 1996, 93/10/0167; vgl auch UBAS 1. 7. 1998, 203.376/0-I/02/98) und sie kann, wenn sich die von der Unterinstanz entschiedene Sache als trennbarer Teil eines umfassenderen Sachkomplexes darstellt, weder über andere (trennbare) Teile desselben komplexen Verfahrensgegenstands noch über diesen zur Gänze entscheiden (vgl *Walter/Thienel*, Verfahren, 1242 f und die zit jud auf 1264 ff).

689 Die Berufung hat gem § 63 Abs 3 AVG den Bescheid zu bezeichnen, gegen den sie sich richtet („Berufungserklärung") und einen begründeten Berufungsantrag zu enthalten. Die Berufungsbegründung, die den Berufungsantrag rechtfertigt, kann etwa in der materiellen Rechtswidrigkeit, in wesentlichen Verfahrensverstößen, in unzweckmäßiger Ermessensübung und (oder) in unrichtiger Beweiswürdigung gelegen sein. Nach ständiger Jud des VwGH darf *„§ 63 Abs 3 AVG (...) im Sinne des Gesetzes nicht formalistisch ausgelegt werden; ein begründeter Berufungsantrag liegt dann vor, wenn die Eingabe erkennen läßt, welchen Erfolg der Einschreiter anstrebt und womit er seinen Standpunkt vertreten zu können glaubt, wobei nach der Rechtsprechung der Gerichtshöfe des öffentlichen Rechts kein strenger Maßstab anzulegen ist"* (VwGH 15. 2. 1978, 67/78; 20. 3. 1984, 83/04/0312; 4. 7. 1985, 85/08/0006; 19. 12. 1985, 85/02/0125; 15. 4. 1986, 85/05/0179; 21. 2. 1995, 95/05/0010; 29. 3. 1995, 92/05/0227). *„Eine allenfalls unklare Begründung kann nicht mit dem Fehlen einer solchen gleichgesetzt werden. Die (...) Behörde hat vielmehr auf eine entsprechende Klärung (...) zu dringen und eine Sachentscheidung zu treffen"* (VwGH 23. 2. 1993, 92/08/0193). *„Für die Beurteilung, ob ein Berufungsantrag begründet ist, ist nicht wesentlich, daß die Begründung stichhältig ist"* (VwSlg 11.864 A; VwGH 30. 9. 1986, 85/05/0005; 14. 2. 1989, 89/07/0012; vgl auch VwGH 17. 12. 1992, 92/18/0428; 21. 12. 1993, 93/08/0191). *„Der bloße Hinweis in der Berufung auf das bisherige Vorbringen der Partei im erstinstanzlichen Verfahren stellt keinen begründeten Berufungsantrag dar"* (VwGH 8. 3. 1989, 88/01/0341; 10. 12. 1991, 91/04/0141; 24. 2. 1993, 92/02/0329). Das Fehlen eines der inhaltlichen Bestandteile der Berufung stellte – vor der AVG-N 1998 – keinen – nach § 13 Abs 3 AVG verbesserungsfähigen – Formmangel, sondern einen inhaltlichen Fehler dar, der zur Zurückweisung führen mußte (VwSlg 14.752 A, 16.927 A, 17.261 A; VwSlgNF 7.697 A; VfSlg 4.153, 4.607, 5.448, 5.836; *Hauer/Leukauf*, 500). Die AVG-N 1998 hat die Differenzierung zwischen – verbesserungsfähigen – formellen und – nicht verbesserungsfähigen – materiellen Mängeln beseitigt (zur Unterscheidung zwischen formellen und materiellen Mängeln siehe *Walter/Mayer*, Verwaltungsverfahrensrecht, Rz 160), sodaß jeder im Lichte der Antragszulässigkeit verbesserungsfähige Mangel auch einer Verbesserung zugänglich ist (vgl 1167 BlgNR 20. GP, 26): Gem § 13 Abs 3 AVG ermächtigen Mängel schriftlicher Anbringen (auch Berufungsanträge) die Behörde nicht zur Zurückweisung. Die Behörde hat vielmehr von Amts wegen unverzüglich deren Behebung zu veranlassen und kann dem Einschreiter die Behebung des Mangels mit der Wirkung auftragen, daß das Anbringen nach fruchtlosem Ablauf einer gleichzeitig zu bestimmenden Frist zurückgewiesen wird. Wird der Mangel rechtzeitig behoben, so gilt das Anbringen als ursprünglich richtig eingebracht. „Mängel", die das Anbringen (die Berufung) nicht unzulässig machen, sondern nur seine Erfolgsaussichten beeinträchtigen werden von der Bestimmung des § 13 Abs 3 AVG nicht erfaßt. Die Behörde trifft daher auch keine Verpflichtung, die Partei anzuleiten, ihren Antrag so zu formulieren, daß ihm allenfalls stattgegeben werden kann. Ob eine bestimmte „Mangelhaftigkeit" eines Anbringens dessen Zurückweisung oder Abweisung zur Folge hat (maW: ob ein bestimmter „Mangel" einem Mängelbehebungsverfahren zugänglich ist oder nicht), ergibt sich nicht aus § 13 Abs 3 AVG, sondern aus jenen Rechtsvorschriften, die an das Vorliegen dieses „Mangels" bestimmte Rechtsfolgen knüpfen. Die Behörde ist – entsprechend den Grundsätzen der Verwaltungsökonomie – zur Veranlassung der Beseitigung des Mangels auf zweckmäßige Weise verpflichtet; zu diesem Zweck kann sie, muß sie aber nicht notwendigerweise einen Mängelbehebungsauftrag erteilen (vgl 1167 BlgNR 20. GP, 26; vgl auch schon die Rechtslage vor der AVG-N BGBl 1990/357; VwGH 12. 9. 1983, 83/10/0167).

690 Berufungen sind gem § 13 Abs 2 AVG schriftlich einzubringen. Nach § 13 Abs 1 AVG können schriftliche Anbringen – demnach auch Berufungen – nach Maßgabe der vorhandenen technischen Möglichkeiten auch telegraphisch, fernschriftlich, mit Telefax, im Wege automationsunterstützter Datenübertragung oder in jeder anderen technisch möglichen Weise eingebracht werden. Ein mündliches Anbringen der Berufung ist nach dem AVG unzulässig (vgl VwSlgNF 3.675 A). Ob allerdings eine Berufung gegen einen Bescheid des BAA einem „Antrag nach dem AsylG 1997" iSd § 24 Abs 2 erster Satz leg cit „gleichgehalten und sohin *„in jeder geeignet erscheinenden Weise gestellt"* werden kann, ist fraglich (vgl dazu vor dem Hintergrund des § 44 Abs 2 AsylG 1997 VwGH 14. 1. 1998, 95/01/0628; siehe weiters die Ausführungen zu § 24, Rz 733 ff; § 44, Rz 1216). Gem § 24 Abs 2 zweiter Satz AsylG 1997 können Anträge nach diesem Bundesgesetz schriftlich „auch in einer der Amtssprachen der Vereinten Nationen gestellt" werden. Diese Sprachen sind: arabisch, chinesisch, englisch, französisch, russisch und spanisch. Die ausdrückliche Bezeichnung der Eingabe als „Berufung" und die Bezeichnung der Berufungsbehörde sind keine zwingenden Erfordernisse (vgl zB VwSlgNF 5.227 A; VfSlg 3.700). Gem § 63 Abs 5 AVG beträgt die Berufungsfrist zwei Wochen. Diese Frist beginnt für jede Partei mit der Erlassung des Bescheides ihr gegenüber zu laufen. Einzubringen ist jede Berufung gem § 63 Abs 5 AVG bei der Behörde, die den Bescheid in erster Instanz erlassen hat. Wird eine Berufung innerhalb dieser Frist bei der Berufungsbehörde eingebracht, so gilt dies als rechtzeitige Einbringung (praesumptio iuris ac de iure); die Berufungsbehörde hat die bei ihr eingebrachte Berufung unverzüglich an die Behörde erster Instanz weiterzuleiten. Im Falle der Einbringung bei einer unrichtigen Behörde ist gem § 6 Abs 1 AVG vorzugehen (vgl VwGH 13. 11. 1984, 84/04/0025). Für die Wahrung der Frist ist es ausreichend, daß die Berufung innerhalb offener Frist mit richtiger Anschrift der Post übergeben wurde (zB VwGH 3. 4. 1974, 1271/73; 4. 7. 1994, 94/19/0988; UBAS 28. 7. 1998, 203.457/0-VIII/22/98). Der Tag der Postaufgabe wird grundsätzlich durch den Poststempel nachgewiesen (VwSlgNF 8731 A; *Walter/Mayer*, Verwaltungsverfahrensrecht, Rz 239; UBAS 28. 7. 1998, 203.457/0-VIII/22/98).

691 Gem § 63 Abs 1 AVG richtet sich das Recht zur Einbringung der Berufung und sonstiger Rechtsmittel, abgesehen von den im AVG besonders geregelten Fällen, nach den Verwaltungsvorschriften. § 37 Abs 1 AsylG 1997 richtet das BAA als Asylbehörde 1. Instanz in Unterordnung unter den BMI ein. Gem § 38 Abs 1 AsylG 1997 entscheidet der UBAS über Rechtsmittel gegen Bescheide des BAA (vgl auch Art 129c B-VG; siehe auch die Ausführungen zu § 38, Rz 1054).

692 Im allgemeinen haben rechtzeitig eingebrachte (und zulässige) Berufungen gem § 64 Abs 1 AVG aufschiebende Wirkung. Doch kann die Behörde die aufschiebende Wirkung ausschließen, wenn die vorzeitige Vollstreckung im Interesse einer Partei oder des öffentlichen Wohles wegen Gefahr im Verzug dringend geboten ist (§ 64 Abs 2 AVG). Die Praxis schloß vor dem Hintergrund des AsylG 1991 die aufschiebende Wirkung einer Berufung gem § 64 Abs 2 AVG auch dann aus, wenn ein vorläufiges Aufenthaltsrecht von vornherein negiert wurde (zu dieser Praxis siehe die Ausführungen des UNHCR in 1161 BlgNR 18. GP, 11). Ein solcher Ausspruch, der den Charakter eines verfahrensrechtlichen Bescheides hat, ist tunlichst (vgl dazu VwGH 11. 12. 1967, 1865/66) schon in den über die Hauptsache ergehenden Bescheid aufzunehmen (§ 64 Abs 2 AVG; vgl dazu auch § 46 VwGG und § 33 VfGG), sonst als abgesonderter Bescheid zu erlassen. Die Frage, ob die Aberkennung der aufschiebenden Wirkung anfechtbar ist, ist strittig (verneinend noch VfSlg 1.582; *Walter/Mayer*, Verwaltungsverfahrensrecht, Rz 530; *Weyr*, 118; bejahend VfSlg 8607 sowie VwSlgNF 197 A, 4.346 A, 8.809 A, 8.848 A; *Ringhofer*, 607). In einem jüngeren Erkenntnis hat sich der VwGH auf die inhaltliche Prüfung der Zulässigkeit des Ausschlusses der aufschiebenden Wirkung gem § 64 Abs 2 AVG eingelassen und damit die Anfechtbarkeit der Aberkennung der aufschiebenden Wirkung neuerlich implizit bejaht (vgl VwGH 15. 12. 1993, 93/01/0779).

693 „Aufschiebende Wirkung" kann verschiedenes bedeuten: Suspension des Eintritts der Rechtskraft (und ihrer Wirkungen) und (oder) Suspension des Eintritts der Vollstreckbarkeit. Dies wird etwa in § 466 ZPO deutlich, wo es heißt, daß durch die rechtzeitige Erhebung der Berufung *„der Eintritt der Rechtskraft und Vollstreckbarkeit des angefochtenen Urteils im Umfang der Berufungsanträge bis zur Erledigung des Rechtsmittels gehemmt"* werde (vgl auch VfSlg 2.003, 5.591; VwSlgNF 1.458 A).

694 Wenn § 64 Abs 1 AVG von aufschiebender Wirkung spricht, so bedeutet dies nach weitverbreiteter Meinung lediglich, daß *„der angefochtene Bescheid noch nicht vollstreckt werden"* kann (vgl *Ringhofer*, 605; vgl auch *Fromherz*, 810 ff). Dies soll sich einerseits aus dem inhaltlichen Zusammenhang zwischen Abs 1 und Abs 2 des § 64 AVG ergeben, in dem der Ausdruck „Vollstreckung" gebraucht wird, und andererseits aus den Materialien, in denen dazu ausgeführt wird, „daß der Bescheid, gegen den noch eine Berufung läuft, nicht in Vollzug gesetzt, nicht vollstreckt werden kann" (vgl 360 BlgNR 2. GP, 20), wobei Vollstreckung auch iSv Umsetzung in die Wirklichkeit verstanden worden sein könnte.

695 Eine abweichende Meinung könnte sich insb darauf stützen, daß der Begriff „Vollstreckung" im Verwaltungsrecht der Jahrhundertwende und auch zur Zeit der Erlassung der Verwaltungsverfahrensgesetze im Jahre 1925 auch in einem – vom dargelegten abweichenden – weiteren Sinn gebraucht wurde (vgl zB 369 BlgNR 2. GP, 33). Berücksichtigt man dies bei der Auslegung des § 64 AVG, so könnte man auch annehmen, daß mit „aufschiebender Wirkung" der Berufung sämtliche Bescheidwirkungen gemeint sind (in diesem Sinne wohl VwGH 17. 10. 1989, 88/11/0237). Damit – so könnte man auf den ersten Blick meinen – könnte die Behörde gem § 64 Abs 2 AVG auch bei anderen Bescheiden (dh nicht nur bei Leistungsbescheiden) den sofortigen Eintritt aller Rechtswirkungen verfügen (vgl dazu VwGH 13. 4. 1988, 87/03/0255), auch wenn die einzelnen Rechtswirkungen des Bescheides im Lichte des dem § 64 Abs 2 AVG inhärenten „Sicherungszwecks" (...arg „... *wegen Gefahr im Verzug dringend geboten ...*" in § 64 Abs 2 AVG) bedeutungslos sind. So einfach ist die Lage indes aber nicht:

696 Auch wenn man annimmt, daß sich § 64 AVG nur auf vollstreckbare Bescheide bezieht, bedeutet dies nicht, daß bezüglich anderer Bescheidwirkungen keine Suspension durch eine zulässige und rechtzeitige Berufung eintritt. Die Berufung schiebt nämlich, wie sich aus § 68 Abs 1 AVG und dem Zusammenhang ergibt, auch die Rechtskraft und ihre Wirkungen hinaus (*Ringhofer*, 605; *Walter/Mayer*, Verwaltungsverfahrensrecht, Rz 529). Dies bedeutet, daß die durch einen Bescheid ausgesprochenen Rechtswirkungen vorerst nicht einzutreten haben, daß bei Leistungsbescheiden die auferlegte Leistung vorläufig nicht zu erbringen ist, daß bei rechtsgestaltenden Bescheiden die Rechtsgestaltung (zB Zuerkennung oder Aberkennung eines Rechts) vorläufig nicht eintritt und daß bei Feststellungsbescheiden die Feststellung noch nicht als verbindlich gilt. Bei abweislichen Bescheiden bedeutet die aufschiebende Wirkung, daß die Abweisung nicht endgültig ist, dh der Antragsteller nicht als ein endgültig „Abgewiesener" zu gelten hat, woran sich verschiedene Rechtsfolgen knüpfen können; freilich bedeutet hier „aufschiebende Wirkung" nicht, daß der Antragsteller die beantragte und mit dem angefochtenen Bescheid abgelehnte Befugnis (zB eine Waffe zu besitzen) nunmehr erhielte (360 BlgNR 2. GP, 20; *Hengstschläger*, Aufschiebende Wirkung, 538).

697 Der sachliche Zusammenhang des § 64 AVG mit § 68 Abs 1 leg cit sollte Anlaß dafür sein, die Problematik um die aufschiebende Wirkung grundlegend zu überdenken. Bei näherer Betrachtung zeigt sich, daß § 64 AVG zweimal den Ausdruck „aufschiebende Wirkung" gebraucht und jeweils verschiedene Zwecke verfolgt. Nach § 64 Abs 1 AVG soll der Berufung grundsätzlich aufschiebende Wirkung zukommen. Diese Bestimmung bildet mit § 68 Abs 1 AVG eine systematische Einheit und ist demnach entsprechend weit zu verstehen. Dies ist auch insofern einleuchtend, als hier der Zweck der „Rechtsschutzsicherung" eindeutig im Vordergrund steht. Während eines schwebenden Verfahrens soll möglichst wenig in Rechte eingegriffen werden.

698 Anders ist die Lage im Lichte des § 64 Abs 2 AVG zu beurteilen. Hier stehen mit dem Rechtsschutzzweck widerstreitende Sicherungsinteressen im Vordergrund, was sich eindeutig aus der Formulierung „wenn die vorzeitige Vollstreckung im Interesse einer Partei oder des öffentlichen Wohles wegen Gefahr im Verzug dringend geboten ist" in § 64 Abs 2 AVG ergibt. An dieser Stelle geht es um Sicherungsinteressen, die das Rechtsschutzinteresse des (der) Bescheidadressaten überwiegen. Dies bedeutet, daß der Ausdruck „aufschiebende Wirkung" in § 64 Abs 2 AVG inhaltlich enger zu begreifen ist, als derselbe Ausdruck in § 64 Abs 1 AVG. Einer Berufung kommt somit immer aufschiebende Wirkung zu, wobei nach § 64 Abs 2 AVG nur einzelne Rechtswirkungen aus dem Gesamtbereich der aufschiebenden Wirkung von dieser allgemeinen Rechtswirkung der aufschiebenden Wirkung ausgeschlossen werden können. Daß dieser Ansatz richtig ist, zeigt sich insb darin, daß es Bescheidwirkungen gibt, die immer der aufschiebenden Wirkung nach § 64 Abs 1 AVG unterliegen, aber niemals von der aufschiebenden Wirkung nach § 64 Abs 2 AVG ausgeschlossen werden können (anders aber wohl VwGH 17. 10. 1989, 88/11/0237). Zu diesen Bescheidwirkungen gehören – wie leicht verständlich ist – die Bescheidwirkung der Unwiederholbarkeit sowie die Bescheidwirkung der Unanfechtbarkeit. Diese Bescheidwirkungen können nie von einer aufschiebenden Wirkung ausgeschlossen werden, soll ein Rechtsmittelverfahren seine fundamentalsten Funktionen erfüllen.

699 In der Praxis ergeben sich häufig Probleme dadurch, daß die Behörden gem § 64 Abs 2 AVG die aufschiebende Wirkung nur abstrakt ausschließen, ohne die einzelnen Bescheidwirkungen zu spezifizieren. Damit wird die Feststellung des Umfanges der von der aufschiebenden Wirkung ausgeschlossenen Bescheidwirkungen zu einer schwierigen Interpretationsfrage. Grundsätzlich sind Bescheide – im Rahmen des methodisch Möglichen – gesetzeskonform zu interpretieren. Damit gelangt man auf dem Wege der Bescheidinterpretation zu dem Ergebnis, daß nur solche Bescheidwirkungen vom Ausschluß der aufschiebenden Wirkung betroffen sind, denen ein entsprechender Sicherungszweck zu Grunde liegt, der das Rechtsschutzinteresse der Partei(en) überwiegt. Ein derartiger Sicherungszweck ist allerdings im Bereich des Asylverfahrens nicht vorstellbar, wobei hier noch dazu kommt, daß sich negative Entscheidungen in einer „bloßen Abweisung eines Antrages" erschöpfen. Umso schwieriger wird allerdings die Interpretation solcher Bescheide, mit denen abstrakt gem § 64 Abs 2 AVG die aufschiebende Wirkung aberkannt wird. Hier gibt es naturgemäß keine Bescheidwirkungen, die die vorstehenden Kriterien erfüllen. Auch hier wird wohl das Gesetz im Vordergrund stehen müssen, woraus sich allerdings ergibt, daß derartige Bescheide des BAA eigentlich eine „Leermenge" behandeln. Dies rührt bereits an der Normqualität derartiger „Bescheide", sodaß hier durchaus die Meinung vertreten werden kann, daß „Bescheide", die im Asylverfahren abstrakt gem § 64 Abs 2 AVG die aufschiebende Wirkung ausschließen und deren Normgehalt gegen null geht, als „Nichtbescheide" zu behandeln sind.

700 Der VwGH hat die Aberkennung der Aufschiebenden Wirkung gem § 64 Abs 2 AVG unter Hinweis auf die Bestimmung des § 7 Abs 3 AsylG 1991 grundsätzlich für zulässig erachtet: *„Was den von der belangten Behörde bestätigten erstinstanzlichen Ausspruch über den Ausschluß der aufschiebenden Wirkung der Berufung gemäß § 64 Abs. 2 AVG anlangt, so bestehen zwischen den Parteien des verwaltungsgerichtlichen Verfahrens unterschiedliche Rechtsauffassungen über die Zulässigkeit eines derartigen Ausspruches, womit die Beantwortung der Frage, wie der in der genannten Gesetzesstelle verwendete Ausdruck der ‚vorzeitigen Vollstreckung' (die dringend geboten wäre) auszulegen ist, zusammenhängt. Diesbezüglich können aber allgemeine theoretische Erörterungen unterbleiben, steht doch der Rechtsansicht des Beschwerdeführers die (von der belangten Behörde mit Recht herangezogene) Bestimmung des § 7 Abs. 3 Asylgesetz 1991 entgegen, wonach die vorläufige Aufenthaltsberechtigung einem Asylwerber ab dem Zeitpunkt nicht mehr zukommt, zu dem das Asylverfahren rechtskräftig abgeschlossen wird oder einem Rechtsmittel gegen eine Entscheidung der Asylbehörden keine aufschiebende Wirkung zukommt. Daraus ergibt sich, daß die vorläufige Aufenthaltsberechtigung nicht nur dann erlischt, wenn das Asylverfahren rechtskräftig abgeschlossen ist, sondern unabhängig davon diese Rechtswirkung auch dann eintritt, wenn einem Rechtsmittel gegen eine (negative) Entscheidung über einen Asylantrag keine aufschiebende Wirkung zukommt. Damit hat der Gesetzgeber unmißverständlich zu erkennen gegeben, daß auch eine ‚vorzeitige Vollstreckung' in diesem Sinne möglich ist, womit sich eine solche Entscheidung nicht bloß in der (noch nicht rechtskräftigen) Abweisung des Asylantrages erschöpft, sondern sich darüber hinaus auf das (seit Stellung des Asylantrages gemäß § 7 Abs. 1 in Verbindung mit § 1 Z 3 Asylgesetz 1991 vorliegende) Bestehen der vorläufigen Aufenthaltsberechtigung auswirkt. Einem Rechtsmittel gegen eine solche Entscheidung kommt jedenfalls auch dann keine aufschiebende Wirkung zu, wenn sie gemäß § 64 Abs. 2 AVG ausgeschlossen wurde, und nicht nur von Gesetzes wegen, wobei auf die im vorliegenden Beschwerdefall nicht zu lösende Rechtsfrage, ob die in den Gesetzesmaterialien (RV 270 und AB 328 jeweils BlgNR 18. GP) zum Ausdruck kommende Absicht des Gesetzgebers, die aufschiebende Wirkung einer Vorstellung gegen einen Bescheid nach § 17 Abs. 2 Asylgesetz 1991 auszuschließen, durch den in dieser Gesetzesstelle enthaltenen Verweis auf die sinn-*

gemäße Geltung des § 57 Abs. 2 AVG ihren entsprechenden Niederschlag gefunden hat, nicht eingegangen zu werden braucht. Der Auffassung des Beschwerdeführers, ‚die Formulierung des § 7 Abs. 3 Asylgesetz' müsse in dem (die aufschiebende Wirkung betreffenden) Teil ‚als Mißgriff des Gesetzgebers, der keiner Vollziehung zugänglich ist, angesehen werden', vermag der Verwaltungsgerichtshof demnach nicht zu folgen. Bemerkt sei, daß auch der Verwaltungsgerichtshof – in Anwendung des § 30 Abs. 2 VwGG – Beschwerden gegen Bescheide der belangten Behörde, mit denen ein Asylantrag abgewiesen worden ist, die aufschiebende Wirkung insoweit, als bei Erlassung derartiger Bescheide eine vorläufige Aufenthaltsberechtigung bestanden hat, zuerkennt" (VwGH 15. 12. 1993, 93/01/0779; vgl dazu auch VwGH 14. 4. 1994, 94/18/0607). Das AsylG 1997 enthält keinen Endigungstatbestand betreffend die vorläufige Aufenthaltsberechtigung mehr, der dem des § 7 Abs 3 zweiter Fall AsylG 1991 („einem Rechtsmittel gegen die Entscheidung der Asylbehörden keine aufschiebende Wirkung zukommt") vergleichbar wäre. Damit fällt aber ein tragendes Element der Argumentation des VwGH weg. Mittellosigkeit indiziert jedenfalls keine Gefahr im Verzuge iSd § 64 Abs 2 AVG: *„Ein Ausschluß der aufschiebenden Wirkung gemäß § 64 Abs. 2 AVG hat aber zur Voraussetzung, daß die vorzeitige Vollstreckung – also im gegebenen Zusammenhang die Beendigung der vorläufigen Aufenthaltsberechtigung gemäß § 7 Abs. 1 Asylgesetz 1991 vor rechtskräftigem Abschluß des Asylverfahrens – im Interesse einer Partei oder des öffentlichen Wohles wegen Gefahr im Verzug dringend geboten ist. (...) Der Beschwerdeführer führt mit Recht ins Treffen, daß ‚es ein generelles Merkmal von Flüchtlingen' sei, ‚über keinen festen Wohnsitz im Zufluchtsland zu verfügen und auch nicht im Besitz entsprechender Mittel zu sein', ‚aus diesem Grunde die österreichische Rechtsordnung auch eine Unterbringung und Versorgung mittelloser Flüchtlinge (Bundesbetreuung) kennt bzw. alle Flüchtlinge aus diesen Gründen eine Gefahr für die Allgemeinheit darstellen müßten'. Trotz Vorliegens (und in Kenntnis) dieser Gründe räumt der Gesetzgeber Asylwerbern die vorläufige Aufenthaltsberechtigung gemäß § 7 Abs. 1 Asylgesetz 1991 ein, weshalb auch nicht auf sie zurückgegriffen werden darf, um daraus die Notwendigkeit der Aberkennung der aufschiebenden Wirkung im Interesse des öffentlichen Wohles wegen Gefahr im Verzug gemäß § 64 Abs. 2 AVG abzuleiten"* (VwGH 15. 12. 1993, 93/01/0779). Nach der Jud des VfGH ist es im Lichte des rechtsstaatlichen Prinzips verfassungswidrig, die aufschiebende Wirkung eines Rechtsmittels generell auszuschließen (vgl dazu *Mayer*, B-VG, 113; VfSlg 11.196, 12.683, 13.003, 13.305, VfGH 1. 12. 1995, G 1306/95). Damit ist die Zulässigkeit der Aberkennung der aufschiebenden Wirkung immer auch im Lichte des rechtsstaatlichen Prinzips zu beurteilen. Die mit einer rechtzeitig eingebrachten Berufung verbundene „aufschiebende Wirkung tritt nur insoweit ein, als die Berufung den Bescheid bekämpft, nicht aber im unangefochten gebliebenen Teil, falls der Gegenstand eine Trennung nach mehreren Punkten zuläßt" (*Walter/Mayer*, Verwaltungsverfahrensrecht, Rz 527; vgl § 59 Abs 1 AVG; vgl weiters § 466 ZPO und SZ 13/165).

b) Vorlageantrag

701 Nach § 64a Abs 1 AVG kann die Behörde die Berufung binnen zwei Monaten nach Einlangen bei der Behörde erster Instanz durch Berufungsvorentscheidung erledigen. Sie kann die Berufung nach Vornahme notwendiger Ergänzungen des Ermittlungsverfahrens als unzulässig oder verspätet zurückweisen, den Bescheid aufheben oder nach jeder Richtung abändern (Berufungsvorentscheidung; vgl dazu vor der AVG-N 1998 *Thienel*, Berufungsvorentscheidung, 7; vgl auch § 276 BAO; § 7 Abs 4 AgrVG; § 51b VStG). Voraussetzung einer Berufungsvorentscheidung ist nach § 64a AVG allein das Vorliegen einer Berufung: Eine Berufungsvorentscheidung ist daher grundsätzlich auch dann zulässig, wenn die Berufung unzulässig ist oder einander „widersprechende" Berufungsanträge vorliegen. Ob die Behörde auch in diesen Fällen eine Berufungsvorentscheidung trifft, steht in ihrem Ermessen. Bestätigende Berufungsvorentscheidungen oder Zurückverweisungen an eine Unterinstanz kommen nicht in Betracht (1167 BlgNR 20. GP, 36). Die Partei kann eine Berufungsvorentscheidung nicht erzwingen (*Walter/Thienel*, Verfahren, 1231). Eine Berufungsvorentscheidung ist – innerhalb der gesetzlichen Frist von zwei Monaten (§ 64a Abs 1 AVG) – paradoxerweise auch in jenen Fällen möglich, in denen der Asylantrag gem § 6 leg cit als offensichtlich unbegründet abgewiesen oder aus den Gründen der §§ 4 und 5 leg cit zurückgewiesen wurde (vgl dazu das abgekürzte Berufungsverfahren nach § 32 AsylG 1997), da die Entscheidungsfrist nach § 32 Abs 3 erster Satz AsylG 1997 erst mit *„mit dem Tag des Einlangens (der Berufung) bei der Berufungsbehörde"* zu laufen beginnt. Die Berufungsvorentscheidung stellt eine neue Sachentscheidung dar, die gegenüber allen Parteien zu ergehen hat (§ 64a Abs 2 AVG), und den angefochtenen Bescheid zur Gänze ersetzt. Als ordentliches Rechtsmittel gegen Berufungsvorentscheidungen sieht § 64a Abs 2 AVG den Vorlageantrag vor (vgl dazu *Walter/Mayer*, Verwaltungsverfahrensrecht, Rz 534/5). Danach kann jede Partei binnen zwei Wochen nach Zustellung der Berufungsvorentscheidung bei der Behörde den Antrag stellen, daß die Berufung der Berufungsbehörde zur Entscheidung vorgelegt wird. Der Vorlageantrag kann von jeder Partei des erstinstanzlichen Verfahrens – nicht nur vom Berufungswerber – gestellt werden; der Vorlageantrag darf sich nur darauf richten, daß die ursprüngliche Berufung der Berufungsbehörde vorgelegt wird. Der Antrag muß binnen zwei Wochen nach der Zustellung der Berufungsvorentscheidung gestellt werden; daraus folgt, daß ein Vorlageantrag erst nach Erlassung der Berufungsvorentscheidung zulässig ist, ein vor der Erlassung des Bescheides gestellter Antrag entfaltet grundsätzlich keine Rechtswirkungen (vgl VwSlgNF 4.848 F zu § 276 BAO). Da es sich um ein Rechtsmittel handelt, muß der Antrag schriftlich (§ 13 Abs 2 AVG), telegraphisch, fernschriftlich, im Wege automationsunterstützter Datenübertragung oder in jeder anderen technisch möglichen Weise eingebracht werden (vgl § 13 Abs 1 zweiter Satz AVG). Ob der Vorlageantrag einen „Antrag nach dem AsylG 1997" iSd § 24 Abs 2 leg cit darstellt, der „formlos in jeder geeignet erscheinenden Weise ‚gestellt' werden könnte," ist fraglich (vgl dazu im Lichte des § 44 Abs 2 AsylG 1997 VwGH 14. 1. 1998, 95/01/0628; siehe weiters die Ausführungen zu § 24, Rz 733 ff; § 44, Rz 1216). Der Vorlageantrag ist bei der Behörde erster Instanz einzubringen (*Walter/Mayer*, Verwaltungsverfahrensrecht, Rz 534/5; ebenso *Hauer/Leukauf*, 530). Als besondere Rechtswirkung des Vorlageantrages normiert § 64a Abs 3 AVG, daß mit dem Einlangen des (zulässigen) Vorlageantrages bei der erstinstanzlichen Behörde (vgl auch § 51b VStG) die Berufungsvorentscheidung außer Kraft tritt. Die Parteien sind vom Außerkrafttreten der Berufungsvorentscheidung zu verständigen. Für einen Bescheid besteht hier kein Raum. Verspätete oder unzulässige Vorlageanträge sind von der Behörde (bescheidmäßig) zurückzuweisen (§ 64a Abs 3 letzter Satz AVG).

c) Vorstellung

702 Ein weiteres ordentliches Rechtsmittel ist die Vorstellung (vgl § 57 Abs 2, 3 AVG). Im eigentlichen Asylverfahren ist ein Mandatsbescheid iSd § 57 Abs 1 AVG nicht denkbar. Diese Bestimmung sieht die Erlassung eines Bescheides („Mandat") ohne vorhergehendes Ermittlungsverfahren vor, wenn es sich um die Vorschreibung von Geldleistungen nach einem gesetzlich, statutarisch oder tarifmäßig feststehenden

Maßstab oder bei Gefahr im Verzug um unaufschiebbare Maßnahmen handelt. Dies liegt zum ersten daran, daß die Rechtsfolge im Asylverfahren, nämlich die Asylgewährung wie auch die Abweisung eines Asylantrags, nie eine Maßnahme darstellt, die bei Gefahr im Verzug unaufschiebbar ist. Die normative Asylverweigerung in dem Sinne, daß das Rechtsbündel „Asyl" normativ verweigert wird, ist im Asylverfahren nicht zulässig. Eine negative Sachentscheidung hat sich in der bloßen Abweisung des Asylantrages (Asylerstreckungsantrages) zu erschöpfen. Die Vorstellung ist ein remonstratives Rechtsmittel, über das die Behörde zu entscheiden hat, die den Mandatsbescheid erlassen hat (vgl § 57 Abs 2, 3 AVG; VwGH 11. 4. 1984, 82/11/0358). Die Vorstellung ist ebenfalls bei der Behörde einzubringen, „die den Bescheid erlassen hat". Für die Form der Vorstellung gilt, daß diese schriftlich iSd § 13 Abs 1, 2 AVG eingebracht werden muß (vgl aber § 24 Abs 2 erster Satz AsylG 1997; siehe weiters die Ausführungen zu § 24, Rz 733 ff; § 44, Rz 1216). Als Inhalt der Vorstellung ist lediglich erforderlich, daß der Bescheid bezeichnet wird, gegen den sie sich richtet und zum Ausdruck gebracht wird, daß die Partei Vorstellung erheben will. Eine Begründung verlangt das Gesetz für die Vorstellung nicht (vgl *Walter/Mayer*, Verwaltungsverfahrensrecht, Rz 576). Der Partei steht es aber frei, Anträge zu stellen und Tatsachen zu behaupten, Beweise vorzubringen, ihre Auffassung rechtlich zu untermauern und Ausführungen zu einer allfälligen Ermessensentscheidung zu machen (*Walter/Mayer*, Verwaltungsverfahrensrecht, Rz 576).

d) Wiederaufnahme des Verfahrens

703 Unter der Wiederaufnahme des Verfahrens versteht man die Verfügung, daß ein bereits abgeschlossenes Verfahren neuerlich durchzuführen ist, weil die Richtigkeit der Sachentscheidung im ersten Verfahren aus besonderen Gründen in Frage steht. Da das Rechtsinstitut der Wiederaufnahme des Verfahrens nur aus besonderen Gründen und nur nach Abschluß des Verfahrens vorgesehen ist, wird ein Antrag der Partei auf Wiederaufnahme als außerordentliches Rechtsmittel betrachtet. Das Rechtsinstitut der Wiederaufnahme des Verfahrens findet sich in den verschiedenen Verfahrenssystemen in verschiedenem Umfang und unterschiedlicher Gestalt (vgl zB §§ 303 ff BAO; §§ 530 ff ZPO; §§ 352 ff StPO). Die Rechtsordnung trifft bei der Ausgestaltung dieses Instituts eine Abwägung zwischen dem Wert der Rechtssicherheit und jenem der Rechtsrichtigkeit (vgl *Walter/Mayer*, Verwaltungsverfahrensrecht, Rz 580).

704 Gem § 69 Abs 1 AVG ist eine Voraussetzung für die Wiederaufnahme eines Verfahrens, daß es durch Bescheid abgeschlossen ist und ein Rechtsmittel gegen den Bescheid nicht – oder: nicht mehr – zulässig ist. Das Verfahren muß also mit formell rechtskräftigem Bescheid beendet sein (VwSlgNF 1.678 A, 5.535 A; VwGH 3. 11. 1987, 87/11/0116; VfSlg 4.998; vgl auch UBAS 13. 2. 1998, 200.351/0-II/4/98). Daß ein Rechtsmittel nicht ergriffen wurde, steht einem rechtzeitigen Wiederaufnahmeantrag nicht entgegen (*Hellbling* I, 453). Ob der formell rechtskräftige Bescheid, der das Verfahren abgeschlossen hat, vor dem VwGH und (oder) VfGH angefochten (und nicht aufgehoben) wurde, ist irrelevant (vgl *Hellbling* I, 541).

705 § 69 Abs 1 AVG normiert in einer taxativen Aufzählung (vgl dazu VwSlgNF 401 A, 478 A, 2.078 A, 2.255 A, 707 F) drei Wiederaufnahmegründe. Der Wiederaufnahmegrund des § 69 Abs 1 Z 1 AVG liegt vor, wenn der Bescheid durch Fälschung einer Urkunde (vgl dazu §§ 223 f StGB), falsches Zeugnis (vgl dazu §§ 288 f StGB) oder eine andere gerichtlich strafbare Handlung herbeigeführt oder sonstwie erschlichen worden ist. Die gerichtlich strafbaren Handlungen müssen nicht durch gerichtliches Urteil festgestellt worden sein; vielmehr muß die Verwaltungsbehörde diese Frage – erforderlichenfalls – als Vorfrage prüfen und beantworten (vgl

VwSlgNF 4.623 A; VwGH 22. 12. 1932, A 372/32). Unter Erschleichung des Bescheides ist ein vorsätzliches – nicht bloß kausales oder bloß fahrlässiges (*Spanner*, 313) – Verhalten der Partei im Zuge des Verfahrens (VwSlgNF 5.861 A) zu verstehen, das darauf abzielt, einen für sie günstigen Bescheid zu erlangen (VwSlgNF 944 A; VwGH 19. 2. 1986, 84/09/0216). Die Herbeiführung des Bescheides durch gerichtlich strafbare Handlungen bzw die Erschleichung des Bescheides müssen für den Inhalt des herbeigeführten oder erschlichenen Bescheides kausal sein.

706 Der Wiederaufnahmegrund des § 69 Abs 1 Z 2 AVG liegt vor, wenn neue Tatsachen oder Beweismittel hervorkommen, die im Verfahren ohne Verschulden der Partei nicht geltend gemacht werden konnten und allein oder in Verbindung mit dem sonstigen Ergebnis des Verfahrens voraussichtlich einen im Hauptinhalt des Spruchs anderslautenden Bescheid herbeigeführt hätten. Nach der Jud des VwGH liegt *„Verschulden der Partei"* dann nicht vor, *„wenn die Wiederaufnahme verschuldensunabhängig wäre und Mitwirkungspflicht bzw der Verletzung dieser Pflicht im Rahmen der zutreffenden Wiederaufnahmeentscheidung keine Bedeutung zuzumessen wäre"* (VwGH 10. 6. 1998, 96/20/0266). Es muß sich bei den Tatsachen oder Beweismitteln um neu hervorgekommene, dh um solche handeln, die bereits zur Zeit des Verfahrens bestanden haben, aber erst später bekannt wurden (VwSlg 15.445 A, VwSlgNF 1.794 A, 7.721 A, 8.417 A, 8.605 A; VwGH 29. 10. 1970, 1256/69; VwGH 22. 6.1981, 1199/79; VwGH 21. 10. 1981, 81/10/0100; UBAS 13. 2. 1998, 200.351/0-II/4/98). Eine wesentliche Änderung der Tatsachenlage nach Erlassung des Bescheids kann nicht durch Wiederaufnahme, sondern nur durch neue Antragstellung geltend gemacht werden (vgl *Weyr*, 133; vgl auch VwGH 20. 2. 1992, 91/09/0196; 30. 4. 1991, 98/08/0188; UBAS 13. 2. 1998, 200.351/0-II/4/98). Dasselbe gilt bei Änderung der Rechtslage für den entschiedenen Sachverhalt (vgl VwSlgNF 331 A). § 69 Abs 1 Z 2 AVG stellt einen relativen Wiederaufnahmegrund dar, dh es ist nur wiederaufzunehmen, wenn sich voraussichtlich – damit ist eine vorläufige Beurteilung (höherer Grad von Wahrscheinlichkeit) gemeint – ein anderer Spruch in der Hauptsache ergeben würde.

707 Der Wiederaufnahmegrund des § 69 Abs 1 Z 3 AVG ist gegeben, wenn „der Bescheid gemäß § 38 AVG von Vorfragen abhängig war und nachträglich über eine solche Vorfrage von der hiefür zuständigen Behörde (Gericht) in wesentlichen Punkten anders entschieden wurde". Im Asylverfahren könnte auf den ersten Blick eine hier maßgebliche „Vorfragenkonstellation" im Verhältnis zwischen Asylgewährung gem § 7 bzw § 9 AsylG 1997 und der Asylerstreckung gem §§ 10 und 11 AsylG 1997 denkbar sein. Im Asylerstreckungsverfahren ist die Asylberechtigung einer Bezugsperson iSd § 10 Abs 2 AsylG 1997 – die Asylberechtigung wird nach § 7 bzw § 9 leg cit mit Bescheid (in einem anderen Verfahren) gewährt – unabdingbare Rechtsbedingung. Die Asylgewährung an die Bezugsperson tritt allerdings erst mit Rechtskraft des Bescheides ein, mit dem gem § 7 bzw § 9 leg cit Asyl gewährt wird. Dies bedeutet, daß die Asylbehörde die Asylberechtigung der Bezugspersonen vor Erlassung des Bescheides gem § 7 bzw § 9 leg cit im Rahmen des Asylerstreckungsverfahrens zu verneinen und demgemäß den Antrag auf Asylerstreckungung in diesem Stadium abzuweisen hätte. Damit entfaltet ein Bescheid, mit dem Asyl gewährt wird, in Asylerstreckungsverfahren bloße Tatbestandswirkung; die „Asylberechtigung eines Angehörigen iSd § 10 Abs 2 AsylG 1997 ist sohin im Asylerstreckungsverfahren keine Vorfrage iSd § 38 AVG. Fraglich ist, ob die Asylbehörden – analog zu § 11 Abs 3 AsylG 1997 – mit der Asylerstreckung solange zuzuwarten haben, bis der Asylantrag des (der) Angehörigen (rechtskräftig) erledigt ist (siehe dazu die Ausführungen zu § 11, Rz 361). Vor diesem Hintergrund ist auch die Sonderregel des

§ 10 Abs 2 erster Satz AsylG 1997 zu beachten. Danach können Asylerstreckungsanträge frühestens zur selben Zeit wie der der Sache nach damit verbundene Asylantrag eingebracht werden. Asylerstreckungsanträge, die vor diesem Zeitpunkt gestellt werden, sind grundsätzlich als unzulässig zurückzuweisen. Fraglich ist, ob vorzeitig gestellte Asylerstreckungsanträge durch die nachfolgende Asylantragstellung einer Bezugsperson konvalidieren; da dem Verwaltungsverfahren jeder übertriebene Formalismus fremd ist, wird dies wohl zu bejahen sein.

708 Gem § 69 Abs 1 AVG ist dem Antrag einer Partei auf Wiederaufnahme stattzugeben, wenn die gesetzlichen Voraussetzungen (ein durch rechtskräftigen Bescheid abgeschlossenes Verfahren und ein Wiederaufnahmegrund) vorliegen. Jede Partei des abgeschlossenen Verfahrens hat demnach einen Rechtsanspruch auf Wiederaufnahme; sie kann einen Antrag stellen, über den von der Behörde zu entscheiden ist (*Walter/Mayer*, Verwaltungsverfahrensrecht, Rz 594; VwSlgNF 2.234 A; VwGH 26. 9. 1984, 82/09/0165). Ein Antrag auf Wiederaufnahme ist gem § 69 Abs 2 AVG binnen zwei Wochen bei der Behörde einzubringen, die den Bescheid in erster Instanz erlassen hat. Die Frist beginnt mit dem Zeitpunkt, in dem der Antragsteller (Partei) von dem Wiederaufnahmegrund Kenntnis erlangt hat (subjektive Frist), wenn dies jedoch nach der Verkündung des mündlichen Bescheides und vor Zustellung der schriftlichen Ausfertigung geschehen ist, erst mit diesem Zeitpunkt (siehe dazu *Walter/Mayer*, Verwaltungsverfahrensrecht, Rz 595; 1167 BlgNR 20. GP, 38). Nach Ablauf von drei Jahren nach Erlassung des Bescheides kann der Antrag auf Wiederaufnahme nicht mehr gestellt werden. Die Umstände, aus welchen sich die Einhaltung der gesetzlichen Frist ergibt, sind vom Antragsteller glaubhaft zu machen (vgl § 538 Abs 2 ZPO, § 71 Abs 1 Z 1 und § 42 Abs 3 AVG; vgl auch *Hellbling* I, 462). Der Wiederaufnahmeantrag muß – abgesehen von den allgemeinen formellen Erfordernissen – das wiederaufzunehmende Verfahren angeben, den Wiederaufnahmegrund darlegen und die Angabe enthalten, wann der Antragsteller von diesem Kenntnis erlangt hat.

709 Zur Entscheidung über den Wiederaufnahmeantrag ist gem § 69 Abs 4 AVG jene Behörde berufen, die den Bescheid in letzter Instanz erlassen hat, wenn jedoch in der betreffenden Verwaltungssache ein UVS (der UBAS) entschieden hat, dieser; ob die Behörde zu dieser Entscheidung zuständig war, ist gleichgültig (VwSlgNF 6.849 A). Nach § 70 Abs 3 AVG steht dem Antragsteller gegen die Ablehnung eines Antrages auf Wiederaufnahme das Recht der Berufung an die im Instanzenzug übergeordnete Behörde, wenn aber in der Sache eine Berufung an den unabhängigen Verwaltungssenat (UVSL bzw UBAS) vorgesehen ist, an diesen zu. Der Ausdruck Ablehnung meint sowohl die Abweisung wie auch die Zurückweisung des Antrages (vgl *Hellbling* I, 468; *Ringhofer*, 727; *Walter/Thienel*, Verfahren, 1525; VwGH 20. 6. 1985, 85/08/0005). Gegen die Bewilligung oder Verfügung der Wiederaufnahme ist eine abgesonderte Berufung nicht zulässig (§ 70 Abs 3 AVG).

710 Nach § 69 Abs 3 AVG kann unter den Voraussetzungen des § 69 Abs 1 leg cit die Wiederaufnahme des Verfahrens auch von Amts wegen verfügt werden. Die Verfügung der Wiederaufnahme kann nur innerhalb von drei Jahren nach Erlassung des Bescheides erfolgen; in Wiederaufnahmefällen des § 69 Abs 1 Z 1 AVG jedoch ohne zeitliche Beschränkung (§ 69 Abs 3 AVG; VwSlg 17.354 A; VwGH 6. 5. 1957,1589/56; *Hellbling* I, 462).

711 Die bewilligte oder verfügte Wiederaufnahme hat unbestrittenermaßen die Wirkung, daß das wiederaufgenommene Verfahren – unter unveränderter (VwSlgNF 153 A, 814 A) Verwertung früherer Erhebungen und Beweisaufnahmen, die durch einen geltend gemachten Wiederaufnahmegrund nicht betroffen werden (§ 70 Abs 2 AVG; *Pichler*, Wiederaufnahme, 462) – nach den Bestimmungen der §§ 37 ff AVG neuerlich durchzuführen und die gleiche (VwSlgNF 153 A, 5.294 A) Verwaltungssache neu zu entscheiden ist (vgl *Walter/Mayer*, Verwaltungsverfahrensrecht, Rz 606). Sofern dies auf Grund der vorliegenden Akten möglich ist, soll mit der Bewilligung bzw Verfügung der Wiederaufnahme schon die Entscheidung in der Sache verbunden werden. Ansonsten ist von der die Wiederaufnahme verfügenden (bewilligenden) Behörde auszusprechen, inwieweit und in welcher Instanz das Verfahren wiederaufzunehmen ist (§ 70 Abs 1 AVG). Die neue Entscheidung muß im Rahmen des wiederaufgenommenen Teils des Verfahrens ergehen und muß dieselbe Verwaltungssache ex tunc (VwSlgNF 814 A) erledigen, die Gegenstand des früheren Verfahrens war (VwSlgNF 153 A, 5.294 A). Die Entscheidung im wiederaufgenommenen Verfahren kann zugunsten oder zuungunsten der Partei ausfallen. Bezüglich ihrer Anfechtung gelten die für den Instanzenzug für die betreffende Sachentscheidung relevanten Bestimmungen (VwSlgNF 1.404 A, 9.870 A; VwGH 10. 12. 1986, 86/01/0237).

e) Wiedereinsetzung in den vorigen Stand

712 Der Antrag auf Wiedereinsetzung in den vorigen Stand (§§ 71 f AVG; vgl auch § 380 BAO, § 146 ZPO) ist ein Rechtsbehelf der Partei, um die nachteiligen Rechtsfolgen einer Säumnis der Partei selbst zu beseitigen. Eine Wiedereinsetzung kann immer nur auf Antrag einer Partei (vgl VwGH 23. 12. 1932, A 602/30; *Gaisbauer*, Rechtslexikon, 5; *Wurst*, Wiedereinsetzung, 367) und nur dann verfügt werden, wenn die Partei glaubhaft macht, daß sie durch ein unvorhergesehenes oder unabwendbares Ereignis verhindert war, die Frist einzuhalten oder zur Verhandlung zu erscheinen und sie kein Verschulden oder nur ein minderer Grad des Versehens trifft, oder die Partei die Rechtsmittelfrist versäumt hat, weil der Bescheid keine Rechtsmittelbelehrung, keine Rechtsmittelfrist oder fälschlich die Angabe enthält, daß kein Rechtsmittel zulässig sei (§ 71 Abs 1 AVG). Nach der Jud des VwGH kann die eigene Unerreichbarkeit für den Asylwerber weder ein unvorhergesehenes noch ein unabwendbares Ereignis sein, das ihn an der rechtzeitigen Inkenntnissetzung vom Einvernahmetermin gehindert hätte (vgl VwGH 29. 11. 1994, 94/20/0129).

713 Die Schubhaft kann allerdings Ursache dafür sein, daß ein Asylwerber nicht in der Lage ist, ein ihm an sich offenstehendes Rechtsmittel rechtzeitig wahrzunehmen. Dazu hat der BMI im Bescheid vom 19. 9. 1991, 4.318.364/2–III/13/91 festgehalten: *„Dadurch, daß der Berufungswerber in Schubhaft keine entsprechende Möglichkeit zur Kontaktaufnahme zu anderen Personen hatte und auch keine Möglichkeit der Erhebung eines Rechtsmittels aufgrund der fehlenden Sprach- und Rechtskenntnisse ihm nicht bewußt war, hat die Partei keinesfalls auffallend sorglos gehandelt und dadurch die Frist versäumt. Das Verhalten des Asylwerbers kann daher höchstens als leicht fahrlässig qualifiziert werden."* Ähnlich führt der VwGH aus: *„Es entspricht zwar ständiger Judikatur, daß sowohl mangelnde Deutschkenntnisse als auch mangelnde Rechtskenntnis für sich allein genommen keine Gründe für die Bewilligung der Wiedereinsetzung bilden, doch hätte sich die belangte Behörde mit der Behauptung des Beschwerdeführers im Wiedereinsetzungsantrag, er habe öfter um eine Beratungsmöglichkeit ersucht, sei aber immer ‚auf später vertröstet' worden, dies bis zu seiner Entlassung am 23. Februar 1993, das heißt bereits bis nach Ablauf der ihm zur Verfügung stehenden Berufungsfrist, auseinanderzusetzen gehabt. Dem Beschwerdeführer ist auch darin beizupflichten, daß die Erhebung einer – einen begründeten Berufungsantrag nicht enthaltenden – Berufung lediglich zur Wahrung der Frist entgegen der von der belangten Behörde vertretenen Ansicht zu einer zweckentsprechenden Rechtsverfolgung nicht tauglich erscheint, da eine, einen der-*

artigen nicht nach § 13 AVG berichtigungsfähigen Inhaltsmangel enthaltende Berufung nach ständiger Judikatur des Verwaltungsgerichtshofes zurückzuweisen wäre. Es muß daher sichergestellt sein, daß ein Asylwerber – auch oder gerade wegen der Einengung seiner Freiheit während der Schubhaft – den von ihm gewünschten Rechts- oder sonstigen Beistand rechtzeitig erhält, ohne ihm aber ständige Urgenzen zuzumuten" (VwGH 19. 10. 1994, 93/01/1117; vgl auch VwGH 27. 7. 1995, 94/19/0519; 21. 5. 1997, 96/21/0574; daß Versuche, mit geeigneten Personen Kontakt aufzunehmen, auch grundsätzlich während der Schubhaft zu unternehmen sind, hat der VwGH bereits in den Erkenntnissen vom 17. 2. 1993, 92/01/1111 und 1112 sowie vom 21. 4. 1993, 93/01/0167 ausgesprochen).

714 Die Unmöglichkeit, den relevanten Bescheidinhalt infolge einer Sprachunkenntnis entsprechend wahrnehmen zu können, kann in besonderen Fällen zur Wiedereinsetzung der Berufungsfrist führen: *„Wohl stellen mangelnde Kenntnisse der deutschen Sprache für sich allein keinen Wiedereinsetzungsgrund dar (vgl. die in Hauer/Leukauf, Handbuch des österreichischen Verwaltungsverfahrens 4, Eisenstadt 1990, S 633, zitierte Judikatur). Im Beschwerdefall tritt aber hinzu, daß der Beschwerdeführer seinen unwiderlegt gebliebenen Angaben zufolge auf Grund seiner mangelnden Sprachkenntnisse nicht die Möglichkeit hatte, von den Gründen, aus denen sein Asylantrag abgewiesen worden war, Kenntnis zu erlangen, und somit auch nicht in die Lage versetzt war, ein den Anforderungen eines begründeten Berufungsantrages genügendes Rechtsmittel zu erheben. Wenn auch bei der Auslegung des Merkmales eines begründeten Berufungsantrages kein strenger Maßstab anzulegen ist, so kann dennoch beim gänzlichen Fehlen einer Begründung und eines Antrages von einem dem Gesetz entsprechenden Rechtsmittel nicht die Rede sein. Insbesondere mangelt einem Rechtsmittel, dem lediglich zu entnehmen ist, daß der Berufungswerber den Bescheid einer Verwaltungsbehörde bekämpft, nicht aber, worin die Unrichtigkeit des bekämpften Bescheides erblickt wird, ein begründeter Berufungsantrag (vgl. zum ganzen die in Hauer/Leukauf, aaO., S 491 ff, zitierte Judikatur). Es ergibt sich sohin, daß der Beschwerdeführer, um eine dem Gesetz entsprechende Berufung gegen den erstinstanzlichen Bescheid erheben zu können, zumindestens die tragenden Gründe dieses Bescheides hätte kennen müssen, um überhaupt darlegen zu können, worin er die Unrichtigkeit des erstinstanzlichen Bescheides erblicke. Dies wäre im Beschwerdefall umso notwendiger gewesen, als der Asylantrag nicht nur deshalb abgewiesen wurde, weil die Behörde erster Instanz der Auffassung war, beim Beschwerdeführer lägen keine der in § 1 Z 1 Asylgesetz 1991 (übereinstimmend mit Art. 1 Abschnitt A Z 2 der Genfer Flüchtlingskonvention) aufgezählten Gründe vor, sondern auch deshalb, weil er bereits in einem anderen Land (Italien) vor Verfolgung sicher gewesen sei. Aus dem ihm in englischer Sprache mitgeteilten Spruch und der Rechtsmittelbelehrung des erstinstanzlichen Bescheides konnte der Beschwerdeführer aber keineswegs erkennen, daß ihm gegenüber auch der Versagungstatbestand des § 2 Abs. 2 Z 3 Asylgesetz 1991 zur Anwendung gebracht worden war, sodaß, auch wenn er – wie dies die belangte Behörde für möglich erachtet hat – in einer eher allgemein gehaltenen Berufung seine Asylgründe wiederholt hätte, diese Berufung allein schon deshalb als aussichtslos hätte angesehen werden müssen, weil er hinsichtlich der ihm nicht zur Kenntnis gelangten, von der Behörde erster Instanz angenommenen Verfolgungssicherheit in einem Drittland keinerlei Ausführungen hätte machen können"* (VwGH 27. 7. 1995, 94/19/0519).

715 Die Dispositionsunfähigkeit eines Vertreters kann grundsätzlich zu einer Wiedereinsetzung führen: *„Nach ständiger Rechtsprechung des Verwaltungsgerichtshofes stellt (...) eine erwiesene Dispositionsunfähigkeit des Vertreters in jenem Zeit-*

raum, in dem die Berufung gegen den anzufechtenden Bescheid hätte erhoben werden müssen, in der Regel ein unvorhergesehenes bzw. unabwendbares Ereignis dar. Dies trifft bei einer Erkrankung dann zu, wenn sie einen Zustand der Dispositionsunfähigkeit zur Folge hat und so plötzlich und so schwer auftritt, daß der Erkrankte nicht mehr in der Lage ist, die nach der Sachlage gebotenen Maßnahmen zu treffen (vgl. die in Hauer-Leukauf, Handbuch des österreichischen Verwaltungsverfahrens, 4. Auflage, S. 625 f zitierte Judikatur). Die belangte Behörde hat die Behauptung der Beschwerdeführerin, daß bei Mag. S. eine derartige Krankheit vorgelegen sei, nicht als unglaubwürdig erachtet. Der belangten Behörde ist in diesem Zusammenhang zwar zuzugestehen, daß derjenige, der – wenn auch ehrenamtlich – professionelle Vertretungshandlungen übernimmt, innerhalb seines Bereiches grundsätzlich dafür zu sorgen hat, daß in plötzlich auftretenden Behinderungsfällen dennoch der reibungslose Ablauf der Büroorganisation gegeben ist. Dies kann aber nur für vorhersehbare, im alltäglichen Büroablauf üblicherweise auftretende Umstände gelten, nicht jedoch für den unerwartet und plötzlich auftretenden Zustand der Dispositionsunfähigkeit des bevollmächtigten Vertreters selbst" (VwGH 12. 9. 1996, 95/20/0126). Das Verschulden eines Rechtsanwaltes ist grundsätzlich der Partei zuzurechnen: *„Abgesehen davon, daß der Beschwerdeführer es im gesamten Verfahren unterläßt, den Namen der Kanzleibediensteten, welcher der Fehler unterlaufen sei, bekanntzugeben, sodaß er seiner Mitwirkungspflicht im Verfahren nicht nachgekommen ist, scheitert die Beschwerde aber auch daran, daß der Rechtsanwalt die Festsetzung von Fristen nicht völlig einer Kanzleibediensteten überlassen und sich lediglich auf stichprobenartige Kontrollen beschränken darf. Für die richtige Beachtung der Rechtsmittelfristen ist in einer Rechtsanwaltskanzlei stets der Rechtsanwalt verantwortlich, denn er selbst hat die Fristen zu setzen, ihre Vormerkung anzuordnen sowie die richtige Eintragung im Kalender im Rahmen der gebotenen Aufsichtspflicht zu überwachen, und zwar auch dann, wenn die Kanzleiangestellte ansonsten erprobt und erfahren und deshalb mit der selbständigen Besorgung bestimmter Kanzleiarbeiten, so auch mit der Kalendierung von Fristen, betraut worden ist und es bisher nicht zu Beanstandungen gekommen sein sollte. Die bloß stichprobenartige Überprüfung der Eintragungen ist nicht ausreichend (vgl. aus der ständigen Rechtsprechung des Verwaltungsgerichtshofes z.B. die Erkenntnisse vom 27. Jänner 1995, Zl. 94/17/0486, und vom 26. Juli 1995, Zl. 95/20/0242). Im gegenständlichen Fall kommt hinzu, daß der Vertreter des Beschwerdeführers auf Grund der von ihm vorgebrachten Umstellung seiner Kanzleiorganisation und gleichzeitigem urlaubsbedingten Arbeitsanfall es lediglich mit einer ca. drei Monate nach Zustellung des Bescheides (3. Juli 1996) durchgeführten „routinemäßigen Aktenkontrolle„ (1. Oktober 1996) bewenden ließ. Der Vertreter des Beschwerdeführers hat damit in einer den minderen Grad des Versehens übersteigenden Verschuldensform die nach der Sachlage gebotene und ihm zumutbare Pflicht zur Überwachung der für ihn tätig gewordenen Hilfskraft hinsichtlich der Wahrung einer Frist unterlassen. Ein derartiges Verschulden des Rechtsanwaltes des Beschwerdeführers an der Versäumung ist dem Beschwerdeführer zuzurechnen und schließt eine Wiedereinsetzung nach § 71 AVG aus"* (VwGH 30. 9. 1997, 96/01/1204)

716 Vor dem Hintergrund des § 46 Abs 1 VwGG vertritt der VwGH eine relativ strenge Ansicht zur Wiedereinsetzung der sechswöchigen Beschwerdefrist: *„Die mangelnde Kenntnis der deutschen Sprache kann aber nach der Rechtsprechung des Verwaltungsgerichtshofes grundsätzlich nicht als tauglicher Wiedereinsetzungsgrund angesehen werden (vgl. die Beschlüsse vom 12. Dezember 1971, Zl. 1603/71, und vom 15. Jänner 1985, Zlen 84/04/0234, 0235). Daran vermöchte auch der Umstand, daß allenfalls dem angefochtenen Bescheid – entgegen dem in den Verwal-*

tungsakten enthaltenen Kanzleiauftrag der belangten Behörde, dem (für den Beschwerdeführer bestimmten) ‚Originalbescheid das entsprechende Übersetzungsblatt' in türkischer Sprache beizufügen – keine Übersetzung des Spruches und der Rechtsmittelbelehrung in einer dem Beschwerdeführer ausreichend verständlichen Sprache angeschlossen war und damit die Bestimmung des § 18 Abs. 1 letzter Satz Asylgesetz 1991, bei der es sich um eine bloße Ordnungsvorschrift handelt, mißachtet wurde, nichts zu ändern. Der Beschwerdeführer, der eine Berufung erhoben hatte und mit behördlichen Erledigungen in dieser Angelegenheit, insbesondere auch mit einer abschlägigen Enderledigung, hätte rechnen müssen, wäre zur Wahrung seiner rechtlichen Interessen verpflichtet gewesen, sich umgehend – sollte dies noch erforderlich gewesen sein – über den Inhalt des betreffenden Schriftstückes (einschließlich der Rechtsbelehrung nach § 61a AVG, deren Fehlen im übrigen ebenfalls keinen Wiedereinsetzungsgrund dargestellt hätte, weil eine Unkenntnis des Gesetzes der Beschwerdeführer zu vertreten hätte) Gewißheit zu verschaffen. Daß er nach seinem Vorbringen erst am 16. Dezember 1992 anläßlich einer Vorsprache in der Kanzlei seines nunmehrigen Vertreters über den Inhalt des angefochtenen Bescheides und die Möglichkeit, dagegen Beschwerde an den Verwaltungsgerichtshof zu erheben, ‚belehrt' wurde, geht daher zu seinen Lasten, zumal der Beschwerdeführer gar nicht dargetan hat, daß er diesbezüglich nicht bereits früher etwas hätte unternehmen können. Daß er daran durch seine Tuberkuloseerkrankung, die er als weitere Begründung für seinen Antrag anführt, gehindert gewesen wäre, ist seinem Vorbringen nicht zu entnehmen. Auch wenn im Sinne seines Vorbringens aktenkundig ist, daß der Beschwerdeführer den angefochtenen Bescheid im Landeskrankenhaus Natters übernommen hat, so wäre es doch seine Sache gewesen, konkrete Behauptungen darüber aufzustellen, daß und auf welche Weise er sich rechtzeitig um die gegenständliche Angelegenheit gekümmert habe, und diese glaubhaft zu machen" (vgl auch VwGH 8. 11. 1995, 95/01/0445). Der VfGH hat den vom Beschwerdeführer im Ergebnis geltend gemachten Rechtsirrtum über die Möglichkeit, durch Stellung eines Verfahrenshilfeantrages (auch) beim Verfassungsgerichtshof die Beschwerdefrist zur Bekämpfung des letztinstanzlichen Asylbescheides vor diesem Gerichtshof zu wahren, nicht als Fehler eingestuft, den gelegentlich auch ein sorgfältiger Mensch macht: *„Es obliegt jedermann selbst, sich rechtzeitig Kenntnis von den bestehenden Rechtsschutzmöglichkeiten, einschließlich der außerordentlichen Rechtsschutzinstrumente, wie der Beschwerdeführung vor den Gerichtshöfen des öffentlichen Rechtes, Kenntnis zu verschaffen"* (VfGH 28. 11. 1994, B 1640).

717 Die versäumte Frist muß eine verfahrensrechtliche Frist sein (vgl VwSlgNF 144 F, 164 F, 1.291 A, 2.174 A, 3.904 A, 4.809 A, 8.181 A; VwGH 27. 9. 1988, 88/11/0157; vgl auch *Gaisbauer*, Rechtslexikon, 1; *Wurst*, Wiedereinsetzung, 366), deren Ablauf die Möglichkeit, eine Verfahrenshandlung zu setzen (zB Berufung zu erheben, einen Antrag zu verbessern) beendet. Eine Wiedereinsetzung gegen eine Versäumung der (verfahrensrechtlichen) Wiedereinsetzungsfrist ist expressis verbis ausgeschlossen (vgl § 71 Abs 5 AVG).

718 Der Antrag auf Wiedereinsetzung muß binnen zwei Wochen nach Aufhören des Hindernisses (VwSlgNF 9.434 A; VwGH 7. 9. 1988, 88/18/0104) oder nach dem Zeitpunkt, in dem die Partei von der Zulässigkeit der Berufung Kenntnis erlangt hat (vgl dazu *Hellbling* I, 475; *Wurst*, Wiedereinsetzung, 369), schriftlich (vgl § 13 Abs 1, 2 AVG; fraglich ist auch hier die Anwendbarkeit des § 24 Abs 2 AsylG 1997; siehe dazu die Ausführungen zu § 24, Rz 733 ff; § 44, Rz 1216) gestellt werden (§ 71 Abs 2 AVG; VwGH 12. 3.1968, 88/18/0109). Im Falle der Versäumung einer Frist hat die Partei die versäumte Handlung gleichzeitig mit dem Wiedereinsetzungsantrag nachzuholen (§ 71 Abs 3 AVG). Über den Antrag auf Wiedereinsetzung hat jene Behörde zu entscheiden, bei der eine versäumte Prozeßhandlung vorzunehmen war, die die versäumte Verhandlung angeordnet hat, bzw die unrichtige Rechtsmittelbelehrung erteilt hat (§ 71 Abs 4 AVG; vgl auch VwSlgNF 2.742 A). Bei dieser Behörde ist mangels anderer Regelung der Antrag auch einzubringen (*Ringhofer*, 739). Im Lichte des AsylG 1997 entstehen – vor dem Hintergrund der Übergangsbestimmungen des AsylG 1991 (§ 25 AsylG 1991) – besondere Probleme dann, wenn seinerzeit noch eine nach dem AsylG 1968 an sich (örtlich) zuständige Sicherheitsdirektion über einen Wiedereinsetzungsantrag entschieden hat und im zeitlichen Anwendungsbereich des AsylG 1997 noch über eine dagegen eingebrachte Berufung durch den UBAS zu entscheiden ist. Vor diesem Hintergrund führte der UBAS in einer Senatsentscheidung aus: *„Die erstinstanzliche Behörde (hier. Sicherheitsdirektion) stützte ihre Zuständigkeit erkennbar auf § 71 Abs. 4 AVG iVm dem Umstand, daß die erstinstanzliche Behörde seinerzeit die Behörde gewesen war, bei der die versäumte Handlung – nämlich die Einbringung der Berufung nach der damals gegolten habenden Rechtslage (§ 63 Abs. 5 AVG 1950) – vorzunehmen war. Dabei hat die erstinstanzliche Behörde jedoch außer Acht gelassen, daß, wie bereits oben ausgeführt, § 25 Abs. 1 erster Satz des Asylgesetzes 1991 zum Zeitpunkt der Erlassung des erstinstanzlichen Bescheides für die von dieser Bestimmung erfaßten Fälle eine dem § 71 Abs. 4 AVG sowohl als lex posterior wie auch als lex specialis vorgehende – und, vermöge ihres Verfassungsranges, auch im Hinblick auf Art. 11 Abs. 2 B-VG unbedenkliche – Regelung dahin getroffen hatte, daß (nur)* ***am 1. 6. 1992 bei der Sicherheitsdirektion anhängige Verfahren*** *von dieser (noch) zu Ende zu führen waren. Daß § 25 Abs. 1 erster Satz Asylgesetz 1991 sich* ***auch auf*** *Verfahren betreffend* ***verfahrensrechtliche Bescheide*** *bezogen hat, ergibt sich für den unabhängigen Bundesasylsenat nicht nur aus dem – diesbezüglich nicht differenzierenden – Wortlaut, sondern auch aus dem eindeutig verfahrensrechtlichen Inhalt aufweisenden zweiten Satz dieses Absatzes, zumal auch die Materialien (vgl. RV 270 BlgNR 18. GP, 23) keinen Anhaltspunkt für eine hievon abweichende Beurteilung bieten. Im gegenständlichen Fall wäre daher zum Zeitpunkt der Antragstellung eine Zuständigkeit der Sicherheitsdirektion nur gegeben gewesen, wenn iSd § 25 Abs. 1 des Asylgesetzes 1991 mit Stichtag 1. 6. 1992 ein Verfahren in erster Instanz bei dieser Behörde anhängig gewesen wäre. Ein derartiges Verfahren war mit dem Antragsteller an diesem Stichtag jedoch* ***nicht*** *anhängig. Es ist zuzugeben, daß § 25 Abs. 1 des Asylgesetzes 1991 zur hier interessierenden Frage, welche Behörde zur Entscheidung über einen nach dem Stichtag hinsichtlich eines vor diesem Stichtag von der Sicherheitsdirektion abgeschlossenen Asylverfahrens gestellten Wiedereinsetzungantrag zuständig sein sollte, keine explizite positive Aussage traf. Aus dem Gesamtzusammenhang des § 25 Abs. 1 leg. cit. – der Beschränkung der Zuständigkeit der Sicherheitsdirektion auf die am Stichtag anhängigen Verfahren einerseits, und der Bestimmung, daß selbst in Verfahren, bezüglich deren die Wiederaufnahme oder Wiedereinsetzung von der Sicherheitsdirektion bereits bewilligt war, das Bundesasylamt einen neuen Bescheid zu erlassen hatte, andererseits – war jedoch die klare Absicht des damaligen Verfassungsgesetzgebers erkennbar (idR auch VfSlg. 13315), im größtmöglichen Umfang die Zuständigkeiten in Asylangelegenheiten in erster Instanz in* ***Hinkunft,*** *d.h. nach dem Stichtag, dem – mit § 10 Abs. 1 Z 1 des Asylgesetzes 1991, gleichfalls einer Verfassungsbestimmung, neugeschaffenen –* ***Bundesasylamt*** *zuzuweisen (zu dem Motiv des Asylgesetzgebers 1991, ‚Flüchtlingsangelegenheiten aus der Zuständigkeit der Sicherheitsbehörden herauszulösen‘, vgl. RV 270 BlgNR 18. GP, 17; zu dessen Motiv, den Außenstellen des Bundesasylamtes ‚nicht jeweils für sich einen* *eigenen territorialen Wirkungsbereich' einzuräumen, vgl. AB 328 BlgNR 18. GP, 2; der Asylgesetzgeber 1991 bezeichnete die – durch diese Änderungen bewirkte – ,Gewähr einer* ***effizienten*** *Durchführung des Asylverfahrens durch* ***eine*** *besonders* ***spezialisierte*** *Behörde' ausdrücklich als ,wesentliche<n> Bestandteil dieses Gesetzesvorhabens', vgl. nochmals die RV, a. a. O.; vgl. auch den von § 66 Abs. 1 erster Fall AVG abweichenden § 25 Abs. 2 zweiten Satz des Asylgesetzes 1991). Der unabhängige Bundesasylsenat ist daher der Auffassung, daß für die Entscheidung über den gegenständlichen Wiedereinsetzungsantrag bereits zum Zeitpunkt seiner Einbringung das Bundesasylamt gemäß § 25 Abs. 1 des Asylgesetzes 1991 iVm § 10 Abs. 1 Z 1 leg. cit. zuständig war. Das so erzielte Interpretationsergebnis steht überdies im Einklang mit der jüngeren Judikatur des Verwaltungsgerichtshofes zum – hier nicht unmittelbar anzuwenden gewesenen – § 71 Abs. 4 AVG, wonach diese Gesetzesstelle auf jene* ***Regelfälle*** *zu beschränken ist, in denen der nach dem Wortlaut des § 71 Abs. 4 AVG berufenen Behörde auch eine Zuständigkeit zur Entscheidung in der Sache selbst zukommt (VwSlg. 14228/A vgl. sinngemäß auch den Grundsatz, daß sich der Instanzenzug in verfahrensrechtlichen Bescheiden nach jenem der Hauptsache richtet sowie die auf dem gleichen Gedanken beruhende, obzitierte Argumentation des verwaltungsgerichtlichen Beschlusses vom 14. 1. 1998). § 25 Abs. 1 des Asylgesetzes 1991 ist am 31. 12. 1997 durch § 42 Abs. 1 AsylG – eine Verfassungsbestimmung – außer Kraft getreten. Nach Auffassung des unabhängigen Bundesasylsenates kann dieser Verfassungsbestimmung (…) nicht die Auffassung beigemessen werden, daß durch die mit dieser Verfassungsbestimmung verfügte Aufhebung des § 25 Abs. 1 des Asylgesetzes 1991 der Sicherheitsdirektion eine Zuständigkeit, die sie nach dem Gesagten bereits durch dessen Schaffung verloren hatte, wieder eingeräumt worden wäre. Aufgabe des § 42 Abs. 1 AsylG war vielmehr die* ***Behebung*** *der* ***Restzuständigkeit*** *der Sicherheitsdirektion (vgl. hiezu auch UBAS vom 27. 2. 1998, Zl 200.351/5-II/04/98). Die zum Zeitpunkt der Antragstellung vorgelegene Unzuständigkeit der Behörde erster Instanz ist daher nach Auffassung des unabhängigen Bundesasylsenates auch nicht durch § 42 Abs. 1 AsylG geheilt worden. Der unabhängige Bundesasylsenat hatte daher auch hinsichtlich des gegenständlichen Spruchteiles nur die Aufgabe, die Unzuständigkeit der Behörde erster Instanz aufzugreifen, um auf diesem Wege die Entscheidung der (nunmehr) zuständigen Behörde – des Bundesasylamtes – zu ermöglichen"* (UBAS Sen 3. 4. 1998, 201.875/3-II/06/98).

719 Die Einbringung eines Wiedereinsetzungsantrages hat keine unmittelbaren Rechtswirkungen auf das laufende Verfahren (arg e contrario aus § 71 Abs 6 AVG; vgl dazu auch § 72 Abs 2 AVG). Gem § 71 Abs 6 AVG kann die Behörde dem Antrag auf Wiedereinsetzung allerdings aufschiebende Wirkung beilegen. Dies hat unter Abwägung der Interessen der antragstellenden Partei mit jenen anderer Parteien und den öffentlichen Interessen (*Hauer/Leukauf*, 670) unter Bedachtnahme auf die Regelung des § 64 Abs 2 AVG, des § 46 VwGG und des § 33 VfGG zu geschehen (*Ringhofer*, 471; *Hellbling* I, 477).

720 Die Ablehnung (di sowohl eine Zurück- wie auch eine Abweisung) des Wiedereinsetzungsantrages durch (verfahrensrechtlichen) Bescheid ist durch Berufung an die im Instanzenzug übergeordnete Behörde bekämpfbar; ist in der Sache ein UVS vorgesehen, steht die Berufung an den UVS (UBAS) offen (§ 72 Abs 4 AVG). Berufungsbehörde ist die jeweilige – in der (meritorischen) Verwaltungssache vorgesehene – nächste Instanz (vgl VwSlg 14.973 A; VwSlgNF 1.286 A, 1954 A; VwGH 5. 7. 1988, 88/07/0019; *Wurst*, Wiedereinsetzung, 370). Die Bewilligung der Wiedereinsetzung ist ein verfahrensrechtlicher Bescheid. Gegen diesen ist ein Rechtsmittel ausgeschlossen (§ 72 Abs 4 AVG). Der Bescheid, mit dem die Wiedereinsetzung bewilligt wird, ist von allfälligen anderen Parteien (anderen als dem Antragsteller) mit Beschwerde an den VfGH und VwGH bekämpfbar (VwSlgNF 2.245 A; VwGH 15. 9. 1983, 82/06/0067; *Hauer*, Wiedereinsetzung, 370; *Hellbling* I, 481; *Herrnritt*, 129; *Mannlicher/Quell* I, 413; *Walter*, Wiedereinsetzung, 653).

721 Durch die Bewilligung der Wiedereinsetzung tritt das Verfahren in die Lage zurück, in der es sich vor dem Eintritt der Versäumung befunden hat (§ 72 Abs 1 AVG). Dies bedeutet, daß Verfahrensakte, die nach der Versäumung gesetzt wurden, nicht mehr relevant sind, dh wiederholt werden müssen; zwischenzeitig ergangene Bescheide treten unmittelbar – dh ohne besonderen Akt – außer Kraft (VwSlgNF 4.070 A; *Walter/Mayer*, Verwaltungsverfahrensrecht, Rz 632; *Wurst*, Wiedereinsetzung, 370; anders § 15 DVG). Für einen Bescheid besteht hier kein Raum.

f) Abänderung und Behebung rechtskräftiger Bescheide von Amts wegen

722 § 68 AVG regelt die im Hinblick auf die Rechtssicherheit wesentliche Frage, unter welchen Voraussetzungen rechtskräftige Bescheide von Amts wegen abgeändert oder behoben werden können (vgl auch § 42 JN; 333 Abs 2 StPO; §§ 294 ff BAO). Den Behörden wird lediglich die Befugnis eingeräumt, in näher bestimmten Fällen einen rechtskräftigen Bescheid abzuändern oder zu beheben, der Partei wird jedoch kein subjektives Recht auf einen derartigen Akt gewährt (§ 68 Abs 7 AVG; VwSlgNF 1.455 A; VwGH 4. 7. 1989, 89/05/0013; VfSlg 8.277, 8.495; *Ringhofer*, 668; *Kopp*, 389). Demgemäß bestimmt § 68 Abs 1 AVG, daß Anbringen von Beteiligten, die die Abänderung eines der Berufung nicht oder nicht mehr unterliegenden Bescheides begehren, wegen entschiedener Sache zurückzuweisen sind. Damit ist das Prinzip statuiert, daß über ein und dieselbe Verwaltungssache nur einmal rechtskräftig zu entscheiden ist („ne bis in idem"). Die Zurückweisung eines Anbringens nach § 68 Abs 1 AVG kommt nur in Frage, wenn die Abänderung eines formell rechtskräftigen Bescheides in derselben Sache verlangt wird. Haben sich die rechtlichen oder (und) tatsächlichen Verhältnisse geändert, liegt kein rechtskräftiger Bescheid in derselben Sache vor (VwSlgNF 1.322 A, 2.863 A, 8.035 A; VwGH 5. 9. 1980, 620/78; VwGH 19. 5. 1988, 86/06/0255; VfSlg 6.957; vgl dazu *Ringhofer*, Rechtskraft, 87 und 120). Die Abänderungsbefugnis (einschließlich Nichtigerklärung) betrifft nur Bescheide, die einer Berufung nicht oder nicht mehr unterliegen (§ 68 Abs 1 AVG; VwSlgNF 774 A, 2.321 A; VwGH 6. 7. 1981, 2112/79; vgl dazu *Walter/Mayer*, Verwaltungsverfahrensrecht, Rz 656). Ob das Rechtsmittel der Berufung (fristgerecht) ergriffen wurde, ist irrelevant.

723 Bescheide, aus denen niemandem ein Recht erwachsen ist, können gem § 68 Abs 2 AVG aufgehoben oder abgeändert werden; dazu ist – alternativ – sowohl die Behörde (oder der UVS), die (der) den Bescheid (in letzter Instanz) erlassen hat, als auch in Ausübung des Aufsichtsrechts die sachlich in Betracht kommende Oberbehörde (im Falle von Bescheiden des BAA regelmäßig der BMI) zuständig. Bescheide, aus denen niemandem ein Recht erwachsen ist, sind insb solche, die bloß abweislich sind oder nur Pflichten auferlegen. Eine Aufhebung gem § 68 Abs 2 AVG ist unzulässig, wenn hiedurch die Rechtslage der Partei ungünstiger als durch den aufgehobenen Bescheid gestaltet wird (VwSlgNF 9.769 A, 9.875 A; VwGH 27. 2. 1989, 89/12/0201; *Ringhofer*, 662; *Walter/Thienel*, Verfahren, 1395). Bei der Abänderung eines Bescheides nach § 68 Abs 2 AVG muß der neue Bescheid rechtmäßig sein.

724 In Wahrung des „öffentlichen Wohles" können Bescheide – auch wenn aus ihnen jemandem ein Recht erwachsen ist – gem § 68 Abs 3 AVG abgeändert oder aufgehoben werden, wenn dies zur Beseitigung von das Leben oder die Gesundheit von Menschen gefährdenden Mißständen, oder zur Abwehr schwerer volkswirtschaftlicher Schädigungen notwendig und unvermeidlich ist; zu einem solchen Akt ist – wieder alternativ – die Behörde, die den Bescheid (in letzter Instanz) erlassen hat, wie auch in Ausübung des Aufsichtsrechts die sachlich in Betracht kommende Oberbehörde, wenn jedoch ein UVS entschieden hat, dieser zuständig; sie haben mit möglichster Schonung erworbener Rechte vorzugehen. Die Behörde muß sohin eine Interessenabwägung vornehmen (vgl dazu *Walter/Thienel,* Verfahren, 1398).

725 § 68 Abs 4 AVG sieht vor, daß Bescheide – bei besonders schweren Mängeln – von der sachlich in Betracht kommenden Oberbehörde in Ausübung des Aufsichtsrechts als nichtig erklärt werden können. Im Gegensatz zur Abänderung von Bescheiden gem § 68 Abs 2, 3 AVG, die ex nunc wirkt (VwSlgNF 48 A, 999 A, 1.512 A; *Grüner*, 116; *Ringhofer*, 663), wirkt die Nichtigerklärung ex tunc (*Walter/Mayer*, Verwaltungsverfahrensrecht, Rz 663 f). Nach Z 1 der genannten Bestimmung besteht ein Nichtigkeitsgrund dann, wenn der Bescheid „von einer unzuständigen Behörde oder von einer nicht richtig zusammengesetzten Kollegialbehörde erlassen wurde". Dieser Punkt kann nur innerhalb von drei Jahren ab Zustellung oder Verkündung des Bescheides (vgl § 63 Abs 5 AVG) zu einer Nichtigerklärung Anlaß geben (§ 68 Abs 5 AVG). Gem § 68 Abs 4 Z 2 leg cit liegt ein Nichtigkeitsgrund auch dann vor, wenn der Bescheid „einen strafgesetzwidrigen Erfolg herbeiführen würde". Dieser Tatbestand verlangt eine Art von „doppelter Rechtswidrigkeit" (*Walter/Mayer*, Verwaltungsverfahrensrecht, Rz 666; *Walter/Thienel*, Verfahren, 1399). Der Bescheid muß gesetzwidrig sein und auch noch – in seinen Auswirkungen (arg „Erfolg" in § 68 Abs 4 Z 2 AVG) – gegen eine strafgesetzliche Norm verstoßen. Wäre der Bescheid rechtmäßig, dann könnte sein „Erfolg" nicht gegen strafgesetzliche Vorschriften verstoßen, weil das zugrundeliegende Gesetz eine Ausnahme vom Strafgesetz vorsehen würde. Bei der Herbeiführung des strafgesetzwidrigen Erfolgs kommt es nur auf die Tatbestandsmäßigkeit, nicht aber etwa auf das Verschulden an (vgl *Hellbling* I, 441; *Lanzer*, Nichtigerklärung, 4).

726 Ein weiterer Nichtigkeitsgrund besteht gem § 68 Abs 4 Z 3 AVG dann, wenn der Bescheid „tatsächlich undurchführbar ist". Dieser Fall kommt nur bei „Leistungsbescheiden" – nicht aber bei rechtsgestaltenden oder rechtsfeststellenden Bescheiden – in Betracht (vgl *Walter/Thienel,* Verfahren, 1399 f). Die zu erbringende Leistung – und damit die Vollstreckung des Bescheides – muß unmöglich sein (VwSlgNF 2.198 A). Stets kommt es auf die tatsächliche Undurchführbarkeit an, nicht aber auf rechtliche Mängel des Bescheides (VwSlgNF 168 A, 1.723 A, 1.990 A, 5.834 A; VwGH 17. 12. 1985, 85/05/0085) oder auf rechtliche Schwierigkeiten seiner Durchführung. Ob die „tatsächliche Undurchführbarkeit" bereits bei Bescheiderlassung oder später eingetreten ist, ist irrelevant (vgl *Hellbling* I, 442).

727 Die taxative Aufzählung der Nichtigkeitsgründe gem § 68 Abs 4 AVG wird mit dem Nichtigkeitsgrund der Z 4 abgeschlossen. Danach besteht ein Nichtigkeitsgrund, wenn der Bescheid „an einem durch gesetzliche Vorschrift ausdrücklich (VwSlg 15.695 A; VwSlgNF 73 A; *Hellbling* I, 443) mit Nichtigkeit bedrohten Fehler leidet". Damit ist auf die einzelnen „Verwaltungsvorschriften" verwiesen. Die einzelnen Gesetze haben in großem Umfang davon Gebrauch gemacht, Verstöße ausdrücklich als Nichtigkeitsgründe zu qualifizieren (vgl die Übersicht bei *Mannlicher/Quell* I, 384). Die Wirkung der Statuierung von Nichtigkeitsgründen ist die, daß in Anwendung des § 68 Abs 4 Z 4 AVG ein mit einer solchen „Nichtigkeit" behafteter Bescheid für nichtig erklärt werden kann (*Walter/Mayer*, Verwaltungsverfahrensrecht, Rz 668). Es handelt sich hier also um keine absolute Nichtigkeit, sondern um eine Nichtigerklärbarkeit (Vernichtbarkeit). Das AsylG 1997 kennt derartige Nichtigkeitsgründe allerdings nicht.

g) Devolutionsantrag

728 § 73 Abs 1 AVG bestimmt, daß die Behörden verpflichtet sind, wenn in den Verwaltungsvorschriften nicht anderes bestimmt ist, über Anträge von Parteien (§ 8) und Berufungen ohne unnötigen Aufschub, spätestens aber sechs Monate nach deren Einlangen den Bescheid zu erfassen. Wird der Bescheid nicht innerhalb der Entscheidungsfrist erlassen, so geht auf schriftlichen Antrag der Partei die Zuständigkeit zur Entscheidung auf die sachlich in Betracht kommende Oberbehörde, wenn aber gegen den Bescheid Berufung an den unabhängigen Verwaltungssenat erhoben werden könnte, auf diesen über (Devolutionsantrag). Der Devolutionsantrag ist (seit der AVG-N 1998 nicht mehr „unmittelbar") bei der Oberbehörde (beim unabhängigen Verwaltungssenat) einzubringen (vgl aber § 24 Abs 1 AsylG 1997; Ausführungen zu § 24 Rz 734); § 6 AVG ist auch in diesem Zusammenhang anzuwenden (§ 73 Abs 2 AVG; 1167 BlgNR 20. GP, 39; vgl aber noch VwGH 21. 6. 1994, 94/07/0012). Für die Oberbehörde (den unabhängigen Verwaltungssenat) beginnt die Entscheidungsfrist mit dem Tag des Einlangens des Devolutionsantrages zu laufen (§ 73 Abs 3 AVG). Unter „Entscheidungsfrist" iSd § 73 Abs 2 und 3 AVG ist die sechsmonatige Frist des Abs 1 leg cit, wenn die Verwaltungsvorschriften jedoch eine kürzere oder längere Frist vorsehen, diese zu verstehen. Mit der Behauptung, die (Unter-)Behörde habe nicht „ohne unnötigen Aufshcub" entschieden, kann also vor dem Ablauf der Sechsmonatsfrist (Entscheidungsfrist) kein zulässiger Devolutionsantrag gestellt werden (vgl 1167 BlgNR 20. GP, 39; VwGH 16. 3. 1970, 1769/69). Gem § 33 geht in Angelegenheiten, in denen die Berufung an den unabhängigen Bundesasylsenat vorgesehen ist, die Zuständigkeit zur Entscheidung nach Maßgabe des § 73 AVG auf diesen über (zur verfassungsrechtlichen Problematik dieser Bestimmung siehe unten die Anmerkungen zu § 33, Rz 943; § 38, Rz 1055). In diesem Fall ist der Devolutionsantrag auch beim UBAS einzubringen (vgl § 73 Abs 2 AVG).

729 Das Verlangen der Partei („Devolutionsantrag") ist eigentlich nur auf Erledigung durch Kompetenzübergang gerichtet (*Körner*, Entscheidungspflicht, 252). Mit Einlangen des Devolutionsantrags bei der Oberbehörde (bzw beim UVS) geht die Zuständigkeit zur Entscheidung über den zugrundeliegenden Antrag an diese(n) über (§ 73 Abs 2 AVG; VwSlgNF 7.072 A; VwGH 18. 9. 1984, 84/07/0137; 3. 4. 1990, 89/11/0236; 21. 1. 1995, 92/07/0178; *Hellbling* I, 494). Ein verfrüht – vor Ablauf der sechsmonatigen Entscheidungsfrist gem § 73 Abs 1 AVG – eingebrachter Devolutionsantrag bewirkt keinen Zuständigkeitsübergang (*Walter/Mayer*, Verwaltungsverfahrensrecht, Rz 644). Der Devolutionsantrag ist gem § 73 Abs 2 letzter Satz AVG abzuweisen, wenn die Verzögerung nicht auf ein überwiegendes Verschulden der Behörde (zum „Verschulden der Behörde" siehe *Walter/Mayer*, Verwaltungsverfahrensrecht, Rz 646) zurückzuführen ist. Bei Prüfung des Verschuldens ist insb darauf Bedacht zu nehmen, ob es die (Unter-)Behörde rechtswidrigerweise unterlassen hat, unverzüglich einen Mängelbehebungsauftrag (§ 13 Abs 3 AVG) zu erteilen (1167 BlgNR 20. GP, 39). Im Falle der Abweisung des Devolutionsantrags tritt zwar ein Kompetenzübergang ein (VwGH 23. 1. 1985, 84/11/0180), womit die Kompetenz der unteren Behörde zur Entscheidung endet (VwGH 14. 2. 1979, 2951/78; VwGH 18. 12. 1985, 84/11/0305), er wird jedoch durch die Rechtskraft der abweislichen Entscheidung der Oberbehörde (bzw UVS) wieder aufgehoben (VwGH 20. 8. 1980, 200/80), sodaß nach Rechtskraft der abweislichen Entscheidung die Zuständigkeit auf die Unterbehörde zurückfällt (VwGH 25. 4. 1989, 88/11/0241). Entscheidet die Oberbehörde (bzw der UVS) nach einem Kompetenzübergang gem § 73 Abs 2 AVG meritorisch, so entscheidet sie (er) funktionell als erste Instanz (vgl zB VwGH 27. 6. 1995, 94/20/0639).

Einbringung von Anträgen

§ 24. (1) Anträge nach diesem Bundesgesetz sind beim Bundesasylamt einzubringen; werden solche Anträge bei einer Sicherheitsbehörde gestellt, sind sie unverzüglich dem Bundesasylamt zuzuleiten (§ 6 AVG).

(2) Anträge nach diesem Bundesgesetz können formlos in jeder geeignet erscheinenden Weise gestellt werden. Anträge nach diesem Bundesgesetz können schriftlich auch in einer der Amtssprachen der Vereinten Nationen gestellt werden. Soweit solche Anbringen nicht in deutscher Sprache eingebracht werden, sind sie von Amts wegen zu übersetzen. Die Sicherheitsbehörde hat bei mündlichen Anträgen darauf hinzuwirken, daß der Antragsteller eine Abgabestelle im Sinne des § 4 des Zustellgesetzes, BGBl. Nr. 200/1982, nennt.

RV: [26]

Wie nach derzeitiger Rechtslage auch (vgl. § 12 des Asylgesetzes 1991) können Anträge nach diesem Bundesgesetz nur beim Bundesasylamt gestellt werden. Während das Asylgesetz 1991 in diesem Zusammenhang nur von „Asylanträgen" spricht, sind nach dem Entwurf sämtliche Anträge, die sich auf das Asylgesetz 1997 beziehen angesprochen.

Asylanträge, die bei einer Sicherheitsbehörde einlangen, sind unverzüglich dem Bundesasylamt zuzuleiten. Die Sicherheitsbehörde hat bei mündlichen Anträgen darauf hinzuwirken, daß der Antragsteller eine Abgabestelle nennt, um die Zustellung von Bescheiden und Ladungen leichter zu ermöglichen.

Anträge nach diesem Bundesgesetz können in jeder geeignet erscheinenden Weise gestellt werden. Grundsätzlich ist daher nicht die Schriftform gefordert. Anträge, die allerdings in Schriftform gestellt werden, können auch – wie auch nach geltender Rechtslage – in einer der Amtssprachen der Vereinten Nationen gestellt werden und sind von Amts wegen in die deutsche Sprache zu übersetzen. Diese Regelungen gelten für die Stellung eines Antrages genauso wie für die Einbringung eines Antrages (vgl. dazu § 3 Abs. 2).

Inhaltsübersicht

I. Allgemeines

730 Die Verfahrenshandlungen eines Beteiligten, mit denen er an die Behörde herantritt, faßt § 13 AVG unter dem Begriff *„Anbringen"* zusammen; darunter sind Anträge, Gesuche, Anzeigen, Beschwerden und sonstige Mitteilungen zu verstehen (vgl § 13 Abs 1 AVG). Anbringen sind keine Willenserklärungen sondern sog Willensbetätigungen. Anbringen können auf die Erlassung eines Bescheides abzielen und begründen diesfalls eine Entscheidungspflicht der Behörde (vgl § 73 Abs 1 AVG);

vielfach ist in den Verwaltungsvorschriften vorgesehen, daß ein Verwaltungsverfahren nur auf Grund einer Initiative eines Beteiligten einzuleiten ist. In diesen Fällen darf ein Bescheid nur auf Grund eines Anbringens erlassen werden. Ein Anbringen kann auch auf die Erbringung einer behördlichen Leistung (Ausstellung eines Reisepasses, eines Führerscheines; Vornahme einer amtsärztlichen Untersuchung) gerichtet sein; die Verweigerung der beantragten Leistung hat bescheidmäßig zu erfolgen (*Walter/Mayer*, Verwaltungsverfahrensrecht, Rz 150). Wenn die Asylbehörde ohne entsprechenden Antrag Asyl gewährt oder Asyl ausdehnt, wird der gesetzliche Richter verletzt (vgl VfSlg 4.730, 5.419, 5.685).

731 Das AsylG 1997 unterscheidet in einmaliger Weise zwischen der *„Stellung"* und der *„Einbringung"* eines Antrags. Ein Asylantrag ist gestellt, wenn Fremde auf welche Weise immer gegenüber einer Sicherheitsbehörde (§ 4 SPG) oder einem Organ des öffentlichen Sicherheitsdienstes (§ 5 Abs 2 SPG) zu erkennen geben, in Österreich Schutz vor Verfolgung zu suchen (§ 3 Abs 2 AsylG 1997). Gem § 24 AsylG 1997 sind Anträge „nach diesem Bundesgesetz" beim BAA einzubringen; werden solche Anträge bei einer Sicherheitsbehörde gestellt, sind sie unverzüglich dem BAA zuzuleiten. Ob nur ein Asylantrag oder aber alle Anträge nach dem AsylG 1997 gestellt werden können, ist zweifelhaft; während § 3 Abs 2 leg cit ausdrücklich nur von Asylanträgen spricht, deutet § 24 Abs 1 zweiter Halbsatz auf „Anträge nach diesem Bundesgesetz" hin. Die Parteistellung eines Fremden, damit verbunden die Parteienrechte, wie zB das Recht auf Akteneinsicht, Recht auf Zustellung eines Bescheids, Recht auf Parteiengehör, bzw die Asylwerbereigenschaft eines Fremden entstehen nicht mit der Stellung, sondern erst mit Einbringung des Asylantrags. Auch die Entscheidungsfrist beginnt mit der Einbringung des Asylantrags zu laufen.

732 Das AsylG 1997 hält die begriffliche Trennung zwischen der „Stellung" und der „Einbringung" des Asylantrags nicht durchgehend aufrecht. Mehrdeutig ist nämlich der Umstand, daß §16 Abs 1 leg cit vom „Einlangen" von Asyl- und Asylerstreckungsanträgen bei österreichischen Berufsvertretungsbehörden spricht, um dann in Abs 2 mit den Worten fortzusetzen: *„Werden solche Anträge gestellt, (...)"*. Erst an den Materialien wird erkennbar, daß der Gesetzgeber in § 16 Abs 2 leg cit von einer „Stellung" von Asyl- und Asylerstreckungsanträgen ausging, indem in der Regierungsvorlage zu § 16 festgehalten wird: *„Einbringungsbehörde ist wie bisher das Bundesasylamt"* (RV, 23). Ein gem § 16 AsylG 1997 gestellter Asylantrag (wohl auch Asylerstreckungsantrag) ist nach Abs 2 letzter Satz leg cit dem BAA zuzuleiten. Da aber österreichische Berufsvertretungsbehörden iSd AsylG 1997 keine Einbringungsbehörden sind, reist der Antrag auf Gefahr des Antragstellers zum BAA. § 24 Abs 2 erster Satz AsylG 1997 spricht davon, daß *„Anträge nach diesen Bundesgesetz (...) formlos in jeder geeignet erscheinenden Weise gestellt werden (können)."* Die „Stellung" (nicht die Einbringung) bezieht sich hier – im Gegensatz zu § 3 Abs 2 leg cit – nicht nur auf „Asylanträge", sondern auf Anträge nach diesem Bundesgesetz (AsylG 1997). Dies könnte ein Hinweis darauf sein, daß nicht nur Asylanträge, sondern generell alle „Anträge nach diesem Bundesgesetz" (ds alle Anträge, die sich auf das AsylG 1997 beziehen; vgl dazu RV 26; siehe dazu weiters die Ausführungen unter Rz 733 ff und zu § 44, Rz 1216; vgl auch VwGH 14. 1. 1998, 95/01/0628) iSd § 3 Abs 2 AsylG 1997 „gestellt" werden können. Die RV deutet freilich in diese Richtung, wenn dort ausgeführt wird, daß „diese Regelungen (gemeint ist die die relative Formfreiheit und die Übersetzungspflicht nach § 24 Abs 2 AsylG 1997) (...) für die Stellung eines Antrages genauso wie für die Einbringung eines Antrages (gelten)".

II. Anträge nach diesem Bundesgesetz und Einbringungsbehörde

733 Die Bestimmung des § 24 Abs 1 AsylG 1997 sieht das BAA als Einbringungsbehörde für „Anträge nach diesem Bundesgesetz" vor. Die Materialien verstehen darunter *„sämtliche Anträge, die sich auf das AsylG 1997 beziehen"* (RV, 26; siehe dazu die Ausführungen zu § 44, Rz 1215; vgl auch VwGH 14. 1. 1998, 95/01/0628). Mit dieser weiten Umschreibung sind nicht nur jene Anträge angesprochen, die unmittelbar auf materielles Recht abzielen, wie etwa Asyl- und Asylerstreckungsanträge (§§ 3, 10 und 11 AsylG 1997), Anträge auf Feststellung der Flüchtlingseigenschaft (§ 3 iVm §12 leg cit), Anträge auf Erteilung einer befristeten Aufenthaltsberechtigung (§ 15 leg cit) und Anträge auf Erteilung einer vorläufigen Aufenthaltsberechtigung (§ 19 Abs 2 leg cit) sowie Berufungsanträge in den genannten Angelegenheiten (§§ 63 bis 67g AVG), sondern auch „formellrechtliche" Anträge, wie etwa Anträge auf Wiederaufnahme des Verfahrens (§§ 69 und 70 AVG), Anträge auf Wiedereinsetzung in den vorigen Stand (§§ 71 und 72 AVG), Devolutionsanträge (§ 73 Abs 2 AVG) und Vorlageanträge (§ 64a Abs 2 AVG).

734 Ein besonderes Problem besteht im Hinblick auf den Devolutionsantrag. Während der Wortlaut des § 24 Abs 1 AsylG 1997 davon ausgeht, daß ein Devolutionsantrag, der sich auf das AsylG 1997 „bezieht", beim BAA einzubringen ist, sieht das AVG vor, daß Devolutionsanträge unmittelbar bei der Oberbehörde bzw beim UVS (UBAS) einzubringen sind (§ 73 Abs 2 AVG; VwGH 3. 2. 1978, 49/78). Gem § 33 AsylG 1997 geht zwar die Zuständigkeit zur Entscheidung nach Maßgabe des § 73 AVG an den UBAS über; die Einbringung von Devolutionsanträgen ist hier nicht angesprochen. Vor dem Hintergrund des AsylG 1997 wären demnach Devolutionsanträge beim BAA einzubringen.

735 Die Lösung dieser Frage ist nicht einfach und mündet geradewegs in einen Methodenstreit. Während die Bestimmung des § 24 Abs 1 AsylG 1997 gegenüber § 73 Abs 2 AVG lex posterior und lex specialis ist, gebietet – vor dem Hintergrund des Art 11 Abs 2 B-VG – eine verfassungskonforme Interpretation eine die Berücksichtigung des § 73 Abs 2 AVG. Zwar kann der Regierungsvorlage (RV, 26) entnommen werden, daß die Regelung des § 12 AsylG 1991, die nur von Asylanträgen spricht, durch die Neugestaltung des § 24 AsylG 1997 im Hinblick auf die Antragskategorien ausgedehnt werden sollte; desgleichen läßt sich aus dem Schweigen der Materialien auch schließen, daß in diesem Zusammenhang an den Devolutionsantrag nicht gedacht wurde. Im Lichte dessen scheint einiges dafür zu sprechen, die Bestimmung des § 24 AsylG 1997 verfassungskonform zu interpretieren und der Regelung des AVG den Vorzug zu geben. Demnach wären Devolutionsanträge auch im Anwendungsbereich des AsylG 1997 beim UBAS einzubringen.

III. Antragsformen

736 Anträge nach diesem Bundesgesetz bedürfen gem § 24 Abs 2 AsylG 1997 keiner besonderen Form und können in jeder geeignet erscheinenden Weise gestellt werden. Unter Anträge nach diesem Bundesgesetz sind alle Anträge zu verstehen, die sich auf das AsylG 1997 beziehen; dies betrifft auch „verfahrensrechtliche" Anträge (siehe dazu oben die Ausführungen zu Rz 733 ff und zu § 44, Rz 1216). Werden solche Anträge schriftlich eingebracht, kann dies auch in einer der Amtssprachen der Vereinten Nationen geschehen.

737 Wie § 24 Abs 2 AsylG 1997 sieht auch § 13 AVG weitgehende Formfreiheit von Anträgen vor; einige Unterschiede bestehen dennoch. Anbringen können gem

§ 13 Abs 1 AVG – sofern in den Verwaltungsvorschriften nicht anderes bestimmt ist – bei der Behörde schriftlich oder – „soweit es der Natur der Sache nach tunlich erscheint" – auch mündlich oder telefonisch eingebracht werden. Eine Ausnahme und ein wesentlicher Unterschied zu § 24 Abs 2 AsylG 1997 besteht nach § 13 Abs 2 AVG für Rechtsmittel und Anbringen, die an eine Frist gebunden sind oder durch die der Lauf einer Frist bestimmt wird; sie sind schriftlich einzubringen (anders aber zB § 46 Abs 1 und § 51 Abs 3 VStG). Schriftliche Anbringen können in Hand- oder Maschinenschrift verfaßt werden; sie können nach Maßgabe der vorhandenen technischen Möglichkeiten, auch telegraphisch, mit Telefax, im Wege automationsunterstützter Datenübertragung oder in jeder anderen technisch möglichen Weise (die zu einer schriftlichen Fixierung führt) eingebracht werden (§ 13 Abs 1 AVG). Die Zulässigkeit mündlicher und telefonischer Anbringen macht das AVG davon abhängig, daß es der „Natur der Sache nach tunlich erscheint". Unter „tunlich" hat die Jud des VwGH – in weitem Verständnis des Wortes – alles verstanden, was nach objektiven Gesichtspunkten getan werden kann (VwGH 9. 2. 1960, 1545/59; 11. 12. 1967, 1865/66).

738 Ähnlich wie bei Divergenzen zwischen der Regelung der Einbringungsbehörde zwischen dem AsylG 1997 und dem AVG (siehe dazu oben die Ausführungen zu Rz 733 ff) sind auch hier Unterschiede zwischen den Bestimmungen des § 24 Abs 2 AsylG 1997 und des § 13 AVG unter dem methodischen Ansatz der systematischen (verfassungskonformen) Interpretation aufzulösen. Im Ergebnis hieße dies, daß bei Widersprüchen zwischen den genannten Bestimmungen das AVG unter dem Blickwinkel der Bedarfskompetenz des Art 11 Abs 2 B-VG dem AsylG 1997 vorginge. Daher wären auch im Asylverfahren Rechtsmittel und Eingaben, die an eine Frist gebunden sind oder durch die der Lauf einer Frist bestimmt wird, schriftlich einzubringen. Folgt man allerdings dem lex specialis- und der lex posterior-Regel, bestünde kein Zwang zur Schriftform.

IV. Antragssprachen

739 Nach allgemeiner Rechtslage sind Anbringen in deutscher Sprache zu verfassen (Art 8 B-VG); auf das den Minderheiten zustehende Recht auf Gebrauch ihrer eigenen Sprache sei hier nur hingewiesen (Art 66 Abs 4 StV v St. Germain; Art 7 Z 3 StV v Wien; §§ 2, 13 VolksgruppenG; SlowSprV; KroatSprV; *Walter/Mayer*, Bundesverfassungsrecht, Rz 1457). Anträge nach dem AsylG 1997 können jedoch auch in einer der Amtssprachen der Vereinten Nationen eingebracht werden. Amtssprachen der Vereinten Nationen sind: arabisch, chinesisch, englisch, französisch, russisch und spanisch. Anträge, die schriftlich in einer dieser Sprachen eingebracht werden, sind von Amts wegen zu übersetzen. Die Übersetzungskosten dürfen nicht als Barauslagen auf die Partei übergewälzt werden (§ 34 AsylG 1997). Fraglich ist, wie die Wortfolge „Anträge nach diesem Bundesgesetz können *auch* in einer der Amtssprachen der Vereinten Nationen gestellt werden, zu verstehen ist; diese Anordnung kann sowohl auf die *Amtssprachen der Vereinten Nationen neben der deutschen Sprache einschränkend* als auch klarstellend dahingehend verstanden werden, daß neben *allen Sprachen auch die Amtssprachen der Vereinten Nationen* in Schriftform zur Antragstellung zulässig sind; dem Art 8 B-VG wäre insofern entsprochen, als die schriftlichen Anträge gem § 24 Abs 2 dritter Satz AsylG 1997 in die deutsche Sprache zu übersetzen wären. Die erste Auffassung dürfte zwar der historischen Absicht des Gesetzgebers entsprechen, doch bleibt problematisch, wie die Einschränkung auf die Amtssprachen der Vereinten Nationen vor dem Gleichheitssatz sachlich gerechtfertigt werden kann, zumal diese Einschränkung willkürlich anmutet und diskriminatorische Elemente enthält. Folgt man allerdings der zweiten Auffassung, steht man vor dem Dilemma, die Sinnhaftigkeit der normativen Anordnung des § 24 Abs 2 zweiter Satz AsylG 1997 erklären zu müssen, deren Inhalt mehr als fragwürdig wäre, würde man voraussetzen, daß Anträge in allen Sprachen schriftlich eingebracht werden können.

V. Antragstellung und Abgabestelle

740 Gem § 3 Abs 2 AsylG 1997 ist ein Antrag gestellt, wenn Fremde auf welche Weise immer gegenüber einer Sicherheitsbehörde oder einem Organ des öffentlichen Sicherheitsdienstes zu erkennen geben, in Österreich Schutz vor Verfolgung zu suchen (siehe dazu oben die Ausführungen zu § 3, Rz 170 ff). Wird nun ein Antrag (dies betrifft nicht nur Asylanträge, sondern alle Anträge, die sich auf das AsylG 1997 beziehen) bei einer Sicherheitsbehörde (§ 4 SPG) mündlich gestellt (nicht eingebracht), hat die Sicherheitsbehörde gem § 24 Abs 2 letzter Satz AsylG 1997 darauf hinzuwirken, daß der Antragsteller eine Abgabestelle iSd § 4 des ZustellG nennt.

741 Die „Hinwirkung“ zur Nennung einer Abgabestelle ist nicht zwangsbewährt. Wenn sich der Antragsteller aus welchen Gründen auch immer weigert, eine Abgabestelle zu nennen, zieht das keine wie immer gearteten Sanktionen nach sich. „Hinwirken“ bedeutet demnach nicht mehr, als den Antragsteller nach einer Abgabestelle zu befragen. Der Antragsteller kann keine, eine oder mehrere Abgabestellen nennen.

742 An welchem Ort eine Zustellung („der eigentliche Zustellvorgang“) vom Zusteller durchgeführt werden darf, regelt das ZustellG. Der Ort der Zustellung (§ 4 ZustellG) bestimmt sich nach dem von der Behörde bestimmten Empfänger und ist von der funktionell zuständigen Behörde in der Zustellverfügung festzulegen. Eine Zustellung im Inland darf grundsätzlich nur an einer Abgabestelle iSd § 4 ZustellG vorgenommen werden. Außerhalb einer Abgabestelle kann einem Empfänger mit seinem Einverständnis („wenn er die Annahme nicht verweigert“) zugestellt werde (§ 13 Abs 5 ZustellG); ein bereits versandbereites Schriftstück kann dem Empfänger gegen eine Übernahmsbestätigung unmittelbar bei der Behörde ausgefolgt werden (§ 24 ZustellG; näher *Walter/Mayer*, Zustellrecht, 123); einem Empfänger, der im Inland keine Abgabestelle hat, kann an jedem Ort, an dem er angetroffen wird, zugestellt werden (§ 13 Abs 6 ZustellG). Besonderes gilt für die Vornahme von Zustellungen im Ausland, an Exterritoriale und an Mitglieder von UN-Einheiten (§ 11 ZustellG; vgl dazu *Walter/Mayer*, Verwaltungsverfahren, Rz 207).

743 Als Abgabestelle bestimmt § 4 ZustellG die Wohnung oder sonstige Unterkunft, die Betriebsstätte, den Sitz, den Geschäftsraum, die Kanzlei oder den Arbeitsplatz des Empfängers, im Falle einer Zustellung anläßlich einer Amtshandlung auch deren Ort. Die einzelnen Abgabestellen stehen zueinander in keiner Rangordnung; die Zustellbehörde kann eine von ihnen auswählen (*Walter/Mayer*, Zustellrecht, 32. VwGH 9. 11. 1989, 87/06/0075).

744 Die Wohnung ist eine Raumeinheit, die der Empfänger tatsächlich zu Wohnzwecken benützt; irrelevant ist eine polizeiliche Meldung; bloß fallweise Benützung begründet keine Wohnung (VwGH 16. 12. 1992, 92/02/0250). Bei längerdauernder Nichtbenützung – etwa während einer Reise, eines Urlaubs oder Krankenhausaufenthalts oder Präsenzdienstleistung – geht der Charakter einer „Wohnung“ als solcher verloren (*Walter/Mayer*, Zustellrecht, 32 und die dort zit Jud; *Wiederin*, Zustellung; VwGH 30. 6. 1988, 88/10/0069). Welcher Zeitraum unter „längerdauernder Nichtbenützung" zu verstehen ist, wird in der Jud nicht einheitlich beantwortet (VwGH 5. 11. 1984, 84/10/0176; 12. 10. 1984, 84/02/0210; OGH 29. 4. 1987, 3 Ob 92/87). Eine „sonstige Unterkunft" ist ein Wohnungsersatz, wie etwa ein Wohnwagen, Krankenanstalt oder ein Hotelzimmer. Eine „Betriebsstätte" ist jene Raumeinheit, in der eine regelmäßige Arbeitstätigkeit ausgeübt wird (vgl dazu zB VwGH 9. 11. 1989, 87/06/0075; OGH 8. 11. 1988, 2 Ob 72/88). „Sitz" ist der Raum, in dem die zentrale Verwaltung der juristischen Person geführt wird (vgl zB VwGH 31. 3. 1989, 88/08/0190). Ein „Geschäftsraum" ist der Raum, in dem der Empfänger sein Geschäft als Mittelpunkt seines Geschäftes führt. Eine „Kanzlei" ist die Raumeinheit, in der eine zur berufsmäßigen Parteienvertretung befugte Person ihre Tätigkeit ausübt (Rechtsanwalts-, Patentsanwalts-, Notariats- oder Wirtschaftstreuhänderkanzlei). Ein „Arbeitsplatz" ist die feste und räumlich umgrenzte Arbeitsstätte eines Erwerbstätigen, dessen Arbeitsmittelpunkt nicht in die anderen Kategorien der Abgabestellen gehört (zB Atelier, Ordination). Der „Ort einer Amtshandlung" kann jede Stelle (regelmäßig im Bundesgebiet) sein.

Handlungsfähigkeit

§ 25. (1) Fremde, die das 19. Lebensjahr vollendet haben, sind in Verfahren nach diesem Bundesgesetz handlungsfähig.

(2) Mündige Minderjährige, deren Interessen von ihren gesetzlichen Vertretern nicht wahrgenommen werden können, sind berechtigt, Anträge zu stellen. Gesetzlicher Vertreter wird mit Einleitung eines Verfahrens der örtlich zuständige Jugendwohlfahrtsträger. Sobald für solche Jugendliche ein gesetzlicher Vertreter gemäß § 95 Abs. 3 FrG einzuschreiten hat, wird er auch Vertreter nach diesem Bundesgesetz.

(3) In Verfahren nach diesem Bundesgesetz ist jeder Elternteil für sich zur Vertretung des Kindes befugt.

RV: [26]

Durch die derzeit geltende Regelung der gesetzlichen Vertretung von minderjährigen Asylwerbern sind Interessenskollisionen mit fremdenpolizeilichen Belangen nicht ausgeschlossen. Dies soll durch die neue Regelung vermieden werden. Grundsätzlich bleibt der örtlich zuständige Jugendwohlfahrtsträger gesetzlicher Vertreter von minderjährigen Asylwerbern, deren Interessen von ihrem sonstigen gesetzlichen Vertreter nicht wahrgenommen werden können. Wäre jedoch dieselbe Behörde für fremdenpolizeiliche Verfahren und die Vertretung im Asylverfahren zuständig, wird der sonst örtlich nächstgelegene Jugendwohlfahrtsträger gesetzlicher Vertreter.

Ausdrücklich wird – wie bisher – festgehalten, daß Fremde mit Vollendung des 19. Lebensjahres in Verfahren nach diesem Bundesgesetz handlungsfähig und somit prozeßfähig sind. Dies ist deshalb notwendig, weil sich die Handlungsfähigkeit nach internationalem Privatrecht nach dem Recht des Heimatstaates richtet, das auch niedrigere Altersgrenzen vorsehen könnte.

Zuletzt soll auch klargestellt werden, daß jeder Elternteil für sich in Verfahren nach diesem Bundesgesetz zur Vertretung des Kindes befugt ist. Die Elternteile müssen demnach nicht – was nach Grundsätzen des bürgerlichen Rechts indiziert wäre – einvernehmlich vorgehen.

Inhaltsübersicht

I. Allgemeines

745 Die Rechtsfähigkeit ist die abstrakte Fähigkeit, Träger von Rechten und Pflichten zu sein; sie ist mit der Personeneigenschaft (natürliche und juristische Personen) identisch. Parteifähigkeit („Prozeßrechtsfähigkeit“) ist die Fähigkeit, in einem Verfahren „Partei" zu sein; sie kommt idR jedem Rechtsfähigen (jeder Person) zu (*Walter/Mayer*, Verwaltungsverfahren, Rz 130; vgl auch *Rohrböck*, Prozeßfähigkeit, 1). Sofern die Verwaltungsvorschriften keine besonderen Regelungen der Rechtsfähigkeit treffen, was weithin der Fall ist, bestimmt sich diese nach den „Vorschriften des bürgerlichen Rechts"; danach ist jeder Mensch – vom Zeitpunkt seiner Geburt an bis zu seinem Tod (bzw seiner Todeserklärung) – „als eine Person zu betrachten", dh potentieller Träger von Rechten und Pflichten (vgl § 16 ABGB; näher *Koziol/Welser*, 44). Selbst ungeborene Kinder haben vom Zeitpunkt ihrer Empfängnis an einen „Anspruch auf Schutz der Gesetze". Insoweit es um ihre (...) Rechte (...) zu tun ist, werden sie als geboren angesehen (§ 22 ABGB).

746 Die Handlungsfähigkeit ist die Fähigkeit, durch eigenes Verhalten Rechte und Pflichten zu begründen. Die Prozeßfähigkeit ist die Fähigkeit, durch eigenes Verhalten oder durch das eines gewillkürten Vertreters prozessuale Rechte und Pflichten zu begründen. Die Prozeßfähigkeit ist prozeßrechtliches Korrelat der Handlungsfähigkeit (*Rohrböck*, Prozeßfähigkeit, 1; zum Begriff der Prozeßfähigkeit siehe zB *Hellbling* I, 137; *Walter/Mayer*, Verwaltungsverfahrensrecht, Rz 130 ff; *Zierl*, Entmündigung, 533, 566). Nach den Vorschriften des bürgerlichen Rechts (vgl § 21 ABGB) wird die volle Handlungsfähigkeit regelmäßig mit der Vollendung des neunzehnten Lebensjahres begründet (siehe dazu *Koziol/Welser*, 47). Die Handlungsfähigkeit im Hinblick auf das Alter ist in Verwaltungsvorschriften des öfteren besonders geregelt (vgl dazu *Mannlicher/Quell* I, 177). Eine dieser besonderen Vorschriften ist § 25 AsylG 1997. Neben dem Alter einer natürlichen Person spielt auch der Geisteszustand einer Person (deren Dispositions- und Diskretionsfähigkeit) im Hinblick auf die Handlungsfähigkeit (Prozeßfähigkeit) eine bedeutende Rolle (vgl dazu insb § 273 ABGB; *Walter/Mayer*, Verwaltungsverfahrensrecht, Rz 134).

747 Von der Prozeßfähigkeit ist die Postulationsfähigkeit zu unterscheiden (*Hellbling* I, 137; *Herrnritt*, 53); postulationsfähig ist, wer selbst – nicht bloß durch einen gewillkürten Vertreter – rechtswirksame Verfahrenshandlungen setzen kann. Prozeßfähige Personen, die nicht postulationsfähig sind (zB Taubstumme oder Personen, die von einer Verhandlung ausgeschlossen werden), bedürfen – wenn sie mitwirken wollen – eines gewillkürten Vertreters (*Walter/Mayer*, Verwaltungsverfahrensrecht, Rz 134).

748 § 9 AVG bestimmt, daß die persönliche Rechts- und Handlungsfähigkeit von Beteiligten von der Behörde – sofern in den Verwaltungsvorschriften nicht anderes bestimmt ist – nach den Vorschriften des bürgerlichen Rechts zu bestimmen ist. Der Verweis des § 9 AVG auf das bürgerliche Recht ist weit auszulegen und umfaßt neben den Vorschriften des ABGB auch die Bestimmungen des Handelsrechts (vgl *Mannlicher/Coreth*, 34 Anm 1 zu § 9 AVG; VwSlgNF 11.198 A), des Gesellschaftsrechts (vgl *Mannlicher/Coreth*, 62; VwSlgNF 11.625 A), der Konkursordnung (VwSlgNF 4412 F) und des internationalen Privatrechts (*Rohrböck*, Prozeßfähigkeit, 2 ff; VwGH 13. 1. 1982, 81/01/0039, 15. 1. 1986, 85/01/0244).

749 Diese subsidiäre Vorschrift muß dem § 25 AsylG 1997 (vgl dazu auch § 95 FrG 1997) als besonderer Bestimmung in den Verwaltungsvorschriften – zumindest teilweise – weichen. § 25 AsylG 1997 befaßt sich mit der Handlungsfähigkeit (Prozeßfähigkeit) ausschließlich aus der Perspektive des Alters einer natürlichen Person und läßt sonstige Beschränkungen der Handlungsfähigkeit außer Betracht. Dies bedeutet, daß im übrigen die Handlungsfähigkeit einer Person insb im Lichte deren Dispositions- und Diskretionsfähigkeit nach wie vor nach den Bestimmungen des bürgerlichen Rechts zu beurteilen ist.

Verfahrensakte gegen Rechtsunfähige (zB gegen eine nicht existente natürliche oder juristische Person) sind unwirksam (VwSlgNF 7409 A – verst Sen, 7902 A, 8057 A). Mangelnde Prozeßfähigkeit führt zur Unwirksamkeit verfahrensrechtlicher Akte (etwa von Zustellungen: VwSlgNF 6659 A, 8057 A; VwGH 18. 12. 1959, 470/57). Die Prozeßunfähigkeit schließt die Vernehmung des Prozeßunfähigen (Minderjährigen) nicht aus (vgl VwGH 11. 11. 1998, 98/01/0308). **750**

Die rechtlich nicht verbindlichen Mindestgarantien behandeln in Abschn V zusätzliche Garantien für unbegleitete Minderjährige: *„Es muß dafür Sorge getragen werden, daß um Asyl ersuchende unbegleitete Minderjährige von einer Einrichtung oder einem hierzu bestellten Erwachsenen vertreten werden, wenn sie nach nationalem Recht nicht verfahrensfähig sind. Während des persönlichen Gesprächs können unbegleitete Minderjährige von den vorgenannten Erwachsenen oder Vertretern der Einrichtung unterstützt werden. Diese haben die Interessen des Kindes zu wahren"* (Z 26 Mindestgarantien). *„Bei der Prüfung des Asylantrags eines unbegleiteten Minderjährigen sind dessen geistige Entwicklung und Reife zu berücksichtigen"* (Z 27 Mindestgarantien). **751**

An dieser Stelle ist auch auf das Übereinkommen über die Rechte des Kindes BGBl 1995/204 hinzuweisen: Gem Art 22 Abs 1 leg cit treffen die Vertragsstaaten geeignete Maßnahmen, um sicherzustellen, daß ein Kind, das die Rechtsstellung eines Flüchtlings begehrt oder nach Maßgabe der anzuwendenden Regeln und Verfahren des Völkerrechts oder des innerstaatlichen Rechts als Flüchtling angesehen wird, angemessenen Schutz und humanitäre Hilfe bei der Wahrnehmung der Rechte erhält, die in diesem Übereinkommen oder in anderen internationalen Übereinkünften über Menschenrechte oder über humanitäre Fragen, denen die genannten Staaten als Vertragsparteien angehören, festgelegt sind, und zwar unabhängig davon, ob es sich in Begleitung seiner Eltern oder einer anderen Person befindet oder nicht. Zu diesem Zweck wirken die Vertragsstaaten nach Art 22 Abs 2 leg cit in der ihnen angemessen erscheinenden Weise bei allen Bemühungen mit, welche die Vereinten Nationen und andere zuständige zwischenstaatliche oder nichtstaatliche Organisationen, die mit den Vereinten Nationen zusammenarbeiten, unternehmen, um ein solches Kind zu schützen, um ihm zu helfen und um die Eltern oder andere Familienangehörige eines Flüchtlingskinds ausfindig zu machen mit dem Ziel, die für eine Familienzusammenführung notwendigen Informationen zu erlangen. Können die Eltern oder andere Familienangehörige nicht ausfindig gemacht werden, so ist dem Kind im Einklang mit den in diesem Übereinkommen enthaltenen Grundsätzen derselbe Schutz zu gewähren wie jedem anderen Kind, das aus irgendeinem Grund dauernd oder vorübergehend aus seiner familiären Umgebung herausgelöst ist. **752**

II. Handlungsunfähigkeit auf Grund Minderjährigkeit

Die Vorschriften des bürgerlichen Rechts zeigen, daß einer Person die Handlungsfähigkeit grundsätzlich mit der Volljährigkeit – also mit Vollendung des neunzehnten Lebensjahres, wobei sich geringfügige Verschiebungen der maßgeblichen Altersgrenze ergeben können (vgl §§ 173, 174 und 175 ABGB) – zukommt und Minderjährige unter *„besonderem Schutz der Gesetze"* stehen (vgl § 21 ABGB). Weiters zeigt sich, daß sich mit steigender Intensität der Gefährdung der Minderjährigen sich auch das *„Schutzbedürfnis"* und somit der Schutz durch die Rechtsordnung erhöht (vgl §§ 176, 154 Abs 3, § 245 ABGB), wobei man sich an der *„Wichtigkeit des Falles"* zu orientieren hat. Der Grundsatz der Verknüpfung der Volljährigkeit mit der Handlungsfähigkeit wird nur in minderwichtigen Angelegenheiten durchbrochen (vgl § 151 Abs 2, § 865 ABGB). **753**

754 Im Lichte der Prozeßfähigkeit Minderjähriger nach den Bestimmungen des bürgerlichen Rechts stellt sich zunächst die wesentliche Frage, ob das AsylG 1997 minderwichtige Angelegenheiten betrifft, die etwa mit den Fällen des § 151 Abs 2 ABGB vergleichbar wären; diese Bestimmung behandelt die Verfügungs- und Verpflichtungsfähigkeit über Sachen, die dem mündigen Minderjährigen zur freien Verfügung überlassen worden sind, und über sein Einkommen aus eigenem Erwerb. Bedenkt man, daß das Asylrecht nicht nur Schutz vor Verfolgung zubilligt, sondern auch in vielen (va sozialen) Bereichen unverhältnismäßig tief in die Rechtssphäre des Betroffenen eingreift, indem es etwa dem Asylanten das Verhältnis zum Heimatstaat ersetzt (vgl dazu jedoch: Anhang zur GFK Z 16), den Betroffenen aus seinem sozialen Umfeld zum Teil unwiderruflich herausreißt und eine neue Umgebung zuweist, im Falle einer Fehlentscheidung den Betroffenen der Gefahr einer Verletzung grundlegendster Menschenrechte aussetzt, und daß es im Asylrecht letztendlich um Menschenschicksale geht, ist der wohl der Schluß angebracht, daß der Bereich „Asylrecht“ keine minderwichtige Angelegenheit nach vorzitierter Gesetzesbestimmung betrifft. Demzufolge käme einem minderjährigen Asylwerber nach den Bestimmungen des bürgerlichen Rechts und im Lichte des österreichischen Personalstatuts grundsätzlich Prozeßfähigkeit nicht zu.

755 Das bürgerliche Recht geht grundsätzlich vom Prinzip der Alleinvertretung aus. Gem § 154 Abs 1 ABGB ist jeder Elternteil für sich allein berechtigt und verpflichtet, das Kind zu vertreten; seine Vertretung ist selbst dann rechtswirksam, wenn der andere Elternteil mit ihr nicht einverstanden ist. Nach Abs 2 leg cit bedürfen Vertretungshandlungen und Einwilligungen eines Elternteils, die die Änderung des Vornamens oder des Familiennamens, den Eintritt in eine Kirche oder Religionsgesellschaft und den Austritt aus einer solchen, die Übergabe in fremde Pflege, den Erwerb einer Staatsangehörigkeit oder den Verzicht auf eine solche, die vorzeitige Lösung eines Lehr-, Ausbildungs- oder Dienstvertrags und die Anerkennung der Vaterschaft zu einem unehelichen Kind betreffen, zu ihrer Rechtswirksamkeit der Zustimmung des anderen Elternteils. Dies gilt nicht für die Entgegennahme von Willenserklärungen und Zustellstücken. Gem § 154 Abs 3 ABGB bedürfen Vertretungshandlungen und Einwilligungen eines Elternteils in Vermögensangelegenheiten zu ihrer Rechtswirksamkeit der Zustimmung des anderen Elternteils und der Genehmigung des Gerichtes, sofern die Vermögensangelegenheit nicht zum ordentlichen Wirtschaftsbetrieb gehört. Unter dieser Voraussetzung gehören dazu besonders die Veräußerung oder Belastung von Liegenschaften, die Gründung, der Erwerb, die Umwandlung, Veräußerung oder Auflösung sowie die Änderung des Gegenstandes eines Unternehmens, der Eintritt in eine oder die Umwandlung einer Gesellschaft oder Genossenschaft, der Verzicht auf ein Erbrecht, die unbedingte Annahme oder Ausschlagung einer Erbschaft, die Annahme einer mit Belastungen verbundenen Schenkung oder die Ablehnung eines Schenkungsangebots, die Anlegung von Geld mit Ausnahme der in den §§ 230a und 230b geregelten Arten sowie die Erhebung einer Klage und alle verfahrensrechtlichen Verfügungen, die den Verfahrensgegenstand an sich betreffen. Dies gilt wiederum nicht für die Entgegennahme von Willenserklärungen und Zustellstücken.

756 Im Wege der Induktion aus der Bestimmung des § 154 ABGB (insb dessen Abs 2 und 3; vgl dazu auch § 154a Abs 2 leg cit) läßt sich der Grundsatz ableiten, daß in wichtigen Angelegenheiten, in denen naturgemäß auch die Gefährdung des Handlungsunfähigen größer ist, Vertretungshandlungen eines Elternteils der Zustimmung des anderen Elternteils bedürfen. In qualifiziert wichtigen Angelegenheiten bedarf jede Vertretungshandlung neben der Zustimmung des anderen Elternteils auch der Zustimmung des Gerichts. Vor dem Hintergrund dessen hält das AsylG 1997 das Prinzip der Alleinvertretung aufrecht und bestimmt in § 25 Abs 3 AsylG 1997, daß in Verfahren nach diesem Bundesgesetz (gemeint sind alle Verfahren vor den Asylbehörden; somit auch zB Wiederaufnahme- und Wiedereinsetzungsverfahren) jeder Elternteil für sich zur Vertretung des Kindes befugt ist.

757 Da § 9 AVG (subsidiär) auf die Vorschriften des bürgerlichen Rechts und damit ua auch auf das internationale Privatrecht verweist, zeigt sich in der Beurteilung der Prozeßfähigkeit ein wesentlicher internationaler Bezug. § 12 IPRG bindet die Rechts- und Handlungsfähigkeit an das Personalstatut der betroffenen Person (vgl *Schwimann*, 57). Das Personalstatut einer natürlichen Person ist gem § 9 IPRG das Recht des Staates, dem die Person angehört – vor dem Hintergrund des AsylG 1997 wäre dies demnach idR das Recht des Heimatstaates.

758 Gem § 5 IPRG sind Rück- und Weiterverweisungen nach dem Personalstatut nur insoweit maßgeblich, als nicht die Ausnahmeregelung des § 9 Abs 3 IPRG greift. Letztere Bestimmung definiert das Personalstatut einer Person, die Flüchtling iSd für Österreich geltenden internationalen Übereinkommen ist oder deren Beziehungen zu ihrem Heimatstaat aus vergleichbar schwerwiegenden Gründen abgebrochen sind, als das Recht des Staates, in dem sie ihren Wohnsitz, mangels eines solchen ihren gewöhnlichen Aufenthalt hat. Eine Verweisung dieses Rechts auf das Recht des Heimatstaates (§ 5 leg cit) ist unbeachtlich.

759 Gem § 53 IPRG werden Bestimmungen zwischenstaatlicher Übereinkommen durch das IPRG nicht berührt. Ähnlich zur Ausnahmebestimmung des § 9 Abs 3 IPRG sieht Art 12 Z 1 GFK vor, daß die personenrechtliche Stellung des Flüchtlings (dh des Flüchtlings iSd GFK) vom Gesetz seines Wohnsitzlandes oder, wenn er keinen Wohnsitz hat, vom Gesetz des Aufenthaltslandes bestimmt wird. Nach Art 12 Z 2 GFK sollen Rechte, die von einem Flüchtling vorher erworben wurden und die auf der personenrechtlichen Stellung beruhen, insb solche Rechte, die sich aus einer Verehelichung ergeben, von den vertragschließenden Staaten anerkannt werden, vorausgesetzt, daß die nach der Gesetzgebung des betreffenden Staates allfällig vorgesehenen Formalitäten erfüllt worden sind. Voraussetzung ist weiters, daß es sich bei diesen Rechten um solche handelt, die von der Gesetzgebung des betreffenden Staates auch anerkannt werden würden, wenn die in Frage stehende Person nicht Flüchtling wäre. Damit verweist Art 12 Z 2 GFK im Hinblick auf die „erworbenen Rechte" auf die innerstaatliche Gesetzgebung und überläßt es sohin weitgehend den Vertragsstaaten, die erworbenen Rechte „anzuerkennen"; die Anerkennung der erworbenen Rechte, die auf der personenrechtlichen Stellung beruhen, soll nach der GFK nur erfolgen, wenn sie Fremde ganz allgemein und nicht nur Flüchtlinge im besonderen betrifft.

760 Die subsidiären Bestimmungen des bürgerlichen Rechts, deren Gefüge sich in Einzelfällen als ausnehmend kompliziert erweisen kann (siehe dazu vor dem Hintergrund des AsylG 1968 *Rohrböck*, Prozeßfähigkeit, 2), müssen im Lichte der Handlungsfähigkeit auf Grund des Alters den besonderen Vorschriften des § 25 AsylG 1997 weichen. § 25 Abs 1 leg cit legt bestimmt, daß Fremde, die das 19. Lebensjahr vollendet haben, in Verfahren nach dem AsylG 1997 (Verfahren vor den Asylbehörden) handlungsfähig sind. Dies gilt auch für Verfahren, die vor den Gerichtshöfen des öffentlichen Rechts geführt werden und sich auf das AsylG 1997 beziehen, wobei allerdings dort der bestehende „Anwaltszwang" zu berücksichtigen ist. Damit ist die Prozeßfähigkeit im Hinblick auf das Alter einer Person umfassend geregelt; dies unabhängig von einem Verweis auf Vorschriften des bürgerlichen Rechts und ohne jede Berücksichtigung eines fremden Personalstatuts.

761 Gem § 25 Abs 2 erster Satz AsylG 1997 sind mündige Minderjährige, deren Interessen von ihrem gesetzlichen Vertreter nicht wahrgenommen werden können, berechtigt, Anträge zu stellen. Die Regelung beschränkt sich nicht bloß auf Asylanträge, sondern auf jeden Antrag im Rahmen eines Verfahrens nach dem AsylG 1997. Vor diesem Hintergrund ist streng darauf zu achten, daß bestehende Schutzvorschriften betreffend Handlungsunfähige nicht im Wege des umfassenden Antragsrechts umgangen werden.

762 Im gegebenen Zusammenhang hat der Gesetzgeber allerdings – dies war auch schon zur Zeit der Geltung des AsylG 1997 der Fall – übersehen, daß dieser Rechtsbereich von zahlreichen völkerrechtlichen Verträgen durchsetzt ist (zu diesen Verträgen siehe *Rohrböck*, Prozeßfähigkeit, 8; *Schwimann*, 243; Index 1998, 91 ff und 203 ff; siehe auch die Ausführungen unter Rz 781 ff). Diesen Verträgen (es handelt sich hier im wesentlichen um zahlreiche bilaterale konsularische Verträge, um das Wiener Übereinkommen über konsularische Beziehungen BGBl 1969/318 und das Übereinkommen über die Zuständigkeit der Behörden und das anzuwendende Recht auf dem Gebiet des Schutzes von Minderjährigen BGBl 1975/446) hat § 25 AsylG 1997 insb für solche Asylwerber, die keine Flüchtlinge im Sinne der GFK sind, innerstaatlich teilweise derogiert, indem in völkerrechtswidriger Weise diverse Mitwirkungs- und Vertretungsrechte ausländischer Organe eingeschränkt werden. In der Praxis wurden einschlägige völkerrechtliche Verträge allerdings nie beachtet. Was die Beurteilung der Prozeßfähigkeit im Lichte des Geisteszustandes einer Person betrifft, bleibt die alte Rechtslage unter Heranziehung des § 9 AVG erhalten (vgl dazu 270 BlgNR 18. GP, 18). Da § 25 Abs 2 AsylG 1997 nur für Minderjährige eine gesetzliche Vertretung vorsieht, kommt in allen übrigen Fällen der Prozeßunfähigkeit weiterhin die subsidiäre Regel des § 9 AVG zur Anwendung. Nach § 11 AVG kann (die Behörde ist regelmäßig dazu verpflichtet) eine Behörde die Bestellung eines Sachwalters (Kurators) bei dem hierfür zuständigen Gericht (§ 109 JN) veranlassen, wenn gegen einen handlungsunfähigen Beteiligten eine Amtshandlung vorgenommen werden soll, wenn dieser eines gesetzlichen Vertreters entbehrt und die Wichtigkeit der Sache es erfordert (beachte im gegebenen Zusammenhang insb §§ 9, 27, 53 IPRG und Art 12 GFK).

III. Handlungsunfähigkeit aus anderen Gründen als der Minderjährigkeit

763 Die „besondere Verwaltungsvorschrift" des § 25 AsylG bezieht sich nur auf Fälle der Handlungsunfähigkeit auf Grund der Minderjährigkeit. In den übrigen Fällen der Handlungsunfähigkeit kommen nach § 9 AVG die *„Vorschriften des bürgerlichen Rechts"* zur Anwendung.

764 Minderjährige und Personen, die aus anderen Gründen als dem der Minderjährigkeit alle oder einzelne ihrer Angelegenheiten selbst gehörig zu besorgen nicht vermögen, stehen unter besonderem Schutz der Gesetze (§ 21 Abs 1 ABGB). Neben der Minderjährigkeit (Unmündigkeit) können demnach „andere Gründe" für die Handlungsunfähigkeit einer Person ausschlaggebend sein: psychische Krankheit, geistige oder sonstige Behinderung, die zu einer Beeinträchtigung der Dispositions- und Diskretionsfähigkeit führen; Mangel entsprechender Verstandeskräfte bei Erwachsenen kann zur Geschäftsunfähigkeit führen. Das Ausmaß der Handlungsunfähigkeit richtet sich nach dem Ausmaß der Behinderung sowie nach Art und Umfang der zu besorgenden Angelegenheit (§ 273 ABGB), und kann somit nur im Einzelfall beurteilt werden (OGH in JBl 1977, 537; *Ehrenzweig*, I/1, 180).

765 Gem § 865 ABGB sind Kinder unter sieben Jahren oder Kinder und Personen über sieben Jahre, die den Gebrauch der Vernunft nicht haben, – außer in den Fällen des § 151 Abs 3 leg cit – unfähig, ein Versprechen zu machen oder eines anzunehmen. Andere Personen hingegen, die von Eltern, einem Vormund oder einem Sachwalter abhängen, können zwar ein bloß zu ihrem Vorteil gemachtes Versprechen annehmen; wenn sie aber eine damit verknüpfte Last übernehmen oder selbst etwas versprechen, hängt – außer in den Fällen des § 151 Abs 3 und des § 273a Abs 2 leg cit – die Gültigkeit des Vertrages nach den in dem dritten und vierten Hauptstück des erste Teiles gegebenen Vorschriften in der Regel von der Einwilligung des Vertreters oder zugleich des Gerichtes ab. Bis diese Einwilligung erfolgt, kann der andere Teil nicht zurücktreten, aber eine angemessene Frist zur Erklärung verlangen.

766 Geisteskranke oder Geistesschwache können im Lichte des § 865 ABGB keine gültigen Geschäfte schließen. Dasselbe gilt aber auch für Personen, die nur vorübergehend nicht im Besitz ihrer geistigen Kräfte sind (kurzfristige Geistesstörungen, Trunkenheit, Einfluß von Rauschgiften etc), solange dieser Zustand andauert. Selbst der vollkommen Geistesgestörte kann geschäftsfähig sein, wenn er in einem „lichten Augenblick" (lucidum intervallum) handelt.

767 Der Verweis des § 9 AVG auf das bürgerliche Recht ist weit auszulegen und umfaßt neben den Vorschriften des ABGB ua auch die Bestimmungen internationalen Privatrechts (*Rohrböck*, Prozeßfähigkeit, 2; VwGH 13. 1. 1982, 81/01/0039, 15. 1. 1986, 85/01/0244). Gem § 9 IPRG ist das Personalstatut einer natürlichen Person das Recht des Staates, dem die Person angehört. § 9 Abs 3 leg cit bestimmt allerdings das Personalstatut einer Person, die Flüchtling iSd für Österreich geltenden internationalen Übereinkommen ist oder deren Beziehungen zu ihrem Heimatstaat aus vergleichbar schwerwiegenden Gründen abgebrochen sind, als das Recht des Staates, in dem sie ihren Wohnsitz, mangels eines solchen ihren gewöhnlichen Aufenthalt hat. Eine Verweisung dieses Rechts auf das Recht des Heimatstaates ist gem § 5 leg cit unbeachtlich. Gem § 53 leg cit werden zwischenstaatliche Vereinbarungen durch das IPRG nicht berührt. In diesem Zusammenhang bestimmt Art 12 GFK, daß die personenrechtliche Stellung eines Flüchtlings vom Gesetz seines Wohnsitzlandes oder – wenn er keinen Wohnsitz hat – vom Gesetz des Aufenthaltslandes bestimmt wird (siehe dazu oben auch die Ausführungen zu Rz 753 ff).

768 Vor diesem Hintergrund kann sich die Rechtslage in Einzelfällen äußerst kompliziert gestalten, zumal für Asylwerber vor dem Hintergrund der Handlungsunfähigkeit aus anderen Gründen als der Minderjährigkeit das Recht des Heimatstaates, das Recht eines Drittstaates oder österreichisches Recht zur Anwendung kommen kann. Im einzelnen lassen sich im wesentlichen folgende Falltypen hervorheben:

a) Fremde als Flüchtlinge

769 Zwar kennt das AsylG 1997 – ob dies nun verfassungsrechtlich problematisch ist oder nicht – nunmehr eine allgemein bindende Feststellung der Flüchtlingseigenschaft (§ 12 AsylG 1997). Umgekehrt kann aber aus dem Umstand, daß im Einzelfall eine Feststellung der Flüchtlingseigenschaft fehlt, nicht zwangsläufig darauf geschlossen werden, daß eine Person nicht Flüchtling sein kann. Der Flüchtlingsbegriff der GFK ist materieller Natur (siehe dazu oben die Ausführungen zu § 12, Rz 370; zum materiellen Flüchtlingsbegriff der GFK siehe *Steiner*, AsylR, 4; *Rosenmayr*, Asylverfahren, 124; *Grahl-Madsen* I, 340; *Hailbronner*, Asylrecht, 90; *Kälin*, Grundriß, 30; *Zink*, Verfolgung, 200 ff, 212 f; UNDoc HCR/INF/49,10; UNDoc A/32/12/Add 1, 14). Das bedeutet, daß jede Person, die die Rechtsbedingungen der

GFK erfüllt, unabhängig von einem Hoheitsakt unmittelbar auf Grund des Gesetzes augenblicklich Flüchtling iSd GFK ist (vgl dazu *Grahl-Madsen* I, 340). Trifft dies für Asylwerber zu, so gilt für diese nach § 53 IPRG die Vorschrift des Art 12 GFK; eine bereits bestehende und bindende Feststellung der Flüchtlingseigenschaft gem § 12 AsylG 1997 für Asylwerber liegt regelmäßig nicht vor, da eine solche erst Ziel des Verfahrens ist. Für Asylwerber, die materiell Flüchtlinge iSd GFK sind, heißt dies, daß in diesen Fällen das Recht des Wohnsitz- bzw des Aufenthaltsstaates – gegebenenfalls die österreichische Rechtsordnung – zur Anwendung kommt. Im Gegensatz zu § 9 Abs 3 IPRG geht es hier nicht um den *„gewöhnlichen Aufenthalt"*, sondern um die *„physische Anwesenheit"* zum maßgeblichen Beurteilungszeitpunkt; damit kommt in aller Regel das Recht des Zufluchtstaates zur Anwendung, wobei sich hier besondere Probleme in Verfahren an der Grenze (§ 17 AsylG 1997) ergeben können.

770 Beachtenswert ist, daß die Flüchtlingseigenschaft einerseits Beweisthema in Verfahren nach dem AsylG 1997 und andererseits auch eine zentrale Frage hinsichtlich der Prozeßvoraussetzung ist, indem sie eine maßgebliche Rechtsbedingung für die Festlegung des anzuwendenden Rechts darstellt und somit auf die Prozeßfähigkeit bestimmend wirkt. Diese eigenwillige Zirkelstruktur führt letztendlich dazu, daß der Rechtsanwender – sollte die Prozeßfähigkeit einer Person in Frage stehen – regelmäßig ein Beweisthema (die Flüchtlingseigenschaft) vorwegzunehmen und dieses gleichsam in die Prozeßvoraussetzungen einzubauen hat. Dies führt zu der Besonderheit, daß mit Klärung der Prozeßvoraussetzung auch ein wesentliches Beweisthema in der Sache abgeklärt ist, wodurch auch das Ergebnis des Verfahrens selbst in einem wesentlichen Punkt vorweggenommen wird (siehe dazu vor dem Hintergrund des AsylG 1968 *Rohrböck*, Prozeßfähigkeit, 3).

771 Liegt eine rechtskräftige (bindende) Feststellung der Flüchtlingseigenschaft gem § 12 AsylG 1997 vor, hat dies zur Folge, daß alle Behörden auch im Lichte der Beurteilung der Prozeßfähigkeit an diese Feststellung gebunden sind. Damit steht auch eindeutig fest, daß in diesen Fällen im Hinblick auf die Beurteilung der Prozeßfähigkeit das Recht des Wohnsitz- bzw des Aufenthaltsstaates anzuwenden ist.

b) Asylwerber als eine Person, deren Beziehungen zum Heimatstaat aus „vergleichbar schwerwiegenden Gründen abgebrochen" sind

772 Unter *„vergleichbar schwerwiegenden Gründen"* sind solche zu verstehen, die das Verhältnis des Staates zu seinem Zugehörigen erheblich zu erschüttern geeignet sind und der Wertigkeit nach jenen entsprechen, die nach der GFK die Flüchtlingseigenschaft bewirken. Das Personalstatut und damit die für die Prozeßfähigkeit maßgebliche Rechtsordnung ist gem § 9 Abs 3 IPRG das Recht des Staates, in dem die betroffene Person (Asylwerber) ihren (seinen) Wohnsitz, mangels eines solchen ihren (seinen) gewöhnlichen Aufenthalt hat; eine Verweisung dieses Rechts auf das Recht des Heimatstaates ist unbeachtlich (§ 5 IPRG). Unter Heimatstaat ist hier wohl nicht nur derjenige zu verstehen, zu dem das formelle Band der Staatsbürgerschaft besteht, sondern auch derjenige, in dem bei gegebener Staatenlosigkeit der frühere gewöhnliche Aufenthalt bestanden hat. Dies ergibt sich daraus, daß „Verweisungsverbote" im Lichte des Grundsatzes der „stärksten Beziehung", wie dies in § 1 IPRG zum Ausdruck kommt, zu sehen sind; es besteht kein wertungsmäßiger Unterschied, ob das Verhältnis zum Heimatstaat, oder bei gegebener Staatenlosigkeit zum Staat des gewöhnlichen Aufenthalts abgebrochen ist.

773 Die obigen Voraussetzungen sind von Amts wegen zu prüfen; danach ist die Prozeßfähigkeit zu bestimmen. Das Personalstatut im Lichte des gegebenen Falltypus kann nicht nur das Recht des „Zufluchtsstaates", sondern auch das Recht eines „Drittstaates" sein, zu dem ein Anknüpfungspunkt iSd § 9 Abs 3 IPRG (Wohnsitz, gewöhnlicher Aufenthalt) gegeben ist.

c) Sonstige Asylwerber

774 Gem § 9 Abs 1 IPRG ist das Personalstatut einer natürlichen Person das Recht des Staates, dem die Person angehört. Die Staatsangehörigkeit sowie das fremde Recht sind von Amts wegen im Rahmen der Prozeßfähigkeit zu prüfen. Für Mehrstaater ist die Staatsangehörigkeit maßgebend, zu der die stärkste Beziehung besteht – also das Verhältnis zwischen Staat und der betreffenden Person am dichtesten ist. Sollte ein Mehrstaater auch österreichischer Staatsangehöriger sein – was im Asylverfahren auszuschließen ist – wäre er als Inländer zu behandeln. Für die Ermittlung der „stärksten Beziehung" müssen im Einzelfall jeweils alle in Betracht kommenden Umstände gewertet werden, die für die Lebensverhältnisse einer Person von maßgebender Bedeutung sind (vgl *Schwimann*, 59), wobei gem § 5 IPRG eventuelle Rück- und Weiterverweisungen zu beachten sind (*Rohrböck*, Prozeßfähigkeit, 4; *Schwimann*, 36). Als effektives und damit für die Prozeßfähigkeit maßgebliches Recht kommt sowohl das Recht des Zufluchtsstaates, das Recht des Heimatstaates als auch das Recht eines Drittstaates in Betracht.

IV. Rechtsschutz Prozeßunfähiger

775 Gem § 11 AVG kann (mangels entsprechender Ermessensdeterminanten besteht eine Verpflichtung) die Behörde, wenn es die Wichtigkeit der Sache erfordert, die Bestellung eines Sachwalters (Kurators) bei dem hierfür zuständigen Gericht (§ 109 JN) veranlassen, wenn von Amts wegen oder auf Antrag gegen einen handlungsunfähigen Beteiligten, der eines gesetzlichen Vertreters entbehrt, oder gegen eine Person, deren Aufenthalt unbekannt ist, eine Amtshandlung vorgenommen werden soll.

776 Gem § 187 ABGB ist einem Minderjährigen ein Vormund zu bestellen, wenn nicht wenigstens einer Person die beschränkte gesetzliche Vertretung im Rahmen der Obsorge zusteht. Inwieweit für Personen, die ihre Angelegenheiten selbst gehörig zu besorgen nicht vermögen, ein Kurator oder Sachwalter oder ein anderer gesetzlicher Vertreter zu bestellen ist, wird besonders bestimmt. Ein Vormund hat gem § 188 leg cit vorzüglich für die Person des Minderjährigen zu sorgen, zugleich aber dessen Vermögen zu verwalten. Ein Kurator wird zur Besorgung der Angelegenheiten derjenigen gebraucht, welche dieselben aus einem anderen Grunde, als jenem der Minderjährigkeit, selbst zu besorgen unfähig sind.

777 Vermag eine Person, die an einer psychischen Krankheit leidet oder geistig behindert ist, alle oder einzelne ihrer Angelegenheiten nicht ohne Gefahr eines Nachteils für sich selbst zu besorgen, so ist ihr auf ihren Antrag oder von Amts wegen dazu ein Sachwalter zu bestellen (§ 273 Abs 1 ABGB); dies allerdings nur soweit er nicht durch einen Elternteil oder Vormund gesetzlich vertreten ist oder vertreten werden kann (§ 269 ABGB). Je nach Ausmaß sowie Art und Umfang der zu besorgenden Angelegenheiten ist der Sachwalter entweder mit der Besorgung einzelner Angelegenheiten, etwa der Durchsetzung oder der Abwehr eines Anspruchs oder der Eingehung und der Abwicklung eines Rechtsgeschäfts, mit der Besorgung eines be-

stimmten Kreises von Angelegenheiten, etwa der Verwaltung eines Teiles oder des gesamten Vermögens, oder mit der Besorgung aller Angelegenheiten der behinderten Person zu betrauen (§ 273 Abs 3 ABGB).

778 Die behinderte Person kann innerhalb des Wirkungsbereiches des Sachwalters ohne dessen ausdrückliche oder stillschweigende Einwilligung rechtsgeschäftlich weder verfügen noch sich verpflichten. Sofern dadurch das Wohl der behinderten Person nicht gefährdet wird, kann das Gericht bestimmen, daß die behinderte Person innerhalb des Wirkungsbereiches des Sachwalters hinsichtlich bestimmter Sachen oder ihres Einkommens oder eines bestimmten Teiles davon frei verfügen und sich verpflichten kann (§ 273a Abs 1 ABGB). Schließt eine behinderte Person im Rahmen des Wirkungskreises des Sachwalters ein Rechtsgeschäft, das eine geringfügige Angelegenheit des täglichen Lebens betrifft, so wird dieses Rechtsgeschäft, auch wenn die Voraussetzungen des Abs 1 zweiter Satz nicht vorliegen, mit der Erfüllung der die behinderte Person treffenden Pflichten rückwirkend rechtswirksam (§ 273a Abs 2 leg cit).

779 In Rücksicht auf Ungeborene wird gem § 274 ABGB ein Sachwalter entweder für die Nachkommenschaft überhaupt, oder für eine bereits vorhandene Leibesfrucht (§ 22) aufgestellt. Im ersten Falle hat der Sachwalter dafür zu sorgen, daß die Nachkommenschaft bei einem ihr bestimmten Nachlasse nicht verkürzt werden, im zweiten Falle aber, daß die Rechte des noch ungeborenen Kindes erhalten werden.

780 Die Bestellung eines Kurators für Abwesende, oder für die dem Gerichte zur Zeit nach unbekannten Teilnehmer an einem Geschäfte, findet nach § 276 ABGB dann statt, wenn sie keinen ordentlichen Sachwalter zurückgelassen haben, ohne solchen aber ihre Rechte durch Verzug gefährdet, oder die Rechte eines anderen in ihrem Gange gehemmt würden. Ist der Aufenthaltsort eines Abwesenden bekannt, so muß ihn sein Kurator von der Lage seiner Angelegenheiten unterrichten, und diese Angelegenheiten, wenn keine andere Verfügung getroffen wird, wie jene eines Minderjährigen besorgen.

781 Auch vor diesem Hintergrund zeigt sich ein wesentlicher Bezug zum IPR. Gem § 27 IPRG ist für die Anordnung und die Beendigung einer Vormundschaft oder Pflegschaft (hier synonym für Kuratel und Sachwalterschaft) sowie deren Wirkungen das Personalstatut des Pflegebefohlenen maßgeblich, wobei § 9 Abs 3 leg cit und Art 12 GFK zu beachten bleiben (siehe dazu die obigen Ausführungen zu Rz 763 ff). Dieser Rechtsbereich ist von zahlreichen diese Bestimmungen zum Teil modifizierenden zwischenstaatlichen Vereinbarungen durchsetzt (siehe dazu *Schwimann*, 243; siehe auch die Ausführungen unter Rz 762).

782 So stellt etwa Art 5 lit h iVm Art 3 des Wiener Übereinkommens über konsularische Beziehungen BGBl 1969/318 die Wahrung der Interessen minderjähriger und anderer nicht handlungsfähiger Angehöriger des Entsendestaates im Rahmen der Gesetze und sonstiger Rechtsvorschriften des Empfangsstaates, insb wenn für jene eine Vormundschaft oder Pflegschaft erforderlich ist, den konsularischen Vertretungen anheim. Gem Art 5 lit i leg cit besteht eine konsularische Aufgabe darin, die Angehörigen den Entsendestaates (also auch Minderjährige) unter näheren Voraussetzungen vor den Gerichten und anderen Behörden des Empfangsstaates zu vertreten oder für deren angemessene Vertretung zu sorgen, wenn jene wegen Abwesenheit oder aus einem anderen Grund ihre Rechte und Interessen nicht selbst rechtzeitig verteidigen können. Nach Art 37 lit b leg cit besteht die Pflicht der zuständigen Behörden des Empfangsstaates, die zuständige konsularische Vertretung ua von allen Fällen zu benachrichtigen, in denen die Bestellung eines Vormunds oder Pflegers im Interesse eines minderjährigen oder anderen nicht voll handlungsfähigen Angehörigen des Entsendestaates angebracht erscheint. Die Benachrichtigung läßt jedoch die Anwendung der Gesetze und sonstige Rechtsvorschriften des Empfangsstaates auf diese Bestellung unberührt.

783 Eine ähnliche Regelung enthält beispielsweise Art 17 des Konsularvertrages zwischen der Republik Österreich und der Volksrepublik Bulgarien BGBl 1976/342. Gem Abs 1 der genannten Vertragsbestimmung ist der Konsul berechtigt, zur Wahrung der Rechte Minderjähriger, sonst Pflegebefohlener oder abwesender Angehöriger des Entsendestaates vor den Gerichten oder Verwaltungsbehörden des Empfangsstaates einzuschreiten. Abs 2 leg cit normiert eine Verständigungspflicht der Gerichte und Verwaltungsbehörden des Empfangsstaates für den Fall, daß für einen Angehörigen des Entsendestaates ein Vormund, Kurator oder sonstiger Vertreter amtlich zu bestellen ist, wobei dem Konsul das Recht zusteht, hinsichtlich der zu bestellenden Person geeignete Vorschläge zu unterbreiten.

784 Gem Art 25 Abs 1 des Konsularvertrages zwischen der Republik Österreich und der Föderativen Volksrepublik Jugoslawien BGBl 1968/378 (idF BGBl 1996/474 betreffend Kroatien und BGBl III 1997/156 betreffend die Bundesrepublik Jugoslawien) sind die Konsuln berechtigt, soweit sie nach den Vorschriften des Sendestaates hiezu ermächtigt sind, für handlungsunfähige oder in ihrer Handlungsfähigkeit beschränkte natürliche Personen, die Angehörige des Sendestaates sind und sich im Konsularsprengel aufhalten, erforderlichenfalls einen gesetzlichen Vertreter zu bestellen. Die Gerichte und Behörden sind verpflichtet, die Konsuln von jedem Fall zu verständigen, in dem die Bestellung eines gesetzlichen Vertreters für einen Angehörigen des Sendestaates erforderlich wird. Nach Art 25 Abs 2 dieses Vertrages können Gerichte und Behörden zum Schutze der Interessen der im Abs 1 bezeichneten Personen vorläufige Maßnahmen treffen, bis für diese Person von den zuständigen Gerichten oder Behörden des Sendestaates gesetzliche Vertreter bestellt werden. Von den getroffenen Maßnahmen sind die Konsuln unverzüglich zu verständigen. Die Gerichte und Behörden des Empfangsstaates sind verpflichtet, soweit sie vormundschafts- oder pflegschaftsbehördliche Geschäfte hinsichtlich der im Abs 1 genannten Personen besorgen, die Stellungnahme der Konsuln einzuholen, bevor wichtige Maßnahmen getroffen werden.

785 Gem Art 32 des Vertrages zwischen der Republik Österreich und der Volksrepublik Polen über die wechselseitigen Beziehungen in bürgerlichen Rechtssachen und über Urkundenwesen BGBl 1974/79 iVm Art 21 des Staatsvertrags zwischen der Republik Österreich und der Republik Polen über den rechtlichen Verkehr BGBl 1926/226 obliegen Maßnahmen zum Schutze minderjähriger Personen bzw obliegt die Bestellung eines Vormunds oder Kurators vorrangig dem Heimatstaat nach dem für ihn geltenden Recht, wobei eine Durchbrechung dieser Regel ua im Falle einer Erforderlichkeit dringender Maßnahmen in Vormundschaftssachen bzw dringender notwendiger pflegschaftlicher Verfügungen dahingehend zulässig ist, daß für die angesprochenen Fälle die Gerichte des Aufenthaltsstaates nach dem für sie geltendem Recht zuständig sind. Auch im Verhältnis zu Polen bestehen im Interesse des Schutzes Minderjähriger Informations- und Verständigungspflichten.

786 Gem Art 19 Abs 1 des Konsularvertrags zwischen der Republik Österreich und der Sozialistischen Republik Rumänien BGBl 1972/317 ist der Konsul berechtigt, zwecks Wahrung der Rechte Minderjähriger, sonst Pflegebefohlener oder Angehöriger des Entsendestaates vor den Gerichten oder Verwaltungsbehörden des Empfangsstaates einzuschreiten. Ist für den Angehörigen des Entsendestaates ein Vormund, Kurator oder Beistand zu bestellen, so haben gem Art 19 Abs 2 dieses Vertrages die zuständigen Gerichte oder Verwaltungsbehörden des Empfangsstaates die konsularische Vertretung des Entsendestaates zu verständigen.

787 Art 7 des Abkommens zwischen der Republik Österreich und der Tschechoslowakischen Sozialistischen Republik über konsularische Beziehungen BGBl 1980/526 stimmt inhaltlich mit Art 19 des vorstehenden Konsularvertrages zwischen der Republik Österreich und der Sozialistischen Republik Rumänien BGBl 1972/317 überein. Darüber hinaus hat der Konsul – wie etwa im Konsularvertrag mit Bulgarien BGBl 1976/342 – das Recht, hinsichtlich der als Vertreter zu bestellenden Person geeignete Vorschläge zu unterbreiten (vgl dazu Punkt 24 der Kundmachung des Bundeskanzlers betreffend die zwischen der Republik Österreich und der Tschechischen Republik geltenden bilateralen Verträge BGBl III 1997/123; vgl auch BGBl 1994/1046 betreffend die Slowakei).

788 Neben diesen beispielhaft skizzierten Konsularverträgen existieren noch weitere derartige Verträge, auf die hier nur hingewiesen werden soll: Konsularvertrag zwischen der Republik Österreich und der Union der Sozialistischen Sowjetrepubliken BGBl 1960/21 (idF BGBl 1994/257); Protokoll zum Konsularvertrag zwischen der Republik Österreich und der Union der Sozialistischen Sowjetrepubliken vom 28. Februar 1959 BGBl 1975/459 (idF BGBl 1994/257); Konsularvertrag zwischen der Republik Österreich und dem Vereinigten Königreich von Großbritanien und Nordirland BGBl 1964/19 (idF BGBl 1980/416, BGBl 1975/531); Konsularvertrag zwischen der Republik Österreich und der Ungarischen Volksrepublik BGBl 1977/146; Abkommen zwischen der Bundesregierung der Republik Österreich und den Regierungen der Russischen Sozialistischen Föderativen Sowjetrepublik und der Ukrainischen Sozialistischen Sowjetrepublik BGBl 1992/147 (idF des Notenwechsels BGBl 1923/525).

789 Neben den Konsularverträgen sind an dieser Stelle noch das Vormundschaftsabkommen zwischen der Republik Österreich und dem Deutschen Reiche BGBl 1927/269 und das Abkommen zur Regelung der Vormundschaft über Minderjährige vom 12. Juni 1902 mit Italien BGBl 1920/304 zu nennen.

790 Weiters bleibt das multilaterale Übereinkommen über die Zuständigkeit der Behörden und das anzuwendende Recht auf dem Gebiet des Schutzes von Minderjährigen BGBl 1975/446 (kurz: MSA) hervorzuheben. Kraft Gesetzes bestehende Gewaltverhältnisse über Kinder (im gegebenen Zusammenhang wohl Minderjährige) sind nach dem Recht des Heimatstaates zu beurteilen (Art 3 MSA). Die Anordnung von Schutzmaßnahmen richtet sich regelmäßig nach dem Recht des für die Anordnung zuständigen Staates (Art 2, 4 Abs 1 und 2 MSA). Als zuständiger Staat ist entweder der Staat des gewöhnlichen Aufenthalts oder der Heimatstaat zu verstehen (vgl dazu *Schwimann*, 250), wobei die Behörden am gewöhnlichen Aufenthalt zum Eingreifen verpflichtet sind, den Heimatbehörden aber ein Evokationsrecht zukommt (vgl Art 4 Abs 4, Art 5 Abs 3 MSA).

791 Obwohl nur § 9 AVG betreffend die Regelung der Handlungsfähigkeit als solcher, nicht aber § 11 AVG unter dem Vorbehalt der „Verwaltungsvorschriften" steht, hat der Asylgesetzgeber auch im Hinblick auf die Regelung der Bestellung von Vertretern Prozeßunfähiger (§ 25 Abs 2 AsylG 1997; vgl auch § 95 FrG 1997) eine Kompetenz in Anspruch genommen. Ob dies mit der Bedarfskompetenz nach Art 11 Abs 2 B-VG in Einklang zu bringen ist, bleibt fraglich.

792 § 25 Abs 2 zweiter Satz AsylG 1997 bestimmt, daß unter näheren Voraussetzungen mit der Einleitung eines Verfahrens (nach dem AsylG 1997) der örtlich zuständige Jugendwohlfahrtsträger gesetzlicher Vertreter des Prozeßunfähigen wird.

Obwohl dies nach dem Wortlaut des Gesetzes nicht eindeutig ist, gilt dies – analog zu § 95 FrG 1997 – auch für *unmündige* Minderjährige. Von einer „Einleitung" des Verfahrens iS dieser Bestimmung muß man auch dann ausgehen, wenn ein unmündiger Minderjähriger (vgl dazu § 25 Abs 2 erster Satz leg cit) einen Antrag stellt, der als „negotium claudicans" noch der Zustimmung des gesetzlichen Vertreters bedarf (siehe dazu *Rohrböck*, Prozeßfähigkeit, 9). Jugendwohlfahrtsträger ist das örtlich zuständige Land (vgl dazu Art 12 Abs 1 Z 1 B-VG). Die örtliche Zuständigkeit richtet sich nach § 3 Z 3 AVG. Die gesetzliche Vertretung nach § 25 Abs 2 AsylG 1997 tritt hinter die gesetzliche Vertretung durch die Eltern und somit auch hinter die durch die Eltern begründete gewillkürte Vertretung zurück (vgl dazu im Lichte der vergleichbaren Rechtslage nach dem AsylG 1991 VwGH 6. 11. 1997, 96/20/0664); eine wirksame Vertretung durch einen gewillkürten Vertreter setzt auch hier ein bestehendes Vollmachtsverhältnis voraus (vgl dazu § 10 Abs 2 AVG).

793 Für jene Fälle, in denen ein und dieselbe Behörde als gesetzlicher Vertreter und zugleich als Organ der Fremdenpolizei einzuschreiten hätte (dies könnte an jenen Orten zutreffen, an denen keine Bundespolizeibehörde besteht), trifft der Gesetzgeber zur Vermeidung von Interessenskollisionen besondere Vorkehrungen. Gem § 25 Abs 2 letzter Satz AsylG 1997 wird, sobald für solche Jugendliche ein gesetzlicher Vertreter gem § 95 Abs 3 FrG 1997 einzuschreiten hat, dieser auch gesetzlicher Vertreter nach dem AsylG 1997. Die Anwendbarkeit des § 95 Abs 3 FrG 1997 ist auf „solche Jugendliche" beschränkt. Im Lichte des grammatikalisch-systematischen Zusammenhangs mit § 25 Abs 2 erster Satz AsylG 1997 sind dies „mündige Minderjährige, deren Interessen von ihren gesetzlichen Vertretern nicht wahrgenommen werden können". Die Kollisionsregel des § 95 Abs 3 FrG 1997 findet erstens – wie die Bestimmung des § 25 AsylG 1997 überhaupt – ausschließlich auf Personen, deren Handlungsfähigkeit auf Grund der Minderjährigkeit beschränkt ist, und zweitens – folgt man streng dem Wortlaut des § 25 Abs 2 AsylG 1997 – ausschließlich auf mündige Minderjährige, nicht aber auf unmündige Minderjährige, deren Interessen von ihren gesetzlichen Vertretern nicht wahrgenommen werden können, Anwendung. Ob hinsichtlich der zweiten Einschränkung eine echte Gesetzeslücke vorliegt, ist fraglich, jedoch wahrscheinlich.

794 Gem § 95 Abs 3 zweiter und dritter Satz FrG 1997 wird gesetzlicher Vertreter mit Einleitung eines (solchen) Verfahrens der Jugendwohlfahrtsträger der Hauptstadt des Bundeslandes, in dem sich der Minderjährige aufhält. Wäre demnach dieselbe Behörde für das fremdenpolizeiliche Verfahren und die Vertretung zuständig, so wird der sonst örtlich nächstgelegene Jugendwohlfahrtsträger gesetzlicher Vertreter. Der Wortlaut dieser Bestimmung ist in mehrerer Hinsicht kurios: Zunächst kennt die österreichische Rechtsordnung keinen „Jugendwohlfahrtsträger der Hauptstadt eines Bundeslandes", wenngleich der Gesetzgeber offenbar den Magistrat der Hauptstadt eines Bundeslandes als Organ eines Jugendwohlfahrtsträgers gemeint haben mag. Rechtsträger ist immer eine (juristische) Person, im gegebenen Zusammenhang eine Gebietskörperschaft des öffentlichen Rechts. Jugendwohlfahrtsträger ist das jeweils örtlich zuständige Land; die Säuglings- und Jugendfürsorge fällt gem Art 12 Abs 1 Z 1 in der Gesetzgebung über die Grundsätze dem Bund, in der Erlassung von Ausführungsgesetzen und in der *Vollziehung* dem Land zu.

795 Geht man nur richtigerweise davon aus, daß Jugendwohlfahrtsträger (als Rechtsperson) das Land ist, führt die Kollisionsregel des § 95 Abs 3 dritter Satz zu kaum lösbaren Problemen, ist doch schlüssig nicht zu klären, welches Land nun der nächstgelegene Jugendwohlfahrtsträger beispielsweise des Landes Oberösterreich ist, grenzt doch Oberösterreich an mehrere Bundesländer. Lediglich der nächstgelegene Jugendwohlfahrtsträger von Wien und Vorarlberg ist mit wünschenswerter Exaktheit bestimmbar. Daß eine derartig unbestimmte Zuständigkeitsregel im Lichte des Art 18 Abs 1 B-VG schwere verfassungsrechtliche Probleme aufwirft, liegt auf der Hand. Nach ständiger Jud des Verfassungsgerichtshofes bindet Art 83 iVm Art 18 B-VG den Gesetzgeber nämlich dahingehend, daß eine nach objektiven Gesichtspunkten feststellbare Abgrenzung zwischen den Zuständigkeiten von Behörden getroffen werden und die Behördenzuständigkeit in der gesetzlichen Regelung selbst exakt festgelegt sein muß (vgl VfSlg 8349, 10.311, 13.029).

796 Was der Gesetzgeber mit dieser unklaren Zuständigkeitsregel tatsächlich gemeint hat, läßt sich nur vermuten. Wenn der Gesetzgeber vom „Jugendwohlfahrtsträger einer Hauptstadt eines Landes" spricht, so ist damit – wie oben angedeutet wurde – offenbar die (zuständige) Bezirksverwaltungsbehörde als Organ des Jugendwohlfahrtsträgers gemeint. Vor diesem Hintergrund liegt die Vermutung nahe, daß der Gesetzgeber mit dem „nächstgelegenen Jugendwohlfahrtsträger" das nächstgelegene Organ des zuständigen Jugendwohlfahrtsträgers (die Bezirksverwaltungsbehörde, deren Sitz nächstgelegen ist) gemeint hat. Der Wortlaut des § 95 Abs 3 FrG 1997 spricht freilich eine andere Sprache.

Belehrung

§ 26. (1) Der Bundesminister für Inneres hat ein Merkblatt über die Asylwerbern obliegenden Pflichten und zustehenden Rechte aufzulegen. Das Merkblatt ist in jenen Sprachen bereitzuhalten, von denen anzunehmen ist, daß die Asylwerber sie verstehen.

(2) In diesem Merkblatt ist insbesondere auf die Verpflichtung der Asylwerber, sich den Behörden für Zwecke eines Verfahrens nach diesem Bundesgesetz zur Verfügung zu halten, sowie auf die Rechtsfolgen des § 30 hinzuweisen. Das Merkblatt ist jedem Asylwerber und jeder Asylwerberin zum frühestmöglichen Zeitpunkt in einer ihnen verständlichen Sprache zu übergeben.

(3) Asylwerber, die nach Einbringung eines Asylantrages an der Grenze die Entscheidung im Ausland abwarten, sind bei Aushändigung des Merkblattes darauf hinzuweisen, daß es Ihnen freisteht, Beratung über ihre Sache durch kirchliche oder humanitäre Organisationen in Anspruch zu nehmen.

RV: [26, 27]

Wie nach derzeit geltender Rechtslage (vgl. § 16 Abs. 2 Asylgesetz 1991) sieht auch der Entwurf vor, daß der Bundesminister für Inneres ein Merkblatt für Asylwerber aufzulegen hat. Dieses Merkblatt hat Asylwerber über die ihnen obliegenden Pflichten und ihnen zustehenden Rechte ausreichend zu informieren und ist in jenen Sprachen bereitzuhalten, von denen anzunehmen ist, daß Asylwerber diese Sprachen auch verstehen. Das Merkblatt hat ausdrücklich auf die Rechtsfolge der Einstellung des [26] Verfahrens hinzuweisen, wenn die Feststellung des maßgeblichen Sachverhalts wegen Abwesenheit des Antragstellers nicht möglich ist. Die Asylbehörden haben dafür zu sorgen, daß dieses Merkblatt den Antragstellern möglichst frühzeitig übergeben wird [27].

AB: [7]

Asylwerber an der Grenze sind ungeachtet des Umstandes, daß sie den Asylantrag im Aufenthaltsstaat oder bei der zuständigen Berufsvertretungsbehörde einbringen könnten, in besonderem Maße auf die Unterstützung nichtstaatlicher Organisationen angewiesen. Aus diesem Grunde sollen sie neben der Information aus dem Merkblatt auch den Hinweis auf die Möglichkeit einer Rechtsberatung dieser Art erhalten.

Inhaltsübersicht

I. Allgemeines

797 Allgemein wird bestimmt, daß die Behörde Personen, die nicht durch berufsmäßige Parteienvertreter vertreten sind, die zur Vornahme ihrer Verfahrenshandlungen nötigen Anleitungen (idR mündlich) zu geben hat. Da die Belehrung nur idR mündlich (telefonisch) zu erfolgen hat, kommt ausnahmsweise auch eine schriftliche (fernschriftliche) Belehrung in Betracht (vgl *Haller*, Novelle, 217). Weiters hat die Behörde Personen über die mit ihren Handlungen oder Unterlassungen unmittelbar verbundenen Rechtsfolgen zu belehren (§ 13a AVG). Damit ist eine weitgehende „Manuduktionspflicht" angeordnet (vgl auch § 43 BDG).

798 Im Zusammenhang mit der Manuduktionspflicht geht es nur um Rechtsbelehrungen im Bezug auf *„Verfahrenshandlungen"* und ihre *„unmittelbare Folgen"*, nicht etwa auch in bezug auf Rechtshandlungen außerhalb des Verfahrens (*Haller*, 216). Die Behörde muß die Partei auch nicht belehren, wie sie ihr Vorbringen gestalten muß, damit ihrem Antrag stattgegeben werden kann (VwGH 5. 6. 1991, 90/01/0198; 2. 2. 1993, 92/05/0206; 19. 4. 1994, 91/07/0038); selbst auf die Möglichkeit eines Wiedereinsetzungsantrags muß nicht hingewiesen werden (VwGH 20. 2. 1985, 84/01/0374; 4. 12. 1985, 84/11/0322); dies gilt wohl nur dann, wenn kein Anhaltspunkt für das Vorliegen eines Wiedereinsetzungstatbestands besteht.

799 Die Anleitung braucht von einer Partei nicht verlangt zu werden (vgl *Walter/Mayer*, Verwaltungsverfahrensrecht, Rz 164). Auch gegenüber einer rechtskundigen Partei besteht die Pflicht, ihr die nötigen Anleitungen zu geben. Ob die Manuduktionspflicht gegenüber einer Partei besteht, die zwar einen berufsmäßigen Parteienvertreter bestellt hat, jedoch teilweise selbst (etwa in einer mündlichen Verhandlung) handelt, ist im Ergebnis zu bejahen, weil sie insoweit nicht vertreten ist (vgl *Haller*, Novelle, 217). Die Manuduktionspflicht ist im AVG etwas anders geregelt, als in der ZPO (§§ 182, 432, 435 ZPO) und in der BAO (§ 113).

800 Die Verletzung der Manuduktionspflicht führt nicht zur Erstreckung gesetzlicher Fristen (VwGH 4. 12. 1985, 84/11/0322); sie kann jedoch einen wesentlichen Verfahrensmangel darstellen (VwGH 8. 3. 1991, 90/11/0188).

II. Merkblatt

801 Neben die allgemeine Manuduktionspflicht nach § 13a AVG tritt in Verfahren nach dem AsylG 1997 eine besondere Belehrungspflicht, die gem § 26 leg cit nicht – wie nach dem AVG – idR mündlich, sondern regelmäßig schriftlich durch die Aushändigung eines Merkblatts erfolgt (vgl § 26 Abs 2 letzter Satz AsylG 1997). Der Bundesminister für Inneres (nicht etwa das BAA) hat ein Merkblatt über die Asylwerbern obliegenden Pflichten und zustehenden Rechte aufzulegen; dieses Merkblatt ist in jenen Sprachen bereitzuhalten, von denen anzunehmen ist, daß Asylwerber diese Sprache verstehen (§ 26 Abs 1 leg cit); auszuhändigen ist dieses Merkblatt allerdings in einer Sprache, die Asylwerber tatsächlich verstehen (§ 26 Abs 2 letzter Satz leg cit).

802 Das Merkblatt ist Asylwerbern zum frühestmöglichen Zeitpunkt zu übergeben (§ 26 Abs 2 letzter Satz leg cit). Der frühestmögliche Zeitpunkt ist jener zu dem ein Antrag gestellt (§ 3 Abs 2 leg cit) oder eingebracht (§ 24 leg cit) wird. Demzufolge ist das Merkblatt je nach Sachlage von Grenzkontrollorganen bei Anträgen an der Grenze, von Organen der Sicherheitsbehörden bei Stellung eines Antrags bzw von Organen des BAA bei Einbringung des Asylantrags auszufolgen.

803 Der Inhalt des Merkblatts wird vom Gesetz nur sehr rudimentär festgelegt. § 26 Abs 2 AsylG 1997 bestimmt, daß in dem Merkblatt insb auf die Verpflichtung der Asylwerber, sich den Behörden für Zwecke eines Verfahrens nach diesem Bundesgesetz zur Verfügung zu halten sowie auf die Rechtsfolgen der Einstellung des Verfahrens nach § 30 leg cit hinzuweisen ist. Der Hinweis, sich den Behörden für Zwecke eines Verfahrens nach diesem Bundesgesetz zur Verfügung zu halten, hat ungeachtet dessen zu erfolgen, daß das AsylG 1997 eine derart allgemeine „Bereithaltungspflicht" nicht kennt (vgl aber § 27 Abs 2 leg cit). Neben diesen im AsylG 1997 selbst festgelegten Punkten hat das Merkblatt ua alle typischen Parteienrechte wie zB das Recht auf Akteneinsicht (§ 17 AVG), das Recht auf Gehör (§§ 37, 43, 45, 56 und 65 AVG), das Recht auf Zustellung eines Bescheides (vgl § 18 Abs 3 AVG), das Recht auf Einlegung von Rechtsmitteln (vgl zB § 63 Abs 4 AVG) etc, aber auch auf die Mitwirkungsobliegenheiten in „Asylverfahren" (siehe dazu unten die Ausführungen zu § 27, Rz 808 ff), zu enthalten. Zudem müssen wohl auch die Rechte nach § 39 AsylG 1997 (das Recht, sich an den UNHCR zu wenden) enthalten sein.

III. Besondere Belehrungspflicht

804 Gem § 26 Abs 3 AsylG 1997 sind Asylwerber, die nach Einbringung (richtig wohl: Stellung) eines Asylantrags an der Grenze die Entscheidung im Ausland abwarten, bei der Aushändigung des Merkblatts darauf hinzuweisen, daß es Ihnen (richtig: ihnen) freisteht, Beratung über ihre Sache durch kirchliche oder humanitäre Organisationen in Anspruch zu nehmen. Diese Belehrung hat nicht im Merkblatt selbst, sondern anläßlich der Übergabe des Merkblatts idR mündlich zu erfolgen. Der Inhalt der Belehrung nach § 26 Abs 3 leg cit betrifft eine Selbstverständlichkeit, indem sie lediglich besagt, daß es nicht verboten ist, sich durch irgendjemanden beraten zu lassen, wenn überhaupt jemand erreichbar ist, der den betroffenen Fremden zu beraten in der Lage ist. Belehrungen dieser Art sind wohl nicht mehr als zierendes Beiwerk eines formalisierten Verfahrens an der Grenze.

Vernehmung

§ 27. (1) Soweit dies ohne unverhältnismäßigen Aufwand möglich ist, sind Asylwerber persönlich von dem zur Entscheidung berufenen Organwalter des Bundesasylamts zu vernehmen. Von einer Einvernahme darf abgesehen werden, wenn und insoweit die Asylwerber nicht in der Lage sind, durch Aussagen zur Feststellung des maßgeblichen Sachverhaltes beizutragen.

(2) Asylwerber sind verpflichtet, die für die Feststellung des maßgeblichen Sachverhaltes erforderlichen Auskünfte zu erteilen sowie die in ihrem Besitz befindlichen maßgeblichen Beweismittel, einschließlich der Identitätsdokumente vorzulegen. Besteht Grund zur Annahme, daß Asylwerber trotz Hinweises auf diese Verpflichtung bei der Vernehmung Beweismittel oder Identitätsdokumente nicht vorlegen, ist der Vernehmende ermächtigt, eine sofortige Durchsuchung der Kleidung der Asylwerber sowie der von ihnen mitgeführten Behältnisse anzuordnen. Die Durchsuchung ist von einem Organ des öffentlichen Sicherheitsdienstes oder einem sonst zur Ausübung behördlicher Befehls- und Zwangsgewalt ermächtigten Bediensteten desselben Geschlechts vorzunehmen.

(3) Asylwerber dürfen in Begleitung einer Vertrauensperson vor der Behörde erscheinen. Die Vertrauensperson darf bei der Vernehmung anwesend sein. Minderjährige Asylwerber dürfen nur in Gegenwart eines gesetzlichen Vertreters einvernommen werden. Für die Vernehmung gelten jedenfalls die für Vernehmungen durch Organe des öffentlichen Sicherheitsdienstes geltenden Richtlinien. Asylwerber, die ihre Furcht vor Verfolgung (Art. 1 Abschnitt A der Genfer Flüchtlingskonvention) auf Eingriffe in ihre sexuelle Selbstbestimmung gründen, sind von Organwaltern desselben Geschlechts einzuvernehmen.

RV: [27]

Jeder Asylwerber soll nicht nur – wie derzeit formuliert ist – unverzüglich gemäß § 51 AVG einvernommen, sondern von dem zur Entscheidung berufenen Organwalter persönlich angehört werden. Die neue Formulierung soll dem Gedanken der Unmittelbarkeit näher kommen; dies war auch schon Intention der geltenden Bestimmung. Das Prinzip der persönlichen Anhörung ist auch der Z 14 der Entschließung des Rates der Europäischen Union über Mindestgarantien für Asylverfahren vom 20. Juni 1995 zugrundegelegt. Von der Einvernahme des Asylwerbers soll in jenen Fällen abgesehen werden können, in denen durch die Einvernahme kein Beitrag zur Feststellung des maßgeblichen Sachverhaltes erwartet werden kann. Dies gilt ähnlich auch für einzelne Gegenstände einer Einvernahme. Asylwerber sind beispielsweise nicht in der Lage, durch Aussagen zur Feststellung des maßgebenden Sachverhalts beizutragen, wenn sie auf Grund einer Geisteskrankheit oder auf Grund ihres Alters keine vernünftigen Gedanken fassen oder nachvollziehbare Aussagen tätigen können.

Asylwerber trifft eine Mitwirkungsobliegenheit an der Feststellung des maßgebenden Sachverhalts. Um diese Verpflichtung im besonderen Umfeld des Asylverfahrens durchsetzbar zu machen, schlägt der Entwurf eine eingeschränkte Personsdurchsuchungsermächtigung vor, die allerdings nur dann greift, wenn der Asylwerber offenbar seiner Mitwirkungsverpflichtung nicht entspricht.

Jeder Antragsteller darf in Begleitung einer Vertrauensperson vor der Behörde erscheinen. Vertrauenspersonen sind weder Partei noch Beteiligte im Asylverfahren und demnach nicht berechtigt, eigene Äußerungen abzugeben. Dies schließt allerdings nicht aus, daß eine Vertrauensperson Zeuge oder Zeugin im Asylverfahren sein kann. Minderjährige Asylwerber dürfen nur in Gegenwart eines gesetzlichen Vertreters einvernommen werden. Dieser Grundsatz ist bereits in Z 25 der Entschließung des Rates der Europäischen Union über die Mindestgarantien für Asylverfahren festgelegt. Die Rolle des gesetzlichen Vertreters unterscheidet sich grundsätzlich von der einer bloßen Vertrauensperson. Grundsätzlich sind bei der Vernehmung die für die Organe des öffentlichen Sicherheitsdienstes geltenden Richtlinien anzuwenden (insbesondere § 6 der Richtlinien-Verordnung, BGBl. Nr. 266/1993).

Ausdrücklich wurde festgehalten, daß Asylwerber, die behaupten Opfer von Vergewaltigung beziehungsweise sexueller Mißhandlung zu sein oder solchen Gefahren ausgesetzt zu werden, von Personen desselben Geschlechts einzuvernehmen sind. In diesem Sinne hat etwa das Exekutiv-Komitee für das Programm des Hohen Flüchtlingskommissars der Vereinten Nationen die Staaten aufgefordert, wo immer dies notwendig ist, ausgebildete weibliche Anhörer in den Verfahren zur Feststellung des Flüchtlingsstatus zur Verfügung zu stellen, und den entsprechenden Zugang der weiblichen Asylsuchenden zu diesen Verfahren, auch wenn die Frauen von männlichen Familienmitgliedern begleitet werden, zu sichern [Beschluß Nr. 64 (XLI) über Flüchtlingsfrauen und Internationalen Rechtsschutz lit. a Abschnitt iii]. Daß die Gefahr, vergewaltigt oder sexuell mißhandelt zu werden, in aller Regel unter den Tatbestand des Art 1 Abschnitt A der Genfer Flüchtlingskonvention fällt, liegt auf der Hand und Bedarf keiner weiteren Erörterung [vgl. dazu insbesondere den Beschluß Exekutiv-Komitees für das Programm des Hohen Flüchtlingskommissars der Vereinten Nationen Nr. 73 (XLIV) betreffend Rechtsschutz für Flüchtlinge und sexuelle Gewalt].

Inhaltsübersicht

I. Allgemeines

805 Das AVG (§ 51 leg cit) setzt voraus, daß zum Zweck der Beweisführung auch die Vernehmung der Beteiligten zulässig ist; sie ist im allgemeinen aber nicht unerläßlich (VwGH 12. 10. 1962, 34/61), spielt aber in „Asylverfahren" idR eine wesentliche Rolle. Nach der genannten Bestimmung gelten die Vorschriften des § 48 (Unzulässigkeit der Zeugenvernehmung) und des § 49 AVG (Gründe für die Verweigerung der Aussage) auch für die Vernehmung der Beteiligten; lediglich der Aussageverweigerungsgrund des § 49 Abs 1 Z 1 AVG wegen Gefahr eines Vermögensnachteils gilt für Beteiligte nicht. Eine (möglicherweise gegebene) Prozeßunfähigkeit schließt die Vernehmung des Prozeßunfähigen (Minderjährigen) nicht aus (vgl VwGH 11. 11. 1998, 98/01/0308).

806 Grundsätzlich ist der Beteiligte – wie auch Zeugen – verpflichtet, einer behördlichen Ladung zu folgen, vor der Behörde zu erscheinen und die verlangten Aussagen zu tätigen (vgl dazu insb § 27 Abs 2 AsylG 1997); befolgt er eine Ladung ohne genügende Entschuldigung (§ 19 Abs 3 AVG) nicht oder verweigert er die Aussage, so kann ihm durch Bescheid die Verpflichtung zum Ersatz aller durch seine Säumnis oder Weigerung verursachten Kosten und über ihn eine Ordnungsstrafe verhängt werden (§ 51 iVm § 49 Abs 5 AVG). Die falsche Aussage eines Beteiligten unterliegt keiner strafrechtlichen Sanktion (allenfalls kann aber die Verhängung einer Mutwillensstrafe gem § 35 AVG in Betracht kommen). Die falsche Aussage eines Beteiligten wird von der Jud nicht als „falsches Zeugnis" iSd § 69 Abs 1 Z 1 AVG qualifiziert (VwSlgNF 3822 A) und ist nicht gem § 289 StGB strafbar.

807 Beteiligte können nach dem AVG nicht zugleich auch als Zeugen vernommen werden (VwGH 1. 12. 1988, 88/09/0108; *Walter/Mayer*, Verwaltungsverfahrensrecht, Rz 357; aA *Hellbling* I, 289, 299 und 305). Ein Beteiligter kann daher nicht über den Umweg der Zeugenvernehmung zur wahrheitsgemäßen Aussage gezwungen werden. Im Abgabenverfahren ist hingegen gem § 169 BAO die Vernehmung des Abgabepflichtigen als Zeuge und damit unter sanktionierter Wahrheitspflicht (§ 289 StGB) zulässig. Die Einvernahme eines Beteiligten gem § 51 AVG kann für sich die Gewährung des Parteiengehörs nicht ersetzen (VwSlgNF 6714 A).

II. Mitwirkungspflichten

808 Lehre und Jud nehmen überwiegend eine Mitwirkungspflicht der Parteien bei der Feststellung des Sachverhalts an; so wird angenommen, daß derjenige, der einen Anspruch geltend macht, die anspruchsbegründenden Tatsachen zu beweisen hat (*Herrnritt*, 93; *Hellbling* I, 255; VwSlgNF 4977A; VwGH 13. 5. 1966, 81/66; differenzierend VwGH 12. 10. 1982, 82/11/0162). Wie der VwGH in seinem Erkenntnis vom 18. 1. 1990, 89/16/0099 ausführt, *„(befreit) der Grundsatz der Amtswegigkeit des Verfahrens (...) nämlich die Partei nicht von der Verpflichtung, zur Ermittlung des maßgebenden Sachverhaltes beizutragen und Verzögerungen des Verfahrens hintanzuhalten. Daher ist die Verfahrensrüge einer Partei abzulehnen, die im Verwaltungsverfahren untätig blieb, um erst vor dem Verwaltungsgerichtshof ihre Zurückhaltung abzulegen und das Verfahren als mangelhaft zu bekämpfen, an dem sie trotz gebotener Gelegenheit nicht genügend mitwirkte (siehe z.B. die von Dolp, Die Verwaltungsgerichtsbarkeit³, Wien 1987, S. 555 letzter Abs. und S. 556 Abs. 1, zitierte Rechtsprechung)"*. Nach ständiger Jud des VwGH obliegt es dem Asylwerber, *„alles Zweckdienliche für die Erlangung der von ihm angestrebten Rechtsstellung vorzubringen"* (vgl zB VwGH 16. 12. 1987, 87/01/0299; 13. 12. 189, 89/01/0408; 30. 1. 1991, 90/01/0196; 30. 1. 1991, 90/01/0197; 27. 2. 1991, 90/01/0229, 0230); es obliegt grundsätzlich dem Asylwerber, alle asylrechtlich relevanten Umstände *„von sich aus"* vorzubringen (vgl VwGH 25. 11. 1992, 92/01/0719; 30. 11. 1992, 92/01/0800-0803; 20. 1. 1993, 92/01/0950; 16. 9. 1993, 92/01/0751; 16. 9. 1993, 92/01/0804; 16. 9. 1993, 93/01/0216; 17. 1. 1994, 94/19/0886; 27. 1. 1994, 93/01/0126). Nach der Jud des VwGH (VwGH 26. 1. 1995, 94/19/0413) geht die Mitwirkungspflicht der Partei aber nicht so weit, daß sich die Behörde ein ordnungsgemäßes Verfahren ersparen könnte, zu dessen Durchführung sie (hier: gemäß §§ 11, 16 AsylG 1991 iVm §§ 39, 45, 60 AVG) verpflichtet ist (vgl VwGH 26. 4. 1984, 81/05/0019, u.v.a.). Der Mitwirkungspflicht kommt dort Bedeutung zu, wo es der Behörde nicht möglich ist, *„von sich aus und ohne Mitwirkung der Partei tätig zu werden"* (vgl VwGH 23. 1. 1987, 86/11/0044, 27. 4. 1993, 91/08/0123; 2. 3. 1995, 94/19/1344; vgl auch UBAS 15. 6. 1998, 203.541/0-VIII/22/98). *„Um einem Asylwerber vorwerfen zu können, er sei nicht in der Lage gewesen, nähere Angaben über ein bestimmtes Beweisthema zu machen, muß zunächst einmal festgestellt werden, daß solche näheren Angaben als möglicherweise entscheidungswesentliche Kriterien überhaupt erfragt worden sind. Die Anwendung europäischer Denkweisen und* *rechtsstaatlicher Prinzipien europäischer Prägung auf Sachverhalte betreffend jene Staaten, die erst – wenn überhaupt – auf dem Wege der Demokratisierung sind, wie dies die belangte Behörde bei ihrer Beweiswürdigung vorgenommen hat, erscheint zumindest fraglich und erfordert eine gewissenhafte Erforschung der tatsächlichen Umstände. Die nicht nach europäischem Muster agierenden politischen Gruppierungen oder Parteien afrikanischer Staaten können nicht ohne Hinzutreten näherer Umstände als Argument der Beweiswürdigung dienen"* (VwGH 27. 1. 1994, 92/01/1117).

809 „(...) *die Behörde (hat) von Amts wegen zu bestimmen, welche Tatsachen zu beweisen sind, und die Erbringung der Beweise anzuordnen"* (vgl auch VwGH 16. 4. 1980, 599/79; vgl auch UBAS 10. 2. 1998, 200.522/0-IV/10/98), sofern der Beteiligte nicht von sich aus Beweisanträge stellt oder Beweise vorlegt (VwGH 5. 12. 1980, 989/78). Bietet die Partei einen bedeutsamen Beweis an, wäre ihr eine angemessene Frist zu setzen (VwSlgNF 8048 A; vgl auch VwGH 16. 1. 1985, 83/03/0077). *„Es besteht keine Verpflichtung der Behörde, Asylgründe zu ermitteln, die der Asylwerber gar nichtbehauptet hat"* (VwGH 21. 11. 1995, 95/20/0329; UBAS 24. 2. 1998, 200.303/0-V/14/98).

810 Darüber hinausgehend nimmt der VwGH in ständiger Jud eine allgemeine Mitwirkungspflicht der Parteien an, zur Ermittlung des maßgeblichen Sachverhalts beizutragen (zB VwSlgNF 5007 A, 7400 A; VwGH 24. 4. 1990, 88/04/0192 uva). In diesem Zusammenhang ist beachtenswert, daß eine Vorschrift, die eine „Mitwirkungspflicht" der Parteien vorsehen würde, im AVG nicht enthalten ist. Eine solche kann daher höchstens dann angenommen werden, wenn sie in den „Verwaltungsvorschriften" (§ 39 Abs 1 AVG) vorgesehen ist oder wenn es der Behörde – wie dies in „Asylverfahren" häufig zutrifft – unmöglich ist, den entscheidungsrelevanten Sachverhalt ohne Mitwirkung der Partei festzustellen (VwGH 12. 2. 1991, 90/11/0043; 4. 6. 1991, 90/18/0091 – verst Sen; 8. 6. 1993, 92/08/0212; 14. 7. 1994, 93/17/0071). Die Regelung betreffend die Mitwirkungspflichten für Asylwerber in § 27 Abs 2 AsylG 1997 ist eine „Verwaltungsvorschrift" iSd § 39 AVG; damit stehen in „Asylverfahren" besondere Mitwirkungspflichten der Asylwerber fest. Die „Mitwirkungspflicht" ist lediglich im Rahmen der Beweiswürdigung maßgebend; dh das Verhalten der Partei ist in die Beweiswürdigung einzubeziehen (so zutreffend VwGH 12. 10. 1982, 82/11/0162; 29. 11. 1988, 88/11/0015; 11. 6. 1991, 90/07/0166; 22. 2. 1994, 92/04/0249; *Ringhofer*, 330; aA *Oberndorfer*, ÖZW 1978, 97; vgl auch *Wielinger/Gruber*; §§ 266 f ZPO). Die „Mitwirkungspflicht" der Beteiligten ist demnach – soweit im Einzelfall nicht die Verhängung einer Mutwillensstrafe in Betracht kommt (§ 35 AVG; di der Fall, wenn unrichtige Angaben in Verschleppungsabsicht gemacht werden) – keine unmittelbar sanktionierte Rechtspflicht. In diesem Zusammenhang ist es daher besser, von einer „Mitwirkungsobliegenheit" zu sprechen.

811 Gem § 27 Abs 2 AsylG 1997 sind Asylweber verpflichtet, die für die Feststellung des maßgeblichen Sachverhalts erforderlichen Auskünfte zu erteilen sowie die in ihrem Besitz befindlichen maßgeblichen Beweismittel, einschließlich Identitätsdokumente vorzulegen. Die Mitwirkungspflicht besteht nur insoweit, als sie für die Feststellung des im Lichte des Beweisthemas maßgebenden Sachverhalts kausal ist. Aus welchen Gründen „Identitätsdokumente" neben den Beweismitteln als eigene „Beweismittelkategorie" genannt wird, ist unklar. Zusätzlich zur Auskunftspflicht, die auch schon nach den Regeln des allgemeinen Verwaltungsverfahrensrechts besteht (siehe dazu oben die Ausführungen zu Rz 805 ff), kennt das AsylG 1997 eine Vorlagepflicht betreffend Beweismittel. Die Verletzung der Vorlagepflicht ist zwar nicht strafbar; sie kann jedoch in der Beweiswürdigung ihren Niederschlag finden (vgl dazu §§ 307 f ZPO).

III. Durchsuchung von Kleidern und Behältnissen

812 Besteht Grund zur Annahme, daß Asylwerber trotz Hinweises auf die Vorlageverpflichtung bei der Vernehmung Beweismittel oder Identitätsdokumente nicht vorlegen, ist der Vernehmende ermächtigt, eine sofortige Durchsuchung der Kleidung der Asylwerber sowie der von ihnen mitgeführten Behältnisse (zB Taschen, Koffer udgl) anzuordnen. Die Durchsuchung ist von einem Organ des öffentlichen Sicherheitsdienstes (§ 5 Abs 2 SPG) oder einem sonst zur Ausübung behördlicher Befehls- und Zwangsgewalt ermächtigten Bediensteten (vgl dazu § 37 Abs 7 AsylG 1997) desselben Geschlechts vorzunehmen.

813 Die gesetzliche Durchsuchungsermächtigung greift nur dann, wenn Grund zur Annahme besteht, daß der Asylwerber seiner Mitwirkungspflicht, vorhandene Beweismittel (Bescheinigungsmittel) vorzulegen, nicht nach kommt. „Grund zur Annahme" ist mehr als eine vage Vermutung; vielmehr muß ein konkreter Verdacht vorliegen. Die Durchsuchung von Kleidern und mitgeführten Behältnissen ist nur bei der Vernehmung zulässig. Fraglich ist, welche Rechtsnormqualität der „Anordnung der Durchsuchung" zukommt; der Umstand, daß von „sofortiger Durchsuchung" die Rede ist, läßt vermuten, daß die „Anordnung der Durchsuchung" einen Akt unmittelbarer Befehlsgewalt darstellt, der auch sofort exekutierbar ist, und nicht in Form eines Bescheids zu ergehen hat. Damit sind aber die Anordnung der Durchsuchung wie auch die Durchsuchung selbst als Akte unmittelbarer behördlicher Befehls- und Zwangsgewalt gem Art 129a Abs 1 Z 2 B-VG beim örtlich zuständigen UVSL ex post bekämpfbar.

814 Derartige eingriffsnahe Ermächtigungen zur Beweissicherung kennt die österreichische Rechtsordnung nur im sachlichen Naheverhältnis zum Strafrecht. Wenn die Polizei oder Gendarmerie jemanden festnimmt, oder wenn sie jemanden verdächtigt, er „stehe" mit einer Straftat „in Zusammenhang" und habe eine gefährliche Sache bei sich, darf sie seine Kleider durchsuchen und seinen Körper nach gefährlichen Sachen absuchen (§ 40, § 16 Abs 2 SPG; *Bertel*, Rz 530). Eine Durchsuchung ohne Festnahme sieht § 139 Abs 2 StPO (Personsdurchsuchung) vor. Sie dient der Suche nach beschlagnahmefähigen Sachen und ist nur auf Grund eines richterlichen Befehls zulässig. Ärztliche Untersuchungen, die bloß in der Besichtigung des Körpers, im Abhören der Herzgeräusche, in einer Blutdruckmessung (JBl 1994, 345) bestehen, müssen sich Beschuldigte und andere Personen gefallen lassen. Diese Maßnahmen sind der Verpflichtung Beschuldigter und Zeugen, vor Gericht zu erscheinen, und einer Personsdurchsuchung vergleichbar (vgl *Foregger/Kodek*, Anm I zu § 132). Eine Untersuchung kann notwendig sein, um die Vernehmungs- und Verhandlungsfähigkeit zu prüfen oder um festzustellen, ob sich am Körper des Betroffenen Spuren einer Straftat befinden. Die Untersuchung muß vom Richter angeordnet werden (*Bertel*, Rz 531). Untersuchungen, die eine aktive Mitwirkung erfordern oder Eingriffe notwendig machen – Einnahme von Abführmitteln, Abnahme einer Blutprobe, Mitwirkung an psychologischen Tests –, sind nur mit Zustimmung des Betroffenen zulässig, mag er der Beschuldigte oder ein Dritter sein (SSt 50/72). Minderjährige bedürfen nach der Jud der Zustimmung des gesetzlichen Vertreters (EvBl 1984/37; *Bertel*, Rz 336).

815 Die Durchsuchung von Kleidern einer Person und deren mitgeführten Behältnisse gem § 27 Abs 2 zweiter Satz AsylG 1997 stellt einen Eingriff in das Privatleben der betroffenen Person iSd Art 8 EMRK dar (vgl *Frowein/Peukert*, EMRK, 341, 362 und ist in einigen Punkten strenger als vergleichbare Regelungen im Rahmen des gerichtlichen Strafverfahrens); der Eingriff muß iSd EMRK daher gesetzlich vorgesehen, einem gerechtfertigten Eingriffszweck nach Art 8 Abs 2 EMRK dienen, in einer demokratischen Gesellschaft notwendig und verhältnismäßig sein. Der Zweck der Durchsuchungsermächtigung nach § 27 Abs 2 AsylG 1997 besteht in der Sicherung von Beweismittel im Asylverfahren (vgl dazu RV, 27). Dieses Ziel ist allerdings mit den in Art 8 Abs 2 EMRK genannten Zielen nicht in Einklang zu bringen. Der EGMR sah die Durchsuchung einer deutschen Rechtsanwaltskanzlei auf Grund richterlicher Durchsuchungsanordnung, um Beweismittel in einem Beleidigungsverfahren zu finden, als unverhältnismäßig an. Das Fehlen besonderer verfahrensrechtlicher Sicherungen bei der Durchsuchung einer Anwaltskanzlei betonte er ebenso wie die Inspektionen von Dokumenten ohne besondere Begrenzung (EGMR 6. 1. 1993 Niemietz, Serie A 251-B = EuGRZ 1993, 65; ÖJZ 1993, 389). Vor diesem Hintergrund spricht vieles dafür, daß die relativ schrankenlose Ermächtigung des § 27 Abs 2 zweiter Satz AsylG 1997 unverhältnismäßig iSd Art 8 EMRK und damit verfassungswidrig ist.

IV. Unmittelbarkeitsprinzip

816 Der Grundsatz der Unmittelbarkeit des Verfahrens gilt im Verwaltungsverfahren grundsätzlich nicht (VwSlgNF 8249 A; VwGH 16. 9. 1981, 2454/79; 17. 12. 1992, 90/06/0173); § 55 Abs 1 AVG bestimmt vielmehr allgemein, daß die Behörde Beweisaufnahmen auch durch ersuchte oder beauftragte Verwaltungsbehörde oder einzelne, dazu bestimmte amtliche Organe vornehmen lassen, oder Beweisaufnahmen durch sonstige Erhebungen ersetzen oder ergänzen kann. Gerichte dürfen nach § 55 Abs 2 AVG um Aufnahme von Beweisen nur in den gesetzlich besonders bestimmten Fällen ersucht werden. Für Kollegialbehörden mit richterlichem Einschlag nimmt der VfGH ein Gebot der Unmittelbarkeit an (VfSlg 11.336; VfGH 14. 6. 1994, B 1307/93). Besonderes gilt für Verfahren vor den UVS (§ 67 f AVG; § 10 UBASG; Art 83 B-VG; siehe auch die Ausführungen zu § 38, Rz 1115 ff und 1102 ff). Ein Recht auf Unmittelbarkeit des Verfahrens ist nach der Jud des VfGH im Bereich des Verwaltungsverfahrens durch keine Verfassungsbestimmung gewährleistet, sondern nur insoweit verwirklicht, als die Verwaltungsvorschriften derartige Bestimmungen enthalten (VfSlg 4003, 6808; vgl auch VfSlg 4395).

817 Die Verpflichtung der Behörde, jeden Asylwerber persönlich anzuhören, war – so die Materialien – im Zusammenhang (...) betreffend die Herbeiführung einer möglichst unmittelbaren Vollziehung des AsylG 1991 zu sehen (vgl 270 BlgNR 18. GP, 19). Die Verpflichtung, den Asylwerber persönlich anzuhören, besagte nicht, daß das anhörende Organ auch die Entscheidung zu fällen hatte. In § 14 Abs 4 erster Satz AsylG 1991 fand sich lediglich der Hinweis, daß die im Zuge der Vernehmung aufgenommene Niederschrift – offenbar vom beteiligten Organ – zu bewerten war (vgl dazu 270 BlgNR 18. GP, 19). Der Unmittelbarkeitsgrundsatz besagt jedoch, daß mündliche Verhandlungen und (oder) Beweisaufnahmen von *demselben Organ* durchzuführen sind, das die Entscheidung fällt (vgl *Fasching*, Lehrbuch, Rz 671; § 412 ZPO). Das AsylG 1991 sah demnach den Grundsatz der Unmittelbarkeit nicht zwingend vor. § 14 Abs 2 AsylG 1991 derogierte allerdings teilweise § 55 AVG.

818 Nunmehr geht der Gesetzgeber einen Schritt weiter und hält in § 27 Abs 1 erster Satz AsylG 1997 fest, daß Asylwerber persönlich von dem zur Entscheidung berufenen Organwalter des Bundesasylamts (nicht des UBAS) zu vernehmen sind; diese Verpflichtung besteht allerdings nur unter der vagen Voraussetzung, „soweit dies ohne unverhältnismäßigen Aufwand möglich ist“. Wann nun im einzelnen ein *„unverhältnismäßiger Aufwand“* vorliegt, ist im Einzelfall schwierig abzuklären. Unverhältnismäßig ist ein Aufwand nur dann, wenn die mit den zur unmittelbaren Vernehmung zu treffenden Maßnahmen verbundenen Mühen den durch die unmittelbare Vernehmung zu erwartenden Nutzen für die Feststellung des maßgebenden Sachverhalts unverhältnismäßig übersteigen. Im Ergebnis kommt es daher zu einer Abwägung zwischen dem zu erwartenden Nutzen der unmittelbaren Vernehmung, die im Asylverfahren idR eine besondere Rolle spielt, und dem dafür zu tätigenden Aufwand. Dabei bleibt insb zu berücksichtigen, ob die Beteiligtenaussagen, wie dies in Asylverfahren fast regelmäßig der Fall ist, das einzige verfügbare Beweismittel (Bescheinigungsmittel) ist, oder ob der festzustellende Sachverhalt auch auf andere Weise eruierbar ist. Im Zweifel ist im Interesse des Prinzips der materiellen Wahrheit der unmittelbaren Vernehmung durch das zur Entscheidung berufene Organ der Vorzug zu geben.

819 Aus dem Umstand, daß die beschränkte Unmittelbarkeit in § 27 Abs 1 AsylG 1997 nur für Organe des BAA, nicht aber für den UBAS angeordnet ist, darf nicht geschlossen werden, daß für Verfahren vor dem UBAS das Prinzip der Unmittelbarkeit ohne Bedeutung wäre: Den UBAS trifft eine weitreichende Pflicht zur Durchführung einer öffentlichen mündlichen Verhandlung (vgl § 67d AVG iVM Art II Abs 2 Z 43a EGVG; 1187 BlgNR 20. GP, 37 f; siehe auch die Ausführungen zu § 38, Rz 1102). Hat jedoch eine Verhandlung stattgefunden, so kann gem § 67 f Abs 1 AVG die Entscheidung nur von jenen Mitgliedern des UVS (UBAS) getroffen werden, die an dieser Verhandlung teilgenommen haben. Damit erfolgt für Verfahren vor dem UBAS eine weitreichende Anordnung des Unmittelbarkeitsprinzips (siehe dazu die Ausführungen zu § 38, Rz 1115 ff).

V. Vertreter und Vertrauenspersonen

820 § 10 AVG sieht vor, daß sich die Beteiligten und deren gesetzliche Vertreter im Verwaltungsverfahren durch eigenberechtigte natürliche Personen, juristische Personen, Personengesellschaften des Handelsrechts oder eingetragene Erwerbsgesellschaften vertreten lassen können, sofern nicht ihr persönliches Erscheinen ausdrücklich gefordert wird (vgl dazu vor dem Hintergrund der AVG-N 1998 1167 BlgNR 20. GP, 25 und 291 f; beachte auch § 9 ZustellG). Vertreter ist, wer befugt ist, für einen anderen rechtswirksam zu handeln. Die Prozeßvertretung gem § 10 ist eine direkte, dh der Vertreter kann rechtswirksame Verfahrenshandlungen unmittelbar für den Beteiligten setzen; sie ist zudem eine gewillkürte, dh die Beteiligten bzw deren gesetzliche Vertreter können einen Bevollmächtigten nach eigenem Willen bestellen. Die Bestellung eines Vertreters kann in seltenen Fällen verpflichtend sein (vgl zB § 34 Abs 2 AVG). Im Verwaltungsverfahren besteht kein Anwaltszwang.

821 Zur Bestellung eines gewillkürten Vertreters ist Prozeßfähigkeit (§ 9 AVG iVm § 25 AsylG 1991) erforderlich; fehlt einem Beteiligten die Prozeßfähigkeit, so kann er nur durch den gesetzlichen Vertreter (zB Eltern, Vormund, Sachwalter) rechtswirksame Verfahrenshandlungen setzen; nur dieser kann dann auch einen gewillkürten Vertreter bestellen. Für bestimmte Fälle sieht § 11 AVG die Bestellung eines Sachwalters (Kurators) von Amts wegen durch das Bezirksgericht vor. Es liegt auf der Hand, daß zudem auch der gewillkürte Vertreter prozeßfähig sein muß, will er für den Vertretenen rechtswirksame Prozeßhandlungen vornehmen.

822 Nach § 12 AVG gelten die Bestimmungen des AVG über die Beteiligten auch für deren gesetzliche und gewillkürte Vertreter. Dies bedeutet, daß die prozessualen Rechte vom Vertreter geltend gemacht und die prozessualen Pflichten von ihm erfüllt werden können. Dies gilt nicht für höchstpersönliche Rechte und Pflichten (zB das persönliche Erscheinen). In besonderen Fällen darf eine Prozeßhandlung der Behörde nur gegen den Vertreter und nicht gegen den Beteiligten vorgenommen werden (vgl § 9 Abs 1 ZustellG).

823 Vom Vertreter ist der Rechtsbeistand zu unterscheiden; eines solchen Rechtsbestandes können sich die Beteiligten gem § 10 Abs 5 AVG „bedienen und auch in seiner Begleitung vor der Behörde erscheinen". Der Rechtsbeistand kann keine rechtswirksamen Verfahrenshandlungen setzen, sondern darf die Beteiligten nur beraten; er bedarf keiner Vollmacht und muß nicht eigenberechtigt, darf aber kein Winkelschreiber iSd Art IX Abs 1 Z 1 EGVG sein. Damit wird der im Verwaltungsverfahren allgemein geltende Grundsatz der bloßen Parteienöffentlichkeit durchbrochen (vgl aber § 67d AVG).

824 Dem Rechtsbeistand ähnlich ist die Rechtsstellung der Vertrauensperson nach § 27 Abs 3 erster Satz AsylG 1997. Nach dieser Bestimmung dürfen Asylwerber in Begleitung einer Vertrauensperson vor der Behörde erscheinen; diese darf bei der Vernehmung (wohl auch bei mündlichen Verhandlungen) anwesend sein. Wie der bloße Rechtsbeistand kann auch die Vertrauensperson keine rechtswirksamen Verfahrenshandlungen setzen, bedarf keiner Vollmacht und muß nicht eigenberechtigt sein. Ob die Vertrauensperson den Beteiligten beraten darf, ist fraglich. Fraglich ist auch, ob ein Asylwerber einen Rechtsbestand und eine Vertrauensperson zugleich oder nur einen von diesen beiziehen darf.

Vertreter + Vertrauensperson § 19,5 AsylG. 2005

VI. Vernehmung

825 Im Hinblick auf Vernehmungen in Verfahren nach dem AsylG 1997 finden die allgemeinen Grundsätze des Verwaltungsverfahrensrechts Anwendung; dh insb, daß über eine Vernehmung grundsätzlich eine Niederschrift aufzunehmen ist (vgl § 14 AVG). Darüber hinaus enthält das AsylG 1997 im Hinblick auf die Vernehmung von Asylwerbern besondere Bestimmungen. § 27 Abs 3 AsylG 1997 sieht vor, daß bei der Vernehmung eine Vertrauensperson des Asylwerbers anwesend sein darf. Zudem dürfen Minderjährige nur in Anwesenheit ihres gesetzlichen Vertreters (Eltern, Jugendwohlfahrtsträger) einvernommen werden (vgl dazu Z 26 Mindestgarantien).

826 Asylwerber, die ihre Furcht vor Verfolgung iSd Art 1 Abschn A GFK auf Eingriffe in ihre sexuelle Selbstbestimmung gründen, sind von Organwaltern desselben Geschlechts einzuvernehmen (dies gilt nicht in Verfahren vor dem UBAS, soweit das Unmittelbarkeitsprinzip zum Tragen kommt). Damit soll der besonderen Situation von Opfern von Vergewaltigungen oder sonstiger sexueller Mißhandlungen Rechnung getragen werden, die – wie viele andere Opfer von Verfolgung auch – von schweren Traumata gezeichnet sind und Hemmungen haben, über eine tatsächlich erlittene Verfolgung zu sprechen. In diesem Zusammenhang stellt die Regierungsvorlage (RV, 27) klar, was in der Praxis vielfach bestritten wird, daß drohende Vergewaltigungen oder sonstige drohende sexuelle Mißhandlungen unter den Tatbestand des Art 1 Abschn A GFK fallen können. In diesem Zusammenhang halten die – rechtlich nicht verbindlichen – Mindestgarantien in Z 28 betreffend zusätzliche Garantien für Frauen ausdrücklich fest: *„Die Mitgliedstaaten streben an, erforderlichenfalls in Asylverfahren qualifizierte weibliche Bedienstete und weibliche Dolmetscher zu beteiligen, insbesondere wenn Asylbewerberinnen aufgrund der erlebten Ereignisse oder ihrer kulturellen Herkunft Schwierigkeiten haben, ihre Antragsgründe umfassend darzulegen."*

827 Für Vernehmungen nach dem AsylG 1997 gelten gem § 27 Abs 3 vierter Satz AsylG 1997 *„jedenfalls"* die für Vernehmungen durch Organe des öffentlichen Sicherheitsdienstes geltenden Richtlinien. Die Verordnung des Bundesministers für Inneres, mit der Richtlinien für das Einschreiten der Organe des öffentlichen Sicherheitsdienstes erlassen werden (Richtlinien-Verordnung – RLV) BGBl 1993/266 enthält in § 6 Abs 2 und 3 RLV Bestimmungen, die sich ausdrücklich auf Vernehmungen beziehen; angesprochen sind hier jedoch all jene Bestimmungen, die nach Inhalt und Zweck auch auf Vernehmungen anwendbar sind (arg *„jedenfalls"* in § 27 Abs 2 vierter Satz AsylG 1997): Etwa haben die Organe des öffentlichen Sicherheitsdienstes (hier die einvernehmenden Organe in Verfahren nach dem AsylG 1997) *„bei der Erfüllung ihrer Aufgaben"* (hier der Einvernahme nach § 27 AsylG 1997) *„alles zu unterlassen, das geeignet ist, den Eindruck von Voreingenommenheit zu erwecken oder als Diskriminierung auf Grund des Geschlechtes, der Rasse oder Hautfarbe, der nationalen oder ethnischen Herkunft, des religiösen Bekenntnisses, der politischen Auffassung oder der sexuellen Orientierung empfunden zu werden"* (§ 5 Abs 1 RLV). *„Die Organe des öffentlichen Sicherheitsdienstes"* (hier die einvernehmenden Organe in Verfahren nach dem AsylG 1997) *„haben alle Menschen, bei denen dies dem üblichen Umgang entspricht oder die es verlangen, mit ‚Sie' anzusprechen"* (§ 5 Abs 2 RLV). *„Die Organe des öffentlichen Sicherheitsdienstes"* (hier die einvernehmenden Organe in Verfahren nach dem AsylG 1997) *„haben dafür Sorge zu tragen, daß die Durchsuchung eines Menschen (Durchsuchung der Kleidung und Besichtigung des Körpers) nur von jemandem desselben Geschlechtes oder von einem Arzt vorgenommen wird; dies gilt nicht, soweit ein hiezu erforderlicher Aufschub der Durchsuchung deren Zweck gefährden würde. Hievon ist die Durchsuchung von Kleidungsstücken ausgenommen, die nach den Umständen ohne Verletzung des Anstandes und ohne Verletzung anderer schutzwürdiger Interessen des Betroffenen abgelegt werden können"* (§ 5 Abs 3 RLV; vgl auch § 27 Abs 2 zweiter Satz AsylG 1997).

828 *„Wird ein Mensch von der Amtshandlung eines Organs des öffentlichen Sicherheitsdienstes"* (hier eines einvernehmenden Organs in Verfahren nach dem AsylG 1997) *„betroffen, so gelten hiefür, sofern gesetzlich nicht anderes vorgesehen ist, folgende Richtlinien: Dem Betroffenen ist bei der Ausübung von Befehls- und Zwangsgewalt auf Verlangen mitzuteilen, welche Rechte ihm in dieser Eigenschaft jeweils zukommen; dies gilt nicht, solange dadurch die Erfüllung der Aufgabe gefährdet wäre. Soll eine Mitwirkungsverpflichtung des Betroffenen in Anspruch genommen werden, so ist er von deren Bestehen in Kenntnis zu setzen"* (§ 6 Abs 1 Z 1 RLV). *„Dem Betroffenen ist der Zweck des Einschreitens bekanntzugeben, es sei denn, dieser wäre offensichtlich oder die Bekanntgabe würde die Aufgabenerfüllung gefährden"* (§ 6 Abs 1 Z 2 RLV). *„Opfer von Straftaten sowie Menschen, die aus physischen oder psychischen Gründen nicht in der Lage sind, die Umstände der Amtshandlung zu erkennen oder sich diesen entsprechend zu verhalten, sind mit besonderer Rücksicht zu behandeln"* (§ 6 Abs 1 Z 3 RLV).

829 *„Für Befragungen und Vernehmungen gilt zusätzlich: Dem Betroffenen ist nach Möglichkeit zu gestatten, sich niederzusetzen"* (§ 6 Abs 2 Z 1 RLV). *„Eine Frau, die sich über ein Geschehen aus ihrem privaten Lebensbereich äußern soll, im Zuge dessen sie von einem Mann mißhandelt oder schwer genötigt worden ist, ist von einer Frau zu befragen oder zu vernehmen, es sei denn, daß sie dies nach entsprechender Information nicht wünscht oder daß dies auf Grund besonderer Umstände die Aufgabenerfüllung gefährden würde. Sie ist vor der Befragung oder Vernehmung darauf hinzuweisen, daß auf Wunsch der Befragung oder Vernehmung eine Person* *ihres Vertrauens beigezogen werde, es sei denn, daß dies auf Grund besonderer Umstände die Aufgabenerfüllung gefährden würde"* (§ 6 Abs 2 Z 2 RLV; vgl auch § 27 Abs 3 AsylG 1997; ob und inwieweit dies auf für Vernehmungen vor dem UBAS gilt, ist fraglich, ist doch für das Verfahren vor dem UBAS eine fixe Geschäftseinteilung vorgesehen, wobei das zuständige Mitglied des UBAS idR – sei dieses Mitglied nun weiblich oder männlich – auch die Verhandlungen zu führen hat). *„Unmündige sind von hiefür besonders geschulten Beamten oder sonst besonders geeignete Menschen zu befragen oder zu vernehmen, es sei denn, daß dies nach dem Anlaß verzichtbar erscheint oder die Aufgabenerfüllung gefährden würde"* (§ 6 Abs 2 Z 3 RLV; vgl dazu § 27 Abs 3 dritter Satz AsylG 1997).

830 *„Für Vernehmungen während der Anhaltung gilt überdies: Vernehmungen sind, außer bei Lokalaugenscheinen, in Diensträumen durchzuführen. Hievon kann eine Ausnahme gemacht werden, wenn dies zur Erreichung des Zwecks der Vernehmung erforderlich ist"* (§ 6 Abs 3 Z 1 RLV). *„Länger dauernde Vernehmungen sind in angemessenen Zeiträumen für Pausen zu unterbrechen"* (§ 6 Abs 3 Z 2 RLV). *„Über die Vernehmung ist eine Niederschrift anzufertigen, die auch den Namen (Dienstnummer) aller Anwesenden, die Zeiten der Vernehmungen und der Unterbrechungen sowie jeweils den Ort (Dienstraum), an dem die Vernehmung stattgefunden hat, enthalten muß. Soweit der Betroffene zustimmt, können dessen Aussagen statt durch Niederschrift oder zusätzlich mit einem Bild- oder Schallträger aufgezeichnet werden"* (§ 6 Abs 3 Z 3 RLV; vgl auch § 14 AVG).

831 *„Sofern das Gesetz einem Menschen ein Recht auf Verständigung oder Beiziehung einer Vertrauensperson oder eines Rechtsbeistandes einräumt"* (vgl dazu insb § 27 Abs 3 AsylG 1997; § 10 AVG), *„haben ihn die Organe des öffentlichen Sicherheitsdienstes"* (hier die einvernehmenden Organe in Verfahren nach dem AsylG 1997) *„von diesem Recht in Kenntnis zu setzen 1. bei Festnahmen und Hausdurchsuchungen und Durchsuchungen nach § 40 Abs 4 SPG"* (wohl auch bei Durchsuchungen nach § 27 Abs 2 zweiter Satz AsylG 1997); *„2. sobald abzusehen ist, daß die Amtshandlung länger als eine Stunde dauern wird"* (§ 8 Abs 1 RLV). *„Ist der Betroffene nicht in der Lage, selbst eine Verständigung der Vertrauensperson oder des Rechtsbeistandes zu veranlassen, so ist er auch davon in Kenntnis zu setzen, daß er die Verständigung durch die Behörde verlangen kann"* (§ 8 Abs 2 RLV). *„Die Organe des öffentlichen Sicherheitsdienstes"* (hier die einvernehmenden Organe in Verfahren nach dem AsylG 1997) *„haben einen Angehaltenen, der von einem von der Behörde beauftragten Arzt untersucht werden soll, davon in Kenntnis zu setzen, daß es ihm freisteht, zu dieser Untersuchung auf seine Kosten einen Arzt seiner Wahl beizuziehen, sofern dies ohne wesentliche Verzögerung der Untersuchung bewirkt werden kann"* (§ 8 Abs 3 RLV).

Ermittlungspflichten

§ 28. Die Behörde hat in allen Stadien des Verfahrens von Amts wegen darauf hinzuwirken, daß die für die Entscheidung erheblichen Angaben gemacht oder lückenhafte Angaben über die zur Begründung des Antrages geltend gemachten Umstände vervollständigt, die Bescheinigungsmittel für diese Angaben bezeichnet oder die angebotenen Bescheinigungsmittel ergänzt und überhaupt alle Aufschlüsse gegeben werden, welche zur Begründung des Antrages notwendig erscheinen. Erforderlichenfalls sind Bescheinigungsmittel auch von Amts wegen beizuschaffen.

RV: [27]

Im Entwurf wurde ausdrücklich – im Einklang mit dem allgemeinen Verwaltungsverfahrensrecht – das Prinzip der materiellen Wahrheit und der Grundsatz der Offizialmaxime für Verfahren nach diesem Bundesgesetz festgeschrieben. Der Grundsatz der Offizialmaxime bedeutet, daß die Behörde den Sachverhalt von Amts wegen festzustellen hat (vgl. dazu § 39 Abs. 2 AVG). Der Grundsatz der materiellen Wahrheit ergibt sich aus der Offizialmaxime und bedeutet, daß die Behörde die „objektive Wahrheit", das heißt den wirklichen entscheidungsrelevanten Sachverhalt festzustellen hat. Mit diesen Ansätzen folgt das Asylgesetz 1997 fundamentalen Prinzipien des allgemeinen Verwaltungsverfahrensrechts.

Inhaltsübersicht

I. Allgemeines

832 Gem § 37 AVG ist es Zweck des Ermittlungsverfahrens, den für die Erledigung einer Verwaltungssache maßgebenden Sachverhalt festzustellen und den Parteien Gelegenheit zur Geltendmachung ihrer Rechte und rechtlicher Interessen zu geben. Damit werden zwei Prozeßgrundsätze von weittragender Bedeutung normiert, nämlich der Grundsatz der materiellen Wahrheit und der Grundsatz des Parteiengehörs (*Walter/Mayer*, Verwaltungsverfahrensrecht, Rz 266). Diese beiden Prinzipien determinieren vorrangig den weiten Spielraum bei der Gestaltung des Ermittlungsverfahrens.

833 Die Behörde hat den wahren Sachverhalt (siehe § 39 Abs 2 iVm § 37 AVG; vgl *Mannlicher/Quell*, 249; *Ringhofer*, 355; VwSlgNF 1.462 A, 6.386 A; VwGH 25. 3. 1967, 2156/65; VwGH 28. 4. 1967, 53/66) bzw die materielle Wahrheit mit erforderlicher Sicherheit festzustellen, soweit er für die Erledigung der Verwaltungssache maßgeblich ist. Zum „Sachverhalt" zählen die Geschehnisse im Seinsbereich und – allenfalls – normative Akte, die vom Gesetz als Sachverhaltselemente qualifiziert werden (Akte mit „Tatbestandswirkung"; *Walter/Mayer*, Verwaltungsverfahrensrecht, Rz 267). Seinstatsachen werden deshalb zum „maßgebenden Sachverhalt", weil die Rechtsordnung sie als solche qualifiziert. Aus den Rechtsvorschriften können bestimmte Tatsachen als „Sachverhaltselemente" und damit als „rechtserheblich" erkannt werden (VwSlgNF 7.932 A; VwGH 21. 12. 1978, 1240/77). Diese Rechtsvorschriften – bezogen auf einen Sachverhalt – konstituieren das, was man Verwaltungssache nennt (vgl VwGH 22. 4. 1976, 1705/75; *Walter/Mayer*, Verwaltungsverfahrensrecht aaO). Der rechtlich relevante Sachverhalt ist im allgemeinen von Amts wegen vollständig zu ermitteln. Mit der AVG-N 1998 wurde das Rechtsinstitut der „Antragsänderung" eingeführt (vgl 1167 BlgNR 20. GP, 26 f; § 237 ZPO, § 356 GewO; zur Rechtslage vor der AVG-N 1998 siehe *Walter/Mayer*, Verwaltungsverfahrensrecht, Rz 152; VwGH 17. 2. 1994, 92/06/0253; 8. 11. 1994, 97/04/0079; 8. 11. 1994, 94/04/0011). Gem § 13 Abs 8 AVG kann der verfahrenseinleitende Antrag in jeder Lage des Verfahrens geändert werden. Durch die Antragsänderung darf die Sache ihrem Wesen nach nicht geändert und die sachliche und örtliche Zuständigkeit nicht berührt werden. Da sich eine Antragsänderung auf Inhalt und Umfang des maßgebenden Sachverhalts auswirken kann, hält § 37 zweiter Satz AVG ausdrücklich fest, daß die Behörde das Ermittlungsverfahren nach einer Antragsänderung insoweit zu ergänzen hat, als dies im Hinblick auf seinen Zweck notwendig ist (siehe dazu 1167 BlgNR 20. GP, 29).

834 Das Recht auf Gehör steht nur den Parteien eines Verfahrens (§ 8 AVG) zu und bedeutet, daß die Parteien im Zuge des Ermittlungsverfahrens – weitgehend formlos – alles vorbringen können, was ihren Rechtsstandpunkt stützt, und daß sich die Behörde mit diesem Vorbringen auseinandersetzen muß (vgl VwSlgNF 587 A, 4.007 A, 682 F; VwGH 11. 6. 1968, 189/68. Gem § 14 Abs 2 AsylG 1991 ist der Asylwerber ua dazu verpflichtet, die „erforderlichen Auskünfte" zu erteilen). Die Behörde muß den Parteien nach der Jud das Parteiengehör ausdrücklich (vgl VwGH 18. 1. 1971, 1180/70; VwSlgNF 6.300 A) in förmlicher Weise (vgl VwSlgNF 4.557 A) und von Amts wegen (vgl VwSlgNF 1.227 A; VwGH 14. 10. 1950, 355/46) einräumen. Was für die mündliche Verhandlung ausdrücklich vorgesehen ist, gilt für das Verfahren allgemein: Den Parteien muß Gelegenheit geboten werden, alle zur Sache gehörenden Gesichtspunkte vorzubringen und unter Beweis zu stellen und sich über alle relevanten Tatsachen sowie über die von anderen gestellten Anträge und über das Ergebnis amtlicher Erhebungen zu äußern (§ 43 Abs 3, 4 AVG); des weiteren kann die Partei Beweisanträge stellen (§ 43 Abs 2 AVG). Vom Ergebnis der Beweisaufnahme – der sie jedoch nicht beigezogen werden muß (vgl VwSlgNF 8.315 A; VwGH 19. 10. 1987, 87/10/0063) – ist die Partei in Kenntnis zu setzen und es ist ihr Gelegenheit zu geben, dazu Stellung zu nehmen (§ 45 Abs 3 AVG; vgl VwSlgNF 8.024 A); zu diesem Zweck ist eine entsprechende Frist einzuräumen (vgl VwGH 26. 4. 1979, 1392/78). Das Recht auf Parteiengehör besteht auch im Berufungsverfahren (vgl § 65 AVG; VwSlgNF 7.948 A; VwGH 2. 2. 1983, 82/03/0152). Die Unerreichbarkeit einer Partei gestattet es nicht, vom Parteiengehör abzusehen (vgl VwSlgNF 1.227 A); allenfalls hat eine Sachwalter- (Kurator-) Bestellung nach § 11 AVG zu erfolgen (VwSlgNF 1.227 A). § 11 AVG nennt als eine Rechtsbedingung für die Bestellung eines Sachwalters (Kurators) die „Wichtigkeit der Sache". Die Frage der Asylgewährung ist generell eine wichtige Sache iSd § 11 AVG (vgl *Rohrböck*, Prozeßfähigkeit, 8).

835 Das AVG läßt der behördlichen Gestaltung des Ermittlungsverfahrens einen weiten Spielraum (vgl dazu *Walter/Mayer*, Verwaltungsverfahrensrecht, Rz 275; *Adamovich*, Verwaltungsrecht, 236). Dabei hat sie sich von den Ermessensdeterminanten der möglichsten Zweckmäßigkeit, Raschheit, Einfachheit und Kostenersparnis (vgl § 39 Abs 2 letzter Satz AVG) leiten zu lassen, wobei den in § 37 AVG genannten Zwecken der Vorrang zukommt (vgl 360 BlgNR 2. GP, 15). § 39 Abs 1 AVG bestimmt, daß für die Durchführung des Ermittlungsverfahrens „die Verwaltungsvorschriften" maßgebend sind, läßt also eine genauere gesetzliche Gestaltung des Ermittlungsverfahrens zu. Soweit die Verwaltungsvorschriften hierüber keine Anordnungen enthalten, hat die Behörde gem § 39 Abs 2 AVG von Amts wegen den Gang des Ermittlungsverfahrens zu bestimmen („Grundsatz der arbiträren Ordnung"; *Walter/Mayer*, Verwaltungsverfahrensrecht, Rz 273). Aus § 39 Abs 2 AVG ergibt sich auch, daß der Grundsatz der Amtswegigkeit nicht nur für das Einleitungsverfahren, sondern auch für die Gestaltung des Ermittlungsverfahrens gilt. Der Gang des Ermittlungsverfahrens ist auch dann von Amts wegen zu bestimmen, wenn ein Verfahren nur auf Antrag eingeleitet werden konnte (*Ringhofer*, 354). In diese Richtung weist auch § 28 AsylG 1997.

836 Die Behörde kann (im Sinne der Zweckmäßigkeit, Raschheit, Einfachheit und Kostenersparnis kann sie im Einzelfall dazu verpflichtet sein) gem § 39 Abs 2 AVG, sofern die Verwaltungsvorschriften dies nicht etwa ausschließen oder ohnehin obligatorisch anordnen, im Zuge des Ermittlungsverfahrens auch die Durchführung einer mündlichen Verhandlung verfügen; die Durchführung einer mündlichen Verhandlung kann (bzw muß) von Amts wegen oder auf Parteiantrag angeordnet werden (*Walter/Mayer*, Verwaltungsverfahrensrecht, Rz 276). Das AsylG 1997 verbietet eine mündliche Verhandlung nicht, schreibt aber eine solche nicht zwingend vor. Das BAA führt regelmäßig keine mündlichen Verhandlungen durch, obwohl dies häufig indiziert wäre. Die Behörde kann gem § 39 Abs 2 AVG mehrere Verwaltungssachen zur gemeinsamen Verhandlung und Entscheidung verbinden und wieder trennen, wobei sich die Behörde bei diesen Verfahrensanordnungen von Rücksichten auf möglichste Zweckmäßigkeit, Raschheit, Einfachheit und Kostenersparnis leiten zu lassen hat.

837 Wenn eine Partei (eine zu vernehmende Person) der deutschen Sprache nicht hinreichend kundig, taub, stumm oder taubstumm ist, so ist erforderlichenfalls ein Dolmetscher (Übersetzer) beizuziehen (§ 39a AVG; vgl auch §52 Abs 2 bis 4 und § 53 AVG; VwGH 12. 7. 1989, 89/01/0005). Erforderlich ist die Beiziehung eines Dolmetsch dann, wenn der die Amtshandlung leitende Organwalter nicht selbst die Sprache ausreichend beherrscht (160 BlgNR 15. GP, 10). Ist der Behörde ein Dolmetsch beigegeben (Amtsdolmetsch), so ist zunächst dieser heranzuziehen. Auf diesen findet die Regelung des § 53 AVG betreffend die Ablehnung von Sachverständigen Anwendung (§ 39a Abs 1 AVG). Steht kein Amtsdolmetsch zur Verfügung, aber ist es wegen der Besonderheit des Falles geboten, so ist ein anderer geeigneter nichtamtlicher Dolmetsch (Übersetzer) heranzuziehen (§ 52 Abs 2; vgl auch § 52 Abs 3 AVG). Dieser hat Anspruch auf Gebühren wie ein Dolmetsch im gerichtlichen Verfahren (§ 53b iVm § 53a Abs 1 zweiter Satz und Abs 2 bis 4 AVG). Für gewisse geeignete Personen besteht eine Verpflichtung, sich heranziehen zu lassen (§ 52 Abs 4 AVG).

838 § 39a AVG regelt nur den mündlichen Verkehr mit der Behörde, begründet aber keinen Anspruch auf Verwendung einer fremden Sprache im Schriftverkehr mit den Beteiligten; insb ist die Beifügung einer Übersetzung eines Schriftstückes im allgemeinen Verwaltungsverfahrensrecht nicht vorgesehen (*Ringhofer*, 367; VwGH 11. 1. 11989, 88/01/0187; 1. 2. 1989, 88/01/0330). Die besonderen Vorschriften des VolksgruppenG über die Amtssprache sind auch hier zu beachten (vgl 160 BlgNR 15. GP, 10). Besonderes dazu bestimmt aber § 29 AsylG 1997. Nach dieser Bestimmung haben Bescheide den Spruch, die Rechtsmittelbelehrung und den Hinweis nach § 61a AVG in einer dem Asylwerber verständlichen Sprache zu enthalten. Wird der Antrag als offensichtlich unbegründet abgewiesen oder aus den anderen Gründen der §§ 4 und 5 wegen Unzuständigkeit zurückgewiesen, so ist dem Bescheid eine in dieser Sprache gehaltene Übersetzung der maßgeblichen Gesetzesbestimmungen beizugeben (siehe dazu unten die Ausführungen zu § 29, Rz 878 ff).

839 Die Gebühr des nichtamtlichen Dolmetschers (Übersetzers) ist gemäß § 38 GebAG bei der Behörde geltend zu machen, die den Sachverständigen herangezogen hat (§ 53b iVm § 53a Abs 1 zweiter Satz AVG. Gem § 38 Abs 1 GebAG hat der Sachverständige (Dolmetscher bzw Übersetzer) den Anspruch auf seine Gebühr binnen 14 Tagen nach Abschluß seiner Tätigkeit bei sonstigem Verlust schriftlich oder mündlich, unter Aufgliederung der einzelnen Gebührenbestandteile (...) geltend zu machen. Er hat hierbei so viele weitere Ausfertigungen eines schriftlichen Antrags vorzulegen, daß jeder der im § 40 Abs 1 Z 1 und 2 leg cit genannten Personen (ds in Zivilsachen den Parteien und unter näheren Voraussetzungen dem Revisor und in Strafsachen dem Ankläger und dem Beschuldigten bzw Verdächtigen, Angeklagten oder Verurteilten bzw dessen Vertreter oder Verteidiger) eine Ausfertigung zugestellt werden kann. Ob und inwieweit diese Regelung – analog – auch in AVG-Verfahren bzw VStG-Verfahren im allgemeinen und in Verfahren nach dem AsylG 1997 im Hinblick auf § 34 leg cit zur Anwendung kommt, ist fraglich. Der Sachverständige, Dolmetscher oder Übersetzer hat die Umstände, die für die Gebührenbestimmung von Bedeutung sind, zu bescheinigen (§ 38 Abs 2 GebAG). Die Gebühr des nichtamtlichen Dolmetschers (Übersetzers) ist von der Behörde, die den Sachverständigen (Dolmetscher bzw Übersetzer) herangezogen hat, zu bestimmen; ein unabhängiger Verwaltungssenat (UVSl und UBAS) hat durch den Vorsitzenden zu entscheiden. Nach dem Vorbild des GebAG soll die Gebührenbestimmung als typische Angelegenheit der „Justizverwaltung" Sache des Vorsitzenden eines UVS sein (1167 BlgNR 20. GP, 34). Vor der Gebührenbestimmung kann der Sachverständige (Dolmetscher oder Übersetzer) aufgefordert werden, sich über Umstände, die für die Gebührenbestimmung bedeutsam sind, zu äußern und, unter Setzung einer bestimmten Frist, noch fehlende Bestätigungen vorzulegen. Die Gebührenbeträge sind auf volle Schilling aufzurunden (§ 53a Abs 2 AVG; vgl auch 1167 BlgNR 20. GP, 35; § 39 Abs 1 und 2 GebAG). Gegen den Bescheid, mit dem eine Sachverständigengebühr (Dolmetscher- oder Übersetzergebühr) bestimmt oder über einen Vorschuß entschieden wird, steht dem Sachverständigen (Dolmetscher bzw Übersetzer) das Recht der Berufung an die im Instanzenzug übergeordnete Behörde, wenn aber in der Sache eine Berufung an den unabhängigen Verwaltungssenat (UVSL bzw UBAS) vorgesehen ist, an diesen zu (§ 53b iVm § 53a Abs 3 AVG; vgl dazu auch 1167 BlgNR 20. GP, 35; zur Zahlung der Gebühr siehe § 51c AVG). Die Gebühren sind, wenn – wie nach § 34 AsylG 1997 vorgesehen – keine Kostenersatzpflicht der Beteiligten besteht, von jenem Rechtsträger zu tragen, in dessen Namen die Behörde gehandelt hat.

840 Nach § 56 AVG hat der Erlassung eines Bescheides grundsätzlich die Feststellung des maßgebenden Sachverhaltes in einem Ermittlungsverfahren nach den Vorschriften der §§ 37, 39 AVG voranzugehen. Ein förmliches Ermittlungsverfahren kann nach § 56 AVG entfallen, wenn es sich um eine Ladung (vgl § 19 AVG) oder um einen Mandatsbescheid (§ 57 AVG) handelt oder wenn der „maßgebende Sachverhalt (...) von vornherein klar gegeben ist".

841 Aufgabe des Ermittlungsverfahrens ist es, ein Urteil (im logischen Sinn) des zur Entscheidung zuständigen Organs darüber herbeizuführen, ob der entscheidungsrelevante Sachverhalt vorliegt (vgl VwSlgNF 3.627 A). Damit ist der Grad der Sicherheit angesprochen, mit dem das Vorliegen eines Lebenssachverhaltes als wahr festgestellt werden muß. Grundsätzlich ist im Verwaltungsverfahren der Beweis gefordert, wobei die „Beweislast" bei der Behörde liegt. Die bloße „Glaubhaftmachung" genügt nur dann, wenn dies im Gesetz vorgesehen ist (vgl § 49 Abs 4, § 53 Abs 1, § 71 Abs 1 Z 1 AVG, § 8 Abs 1 VVG).

842 Das AsylG 1997 kennt nunmehr eine derartige Ausnahmeregel, indem in § 7 die Glaubhaftmachung vorgesehen ist. Das Prinzip der Glaubhaftmachung erstreckt sich nur auf das Drohen einer Verfolgung iSd Art 1 Abschn A Z 2 GFK und das Fehlen von Endigungs- bzw Ausschlußtatbeständen nach Art 1 Abschn C oder Abschn F GFK. Von „Glaubhaftmachung" („Bescheinigung") spricht man – zum Unterschied vom „Beweis" – dann, wenn die Herbeiführung eines behördlichen Urteils über die Wahrscheinlichkeit einer Tatsache genügt (*Walter/Mayer*, Verwaltungsverfahrensrecht, Rz 315 und die dort zit Lit).

843 Die Bestimmung des § 28 AsylG 1997 ist im Lichte des AVG zu sehen und entspricht inhaltlich der Bestimmung des § 16 Abs 1 AsylG 1991. Nach dieser Bestimmung hatten die Asylbehörden in allen Stadien des Verfahrens von Amts wegen durch Fragestellung oder in anderer geeigneter Weise darauf hinzuwirken, daß die für die Entscheidung erheblichen Angaben gemacht oder ungenügende Angaben über die zur Begründung des Asylantrages geltend gemachten Umstände vervollständigt, die Bescheinigungsmittel für diese Angaben bezeichnet oder die angebotenen Bescheinigungsmittel ergänzt und überhaupt alle Aufschlüsse gegeben werden, welche zur Begründung des Asylantrages notwendig erscheinen. Erforderlichenfalls waren Bescheinigungsmittel auch von Amts wegen beizuschaffen. Dazu hat der VwGH – unter Hinweis auf seine Jud zu § 16 AsylG 1991 – grundsätzlich festgehalten: *„Diese Gesetzesstelle, die eine Konkretisierung der aus § 37 AVG in Verbindung mit § 39 Abs. 2 leg. cit. hervorgehenden Verpflichtung der Verwaltungsbehörden, den für die Erledigung der Verwaltungssache maßgebenden Sachverhalt von Amts wegen vollständig zu ermitteln und festzustellen, darstellt, begründet aber keine über den Rahmen der angeführten Vorschriften hinausgehende Ermittlungspflicht"* (VwGH 14. 10. 1998, 98/01/0022). Der VwGH hat im Lichte des AsylG 1991 bereits wiederholt ausgesprochen, *„daß die Behörden im Rahmen ihrer Ermittlungspflicht allenfalls vorhandene Zweifel über den Inhalt und die Bedeutung des Vorbringens des Asylwerbers durch entsprechende Erhebungen, insbesondere ergänzende Befragung, zu beseitigen haben, wenn das Vorbringen eines Asylwerbers einen hinreichend deutlichen Hinweis auf einen Sachverhalt enthält, der für die Glaubhaftmachung wohlbegründeter Furcht vor Verfolgung im Sinne der Konvention in Betracht kommt"* (VwGH 20. 5. 1992, 91/01/0216; 16. 9. 1992, 92/01/0187). *„Im Fall hinreichend deutlicher Hinweise im Vorbringen eines Asylwerbers auf einen Sachverhalt, der für die Glaubhaftmachung wohlbegründeter Furcht vor Verfolgung im Sinne der Flüchtlingskonvention in Frage kommt, hat die Behörde gemäß § 28 Asylgesetz 1997 in geeigneter Weise auf eine Konkretisierung der Angaben des Asylwerbers zu dringen."* In bedenklicher Weise fährt der VwGH sodann fort: *„Aus dieser Gesetzesstelle kann keine Verpflichtung der Behörde abgeleitet werden, Asylgründe die der Asylwerber gar nicht behauptet hat, zu ermitteln"* (VwGH 14. 10. 1998, 98/01/0222; vgl auch VwGH 11. 11. 1998, 98/01/0312; 30. 11. 1992, 92/01/0800; 17. 2. 1993, 92/01/0835; 31. 3. 1993, 92/01/0883; vgl auch UBAS 10. 2. 1998, 200.522/0-IV/10/98; 30. 1. 1998, 200.186/0-VI/17/98; 30. 1. 1998, 200.692/0-V/13/98; 10. 2. 1998, 200.522/0-IV/10/98). Diese Jud wird auch auf die Bestimmung des § 28 AsylG 1997 sinngemäß anzuwenden sein. Die Asylbehörden können grundsätzlich nicht davon ausgehen, daß ein Asylwerber bestimmte Angaben nicht machen *konnte*, wenn er nicht entsprechend befragt wurde: „*Es kann die Auffassung der belangten Behörde, der Beschwerdeführer habe über die erwähnten Umstände keine Angaben machen KÖNNEN, nicht geteilt werden, weil den Akten kein Anhaltspunkt dafür entnommen werden kann, daß dem Beschwerdeführer entsprechende Fragen gestellt worden wären. Zwar obliegt es dem Asylwerber, alles Zweckdienliche für die Erlangung der von ihm angestrebten Rechtsstellung vorzubringen (vgl. z.B. das Erkenntnis des Verwaltungsgerichtshofes vom 20. Mai 1992, Zl. 91/01/0216); der Asylwerber hat somit aus eigenem jene Tatsachen vorzubringen, die für das Vorliegen wohlbegründeter Furcht vor Verfolgung aus den im Art. I Abschnitt A Z 2 der Genfer Flüchtlingskonvention genannten Gründen sprechen. (...) Diese den Umfang der Behauptungspflicht des Asylwerbers und der Ermittlungspflicht der Behörden bestimmenden Grundsätze betreffen aber nicht die Beweiswürdigung; sie vermögen daher die Schlußfolgerung der belangten Behörde, der Beschwerdeführer sei unglaubwürdig, weil er bestimmte Umstände nicht dargelegt habe, nicht zu tragen. Die belangte Behörde durfte daher ohne entsprechende Fragestellung aus dem Fehlen von Angaben des Beschwerdeführers über die genannten Umstände nicht auf dessen fehlende Glaubwürdigkeit folgern*" (VwGH 5. 11. 1992, 92/01/0453; vgl auch VwGH 9. 9. 1993, 92/01/1028; 27. 1. 1994, 92/01/1117; 21. 4. 1994, 94/19/0283; nicht eindeutig in diesem Sinne UBAS 30. 1. 1998, 200.186/0-VI/17/98). Die Behörde ist zwar nicht verpflichtet, dem Asylwerber Unterweisungen darüber zu erteilen, wie er sein Vorbringen auszuführen und welche Flüchtgründe er vorzubringen habe (zB VwGH 23. 4. 1986, 85/01/0320; 11. 6. 1986, 85/01/0183), sie muß sich aber bei einem hinreichend deutlichen Hinweis über eine ausreichend intensive Gefahr im Rahmen ihrer amtswegigen Ermittlungspflicht um eine nähere Konkretisierung der Angaben des Asylwerbers bemühen (vgl zB VwGH 16. 3. 1994, 93/01/0249, 93/01/0286) und den Asylwerber zur Konkretisierung seiner Angaben anhalten (vgl zB VwGH 12. 9. 1996, 95/20/0284). Auch zum Asyl ausschlußtatbestand der anderweitigen Verfolgungssicherheit nach § 2 Abs 2 Z 3 AsylG 1991 hielt der VwGH zur Ermittlungspflicht der Asylbehörden im Hinblick auf die Begründungspflicht in Bescheiden fest: „*Der angefochtene Bescheid läßt eine Beantwortung der Frage, ob der Beschwerdeführer im Zeitpunkt seines Aufenthaltes in Rußland Schutz vor Rückschiebung in sein Heimatland bzw. einen Verfolgerstaat genossen hat, aber nicht zu. Die belangte Behörde hat zu dieser Frage nämlich entgegen der durch § 60 (in Verbindung mit § 67) AVG gebotenen Begründungspflicht keine ausreichenden Feststellungen getroffen und auch nicht dargelegt, welche Ermittlungen und Überlegungen hinsichtlich dieses Umstandes von ihr angestellt worden sind. Der im angefochtenen Bescheid als Begründung gegebene Verweis auf Tschechien ist in der gebrauchten Allgemeinheit allerdings unschlüssig und vermag die aufgezeigte Begründungslücke daher nicht nachvollziehbar zu schließen, weil von der belangten Behörde nicht dargelegt wurde, warum die hinsichtlich der Beurteilung der ‚Verfolgungssicherheit' maßgeblichen Verhältnisse in Tschechien und Rußland übereinstimmend sein sollten. Dem angefochtenen Bescheid ist aber auch nicht zu entnehmen, daß die belangte Behörde durch unterlassene Mitwirkung des Beschwerdeführers an der Feststellung seines Rückschiebungsschutzes gehindert worden wäre, sodaß (entsprechend dem Offizialprinzip) die den Gang des Verfahrens bestimmende belangte Behörde verpflichtet gewesen wäre, die zur vollständigen Klärung des entscheidungswesentlichen Sachverhaltes benötigten Erhebungen anzustellen und deren Ergebnisse nachvollziehbar im angefochtenen Bescheid festzustellen*" (VwGH 28. 3. 1995, 94/19/0010).

II. Beweismittel

844 Nach § 46 AVG kommt als Beweismittel (Bescheinigungsmittel) alles in Betracht, was zur Feststellung des maßgebenden Sachverhaltes geeignet und nach Lage des einzelnen Falles zweckdienlich ist. Auch im Asylverfahren gilt der Grundsatz der Unbeschränktheit der Beweismittel (vgl dazu VwSlgNF 10.201 A, VwGH 22. 5. 1985, 83/03/0355). § 47 AVG bestimmt, daß die Beweiskraft von öffentlichen Urkunden und privaten Urkunden von der Behörde nach den Vorschriften der §§ 292 bis 294, 296, 310, 311 ZPO zu beurteilen ist. Über diesen Verweis werden diese Vorschriften der ZPO zum Inhalt des AVG.

845 Grundsätzlich kann jeder Mensch von der Behörde, in deren Amtsbereich er seinen Aufenthalt hat, zum persönlichen Erscheinen und zur Aussage als Zeuge (Zeugen sind Menschen, die im Verfahren über wahrgenommene (selbst erlebte) Tatsachen eine mündliche Aussage machen sollen) aufgefordert werden. Ein Zeuge hat einer behördlichen Ladung Folge zu leisten (vgl § 19 AVG) und eine wahrheitsgetreue, vollständige Aussage abzulegen (vgl dazu §§ 48 ff AVG; § 289 StGB). § 51 AVG setzt voraus, daß zum Zwecke der Beweisführung auch die Vernehmung der Beteiligten zulässig ist (vgl § 51 iVm §§ 48 f AVG). Die falsche Aussage eines Beteiligten wird von der Jud nicht als „falsches Zeugnis“ iSd § 69 Abs 1 lit a AVG qualifiziert (VwSlgNF 3.822 A) und ist auch nach § 289 StGB nicht strafbar. Wie ein Zeuge ist auch ein Beteiligter grundsätzlich verpflichtet, einer behördlichen Ladung Folge zu leisten. Der Beteiligtenvernehmung kommt im Asylverfahren erhebliche Bedeutung zu. Sie ist häufig das einzig mögliche Beweismittel. In diesem Sinne hat der VwGH judiziert, daß das Vorbringen des Asylwerbers *„zentrale Erkenntnisquelle“* im Asylverfahren sei (zB VwGH 2. 3. 1988, 86/01/0187; 7. 11. 1990, 90/01/0175; 7. 11. 1990, 90/01/0161; 30. 1. 1991, 90/01/0177; 30. 1. 1991, 90/01/0213; 6. 3. 1996, 95/20/0650; UBAS 15. 6. 1998, 203.541/0-VIII/22/98).

846 Nunmehr bestimmt § 28 AsylG 1997, daß die Asylbehörden in allen Stadien des Verfahrens von Amts wegen darauf hinzuwirken haben, daß die für die Entscheidung erheblichen Angaben gemacht oder lückenhafte Angaben über die zur Begründung des Asylantrages geltend gemachten Umstände vervollständigt, die Bescheinigungsmittel (wohl auch Beweismittel) für diese Angaben bezeichnet oder die angebotenen Bescheinigungsmittel ergänzt und überhaupt alle Aufschlüsse gegeben werden, welche zur Begründung des Asylantrages notwendig erscheinen; eine Begründungspflicht im Hinblick auf den Asylantrag kennt das AsylG 1997 allerdings nicht. Erforderlichenfalls sind Bescheinigungsmittel auch von Amts wegen beizuschaffen.

847 Das AVG regelt in den §§ 52, 53 auch die Beweisaufnahme durch Sachverständige. Unter einem Sachverständigen (siehe dazu *Buchner*, Sachverständiger, 475; *Fasching* III, 224, 357; *Geuder*, Gutachten, 274; *Klecatsky*, Sachverständigenbeweis, 131; *Nessmann*, Sachverständiger, 50) ist eine Person zu verstehen, die in einem Verfahren bei der Feststellung des entscheidungsrelevanten Sachverhalts dadurch mitwirkt, daß sie Tatsachen erhebt (Befund) und aus diesen Tatsachen auf Grund besonderer Fachkundigkeit tatsächliche Schlußfolgerungen zieht (Gutachten). *„Nach herrschender Lehre und Rechtsprechung des Verwaltungsgerichtshofes muß ein Sachverständigen-Gutachten einen Befund und das Gutachten im engeren Sinn enthalten. Der Befund besteht in der Angabe der tatsächlichen Grundlagen, auf denen das Gutachten (im engeren Sinn) aufgebaut ist, und der Art, wie sie beschafft wurden. Eine sachverständige Äußerung, die sich in der Abgabe eines Urteiles (eines Gutachtens im engeren Sinn) erschöpft, aber weder die Tatsachen, auf die sich die-*

ses Urteil gründet, noch die Art, wie diese Tatsachen beschafft wurden, erkennen läßt, ist mit einem wesentlichen Mangel behaftet und als Beweismittel unbrauchbar" (VwGH 30. 9. 1997, 96/01/0944; vgl die in *Hauer/Leukauf*, 311 zit Jud).

848 In der Praxis wird auf den Sachverständigenbeweis kaum zurückgegriffen (vgl dazu VwGH 30. 11. 1992, 92/01/0833; 17. 2. 1993, 92/01/0790). Dies beeinträchtigt insofern die Entscheidungsqualität im Asylverfahren, als die zur Entscheidung berufenen Organwalter nur selten über die nötigen Kenntnisse über die Verhältnisse in potentiellen Verfolgerstaaten verfügen, um eine fundierte Prognose im Hinblick auf eine bestehende Verfolgungsgefahr abgeben zu können.

849 Nach § 54 AVG kann die Behörde zur Aufklärung des Sachverhalts auf Antrag oder von Amts wegen auch einen Augenschein vornehmen; diesem sind nötigenfalls auch Sachverständige beizuziehen. Unter einem Augenschein versteht man die sinnliche Wahrnehmung von Tatsachen durch behördliche Organe zu Beweiszwecken (vgl *Herrnritt*, 103). Die Beweisaufnahme durch Augenschein kann – außer im Falle einer mündlichen Verhandlung – auch durch Amtssachverständige selbständig erfolgen (vgl § 55 Abs 1 AVG). Die Beweisaufnahme durch Augenschein kann an Gegenständen (zB „Lokalaugenschein"), an Tieren, aber auch an Menschen und in verschiedenen Formen (zB Besichtigung, Untersuchung, Abmessungen) erfolgen; sie kann zur Erzielung von Sinneseindrücken jeglicher Art dienen. Die Beweisaufnahme durch Augenschein ist im Asylverfahren – etwa zur Untersuchung von Folterspuren – gelegentlich von Bedeutung.

850 § 47 AVG bestimmt, daß die Beweiskraft von öffentlichen Urkunden und privaten Urkunden von der Behörde nach den Vorschriften der §§ 292 bis 294, 296, 310 und 311 ZPO zu beurteilen sind. Dadurch wurden die genannten Vorschriften der ZPO durch Verweisung zum Inhalt des AVG (*Walter/Mayer*, Verwaltungsverfahrensrecht, Rz 336). Urkunden iSd genannten prozeßrechtlichen Vorschriften sind „schriftliche Vergegenständlichungen von Gedanken" (*Fasching* III, 358; *Fasching*, Lehrbuch, 944) bzw „schriftliche Verkörperungen von Gedanken, die Tatsachen überliefern" (*Rechberger/Simotta*, Rz 619). Keine „Urkunden" in diesem Sinn sind daher Schall-, Geruchs- oder Geschmacksträger (etwa Tonbänder, Schallplatten usw), weil sie keine schriftliche Aufzeichnungen darstellen; derartige Gegenstände können Auskunftssachen sein, die in Form eines Augenscheins der Beweisaufnahme dienen können. Zu den Urkunden zählen Zeichnungen, die Gedanken vergegenständlichen (Pläne). Ob Bildträger (zB Filme) Urkunden sein können, ist im allgemeinen zweifelhaft (*Fasching* III, 358; *Fasching*, Lehrbuch, 929). Im Zusammenhang mit dem Beweis von Urkunden ist deren Echtheit und Richtigkeit zu unterscheiden. Eine Urkunde ist echt, wenn sie vom darin angegebenen Aussteller stammt; sie ist richtig, wenn die in ihr beurkundeten Ereignisse mit der Wirklichkeit übereinstimmen (vgl OGH 17. 12. 1974, 12 Os 104/74).

851 Öffentliche Urkunden sind nach § 292 Abs 1 ZPO Urkunden, welche von einer öffentlichen österreichischen Behörde innerhalb der Grenzen ihrer Amtsbefugnisse oder von einer mit öffentlichem Glauben versehenen Person innerhalb des ihr zugewiesenen Geschäftskreises in der vorgeschriebenen Form errichtet wurden. In bezug auf die Beweiskraft sind den öffentlichen Urkunden gem § 293 Abs 1 ZPO auch solche Urkunden gleichgestellt, die durch besondere gesetzliche Vorschriften zu „öffentlichen Urkunden" erklärt sind; dazu gehören zB behördliche Kraftfahrzeugkennzeichen nach § 49 Abs 1 KFG, Kraftfahrzeug-Begutachtungsplaketten nach § 57a Abs 5 KFG sowie das zugrundeliegende Gutachten über den Zustand des Fahrzeugs (§ 57a Abs 4 KFG; vgl dazu näher *Mannlicher/Quell* I, 271); diese stellen öffentliche Urkunden kraft gesetzlicher Anordnung dar.

852 Urkunden, welche sich nach Form und Inhalt als öffentliche (...) darstellen, haben die Vermutung der Echtheit für sich (§ 310 Abs 1 ZPO). Hält die Behörde die Echtheit einer öffentlichen Urkunde für zweifelhaft, so kann sie auf Antrag oder von Amts wegen die Behörde oder die Person, von welcher die Urkunde errichtet sein soll, zu einer Erklärung über die Echtheit veranlassen. Läßt sich auf diese Art der Zweifel an der Echtheit der Urkunde nicht beseitigen, so obliegt der Beweis der Echtheit gem § 310 Abs 2 ZPO demjenigen, der diese Urkunde als Beweismittel gebrauchen will.

853 Ob die Echtheit ausländischer öffentlicher Urkunden anzunehmen ist, hat die Behörde gem § 311 Abs 1 ZPO „nach den Umständen des Falles zu ermessen" (dh in freier Beweiswürdigung zu beurteilen). Sofern nicht durch besondere Bestimmungen etwas anderes festgelegt ist, gilt eine solche Urkunde nach den Beweisregeln des § 311 Abs 2 ZPO als echt, wenn sie durch das BMA oder durch eine österreichische diplomatische oder konsularische Vertretungsbehörde beglaubigt wurde.

854 Öffentliche Urkunden begründen nach § 292 Abs 1 ZPO grundsätzlich vollen Beweis dessen, was darin von der Behörde amtlich verfügt oder erklärt (Dispositivurkunden) oder von der Behörde oder der Urkundperson bezeugt wird; gem § 292 Abs 2 ZPO ist der Beweis der Unrichtigkeit des bezeugten Vorgangs, der bezeugten Tatsache oder der unrichtigen Beurkundung zulässig (vgl VwSlgNF 6990 A). Der Ausschluß des Gegenbeweises gegen die „inhaltliche Richtigkeit" einer Dispositivurkunde (*Fasching* III, 366; *Fasching*, Lehrbuch, 953) stellt eine Konsequenz der Rechtswirkungen (Rechtskraft) des beurkundeten Hoheitsaktes (Urteil, Bescheid, Beschluß, Erkenntnis) dar. Ob und inwieweit die Beweiskraft einer öffentlichen Urkunde etwa durch Durchstreichungen, Radierungen und andere Auslöschungen, Einschaltungen oder sonstige äußere Mängel („bedenkliche Urkunde"; *Fasching* III, 381; *Fasching*, Lehrbuch, 955) gemindert oder aufgehoben wird, ist von der Behörde gem § 296 ZPO in freier Beweiswürdigung zu beurteilen.

855 In „Asylverfahren" sind für die Feststellung des maßgebenden Sachverhalts häufig ausländische Urkunden (zB Haftbefehle, Urteile etc) von besonderer Bedeutung. Ausländische Urkunden, die am Ort ihrer Errichtung als öffentliche Urkunden gelten, genießen gem § 293 Abs 2 ZPO unter den Voraussetzungen der Gegenseitigkeit auch in Österreich die Beweiskraft einer öffentlichen Urkunde, wenn sie mit den vorgeschriebenen Beglaubigungen versehen sind. Welche Beglaubigungen hier angesprochen sind, ist fraglich; soweit nicht zwischenstaatliche Vereinbarungen vorliegen (siehe dazu *Fasching* III, 373; *Fasching*, Lehrbuch, 946), wird anzunehmen sein, daß eine Beglaubigung durch die österreichische Vertretungsbehörde im betreffenden ausländischen Staat zu erfolgen hat. Im Rahmen des BeglBEfÜb sind zahlreiche ausländische öffentliche Urkunden von der Beglaubigung befreit; an deren Stelle tritt eine „Apostille" (Zertifikat). Es bestehen weitere Spezialabkommen mit verschiedenen Staaten (vgl *Fasching*, Lehrbuch, 946; zB Übereinkommen vom 5. Oktober 1961 zu Befreiung ausländischer öffentlicher Urkunden von der Beglaubigung BGBl 1968/27; Europäisches Übereinkommen zur Befreiung der von diplomatischen oder konsularischen Vertretern errichteten Urkunden von der Beglaubigung BGBl 1973/274; Übereinkommen über die Befreiung bestimmter Urkunden von der Beglaubigung samt Formblatt BGBl 1982/239; Staatsvertrag vom 21. August 1916 zwischen der österreichisch-ungarischen Monarchie und der Schweiz über die Beglaubigung der von öffentlichen Behörden Österreichs oder der Schweiz ausgestellten oder beglaubigten Urkunden RGBl 1917/340 idF BGBl 1982/398; Beglaubigungsvertrag zwischen der Republik Österreich und dem Deutschen Reiche BGBl 1924/139).

Gem § 294 ZPO begründen Privaturkunden, sofern sie vom Aussteller unterschrieben oder mit seinem gerichtlich oder notariell beglaubigten Handzeichen versehen sind (dh wenn die Urkundenechtheit feststeht; *Fasching* III, 379; *Fasching*, Lehrbuch, 954), vollen Beweis dafür, daß die in ihr enthaltenen Erklärungen vom Aussteller herrühren. Hinsichtlich ihrer inhaltlichen Richtigkeit (materielle Beweiskraft) unterliegt die Privaturkunde der freien Beweiswürdigung (VwGH 28. 3. 1989, 88/04/0220); im Falle von Urkundenmängeln hat die Behörde gem § 296 ZPO die Beweiskraft einer privaten Urkunde in freier Beweiswürdigung zu beurteilen. **856**

§ 47 zweiter Satz dehnt die Beweiskraft öffentlicher inländischer Urkunden aus. Solche Urkunden sollen danach auch den (vollen) Beweis „über jene Tatsachen und Rechtsverhältnisse liefern, die die Voraussetzung für ihre Ausstellung bildeten und in der Urkunde ausdrücklich genannt sind“. Hat die Behörde „im Hinblick auf die besonderen Umstände des Einzelfalls“ (also nicht aus grundsätzlichen Erwägungen) Bedenken, so kann sie der Partei auftragen, den Beweis auf andere Weise zu führen. **857**

Eine Vorlage von Urkunden sieht das AVG – im Gegensatz zum AsylG 1997 (anders auch die ZPO in §§ 297 ff) – nicht ausdrücklich vor. Demgegenüber sind Asylwerber gem § 27 Abs 2 AsylG 1997 verpflichtet, die für die Feststellung des maßgeblichen Sachverhaltes erforderlichen Auskünfte zu erteilen, sowie die in ihrem Besitz befindlichen maßgeblichen Beweismittel, einschließlich der Identitätsdokumente vorzulegen (siehe dazu die Ausführungen zu § 27, Rz 808 ff). **858**

III. Niederschrift

Das AVG ordnet die Aufnahme einer Niederschrift (Verhandlungsschrift nach den §§ 14 und 15 AVG) über den Verlauf und Inhalt einer mündlichen Verhandlung (vgl § 44 Abs 1 AVG) sowie über Inhalt und Verkündung eines mündlich erlassenen Bescheides (vgl § 62 Abs 2 AVG) zwingend an. Niederschriften sind weiters „erforderlichenfalls“ über den wesentlichen Inhalt mündlicher Anbringen (vgl § 14 Abs 1 AVG), über die Vernehmung von Zeugen (*Ringhofer*, 441) und Sachverständigen sowie über die Durchführung eines Augenscheins außerhalb von mündlichen Verhandlungen aufzunehmen. Im übrigen kann die Behörde über alle Verfahrenshandlungen, die unter Zuziehung von Beteiligten oder sonstigen Personen („beigezogenen Personen“) vorgenommen werden (vgl § 14 Abs 3 AVG), eine Niederschrift aufnehmen. Eine Niederschrift (Protokoll) ist eine formgebundene Beurkundung einer Verfahrenshandlung und kommt unter Mitwirkung der Beteiligten zustande (*Walter/Mayer*, Verwaltungsverfahrensrecht, Rz 165). **859**

Gem § 14 Abs 2 AVG hat jede Niederschrift den Ort, Zeit und Gegenstand der Amtshandlung und, wenn schon frühere darauf bezügliche Amtshandlungen vorliegen, erforderlichenfalls eine „kurze Darstellung des Standes der Sache“, die Bezeichnung der Behörde und die Namen des Leiters der Amtshandlung und der sonst mitwirkenden amtlichen Organe, der anwesenden Beteiligten und ihrer Vertreter sowie der etwa vernommenen Zeugen und Sachverständigen sowie die eigenhändige Unterschrift des Leiters der Amtshandlung zu enthalten. Niederschriften über Verhandlungen sind derart abzufassen, „daß bei Weglassung alles nicht zur Sache Gehörigen der Verlauf und Inhalt der Verhandlung richtig und verständlich wiedergegeben wird“ (§ 14 Abs 1 AVG). Dies gilt per analogiam auch für Inhalt und Verlauf einer Vernehmung. Die Niederschrift ist von den beigezogenen Personen durch Beisetzung ihrer eigenhändigen Unterschrift zu bestätigen; dies ist nicht erforderlich, wenn der Amtshandlung mehr als 20 Personen beigezogen worden sind. Unterbleibt die Un- **860** terfertigung der Niederschrift durch eine beigezogene Person, so ist dies unter Angabe des dafür maßgebenden Grundes in der Niederschrift festzuhalten (§ 14 Abs 5 AVG).

861 Jede Niederschrift ist den „vernommenen" Personen (zB Zeugen, Sachverständige und Beteiligte) und den sonst beigezogenen Personen (darunter sind va die Parteien und die Beteiligten zu verstehen), wenn sie nicht darauf verzichten, zur Durchsicht vorzulegen oder vorzulesen; wenn ein technisches Hilfsmittel verwendet wurde (§ 14 Abs 7 AVG; vgl auch 1167 BlgNR 20. GP, 27 f), kann ihr Inhalt auch auf andere Weise wiedergegeben werden. Erforderlichenfalls ist in diesem Zusammenhang die Niederschrift durch einen Dolmetsch in eine den betroffenen Personen verständliche Sprache rückzuübersetzen. Der Leiter der Amtshandlung kann auch ohne Verzicht von einer Wiedergabe absehen; die beigezogenen Personen können diesfalls bis zum Schluß der Amtshandlung die Zustellung einer Ausfertigung verlangen und binnen zwei Wochen ab Zustellung Einwendungen wegen behaupteter Unvollständigkeit oder Unrichtigkeit erheben (§ 14 Abs 3 AVG). Die Niederschrift oder Teile davon können unter Verwendung eines technischen Hilfsmittels oder in Kurzschrift aufgenommen werden. Die Angaben gem § 14 Abs 2 leg cit, die Feststellung, daß für die übrigen Teile der Niederschrift ein technisches Hilfsmittel verwendet wird, und die Tatsache der Verkündung eines mündlichen Bescheides (seit der AVG-N 1998 nicht mehr dessen Inhalt; vgl 1167 BlgNR 20. GP, 27) sind in Vollschrift festzuhalten. Die Aufzeichnung und die in Kurzschrift aufgenommenen Teile der Niederschrift sind in Vollschrift zu übertragen. Die beigezogenen Personen können bis zum Schluß der Amtshandlung die Zustellung einer Ausfertigung der Übertragung verlangen und binnen zwei Wochen ab Zustellung Einwendungen wegen behaupteter Unvollständigkeit oder Unrichtigkeit der Übertragung erheben. Wird eine solche Zustellung beantragt, so darf die Aufzeichnung frühestens einen Monat nach Ablauf der Einwendungsfrist, ansonsten frühestens einen Monat nach erfolgter Übertragung gelöscht werden (§ 14 Abs 7 AVG). In dem einmal Niedergeschriebenen darf nichts Erhebliches ausgelöscht, zugesetzt oder verändert werden. Durchgestrichene Stellen sollen noch lesbar bleiben. Erhebliche Zusätze oder Einwendungen der beigezogenen Personen wegen behaupteter Unvollständigkeit oder Unrichtigkeit der Niederschrift sind in einem Nachtrag aufzunehmen und gesondert zu unterfertigen (vgl § 14 Abs 4 AVG). Solche Einwendungen sind spätestens im Zeitpunkt der Unterfertigung der Niederschrift zu erheben (vgl dazu auch § 212 ZPO). Den beigezogenen Personen ist auf Verlangen eine Ausfertigung der Niederschrift auszufolgen oder zuzustellen (§ 14 Abs 6 AVG). Den beigezogenen Personen wird damit generell ein Recht auf Ausfolgung bzw Zustellung der Niederschrift eingeräumt (vgl 1167 BlgNR 20. GP, 28).

862 Eine den gesetzlichen Vorschriften entsprechend aufgenommene Niederschrift liefert – soweit nicht Einwendungen erhoben wurden – über den Verlauf und den Gegenstand der betreffenden Amtshandlung vollen Beweis (vgl VwGH 20. 10. 1976, 1355/74; VwGH 5. 4. 1995, 94/01/0296). Bewiesen werden lediglich *„Verlauf und Gegenstand"* der betreffenden Amtshandlung. Die *inhaltliche Richtigkeit* etwaiger getätigter Aussagen ist damit nicht bewiesen. Der Gegenbeweis der Unrichtigkeit des bezeugten Vorgangs bleibt zulässig (§ 15 AVG; vgl § 215 ZPO; VwSlgNF 8.713 A; vgl VwGH 26. 6. 1996, 95/20/0420). Die formell richtige Niederschrift hat soweit die Beweiskraft einer öffentlichen Urkunde (§ 47 AVG; VwGH 28. 1. 1970, 281/69; VwGH 5. 4. 1995, 94/01/0296; 26. 6. 1996, 95/20/0420). Für die Richtigkeit des – in einer ordnungsgemäßen Niederschrift bezeugten – Vorgangs (nicht für die inhaltliche Richtigkeit getätigter Aussagen) besteht eine widerlegbare Rechtsvermutung (praesumptio iuris; vgl auch *König*, 83; *Fasching*, Lehrbuch, Rz 633). Ist eine

Niederschrift mangelhaft, so ist sie wohl Beweismittel iSd § 46 AVG, sie hat jedoch nicht die in § 15 AVG normierte Beweiskraft (vgl VwSlg 14.783 A; VwSlgNF 8.931 A; VwGH 19. 6. 1986, 85/04/0106; VwGH 24. 10. 1996, 95/20/0324).

IV. Neuerungsverbot

863 Das AsylG 1991 (§ 20 leg cit) kannte für das Berufungsverfahren ein beschränktes Neuerungsverbot (vgl dazu *Rohrböck*, AsylG 1991, 197 ff; *Rosenmayr*, Asylrecht, 585 f; vgl 270 BlgNR 18. GP, 22; vgl auch §§ 482, 504 ZPO; VwGH 30. 11. 1992, 92/01/0800; 24. 11. 1993, 93/01/0234, 93/01/0499; VfSlg 13.834). Zudem war die Behebung des Bescheids und die Verweisung der Sache an die Behörde erster Instanz durch die Berufungsbehörde (damals der BMI) weitgehend untersagt (vgl § 20 Abs 1 AsylG 1991). Unter näheren Voraussetzungen konnte der BMI eine Ergänzung oder Wiederholung des Ermittlungsverfahrens ua dann anordnen, wenn es „offenkundig" mangelhaft war. Der VfGH hat mit Erkenntnis vom 1. Juli 1994, G92, 93/94, das Wort „offenkundig" in § 20 Abs 2 AsylG 1991 wegen Verletzung des rechtsstaatlichen Prinzips als verfassungswidrig aufgehoben (auf seine im Einleitungsbeschluß im Hinblick auf Art 11 Abs 2 B-VG geäußerten Bedenken ging der VfGH in diesem Erkenntnis nicht mehr ein; vgl dazu *Rohrböck*, AsylG 1991, 200 f; *Rohrböck*, Juridicum 1994/4, 18).

864 Es ist wohl eines der Verdienste des Gesetzgebers, daß er die Beschränkungen des Ermittlungsverfahrens aus dem AsylG 1991 mit dem AsylG 1997 beseitigt und damit die AVG-konforme Rechtslage in diesem Punkt wiederhergestellt hat; das AVG kennt im allgemeinen ein Neuerungsverbot oder Ermittlungsbeschränkungen im Berufungsverfahren nicht.

865 Aus § 65 AVG muß abgeleitet werden, daß auch noch im Berufungsverfahren neue Tatsachen und Beweise vorgebracht werden dürfen. Dies entspricht dem Grundsatz der amtswegigen Erforschung der materiellen Wahrheit (§ 39 Abs 2 AVG; VwSlg 16.498 A; VwSlgNF 229 A, 772 A, 1462 A, 8344 A; VwGH 27. 5. 1986, 86/07/0051). Ob die (neu) vorgebrachten Tatsachen oder Beweise erheblich erscheinen, hängt davon ab, ob die neue Tatsache zu einer Änderung der rechtlichen Beurteilung zu führen vermag bzw der Beweis zu einer anderen Beurteilung der Tatsachenlagen führt (vgl auch VwSlgNF 705 A).

866 Nicht mehr geltend gemacht werden können allerdings Einwendungen, wenn die gesetzlich vorgesehenen Präklusionsfolgen eingetreten sind (§ 42 Abs 1 und 2 AVG): Wurde eine mündliche Verhandlung gemäß § 41 Abs 1 zweiter Satz AVG (Anschlag in der Gemeinde oder durch Verlautbarung in der für amtliche Kundmachungen der Behörde bestimmten Zeitung) und (zusätzlich) in einer in den Verwaltungsvorschriften vorgesehenen besonderen Form kundgemacht, so hat dies zur Folge, daß eine Person *„ihre Stellung als Partei"* verliert, soweit sie nicht spätestens am Tag vor Beginn der Verhandlung bei der Behörde oder während der Verhandlung Einwendungen erhebt. Wenn die Verwaltungsvorschriften über die Form der Kundmachung nichts bestimmen, so tritt die (im ersten Satz) bezeichnete Rechtsfolge ein, wenn die mündliche Verhandlung gemäß § 41 Abs 1 zweiter Satz leg cit und in geeigneter Form kundgemacht wurde. Eine Kundmachung ist geeignet, wenn sie sicherstellt, daß *„ein Beteiligter von der Anberaumung der Verhandlung voraussichtlich Kenntnis erlangt"* (vgl dazu 1167 BlgNR 20. GP, 30; die Materialien setzen den Begriff der Voraussichtlichkeit mit „hoher Wahrscheinlichkeit" gleich). Wurde eine mündliche Verhandlung nicht gem § 42 Abs 1 leg cit kundgemacht, so erstreckt sich die darin bezeichnete Rechtsfolge (Verlust der Parteistellung) nur auf jene Beteiligten, die rechtzeitig die Verständigung von der Anberaumung der Verhandlung *„erhalten"* haben (§ 42 Abs 2 AVG). Eine Person, die glaubhaft macht, daß sie durch ein unvorhergesehenes oder unabwendbares Ereignis verhindert war, rechtzeitig Einwendungen zu erheben, und die kein Verschulden oder nur ein minderer Grad des Versehens trifft (siehe dazu sinngemäß die Ausführungen zu § 23, Rz 712 ff), kann binnen (der verfahrensrechtlichen Fristen von) zwei Wochen nach Wegfall des Hindernisses, jedoch spätestens bis zum Zeitpunkt der rechtskräftigen Entscheidung der Sache bei der Behörde Einwendungen erheben. Solche Einwendungen gelten als rechtzeitig erhoben und sind von jener Behörde zu berücksichtigen, bei der das Vorfahren anhängig ist (§ 42 Abs 3 AVG; vgl auch § 71 Abs 1 AVG). Dieses mit der AVG-N 1998 geschaffene Rechtsinstitut ist erkennbar der „Wiedereinsetzung in den vorigen Stand (§§ 71 f AVG) nachgebildet. Bereits vor Mitteilung über die Verhinderungsgründe erhobene Einwendungen müssen nicht wiederholt werden (1167 BlgNR 20. GP, 31). Die Behörde hat über den „Wiedereinsetzungsantrag" nach § 42 Abs 3 AVG nicht förmlich abzusprechen, sondern inzident zu beurteilen, ob eine Person durch nachträgliche Einwendungen die Parteistellung (mit Wirkung *ex nunc*) wiedererlangt hat. Im Rahmen dieser Beurteilung ist etwa auch von Bedeutung, ob eine „persönliche" Verständigung unterblieben ist (vgl 1167 BlgNR 20. GP, 31).

867 In Lehre und Jud war lange umstritten, welche Wirkung eine eingetretene Präklusion auf das Recht der Partei, Berufung zu erheben, hat. Die frühere Jud des VwGH nahm an, daß eine Präklusion wie ein Verzicht auf das Berufungsrecht anzusehen sei (vgl insb VwSlgNF 5621 A – verst Sen; *Mannlicher/Quell* I, 259). Die neuere Jud des VwGH ist von dieser Auffassung abgegangen; der VwGH nahm in der Folge an, daß eine Präklusion das Berufungsrecht nicht beseitige, sondern lediglich die Überprüfungsbefugnis der Berufungsbehörde insofern einschränke, als sie präkludierte Ansprüche nicht mehr aufgreifen dürfe. Eine Berufung wäre in diesen Fällen zwar zulässig, könnte aber allenfalls unbegründet sein (VwSlgNF 10.317 A – verst Sen; VwGH 26. 4. 1988, 84/07/0346; 26. 6. 1990, 89/05/0212; vgl auch *Mayer*, ZfV 1981, 251; *Ringhofer*, 382). Die AVG-N 1998 hat diese Streitfrage relativ deutlich beantwortet: Nach § 42 Abs 1 AVG hat die Versäumung der Frist zur Erhebung von Einwendungen nunmehr den *„Verlust der Parteistellung"* zur Folge. Daher entfallen mit Ablauf der Einwendungsfrist alle Rechte, die an die „Parteistellung" anknüpfen, insbesondere auch das Recht zur Erhebung einer Berufung oder zur Stellung eines Antrages auf Wiedereinsetzung in den vorigen Stand. Zur Präklusion der Parteistellung kommt es auch, wenn lediglich unzulässige Einwendungen erhoben werden. Der Verlust der Parteistellung bleibt jedoch (anders als nach § 356 Abs 4 GewO) auf das jeweilige Verfahren beschränkt (vgl 1167 BlgNR 20. GP, 30). Aus der relativ weitreichenden Formulierung des § 42 Abs 1 AVG, „daß eine Person ihre Stellung als Partei (nach dem Wortlaut nicht die Beteiligtenstellung) verliert, soweit sie nicht (…) Einwendungen erhebt," könnte zu dem Schluß veranlassen, daß jede betroffene Person gezwungen ist, rechtzeitig irgendwelche (zulässigen) Einwendungen zu erheben, um sich die Stellung einer Partei überhaupt zu erhalten.

Bescheide

§ 29. (1) Bescheide haben den Spruch, die Rechtsmittelbelehrung und den Hinweis nach § 61a AVG in einer dem Asylwerber verständlichen Sprache zu enthalten. Wird der Antrag als offensichtlich unbegründet abgewiesen oder aus den Gründen der §§ 4 und 5 wegen Unzuständigkeit zurückgewiesen, so ist dem Bescheid eine in dieser Sprache gehaltene Übersetzung der maßgeblichen Gesetzesbestimmung (§§ 4 bis 6) beizugeben.

(2) Bescheiden, mit denen ein Asylantrag aus dem Grund des § 4 zurückgewiesen wird, ist eine auch in der Amtssprache des sicheren Drittstaates abgefaßte Bestätigung beizufügen, wonach der in Österreich eingebrachte Asylantrag des Fremden wegen des im sicheren Drittstaat bestehenden Schutzes nicht inhaltlich geprüft worden ist.

(§ 29 Abs 1 als solcher bezeichnet und Abs 2 eingefügt durch BGBl I 1999/4)

RV: [27, 28]

Ähnlich der bisherigen Rechtslage (vgl. § 18 Abs. 1 letzter Satz des Asylgesetzes 1991) haben Bescheide nach diesem Bundesgesetz den Spruch, die Rechtsmittelbelehrung und den Hinweis nach § 61a AVG in einer dem Asylwerber verständlichen Sprache zu enthalten. Gleiches gilt für die maßgeblichen Gesetzesbestimmungen, wenn der Antrag als offensichtlich unbegründet (§ 6) oder wegen Unzuständigkeit (§§ 4 und 5) zurückgewiesen wurde. Diese Ausdehnung der Übersetzungspflicht hat in [27] rechtsstaatlichen – im näheren in rechtsschutzstaatlichen – Überlegungen ihren Ursprung und ist unabdingbare Voraussetzung dafür, daß der Betroffene die im zustehenden Rechtsschutzmöglichkeiten zweckentsprechend wahrnehmen kann [28].

AB *(1494 BglNR 20. GP)*: [3]

Wird ein Antrag wegen bestehender Drittstaatsicherheit zurückgewiesen, so wird dem abweislichen Bescheid eine Bestätigung beigefügt werden, daß der Asylantrag – eben aus Gründen der bestehenden Drittstaatsicherheit – in Österreich nicht inhaltlich geprüft wurde. Diese Bestätigung soll dem Fremden bei nachfolgender Asylantragstellung im sicheren Drittstaat die Beweisführung ersparen, daß sein Asylantrag von Österreich nicht inhaltlich geprüft worden ist. Diese Änderung wurde auf Anregung des Bundesasylamtes und des UNHCR in den Vorschlag aufgenomm(m)en.

Inhaltsübersicht

I. Allgemeines

868 Ein Bescheid ist der typische individuelle, hoheitliche, an einen Rechtsunterworfenen adressierte (externe) Verwaltungsakt; er ist im B-VG vorgesehen und spielt im System der Rechtsverwirklichung eine zentrale Rolle. Man unterscheidet zwischen Leistungsbescheiden, Rechtsgestaltungs- und Feststellungsbescheiden. Aus dem Umstand, daß das Rechtsschutzsystem des B-VG im wesentlichen an den Bescheid anknüpft, muß man ableiten, daß der hoheitliche (einseitige) Eingriff in subjektive Rechte der Rechtsunterworfenen grundsätzlich nur in Bescheidform erfolgen darf; nur ausnahmsweise, wenn dies sachlich gerechtfertigt ist, darf der Gesetzgeber Akte unmittelbarer Befehls- und Zwangsgewalt vorsehen. Nach dem Konzept des B-VG soll zwischen generelle Norm und faktischem Vollzugsakt der Bescheid treten („Dualismus"); der Bescheid hat daher auch aus vefassungsrechtlicher Sicht wesentliche Bedeutung (*Walter/Mayer*, Bundesverfassungsrecht, Rz 605).

869 Das AsylG 1997 bewegt sich weitestgehend innerhalb dieser verfassungsrechtlich vorgegebenen Schranken; problematisch in dieser Hinsicht sind allerdings die sog „Mitteilungen" des BAA an die österreichische Vertretungsbehörde nach § 16 Abs 3 AsylG 1997 oder an die Grenzkontrollbehörden gem § 17 Abs 4 leg cit (siehe dazu die Ausführungen zu § 16, Rz 470 ff und zu § 17, Rz 521 ff). Die wichtigsten Hoheitsakte nach dem AsylG 1997, wie zB die Asylgewährung (§§ 7 und 9 leg cit), Asylerstreckung (§§ 10 und 11 leg cit), Feststellung der Flüchtlingseigenschaft (§ 12 leg cit), Non-refoulement-Prüfung (§ 8 leg cit) und die Gewährung einer befristeten Aufenthaltsberechtigung (§ 15 leg cit) erfolgen doch in Form eines Bescheides. Wichtige unmittelbare Akte unmittelbarer behördlicher Befehls- und Zwangsgewalt finden sich in § 18 AsylG 1997 (Vorführung vor das Bundesasylamt), in § 19 Abs 1 letzter Satz leg cit (Sicherung der Zurückweisung) und in § 17 Abs 2 und 4 (Zurückweisung an der Bundesgrenze).

870 § 58 AVG bestimmt, daß jeder Bescheid ausdrücklich als solcher zu bezeichnen ist; dies bedeutet, daß jeder Bescheid mit dem Wort „Bescheid" gekennzeichnet sein muß. Trotz der klaren Regelung des § 58 AVG Abs 1 AVG, der der Rechtssicherheit zugrunde liegt, wird angenommen, daß allein der Mangel der ausdrücklichen Bezeichnung einer Erledigung als „Bescheid" nicht bewirkt, daß ein Bescheid nicht existent wird; stellt eine Erledigung inhaltlich einen normativen Abspruch dar, wird sie dennoch von der hL als Bescheid qualifiziert (vgl zB VfSlg 4216, 6603; VwSlg-NF 2894 A; *Winkler*, 93). Nach ständiger Jud des VwGH (VwSlgNF 9458 – verst Sen, 9683 A, 9698 A) ist die ausdrückliche Bezeichnung als Bescheid dann nicht wesentlich, wenn der Inhalt des betreffenden Aktes an seiner Bescheidqualität keinen Zweifel aufkommen läßt; ergeben sich aus dem Inhalt Zweifel, dann ist die ausdrückliche Bezeichnung als Bescheid essentiell (VwGH 28. 1. 1982, 2771/80; 31. 3. 1993, 92/01/0402).

871 Nach § 58 Abs 3 iVm § 18 Abs 4 AVG muß jeder schriftlich ausgefertigte Bescheid (jede schriftliche Erledigung) die Bezeichnung der Behörde enthalten, die ihn erlassen hat. Nach der Jud ist dem entsprochen, wenn „erkennbar" ist, von welcher Behörde der Bescheid erlassen wurde (VwSlgNF 2960 A; VwGH 5. 4. 1990, 90/09/0009). Ist die bescheiderlassende Behörde nicht erkennbar, so liegt ein Bescheid nicht vor (*Winkler*, 131).

872 Nach § 58 Abs 3 iVm § 18 Abs 4 AVG müssen schriftliche Ausfertigungen von Bescheiden mit dem Datum versehen sein; welches Datum nun in dem Bescheid aufzunehmen ist, wird nicht genau bestimmt. Üblicherweise wird das Datum der Approbation in den Bescheid aufgenommen. Der Datierung eines Bescheid kommt grundsätzlich rechtliche Bedeutung nicht zu, weil die Rechtswirkungen eines Bescheids erst durch seine Erlassung (Zustellung) ausgelöst werden (zutreffend *Mannlicher/Quell* I, 310; VwSlgNF 484 A; VwGH 18. 10. 1985, 85/18/0054; vgl auch *Winkler*, 112; aA *Hellbling* I, 337; *Lehne*, JBl 1959, 534; *Berchtold*, 246).

873 Aus jedem Bescheid muß hervorgehen, an wen er sich richtet, da jede individuelle Norm an eine bestimmte Person (oder mehrere bestimmte Personen) gerichtet sein muß (VwSlgNF 7703 A, 9004 A; VwGH 19. 5. 1994, 92/07/0040). Fehlt ein

Adressat oder ist ein solcher nicht individualisierbar umschrieben, liegt ein Bescheid nicht vor; der „Bescheid“ wäre absolut nichtig (VwGH 24. 3. 1992, 88/07/0072; 21. 6. 1994, 94/07/0064; 6. 4. 1994, 91/13/0234).

874 Gem § 58 Abs 1 AVG hat jeder Bescheid „den Spruch“ zu enthalten. Der Spruch des Bescheids gibt den Inhalt der mit dem Bescheid erlassenen Norm wieder und ist somit der eigentliche Bestandteil eines Bescheids. Nur der Spruch erlangt grundsätzlich rechtliche Verbindlichkeit; nur der Spruch kann daher idR rechtsverletzend sein (vgl VwGH 15. 3. 1977, 883/76; 26. 4. 1994, 90/14/0142). Nur die im Spruch angeordnete Rechtsfolge ist gegebenenfalls vollstreckbar; sie muß daher entsprechend bestimmt sein (zB VwGH 21. 4. 1977, 2161/75; 23. 4. 1991, 91/07/0014; 24. 10. 1994, 93/10/0227; VwSlgNF 10.463 A; *Morscher*, JBl 1976, 445). Enthält ein Verwaltungsakt keinen Spruch, so fehlt ihm der Normcharakter und damit die Rechtsqualität eines Bescheids (*Winkler*, 131) als Norm; das Fehlen des Spruchs bewirkt sohin absolute Nichtigkeit (vgl VwSlgNF 2291 A).

875 Bescheide sind nach § 58 Abs 2 AVG zu begründen, wenn dem Standpunkt der Partei nicht vollinhaltlich Rechnung getragen oder über Einwendungen oder Anträge von Beteiligten abgesprochen wird. Während demnach bei Bescheiden erster Instanz eine Begründung allenfalls entfallen kann, bestimmt § 67 AVG, daß Bescheide der Berufungsbehörden auch dann zu begründen sind, wenn der Berufung stattgegeben wird. In der Begründung sind die Ergebnisse des Ermittlungsverfahrens (Sachverhaltsfeststellung; VwSlgNF 8619 A), die bei der Beweiswürdigung maßgebenden Erwägungen und die darauf gestützte Beurteilung der Rechtsfrage klar und übersichtlich zusammenzufassen (§ 60 AVG; VwGH 26. 6. 1996, 95/20/0482). Eine mangelhafte (oder fehlende) Begründung macht den Bescheid nicht absolut nichtig, sondern nur inhaltlich rechtswidrig. Nach der Jud des VwGH *„muß in der Bescheidbegründung in einer eindeutigen, die Rechtsverfolgung durch die Partei ermöglichenden und einer nachprüfenden Kontrolle durch die Gerichtshöfe des öffentlichen Rechtes zugänglichen Weise dargetan werden, welcher Sachverhalt der Entscheidung zugrundegelegt wurde, aus welchen Erwägungen die Behörde zu der Ansicht gelangte, daß gerade dieser Sachverhalt vorliege und aus welchen Gründen sie die Subsumtion dieses Sachverhaltes unter einen bestimmten Tatbestand als zutreffend erachte“* (vgl zB VwGH 19. 12. 1995, 95/20/0043). *„(...) der Verwaltungsgerichtshof (hat) bereits zum wiederholten Male ausgesprochen (...), daß eine Detailschau aus dem Zusammenhang gerissener einzelner Vorkommnisse ohne einen abwägenden Gesamtüberblick zu schaffen der Begründungspflicht der Behörde nicht Genüge tut“* (VwGH 28. 3. 1996, 95/20/0226; vgl dazu auch VwGH 24. 10. 1996, 95/20/0535). Nach der Jud des VwGH ist es zulässig, daß sich die Berufungsbehörde *„den Ausführungen des Bundesasylamtes im bekämpften Bescheid vollinhaltlich anschließt und diese zum Inhalt und Bestandteil des (...) Bescheides erklärt“* (VwGH 4. 10. 1995, 95/01/0045).

876 Nach § 58 Abs 1 AVG hat jeder Bescheid eine Rechtsmittelbelehrung zu enthalten; die Rechtsmittelbelehrung hat nach § 61 Abs 1 AVG anzugeben, ob der Bescheid noch einem (weiteren) Rechtszug unterliegt, und bejahendenfalls, innerhalb welcher Frist und bei welcher Behörde das Rechtsmittel einzubringen ist. Sie hat ferner auf die gesetzlichen Erfordernisse der Bezeichnung des angefochtenen Bescheides und eines begründeten Rechtsmittelantrags hinzuweisen (§ 61 Abs 1 AVG). In Bescheiden, die in letzter Instanz erlassen werden, ist auf die Möglichkeit einer Beschwerde beim Verfassungsgerichtshof und, sofern die Angelegenheit nicht nach Art 133 B-VG von der Zuständigkeit des Verwaltungsgerichtshofes ausgeschlossen ist, auf die Möglichkeit einer Beschwerde beim Verwaltungsgerichtshof (§ 61a Z 1

AVG; vgl auch § 38 Abs 5 AsylG 1997; Art 131 Abs 3 B-VG idF BGBl I 1997/87), auf die bei der Einbringung solcher Beschwerden einzuhaltenden Fristen (§ 61a Z 2 AVG; sechs Wochen; § 26 Abs 1 VwGG; § 82 Abs 1 VfGG), auf das Erfordernis der Unterschrift eines Rechtsanwalts (§ 61a Z 3 AVG; § 24 Abs 2 VwGG; § 17 VfGG) und auf die für solche Beschwerden zu entrichtenden Gebühren (§ 61a Z 4 AVG; siehe dazu auch die Ausführungen zu § 44, Rz 1199) hinzuweisen. Bei diesem Hinweis handelt es sich jedoch um keine Rechtsmittelbelehrung iSd § 61 AVG; ein fehlender oder mangelhafter Hinweis zieht keine prozessualen Folgen nach sich (VwGH 12. 6. 1990, 89/11/0218).

877 Nach § 58 Abs 3 iVm § 18 Abs 4 AVG müssen schriftlich ausgefertigte Bescheide den Namen des Genehmigenden enthalten (vgl dazu zB VwGH 25. 11. 1992, 92/01/0744). Schriftliche Erledigungen haben grundsätzlich auch die Unterschrift des Genehmigenden zu enthalten. An die Stelle dieser Unterschrift kann die Beglaubigung der Kanzlei treten, daß die Erledigung mit dem Erledigungstext des betreffenden Geschäftsstückes übereinstimmt und das Geschäftsstück die Genehmigung im Sinne des § 18 Abs 2 AVG aufweist; das Nähere wird durch Verordnung geregelt (vgl dazu die Verordnung der Bundesregierung vom 28. Dezember 1925 über die Beglaubigung der schriftlichen Ausfertigungen durch die Kanzlei BGBl 445). Werden schriftliche Erledigungen vervielfältigt, so bedarf nur das Original der Unterschrift oder der Beglaubigung. Schriftliche Erledigungen, die mittels automationsunterstützte Datenverarbeitung erstellt worden sind oder die telegraphisch, fernschriftlich, mit Telefax, im Wege automationsunterstützter Datenübertragung oder in jeder anderen technisch möglichen Weise übermittelt werden, bedürfen weder einer Unterschrift noch einer Beglaubigung. Das sich aus § 18 Abs 2 AVG ergebende Erfordernis der Genehmigung von Erledigungstexten wird durch diese Regelung nicht berührt. Auch nach der AVG-N 1998 kommt es letztendlich darauf an, daß für den Empfänger mit hinreichender Deutlichkeit erkennbar ist, ob die Erledigung tatsächlich von der betreffenden Behörde herrührt und in diesem Sinne „authentisch“ ist (vgl 1167 BlgNR 20. GP, 28), daß also eine „erkennbare Verbindung des Verwaltungsaktes mit einem der betreffenden Behörde zugehörenden (und befugten) Organwalter hergestellt ist (vgl dazu *Walter/Mayer*, Verwaltungsverfahrensrecht, Rz 425). Ganz allgemein haben Erledigungen schriftlich zu ergehen, wenn dies in den Verwaltungsvorschriften ausdrücklich angeordnet ist oder von der Partei verlangt wird. Schriftliche Erledigungen können zugestellt oder telegraphisch, fernschriftlich oder mit Telefax übermittelt werden. Im Wege automationsunterstützter Datenübertragung oder in jeder anderen technisch möglichen Weise können schriftliche Erledigungen dann übermittelt werden, wenn die Partei Anbringen in derselben Weise eingebracht und dieser Übermittlungsart nicht gegenüber der Behörde ausdrücklich widersprochen hat. Derartige – nach den Verfahrensvorschriften zulässige – Übermittlungen von Erledigungen gelten als Zustellung iSd ZustellG (§ 1 Abs 2 leg cit).

II. Besondere Formerfordernisse für Bescheide in Asylverfahren

878 Bescheide haben gem § 29 Abs 1 AsylG 1997 den Spruch, die Rechtsmittelbelehrung und den Hinweis nach § 61a AVG in einer dem Asylwerber verständlichen Sprache zu enthalten. Wird ein Antrag als offensichtlich unbegründet oder aus den Gründen der §§ 4 und 5 AsylG 1997 wegen Unzuständigkeit zurückgewiesen, so ist dem Bescheid eine in dieser Sprache gehaltene Übersetzung der maßgeblichen Gesetzesbestimmung (§§ 4 bis 6 leg cit) beizugeben. Mit der AsylG N 1998 (dh mit

1. 1. 1999) ist gem § 29 Abs 2 AsylG 1997 Bescheiden, mit denen ein Asylantrag aus dem Grund des § 4 (Drittstaatsicherheit) zurückgewiesen wird, eine auch in der Amtssprache des sicheren Drittstaates abgefaßte Bestätigung beizufügen, wonach der in Österreich eingebrachte Asylantrag des Fremden wegen des im sicheren Drittstaat bestehenden Schutzes nicht inhaltlich geprüft worden ist. Die Bedeutung des Wortes „auch" ist unklar: Soll es nicht zierendes Beiwerk des Gesetzes sein, liegt nahe, daß die Beifügung der Übersetzung nicht nur in der Amtssprache des sicheren Drittstaates, sondern auch in einer dem Fremden verständlichen Sprache zu erfolgen hat. Das Wort „auch" könnte aber aus einem anderen Betrachtungswinkel vor dem Hintergrund der „deutschen Urfassung" gesehen werden. Es ist zudem nicht auszuschließen, daß der Gesetzgeber das Wort „auch" iS einer sprachlichen Erweiterung zu den „Beigabepflichten" nach § 29 Abs 1 AsylG 1997 verstanden hat. Rechtsbedingung für die Pflicht zur Beifügung der Bestätigung ist, daß der Asylantrag des betreffenden Fremden wegen Drittstaatsicherheit nach § 4 AsylG 1997 zurückgewiesen wird. Die Bestätigung nach § 29 Abs 2 AsylG 1997 hat den Charkater einer öffentlichrechtichen Beurkundung. Wie die „Beigabepflichten" nach § 29 Abs 1 AsylG 1997 kann der Asylwerber auch die Beifügung der Bestätigung nach § 29 Abs 2 leg cit nicht durchsetzen. Die Regelung des § 29 Abs 2 AsylG 1997 entspricht einer Praxis, die sich schon vor der AsylG-N 1998 eingebürgert hatte (vgl dazu UBAS 2. 12. 1998, 205.774/0-VIII/22/98). Ob die Bestimmung des § 29 Abs 2 leg cit auch den ihr zugedachten Zweck erreicht, hängt vorrangig vom Recht und der Praxis des potentiell sicheren Drittstaates ab.

879 Der Antragsteller soll nach Z 15 zweiter und dritte Satz der Mindestgarantien über die Gründe und die Möglichkeiten zur Überprüfung der Entscheidung unterrichtet werden, wenn ein Antrag abgelehnt wird. Der Asylbewerber soll die Gelegenheit haben, soweit das nationale Recht das vorsieht, sich über den wesentlichen Inhalt und die Möglichkeit der Einlegung von Rechtsmitteln in einer Sprache, die er versteht, zu informieren oder informiert zu werden.

880 Nach § 18 Abs 1 zweiter Satz AsylG 1991 war Bescheiden, die einem (...) Asylwerber zuzustellen waren, eine Übersetzung des Spruches und der Rechtsmittelbelehrung in diese Sprache *anzuschließen*. Ein Verstoß gegen diese Bestimmung konnte nach der Jud weder die Rechtswirksamkeit eines ohne die Beigabe der Übersetzung zugestellten Bescheides noch dessen Rechtmäßigkeit berühren, da es sich dabei lediglich um eine Ordnungsvorschrift gehandelt habe (vgl VwGH 17. 2. 1993, 92/01/1054; 17. 2. 1993, 92/01/111; 21. 4. 1993, 93/01/0167; 16. 9. 1993, 92/01/1074). In diesem Punkt ist mit dem AsylG 1997 im Hinblick auf § 29 erster Satz leg cit offenbar eine wesentliche Änderung eingetreten. Nach dieser Gesetzesstelle haben Bescheide den Spruch, die Rechtsmittelbelehrung und den Hinweis nach § 61a AVG in einer dem Asylwerber verständlichen Sprache zu *enthalten*. Nach dem Wortlaut des Gesetzes sind sohin der fremdsprachige Spruch, die fremdsprachige Rechtsmittelbelehrung und der fremdsprachige Hinweis Bestandteile des Bescheides selbst und keine „Bescheidbeigaben". Anderes gilt nach wie vor für die Übersetzungen der maßgebliche Gesetzesbestimmungen nach §§ 4 bis 6 AsylG 1997 und die Bestätigung nach § 29 Abs 2 AsylG 1997.

881 Da nun auch der Spruch in der dem Asylwerber verständlichen Sprache Bestandteil des Bescheids ist, kann auch dessen Fehlerhaftigkeit inhaltliche Rechtswidrigkeit bewirken. Welcher Fassung des Spruches bei einem Widerspruch zwischen der deutschen und der fremdsprachigen Fassung Vorrang zukommt, ist fraglich. Gleichfalls fraglich ist, welche Rechtsfolgen das Fehlen des Spruches in der fremdsprachigen Fassung überhaupt auslöst.

882 Ähnlich zeigt sich die Problematik im Hinblick auf die Rechtsmittelbelehrung (nicht aber auf den fremdsprachigen Hinweis nach § 61a AVG; mag schon das Fehlen der deutschen Fassung des Hinweises keine prozessualen Rechtsfolgen nach sich zu ziehen, muß dies wohl auch für das Fehlen oder die Mangelhaftigkeit der fremdsprachigen Fassung gelten). Im Hinblick auf die Fehlerhaftigkeit bzw das Fehlen der Rechtsmittelbelehrung an sich sind folgende Fälle zu unterscheiden:

883 Der Bescheid enthält fälschlich keine Rechtsmittelbelehrung: Diesfalls gilt die Berufung als rechtzeitig eingebracht, wenn sie innerhalb der gesetzlichen Frist eingebracht wird (§ 61 Abs 2 AVG); sie gilt als richtig eingebracht, wenn sie bei der Behörde, die den Bescheid ausgefertigt hat, eingebracht wird (§ 61 Abs 4 AVG). Gem § 71 Abs 1 Z 2 AVG ist bei Fristversäumung eine Wiedereinsetzung in den vorigen Stand möglich. Das Fehlen einer negativen Rechtsmittelbelehrung in letzter Instanz kann bei Versäumung der Beschwerdefrist zur Bewilligung einer Wiedereinsetzung in den vorigen Stand vor dem VwGH (§ 46 Abs 1 VwGG) oder dem VfGH (§§ 33 und 35 VfGG; §§ 146 ff ZPO) führen.

884 Der Bescheid enthält eine falsche negative Rechtsmittelbelehrung: Die Partei kann die Berufung innerhalb der gesetzlichen Frist bei der Behörde einbringen, die den Bescheid ausgefertigt hat (§ 61 Abs 2 und 4 AVG). Versäumt eine Partei diesfalls die Berufungsfrist, so stellt dies einen Grund für die Bewilligung einer Wiedereinsetzung in den vorigen Stand dar (§ 71 Abs 1 Z 2 AVG).

885 Der Bescheid enthält eine falsche positive Rechtsmittelbelehrung: Dies kann bei Versäumung der Beschwerdefrist im Verfahren vor dem VwGH (§ 46 Abs 2 VwGG) bzw beim VfGH (§§ 33 und 35 VfGG; §§ 146 ZPO; *Mannlicher/Quell* I, 326) zur Bewilligung der Wiedereinsetzung in den vorigen Stand führen. Ein unzulässiges Rechtsmittel wird dadurch freilich nicht zulässig (VwGH 15. 4. 1994, 93/17/0329).

886 Der Bescheid enthält keine oder eine falsche Rechtsmittelfrist: Enthält die Rechtsmittelbelehrung keine oder eine kürzere als die gesetzliche Rechtsmittelfrist, so gilt das Rechtsmittel rechtzeitig, wenn es innerhalb der gesetzlichen Frist eingebracht wird (§ 61 Abs 2 AVG). Gem § 71 Abs 1 Z 2 AVG ist die Wiedereinsetzung in den vorigen Stand möglich, wenn die Rechtsmittelbelehrung keine Rechtsmittelfrist enthält. Enthält die Rechtsmittelbelehrung eine längere als die gesetzliche Rechtsmittelfrist, so gilt das Rechtsmittel als rechtzeitig, wenn es innerhalb dieser angegebenen längeren Frist eingebracht wird (§ 61 Abs 3 AVG).

887 Der Bescheid enthält in der Rechtsmittelbelehrung keine oder eine unrichtige Einbringungsbehörde: Das Rechtsmittel gilt auch dann als richtig eingebracht, wenn es bei der Behörde, die den Bescheid ausgefertigt hat, oder bei der angegebenen Behörde eingebracht wird (§ 61 Abs 4 AVG).

III. Erlassung von Bescheiden

888 Zum Zustandekommen eines Bescheids ist erforderlich, daß er erlassen wird. Erst mit seiner Erlassung erlangt der Bescheid rechtliche Existenz (vgl VwSlgNF 9018 A); der Zeitpunkt der Erlassung ist für die Sach- und Rechtslage bestimmend (*Walter/Mayer*, Verwaltungsverfahrensrecht, Rz 426; aA *Hellbling* I, 337; *Lehne*, JBl 1959, 534; *Berchtold*, 246). Der Akt der Bescheiderlassung schließt das Normerzeugungsverfahren in relativ formalisierter Weise ab. Gem § 62 Abs 1 AVG können Bescheide – sofern die Verwaltungsvorschriften nichts anderes bestimmen – sowohl schriftlich als auch mündlich erlassen werden (vgl § 18 Abs 3 AVG). Für das Verfahren vor dem UBAS ist zu beachten, daß den Parteien – auch ohne entsprechenden Antrag – eine schriftliche Ausfertigung des Bescheides zuzustellen ist (§ 67g Abs 3 AVG). Das AsylG 1997 enthält diesbezügliche Vorschriften nicht. Demgegenüber sollen nach Z 15 erster Satz der Mindestgarantien Entscheidungen über den Asylantrag dem Bewerber schriftlich mitgeteilt werden. Die Vorschrift hat allerdings keinen zwingenden Charakter.

889 Die Erlassung schriftlicher Bescheide hat durch Zustellung (§§ 21 f AVG), Übermittlung (§ 18 Abs 3 AVG) bzw Ausfolgung (§ 24 ZustellG) zu erfolgen. Erlassen ist ein Bescheid diesfalls mit dem Zeitpunkt, ab dem eine rechtswirksame Zustellung vorliegt (VwSlgNF 3446 A, 6033 A). Die mündliche Erlassung eine Bescheids hat durch Verkündung zu erfolgen. Die Verkündung hat in förmlicher Weise durch die bescheiderlassende Behörde (*Ringhofer*, 556) zu geschehen und muß den Parteien als solche zu „Bewußtsein" gelangen (VwSlgNF 9043 A; VwGH 9. 10. 1990, 89/11/0124). Die Verkündung ist nach § 62 Abs 2 AVG zu beurkunden. Eine schriftliche Ausfertigung des mündlich verkündeten Bescheids ist den bei der Verkündigung nicht anwesenden und jenen Parteien zuzustellen, die spätestens drei Tage nach der Verkündigung eine Ausfertigung eines mündlich verkündeten Bescheids verlangen; über dieses Recht ist die Partei bei der Verkündigung zu belehren (§ 62 Abs 3 AVG). Ein solches Verlangen bewirkt, daß die Berufungsfrist erst mit der Bescheidzustellung zu laufen beginnt; dies ändert jedoch nichts daran, daß der Bescheid bereits mit dessen Verkündigung rechtlich existent wurde. Die Zustellung (Erlassung) eines Bescheids kann auch durch „Übermittlung" (§ 1 Abs 2 ZustellG) in automationsunterstützter, telegraphischer, fernschriftlicher Weise, per Telefax oder in jeder technisch möglichen Weise (§ 18 Abs 3 AVG) erfolgen.

Einstellung

§ 30. (1) Die mit Asylantrag oder Asylerstreckungsantrag eingeleiteten Verfahren sind einzustellen, wenn eine Feststellung des maßgeblichen Sachverhaltes wegen Abwesenheit des Asylwerbers oder der Asylwerberin nicht möglich ist.

(2) Nach Abs. 1 eingestellte Verfahren sind auf Antrag der Asylwerber oder der Asylwerberinnen fortzusetzen, wenn die Betroffenen zur Beweisaufnahme zur Verfügung stehen. Eingestellte Verfahren sind von Amts wegen fortzusetzen, sobald die Feststellung des maßgeblichen Sachverhaltes möglich ist. Mit Fortsetzung des Verfahrens beginnt die Entscheidungsfrist nach § 73 Abs. 1 AVG von neuem zu laufen. Nach Ablauf von drei Jahren nach Einstellung des Verfahrens ist eine Fortsetzung des Verfahrens nicht mehr zulässig.

(§ 30 Abs 2 neu gefaßt durch BGBl I 1999/4)

RV: [28]

Mit dem geltenden § 19 des Asylgesetzes 1991 sollte die gesetzliche Möglichkeit geschaffen werden, in bestimmten Situationen das Asylverfahren auch vor Abschluß des Ermittlungsverfahrens zu beenden. Dies ist nur dann begründbar, wenn eine Feststellung des maßgeblichen Sachverhalts wegen Abwesenheit des Asylwerbers nicht möglich ist. Durch die bloße Abwesenheit des Asylwerbers ist jedoch keine gesicherte Aussage über dessen Schutzbedürftigkeit zu treffen, da eine solche Feststellung ein ordentliches Ermittlungsverfahren geradezu voraussetzt. Vor diesem Hintergrund ist es angezeigt, der Unmöglichkeit einer Feststellung des maßgeblichen Sachverhalts mit einer formlosen Einstellung zu begegnen. Mit der Einstellung des Asylverfahrens endet auch die vorläufige Aufenthaltsberechtigung (§ 18 Abs. 4 des Entwurfs) und die Stellung als Asylwerber.

Ein nach dieser Bestimmung eingestelltes Verfahren ist fortzusetzen, wenn der Fremde dies beantragt und er – nunmehr wieder als Asylwerber – der Behörde zur Beweisaufnahme in notwendigem Ausmaß zur Verfügung steht. In diesem Falle soll die vorläufige Aufenthaltsberechtigung wieder aufleben. Nach Ablauf von drei Jahren soll eine Fortsetzung des Verfahrens nicht mehr möglich sein.

AB *(1494 BglNR 20. GP)*: [3]

Die Neufassung des Abs. 2 ermöglicht der Behörde, eingestellte Verfahren nunmehr von Amts wegen fortzusetzen, sobald die Feststellung des maßgeblichen Sachverhaltes – auch bei Abwesenheit des Asylwerbers – möglich ist. Nach Ablauf der im Gesetz für die Wiederaufnahme vorgesehenen drei Jahre ist eine Fortsetzung des Verfahrens nicht mehr möglich. Stellt der Fremde neuerlich einen Asylantrag, kann res iudicata nicht zum Tragen kommen, da keine Entscheidung der Behörde vorliegt.

Inhaltsübersicht

I. Allgemeines

890 Die Bestimmung des § 30 AsylG 1997 ist die „Nachfolgebestimmung" des § 19 AsylG 1991 (vgl dazu *Muzak*, Aufenthaltsberechtigung, 239 ff; UBAS 16. 7. 1998, 203.333/0-VIII/24/98), der die „Abweisung" des Asylantrags ua dann vorsah, wenn der Asylwerber einer Ladung zu einer Vernehmung oder zu einer mündlichen Verhandlung ohne *vorhergehende* Entschuldigung nicht nachgekommen war (kritisch dazu *Rohrböck*, AsylG 1991, 140 ff; *ders*, Juridicum 1994/4, 17 f; zur Verfassungskonformität des § 19 AsylG 1991 siehe VfGH 30. 6. 1994, B 1219/93, 1698/93 und 397/94, in dem er das Wort *„abweisen"* methodisch bedenklich in *„zurückweisen"* umdeutete). Der Gesetzgeber des AsylG 1997 hat diese Bestimmung nunmehr sachlich etwas zurechtgerückt.

891 In Fällen, in denen die Verfahrenseinstellung von einer Partei nicht in Streit gezogen wird, hat die Einstellung grundsätzlich – da eine besondere Form für die Einstellung im AVG nicht vorgeschrieben ist – ohne Erlassung eines Bescheids zu erfolgen; sie ist jedenfalls durch einen Aktenvermerk (§ 16 AVG) zu beurkunden. Nach § 45 Abs 1 VStG allerdings hat die Behörde von der Einleitung oder Fortführung eines Strafverfahrens abzusehen und die Einstellung zu verfügen, wenn die dem Beschuldigten zur Last gelegte Tat nicht erwiesen werden kann oder keine Verwaltungsübertretung bildet (Z 1 leg cit); der Beschuldigte die ihm zur Last gelegte Verwaltungsübertretung nicht begangen hat oder Umstände vorliegen, die die Strafbarkeit aufheben oder ausschließen (Z 2 leg cit); Umstände vorliegen, die die Verfolgung ausschließen (Z 3 leg cit). Die Form, in der eine Einstellung des Verwaltungsstrafverfahrens zu erfolgen hat, ist in § 45 Abs 2 VStG in der Weise geregelt, daß für die Verfügung der Einstellung *„ein Aktenvermerk mit Begründung genügt", (...) „es sei denn, daß einer Partei Berufung gegen die Einstellung zusteht oder die Erlassung eines Bescheides aus anderen Gründen notwendig ist. Die Einstellung ist"* – *auch soweit „sie nicht bescheidmäßig erfolgt"* – *„dem Beschuldigten mitzuteilen, wenn er nach dem Inhalt der Akten von dem gegen ihn gerichteten Verdacht wußte",* und soll auch Rechtskraftwirkung entfalten (vgl 133 BlgNR 17. GP, 10; vgl auch – zur früheren Rechtslage, die keine Zustellung vorsah – VwSlgNF 4176 A; VwGH 19. 6. 1985, 84/03/0018; *Hellbling* II, 309). Die Zustellung der Mitteilung der Einstellung entfaltet – entgegen der Absicht des Gesetzgebers der VStG-Nov 1987 – Bescheidwirkung (insb Sperrwirkung für eine weiteres Verfahren; vgl dazu *Walter*, ÖJZ 1988, 321 ff; VwGH 15. 9. 1992, 92/05/0079). Eine bloß „interne" Erledigung liegt nur dann vor, wenn die Einstellung erfolgte, ohne daß der Beschuldigte von dem gegen ihn bestehenden Verdacht wußte, da in diesem Fall eine Mitteilung an ihn nicht vorgesehen ist. Vor diesem Hintergrund ist die Frage, ob eine Einstellung nach § 30 Abs 1 AsylG 1997 „bescheidmäßig" oder mit rein „internem Akt" eingestellt werden muß, nicht eindeutig zu beantworten; die Regierungsvorlage geht von einer formlosen Einstellung aus (RV, 28): Es darf aber nicht übersehen werden, daß mit der Verfahrenseinstellung in jenen Fällen, in denen dem Asylwerber eine vorläufige Aufenthaltsberechtigung zukommt oder ihm eine solche gewährt wurde, diese endet (§ 19 Abs 4 AsylG 1997) und an die Verfahrenseinstellung Fristen gebunden sind (vgl § 30 Abs 2 letzter Satz AsylG 1997), sohin hier typischerweise ein erhöhtes Rechtsschutzinteresse besteht. Zudem wird mit der Einstellung des Verfahrens auch die Entscheidungspflicht der Behörde (§ 73 Abs 1 AVG) suspendiert, zumal nur antragsbedürftige Verfahren von der Einstellung des Verfahrens nach § 30 Abs 1 betroffen sind. Sohin enthält die Einstellung durchaus Komponenten, die für verfahrensbeendende Hoheitsakte typisch sind. Zudem fällt ins Gewicht, daß die Fortsetzung des eingestellten Verfahrens mit Bescheid zu verfügen ist (siehe dazu die Ausführungen unter Rz 898).

II. Rechtsbedingungen der Verfahrenseinstellung

892 Gem § 30 AsylG1997 einstellbar sind nur solche Verfahren, die auf Grund eines Asylantrags (§ 7 leg cit) oder Asylerstreckungsantrags (§§ 10 und 11 leg cit) eingeleitet wurden. Davon betroffen sind nach dem Wortlaut des AsylG 1997 insb nicht Verfahren betreffend die Feststellung der Flüchtlingseigenschaft (§ 12 leg cit), der non-refoulement-Prüfung (§ 8 leg cit), die Gewährung einer befristeten Aufenthaltsberechtigung oder „Asylaberkennungsverfahren“ nach § 14 AsylG 1997. Dessen ungeachtet wird die Entscheidungsfrist auch im Hinblick auf Verfahren nach §§ 9 und 12 AsylG 1997 gehemmt. Gem § 12 leg cit ist die Feststellung der Flüchtlingseigenschaft mit der Entscheidung über die Asylgewährung (§§ 7, 9 leg cit) bzw über die Asylerstreckung zu verbinden. Die Feststellung der Flüchtlingseigenschaft losgelöst von einer Asylgewährung sieht das AsylG 1997 nicht vor. Vor diesem Hintergrund muß man davon ausgehen, daß mit der Frist zur Entscheidung über die Asylgewährung (Asylerstreckung) auch die Entscheidungsfrist über die Feststellung der Flüchtlingseigenschaft gehemmt wird. Ähnlich gestaltet sich die Rechtslage im Hinblick auf die non-refoulement-Prüfung nach § 8 AsylG 1997. Nach dieser Bestimmung hat die Behörde von Amts wegen nur dann bescheidmäßig festzustellen, ob die Zurückweisung, Zurückschiebung oder Abschiebung der Fremden in den Herkunftsstaat iSd § 57 FrG 1997 zulässig ist, wenn ein Asylantrag abzuweisen ist. Wird die Entscheidungsfrist im Hinblick auf den Asylantrag gehemmt, kann auch die Rechtsbedingung der Abweisungsverpflichtung eines Asylantrags in der Phase der Hemmung der Entscheidungsfrist nicht erfüllt werden, sodaß in dieser Zeit auch die non-refoulement-Prüfung entfällt. Die Gewährung der befristeten Aufenthaltsberechtigung nach § 15 Abs 1 AsylG 1997 ist allerdings an die Rechtsbedingung der *„rechtskräftigen Abweisung des Asylantrags“* geknüpft; dies betrifft jedoch nicht die Entscheidungspflicht der Behörde, sondern die (materielle) Zulässigkeit der Gewährung einer befristeten Aufenthaltsberechtigung. In jenen Fällen, in denen ein Asylantrag nicht rechtskräftig abgewiesen wurde, ist die Gewährung einer befristeten Aufenthaltsberechtigung nicht zulässig, ein diesbezüglicher Antrag daher abzuweisen.

893 Des weiteren ist ein Kausalzusammenhang zwischen der Abwesenheit des Asylwerbers (der Asylwerberin) und der Nichtfeststellbarkeit des maßgebenden Sachverhalts gefordert. Ob und inwieweit vor dem Hintergrund des Tatbestandsmerkmals „Abwesenheit“ eine Ermittlungspflicht der Behörden besteht, ist unklar. Ein Sachverhalt ist dann „nicht feststellbar“, wenn ein logischer Schluß von den vorliegenden Beweismitteln auf den durch die anzuwendenden Rechtsnormen angesprochenen Lebenssachverhalt mit hinreichender Wahrscheinlichkeit nicht möglich ist. Dies ist insb dann der Fall, wenn taugliche Beweismittel nicht vorliegen und nicht beigeschafft (vgl dazu insb § 28 AsylG 1997) werden können. Kann der maßgebende Sachverhalt trotz Abwesenheit des Asylwerbers festgestellt werden, darf das Verfahren gem § 30 AsylG 1997 nicht eingestellt werden.

III. Rechtswirkungen der Verfahrenseinstellung

894 Die Verfahrenseinstellung nach § 30 AsylG 1997 tritt neben die Verfahrenseinstellung nach dem allgemeinen Verwaltungsverfahrensrecht. Danach kann ein Verwaltungsverfahren durch Einstellung enden, wenn keine Partei einen Anspruch auf die Erlassung eines Bescheides hat bzw wenn solche Ansprüche im Zuge des Verfahrens wegfallen. Eine Einstellung des Verfahrens ist sohin zulässig, wenn ein Verfahren von Amts wegen eingeleitet wurde und keine Partei auf Grund eigener Anträge oder besonderer gesetzlicher Vorschriften einen Anspruch auf Erlassung eines Bescheids hat, wenn ein Verfahren auf Antrag eingeleitet wurde und die Partei ihren Antrag zurückzieht, oder wenn die Partei stirbt und eine Rechtsnachfolge in der Parteistellung nicht in Betracht kommt, weil es sich um eine „höchstpersönliche" Verwaltungssache wie etwa Asylgewährung oder Asylerstreckung handelt.

895 Gem § 19 Abs 4 AsylG 1997 endet die vorläufige Aufenthaltsberechtigung ua auch mit der Einstellung des Asylverfahrens. Aus der Regierungsvorlage (RV, 25) ergibt sich, daß in § 19 Abs 4 leg cit nur die Einstellung des Verfahrens nach § 30 AsylG 1997 gemeint war. Der Wortlaut des § 19 Abs 4 leg cit ist in dieser Hinsicht nicht eindeutig. Ein Indiz in diese Richtung ist allerdings der Umstand, daß nur solche Verfahren nach § 30 Abs 2 fortgesetzt werden können, die zuvor nach § 30 Abs 1 eingestellt wurden.

896 Nach dem Gesetzeswortlaut umstritten könnte sein, ob mit der Fortsetzung des Verfahrens nach § 30 Abs 2 AsylG 1997 die vorläufige Aufenthaltsberechtigung wieder auflebt. Eine Zweckbetrachtung und die Regierungsvorlage (RV, 25 und 28) sprechen für eine derartige Auffassung.

897 Mit der Einstellung des Verfahrens tritt eine Hemmung aller Fristen im Verfahren ein. Die Entscheidungsfrist nach § 73 AVG beginnt mit der Verfügung der Fortsetzung des Verfahrens neu zu laufen; die Entscheidungsfrist wird demnach unterbrochen. Erst nach Ablauf von drei Jahren nach Einstellung des Verfahrens entfällt die Entscheidungspflicht selbst.

IV. Fortsetzung des Verfahrens

898 Die Fortsetzung des Verfahrens, das nach § 30 Abs 1 AsylG 1997 eingestellt wurde – nur solche Verfahren können nach § 30 Abs 2 leg cit fortgesetzt werden –, ist antragsbedürftig. Bis zur AsylG-N 1998 war eine Fortsetzung des Verfahrens von Amts wegen nicht zulässig (vgl UBAS 22. 7. 1998, 203.849/3-XI/35/98). Nunmehr sind – aus systematischen Gründen wohl nur nach § 30 Abs 1 AsylG 1997 – eingestellte Verfahren *von Amts wegen* fortzusetzen, sobald die *„Feststellung des maßgeblichen Sachverhaltes möglich ist"* (§ 30 Abs 2 zweiter Satz AsylG 1997). Im Lichte des § 30 Abs 2 zweiter Satz leg cit kann eine Fortsetzung des Verfahrens auch zulässig bzw die Feststellung des maßgeblichen Sachverhalts auch möglich sein, wenn die Betroffenen zur Beweisaufnahme nicht zur Verfügung stehen. Ist die Feststellung des maßgeblichen Sachverhaltes nicht möglich (vgl dazu die Ausführungen unter Rz 893), darf ein (nach § 30 Abs 1 AsylG 1997) eingestelltes Verfahren nicht fortgesetzt werden.

898a Der Gesetzeswortlaut gibt keine Auskunft darüber, in welcher Form die Fortsetzung des Verfahrens zu veranlassen ist. Es wäre zunächst denkbar, die Fortsetzung des Verfahrens als contrarius actus der Einstellung zu deuten und als relativ formlosen Akt zu sehen; dem stünde kein rechtskräftiger Bescheid wie im Falle der Wiederaufnahme des Verfahrens nach §§ 69 und 70 AVG entgegen. Zunächst deutet auch die zum AVG unterschiedliche Terminologie (hier „Fortsetzung", dort „Wiederaufnahme") in diese Richtung. In eine andere Richtung weist allerdings der Umstand, daß die Fortsetzung gem § 30 Abs 2 erster Satz AsylG 1997 antragsbedürftig ist. Daraus ergibt sich die Konsequenz, daß der Asylwerber (Asylerstreckungswerber) hier Partei im Hinblick auf die Fortsetzung des Verfahrens ist, daß also im Lichte des § 73 AVG eine Entscheidungspflicht in der Sache *„Fortsetzung des Verfahrens"* gem § 30 Abs 2 erster

Satz leg cit besteht; nicht zuletzt folgt aus der Antragsbedürftigkeit der Fortsetzung des Verfahrens gem § 30 Abs 2 erster Satz leg cit, daß auf die Fortsetzung des Verfahrens ein subjektives Recht besteht. Vor diesem Hintergrund muß man im Lichte des rechts(schutz)staatlichen Prinzips der Verfassung davon ausgehen, daß die Fortsetzung des Verfahrens mit Bescheid zu verfügen ist, sofern nicht eine „Erledigung durch vollinhaltliche Entsprechung" des Antrags (vgl dazu *Walter/Mayer*, Verwaltungsverfahrensrecht, Rz 375) in Frage kommt; eine solche könnte allenfalls in einem Einparteienverfahren zulässig sein. Unzweifelhaft ist, daß die Behörde – will sie den beantragten Akt ganz oder teilweise nicht setzen – einen abweislichen Bescheid erlassen muß (*Walter/Mayer* aaO). Vor diesem Hintergrund hielt der UBAS fest: *„Liegt die materielle Voraussetzung für eine Fortsetzung des Verfahrens (...) nicht vor, zumal der Aufenthalt des Fremden nach wie vor unbekannt ist, so wird der Antrag bescheidmäßig abzuweisen sein. Andernfalls wird mit einer Beurkundung der Fortsetzung im Akt das Auslangen gefunden werden können"* (UBAS 22. 7. 1998, 203.849/3-XI/35/98).

899 Ist die Fortsetzung des Verfahrens mit Bescheid zu verfügen, folgt damit zwangsläufig die Frage nach der funktionellen Zuständigkeit. Ist die Fortsetzung des Verfahrens immer vom BAA in ihrer funktionellen Zuständigkeit als Behörde erster Instanz zu verfügen, oder hat die Behörde die Fortsetzung zu verfügen, die das Verfahren nach § 30 Abs 1 AsylG 1997 eingestellt hat. Das Wort „Fortsetzung" deutet eher darauf hin, daß das Verfahren – unter Verwertung aller vorhandenen Ermittlungsergebnisse – in dem Stande weiterzuführen ist, in dem es eingestellt wurde. Vor diesem Hintergrund geht man wohl nicht fehl in der Annahme, daß die Fortsetzung des Verfahrens von der Behörde zu verfügen ist, die das Verfahren gem § 30 Abs 1 leg cit eingestellt hat.

899a Bis zum Inkrafttreten der AsylG-N 1998 am 1. 1. 1999 kam das Antragsrecht auf Fortsetzung des Verfahrens gem § 30 Abs 2 erster Satz AsylG 1997 im Stande des Berufungsverfahrens vor dem UBAS allen Parteien zu. Sohin waren nicht nur Asylwerber (§ 1 Z 3 leg cit), sondern auch das BAA im Hinblick auf Verfahren vor dem UBAS berechtigt, die Fortsetzung des Verfahrens nach § 30 Abs 2 erster Satz AsylG 1997 zu beantragen (vgl UBAS 22. 7. 1998, 203.849/3-XI/35/98). Die AsylG-N 1998 hat die Antragslegitimation ausdrücklich auf *„Asylwerber und Asylwerberinnen"* eingeschränkt; im Lichte dessen ist das BAA nach § 30 Abs 2 AsylG 1997 nicht (mehr) antragslegitimiert.

Gegenstandslosigkeit

§ 31. Asyl- und Asylerstreckungsanträge Fremder, denen nach Befassung des Bundesasylamtes die Einreise nicht gewährt worden ist (§§ 16 Abs. 3 und 17 Abs. 4), sind als gegenstandslos abzulegen.

RV: [28]

In all jenen Fällen, in denen die Einreise nach einem besonderen Verfahren vor den österreichischen Vertretungsbehörden oder an der Bundesgrenze – freilich nach Befassung des Bundesasylamtes – nicht zugelassen wird, sind Asylanträge und Asylerstreckungsanträge konsequenterweise als gegenstandslos abzulegen. Dies bedeutet, daß in diesen Fällen Entscheidungspflicht der Asylbehörden nach § 73 AVG nicht mehr besteht. Diese Regelung soll einerseits unnötige Verfahren vermeiden und andererseits keine res iudicata nach relativ formalisierten Verfahren bewirken, um in diesen Fällen den entscheidungsrelevanten Sachverhalt nicht unabänderlich festzulegen.

Inhaltsübersicht

I. Allgemeines

900 Gem § 16 Abs 1 AsylG 1997 gelten Asyl- und Asylerstreckungsanträge, die bei einer österreichischen Berufsvertretungsbehörde einlangen, in deren Amtsbereich sich die Antragsteller aufhalten, *außerdem* als Anträge auf Erteilung eines Einreisetitels (Hervorhebung nicht im Original). Mit dieser Formulierung ist klar, daß neben dem Antrag auf Erteilung eines Einreisetitels auch ein rechtsgültiger Asylantrag (Asylerstreckungsantrag) besteht, der an das BAA weiterzuleiten ist (§ 16 Abs 2 leg cit) und damit letztendlich nach § 24 leg cit eingebracht ist. Der Asylantrag (Asylerstreckungsantrag) wird nicht umgedeutet, sondern es wird gesetzlich ein Antrag auf Erteilung eines Einreisetitels „hinzufingiert". Damit bestünde aber auch im Hinblick auf den Asylantrag (Asylerstreckungsantrag) eine Entscheidungspflicht iSd § 73 Abs AVG. Ähnlich ist die Lage in Verfahren an der Bundesgrenze gem § 17 Abs 2 ff leg cit. Auch hier liegt ein tauglicher Asyl- und/oder Asylerstreckungsantrag vor, der gleichfalls der Entscheidungspflicht nach dem AVG unterliegen würde. Vor diesem Hintergrund beseitigt die Bestimmung des § 31 AsylG 1997 in den Fällen der Antragstellung bei einer Berufsvertretungsbehörde und in Verfahren an der Bundesgrenze nach § 17 Abs 2 ff leg cit die Entscheidungspflicht nach § 73 Abs 1 AVG. Worin dem Wesen nach ein Unterschied zur Verfahrenseinstellung gem § 30 AsylG 1997 bestehen soll, ist unklar; fest steht nur, daß ein Verfahren, das mit der Ablegung als gegenstandslos abgeschlossen wurde – im Gegensatz zur Verfahrenseinstellung nach § 30 leg cit – nicht wieder aufgenommen werden kann; der Asylwerber hat vielmehr einen neuen Asylantrag (Asylerstreckungsantrag) zu stellen.

II. Rechtsbedingungen der Gegenstandslosigkeit

901 Erste wesentliche Rechtsbedingung für „Ablegung eines Asylantrags als gegenstandslos" ist, daß ein Asyl- und/oder Asylerstreckungsantrag eingebracht (§ 24 AsylG 197) und nicht bloß gestellt (§ 3 Abs 2 leg cit) wurde. Die zweite wesentliche Rechtsbedingung stellt die „Befassung des BAA" vor der Einreise dar. Entgegen dem Gesetzeswortlaut geht es hier nicht ausschließlich um die Befassung des „Bundesasylamtes"; wie sich aus § 17 Abs 4 AsylG 1997 ergibt, kann auch die Befassung des unabhängigen Bundesasylsenates maßgeblich sein. Wurde – aus welchen Gründen auch immer das BAA vor der Einreise befaßt – ist die Ablegung des Asylantrags (Asylerstreckungsantrags) unzulässig. Weiters ist Voraussetzung, daß dem betreffenden Fremden die Einreise nach § 16 Abs 3 und § 17 Abs 4 leg cit nicht gewährt worden ist. Dabei ist arg a silentio unerheblich, ob die Nichtgewährung der Einreise nach den genannten Bestimmungen zu Recht oder zu Unrecht erfolgt ist.

III. Rechtsfolgen der Gegenstandslosigkeit

902 Die Regelung des § 31 AsylG 1997 betreffend die Gegenstandslosigkeit von Asyl- und Asylerstreckungsanträgen weist gewisse Ähnlichkeiten mit der Verfahrenseinstellung nach § 30 leg cit auf. Wesentliche Unterschiede bestehen darin, daß ein Verfahren im Falle der Gegenstandslosigkeit der diesem Verfahren zugrundeliegenden Anträge nicht fortgesetzt werden kann, daß die Entscheidungsfrist nicht gehemmt wird, sondern daß mit der Unbeachtlichkeit der Anträge ex tunc auch die Entscheidungspflicht selbst rückwirkend beseitigt wird. Der Gesetzgeber fingiert damit mit dem Zeitpunkt der Ablegung rückwirkend, daß die betreffenden Asyl- und/oder Asylerstreckungsanträge nicht eingebracht wurden.

903 Die Entscheidungspflicht wird nach dem Wortlaut des § 31 AsylG 1997 nur im Hinblick auf Asyl- und Asylerstreckungsanträge, nicht aber etwa im Hinblick auf die Feststellung der Flüchtlingseigenschaft (§ 12 leg cit) und der non-refoulement-Prüfung (§ 8 leg cit) beseitigt. Dessen ungeachtet entfällt die Entscheidungspflicht auch im Hinblick auf diese Verfahren (siehe dazu sinngemäß die Ausführungen zu § 30, Rz 892 ff).

904 Die gesetzliche Fiktion der Unbeachtlichkeit der Asylanträge (Asylerstreckungsanträge) unter den genannten Voraussetzungen hat zur Folge, daß „Folgeanträgen" keine Prozeßhindernisse entgegenstehen; da es in den angesprochenen Fällen zum Abschluß des Asyl- bzw Asylerstreckungsverfahrens in einer der Rechtskraft fähigen Weise nicht kommt, wird hier auch keine res iudicata begründet. Die Regelung der Gegenstandslosigkeit bezieht sich individuell auf den spezifischen Asyl- bzw Asylerstreckungsantrag nach einem damit initiierten Verfahren vor der Berufsvertretungsbehörde oder einem damit initiierten Verfahren an der Bundesgrenze nach § 17 Abs 2 ff AsylG 1997, nicht aber auf Folgeanträge, die nicht in die genannten Verfahren einfließen. Dennoch ist das Rechtsinstitut der Gegenstandslosigkeit dem Wesen nach einem Verfahrensabschluß vergleichbar, da es zu einer Art der Erledigung eines Antrages kommt. Fraglich könnte sein, ob der Gesetzgeber hier von Verfassungs wegen einen Bescheid vorsehen müßte.

Abgekürztes Berufungsverfahren

§ 32. (1) Gegen Bescheide, mit denen Asylanträge als offensichtlich unbegründet abgewiesen oder aus den Gründen der §§ 4 oder 5 wegen Unzuständigkeit zurückgewiesen worden sind, kann nur binnen zehn Tagen Berufung erhoben werden. Fällt innerhalb eines solchen abgekürzten Berufungsverfahrens die jeweilige Berufungsfrist in die Sicherung einer Zurückweisung, so ist diese jedenfalls während des ungenützten Ablaufes dieser Frist zulässig. Eine abgesonderte Berufung gegen eine Feststellung gemäß § 8 ist in solchen Fällen nur insoweit möglich, als das Bestehen einer Gefahr gemäß § 57 Abs. 1 FrG behauptet wird. Eine abgesonderte Berufung gegen Bescheide, mit denen in diesen Fällen der Asylerstreckungsantrag Angehöriger als unbegründet abgewiesen wurde, ist nicht zulässig, doch gelten solche Bescheide durch eine Berufung gegen die Entscheidung über den Asylantrag als im selben Umfang angefochten.

(2) Der Berufung ist stattzugeben, wenn die Feststellung der Behörde, der Antrag sei offensichtlich unbegründet oder es bestehe aus den Gründen der §§ 4 oder 5 Unzuständigkeit, nicht zutrifft. In diesen Fällen hat die Berufungsbehörde die Angelegenheit zur neuerlichen Durchführung des Verfahrens und zur Erlassung eines Bescheides an die Behörde erster Instanz zurückzuverweisen; Feststellungen gemäß § 8 gelten jedenfalls als aufgehoben. Zugehörige Asylerstreckungsbescheide sind gleichzeitig als überholt aufzuheben. Wird ein Bescheid, mit dem der Asylantrag als offensichtlich unbegründet abgewiesen wurde, von der Berufungsbehörde bestätigt, so hat sie ihrerseits jedenfalls eine Feststellung gemäß § 8 zu treffen.

(3) Über die Berufung ist binnen zehn Arbeitstagen nach dem Tag des Einlangens bei der Berufungsbehörde zu entscheiden. Die Entscheidungsfrist wird in dem Maße verlängert, als dies für die Feststellung des maßgeblichen Sachverhaltes unerläßlich ist; insgesamt soll das Berufungsverfahren jedoch nicht länger als zwanzig Arbeitstage dauern. Wird die Berufung während der Sicherung als Zurückweisung eingebracht, so ist diese entsprechend länger zulässig.

(IdF BGBl I 1999/4)

RV: [28]

Diese Bestimmung sieht für den Fall, daß ein Asylantrag zurückgewiesen wird, weil Drittlandsicherheit besteht oder ein anderer Staat vertraglich zur Prüfung des Asylantrages zuständig ist, beziehungsweise ein Asylantrag als offensichtlich unbegründet abzuweisen ist, verkürzte Berufungs- und Entscheidungsfristen vor. Dies soll eine rasche Umsetzung der Zuständigkeitsverteilung nach dem Dubliner Übereinkommen sicherstellen und im Falle der Drittlandsicherheit oder der offensichtlichen Unbegründetheit eines Asylantrages rasche fremdenpolizeiliche Reaktionen ermöglichen. Um dies auch in der Konstellation Asyl/Asylerstreckung zu ermöglichen, war hinsichtlich der Möglichkeit einer Berufung eine Verzahnung vorzusehen.

Der Grundsatz, daß im Falle offensichtlich unbegründeter Asylanträge beschleunigte Verfahren vorgesehen werden können, ist allgemein anerkannt [vgl den Beschluß des Exekutiv-Komitees für das Programm des Hohen Flüchtlingskommissars der Vereinten Nationen Nr. 30 (XXXIV) über das Problem der offensichtlich unbegründeten oder mißbräuchlichen Asylanträge auf Anerkennung als Flüchtling oder Asylgewährung]. In diesem Sinne hält die Entschließung des Rates der Europäischen Union über Mindestgarantien für Asylverfahren (Dok Nr. 5585/95

ASIM 78) fest, daß im Falle eines offensichtlich unbegründeten Asylantrages die Möglichkeit, gegen eine ablehnende Entscheidung ein Rechtsmittel einzulegen überhaupt entfallen kann, wenn statt dessen eine unabhängige, von der Prüfungsbehörde getrennte Stelle zuvor die Entscheidung bestätigt hat.

AB: [7]

Die Sicherung der Zurückweisung (§ 19 Abs. 1) ist für die Dauer von einer Woche nach der Grenzkontrolle zulässig. In Fällen, in denen sich die Erledigung des Verfahrens verzögert, soll die Gewährleistung der Rechtsmittelfrist nicht dazu führen, daß die Konfinierung des Asylwerbers beendet werden muß. Dementsprechend ist die Möglichkeit einer Verlängerung vorzusehen.

AB *(1494 BglNR 20. GP)*: [3, 4]

§ 32 normiert das abgekürzte Berufungsverfahren. Es wird vorgeschlagen, die **Berufungsfrist** in Verfahren gemäß der §§ 4, 5 oder 6 auf **zehn Tage** zu erhöhen. Diese zehn Tage entsprechen jedenfalls – unter der Annahme, daß Wochenende oder Feiertage die Frist „verkürzen" – der vom Verfassungsgerichtshof geforderten Mindestfrist von sieben Tagen.

Die **Entscheidungsfrist** des unabhängigen Bundesasylsenates wird mit **zehn Arbeitstagen** festgelegt. Da die Judikatur des Verwaltungsgerichtshofes dem unabhängigen Bundesasylsenat auch in den Fällen des abgekürzten Berufungsverfahrens eine umfangreiche Ermittlungstätigkeit auferlegt, soll diese Frist der Behörde die Feststellung des maßgeblichen Sachverhaltes in diesem Zeitraum ermöglichen. Die Entscheidungsfrist wird in dem Maße verlängert, als dies für die Feststellung des maßgeblichen Sachverhaltes unerläßlich ist. Insgesamt soll das Berufungsverfahren jedoch nicht länger als zwanzig Arbeitstage in Anspruch nehmen [3].

In Abs. 2 letzter Satz wird nunmehr klargestellt, daß die Berufungsbehörde nur bei Entscheidungen, mit denen die Abweisung des Asylantrages wegen offensichtlicher Unbegründetheit bestätigt wird, diese Entscheidung mit einer Feststellung gemäß § 8 Asylgesetz zu verbinden hat, obwohl die Feststellung gemäß § 8 nicht angefochten wurde [4].

Inhaltsübersicht

I. Allgemeines

905 Die Bestimmung des § 32 AsylG 1997 ersetzt das mandatsähnliche Verfahren nach § 17 AsylG 1991 (vgl dazu *Fruhmann*, Mandatsverfahren). Im Unterschied zum mandatsähnlichen Verfahren des AsylG 1991 wird nach § 32 AsylG 1997 in bestimmten Fällen nicht das Ermittlungsverfahren unwiderruflich abgebrochen, sondern werden lediglich die Rechtsmittel- und Entscheidungsfristen im Berufungsverfahren verkürzt (vgl VwGH 23. 7. 1998, 98/20/0175; zum Schwierigkeitsgrad der

Ermittlungen im abgekürzten Berufungsverfahren siehe VfGH 24. 6. 1998, G 31/98 ua; 11. 12. 1998, G 210/98 ua; Anfechtungsanträge UBAS Sen 7. 10. 1998, 203.855/8-II/06/98; 19. 11. 1998, 205.093/0-I/01/98; 24. 11. 1998, 204.454/2-I/02/98; 30. 11. 1998, 206.259/1-I/03/98; siehe auch die Ausführungen zu Rz 924).

906 In Fällen, in denen der Asylantrag als offensichtlich unbegründet abgewiesen (§ 6 AsylG 1997) oder gem §§ 4 bzw 5 AsylG 1997 zurückgewiesen wurde, wird die Berufungsfrist auf zehn Tage (ds Wochentage; vgl dazu § 32 Abs 1 AVG) und die Entscheidungsfrist der Berufungsbehörde (UBAS) auf zehn Arbeitstage („Arbeitstage" bzw „Werktage" sind die Wochentage ausgenommen Sonn- und Feiertage und wohl auch der Karfreitag; vgl dazu § 33 AVG; *Walter/Thienel*, Verfahren, 455) nach dem Tag des Einlangens (des Berufungsantrages beim UBAS; der Tag des Einlangens selbst wird in die Entscheidungsfrist nicht eingerechnet) verkürzt (§ 32 Abs 1 und 3 AsylG 1997). Während in § 32 Abs 1 AsylG 1997 idF BGBl I 1997/76 die damals zweitägige Berufungsfrist ausdrücklich mit der *„Zustellung"* zu laufen begann, fehlt nunmehr jede Bezugnahme auf den Zeitpunkt des Beginns des Laufes der Berufungsfrist. Im Lichte dessen ist wohl auf die Rechtslage nach § 63 Abs 5 AVG zurückzugreifen (vgl dazu die Ausführungen unter Rz 911 ff); sohin ist davon auszugehen, daß die Frist *„für jede Partei mit der an sie erfolgten Zustellung der schriftlichen Ausfertigung des Bescheides, im Fall bloß mündlicher Verkündung mit dieser"* zu laufen beginnt (siehe dazu Walter/Thienel, Verfahren, 1156). Dabei ist aber zu beachten, daß seit der AVG-N 1998 gem § 67g Abs 3 AVG zwingend *„den Parteien eine schriftliche Ausfertigung des Bescheides zuzustellen"* ist. Die Entscheidungsfrist des BAA richtet sich auch in jenen Fällen, in denen Asylanträge als offensichtlich unbegründet abgewiesen (§ 6 AsylG 1997) bzw aus den Gründen der §§ 4 oder 5 leg cit wegen Unzuständigkeit zurückgewiesen werden, nach § 73 Abs 1 AVG).

907 Die Berufung kann auch während der Zeit einer Sicherung der Zurückweisung (§ 19 Abs 1 zweiter Satz leg cit) eingebracht werden; unabhängig davon aber ist die Sicherung der Zurückweisung grundsätzlich für die Dauer einer Woche zulässig und umfaßt jedenfalls (dh unabhängig von einer fristgerechten Erhebung einer Berufung) auch den ungenützten Ablauf der zehntägigen Berufungsfrist (maximal also hier eine Woche plus zehn Tage; § 32 Abs 1 zweiter Satz AsylG 1997). Anzumerken ist hier, daß § 32 Abs 3 letzter Satz AsylG 1997 idF BGBl I 1999/4 nunmehr von einer „Sicherung als Zurückweisung" spricht, richtigerweise wohl nach wie vor „Sicherung einer Zurückweisung" meint. Im abgekürzten Berufungsverfahren ist sohin die Sicherung der Zurückweisung ausnahmslos länger als innerhalb der in § 19 Abs 1 zweiter Satz AsylG 1997 vorgesehenen Wochenfrist zulässig, da der „ungenützte Ablauf der Berufungsfrist" von zehn Tagen nach § 32 Abs 1 zweiter Satz leg cit immer über der in § 19 Abs 1 vorgesehenen Wochenfrist liegt. Wird die Berufung während der Sicherung der Zurückweisung eingebracht (gem § 33 Abs 3 AVG werden die Tage des Postenlaufes hier nicht eingerechnet), ist die Sicherung der Zurückweisung entsprechend länger (dh jedenfalls bis zum Ablauf der relativ zwingenden Entscheidungsfrist nach § 32 Abs 3 AsylG 1997; mit „entsprechend länger" könnte aber auch die tatsächliche Entscheidung des UBAS gemeint sein; vgl dazu auch die Ausführungen zu § 19 Rz 569) zulässig. Eine Sicherung der Zurückweisung ist auch nach § 39 Abs 3 letzter Satz AsylG 1997 (bis zum Ende des Tages des Einlangens der Antwort des UNHCR) länger zulässig. Die maximale Dauer der Sicherung der Zurückweisung ist demnach nicht genau bestimmbar; sie liegt jedenfalls bei einer Woche plus zehn Tagen, plus gegebenenfalls dem Ablauf der Entscheidungsfrist für die Berufungsbehörde im abgekürzten Berufungsverfahren nach § 32 Abs 3 AsylG 1997, die nach hinten relativ offen und im Lichte dessen nur nach § 73 Abs 1

AVG zwingend beschränkt ist, bzw der tatsächlichen Entscheidung der Berufungsbehörde, plus der Zeit bis zum Ablauf des Tages, an dem die Antwort des UNHCR zu § 39 Abs 3 AsylG 1997 einlangt (hier ist eine Frist gesetzlich überhaupt nicht fixiert; vgl die Ausführungen zu § 19 Rz 569).

II. Entscheidungsfrist

908 Die Bestimmung des § 73 Abs 1 AVG sieht vor, daß die Behörden verpflichtet sind, wenn in den Verwaltungsvorschriften nicht anderes bestimmt ist, über Anträge von Parteien (§ 8 AVG) und Berufungen ohne unnötigen Aufschub, spätestens aber sechs Monate nach deren Einlangen, den Bescheid zu erlassen. § 73 Abs 1 AVG bezieht sich auf solche Anträge der Parteien, die durch Bescheid zu erledigen sind (VwSlgNF 8366 A). Dies betraf auch schon vor der AVG-N 1998 ua Berufungsanträge (VwGH 17. 2. 1934, A 899/33; VfSlg 1823), desgleichen Anträge auf Wiederaufnahme (VwSlgNF 665 A) und Wiedereinsetzung und ebenso die Vorstellung nach § 57 Abs 2 AVG (VwGH 29. 2. 1984, 84/11/0032) sowie den Antrag auf Übergang der Entscheidungspflicht. Die AVG-N 1998 nimmt nun – neben *„Anträge von Parteien"* – ausdrücklich auch auf *„Berufungen"* bezug. Es ist irrelevant, ob eine (stattgebende oder ablehnende) Sachentscheidung oder eine verfahrensrechtliche Entscheidung (zB eine Antragszurückweisung) zu ergehen hat (VwSlgNF 9458 – verst Sen; VwGH 9. 1. 1981, 1419/80; 14. 6. 1982, 81/12/0212).

909 Die Regelung der Entscheidungsfrist nach § 73 Abs 1 AVG steht unter dem Vorbehalt der „Verwaltungsvorschriften". Damit ist dem Materiengesetzgeber ermöglicht, die Entscheidungsfristen zu verkürzen. Extreme bzw unsachliche Verkürzungen der Entscheidungsfrist können allerdings Probleme im Hinblick auf den Gleichheitsgrundsatz und das rechtsstaatliche Prinzip aufwerfen und auf diesem Wege die Verfassungssphäre tangieren (vgl dazu UBAS 7. 10. 1998, 203.855/8-II/06/98; 19. 11. 1998, 205.093/0-I/01/98; 24. 11. 1998, 204.454/2-I/02/98; 30. 11. 1998, 206.259/1-I/03/98). Dies ist jedenfalls dann der Fall, wenn wegen der Kürze der Entscheidungsfrist fundamentale Verfahrensprinzipien nicht mehr eingehalten werden können; im Lichte dessen war die auf vier Arbeitstage verkürzte Entscheidungsfrist nach § 32 Abs 3 AsylG 1997 idF BGBl I 1998/76 und BGBl I 1998/106 verfassungsrechtlich nicht unproblematisch (vgl dazu auch die auf fünf „Arbeitstage" verkürzte Entscheidungsfrist nach § 17 Abs 5 leg cit). In diesem Zusammenhang ist auf den Senatsbescheid des UBAS vom 21. 1. 1998 unter Zahl 201.559/0-II/4/98 hinzuweisen, in dem der UBAS sich in einem abgekürzten Berufungsverfahren, in dem noch die Rechtslage vor der AsylG-N 1998 anzuwenden war und dem eine Berufung gegen die Zurückweisung des Asylantrags gem § 4 AsylG 1997 zugrunde lag, unter Berufung auf die kurze Entscheidungsfrist – analog zu § 66 Abs 2 AVG – in ein (materielles) Ermittlungsverfahren nicht eingelassen hat, sondern vielmehr wesentliche Verfahrensmängel zum Anlaß nahm, gem § 32 Abs 2 AsylG 1997 der Berufung stattzugeben und die Angelegenheit zur neuerlichen Durchführung des Verfahrens und Erlassung eines Bescheides an die Behörde erster Instanz zurückzuverweisen (vgl aber VwGH 23. 7. 1998, 98/20/0175; UBAS 27. 1. 1998, 201.573/0-V/13/98; siehe dazu auch die Ausführungen unter Rz 924). Damit wäre im Ansatz wohl ein verfassungskonformer Weg vorgezeichnet: Je weniger Anforderungen inhaltlicher Natur an ein Verfahren gestellt werden, desto eher ist eine Verkürzung der Entscheidungsfrist im Lichte des rechtsstaatlichen Prinzips in verfassungskonformer Weise denkbar (vgl dazu auch *Davy U.*, Asylrechtsreform, 822 ff).

Der VwGH hat sich dem allerdings nicht angeschlossen, sondern ging auch im abgekürzten Berufungsverfahren von einem vollständigen Ermittlungsverfahren und einem Verbot der bloßen Kassation des bekämpften Bescheides aus. Zur abgekürzten Entscheidungsfrist von vier Arbeitstagen vor der AsylG-N 1998 hat der VwGH ausgeführt: *„Wenn (...) eine derart kurze Entscheidungsfrist vorgesehen wurde, so ist dies – abgesehen von dem damit bezweckten Beschleunigungseffekt – nur damit erklärbar, daß der Gesetzgeber davon ausging, die (in bezug auf die Überprüfung meritorischer Antragserledigungen nach § 6 AsylG auf deren Voraussetzungen eingeschränkte) ‚Sache' eines derartigen Berufungsverfahrens werde sich nach Überwindung der allenfalls zu erwartenden Anfangsschwierigkeiten zumindest in der Mehrzahl der Fälle innerhalb dieser Frist erledigen lassen. Diese Erwartung erscheint in bezug auf §§ 5 und 6 AsylG auch nicht als unrealistisch, wobei bei einer Berufungsentscheidung nach § 6 AsylG auch in der Berufung vorgebrachte Neuerungen im Berufungsverfahren nur daraufhin zu prüfen sind, ob der Asylantrag mit Rücksicht auf sie noch ‚eindeutig jeder Grundlage entbehrt'. Erwiese sich die Einhaltung der Entscheidungsfrist in bezug auf Fälle des § 4 AsylG nur in der Anfangszeit und darüber hinaus nur in einer beschränkten Zahl von Fällen als besonders schwierig oder unmöglich, so gäbe dies auch in bezug auf Antragszurückweisungen nach § 4 AsylG nicht Anlaß, das dargestellte Verständnis des § 32 Abs. 2 erster Satz AsylG in Verbindung mit § 66 AVG in Frage zu stellen. Dem Standpunkt der belangten Behörde – und in Wahrheit auch dem des beschwerdeführenden Bundesministers – liegt aber wohl die Vorstellung zugrunde, die Entscheidungsfrist sei grundsätzlich zu kurz, um eine seriöse Entscheidung über die Drittstaatsicherheit zu ermöglichen (vgl in diesem Sinne schon U. Davy, ecolex 1997, 824). Zuletzt hat auch der Verfassungsgerichtshof in der schon zitierten Entscheidung vom 24. Juni 1998, G 31/98 u.a., auf den ‚Schwierigkeitsgrad' derartiger Verfahren Bezug genommen. Ist die Entscheidungsfrist zu kurz, so kann dem – solange sich der Gesetzgeber nicht zu ihrer Verlängerung entschließt – aber nicht mit einer Umdeutung der Vorschriften über die Entscheidungsbefugnis der belangten Behörde (im Sinne einer Verdrängung des § 66 Abs. 4 AVG durch die gedanklich um Beifügungen der schon erwähnten Art oder um die Einräumung von Ermessen ergänzte Formulierung in § 32 Abs. 2 erster Satz AsylG) begegnet werden, wenn dies den Zielvorstellungen des Gesetzgebers noch größeren Schaden zufügen würde als die Überschreitung der Entscheidungsfrist, wo sie sich nicht einhalten läßt. Dies wäre nach Ansicht des Verwaltungsgerichtshofes der Fall, weil die Pflicht der Berufungsbehörde zur meritorischen Entscheidung der Straffung des Verfahrens dient und eine Zurücknahme dieser Pflicht schon wegen der damit verbundenen neuerlichen (und möglicherweise auch mehrfachen) Eröffnung des Instanzenzuges zum gegenteiligen Ergebnis führt (vgl dazu etwa die bei Walter/Thienel, a.a.0. 1307 f, wiedergegebene Rechtsprechung und Thienel, a.a.0. 127). Etwas anderes würde nur gelten, wenn die belangte Behörde – wie dies etwa im Verhältnis des Verwaltungsgerichtshofes zu den Verwaltungsbehörden zutrifft – das Ermittlungsverfahren typischerweise nur mit erheblich größerem Zeitverlust durchführen könnte als die Behörde erster Instanz. Daß dies der Fall sein könnte, ist aber nicht erkennbar. Hieraus ergibt sich, daß die Entscheidungsfrist des § 32 Abs. 3 AsylG zwar nicht weniger beachtlich ist als die (ebenso kategorisch formulierte) Höchstfrist des § 73 Abs. 1 AVG, daß praktische Schwierigkeiten ihrer Einhaltung aber ebenso wie im Falle der zuletzt genannten Frist (und zwar auch dann, wenn sie vergleichsweise häufiger auftreten sollten) keinen Anlaß zu einer Umdeutung der Vorschriften über die Entscheidungsbefugnisse einer Berufungsbehörde geben. Wie die oberste Behörde, die im Verwaltungsverfahren angeru-*

fen werden kann, in einem solchen Fall vorzugehen hat, ergibt sich – implizit – aus der den Kostenersatz im verwaltungsgerichtlichen Säumnisbeschwerdeverfahren einschränkenden Bestimmung des § 55 Abs. 2 VwGG" (VwGH 23. 7. 1998, 98/20/0175). In diesem Erkenntnis hat der VwGH einerseits haftungsrechtiche (und disziplinarrechtliche) Probleme vernachlässigt sowie den Schwierigkeitsgrad in Verfahren betreffend die Drittstaatsicherheit (§ 4 AsylG 1997; vgl dazu insb VfGH 24. 6. 1998, G 31/98 ua; Anfechtungsanträge UBAS 7. 10. 1998, 203.855/8-II/06/98; 19. 11. 1998, 205.093/0-I/01/98; 24. 11. 1998, 204.454/2-I/02/98) und die offensichtliche Unbegründetheit von Asylanträgen (§ 6 leg cit; Beschluß des VfGH 11. 12. 1998, G 210/98 ua; Anfechtungsantrag des UBAS 30. 11. 1998, 206.259/1-I/03/98) gröblich unterschätzt und tangiert damit zweifellos die Verfassungssphäre. Durch die Neuregelung der Entscheidungsfrist in der AsylG-N 1998 wurde der aufgezeigten Problematik allerdings wesentlich an Schärfe genommen.

909a Während die Urfassung des § 32 Abs 3 AsylG 1997 (BGBl I 76) die Entscheidungsfrist – dem Wortlaut nach zwingend (aA wohl *Rosenmayr*, Asylrecht, 590, der diese zeitliche Schranke als bloße Ordnungsvorschrift betrachtet) – mit *„vier Arbeitstagen nach dem Tag des Einlangens bei der Berufungsbehörde"* begrenzt hatte, sieht nunmehr § 32 Abs 3 erster Satz AsylG 1997 idFd AsylG-N 1998 vor, daß über die Berufung binnen zehn Arbeitstagen (Werktagen) nach dem Tag des Einlangens bei der Berufungsbehörde zu entscheiden ist. Die Entscheidungsfrist ist nunmehr nicht mehr starr iSv zwingend begrenzt, sondern wird von Gesetzes wegen *„in dem Maße"* verlängert, als dies für die Feststellung des maßgebenden Sachverhaltes *„unerläßlich"* ist; insgesamt soll das Berufungsverfahren jedoch nicht länger als zwanzig Arbeitstage dauern (§ 32 Abs 3 zweiter Satz leg cit). Damit ist das Ende der Entscheidungsfrist nur *„relativ zwingend"* festgelegt. „Unerläßlich für die Feststellung des maßgeblichen Sachverhaltes" bedeutet, daß ein ordnungsgemäßes Ermittlungsverfahren ohne die Überschreitung der Entscheidungsfrist *„nicht möglich"* ist; dabei sind insb die Verfahrensgrundsätze wie die Einräumung des rechtlichen Gehörs, die Einräumung sachangemessener Fristen, Verhandlungspflichten, Unmittelbarkeitsprinzip, die „vollständige" Erhebung des maßgebenden Sachverhalts (Einholung von sachdienlichen Gutachten etc) zu beachten; die Einhaltung der in § 32 Abs 3 erster Satz leg cit vorgesehenen Entscheidungsfrist darf nicht dazu führen, daß der maßgebende Sachverhalt nur lückenhaft festgestellt wird.

909b Das (abgekürzte) Berufungsverfahren *„soll insgesamt"* nicht länger als zwanzig Arbeitstage dauern. Fraglich ist, ob auch diese (die zwanzig-arbeitstägige) Frist mit dem Tag nach dem Tag des Einlangens des Berufungsantrages bei der Berufungsbehörde (beim UBAS) zu laufen beginnt. Das Wort „insgesamt" in § 32 Abs 3 zweiter Satz leg cit deutet freilich nicht in diese Richtung. Mit dem Wort *„soll"* wird – soweit ersichtlich – klargestellt, daß im Falle der Überschreitung der Frist von zwanzig Arbeitstagen – wie auch vor dem Hintergrund des § 17 Abs 5 AsylG 1997 – keine Säumnisfolgen eintreten (vgl dazu die Ausführungen zu § 17 Rz 530). Obgleich im Lichte des ersten Halbsatzes des § 32 Abs 3 zweiter Satz leg cit (gesetzliche Verlängerung der Entscheidungsfrist aufgrund der Unerläßlichkeit der Feststellung des maßgebenden Sachverhaltes) ein Ende der Entscheidungsfrist verbunden mit dem Eintritt von Säumnisfolgen überhaupt nicht vorgesehen ist, ist davon auszugehen, daß auch hier die Regelung des § 73 AVG zur Anwendung kommt.

910 Die „Verkürzung der Entscheidungsfrist" richtet sich nach dem Wortlaut des Gesetzes nur an Berufungsverfahren gegen solche Bescheide, mit denen ein Asylantrag als offensichtlich unbegründet (§ 6 AsylG 1997) abgewiesen oder gem §§ 4 oder 5 AsylG 1997 zurückgewiesen wurde (vgl *Davy U.*, Asylrechtsreform, 824).

Erfaßt sind prima facie insb nicht Verfahren betreffend die Feststellung der Flüchtlingseigenschaft (§ 12 leg cit), die non-refoulement-Prüfung (§ 8 leg cit), die Feststellung des zuständigen Staates (§ 5 Abs 1 zweiter Satz leg cit) sowie die Ausweisung iVm der Zurückweisung wegen vertraglicher Unzuständigkeit (§ 5 Abs 1 letzter Satz leg cit) und eine Asylerstreckung (§§ 10 und 11 leg cit). Dies ergibt sich aus dem Wortlaut des § 32 Abs 3 AsylG 1997 (arg *„Über die Berufung"*; angesprochen ist ein Berufungsverfahren nach Abs 2 leg cit).

Geht man davon aus, daß § 3 Abs 1 zweiter Satz AsylG 1997 – dem Wortlaut dieser Bestimmung folgend – nur *„gesonderte"* Anträge auf Feststellung der Flüchtlingseigenschaft, nicht aber Anträge auf Feststellung der Flüchtlingseigenschaft schlechthin verbietet (vgl dazu die Ausführungen zu § 3 Rz 176), ist es denkbar, daß gleichzeitig neben dem abgekürzten Berufungsverfahren ein Berufungsverfahren betreffend die Feststellung der Flüchtlingseigenschaft anhängig ist.

Wie sich aus § 32 Abs 1 dritter Satz AsylG 1997 eindeutig ergibt, kann ein Verfahren betreffend die non-refoulement-Prüfung neben ein abgekürztes Berufungsverfahren treten; das AsylG 1997 sieht mit der AsylG-N 1998 nunmehr eine Regelung dieser Kollisionsfrage vor: Im Falle der Stattgebung der Berufung im abgekürzten Berufungsverfahren gelten Feststellungen gem § 8 leg cit – kraft gesetzlicher Fiktion – jedenfalls als aufgehoben. Wird aber ein Bescheid, mit dem der Asylantrag als offensichtlich unbegründet abgewiesen wurde, von der Berufungsbehörde bestätigt, so hat sie ihrerseits *„jedenfalls eine Feststellung gemäß § 8 leg cit zu treffen"*. Das Gesetz schweigt aber darüber, innerhalb welcher Frist eine Feststellung nach § 8 leg cit zu treffen ist.

Zwar ist im Rahmen des abgekürzten Berufungsverfahren eine abgesonderte Berufung gegen Bescheide, mit denen in diesen Fällen (dh im Falle der Erhebung einer Berufung, die zu einem abgekürzten Berufungsverfahren führt) der Asylerstreckungsantrag Angehöriger als unbegründet abgewiesen wurde, nicht zulässig, doch gelten solche Bescheide durch eine Berufung gegen die Entscheidung über den Antrag als im selben Umfang angefochten (§ 32 Abs 1 letzter Satz AsylG 1997). Obwohl diese Formulierung in vielen Punkten vieldeutig ist, muß man wohl davon ausgehen, daß in jenen Fällen, in denen ein Asylerstreckungsantrag Angehöriger iSd § 10 Abs 2 zweiter Satz AsylG 1997 vom BAA negativ beschieden wurde, im Zusammenhang mit einem abgekürzten Berufungsverfahren eine (zulässige) Berufung gegen die Abweisung des Asylerstreckungsantrages gesetzlich unwiderleglich vermutet wird, wenn der dem abgekürzten Berufungsverfahren zugrundeliegende Asylantrag im Falle seiner Stattgebung eine notwendige Rechtsbedingung für die Stattgebung des Asylerstreckungsantrages bildet. Damit können aber Berufungsverfahren betreffend die Asylertreckungsanträge von Angehörigen iSd § 10 Abs 2 zweiter Satz AsylG 1997 neben ein abgekürztes Berufungsverfahren treten. Das AsylG 1997 trifft nur für den Fall der Stattgebung der Berufung im abgekürzten Berufungsverfahren eine Kollisionsregelung: Gem § 32 Abs 2 dritter Satz AsylG 1997 sind zugehörige Asylerstreckungsanträge gleichzeitig (dh zeitlich mit der Stattgebung der Berufung und der Zurückverweisung der Angelegenheit nach § 32 Abs 2 zweiter Satz leg cit) als überholt aufzuheben.

III. Verkürzung der Berufungsfrist

911 Nach der Bestimmung des § 63 Abs 5 AVG ist die Berufung von der Partei binnen zwei Wochen einzubringen. Bei der Berufungsfrist handelt es sich um eine prozessuale (verfahrensrechtliche) Frist (zur Grenzziehung zwischen verfahrensrechtlicher und materiellrechtlicher Frist siehe VfSlg 8906; VwGH 14. 3. 1995, 94/20/

0528). Während sich der Instanzenzug und das Recht zur Einbringung der Berufung und sonstiger Rechtsmittel (Vorstellung), abgesehen von den im AVG besonders geregelten Fällen, als solche gem § 63 Abs 1 AVG nach den „Verwaltungsvorschriften" richten, wird die Berufungsfrist nach § 63 Abs 5 leg cit ohne Vorbehalt der Verwaltungsvorschriften festgelegt. Daraus muß geschlossen werden, daß von der Regelung des § 63 Abs 5 AVG nur unter den Rechtsbedingungen des Art 11 Abs 2 zweiter Halbsatz abgewichen werden darf (in diesem Sinne zuletzt auch VfGH 24. 6. 1998, G 31/98 ua; 11. 12. 1998, G 210/98 ua).

912 Das B-VG und die entsprechenden verfassungsrechtlichen Nebengesetze regeln die Kompetenzaufteilung im Lichte des sog *„Adhäsionsprinzips"*; den jeweiligen Rechtsträgern zugewiesen werden einzelne Sachgebiete, wobei sich bei genauerer Betrachtung zeigt, daß die Zuweisung eines Sachbereiches die Kompetenz weiterer nicht ausdrücklich genannter – meist formeller – Bereiche nach sich zieht (vgl *Walter/Mayer*, Bundesverfassungsrecht, Rz 259). Das Prinzip der Adhäsion an der Sachmaterie bezieht sich auf die Bereiche des Verfahrensrechts einschließlich des Vollstreckungsrechts (vgl dazu insb Art 10 Abs 1 Z 6 B-VG; VfSlg 3054), auf die Verwaltungspolizei, auf Enteignungen, sowie auf die Festsetzung von Strafen und die Zuweisung von Strafgeldern. Für den Bereich des Verwaltungsverfahrens wird das Adhäsionsprinzip durch die in Art 11 Abs 2 B-VG vorgesehene Bedarfskompetenz des Bundes durchbrochen (vgl dazu auch Art 10 Abs 1 Z 12 und 15; Art 11 Abs 1 Z 7; Art 11 Abs 5 B-VG; § 16 F-VG).

913 Nach Art 11 Abs 2 B-VG kann der Bund das Verwaltungsverfahren, die allgemeinen Bestimmungen des Verwaltungsstrafrechtes, das Verwaltungsstrafverfahren und die Verwaltungsvollstreckung auch in den Angelegenheiten, in denen die Gesetzgebung den Ländern zusteht (insb auch im Abgabenwesen), durch BG regeln, soweit ein „Bedürfnis nach Erlassung einheitlicher Vorschriften als vorhanden erachtet wird". Bund und Länder können von einem solchen Bedarfsgesetz abweichende Regelungen nur erlassen, wenn sie zur Regelung des Gegenstandes *„erforderlich"* sind. Die Ausnahmeregelung des Art 11 Abs 2 zweiter Halbsatz leg cit ist inhaltlich relativ unbestimmt und dem Grundsatz der Vereinheitlichung des Verfahrensrechts nicht eben förderlich (siehe dazu *Mayer*, Neuerungen, 11; dazu kritisch *Öhlinger*, Verfassungsentwicklung; *Barfuss*, JBl 1974, 298 ff; *Walter*/Mayer, Bundesverfassungsrecht, Rz 262; *Wiederin*, Bundesrecht und Landesrecht, 97 f). Der VfGH hat zur *„Erforderlichkeit zur Regelung des Gegenstandes"* eine eher strenge Linie vertreten und „erforderlich" als *„unerläßlich"* interpretiert (vgl VfSlg 8945; vgl auch VfGH 29. 8. 1994, B 990/93).

913a In der Stammfassung hatte § 32 Abs 1 erster Satz AsylG 1997 vorgesehen, daß gegen Bescheide, mit denen Asylanträge als offensichtlich unbegründet abgewiesen oder aus den Gründen der §§ 4 und 5 wegen Unzuständigkeit zurückgewiesen worden sind, nur *„binnen zwei Tagen"* nach Zustellung Berufung erhoben werden kann. Daß diese allzu kurze Berufungsfrist mit rechtsschutzstaatlichen Prinzipien und Art 11 Abs 2 B-VG nicht in Einklang zu bringen war, war naheliegend. Der UBAS hat hingegen zunächst – ohne dies zunächst näher zu begründen – in einem Berufungsverfahren, in dem die Berufung fristgerecht erhoben worden war, festgehalten, *„daß die sachliche Begründung der kurzen Fristen aus der Sicht der Berufungsbehörde in der gebotenen Gesamtschau in Verbindung mit internationalen Verträgen des Fremden- und Asylrechts bzw. dessen Vollzuges geboten und damit sachlich gerechtfertigt erscheint"* (UBAS 21. 1. 1998, 201.538/0-IV/10/98). Wenige Tage später führte der UBAS zu verfassungsrechtlichen Bedenken des Berufungswerbers – auch in diesem Verfahren war die Berufung fristgerecht eingebracht worden – aus,

„daß Abweichungen von Art 11 Abs 2 B-VG (richtig wohl: § 63 Abs 5 AVG) *dann zulässig sind, wenn dies zur Regelung des Gegenstandes erforderlich ist. Wenn der Bundesgesetzgeber ‚Schnellverfahren' vor dem Hintergrund fremdenpolizeilicher Erfordernisse für notwendig erachtet hat, erscheint dies im Rahmen seines rechtspolitischen Gestaltungsspielraumes zu liegen; Bedenken, daß der Asylwerber im Rahmen eines solchen ‚Schnellverfahrens' seinen Rechtsschutz nicht ausreichend wahrnehmen könnte, sind anläßlich des vorliegenden Berufungsfalles nicht entstanden, zumal zur Effektuierung des Rechtsschutzes seit 1.1.1998 der unabhängige Bundesasylsenat zur Gewährleistung eines rechtsstaatlichen Verfahrens eingerichtet wurde und zur Zeit nicht erkennbar ist, daß durch die Rahmenbedingungen dieser Behörde die Durchführung eines ordentlichen, dem Rechtsstaatsprinzip genügenden, Verfahren nicht garantiert wäre"* (UBAS 27. 1. 1998, 201.573/0-V/13/98; vgl auch UBAS 6. 2. 1998, 201.671/0-V/15/98; 27. 3. 1998, 202.353/0-III/08/98; Sen 7. 4. 1998, 202.368/0-III/07/98; 15. 6. 1998, 203.541/0-VIII/22/98). Damit hat der UBAS die Erforderlichkeit der Abweichung von § 63 Abs 5 AVG mit einer „besonderen Rechtsstaatlichkeitsgarantie" durch den UBAS begründet, wobei er jedoch zugleich im konkreten Fall das Recht auf Parteiengehör (zum rechtlichen Gehör siehe oben die Ausführungen zu § 23, Rz 685) verletzt hatte. Mit Beschluß vom 6. 2. 1998 hat der UBAS gem Art 129c Abs 6 iVm Art 89 Abs 2 B-VG einen Antrag beim Verfassungsgerichtshof auf Aufhebung der Worte *„§ 4 und"*, in eventu der *Worte „den Gründen der"* und die Wortfolge *„§ 4 und"*, gestellt und diesen Antrag in einem umfangreichen Schriftsatz im wesentlichen damit begründet, daß die „angefochtene" Gesetzesstelle gegen das Rechtsstaatsprinzip und gegen Art 11 Abs 2 B-VG verstoße (UBAS Sen 6. 2. 1998, 201.642/4-I/01/98). Wenig ruhmreich schloß der UBAS in weiterer Folge verfassungsrechtliche Bedenken im Hinblick auf die Verkürzung der Rechtsmittelfrist in einer Entscheidung durch ein Einzelmitglied kategorisch aus (UBAS 17. 2. 1998, 201.775/0-V/13/98), wobei der UBAS wortwörtlich die Begründung aus seiner oben zit Entscheidung (UBAS 27. 1. 1998, 201.573/0-V/13/98) wiederholte; der Berufungswerber hatte die zweitägige Berufungsfrist gegen einen Bescheid versäumt, mit dem der Asylantrag gem § 6 AsylG 1997 als offensichtlich unbegründet abgewiesen worden war. In einem gleichgelagerten Fall hat der UBAS – ohne in verfassungsrechtliche Fragen auch nur andeutungsweise einzugehen – in einer Senatsentscheidung den Berufungsantrag gem § 32 Abs 1 erster Satz AsylG 1997 als verspätet zurückgewiesen (UBAS Sen 1. 4. 1998, 202.429/0-VI/16/98; vgl dazu auch UBAS Sen 7. 4. 1998, 202.368/0-III/07/98, wo der zuständige Senat zumindest inzident durch die Bezugnahme auf *„§ 7 Abs. 1 Z 2 2. Fall"* UBASG zugab, daß die „Verfassungsmäßigkeit" der zweitägigen Berufungsfrist nach § 32 Abs 1 erster Satz AsylG 1997 idF vor der AsylG-N 1998 vom UBAS *„uneinheitlich"* beantwortet wurde; eine schlüssige Begründung für die Notwendigkeit bzw Erforderlichkeit der zweitägigen Berufungsfrist im Lichte des Art 11 Abs 2 B-VG blieb er freilich auch hier schuldig). In weiterer folge hat der UBAS jedoch weitere Gesetzesprüfungsanträge (Anfechtungsanträge) beim VfGH eingebracht (vgl UBAS Sen 15. 4. 1998, 202.208/3-VII/19/98; UBAS Sen 17. 4. 1998, 202.536/2-II/04/98).

Vor diesem Hintergrund hat der VfGH nach Anfechtungsanträgen des UBAS, in denen lediglich Verfahren betreffend die Drittstaatsicherheit nach § 4 AsylG 1997 präjudiziell gewesen waren, die Wortfolge „§ 4 und" in § 32 Abs 1 erster Satz leg cit, kundgemacht in BGBl I 1998/106, als verfassungswidrig aufgehoben (vgl dazu auch die durch die AsylG-N 1998 angefügte Übergangsbestimmung des § 44 Abs 7 AsylG 1997) und dazu im wesentlichen festgehalten: *„Der Antrag erweist sich sowohl unter dem Aspekt rechtsstaatlicher Grundsätze als auch unter dem Blickpunkt* *des Art 11 Abs 2 B-VG als gerechtfertigt. Wie der Gerichtshof in seinen Erkenntnissen VfSlg. 13831/1994, 13834/1994 und 13838/1994 zum AsylG 1991 in bezug auf Art 11 Abs 2 B-VG bereits ausgesprochen hat, weist das Verfahren zur Gewährung von Asyl Besonderheiten auf, die Abweichungen von den Bestimmungen des AVG erforderlich machen. Solche Abweichungen sind allerdings nur dann ‚erforderlich', wenn sie zur Regelung des Gegenstandes unerläßlich sind; sie können etwa in Verbindung mit der Begünstigung des Asylwerbers zum vorläufigen Aufenthalt stehen (vgl die eben zitierten Erkenntnisse) oder sich (auch) aus anderen Umständen ergeben, wie beispielsweise dem Erfordernis der alsbaldigen Klärung der Frage, ob der Asylwerber Schutz in einem sicheren Drittstaat findet. In derartigen Zusammenhängen kann die Abweichung vom AVG auch in einer Verkürzung der mit zwei Wochen festgelegten Berufungsfrist bestehen, doch muß dabei jedenfalls auf den vom Gerichtshof in ständiger Judikatur mit Nachdruck betonten Grundsatz Bedacht genommen werden, daß Rechtsschutzeinrichtungen ein Mindestmaß an faktischer Effizienz für den Rechtsschutzwerber aufweisen müssen. Eine Verkürzung der Berufungsfrist ist, soweit sie diesem Prinzip widerstreitet, auch unter dem Aspekt des Art 11 Abs 2 B-VG nicht tolerierbar. Der Verfassungsgerichtshof hält also an seiner vom Bundesasylsenat dem Antrag zugrundegelegten, von der Bundesregierung nicht in Zweifel gezogenen Rechtsprechung fest, daß Rechtsschutzeinrichtungen ihrer Zweckbestimmung nach ein bestimmtes Mindestmaß an faktischer Effizienz für den Rechtsschutzwerber aufweisen müssen (VfSlg. 11196/1986, 12409/1990, 12683/1991, 13003/1992, 13182/1992, 13305/1992, 13493/1993, 14374/1995, 14548/1996, VfGH 26.2.1997 V116/96). So hat der Gerichtshof im Zusammenhang mit den Voraussetzungen der sachgerechten Einbringung eines Rechtsmittels bereits in seinem Erkenntnis VfSlg. 12409/1990 ausgesprochen, daß die – nur einem eingeschränkten Personenkreis vorbehaltene – Möglichkeit der Kenntnisnahme von Entscheidungen des Obersten Gerichtshofes dem Erfordernis der faktischen Effizienz des Rechtsschutzes nicht genügt, da ohne Bedachtnahme auch auf diese Entscheidungen bestimmte Rechtsmittel nicht sachgerecht ausgeführt werden können. In diesem Sinn sind die Voraussetzungen bei einer für den Rechtsschutz maßgeblichen Regelung wie der über die Dauer einer Rechtsmittelfrist nur dann gegeben, wenn sie dem negativ beschiedenen potentiellen Rechtsschutzsuchenden gewährleistet, sein Rechtsmittel in einer Weise auszuführen, die sowohl dem Inhalt der anzufechtenden Entscheidung in tatsächlicher und rechtlicher Hinsicht adäquat ist als auch dem zu dieser Entscheidung führenden, allenfalls mit Mängeln belasteten Verfahren. Unter den das Asylverfahren kennzeichnenden praktischen Gegebenheiten, die vom Bundesasylsenat in seinem Antrag zutreffend dargelegt wurden, genügt eine dem Asylwerber offenstehende zweitägige Frist diesen Anforderungen keineswegs (vgl zur Frage der Verfassungsmäßigkeit von kurzen Fristen nach der jeweiligen Lage der Sache auch VfSlg. 9234/1981 (einwöchige Frist zur Anfechtung des Ergebnisses eines Volksbegehrens verfassungswidrig) sowie VfGH 4.12.1997 WI-8/96 (dreitägige Frist zur Erhebung eines Einspruches gegen das Ergebnis einer Gemeinderatswahl nur wegen besonderer tatsächlicher Umstände noch verfassungskonform)). Es ist davon auszugehen, daß der Asylwerber im Regelfall der deutschen Sprache nicht mächtig ist und daher schon zum rein sprachlichen Verständnis des ihm zugestellten Bescheides fremder Hilfe bedarf, zumal – wie auch in den Schriftsätzen dargetan ist – im hier in Betracht kommenden Fall einer negativen Erledigung auf dem Boden des § 4 AsylG dem Asylwerber zwar der Spruch, die Rechtsmittelbelehrung, der Hinweis nach § 61a AVG sowie eine Übersetzung des § 4 AsylG als der maßgeblichen Gesetzesbestimmung, nicht jedoch die Begründung in einer ihm verständlichen Sprache zukom-*

men muß (§ 29 AsylG). Hinzu tritt der Umstand, daß das rein sprachliche Verständnis des Bescheides (insbesondere der Begründung) – soweit ein solches unter Bedachtnahme auf die Fähigkeit des Bescheidadressaten zur vollständigen Erfassung einer u.U. knapp gehaltenen und notwendigerweise mit gewissen Fachausdrücken versehenen behördlichen Enuntiation überhaupt erzielt werden kann – zur sachgerechten Aktualisierung eines notwendigen Rechtsschutzes nicht ausreicht. Dem Rechtsschutzsuchenden muß vielmehr grundsätzlich auch das rechtliche Verständnis des Bescheides – einschließlich der rechtlichen Wertung des zur Bescheiderlassung führenden Verfahrens – möglich gemacht werden; demnach muß ihm die Möglichkeit geboten werden, sich der Hilfe einer fachkundigen (wenngleich nicht notwendigerweise rechtskundigen) Person als Beistand zu bedienen, was wohl häufig die Beiziehung einer weiteren, der Sprache des Asylwerbers mächtigen Person erfordert. Schließlich ist das Erfordernis gegeben, anzunehmende Mängel des Bescheides in materieller und formeller Hinsicht in die Form eines den Standpunkt des Asylwerbers deutlich zum Ausdruck bringenden Schriftsatzes zu kleiden und die damit verbundenen manipulativen Umstände zu bewältigen. Die Einwände der Bundesregierung gegen die eben dargelegte, vom antragstellenden Bundesasylsenat der Sache nach zutreffend verfochtene Auffassung greifen nicht durch. Soweit sie nicht bereits mit den vorstehenden Ausführungen beantwortet sind, ist zu ihnen folgendes festzuhalten: Die ins Treffen geführte, aus § 24 AsylG abgeleitete Befugnis, (auch) die Berufung in einer der Amtssprachen der Vereinten Nationen einzubringen, versagt, wenn – wie häufig – der Asylwerber keine dieser Sprachen beherrscht; es sei etwa auf die Situation solcher Asylwerber kurdischer Nationalität (türkischer Staatsangehörigkeit) oder albanischer Nationalität (jugoslawischer Staatsangehörigkeit) hingewiesen, die über keine höhere Schulbildung verfügen. Das nach § 26 Abs 2 AsylG dem Asylwerber zu übergebende, in einer ihm verständlichen Sprache abgefaßte Merkblatt, auf das sich die Bundesregierung beruft, kann nur eine allgemeine Information über die Voraussetzungen der Asylgewährung bieten und vermag daher nicht die konkrete persönliche Hilfe zu ersetzen, deren der Asylwerber als Bescheidadressat in seiner speziellen Lage regelmäßig bedarf. Eine Gewährung von Parteiengehör durch das Bundesasylamt ‚auch zu den Kriterien der konkret vorliegenden Drittlandsicherheit' wird – entgegen der Meinung der Bundesregierung – in jenen Fällen nicht ausreichen, in denen die Drittstaatsicherheit (zB in Ansehung ihrer Effektuierung) – der Auffassung des Bundesasylamtes zuwider – in Frage gestellt werden kann. Wenn die Bundesregierung schließlich die zweitägige Berufungsfrist damit zu rechtfertigen sucht, daß sie jedenfalls der Sache nach die inhaltlichen Entscheidungsvoraussetzungen des Bundesasylsenates in den Fällen des § 4 AsylG als nicht hoch veranschlagt, so schätzt sie anscheinend den Schwierigkeitsgrad, mit der Feststellungen bezüglich der Rechtsordnung eines ausländischen Staates und der Handhabung von Rechtsvorschriften durch dessen Behörden verbunden sein können, im Zusammenhang damit als zu gering ein, daß der Asylwerber gerade in einem solchen Fall der Hilfe einer bereits sachkundigen Person bedarf. Zusammenfassend ist festzuhalten, daß die vom Unabhängigen Bundesasylsenat gegen die in Prüfung gezogene Gesetzesbestimmung sowohl unter dem Aspekt rechtsstaatlicher Grundsätze als auch unter dem Blickpunkt des Art 11 Abs 2 B-VG geäußerten Bedenken berechtigt sind und zur Aufhebung der geprüften Regelung wegen Verfassungswidrigkeit führen. Beizufügen bleibt allerdings, daß nach Ansicht des Verfassungsgerichtshofes im hier zu betrachtenden Rechtsbereich eine Verkürzung der im AVG festgelegten zweiwöchigen Berufungsfrist in Handhabung des Art 11 Abs 2 B-VG nicht vorbehaltlos auszuschließen ist. Aus der erwähnten Judikatur des Gerichtshofs zu dieser Verfassungsvorschrift ergibt sich bei Bedachtnahme auf die vorhin näher dargelegten Umstände, daß dem – im allgemeinen in einer schwierigen Lage befindlichen – Asylwerber auch eine kürzere Berufungsfrist eingeräumt werden kann, sofern sie es ihm (auch unter Berücksichtigung besonderer Kalenderkonstellationen wie zB dem Aufeinanderfolgen von Feiertagen) ermöglicht, fachliche Hilfe beizuziehen und eine ausreichend begründete Berufung einzubringen. Eine Frist von einer Woche dürfte hiefür als Mindestmaß anzusehen sein, das (auch) zur Erreichung faktisch effizienten Rechtsschutzes eingehalten werden muß" (VfGH 24. 6. 1998, G 31/98 ua; vgl dazu auch VfGH 11. 12. 1998, G 210/98 ua).

Obwohl diesen Ausführungen des VfGH in weiten Bereichen zu folgen ist, ist das zit Erkenntnis in einigen Punkten nicht unproblematisch: Fragwürdig ist etwa die Verknüpfung zwischen der „Erforderlichkeit der Abweichung" iSd Art 11 Abs 2 B-VG mit der *„Begünstigung des Asylwerbers zum vorläufigen Aufenthalt"* (vgl dazu zB den Anfechtungsantrag UBAS Sen 15. 4. 1998, 202.208/3-VII/19/98), ist doch der Aufenthalt im Bundesgebiet idR selbst „erforderlich", um eine zweckentsprechende Rechtsverfolgung überhaupt zu ermöglichen; im Lichte dessen ist die vorläufige Aufenthaltsberechtigung wohl schwerlich eine Art „Rechtswohltat", die den Grad der Erforderlichkeit nach Art 11 Abs 2 B-VG maßgebend herabsetzen könnte, wird doch die Anwesenheit im Bundesgebiet auf sämtlichen Inländer betreffenden Verwaltungsgebieten – gleichsam als selbstverständlich –vorausgesetzt. Ganz allgemein scheint der VfGH dazu zu neigen, dem Asylverfahren – näher nicht spezifizierte und wohl nur schwer spezifizierbare – „Besonderheiten" anheim zu legen, die ein Abweichen von Regeln des allgemeinen Verwaltungsverfahrensrechts leichter als auf anderen Gebieten der Verwaltung, wo eine eher strenge Linie vertreten wird, ermöglichen sollen (vgl dazu schon *Rohrböck*, Juridicum 1994/4, 15 ff; vgl dazu auch die Ausführungen unter Rz 921). Symptomatisch vor diesem Hintergrund ist auch der Umstand, daß der VfGH im abgekürzten Berufungsverfahren eine Berufungsfrist von einer Woche als *„Mindestmaß"* ansieht (VfGH 24. 6. 1998, G 31/98 ua). Aber auch die Verkürzung der Berufungsfrist von zwei Wochen auf eine Woche ist letztendlich – wie die Verkürzung der Berufungsfrist auf zwei Tage – ein Abweichen vom allgemeinen Verwaltungsverfahrensrecht, die iSd Art 11 Abs 2 B-VG „erforderlich" sein muß. Worin im gegebenen Zusammenhang aber die Erforderlichkeit der Abweichung von der zweiwöchigen Berufungsfrist des § 63 Abs 5 AVG wirklich gelegen sein soll, bleibt nach wie vor im Dunkeln.

913b Der Umstand, daß § 32 Abs 1 AsylG 1997 idF der AsylG-N 1998 nunmehr nicht eine Berufungsfrist von einer Woche sondern von zehn Tagen vorsieht, hängt damit zusammen, daß die Gesetzesredaktoren irrtümlich davon ausgegangen sind, der VfGH habe in seinem Erkenntnis vom 24. 6. 1998, G 31/98 ua nicht ein Mindestmaß von einer Woche, sondern ein Mindestmaß von sieben Tagen angenommen, wobei man sich – obgleich hier die §§ 32 und 33 AVG relativ deutliche Regelungen enthielten – obendrein nicht sicher war, ob es sich dabei um Kalendertage oder um Arbeitstage (Werktage) gehandelt haben könnte. Vor diesem Hintergrund wird im Ausschußbericht ausdrücklich festgehalten: *„Diese zehn Tage entsprechen jedenfalls – unter der Annahme, daß Wochenende oder Feiertage die Frist ‚verkürzen' – der vom Verfassungsgerichtshof geforderten Mindestfrist von sieben Tagen"* (1494 BlgNR 20. GP, 3). Mit der Neufestsetzung der Berufungsfrist im Ausmaß von zehn Tagen weicht die Berufungsfrist im Abgekürzten Berufungsverfahren (§ 32 Abs 1 erster Satz AsylG 1997 idF der AsylG-N 1998) von der allgemeingültigen Berufungsfrist nach dem AVG (§ 63 Abs 5 leg cit) in aller Regel lediglich im Ausmaß von vier Tagen ab; je geringer aber eine Abweichung vom allgemeinen Verwaltungsverfahren materiell ausfällt, desto schwerer ist auch deren „Erforderlichkeit" logisch begründbar.

914 Obgleich sich die Verkürzung der Berufungsfrist gem § 32 Abs 1 erster Satz AsylG 1997 unbestreitbar auf Berufungen gegen Bescheide, *„mit denen Asylanträge als offensichtlich unbegründet abgewiesen oder aus den Gründen der §§ 4 oder 5 wegen Unzuständigkeit zurückgewiesen worden sind"*, bezieht, umfaßt die Verkürzung der Berufungsfrist nach dem Wortlaut des Gesetzes nicht *„eine abgesonderte Berufung gegen eine Feststellung nach § 8"* (§ 32 Abs 1 dritter Satz AsylG 1997). Die Verkürzung der Berufungsfrist von zwei Wochen auf zehn Tage muß vor dem Hintergrund des Art 11 Abs 2 zweiter Halbsatz B-VG nicht nur „unerläßlich", sondern *„zur Regelung des Gegenstandes"* erforderlich sein. Was Gegenstand iS dieser Bestimmung ist, bleibt nur schwer faßbar: Unbestreitbar ist im gegebenen Zusammenhang „Gegenstand" die *„offensichtliche Unbegründetheit des Asylantrags"*, die *„Drittstaatsicherheit"* und *„vertragliche Unzuständigkeit"* sowie eventuell auch Teile der non-refoulement-Prüfung iSd § 8 leg cit. Nur diese „Gegenstände" sind Prozeßgegenstände des abgekürzten Berufungsverfahrens nach § 32 AsylG 1997. Nicht „Gegenstand" sind nach einer engeren Sicht fremdenpolizeiliche Maßnahmen nach dem FrG 1997. Vor diesem Hintergrund wäre eine inhaltlich weitreichende – fremdenpolizeiliche Agenden erfassende – Verkürzung der Berufungsfrist schon hier verfassungswidrig. Folgt man allerdings einer weiteren Betrachtungsweise und geht mit der Regierungsvorlage (RV, 28) davon aus, daß § 32 AsylG 1997 der raschen Umsetzung der Zuständigkeitsverteilung nach dem Dubliner Übereinkommen und im Falle der Drittlandsicherheit oder der offensichtlichen Unbegründetheit eines Asylantrages rasche fremdenpolizeiliche Reaktionen ermöglichen soll, bleibt zu prüfen, ob die Verkürzung des Instanzenzuges *„erforderlich"* ist, wobei es grundsätzlich zu beachten gilt, daß idR nach Abschluß des Asylverfahrens eine Abschiebung in den Herkunftsstaat und sohin die Umsetzung fremdenpolizeiliche Interessen in aller Regel möglich ist (vgl dazu *Rosenmayr*, Asylrecht, 590). Das Argument der Notwendigkeit der Setzung rascher fremdenpolizeilicher Maßnahmen muß um so mehr im Lichte der des § 6 AsylG 1997 versagen: In Fällen der Abweisung eines Asylantrages (iVm einer non-refoulement-Prüfung) kann es im Ergebnis nur um eine „Abschiebung" in den Herkunftsstaat gehen (vgl § 21 Abs 2 und 3 Asylgesetz 1997), der in aller Regel völkerrechtlich ohnehin dazu verhalten ist, seine eigenen Staatszugehörigen ohne jede zeitliche Schranke zu übernehmen (vgl dazu zB Seidl-Hohenveldern, Staaten, Rz 700; Art 12 Abs 4 CCPR; vgl auch den Anfechtungsantrag UBAS 30. 11. 1998, 206.259/1-I/03/98).

915 In diesem Zusammenhang ist auf die sog. *„Rückübernahmeabkommen"* („Schubabkommen") hinzuweisen (vgl auch UBAS 26. 5. 1998, 202.537/3-VII/19/98); diese bilateralen Abkommen bestehen ua mit allen an das österreichische Bundesgebiet angrenzenden Staaten. Beispielsweise bestimmt Art 3 Abs 1 des Abkommens zwischen der Regierung der Republik Österreich und der Regierung der Republik Ungarn über die Übernahme von Personen an der Grenze BGBl 1995/315 idF BGBl III 1998/25, daß jede Vertragspartei einen Drittausländer übernimmt, der die österreichisch-ungarische Staatsgrenze rechtswidrig überschritten hat, unabhängig davon, ob ein Einreiseverbot gegen ihn besteht und ob er sich rechtmäßig oder rechtswidrig in dem Vertragsstaat aufgehalten hat, von dem aus er die Staatsgrenze überschritten hat. Nach Art 3 Abs 3 dieses Abkommens werden die genannten Drittausländer formlos übernommen, wenn die andere Vertragspartei innerhalb von sieben Tagen nach dem rechtswidrigen Grenzübertritt darum ersucht. Diese Vorgangsweise kann lediglich dann angewendet werden, wenn die andere Vertragspartei Angaben macht, die die Feststellung ermöglichen, daß die Person rechtswidrig die österreichisch-ungarische Grenze überschritten hat. Über die Übergabe wird eine

Niederschrift angefertigt. Lehnt die ersuchte Vertragspartei die formlose Übergabe ab, so kann die ersuchende Vertragspartei unter Hinweis darauf binnen sieben Tagen die Übernahme nach Abs 2 beantragen. Gem Art 3 Abs 2 des Abkommens kann der Übernahmsantrag innerhalb von 90 Tagen nach der rechtswidrigen Einreise des Drittausländers jederzeit gestellt werden. Der Antrag muß die Personaldaten der zu übernehmenden Person sowie Angaben betreffend die rechtswidrige Überschreitung der gemeinsamen Grenze enthalten. Auf den Übernahmsantrag ist innerhalb von 72 Stunden nach dessen Übermittlung eine Antwort zu erteilen. Die ersuchte Vertragspartei übernimmt den Drittausländer auf Grund einer Übernahmserklärung. Der Übernahmsantrag und die Ausstellung der Übernahmserklärung erfolgen österreichischerseits durch die Sicherheitsdirektion für das Burgenland, ungarischerseits durch das Landeskommando der Grenzwache.

916 Das hier als Beispiel genannte „Schubabkommen" enthält eine kurze und eine lange Frist, wobei es sich hier lediglich um Antragsfristen handelt, nicht aber um Fristen, innerhalb derer ein Drittausländer tatsächlich überstellt werden muß. Die Überstellungsfrist kann erheblich von der Antragsfrist abweichen, ist aber immer länger als die Antragsfrist. Die lange Frist zur Stellung eines Übernahmsantrags bedingt – im Gegensatz zur kurzen Frist – nur eine erhöhte Formalität, verhindert oder erschwert aber eine Überstellung in den Vertragsstaat darüber hinaus nicht wesentlich. Ähnlich gestalten sich auch die Schubabkommen mit den anderen Staaten: Notenwechsel zwischen der Österreichischen Bundesregierung und der Regierung der Bundesrepublik Deutschland, betreffend die Übernahme von Personen an der Grenze BGBl 1961/227 (vgl insb Abschn B Z 4 leg cit; einheitliche Antragsfrist von sechs Monaten); Übereinkommen zwischen der österreichischen Bundesregierung und dem Schweizerischen Bundesrat über die Übernahme von Personen an der Grenze BGBl 1955/80 (Antragsfrist von vier Monaten); Abkommen zwischen der Bundesregierung der Republik Österreich und der Regierung der Französischen Republik betreffend die Übernahme von Personen an der Grenze BGBl 1962/337 (vgl insb Art 4 leg cit; einheitliche Antragsfrist von sechs Monaten); Abkommen zwischen der Bundesregierung der Republik Österreich einerseits und den Regierungen des Königreiches Belgien, des Großherzogtums Luxemburg und des Königreiches der Niederlande andererseits betreffend die Übernahme von Personen an der Grenze BGBl 1965/51 (vgl insb Art 4 leg cit; einheitliche Übernahmsfrist von sechs Monaten); Abkommen zwischen der Regierung der Republik Österreich und der Regierung der Tschechischen und Slowakischen Föderativen Republik über die Übernahme von Personen an der gemeinsamen Grenze BGBl 1992/667 (vgl dazu Punkt 40 der Kundmachung des Bundeskanzlers betreffend die zwischen der Republik Österreich und der Tschechischen Republik geltenden bilateralen Verträge BGBl III 1997/123; für die Slowakei idF BGBl 1994/1046; vgl insb Art 3 Abs 2 und 3 leg cit; formlose Übergabefrist von sieben Tagen; Antragsfrist von sieben Tagen nach sicherheitsbehördlicher Feststellung, spätestens aber innerhalb von 90 Tagen nach der Einreise; eine Überstellungsfrist gibt es nicht); Abkommen zwischen der Regierung der Republik Österreich und der Regierung der Republik Slowenien über die Übernahme von Personen an der gemeinsamen Grenze BGBl 1993/623 (vgl Art 3 Abs 2 und 3 leg cit; kurze Antragsfrist von sieben Tagen; lange Antragsfrist von 90 Tagen); Abkommen zwischen der Bundesregierung der Republik Österreich und der Regierung der Italienischen Republik über die Übernahme von Personen an der Grenze BGBl III 1998/160 (allgemeine Übernahmsfrist von sechs Monaten; vgl Art 3 lit c aber auch Art 5 Abs 3 leg cit; Verpflichtungen der Vertragsstaaten aus der Anwendung anderer internationaler Abkommen hinsichtlich der Übernahme oder

Rücknahme von fremden Staatsangehörigen – beachte dazu etwa das Übereinkommen von Dublin – bleiben unberührt); Abkommen zwischen der Österreichischen Bundesregierung und der Regierung der Republik Bulgarien über die Übernahme von Personen, die unerlaubt in das Gebiet der anderen Vertragspartei eingereist sind (Rückübernahmeabkommen) BGBl III 1998/189 (vgl Abschn II leg cit; keine Antragsfrist; Beantwortungsfrist von acht Tagen; weithin erstreckbare Übernahmsfrist von 30 Tagen ab Zustimmung der Übernahme durch die Vertragspartei).

917 Vor dem Hintergrund dessen, daß die (langen) Antragsfristen – falls Antragsfristen überhaupt vorgesehen sind – schon zumindest bei drei Monaten liegen und eine tatsächliche Überstellung in den Vertragsstaat technisch noch erheblich später erfolgen könnte, liegt auf der Hand, daß eine Verkürzung der Berufungsfrist von zwei Wochen auf zehn Tage, wie dies § 32 Abs 1 AsylG 1997 vorsieht, zum Zweck der Sicherung fremdenpolizeilicher Maßnahmen völlig außer Verhältnis ist; es kann iSd Art 11 Abs 2 B-VG nicht erforderlich sein, in jedem Fall eine Zurückschiebung iSd § 52 FrG 1997 zu sichern, wenn auch später noch eine Abschiebung (§ 56 FrG 1997) in den Drittstaat ohne nennenswerte Schwierigkeiten zulässig und möglich ist. Das Argument der Notwendigkeit der Setzung rascher fremdenpolizeilicher Maßnahmen muß umso mehr im Lichte der des § 6 Asylgesetz 1997 versagen: In Fällen der Abweisung eines Asylantrages (iVm einer refoulement-Prüfung) kann es im Ergebnis nur um eine „Abschiebung" in den Herkunftsstaat gehen (vgl § 21 Abs 2 und 3 Asylgesetz 1997), der in aller Regel völkerrechtlich ohnehin dazu verhalten ist, seine eigenen Staatszugehörigen ohne jede zeitliche Schranke zu übernehmen (vgl dazu zB Seidl-Hohenveldern, Staaten, Rz 700; Art 12 Abs 4 des internationalen Paktes über bürgerliche und politische Rechte BGBl 1978/591). Zudem kann nur schwer eine Argumentation aufrecht erhalten werden, daß der Gesetzgeber die kurzen Fristen der Schubabkommen (idR sieben Tage) im Lichte des abgekürzten Berufungsverfahrens für tragend hielt, wenn die Berufungsfrist *zehn Tage* (ohne Einrechnung des Postweges) und die – nur relativ zwingende – Entscheidungsfrist der Berufungsbehörde *zehn Arbeitstage* nach dem Tag des Einlangens betragen, liegen doch selbst die gesetzlichen Mindestanforderungen des abgekürzten Berufungsverfahrens insb unter Berücksichtigung der Wochenenden bzw gesetzlichen Feiertage *über der kurzen Frist* der Schubabkommen (vgl dazu – im Lichte der Rechtslage vor der AsylG-N 1998 – ausführlich den Anfechtungsantrag UBAS Sen 15. 4. 1998, 202.208/3-VII/19/98).

918 Eine Umsetzung der Drittstaatsicherheit kann dort an weithin unbestimmte Fristen gebunden sein, wo keine „Schubabkommen" („Rückübernahmeabkommen") oder sonstige Abkommen (vgl dazu etwa Art 31 SDÜ; Dubliner Übereinkommen) anwendbar sind; dies ist nur in jenen Fällen denkbar, in denen die Anreise *„über einen Flugplatz"* (vgl dazu § 17 Abs 1 AsylG 1997) erfolgt. Im Lichte der des § 6 Asylgesetz 1997 ist allerdings auch hier anzumerken, daß der Heimatstaat völkerrechtlich dazu Verhalten ist, seine eigenen Staatszugehörigen ohne jede zeitliche Schranke zu übernehmen (vgl dazu zB Seidl-Hohenveldern, Staaten, Rz 700; Art 12 Abs. 4 des internationalen Paktes über bürgerliche und politische Rechte BGBl 1978/591). Wo völkerrechtliche Verträge nicht zur Anwendung kommen, kann ein früherer Aufenthaltsstaat zur Übernahme einer Person nur – soweit solche greifbar sind – nach Regeln des Völkergewohnheitsrechts verpflichtet sein (vgl *Davy U.*, Flüchtlingsrecht I, 218), wobei vor diesem Hintergrund „Überstellungsfristen" nicht exakt feststellbar sind; jedoch ist mit größter Sicherheit anzunehmen, daß die *„völkergewohnheitsrechtlichen Rückübernahmsfristen"* nicht unter jenen Fristen liegen, die in einschlägigen Schubabkommen (Rückübernahmeabkommen) bzw im SDÜ bzw im Übereinkommen von Dublin vorgesehen sind. Es ist grundsätzlich davon auszugehen, daß ein anderer Staat auch dann noch nach Völkergewohnheitsrecht zur Übernahme eines Fremden verpflichtet sein kann, wenn dieser – wie dies § 17 Abs 1 AsylG 1997 idR für die Anreise über einen Flugplatz vorsieht – dem Bundesasylamt vorgeführt wird und den Transitbereich des Flugplatzes verlassen hat (vgl dazu insb UBAS 19. 8. 1998, 204.551/0-VII/19/98). Sind nach einer Einreise über einen Flughafen (völkergewohnheitsrechtliche) Übernahmepflichten anderer Staaten nicht mehr „effektuierbar", sind auch die für solche Fälle typischen Gefahrenmomente (vgl dazu UBAS 2. 6. 1998, 202.992/0-I/03/98) nicht mehr zu sichern. Vor diesem Hintergrund ist allerdings die Neufassung des § 39 Abs 3 erster Satz AsylG 1997 durch die AsylG-N 1998 insofern bedenklich, als sie nicht mehr alle Fälle möglicher aufenthaltsbeendender Maßnahmen im Flugwege erfaßt, indem das Zustimmungsrecht des UNHCR nur mehr für jene Fälle besteht, in denen der über den Flugplatz eingereiste Fremde den Asylantrag *„anläßlich der Grenzkontrolle"* (nach dem Gesetzeswortlaut nicht vorher oder nachfolgend) stellt (vgl dazu die Ausführungen zu § 39 Rz 1153a).

919 Auch im Hinblick auf die „rasche Umsetzung" des Dubliner Übereinkommens zeigt sich, daß die Verkürzung der Berufungsfrist gem § 32 Abs 1 AsylG 1997 nicht *„erforderlich"* iSd Art 11 Abs 2 B-VG sein kann. Dies gilt insb für das Dringlichkeitsverfahren nach Art 5 des Beschlusses Nr 1/97 des Ausschusses nach Art 18 des Dubliner Übereinkommens vom 15. Juni 1990 über Bestimmungen zur Durchführung des Übereinkommens (ABl 14. 10. 1997 L 281/1), da dieses Dringlichkeitsverfahren die Fristen nach dem Dubliner Übereinkommen nicht verkürzt, sondern nur *„nach Möglichkeit"* in bestimmten Fällen ein rascheres Handeln der Mitgliedstaaten vorsieht. Gem Art 11 Dublin kann das Aufnahmegesuch innerhalb einer Frist von sechs Monaten nach Stellung eines Asylantrags (Art 1 Abs 1 lit b leg cit) gestellt werden. Die Wiederaufnahmeverpflichtung gem Art 13 Dublin ist grundsätzlich nicht befristet; die Wiederaufnahmeverpflichtung kann aber unter Umständen innerhalb von drei Monaten erlöschen (vgl dazu Art 10 Abs 2 leg cit).

920 Die Verkürzung der Berufungsfrist gem § 32 Abs 1 AsylG 1997 ist einerseits nicht mit Art 11 Abs 2 B-VG und andererseits auch nicht mit dem rechtsstaatlichen Prinzip der österreichischen Bundesverfassung, das auch rechtsschutzstaatliche Grundsätze enthält, problemlos in Einklang zu bringen (im Lichte der zweitägigen Berufungsfrist vor der AsylG-N 1998 differenzierend *Davy U.*, Asylrechtsreform, 824; vgl dazu auch *Rosenmayr*, Asylrecht, 590). Der VfGH hat grundsätzlich die Auffassung vertreten, daß Rechtsschutzeinrichtungen nicht nur die Erlangung einer rechtsrichtigen Entscheidung ermöglichen, sondern auch ein „Mindestmaß an faktischer Effizienz" für den Rechtsschutzwerber aufweisen müssen (vgl dazu insb VfSlg 11.196; 12.409; 12.683, 13.003, 13.182, 13.493; 13.305, 13.834; 14.374; 14.548; VfGH 26.2.1997, V 116/96; im Lichte des § 32 Abs 1 idF vor der AsylG-N 1998 VfGH 24. 6. 1998, G 31/98 ua; 11. 12. 1998, G 210/98 ua). Der VfGH hat ausdrücklich festgehalten, daß *„zu einem fairen Verfahren auch die Effektivität des Rechtsschutzes gehört. (...) Gehört es zu einem fairen Verfahren, daß der Rechtsschutz auch effektiv ist, so wird es zumindest bei Auftreten schwieriger Rechtsfragen zur ausreichenden Wahrung der Interessen einer Partei unumgänglich sein, sich eines rechtskundigen Beraters und Vertreters zu bedienen"* (VfSlg 10.291). Rechtsschutz darf nicht bloß formal, sondern muß im Einzelfall effektiv gestaltet sein (vgl *Mayer*, B-VG, 112 f; in diesem Sinne auch VfSlg 10.291; der VfGH hat sich dabei nicht ausdrücklich auf Art 13 EMRK, sondern auf das rechtsstaatliche Prinzip der Verfassung gestützt; zu Art 13 EMRK siehe ausführlich zB *Holoubek*, Wirksame Beschwerde). Im gegebenen Zusammenhang ist wohl zu berücksichtigen, daß die Verkürzung der Berufungsfrist auf zehn Tage zu einer gewissen Diskriminierung gegenüber jenen Asylwerbern führen kann, die sich innerhalb der zweiwöchigen Berufungsfrist eines Rechtsbeistandes bedienen können; Asylwerber sind in aller Regel der deutschen Sprache oder einer der Amtssprachen der Vereinten Nationen nicht kundig und verfügen idR auch nicht über eine Bildung, die mitteleuropäischen Standards auch nur annähernd entsprechen würde. Asylwerber könnten sich zwar eines Flüchtlingsberaters bedienen, solche stehen jedoch nur selten zur Verfügung; bei derzeit etwa tausend Asylanträgen im Monat stehen an den Außenstellen des BAA derzeit insgesamt nur acht Flüchtlingsberater zur Verfügung (zur Situation eines Asylwerbers im Asylverfahren siehe auch ausführlich VfGH 24. 6. 1998, G 31/98 ua). Dem Asylwerber gelangt nur der Spruch, die Rechtsmittelbelehrung und die angewendete Gesetzesstelle in einer ihm verständlichen Sprache schriftlich zur Kenntnis (vgl § 29 AsylG 1997); ist der Asylwerber – was nicht selten der Fall ist – des Lesens und Schreibens nicht kundig, ist er auch von diesen Informationen abgeschnitten und kann eine Berufung nicht eigenständig formulieren. Die faktische Effizienz eines Rechtsmittels hängt eng damit zusammen, wie komplex das entsprechende Verwaltungsverfahren ausgestaltet ist und welche (materiellen) Anforderungen an das Rechtsmittel gestellt werden (vgl dazu die Anfechtungsanträge UBAS 7. 10. 1998, 203.855/8-II/06/98; 19. 11. 1998, 205.093/0-I/01/98; 24. 11. 1998, 204.454/2-I/02/98; 30. 11. 1998, 206.259/1-I/03/98).

Soweit die Berufungsbehörde zu prüfen hat, ob ein sonstiger Drittstaat als „sicher" anzusehen ist, wird eine seriöse Prüfung oft von schwierigen Ermittlungen abhängig sein (vgl *Davy U.*, Asylrechtsreform, 824). Verfahren nach § 4 Asylgesetz 1997 sind nicht immer leicht; sie erfassen inhaltlich zu einem Teil – zumindest soweit es um die Verfolgungsfreiheit im potentiell sicheren Drittstaat geht – auch Elemente der non-refoulement-Prüfung im Sinne des § 8 Asylgesetz 1997. Zum Schwierigkeitsgrad des Ermittlungsverfahrens betreffend die Drittstaatsicherheit hat der VfGH (im Lichte der zweitägigen Berufungsfrist vor der AsylG-N 1998) zutreffend ausgeführt: *„Wenn die Bundesregierung schließlich die zweitägige Berufungsfrist damit zu rechtfertigen sucht, daß sie jedenfalls der Sache nach die inhaltlichen Entscheidungsvoraussetzungen des Bundesasylsenates in den Fällen des § 4 AsylG als nicht hoch veranschlagt, so schätzt sie anscheinend den Schwierigkeitsgrad, mit der Feststellungen bezüglich der Rechtsordnung eines ausländischen Staates und der Handhabung von Rechtsvorschriften durch dessen Behörden verbunden sein können, im Zusammenhang damit als zu gering ein, daß der Asylwerber gerade in einem solchen Fall der Hilfe einer bereits sachkundigen Person bedarf"* (VfGH 24. 6. 1998, G 31/98 ua).

Ähnliches gilt aber auch vor dem Hintergrund des § 6 AsylG 1997, dies um so mehr, wenn und insoweit mit der Entscheidung über die offensichtliche Unbegründetheit eines Asylantrag auch eine Feststellung nach gem § 8 AsylG 1997 (non-refoulement-Prüfung) zu treffen ist (vgl dazu § 32 Abs 2 letzter Satz AsylG 1997). Soweit die Berufungsbehörde zu prüfen hat, ob ein offensichtlich unbegründeter Asylantrag iSd § 6 AsylG 1997 vorliegt, wird eine seriöse Prüfung – wie auch bei der Beurteilung der Frage, ob ein sonstiger Drittstaat als „sicher" anzusehen ist – oft von schwierigen Ermittlungen abhängig sein (vgl dazu VfGH 11. 12. 1998, G 210/98 ua; Anfechtungsantrag UBAS 7. 10. 1998, 203.855/8-II/06/98; aA *Davy U.*, Asylrechtsreform, 824). Verfahren nach § 6 Asylgesetz 1997 sind – insb im Lichte des Erkenntnisses des VwGH vom 23. 7. 1998, 98/20/0175 – nicht immer einfach zu führen und erfordern einen erheblichen Zeit- und Arbeitsaufwand (Anfechtungsantrag UBAS 30. 11. 1998, 206.259/1-I/03/98). Unter Zugrundelegung des obzitierten Erkenntnisses des VwGH wäre auch in einem abgekürzten Berufungsverfahren betreffend die Abweisung eines Asylantrages als offensichtlich unbegründet zunächst von der Berufungsbehörde jede sonstige Ziffer des § 6 AsylG 1997 zu prüfen (dh jede im angefochtenen Bescheid nicht herangezogene Z des § 6 leg cit) sowie, ergänzend, ob ein „sonstiger Hinweis auf Verfolgungsgefahr" besteht. Schon allein daraus leuchtet hervor, daß die Schwierigkeiten im Rahmen der Ermittlung des maßgebenden Sachverhalts in einem Verfahren nach § 6 denen in einem „ordentlichen" Verfahren nach § 7 AsylG 1997 annähernd gleichen und die Grenzziehung zwischen den beiden Verfahrenstypen auf erhebliche Schwierigkeiten stoßen muß. Dies spiegelt sich auch in der ständigen Praxis der Asylbehörden wider; allein nach „Begründungsart", Begründungsumfang und Ermittlungstätigkeit der Behörden sind in aller Regel keine Unterschiede zwischen Verfahren betreffend offensichtlich unbegründete Asylanträge (§ 6 AsylG 1997) und „ordentlichen Verfahren" nach § 7 AsylG 1997 auszumachen. Zwar wäre nach der bisherigen – der obzitierten Judikatur des Verwaltungsgerichtshofes widersprechenden – Judikatur des unabhängigen Bundesasylsenates, der in abgekürzten Berufungsverfahren nach § 32 AsylG 1997 die Bestimmung des § 66 Abs 2 AVG analog herangezogen hat und schon bei Mängeln im „Sachverhaltsbereich" dem Gesetzeswortlaut und den Materialien entsprechend (vgl 686 BlgNR 20. GP, 30) „zur Zurückverweisung der Angelegenheit zur neuerlichen Durchführung des Verfahrens und Erlassung eines Bescheides an die Behörde erster Instanz" geschritten ist (vgl dazu zB UBAS 21. 1. 1998, 201.559/0-II/4/98; 18. 3. 1998, 202.139/0-I/01/98; 1. 4. 1998, 202.348/0-II/06/98; 6.4.1998, 202.415/0-I/02/98; 15. 4. 1998, 202.670/0-VI/16/98; 21. 4. 1998, 202.689/0-I/01/98; 19. 5. 1998, 203.097/0-II/28/98; 3.6.1998, 203.245/0-II/04/98), das Problem nicht in dieser Schärfe hervorgetreten; doch auch im Lichte der Judikatur des unabhängigen Bundesasylsenates wäre das Verfahren – mag die Sachlage auch im Lichte einer abgekürzten Entscheidungsfrist differenzierter zu betrachten sein – nicht derart einfach, daß dem Schutzbedürfnis eines Asylwerbers im Falle der Abweisung des Asylantrages als offensichtlich unbegründet durch eine zweitägige Berufungsfrist rechtsstaatlichen Grundsätzen entsprechend Rechnung getragen werden könnte: Die Abweisung eines Asylantrages steht allgemein unter der Rechtsbedingung *„ohne sonstigen Hinweis auf Verfolgungsgefahr"*. Aus der Sicht eines Asylwerbers muß sohin nachvollziehbar sein, aus welchen Gründen die Behörde davon ausgeht, daß kein sonstiger Hinweis auf Verfolgungsgefahr vorliege, und ob die Behörde ihren Ermittlungspflichten vollständig nachgekommen ist. Zudem zeigt sich insbesondere in den Z 2, 3 und 5 des § 6 AsylG 1997, daß die Abweisung eines Asylantrages als offensichtlich unbegründet von schwierigen Beweis- und Beweiswürdigungsfragen abhängig ist, die sich kaum vom „ordentlichen Asylverfahren" nach § 7 Asylgesetz 1997 unterscheiden. Dies bringt für einen Asylwerber, der der deutschen Sprache und der österreichischen Rechtsordnung nicht kundig ist und regelmäßig einer fachkundigen Betreuung bedarf, einen erheblichen Aufwand mit sich, will er seine Berufung einigermaßen effektiv gestalten, um mögliche und wesentliche – über die bloße Abweisung des Asylantrages hinausgehende – Rechtsnachteile (vgl dazu etwa § 19 Abs 2 und § 21 Abs 1 AsylG 1997) vermeiden. Vor diesem Hintergrund führt der Verfassungsgerichtshof in seinem Beschluß vom 17. 10. 1998, B 825/98-12, zutreffend aus: *„Ob nämlich – beispielsweise laut § 6 Z 3 AsylG – ‚das Vorbringen der Asylwerber zu einer Bedrohungssituation offensichtlich den Tatsachen nicht entspricht', kann häufig nicht ohne genauere Darstellung der konkreten, im Herkunftsland des* *jeweiligen Asylwerbers herrschenden Situation widerlegt werden. Die vom Gerichtshof im Erkenntnis G 31/98 ua. angeführten Argumente hinsichtlich der Schwierigkeit, die mit der Einbringung einer Berufung typischerweise (und insbesondere für einen der deutschen Sprache meist unkundigen Asylwerber) einhergehen, sowie hinsichtlich des Erfordernisses, die mit der Ergreifung eines Rechtsmittels notwendig verbundenen manipulativen Umstände zu bewältigen, dürften jedenfalls auch bei Verfahren nach § 6 AsylG zum Tragen kommen."* Erschwerend tritt hinzu, daß mit der Abweisung des Asylantrages (als offensichtlich unbegründet) auch eine non-refoulement-Prüfung nach § 8 Asylgesetz 1997 vorzunehmen ist. Nach ständiger Judikatur des Verfassungsgerichtshofes ist die Behörde verpflichtet, *„ihrer non-refoulement-Prüfung neben dem Vorbringen des Asylwerbers auch andere geeignete Erkenntnisquellen betreffend die politische und menschenrechtliche Lage im Herkunftsstaat* (hier: in der Türkei) *zugrundezulegen, um klar beurteilen zu können, ob der Beschwerdeführer bei seiner Abschiebung in den Herkunftsstaat konkret Gefahr liefe, dort iS des § 57 Abs. 1 FrG bedroht zu sein – insbesondere unter Beachtung des Art. 3 Abs. 2 des Übereinkommens gegen Folter und andere grausame, unmenschliche oder erniedrigende Behandlung oder Strafe (BGBl. Nr. 492/1987), wonach bei der Feststellung, ob stichhaltige Gründe für die Anname drohender Folter vorliegen, auch der Umstand zu berücksichtigen ist, daß im betreffenden Staat eine ständige Praxis grober, offenkundiger oder massenhafter Verletzungen der Menschenrechte herrscht"* (vgl VfSlg 13981, 13897 ua). Im Lichte all dessen zeigt sich deutlich, daß ein Asylwerber nur in den seltendsten Fällen in der Lage ist, im Falle einer Abweisung seines Asylantrages als offensichtlich unbegründet (§ 6 AsylG 1997) sein Berufungsrecht innerhalb einer Frist von zehn Tagen wirklich effektiv wahrzunehmen.

Zumindest in solchen Fällen, in denen umfangreiche Ermittlungen notwendig sind (dies gilt auch für alle wesentliche Verfahrensmängel), räumt das abgekürzte Berufungsverfahren lediglich „formal" Rechtsschutz ein; es kann aber so gut wie keine inhaltliche Richtigkeitsgewähr bieten. Insoweit weicht das AsylG 1997 von den Regeln des AVG nicht bloß ab. Das AsylG 1997 setzt – unzulässigerweise – wesentliche Elemente des Rechtsschutzes außer Kraft (vgl zur Rechtslage vor der AsylG-N 1998 *Davy U.*, Asylrechtsreform, 824). Im Lichte dessen ist die Verkürzung der Berufungsfrist letztlich verfassungswidrig. Die Frist zur Erhebung einer Berufung in der Dauer von zehn Tagen greift – auch entgegen der Ansicht des Verfassungsgerichtshofes (VfGH 24. 6. 1998, G 31/98 ua) – insofern in das rechtsstaatliche Prinzip ein, als durch die Verkürzung der Berufungsfrist der Berufungswerber seine Berufung wohl kaum ordentlich und wirklich effektiv ausführen kann; somit wird aber auch das Rechtsmittel als solches relativ unwirksam. Ist im gegebenen Zusammenhang darauf hinzuweisen, daß die ständige Jud des VwGH keine hohen Anforderungen an die Begründungspflicht einer Berufung nach § 63 Abs 3 AVG stellt (vgl zB VwGH 15. 2. 1978, 67/78; 20. 3. 1984, 83/04/0312; 4. 7. 1985, 85/08/0006; 19. 12. 1985, 85/02/0125; 15. 4. 1986, 85/05/0179; 29. 3. 1995, 92/05/0227), so zerstreut das die verfassungsrechtlichen Bedenken nicht: Es besteht nämlich ein wesentlichen Unterschied dahingehend, ob eine Partei lediglich dazu in der Lage ist, die *„Mindesterfordernisse"* für eine Begründung iSd § 63 Abs 3 AVG zu erfüllen, oder ob sie darüber hinaus auch *„wirkungsvoll"* ihren Standpunkt im Berufungsverfahren vertreten kann.

921 Im Hinblick auf das Asylrecht hatte sich der Verfassungsgerichtshof bereits vor seinem Erkenntnis vom 24. 6. 1998, G 31/98 ua zweimal mit der Frage der Zulässigkeit der Abweichung des Materiengesetzes von einem auf Art 11 Abs 2 B-VG gestützten Bedarfsgesetz zu befassen: Im Einleitungsbeschluß zur Prüfung des § 20 Asylgesetz 1991 vom 22. 6. 1994, B 836/94-14 ua, hegte der Verfassungsgerichtshof Bedenken, *daß „die Abweichungen des Asylgesetzes von den Bestimmungen des AVG, insoweit nur offenkundige Mängel im Rechtsmittelverfahren geltend gemacht werden können, Art 11 Abs 2 B-VG widerspricht. (...) Der Gesetzgeber ist bei der Formulierung des Art 11 Abs 2 B-VG bewußt jener des Art 15 Abs 9 B-VG gefolgt, der unter den gleichen Voraussetzungen die Länder dazu ermächtigt, Regelungen auf dem Gebiete des Straf- und Zivilrechtes zu erlassen (vgl auch VfSlg. 11564/1987 u. v. a.). ‚Erforderlich' in diesem Sinn ist nach der Judikatur des Verfassungsgerichtshofes nur eine für die Regelung des Gegenstandes unerläßliche Bestimmung (vgl VfSlg. 6343/1970, 8945/1980, 10097/1984, 11564/1987 u. a.).“* Der VfGH hat diese Bedenken im Gesetzesprüfungsverfahren – was an sich nicht unproblematisch war – selbst nur deswegen nicht weiter aufgenommen, weil er das Wort *„offenkundig“* aus Gründen des Rechtsstaatsprinzips in § 20 Abs 2 AsylG 1991 aufgehoben und sich bei diesem Ergebnis – nach Ansicht des VfGH – das Eingehen auf die Frage, ob diese Bestimmung auch Art 11 Abs 2 B-VG widerspricht, erübrigt hatte (VfGH 1. 7. 1994, G92/94, G93/94). In seinem Erkenntnis vom 30. 6. 1994, B 1219/93, B 1698/93, B 397/94 hat der VfGH zunächst erneut festgehalten, daß *„erforderlich“* im Sinne des Art 11 Abs 2 B-VG nach der Judikatur des Verfassungsgerichtshofes nur eine für die Regelung des Gegenstandes unerläßliche Bestimmung zu verstehen ist (vgl VfSlg. 6343, 8945, 10.097, 11.564 ua; VfGH 11. 3. 1994, B 966, B 1089/93) und sodann weiter festgehalten: *„Das Verfahren zur Gewährung von Asyl weist Besonderheiten auf, die Abweichungen von Bestimmungen des AVG und des ZustellG erforderlich machen. So ist ein Asylwerber, der ‚direkt aus dem Staat kommt (...), in dem er behauptet, Verfolgung befürchten zu müssen' (§ 6 Abs. 1 Asylgesetz 1991 in der Fassung der Druckfehlerberichtigung BGBl. 437/1993), ab dem Zeitpunkt, zu dem (rechtzeitig) ein Asylantrag gestellt wurde, zum Aufenthalt im Bundesgebiet berechtigt (vgl näher § 7 Asylgesetz 1991). Solange das Asylverfahren nicht abgeschlossen ist, genießt ein solcher Asylwerber somit bereits vorläufig jenes Recht, dessen Erlangung letztlich das wichtigste Ziel der Asylgewährung ist, nämlich das Recht, sich im Bundesgebiet aufzuhalten. Vom AVG und vom ZustellG abweichende Bestimmungen, die sicherstellen, daß der Asylwerber am Verfahren mitwirkt, sachdienliche Vorbringen – nach Belehrung durch die Behörde – zu einem möglichst frühen Zeitpunkt erstattet, daß er weiters Bescheinigungsmittel vorlegt und nicht durch späte Antragstellung das Verfahren verzögern kann, stehen im Zusammenhang mit der Begünstigung der vorläufigen Berechtigung zum Aufenthalt und sind zur Sicherstellung der Mitwirkung des Antragstellers unerläßlich (vgl den Einleitungsbeschluß vom 9. März 1994, B 990, 1974/93). Ohne die Mitwirkung des Asylwerbers ist es in der Regel ausgeschlossen, das Verfahren in angemessener Zeit und mit vertretbarem Aufwand zum Abschluß zu bringen. Zur Erreichung des Zieles, den Asylwerber zur Mitwirkung am Verfahren zu verhalten, wäre es aber nicht geboten, einen Asylantrag in der Sache nur deshalb endgültig negativ zu erledigen, weil der Asylwerber seiner Mitwirkungsverpflichtung nicht (voll) nachgekommen ist; vielmehr genügt es, Konsequenzen im Bereich der Prozeßvoraussetzungen zu ziehen. (...) Das bedeutet, daß im Falle einer Zurückweisung des Asylantrages (...) einem neu eingebrachten Asylantrag nicht entgegengehalten werden könnte, es liege res iudicata vor (...).“* Damit hat der VfGH die tatsächlich nach den §§ 19 und 20 AsylG 1991 gegebenen Abweichungen vom AVG nur zu einem Teil wahrgenommen und das Niveau der „Erforderlichkeit“ der Abweichung erstaunlich niedrig angesetzt (VfGH 30. 6. 1994, B 1219/93-11; 1. 7. 1994, G 92, 93/94-10; zu diesen Erkenntnissen siehe *Rohrböck*, Juridicum 1994/4, 15 ff). Daneben übersieht der VfGH, daß das AVG eigene Rechtsinstrumente „zur Sicherung der Mitwirkung des Antragstellers" enthält; die Bestimmung des § 35 AVG verfolgt nämlich genau diesen Zweck.

922 Die verfassungsrechtliche Problematik der verkürzten Berufungsfrist – insb im Lichte der Rechtsstaatlichkeitsgarantie und der Erforderlichkeit der Abweichung vom AVG iSd Art 11 Abs 2 B-VG – wird auch dadurch nicht beseitigt, daß gem § 29 AsylG 1997 die im Rahmen des abgekürzten Berufungsverfahrens bekämpfbaren Bescheide nicht nur Spruch und Rechtsmittelbelehrung in einer dem Asylwerber verständlichen Sprache enthalten müssen, sondern auch eine in dieser Sprache gehaltene Übersetzung der angewendeten Gesetzesbestimmung beizugeben ist (vgl *Rosenmayr*, Asylrecht, 590). Abgesehen davon, daß die Pflicht zur Beigabe der Übersetzung in der Jud des VwGH im Lichte des AsylG 1991 als bloße Ordnungsvorschrift qualifiziert wurde und ein Abgehen von dieser Jud auch vor dem Hintergrund des AsylG 1997 fraglich ist, sohin letztendlich vom Asylwerber nicht durchsetzt werden kann (vgl dazu die Ausführungen zu § 29 Rz 880), läßt auch eine Vorgangsweise gemäß der Bestimmung des § 29 AsylG 1997 den Asylwerber über die maßgeblichen Erwägungen der Asylbehörde nicht nur bei Sprachunkenntnis im unklaren (vgl dazu den Anfechtungsantrag UBAS Sen 17. 4. 1998, Zahl 202.536/2-II/04/98): Der Asylwerber erfährt zwar, daß sein Antrag als offensichtlich unbegründet abgewiesen oder aus den Gründen der §§ 4 und 5 leg cit wegen Unzuständigkeit zurückgewiesen wurde, nicht jedoch, warum die Behörde auf diese Weise vorgegangen ist. Auch unter der Voraussetzung, daß dem betreffenden Bescheid eine entsprechende Übersetzung der maßgebliche Gesetzesstelle beigegeben wurde, ist es einem Asylwerber nur schwer möglich, sich entsprechend zu informieren, entsprechende Gutachten beizubringen, bzw seine Anträge und seine Begründung so zu formulieren, daß sie zu einer zweckentsprechenden Rechtsverfolgung geeignet sind bzw sich in dieser kurzen Zeit eines geeigneten Rechtsbestandes zu bedienen, der für den Asylwerber innerhalb der abgekürzten Berufungsfrist die Interessen des Asylwerber effektiv wahrnehmen kann. Ein durchschnittlicher Asylwerber muß nämlich erhebliche Anstrengungen bzw Aufwendungen auf sich nehmen, um Kenntnis vom eigentlichen Gegenstand der Verwaltungssache zu bekommen (vgl dazu VfGH 24. 6. 1998, G 31/98 ua; 11. 12. 1998, G 210/98 ua).

Den Asylwerbern ist zwar gem § 26 Abs 2 zweiter Satz AsylG 1997 frühestmöglich ein in einer ihnen verständlichen Sprache gehaltenes Merkblatt zu übergeben, doch verbessert dieser Umstand die Rechtsschutzsituation eines Asylwerbers nicht entscheidend (vgl dazu schon *Rosenmayr*, Asylrecht, 590; vgl dazu auch den Anfechtungsantrag UBAS 15. 4. 1998, 202.208/3-VII/19/98). Ein *„Merkblatt"* mag zwar einen gewissen Beitrag zur Information des Asylwerbers leisten, man kann jedoch nicht davon ausgehen, daß ein Asylwerber durch ein „Merkblatt" über seine Rechtsposition in einer für ihn fremden Rechtskultur derart informiert ist, daß er nunmehr ohne jede weitere Unterstützung seine Rechtsposition effektiv vertreten kann. Ein Merkblatt kann schon dem Wesen nach nicht jenen Zeitraum ersetzen, den ein Asylwerber zu einer zweckentsprechenden Rechtsverfolgung notwendigerweise benötigt; ein dem Asylwerber zu übergebendes Merkblatt kann nur eine allgemeine Information über die Voraussetzungen der Asylgewährung bieten und vermag daher nicht die konkrete persönliche Hilfe zu ersetzen, deren der Asylwerber als Bescheidadressat in seiner speziellen Lage regelmäßig bedarf (VfGH 24. 6. 1998, G 31/98 ua). Zudem wird innerhalb der abgekürzten Berufungsfrist die Bestellung eines (rechtskundigen) Vertreters und die Erstellung einer zweckentsprechenden begründeten Berufung wesentlich erschwert.

Zwar besteht gemäß § 24 Abs 2 Asylgesetz 1997 die Möglichkeit, sämtliche schriftlichen Anträge (sohin auch Asyl- und Berufungsanträge) in einer der Amtssprachen der Vereinten Nationen zu stellen, was zwar die Position des Asylwerbers – sollte er einer dieser Sprachen kundig sein – etwas erleichtert, aber den Asylwerber für sich allein nicht in die Lage versetzt, seine berechtigten Rechtsschutzinteressen effektiv wahrzunehmen. Die Möglichkeit der Einbringung eines Antrags in einer der Partei verständlichen Sprache ist kein geeigneter Ersatz für die Möglichkeit einer Partei, sich etwa entsprechend zu informieren, entsprechende Gutachten bei Sachverständigen einzuholen bzw etwa auch ihre Anträge so zu formulieren und zu begründen, um ihren Rechtsstandpunkt in geeigneter Weise darzulegen. Die Kenntnis einer der Amtssprachen der Vereinten Nationen kann die zur zweckentsprechenden Verfolgung subjektiver Rechte unabdingbare Sachkenntnis nicht ersetzen (vgl dazu *Davy U.*, Asylrechtsreform, 824). Dies ist insbesondere vor dem Hintergrund beachtlich, daß zahlreiche Asylwerber über keine höhere Schulbildung verfügen (vgl dazu VfGH 24. 6. 1998, 31/98 ua). Im Asylverfahren ist allgemein zu berücksichtigen, daß Asylwerber in aller Regel der deutschen Sprache oder einer der Amtssprachen der Vereinten Nationen nicht kundig sind. Im Asylverfahren ist daher das *„Sprachregime"* des AsylG 1997 als ein die Effektivität des Rechtsschutzes beeinträchtigendes Element ins Kalkül zu ziehen (vgl Anfechtungsantrag UBAS Sen 17. 4. 1998, 202.536/2-II/04/98).

Vor dem Hintergrund des Sechsten Hauptstücks des B-VG (Art 129 ff leg cit) darf die Verkürzung der Berufungsfrist zu keiner *„Immunisierung verwaltungsbehördlicher Entscheidungen"* (hier des BAA) führen: Der VfGH hat in einem – zum Asylgesetz 1991 ergangenen – Erkenntnis ausgesprochen, daß die Schaffung eines Instanzenzuges nicht dazu führen dürfe, daß die Möglichkeit der unbeschränkten Überprüfung der Rechtmäßigkeit des Verwaltungshandelns durch die Gerichtshöfe des öffentlichen Rechts (wohl auch durch die UVS) beseitigt werde (VfSlg 13.834; vgl auch den Anfechtungsantrag UBAS Sen 17. 4. 1998, 202.536/2-II/04/98).

Auch in einem „internationalem Rahmen" – darauf wird die Rechtfertigung der Verkürzung der Berufungsfrist häufig gestützt – ist die Verkürzung der Berufungsfrist nur bedingt zu rechtfertigen. Zunächst ist – in rechtlich nicht verbindlicher Weise (vgl dazu *Geistlinger*, Harmoniebedürfnis, 25) – in der Entschließung der für Einwanderungsfragen zuständigen Minister der Mitgliedstaaten der Europäischen Gemeinschaften über offensichtlich unbegründete Asylanträge von *„beschleunigten Verfahren"* die Rede:

„1. a) Ein Asylantrag gilt als offensichtlich unbegründet, wenn eindeutig keines der wesentlichen Kriterien des Genfer Abkommens und des New Yorker Protokolls erfüllt ist; dies ist der Fall, wenn

- *die Behauptung des Asylbewerbers, in seinem Heimatland Verfolgungbefürchten zu müssen, eindeutig jeder Grundlage entbehrt (Nummer 6 bis 8),*
- *der Antrag auf einer vorsätzlichen Täuschung beruht oder einen Mißbrauch der Asylverfahren darstellt (Nummer 9 bis 10).*

b) Unbeschadet der Bestimmungen des Dubliner Übereinkommens braucht ein Asylantrag von einem Mitgliedstaat für die Zuerkennung der Flüchtlingseigenschaft im Sinne des Genfer Abkommens über die Rechtsstellung der Flüchtlinge außerdem nicht in Betracht gezogen werden, wenn er unter die von den für Einwanderungsfragen zuständigen Minister auf ihrer Tagung am 30. November und 1. Dezember 1992 in London angenommene Entschließung über Aufnahmedrittländer fällt.

2. *Die Mitgliedstaaten können bei Anträgen, auf die Nummer 1 zutrifft, ein beschleunigtes Verfahren (sofern ein solches Verfahren bereits existiert oder eingeführt wird) anwenden, bei dem nicht auf jeder Verfahrensstufe eine umfassende Prüfung vorgenommen zu werden braucht; von der Anwendung dieses Verfahrens kann gleichwohl abgesehen werden, wenn es innerstaatliche Grundsätze gibt, nach denen der Antrag aus anderen Gründen angenommen werden kann. Die Mitgliedstaaten können auch Zulässigkeitsprüfungen durchführen, bei denen Anträge sehr rasch aus objektiven Gründen abgelehnt werden können.*
3. *Die Mitgliedstaaten sind bestrebt, erste Entscheidungen über Anträge, die unter Nummer 1 fallen, so rasch wie möglich und spätestens innerhalb eines Monats zu treffen und sämtliche Berufungs- und Überprüfungsverfahren so rasch wie möglich abschließen. Die Berufungs- und Überprüfungsverfahren können stärker vereinfacht sein als diejenigen, die im allgemeinen bei anderen abgelehnten Asylanträgen zur Anwendung kommen.*
4. *Über die Ablehnung eines unter Nummer 1 fallenden Asylantrags entscheidet eine auf der entsprechenden Ebene zuständige Behörde, die in Asyl- und Flüchtlingsfragen voll qualifiziert ist. Neben anderen Verfahrensgarantien sollten die Asylbewerber, bevor eine endgültige Entscheidung getroffen wird, Gelegenheit zu einem persönlichen Gespräch mit einem nach dem nationalen Recht befugten qualifizierten Bediensteten erhalten.*
5. *(...)"*

Gleichwohl die genannte Entschließung zu „beschleunigten Verfahren" einerseits klare Worte findet, setzt die Entschließung über offensichtlich unbegründete Asylanträge einen effektiven Rechtsschutz geradezu voraus, wie wiederum in der Präambel der Entschließung über offensichtlich unbegründete Asylanträge sichtbar wird:

„(...) ENTSCHLOSSEN, getreu ihren gemeinsamen humanitären Traditionen, Flüchtlingen einen angemessenen Schutz gemäß dem Genfer Abkommen vom 28. Juli 1951 über die Rechtsstellung der Flüchtlinge in der geänderten Fassung des New Yorker Protokolls vom 31. Jänner 1967 zu garantieren,

IN ANBETRACHT DESSEN, daß die Mitgliedstaaten gemäß den nationalen Rechtsvorschriften Ausländern aus sonstigen zwingenden Gründen, die nicht unter das Genfer Abkommen von 1951 fallen, in Ausnahmefällen den Aufenthalt gestatten können (...)."

Vor diesem Hintergrund wird deutlich, daß die Beschleunigung von Asylverfahren nicht auf Risiko des Asylbewerbers erfolgen darf (vgl dazu insbesondere auch Nr 4 der Entschließung über offensichtlich unbegründete Asylanträge, die näher nicht spezifizierte „Verfahrensgarantien" anspricht). Sohin sollten auch beschleunigte Verfahren in einen wirksamen Rechtsschutzmechanismus eingebettet sein; es dürfen daher nur Verfahrensschritte beschleunigt werden, wo und insoweit dies „sachlich" zu rechtfertigen ist. Ein Blick auf § 32 AsylG 1997 zeigt, daß die Entscheidungsfrist in erster Instanz – abgesehen von den Regelungen des allgemeinen Verwaltungsverfahrensrechts – überhaupt keinen zeitlichen Beschränkungen unterliegt; lediglich im Berufungsstadium sind demgegenüber enge zeitliche Schranken gesetzt. Der Gesetzgeber wäre nicht gehindert gewesen, in sachlich gerechtfertigten Grenzen die Rechtsmittelfrist verhältnismäßig, den rechtsstaatlichen Grundsätzen entsprechend und angemessen festzusetzen, ohne das vom Gesetz offenbar angestrebte Ziel, nämlich eine rasche Umsetzung fremdenpolizeilicher Maßnahmen im verfassungsrechtlichen Rahmen, aus den Augen zu verlieren.

Aber auch die genannten Entschließungen der für Einwanderungsfragen zuständigen Minister der Mitgliedstaaten der Europäischen Gemeinschaften sind nicht bindend und sind daher nicht geeignet, einen im Lichte der österreichischen Verfassung ungerechtfertigten Eingriff in das rechtsstaatliche Prinzip oder in die Bedarfskompetenz nach Art 11 Abs 2 B-VG zu rechtfertigen; vielmehr ist die Entschließung über offensichtlich unbegründete Asylanträge derart formuliert, daß sie innerstaatlich notwendige Gegebenheiten durchaus berücksichtigt. Auch der EXCOM-Beschluß Nr 30 (XXXIV), an dem sich die Entschließung über offensichtlich unbegründete Asylanträge orientiert, kennt zwar auch ein beschleunigtes Verfahren, setzt aber gleichfalls einen entsprechenden Rechtsschutz voraus, wie im ausdrücklichen Verweis auf den Beschluß Nr 8 (XXVIII) sichtbar wird. Die Bundesregierung hat sich seinerzeit (Stellungnahme der Bundesregierung 13. Februar 1998, GZ 604.034/2-V/A/5/98, im Verfahren G 31/98) zur Rechtfertigung der gem § 32 Abs 1 erster Satz Asylgesetz 1997 idF vor der AsylG-N 1998 drastisch verkürzten Berufungsfrist ua auf Nr 19 der Entschließung über Mindestgarantien für Asylverfahren berufen. Auch dieser Argumentation kann insofern nur schwerlich gefolgt werden, als auch die Mindestgarantien rechtlich nicht verbindlich sind. Nr 19 der Entschließung des Rates vom 20. Juni 1995 über Mindestgarantien für Asylverfahren (ABl 19. 9. 1996 Nr C 274/13; in der Folge: Mindestgarantien) lautet unter der Überschrift *„Offensichtlich unbegründete Asylanträge"* wie folgt: *„Die Mitgliedstaaten können abweichend vom Grundsatz Nr. 8 die Möglichkeit, gegen eine ablehnende Entscheidung ein Rechtsmittel einzulegen, ausschließen, wenn statt dessen eine unabhängige, von der Prüfungsbehörde getrennte Stelle zuvor die Entscheidung bestätigt hat"*. Nach Nr 8 der Mindestgarantien ist für den Fall eines ablehnenden Bescheides vorzusehen, *„daß Rechtsmittel bei einem Gericht oder einer Überprüfungsinstanz, die in voller Unabhängigkeit unter den Bedingungen von Grundsatz Nr. 4 über die einzelnen Fälle entscheidet, eingelegt werden."* Gem Nr 4 der Mindestgarantien werden *„die Asylanträge (...) von einer zuständigen Behörde mit uneingeschränkter Kompetenz in Asylrechts- und Flüchtlingsfragen geprüft. Entscheidungen werden unabhängig getroffen, und zwar in dem Sinne, daß alle Asylanträge einzeln, objektiv und unparteiisch geprüft werden (...)"*. Wie die Mindestgarantien insgesamt zeigen bereits auch die zitierten Regelungen, daß die Beschleunigung eines Verfahrens nicht um den Preis eines effektiven Rechtsschutzes erkauft werden darf; vielmehr soll die Beschleunigung des Verfahrens in ein funktionierendes Rechtsschutzsystem eingebettet sein. Dieser Ansatz läßt sich mit zahlreichen Stellen aus den Mindestgarantien belegen: Im gegebenen Zusammenhang sei besonders auf Nr 16 der Mindestgarantien hingewiesen, die besagt: *„Der Asylbewerber verfügt über eine hinreichende Frist zur Einlegung eines Rechtsmittels und zur Vorbereitung seiner Argumentation, wenn er die Überprüfung der Entscheidung beantragt. Diese Fristen werden dem Asylbewerber rechtzeitig mitgeteilt."*

IV. Prozeßgegenstand im abgekürzten Berufungsverfahren

923 Prozeßgegenstand im (oder neben dem) abgekürzten Berufungsverfahren sind nicht die Rechtsbedingungen für die Asylgewährung, der Feststellung der Flüchtlingseigenschaft oder der non-refoulement-Prüfung schlechthin, sondern nur ein eingeschränkter Bereich dessen. Prozeßgegenstände im abgekürzten Berufungsverfahren sind zunächst – eine entsprechende Berufung vorausgesetzt – die offensichtlich unbegründete Abweisung eines Asylantrags, die Zurückweisung eines Asylantrags aus den Gründen der §§ 4 und 5 AsylG 1997.

Eine abgesonderte Berufung gegen eine Feststellung gemäß § 8 (non-refoulement-Prüfung) ist in solchen Fällen (gemeint sind offenbar Fälle, in denen gegen einen Bescheid, mit dem ein Asylantrag als offensichtlich unbegründet abgewiesen wurde, Berufung erhoben worden ist) nur insoweit möglich (gemeint ist: zulässig), als das Bestehen einer Gefahr gemäß § 57 Abs 1 FrG behauptet wird (§ 32 Abs 1 dritter Satz AsylG 1997). Eine entsprechende Behauptung ist sohin (positive) Prozeßvoraussetzung. Im Falle der Stattgebung der Berufung im abgekürzten Berufungsverfahren „gelten (erstinstanzliche) Feststellungen gemäß § 8 AsylG 1997 jedenfalls als aufgehoben“ (§ 32 Abs 2 AsylG 1997). Diesfalls ist die non-refoulement-Prüfung der Kognition durch die Berufungsbehörde (UBAS) im abgekürzten Berufungsverfahren zur Gänze entzogen. Die unmittelbar auf Grund des Gesetzes bewirkte Aufhebung erfaßt den erstinstanzlichen Bescheid nach § 8 AsylG 1998 vollständig und beschränkt sich nicht auf die Aspekte des § 57 Abs 1 FrG 1997. Wird ein Bescheid, mit dem der Asylantrag als offensichtlich unbegründet abgewiesen wurde, von der Berufungsbehörde bestätigt, so hat sie (der UBAS) ihrerseits (seinerseits) „jedenfalls“ eine Feststellung gemäß § 8 AsylG 1997 zu treffen (§ 32 Abs 2 letzter Satz AsylG 1997); diese Feststellung ist nach dem systematischen Zusammenhang mit § 8 leg cit an sich nicht nur an die Tatbestände des § 57 Abs 1 FrG 1997 gebunden sondern umfaßt sowohl Abs 1 und 2 des § 57 FrG 1997, wobei fraglich ist, ob dieses Ergebnis vom Gesetzgeber auch so gewollt war. Welchen Sinn im Lichte dessen die Einschränkung der Berufungsmöglichkeit auf die *„Behauptung des Bestehens einer Gefahr gemäß § 57 Abs 1 FrG“* verfolgt, bleibt weitgehend im Dunkeln.

Eine abgesonderte Berufung gegen Bescheide, mit denen in diesen Fällen (gemeint sind hier wohl Fälle, in denen gegen einen Bescheid, mit dem ein Asylantrag als offensichtlich unbegründet abgewiesen oder aus den Gründen der §§ 4 und 5 wegen Unzuständigkeit zurückgewiesen worden ist, Berufung erhoben worden ist) der Asylerstreckungsantrag Angehöriger als unbegründet abgewiesen wurde, ist nicht zulässig, doch gelten solche Bescheide durch eine Berufung gegen eine Entscheidung über den Asylantrag als im selben Umfang angefochten (§ 32 Abs 1 letzter Satz AsylG 1997). Was unter der Wortfolge „als im selben Umfang“ zu verstehen ist, bleibt in vielen Punkten vieldeutig, doch sprechen systematische Überlegungen dahingehend, Asylerstreckungsanträge insoweit als unmittelbar auf Grund des Gesetzes als angefochten zu betrachten, wenn der dem abgekürzten Berufungsverfahren zugrundeliegende Asylantrag im Falle seiner Stattgebung eine notwendige Rechtsbedingung für die Stattgebung des betreffenden Asylerstreckungsantrages bilden würde. Im Lichte dessen wird man in der Annahme nicht fehl gehen, daß die Asylerstreckung in diesem Rahmen auch einen eigenen Verfahrensgegenstand im Zusammenhang mit einem abgekürzten Berufungsverfahren bildet.

924 Der UBAS kann das Berufungsverfahren etwa dadurch abschließen, indem er die Berufungsanträge abweist und auch über die gem § 32 Abs 1 letzter Satz AsylG 1997 gesetzlich als bekämpft (unwiderleglich) vermuteten Asylerstreckungsverfahren abspricht sowie – verfassungsrechtlich nicht unbedenklich – zwingend („jedenfalls“) eine Feststellung nach § 8 AsylG 1997 trifft. Wird die Abweisung eines Asylantrags als offensichtlich unbegründet oder die Zurückweisung eines Asylantrags rechtskräftig, ist die Umdeutungsregel des § 11 Abs 2 zweiter Satz leg cit zu beachten. Danach gelten die der Sache nach verbundenen Asylerstreckungsanträge, sofern der Betroffene nach Belehrung über die Folgen nicht ausdrücklich darauf verzichtet, als Asylanträge, wenn der Asylantrag des Angehörigen als unzulässig zurückgewiesen oder als offensichtlich unbegründet abgewiesen wird. Kommt es zur

Umdeutung eines Asylerstreckungsantrags, was aber zum Zeitpunkt der Absprache nach den §§ 4, 5 oder 6 AsylG 1997 noch nicht feststehen kann, so hat sich der UBAS im Ergebnis einer Absprache über die Asylerstreckung zu enthalten.

Der UBAS kann das abgekürzte Berufungsverfahren aber auch dadurch abschließen, daß er der Berufung stattgibt, die Angelegenheit zur neuerlichen Durchführung des Verfahrens und Erlassung eines Bescheides an die Behörde erster Instanz zurückverweist und „zugehörige Asylerstreckungsbescheide" als überholt aufhebt; diese Regelung gilt – zumindest nach dem Wortlaut des Gesetzes – auch für jene Fälle, in denen der Asylantrag vom BAA nach der Rechtslage des AsylG 1991 abgewiesen wurde („Übergangsfälle; vgl dazu § 44 Abs 1 AsylG 1997).

924a Im Lichte des § 32 Abs 2 erster und zweiter Satz AsylG 1997 war und ist der Umfang der Ermittlungspflichten des UBAS im Rahmen des abgekürzten Berufungsverfahrens betreffend die Abweisung des Asylantrages als offensichtlich unbegründet (§ 6 leg cit) bzw die Zurückweisung des Asylantrages wegen Drittstaatsicherheit (§ 4 leg cit) oder vertraglicher Unzuständigkeit (§ 5 leg cit) umstritten. Damit hängt untrennbar die Frage zusammen, ob im abgekürzten Berufungsverfahren lediglich eine Kassation des bekämpften Bescheides mit eingeschränkter Bindungswirkung, oder auch im abgekürzten Berufungsverfahren eine vollständige Erledigung der Sache iSd § 66 Abs 4 AVG zu erfolgen hat. Während die Zulässigkeit einer Kassation im abgekürzten Berufungsverfahren einerseits auf den Wortlaut des § 32 Abs 2 zweiter Satz AsylG 1997 (arg *„... die Angelegenheit zur neuerlichen Durchführung des Verfahrens und zur Erlassung eines Bescheides an die Behörde erster Instanz zurückzuverweisen"*) und auf die Regierungsvorlage andererseits (arg *„... gilt grundsätzlich das Allgemeine Verwaltungsverfahrensgesetz 1991 mit der wesentlichen Ausnahme, daß die Möglichkeit der Zurückverweisung dort, wo dies aus zeitlichen Gründen notgedrungen erforderlich ist (§ 32), erweitert wurde"* in 686 BlgNR 20. GP, 30; vgl dazu auch den Anfechtungsantrag UBAS 30. 11. 1998, 206.259/1-I/03/98) gestützt werden könnte, könnte sich eine gegenteilige Ansicht auf den Wortlaut des § 32 Abs 2 erster Satz AsylG 1997 (arg *„... wenn die Feststellung der Behörde, der Antrag sei offensichtlich unbegründet oder es bestehe aus den Gründen der §§ 4 und 5 Unzuständigkeit, nicht zutrifft"*) berufen.

Vor diesem Hintergrund hat sich der UBAS zunächst für die erste Auslegungsvariante entschieden und in einem richtungsweisenden Bescheid § 66 Abs 2 AVG für das abgekürzte Berufungsverfahren analog herangezogen: *„Der § 32 Abs 2 AsylG ist erkennbar dem § 66 Abs 2 AVG – wonach dann, wenn der der Berufungsbehörde vorliegende Sachverhalt so mangelhaft ist, daß die Durchführung der Wiederholung einer mündlichen Verhandlung unvermeidlich erscheint, die Berufungsbehörde den angefochtenen Bescheid beheben und die Angelegenheit zur neuerlichen Verhandlung und Erlassung eines neuen Bescheides an die Behörde erster Instanz verweisen kann – nachgebildet, wobei nur, der Natur des erstinstanzlichen Asylverfahrens entsprechend, § 32 Abs 2 AsylG eine Zurückverweisung an die erste Instanz auch in jenen regelmäßig gegebenen Fällen vorsieht, in denen das erstinstanzliche Verfahren des zweiten Rechtsganges keiner mündlichen Verhandlung bedarf. Auch nach § 32 Abs 2 AsylG soll aber die Berufungsbehörde offenkundig der sonst gegebenen Verpflichtung der Berufungsbehörde (vgl § 66 Abs 4 AVG) enthoben sein, einen von der Behörde erster Instanz mangelhaft oder gar nicht erhobenen Sachverhalt selbst zu ermitteln (was im übrigen auch innerhalb der gemäß § 32 Abs 3 AsylG dem unabhängigen Bundesasylsenat zur Verfügung stehenden Frist „von vier Arbeitstagen nach dem Tag des Einlangen bei der Berufungsbehörde" auch gar nicht möglich wäre). Der unabhängige Bundesasylsenat hat daher gemäß § 32 Abs 2 AsylG immer* *dann mit Zurückverweisung vorzugehen, wenn die im konkreten Fall getroffenen Feststellungen der Behörde erster Instanz den Spruch des angefochtenen Bescheides nicht zu tragen vermögen. Umgekehrt ist aber auch die Bindungswirkung einer derartigen Zurückverweisung auf die von der Behörde erster Instanz im behobenen Bescheid tatsächlich getroffenen Feststellungen beschränkt"* (UBAS Sen 21. 1. 1998 , 201.559/0-II/4/98; vgl auch UBAS 21. 1. 1998, 201.556/0-III/08/98; 1. 4. 1998, 202.348/0-II/06/98; Sen 6. 4. 1998, 202.416/0-I/01/98; Sen 21. 4. 1998, 202.689/0-I/01/98; 21. 8. 1998, 204.606/0-I/02/98). Damit nimmt der UBAS in Verfahren nach § 32 AsylG 1997 lediglich eine Prüfung auf Mängel im *„Sachverhaltsbereich"* vor, unterläßt aber weitgehend eigene Ermittlungstätigkeiten und verweist die Angelegenheit zur neuerlichen Durchführung des Verfahrens und Erlassung eines neuen Bescheides an das BAA zurück. Ausdrücklich wird die *Bindungswirkung* eng ausgelegt; das bedeutet, daß es dem BAA nicht verwehrt wäre, in derselben Sache einen neuen Bescheid nach den §§ 4, 5 oder 6 AsylG 1997 zu erlassen. In einer späteren Senatsentscheidung vom 16. 2. 1998, Zahl 201.749/0-VII/19/98, hat der unabhängige Bundesasylsenat jedoch festgehalten, *„daß sich der unabhängige Bundesasylsenat (...) auf jene Ermittlungstätigkeit beschränkt, die für die Beurteilung notwendig erschienen, ob die vom Bundesasylamt durchgeführten amtswegigen Ermittlungen ausreichend waren und ob die darauf gestützte rechtliche Schlußfolgerung, ein bestimmter Staat sei ein sicherer Drittstaat iSd § 4 Abs 1 AsylG, zu Recht angenommen wurde"*. Damit ging der unabhängige Bundesasylsenat in seiner zweiten Senatsentscheidung – im Gegensatz zur Senatsentscheidung vom 21. 1. 1998, Zahl 201.559/0-II/4/98 – davon aus, daß auch im Rahmen des abgekürzten Berufungsverfahren nach § 32 AsylG eine – zumindest *eingeschränkte* – Ermittlungspflicht, die über die Ermittlung von „Sachverhaltsmängel" hinausgeht, besteht (vgl auch UBAS 27. 1. 1998, 201.573/0-V/13/98; 11. 2. 1998, 201.571/0-IV/10/98; 13. 2. 1998, 201.763/0-IV/10/98; 17. 2. 1998, 202.127/0-VII/19/98; 3. 3. 1998, 201.997/0-VII/19/98; 3. 3. 1998, 201.924/0-III/08/98; 3. 3. 1998, 201.923/0-IV/10/98; 3. 3. 1998, 201.997/0-VII/19/98; 16. 3. 1998, 202.106/0-VI/18/98). Im Lichte dieser – teilweise widersprüchlichen – Senatsentscheidungen ist der unabhängige Bundesasylsenat in seiner Senatsentscheidung vom 19. 3. 1998, 202.139/0-I/01/98, zu seiner ursprünglichen Linie zurückgekehrt und hat dazu weiter ausgeführt: *„Träfe den unabhängigen Bundesasylsenat auch in abgekürzten Berufungsverfahren eine Ermittlungspflicht, die über die Ermittlungspflicht betreffend Sachverhaltsmängel hinausgeht, so kann diese Ermittlungspflicht inhaltlich nicht eingeschränkt werden, weil die Rechtsordnung keine Anhaltspunkte dafür enthält, nach welchen Kriterien eine derartige Einschränkung der Ermittlungspflicht zu erfolgen hätte; die Rechtsordnung enthält insbesondere keine Anhaltspunkte dafür, daß den unabhängigen Bundesasylsenat in verfassungskonformer Weise eine auf ‚offenkundige' Tatsachen eingeschränkte Ermittlungspflicht treffen könnte. An dieser Stelle ist darauf hinzuweisen, daß auch die Bestimmung des § 4 Abs. 3 AsylG nicht dazu führt, daß die Asylbehörden von jeder Ermittlungstätigkeit dispensiert wären (vgl dazu UBAS 16. 2. 1998, Zahl 201.749/0-VII/19/98; vgl auch Davy U., Die Asylrechtsreform II, ecolex 1997, 823, FN 84). Ist aber der unabhängige Bundesasylsenat zu einem Ermittlungsverfahren verpflichtet, so hat er auch das Recht auf Parteiengehör zu achten (vgl dazu § 37 und § 45 Abs. 3 AVG), das auch sog. ‚offenkundige' Tatsachen betrifft (VwGH 27. 4. 1993, 90/04/0265, 0268; 30. 9. 1994, 93/08/0180). Das Recht auf Parteiengehör ist aber im Lichte der gesetzlichen Vorschriften in aller Regel innerhalb einer Frist von vier Arbeitstagen (vgl § 32 Abs. 3 AsylG) nicht zu verwirklichen, zumal die Frist zu einer Stellungnahme im Rahmen des Parteiengehörs eine ausrei-*

chende sein muß (vgl Hauer/Leukauf, Handbuch des österreichischen Verwaltungsverfahrens[5], 294; Walter/Mayer, Verwaltungsverfahrensrecht[6], Rz 334; VwGH 10. 6. 1991, 90/12/0265). Dem Gesetzgeber ist wohl nicht zuzusinnen, daß er mit der Schaffung des abgekürzten Berufungsverfahrens das im Lichte des rechtsstaatlichen Prinzips fundamentale Recht auf Parteiengehör iSd § 37 und § 45 Abs. 3 AVG in abgekürzten Berufungsverfahren abschaffen wollte (vgl dazu § 23 AsylG). Vor diesem Hintergrund liegt aber auf der Hand, davon auszugehen, daß den unabhängigen Bundesasylsenat – analog zu § 66 Abs. 2 AVG – im abgekürzten Berufungsverfahren – abgesehen von der Feststellung, ob das Verfahren mangelhaft ist – keine über die Ermittlungen des Bundesasylamtes hinausgehende Ermittlungspflicht in der Sache betreffend die Drittstaatsicherheit, sondern lediglich Ermittlungspflichten im Hinblick auf ‚Sachverhaltsmängel' (vgl dazu Walter/Mayer, Verwaltungsverfahrensrecht[6] [1995], Rz 545; zu § 66 Abs. 2 AVG siehe auch VwSlgNF 10.335A; VwGH 21. 6. 1989, 89/01/0061; 19. 2. 1991, 90/08/0142) trifft und er auch zur Nachholung einer vom Bundesasylamt rechtswidrig unterlassenen Einräumung einer Gelegenheit, vom Ergebnis der Beweisaufnahme Kenntnis und dazu Stellung zu nehmen, nicht verpflichtet ist, sondern diesfalls gem. § 32 Abs. 2 zweiter Satz AsylG mit einer Zurückverweisung der Angelegenheit zur neuerlichen Durchführung eines Verfahrens und Erlassung eines Bescheides an das Bundesasylamt vorzugehen hat. Wäre dem nicht so, so wäre der unabhängige Bundesasylsenat in aller Regel gezwungen, die Entscheidungsfrist von vier Arbeitstagen nach § 32 Abs. 3 AsylG zu sprengen, will er ein Verfahren unter Einräumung des Parteiengehörs getreu den rechtsstaatlichen Prinzipien durchführen." Von dieser Rechtsansicht (vgl auch UBAS 21. 6. 1998, 204.606/0-I/02/98) ist der UBAS in einer späteren Senatsentscheidung (und von einer nachfolgenden einschlägigen Entscheidung durch ein Einzelmitglied; vgl UBAS 25. 3. 1998, 202.248/0-I/03/98) abgewichen, ohne auch nur die vorigen Senatsentscheidungen anzudeuten und sich mit den dort geäußerten Argumenten auch nur annähernd auseinanderzusetzen, obwohl auch in diesem Einzelfall wesentliche Verfahrensmängel nicht auszuschließen waren, sodaß nicht in allen Punkten ersichtlich ist, wovon und mit welchen Argumenten man in dieser Senatsentscheidung von den vorhergehenden Senatsentscheidungen abweichen wollte: *„Ungarn hat am 14.3.1989 die Genfer Flüchtlingskonvention (GFK) und am 5.11.1992 die Europäische Konvention zum Schutze der Menschenrechte und Grundfreiheiten (MRK) ratifiziert und eine Erklärung nach Art. 25 MRK abgegeben. In Ungarn besteht gesetzlich ein Asylverfahren nach den Grundsätzen der GFK, welches den Flüchtlingsbegriff des Art. 1 A 2 der GFK übernommen hat, wobei eine ‚Non-refoulement-Prüfung' im Sinne des Art. 33 GFK innerstaatlich verankert ist. Aus den Feststellungen ergibt sich, daß der Asylwerber vor seiner Einreise nach Österreich in Ungarn aufhältig war. Seit 1.3.1998 steht in Ungarn das Gesetz Nr. CXXXIX/1997 in Geltung, das die einschlägigen Fragen des Flüchtlingsrechts regelt. In diesem Gesetz ist keine Frist, die eine Asylantragstellung zeitlich einschränkt, vorgesehen. Die gesamte Regierungsverordnung Nr. 101/1989./IX.28./MT – somit auch deren Art. 3, der die 72-Stunden-Frist zur Stellung eines Asylantrages vorsah – wurde durch die Regierungsverordnung Nr. 24/1998 (II.18.) ausdrücklich behoben (vgl Art. 47 Abs. 3 leg. cit., in Kraft getreten – gemäß Art. 47 Abs. 1 leg. cit. – am 1.3.1998) und ist daher nicht mehr anwendbar. Demzufolge steht dem Asylwerber auch nach seiner Wiedereinreise nach Ungarn im genannten Staat ein Asylverfahren offen. Des weiteren sind Asylwerber während des Verfahrens in Ungarn zum Aufenthalt berechtigt (vgl Art. 14 bis 16 des obgenannten Gesetzes). Schließlich sieht das Gesetz Nr. CXXXIX/1997 auch Schutz vor Abschiebung in den Herkunftsstaat vor, falls dort eine Bedrohung im*

Sinne des § 57 Abs. 1 oder Abs. 2 FrG gegeben wäre (vgl insbesondere Art. 61 Abs. 1 und Art. 61 Abs. 6 leg. cit.). Demzufolge sind aber alle Voraussetzungen des § 4 Abs. 2 AsylG, nämlich daß ein Verfahren zur Einräumung der Rechtsstellung eines Flüchtlings nach der Genfer Flüchtlingskonvention in Ungarn offensteht, der Asylwerber während des Asylverfahrens im Drittstaat zum Aufenthalt berechtigt ist und er dort Schutz vor Abschiebung in den Herkunftsstaat hat, falls er in diesem gemäß § 57 Abs. 1 und Abs. 2 FrG bedroht ist, gegeben. Da aber nun feststeht, daß Ungarn die gesetzlichen Voraussetzungen geschaffen hat, die es zulassen, Ungarn als sicheren Drittstaat im Sinne des § 4 AsylG anzusehen, kann keinesfalls a priori davon ausgegangen werden, daß die ungarischen Behörden nun entgegen diesen nunmehr geltenden gesetzlichen Verpflichtungen vorgehen würden. Seit Inkrafttreten der neuen Rechtslage gibt es derzeit noch keinerlei Anhaltspunkte zur Verwaltungs- und Spruchpraxis der ungarischen Behörden und Gerichte. Der unabhängige Bundesasylsenat geht daher davon aus, daß sich die Praxis der zuständigen ungarischen Spruchkörper grundsätzlich gesetzeskonform entwickeln werde. Erst bei Vorliegen konkreter Anhaltspunkte dafür, daß einer für sich genommen ausreichenden Gesetzeslage eine abweichende Praxis entgegensteht, kann allenfalls festgestellt werden, daß der gesetzlich eingeräumte Rechtsschutz im Drittland trotz entsprechender Rahmenbedingungen für den betreffenden Asylwerber möglicherweise nicht effektuierbar ist. Ein solcher Anhaltspunkt besteht aber im gegenständlichen Berufungsfall nicht. Angesichts der dargestellten – nunmehr geltenden – Rechtslage in Ungarn ist daher davon auszugehen, daß der Berufungswerber in Ungarn als sicherem Drittstaat im Sinne des § 4 AsylG Schutz vor Verfolgung finden kann" (UBAS Sen 30. 3. 1998, 202.330/0-III/09/98). In einer dahingehend auch begründeten Senatseintscheidung vom selben Tag (30. 3. 1998) hat sich der UBAS an der älteren Vorjudikatur der Dreiersenate orientiert und dazu in seiner Senatsentscheidung unter Zahl 202.332/0-II/05/98, im wesentlichen festgehalten: *„Im vorliegenden Fall enthält der angefochtene Bescheid keinerlei Ausführungen zur Frage der ‚Drittstaatenkonkurrenz'; überdies hat die erstinstanzliche Behörde zum einen das konkrete Vorbringen des Asylwerbers in seiner Einvernahme vom 19. Jänner 1998, wonach ihm der ‚Schlepper' gesagt habe, in Ungarn oder der Slowakei bekomme man kein Asyl, sondern nur in Österreich, und zum anderen die aufgrund der oben zitierten Mitteilung der Bezirkshauptmannschaft Neusiedl am See vom 21. Jänner 1998 amtsbekannte Tatsache, daß der Asylwerber nicht nach Ungarn bzw. der Slowakei zurückgeschoben werden konnte, bei ihrer Entscheidung völlig außer Acht gelassen. Nach dem Gesagten hätte die erstinstanzliche Behörde aber konkrete Ermittlungen in Hinblick auf die derzeitige Rechtslage in den von ihr betrachteten Drittstaaten Slowakei und Ungarn sowie insbesondere auch in Hinblick auf deren tatsächliche Anwendung (hinsichtlich der Slowakei siehe dazu UBAS vom 16.2.1998, Zl 201.749/0-VII/19/98; hinsichtlich Ungarns siehe UBAS vom 25.3.1998, Zl 202.248/0-I/03/98) tätigen müssen. Da dies unterlassen wurde, hatte der unabhängige Bundesasylsenat gemäß § 32 Abs. 2 AsylG die Angelegenheit spruchgemäß an das Bundesasylamt zurückzuverweisen (zur verfahrensrechtlichen Bedeutung des § 32 Abs. 2 AsylG vgl UBAS vom 18.3.1998, Zl 202.139/0-I/01/98 mit ausführlicher Begründung)"*. In einer weiteren Senatsentscheidung hat der UBAS den Ansatz des zuständigen Senates (Senat III) in dessen Entscheidung (UBAS Sen 30. 3. 1998, 202.330/0-III/09/98) verworfen und ausdrücklich festgehalten: *„Dieser Entscheidung kann insoweit nicht gefolgt werden, als eine solche ohne Einhaltung der erforderlichen verfahrensrechtlichen Vorschriften, insbesondere ohne Gewährung des Parteiengehörs und Außerachtlassung der im vorliegenden Fall bereits getätigten Ausführungen zur praktischen Umset-*

zung des neuen ungarischen Asylgesetzes erfolgt ist, sodaß im Lichte dieser abweichenden Senatsentscheidung der unabhängige Bundesasylsenat - wie bereits in seinen Senatsentscheidungen vom 21.1.1998, 201.559/0-II/4/98 (Slowenien), vom 18. 3. 1998, 202.139/0-I/01/98 (Ungarn) und vom 30. 3. 1998, 202.332/2-II/05/98 (Ungarn und Slowakei) ausgeführt hat - in solchen Fällen mit einer Zurückverweisung der Angelegenheit und neuerlichen Durchführung des Verfahrens und Erlassung eines Bescheides vorzugehen hat" (UBAS Sen 6. 4. 1998, 202.416/0-I/01/98). In weiterer Folge hat der UBAS die vor dem Hintergrund des § 4 AsylG 1997 für das abgekürzte Berufungsverfahren entwickelten Grundsätze auch auf Berufungsverfahren gegen Bescheide, mit denen ein Asylantrag als offensichtlich unbegründet abgewiesen wurde, umgelegt (vgl dazu UBAS 1. 4. 1998, 202.348/0-II/06/98; 6. 4. 1998, 202.415/0-I/02/98; 7. 4. 1998, 202.467/0-I/03/98). In den Fällen, daß sich das BAA bei der Zurückweisung des Asylantrages wegen Drittstaatsicherheit (§ 4 AsylG 1997) auf ein *„ordnungsgemäßes"* (wohl iSv mängelfreies) Verfahren stützen konnte, ging der UBAS vereinzelt davon aus, daß er *„selbst festzustellen hat, ob der Betroffene zum Zeitpunkt der Erlassung des (...) Bescheides (...) Schutz vor Verfolgung finden kann"* (UBAS 26. 5. 1998, 202.537/3-VII/19/98; 21. 4. 1998, 202.693/0-VII/19/98).

Der Verwaltungsgerichtshof hat – im Gegensatz zum UBAS – eine Kassation im abgekürzten Berufungsverfahren für unzulässig erachtet und dazu in einem sehr ausführlichen und tragenden Erkenntnis ausdrücklich festgehalten: *„In Berufungsverfahren vor der belangten Behörde ist gemäß § 23 AsylG und Art. 11 Abs. 2 Z. 43a EGVG § 66 AVG anzuwenden. Nach dieser Bestimmung hat die Berufungsbehörde notwendige Ergänzungen des Ermittlungsverfahrens durch die Behörde erster Instanz durchführen zu lassen oder selbst vorzunehmen (§ 66 Abs. 1 AVG) und außer dem in § 66 Abs. 2 AVG erwähnten Fall, sofern die Berufung nicht als unzulässig oder verspätet zurückzuweisen ist, ‚immer in der Sache selbst zu entscheiden' (§ 66 Abs. 4 AVG; vgl dazu die auszugsweise Wiedergabe von Gesetzesmaterialien bei Walter/Thienel, Verwaltungsverfahrensgesetze I², 1239). Für das Verfahren vor der belangten Behörde gelten außerdem – wie sich aus Art. 129c Abs. 1 B-VG, wonach der unabhängige Bundesasylsenat ein (weiterer) unabhängiger Verwaltungssenat ist, und aus Art. 11 Abs. 2 Z. 43a EGVG ergibt – die besonderen Bestimmungen der §§ 67a ff AVG über das Verfahren vor den unabhängigen Verwaltungssenaten (vgl dazu den Bericht des Verfassungsausschusses, 976 BlgNR 20. GP). Die belangte Behörde ist auch – wie die unabhängigen Verwaltungssenate in den Ländern – keine Oberbehörde der Behörde erster Instanz, die ihrerseits im Verfahren vor der belangten Behörde gemäß § 67b AVG Parteistellung genießt. Welche Beschränkungen sich daraus in bezug auf mittelbare Beweisaufnahmen ergeben, braucht im vorliegenden Zusammenhang nicht näher untersucht zu werden (vgl zu den unabhängigen Verwaltungssenaten in den Ländern – mit zum Teil auf Art. 6 MRK gestützten Argumenten – Thienel, Das Verfahren der Verwaltungssenate², 120 f). Die besondere Stellung der belangten Behörde und die Anwendbarkeit der ‚Besonderen Bestimmungen' des AVG ‚für das Verfahren vor den unabhängigen Verwaltungssenaten' ändern aber nichts an der grundsätzlichen Anwendbarkeit des § 66 AVG, insoweit es danach die Pflicht der Berufungsbehörde ist, vor der Erledigung der Berufung für die notwendigen Ergänzungen des Ermittlungsverfahrens zu sorgen und mit den in § 66 Abs. 4 AVG enthaltenen Einschränkungen reformatorisch zu entscheiden. Der Spielraum für eine Anwendung des § 66 Abs. 2 AVG ist dabei – im Vergleich zu sonstigen Berufungsverfahren nach dem AVG – eher geringer und jedenfalls nicht größer (vgl dazu Thienel, a.a.0, 75 f und 126 ff). Die ‚Drittlandklausel' des Asylgesetzes ist nach den Erläuterungen der Regierungsvorlage zu diesem Gesetz als negative Prozeßvoraus-*

setzung ‚konstruiert‘ (686 BlgNR 20. GP, 17). Besteht Drittstaatsicherheit, so ist der Asylantrag gemäß § 4 AsylG (‚Unzulässige Asylanträge wegen Drittstaatsicherheit‘) als unzulässig zurückzuweisen (vgl § 4 Abs. 1 und 5 AsylG und dazu die Erläuterungen, a.a.0.). In § 29 AsylG (‚Bescheide‘) wird dieser Fall mit demjenigen des § 5 AsylG (‚Unzulässige Asylanträge wegen vertraglicher Unzuständigkeit‘) unter dem Oberbegriff der Zurückweisung ‚wegen Unzuständigkeit‘ zusammengefaßt. Auch § 32 Abs. 1 erster Satz AsylG bedient sich dieser Terminologie. Wurde ein Antrag zurückgewiesen, so ist ‚Sache‘ des Berufungsverfahrens – wie die belangte Behörde an einer Stelle richtig bemerkt – die Berechtigung dieser Zurückweisung (vgl dazu die bei Walter/Thienel, a.a.0. 1273 ff, und bei Hauer/Leukauf, Handbuch des österreichischen Verwaltungsverfahrens[5], 566 ff, wiedergegebene Rechtsprechung). Liegt der in erster Instanz angenommene Zurückweisungsgrund nicht vor, so hat die Berufungsbehörde den Zurück-weisungsbescheid ersatzlos mit der Konsequenz zu beheben, daß die erstinstanzliche Behörde über den Antrag unter Abstandnahme von dem zunächst gebrauchten Zurückweisungsgrund zu entscheiden hat (vgl in diesem Sinne etwa das Erkenntnis vom 30. Mai 1995, Zl. 93'/08/0207). Eine solche Entscheidung der Berufungsbehörde erledigt – anders als eine Behebung im Sinne des § 66 Abs. 2 AVG – die ‚Sache‘ des Berufungsverfahrens. Vor diesem allgemeinen verfahrensrechtlichen Hintergrund – grundsätzliche Verpflichtung der belangten Behörde zur Entscheidung in der Sache, Entscheidungsbefugnis bei Bekämpfung einer Antragszurückweisung durch die Behörde erster Instanz – ist zu prüfen, ob § 32 AsylG für das abgekürzte Berufungsverfahren besondere Anordnungen trifft, die der dargestellten Rechtslage in den behandelten Punkten widersprechen und sie daher für den speziellen Bereich des abgekürzten Berufungsverfahrens verdrängen. Wäre dies der Fall, so könnte dies zu der Frage führen, ob die Abweichungen ‚unter dem Aspekt des Art. 11 Abs. 2 B- VG nicht tolerierbar‘ sind (vgl dazu die Ausführungen des Verfassungsgerichtshofes in dem die verkürzte Berufungsfrist nach § 32 Abs. 1 erster Satz AsylG betreffenden, schon erwähnten Erkenntnis vom 24. Juni 1998, G 31/98 u.a.). Nach § 32 Abs. 2 erster Satz AsylG ist der Berufung ‚stattzugeben, wenn die Feststellung der Behörde, der Antrag sei offensichtlich unbegründet oder es bestehe aus den Gründen der §§ 4 und 5 Unzuständigkeit, nicht zutrifft‘. Diese Bestimmung knüpft an §§ 29 und 32 Abs. 1 erster Satz AsylG an, insoweit die Fälle der §§ 4 und 5 AsylG wieder unter dem Oberbegriff der ‚Unzuständigkeit‘ (von der in § 4 AsylG nicht die Rede ist) zusammengefaßt werden. Darüber hinaus wird nun in einer auf alle drei Fälle des abgekürzten Berufungsverfahrens bezogenen Formulierung von einer erstinstanzlichen ‚Feststellung‘ des Grundes der Abweisung (‚der Antrag sei offensichtlich unbegründet‘) oder der Zurückweisung (‚es bestehe ... Unzuständigkeit‘) gesprochen. Der Berufung ist stattzugeben, wenn diese ‚Feststellung‘ ‚nicht zutrifft‘. Das Wort ‚Feststellung‘ findet in den §§ 4 bis 6 AsylG nur insoweit Entsprechung, als nach § 5 Abs. 1 AsylG ‚mit‘ dem Bescheid über die Zurückweisung wegen vertraglicher Unzuständigkeit ‚auch festzustellen‘ ist, ‚welcher Staat zuständig ist‘. Demgegenüber kann mit dem Ausdruck ‚Feststellung‘ in § 32 Abs. 2 erster Satz AsylG nur die Annahme des Ab- oder Zurückweisungsgrundes als solcher gemeint sein, und zwar unabhängig davon, ob sie im Spruch des Bescheides (mit den Wendungen ‚als offensichtlich unbegründet‘, ‚als unzulässig‘ oder – im Sinne der §§ 29 und 32 AsylG – ‚wegen Unzuständigkeit‘) oder nur in den Gründen zum Ausdruck kommt. Daß die so verstandene ‚Feststellung‘ ‚nicht zutrifft‘, wird nach allgemeinem Sprachverständnis dann anzunehmen sein, wenn – entgegen der Annahme des Bundesasylamtes – der Asylantrag nicht ‚offensichtlich unbegründet‘ ist oder die ‚Unzuständigkeit‘ nicht ‚besteht‘. Damit scheint die Anordnung des Gesetzgebers in bezug auf die Überprüfung von Antragszurückweisungen wegen ‚Unzuständigkeit' den zuvor dargestellten, allgemeinen Grundsätzen über die ‚Sache' eines derartigen Berufungsverfahrens zu entsprechen, während in bezug auf Entscheidungen nach § 6 AsylG klargestellt wird, daß nur die offensichtliche Unbegründetheit Gegenstand der Überprüfung ist. Die Berufung kann demnach nicht mit der Begründung abgewiesen werden, daß der Asylantrag zwar nicht ‚offensichtlich', aber doch ‚unbegründet' sei. Von klarstellender Bedeutung könnte die Bestimmung auch insofern sein, als sie vor allem für Fälle des § 6 AsylG zum Ausdruck zu bringen scheint, daß nur die ‚Feststellung' als solche zählt und die Berufung daher auch dann abzuweisen ist, wenn der Asylantrag aus anderen als den vom Bundesasylamt angenommenen Gründen offensichtlich unbegründet ist. §§ 4 und 5 AsylG werfen in dieser Hinsicht – soweit es um die Identität des vertraglich zuständigen Staates, aber auch des sicheren Drittstaates geht – spezielle Fragen auf, denen aus Anlaß des vorliegenden Falles nicht weiter nachgegangen werden kann. Ist der Berufung nach § 32 Abs. 2 erster Satz AsylG stattzugeben, wenn die erstinstanzliche ‚Feststellung' ‚nicht zutrifft', so könnte dies schließlich auch bedeuten, daß eine auf § 66 Abs. 2 AVG gestützte Aufhebung des Bescheides damit ausgeschlossen und die Entscheidungsbefugnis der belangten Behörde in derartigen Fällen nicht, wie die belangte Behörde annimmt, um zusätzliche Kassationsmöglichkeiten erweitert, sondern umgekehrt unter Ausschluß auch des § 66 Abs. 2 AVG bei Zulässigkeit und Rechtzeitigkeit der Berufung auf Entscheidungen in der ‚Sache' solcher Berufungsverfahren eingeschränkt ist. Dies würde im Schrifttum formulierten Vorstellungen über die Bedenklichkeit eines Vorgehens nach § 66 Abs. 2 AVG in Verfahren vor unabhängigen Verwaltungssenaten entsprechen (vgl Thienel, a.a.0.), braucht im vorliegenden Zusammenhang aber nicht untersucht zu werden, weil die belangte Behörde ihre Entscheidung nicht auf die Unvermeidlichkeit einer Verhandlung und Ermessensgründe dafür, daß diese nicht vor ihr selbst stattzufinden habe, gestützt hat. Nach § 32 Abs. 2 zweiter Satz AsylG ist ‚in diesen Fällen' – nämlich bei Stattgebung der Berufung im abgekürzten Berufungsverfahren – ‚die Angelegenheit zur neuerlichen Durchführung des Verfahrens und Erlassung eines Bescheides an die Behörde erster Instanz zurückzuverweisen'. Dieser Satz erinnert sprachlich an § 66 Abs. 2 AVG, hat damit aber inhaltlich – wenn der vorangegangene Satz die ‚Sache' des Berufungsverfahrens beschreibt – nichts zu tun. Er bringt nur zum Ausdruck, daß stattgebende Berufungsentscheidungen in Verfahren nach § 32 AsylG das Verfahren über den Asylantrag nicht beenden, also diesbezüglich nicht verfahrensbeendend sind, sondern die Erledigung des Asylantrages durch die Behörde erster Instanz – und zwar auf andere Weise als im Sinne der widerlegten ‚Feststellung' – nach sich ziehen (vgl in bezug auf die Zurückweisungsfälle das Erkenntnis vom 22. November 1994, Zl. 94/11/0227: ersatzlose Aufhebung einer Formalentscheidung, um den Weg zur meritorischen Behandlung eines Antrages freizumachen). In bezug auf die Abweisung von Anträgen als ‚offensichtlich unbegründet' dient dies in ähnlicher Weise der Klarstellung wie die auf diese Fälle bezogene Formulierung im ersten Satz der Bestimmung: Ist der Asylantrag nicht ‚offensichtlich unbegründet', so ist er von der Berufungsbehörde nicht weiter zu prüfen, zumal ihm nach § 32 Abs. 2 zweiter Satz AsylG im abgekürzten Berufungsverfahren auch gar nicht stattgegeben werden kann. Dem Bundesasylamt ist vielmehr eine neuerliche inhaltliche Entscheidung über den Antrag aufzutragen. Hierauf bezieht sich nach Ansicht des Verwaltungsgerichtshofes die Wendung in den Erläuterungen zur Regierungsvorlage, wonach ‚die Möglichkeit der Zurückverweisung dort, wo dies aus zeitlichen Gründen notgedrungen erforderlich ist (§ 32), erweitert' worden sei (686 BlgNR 20.

GP, 30). Für den Fall der Abweisung von Asylanträgen als offensichtlich unbegründet ist die konstatierte Erweiterung der Zurückverweisungsbefugnis der Berufungsbehörde Ausdruck einer verfahrensrechtlichen Verselbständigung der Sachentscheidung über die ‚offensichtliche' Unbegründetheit des Asylantrages gegenüber einer sonstigen Sachentscheidung über den Asylantrag. Ohne diese Verselbständigung hätte die Berufungsbehörde nach Maßgabe des § 66 Abs. 4 AVG in einem solchen Fall stets über den Asylantrag als solchen zu entscheiden. Für den Fall einer erstinstanzlichen Zurückweisung hingegen bildet diese schon nach dem AVG stets die (verselbständigte) ‚Sache' des Berufungsverfahrens, über deren Umfang die Berufungsbehörde nicht hinausgehen darf. Erachtet sie die mit der Berufung bekämpfte Zurückweisung des Antrages als rechtswidrig, so hat sie die erstinstanzliche Formalerledigung nicht durch eine Entscheidung in der Sache des Verwaltungsverfahrens zu ersetzen (vgl dazu die bereits zitierten Nachweise). Für die Beantwortung der im vorliegenden Fall strittigen Frage, ob die belangte Behörde im abgekürzten Berufungsverfahren ‚in der Sache selbst' (welche den Gegenstand dieses verselbständigten Verfahrensabschnittes bildet) entscheiden muß, ist aus der generellen Anordnung einer ‚Zurückverweisung' in § 32 Abs. 2 zweiter Satz AsylG jedenfalls dann nichts zu gewinnen, wenn man nicht annimmt, die stattgebende Berufungsentscheidung hätte nie in einer ersatzlosen, sondern stets in einer – bezogen auf die ‚Sache' des abgekürzten Berufungsverfahrens – zurückverweisenden Aufhebung des angefochtenen Bescheides zu bestehen. Ein solches Verständnis wird durch die im ersten Satz der Bestimmung definierte Voraussetzung dafür, wann der Berufung stattzugeben ist, zumindest nicht nahegelegt. Ohne die Entscheidungsfrist des § 32 Abs. 3 AsylG wäre es daher nicht zweifelhaft, daß die Berufungsbehörde im abgekürzten Berufungsverfahren zumindest nach Maßgabe des § 66 Abs. 4 AVG darüber zu entscheiden hat, ob der Asylantrag ‚offensichtlich unbegründet' ist bzw. ob die vom Bundesasylamt angenommene ‚Unzuständigkeit' besteht. Die Kürze der in § 32 Abs. 3 AsylG vorgesehenen Entscheidungsfrist reicht nicht aus, um dieses Ergebnis in sein Gegenteil zu verkehren: Einem Verständnis in dem Sinne, der Gesetzgeber müsse angesichts der Kürze dieser Entscheidungsfrist beabsichtigt haben, die Voraussetzungen des § 66 AVG für eine bloß kassatorische Berufungsentscheidung – über die schon erwähnte Verselbständigung des Verfahrensthemas der ‚offensichtlichen' Unbegründetheit hinaus – auszuschalten, steht zunächst entgegen, daß Kriterien, die an die Stelle dieser Voraussetzungen treten könnten, in § 32 Abs. 2 AsylG nicht enthalten sind. Theoretisch denkbare, im Gesetzestext aber nicht vorhandene Beifügungen zu der Formulierung ‚wenn die Feststellung ... nicht zutrifft' (etwa im Sinne einer Offensichtlichkeit dieses Zutreffens, eines Zutreffens ‚in der vorliegenden Form' oder auf der Grundlage der vorliegenden Ermittlungsergebnisse) sind keine solchen Kriterien. Der Gesetzgeber müßte daher – wenn er die zuvor beschriebene Absicht gehabt haben sollte – von einer bindenden Regelung der Entscheidungsbefugnis im abgekürzten Berufungsverfahren abgesehen und der Berufungsbehörde in dieser Hinsicht Ermessen eingeräumt haben, von dem unter Berücksichtigung der Verfahrenszwecke des abgekürzten Berufungsverfahrens und der Gesichtspunkte des § 39 Abs. 2 AVG (möglichste Zweckmäßigkeit, Raschheit, Einfachheit und Kostenersparnis) Gebrauch zu machen wäre. Eine solche Rechtslage entspräche derjenigen nach § 66 Abs. 2 und 3 AVG, wobei die in rechtlicher Gebundenheit zu beurteilende Voraussetzung der Unvermeidlichkeit der Durchführung oder Wiederholung einer mündlichen Verhandlung entfiele. Aus § 32 Abs. 2 AsylG ergibt sich aber auch kein Hinweis darauf, daß der Gesetzgeber diese Lösung angestrebt haben könnte. Es wird – im Gegensatz zu § 66 Abs. 2 und 3 AVG – weder auf den Bestand unter-

schiedlicher Entscheidungsbefugnisse noch auf die Möglichkeit, zwischen ihnen nach Ermessen zu wählen, in irgendeiner Weise Bezug genommen. Auf die Absicht, von einer bindenden Regelung abzusehen (und der Entscheidungsbefugnis nach § 66 Abs. 4 AVG eine weitere, nur durch Ermessensgründe determinierte hinzuzufügen), deutet nichts hin. Wenn dessen ungeachtet eine derart kurze Entscheidungsfrist vorgesehen wurde, so ist dies – abgesehen von dem damit bezweckten Beschleunigungseffekt – nur damit erklärbar, daß der Gesetzgeber davon ausging, die (in bezug auf die Überprüfung meritorischer Antragserledigungen nach § 6 AsylG auf deren Voraussetzungen eingeschränkte) ‚Sache' eines derartigen Berufungsverfahrens werde sich nach Überwindung der allenfalls zu erwartenden Anfangsschwierigkeiten zumindest in der Mehrzahl der Fälle innerhalb dieser Frist erledigen lassen. Diese Erwartung erscheint in bezug auf §§ 5 und 6 AsylG auch nicht als unrealistisch, wobei bei einer Berufungsentscheidung nach § 6 AsylG auch in der Berufung vorgebrachte Neuerungen im Berufungsverfahren nur daraufhin zu prüfen sind, ob der Asylantrag mit Rücksicht auf sie noch ‚eindeutig jeder Grundlage entbehrt'. Erwiese sich die Einhaltung der Entscheidungsfrist in bezug auf Fälle des § 4 AsylG nur in der Anfangszeit und darüber hinaus nur in einer beschränkten Zahl von Fällen als besonders schwierig oder unmöglich, so gäbe dies auch in bezug auf Antragszurückweisungen nach § 4 AsylG nicht Anlaß, das dargestellte Verständnis des § 32 Abs. 2 erster Satz AsylG in Verbindung mit § 66 AVG in Frage zu stellen. Dem Standpunkt der belangten Behörde – und in Wahrheit auch dem des beschwerdeführenden Bundesministers – liegt aber wohl die Vorstellung zugrunde, die Entscheidungsfrist sei grundsätzlich zu kurz, um eine seriöse Entscheidung über die Drittstaatsicherheit zu ermöglichen (vgl in diesem Sinne schon U. Davy, ecolex 1997, 824). Zuletzt hat auch der Verfassungsgerichtshof in der schon zitierten Entscheidung vorn 24. Juni 1998, G 31/98 u.a., auf den ‚Schwierigkeitsgrad' derartiger Verfahren Bezug genommen. Ist die Entscheidungsfrist zu kurz, so kann dem – solange sich der Gesetzgeber nicht zu ihrer Verlängerung entschließt – aber nicht mit einer Umdeutung der Vorschriften über die Entscheidungsbefugnis der belangten Behörde (im Sinne einer Verdrängung des § 66 Abs. 4 AVG durch die gedanklich um Beifügungen der schon erwähnten Art oder um die Einräumung von Ermessen ergänzte Formulierung in § 32 Abs. 2 erster Satz AsylG) begegnet werden, wenn dies den Zielvorstellungen des Gesetzgebers noch größeren Schaden zufügen würde als die Überschreitung der Entscheidungsfrist, wo sie sich nicht einhalten läßt. Dies wäre nach Ansicht des Verwaltungsgerichtshofes der Fall, weil die Pflicht der Berufungsbehörde zur meritorischen Entscheidung der Straffung des Verfahrens dient und eine Zurücknahme dieser Pflicht schon wegen der damit verbundenen neuerlichen (und möglicherweise auch mehrfachen) Eröffnung des Instanzenzuges zum gegenteiligen Ergebnis führt (vgl dazu etwa die bei Walter/Thienel, a.a.0. 1307 f, wiedergegebene Rechtsprechung und Thienel, a.a.0. 127). Etwas anderes würde nur gelten, wenn die belangte Behörde – wie dies etwa im Verhältnis des Verwaltungsgerichtshofes zu den Verwaltungsbehörden zutrifft – das Ermittlungsverfahren typischerweise nur mit erheblich größerem Zeitverlust durchführen könnte als die Behörde erster Instanz. Daß dies der Fall sein könnte, ist aber nicht erkennbar. Hieraus ergibt sich, daß die Entscheidungsfrist des § 32 Abs. 3 AsylG zwar nicht weniger beachtlich ist als die (ebenso kategorisch formulierte) Höchstfrist des § 73 Abs. 1 AVG, daß praktische Schwierigkeiten ihrer Einhaltung aber ebenso wie im Falle der zuletzt genannten Frist (und zwar auch dann, wenn sie vergleichsweise häufiger auftreten sollten) keinen Anlaß zu einer Umdeutung der Vorschriften über die Entscheidungsbefugnisse einer Berufungsbehörde geben. Wie die oberste Behörde, die im Verwaltungsverfahren angeru-

fen werden kann, in einem solchen Fall vorzugehen hat, ergibt sich – implizit – aus der den Kostenersatz im verwaltungsgerichtlichen Säumnisbeschwerdeverfahren einschränkenden Bestimmung des § 55 Abs. 2 VwGG. Die vorgetragenen Gegenargumente führen zu keinen eindeutigen Ergebnissen. So scheint dem beschwerdeführenden Bundesminister eine Unterscheidung danach möglich zu sein, ob die fehlenden Feststellungen ‚in der Person des Asylwerbers gelegene' Sachverhaltselemente betreffen. Demgegenüber ist in den Ausführungen der belangten Behörde als Voraussetzung für eine Entscheidung über die Drittstaatsicherheit ‚an sich' von einem ‚(völlig) mängelfreien', als Voraussetzung für eine bloß kassatorische Entscheidung aber nur von einem ‚mit qualifizierter Mangelhaftigkeit behafteten' (im Original ohne Unterstreichung) erstinstanzlichen Ermittlungsverfahren die Rede. Der Berufung soll weiters ‚schon dann' Erfolg einzuräumen sein, wenn die erstinstanzliche Entscheidung ‚offensichtlich nicht zutrifft'. Das soll andererseits bedeuten, daß nur ‚offensichtlich richtige' Entscheidungen einer Berufung standhalten, was aber nicht das gleiche wäre. Zu der im hg. Beschluß vom 10. Juni 1998 u.a. erwähnten Möglichkeit, daß sich im Anschluß an ein mängelfreies erstinstanzliches Verfahren erst aus Neuerungen in der Berufung die Notwendigkeit weiterer Ermittlungen ergibt, wird nicht Stellung genommen. Die Auffassung, § 32 Abs. 2 AsylG sei als Ersatz einer bindenden Regelung durch die Einräumung (im dargestellten Sinne determinierten) Ermessens zu verstehen, wird nicht vertreten. Nach Ansicht des Verwaltungsgerichtshofes spiegelt sich darin der Umstand, daß eine Festlegung von Voraussetzungen für erweiterte Kassationsbefugnisse (bezogen auf die ‚Sache' des abgekürzten Berufungsverfahrens) oder die Einräumung eines diesbezüglichen Ermessens anstelle der bindenden Regelung des § 66 Abs. 4 AVG in § 32 AsylG auch nicht ansatzweise erkennbar ist" (VwGH 23. 7. 1998, 98/20/0175).

Diese Judikaturdivergenz hat ihre Ursache in der legistischen Inkonsistenz des § 32 Abs 2 AsylG 1997: Während der erste Satz dieser Bestimmung – wie auch der VwGH in seiner Jud – eher in die Richtung einer uneingeschränkten Sachentscheidung iSd § 66 Abs 4 AVG deutet, weist der zweite Satz genau in die Gegenrichtung und legt eine Kassation analog zu § 66 Abs 2 AVG nahe. Mag vor diesem Hintergrund die Jud des VwGH auch nicht völlig von der Hand zu weisen sein, so bleiben doch wesentliche Fragen zurück: Es ist nicht einzusehen, warum der Gesetzgeber verhalten gewesen wäre, sollte er im abgekürzten Berufungsverfahren eine Kassation vorsehen wollen, diese zwangsweise mit einem Ermessen vergleichbar dem Ermessen in der Wahl zwischen der Anwendung des § 66 Abs 3 und § 66 Abs 2 AVG zu verknüpfen; es wäre ohne weiteres denkbar, ja sogar naheliegend, der Gesetzgeber habe im abgekürzten Berufungsverfahren eine Kassation zwingen vorgeschrieben. Folgt man der Jud des VwGH, wonach die „Sache" im abgekürzten Berufungsverfahren vollständig zu erledigen ist, dann hat sich die Berufungsbehörde (der UBAS) nicht nur mit jener Komponente der offensichtlichen Unbegründetheit eines Asylantrages zu beschäftigen, die das BAA herangezogen hat, sondern mit allen Tatbestandselementen, die in die Richtung der offensichtlichen Unbegründetheit des Asylantrages (§ 6 Z 1 bis 5 AsylG 1997) deuten könnten (vgl dazu Anfechtungsantrag UBAS 7. 10. 1998, 203.855/8-II/06/98) und ob ein *„sonstiger Hinweis auf Verfolgungsgefahr im Herkunftsstaat"* (§ 6 zweiter Satz AsylG 1997) besteht (vgl dazu auch Anfechtungsantrag UBAS 30. 11. 1998, 206.259/1-I/03/98). Ähnliches gilt auch für den Fall der Annahme von Drittstaatsicherheit (§ 4 AsylG 1997). Hier hätte der UBAS sämtliche mögliche sichere Drittstaaten der Welt in Betracht zu ziehen und könnte sich nicht auf jenen potentiell sicheren Drittstaat beschränken, von dem das BAA ausgegangen ist. Gleiches muß aber sinngemäß auch für Verfahren nach

§ 5 AsylG 1997 gelten. Der VwGH hat diese Problematik in seinem Erkenntnis vom 23. 7. 1998, 98/20/0175 – offenbar bewußt – ausgeklammert. Geht man mit dem VwGH davon aus, daß der UBAS im abgekürzten Berufungsverfahren die „Sache" vollständig zu erledigen hat, trifft ihn auch die Pflicht zur Wahrung des Parteiengehörs verbunden mit der Pflicht zur Einräumung angemessener Fristen uneingeschränkt und nicht auch zuletzt die Pflicht zur Durchführung einer öffentlichen mündlichen Verhandlung (vgl § 67d AVG; siehe dazu auch die Ausführungen zu § 38 Rz 1102) und die Einhaltung des Unmittelbarkeitsprinzips (vgl § 67f AVG; siehe auch die Ausführungen zu § 38 Rz 1115); auch diese Probleme hat der VwGH im Lichte des abgekürzten Berufungsverfahrens bewußt außer Betracht gelassen. Der VwGH ging davon aus, daß die Pflicht zur Kassation im abgekürzten Berufungsverfahren dem diesem Verfahren intendierten Beschleunigungseffekt zuwiderlaufe; genau das Gegenteil ist der Fall: Trifft den UBAS eine uneingeschränkte Ermittlungspflicht, dann ist auch der Zeitaufwand im abgekürzten Berufungsverfahren zwangsläufig entsprechend hoch. Dies bedeutet, daß der UBAS ein vielfaches an Zeit benötigt, als er für eine bloße Kassation benötigt hätte. Daß dies nicht aus der Luft gegriffen ist, zeigt sich deutlich darin, daß sich der Gesetzgeber im Zuge der AsylG N 1998 genötigt sah, die Entscheidungsfrist im abgekürzten Berufungsverfahren für den UBAS unter Hinweis auf das zit Erkenntnis des VwGH entsprechend zu lockern (vgl dazu 1494 BlgNR 20. GP, 3). Es liegt auf der Hand, daß damit von einer „echten Beschleunigung" des Verfahrens nur mehr sehr eingeschränkt gesprochen werden kann. Zudem läßt das oben zit Erkenntnis des VwGH noch ein wesentliches, nur schwer lösbares rechtsdogmatisches Problem zurück: Im Lichte der Jud des VwGH ist schlichtweg nicht erklärbar, was nun (inhaltlich) Gegenstand der *„Zurückverweisung der Angelegenheit zur neuerlichen Durchführung des Verfahrens und zur Erlassung eines Bescheides an die Behörde erster Instanz"* iSd § 32 Abs 2 zweiter Satz AsylG 1997 sein soll. Der Gesetzeswortlaut deutet dahin, daß *„die Angelegenheit"* (das entspricht wohl der „Sache" im abgekürzten Berufungsverfahren) zur *„neuerlichen Durchführung des Verfahrens"* (dh, daß die „Sache" im abgekürzten Berufungsverfahren einer neuerlichen Entscheidung zugänglich sein muß) zurückzuverweisen ist. Folgt man allerdings dem Ansatz des VwGH, dann geht der Inhalt der Zurückverweisung zwangsläufig gegen Null. Damit behandelt aber der VwGH die Bestimmung des § 32 Abs 2 zweiter Satz AsylG 1997 so, als hätte diese Bestimmung niemals Eingang in das Gesetz gefunden. Trotz aller dogmatischen Schwierigkeiten stellt sich im Lichte der AsylG-N 1998 dennoch die Frage, ob nunmehr der Gesetzgeber, da er das abgekürzte Berufungsverfahren angesichts des Erkenntnisses des VwGH vom 23. 7. 1998, 98/20/0175 weitreichenden Änderungen unterzogen und die Entscheidungsfrist in der Meinung der Unzulässigkeit einer Kassation im abgekürzten Berufungsverfahren ausgeweitet hat, selbst davon ausgeht, daß im abgekürzten Berufungsverfahren eine Kassation iSd Jud des VwGH ausgeschlossen ist.

Zuletzt sei noch darauf hingewiesen, daß es im Lichte der Jud des VwGH dem BAA verwehrt ist, nach Abschluß des abgekürzten Berufungsverfahrens neuerlich eine Abweisung eines Asylantrages als offensichtlich unbegründet (§ 6 AsylG 1997) heranzuziehen bzw einen Asylantrag neuerlich wegen Unzuständigkeit nach den Bestimmungen der §§ 4 und 5 AsylG 1998 zurückzuweisen. Da nach der Jud des VwGH die „Sache" vollständig zu erledigen ist, entsteht auch eine entsprechend weite Bindungswirkung; einer neuerlichen Entscheidung nach §§ 4, 5 und 6 AsylG 1997 stünde wohl das Prozeßhindernis der „entschiedenen Sache" („res iudicata") entgegen. Bildet aber die *„offensichtliche Unbegründetheit von Asylanträgen"* nach

§ 6 AsylG 1997 einen eigenständigen Verfahrensgegenstand (eine eigenständige Verwaltungssache), dann müßte aber die *„offensichtliche Unbegründetheit von Asylanträgen"* auch einem eigenständigen rechtlichen Schicksal unterliegen. Streng gesehen würde dies aber bedeuten, daß die Abweisung eines Asylantrages wegen offensichtlicher Unbegründetheit nach § 6 AsylG 1997 im Hinblick auf ein Verfahren nach § 7 betreffend die „Asylgewährung auf Grund Asylantrages" keine „entschiedene Sache" („res iudicata") bilden würde (vgl dazu die Ausführungen zu § 6 Rz 298a). Daß dem allerdings nicht so sein kann, liegt auf der Hand. Das BAA wäre allerdings nicht gehindert, etwa nach einem abgekürzten Berufungsverfahren betreffend § 6 AsylG 1997 auf die Drittstaatsicherheit (§ 4 leg cit) zurückzugreifen.

925 Vor der AsylG-N 1998 hatte der Gesetzgeber für den Fall der Zurückverweisung die ersatzlose Aufhebung auf „zurückweisende" Asylertreckungsbescheide beschränkt; dies war insofern nicht einsichtig, können doch auch „abweisende" Asylerstreckungsbescheide mit der Zurückverweisung gem § 32 Abs 2 AsylG 1997 inhaltlich überholt sein: Die §§ 10 und 11 enthalten die materielle Rechtsbedingung der Asylgewährung an einen Angehörigen iSd § 10 Abs 2 AsylG 1997 nicht ausdrücklich; allerdings wird mit einem Asylerstreckungsantrag *„die Erstreckung des einen Angehörigen auf Grund eines Asylantrags oder von Amts wegen gewährten Asyl"* begehrt (§ 10 Abs 1 AsylG 1997). Dies läßt aber vermuten, daß die Asylgewährung an einen Angehörigen eine materielle Rechtsbedingung für die Asylerstreckung ist; fehlt diese Rechtsbedingung, wäre der Asylerstreckungsantrag nicht zurück-, sondern abzuweisen. Der Gesetzgeber hat mit der AsylG-N 1998 dieses Problem behoben, indem nunmehr sämtliche *„zugehörige Asylerstreckungsbescheide gleichzeitig als überholt aufzuheben sind"*.

926 Der Wortlaut des § 32 Abs 2 letzter Satz AsylG 1997 idF vor der AsylG-N 1998 ließ offen, welche der Asylbehörden (BAA oder UBAS) eine Feststellung gem § 8 AsylG 1997 zu treffen hatte, wenn der UBAS im abgekürzten Berufungsverfahren den Berufungsantrag gegen einen Bescheid, mit dem der Asylantrag als offensichtlich unbegründet abgewiesen wurde, abgewiesen hatte. Eine Absprache durch den UBAS nach § 8 AsylG 1998 war vefassungskonform sohin prinzipiell nur dann möglich, wenn der UBAS funktionell als Berufungsbehörde zu entscheiden gehabt hätte (vgl dazu Art 129c Abs 1 B-VG). Die AsylG-N 1998 hat die Rechtslage aus diesem Blickpunkt – verfassungsrechtlich bedenklich – wesentlich geändert: Der UBAS hat nunmehr „jedenfalls" (dh ungeachtet seiner funktionellen Zuständigkeit iSd Art 129c Abs 1 B-VG) eine Feststellung gemäß § 8 AsylG 1997 zu treffen, wenn ein Bescheid, mit dem der Asylantrag als offensichtlich unbegründet abgewiesen wurde, von der Berufungsbehörde (UBAS) bestätigt wird. Seit der AsylG-N 1998 ist die Bestimmung des § 32 Abs 2 letzter Satz AsylG 1997 daher jedenfalls wegen Verstoßes gegen Art 129c Abs 1 B-VG verfassungswidrig.

V. Non-refoulement-Prüfung und abgekürztes Berufungsverfahren

927 Gem § 8 AsylG 1997 hat die Behörde von Amts wegen bescheidmäßig festzustellen, ob die Zurückweisung, Zurückschiebung oder Abschiebung der Fremden in den Herkunftsstaat iSd § 57 FrG 1997 zulässig ist, wenn ein Asylantrag (nicht aber ein Asylerstreckungsantrag) abzuweisen ist. Die non-refoulement-Prüfung ist mit der Abweisung des Asylantrags zu verbinden, dh möglichst uno actu zu erlassen. Vor diesem Hintergrund bestimmt § 32 Abs 1 dritter Satz AsylG 1997 kryptisch: *„Eine abgesonderte Berufung gegen eine Feststellung gemäß § 8 ist in solchen Fällen nur insoweit möglich, als das Bestehen einer Gefahr gemäß § 57 Abs. 1 FrG behauptet* *wird.*" Was unter einer „abgesonderten Berufung" zu verstehen ist, kann nicht eindeutig umschrieben werden. Offenbar ist darunter eine Berufung zu verstehen, die losgelöst von einer Berufung gegen einen Bescheid, mit dem ein Asylantrag als offensichtlich unbegründet abgewiesen worden ist, erhoben wurde. Im Falle einer Zurückweisung des Asylantrags kommt es in erster Instanz zu keiner non-refoulement-Prüfung, da eine solche nur unter der Rechtsbedingung der Abweisung eines Asylantrags stattfindet. Da die Bestimmung des § 32 Abs 1 dritter Satz nur die Möglichkeit zur Erhebung einer *„abgesonderten"* Berufung einschränkt, ergibt sich e contrario, daß *„nicht abgesonderte Berufungen"*, einen bekämpfbaren Bescheid vorausgesetzt (was im wesentlichen nur zutrifft, wenn der Asylantrag in erster Instanz als offensichtlich unbegründet abgewiesen wurde), immer zulässig sind; ob dies allerdings im Sinne des Gesetzgebers gelegen ist, bleibt fraglich. Nicht abgesonderte Berufungen wären solche, die (zeitlich) zusammen mit einer Berufung gegen einen Bescheid, mit dem ein Asylantrag als offensichtlich unbegründet abgewiesen wurde, erhoben werden. Für „abgesonderte" Berufungen gälte – nach dem Wortlaut des Gesetzes – die allgemeine Berufungsfrist von zwei Wochen nach § 63 Abs 5 AVG.

928 Eine „abgesonderte" Berufung gegen eine Feststellung, ob die Zurückweisung, Zurückschiebung oder Abschiebung der Fremden in den Herkunftsstaat iSd § 57 FrG 1997 zulässig ist, muß als Zulässigkeitsvoraussetzung eine Behauptung enthalten, *„daß eine Gefahr gem § 57 Abs 1 leg cit besteht"*. Dies bedeutet, daß der Berufungswerber dem Berufungsantrag – zumindest andeutungsweise – die Behauptung beizufügen hat, daß stichhaltige Gründe für die Annahme bestehen, daß er Gefahr läuft, im Herkunftsstaat einer unmenschlichen Behandlung oder Strafe oder der Todesstrafe unterworfen zu werden; eine Behauptung iSd § 57 Abs 2 leg cit, daß stichhaltige Gründe für die Annahme bestünden, daß im Herkunftsstaat das Leben oder die Freiheit aus Gründen der Rasse, der Religion der Nationalität, der Zugehörigkeit zu einer bestimmten sozialen Gruppe oder der politischen Ansichten der Berufungswerber bedroht wäre, genügt dem Wortlaut des Gesetzes hingegen nicht. Dieser Eindruck ist indes nur bedingt richtig. Eine Betrachtung der Regelungsinhalte von § 57 Abs 1 und Abs 2 leg cit zeigt, daß beide Regelungen einen sich weithin überschneidenden Adressatenkreis erfassen (vgl dazu *Rohrböck*, Bestrebungen, 178 f). Das bedeutet, daß eine Behauptung iSd § 57 Abs 2 FrG 1997 in den meisten Fällen inhaltlich einer Behauptung iSd § 57 Abs 1 FrG 1997 (weitgehend) gleichzusetzen ist; Gefahrenmomente iSd § 57 Abs 2 FrG 1997 sind häufig auch solche iSd § 57 Abs 1 leg cit (vgl dazu EGMR 17. 12. 1996 Ahmed 71/1995/577/633; siehe dazu auch die Ausführungen zu § 1 Rz 110). Die in § 32 Abs 1 dritter Satz AsylG 1997 geforderte Behauptung bildet eine Zulässigkeitsvoraussetzung für eine „abgesonderte" Berufung. Das Verhältnis dieser Bestimmung zur Feststellungspflicht nach § 32 Abs 2 letzter Satz AsylG 1997, die im Lichte des uneingeschränkten Verweises auf § 8 leg cit sämtliche Tatbestandsmerkmale des § 8 leg cit (§ 57 Abs 1 und Abs 2 FrG 1997) betrifft, ist fraglich (siehe dazu auch die Ausführungen unter Rz 923).

929 Technisch mißglückt war Bestimmung des § 32 Abs 2 letzter Satz AsylG 1997 idF vor der AsylG-N 1998. Nach dieser Bestimmung hatte die Berufungsbehörde (UBAS) im Rahmen des abgekürzten Berufungsverfahrens *„eine Feststellung"* gem § 8 AsylG 1997 (non-refoulement-Prüfung) zu treffen, *„wenn der angefochtene Bescheid eine solche Feststellung enthalten hat"*. Betrachtet man den Wortlaut dieser Bestimmung, so enthielt diese Regelung zunächst nichts anderes als die Normierung der Berufungsvoraussetzung des Vorliegens eines bekämpfbaren Bescheids: Es ist nach allgemeinem Verwaltungsverfahrensrecht nicht bestreitbar, daß die Berufungsbehörde über einen Prozeßgegenstand abzusprechen hat, wenn über diesen im bekämpften Bescheid – freilich nicht rechtskräftig – abgesprochen wurde. Dies war indes nicht gemeint: Wie an anderer Stelle auch (siehe dazu oben die Ausführungen zu § 3, Rz 179 und § 5, Rz 236) verwendete das AsylG 1997 – technisch unsauber – die Begriffe *„Bescheid“* und *„Bescheidurkunde“* synonym und unterscheidet zwischen diesen Begriffen nicht immer. Gemeint dürfte also gewesen sein, daß der UBAS eine Feststellung gem § 8 AsylG 1997 (non-refoulement-Prüfung) zu treffen hatte, wenn die bekämpfte „Bescheidurkunde“ eine solche Feststellung enthielt; dies dürfte nach dem AsylG 1997 nur zutreffen, wenn das BAA den Asylantrag als offensichtlich unbegründet (§ 6 leg cit) abgewiesen hat.

Die Regelung des § 32 Abs 2 letzter Satz AsylG 1997 in der Stammfassung war auch in einem weiteren Punkt überschießend: Die Feststellung, ob die Zurückweisung, Zurückschiebung oder Abschiebung der Fremden in den Herkunftsstaat iSd § 57 FrG 1997 zulässig ist, darf nach der Anordnung des § 8 AsylG 1997 ausnahmslos nur in Verbindung mit einer Abweisung des Asylantrags erlassen werden. Diese Regel verfolgt ua den Zweck, durch eine Feststellung gem § 8 leg cit das eigentliche Asylverfahren nicht vorweg zu nehmen, sondern die Feststellung gem § 8 leg cit mit dem Asylverfahren zu synchronisieren. Dies muß wohl auch für die Regelung des § 32 Abs 2 letzter Satz leg cit gelten. Daraus folgt, daß der UBAS im Rahmen des abgekürzten Berufungsverfahrens eine Feststellung gem § 8 AsylG 1997 nur zu treffen hat, wenn er die Berufung gegen den Bescheid, mit dem ein Asylantrag gem § 6 leg cit als offensichtlich unbegründet abgewiesen wurde, abweist (vgl *Davy U.*, Asylrechtsreform, 824, FN 93). Er hat eines solche Feststellung nicht zu treffen, wenn er der Berufung gegen die Abweisung des Asylantrags gem § 6 leg cit stattgibt und die Angelegenheit zur neuerlichen Durchführung des Verfahrens und Erlassung eines Bescheides an die Behörde erster Instanz gem § 32 Abs 2 zweiter Satz AsylG 1997 zurückverweist. Mit der AsylG-N 1998 wurden diese Probleme bereinigt, indem nunmehr eine Feststellung gem § 8 AsylG 1997 dann vorgesehen ist, *„wenn ein Bescheid, mit dem der Asylantrag als offensichtlich unbegründet abgewiesen wurde von der Berufungsbehörde bestätigt (wird)“*.

VI. Asylerstreckung und abgekürztes Berufungsverfahren

931 Gem § 32 Abs 1 letzter Satz AsylG 1997 ist eine *„abgesonderte“* Berufung gegen Bescheide, mit denen in diesen Fällen (dh in den Fällen, in denen gegen einen Bescheid, mit dem ein Asylantrag als offensichtlich unbegründet abgewiesen oder aus den Gründen der §§ 4 oder 5 wegen Unzuständigkeit zurückgewiesen worden ist, zulässig Berufung erhoben wurde) der Asylerstreckungsantrag Angehöriger als unbegründet abgewiesen wurde, nicht zulässig, doch gelten solche Bescheide durch eine Berufung gegen die Entscheidung über den Asylantrag als im selben Umfang angefochten. Wie im Hinblick auf die Feststellung gem § 8 AsylG 1997 trifft die Unzulässigkeit der Berufung – zumindest nach dem Wortlaut des Gesetzes – *nur „abgesonderte“* nicht aber mit einer Berufung gegen einen Bescheid, mit dem ein Asylantrag als offensichtlich unbegründet abgewiesen oder aus den Gründen der §§ 4 oder 5 wegen Unzuständigkeit zurückgewiesen worden ist (§ 32 Abs 1 erster Satz), *„verbundene“* Berufungsanträge.

932 Wird nun ein Bescheid, mit dem ein Asylantrag als offensichtlich unbegründet abgewiesen oder aus den Gründen der §§ 4 und 5 leg cit zurückgewiesen wurde, von der Partei im abgekürzten Berufungsverfahren bekämpft, vermutet das Gesetz unwiderleglich auch die Bekämpfung der der Sache nach damit verbundenen Asylerstreckungsanträge (vgl dazu die Ausführungen unter Rz 923 und zu § 11 Rz 361 ff).

Damit sollen sachlich zusammenhängende Asyl- und Asylerstreckungsanträge in dieser Konstellation ein und demselben verfahrensrechtlichen Schicksal unterworfen werden (vgl dazu RV, 28). Damit sind aber die betreffenden materiellen Rechtsbedingungen für eine Asylerstreckung Prozeßgegenstand eines eigenen Verfahrens im Zusammenhang mit einem abgekürzten Berufungsverfahren.

933 Eine Berufungsmitteilung ist im allgemeinen Verwaltungsverfahrensrecht nicht unbedingt vorgeschrieben. Nur wenn in einer Berufung neue Tatsachen oder Beweise vorgebracht werden, die der Behörde erheblich erscheinen, hat sie gem § 65 AVG unverzüglich etwaigen Berufungsgegnern Mitteilung zu machen und ihnen Gelegenheit zu geben, binnen angemessener, zwei Wochen nicht übersteigender Frist vom Inhalt der Berufung Kenntnis zu nehmen und sich dazu zu äußern. Diese Bestimmung ist insb im Verfahren vor dem UBAS schlagend. Im Asylverfahren vor dem BAA gibt es zwar keine „Berufungsgegner“ im technischen Sinn, es handelt sich hier wohl in aller Regel nicht um ein Mehrparteienverfahren, sondern um mehrere Einparteienverfahren; dennoch entsteht eine Art „Streitgemeinschaft“. Insb vor dem Hintergrund des § 11 Abs 2 erster Satz AsylG 1997 wäre es wohl sachlich indiziert, daß in besonderen Fällen im Anwendungsbereich des AsylG 1997 die Regelung des § 65 AVG (analog) anwendbar ist. Nach der genannten Bestimmung des AsylG 1997 können Fremde, die einen Asylerstreckungsantrag eingebracht haben, im Verfahren über den Asylantrag ihres Angehörigen aus eigenem alles vorbringen, was ihnen für dieses Verfahren maßgeblich erscheint. Dieses Recht muß den betreffenden Fremden auch in Berufungsverfahren, insb aber auch im abgekürzten Berufungsverfahren nach § 32 leg cit, in effektiver Weise zugestanden werden.

Entscheidungspflicht

§ 33. In Angelegenheiten, in denen die Berufung an den unabhängigen Bundesasylsenat vorgesehen ist, geht die Zuständigkeit zur Entscheidung nach Maßgabe des § 73 AVG auf diesen über.

RV: [28]

In allen Angelegenheiten, in denen der unabhängige Bundesasylsenat Berufungsbehörde ist, soll er auch soll er auch im Falle einer Devolution zuständig sein. Damit ist der unabhängige Bundesasylsenat „sachlich in Betracht kommende Oberbehörde“ im Sinne des § 73 Abs. 2 AVG.

Inhaltsübersicht

I. Allgemeines

934 Die Bestimmung des § 73 AVG normiert eine allgemeine Entscheidungspflicht, soweit über Anträge von Parteien bzw Berufungen zu entscheiden ist; sie sieht durch den – auf Antrag der Partei – eintretenden Übergang der Zuständigkeit der säumigen Behörde zur Entscheidung an die Oberbehörde bzw den UVS (Devolution) eine Art von Rechtsbehelf im Falle der Säumnis unterer Behörden vor (§73 Abs 2 und 3 AVG; vgl dazu auch § 311 BAO). Ist eine oberste Behörde oder ein UVS (sei es als Instanz oder im Wege der Devolution zuständig) säumig, steht die Säumnisbeschwerde an den VwGH nach Art 132 B-VG offen (vgl dazu *Walter/Mayer*, Bundesverfassungsrecht, Rz 945; vgl auch Art 129a Abs 1 Z 4 B-VG).

935 Verschuldete Säumnis kann auch einen Amtshaftungsanspruch begründen (§§ 1 lit f AHG; vgl *Haller*, JBl 1991, 103). Zeigt sich in einem solchen Verfahren ein Schaden des Rechtsträgers, kann der schuldige Organwalter nach dem Organhaftpflichtgesetz schadenersatzpflichtig werden (vgl dazu *Walter/Mayer*, Bundesverfassungsrecht, Rz 1305).

936 Obwohl im Zusammenhang mit § 73 AVG regelmäßig von einer *„Pflicht“* zur Entscheidung gesprochen wird, ist dieser Ausdruck aus dogmatischer Sicht nicht konsequent; da Behörden keine Rechtssubjekte sind, kann von einer *„Pflicht“* der Behörden nur in einem übertragenen Sinn gesprochen werden (*Körner*, Entscheidungspflicht, 253; *Merkl*, JÖR 1927, 117).

II. Entscheidungspflicht und Entscheidungsfrist

937 § 73 Abs 1 AVG normiert, daß die Behörden – wenn in den Verwaltungsvorschriften nicht anderes bestimmt ist – verpflichtet sind, über Anträge von Parteien (§ 8 AVG) und Berufungen ohne unnötigen Aufschub, spätestens aber sechs Monate nach deren Einlangen, den Bescheid zu erlassen. Die Regelung des § 73 Abs 1 leg cit tritt hinter die „Verwaltungsvorschriften“ zurück (vgl 1167 BlgNR 20. GP, 39).

Derartige Verwaltungsvorschriften, welche die Entscheidungsfrist verkürzen, finden sich ua – neben § 17 PaßG oder § 117 Abs 2 WRG – in § 17 Abs 5 (siehe dazu oben die Ausführungen zu § 17, Rz 521 ff) und in § 32 Abs 4 AsylG 1997 (siehe dazu die Ausführungen zu § 32, Rz 908 ff).

938 Die Behörde hat Anträge von Parteien (§ 8 AVG; gemeint sind solche Anträge, die mit Bescheid zu erledigen sind) „ohne unnötigen Aufschub" zu erledigen; dies bedeutet, daß die Behörde ehestmöglich zu entscheiden hat; sie darf also nicht grundlos zuwarten (etwa, damit sich die Sache durch Zeitablauf gleichsam „von selbst" erledigt) oder überflüssige Verwaltungshandlungen setzen, um die Entscheidung hinauszuzögern (VwGH 14. 4. 1983, 82/08/0129). Mit der Behauptung, die (Unter-)Behörde habe nicht „ohne unnötigen Aufschub" entschieden, kann jedoch vor Ablauf der Entscheidungsfrist kein zulässiger Devolutionsantrag gestellt werden (vgl VwGH 16. 3. 1970, 1769/69; 1167 BlgNR 20. GP, 39).

939 Die Behörde hat vorrangig ohne unnötigen Aufschub, jedenfalls aber spätestens sechs Monate nach Einlangen des Antrags (Höchstfrist) den das Verfahren abschließenden Bescheid zu erlassen. Diese Frist beginnt mit dem Tag, an dem der Antrag der Behörde zukommt, dh in ihrer Einlaufstelle einlangt, nicht aber an dem Tag, zu dem der Antrag zur Post gegeben wird (VwSlgNF 6304 A; VwGH 10. 1. 1979, 1407/77; vgl auch VwSlgNF 5280 A). Bei Berufungen beginnt die Frist mit dem Tag, zu dem die Berufung bei der Behörde, die den bekämpften Bescheid in erster Instanz erlassen hat, einlangt (§ 63 Abs 5 AVG). Die Frist endet – wenn in den Verwaltungsvorschriften nicht anderes bestimmt ist – mit Ablauf jenes Tages des sechsten darauffolgenden Monats, der nach seiner Zahl dem Einbringungstag entspricht (§ 32 Abs 2 AVG). Die Frist ist gewahrt, wenn bis zu diesem Tag der Bescheid erlassen, dh verkündet und/oder zugestellt wurde (VwGH 30. 3. 1993, 92/08/0234; 1167 BlgNR 20. GP, 39). Dabei muß es sich um einen die Verwaltungssache (meritorisch oder prozessual) gänzlich erledigenden Bescheid handeln (*Körner*, Entscheidungspflicht, 253; *Putz*, ÖJZ 1947, 409). Im Hinblick auf die Möglichkeit einer Berufungsvorentscheidung (§ 64a AVG) durch die erste Instanz sind diese Grundregeln zu modifizieren: wird eine Berufungsvorentscheidung erlassen, ist damit die Berufung (vorerst) erledigt; wird eine Berufungsvorentscheidung erlassen und von einer Partei ein zulässiger Vorlageantrag eingebracht, dann ist die Berufung mit Einlangen des Vorlageantrags bei der Behörde erster Instanz wieder unerledigt, die Frist des § 73 Abs 1 AVG beginnt für die Berufungsbehörde mit diesem Zeitpunkt zu laufen; trifft die Behörde erster Instanz keine Berufungsvorentscheidung, beginnt die Frist des § 73 Abs 1 AVG für die Berufungsbehörde ab dem ersten Einlangen der Berufung zu laufen.

III. Unterbrechung der Entscheidungsfrist

940 Das AsylG 1997 kennt mit der Einstellung des „Asylverfahrens" spezifische Tatbestände, die den Lauf der Entscheidungsfrist unterbrechen (nicht bloß hemmen). Gem § 30 Abs 1 AsylG 1997 sind die mit Asylantrag oder Asylerstreckungsantrag eingeleiteten Verfahren einzustellen, wenn eine Feststellung des maßgeblichen Sachverhalts wegen Abwesenheit des Asylwerbers oder der Asylwerberin nicht möglich ist. Nach Abs 2 leg cit ist ein nach Abs 1 eingestelltes Verfahren auf Antrag fortzusetzen, wenn der Asylwerber oder die Asylwerberin der Behörde zur Beweisaufnahme zur Verfügung steht. Mit der Fortsetzung des Verfahrens beginnt die Entscheidungspflicht nach § 73 Abs 1 AVG von neuem zu laufen. Nach Ablauf von drei Jahren nach der Einstellung des Verfahrens nach § 30 Abs 1 AsylG 1997 ist eine Fortsetzung des Verfahrens nicht mehr zulässig; diesfalls ist die Entscheidungspflicht über den ursprünglichen Asylantrag bzw Asylerstreckungsantrag gänzlich erloschen. Da in solchen Fällen über einen Sachverhalt in einer der Rechtskraft fähigen Weise nicht abgesprochen wurde, ist die Einbringung (Stellung) eines neuen Asylantrags bzw Asylerstreckungsantrag unter Bezugnahme auf denselben Sachverhalt möglich.

IV. Devolutionsantrag

941 Wird einer Partei innerhalb der Entscheidungsfrist (zur Entscheidungsfrist siehe 1167 BlgNr 20. GP, 39) ein ihren Antrag erledigenden Bescheid der angerufenen Behörde nicht erfassen (verkündet oder/und zugestellt), so geht gem § 73 Abs 2 erster Satz AVG auf schriftlichen Antrag der Partei die Zuständigkeit zur Entscheidung auf die sachlich in Betracht kommende Oberbehörde, wenn aber gegen den Bescheid Berufung an den unabhängigen Verwaltungssenat erhoben werden könnte, auf diesen über (Devolutionsantrag). Kommt einer Partei nur ein die Sache partiell erledigender Bescheid zu, so kann bezüglich des nicht erledigten Teils ein Devolutionsantrag gestellt werden (VwGH 16. 12. 1975, 1640/73; 14. 11. 1980, 38/80). Das Verlangen der Partei ist inhaltlich auf Erledigung durch Kompetenzübergang gerichtet (*Körner*, Entscheidungspflicht, 253). Im Anwendungsbereich des AsylG 1997 kann ein Devolutionsantrag – wie andere Anträge auch – formlos in jeder geeignet erscheinenden Weise auch in einer der Amtssprachen der vereinten Nationen gestellt werden (siehe dazu die Ausführungen zu § 24, Rz 739). Ein Devolutionsantrag bedarf daher im Anwendungsbereich des AsylG 1997 nicht der Schriftform.

942 Ein Devolutionsantrag ist bei der Oberbehörde (beim unabhänigen Verwaltungssenat) einzubringen (§ 73 Abs 2 AVG; VwGH 3. 2. 1978, 49/78; zum Verhältnis dieser Bestimmung zu § 24 Abs 1 AsylG 1997 siehe die Ausführungen zu § 24, Rz 733 ff). Die Jud versteht unter der im gegebenen Zusammenhang „sachlich in Betracht kommenden Oberbehörde" eine allenfalls bestehende instanzenmäßig übergeordnete Behörde (VwSlgNF 5401 A, 7999 A, 8741 A; VwGH 19. 9. 1994, 91/07/0155; VfSlg 7138). Ist der säumigen Behörde keine Behörde im administrativen Instanzenzug übergeordnet, so ist der Devolutionsantrag an die Oberbehörde zu richten (VwSlgNF 1114 A, 1116 A, 7880 A; VwGH 8. 9. 1981, 81/05/0117; vgl aber VfSlg 8891). Letztlich kann stets die oberste Behörde des jeweiligen Vollzugsbereiches (zB Bund, Land, Gemeinde) durch Devolutionsantrag erreicht werden, wenn sie – durch Ausübung des Weisungs- oder Aufsichtsrechts – den Inhalt der unterbliebenen Entscheidung hätte bestimmen können (VwGH 19. 5. 1982, 82/09/0029, 0043). Gegenüber weisungsfreien Behörden ist die Behörde Oberbehörde, die zur Dienst- und/oder Fachaufsicht berufen ist (VwGH 30. 8. 1991, 91/09/0112; 12. 3. 1992, 92/06/0041).

943 Auf Grund der ausdrücklichen Anordnung des § 33 AsylG 1997 – wie auch schon nach § 73 Abs 2 AVG selbst – steht außer Frage, daß Devolutionsanträge im Falle der Säumigkeit des BAA an den UBAS zu richten sind. Im übrigen ähnelt die Stellung des UBAS jener des UVSL. Für diese Ansicht spricht der Wortlaut des Art 129c Abs 1 B-VG. Nach dieser Bestimmung kann durch BG ein *„weiterer unabhängiger Verwaltungssenat als oberste Berufungsbehörde in Asylsachen"* eingerichtet werden (unabhängiger Bundesasylsenat). Aus der einfachgesetzlichen Bestimmung des § 33 AsylG 1997 (vgl auch § 73 Abs 2 AVG) folgt, daß der UBAS zwar gegenüber dem BAA „Devolutionsbehörde" ist, selbst aber keine sachlich in Betracht kommende Oberbehörde hat (zur Stellung des UVSL siehe VwGH 28. 9. 1995, 94/17/0427; *Walter/Mayer*, Bundesverfassungsrecht, Rz 927/3; *diess*, Verwaltungsverfahrensrecht, Rz 95, 642; *Mayer*, B-VG, 353; *ders*, Verwaltungssenate; *Mayer/Stöberl*, Verwaltungssenate; *Thienel*, Verfahren; *ders*, Probleme). Im Gegensatz zu den UVSL kennt die verfassungsgesetzliche Bestimmung des Art 129c B-VG keine Regelung betreffend die Zuständigkeit zur Entscheidung über Beschwerden wegen Verletzung der Entscheidungspflicht (betreffend die UVSL siehe Art 129a Abs 1 Z 3 und 4 B-VG), sondern richtet den UBAS ausschließlich als „oberste Berufungsbehörde in Asylsachen" ein. Vor diesem Hintergrund ist die Bestimmung des § 33 AsylG 1997 – soweit sich die Regelung des § 73 Abs 2 AVG erster Satz auf den UBAS bezieht, wohl auch diese – verfassungsrechtlich nicht unbedenklich, gleichwohl die Wahrnehmung der Säumigkeit einer Behörde traditionell Aufgabe einer „Berufungsbehörde" ist; andererseits ist nicht zu bestreiten, daß die Berufungsbehörde im devolierten Verfahren funktionell als Behörde erster Instanz (im zweigliedrigen Instanzenzug) entscheidet. Dies ändert (vorläufig) jedoch nichts daran, daß die Säumnisbeschwerde beim VwGH offen steht, wenn der UBAS säumig wird (§ 27 VwGG).

944 Daß der Devolutionsantrag vor der AVG-N 1998 *„unmittelbar"* bei der Oberbehörde einzubringen war, wurde von der Jud dahingehend verstanden, daß eine Weiterleitung nach § 6 AVG im Falle der Einbringung bei einer unrichtigen Behörde nicht in Betracht komme und daß solche Weiterleitungen keinen Übergang der Entscheidungspflicht bewirken könnten (vgl zB VwGH 23. 10. 1986, 86/06/0147; 16. 3. 1989, 88/06/0084; 21. 6. 1994, 94/07/0012). Diese Auffassung wurde von den hL zutreffend kritisiert (vgl *Walter/Mayer*, Verwaltungsverfahrensrecht, Rz 643; *Traxler*, 319; *Winkelhofer*, 79). Die AVG-N 1998 brachte jedoch eine Klärung dieser Frage: Durch die Streichung des Wortes „unmittelbar" im § 73 Abs 2 AVG soll klargestellt werden, daß § 6 AVG – entgegen der Rechtsprechung des Verwaltungsgerichtshofes; vgl zB VwGH 21. 6. 1994, 94/07/0012 – auch auf Devolutionsanträge anzuwenden ist, die bei einer unzuständigen Behörde eingebracht werden (vgl 1167 BlgNR 20. GP, 39).

V. Kompetenzübergang (Devolution)

945 Mit Einlangen des Devolutionsantrags bei der Oberbehörde (bzw beim UVSL, UBAS) geht die Zuständigkeit zur Entscheidung über den zugrundeliegenden Antrag auf diese(n) über (§ 73 Abs 2 AVG; VwSlgNF 7072 A; VwGH 18. 9. 1984, 84/07/0137; 3. 4. 1990, 89/11/0236; *Hellbling* I, 494). Ein verfrüht – vor Ablauf der Entscheidungsfrist – eingebrachter Devolutionsantrag bewirkt keinen Zuständigkeitsübergang; er ist unzulässig und auch dann zurückzuweisen, wenn die Entscheidungsfrist inzwischen verstrichen ist (VwSlgNF 10.263 A; VwGH 27. 1. 1987. 85/04/0165; vgl auch VwGH 18. 3. 1994, 92/07/0055).

946 Der Devolutionsantrag ist abzuweisen, wenn zwar die zeitliche Voraussetzung der Säumnis der Unterbehörde gegeben ist, aber die Verzögerung nicht *„auf ein überwiegendes Verschulden der Behörde"* zurückzuführen ist (§ 73 Abs 2 AVG; zum „Verschulden der Behörde" – vor der AVG-N 1998 – siehe *Walter/Mayer*, Verwaltungsverfahrensrecht, Rz 646). In diesem Fall tritt zwar ein Kompetenzübergang ein (VwGH 23. 1. 1985, 84/11/0180), er wird jedoch durch die Rechtskraft der abweislichen Entscheidung der Oberbehörde (des UVSL, UBAS) wieder aufgehoben (vgl dazu *Walter/Mayer*, Verwaltungsverfahrensrecht, Rz 645). Bei Prüfung des Verschuldens ist insbesondere darauf Bedacht zu nehmen, ob es die (Unter-)Behörde rechtswidrigerweise unterlassen hat, unverzüglich einen Mängelbehebungsauftrag (§ 13 Abs 3 AVG) zu erteilen (1167 BlgNR 20. GP, 39).

947 Hat die Oberbehörde (der UVSL, UBAS) den Devolutionsantrag nicht abzuweisen, so trifft sie unmittelbar auf Grund des Gesetzes die Pflicht zur Entscheidung in der Verwaltungssache: Sie (er) hat gegebenenfalls unter Verwertung der Verfahrensergebnisse der säumigen Behörde (VwSlgNF 9691 A) in der Sache zu entscheiden. Entscheidet die Oberbehörde (der UVSL, UBAS), ohne in der Sache zuständig geworden zu sein, oder die Unterbehörde (BAA), obzwar sie die Zuständigkeit verloren hat (VwSlgNF 8287 A), so kann gegen ihre (Sach-)Entscheidung die Unzuständigkeit geltend gemacht werden (vgl auch § 68 Abs 4 Z 1 AVG; VwSlgNF 7577 A). Entscheidet die Oberbehörde (der UVSL, UBAS) meritorisch, so ist sie (er) funktionell erste (möglicherweise zugleich auch letzte) Instanz (VwSlgNF 9950A – verst Sen; VwGH 25. 2. 1988, 88/08/0072).

Stempelgebühren

§ 34. Die in Verfahren nach diesem Bundesgesetz erforderlichen Eingaben, Vollmachtsurkunden, Niederschriften, Zeugnisse und ausländischen Personenstandsurkunden sowie die Verlängerung von Aufenthaltsberechtigungen sind von den Stempelgebühren befreit. Weiters sind für Amtshandlungen auf Grund oder unmittelbar für Zwecke dieses Bundesgesetzes Verwaltungsabgaben des Bundes sowie Barauslagen nicht zu entrichten.

RV: [28]

Diese Bestimmung entspricht im wesentlichen geltendem Recht. Die Befreiung von Stempelgebühren wurde lediglich auch auf Vollmachtsurkunden ausgedehnt.

Inhaltsübersicht

I. Allgemeines

948 Im Zuge eines Verwaltungsverfahrens entstehen dem Rechtsträger, der den Aufwand der Verwaltungsbehörde zu tragen hat, verschiedene Kosten. Auch die Beteiligten (insb Parteien) können im Zuge eines Verfahrens Aufwände zu tätigen haben (zB Portokosten, Reisekosten, Kosten einer rechtsfreundlichen Vertretung etc). Desgleichen können sonstigen Personen (etwa Zeugen, Dolmetscher und Übersetzter sowie Sachverständigen) durch die Ausübung ihrer Funktion im Verwaltungsverfahren Kosten (zB Reisespesen) erwachsen. Die Pflicht zur Bestreitung und zum Ersatz der Kosten ist vor diesem Hintergrund verschieden geregelt.

949 Gem § 74 Abs 1 AVG hat jeder Beteiligte die ihm in einem – auf seinen Antrag, auf Antrag eines anderen Beteiligten oder von Amts wegen eingeleiteten (VwSlg 17.625 A) – Verwaltungsverfahren erwachsenden Kosten selbst zu bestreiten, dh zunächst für sie aufzukommen. Ob er die von ihm bestrittenen Kosten von einem anderen Beteiligten ersetzt erhält (Kostenersatz), regelt das AVG nur insofern, als es auf die Verwaltungsvorschriften verweist. Da die Verwaltungsvorschriften meist jedoch – wie auch das AsylG 1997 – keine entsprechenden Bestimmungen enthalten, bedeutet dies, daß in der Regel kein Kostenersatzanspruch besteht (vgl jedoch zB § 123 Abs 2 WRG; § 209 BergG); es gilt daher insb auch in Verfahren nach dem AsylG 1997 der Grundsatz der Selbsttragung. Im AVG selbst findet sich eine Kostenersatzpflicht für den säumigen Zeugen (§ 49 Abs 5 AVG), nichtamtlichen Sachverständigen (§ 52 Abs 4 AVG) und zur Aussage geladenen Beteiligten (§ 51 iVm § 49 Abs 5 AVG).

950 Grundsätzlich sind die Kosten für die Tätigkeit der Behörden im Verwaltungsverfahren vom zuständigen Rechtsträger (in Verfahren nach dem AsylG 1997 ist dies der Bund) zu bestreiten und auch zu tragen (§ 75 Abs 1 und 2 AVG). Von diesem Grundsatz gibt es insb im Hinblick auf Barauslagen (§ 76 AVG), Kommissionsgebühren (§ 77 AVG), Verwaltungsabgaben (§ 78 AVG), Stempel- und Rechtsgebühren (§ 75 Abs 3 AVG; GebührenG), Ersatz der Kosten, die durch eine versäumte und auf einen anderen Termin verlegte mündliche Verhandlung entstehen (§ 42 Abs 4 AVG) und den Ersatz der Kosten in den Fällen der Säumigkeit von Zeugen (§ 49 Abs 5 AVG), nichtamtlichen Sachverständigen (§ 52 Abs 4, § 49 Abs 5 AVG), Dolmetschern (Übersetzern §§ 39a, 52 Abs 4 AVG), Beteiligten (§§ 51, 49 Abs 5 AVG) sowie den Ersatz jener Kosten, die durch säumige oder die (zu unrecht) die Aussage verweigernden Personen entstehen. Eine besondere Kostenregelung – die aber hier nicht ins Gewicht fällt – findet sich im ÜberwachungsgebührenG.

951 Bezüglich der Barauslagen, der Kommissionsgebühren und der Verwaltungsabgaben bestimmt § 79 AVG, daß diese nur in der Höhe einzuheben sind, daß dadurch der notwendige Unterhalt des Beteiligten und der Personen, für die er nach dem Gesetz zu sorgen hat, nicht gefährdet wird (vgl dazu § 63 Abs 1 ZPO). Nach hL ist erst im Exekutionsverfahren zu prüfen, ob von der Einhebung Abstand zu nehmen ist (*Hellbling* I, 527; *Herrnritt*, 153; FB VIII, 69; *Ringhofer*, 837). Die Ansicht der hL ist jedoch zweifelhaft (*Walter/Mayer*, Verwaltungsverfahrensrecht, Rz 676). Das Wort „einheben" wird in § 77 Abs 4 und § 78 Abs 4 AVG iS von „Festsetzen durch die entscheidende Behörde" gebraucht; überdies ist die Bestimmung des § 79 AVG für das Vollstreckungsverfahren überflüssig, das selbst eine entsprechende Bestimmung (§ 2 Abs 2 VVG) kennt.

952 Die Regelungen der §§ 76 und 78 AVG betreffend die Barauslagen und die Verwaltungsabgaben stehen unter einem Vorbehalt der „Verwaltungsvorschriften". Eine derartige Verwaltungsvorschrift findet sich ua in § 34 AsylG 1997. Die Überschrift zu dieser Bestimmung ist mit dem Wort „Stempelgebühren" deutlich zu eng. Gegenstand der Regelung des § 34 AsylG 1997 sind neben Stempelgebühren auch „Verwaltungsabgaben des Bundes" und „Barauslagen", nicht aber „Kommissionsgebühren", die jedoch im Asylverfahren keine praktische Bedeutung haben; im Zuge eines Asylverfahrens sind Amtshandlungen kaum jemals außerhalb des Amtes vorzunehmen, ausgeschlossen wäre dies freilich nicht.

II. Barauslagen

953 Unter „Barauslagen" sind notwendige (VwSlgNF 6939 A, 9518 A; VwGH 15. 9. 1983, 2959/80) Kosten zu verstehen, die der Behörde aus Anlaß konkreter Amtshandlungen erwachsen und die über den allgemeinen Aufwand der Behörde (zB Bezahlung der Organwalter, Raum- und Heizkosten, Kosten für Büromaterial etc) hinausgehen (FB II, 20). Zu den Barauslagen sind auch die Gebühren, die den nichtamtlichen (VwSlgNF 9700 A; VwGH 15. 4. 1983, 82/02/0219) Sachverständigen und Dolmetschern (Übersetzern; § 53a AVG) – nicht aber Gehörlosendolmetschern – zustehen, zu rechnen (vgl § 76 Abs 1 und 5 AVG). Die den Zeugen und Beteiligten nach § 51a AVG zustehenden Gebühren sind jedoch keine Barauslagen; die den Zeugen zustehenden Gebühren sind gem § 76a AVG von jenem Rechtsträger zu tragen, in dessen Namen der unabhängige Verwaltungssenat in der Angelegenheit gehandelt hat; dies gilt auch für die den Beteiligten zustehenden Gebühren. Die Kosten für Verlautbarungen, Pläne, Zeichnungen, Fotokopien (§ 17 Abs 1 AVG; *Schwamberger*) uä sind zu den Barauslagen zu zählen.

954 Barauslagen sind im allgemeinen von der Partei (§ 8 AVG) zu ersetzen, die den verfahrenseinleitenden Antrag gestellt hat (Verursachungsprinzip; § 76 Abs 1 AVG;

VwSlg 4350 A; 1167 BlgNR 20. GP, 39).Wurde jedoch die Amtshandlung durch das Verschulden (§ 1294 ABGB; Vorsatz, Fahrlässigkeit; vgl VwGH 15. 10. 1985, 84/04/0178) eines anderen Beteiligten verursacht (VwGH 26. 3. 1985, 84/05/0253), so sind die Auslagen von diesem – bei Verschulden mehrerer Beteiligter nach angemessenen Anteilen (§ 76 Abs 3 AVG) – zu ersetzen (Verschuldensprinzip; § 76 Abs 2 AVG; VwGH 4. 10. 1978, 2311/77; 19. 6. 1981, 3584/80; 12. 12. 1989, 89/04/0094). Stets sind die Auslagen von der Behörde zu bestreiten und erst danach (VwGH 11. 2. 1993, 92/06/0234) dieser zu refundieren; eine Auferlegung der Kosten, die direkt – zB einem nichtamtlichen Dolmetscher – zu zahlen sind, ist unzulässig (*Werner*, 325; VwSlgNF 3201 A; VwGH 17. 5. 1993, 90/10/0058).

955 Barauslagen sind gem § 76 Abs 1 AVG nur zu ersetzen, sofern auch diese Auslagen nach den Verwaltungsvorschriften von Amts wegen zu tragen sind. Eine diesbezügliche Verwaltungsvorschrift findet sich in § 34 zweiter Satz AsylG 1997. Danach sind für Amtshandlungen auf Grund oder unmittelbar für Zwecke dieses BG Barauslagen nicht zu entrichten. Nach dieser weiten Formulierung sind Barauslagen in Verfahren nach dem AsylG 1997 von Amts wegen zu tragen.

III. Kommissionsgebühren

956 Kommissionsgebühren sind Kosten, die von den Parteien für Amtshandlungen außerhalb des Amtes – dh außerhalb des Amtsgebäudes – eingehoben werden können (§ 77 Abs 1 AVG). Da dem Rechtsträger für solche Amtshandlungen regelmäßig besondere Kosten erwachsen (zB Reisegebühren), handelt es sich um einen besonderen – allenfalls pauschalierten – Barauslagenersatz (VwSlgNF 3964 A). Deshalb lehnt sich die Regelung über die Kommissionsgebühren auch an jene über Barauslagen an. Die Vorschriften über Barauslagen sind nämlich ohne jede Einschränkung auch auf diese Kosten anzuwenden, sofern nicht Bauschbeträge (Tarife) festgesetzt werden (§ 77 Abs 2 AVG). Aufwendungen am Verfahren beteiligter Verwaltungsbehörden gelten jedenfalls als Barauslagen (§ 77 Abs 5 AVG).

957 Werden Bauschbeträge (Tarife) festgesetzt, so sind diese nach der für die Amtshandlungen aufgewendeten Zeit, nach der Entfernung des Ortes der Amtshandlung vom Amt und nach der Zahl der notwendigen Amtsorgane (der das Verfahren führenden Verwaltungsbehörde; FB IX, 83) festzusetzen (§ 77 Abs 2 AVG; zur Festsetzung von Bauschbeträgen allgemein VfSlg 10.707). Zu dieser Festsetzung durch VO ist die Bundesregierung für den Bereich des Bundes (vgl die Bundes-Kommissionsgebührenverordnung 1976 – BKommGebV 1976 BGBl 246 idF BGBl 1982/526), die Landesregierung für den Bereich des Landes und der Gemeinden (vgl dazu *Ringhofer*, 817) ermächtigt (§ 77 Abs 3 AVG).

958 Für die Pflicht zur Zahlung der Kommissionsgebühren gelten die Regeln für den Ersatz der Barauslagen (§ 77 Abs 1 AVG), auf die ausdrücklich verwiesen wird. Die Auferlegung eines Kostenvorschusses ist – wie bei den Barauslagen – möglich (§ 77 Abs 6 iVm § 76 Abs 4 AVG).

959 Kommissionsgebühren sind von der Behörde, die die Amtshandlung vorgenommen hat, einzuheben, dh im gegebenen Zusammenhang von dieser bescheidmäßig festzusetzen; sie fließen im allgemeinen der Gebietskörperschaft zu, die den Aufwand dieser Behörde zu tragen hat (§ 77 Abs 4 AVG); entsenden andere am Verwaltungsverfahren beteiligte Behörden Amtsorgane, so sind die Kommissionsgebühren nach den für sie geltenden Tarifen durch die die Amtshandlung führende Behörde festzusetzen und einzuheben und an die Gebietskörperschaft, der die entsendeten Vewaltungsorgane zugehören, zu übermitteln (§ 77 Abs 5 AVG).

Da § 34 AsylG 1997 im Hinblick auf Kommissionsgebühren keine besonderen Vorkehrungen trifft, sind solche in Verfahren nach diesem BG nach den Vorschriften des AVG bescheidmäßig vorzuschreiben; gleichwohl sei angemerkt, daß in der Praxis im Zuge von Verfahren nach dem AsylG 1997 Amtshandlungen außerhalb des Amtsgebäudes in aller Regel nicht notwendig sind, obgleich nicht auszuschließen ist, daß es zu solchen Amtshandlungen kommen könnte. **960**

IV. Verwaltungsabgaben

Verwaltungsabgaben (genauer: Bundesverwaltungsabgaben) sind Geldleistungen, die den Parteien in den Angelegenheiten der Bundesverwaltung für die Verleihung von Berechtigungen oder für sonstige wesentlich in ihrem Privatinteresse liegende Amtshandlungen der Behörden auferlegt werden können (§ 78 Abs 1 AVG). Von der Abgabenpflicht ausgenommen sind „im Verwaltungsverfahren als Partei auftretende Rechtsträger, die zur Vollziehung der Gesetze berufen sind, soweit die Amtshandlung eine „unmittelbare Voraussetzung der dem Rechtsträger obliegenden Vollziehung der Gesetze bildet“ (§ 78 Abs 1 AVG). Befreit sind weiters die Rechtsträger (Bund, Länder, Gemeinden und sonstige Selbstverwaltungskörper), wenn sie eine Amtshandlung anstreben, die eine Voraussetzung für eine Tätigkeit ihrerseits auf dem Gebiet der Hoheitsverwaltung darstellt (zu solche Zusammenhängen vgl zB VwGH 25. 9. 1974, 1095/73; VwSlgNF 5917 A, 6456 A, 8115 A, 8473 A; 664 BlgNR 11. GP: Zulassung von KfZ, die für die Hoheitsverwaltung bestimmt sind). Von der Abgabenpflicht ausgenommen ist ferner eine Gebietskörperschaft (Bund, Länder, Gemeinden), wenn die Abgaben der als Partei einschreitenden Gebietskörperschaft zufließen würde (§ 78 Abs 1 und 4 AVG). **961**

Das Ausmaß der Bundesverwaltungsabgaben richtet sich nach § 78 Abs 2 AVG, abgesehen von den durch Gesetz besonders geregelten Fällen (vgl dazu *Mannlicher/Quell* I, 445), nach Tarifen, die durch VO der Bundesregierung zu bestimmen sind; diese VO macht auch von der Ermächtigung des § 78 Abs 5 AVG Gebrauch, wonach die Art der Einhebung für die Bundesbehörden durch VO der Bundesregierung (für die Behörden der Länder und der Gemeinden durch VO der Landesregierung) zu erlassen ist (vgl die Bundes-Verwaltungsabgabenverordnung 1983 BGBl 24 idFdlN BGBl II 1997/319). **962**

§ 78a AVG befreit ausdrücklich die Zuerkennung von Sachverständigengebühren (§ 53a Abs 1 AVG) sowie die Erteilung von Rechtsbelehrungen (§ 13a AVG) und die Anfertigung von Aktenkopien von den Bundesverwaltungsabgaben; nicht genannt sind in § 78a AVG die Dolmetschergebühren (§ 53b AVG) sowie die allenfalls den Zeugen und Beteiligten zustehenden Gebühren (§ 51a AVG); deren Auszahlung hat – wie auch die Auszahlung von Gebühren der nichtamtlichen Sachverständigen – „unentgeltlich“ zu erfolgen (§§ 53a, 53b iVm § 51c AVG). **963**

Bundesverwaltungsabgaben sind nur zu entrichten, sofern „die Freiheit von derlei Abgaben nicht ausdrücklich durch Gesetz festgesetzt ist“ (§ 78 Abs 1 AVG). Derartige Festlegung finden sich in einer Reihe von Verwaltungsvorschriften (vgl dazu *Mannlicher/Quell* I, 442; siehe insb Art II BGBl 1968/45, der eine Reihe von Ausnahmen durch die Aufzählung von Sachgebieten wie zB Justiz- und Heeresverwaltung festlegt); eine dieser Verwaltungsvorschriften ist auch § 34 AsylG 1997, nach dessen ausdrücklicher Anordnung Verwaltungsabgaben des Bundes für Amtshandlungen auf Grund oder unmittelbar für Zwecke dieses Bundesgesetzes nicht zu entrichten, dh nicht bescheidmäßig vorzuschreiben, sind. **964**

V. Stempel- und Rechtsgebühren

965 § 75 Abs 3 erwähnt in Form eines Hinweises, daß die gesetzlichen Bestimmungen über Stempel- und Rechtsgebühren unberührt bleiben. Die damit angesprochenen Bestimmungen finden sich im GebührenG 1957. Dieses sieht Gebühren für Schriften und Amtshandlungen sowie für verschiedene Rechtsgeschäfte vor (§ 1 leg cit). Unter „Schriften und Amtshandlungen" sind bestimmte – in den Tarifsätzen näher genannte (§ 14 leg cit) – Eingaben und Beilagen, amtliche Ausfertigungen, Protokolle (Niederschriften), Rechnungen, Zeugnisse, Vollmachten ua zu verstehen (§§ 10 und 14 leg cit).

966 Zur Entrichtung der Gebühren für Schriften und Amtshandlungen sind bei Eingaben und deren Beilagen und Protokollen derjenige, in dessen Interesse die Eingabe eingebracht oder das Protokoll verfaßt wird, bei amtlichen Ausfertigungen und Zeugnissen derjenige, für den oder in dessen Interesse sie ausgestellt werden, bei Amtshandlung derjenige, in dessen Interesse die Amtshandlung erfolgte, verpflichtet (§ 13 Abs 1 leg cit). Mehrere Verpflichtete und allfällige Vertreter sind zur ungeteilten Hand zahlungspflichtig (§ 13 Abs 2 und 3 leg cit; vgl auch § 7 leg cit). Gewisse Personen sind von der Gebührenpflicht befreit (zB Gebietskörperschaften und sonstige öffentlich-rechtliche Körperschaften, Gesandte; vgl näher § 2 leg cit).

967 Die Gebühren sind entweder feste Gebühren oder Hundertsatzgebühren. Feste Gebühren sind idR durch Verwendung von Stempelmarken zu entrichten (StempelmarkenG). Die Stempelmarken sind auf dem für die „Schrift" oder „Amtshandlung" verwendeten „Papier" anzubringen (§§ 4 f GebührenG 1957). Die Tarifbestimmungen sehen oftmals die Entrichtung fester Gebühren für je einen (angefangenen) „Bogen" vor. Unter „Bogen" ist ein Papier zu verstehen, dessen Seitengröße das Ausmaß von zweimal 210 mm x 297 mm (A4) nach einer oder nach beiden Richtungen nicht überschreitet (§ 5 Abs 2 leg cit); für größere Papiere ist die doppelte Gebühr zu entrichten (§ 5 Abs 2 leg cit; zu für das Verwaltungsverfahren wichtigen Gebührenansätze siehe *Walter/Mayer*, Verwaltungsverfahrensrecht, Rz 693).

968 Zur Vollziehung des GebührenG 1957 sind nicht die zur Anwendung des AVG berufenen Behörden, sondern die Finanzbehörden des Bundes zuständig (§38 leg cit; § 66 BAO). Die Gebührenpflicht nach dem GebührenG 1957 tritt grundsätzlich neben die Abgabenpflicht auf Grund der Bundesverwaltungsabgaben nach §78 AVG.

969 Gem § 34 erster Satz AsylG 1997 sind die in Verfahren nach diesem Bundesgesetz erforderlichen Eingaben, Vollmachtsurkunden, Niederschriften, Zeugnisse und ausländische Personenstandsurkunden sowie die Verlängerung von Aufenthaltsberechtigungen von den Stempelgebühren befreit; obwohl hier nur von „Stempelgebühren" die Rede ist, hat die Bestimmung des § 34 leg cit offenbar die Befreiung von sämtlichen Gebühren nach dem GebührenG 1957 im Auge. Befreit sind ua nur die erforderlichen Eingaben; auf Eingaben, die für das betreffende Verfahren nach dem AsylG 1997 nicht erforderlich oder sogar mutwillig iSd § 35 AVG sind, greift die Befreiung von der Gebührenpflicht nicht. Ob sich das Wort „erforderlich" auf die anderen Dokumentenkategorien (Vollmachtsurkunden, Niederschriften, Zeugnisse und ausländische Personenstandsurkunden sowie die Verlängerung von Aufenthaltsberechtigungen) bezieht, kann dem Wortlaut der Bestimmung nicht mit Sicherheit entnommen werden, wird aber eher zu verneinen sein, zumal etwa eine Vollmachtsurkunde im eigentlichen Sinn des Wortes kaum notwendig sein kann. Danach sind Vollmachtsurkunden, Niederschriften, Zeugnisse und ausländische Personenstandsurkunden sowie die Verlängerung von Aufenthaltsberechtigungen in Verfahren nach dem AsylG 1997 jedenfalls von der Gebührenpflicht befreit. Warum § 34 ua auch ausländische Personenstandsurkunden von der Gebührenpflicht ausnimmt, ist nicht ersichtlich; eine ausländische Personenstandsurkunde ist keine „Schrift" und keine „Amtshandlung" iSd GebührenG 1957, sondern idR ein Beweismittel in Verfahren nach dem AsylG1997 und unterliegt demnach keinesfalls der (österreichischen) Gebührenpflicht.

VI. Sonstige Fälle des Kostenersatzes

970 Das AVG sieht in besonderen Fällen eigene Kostenersatzbestimmungen vor, auf die bereits hingewiesen wurde. Nicht berücksichtigt wird hier – in Ermangelung irgendeiner Bedeutung in Verfahren nach dem AsylG 1997 – das auf Grund des Art 11 Abs 2 B-VG erlassene ÜberwachungsgebührenG, das die Gebührenpflicht für Überwachungsdienste durch öffentliche Sicherheitsorgane vorsieht, die auf Grund bundes- oder landesgesetzlicher Vorschriften zur Überwachung vorwiegend im privaten Interesse gelegener Veranstaltungen oder Vorhaben aus besonderen sicherheitspolizeilichen Gründen mit Bescheid von Amts wegen angeordnet oder auf Grund eines Ansuchens bewilligt werden. Weitere besondere Fälle des Kostenersatzes sind von der Regelung des § 34 AsylG 1997 nicht erfaßt, sodaß sie im folgenden nochmals unter den Aspekt des Kostenersatzes kurz zusammengefaßt werden.

a) Ersatz der Kosten einer versäumten Tagsatzung

971 Versäumt derjenige, über dessen Ansuchen das Verfahren eingeleitet wurde, eine mündliche Verhandlung, so kann sie – was keine weiteren Kosten verursacht – in seiner Abwesenheit durchgeführt oder aber – auf seine Kosten – auf einen anderen Termin verlegt werden (§ 42 Abs 4 AVG). Die hier gemeinten Kosten sind Barauslagen (etwa für nichtamtliche erschienene Sachverständige oder Dolmetscher) oder die Kommissionsgebühren, die durch Erscheinen an „Ort und Stelle" (außerhalb des Amtsgebäudes) überflüssigerweise entstanden sind; diese sind dem Kostenpflichtigen bescheidmäßig vorzuschreiben. Die Anfechtung eines solchen Abspruchs richtet sich nach dem Instanzenzug in der Hauptsache.

b) Ersatz der Kosten durch säumige Zeugen, Sachverständige oder Beteiligte

972 Einem Zeugen, der einer Ladung (§§ 19 f AVG; einfache Ladung oder Ladungsbescheid) ohne genügende Entschuldigung nicht Folge leistet oder die Aussage ohne Rechtfertigung verweigert, kann die Verpflichtung zum Ersatz aller durch seine Säumnis oder Weigerung verursachten Kosten auferlegt werden (§ 49 Abs 5 AVG).

973 Die „durch seine Säumnis oder Weigerung verursachten Kosten" sind jene Kosten, die über die normalen Kosten hinaus wegen des erwähnten Verhaltens entstanden sind (zB nochmalige Kommissionsgebühren im Falle einer notwendigen zweiten Verhandlung außerhalb des Amtsgebäudes).

974 Die Auferlegung der Kosten an den Zeugen hat durch Bescheid zu erfolgen. Dagegen ist Berufung an die Behörde zulässig, die in der Hauptsache als nächste Instanz vorgesehen ist. Diese Behörde entscheidet endgültig (§ 49 Abs 5 AVG). Falls in der Hauptsache keine weitere Instanz gegeben ist, steht kein (ordentliches) Rechtsmittel zu.

975 Die gleiche Kostenersatzpflicht trifft nichtamtliche Sachverständige und Dolmetscher (Übersetzer), die ohne genügende Entschuldigung säumig sind oder die das Gutachten zu Unrecht verweigern (§ 52 Abs 4, § 39a AVG); weiters zur Vernehmung geladene Beteiligte, die ohne genügende Entschuldigung nicht erscheinen oder die Aussage verweigern (§ 51 AVG)

5. Abschnitt

Erkennungs- und Ermittlungsdienst

Erkennungsdienst

§ 35. Die Behörden sind ermächtigt, Asylwerber sowie Fremde, denen gemäß § 9 Asyl gewährt werden soll, erkennungsdienstlich zu behandeln (§ 64 Abs. 3 SPG, BGBl. Nr. 566/1991). Die Behörden sind weiters ermächtigt, eine Personsfeststellung (§ 64 Abs. 5 SPG) vorzunehmen. Die §§ 65 Abs. 4, 77 und 78 SPG gelten.

RV: [28]

Die Regelung betreffend die erkennungsdienstliche Behandlung von Asylwerbern und Fremden, denen im Rahmen eines Kontingentes Asyl gewährt werden soll, wurde präziser gefaßt, indem weitgehend das Regime aus dem Sicherheitspolizeigesetz übernommen wird.

Inhaltsübersicht

I. Allgemeines

976 Die „erkennungsdienstliche Behandlung" von Asylwerbern war erstmals in § 14 Abs 1 Z 2 Asyl 1991 gesetzlich vorgesehen; praktiziert wurde sie auch schon zur Zeit der Geltung des AsylG 1968. Nach der genannten Bestimmung war jeder Asylwerber unverzüglich gem § 51 AVG zu vernehmen (Erstvernehmung). Im Zuge dieser Vernehmung waren ua „erkennungsdienstliche Behandlungen zur Sicherung der Identität" durchzuführen. Diese Bestimmung hatte durchaus eine gewisse sachliche Rechtfertigung insofern, als Asylwerber häufig keine oder nur unzureichende Dokumente vorweisen (können), die einen gesicherten Schluß auf eine individuelle Person zulassen. Vor diesem Hintergrund ist allerdings bemerkenswert, daß die erkennungsdienstliche Behandlung von Asylwerbern nicht auf Fälle beschränkt war oder ist, in denen die Identität des Asylwerbers in Zweifel stand. Die Neuregelung der erkennungsdienstlichen Behandlung in § 35 AsylG 1997 baut auf der entsprechenden Regelung des AsylG 1991 auf, bindet das System allerdings stärker an jenes des SPG.

977 Der Begriff der erkennungsdienstlichen Behandlung entspricht jenem des § 64 Abs 3 SPG. Danach ist erkennungsdienstliche Behandlung das Ermitteln personenbezogener Daten durch erkennungsdienstliche Maßnahmen, an denen der Betroffene mitzuwirken hat. Erkennungsdienstliche Maßnahmen sind technische Verfahren zur Feststellung von Merkmalen eines Menschen, die seine Wiedererkennung ermöglichen und die nicht mit einem Eingriff in die körperliche Integrität verbunden sind, wie insb die Abnahme von Fingerlinienabdrücken, die Herstellung von Abbildungen (Fotografien), die Feststellung äußerlicher körperlicher Merkmale, die Vornahme von Messungen oder die Erhebung von Stimm- oder Schriftproben. Beim Asylwerber (nun auch bei jenen Personen, denen nach § 9 AsylG 1997 Asyl gewährt werden soll) soll durch die erkennungsdienstliche Behandlung registriert werden, daß eine Person mit diesen unverwechselbaren Merkmalen (Fingerabdrücke, Lichtbild), einen Antrag auf Asyl eingebracht hat (vgl dazu die RV zum AsylG 1991 270 BlgNR 18. GP, 19).

978 Auch im EU-Konnex, insb im Dublin-Verbund, wird in näherer Zukunft die erkennungsdienstliche Behandlung (insb die Abnahme von Fingerabdrücken) von wesentlicher Bedeutung sein. Derzeit wird (noch) im Rahmen der sog „dritten Säule" der EU an einem Übereinkommen über die Errichtung von EURODAC für den Vergleich und den Austausch der Fingerabdrücke von Asylbewerbern gearbeitet; dieses Übereinkommen soll die Identifizierung von Asylbewerbern iSd Art 1 lit c des Dubliner Übereinkommens durch Daktyloskopie ermöglichen.

II. Betroffene des Erkennungsdienstes

979 Gem § 35 erster Satz AsylG 1997 sind die Behörden ermächtigt, Asylwerber sowie Fremde, denen gem § 9 leg cit Asyl gewährt werden soll, erkennungsdienstlich zu behandeln. Der Ausdruck „Asyl gewährt werden soll" erfaßt nicht nur Asylwerber bzw Fremde, soweit für das Asyl- oder Asylerstreckungsverfahren ein positiver Ausgang zu prognostizieren ist, sondern ganz allgemein Asylwerber und Fremde, die in Asyl- bzw Asylerstreckungsverfahren Partei sind. Asylwerber(in) ist ein Fremder (eine Fremde) ab Einbringung (§ 24 leg cit) eines Asylantrags oder eines Asylerstreckungsantrags bis zum rechtskräftigen Abschluß des Verfahrens (§ 1 Z 3 AsylG 1997). Der Begriff des Asylwerbers nach dem AsylG 1997 ist insofern weiter als jener nach dem Dubliner Übereinkommen, als letzterer „Asylerstreckungswerber" nicht erfaßt. Gem Art 1 lit c Dublin gilt iS dieses Übereinkommens als Asylbewerber ein Ausländer, der einen Asylantrag gestellt hat, über den noch nicht endgültig befunden wurde.

980 Gem § 9 AsylG 1997 ist Fremden von Amts wegen und ohne weiteres Verfahren mit Bescheid Asyl zu gewähren, wenn sich die Republik Österreich völkerrechtlich dazu bereiterklärt hat. Vor diesem Hintergrund sind Fremde, denen gem § 9 leg cit Asyl gewährt werden soll, jene Fremde, die von einer „völkerrechtlichen Erklärung" iSd § 9 leg cit betroffen sind und deren Asylgewährung nach der genannten Bestimmung unmittelbar bevorsteht.

III. Verfahren im Rahmen des Erkennungsdienstes

981 Gem § 63 Abs 3 SPG ist – wie oben dargelegt – eine erkennungsdienstliche Behandlung das Ermitteln personenbezogener Daten durch erkennungsdienstliche Maßnahmen, an dem der Betroffene mitzuwirken hat. Erkennungsdienstliche Maßnahmen sind technische Verfahren zur Feststellung von Merkmalen eines Menschen, die seine Wiedererkennung ermöglichen und die nicht mit einem Eingriff in die körperliche Integrität verbunden sind, wie insbesondere die Abnahme von Papillarlinienabdrücken, die Herstellung von Abbildungen, die Feststellung äußerlicher körperlicher Merkmale, die Vornahme von Messungen oder die Erhebung von Schriftproben.

982 Die Asylbehörden sind gem § 35 AsylG 1997 nicht nur ermächtigt, die erkennungsdienstlichen Daten zu erheben, sondern sie auch mit einer bestimmten Person in Beziehung zu setzen, in der Terminilogie des SPG eine „Personsfeststellung" vorzunehmen. Eine „Personsfeststellung" ist eine abgesicherte und plausible (was „abgesichert" ist, ist wohl auch „plausibel") Zuordnung erkennungsdienstlicher Daten zu Namen, Geschlecht, Geburtsdatum, Geburtsort, und Name der Eltern eines Menschen (§ 64 Abs 5 SPG). Erkennungsdienstliche Daten sind personenbezogene Daten, die durch erkennungsdienstliche Maßnahmen (§ 64 Abs 2 SPG) ermittelt worden sind.

983 Das Verfahren im Rahmen des Erkennungsdienstes richtet sich nach dem Verweis des § 35 AsylG 1997 auf die §§ 77 und 78 SPG nach diesen Bestimmungen. Nach § 77 Abs 1 SPG hat die Behörde einen Menschen (Asylwerber bzw einen Fremden, dem nach § 9 AsylG 1997 Asyl gewährt werden soll), den sie einer erkennungsdienstlichen Behandlung (§ 64 Abs 3 SPG) zu unterziehen hat, unter Bekanntgabe des Grundes formlos hiezu aufzufordern. Diese Aufforderung kann mündlich, schriftlich, aber auch etwa telefonisch erfolgen (vgl *Hauer/Kepplinger*, 378). Kommt der Betroffene der Aufforderung gem Abs 1 leg cit nicht nach, so ist ihm gem § 77 Abs 2 SPG die Verpflichtung gem § 65 Abs 4 SPG bescheidmäßig aufzuerlegen; dagegen ist eine Berufung nicht zulässig (wohl aber eine Beschwerde an die Gerichtshöfe des öffentlichen Rechts; vgl *Hauer/Kepplinger*, 379). § 65 Abs 4 SPG enthält die ausdrückliche Verpflichtung desjenigen, der erkennungsdienstlich zu behandeln ist, an den dafür erforderlichen Handlungen mitzuwirken.

984 Die Mitwirkungspflicht nach § 65 Abs 4 SPG muß konkretisiert werden. Dies hat grundsätzlich durch einen Bescheid zu erfolgen; im Falle der Haft soll sich diese Konkretisierung bereits aus dieser ergeben, jedoch nur dann, wenn der Grund für die erkennungsdienstliche Behandlung in dem für die erkennungsdienstliche Behandlung maßgeblichen Tatverdacht liege (RV zum SPG, abgedruckt bei *Fuchs/Funk/Szymanski*, 157; *Hauer/Kepplinger*, 378). Eines Bescheides bedarf es dann nicht, wenn der Betroffene auch aus dem für die erkennungsdienstliche Behandlung maßgeblichen Grunde (nicht aber aus sonstigen Gründen; *Hauer/Kepplinger*, 378) angehalten wird (ob dieser, der letzte Halbsatz des § 77 Abs 2 SPG auch in Verbindung mit einem Verfahren nach dem AsylG 1997 zur Anwendung kommt, ist fraglich). Wurde wegen des für die erkennungsdienstliche Behandlung maßgeblichen Verdachtes eine Anzeige an die Staatsanwaltschaft erstattet, so gelten gem § 77 Abs 3 SPG die im Dienste der Strafjustiz geführten Erhebungen als Ermittlungsverfahren iSd § 39 AVG zur Erlassung des Bescheides; ein spezifisches Ermittlungsverfahren soll hier entfallen (vgl *Hauer/Kepplinger*, 379). Dieses kann mit einer Ladung nach § 19 AVG zur erkennungsdienstlichen Behandlung verbunden werden (§ 77 Abs 3 erster Satz ist wohl für Verfahren nach dem AsylG 1997 ohne Bedeutung). Steht die Verpflichtung zur Mitwirkung gem § 65 Abs 4 SPG fest, so kann der Betroffene, wenn er – dies nicht notwendigerweise aus dem für die erkennungsdienstliche Behandlung maßgeblichen Grund (vgl *Hauer/Kepplinger*, 379) – angehalten wird, zur erkennungsdienstlichen Behandlung vorgeführt werden.

985 Die erkennungsdienstliche Behandlung kann, soweit es tatsächlich möglich ist, durch Ausübung von unmittelbarer Befehls- und Zwangsgewalt durchgesetzt werden (§ 78 SPG). Die Durchsetzung der erkennungsdienstlichen Behandlung erfolgt jedenfalls bei Angehaltenen in Anwendung des § 78 SPG durch „unmittelbare Befehls- und Zwangsgewalt“. Soweit die Mitwirkungspflicht bescheidmäßig auferlegt wird, wäre grundsätzlich an eine Durchsetzung in einem förmlichen Vollstreckungsverfahren unter Anwendung des VVG zu denken. Gleichwohl wollte der Gesetzgeber wohl auch in diesem Fall – soweit dies tatsächlich möglich ist – eine Durchsetzung durch Anwendung „unmittelbarer Befehls- und Zwangsgewalt ermöglichen und § 78 SPG – non distinguente – als Spezialvorschrift zur Durchsetzung der erkennungsdienstlichen Behandlung normieren (*Hauer/Kepplinger*, 379).

Ermittlungsdienst

§ 36. (1) Die Behörden sind ermächtigt, personenbezogene Daten von Asylwerbern und Flüchtlingen, insbesondere jene, die gemäß § 99 Abs. 1 FrG in der Zentralen Informationssammlung verarbeitet werden, zu verwenden, soweit dies zur Vollziehung dieses Bundesgesetzes, für Zwecke der Durchführung der Genfer Flüchtlingskonvention im Ausland, für Zwecke von Abkommen zur Bestimmung des für die Prüfung eines Asylantrages zuständigen Staates und für Zwecke der Strafrechtspflege oder der Aufrechterhaltung der öffentlichen Sicherheit erforderlich ist.

(2) Die Ermächtigung des Abs. 1 erfaßt jedenfalls Namen, Geburtsort, Geburtsdatum, Geschlecht, erkennungsdienstliche Daten, Staatsangehörigkeit, Wohnsitze, die Namen der Eltern, Urkunden, Informationen über im Ausland eingebrachte Asylanträge und den Verfahrensstand.

(3) Die in Abs. 1 bezeichneten Daten dürfen folgenden Empfängern übermittelt werden, soweit diese sie zur Erfüllung der ihnen übertragenen Aufgaben benötigen:

1. **den Asylbehörden,**
2. **den Sicherheitsbehörden,**
3. **dem Amt des Hochkommissärs der Vereinten Nationen für die Flüchtlinge in Österreich,**
4. **dem Arbeitsmarktservice und den mit Integrationshilfe betrauten Einrichtungen der Gebietskörperschaften,**
5. **den Gebietskrankenkassen und dem Hauptverband der österreichischen Sozialversicherungsträger,**
6. **den für die Vollziehung der Genfer Flüchtlingskonvention zuständigen ausländischen Behörden, wenn die Feststellung der Identität sowie die Asylgewährung ohne eine Übermittlung an diese Behörden nicht möglich und gewährleistet ist, daß solche Daten nicht Behörden jenes Staates zugänglich werden, in dem der Asylwerber oder der Flüchtling behauptet, Verfolgung befürchten zu müssen,**
7. **den Vertragsparteien eines Abkommens zur Bestimmung des für die Prüfung eines Asylantrages zuständigen Staates.**

(4) Die Sicherheitsbehörden haben dem Bundesasylamt die bei ihnen verarbeiteten erkennungsdienstlichen Daten von Fremden zu übermitteln, von denen das Bundesasylamt im Rahmen einer erkennungsdienstlichen Behandlung gemäß § 35 unterschiedliche Daten derselben Art ermittelt hat.

(5) Nach Abs. 1 ermittelte Daten sind physisch zu löschen, wenn der oder die Betroffene die österreichische Staatsbürgerschaft erlangt oder zehn Jahre nach rechtskräftiger Abweisung oder Zurückziehung des Asyl- oder Asylerstreckungsantrages vergangen sind.

(6) Sofern die Bundesregierung gemäß Art. 66 Abs. 2 B-VG zum Abschluß von Staatsverträgen ermächtigt ist, kann sie unter der Voraussetzung, daß Gegenseitigkeit gewährt wird, zwischenstaatliche Vereinbarungen über das Übermitteln von Daten gemäß Abs. 1, die für Zwecke gemäß Abs. 1 benötigt werden, abschließen. Hiebei ist die Übermittlung dieser Daten dem Bundesminister für Inneres vorzubehalten und vorzusehen, daß die Löschung übermittelter Daten unter denselben inhaltlichen Voraussetzungen wie im Inland erfolgt und daß Staatsangehörige der Vertragsstaaten vom Geltungsbereich dieser Vereinbarungen ausgenommen sind.

RV: [29]

(Die Überschrift lautet fälschlicherweise „Zu § 35:") Die in der Zentralen Informationssammlung nach § 99 Abs. 1 FrG 1997 (Entwurf) über den Asylwerber verarbeiteten Daten sollen auch den Asylbehörden zur Verfügung stehen. Dies ist erforderlich, weil sich vielfältige Querverbindungen zwischen ausschließlich fremdenpolizeilich relevanten Daten und solchen des Asylverfahrens ergeben. Die Aufzählung der Datenarten in einem eigenen Absatz (Abs. 2), macht die Aufzählung ohne inhaltliche Änderung übersichtlicher.

Auf Grund des Dubliner Übereinkommens mußte dieser Bestimmung neue Datenempfänger hinzugefügt werden (Z 7), welche mit der Wortfolge „Vertragsparteien eines Abkommens zur Bestimmung des für die Prüfung eines Asylantrages zuständigen Staates" umschrieben wurden.

Inhaltsübersicht

I. Allgemeines

986 Die Verfassungsbestimmung des § 1 DSG gewährt jedermann (Fremden wie Staatsbürgern) einen Anspruch auf Geheimhaltung der ihn betreffenden personenbezogenen Daten, soweit er daran ein *„schutzwürdiges Interesse"*, insb im Hinblick auf die Achtung seines Privat- und Familienlebens, hat (Abs 1 leg cit; zum Grundrecht auf Datenschutz siehe zB *Balthasar*, Datenschutzkommission, 1 ff; *Evers*, Privatleben). Diese Bestimmung erfaßt auch solche personenbezogene Daten, die nicht automationsunterstützt verarbeitet werden und geht sohin in seinem Anwendungsbereich über den Datenschutz im eigentlichen Sinn hinaus (*Walter/Mayer*, Bundesverfassungsrecht, Rz 1489). Mit dem Begriff des „schutzwürdigen Interesses", von dessen Auslegung der Umfang des Grundrechtsschutzes nach § 1 DSG abhängt, ist den zur Vollziehung berufenen Organen ein weiter Spielraum eingeräumt; der VfGH sieht etwa auch Wirtschaftsdaten als geschützt an (VfSlg 12.228).

987 Zulässige Beschränkungen des Grundrechts auf Datenschutz sieht § 1 Abs 2 DSG vor, wonach zwei Fälle zu unterscheiden sind: Zum einen sind Beschränkungen „zur Wahrung berechtigter Interessen eines anderen" zulässig. Ob diese Voraussetzung vorliegt, ist von den jeweils zur Vollziehung (Beachtung) des § 1 DSG verpflichteten Organen (Personen) im Einzelfall zu beurteilen. Zum anderen sind Beschränkungen auf Grund von Gesetzen zulässig („Gesetzesvorbehalt"); diese Gesetze müssen aber aus den in Art 8 Abs 2 EMRK genannten Gründen (zB Schutz der nationalen Sicherheit, der öffentlichen Ruhe und Ordnung, der Moral, der Rechte und Freiheiten anderer; vgl VfSlg 8272, 12.166) *„notwendig"* sein. Auch im Falle solcher Beschränkungen ist der vertraulichen Behandlung personenbezogener Daten Vorrang gegeben werden.

988 Gem Art 15 Abs 10 Dublin genießen die nach dieser Bestimmung übermittelten Informationen auf jeden Fall mindestens den Schutz, den der Empfängerstaat Informationen gleicher Art gewährt. Dieser Verweis auf das innerstaatliche Recht des Empfängerstaates läßt es diesem unbenommen, für Informationen, die gem Art 15 Dublin in Empfang genommen wurden, strengere Schutzvorschriften vorzusehen, als für sonstige Daten im Empfängerstaat gelten. Soweit Daten nicht automatisiert, sondern auf sonstige Weise verarbeitet werden, hat jeder Mitgliedstaat gem Art 15 Abs 11 leg cit geeignete Maßnahmen zu ergreifen, um die Einhaltung dieses Artikels durch wirksame Kontrollen zu gewährleisten. Sofern ein Mitgliedstaat über eine Stelle von der Art des Abs 12 leg cit (geeignetes nationales Gremium) verfügt, kann er ihr diese Kontrollaufgaben übertragen. Die Vorschrift des Art 15 Abs 11 Dublin ist für sich geschen nicht „self-executing".

989 Wünschen ein oder mehrere Mitgliedstaaten die in den Abs 2 und 3 des Art 15 Dublin aufgeführten Angaben (ds erforderliche personenbezogene Informationen, um den Mitgliedstaat zu bestimmen, der für die Prüfung des Asylantrags zuständig ist) ganz oder teilweise zu speichern, so ist dies nur möglich, wenn die betreffenden Länder Rechtsvorschriften für diese Datenverarbeitung erlassen haben, die die Durchführung der Grundsätze des Straßburger Übereinkommens zum Schutz des Menschen bei der automatischen Verarbeitung personenbezogener Daten vom 28. Jänner 1981 (BGBl 1988/317) verwirklichen und wenn sie ein geeignetes nationales Gremium mit der unabhängigen Kontrolle der Behandlung und Verwendung der gemäß diesem Übereinkommen übermittelten Angaben beauftragt haben (vgl dazu §§ 35 ff DSG).

990 Für den Bereich des automationsunterstützten Datenverkehrs sehen die Verfassungsnormen des § 1 Abs 3 und 4 DSG „nach Maßgabe der gesetzlichen Bestimmungen" ein umfassendes Auskunftsrecht des einzelnen über ihn betreffende Daten sowie ein Recht auf Richtigstellung unrichtiger und auf Löschung unzulässigerweise ermittelter Daten vor. Die nähere Ausgestaltung erfolgt durch die weiteren Regelungen des DSG (vgl zB §§ 11 und 12 leg cit; vgl dazu auch das Übereinkommen zum Schutz des Menschen bei der automatischen Verarbeitung personenbezogener Daten samt Interpretativen Erklärungen und Mitteilungen BGBl 1988/317).

991 Die Durchsetzung des Grundrechts auf Datenschutz ist – soweit es sich um automationsunterstützten Datenverkehr handelt – durch das DSG besonders geregelt (vgl insb § 37 über die Wirkung von Bescheiden sowie die Strafbestimmungen der §§ 48 ff leg cit). Gegen Bescheide der Datenschutzkommission kann wegen Verletzung des Grundrechts auf Datenschutz der VfGH angerufen werden. Bei „konventionellen" Daten könnten Eingriffe in den Grundrechtsbereich des § 1 DSG (zB Weitergabe von Daten) allenfalls als Ausübung unmittelbarer verwaltungsbehördlicher Befehls- und Zwangsgewalt gedeutet werden (zu dieser Problematik siehe *Evers*, Privatleben, 289). Eine Grundrechtskontrolle bestünde diesfalls durch die Beschwerdemöglichkeit an den UVSL und in der Folge an den VfGH; inwieweit eine „Rückabwicklung" eines unzulässigen Datenverkehrs aufgrund eines Erk des VfGH gem § 87 Abs 2 VfGG zu erfolgen hat („Folgenbeseitigungsanspruch"; vgl dazu *Oberndorfer*, Verwaltungsgerichtsbarkeit, 190) ist fraglich. Auf den sachlichen Zusammenhang des Datenschutzes mit der Amtsverschwiegenheit nach Art 20 Abs 3 B-VG einerseits und dem Grundrecht auf Schutz des Privat- und Familienlebens nach Art 8 EMRK und dem Rechtsinstitut der Auskunftspflicht (Art 20 Abs 4 B-VG; AuskunftspflichtG; Auskunftspflicht-GrundsatzG; zu den AuskunftspflichtG der Länder siehe *Walter/Mayer*, Bundesverfassungsrecht, Rz 586/2) andererseits sei hier nur hingewiesen.

992 Nach der Bestimmung des § 36 AsylG 1997 steht den Asylbehörden keine eigene automationsunterstützte Datensammlung zur Verfügung; das sog Asylwerberinformationssystem (AIS) ist Bestandteil des sog Fremdeninformationssystems (FIS), das wiederum auf der Rechtsgrundlage des § 99 Abs 1 FrG 1997 beruht. Nach dieser Bestimmung dürfen die Fremdenpolizeibehörden (§ 88 Abs 1 FrG 1997) Namen, Geschlecht, frühere Namen Geburtsdatum, Geburtsort und Wohnanschrift, Staatsangehörigkeit, Namen der Eltern und Aliasdaten (Grundsatzdaten) eines Fremden ermitteln und im Rahmen einer zentralen Informationssammlung samt allenfalls vorhandenen Fahndungsdaten und erkennungsdienstliche Daten (erkennungsdienstliche Daten sind personenbezogene Daten, die durch erkennungsdienstliche Maßnahmen ermittelt worden sind; § 64 Abs 4 SPG) sowie jene personenbezogenen Daten des Fremden – nach § 98 Abs 2 FrG 1997 auch automationsunterstützt – verarbeiten, die für dessen Einreise- und Aufenthaltsberechtigung sowie für die Zulässigkeit seiner Anhaltung in Schubhaft maßgeblich sind oder sein können (Personendatensatz). Personenbezogene Daten Dritter dürfen nur verarbeitet werden, wenn bei Fahndungsabfragen deren Auswählbarkeit aus der Gesamtmenge der gespeicherten Daten nicht vorgesehen ist.

993 Die Asylbehörden dürfen nach der ausdrücklichen Anordnung des § 36 Abs 1 AsylG 1997 die Daten aus dem FIS – neben anderen im Verwaltungsverfahren konventionell im Rahmen der Feststellung des maßgebenden Sachverhalts – „verwenden“ und an die in § 36 Abs 3 AsylG 1997 genannten Empfänger übermitteln (§ 3 Z 9 DSG). Die „Verwendung“ der Daten ist zweckgebunden; sie ist generell nur insoweit zulässig, soweit dies zur Vollziehung des AsylG 1997, für Zwecke der Durchführung der Genfer Flüchtlingskonvention im Ausland, für Zwecke von Abkommen zur Bestimmung des für die Prüfung eines Asylantrags zuständigen Staates und für Zwecke der Strafrechtspflege oder der Aufrechterhaltung der öffentlichen Sicherheit (beachte dazu den „polizeilichen Charakter“ der letztgenannten Punkte) erforderlich ist.

II. Gesetzliche Ermächtigung

994 Gem § 6 DSG dürfen Daten (vgl § 3 Z 1 DSG) zum Zwecke des automationsuntestützten Datenverkehrs (vgl § 3 Z 12 DSG) nur ermittelt und verarbeitet werden, wenn dafür eine ausdrückliche gesetzliche Ermächtigung (damit sind einschlägige Materiengesetze angesprochen; siehe auch § 7 Abs 1 Z 1 DSG) besteht, oder soweit dies für den Auftraggeber (vgl § 3 Z 3 DSG) zur Wahrnehmung der ihm gesetzlich übertragenen Aufgaben eine wesentliche Voraussetzung bildet. Die ausdrückliche gesetzliche Ermächtigung muß jede der Komponenten der Datenverarbeitung umfassen und auch die zugelassenen Daten ausdrücklich bezeichnen (72 BlgNR 14. GP; *Dohr/Pollirer/Weiss*, 34). Ist eine Datenverarbeitung durch eine ausdrückliche gesetzliche Ermächtigung determiniert, so ist eine Ausweitung des Verarbeitungsinhalts auf Basis des § 6 letzter Halbsatz DSG nicht zulässig; ausdrückliche gesetzliche Ermächtigungen haben abschließenden Charakter (*Matzka/Kotschy*, Kommentar zu § 6 Punkt 3.1.2.).

994a Gem § 32 Abs 1 DSG bedürfen die Übermittlung und Überlassung von Daten in Staaten mit Datenschutzbestimmungen, die den österreichischen gleichwertig sind, keiner Genehmigung durch die Datenschutzkommission. Inwieweit diese Gleichwertigkeit gegeben ist, wird durch Verordnung des Bundeskanzlers nach Anhörung der Datenschutzkommission festgestellt (vgl die VO des Bundeskanzlers vom 18. 12. 1980 über die Gleichwertigkeit ausländischer Datenschutzbestimmungen BGBl 1980/612). Übermittlungen und Überlassungen in andere Staaten sind nach § 32 Abs 2 leg cit nur genehmigungsfrei, wenn sie auf Grund gesetzlicher oder völkerrechtlicher Bestimmungen erfolgen, in welchen die zu übermittelnden oder zu überlassenden Datenarten und die Empfänger ausdrücklich genannt sind (Z 1 leg cit), der Betroffene um die Übermittlung schriftlich ersucht hat, wobei dieses Ersuchen schriftlich widerrufen werden kann (Z 2 leg cit), die Daten im Inland zulässigerweise veröffentlicht wurden (Z 3 leg cit) oder es sich um solche Übermittlungen oder Überlassungen handelt, die durch Verordnung des Bundeskanzlers nach Anhörung des Datenschutzrates für genehmigungsfrei erklärt wurden, weil sie von einer großen Anzahl von Auftraggebern in gleichartiger Weise vorgenommen werden, ihr Inhalt durch Gesetz oder durch Vertrag mit dem Betroffenen vorgegeben ist und im Hinblick auf schutzwürdige Geheimhaltungsinteressen der Betroffenen eine Prüfung durch die Datenschutzkommission nicht dennoch geboten erscheint (Z 4 leg cit; Standardübermittlungen und Standardüberlassungen). Voraussetzung für die Zulässigkeit von genehmigungsfreien Übermittlungen und Überlassungen in das Ausland ist gem § 32 Abs 3 DSG jedoch die Einhaltung der §§ 6, 7, 17 und 18 leg cit sowie – bei Überlassungen ins Ausland – die schriftliche Zusage des Dienstleisters, die im § 19 leg cit aufgezählten Pflichten einzuhalten. In den nicht dem § 32 DSG unterliegenden Fällen ist gem § 33 Abs 1 leg cit vor der Übermittlung von Daten in das Ausland eine Genehmigung der Datenschutzkommission einzuholen. Die Genehmigung ist gem § 33 Abs 2 DSG zu versagen, wenn die Datenverarbeitung, aus der in das Ausland übermittelt werden soll, rechtswidrig ist (Z 1 leg cit), die Voraussetzungen der §§ 7 oder 18 nicht gegeben sind (Z 2 leg cit), Bedenken bestehen, daß schutzwürdige Geheimhaltungsinteressen der Betroffenen durch den Datenverkehr im Ausland gefährdet sind (Z 3 leg cit) oder öffentliche Interessen einschließlich völkerrechtlicher Verpflichtungen entgegenstehen (Z 4 leg cit). Die Datenschutzkommission hat gem § 33 Abs 3 DSG eine Ausfertigung jedes Bescheides, mit dem eine Übermittlung von Daten in das Ausland genehmigt wurde, dem Datenverarbeitungsregister zuzumitteln; die Bescheidausfertigung ist zum Registrierungsakt zu nehmen. Vor diesem datenschutzrechtlichen Hintergrund sehen § 36 AsylG 1997 und Art 15 Dublin Sonderregelungen vor.

995 Die gesetzliche Ermächtigung des § 36 Abs 1 AsylG 1997 erfaßt das „Verwenden" (Abs 1 leg cit) und die „Übermittlung" an die in Abs 3 leg cit genannten Empfänger. Das DSG selbst versteht unter „Verwenden von Daten" den Datenverkehr nach § 3 Z 12 DSG, di das Ermitteln, die Verarbeitung, Benützen, Übermitteln und Überlassen von Daten. *„Ermitteln"* von Daten (§ 3 Z 6 DSG) bedeutet das Erheben oder sonstige Beschaffung von Daten für eine Datenverarbeitung (§ 3 Z 5 DSG), *„Verarbeiten"* von Daten (§ 3 Z 5 und 7 DSG) das Erfassen, Speichern, Ordnen, Vergleichen, Verändern, Verknüpfen, Vervielfältigen, Ausgeben oder Löschen von Daten im Rahmen einer Datenverarbeitung, *„Benützen"* von Daten (§ 3 Z 8 DSG) jede Form der Handhabung von Daten einer Datenverarbeitung bei Auftraggeber oder Dienstleister, die nicht Ermitteln, Verarbeiten oder Übermitteln ist, *„Übermitteln"* von Daten (§ 3 Z 9 DSG) bedeutet die Weitergabe von Daten aus einer Datenverarbeitung an andere Empfänger als den Betroffenen, den Auftraggeber oder einen Dienstleister, insb auch das Veröffentlichen solcher Daten sowie ihre Verwendung für ein anderes Aufgabengebiet des Auftraggebers und das *„Überlassen"* von Daten (§ 3 Z 10 DSG) bedeutet die Weitergabe von Daten zwischen Auftraggeber und Dienstleister oder zwischen Dienstleistern. Unter *„Daten"* (§ 3 Z 1 DSG) sind iSd Art 2 ff DSG auf einem Datenträger festgehaltene Angaben über bestimmte oder mit hoher Wahrscheinlichkeit bestimmbare Betroffene (personenbezogene Daten) zu verstehen.

996 Die gesetzliche Ermächtigung zur Ermittlung und Verarbeitung zum Zwecke des automationsunterstützten Datenverkehrs gem § 6 bzw § 32 Abs 2 Z 1 DSG muß eine *„ausdrückliche"* sein. Das heißt, daß das betreffenden Materiengesetz expressis verbis nicht bloß irgendwie schlüssig zur Ermittlung und Verarbeitung *zum Zweck des automationsunterstützten Datenverkehrs* ermächtigen muß, will man dem Wort „ausdrücklich" eigenständige Bedeutung beimessen und nicht so interpretieren, als wäre dieser Ausdruck inhaltsleer. Nach dem Wortlaut des § 36 Abs 1 AsylG 1997 ist zweifelhaft, ob § 36 Abs 1 AsylG 1997 eine derartige „ausdrückliche gesetzliche Ermächtigung" darstellt (vgl dazu auch § 32 Abs 2 Z 1 DSG); zwar verwendet der Gesetzgeber in § 36 AsylG 1997 – offenbar bewußt – technische Begriffe aus dem DSG (vgl dazu insb § 3 DSG), doch fehlt – im Gegensatz zu vergleichbaren Formulierungen an anderen Stellen der Rechtsordnung – ein ausdrücklicher Hinweis auf die Zulässigkeit der automationsunterstützten Datenverarbeitung. Ähnlich bezieht sich auch § 52 SPG auf das „Verwenden" von Daten; wobei sich aus dieser Bestimmung noch keineswegs zwangsläufig die Ermittlung und Verarbeitung *„zum Zweck des automationsunterstützten Datenverkehrs"* ergibt. Die Ermächtigung, automationsunterstützte Datenverarbeitung einzusetzen, ergibt sich ausdrücklich erst im Zusammenwirken mit § 57 SPG; erst diese Bestimmung enthält die eigentliche ausdrückliche Ermächtigung iSd § 6 DSG. Ähnlich formuliert auch § 98 Abs 1 FrG 1997: „Die Behörden dürfen personenbezogene Daten (...) *verwenden*" (Hervorhebung nicht im Original). Die – dazu korrespondierende – ausdrückliche Ermächtigung zum Einsatz der automationsunterstützten Datenverarbeitung findet sich erst in § 98 Abs 2 FrG 1997. § 36 Abs 1 AsylG 1997 spricht zwar gleichfalls vom „Verwenden personenbezogener Daten", doch fehlt eine korrespondierende Bestimmung ähnlich dem § 98 Abs 2 FrG 1997 bzw dem § 57 SPG. Unbestreitbar ist allerdings, daß die Bestimmung des § 36 Abs 1 AsylG 1997 die zugelassenen Daten (in vollem Umfang) nicht ausdrücklich bezeichnet (arg *„insbesondere"* in § 36 Abs 1 und *„jedenfalls"* in § 36 Abs 2 leg cit; zu diesen Voraussetzungen vgl 72 BlgNR 14. GP; *Dohr/Pollirer/Weiss*, 34). Die Bestimmung des § 36 Abs 1 AsylG 1997 stellt vor dem Hintergrund zumindest eine mangelhafte *„ausdrückliche gesetzliche Ermächtigung"* iSd § 6 DSG dar. Im Lichte des Grundsatzes der Gesetzmäßigkeit von Verordnungen ist sohin § 2 der Verordnung des BMI, mit der die V des BMI vom 30. 6. 1987 zur Durchführung des DSG im Wirkungsbereich des BMI (Datenschutzverordnung) idF der V des BMI vom 17. 10. 1990 BGBl 669 geändert wird (BGBl 1992/615) gleichfalls nicht unbedenklich; diese Bestimmung nennt das BAA als „Auftraggeber nach Maßgabe ihrer sachlichen und örtlichen Zuständigkeit, wobei nach § 3 Z 12 die Vollziehung des AsylG 1991 (vgl dazu die Verweisungsbestimmung des § 45 AsylG 1997) und nach Z 13 die Vollziehung der GFK „Aufgabengebiete" nach dieser V sind.

997 Die Ermächtigung der Asylbehörden zur „Verwendung" personenbezogener Daten bezieht sich nur insb auf den – gem § 98 FrG 1997 automationsunterstützten – Datenverkehr (§ 99 Abs 1 FrG 1997); im Hinblick auf die Regelung des § 36 Abs 1 AsylG 1997 sind demnach zwei Bereiche zu unterscheiden: ein Bereich, in dem es unter Anbindung an das FIS zur Verwendung (§ 3 Z 12 DSG) von Daten kommt, die von den Fremdenpolizeibehörden gem § 99 Abs 1 FrG 1997 zur (automationsunterstützten) Datenverarbeitung ermittelt (und wohl auch übermittelt) wurden, und ein zweiter Bereich, in dem Daten außerhalb dieses Bereichs (möglicherweise auch konventionell) ermittelt und im Verfahren „verwendet" werden.

998 Entgegen dieser – schon im Hinblick auf § 6 DSG fragwürdigen – gesetzlichen Ermächtigung ermittelt das BAA zahlreiche personenbezogene Daten nicht nur auf

„konventionelle" Art und Weise, sondern erhebt und beschafft personenbezogene Daten für eine automationsunterstützte Datenverarbeitung (di ein Ermitteln von Daten iSd § 3 Z 6 DSG) und verarbeitet diese auch iSd § 3 Z 7 DSG („Verarbeiten von Daten" bedeutet nach dieser Bestimmung das Erfassen, Speichern, Ordnen, Vergleichen, Verändern, Verknüpfen, Vervielfältigen, Ausgeben oder Löschen von Daten im Rahmen einer Datenverarbeitung nach § 3 Z 5 DSG); es werden selbst die meisten Aktenteile wie Niederschriften, Bescheide, und Aktenvermerke – naturgemäß mit den beinhaltenden personenbezogenen Daten, die wiederum teilweise besonders sensible Daten iSd Art 6 des Datenschutzabkommens (Daten betreffend die rassische Herkunft, politische Anschauungen oder religiöse oder andere Überzeugungen, die Gesundheit bzw Sexualleben) betreffen – volltextlich im AIS automationsunterstützt abgespeichert und verarbeitet, wobei auch diese Aktenteile gezielt abgefragt und verknüpft werden können (zu dieser Praxis siehe schon *Rohrböck*, AsylG 1991, 202).

999 Im gegebenen Zusammenhang könnte nun argumentiert werden, daß für das BAA die Ermittlung und Verarbeitung von Daten zum Zwecke des Datenverkehrs eine wesentliche Voraussetzung zur Wahrnehmung der ihm gesetzlich übertragenen Aufgaben bilde. Die Materialien zum DSG äußern sich zur Bedeutung des unbestimmten Gesetzesbegriffs „wesentliche Voraussetzung" widersprüchlich. Während die RV 1975 (72 BlgNR 14. GP) darunter eine conditio sine qua non versteht, weil ohne Verarbeitung die Aufgabenwahrnehmung „nicht möglich wäre", genügen laut dem AB 1978 (1024 BlgNR 14. GP) verwaltungsökonomische Gründe, sofern „die Daten für die Vollzugsaufgabe wesentlich sind" (siehe dazu *Dohr/Pollirer/Weiss*, 35 f). Durch die Generalklausel des § 6 letzter Halbsatz DSG wird nicht jeder Einsatz von ADV zulässig, weil ansonsten dem § 6 leg cit jeder (eigenständige) normative Gehalt fehlen würde. Unter „wesentlicher Voraussetzung" muß jedoch zumindest ein über den normalen Nutzen hinausgehender positiver Effekt – verursacht durch die automationsunterstützte Ermittlung und Verarbeitung von Daten – gemeint sein, der die Erfüllung der gesetzlich übertragenen Aufgaben wesentlich erleichtert. Das AsylG 1997 enthält keine gesetzlichen Aufgaben, für deren Erfüllung der Einsatz von ADV über ein gewöhnliches Maß hinausgehend nützlich wäre.

1000 Die zumindest teilweise fehlende Ermächtigung für das BAA stellt die Verwaltung vor dem Hintergrund der gesetzwidrigen Praxis des BAA vor gravierende Probleme: Gem § 14 Abs 3 DSG hat die Verwaltungsbehörde, außer bei Gefahr im Verzug, ihr Verfahren bis zur Entscheidung dieser Vorfrage durch die Datenschutzkommission auszusetzen (vgl dazu § 38 AVG) und gleichzeitig die Entscheidung der Datenschutzkommission zu beantragen, wenn in einem Verfahren vor einer anderen Verwaltungsbehörde (hier jede Verwaltungsbehörde außer dem BAA selbst) durchgeführten Verwaltungsverfahren von einer Partei behauptet wird, in ihren Rechten nach diesem Bundesgesetz (DSG) oder den hiezu ergangenen Verordnungen verletzt zu sein (zu diesem Problemkreis vor dem Hintergrund der Fassung des § 14 DSG vor dem BGBl 1994/632 siehe *Dohr/Pollirer/Weiss*, 77 ff). Eine Verletzung des DSG liegt im Asylverfahren vor dem BAA regelmäßig vor, da nahezu – wie oben angedeutet – die gesamte Aktenführung automationsunterstützt erfolgt.

III. Datenarten

1001 Die gesetzliche Ermächtigung zur Verwendung von Daten (entweder aus dem FIS oder konventionell ohne automationsunterstützte Datenverabeitung ermittelt) gem § 36 Abs 1 AsylG 1997 bezieht sich *„jedenfalls"* auf nachstehende Datenarten: Namen, Geburtsort, Geburtsdatum, Geschlecht, erkennungsdienstliche Daten, Staatsangehörigkeit, Wohnsitze, die Namen der Eltern, Urkunden, Informationen über im Ausland eingebrachte Asylanträge und den Verfahrensstand. Das Wort „jedenfalls" deutet an, daß die Ermächtigung zur Verwendung von Daten nicht abschließend ist. Zu den genannten Daten treten jene Daten, die (auch konventionell) im Lichte des festzustellenden maßgeblichen Sachverhalts ermittelt wurden, hinzu. Auch diese Daten dürfen die Asylbehörden nach dem Wortlaut des AsylG 1997 „verwenden".

1002 Daneben nennt Art 15 Dublin folgende Datenarten, die sich teilweise mit den obigen überschneiden: Personalien des Asylbewerbers und gegebenenfalls der Angehörigen (Name, Vorname, gegebenenfalls früherer Name, Beinamen oder Pseudonyme, derzeitige und frühere Staatsangehörigkeit, Geburtsdatum und -ort), den Personalausweis oder den Reisepaß (Nummer, Gültigkeitsdauer, Ausstellungsdatum, ausstellende Behörde, Ausstellungsort usw), sonstige zur Identifizierung des Asylbewerbers erforderliche Angaben, die Aufenthaltsorte und die Reisewege, die Aufenthaltserlaubnisse oder die durch einen Mitgliedstaat erteilten Visa, den Ort der Einreichung des Antrags und gegebenenfalls das Datum der Einreichung eines früheren Asylantrags, das Datum der Einreichung des jetzigen Antrags, den Stand des Verfahrens und den Tenor der gegebenenfalls getroffenen Entscheidung. Die Bestimmung des Art 15 Dublin nennt diese Datenarten nur im Hinblick auf die Übermittlung dieser Daten (konventionell oder automationsunterstützt) im „Dublinverbund". Nach Art 15 Abs 3 leg cit kann ein Mitgliedstaat des Dubliner Übereinkommens einen anderen Mitgliedstaat ersuchen, ihm die Gründe, die der Asylbewerber zur Unterstützung seines Antrags angeführt hat, und gegebenenfalls die Gründe für die bezüglich seines Antrags getroffene Entscheidung mitzuteilen. Es liegt im Ermessen des ersuchten Mitgliedstaates zu beurteilen, ob er dem Ersuchen Folge leisten kann. Auf jeden Fall ist die Erteilung dieser Auskünfte von der Zustimmung des Asylbewerbers abhängig.

1003 Gem § 99 FrG 1997 dürfen die Fremdenpolizeibehörden Namen, Geschlecht, frühere Namen, Geburtsdatum, Geburtsort und Wohnanschrift, Staatsangehörigkeit, Namen der Eltern und Aliasdaten (Grundsatzdatensatz) eines Fremden ermitteln und im Rahmen einer Zentralen Informationssammlung samt allenfalls vorhandenen Fahndungsdaten und erkennungsdienstliche Daten sowie jene personenbezogenen Daten des Fremden (auch automationsunterstützt; § 98 leg cit) verarbeiten (§ 3 Z 5 DSG), die für dessen Einreise- und Aufenthaltsberechtigung sowie für die Zulässigkeit seiner Anhaltung in Schubhaft maßgeblich sind oder sein können (Personendatensatz). Personenbezogene Daten Dritter dürfen nur verarbeitet werden, wenn bei Fahndungsabfragen deren Auswählbarkeit aus der Gesamtmenge der gespeicherten Daten nicht vorgesehen ist (vgl dazu auch § 98 Abs 2 FrG 1997). Insofern das FrG 1997 die „Datenverarbeitung" im Hinblick auf bestimmte Datenarten zuläßt, muß man wohl davon ausgehen, daß insoweit auch das Ermitteln für die Datenverarbeitung (§ 3 Z 6 DSG) zulässig ist, da sonst die Ermächtigung zur Datenverarbeitung relativ inhaltsleer wäre (vgl dazu auch § 98 Abs 2 FrG 1997).

1004 Die genannten Bestimmungen legen einerseits bestimmte Datenarten, zugleich aber auch bestimmte „Ermächtigungskategorien" (Ermächtigung zur Verwendung, Übermittlung, Verarbeitung bzw Ermittlung von Daten) fest, wobei etwa die gesetzliche Ermächtigung zur Übermittlung von Daten nach § 36 Abs 1 AsylG 1997 neben die gesetzliche Ermächtigung nach Art 15 Dublin tritt.

IV. Datenübermittlung

1005 Gem § 7 Abs1 DSG dürfen *„verarbeitete"* (Hervorhebung nicht im Original) Daten nur übermittelt werden, soweit eine ausdrückliche gesetzliche Ermächtigung besteht (siehe dazu oben Rz 994 ff), der Betroffene der Übermittlung ausdrücklich schriftlich zugestimmt hat, wobei ein schriftlicher Widerruf möglich ist oder sie ausschließlich zu statistischen Zwecken an das Österreichische Statistische Zentralamt übermittelt und dort anonymisiert werden. Gem Abs 2 leg cit ist eine Übermittlung von Daten an Organe des Bundes, der Länder, der Gemeinden, einschließlich der Körperschaften des öffentlichen Rechts weiters insoweit zulässig, als die Daten für den Empfänger zur Wahrnehmung der ihm gesetzlich übertragenen Aufgaben eine wesentliche Voraussetzung bilden. Nach § 7 Abs 3 leg cit dürfen an andere als die in Abs 2 leg cit genannten Empfänger Daten nur übermitteln werden, soweit dies zur Wahrung eines berechtigten Interesses an der Übermittlung erforderlich ist, das die schutzwürdigen Interessen des Betroffenen an der Geheimhaltung überwiegt. Im Zweifel ist auch hier der vertraulichen Behandlung von Daten der Vorrang zu geben. Die Regelung des § 7 DSG betrifft eigentlich nur verarbeitete (§ 3 Z 7 DSG) Daten iSd des § 3 Z 1 DSG und erfaßt die „Weitergabe von Daten aus einer Datenverarbeitung". § 36 Abs 3 AsylG 1997 enthält eine weitere ausdrückliche Ermächtigung zur Übermittlung von Daten.

1006 Die in § 36 Abs 1 AsylG 1997 bezeichneten Daten dürfen gem § 36 Abs 3 leg cit nachstehenden „Empfängern" übermittelt werden: den Asylbehörden, den Sicherheitsbehörden (§ 4 SPG), dem Amt des Hochkommissärs der Vereinten Nationen für die Flüchtlinge in Österreich, dem Arbeitsmarktservice und den mit Integrationshilfe betrauten Einrichtungen der Gebietskörperschaften (Bund, Länder, Gemeinden), den Gebietskrankenkassen und dem Hauptverband der österreichischen Sozialversicherungsträger, den für die Vollziehung der Genfer Flüchtlingskonvention zuständigen ausländischen Behörden, wenn die Feststellung der Identität sowie die Asylgewährung ohne eine Übermittlung an diese Behörden nicht möglich und gewährleistet ist, daß solche Daten nicht Behörden jenes Staates zugänglich werden, in dem der Asylwerber oder der Flüchtling behauptet, Verfolgung befürchten zu müssen, und den Vertragsparteien eines Abkommens zur Bestimmung des für die Prüfung eines Asylantrages zuständigen Staates. Nach dem Wortlaut der Bestimmung des § 36 Abs 3 AsylG 1997 ist unklar, ob nun die Fremdenpolizeibehörden oder die Asylbehörden Adressaten der „Übermittlungsermächtigung" sind. Für die Fremdenpolizeibehörden spricht der Umstand, daß diese auch die Daten nach § 99 FrG 1997 *„Ermitteln"* und *„Verarbeiten"*, zweitens auch der Umstand, daß die Asylbehörden als Empfänger genannt sind, was dann keinen Sinn ergibt, wenn diese die Daten übermitteln sollen. Für die Asylbehörden als zur Übermittlung ermächtigte Behörden sprich andererseits die systematische Stellung dieser Bestimmung im AsylG 1997, was allerdings im Hinblick auf § 36 Abs 4 leg cit (diese Bestimmung ist an die Sicherheitsbehörden gerichtet) kein zwingendes Indiz ist. Andererseits könnte die Bestimmung des § 36 Abs 3 AsylG 1997 eine „ausdrückliche gesetzliche Ermächtigung" iSd § 99 Abs 2 letzter Satz FrG 1997 sein; das würde dafür sprechen, daß die Fremdenpolizeibehörden Normadressaten des § 36 Abs 3 AsylG 1997 sind. Voraussetzung zur Datenübermittlung nach § 36 Abs 3 leg cit ist jedenfalls, daß die Empfänger die genannten Daten zur Erfüllung der ihnen übertragenen Aufgaben benötigen (dh der Empfänger die ihm gesetzlich übertragenen Aufgaben ohne die zu übermittelnden Daten nicht gehörig erfüllen kann).

1007 Gem § 36 Abs 4 AsylG 1997 haben die Sicherheitsbehörden dem Bundesasylamt die bei ihnen verarbeiteten erkennungsdienstlichen Daten von Fremden zu übermitteln, von denen das Bundesasylamt im Rahmen einer erkennungsdienstlichen Behandlung gem § 35 leg cit unterschiedliche Daten derselben Art ermittelt hat. Erkennungsdienstliche Daten sind personenbezogene Daten, die durch erkennungsdienstliche Maßnahmen ermittelt worden sind (§ 64 Abs 4 SPG). Erkennungsdienstliche Maßnahmen sind technische Verfahren zur Feststellung von Merkmalen eines Menschen, die seine Wiedererkennung ermöglichen und die nicht mit einem Eingriff in die körperliche Integrität verbunden sind, wie insb die Abnahme von Papillarlinienabdrücken, die Herstellung von Abbildungen, die Feststellung äußerlicher körperlicher Merkmale, die Vornahme von Messungen oder die Erhebung von Stimm- oder Schriftproben. Die „Übermittlungspflicht" der Sicherheitsbehörden an das BAA entsteht nur dann, wenn das BAA gem § 35 leg cit von ein und derselben Person (Personenidentität) erkennungsdienstliche Daten wie die Sicherheitsbehörden ermittelt hat, aber mindestens eine Datenart inhaltlich von der Datenermittlung durch die Sicherheitsbehörden abweicht. Die Übermittlungspflicht erfaßt dann aber alle erkennungsdienstliche Daten, die die Sicherheitsbehörde von den betreffenden Person ermittelt hat.

1008 Gem Art 15 Abs 1 Dublin übermittelt jeder Mitgliedstaat jedem Mitgliedstaat, der dies beantragt, die personenbezogenen Informationen, die erforderlich sind, um den Mitgliedstaat zu bestimmen, der für die Prüfung des Asylantrags zuständig ist, die Prüfung des Asylantrags vorzunehmen und allen Verpflichtungen aus diesem Übereinkommen nachkommen zu können. Betreffen dürfen diese Informationen ausschließlich die in Abs 2 leg cit genannten Datenarten (vgl dazu oben die Ausführungen unter Rz 1001 ff). Außerdem kann ein Mitgliedstaat einen anderen Mitgliedstaat gem Art 15 Abs 3 leg cit ersuchen, ihm die Gründe, die der Asylbewerber zur Unterstützung seines Antrags angeführt hat, und gegebenenfalls die Gründe für die bezüglich seines Antrags getroffene Entscheidung mitzuteilen. Es liegt im Ermessen des ersuchten Mitgliedstaates zu beurteilen, ob er dem Ersuchen Folge leisten kann. Auf jeden Fall ist die Erteilung dieser Auskünfte von der Zustimmung des Asylbewerbers abhängig. Dieser Informationsaustausch erfolgt auf Antrag eines Mitgliedstaates und kann nur zwischen den Behörden stattfinden, die von jedem Mitgliedstaat dem in Art 18 genannten Ausschuß mitgeteilt werden; fraglich ist allerdings, ob eine entsprechende Mitteilung an dem Exekutionsausschuß innerstaatlich unmittelbar (verfassungskonform) zuständigkeitsbegründend wirkt.

1009 Als Datenempfänger (betreffend Daten nach § 36 Abs 1 AsylG 1997) nennt Abs 3 des § 36 AsylG 1997 die Asylbehörden (Z 1 leg cit), die Sicherheitsbehörden (Z 2 leg cit; § 4 SPG), das Amt des Hochkommissärs der Vereinten Nationen für Flüchtlinge in Österreich (Z 3 leg cit), das Arbeitsmarktservice und die mit Integrationshilfe betrauten Einrichtungen der Gebietskörperschaften (Z 4 leg cit), den Gebietskrankenkassen und den Hauptverband der österreichischen Sozialversicherungsträger (Z 5 leg cit), die für die Vollziehung der GFK zuständigen ausländischen Behörden, wenn die Feststellung der Identität sowie die Asylgewährung ohne eine Übermittlung an diese Behörden nicht möglich und gewährleistet ist, daß solche Daten nicht Behörden jenes Staates zugänglich werden, in dem der Asylwerber oder der Flüchtling behauptet, Verfolgung befürchten zu müssen (Z 6 leg cit), die Vertragsparteien eines Abkommens zur Bestimmung des für die Prüfung eines Asylantrages zuständigen Staates (Z 7 leg cit). Die Übermittlungsermächtigung des § 36 Abs 3 Z 7 AsylG 1997 bezieht sich auf die in § 36 Abs 1 und 2 leg cit festgelegten Datenarten und nicht auf die in Art 15 Dublin vorgesehenen; obgleich sich die Datenarten in beiden Bestimmungen in vielen Bereichen decken, bestehen dennoch einige Divergenzen.

V. Löschen von Daten

1010 Unter „Löschen“ von Daten versteht das DSG das Unkenntlichmachen von Daten in der Weise, daß eine Rekonstruktion nicht möglich ist (physisches Löschen) bzw die Verhinderung des Zugriffs auf Daten durch programmtechnische Maßnahmen (logisches Löschen). Gem § 36 Abs 1 AsylG 1997 leg cit ermittelte Daten sind nach § 36 Abs 5 leg cit physisch zu löschen, wenn der oder die Betroffene die österreichische Staatsbürgerschaft erlangt oder zehn Jahre nach rechtskräftiger Abweisung oder Zurückziehung des Asyl- oder Asylerstreckungsantrages vergangen sind. Nach der Formulierung dieser Bestimmung ist unklar, ob nun die Fremdenpolizeibehörden oder die Asylbehörden (bzw alternativ eine dieser Behörden) zur Löschung der Daten verpflichtet sind (ist).

1011 Gem § 100 FrG 1997 sind personenbezogene Daten, die gemäß § 99 verarbeitet werden, für Zugriffe der Fremdenpolizeibehörden als Auftraggeber zu sperren (dies entspricht wohl der „logischen Löschung“ iSd § 3 Z 11 lit b DSG), sobald die Voraussetzungen für die Speicherung weggefallen sind oder die Daten sonst nicht mehr benötigt werden. Nach Ablauf von zwei weiteren Jahren sind die Daten auch physisch zu löschen. Während dieser Zeit kann die Sperre für Zwecke der Kontrolle der Richtigkeit einer beabsichtigten anderen Speicherung gem § 99 Abs 1 aufgehoben werden. Gem Abs 2 leg cit sind die Behörden als Auftraggeber (§ 3 Z 3 DSG) verpflichtet, unbefristete Personendatensätze, auf die der Zugriff nicht gesperrt ist und die sechs Jahre unverändert geblieben sind, daraufhin zu überprüfen, ob nicht die in Abs 1 des § 100 FrG 1997 genannten Voraussetzungen für eine Sperre bereits vorliegen. Solche Datensätze sind nach Ablauf weiterer drei Monate gemäß Abs 1 für Zugriffe zu sperren, es sei denn, der Auftraggeber hätte vorher bestätigt, daß der für die Speicherung maßgebliche Grund weiterhin besteht.

1012 Fraglich ist, wie sich die Bestimmungen des § 36 Abs 5 AsylG 1997 und des § 100 FrG 1997 zueinander verhalten. Dabei ist insb die Frage schwierig zu beantworten, zu welchem Zeitpunkt Daten nun zu löschen sind, wenn § 36 Abs 5 AsylG 1997 und § 100 FrG 1997 verschiedene Zeitpunkte zur Löschung von ein und derselben Datenart vorgeben. Einerseits treten rechtsdogmatisch beide Normen nebeneinander, was letztendlich darauf hinauslaufen würde, daß die betreffenden Daten zu löschen sind, wenn eine der beiden Vorschriften – welche von beiden auch immer das sein mag – die Löschung gebietet (diesfalls wäre dies der frühere Zeitpunkt); Sinn und Zweck der Datenverarbeitung überhaupt und der Löschungsbestimmungen im besonderen würde auf eine Trennung der Daten einerseits für die Asylbehörden, andererseits für die Fremdenpolizeibehörden hindeuten, denen die Daten für verschieden lange Zeiträume – jeweils unter spezifischer Zweckbindung – zur Verfügung stehen sollen. Im Lichte dessen muß man wohl davon ausgehen, daß die Daten dann zu löschen sind, wenn weder die Fremdenpolizeibehörden, noch die Asylbehörden die betreffenden Daten gebrauchen dürfen; die von beiden Löschungsbestimmungen betroffenen Daten sind demnach zu löschen, wenn § 36 Abs 5 AsylG 1997 *und* § 100 FrG 1997 die Löschung anordnen (dh zum jeweils späteren Zeitpunkt). Fraglich ist weiters, ob sich im Lichte des § 36 Abs 1 AsylG 1997 eine Sperre von Daten auch auf die Zugriffsmöglichkeiten der Asylbehörden auswirken muß; dies scheint eher zu verneinen sein, bezieht sich doch die Sperre von personenbezogenen Daten ausdrücklich nur auf Zugriffe der Fremdenpolizeibehörden.

1013 Gem Art 15 Abs 9 Dublin dürfen Daten (Abs 1, 2 und 3 leg cit) nur so lange aufbewahrt werden, wie dies zu der Erreichung der mit dem Austausch von Daten verfolgten Zielsetzungen notwendig ist. Die Notwendigkeit der Aufbewahrung ist von den betreffenden Mitgliedstaaten zum geeigneten Zeitpunkt zu prüfen.

VI. Auskunftsrecht und Pflicht zur Richtigstellung oder Löschung

1014 Gem § 11 Abs 1 DSG sind dem Betroffenen bei Nachweis seiner Identität (vgl dazu das Rundschreiben des BKA zur Durchführung des Auskunftsrechts vom 26. 11. 1987, 810.031/1-V/3/87) auf schriftlichen Antrag beim Auftraggeber seine Daten in allgemein verständlicher Form sowie deren Herkunft (vgl dazu die Übergangsregelung des § 58 Abs 8 DSG) und die Rechtsgrundlage (hier reicht ein bloßer Verweis auf die Bestimmung des § 6 DSG nicht aus; vgl dazu *Dohr/Pollirer/Weiss*, 66) für deren Ermittlung, Verarbeitung, Benützung und Übermittlung binnen vier Wochen schriftlich mitzuteilen, soweit es sich dabei nicht um solche Daten handelt, die auf Grund eines Gesetzes oder einer Verordnung bei überwiegendem öffentlichem Interesse auch ihm gegenüber geheimzuhalten sind (zu diesbezüglichen Beschränkungen des Auskunftsrechts siehe *Dohr/Pollirer/Weiss*, 66 f). Werden oder wurden Daten übermittelt, kann der Betroffene auch Auskunft über den Empfänger (ausdrücklich; *Dohr/Pollirer/Weiss*, 67) verlangen. Auf die Bekanntgabe eines Dienstleisters, sofern ein solcher eingesetzt wird, besteht ein subjektives Recht (*Dohr/Pollirer/Weiss*, 67). Gem Abs 2 leg cit hat der Betroffene am Verfahren mitzuwirken. Er hat diejenigen Datenverarbeitungen zu bezeichnen, bezüglich derer er Betroffener sein kann, oder glaubhaft zu machen, daß er irrtümlich oder mißbräuchlich in Datenbeständen des Auftraggebers enthalten ist. Verweigert der Betroffene seine Mitwirkung im Auskunftsverfahren oder wirkt er in einem Ausmaß mit, das einer Verweigerung gleichzuhalten ist, so kann der Auftraggeber von der Auskunftserteilung absehen (*Dohr/Pollirer/Weiss*, 67). Wird einem Antrag nach Abs 1 leg cit nicht oder nicht vollinhaltlich stattgegeben, so ist dies nach § 11 Abs 3 leg cit dem Betroffenen binnen vier Wochen unter Angabe des Grundes schriftlich mitzuteilen. Diese Mitteilung soll keinen Bescheidcharakter haben (*Dohr/Pollirer/Weiss*, 67). Die Erteilung einer Auskunft hat gem § 12 Abs 4 leg cit unentgeltlich zu erfolgen, wenn sie den aktuellen Datenbestand betrifft und wenn der Auskunftswerber im laufenden Jahr noch kein Auskunftsersuchen an den Auftraggeber betreffend dasselbe Aufgabengebiet gestellt hat. Für alle anderen Fälle kann in der Datenschutzverordnung nach Anhörung des Datenschutzrates ein pauschalierter Kostenersatz vorgeschrieben werden. Die Höhe dieses Kostenersatzes ist so festzulegen, daß die notwendigen aus der Bearbeitung des Auskunftsersuchens tatsächlich erwachsenden Kosten gedeckt sind (vgl dazu zB § 12 V des BMI vom 30. 6. 1987 zur Durchführung des DSG im Wirkungsbereich des BMI BGBl 316 idF BGBl 1992/615). Von der Bearbeitung des Auskunftsersuchens kann abgesehen werden, wenn der Betroffene nicht gemäß Abs 2 leg cit am Verfahren mitwirkt oder der festgesetzte Kostenersatz nicht entrichtet wurde. Ein etwa geleisteter Kostenersatz ist ungeachtet weiterer Schadenersatzansprüche zurückzuerstatten, wenn Daten rechtswidrig verwendet wurden oder wenn die Auskunft sonst zu einer Richtigstellung geführt hat.

1015 Gem § 12 Abs 1 DSG hat jeder Auftraggeber unrichtige oder entgegen den Bestimmungen des § 6 DSG ermittelte oder verarbeitete Daten unverzüglich, längstens jedoch binnen zwei Wochen nach Feststellung des der Verarbeitung zugrunde zu legenden Sachverhaltes (vgl dazu *Dohr/Pollirer/Weiss*, 72) richtigzustellen, zu löschen oder die Richtigstellung oder Löschung zu veranlassen. Wenn aus Gründen der Wirtschaftlichkeit die physische Löschung oder Richtigstellung von Daten auf ausschließlich automationsunterstützt lesbaren Datenträgern nur zu bestimmten Zeitpunkten vorgenommen werden kann, sind diese Daten bis dahin logisch und sodann physisch zu löschen oder richtigzustellen. Gem Abs 2 leg cit ist eine Richtigstellung oder Löschung nach Abs 1 leg cit von Amts wegen (Z 1 leg cit), auf begründeten Antrag des Betroffenen (Z 2 leg cit; die bloße Behauptung der Unrichtigkeit genügt nicht; vgl *Dohr/Pollirer/Weiss*, 73), auf Grund einer Entscheidung der für die Feststellung der Daten sachlich zuständigen Behörde (Z 3 leg cit), auf Grund einer Entscheidung der Datenschutzkommission (Z 4 leg cit) oder auf Grund einer Entscheidung des Verwaltungsgerichtshofes (Z 5 leg cit) durchzuführen oder zu veranlassen. Erfolgt binnen zwölf Wochen nach dem Einlangen eines Antrags des Betroffenen nicht die Feststellung des der Verarbeitung zugrunde zu legenden Sachverhaltes, so ist dies gem § 12 Abs 3 DSG dem Antragsteller unter Angabe des Grundes unverzüglich schriftlich mitzuteilen (diese Mitteilung soll keinen Bescheidcharakter haben; vgl *Dohr/Pollirer/Weiss*, 73). Wird ein Antrag des Betroffenen (Abs 2 Z 2 leg cit) abgelehnt, so ist ihm dies gem § 12 Abs 4 leg cit schriftlich binnen vier Wochen unter Angabe des Grundes mitzuteilen. Der Beweis der Richtigkeit der Daten obliegt dem Auftraggeber, soweit die Daten nicht ausschließlich auf Grund von Angaben des Betroffenen ermittelt wurden (§ 12 Abs 5 DSG). Ist die Richtigstellung oder Löschung auf Antrag des Betroffenen oder auf Grund einer Entscheidung der Datenschutzkommission durchgeführt worden, so ist hievon der Betroffene, im Falle einer Richtigstellung oder Löschung auf Grund einer Entscheidung der Datenschutzkommission auch diese, vom Auftraggeber zu verständigen (§ 12 Abs 6 DSG; vgl dazu insb § 12 Abs 2 Z 2 bzw 4 leg cit). Wurden iSd § 12 Abs 1 leg cit richtiggestellte oder gelöschte Daten vor der Richtigstellung oder Löschung übermittelt, so hat der Auftraggeber die Empfänger dieser Daten hievon zu verständigen, sofern der Betroffene es verlangt, ein berechtigtes Interesse glaubhaft macht und die Empfänger noch feststellbar sind (§ 12 Abs 7 DSG). Eine Richtigstellung und eine Löschung sind ausgeschlossen, wenn Daten im Zeitpunkt ihrer Ermittlung richtig und vollständig waren und der Zweck der Ermittlung oder der Verarbeitung eine Veränderung der Daten in Entsprechung von Änderungen des ihnen zugrundeliegenden Sachverhaltes ausschließt (§ 12 Abs 8 DSG). Erfolgt eine Richtigstellung oder Löschung auf Grund einer Entscheidung der für die Feststellung der Daten sachlich zuständigen Behörde, so ist der Auftraggeber an diese Entscheidung gebunden (§ 12 Abs 9 DSG). Bei der Übermittlung und Benützung von Daten, deren Richtigstellung vom Betroffenen bestritten wurde, und bei denen sich weder die Richtigkeit noch die Unrichtigkeit feststellen ließ, ist über Verlangen des Betroffenen ein Vermerk über die Bestreitung beizufügen. Der Auftraggeber kann bei der Datenschutzkommission die Feststellung beantragen, ob der Bestreitungsvermerk aufrechtzubleiben hat.

1016 Die Fremdenpolizeibehörden haben nach § 99 Abs 3 FrG 1997 in Auskünften gem § 11 DSG, die aus der Datenverarbeitung gem § 99 Abs 1 FrG 1997 (dies umfaßt wohl auch das sog AIS), auch jede andere Behörde zu nennen, die gem § 99 Abs 1 leg cit Daten des Antragstellers, auf die der Zugriff nicht gesperrt ist (vgl dazu § 100 FrG 1997), in der Zentralen Informationssammlung verarbeitet (dies betrifft insb das BAA). Davon kann Abstand genommen werden, wenn der Umstand dem Antragsteller bekannt ist.

1017 Neben die Regelungen der §§ 11 und 12 DSG tritt die Vorschrift des Art 15 Abs 7 Dublin. Nach dieser Bestimmung hat ein Asylbewerber das Recht, sich die über seine Person ausgetauschten Informationen mitteilen zu lassen, solange sie verfügbar sind; er hat hierfür einen Antrag (Schriftform ist nicht gefordert) zu stellen. Dies ist sowohl bei dem Mitgliedstaat der Fall, der die Daten übermittelt hat, als auch bei dem Mitgliedstaat, der die Daten empfangen hat (arg *„ausgetauschten Informationen“* in Art 15 Abs 7 Dublin). Unerheblich ist, ob die betreffenden Daten automationsunterstützt oder konventionell, rechtmäßig oder rechtswidrig „ausgetauscht“ wurden. Stellt der Asylbewerber fest, daß diese Informationen unrichtig sind oder nicht hätten übermittelt werden dürfen, hat er das Recht auf Berichtigung oder Löschung. Dieses Recht wird gem Art 15 Abs 6 Dublin ausgeübt. Nach dieser Bestimmung sorgt der Mitgliedstaat, der die Daten übermittelt (von Amts wegen) für ihre Richtigkeit und ihre Aktualität. Zeigt sich, daß dieser Mitgliedstaat unrichtige Daten oder Daten übermittelt hat, die nicht hätten übermittelt werden dürfen, werden die Empfängermitgliedstaaten darüber informiert. Sie sind gehalten, diese Informationen zu berichtigen oder sie zu löschen. Gem § 15 Abs 8 Dublin werden in jedem betroffenen Mitgliedstaat die Weitergabe und der Erhalt der ausgetauschten Informationen vermerkt.

VII. Regierungsübereinkommen

1018 Nach § 36 Abs 6 AsylG 1997 kann die Bundesregierung, sofern sie gem Art 66 Abs 2 B-VG zum Abschluß von Staatsverträgen ermächtigt ist (vgl die Entschließung des BPräs 31. 12. 1920 BGBl 1921/49), unter der Voraussetzung, daß Gegenseitigkeit gewährt wird, zwischenstaatliche Vereinbarungen über das Übermitteln von Daten gemäß § 36 Abs 1 AsylG 1997, die für in der letztgenannten Bestimmung genannte Zwecke benötigt werden, abschließen. Hiebei ist die Übermittlung dieser Daten dem BMI vorzubehalten und vorzusehen, daß die Löschung übermittelter Daten unter denselben inhaltlichen Voraussetzungen wie im Inland erfolgt und daß Staatsangehörige der Vertragsstaaten vom Geltungsbereich dieser Vereinbarung ausgenommen sind. Für den Abschluß von Staatsverträgen auf der Rechtsgrundlage der Ermächtigung gem Art 66 Abs 2 B-VG ist nur Raum, wenn der Staatsvertrag einerseits nicht die Vertragskompetenz der Länder (Art 16 Abs 1 B-VG idF BVG 29. 11. 1988 BGBl 685) berührt und andererseits nicht gesetzesändernd oder gesetzesergänzend ist (Art 50 Abs 1 B-VG idF BVG 4. 3. 1964 BGBl 59). Fraglich ist, ob § 7 Abs 1 Z 1 DSG durch eine gesetzliche Ermächtigung zum Abschluß von Staatsverträgen, wie § 15 Abs 5 AsylG 1991 vorsieht, genüge getan ist oder ob nicht die Voraussetzung für die Datenübermittlung iSd § 7 Abs 1 Z 1 DSG durch Gesetz im formellen Sinn vollständig geregelt sein müßte. Wenn letzteres zutrifft, hätte § 36 Abs 6 AsylG 1997 den § 7 Abs 1 Z 1 DSG teilweise derogiert. Eine ausdrückliche gesetzliche Ermächtigung ist jedenfalls dann nicht erforderlich, wenn der Betroffene der Übermittlung ausdrücklich schriftlich zugestimmt hat, wobei ein schriftlicher Widerruf möglich ist (§ 7 Abs 1 Z 2 DSG), und soweit die Übermittlung an andere als an Organe des Bundes, der Länder, der Gemeinden, einschließlich der Körperschaften des öffentlichen Rechts (§ 7 Abs 2 DSG; das betrifft auch ausländische Behörden) zur Wahrung eines berechtigten Interesses an der Übermittlung erforderlich ist, das die schutzwürdigen Interessen des Betroffenen an der Geheimhaltung überwiegt. Im Zweifel ist der vertraulichen Behandlung personenbezogener Daten der Vorzug zu geben (§ 7 Abs 3 DSG; die Interessensabwägung folgt der nach dem Grundrecht auf Datenschutz gem § 1 DSG; vgl dazu *Dohr/Pollirer/Weiss*, 5 f).

6. Abschnitt

Behörden

Bundesasylamt

§ 37. (1) Asylbehörde erster Instanz ist das Bundesasylamt, das in Unterordnung unter dem Bundesminister für Inneres errichtet wird. Das Bundesasylamt ist – bezogen auf Einzelfälle – die für Informationsaustausch mit jenen Staaten zuständige Behörde, mit denen ein Vertrag über die Bestimmung der Zuständigkeit zur Prüfung eines Asylantrages abgeschlossen wurde.

(2) An der Spitze des Bundesasylamtes steht dessen Leiter oder Leiterin. Der Sitz des Bundesasylamtes befindet sich in Wien.

(3) Die Zahl der Organisationseinheiten und die Aufteilung der Geschäfte auf sie ist in einer vom Leiter oder von der Leiterin zu erlassenden Geschäftseinteilung festzusetzen.

(4) Der Leiter oder die Leiterin des Bundesasylamtes kann unter Berücksichtigung der Zahl der Asylwerber, die sich in den einzelnen Verwaltungsbezirken in der Regel aufhalten, und der Anzahl von Asylanträgen, die bei den einzelnen Grenzkontrollstellen zu erwarten sind, Außenstellen des Bundesasylamtes errichten, um alle anfallenden Verfahren in verwaltungsökonomischer Weise und ohne unnötigen Verzug durchführen und abschließen zu können.

(5) Die Asylbehörden haben durch Ausbildung und berufsbegleitende Fortbildung ihrer Mitarbeiter und Mitarbeiterinnen deren Qualifikation sicherzustellen.

(6) Dem Bundesasylamt sind zur Besorgung der ihm übertragenen Aufgaben Organe des öffentlichen Sicherheitsdienstes beigegeben oder zugeteilt. Diese sind ermächtigt, im Rahmen der Wahrnehmung ihrer Aufgaben nach diesem Bundesgesetz die keinen Aufschub duldenden sicherheitsbehördlichen Maßnahmen zu setzen; sie schreiten dabei für die örtlich zuständige Bundespolizeidirektion oder Bezirksverwaltungsbehörde ein und haben diese unverzüglich von den getroffenen Maßnahmen in Kenntnis zu setzen.

(7) Der Leiter oder die Leiterin des Bundesasylamtes kann Bedienstete, die nicht Organe des öffentlichen Sicherheitsdienstes sind, zur Ausübung von nach diesem Bundesgesetz vorgesehener Befehls- und Zwangsgewalt ermächtigen, sofern diese hiefür geeignet sind und besonders geschult werden.

(37 Abs 1 letzter Satz eingefügt durch BGBl I 1999/4)

RV: [29, 30]

Die mit dem Asylgesetz 1991 eingerichteten Asylbehörden (Bundesasylamt und Bundesminister für Inneres) hatten den damals bestehenden Druck von etwa 20 000 Asylanträgen aufzufangen und für kurze Entscheidungsfristen zu sorgen. Mittlerweile ist das Asylwerberaufkommen deutlich kleiner geworden, allerdings ist es zu einem nachhaltigen Rückstau beim Verwaltungsgerichtshof gekommen. Der Entwurf schlägt daher vor – entsprechend dem Beispiel in anderen europäischen Ländern (zB Schweiz, Frankreich) – in zweiter Instanz eine unabhängige Sonderbehörde einzurichten, die die Rechtsschutzfunktion so weitgehend übernehmen kann, daß eine Anrufbarkeit des Verwaltungsgerichtshofes nur mehr in Fällen von besonderer Bedeutung gewährleistet sein muß.

Der vorliegende Entwurf versteht sich in diesen Punkten noch nicht als abgeschlossenes Konzept, sondern als erster wesentlicher Schritt zur Verwirklichung die-

1 ses Vorhabens. Es ist evident, daß es sowohl für das Bundesasylamt als auch für den unabhängigen Bundesasylsenat begleitender dienstrechtlicher Normen bedarf. Diese sollen beispielsweise den Bediensteten des Bundesasylamtes eine besoldungsrechtliche Gleichstellung mit den Bediensteten der Sicherheitsdirektionen und den Mitgliedern der zweiten Instanz eine den UVS-Regelungen vergleichbare besoldungsrechtliche Stellung verleihen.

Der bisherige § 10 Abs. 1 des Asylgesetzes 1991 wird seines Verfassungsranges entkleidet. Mit der neuen Formulierung soll die monokratische Organisation des Bundesasylamtes ausdrücklich festgehalten werden. Desgleichen wird als Element der äußeren Organisation der Sitz des Bundesasylamtes festgelegt. Die Außenstellen sollen nicht mehr – wie bisher – mit Verordnung des Bundesministers für Inneres errichtet werden. Die Errichtung von Außenstellen soll als Akt der inneren Organisation dem Bundesasylamt selbst möglich sein.

Einem Bedürfnis der Praxis entsprechend, sollen die vom Bundesasylamt benötigten Organe des öffentlichen Sicherheitsdienstes dieser Behörde beigegeben oder zugeteilt werden. Sie sind zur Handhabung der dem Bundesasylamt zuzurechnenden Befehls- und Zwangsgewalt (zB im Rahmen erkennungsdienstlicher Behandlung) ermächtigt. Im Rahmen des übrigen sicherheitsbehördlichen Exekutivdienstes schreiten sie funktionell für die örtlich zuständige Bundespolizeidirektion oder Bezirksverwaltungsbehörde ein, unterstehen aber in organisationsrechtlicher Hinsicht ausschließlich dem Bundesasylamt. Darüber hinaus kann der Leiter oder die Leiterin des Bundesasylamtes unter bestimmten Voraussetzungen Bedienstete, die nicht Organe des öffentlichen Sicherheitsdienstes sind, zur Ausübung von nach diesem Bundesgesetz vorgesehener Befehls- und Zwangsgewalt ermächtigen (§ 37 Abs. 7). Diese ermächtigten Bediensteten des Bundesasylamtes sollen auch besoldungsrechtlich den Organen des öffentlichen Sicherheitsdienstes gleichgestellt werden. In diesem Zusammenhang ist insbesondere an die Verordnungsermächtigung der Bundesregierung zur Verlängerung der Dienstzeit nach § 48 Abs. 6 BDG (vgl. dazu die Verordnung der Bundesregierung über verlängerte Wochendienstzeit, BGBl. Nr. 799/1974) und Vorschriften betreffend die Pauschalierung der Vergütung für den verlängerten Dienstplan §§ 15 Abs. 2, 16a und 20 Gehaltsgesetz (vgl. dazu die Verordnung des Bundesministers für Inneres über die Festsetzung der Pauschalvergütung für den verlängerten Dienstplan und einer pauschalierten Aufwandsentschädigung für die Beamten des rechtskundigen Dienstes bei den Bundespolizeidirektionen, BGBl. Nr. 46/1975) zu denken.

Unter der Annahme annähernd gleichbleibender Asylwerberzahlen, ist ein personeller Mehrbedarf in beiden Instanzen anzunehmen, der – was die erste Instanz betrifft – teilweise durch personelle Umschichtungen im Ressortbereich abgedeckt werden kann. Der voraussichtliche zusätzliche Personalbedarf im Ausmaß von 30 Planstellen wird, insbesondere durch die vorgesehenen Regelungen des Asylantrages an der Grenze sowie durch neue Verfahrensregelungen, in der ersten Instanz anfallen. Mit zusätzlichen Personalkosten von etwa 20 Millionen Schilling ist in diesem Bereich zu rechnen. Dem stehen Einsparungen beim Bundesminister für Inneres von etwa 15 Millionen Schilling gegenüber. Mit [29] erhöhtem Sachaufwand beim Bundesasylamt von etwa 11 Millionen Schilling ist zu rechnen, wobei in den Folgejahren der Sachaufwand etwa 10 Millionen Schilling betragen dürfte.

Der Mehraufwand dürfte im ersten Jahr – die Kosten für den unabhängigen Bundesasylsenat eingerechnet – insgesamt etwa 88 Millionen Schilling und in den Folgejahren etwa 83 Millionen Schilling betragen. Rechnet man mit einer gewissen

Steigerung der Bundesbetreuung und einer Verlängerung der Verfahrensdauer in jenen Fällen, in denen nicht Drittstaatsicherheit oder offensichtlich Unbegründetheit vorliegt, entstehen insgesamt Folgekosten von etwa 250 Millionen Schilling [30].

AB *(1494 BglNR 20. GP)*: [4]

Durch die Anfügung in § 37 Abs. 1 wird nunmehr die Zuständigkeit des Bundesasylamtes im Rahmen des Dublin-Konsultationsmechanismus auch im innerstaatlichen Recht verankert. Gemäß Art. 15 Abs. 4 der Dublin-Konvention ist die zuständige Behörde im Rahmen der völkerrechtlichen Verpflichtung bekanntzugeben; dies ist vor Inkrafttreten der Konvention geschehen. Die Normierung im Asylgesetz dient der Rechtssicherheit der Betroffenen.

Inhaltsübersicht

I. Allgemeines

1019 Mit Verfassungsbestimmung des § 10 Abs 1 Z 1 AsylG 1991 wurde seinerzeit das Bundesasylamt (BAA) als Asylbehörde erster Instanz in Unterordnung unter dem Bundesminister für Inneres eingerichtet. Das BAA ist im organisatorischen und funktionellen Sinn Bundesbehörde und untersteht dem BMI. Dem Gesetzgeber erschien es notwendig, Flüchtlingsangelegenheiten aus der Zuständigkeit der Sicherheitsbehörden herauszulösen, weil es sich dabei um Angelegenheiten handelt, bei denen neben dem Sicherheitsaspekt auch andere Gesichtspunkte, insbesondere soziale, humanitäre und allgemeinpolitische von entscheidender Bedeutung seien (vgl 270 BlgNR 18. GP, 17). Die Schutzgewährung als solche – um diese geht es im Asylwesen eigentlich – enthält dem Wesen nach keine „Sicherheitsaspekte" im Sinne von Polizei (aA *Davy U.*, Neuordnung, 70).

1020 Ein eigenes Organisationsgesetz für das BAA wurde seinerzeit nicht erlassen. Hier tat sich im Hinblick auf Art 18 B-VG ein bedenklich weiter gesetzesfreier Raum auf (zur Organisationsgewalt und zum Legalitätsprinzip siehe *Antoniolli/Koja*, 329 ff). Obwohl § 10 Abs 1 Z 1 AsylG 1991 Verfassungsrang zukam, muß davon ausgegangen werden, daß mit dieser Bestimmung nicht in das Bestimmtheitsgebot des Art 18 B-VG eingegriffen werden sollte. Wie sich aus den Materialien zum AsylG 1991 ergibt, wurde § 10 Abs 1 Z 1 AsylG 1991 deshalb als Verfassungsbestimmung vorgesehen, um den Erfordernissen des damals geltenden § 15 BehÜG (Behördenüberleitungsgesetz StGBl 1945/94 idFdlN BGBl 1991/566) zu genügen (vgl 270 BlgNR 18. GP, 17). Zwar enthielt § 10 Abs 3 AsylG 1991 auf einfachgesetzlicher Ebene eine Verordnungsermächtigung zur Einrichtung von Außenstellen, doch fehlte dem Gesetz jeder Anhaltspunkt dafür, wo sich der Sitz des BAA befindet (faktisch wurde das BAA in Wien eingerichtet). Hier regelte das AsylG 1991 zwar

Sachverhalte der „inneren Organisation“, ließ aber Elemente der „äußeren Organisation“, die – im Gegensatz zur „inneren Organisation“ – einer gesetzlichen Regelung bedurft hätten (vgl zB VfSlg 2.650, 2.709), ungeregelt. Desgleichen war dem Gesetz nicht entnehmbar, ob das BAA als monokratische oder als Kollegialbehörde errichtet wurde, wenn man auch in der Praxis von einer monokratischen Struktur ausging. Diese Probleme wurden mit der neuen Regelung beseitigt. Nunmehr wird ausdrücklich die monokratische Organisationsstruktur des BBA geregelt und zugleich festgehalten, daß sich der Sitz des BAA in Wien befindet (§ 37 Abs 2 AsylG 1997).

1021 Gem § 37 Abs 3 AsylG 1997 ist (richtig wohl: sind) die Zahl der Organisationseinheiten und die Aufteilung der Geschäfte auf sie in einer vom Leiter (von der Leiterin) zu erlassenden Geschäftseinteilung festzusetzen. Eine – dem § 7 Abs 8 BMG vergleichbare – erhöhte Publizität betreffend die Geschäftseinteilung ist im AsylG 1997 für das BAA nicht vorgesehen.

1022 Die Bestimmung des § 10 Abs 1 Z 1 AsylG 1991 wurde – durch die Festlegung des „zeitlichen Geltungsbereiches“ im *einfachen Gesetzesrang* (§ 42 Abs 2 AsylG 1997) – in verfassungswidriger Weise ihres verfassungsrechtlichen Gewandes entkleidet. Nunmehr wird das BAA durch die Bestimmung des § 37 Abs 1 AsylG 1997 im Rang eines einfachen Bundesgesetzes errichtet, indem festgehalten wird: „Asylbehörde erster Instanz ist das Bundesasylamt, das in Unterordnung unter dem Bundesminister für Inneres errichtet wird“. Damit ist der BMI gegenüber dem BAA übergeordnete Behörde, soweit nicht der UBAS zur Entscheidung berufen ist (vgl dazu insb §§ 33 und 38 AsylG 1997).

II. Verfassungsrechtliche Grundlagen

1023 Für den Bereich der Verwaltung des Bundes gilt der allgemeine Grundsatz der mittelbaren Bundesverwaltung. Gem Art 102 Abs 1 B-VG üben die Vollziehung des Bundes im Bereich der Länder – soweit nicht eigene Bundesbehörden bestehen (unmittelbare Bundesverwaltung) – der Landeshauptmann und die ihm unterstellten Landesbehörden aus (mittelbare Bundesverwaltung). An diese Regelung knüpft Abs 2 des Art 102 B-VG an und zählt die Angelegenheiten auf, die unmittelbar von Bundesbehörden (im organisatorischen Sinn) besorgt werden dürfen. Dazu gehören zB das Zoll und Finanzwesen, Justizwesen, Paß- und Meldewesen, Postwesen, militärische Angelegenheiten, allgemeine Sicherheitspolizei einschließlich der ersten allgemeinen Hilfeleistung, Pressewesen, Vereins- und Versammlungsangelegenheiten und insb auch die Fremdenpolizei. Zu beachten bleibt jedoch, daß einige der in Art 10 Abs 1 Z 3 B-VG genannten Angelegenheiten in Art 102 Abs 2 B-VG fehlen. Durch die Bestimmungen der Art 26 Abs 6 und Art 81a BVG, § 11 Abs 1 F-VG und der Art 78a bis 78c B-VG ist die Errichtung bestimmter Bundesbehörden zwingend vorgeschrieben.

1024 Inwieweit Angelegenheiten, die nach dem B-VG in mittelbarer Bundesverwaltung zu vollziehen sind, durch eine zentrale Bundesbehörde (zB Bundesminister aber auch BAA und UBAS) besorgt werden dürfen, ist unklar (näher dazu *Mayer*, Mittelbare Bundesverwaltung, 97). Der VfGH versuchte in seinem Erk VfSlg 11.403 eine Grenzziehung (*Weber*, JBl 1988, 30); eine allgemeine Aussage kann diesem Erk jedoch ebensowenig entnommen werden wie eine dogmatische Begründung (*Walter/Mayer*, Bundesverfassungsrecht, Rz 836; *Jabloner*, Mittelbare Bundesverwaltung).

1025 Der Bund kann jedoch auch in Angelegenheiten, die er durch eigene Behörden besorgen könnte, von der Errichtung solcher absehen und den Landeshauptmann mit der

Vollziehung des Bundes beauftragen (Art 102 Abs 3 B-VG), wodurch eine solche Angelegenheit eine solche der mittelbaren Bundesverwaltung wird (vgl auch VfSlg 6913).

1026 Alle Angelegenheiten, die nicht im Art 102 Abs 2 B-VG aufgezählt sind, sind grundsätzlich durch den Landeshauptmann und die ihm unterstellten Landesbehörden zu vollziehen; der Landeshauptmann und die betreffenden Landesbehörden sind in diesem Bereich *funktionell* Bundesbehörden. Die Errichtung von eigenen Bundesbehörden auf Landesebene (dh die Besorgung der Angelegenheit in unmittelbarer Bundesverwaltung) für Angelegenheiten, die nicht im Art 102 Abs 2 aufgezählt sind, kann nur mit Zustimmung der beteiligten Länder erfolgen (Art 102 Abs 4 B-VG); die Errichtung des BAA ist ohne Zustimmung der Länder erfolgt.

1027 Die Bestimmung des Art 102 Abs 2 B-VG nennt ua die Angelegenheit der „Fremdenpolizei" nicht aber Angelegenheiten des „Flüchtlings- bzw Asylwesens"; nur die „Fremdenpolizei" kann in unmittelbarer Bundesverwaltung vollzogen werden. Vor diesem Hintergrund stellt sich die Frage, ob die Vollziehung des AsylG 1997 (lediglich) eine Angelegenheit der Fremdenpolizei darstellt. Der Ausdruck „Fremdenpolizei" erfaßt ein ganzes Bündel von Regelungen: Regeln über die Reisedokumente, die Fremde benötigen, um den Grenzübertritt vornehmen zu können; Regeln über die Art und Weise, wie der Grenzübertritt vorzunehmen ist (zB Gestellungspflichten); Regeln über die Bedingungen, unter denen ein Grenzübertritt aus polizeilichen Rücksichten erlaubt wird (zB Sichtvermerkspflicht, Voraussetzungen für die Erteilung eines Sichtvermerks); Regeln über die Bedingungen, unter denen der Aufenthalt von Fremden im Staatsgebiet zugelassen wird (zB Aufenthaltsbewilligungspflicht, Ausweispflicht, Meldepflicht); Regeln über die Entfernung aus dem Staatsgebiet aus Gründen der öffentlichen Ruhe, Ordnung und Sicherheit (*U. Davy*, Asylrechtsreform II, 825, FN 107). Zu beachten bleibt jedoch, daß einige der in Art 10 Abs 1 Z 3 B-VG genannten Angelegenheiten in Art 102 Abs 2 B-VG fehlen. Folglich müssen das „Ein- und Auswanderungswesen" und die „Abschaffung, Abschiebung, Ausweisung und Auslieferung sowie Durchlieferung" in mittelbarer Bundesverwaltung vollzogen werden; wie immer man den Kompetenztatbestand „Fremdenpolizei" umschreiben mag, mit großer Sicherheit sind die Kompetenztatbestände des Art 10 Abs 1 Z 3 B-VG „Regelung und Überwachung des Eintritts in das Bundesgebiet und des Austritts aus ihm", „Ein- und Auswanderungswesen", „Paßwesen" und „Abschiebung, Abschaffung, Ausweisung und Auslieferung sowie Durchlieferung" vom Kompetenztatbestand der „Fremdenpolizei" zu subtrahieren. Unter „Einwanderungswesen" fallen etwa die Aufstellung und Administrierung von Kontingenten („Quoten") sowie damit vergleichbare Instrumente zur Regelung des Zuzugs von Ausländern. Dem ist durch die in § 89 Abs 1 FrG enthaltene Zuständigkeit des LH zu Entscheidungen im Zusammenhang mit Niederlassungsbewilligungen grundsätzlich Rechnung getragen (nicht unproblematisch allerdings § 19 Abs 3 FrG). Anderes gilt hingegen für das Schubwesen, das nach dem FrG zur Gänze von den Sicherheitsbehörden vollzogen wird. Es ist kompetenzrechtlich nicht der Fremdenpolizei, sondern dem Art 10 Abs 1 Z 3 B-VG zuzuordnen (vgl das für die Prägung der Kompetenzbegriffe Abschiebung und Abschaffung offenkundig vorbildliche ReichschubG, RGBl 1867/80, VfSlg 1119/1928 sowie Art II § 2 ÜG 1929). Für diese Auffassung spricht auch, daß die Verfassung 1934 in Art 120 Abs 1 lit w Z 2 die Kompetenztatbestände „Abschaffung, Abschiebung, Ausweisung und Auslieferung aus dem Bundesgebiete sowie Durchlieferung" – wenngleich unter der Einschränkung „wenn es die Verhältnisse erfordern" – enthalten hatte und daß im Anschluß an sie die Zuständigkeiten der Sicherheitsdirektionen entsprechend erweitert wurden (vgl § 2 Z 1 BGBl II 1934/437; vgl dazu ausführlich *Wiederin*, Sicherheitspolizei, Rz 119).

1028 Wenn nun der Regelungsgegenstand des AsylG 1997 nicht (ausschließlich) den Tatbeständen der „Fremdenpolizei" bzw der „Regelung und Überwachung des Eintrittes in das Bundesgebiet und des Austritts aus ihm" und „Paßwesen" zugerechnet werden kann, steht die Vollziehung des AsylG 1997 in unmittelbarer Bundesverwaltung vor dem Hintergrund des Art 102 B-VG auf tönernen Beinen. Da ein Tatbestand „Asyl- bzw Flüchtlingswesen" der Bestimmung des Art 102 Abs 2 B-VG nicht entnommen werden kann, dürften diese Angelegenheiten grundsätzlich nicht in unmittelbarer Bundesverwaltung vollzogen werden; die Errichtung des BAA mit direkter Unterordnung unter den BMI hätte zumindest gem Art 102 Abs 4 B-VG der Zustimmung der Länder bedurft.

III. Errichtung von Außenstellen

1029 Auf Grundlage des § 10 Abs 3 AsylG 1991 wurden mit Verordnung die Außenstellen Wien, Traiskirchen, Eisenstadt, Graz, Linz, Salzburg, Innsbruck und Klagenfurt errichtet (vgl die V des BMI über die Errichtung von Außenstellen des Bundesasylamtes BGBl 1992/272). Den Außenstellen kam und kommt keine eigene Kompetenz zu (vgl 328 BlgNR 18. GP, 2; unrichtig *Steiner*, AsylR `92, 29). Nunmehr kann der Leiter oder die Leiterin des BAA gem § 36 Abs 4 AsylG 1997 unter Berücksichtigung der Zahl der Asylwerber, die sich in den einzelnen Verwaltungsbezirken in der Regel aufhalten, und der Anzahl von Asylanträgen, die bei den einzelnen Grenzkontrollstellen zu erwarten sind, Außenstellen des BAA errichten, um alle anfallenden Verfahren in verwaltungsökonomischer Weise und ohne unnötigen Verzug durchführen und abschließen zu können.

1030 Die Errichtung von Außenstellen stellt – soweit es nicht zu einer Außenwirkung etwa durch Zuständigkeitsbestimmungen kommt – einen Akt der inneren Organisation dar; zur Errichtung von Außenstellen bedarf es nicht (mehr) einer Verordnung, sondern als Akt der inneren Organisation nur organisatorischer Maßnahmen im Rahmen der schlichten Hoheitsverwaltung. Vor diesem Hintergrund ist das rechtliche Schicksal der V des BMI über die Errichtung von Außenstellen des Bundesasylamtes BGBl 1992/272 fraglich; diese V wurde nicht ausdrücklich aufgehoben. Es besteht keine Einhelligkeit über die Frage, ob eine (Durchführungs-) Verordnung mit Außerkrafttreten des ihr zugrundeliegenden Gesetzes ipso iure ihre Geltung verliert (sog „Herzog-Mantel-Theorie") oder aber invalidiert, dh einer gesonderten Aufhebung bedarf (zu dieser Problematik siehe *Antoniolli/Koja*, 190 *Adamovich*, Verfassungsrecht, 253; *Hackl*, 264; *Mayer*, Verordnung, 37; vgl auch VfSlg 13.548, 13.552). Der VfGH folgt – zumindest in Fällen, in denen er ein Gesetz aufhebt – der zweiten Auffassung (VfSlg 2266, 4047, 10.800, 10.931, 10.950, 12.677; vgl aber VfSlg 4420). Bei einer Aufhebung eines G durch den Gesetzgeber scheint aber auch die Derogation der auf diesem Gesetz gegründeten (Durchführungs-) Verordnung angenommen zu werden (so schon *Zogler*, Verordnungsrecht, 366; VfSlg 2344, 12.634; VwSlgNF 10.400 A, 10.802 A).

IV. Sicherheitsbehördliche Maßnahmen sowie Befehls- und Zwangsgewalt

1031 Dem BAA sind gem § 37 Abs 6 AsylG 1997 zur Besorgung der ihm übertragenen Aufgaben Organe des öffentlichen Sicherheitsdienstes beigegeben oder zugeteilt. Organe des öffentlichen Sicherheitsdienstes sind Angehörige der Bundesgendarmerie, der Bundessicherheitswachekorps, der Kriminalbeamtenkorps, der Gemeindewachkörper sowie des rechtskundigen Dienstes bei Sicherheitsbehörden, wenn diese Organe zur Ausübung unmittelbarer Befehls- und Zwangsgewalt ermächtigt sind (§ 5 Abs 2 SPG). Angehörige der Bundesgendarmerie, der Bundessicherheitswachekorps, der Kriminalbeamtenkorps, der Gemeindewachkörper sind regelmäßig in sog „Wachkörper“ eingegliedert. Gem Art 78d B-VG sind Wachkörper bewaffnete oder uniformierte oder sonst nach militärischem Muster eingerichtete Formationen, denen Aufgaben polizeilichen Charakters übertragen sind. Zu den Wachkörpern sind insbesondere nicht zu zählen: das zum Schutz einzelner Zweige der Landeskultur, wie der Land- und Forstwirtschaft (Feld-, Flur-, und Forstschutz), des Bergbaues, der Jagd, der Fischerei oder anderer Wasserberechtigungen aufgestellte Wachpersonal, die Organe der Marktaufsicht, der Feuerwehr. Die Organe des öffentlichen Sicherheitsdienstes sind dem BAA beigegeben, wenn sie in die Organisation des BAA eingegliedert sind. Sie sind dem BAA zugeteilt, wenn sie ihm dienstzugeteilt sind; gem § 39 BDG liegt eine Dienstzuteilung vor, wenn der Beamte vorübergehend einer anderen Dienststelle zur Dienstleistung zugewiesen und für die Dauer dieser Zuweisung mit der Wahrnehmung von Aufgaben eines in der Geschäftseinteilung dieser Dienststelle vorgesehenen Arbeitsplatzes betraut wird. Die Organe des Sicherheitsdienstes müssen als solche in der Geschäftseinteilung des BAA (§ 37 Abs 3 AsylG 1997) enthalten sein.

1032 Die Aufgaben der Organe des öffentlichen Sicherheitsdienstes beim BAA sind nur kryptisch umschrieben. Sie sind ermächtigt, im Rahmen der Wahrnehmung ihrer Aufgaben nach diesem Bundesgesetz die keinen Aufschub duldenden sicherheitsbehördlichen Maßnahmen zu setzen; sie schreiten dabei für die örtlich zuständige Bundespolizeidirektion oder Bezirksverwaltungsbehörde ein und haben diese unverzüglich von den getroffenen Maßnahmen in Kenntnis zu setzen. Was unter „sicherheitsbehördlichen Maßnahmen“ zu verstehen ist, bleibt unklar. Hinter diesem Ausdruck steht ein Verweis auf die Aufgaben der Sicherheitsbehörden, denen die Sicherheitsverwaltung obliegt (§ 2 Abs 1 SPG). Die Sicherheitsverwaltung besteht aus der Sicherheitspolizei, dem Paß- und dem Meldewesen, der Fremdenpolizei, der Überwachung des Eintritts in das Bundesgebiet und des Austritts aus ihm, dem Waffen-, Munitions-, Schieß- und Sprengmittelwesen sowie aus dem Pressewesen und den Vereins- und Versammlungsangelegenheiten (§ 2 Abs 1 SPG). Die Organe des öffentlichen Sicherheitsdienstes versehen für die Sicherheitsbehörden den Exekutivdienst (§ 5 Abs 1 SPG). Der sicherheitsbehördliche Exekutivdienst besteht aus dem Streifen- und Überwachungsdienst, der Ausübung der ersten allgemeinen Hilfeleistungspflicht (§ 19 SPG) und der Gefahrenabwehr mit den Befugnissen nach dem 3. Teil (Befugnisse der Sicherheitsbehörden und der Organe des öffentlichen Sicherheitsdienstes im Rahmen der Sicherheitspolizei; vgl dazu ausführlich *Wiederin*, Sicherheitspolizei, Rz 340 ff) sowie aus dem Ermittlungs- (§§ 52 ff SPG; vgl dazu *Wiederin*, Sicherheitspolizei, Rz 593 ff) und dem Erkennungsdienst (§§ 64 SPG; *Wiederin*, Sicherheitspolizei, Rz 643 ff).

1033 Im gegebenen Zusammenhang bedeutender sind jedoch jene Aufgaben, die Organen des öffentlichen Sicherheitsdienstes neben der Versehung des sicherheitsbehördlichen Exekutivdienstes in anderen Gesetzen zugewiesen sind, von diesen insb jene aus dem FrG 1997. Gem § 32 Abs 1 leg cit sind Fremde verpflichtet, den Behörden und ihren Organen (auch und besonders den Organen des öffentlichen Sicherheitsdienstes) auf eine bei der Vollziehung eines Bundesgesetzes ergehende Aufforderung hin die für ihre Aufenthaltsberechtigung maßgeblichen Dokumente vorzuweisen und sich erforderlichenfalls in Begleitung eines Organs an jene Stelle zu begeben, an der die Dokumente verwahrt sind. Sie sind außerdem verpflichtet, den Behörden (§ 88 ff leg cit) und den Organen des öffentlichen Sicherheitsdienstes in begründeten Fällen auf Verlangen Auskunft über den Zweck und die beabsichtigte Dauer ihres Aufenthaltes im Bundesgebiet zu erteilen und den Besitz der Mittel zu ihrem Unterhalt nachzuweisen.

1034 Gem § 60 leg cit sind die Zurückweisung, die Transitsicherung, die Abschiebung, die Zurückschiebung und die Durchbeförderung von Fremden von Organen des öffentlichen Sicherheitsdienstes mit unmittelbarer Befehls- und Zwangsgewalt durchzusetzen, wenn dies auf andere Weise nicht oder nicht rechtzeitig möglich ist. Gem § 63 Abs 1 leg cit sind die Organe des öffentlichen Sicherheitsdienstes ermächtigt, einen Fremden festzunehmen, gegen den ein Festnahmeauftrag (§ 62 leg cit) besteht, um ihn der Behörde (§§ 88 ff leg cit) vorzuführen (§ 63 Abs 1 Z 1 leg cit); den sie innerhalb von sieben Tagen nach der Einreise betreten, wenn er hiebei die Grenzkontrolle umgangen hat (§ 63 Abs 1 Z 2 leg cit); den sie auf Grund einer Übernahmserklärung (§ 4 leg cit) einreisen lassen (§ 63 Abs 1 Z 3 leg cit). Eine Festnahme gem § 63 Abs 1 Z 2 leg cit hat zu unterbleiben, wenn gewährleistet ist, der Fremde werde das Bundesgebiet unverzüglich verlassen (§63 Abs 2 leg cit). Fremde, für die ein Übernahmeauftrag (§ 62 Abs 2 leg cit) erlassen worden ist, sind von Organen des öffentlichen Sicherheitsdienstes nach der Einreise in Anhaltung zu übernehmen. Obwohl dies nicht ausdrücklich dem Gesetz entnehmbar ist, werden die Organe des öffentlichen Sicherheitsdienstes auch zum Vollzug der Schubhaft herangezogen, soweit diese nicht in einem gerichtlichen Gefangenenhaus vollzogen wird.

1035 Ist auf Grund bestimmter Tatsachen anzunehmen, daß ein Fremder, gegen den ein Festnahmeauftrag erlassen worden oder Schubhaft zu vollstrecken ist, sich in bestimmten Räumlichkeiten innerhalb des Sprengels der Fremdenpolizeibehörde aufhalte, so kann diese, sofern es zur Durchsetzung des Festnahmeauftrages oder zur Vollstreckung des Schubhaftbescheides erforderlich erscheint, den Organen des öffentlichen Sicherheitsdienstes die schriftliche Ermächtigung erteilen, die Räumlichkeiten zu betreten (§ 71 Abs 1 FrG 1997). Organe des öffentlichen Sicherheitsdienstes dürfen Räumlichkeiten betreten, für die eine Ermächtigung gem Abs 1 leg cit besteht, sofern dies zur Durchsetzung des Festnahmeauftrages oder zur Vollstreckung des Schubhaftbescheides erforderlich scheint; wenn darin mehr als fünf Fremde Unterkunft genommen haben, auf Grund bestimmter Tatsachen der Verdacht besteht, daß sich darunter Fremde befinden, die sich nicht rechtmäßig im Bundesgebiet aufhalten, und eine Überprüfung gemäß § 32 leg cit sonst unmöglich oder erheblich erschwert wäre (§ 71 Abs 2 leg cit). Organe des öffentlichen Sicherheitsdienstes sind ermächtigt, Bertriebsstätten und Arbeitsstellen zu betreten, wenn der Verdacht besteht, daß sich dort Fremde befinden, die sich nicht rechtmäßig im Bundesgebiet aufhalten. § 60 leg cit gilt, wenn überdies der Verdacht besteht, daß die Fremden geschleppt wurden oder gegen die Vorschriften, mit denen die Prostitution geregelt ist, verstoßen.

1036 Die dem BAA beigegebenen oder zugeteilten Organe des öffentlichen Sicherheitsdienstes schreiten bei der „Setzung sicherheitsbehördlicher Maßnahmen" für die örtlich zuständige Bundespolizeidirektion oder Bezirksverwaltungsbehörde ein; dh daß die in diesem Rahmen von ihnen gesetzten Amtshandlungen ausnahmslos den Sicherheitsbehörde (§ 5 Abs 2 SPG) zuzurechnen sind; die Sicherheitsbehörden sind insoweit in Beschwerdeverfahren vor den UVSL wegen solcher behördlicher Befehls- und Zwangsakte belangte Behörde iSd § 67c AVG. Vor diesem Hintergrund ist fraglich, ob die Organe des öffentlichen Sicherheitsdienstes auch in jenen Belangen eingesetzt werden können, die nach der Konstruktion des AsylG 1997 den Asylbehörden (dem BAA) zuzurechnen sind und eine ausdrückliche gesetzliche Ermächtigung dazu nicht besteht. Dies gilt insb für die Sicherung der Zurückweisung nach § 19 Abs 1 zweiter Satz AsylG 1997.

1037 Auch das AsylG 1997 selbst enthält vereinzelt ausdrücklich Ermächtigungen für die Organe des öffentlichen Sicherheitsdienstes. Gem § 18 Abs 1 AsylG 1997 haben Organe des öffentlichen Sicherheitsdienstes Asylwerber sowie Fremde, denen die Einreise gemäß § 17 gestattet wurde, oder die im Inland einen Asylantrag stellen (§ 3 Abs 2 leg cit), dem BAA zum Zweck der Sicherung der Ausweisung (Art 2 Abs 1 Z 7 PersFrG) vorzuführen, wenn diese keinen Aufenthaltstitel oder keine Bescheinigung der vorläufigen Aufenthaltsberechtigung vorweisen können. Die Vorführung hat zu unterbleiben, wenn der maßgebliche Sachverhalt auch sonst festgestellt werden kann. Die Ermächtigung nach § 18 Abs 1 AsylG 1997 betrifft nicht (zwangsläufig) die dem BAA gem § 37 Abs 6 leg cit beigegebenen oder zugeteilten Organe des öffentlichen Sicherheitsdienstes.

1038 Besteht im Rahmen der Vernehmung nach § 27 AsylG 1997 Grund zur Annahme, daß Asylwerber trotz Hinweises auf diese Verpflichtung bei der Vernehmung Beweismittel oder Identitätsdokumente nicht vorlegen, ist der Vernehmende ermächtigt, eine sofortige Durchsuchung der Kleidung der Asylwerber sowie der von ihnen mitgeführten Behältnisse anzuordnen. Die Durchsuchung ist von einem Organ des öffentlichen Sicherheitsdienstes oder einem sonst zur Ausübung behördlicher Befehls- und Zwangsgewalt ermächtigten Bediensteten desselben Geschlechts vorzunehmen (§ 27 Abs 2 leg cit). Die Durchsuchung nach § 27 Abs 2 AsylG 1997 ist als Hoheitsakt dem BAA zuzurechnen. Die Durchsuchung stellt einen Akt unmittelbarer Befehls- und Zwangsgewalt dar, der beim örtlich zuständigen UVSL bekämpfbar ist.

1039 Die Ermächtigung zur Ausübung von Befehls- und Zwangsgewalt nach § 37 Abs 7 AsylG 1997 ist nicht nur auf die Durchsuchung von Kleidung der Asylwerber sowie der von ihnen mitgeführten Behältnisse beschränkt. Nach der genannten Bestimmung kann der Leiter oder die Leiterin des BAA Bedienstete, die nicht Organe des öffentlichen Sicherheitsdienstes sind, zur Ausübung von nach diesem BG vorgesehener Befehls- und Zwangsgewalt ermächtigen, sofern diese hiefür geeignet sind und besonders geschult werden. Worin die „Eignung" zur Ausübung von nach diesem BG vorgesehener Befehls- und Zwangsgewalt zu gelegen sein soll, läßt sich dem Gesetz nicht entnehmen. Arg a maiore ad minus kann der Leiter oder die Leiterin des BAA Bedienstete nicht nur zur Ausübung von Befehls- und Zwangsgewalt insgesamt, sondern auch nur zu einzelnen Arten von Befehls- und Zwangsgewalt ermächtigen. Die Ermächtigung ist inhaltlich auf die Ausübung von Befehls- und Zwangsgewalt nach dem AsylG 1997 beschränkt. Dazu zählen: die Vorführung vor das BAA (§ 18 leg cit), die Sicherung der Zurückweisung (§ 19 Abs 1 zweiter Satz leg cit) und die sofortige Durchsuchung von Kleidung der Asylwerber sowie der von ihnen mitgeführten Behältnisse (§ 27 Abs 2 leg cit). Die Ausübung der Befehls- und Zwangsgewalt durch dazu nach § 37 Abs 7 AsylG 1997 ermächtigte Organe sind dem BAA zuzurechnen. Das BAA ist auch in Beschwerden gegen die Ausübung von Befehls- und Zwangsgewalt durch die ermächtigten Organe vor den UVSL belangte Behörde iSd § 67c AVG.

V. Zuständigkeit

1040 Das Problem der Zuständigkeit der staatlichen Organe stellt sich auf allen Ebenen der Rechtsordnung (*Walter/Mayer*, Verwaltungsverfahrensrecht, Rz 80). Es geht dabei um die Frage, welches Organ zur Vornahme eines bestimmten Rechtsaktes berufen (ermächtigt), zugleich aber auch auf diese Aufgaben beschränkt ist. Im Bereich des Verfassungsrechts erfolgt die Verteilung der Zuständigkeit zwischen den Organen der einzelnen Staatsfunktionen (Gesetzgebung, Gerichtsbarkeit und Verwaltung; vgl dazu Art 18 Abs 1, 2 B-VG; Art 6 EMRK), zwischen Bund und Ländern (vgl *Walter/Mayer*, Bundesverfassungsrecht, Rz 247 ff) sowie staatlicher Verwaltung und Selbstverwaltung (vgl zB Art 118 Abs 2, 3 B-VG). Die Aufteilung der staatlichen Aufgaben zwischen Bund und den Ländern bildet den Kernbereich der Kompetenzverteilung (siehe Art 10 bis 15 B-VG).

a) Sachliche Zuständigkeit

1041 Das AsylG 1997 beruft die Asylbehörden zur Vollziehung dieses Bundesgesetzes. Sachlich wird damit im wesentlichen die Zulässigkeit von Asylanträgen (§§ 4 und 5 AsylG 1997), die Gewährung von Asyl (§§ 6, 7 und 9 AsylG 1997) inklusive Asylerstreckung (§§ 10 und 11 leg cit), Feststellung der Flüchtlingseigenschaft (§ 2 iVm § 12 AsylG 1997), non-refoulement-Prüfung (§ 8 leg cit), Ausschluß der Asylgewährung (§ 13 leg cit), Verlust des Asyls (§ 14 leg cit) und die Gewährung einer befristeten Aufenthaltsberechtigung (§ 15 leg cit) sowie die Durchführung der diesbezüglichen Verwaltungsverfahren erfaßt.

1041a Vor dem Hintergrund des Dubliner Übereinkommens ist die Behördenzuständigkeit im innerstaatlichen Recht – verfassungsrechtlich problematisch – nur sehr lückenhaft geregelt; das Dubliner Übereinkommen enthält wesentliche Bestimmungen, denen nach ihrer Transformation gemäß Art 50 Abs 1 B-VG Außenwirkung zukommt (vgl insb Art 11, 13 und 15 Dublin). Es kann daher nicht davon ausgegangen werden, das Dubliner Übereinkommen beinhalte lediglich Regeln der schlichten Hoheitsverwaltung (siehe dazu die Ausführungen zu § 5 Rz 227 f). Mit der AsylG-N 1998 hat der Gesetzgeber versucht, die Zuständigkeit des BAA im Rahmen des *„Konsultationsmechanismus"* durch die Regelung des § 37 Abs 1 letzter Satz AsylG 1997 auch im innerstaatlichen Recht zu *„verankern"* (1494 BlgNR 20. GP, 4). Die Regelung des § 37 Abs 1 letzter Satz AsylG 1997 bezieht sich sachlich ausschließlich auf den *„Informationsaustausch bezogen auf Einzelfälle"* mit *„jenen Staaten, mit denen ein Vertrag über die Bestimmung der Zuständigkeit zur Prüfung eines Asylantrages* (derzeit betrifft dies nur das Dubliner Übereinkommen) *abgeschlossen wurde"*. Die Regelung des § 37 Abs 1 letzter Satz leg cit tritt neben die Bestimmung des § 36 AsylG 1997 (vgl dazu insb Abs 3 Z 6 leg cit); soweit allerdings § 37 Abs 1 letzter Satz AsylG 1997 zur Anwendung kommt, bleibt das BAA auch dann zuständig, wenn ein Verfahren vor dem UBAS anhängig ist (der UBAS ist zumindest bezogen auf Einzelfälle zum Informationsaustausch mit Vertragsstaaten eines Vertrages über die Bestimmung der Zuständigkeit zur Prüfung eines Asylantrages niemals zuständig).

So sehr die Regelung des § 37 Abs 1 letzter Satz AsylG 1997 im Rahmen der AsylG-N 1998 im Ansatz auch zu begrüßen ist; so bleibt doch anzumerken, daß das Regelungsdefizit betreffen die Zuständigkeit innerstaatlicher Behörden gerade im Hinblick auf den „Informationsaustausch bezogen auf Einzelfälle" mit Dublinstaaten (dh im wesentlichen das Übermitteln und Ermitteln personenbezogener Daten an bzw von ausländischen Behörden) nie so gravierend war, wie dies auf den ersten Blick den Anschein hatte, zumal dieser Bereich bereits durch § 36 Abs 3 Z 6 AsylG 1997 weitgehend abgedeckt war. Nach wie vor ungeregelt ist allerdings die Zuständigkeit der Asylbehörden betreffend Übernahme- und Rücknahmeverfahren nach dem Dubliner Übereinkommen (vgl dazu Art 11 und 13 Dublin; vgl dazu auch die Ausführungen zu § 5 Rz 228, 252 ff).

b) Örtliche Zuständigkeit

1042 Neben der Frage, welche Aufgaben eine Behörde zu besorgen hat (sachliche Zuständigkeit), ist auch die Frage der Beziehung einer Rechtssache zu einem bestimmten Gebiet von Bedeutung. Bei der örtlichen Zuständigkeit handelt es sich um die normative Beziehung einer bestimmten Rechtssache zu einem bestimmten Gebiet (*Walter/Mayer*, Verwaltungsverfahrensrecht, Rz 90). Die örtliche Zuständigkeit einer Behörde muß immer auf ihre sachliche Zuständigkeit bezogen und nach dieser beurteilt werden, weil die örtliche Zuständigkeit eine verschiedene „sachliche Verdichtung" haben kann; neben einer weitgefaßten sachlichen Zuständigkeit für ein bestimmtes Gebiet kann eine Behörde zusätzliche sachliche Zuständigkeit für ein weiteres Gebiet haben (*Mayer*, Zuständigkeit, 87). Den territorialen Kernbereich der sachlichen Zuständigkeit, den örtlichen Bereich also, in dem die sachliche Zuständigkeit am dichtesten ist, bezeichnet man als Amtssprengel. Über diesen territorialen Kernbereich hinaus besteht noch die Kompetenz zur Setzung einzelner Rechtsakte, wie die Zustellung von Bescheiden (vgl zB § 11 Abs 1, 2 ZustellG). Amtssprengel der Asylbehörden ist das gesamte Bundesgebiet.

c) Funktionelle Zuständigkeit

1043 Ist die sachliche und örtliche Zuständigkeit mehrerer Behörden gegeben, so stellt sich das Problem der funktionellen Zuständigkeit der einzelnen Behörden. Dabei geht es um die Frage, welche von mehreren Behörden eines organisatorischen oder instanzenmäßigen (in Fällen mittelbarer Verwaltung bzw UVS und „sonstige Verwaltungsbehörden") Organkomplexes zur Setzung eines bestimmten Verfahrensaktes zuständig ist. Den wichtigsten Fall der funktionellen Zuständigkeit stellt die Abgrenzung der Zuständigkeit zwischen den Behörden verschiedener Instanzen dar (*Walter/Mayer*, Verwaltungsverfahrensrecht, Rz 96; vgl auch *Tezner*, Zuständigkeit, 83; *Stoitzner*, 141) Die funktionelle Zuständigkeit wird auch als besondere Form der sachlichen Zuständigkeit betrachtet (*Hellbling* I, 97). Das AsylG 1997 sieht in § 37 das BAA als Asylbehörde erster Instanz in Unterordnung unter dem BMI vor. Über Rechtsmittel über Bescheide des BAA (vgl aber auch VwGH 30. 9. 1998, 98/20/0220) entscheidet der UBAS (§ 38 Abs 1 erster Satz AsylG 1997). Der UBAS ist funktionell „Rechtsmittelinstanz" im Hinblick auf Bescheide des BAA, auch wenn diese rechtswidrig oder sogar ohne Rechtsgrundlage erlassen wurden. Der BMI ist dem BAA organisatorisch übergeordnet, führt gegenüber dem BAA auch die Fachaufsicht; der BMI (nicht der UBAS) ist gegenüber dem BAA weisungsbefugt.

VI. Parteien und Beteiligte

1044 § 8 AVG scheidet die von einem Verfahren betroffenen Personen (Rechtssubjekte) in Beteiligte und Parteien; *„Beteiligte"* sind „Personen, die eine Tätigkeit der Behörde in Anspruch nehmen oder auf die sich die Tätigkeit der Behörde bezieht". *„Parteien"* sind sie nach § 8 AVG, „insoweit sie an der Sache vermöge eines Rechtsanspruches oder eines rechtlichen Interesses beteiligt sind". Eine wortgetreue Interpretation des § 8 AVG könnte zur Annahme führen, daß nur demjenigen im Verfahren die Stellung einer Partei zukommt, dem durch das materielle Recht der betreffende Rechtsanspruch oder das rechtliche Interesse wirklich eingeräumt ist; darüber abzusprechen ist aber erst Ziel des Verwaltungsverfahrens, weshalb davon die verfahrensrechtliche Legitimation nicht abhängen kann (VwSlgNF 170 A). Man wird daher anzunehmen haben, daß derjenige Partei ist, der einen Rechtsanspruch oder ein rechtliches Interesse vor einer Behörde behauptet (vgl *Weyr*, 40), wenn diese Behauptung zumindest möglich ist (*Walter/Mayer*, Verwaltungsverfahrensrecht, Rz 124; vgl VwSlgNF 9.485 A; dazu näher *Mayer*, Parteibegriff, 490). Gem § 1 Z 3 AsylG 1997 ist Asylwerber(in) ein Fremder oder eine Fremde ab Einbringung (§ 24 AsylG 1997) eines Asylantrages oder Asylerstreckungsantrages bis zum rechtskräftigen Abschluß des Verfahrens oder bis zu dessen Einstellung. Asylwerber sind demnach grundsätzlich Parteien in einem Verfahren nach § 7 und 9 bzw §§ 10 und 11 AsylG 1997. Fremde (Asylwerber) können auch Parteien in einem Verfahren betreffend die Feststellung der Flüchtlingseigenschaft (§ 2 iVm § 12 leg cit), die non-refoulement-Prüfung (§ 8 leg cit), die Gewährung einer befristeten Aufenthaltsberechtigung (§ 15 leg cit), die Gestattung der Einreise (§§ 16 und 17 leg cit), die Zulässikeit von Asylanträgen (§§ 4 und 5 leg cit), offensichtlich unbegründete Asylanträge (§ 6 leg cit) bzw den Verlust des Asyls (§ 14 leg cit) sein. Im Gegensatz zum AsylG 1991 enthält das AsylG 1997 nunmehr besondere Kollisionsregeln im Hinblick auf „Asylverfahren" und „Asylerstreckungsverfahren" (vgl insb §§ 10 und 11 AsylG 1997; vgl auch VwGH 15. 12. 1998, 98/20/0311).

1045 Gem § 39 Abs 2 AsylG 1997 ist der Hochkommissär der Vereinten Nationen für Flüchtlinge von der Einleitung eines Verfahrens über einen Asylantrag oder Asylerstreckungsantrag unverzüglich zu verständigen. Der Hochkommissär der Vereinten Nationen für Flüchtlinge ist weiters zu verständigen, wenn im Zuge einer Grenzkontrolle ein Antrags- und Befragungsformular ausgefüllt übergeben wird (§ 16 Abs 2; richtig wohl § 17 Abs 3 leg cit) oder gegen Asylwerber ein Verfahren zur Zurückweisung (§ 17 AsylG 1997; § 21 AsylG 1997 iVm § 52 FrG 1997), Zurückschiebung (§ 21 AsylG 1997 iVm § 55 FrG 1997), Ausweisung (§ 21 AsylG 1997 iVm §§ 33 und 34 FrG 1997), Verhängung eines Aufenthaltsverbotes (§ 21 AsylG 1997 iVm § 36 FrG 1997), Abschiebung (§ 21 AsylG 1997 iVm § 56 FrG 1997) oder Aberkennung des Asyls (§ 14 AsylG 1997) geführt wird.

1046 Anläßlich der Grenzkontrolle gestellte Anträge von Asylwerbern, die über einen Flugplatz eingereist (zum Begriff der Einreise siehe die Ausführungen zu § 17 Rz 509) sind, dürfen gem § 39 Abs 3 AsylG 1997 nur mit Zustimmung des UNHCR (siehe dazu ausführlich UBAS 2. 6. 1998, 202.992/0-I/03/98) als offensichtlich unbegründet abgewiesen werden oder wegen bestehenden Schutzes in einem sicheren Drittstaat (§ 4 AsylG 1997) zurückgewiesen werden (vgl dazu die Ausführungen zu § 39 Rz 1153a). Dies gilt nicht in Fällen, in denen die Zurückweisung (des Asylantrages) deshalb erfolgt, weil ein anderer Staat vertraglich zur Prüfung des Asylantrages zuständig ist (§ 5 leg cit). Eine Sicherung der Zurückweisung ist jedenfalls bis zum Ende des Tages zulässig, an dem die Äußerung des UNHCR einlangt. Das Zustimmungsrecht macht den UNHCR nicht schon zur Partei in den vom Zustimmungsrecht betroffenen Verfahren.

1047 Die Behörde hat einem Asylwerber oder Flüchtling jederzeit Gelegenheit zu geben, sich an den UNHCR zu wenden (vgl § 39 Abs 1 AsylG 1997); der UNHCR ist wiederum gem § 39 Abs 4 AsylG1997 berechtigt, *„in allen diesen Verfahren"* Auskunft zu verlangen und Akteneinsicht (§ 17 AVG) zu nehmen, bei Vernehmungen und mündlichen Verhandlungen vertreten zu sein sowie jederzeit mit einem Asylwerber oder Flüchtling Kontakt aufzunehmen. Dadurch wird der UNHCR Beteiligter im Sinne des § 8 AVG, wobei ihm allerdings das typische Parteienrecht der Akteneinsicht zukommt (zu § 21 Abs 2 AsylG 1991 vgl 270 BlgNR 18. GP, 22; entgegen den Materialien zum AsylG 1991 ist das Recht auf Auskunft sowie das Recht, bei Vernehmungen vertreten zu sein, kein typisches Parteienrecht). Unklar ist, ob sich der Ausdruck *„in allen diesen Verfahren"* nur auf Abs 3 oder auch auf Abs 2 des § 39 AsylG 1997 bezieht. Im Lichte des Zwecks und der weiten Formulierung des Art 35 GFK ist davon auszugehen, daß sich die Wortfolge *„in allen diesen Verfahren"* sowohl auf § 39 Abs 2 *und* Abs 3 leg cit bezieht.

1048 Gem Art 35 Z 1 GFK (vgl dazu auch Art 2 Dublin) verpflichten sich die vertragschließenden Staaten, das Büro des UNHCR oder jeder anderen Institution der Vereinten Nationen, die ihm nachfolgen könnte, in seiner Arbeit zu unterstützen und insb dessen Aufsichtspflichten bei der Anwendung der GFK zu erleichtern. Nach Z 2 dieser Bestimmung sind in entsprechender Form verlangte Auskünfte und statistische Daten zur Verfügung zu stellen, um die Abfassung von Berichten für die zuständigen Organe der Vereinten Nationen, betreffend die Rechtsstellung der Flüchtlinge, die Durchführung der GFK und Gesetze, Verordnungen und Dekrete, die für die Flüchtlinge in Kraft stehen oder erlassen werden, zu ermöglichen. Art 35 GFK geht über die Auskunft im Einzelfall gem § 39 Abs 4 AsylG 1997 hinaus und ist nicht an die Stellung als Beteiligter in einem Verfahren nach dem AsylG 1997 gebunden. Demnach tritt Art 35 GFK neben § 39 AsylG 1997. Der Aufgabenbereich des UNHCR ist in wesentlichen Zügen im Statut des UNHCR (vgl UNRes 14. Dezember 1950, 428 (V)) festgelegt. Darin wird der UNHCR autorisiert, internationalen Schutz für Flüchtlinge zu gewähren, den Beschluß und die Ratifizierung von internationalen Konventionen zum Schutz von Flüchtlingen zu betreiben und deren Anwendung zu überwachen und mit den Regierungen zusammenzuarbeiten (vgl Handbuch, Rz 18). Der Flüchtlingsbegriff des Statuts stimmt mit dem Flüchtlingsbegriff der GFK nicht überein, sondern ist weiter als dieser (vgl Handbuch, Rz 15). Eine Person kann demnach Flüchtling im Sinne der GFK, des AsylG 1997 und (oder) des UNHCR Statuts sein (vgl Handbuch, Rz 17). Die Beteiligtenstellung des UNHCR gem § 39 Abs 4 AsylG 1997 ist wiederum an eine Flüchtlingseigenschaft der betroffenen Person nicht gebunden.

1049 Um die Rechtsposition des UNHCR als Beteiligter (§ 8 AVG) in Verfahren nach § 39 Abs 2 und 3 AsylG 1997 effizienter zu gestalten, bestimmt § 36 Abs 3 AsylG 1997 ausdrücklich, daß die in § 36 Abs 1 AsylG 1997 bezeichneten Daten ua auch dem Amt des Hochkommissärs der Vereinten Nationen für die Flüchtlinge in Österreich übermittelt werden dürfen (mangels entsprechender Ermessensdeterminanten „müssen"), soweit dieser sie zur Erfüllung der ihm übertragenen Aufgaben benötigt. Die Übermittlungsbestimmung umfaßt im Lichte es § 36 Abs 1 leg cit *insbesondere* jene Daten, die gem § 99 Abs 1 FrG 1997 – ob zu recht oder zu unrecht – in der Zentralen Informationssammlung verarbeitet werden, darüber hinaus aber auch jene Daten, die im Rahmen der Feststellung des maßgebenden Sachverhalts (auch konventionell) ermittelt werden. Die Übermittlung dieser Daten an das Amt des UNHCR in Österreich ist nicht an eine Zustimmung des Betroffenen gebunden (vgl aber Art 15 Abs 3 letzter Satz Dublin).

Unabhängiger Bundesasylsenat

§ 38. (1) Über Rechtsmittel gegen Bescheide des Bundesasylamts entscheidet der unabhängige Bundesasylsenat, der mit Sitz in Wien errichtet wird. Er besteht aus einem Vorsitzenden, einem stellvertretenden Vorsitzenden und der erforderlichen Zahl von sonstigen Mitgliedern. Die Mitglieder, der Vorsitzende und dessen Stellvertreter werden vom Bundespräsidenten auf unbestimmte Zeit ernannt. Sie sind bei der Besorgung der ihnen nach diesem Bundesgesetz zukommenden Aufgaben an keine Weisungen gebunden.

(2) Die Geschäfte sind vom unabhängigen Bundesasylsenat als Kollegium auf die Mitglieder jährlich im voraus zu verteilen; eine nach dieser Einteilung einem Mitglied des unabhängigen Bundesasylsenates zufallende Sache darf ihm nur im Falle der Behinderung durch Verfügung des Vorsitzenden abgenommen werden.

(3) Ein Mitglied des unabhängigen Bundesasylsenates kann seines Amtes nur durch die Vollversammlung enthoben werden. Ein Mitglied des unabhängigen Bundesasylsenates ist zu entheben, wenn es

1. schriftlich darum ersucht,

2. die österreichische Staatsbürgerschaft verliert,

3. infolge seiner körperlichen oder geistigen Verfassung seine Aufgaben als Mitglied des unabhängigen Bundesasylsenates nicht erfüllen kann (Amtsunfähigkeit), und die Wiedererlangung der Amtsfähigkeit voraussichtlich ausgeschlossen ist,

4. infolge von Krankheit, Unfall oder Gebrechen länger als ein Jahr vom Dienst abwesend war und amtsunfähig ist, oder

5. der Bestimmung des Abs. 4 nicht entspricht.

(4) Die Mitglieder des unabhängigen Bundesasylsenates müssen rechtskundig sein und über Erfahrung in einem Beruf verfügen, für den die Vollendung rechtswissenschaftlicher Studien oder eine vergleichbare Ausbildung vorgeschrieben ist. Für Berufsstellungen im Bereich des Asyl-, des Fremden- oder des Ausländerbeschäftigungsrechtes muß diese Erfahrung mindestens zwei Jahre, für sonstige Berufsstellungen mindestens vier Jahre gedauert haben. Sie dürfen während der Ausübung ihres Amtes keine Tätigkeit ausüben, die Zweifel an der unabhängigen Ausübung ihres Amtes hervorrufen.

(5) Gegen Entscheidungen des unabhängigen Bundesasylsenates ist die Beschwerde an den Verwaltungsgerichtshof zulässig. Der Bundesminister für Inneres kann Amtsbeschwerde wegen Rechtswidrigkeit sowohl zugunsten als auch zum Nachteil der betroffenen Fremden erheben.

(6) Der unabhängige Bundesasylsenat entscheidet durch eines seiner Mitglieder.

(7) Das zur Entscheidung berufene Mitglied hat die anhängige Rechtssache einem vom Bundesasylsenat als Kollegium im voraus bestimmten, aus drei Mitgliedern bestehenden Senat vorzulegen, wenn es der Auffassung ist, daß die Entscheidung ein Abgehen von der bisherigen Rechtsprechung des Bundesasylsenates oder des Verwaltungsgerichtshofes bedeuten würde oder die zu lösende Rechtsfrage in der bisherigen Rechtsprechung nicht einheitlich beantwortet wird. Eine Vorlage an den Senat hat auch dann zu erfolgen, wenn der Vorsitzende des unabhängigen Bundesasylsenates dies wegen der Wichtigkeit der Rechtssache verfügt.

(8) Dem Vorsitzenden obliegt es, bei voller Wahrung der Unabhängigkeit der Mitglieder auf eine möglichst einheitliche Spruchpraxis Bedacht zu nehmen.

(9) Die Beistellung der sachlichen und personellen Erfordernisse für den unabhängigen Bundesasylsenat obliegt dem Bundeskanzler.

RV: [30]

Der Verwaltungsgerichtshof ist durch Beschwerdesachen auch in Angelegenheiten des Asylgesetzes in hohem Maße in Anspruch genommen. Deshalb soll durch Verfassungsbestimmung ein unabhängiger Bundesasylsenat geschaffen werden, der als gerichtsähnliche Einrichtung (Tribunal) dem Verwaltungsgerichtshof vorgeschaltet über Berufungen in Angelegenheiten des Asylgesetzes entscheiden soll. Außerdem wird im B-VG die Möglichkeit für den Verwaltungsgerichtshof zu schaffen sein, Beschwerden in Angelegenheiten, die nicht von besonderer Bedeutung sind, abzulehnen.

Für das Verfahren vor dem unabhängigen Bundesasylsenat gilt grundsätzlich das Allgemeine Verwaltungsverfahrensgesetz 1991, mit der wesentlichen Ausnahme, daß die Möglichkeit der Zurückverweisung dort, wo dies aus zeitlichen Gründen notgedrungen erforderlich ist (§ 32), erweitert wurden.

Der Vorsitzende des unabhängigen Bundesasylsenates sollte insbesondere im Zeitraum der Errichtung dieser Behörde Erfahrung in deren Tätigkeitsfeld sowie die Befähigung haben, durch Kommunikations- und Teamfähigkeit die Einheitlichkeit der Rechtsprechung in Bezug auf die Judikatur des Verwaltungsgerichtshofes zu sichern, sodaß der angestrebte Entlastungseffekt erzielt werden kann. Damit kann die Unabhängigkeit der Behörde gesichert und auch nach außen hin dokumentiert werden. Die in Abs. 4 geforderte Berufserfahrung kann sowohl bei einschlägigen Behörden als auch im Rahmen einer Tätigkeit bei Tribunalen oder Gerichten sowie im Rahmen rechtsberatender Tätigkeit erworben sein.

Die Mitglieder des Senates, die nicht in Kammern, sondern als Einzelrichter entscheiden, werden durch die Bundesregierung auf unbestimmte Zeit ernannt und erhalten auf diesem Wege richterliche Unabhängigkeit. Eine Amtsenthebung ist nur durch die Vollversammlung möglich. Zudem ist eine feste Geschäftseinteilung vorgesehen. Vor diesem Hintergrund soll die Unparteilichkeit und Unabhängigkeit der Mitglieder des unabhängigen Bundesasylsenates gewährleistet werden, sodaß in diesem Zusammenhang von einem Tribunal gesprochen werden kann. Die Beistellung der sachlichen und personellen Voraussetzungen obliegt dem Bundeskanzler. Dies bedeutet, daß der unabhängige Bundesasylsenat organisatorisch dem Bundeskanzleramt zugeordnet ist. Aus der Notwendigkeit, die erforderlichen Räumlichkeiten der neuen Behörde zu finden, zu adaptieren und die entsprechende budget- und stellenplanmäßige Vorsorge zu treffen, ergibt sich die im Gesetz vorgesehene Legisvakanz.

Die Schaffung eines unabhängigen Bundesasylsenates, der im Planstellenbereich des Bundeskanzleramtes angesiedelt sein soll, wird deutliche personelle Nebenkosten im Rahmen des Bundeskanzleramtes sowie einen beträchtlichen Sachaufwand (EDV-Ausstattung, Miete für Räumlichkeiten usw.) erfordern.

Die kostenmäßige Bezifferung dieses Aufwandes hängt von der konkreten Ausgestaltung der vorliegenden Bestimmungen ab. Geht man von etwa 40 Entscheidern, einem Zeitaufwand von etwa 1,6 Arbeitstagen pro Bescheid, die Einrichtung eines Journals und entsprechender Infrastruktur mit Kanzlei, Schreibstelle sowie Hausverwaltung aus, dürften sich die Personalkosten für den unabhängigen Bundesasylsenat auf ca. 50 Millionen Schilling belaufen. Der Sachaufwand dürfte im ersten Jahr etwa 22 Millionen Schilling betragen; in den folgenden Jahren dürfte sich der Sachaufwand für den unabhängigen Bundesasylsenat auf etwa 18 Millionen Schilling belaufen.

AB: [7]

Der unabhängige Bundesasylsenat soll seine verfassungsrechtliche Fundierung im Rahmen des B-VG erhalten, weshalb die Regelung im Asylgesetz auf einfachgesetzlicher Ebene erfolgen kann.

Inhaltsübersicht

I. Allgemeines

1050 Die Schaffung eines unabhängigen Tribunals zur Entscheidung über Berufungen gegen Bescheide des BAA und in Säumnisfällen des BAA ist eine der tragenden Säulen der Asylrechtsreform 1997. Die Schaffung des UBAS ist bereits in Nr 8 der Mindestgarantien vorgezeichnet: Für den Fall eines ablehnenden Bescheides ist vorzusehen, daß Rechtsmittel bei einem Gericht oder einer Überprüfungsinstanz, die in voller Unabhängigkeit (...) entscheidet, eingelegt werden können. Im Lichte dessen, daß das AsylG 1991 diesen Vorgaben nicht entsprach, hat Österreich dazu in einer Erklärung für das Ratsprotokoll ausgeführt: *„(...) der Vertreter Österreichs geht davon aus, daß im Hinblick auf die Anwendung des Grundsatzes Nr. 8 das im Rahmen der österreichischen Rechtsordnung vorgesehene Rechtsmittel der Befassung des Bundesministers für Inneres dem Erfordernis einer einzelnen, objektiven und unparteiischen Prüfung gerecht wird.“* Von „voller Unabhängigkeit“ ist in dieser Anmerkung freilich nicht die Rede. Der UBAS soll nunmehr als „Gericht oder Überprüfungsinstanz in voller Unabhängigkeit“ den Erfordernissen der Nr 8 der Mindestgarantien gerecht werden.

1051 Der UBAS wird beim Bundeskanzleramt mit Sitz in Wien errichtet (§ 1 UBASG; vgl dazu auch § 38 Abs 1 und 9 AsylG 1997). Damit ist der UBAS – im Gegensatz zum BAA, das dem BMI unterstellt ist – dem Bundeskanzler zugeordnet, dem die Beistellung der sachlichen und personellen Erfordernisse für den unabhängigen Bundesasylsenat obliegt (§ 38 Abs 9 AsylG 1997). Nach Art 94 B-VG ist *„die Justiz von der Verwaltung in allen Instanzen getrennt"*; diese – als Organisationsprinzip aufzufassende – Bestimmung bildet einen wesentlichen Bestandteil des gewaltentrennenden Prinzips und bedeutet im wesentlichen: Jede Vollzugsbehörde muß *entweder* als Gerichtsbehörde *oder* als Verwaltungsbehörde organisiert sein (im Gegensatz zu den gemischten Bezirksämtern, wie sie in der Dezemberverfassung 1867 bestanden); ein Instanzenzug von einer Verwaltungsbehörde an ein Gericht – oder umgekehrt – ist verfassungsrechtlich unzulässig (VfSlg 7882; 9590); es darf kein Weisungsverhältnis zwischen den Organen der Gerichtsbarkeit und jenen der Verwaltung bestehen (VfSlg 7882); alle Aufgaben der Vollziehung müssen vom einfachen Gesetzgeber – unter Wahrung der verfassungsrechtlichen Schranken (vgl zB Art 6 EMRK) – strikte entweder der Gerichtsbarkeit oder der Verwaltung übertragen werden (VfSlg 8349; 12.929; vgl auch *Walter/Mayer*, Bundesverfassungsrecht, Rz 556; *Walter*, FS Wagner [1987], 347; *Antoniolli/Koja*, 62 ff; der VfGH hält eine sukzessive Kompetenz zwischen Verwaltungsbehörden und Gerichten als mit dem Trennungsgrundsatz vereinbar, VfSlg 3121, 3236, 10.452). Vor diesem Hintergrund stellt sich die wesentliche Frage, ob der UBAS eine Verwaltungsbehörde oder ein Gericht iSd B-VG ist.

1052 Ob eine Behördentätigkeit als Verwaltung oder als Rechtsprechung anzusehen ist, bestimmt sich nicht danach, was getan und wie es getan wird, dh daß nicht auf die Natur der Angelegenheit oder auf die Eigentümlichkeit des Verfahrens abzustellen ist, sondern lediglich darauf, wer die Entscheidung zu treffen hat. Über die Merkmale, welche *„Gerichte"* und *„Verwaltungsbehörden"* voneinander unterscheiden, geben Art 20 Abs 1, Art 87 Abs 1 und 2 und Art 88 Abs 2 B-VG Aufschluß: Gerichtsbarkeit ist nach dem Konzept des B-VG jener Bereich der Gesetzesvollziehung, in dem die (unabsetzbaren und unversetzbaren) Richter in ihrer Funktion als weisungsfreie Organe – allenfalls unter Mitwirkung des Volkes (Art 91 B-VG) – oder die Rechtspfleger (Art 87a B-VG) – alle unter Teilnahme von Hilfsorganen – tätig zu werden haben (*Antoniolli/Koja*, 62; VfSlg 1338, 2519, 2902, 3151, 3696, 6672; dabei muß nach VfSlg 5690 die richterliche Rechtsnatur „deutlich erkennbar" sein; zum Begriff der Gerichtsbarkeit siehe weiters *Walter*, Gerichtsbarkeit, 31 ff; *Walter/Mayer*, Bundesverfassungsrecht, Rz 556 ff). Demgegenüber ist Verwaltung der Vollzugsbereich, in dem unter der Leitung der obersten Organe des Bundes und der Länder (oder sonstiger Rechtsträger) Organe, die regelmäßig an die Weisungen der ihnen vorgesetzten Organe gebunden sind oder unter staatlicher Rechtsaufsicht stehen (Art 20 Abs 1 B-VG), tätig werden. Nur Behörden, die dem einen oder anderen Bereich zugeordnet werden können, sind verfassungsgemäß.

1053 Der VfGH geht in seiner Jud von der Maxime aus, daß jede Behörde, die nicht alle Merkmale eines Gerichtes aufweist, als Verwaltungsbehörde anzusehen ist (vgl VfSlg 303, 2902, 3696, 4391, 4836, 5690, 7938 ua; kritisch dazu *Antoniolli/Koja*, 63; *Kralik*, JBl 1962, 533, *Mayer*, Staatsmonopole, 385; *Mayer*, Verordnung, 18; *Rill*, Anoniolli-FS, 46). Die UVSL werden gemeiniglich als Verwaltungsbehörden der Länder mit gerichtsähnlichem Charakter qualifiziert (vgl *Anoiolli/Koja*, 15; *Mayer*, Verfassungsänderungen, 86): Für diese Ansicht wird ins Treffen geführt, daß die Mitglieder der UVS von Verfassungs wegen nicht auf Lebenszeit ernannt werden und in den Angelegenheiten des inneren Dienstes der Weisungsbefugnis der Landesregierung unterliegen (*Antoniolli/Koja*, 15; *Mayer*, Verfassungsänderungen, 86; vgl auch *Thienel*, Verfahren, 23). Gegen eine derartige Auslegung wurde der Einwand erhoben, daß die UVS erst „nach Erschöpfung des *administrativen* Instanzenzuges" gegen Bescheide angerufen werden können (*Aichlreiter*, ZfV 1990, 20 ff), und daraus abgeleitet, daß ihnen nicht die Stellung normaler Berufungsbehörden zukomme. Unter *„Erschöpfung des Instanzenzuges"* – die schon immer in Art 131 Abs 1 Z 1 und Art 144 Abs 1 B-VG als Prozeßvoraussetzung für die Bescheidbeschwerde vor dem VwGH und VfGH vorgesehen war – werde nämlich nach hL die Ausschöpfung zumindest aller ordentlichen Rechtsmittel verstanden (vgl dazu *Thienel*, Verfahren, 24). Die Anrufung des UVS sei kein *ordentliches* Rechtsmittel, sondern ein außerordentliches, vergleichbar der Beschwerde an den VwGH. Damit aber erfolgt die Anrufung des UVS nicht im „Verwaltungswege" (vgl *Thienel*, Verfahren, 30). Die Mitglieder des UBAS sind gegenüber den Mitgliedern der UVSL von Verfassungs wegen insofern besser gestellt, als sie unbefristet ernannt werden (Art 129c Abs 2 letzter Satz B-VG); zudem sind sie „bei der Besorgung der ihnen zukommenden Aufgaben an keine Weisungen gebunden" (Art 129c Abs 3 erster Satz B-VG). Ein Weisungsrecht des Bundeskanzlers an die Mitglieder (den Vorsitzenden des UBAS) sieht das B-VG nicht vor, obgleich gem § 38 Abs 9 AsylG 1997 die *„Beistellung der sachlichen und personellen Erfordernisse"* für den UBAS dem Bundeskanzler obliegt bzw der UBAS nach § 1 UBASG *„beim Bundeskanzler mit Sitz in Wien"* errichtet wird. Von einem Weisungsverhältnis ist auch auf der Stufe des einfachen Gesetzes nicht die Rede. Andererseits ist der UBAS als „oberste Berufungsbehörde" eingerichtet, was im Falle der Einstufung des UBAS als „Gericht" gegen das Trennungsprinzip verstoßen würde; zudem kann gegen eine Entscheidung des UBAS – trotz des Ablehnungsrechtes nach Art 131 Abs 3 B-VG – der VwGH angerufen werden (Art 131 und 144 B-VG), dessen „Sicherung der Gesetzmäßigkeit" auf die gesamte „öffentliche Verwaltung" beschränkt ist. Zudem sei angemerkt, daß Art 130 B-VG von *„Verwaltungsbehörden einschließlich der unabhängigen Verwaltungssenate"* spricht. Diese Formulierung läßt zwei Deutungsweisen zu: es wäre einerseits nicht notwendig, die UVS zu erwähnen, wären sie ohnehin Verwaltungsbehörde; andererseits könnte darin eine Klarstellung darin erblickt werden, daß auch die UVS Verwaltungsbehörden sind. Es ist aber nicht zu bestreiten, daß auch ein UVS an eine Stattgebung einer Beschwerde durch den VwGH gem § 63 Abs 1 VwGG (im Einzelfall) gebunden ist, obwohl hier weder der UBAS noch ein anderer UVS erwähnt werden; somit sind die UVS (ist der UBAS) jedenfalls „Verwaltungsbehörde" iSd § 63 Abs 1 VwGG (beachte in diesem Zusammenhang auch § 87 Abs 2 VfGG; vgl dazu auch UBAS 11. 2. 1998, 200.188/0-II/04/98).

II. Verfassungsrechtliche Grundlagen

1054 Gem Art 129c Abs 1 B-VG kann ein weiterer unabhängiger Verwaltungssenat als oberste Berufungsbehörde geschaffen werden (unabhängiger Bundesasylsenat). Zu den unabhängigen Verwaltungssenaten iSd verfassungsrechtlichen Terminologie zählen – neben dem UBAS – auch die UVSL. Mit dem VwGH und den UVSL ist auch der UBAS *„zur Sicherung der Gesetzmäßigkeit der gesamten öffentlichen Verwaltung"* berufen (vgl Art 129 B-VG). Er ist kein verfassungsrechtlich zwingend vorgesehenes Organ, sondern fakultativ durch BG einzurichten. Er ist – wie verfassungsgesetzlich determiniert ist – als *„oberste Berufungsbehörde in Asylsachen"* einzurichten; vor diesem Hintergrund sind jene Regelungen, die dem UBAS Angelegenheiten zuweisen, die einerseits nicht *„Asylsachen"* betreffen und die andererseits der UBAS funktionell nicht als *„Berufungsbehörde"* zu vollziehen hat (vgl dazu insb § 17 Abs 4 AsylG 1997; hier ist fraglich, ob es sich im Hinblick auf das Verfahren vor dem UBAS um ein Berufungsverfahren handelt, da ein bekämpfbarer Bescheid nicht vorgesehen ist), verfassungswidrig. Vor diesem Hintergrund sind § 15 Abs 2 zweiter Satz und § 32 Abs 2 letzter Satz AsylG 1997 idFd AsylG-N 1998 verfassungswidrig (vgl dazu die Ausführungen zu § 15 Rz 496a und zu § 32 Rz 926). Ob mit der Bestimmung des Art 129c B-VG eine abschließende Regelung betreffend die Zuständigkeit in „Asylsachen" geschaffen wurde und somit eine Befassung der UVSL mit „Asylsachen" verfassungswidrig wäre, bleibt fraglich.

1055 Offen ist zudem die Frage, ob und inwieweit der UBAS ausschließlich als „Berufungsbehörde", oder auch als „sachlich in Betracht kommende Oberbehörde" einzurichten ist. Die systematische Einordnung des UBAS als UVS deutet darauf hin, daß dem UBAS nach der Verfassung eine den UVSL vergleichbare Stellung zukommen soll. Da den UVSL die Stellung einer „sachlich in Betracht kommende Oberbehörde" nach Art 129a Abs 1 B-VG ausdrücklich nur zu bestimmten Teilen zugesprochen wird, muß daher aus dem Schweigen des Art 129c B-VG geschlossen werden, daß dem UBAS nicht die Stellung einer „sachlich in Betracht kommenden Oberbehörde" zukommt (vgl uach VwGH 23. 7. 1998, 98/20/0275). Der UBAS besitzt daher insb kein Weisungsrecht gegenüber dem BAA und keine Aufhebungsbefugnisse betreffend Bescheide des BAA nach den Verwaltungsverfahrensgesetzen (vgl § 68 Abs 2 ff AVG). Demgegenüber sieht § 33 AsylG 1997 vor, daß in Angelegenheiten, in denen die Berufung an den UBAS vorgesehen ist, auch die Zuständigkeit nach Maßgabe des § 73 auf diesen übergeht (vgl § 73 Abs 2 AVG). Ob dies verfassungsrechtlich zulässig ist, bleibt selbst vor dem Hintergrund fraglich, daß dem Verfassungsgesetzgeber bei Beschlußfassung über die gegenständliche B-VGN die Fassung des § 33 AsylG 1997 bekannt war (Beschlußfassung über das AsylG 1997 in der 77. Sitzung des NR am 11. Juni 1997; Einbringung der B-VGN am 12. Juni 1997). Für die Zulässigkeit der einfachgesetzlichen Anordnung des § 33 AsylG 1997 spricht allerdings der Umstand, daß der UBAS in Art 129c – im Gegensatz zu den UVSL – ausdrücklich als „Berufungsbehörde" bezeichnet wird und die Wahrnehmung der Säumigkeit einer Behörde traditionell Aufgabe der Berufungsbehörde ist. Andererseits ist das devolierte Verfahren kein „Berufungsverfahren" im eigentlichen Sinne.

1056 Fraglich ist, was unter „Asylsachen zu verstehen ist, zumal dem Verfassungsrecht ein Kompetenztatbestand „Asylsachen" fremd ist. Auch der Initiativantrag (BlgNR 494/A 20. GP) schweigt zu dieser Frage. Unter dem Hinweis auf die Überlastung des VwGH durch Beschwerdesachen in Angelegenheiten des Aufenthalts-, Fremden- und Asylgesetzes wird lediglich ausgeführt, daß „deshalb" ein unabhängiger Bundesasylsenat eingerichtet werden solle; daraus darf aber nicht geschlossen werden, daß unter Asylsachen die Angelegenheiten des Aufenthalts-, Fremden- und Asylgesetzes zu verstehen sind. Fraglich ist insb, ob die Ausweisung nach § 5 Abs 1 zweiter Satz AsylG 1997 den Asylsachen zuzurechnen ist; dagegen spricht, daß die Ausweisung dem Kompetenztatbestand des Art 10 Abs 1 Z 3 B-VG zuzuordnen ist (siehe dazu die Ausführungen zu § 37 Rz 1027), dafür spricht hingegen der Umstand, daß die Ausweisung hier als Teil des Dubliner Zuständigkeitsverfahrens konzipiert ist. Unklar ist insb auch, ob die non-refoulement-Prüfung den Asylsachen zuzurechnen ist, zumal die non-refoulement-Prüfung zum Teil im AsylG 1997 (§ 8 leg cit) und zum Teil im FrG 1997 (§ 75 leg cit) angesiedelt ist.

1057 Der UBAS besteht aus einem Vorsitzenden, einem stellvertretenden Vorsitzenden und der erforderlichen Zahl sonstiger Mitglieder (Art 129c B-VG; § 2 UBASG; § 38 Abs 1 zweiter Satz AsylG 1997). Bereits an dieser Stelle sticht ins Auge, daß die Rechtsordnung im Hinblick auf den UBAS – gesetzestechnisch unnotwendig – mehrgleisige Regelungen enthält. Die Mitglieder werden vom Bundespräsidenten auf Vorschlag der Bundesregierung bestellt. Die Ernennung ist eine solche auf unbestimmte Dauer (Art 129 Abs 2 B-VG; § 2 Abs 2 und 4 UBASG; § 38 Abs 1 dritter Satz AsylG 1997). Was gem Art 129 Abs 2 B-VG für die Mitglieder gilt, gilt arg a maiore ad minus auch für den Vorsitzenden und den stellvertretenden Vorsitzenden (vgl dazu § 2 Abs 2 UBASG und § 38 Abs 1 dritter Satz AsylG 1997).

1058 Die Mitglieder des Senats sind bei der Besorgung der ihnen zukommenden Aufgaben an keine Weisungen gebunden (Art 129c Abs 3 erster Satz B-VG; § 38 Abs 1 letzter Satz AsylG 1997). Arg a maiore ad minus gilt dies auch für den Vorsitzenden und den stellvertretenden Vorsitzenden, wenn und soweit sie in die Erfüllung von „dem UBAS zukommenden Aufgaben" eingebunden sind. Die Weisungsfreiheit betrifft die dem UBAS (auf der Grundlage eines einfachen BG) „zukommenden Aufgaben". Die entsprechenden einfachgesetzlichen Regelungen (§ 4 Abs 1 erster Satz UBASG und § 38 Abs 1 letzter Satz AsylG 1997) sind unterschiedlich ausgestaltet und stehen zur Verfassungsbestimmung des Art 129c Abs 3 erster Satz B-VG in einem bedenklichen Spannungsverhältnis (siehe dazu unten Rz 1078 ff).

1059 Die Geschäfte sind vom UBAS als Kollegium auf die Mitglieder jährlich im voraus zu verteilen; eine nach dieser Einteilung einem Mitglied zufallende Sache darf ihm nur *„im Falle der Behinderung"* durch Verfügung des Vorsitzenden abgenommen werden (Art 129c Abs 2 zweiter Satz B-VG; § 7 Abs 2 und § 8 Abs 2 UBASG; § 38 Abs 2 AsylG 1997). Gem Art 129c Abs 7 B-VG zweiter Satz ist durch BG insb geregelt, in welchen Angelegenheiten der Senat durch mehrere und in welchen Angelegenheiten er durch einzelne Mitglieder entscheidet. Gem § 7 Abs 1 UBASG entscheidet der UBAS durch Einzelmitglieder. Abweichend davon ist eine Beschwerde einem Senat zuzuweisen, wenn der Vorsitzende dies wegen der Wichtigkeit der Rechtssache verfügt (Z 1 leg cit) oder wenn das zur Entscheidung zuständige Mitglied der Auffassung ist, daß die Entscheidung ein Abgehen von der bisherigen Rechtsprechung des Bundesasylsenates oder des Verwaltungsgerichtshofes bedeuten würde oder die zu lösende Rechtsfrage in der bisherigen Rechtsprechung nicht einheitlich beantwortet worden ist (Z 2 leg cit). Die Zuweisung einer Beschwerde an den Senat durch Verfügung des Vorsitzenden ist in zweierlei Hinsicht problematisch: erstens stellt die Wichtigkeit der Rechtssache (an sich von Natur aus schon ein sehr unbestimmter Gesetzesbegriff und im Lichte des Art 18 Abs 1 B-VG nicht unverfänglich) keinen Fall der Behinderung eines nach der Geschäftseinteilung zuständigen Mitglieds des UBAS iSd Art 129c Abs 3 letzter Halbsatz B-VG dar; zweitens ist nach dem Wortlaut der Bestimmung des Art 129c Abs 7 B-VG *„durch Bundesgesetz"* zu regeln, in *„welchen Angelegenheiten der Senat durch mehrere und in welchen Angelegenheiten er durch einzelne Mitglieder"* entscheidet, tatsächlich ergibt sich die Zuweisung nicht aus einem Bundesgesetz, sondern aus einer *„Verfügung des Vorsitzenden"* (§ 7 Abs 1 Z 1 UBASG) bzw auch aus der *„Auffassung des zuständigen Mitglieds"* (§ 7 Abs 1 Z 2 UBASG). Vor Ablauf jedes Jahres (im Lichte des § 7 Abs 4 Z 1 UBASG wohl Kalenderjahr) hat die Vollversammlung – neben der Geschäftseinteilung für die Einzelmitglieder (§ 7 Abs 2 Z 2 UBASG) – für die Dauer des nächsten Jahres die Bildung aus drei Mitgliedern bestehenden Senaten zu beschließen und deren Vorsitzende und Mitglieder sowie Ersatzmitglieder zu bestimmen (§ 7 Abs 2 Z 1 UBASG).

1060 Ein Mitglied des unabhängigen Bundesasylsenates kann gem Art 129c Abs 4 B-VG (§ 38 Abs 3 AsylG 1997; siehe aber auch § 4 Abs 3 UBASG) seines Amtes nur durch die Vollversammlung enthoben werden. Ein Mitglied ist nach der genannten Verfassungsbestimmung zu entheben, wenn es schriftlich darum ersucht (Art 129c Abs 4 Z 1 B-VG; § 38 Abs 3 Z 1 AsylG 1997), die österreichische Staatsbürgerschaft verliert (Art 129c Abs 4 Z 2 B-VG; § 4 Abs 3 Z 4 UBASG; § 38 Abs 3 Z 2 AsylG 1997), infolge seiner körperlichen oder geistigen Verfassung seine Aufgaben als Mitglied des Senates nicht erfüllen kann (Amtsunfähigkeit) und die Wiedererlangung der Amtsunfähigkeit voraussichtlich ausgeschlossen ist (Art 129c Abs 4 Z 3 B-VG; § 38 Abs 3 AsylG 1997) oder infolge von Krankheit, Unfall oder Gebrechen länger als ein Jahr vom Dienst abwesend war und amtsunfähig ist (Art 129c Abs 4 Z 4 B-VG; § 38 Abs 3 Z 4 AsylG 1997).

1061 Ein Mitglied des UBAS ist gem Art 129c Abs 4 Z 5 B-VG seines Amtes auch dann zu entheben, wenn es den Bestimmungen des Art 129c Abs 5 nicht (mehr) entspricht. Nach dieser Bestimmung müssen die Mitglieder des Senates rechtskundig sein. Sie dürfen zudem während der Ausübung ihres Amtes keine Tätigkeit ausüben, die Zweifel an der unabhängigen Ausübung ihres Amtes hervorrufen könnte. Mithin ist ein Mitglied des UBAS auch dann seines Amtes zu entheben, wenn es gegen den Grundsatz der Unvereinbarkeit (vgl dazu § 3 UBASG) verstößt.

1062 Von diesen verfassungsrechtlichen Vorgaben des Art 129c Abs 4 B-VG weichen die einfachgesetzlichen Bestimmungen der § 38 Abs 3 AsylG und § 4 UBASG erheblich ab, wobei davon auszugehen ist, daß diese Abweichungen vom „Gesetzesvorbehalt" des Art 129c Abs 7 B-VG nicht gedeckt sind, darf doch diese Bestimmung nicht derart interpretiert werden, daß die sonstigen verfassungsrechtlichen Vorgaben des Art 129c insb die Ernennungsvoraussetzungen, Unabhängigkeit (hier besonders die Amtsenthebung) und die feste Geschäftsverteilung auf der Stufe eines einfachen Gesetzes eingeschränkt werden dürften (vgl dazu unten Rz 1072 ff).

1063 Für den UBAS gilt Art 89 B-VG sinngemäß. Nach dieser Bestimmung kann „ein Gericht" (hier der UBAS) unter näheren Voraussetzungen die Gesetzwidrigkeit von Verordnungen und die Verfassungswidrigkeit von Gesetzen vor dem Verfassungsgerichtshof prüfen lassen. Der UBAS hat von dieser Ermächtigung (gesetzlichen Verpflichtung wiederholt Gebrauch gemacht (vgl dazu VfGH 24. 6. 1998, G 31/98 ua; 11. 12. 1998, G 210/98 ua).

III. Zusammensetzung und Ernennung der Mitglieder

1064 Der unabhängige Bundesasylsenat besteht aus einem Vorsitzenden, einem Stellvertretenden Vorsitzenden und der erforderlichen Zahl von sonstigen Mitgliedern (Art 129c Abs 2 B-VG; § 2 Abs 2 UBASG; § 38 Abs 1 AsylG 1997). Den Vorsitzenden, den Stellvertretenden Vorsitzenden und die übrigen Mitglieder ernennt der Bundespräsident auf Vorschlag der Bundesregierung nach vorausgegangener allgemeiner Bewerbung (§ 2 Abs 2 UBASG). Dem Vorschlag der Bundesregierung hat eine Ausschreibung zur allgemeinen Bewerbung voranzugehen. Sie ist im Amtsblatt zur Wiener Zeitung kundzumachen. Die Ausschreibung obliegt hinsichtlich des Vorsitzenden und des Stellvertretenden Vorsitzenden dem Bundeskanzler, im übrigen dem Vorsitzenden des Bundesasylsenats (§ 2 Abs 3 UBASG). Die Ernennung der Mitglieder (wohl auch des Vorsitzenden und des Stellvertretenden Vorsitzenden) erfolgt unbefristet (§ 2 Abs 4 UBASG; vgl auch Art 129c Abs 2 letzter Satz B-VG; § 38 Abs 1 zweiter Satz AsylG 1997).

1065 Zum Mitglied des unabhängigen Bundesasylsenates (wohl auch zum Vorsitzenden und Stellvertretenden Vorsitzenden) kann gem § 2 Abs 5 UBASG bestellt werden, wer die österreichische Staatsbürgerschaft besitzt und zur Ausübung des Amtes geeignet ist (Z 1 leg cit; e contrario Art 129c Abs 4 Z 2 B-VG), das rechtswissenschaftliche Studium vollendet hat (§ 2 Abs 5 Z 2 UBASG; nach Art 129c Abs 5 B-VG und § 38 Abs 4 erster Halbsatz AsylG 1997 rechtskundig ist) und über Erfahrung in einem Beruf verfügt, für den die Vollendung der rechtswissenschaftlichen Studien oder eine vergleichbare Ausbildung vorgeschrieben ist. Für Berufsstellungen im Bereich des Asyl-, des Fremden-, oder des Ausländerbeschäftigungsrechtes muß diese Erfahrung mindestens zwei Jahre, für sonstige Berufsstellungen mindestens vier Jahre gedauert haben (§ 2 Abs 5 Z 3 UBASG; § 38 Abs 4 AsylG 1997). Für die Ernennung selbst ist die Vollendung der rechtswissenschaftlichen Studien erforderlich, während für den Tatbestand der notwendigen Erfahrung eine den rechtswissenschaftlichen Studien vergleichbare Ausbildung genügt. Art 129c kennt das Tatbestandselement einer „notwendigen Erfahrung" nicht. Damit wird aber der Anwendungsbereich der Verfassungsbestimmung des Art 129c Abs 4 und 5 B-VG auf einfachgesetzlicher Ebene eingeschränkt; wie oben bereits ausgeführt wurde, darf die Gesetzesermächtigung des Art 129c Abs 7 B-VG nicht derart ausgelegt werden, daß die obigen verfassungsrechtlichen Bestimmungen eingeengt werden dürfen.

1066 Wie jede Berufung in ein öffentliches Amt steht auch die Ernennung zum Mitglied des UBAS im Zusammenhang mit der *„gleichen Zugänglichkeit zu öffentlichen Ämtern"*. Nach Art 3 StGG sind die öffentlichen Ämter für alle Staatsbürger gleich zugänglich; für Ausländer ist der Eintritt in dieselben vom Erwerb der österreichischen Staatsbürgerschaft abhängig. Art 66 Abs 2 StV v St. Germain bestimmt, daß „Unterschiede in Religion, Glauben oder Bekenntnis (...) keinem österreichischen Staatsangehörigen (...) bei Zulassung zu öffentlichen Ämtern und Würden (...) nachteilig sein sollen" und nach Art 8 StV v Wien hat Österreich allen Staatsbürgern das Recht zu gewähren, „ohne Unterschied der Rasse, Geschlecht, Sprache, Religion oder politischer Meinung zu einem öffentlichen Amte gewählt zu werden". Die im Art 3 StGG normierte gleiche Zugänglichkeit der öffentlichen Ämter stellt eine besondere Ausformung des Gleichheitsgrundsatzes dar und richtet sich historisch gegen Benachteiligungen aus konfessionellen Gründen (*Ermacora*, Menschenrechte, 106); heute könnte diese Bestimmung insb die Funktion erfüllen, der politischen Ämterpatronage oder einer Benachteiligung auf Grund des Geschlechts entgegenzuwirken (*Walter/Mayer*, Bundesverfassungsrecht, Rz 1359).

1067 Die Jud des VfGH hat zunächst mit der – gänzlich unzureichenden – Formel, Art 3 StGG gewähre auch bei Vorliegen aller Ernennungsvoraussetzungen keinen Rechtsanspruch auf Verleihung eines bestimmten Postens (VfSlg 415, 779, 1709), sondern lediglich das Recht, sich um einen Posten zu bewerben (VfSlg 415, 2602, 2982), das Grundrecht seiner Bedeutung entkleidet. Die neuere Jud geht etwas andere Wege (dazu kritisch *Kucsko-Stadlmayer*, Beamtenernennung). Die neuere Jud des VfGH geht – allerdings sehr zurückhaltend dahin – in Besetzungsverfahren Parteistellung anzuerkennen und so den Rechtsschutz zu ermöglichen: Danach haben die in einen verbindlichen Besetzungsvorschlag aufgenommenen Personen Parteistellung im Besetzungsverfahren und bilden zusammen eine „Verwaltungsverfahrensgemeinschaft" (VfSlg 6151, 6806, 7094, 12.102, 12.476, 12.556, 12.782; VfGH 9. 10. 1995, B 1231/94). Der VwGH hat verschiedentlich eine strengere Linie verfolgt: Danach ist in einem Bescheid sowohl die Verleihung an einen Bewerber als auch die Ablehnung der anderen Bewerber – gleichgültig, ob ein Vorschlag vorliegt – auszusprechen; dieser Bescheid ist allen Bewerbern zuzustellen und kann von ihnen angefochten werden (VwSlgNF 8643A, 9127A, 9556A; *Dearing E.*, ÖJZ 1993, 589). Auch wenn die Zustellung eines Bestellungsaktes an die übrigen Mitbewerber nicht erfolgte, können diese den Bescheid anfechten, da mit der Ernennung eines Bewerbers auch über andere Bewerbungen abgesprochen ist (VfSlg 12.556). Eine divergierende Rechtsprechung besteht in bezug auf die Besetzung von schulfesten Leiterstellungen (die Parteistellung bejahend VfSlg 9923; 12.556; VfGH 9. 10. 1995, B 1231/94; verneinend VwSlgNF 9899A).

IV. Unvereinbarkeit

1068 Gem Art 129c Abs 5 zweiter Satz B-VG dürfen Mitglieder (wohl auch der Vorsitzende und der Stellvertretende Vorsitzende) während der Ausübung ihres Amtes keine Tätigkeiten ausüben, die Zweifel an der unabhängigen Ausübung ihres Amtes hervorrufen könnte (§ 3 Abs 2 erster Satz UBASG; nach § 38 Abs 4 letzter Satz AsylG 1997 nicht „hervorrufen könnte", sondern „hervorruft"; vgl dazu auch Art 147 Abs 4, Art 134 Abs 4, Art 122 Abs 5 und Art 126 B-VG).

1069 Mitglieder der Bundesregierung oder einer Landesregierung, Staatssekretäre, der Präsident des Rechnungshofes, Mitglieder der Volksanwaltschaft des Bundes, ein Landesvolksanwalt, Bürgermeister sowie Mitglieder eines allgemeinen Vertretungskörpers dürfen dem UBAS nicht angehören. Zum Vorsitzenden oder Stellvertretenden Vorsitzenden des UBAS darf überdies nicht bestellt werden, wer in den letzten vier Jahren Mitglied der Bundesregierung oder einer Landesregierung oder Staatssekretär gewesen ist (§ 3 Abs 1 UBASG). Für Mitglieder des UBAS (Vorsitzenden und Stellvertretenden Vorsitzenden) ist insb die Ausübung einer Tätigkeit unzulässig, die sie an der Erfüllung ihrer dienstlichen Aufgaben behindert, die Vermutung einer Befangenheit hervorruft oder sonstige wesentliche Interessen (dieser Begriff ist bedenklich unterdeterminiert) gefährdet (§ 3 Abs 3 UBASG).

1070 Durch die Regelung des Art 129c Abs 5 zweiter Satz B-VG wird auf verfassungsgesetzlicher Ebene jener Jud des EGMR zu Art 6 Abs 1 EMRK Rechnung getragen, wonach die Unabhängigkeit und Unparteilichkeit eines Tribunals nicht nur objektiv gewahrt sein muß, sondern auch *jeder Anschein einer Parteilichkeit* verpönt ist (vgl zB EGMR *Delcourt*, Serie A 11, § 31; *Piersack*, Serie A 53, §§ 30 f; *Campell und Fell*, Serie A 80, §§ 77 ff; *Sramek*, Serie A 84, § 42; *De Cubber*, Serie A 86, §§ 23 ff; *Oberschlick*, Serie A 204; VfSlg 10.701; *Davy B.*, Sachverständigenbeweis, 315 ff). Diese verfassungsrechtliche Regelung bezieht sich freilich nicht auf konkrete Verfahren, sondern stellt eine abstrakte Beziehung zwischen dem Amt als Mitglied des UVS und der Ausübung allfälliger Nebentätigkeiten her (*Mayer*, Verfassungsänderung, 94); sie richtet sich daher vor allem an den Dienstrechtsgesetzgeber, und verpflichtet diesen zu einer Restriktion der zulässigen Nebentätigkeiten der Mitglieder eines UVS (UBAS).

1071 Die Mitglieder des UBAS sind verpflichtet, Tätigkeiten, die sie neben ihrem Amte ausüben, unverzüglich dem Vorsitzenden zur Kenntnis zu bringen (§ 3 Abs 4 UBASG; vgl dazu insb auch die Meldepflichten nach § 53 BDG).

V. Amtsende und Amtsenthebung

1072 Die Enthebungstatbestände sind im Art 129c Abs 4 und 5 B-VG abschließend festgelegt. Dem einfachen Gesetzgeber ist es grundsätzlich verwehrt, die Amtsenthebungstatbestände inhaltlich auszudehnen. Vor diesem Hintergrund weichen die entsprechenden Bestimmungen der § 38 Abs 3 und 4 AsylG 1997 und § 4 UBASG in bedenklicher Weise von den verfassungsrechtlichen Vorgaben des Art 129c ab.

1073 Gem § 38 Abs 3 Z 5 iVm § 38 Abs 4 AsylG 1997 darf ein Mitglied des UBAS nicht nur dann seines Amtes durch die Vollversammlung enthoben werden, wenn es nicht (mehr) rechtskundig ist bzw es (nunmehr) unbefangenheitsbedenkliche Tätigkeiten ausübt, sondern abweichend von Art 129c Abs 4 B-VG auch dann, wenn das Mitglied die entsprechende Erfahrung nicht (mehr) erbringt: § 38 Abs 4 AsylG 1997 verlangt ua, daß die Mitglieder des UBAS über Erfahrung in einem Beruf verfügen, für den die Vollendung rechtswissenschaftlicher Studien oder eine vergleichbare Ausbildung vorgeschrieben ist.

1074 § 4 UBASG geht inhaltlich noch weiter: Gem § 4 Abs 2 UBASG endet das Amt eines Mitglieds des unabhängigen Bundesasylsenats durch Versetzung oder Übertritt in den Ruhestand (Z 1 leg cit), mit Ende des öffentlich-rechtlichen Dienstverhältnisses (Z 2 leg cit) oder mit der Enthebung vom Amt (Z 3 leg cit). Gem § 4 Abs 3 UBASG darf ein Mitglied nur durch Beschluß der Vollversammlung eines (richtig wohl: seines) Amtes enthoben werden. Ein Mitglied ist zu entheben, wenn ihm über sein Ansuchen die Verwendung bei einer anderen Dienststelle des Bundes zugesagt wurde (Z 1 leg cit), sich das Mitglied Verfehlungen von solcher Art und Schwere zu Schulden kommen ließ, daß die weitere Ausübung des Amtes den Interessen des Amtes abträglich wäre (Z 2 leg cit) oder das Mitglied die österreichische Staatsbürgerschaft verliert. Auf das Verfahren der Amtsenthebung nach § 4 Abs 3 Z 2 UBASG findet § 13 Abs 4 leg cit (richtig wohl § 13 Abs 3 leg cit) Anwendung (§ 4 Abs 4 UBASG). Nach § 13 Abs 3 gelten die §§ 91 bis 130 BDG mit der Maßgabe, daß der Disziplinaranwalt vom Bundeskanzler bestellt wird (Z 1 leg cit), die Disziplinarkommission und der Disziplinarsenat die Vollversammlung des unabhängigen Bundesasylsenates ist (Z 2 leg cit) und gegen Entscheidungen der Vollversammlung kein ordentliches Rechtsmittel zulässig ist. Die Bestimmung des § 4 UBASG enthält einige wesentliche Verbindungsstellen zum BDG.

1075 Die Regelungen betreffend die Versetzung oder Übertritt in den Ruhestand finden sich in §§ 13 bis 15 BDG. Danach tritt ein Beamter mit Ablauf des 65. Jahres nach dem Jahr seiner Geburt von Gesetzes wegen in den Ruhestand (§ 13 BDG). Ein Beamter darf von Amts wegen oder auf seinen Antrag grundsätzlich nur in den Ruhestand versetzt werden, wenn er dauernd dienstunfähig ist (§ 14 Abs 1 BDG). Der Beamte kann durch schriftliche Erklärung, aus dem Dienststand ausscheiden zu wollen, seine Versetzung in den Ruhestand frühestens mit Ablauf des Monats bewirken, in dem er das 60. Lebensjahr vollendet. Diese Erklärung kann schon vor Vollendung des 60. Lebensjahres abgegeben werden. Die Bestimmung des § 4 Abs 2 Z 1 UBASG iVm mit §§ 13 bis 15 BDG stehen in Einklang mit Art 129c Abs 4 lit 1 und 3 B-VG. Die Bestimmung des Art 129c Abs 4 B-VG kennt allerdings den Tatbestand des „Endens des öffentlich-rechtlichen Dienstverhältnisses" nicht (vgl § 4 Abs 2 Z 2 UBASG), sondern spricht lediglich vom Verlust der österreichischen Staatsbürgerschaft (Art 129c Abs 4 Z 2 B-VG); die Bestimmung des § 4 Abs 2 Z 2 UBASG geht darüber aber wesentlich hinaus. Die Ernennung der Mitglieder des UBAS, die gem Art 129c Abs 2 zweiter Satz B-VG „auf unbestimmte Dauer" erfolgt, ist grundsätzlich einer Ernennung auf „Lebenszeit" gleichzuhalten.

1076 Gem § 20 Abs 1 BDG wird das Dienstverhältnis aufgelöst durch Austritt (Z 1 leg cit), durch Kündigung des provisorischen Dienstverhältnisses (Z 2 leg cit; nach der Bestimmung des § 13 Abs 1 UBASG ist fraglich, ob das „öffentlich-rechtliche Dienstverhältnis zum Bund" iSd § 10 BDG nicht zunächst ein provisorisches ist), Entlassung (Z 3 leg cit), Amtsverlust nach § 27 StGB (Z 4 leg cit), unter näheren Voraussetzungen durch den Verlust der österreichischen Staatsbürgerschaft (Art 129c Abs 4 Z 2 B-VG; § 4 Abs 3 Z 3 UBASG; § 38 Abs 3 Z 2 AsylG 1997), die Begründung eines unbefristeten Dienstverhältnisses zu einem Land (der Gemeinde Wien) als Mitglied eines unabhängigen Verwaltungssenates (§ 20 Abs 1 Z 7 BDG;

hier können nur die UVSL nicht aber der UBAS angesprochen sein). Beim Beamten des Ruhestandes wird das Dienstverhältnis außerdem durch die Verhängung der Disziplinarstrafe des Verlustes aller aus dem Dienstverhältnis fließenden Rechte und Ansprüche (Z 1 leg cit) und durch eine Verurteilung durch ein inländisches Gericht wegen einer oder mehrerer mit Vorsatz begangener strafbarer Handlungen zu einer mehr als einjährigen Freiheitsstrafe (Z 2 leg cit) aufgelöst. Das Dienstverhältnis wird jedoch nicht aufgelöst, wenn diese Rechtsfolge bedingt nachgesehen wird, es sei denn, daß die Nachsicht widerrufen wird. Durch die Auflösung des Dienstverhältnisses erlöschen, soweit gesetzlich nicht anderes bestimmt ist, alle aus dem Dienstverhältnis sich ergebenden Anwartschaften, Rechte und Befugnisse des Beamten und seiner Angehörigen. Ansprüche des Beamten, die sich auf die Zeit vor der Auflösung des Dienstverhältnisses beziehen, bleiben unberührt (§ 20 Abs 3 BDG). Ein Beamter hat dem Bund im Fall der Auflösung des Dienstverhältnisses die Ausbildungskosten nach der Bestimmung des § 20 Abs 4 bis 6 BDG zu ersetzen.

1077 Einen dem Art 129c Abs 4 B-VG (vgl dazu auch § 38 Abs 3 AsylG 1997) unbekannten zwingenden Amtsenthebungstatbestand bildet der Umstand, daß dem betreffenden Mitglied über sein Ansuchen die Verwendung bei einer anderen Dienststelle des Bundes zugesagt wurde. Auch die Amtsenthebung wegen (disziplinärer) Verfehlungen nach der Bestimmung des § 4 Abs 3 Z 3 UBASG ist dem Art 129c B-VG an sich fremd. Gem § 4 Abs 4 iVm § 13 Abs 3 UBASG finden die §§ 91 bis 130 BDG 1979 auf die Amtsenthebung wegen disziplinärer Verfehlungen gem § 4 Abs 3 Z 2 UBASG mit der Maßgabe Anwendung, daß der Disziplinaranwalt vom Bundeskanzler bestellt wird, die Disziplinarkommission und der Disziplinarsenat die Vollversammlung des unabhängigen Bundesasylsenates ist und gegen Entscheidung der Vollversammlung kein ordentliches Rechtsmittel (wohl aber Beschwerde beim VwGH) zulässig ist. Disziplinarstrafen sind der Verweis, die Geldbuße bis zur Höhe eines halben Monatsbezuges unter Ausschluß der Kinderzulage, die Geldstrafe bis zur Höhe von fünf Monatsbezügen unter Ausschluß der Kinderzulage und die Entlassung (§ 92 Abs 1 BDG). Insb die Disziplinarstrafe der Entlassung findet im Art 129c Abs 4 B-VG keine Deckung, gleichwohl stellt sie nach der Konstruktion des UBASG und des BDG einen Fall der (zwingenden) Amtsenthebung dar.

VI. Weisungsfreiheit

1078 Die Mitglieder des Senats sind bei der Besorgung der ihnen zukommenden Aufgaben an keine Weisungen gebunden (Art 129c Abs 3 erster Satz; § 38 Abs 1 letzter Satz AsylG 1997). Gem § 4 UBASG sind die Mitglieder des unabhängigen Bundesasylsenats bei der Besorgung aller ihnen *„nach § 38 AsylG zukommenden Aufgaben"* weisungsfrei und unabhängig. Dieser Verweis auf § 38 AsylG 1997 ist – abgesehen davon, daß klärungsbedürftig ist, worin der Unterschied zwischen „weisungsfrei" und „unabhängig" bestehen soll – gegenüber der verfassungsrechtlichen Vorgabe des Art 129c B-VG etwas zu eng.

1079 Zu den Aufgaben des UBAS gehört nicht nur die Entscheidung über Rechtsmittel gegen Bescheide des BAA nach § 38 AsylG 1997, sondern etwa auch die Entscheidung über die Einreise nach § 17 Abs 4 und 5 leg cit, oder aber auch die Entscheidung in jenen Fällen, in denen das BAA säumig geworden ist und ein Devolutionsantrag gem § 73 Abs 2 AVG gestellt wurde. § 38 Abs 1 dritter Satz AsylG 1997 knüpft die Weisungsfreiheit an die *„nach diesem Bundesgesetz* (gemeint ist das AsylG 1997) *zukommenden Aufgaben"*. Dies liefe auf einen *„Kodifikationszwang im AsylG 1997"* hinaus; ein solcher ist der Bestimmung des Art 129c B-VG freilich fremd. Darüber hinaus ist auch dieser Ansatz zu eng. Der UBAS ist etwa auch in der Beschlußfassung über die Geschäftsordnung (§ 11 UBASG), über den Tätigkeitsbericht (§ 12 UBASG), die Zustimmung zur Heranziehung von Mitgliedern zu den Geschäften der Evidenzstelle (§ 6 Abs 4 (UBASG) und die Amtsenthebung (§ 4 UBASG) an keine Weisungen gebunden; dies sind jedoch keine *„nach dem AsylG 1997 zukommende Aufgaben"*.

VII. Vollversammlung

1080 Gem Art 129c Abs 3 zweiter Satz B-VG sind die Geschäfte vom unabhängigen Bundesasylamt als Kollegium jährlich (für das Kalenderjahr) im voraus zu verteilen; eine nach dieser Einteilung einem Mitglied zufallende Sache darf ihm nur im Falle der Behinderung durch Verfügung des Vorsitzenden abgenommen werden (vgl auch § 38 Abs 2 AsylG 1997).

1081 Der Vorsitzende, der Stellvertretende Vorsitzende und die übrigen Mitglieder bilden die Vollversammlung (§ 5 Abs 1 UBASG). Der Vollversammlung obliegt nach § 5 Abs 2 UBASG die Beschlußfassung über die Geschäftsverteilung einschließlich der Bildung der Senate (§ 7 UBASG), die Geschäftsordnung (§ 11 UBASG), den Tätigkeitsbericht (§ 12 UBASG), die Zustimmung zur Heranziehung von Mitgliedern zu den Geschäften der Evidenzstelle (§ 6 Abs 4 UBASG) und die Amtsenthebung (§ 4 UBASG; siehe dazu oben die Ausführungen zu Rz 1072 ff).

1082 Beratungen und Abstimmungen in der Vollversammlung sind nicht öffentlich. Die Vollversammlung wird vom Vorsitzenden einberufen und geleitet (§ 5 Abs 3 UBASG). Die Vollversammlung ist beschlußfähig, wenn mindestens die Hälfte aller Mitglieder anwesend ist. Im Falle der Amtsenthebung (§ 4 leg cit) ist eine Mehrheit von zwei Dritteln, in allen anderen Fällen die einfache Mehrheit für das Zustandekommen des Beschlusses erforderlich. Eine Stimmenthaltung ist unzulässig. Bei Stimmengleichheit gibt die Stimme des Vorsitzenden den Ausschlag (§ 5 Abs 4 UBASG). Jedes Mitglied ist berechtigt, in der Vollversammlung Anträge zu stellen. Den übrigen Mitgliedern steht es frei, zu diesen Anträgen Gegenanträge und Änderungsanträge zu stellen. Alle Anträge sind zu begründen (§ 5 Abs 5 UBASG). Über die Beratung und Abstimmung ist ein Protokoll zu führen (§ 5 Abs 6 leg cit).

VIII. Leitung des unabhängigen Bundesasylsenats

1083 Der Vorsitzende leitet den UBAS (§ 6 Abs 1 erster Satz UBASG). Dabei sind ihm jedoch durch die Unabhängigkeit der Mitglieder (Art 129c Abs 3 erster Satz B-VG; § 4 UBASG; § 38 Abs 1 letzter Satz AsylG 1997; siehe dazu oben die Ausführungen zu Rz 1078 ff) Grenzen gesetzt. Ist der Vorsitzende verhindert, so wird er vom Stellvertretenden Vorsitzenden, wenn auch dieser verhindert ist, von dem an Lebensjahren ältesten Mitglied des UBAS vertreten. Dies gilt auch dann, wenn die Stelle des Vorsitzenden oder Stellvertretenden Vorsitzenden unbesetzt ist (§ 6 Abs 1 UBASG). Man wird nicht fehl in der Annahme gehen, daß das an Lebensjahren älteste Mitglied des UBAS die Rolle des Stellvertretenden Vorsitzenden übernimmt, wenn nur dieser, nicht aber der Vorsitzende selbst, verhindert ist.

1084 Zur Leitung des UBAS zählt insb die Regelung des Dienstbetriebes und die Dienstaufsicht über das gesamte Personal (§ 6 Abs 2 erster Satz UBASG), wobei die Beistellung der sachlichen und personellen Erfordernisse dem Bundeskanzler obliegt (§ 38 Abs 9 AsylG 1997). Der Vorsitzende kann in der Vollversammlung den Antrag stellen, daß im Rahmen der Geschäftsverteilung dem Stellvertretenden Vorsitzenden auch in Anwesenheit des Vorsitzenden Aufgaben der Leitung übertragen werden (§ 6 Abs 2 UBASG).

1085 Dem Vorsitzenden obliegt es auch, bei voller Wahrung der Unabhängigkeit der Mitglieder des unabhängigen Bundesasylsenates auf eine möglichst einheitliche Entscheidungspraxis hinzuwirken. Hiezu hat er eine Evidenzstelle einzurichten, die die Entscheidungen in einer übersichtlichen Art und Weise dokumentiert (§ 6 Abs 3 UBASG). Ob der Vorsitzende das Instrument der „Zuweisung einer Sache an einen Senat" wegen der „Wichtigkeit der Sache" (§ 7 Abs 1 Z 1 UBASG; § 38 Abs 7 letzter Satz AsylG 1997) auch im Interesse der Einheitlichkeit der Entscheidungspraxis einsetzen darf, ist unklar. Im Lichte dessen, daß die Zuweisung einer Sache an einen Senat im Art 129c B-VG nicht vorgesehen ist, stellt sich hier ein verfassungsrechtliches Problem, vor dessen Hintergrund die Zuweisung einer Sache nach § 7 Abs 1 Z 1 UBASG (§ 38 Abs 7 letzter Satz AsylG 1997) wegen „Wichtigkeit der Sache" eher restriktiv einzusetzen ist. Der „einheitlichen Entscheidungspraxis" dient der – selbstverständliche – Umstand, daß Senatsentscheidungen gegenüber Entscheidungen eines Einzelmitgliedes erhöhte Bedeutung beizumessen ist. Obwohl dies eigentlich keiner näheren Erörterung bedürfte, hat dies der UBAS ausdrücklich festgehalten: *„(...) das zuständige Einzelmitglied (...) ist gehalten, die Rechtsanschauung der jeweils zuletzt ergangenen Senatsentscheidung seiner Entscheidung zu Grunde zu legen, wenn es nicht selbst eine anderslautende Senatsentscheidung beantragen will (...)"* (UBAS 1. 4. 1998, 202.348/0-II/06/98). Daß diese Feststellung nicht grundlos geschah, läßt sich der Senatsentscheidung des UBAS vom 30. 3. 1998, 202.332/0-II/05/98, entnehmen, in der von aktuellen Jud der Dreiersenate abweichende *„zwischenzeitig von Einzelmitgliedern des unabhängigen Bundesasylsenates gefällte Entscheidungen (vgl dazu etwa UBAS vom 18. 3. 1998, Zl 202.159/0-III/09/98 und, vom selben Tag, Zl 202/156/0-III/08/98)"* gerügt wurden.

1086 Der Vorsitzende kann die Mitglieder des unabhängigen Bundesasylsenates mit ihrer Zustimmung zu den Geschäften der Evidenzstelle heranziehen, er kann nach Anhörung der Vollversammlung ein Mitglied mit dessen Zustimmung auf Dauer mit der Leitung der Evidenzstelle betrauen (§ 6 Abs 4 UBASG). Bei der Vorlage des Tätigkeitsberichtes nach § 12 UBASG hat der Vorsitzende dem Bundeskanzler auch über personelle und sachliche Erfordernisse zu berichten.

IX. Geschäftsverteilung

1087 Die Geschäfte sind vom unabhängigen Bundesasylsenat als Kollegium auf die Mitglieder jährlich im voraus zu verteilen (Prinzip der festen Geschäftsverteilung; Art 129c Abs 3 B-VG; § 38 Abs 2 AsylG 1997). Die Rechtslage für den UBAS entspricht in diesem Punkt im wesentlichen der für ordentliche Gerichte. Vor Ablauf jedes Jahres (Kalenderjahres) hat die Vollversammlung für die Dauer des nächsten Jahres die Bildung der aus drei Mitgliedern bestehenden Senate zu beschließen und deren Vorsitzende und Mitglieder sowie die Ersatzmitglieder zu bestimmen und die Geschäftsverteilung für die Einzelmitglieder vorzunehmen (§ 7 Abs 2 UBASG). Die Vollversammlung hat für den Rest des Jahres die Geschäftseinteilung zu ändern, wenn dies insbesondere wegen Veränderungen im Personalstand oder wegen erhöhter Belastung eines Senates oder einzelner Mitglieder für den ordnungsgemäßen Geschäftsgang notwendig ist (§ 7 Abs 3 UBASG).

1088 Wenn die Vollversammlung bis zum Beginn eines Kalenderjahres keine Geschäftsverteilung für dieses Kalenderjahr oder eine notwendige Änderung der Geschäftsverteilung gem § 7 Abs 3 UBASG nicht innerhalb von sechs Wochen beschlossen hat, hat der Vorsitzende eine vorläufige Geschäftsverteilung zu erlassen. Diese gilt solange, bis sie durch eine von der Vollversammlung beschlossene Geschäftsverteilung ersetzt wird. Der Vorsitzende muß spätestens vier Wochen nach Erlassung der (vorläufigen) Geschäftsverteilung eine Sitzung der Vollversammlung zur Erlassung der dauernden Geschäftsverteilung einberufen (§ 7 Abs 4 UBASG). Die Erlassung einer vorläufigen Geschäftseinteilung durch den Vorsitzenden ist allerdings in Art 129c B-VG nicht vorgesehen (beachte allerdings Art 129c Abs 7 B-VG).

1089 Die Geschäftseinteilung ist vom Vorsitzenden des unabhängigen Bundesasylsenates zur allgemeinen Einsicht aufzulegen (§ 7 Abs 5 UBASG). Durch die daraus resultierende Publizität der Geschäftseinteilung wird deren Außenwirkung dokumentiert und der Geschäftseinteilung Verordnungscharakter verliehen. Die Geschäftseinteilung kann nur in der gleichen Weise abgeändert werden, wie sie entstanden ist; in diesem Sinne hat sie eine höhere derogatorische Kraft.

1090 Für die Anwendung des § 7 AVG im Verfahren vor dem UBAS sowie aus § 8 Abs 2 UBASG ergeben sich einige Besonderheiten aus dem für diesen verfassungsgesetzlich festgelegten Grundsatz der festen Geschäftsverteilung. Nach § 7 Abs 1 AVG haben sich befangene Organwalter der Ausübung ihres Amtes zu enthalten und ihre Vertretung zu veranlassen; gem § 8 Abs 2 UBASG dürfen einem Mitglied Rechtssachen, für die es zuständig ist, nur im Falle seiner Behinderung durch Verfügung des Vorsitzenden des UBAS abgenommen werden. Aus dem Grundsatz der festen Geschäftsverteilung ist abzuleiten, daß bereits in der Geschäftseinteilung festzulegen ist, welches andere Mitglied des UBAS im Falle der Befangenheit bzw im Falle der Behinderung des zuständigen Mitglieds als Vertreter einzuschreiten hat. Unzulässig ist jedenfalls die Bestellung des Vertreters im Einzelfall. Die Vertretungsregelung muß so genau sein, daß eindeutig erkennbar ist, welches Mitglied des UBAS einzuschreiten hat; sind mehrere Mitglieder vorgesehen, muß in der Geschäftseinteilung eine exakte Reihenfolge bestimmt sein (*Walter*, JBl 1964, 176; vgl dazu für die UVSL *Thienel*, Verfahren, 65).

X. Geschäftszuweisung

1091 Der Vorsitzende des unabhängigen Bundesasylsenats weist die anfallenden Rechtssachen den nach der Geschäftsverteilung zuständigen Mitgliedern oder dem zuständigen Senat zu (§ 8 Abs 1 UBASG). Der Vorsitzende ist bei der Geschäftszuweisung an die Geschäftseinteilung gebunden. Einem Mitglied dürfen Rechtssachen, für die es zuständig ist, nur im Falle seiner Behinderung durch Verfügung des Vorsitzenden abgenommen werden (§ 8 Abs 2 UBASG). Dies gilt gleichermaßen für Fälle in denen sich ein befangener Organwalter gem § 7 Abs 1 AVG der Ausübung seines Amtes enthält und seine Vertretung veranlaßt. Auch in diesen Fällen ist der Vorsitzende an die Vertretungsregelungen in der Geschäftseinteilung gebunden. Nimmt er eine Geschäftszuweisung entgegen der Geschäftseinteilung vor und entscheidet in der Folge ein nach der Geschäftseinteilung unzuständiges Mitglied, wird das Recht auf ein Verfahren vor dem gesetzlichen Richter verletzt (vgl dazu Art 83 Abs 2 B-VG; *Berchtold*, Gesetzlicher Richter; *Klemenz*, Gleichheitssatz und gesetzlicher Richter; *Walter/Mayer*, Verfassungsrecht, Rz 1403 ff).

XI. Geschäftsordnung

1092 Die näheren Regelungen über die Geschäftsführung des Bundesasylsenates sind in der Geschäftsordnung vorzusehen. Die Geschäftsordnung ist von der Vollversammlung zu beschließen und vom Vorsitzenden zur allgemeinen Einsicht aufzulegen. In der Geschäftsordnung ist auch zu regeln, welches Mitglied im Verfahren vor einem Senat den Umfang und die Höhe der Gebühren für Zeugen und Beteiligte sowie nichtamtliche Sachverständige und nichtamtliche Dolmetscher festzusetzen hat (§ 11 UBASG; zu den Kosten in Verfahren nach dem AsylG 1997 siehe oben die Ausführungen zu § 34, Rz 948 ff). Der Bestimmung des § 11 UBASG wurde jedoch durch die Regelungen der § 51b, § 53a Abs 2 und § 53b iVm § 53a Abs 2 AVG derogiert: Gebühren der Zeugen und Beteiligten im Verfahren vor den UVS (UVSL und UBAS) sind zunächst vom zuständigen Bediensteten der Geschäftsstelle zu berechnen wobei auf Antrag der Vorsitzende des UVS entscheidet (§ 51b AVG); Gebühren von nicht amtlichen Sachverständigen, Dolmetschern und Übersetzern werden vom Vorsitzenden des UVS bestimmt (vgl § 53a Abs 2 AVG). Damit ist die Festsetzung der Gebühr Teil einer Art „Justizverwaltung" der UVS.

XII. Verfahren vor dem unabhängigen Bundesasylsenat

1093 Mit der Novelle zum B-VG BGBl I 1997/87 entfällt im Art 129 die Wortfolge „in den Ländern". Zudem bestimmt nunmehr Art 129c Abs 1 B-VG, daß durch Bundesgesetz ein „weiterer unabhängiger Verwaltungssenat" als oberste Berufungsbehörde in Asylsachen (unabhängiger Bundesasylsenat) eingerichtet werden kann. Mit der B-VGN BGBl I 1997/87 fallen die UVSL und der UBAS gleichermaßen unter den Oberbegriff „unabhängiger Verwaltungssenat". Dies hat auch für das Verfahren vor dem UBAS weitreichende Konsequenzen.

1094 Gem § 23 AsylG 1997 findet auf Verfahren nach dem AsylG 1997, soweit nicht anderes bestimmt wird, das AVG Anwendung. Dieser Verweis erfaßt auch die Bestimmungen der §§ 67a ff AVG betreffend besondere Bestimmungen für das Verfahren vor den unabhängigen Verwaltungssenaten. Für das Verfahren der UVS über Berufungen gelten grundsätzlich die allgemeinen Bestimmungen des AVG insb jene über das Berufungsverfahren mit den in § 67d bis § 67g AVG normierten Besonderheiten (vgl VwGH 23. 7. 1998, 98/20/0175; für die UVSL vgl 1089 BlgNR 17. GP, 12). Obwohl diese Bestimmungen ursprünglich nur für die UVSL vorgesehen und konzipiert waren, ist auf Grund der verfassungsgesetzlichen Gleichstellung des UBAS mit den UVSL zu schließen, daß diese Bestimmungen, soweit sich aus den besonderen Vorschriften des AsylG 1997 und durch die Konstruktion des UBAS als für das ganze Bundesgebiet zuständige Behörde vor dem Hintergrund der Zuständigkeitsregelungen des § 67a AVG nicht anderes ergibt, auch in Verfahren vor dem UBAS Anwendung finden (vgl dazu 976 BlgNR 20. GP, 1); gleichwohl ist es ausgeschlossen ist, daß Organisationsträger des UBAS ein Land ist (vgl dazu Art 129b B-VG). In Verfahren vor dem UBAS keine Anwendung findet die Bestimmung des § 67c AVG betreffend Beschwerden wegen der Ausübung unmittelbarer verwaltungsbehördlicher Befehls- und Zwangsgewalt, da der UBAS ausschließlich über Rechtsmittel gegen Bescheide des BAA entscheidet. In diesem Zusammenhang bestimmt Art 129c Abs 1 B-VG, daß der UBAS ausschließlich als „oberste Berufungsbehörde in Asylsachen" (hier ist beachtenswert, daß die Kompetenzbestimmungen des B-VG den Kompetenztatbestand „Asylsachen" nicht kennen) eingerichtet werden kann (zur verfassungsrechtlichen Problematik des UBAS als „Devolutionsbehörde" siehe oben die Ausführeungen zu § 33, Rz 941).

a) Parteien in Verfahren vor dem UBAS

1095 § 67b Z 1 AVG regelt die Parteistellung „im Verfahren über Berufungen": Partei im Berufungsverfahren ist „auch die Behörde, die den angefochtenen Bescheid erlassen hat" (das BAA). Mit der AVG-N 1998 ist § 8 AVG auch in Verfahren vor dem UVS selbst anzuwenden (1167 BlgNR 20. GP, 37; zur Rechtslage vor dem AVG-N 1998 siehe 1089 BlgNR 17. GP, 12; *Thienel,* Verfahren 66 ff; *Walter/Thienel,* 54 ff). Die Regelung des § 67b beschränkt sich daher darauf, neben jenen Personen, die an der „Sache" iSd § 8 AVG vermöge eines Rechtsanspruchs oder eines rechtlichen Interesses beteiligt sind, *„auch"* der Behörde Parteistellung einzuräumen. Es kommt daher nicht zwingend auf die Regelung der Parteistellung für das erstinstanzliche Verfahren (vor dem BAA) an. Gem § 67b Z 3 AVG ist Partei im Verfahren auf Grund eines Devolutionsantrages „auch" die Unterbehörde. Dabei muß es nach dem Gesetzeswortlaut nicht tatsächlich zu einem Kompetenzübergang gekommen sein; es genügt, wenn der Devolutionsantrag für das durchzuführende Verfahren kausal ist.

1096 Partei im Verfahren vor dem UBAS ist jedenfalls der Berufungswerber. Berufung kann – wie aus § 63 Abs 4 und 5 AVG abzuleiten ist – zulässigerweise nur von einer *Partei* des vorinstanzlichen Verfahrens (Verfahren vor dem BAA) erhoben werden (vgl dazu näher *Walter/Mayer*, Verwaltungsverfahrensrecht, Rz 516); die Legitimation zur Anrufung des UBAS (UVSL) knüpft also an die Parteistellung im vorangegangenen Administrativverfahren an, und ist daher grundsätzlich nach § 8 AVG zu beurteilen: Bestand und Umfang des Berufungsrechts richten sich sohin letztlich nach den in den Verwaltungsvorschriften (hier AsylG 1997) begründeten materiellen Rechtspositionen. Hinsichtlich Form und Inhalt und Rechtswirkungen der Berufung gelten die Bestimmungen der §§ 63 f AVG; insb ist auch ein Verzicht auf die Berufung an den UBAS (UVSL) nach § 63 Abs 5 AVG möglich. Einzubringen ist jede Berufung gem § 63 Abs 5 AVG bei der Behörde, die den Bescheid in erster Instanz erlassen hat. Wird eine Berufung innerhalb dieser Frist bei der Berufungsbehörde eingebracht, so gilt dies als rechtzeitige Einbringung (praesumptio iuris ac de iure); die Berufungsbehörde hat die bei ihr eingebrachte Berufung unverzüglich an die Behörde erster Instanz weiterzuleiten.

1097 Neben dem Berufungswerber kämen grundsätzlich auch im Verfahren vor dem UBAS andere Personen als Parteien in Frage, die an der Sache iSd § 8 AVG vermöge eines Rechtsanspruchs oder eines rechtlichen Interesses beteiligt sind. Hier wäre in erster Linie an „Asylerstreckungswerber" zu denken: Gem § 11 Abs 2 erster Satz AsylG 1997 können Fremde, die einen Asylerstreckungsantrag eingebracht (§ 24 Abs 1 leg cit) haben im Verfahren über den Asylantrag ihres Angehörigen aus eigenem alles vorbringen, was ihnen für dieses Verfahren maßgeblich erscheint; nach den Materialien soll den Asylerstreckungswerbern im Rahmen des § 11 Abs 2 erster Satz leg cit lediglich Beteiligtenstellung, nicht aber Parteistellung eingeräumt werden (RV, 21; siehe dazu die Ausführungen zu § 11, Rz 358). Auch der UNHCR ist nicht Partei, sondern lediglich Beteiligter im Verfahren vor dem BAA, obgleich ihm auch bestimmte Parteirechte (zB Recht auf Akteneinsicht nach § 17 AVG) zukommen (§ 39 Abs 4 AsylG 1997).

1098 Parteistellung in Verfahren vor dem UBAS (UVSL) wird schließlich auch der Behörde eingeräumt, die den angefochtenen Bescheid erlassen hat. Damit wird das BAA in Verfahren vor dem UBAS „belangte Behörde", dh *Organpartei* im Verfahren vor dem UBAS (vgl VwGH 23. 7. 1998, 98/20/0175; vgl dazu auch im Hinblick auf die UVSL 1089 BlgNR 17. GP, 12). Anders als in verwaltungsgerichtlichen Verfahren (vgl § 22 VwGG) ist ein *Eintrittsrecht* von Oberbehörden (hier BMI) nicht vorgesehen; die Parteistellung kommt daher ausschließlich der Behörde zu, die den angefochtenen Bescheid erlassen hat.

1099 Fraglich ist, *welche Parteirechte* der belangten Behörde zukommen sollen (zur Rechtslage vor der AVG-N 1998 vgl *Thienel,* Verfahren, 72); aus § 69 Abs 4 AVG (nach dieser Bestimmung ist ein UVS zur Entscheidung über die Wiederaufnahme zuständig, wenn er in der betreffenden Sache entschieden hat) ergibt sich eindeutig, daß eine Wiederaufnahme auch dann zulässig ist, wenn ein UVS entschieden hat. Ein Wiederaufnahmeantrag kann aber nur von einer Partei des eigentlichen Verfahrens gestellt werden (§ 69 Abs 1 AVG). Vor dem Hintergrund dieses systematischen Zusammenhangs ist abzuleiten, daß § 67b AVG für die darin genannten Personen (Organe) *volle* Parteistellung begründet, und somit auch die Befugnis zur Ergreifung außerordentlicher Rechtsmittel (vgl auch *Mayer*, ÖJZ 1991, 261; *Köhler*, Verwaltungssenate, 623).

1100 Das AVG trifft keine Regelung darüber, *wer* zur Vertretung der belangten Behörde (BAA) oder anderer Organparteien in Verfahren vor den UVS berufen ist; wer als Behördenvertreter vor den UVS auftreten darf, ist jeweils den jeweiligen Organisationsvorschriften zu entnehmen. Das BAA ist Organpartei in Berufungsverfahren vor dem UBAS; es ist Aufgabe des BAA, an Verwirklichung des objektiven Rechts im Verfahren mitzuwirken (vgl dazu Art 131 Abs 1 Z 2 und 3 B-VG; zu dieser Bestimmung siehe *Mayer*, B-VG, 367; vgl auch Art 131 Abs 2 B-VG; zu dieser Bestimmung siehe *Walter/Mayer*, Bundesverfassungsrecht, Rz 956; *Mayer*, ÖJZ 1991, 262). Gem § 67b Z 1 AVG ist Partei im Berufungsverfahren (vor dem UVS) auch die Behörde, die den angefochtenen Bescheid erlassen hat. Wie das Verfahren vor den UVS ganz allgemein dem Verfahren vor dem VwGH nachgebildet ist, wurde auch hier der belangten Behörde Parteistellung eingeräumt (*Hauer/Leukauf*, 602). Der VwGH vertritt in ständiger Jud die Auffassung, daß durch die Begründung von Organparteistellungen keine materiellen (subjektive) Berechtigungen eingeräumt werden (vgl zB VwGH 29. 2. 1988, 87/10/0011; 23. 9. 1991, 91/10/0193). Richtigerweise kann die Frage, ob einer Organpartei materielle Berechtigungen eingeräumt werden, nur durch Interpretation der entsprechenden Rechtsvorschrift geklärt werden (vgl *Thienel*, Verfahren, 73, FN 100; vgl auch VfGH 7. 3. 1991, B 479/90). Eindeutiges Indiz dafür, daß dem BAA in Verfahren vor dem UBAS keine materiellen Berechtigungen (subjektive Rechte) zukommen, ist der Umstand, daß der BMI (und nicht das BAA) zur Erhebung einer Amtsbeschwerde ermächtigt ist (§ 38 Abs 5 zweiter Satz AsylG 1997); stünden dem BAA materielle Berechtigungen zu, wäre die gesetzliche Ermächtigung zur Erhebung einer Amtsbeschwerde nicht notwendig, da das BAA nach den allgemeinen Regeln selbst Bescheidbeschwerde erheben könnte. Allerdings eröffnet § 10 AVG – der auch in Verfahren vor den UVS gilt – den Behörden auch die Möglichkeit, sich durch einen Bevollmächtigten vertreten zu lassen (vgl dazu *Thienel*, Verfahren, 72). Gem § 1 Abs 1 ProkuraturG ist die auf Grund des § 30 des Gesetzes vom 20. Juli 1945 StGBl 94, über die Überleitung der Verwaltungs- und Justizeinrichtungen des Deutschen Reiches in die Rechtsordnung der Republik Österreich (Behörden-Überleitungsgesetz – BehördenÜG) wieder errichtete Finanzprokuratur in Wien – im folgenden kurz Prokuratur genannt – berufen, die im § 2 aufgezählten Rechtsträger (ds insb die Republik Österreich auch hinsichtlich ihrer Anstalten, Unternehmungen, Betriebe und sonstigen Einrichtungen; alle Fonds, Stiftungen, Anstalten, Unternehmungen, Einrichtungen und sonstigen Vermögensmassen mit selbständiger Rechtspersönlichkeit, welche von staatlichen Organen unmittelbar verwaltet werden oder bei denen der Staat für einen Gebarungsabgang aufzukommen hat; weiters Stiftungen, soweit es sich um ihre Konstituierung oder um die Einbringung des gestifteten Vermögens zum Zweck der Konstituierung handelt; die öffentlichen Pfarrarmeninstitute; die Österreichische Bundesfinanzierungsagentur) in dem dort angeführten Umfang (der Umfang der Aufgaben ist im wesentlichen in den zahlreichen Prokuratursverordnungen geregelt) als Parteien oder sonst Beteiligte vor allen Gerichten und Verwaltungsbehörden zu vertreten (Z 1 leg cit) und in Rechtsangelegenheiten zu beraten. Insbesondere hat sie Rechtsgutachten zu erstatten sowie beim Abschluß von Rechtsgeschäften und bei der Abfassung von Rechtsurkunden mitzuwirken (Z 2 leg cit). Die Befugnis zur Vertretung nach Abs 1 Z 1 leg cit vor den ordentlichen Gerichten und den Gewerbegerichten ist gem § 1 Abs 2 ProkuraturG eine ausschließliche, soweit nicht gesetzlich etwas anderes bestimmt ist. Die Vertretung vor dem Verfassungsgerichtshof, vor dem Verwaltungsgerichtshof, vor dem Patentgerichtshof und vor den Verwaltungsbehörden findet nur auf Verlangen statt. Die Prokuratur ist nach § 1 Abs 3 erster Satz ProkuraturG ferner berufen, zum Schutze öffentlicher Interessen vor allen Gerichten und Verwaltungsbehörden einzuschreiten, wenn sie von der zuständigen Behörde hiefür in Anspruch genommen wird oder die Dringlichkeit des Falles ihr sofortiges Einschreiten erfordert. Die Prokuratur ist gem § 7 Abs 1 ProkuraturG befugt, im Verfahren vor dem Verfassungsgerichtshof, dem Verwaltungsgerichtshof und dem Patentgerichtshof sowie im Verfahren vor den Verwaltungsbehörden die im § 2 Abs 1 Z 1 bis 4 und Abs 2 leg cit genannten Rechtsträger zu vertreten und zum Schutze öffentlicher Interessen gemäß § 1 Abs 3 leg cit einzuschreiten, soweit sie von den zuständigen Verwaltungsorganen oder der zuständigen Aufsichtsbehörde damit betraut ist. Die Betrauung bedarf keines besonderen Nachweises.

1101 Während für Verfahren vor den UVSL davon auszugehen ist, daß die belangten Behörden – soweit der Materiengesetzgeber nicht eine Amtsbeschwerde vor dem VwGH vorsieht – nicht befugt sind, die Höchstgerichte wegen behaupteter materieller Rechtswidrigkeit eines Bescheids eines UVSL (wohl aber wegen einer Verletzung aus dem Verfahrensrecht erfließenden formellen Parteienrechte) anzurufen (*Thienel*, Verfahren, 73), sieht das AsylG 1997 eine besondere Regelung vor. Nach § 38 Abs 5 zweiter Satz leg cit kann zwar nicht die belangte Behörde (das BAA), sondern der BMI wegen Rechtswidrigkeit sowohl zugunsten als auch zum Nachteil der betroffenen Fremden Amtsbeschwerde (an den VwGH) erheben. In Fällen einer Amtsbeschwerde ist die objektive Rechtmäßigkeit des angefochtenen Bescheides – im Umfang der Anfechtungserklärung – Prozeßgegenstand des verwaltungsgerichtlichen Verfahrens (*Mayer*, B-VG, 367; vgl auch *Walter/Mayer*, Bundesverfassungsrecht, Rz 954; vgl auch VwGH 30. 9. 1998, 98/20/0220; 27. 4. 1995, 95/11/0018; 15. 1. 1997, 94/13/0002; 18. 3. 1997, 95/14/0082; 1. 10. 1997, 96/09/0352). Vor dem Hintergrund dessen, daß sich die Einschränkung des Prozeßgegenstandes auf die objektive Rechtmäßigkeit aus der Ermächtigung zu Erhebung einer Amtsbeschwerde als solcher ergibt (vgl dazu Art 131 Abs 2 B-VG), fällt auf, daß zur Ermächtigung zur Erhebung einer Amtsbeschwerde in § 38 Abs 5 zweiter Satz AsylG 1997 die Wortfolge *„sowohl zugunsten als auch zum Nachteil der betroffenen Fremden"* hinzutritt (vgl auch § 74 letzter Halbsatz FrG 1997); dieser Wortfolge sollte – soweit der herrschende Ansatz – interpretativ kein Verstand beigelegt werden, der inhaltsleer wäre. Mißt man dieser Wortfolge allerdings eigenständige Bedeutung bei, tritt sie einschränkend zur Beschränkung des Prozeßgegenstandes im verwaltungsgerichtlichen Verfahren auf die objektive Rechtmäßigkeit hinzu: Sohin wäre eine Amtsbeschwerde nur zur Wahrung des objektiven Rechts zulässig, wenn zudem subjektive Rechte (arg „zugunsten als auch zum Nachteil") des betroffenen Fremden im Spiel sind. Nach der Jud des VwGH stellt – was auch ohne diese Wortfolge im Gesetz deutlich wäre – die Wendung *„sowohl zugunsten als auch zum Nachteil der betroffenen Fremden"* klar, *„daß die Amtsbeschwerde nicht nur zum Nachteil der Fremden erhoben werden darf, sondern daß es (...) auf seine Interessenlage überhaupt nicht ankommt"* (VwGH 30. 9. 1998, 98/20/0220).

b) Öffentliche mündliche Verhandlung

1102 Historisch vor dem Hintergrund des verfassungsgesetzlichen Gebots des Art 6 EMRK normiert § 67d Abs 1 AVG, daß der UVS (grundsätzlich) *eine öffentliche mündliche Verhandlung* durchzuführen hat (1167 BlgNR 20. GP, 37). Eine öffentliche mündliche Verhandlung hat dann nicht stattzufinden, wenn der Antrag der Partei oder die Berufung zurückzuweisen ist oder *„bereits auf Grund der Aktenlage feststeht, daß der mit Berufung angefochtene Bescheid aufzuheben* ist" (§ 67d Abs 2 Z 1 AVG; zu Beschwerden wegen Ausübung unmittelbarer behördlicher Befehls- und Zwangsgewalt siehe § 67d Abs 2 Z 3 leg cit) und wenn *„der Devolutionsantrag zurückzuweisen oder abzuweisen ist"* (§ 67d Abs 2 Z 2 AVG). In den in § 67d Abs 2 AVG genannten Fällen hat die Verhandlung – im Gegensatz zu den Regelungen des § 67d Abs 3 und 4 leg cit – *„jedenfalls"* (dh zwingend) zu entfallen (vgl 1167 BlgNR 20. GP, 37). Der Entfall der öffentlichen Verhandlung ist sohin einerseits nur dann vorgesehen, wenn eine Prozeßvoraussetzung für die Anrufung des UVS (zB unzulässiger Rechtsweg, Fristversäumnis) fehlt (zu den Zurückweisungstatbeständen vor der AVG-N 1998 siehe *Walter/Mayer*, Verwaltungsverfahrensrecht, Rz 535 f); ferner dann, wenn schon aus der Aktenlage mit Sicherheit erkennbar ist, daß der Bescheid *aufzuheben* ist. Aus der Verwendung des Wortes „Aufhebung" ist abzuleiten, daß diese Voraussetzung nur dann vorliegt, wenn der verwaltungsbehördliche Bescheid ersatzlos beseitigt wird, nicht aber, wenn eine inhaltliche Abänderung des Bescheides erfolgen soll (in den Erläuterungen 1089 BlgNR 17. GP wird die Bestimmung des § 67d Abs 1 AVG nicht näher behandelt; vgl aber die gleichartige Regelung in § 51e VStG und die Erläuterungen dazu, 1090 BglNR 17. GP, 19). Der Entfall der öffentlichen Verhandlung ist daher nur dann vorgesehen, wenn sie die Entscheidung der UVS auf eine Kassation des angefochtenen Bescheides beschränkt, nicht aber, wenn der UVS in der Sache eine meritorisch neue Entscheidung trifft. Eine solche bloße Aufhebung kommt dann in Betracht, wenn die Administrativbehörden unzuständig waren, wenn der der Entscheidung zu Grunde liegende Antrag zurückgezogen wird oder nach der materiellrechtlichen Situation die Erlassung eines solchen Bescheides unzulässig ist (*Thienel*, Verfahren, 74 f; vgl auch *Walter/Mayer*, Verwaltungsverfahrensrecht, Rz 538, 547).

1103 Von einer „Aufhebung" wird man schließlich nur dann sprechen können, wenn der angefochtene Bescheid – von Fällen der Teilrechtskraft abgesehen (*Thienel*, Verfahren, 76; *Mayer*, Prozeßgegenstand, 528) – zur Gänze ersatzlos beseitigt wird; eine bloß „teilweise Aufhebung" eines Bescheides stellt nämlich in Wahrheit eine neue meritorische Entscheidung – also eine „Abänderung" des angefochtenen Bescheides – dar, welcher als von der Berufungsbehörde getroffene neue Entscheidung weitergilt (*Walter/Mayer*, Verwaltungsverfahrensrecht, Rz 543), soweit er in der Folge nicht aufgehoben wird.

1104 Fraglich ist, ob auch eine Behebung des angefochtenen Bescheides und Zurückverweisung der Sache an die Unterinstanz nach § 66 Abs 2 AVG bzw § 32 Abs 2 AsylG 1997 ohne Durchführung einer mündlichen Verhandlung zulässig ist, sind doch nach hL im Falle einer Zurückverweisung nach den genannten Bestimmungen sowohl die unterinstanzliche Behörde wie auch – im Falle einer neuerlichen Berufung – die Berufungsbehörde an die *tragenden Gründe der Aufhebung* gebunden (vgl dazu *Azizi*, Bindung; *Walter/Mayer*, Verwaltungsverfahrensrecht, Rz 546; *Ringhofer*, 617 f; VwGH 13. 7. 1982, 82/05/0104; 26. 2. 1987, 86/08/0177; 28. 2. 1989, 88/07/0062). Bejaht man dieses, könnte dies in Einzelfällen dazu führen, daß das behördliche Handeln durch den Zurückverweisungsbescheid inhaltlich derartig determiniert ist, so daß kein (oder wenig) Spielraum für eine mündliche Verhandlung verbleibt; damit wäre das Verwaltungshandeln weitgehend festgelegt, ohne daß eine wirksame mündliche Verhandlung in der entsprechenden Sache stattgefunden hätte. Geht man allerdings davon aus, daß der UVS erst nach einer mündlichen Verhandlung die Zurückverweisung nach § 66 Abs 2 AVG ins Auge fassen könnte, hätte dies zur Folge, daß es nie zu einer Zurückverweisung nach § 66 Abs 2 AVG kommen könnte, wäre doch diesfalls die „Durchführung oder Wiederholung einer mündlichen Verhandlung" iSd § 66 Abs 2 AVG nicht mehr „unvermeidlich" (siehe zu dieser Problematik *Walter/Mayer*, Verwaltungsverfahrensrecht, Rz 548/9; *Thienel*, Verfahren, 75 f). Daraus folgt, daß eine Zurückverweisung nach § 66 Abs 2 AVG nur statthaft ist, wenn ein UVS eine mündliche Verhandlung nicht durchführt. Besonderes gilt für die Rechtslage vor dem Hintergrund der Bestimmung des § 32 Abs 2 AsylG 1997; diese Bestimmung enthält an sich ein zwingendes Zurückverweisungsgebot, wenn die Feststellung der unterinstanzlichen Behörde, der Antrag sei offensichtlich unbegründet (§ 6 AsylG 1997) oder es bestehe aus den Gründen der §§ 4 und 5 leg cit Unzuständigkeit, nicht zutrifft. Die Bestimmung des § 32 Abs 2 AsylG 1997 zwingt den UBAS unabhängig von der Unvermeidlichkeit der Durchführung oder Wiederholung einer mündlichen Verhandlung zur Zurückverweisung. Vor dem Hintergrund dessen, daß es in Verfahren nach dem AsylG 1997 nicht um „civil rights" iSd Art 6 EMRK geht, wirft die Unterlassung einer öffentlichen mündlichen Verhandlung durch den UBAS im Falle einer Zurückverweisung gem § 66 Abs 2 AVG bzw § 32 AsylG 1997 keine verfassungsrechtlichen Probleme auf. Unbestreitbar hat sich ein UVS (nicht aber der UBAS im Rahmen des § 32 Abs 2 AsylG 1997) in seinem Ermessen nach § 66 Abs 2 AVG, entweder eine mündliche Verhandlung durchzuführen, oder den bekämpften Bescheid aufzuheben und die Sache zurückzuverweisen, an der Zweckmäßigkeit, Raschheit und Kostenersparnis (§ 39 AVG) des Verfahrens zu orientieren. Eben diese Grundsätze sind es neben dem systematischen Zusammenhang mit § 66 Abs 2 AVG, die es auch in den Fällen der Zurückverweisung nach § 32 Abs 2 AsylG 1997 nahelegen, daß eine mündliche Verhandlung vor dem UBAS zu entfallen hätte. In eine andere Richtung weist allerdings – im Gegensatz zur Jud des UBAS – die Jud des VwGH, der im abgekürzten Berufungsverfahren eine Kassation analog zu § 66 Abs 2 AVG für rechtswidrig hält und davon ausgeht, daß der UBAS auch im abgekürzten Berufungsverfahren die „Sache" iSd § 66 Abs 4 AVG vollständig zu erledigen hat (vgl dazu die Ausführungen zu § 32 Rz 924a); diesfalls träfe aber den UBAS auch im abgekürzten Berufungsverfahren grundsätzlich die Pflicht zur Durchführung einer öffentlichen mündlichen Verhandlung.

1105 Nach § 67d Abs 1 AVG ist der unabhängige Verwaltungssenat grundsätzlich verpflichtet, von Amts wegen eine öffentliche mündliche Verhandlung durchzuführen. Die Regelungen des § 67d Abs 2 bis 4 leg cit enthalten taxative Ausnahmen von diesem Grundsatz (zu § 67d Abs 2 siehe die Ausführungen zu Rz 1102). Der unabhängige Verwaltungssenat (UVSL, UBAS) *„kann"* gem § 67d Abs 3 AVG von einer *„Berufungsverhandlung"* absehen, wenn *„sich die Berufung gegen einen verfahrensrechtlichen Bescheid richtet und keine Partei die Durchführung einer Verhandlung beantragt";* hier besteht ein subjektives Recht auf eine öffentliche mündliche Verhandlung (vgl auch § 51e Abs 2 VStG; 1167 BlgNR 20. GP, 37). Der Berufungswerber hat die Durchführung einer Verhandlung in der Berufung (dh wohl „mit" der Berufung, aber nicht zwangsläufig in „einer Berufungsurkunde") zu beantragen. Etwaigen Berufungsgegnern ist Gelegenheit zu geben, einen Antrag auf Durchführung einer Verhandlung zu stellen (vgl dazu § 65 AVG; dies betrifft auch das BAA). Ein Antrag auf Durchführung einer Verhandlung kann nur mit Zustimmung der anderen Parteien zurückgezogen werden (vgl auch § 39 Abs 1 Z 1 VwGG); dadurch soll ausgeschlossen werden, daß ein Antrag auf Durchführung einer Verhandlung „vorsichtshalber" (dh für den Fall einer eventuellen Zurückziehung eines entsprechenden Antrages durch den Berufungsgegner) gestellt werden muß (1167 BlgNR 20. GP, 37). Der unabhängige Verwaltungssenat kann ungeachtet eines Parteiantrages von einer Verhandlung absehen, wenn er einen verfahrensrechtlichen Bescheid zu erlassen hat, die Akten erkennen lassen, daß die mündliche Erörterung eine weitere Klärung der Sache nicht erwarten läßt, und dem nicht Art 6 Abs 1 EMRK entgegensteht (§ 67d Abs 4 AVG; vgl auch § 39 Abs 2 Z 6 VwGG idF Art II Z 7 BGBl I 1997/88). Der unabhängige Verwaltungssenat kann von der Durchführung (Fortsetzung) einer Verhandlung absehen, wenn die Parteien ausdrücklich darauf verzichten (§ 67d Abs 5 erster Satz AVG); ob die Vertagung *„wegen noch ausstehender Beweiserhebung"* (vgl dazu noch *Walter/Thienel*, 41 ff) oder aus anderen Gründen erfolgte, ist ohne Bedeutung. Ein solcher Verzicht kann bis zum Beginn der (fortgesetzten) Verhandlung erklärt werden (§ 67 Abs 5 zweiter Satz AVG). Da über die Form des Verzichts nichts weiter bestimmt ist, kann dieser auch mündlich erklärt werden. Eine Begründung des Verzichts seitens der Partei(en) ist nicht ausdrücklich gefordert; der Verzicht ist daher *auch ohne weitere Angaben von Gründen* zulässig (*Thienel*, Verfahren, 77; vgl aber die Erläuterungen zur ähnlichen Regelung des § 51e Abs 3 VStG, 1090 BlgNR 17. GP, 20). Die Bestimmungen des § 67d AVG gelten (sinngemäß) auch für das Verfahren vor dem UBAS, allerdings mit der Maßgabe, daß eine mündliche Verhandlung gem Art II Abs 2 Z 43a EGVG unterbleiben kann, wenn *„der Sachverhalt aus der Aktenlage in Verbindung mit der Berufung geklärt erscheint"* (1167 BlgNR 20. GP, 38).

1106 Nach den Bestimmungen des § 67d Abs 2 bis 5 AVG „kann" der UVS von einer Verhandlung absehen; umgekehrt „kann" eine Verhandlung durchgeführt werden. Das AVG räumt damit dem UVS weitgehendes Ermessen hinsichtlich der Durchführung einer mündlichen Verhandlung ein. Hinsichtlich der Ermessensdeterminanten trifft § 67d AVG keine nähere Regelung; daher ist in erster Linie auf die §§ 37 und 39 AVG zurückzugreifen (VfSlg 11.766), dh der UVS hat sich am Erfordernis der materiellen Wahrheitsfindung, sowie an den Gesichtspunkten der Zweckmäßigkeit, Raschheit, Einfachheit und Kostenersparnis zu orientieren; im Hinblick auf §§ 67d und 67e AVG wird er weiter die Interessen der Öffentlichkeit an der Durchführung und allfälliger gegenläufiger Interessen einzelner Parteien am Ausschluß der Öffentlichkeit zu berücksichtigen haben (vgl 1090 BlgNR 17. GP, 20 zu § 51e Abs 3 VStG).

1107 Vor dem Hintergrund der Rechtslage nach dem AVG und dem Umstand, daß mit der B-VG-N BGBl I 1997/87 iVm einschlägigen einfachgesetzlichen Bestimmungen der UBAS als ein weiterer UVS konstituiert wurde, sah sich der Gesetzgeber veranlaßt, die Vorschriften des § 67d AVG im Lichte der Praktikabilität für das Verfahren vor dem UBAS – analog zu § 73 Abs 2 Z 1 FrG 1997 – einzuschränken und damit die Verpflichtung zur Abhaltung einer mündlichen Verhandlung im Rahmen einer EGVG-N (BGBl I 1998/28) zu reduzieren (vgl 976 BlgNR 20. GP, 1). Gem Art II Abs 2 Z 43a EGVG sind das AVG in vollem Umfang, das VStG mit Ausnahme der §§ 37, 39, 50 und 56 auf das behördliche Verfahren *„des unabhängigen Bundesasylsenates, § 67d AVG jedoch mit der Maßgabe, daß eine mündliche Verhandlung unterbleiben kann, wenn der Sachverhalt aus der Aktenlage in Verbindung mit der Berufung geklärt erscheint"*. Was mit dem Ausdruck „geklärt erscheint" – etwa im Gegensatz zur Wortfolge „geklärt ist" – zu verstehen ist, bleibt fraglich; es ist nicht auszuschließen, daß mit dem Ausdruck „geklärt erscheint" der

Grad der Sicherheit der Sachverhaltsfeststellung im Gegensatz zum (vollen) Beweis herabgesetzt werden soll. Die öffentliche Verkündung des Bescheides entfällt, wenn eine Verhandlung nicht durchgeführt (fortgesetzt) worden ist (§ 67g Abs 2 Z 1 AVG) oder der Bescheid nicht sogleich nach Schluß der mündlichen Verhandlung beschlossen werden kann (§ 67g Abs 2 Z 2 AVG) und jedermann die Einsichtnahme in den Bescheid gewährleistet ist. Den Parteien ist (zwingend) eine schriftliche Ausfertigung des Bescheides zuzustellen (§ 67g Abs 3 AVG). Die „schriftliche Ausfertigung" eines mündlichen Bescheides ist eine schriftliche Erledigung iSd § 18 Abs 3 AVG, sodaß nach Maßgabe des § 18 Abs 3 leg cit an die Stelle der Zustellung der schriftlichen Ausfertigung auch eine andere Art der Übermittlung treten kann (vgl 1187 BlgNR 20. GP, 38).

1108 Wurde eine Verhandlung anberaumt, so hat diese grundsätzlich mündlich und öffentlich zu erfolgen; mit *Öffentlichkeit* ist in diesem Zusammenhang *Volksöffentlichkeit* gemeint, dh daß an der Verhandlung nicht nur die Parteien, sondern alle Personen teilnehmen dürfen, die dies wünschen (*Thienel*, Verfahren, 87). Dies ergibt sich einerseits aus der Absicht des Gesetzgebers, ein dem Art 6 EMRK entsprechendes Verfahren zu schaffen; da Art 6 EMRK ein Gebot der Volksöffentlichkeit von Zivil- und Strafverhandlungen enthält (*Miehsler/Vogler/Wildhaber*, Rz 331 zu Art 6), muß daher angenommen werden, daß auch das AVG mit „Öffentlichkeit" die Volksöffentlichkeit meint. Andererseits führt auch eine systematische Betrachtung zu diesem Ergebnis: § 67e Abs 3 AVG bestimmt nämlich, daß im Falle des Ausschlusses der Öffentlichkeit die Parteien verlangen können, daß je drei Personen ihres Vertrauens die Teilnahme an der Verhandlung zu gestatten ist; daraus folgt, daß die Verhandlung grundsätzlich volksöffentlich zu führen ist (vgl *Walter/Thienel*, 41). Allerdings ist eine besondere Kundmachung des Verhandlungstermins nicht vorgesehen; soweit nicht nach § 41 AVG ein Bedarf nach einer Ediktalladung allfälliger unbekannter Beteiligter besteht, ist daher eine besondere Information der Öffentlichkeit nicht sichergestellt. Im Gegensatz den §§ 171 ff ZPO trifft das AVG keine nähere Festlegung darüber, welche Personen an der öffentlichen Verhandlung teilnehmen dürfen.

1109 Die Bestimmung des § 67e AVG sieht vor, daß auch bei Durchführung einer Verhandlung die Öffentlichkeit ausgeschlossen werden kann; Abs 1 leg cit regelt die Voraussetzungen für einen solchen Ausschluß. Danach darf die Öffentlichkeit *„nur soweit ausgeschlossen werden, als dies aus Gründen der Sittlichkeit, der öffentlichen Ordnung oder der nationalen Sicherheit, der Wahrung von Geschäfts- und Betriebsgeheimnissen sowie im Interesse des Schutzes Jugendlicher oder des Privatlebens einer Partei oder von Zeugen geboten ist"*. Zudem enthält Art 6 EMRK eine Ermächtigung zum Ausschluß der Öffentlichkeit, die unmittelbar anwendbar ist (*Lienbacher*, Öffentlichkeitsgrundsatz, 434 ff). Der Ausschluß der Öffentlichkeit von der Verhandlung ist jeweils nur in dem Umfang zulässig, als dies zur Erreichung der genannten Ziele geboten ist, nicht aber darüber hinaus; ein Ausschluß der Öffentlichkeit darf nur dann und nur insoweit erfolgen, wenn die in § 67e AVG genannten Interessen nicht anders erreicht werden können (arg „geboten" in § 67e AVG).

1110 Der Wortlaut des § 67e AVG läßt offen, ob den Parteien ein subjektives Recht auf Ausschluß der Öffentlichkeit zukommt, oder ob es sich hier bloß um eine objektiv-rechtliche Verpflichtung der UVS handelt (vgl *Thienel*, Verfahren, 91). Bei der Beurteilung dieser Frage ist – wie in Lehre und Judikatur (*Ress*, Subjektives Recht, 105 ff; *Antoniolli/Koja*, 299 ff; *Kucsko-Stadlmayer*, Disziplinarrecht, 103; *Thienel*, Staatsbürgerschaft II, 219 f; VwSlgNF 9151 A) – auf das liberale und vor allem auf das rechtsstaatliche Prinzip zurückzugreifen: Wird nicht schon aus dem Wortlaut deutlich, daß ein subjektives Recht begründet wird, so kommt es – mit den Worten des VwGH – darauf an, ob *„eine Person ein Interesse an der Erfüllung einer Pflicht (hat), ein Interesse, das für die gesetzliche Festlegung der verpflichtenden Norm maßgebend war"*; diesfalls *„streitet im demokratischen Rechtsstaat eine Vermutung für ihre Befugnis zur Rechtsverfolgung"* (VwSlgNF 9151 A; vgl auch VfSlg 11.585). Im Hinblick auf das der Bundesverfassung zu Grunde liegende rechtsstaatliche Prinzip muß nämlich angenommen werden, daß durch eine Rechtsnorm ein subjektives Recht immer dann gewährleistet wird, wenn durch diese Norm in die Rechtssphäre des einzelnen eingegriffen wird; es kann nämlich im rechtsstaatlich-liberalen System des B-VG nicht angenommen werden, daß dem einzelnen bei Beeinträchtigung seiner Rechtssphäre keine Rechtsschutzmöglichkeiten offenstehen (*Thienel*, Verfahren, 92; *ders*, Staatsbürgerschaft II, 219).

1111 Betrachtet man vor diesem Hintergrund die Bestimmung des § 67e Abs 1 AVG, so wird deutlich, daß für die Ermöglichung eines Ausschlusses der Öffentlichkeit auch Interessen einzelner Personen ausschlaggebend waren: Soweit der Ausschluß der Öffentlichkeit zum *Schutz Jugendlicher* oder des *Privatlebens einer Partei oder eines Zeugen* sowie *zur Wahrung von Geschäfts- und Betriebsgeheimnissen* vorgesehen ist, handelt es sich um eine Regelung, die ausschließlich den Interessen Privater dient, und zwar teilweise – soweit es sich um das Privatleben handelt – sogar verfassungsgesetzlich gewährleisteter Rechte (Art 8 EMRK). Daraus folgt, daß die Öffentlichkeit ausgeschlossen wird, wenn dies zum Schutz ihrer in § 67e Abs 1 AVG genannten Interessen geboten ist. Im Lichte dessen wird deutlich, daß Parteien und Zeugen einen *Anspruch auf Ausschluß der Öffentlichkeit* haben, wenn dies zum Schutz ihrer in § 67e Abs 1 genannten Interessen erforderlich ist. Wie aus dem Wortlaut der genannten Bestimmung, insb aber auch aus dem Adressatenkreis des Antragsrechts nach § 67e Abs 2 AVG, deutlich wird, sind nur Parteien und Zeugen denkbare Träger dieses Rechts; dies trifft nicht auf jene Prozeßteilnehmer zu, die nicht Partei, sondern nur Beteiligte (zB UNHCR) in dem betreffenden Verfahren sind.

1112 Der Ausschluß der Öffentlichkeit hat nach § 67e Abs 2 AVG *von Amts wegen* oder *auf Antrag einer Partei oder eines Zeugen* zu erfolgen. Bezüglich der Form eines solchen Antrags sind keine spezifischen Erfordernisse normiert; er kann demnach in *jeder beliebigen Form* (§ 13 AVG; schriftlich, mündlich, telefonisch etc) eingebracht werden. Ebensowenig sind inhaltliche Erfordernisse für den Antrag vorgeschrieben, insb ist *keine Begründungspflicht* normiert (*Walter/Mayer*, Verwaltungsverfahrensrecht, Rz 548/12; aA unter Anführung von Zweckmäßigkeitsüberlegungen *Hauer/Leukauf*, 609). Die Angabe der Gründe, aus denen der Zeuge oder die Partei den Ausschluß der Öffentlichkeit begehren, ist zwar zweckmäßig, unterbleibt eine solche jedoch, darf der Antrag nicht ohne weiteres zurückgewiesen werden, sondern der UVS hat von Amts wegen nach möglichen Gründen für den Ausschluß der Öffentlichkeit zu suchen (§ 39 AVG). Auch hinsichtlich des Zeitpunktes, bis zu dem ein solcher Antrag zu stellen ist, enthält § 67e Abs 2 AVG keine Anordnung; der Antrag kann daher jederzeit bis zur Verhandlung und auch noch während derselben gestellt werden.

1113 Die Entscheidung kann schon vor der Verhandlung, aber auch erst während einer solchen getroffen werden, etwa wenn ein Antrag auf Ausschluß der Öffentlichkeit erst während der Verhandlung gestellt wird, oder sich die Notwendigkeit eines amtswegigen Ausschlusses erst während der Verhandlung erweist (vgl dazu § 67e Abs 3 AVG). Der Ausschluß der Öffentlichkeit hat durch Verfahrensanordnung zu erfolgen. Auch die Abweisung eines Antrags einer Partei auf Ausschluß kann durch

Verfahrensanordnung erfolgen; die Abweisung eines diesbezüglichen Antrags eines Zeugen hat allerdings durch verfahrensrechtlichen Bescheid zu erfolgen (*Thienel*, Verfahren, 94 ff; *Walter/Mayer*, Verwaltungsverfahrensrecht, Rz 548/12). Im Lichte des § 67e Abs 3 AVG ist der Ausschluß der Öffentlichkeit auch *vor der mündlichen Verhandlung* zulässig, jedoch ist der Beschluß über den Ausschluß der Öffentlichkeit *in der öffentlichen Verhandlung zu verkünden* (vgl dazu 1089 BlgNR 17. GP, 13 und die Vorbildwirkung der §§ 229 bis 230a StPO; *Thienel*, Verfahren, 99). Der Rechtsordnung ist nicht entnehmbar, welches Mitglied eines Dreiersenates beim UBAS für diese Entscheidung zuständig ist. Nach der Konstruktion des § 9 UBASG muß man davon ausgehen, daß bis zur mündlichen Verhandlung der Berichter und mit Einleitung der Senat mittels Beschluß den Ausschluß der Öffentlichkeit zu verfügen hat. Gegen die Verfügung des Ausschlusses (bzw gegen die Abweisung eines diesbezüglichen Antrags) steht keine unmittelbare Beschwerde an die Höchstgerichte offen (vgl dazu § 173 Abs 2 ZPO; § 229 Abs 1 StPO).

1114 § 67e Abs 4 AVG normiert eine Pflicht zur Geheimhaltung von Informationen, wenn die Öffentlichkeit von der Verhandlung ausgeschlossen wurde: Diesfalls *„ist es soweit untersagt, daraus Umstände weiterzuverbreiten, als dies aus den in § 67e Abs 1 AVG angeführten Gründen geboten“* ist. Die Pflicht zur Geheimhaltung von Informationen, die in der Verhandlung erörtert wurden, trifft auf Grund des weiten Wortlauts jede Person, die an der Verhandlung teilgenommen hat, also sowohl die Mitglieder des UVS, wie auch die Parteien, sonstige Beteiligte, Zeugen und Sachverständige (vgl dazu ausführlich *Thienel*, Verfahren, 101 ff). Diese Verschwiegenheitspflicht ist durch § 301 StGB strafrechtlich sanktioniert. Für Mitglieder des UVS sowie allfällige Amtssachverständige, die an der Verhandlung teilnehmen, gilt zusätzlich das Gebot der Amtsverschwiegenheit nach Art 20 Abs 3 B-VG (vgl *Walter/Mayer*, Bundesverfassungsrecht, Rz 201 f).

c) Entscheidung und Unmittelbarkeit des Verfahrens

1115 Hat eine Verhandlung stattgefunden, so kann gem § 67f Abs 1 AVG die Entscheidung nur von jenen Mitgliedern des UVS (UBAS) getroffen werden, die an dieser Verhandlung teilgenommen haben. Wenn sich die Zusammensetzung der Kammer (des Dreiersenates beim UBAS) geändert hat, ist die Verhandlung zu wiederholen. Die damit erfolgte Anordnung der *Unmittelbarkeit des Verfahrens* ist im Hinblick auf Art 83 Abs 2 B-VG notwendig (vgl VfSlg 11.336; 11.338). Wird daher etwa wegen Verhinderung eines Mitgliedes für die Durchführung einer Verhandlung ein Vertreter bestellt, so muß dieser auch an der Entscheidungsfindung mitwirken, auch wenn das ursprünglich verhinderte Mitglied wieder zur Verfügung steht (1089 BlgNR 17. GP, 13); eine Mitwirkung des ursprünglich verhinderten Mitglieds anstelle des Vertreters oder neben ihm ist unzulässig. Tritt nach Durchführung einer mündlichen Verhandlung eine Verhinderung eines (Ersatz-) Mitglieds ein, das an dieser teilgenommen hat, so muß mit der Entscheidung entweder zugewartet werden, bis dieses Mitglied wieder zur Verfügung steht, oder aber die Verhandlung wiederholt werden. Die gleichen Grundsätze gelten auch dann, wenn eine Verhandlung vor einem Einzelmitglied stattgefunden hat.

1116 Die Beratung und die Abstimmung der Kammer (des Dreiersenates beim UBAS) sind gem § 67f Abs 2 AVG nicht öffentlich (§ 10 Abs 2 UBASG). Der Dreiersenat ist beschlußfähig, wenn alle Mitglieder anwesend sind (§ 10 Abs 1 UBASG). Die Beratung bzw Abstimmung wird vom Vorsitzenden des Dreiersenates geleitet (§ 10 Abs 2 zweiter Satz UBASG). Jedes Mitglied des Dreiersenates ist berechtigt, in der Beratung Anträge zu stellen. Alle Anträge sind zu begründen (§ 10 Abs 3

UBASG). Der Vorsitzende des Dreiersenates bestimmt die Reihenfolge, in der über die Reihenfolge der Anträge abgestimmt wird, und die Reihenfolge der Stimmabgabe (§ 10 Abs 4 UBASG). Ein Antrag gilt als angenommen, wenn die Mehrheit der abgegebenen Stimmen auf ihn entfällt. Eine Stimmenthaltung ist unzulässig (§ 10 Abs 5 UBASG). Über die Beratung und Abstimmung ist ein Protokoll zu führen (§ 10 Abs 6 UBASG); wie die Beratung und Abstimmung des Dreiersenats ist zwangsläufig auch das Protokoll geheim und demzufolge von einer möglichen Akteneinsicht auszunehmen, soll der Regelungszweck des § 67f Abs 2 AVG bzw des § 10 Abs 2 UBASG nicht unterlaufen werden.

1117 Der Bescheid und seine wesentliche Begründung sind gem § 67g Abs 1 erster Satz AVG auf Grund der Verhandlung, und zwar wenn möglich, sogleich nach deren Schluß zu beschließen und öffentlich zu verkünden. Das AVG legt sohin den Grundsatz fest, daß der Bescheid sogleich, nach Ende der mündlichen Verhandlung durch Verkündung zu erlassen ist. Nur wenn die sofortige Verkündung nicht möglich ist, hat der UVS – durch Verfahrensanordnung – einen eigenen Termin anzusetzen. Das AVG enthält jedoch keine Regelung über die Kundmachung dieses Termins und die Beiziehung der Beteiligten; nach den Erläuterungen soll dieser „in geeigneter Weise bekanntzumachen" sein (1089 BlgNR 17. GP, 14). Im Hinblick darauf, daß die Verkündung grundsätzlich nach der öffentlichen Verhandlung erfolgen, und daß durch die spätere Verkündung die Öffentlichkeit nicht beeinträchtigt werden darf, wird man annehmen müssen, daß dieser Termin in gleicher Weise wie die mündliche Verhandlung anzuberaumen ist; dh insb, daß die Parteien nach § 19 AVG zu laden sind. Eine Ladung der Zeugen und Sachverständigen hat hingegen zu unterbleiben, da diese Personen bei der Verkündung des Bescheids nicht mehr zu hören sind. Die Verkündigung des Bescheides ist von der Anwesenheit der Parteien unabhängig (§ 67 Abs 1 zweiter Satz AVG; § 414 Abs 1 ZPO). Erscheint eine Partei nicht termingerecht, bzw entfernt sie sich vor der Verkündung des Bescheides, ist die Verkündung trotzdem zulässig (1089 BlgNR 17. GP, 13); entscheidend ist nur, daß die Partei ausreichend Gelegenheit geboten wird, an der Verkündung teilzunehmen.

d) Verkündung des Bescheids

1118 Der Bescheid und seine wesentliche Begründung ist öffentlich zu verkünden (§ 67g Abs 1 AVG). Die Verkündung entfällt (zwingend), wenn eine Verhandlung nicht durchgeführt (fortgesetzt) worden ist (§ 67g Abs 2 Z 1 AVG; § 67d Abs 5 AVG) oder wenn der Bescheid nicht sogleich nach Schluß der mündlichen Verhandlung beschlossen werden kann (§ 67g Abs 2 Z 2 AVG; vgl § 67g Abs 1 AVG) und jedermann die Einsichtnahme in den Bescheid gewährleistet ist. § 67g Abs 2 AVG faßt jene Fälle zusammen, in denen die Verkündung zu *„entfallen hat"* (1167 BlgNR 20. GP, 38). In diesen Fällen (dies betrifft sowohl die Z 1 als auch die Z 2 des § 67g Abs 2 AVG) hat an die Stelle der öffentlichen Verkündung die Auflage zur öffentlichen Einsicht zu treten, die eine der Jud des EGMR zu Art 6 EMRK entsprechende Öffentlichkeit sicherstellen soll (1167 BlgNR 20. GP, 38).

1119 Ein Entfall der öffentlichen Verkündung ist außer in den Fällen des § 67g Abs 2 AVG ausgeschlossen, dh die Verkündung muß diesfalls immer öffentlich erfolgen. Ein *Ausschluß der Öffentlichkeit der Verkündung* ist – anders als hinsichtlich der Verhandlung – nicht vorgesehen und daher *unzulässig* (vgl dazu Art 6 EMRK; *Nowak/Schwaighofer*, Urteilsverkündung, 725; *Pieck*, Gerichtsverfahren, 87).

1120 Unklar ist, wann eine sofortige Verkündung nicht möglich ist; die hL geht in diesem Zusammenhang von der Inopportunität der sofortigen Entscheidung aus (vgl

Thienel, Verfahren, 133). Folgt man diesem Ansatz, wird man die Verschiebung schon dann als zulässig ansehen müssen, wenn die sofortige Entscheidung unzweckmäßig ist; dies ist dann denkbar, wenn die rechtliche Situation unklar ist und noch näherer Überlegungen bedarf, oder erst eine eingehendere Beurteilung der Beweissituation erforderlich ist. Der UVS hat sich freilich bei der Entscheidung, ob er sofort verkündet oder erst später einen eigenen Termin ansetzt, an § 39 AVG zu orientieren. Der Wortlaut „unmöglich" deutet darauf hin, daß der Aufschub der Verkündung die Ausnahme und nicht die Regel sein soll.

1121 Das AVG legt keine Frist fest, binnen derer der UVS den Termin für die aufgeschobene öffentliche Verkündung anzusetzen hat. Das Gesetz räumt dem UVS damit Ermessen ein, determiniert jedoch zugleich die Ermessensübung: Die Verkündung des Bescheids hat – wie sich insb aus § 39 AVG ableiten läßt – so rasch wie möglich zu erfolgen, ein beliebiges Zuwarten mit der Entscheidung ist unzulässig (vgl dazu auch § 73 Abs 1 AVG).

1122 Die Verkündung hat den „Bescheid" und „seine wesentliche Begründung" zu umfassen (§ 67g Abs 1 erster Satz AVG), dh es sind der normative Abspruch über die Sache (Spruch) und die Grundzüge der Begründung bekanntzugeben. Die Begründung hat sich an den Anforderungen des § 60 AVG zu orientieren (*Thienel*, Verfahren, 133).

1123 Gem § 62 Abs 2 AVG ist der Inhalt und die Verkündung eines mündlichen Bescheides, wenn die Verkündung bei einer mündlichen Verhandlung erfolgt, am Schluß der Verhandlungsschrift, in anderen Fällen in einer besonderen Niederschrift zu beurkunden. In einer Niederschrift braucht seit der AVG-N 1998 nur mehr die „Tatsache der Verkündung des mündlichen Bescheides" und nicht auch dessen Inhalt in Vollschrift festgehalten werden (§ 14 Abs 7 AVG; 1167 BlgNR 20. GP, 27).

1124 Überdies ist allen Parteien eine schriftliche Ausfertigung des Bescheides zuzustellen (§ 67g Abs 3 AVG). Dies besagt jedoch nicht zwangsläufig, daß der Bescheid erst mit Zustellung der schriftlichen Ausfertigung als erlassen gilt; die hL geht davon aus, daß Bescheide mit der Verkündung durch den UVS erlassen werden und ab diesem Zeitpunkt auch seine Rechtswirkungen entfalten (vgl *Thienel*, Verfahren, 133). Gegenüber den nicht anwesenden Parteien wird der Bescheid freilich erst mit seiner Zustellung erlassen.

1125 Im Hinblick auf das dem AVG innewohnende Fehlerkalkül (vgl dazu *Walter/Mayer*, Verwaltungsverfahrensrecht, Rz 433 ff) muß man annehmen, daß der Bescheid durch Verkündung nur dann erlassen ist, wenn der normative Gehalt erkennbar ist. Ist die Verkündung derart mangelhaft, daß der normative Gehalt als solcher nicht deutlich wird, liegt kein Bescheid vor. Sonstige Mängel – insb das Fehlen einer Begründung – belasten den Bescheid hingegen zwar mit Rechtswidrigkeit, setzen aber die gültige Erlassung nicht in Zweifel; ein Bescheid ist dann möglicherweise rechtswidrig, aber rechtskräftig. Besonderes gilt allerdings im Hinblick auf das Erfordernis der Öffentlichkeit der Verkündung: Da das AVG die öffentliche Verkündung des Bescheides durch den UVS zwingen vorschreibt, kann der Bescheid durch eine nicht öffentliche Verkündung nicht gültig erlassen werden. Diesfalls erfolgt die Erlassung erst durch die Zustellung der Bescheidausfertigung (*Thienel*, Verfahren, 134).

1126 Von der mündlichen Verkündung eines Bescheides ist ausschließlich in den Fällen des § 67g Abs 2 AVG Abstand zu nehmen. Die Erlassung eines Bescheides hat in diesen Fällen nach § 62 Abs 1 AVG zu erfolgen, dh der UVS kann ihn – gegenüber den Parteien – (nicht öffentlich) mündlich verkünden (und nach § 62 Abs 2 AVG beurkunden), oder sogleich die Zustellung einer schriftlichen Ausfertigung veranlassen. Da jedoch § 67g Abs 2 AVG nur den Entfall der öffentlichen Verkündung vorsieht, nicht aber der Sonderregelung betreffend die Zustellung einer Bescheidausfertigung (§ 67g Abs 3 AVG), ist anzunehmen, daß diese Sonderregel auch dann zum Tragen kommt, wenn der Bescheid gegenüber den Parteien nicht öffentlich verkündet wird: Auch im Fall einer solchen nicht öffentlichen Verkündung nach § 62 Abs 1 AVG ist daher abweichend von § 62 Abs 3 AVG jedenfalls allen Parteien ungeachtet ihrer Anwesenheit bei der Verkündung eine Ausfertigung des Bescheides zuzustellen.

1127 Der UVS hat bei Unterbleiben der öffentlichen Verkündung den Bescheid (genauer: den *Bescheidtext*) zur öffentlichen Einsichtnahme aufzulegen. Über den Zeitpunkt und die Art der Auflage ist in § 67g AVG nichts näheres bestimmt; aus § 39 AVG ist aber abzuleiten, daß der UVS die Auflage des Bescheidtextes unverzüglich zu veranlassen hat. Die Auflage hat so stattzufinden, daß jedermann die Einsichtnahme gewährleistet ist. Die Einsichtnahme ist daher unabhängig davon, ob irgendein Interesse behauptet wird, jedermann zu gewähren; ein Ausschluß von der Einsichtnahme ist – aus welchen Gründen immer – unzulässig. Auch in zeitlicher Hinsicht ist eine Beschränkung nicht vorgesehen, sodaß der UVS die Einsichtnahme unbeschränkt zulassen muß. Wie die Einsichtnahme sicherzustellen ist, ist im AVG nicht geregelt, da es sich dabei um eine Angelegenheit der Organisation handelt, die im Hinblick auf die UVSL von den Ländern zu regeln ist. Durch § 67g AVG wird ein subjektives Recht der Parteien auf Auflage zur Einsicht und aller Personen, die die Einsicht in den Bescheidtext begehren, begründet. Dies trifft auch für am Verfahren an sich unbeteiligte Personen zu (vgl auch Art 6 EMRK; *Thienel*, Verfahren, 135; *Walter/Mayer*, Verwaltungsverfahrensrecht, Rz 548/17; vgl in einem ähnlichen Zusammenhang § 3 Z 5 BMG und wiederum dazu VwSlgNF 9151 A; VwGH 19. 3. 1991, 90/08/0139). Die Auflage des Bescheidtextes bildet keinen Akt der Bescheiderlassung, sondern folgt dieser in zeitlicher Hinsicht nach (*Thienel*, Verfahren, 136).

e) Verfahren bei Erlassung verfahrensrechtlicher Bescheide und bei Entscheidungen auf Grund eines Devolutionsantrags

1128 Die Bestimmung des § 67a Abs 1 Z 1 AVG läßt auch Berufungen gegen verfahrensrechtliche Bescheide an den UVS (UBAS) zu. Zum Teil ist dies im AVG auch ausdrücklich vorgesehen (vgl § 67d Abs 3; § 72 Abs 4 AVG). Das AVG differenziert im allgemeinen nicht zwischen einem Verfahren über Berufungen gegen Sachentscheide und solchen gegen verfahrensrechtliche Bescheide, sondern sieht die Durchführung einer mündlichen Verhandlung grundsätzlich für alle Berufungen gleichermaßen vor. Dies legt den Schluß nahe, daß die Verfahrensgarantien der §§ 67a ff AVG grundsätzlich auch für Berufungen gegen verfahrensrechtliche Bescheide gelten (*Thienel*, Verfahren, 146; *Walter/Mayer*, Verwaltungsverfahrensrecht, Rz 548/18). Falls der bekämpfte Bescheid ein verfahrensrechtlicher Bescheid ist, kann eine Verhandlung jedoch unterbleiben (§ 67d Abs 3 AVG). Eine Verhandlung kann jedoch auch in diesem Fall stattfinden; dies gilt insb dann, wenn der verfahrensrechtliche Bescheid inhaltlich eine (enge) Verknüpfung mit der Verwaltungssache aufweist (vgl etwa den Fall, daß ein Bescheid nach § 68 AVG aufgehoben wird; *Thienel*, Verfahren, 147; *Walter/Mayer*, Verwaltungsverfahrensrecht, Rz 657).

1129 UVS haben unter Umständen auch selbst verfahrensrechtliche Bescheide zu erlassen, etwa über eine Wiederaufnahme oder eine Wiedereinsetzung. In diesen Fällen gelten die §§ 67b sowie 67d bis 67g mit der Maßgabe, daß der unabhängige Verwaltungssenat von einer „Berufungsverhandlung" absehen kann, wenn sich die Berufung gegen einen verfahrensrechtlichen Bescheid richtet und keine Partei die

Durchführung einer Verhandlung beantragt (§ 67d Abs 3 erster Satz AVG); der unabhängige Verwaltungssenat kann weiters ungeachtet eines Parteiantrages von einer Verhandlung absehen, wenn er einen verfahrensrechtlichen Bescheid zu erlassen hat, die Akten erkennen lassen, daß die mündliche Erörterung eine weitere Klärung der Sache nicht erwarten läßt, und dem nicht Art 6 EMRK entgegensteht (§ 67d Abs 4 AVG). Das damit gegebene Ermessen wird der UVS auszuüben haben, indem er zu erwägen haben wird, inwieweit die (bloß) verfahrensrechtliche Entscheidung sich unmittelbar auf die Sachentscheidung auswirkt (vgl § 39 Abs 2 AVG; *Walter/Thienel*, Verfahren 1387). Die Verhandlung hat zu entfallen, wenn der Antrag der Partei zurückzuweisen ist oder bereits auf Grund der Aktenlage feststeht, daß „der mit Berufung angefochtene Bescheid" aufzuheben ist (§ 67d Abs 2 Z 1 AVG).

1130 Wenn der UVS (UBAS) auf Grund eines Devolutionsantrags zu entscheiden hat, dann gelten die §§ 67b sowie 67d bis 67g. Wenn der Devolutionsantrag zurückzuweisen oder abzuweisen ist, hat allerdings eine Verhandlung zu entfallen.

f) Wiederaufnahme

1131 Auch im Verfahren vor den UVS ist die Wiederaufnahme des Verfahrens nach §§ 69 f AVG möglich (vgl dazu näher *Walter/Mayer*, Verwaltungsverfahrensrecht, Rz 580 ff). § 69 Abs 4 AVG sieht vor, daß zur Entscheidung über die Wiederaufnahme eines Verfahrens die Behörde zuständig ist, die den Bescheid in letzter Instanz erlassen hat, *wenn jedoch in der betreffenden Sache ein UVS entschieden hat, dieser*. Durch diese Bestimmung ist klargestellt, daß in Angelegenheiten, in denen ein UVS (UBAS) entschieden hat, dieser auch zur Entscheidung über die Wiederaufnahme berufen ist. Damit ist ein UVS freilich nicht nur zur Wiederaufnahme seines Verfahrens befugt, sondern kann auch die Wiederaufnahme des Verfahrens vor den vorgeschaltenen Administrativbehörden (insb BAA) verfügen. Die Verquickung des Verfahrens des UVS mit dem Verfahren vor den vorgeschaltenen Administrativbehörden könnte verfassungsrechtlichen Bedenken begegnen (vgl dazu *Thienel*, Verfahren, 23; anders *Mayer*, ÖJZ 1991, 259; vgl dazu auch Art 129c B-VG, der die Einrichtung des UBAS ausschließlich als „Berufungsbehörde" zuläßt).

1132 Zu betonen ist, daß die Kompetenz des UVS (UBAS) zur Entscheidung über die Wiederaufnahme nur dann besteht, wenn er in der Sache entschieden hat; ist der Instanzenzug bis zu einem UVS nicht ausgeschöpft worden, ist der UVS daher zur Entscheidung über die Wiederaufnahme nicht zuständig, auch wenn der Instanzenzug an sich offenstünde. Weiters ist zu beachten, daß eine Wiederaufnahme durch einen UVS in der Sache nur dann möglich ist, wenn er selbst in merito entschieden hat; hat ein UVS lediglich prozessual entschieden – etwa durch Zurückweisung einer Berufung –, so ist Sache, über die er entschieden hat, nur die betreffende prozessuale Frage. Darüber hinausgehend ist der UVS nicht zur Entscheidung über die Wiederaufnahme berufen. Diese ist vielmehr von jener Behörde zu treffen, die in merito in letzter Instanz entschieden hat (VfSlg 9037; VwSlgNF 11.884 A), uU demnach die vorgeschaltene Administrativbehörde. Nach der Bestimmung des § 67a Abs 1 letzter Satz AVG sind zur Entscheidung über die Wiederaufnahme im Verfahren über Berufungen nach dem AVG die aus drei Mitgliedern der UVSL bestehenden *Kammern* berufen. Die Festlegung einer *Senatskompetenz* durch den Verfahrensgesetzgeber stützt sich auf Art 129b Abs 5 B-VG. Problematisch ist hingegen die Anordnung des § 67a Abs 1 letzter Satz AVG, daß die Kammern aus drei Mitgliedern besteht; diese Festlegung der Mitgliederzahl einer Kammer ist eine Frage der Organisation und fiele demnach in die Kompetenz der Länder (vgl *Thienel*, Verfahren, 60).

Ähnlich wird für den UBAS in Art 129c Abs 7 B-VG bestimmt, daß die näheren Bestimmungen durch BG getroffen werden. Darin wird insb geregelt, in welchen Angelegenheiten der Senat durch mehrere und in welchen Angelegenheiten er durch einzelne Mitglieder entscheidet. Gem § 7 Abs 1 UBASG entscheidet der UBAS durch Einzelmitglieder. Abweichend davon ist eine Beschwerde einem Senat zuzuweisen, wenn der Vorsitzende dies wegen der Wichtigkeit der Rechtssache verfügt, oder wenn das zur Entscheidung zuständige Mitglied der Auffassung ist, daß die Entscheidung ein Abgehen von der bisherigen Rechtsprechung des UBAS oder des VwGH bedeuten würde oder die zu lösende Rechtsfrage in der bisherigen Rechtsprechung nicht einheitlich beantwortet wurde (vgl dazu auch die gleichlautende Regelung des § 38 Abs 7 AsylG 1997). Ein Senat besteht aus drei Mitgliedern des UBAS (§ 7 Abs 2 Z 1 UBASG; § 38 Abs 7 AsylG 1997). Zur Entscheidung über die Wiederaufnahme eines Verfahrens ist demnach grundsätzlich das Einzelmitglied des UBAS berufen. **1133**

Obwohl dies nach dem Wortlaut des § 70 Abs 3 AVG idF vor BGBl 1995/471 – im Gegensatz zur Bestimmung des § 72 Abs 4 AVG – strittig gewesen sein könnte (vgl dazu *Thienel*, Verfahren, 138), nahm die Jud an, daß für die Berufung gegen die Ablehnung der Wiederaufnahme – wie dies allgemein im Hinblick auf verfahrensrechtliche Bescheide gesehen wird – derselbe Instanzenzug wie in der Sache offenstehe (VwSlgNF 1286 A, 1954 A, 10.572 A; VwGH 4. 6. 1971, 739 f/71; 28. 3. 1989, 87/04/0116; vgl auch *Ringhofer*, 727; *Walter/Mayer*, Verwaltungsverfahrensrecht, Rz 602). Nunmehr entscheidet gegen die Ablehnung eines Antrages auf Wiederaufnahme ausdrücklich der unabhängige Verwaltungssenat, wenn in der Sache eine Berufung an diesen vorgesehen ist (§ 70 Abs 3 AVG idF BGBl 1995/471; 130 BlgNR 19. GP; Walter/Thienel, Verfahren, 1525). Für den UBAS gilt dies umso mehr, als dieser generell über Rechtsmittel gegen Bescheide des BAA entscheidet (§ 38 Abs 1 AsylG 1997). **1134**

g) Wiedereinsetzung

Auch die Wiedereinsetzung in den vorigen Stand ist im Verfahren vor einem UVS nach den allgemeinen Bestimmungen der §§ 71 f AVG zulässig (vgl dazu näher *Walter/Mayer*, Verwaltungsverfahrensrecht, Rz 611 ff). Dabei wurde aber das Verfahren vor einem UVS nicht von jenem vor den vorgeschalteten Administrativinstanzen getrennt; dies hat zur Folge, daß durch die Bewilligung der Wiedereinsetzung durch eine vorgeschaltete Administrativbehörde ein mittlerweile ergangener Bescheid eines UVS in der Sache – als gesetzliche Wirkung der Wiedereinsetzung – außer Kraft treten kann. Diese Einbindung in das Verfahren vor den vorgeschalteten Administrativbehörden ist im Hinblick auf Art 129a Abs 1 B-VG verfassungsrechtlich bedenklich, da die UVS grundsätzlich nach Erschöpfung des administrativen Instanzenzuges entscheiden (vgl *Thienel*, Verfahren, 138). **1135**

Gegen die Ablehnung eines Antrags auf Wiedereinsetzung steht dem Antragsteller das Recht der Berufung an die im Instanzenweg übergeordnete Behörde, wenn aber in der Sache eine Berufung an den UVS vorgesehen ist, an diesen zu (§ 72 Abs 4 AVG; vgl dazu näher *Thienel*, Verfahren, 139; vgl auch § 38 Abs 1 AsylG 1997). Gegen die Ablehnung eines Wiedereinsetzungsantrages ist nur dann eine Berufung zulässig, wenn auch gegen eine Sachentscheidung der Behörde, die über den Wiedereinsetzungsantrag (negativ) entschieden hat, eine Berufung zulässig wäre *(Walter/Thienel,* Verfahren, 1610 f). Gegen die Bewilligung der Wiedereinsetzung ist kein Rechtsmittel zulässig. Nach § 71 Abs 4 AVG ist zur Entscheidung über **1136** den Antrag jene Behörde berufen, bei der die versäumte Handlung vorzunehmen war oder die die versäumte Verhandlung angeordnet oder die die unrichtige Rechtsmittelbelehrung erteilt hat; zur Entscheidung über die Wiedereinsetzung nach Versäumung einer Berufung ist jene Behörde berufen, bei der der Berufungsantrag einzubringen war (vgl dazu § 63 Abs 5 AVG; in Verfahren nach dem AsylG 1997 ist dies regelmäßig das BAA).

h) Amtswegige Aufhebung von Bescheiden

1137 Eine amtswegige Aufhebung eines Bescheides eines UVS ist ausdrücklich nur in § 68 Abs 2 und 3 AVG vorgesehen: Von Amts wegen können Bescheide, aus denen niemandem ein Recht erwachsen ist, sowohl von der Behörde oder vom UVS, die oder der den Bescheid erlassen hat, als auch in Ausübung des Aufsichtsrechtes von der sachlich in Betracht kommenden Oberbehörde aufgehoben oder abgeändert werden (§ 68 Abs 2 AVG). Andere Bescheide kann in Wahrung des öffentlichen Wohles die Behörde, die den Bescheid in letzter Instanz erlassen hat, wenn ein UVS entschieden hat, dieser, oder die sachlich in Betracht kommende Oberbehörde insoweit abändern, als dies zur Beseitigung von das Leben oder die Gesundheit von Menschen gefährdenden Mißständen oder zur Abwehr schwerer volkswirtschaftlicher Schädigungen notwendig und unvermeidlich ist. In allen Fällen hat die Behörde mit möglichster Schonung erworbener Rechte vorzugehen (§ 68 Abs 3 AVG).

1138 Durch die Formulierung im AVG ist klargestellt, daß ein UVS (der UBAS) nur von ihm selbst erlassene Bescheide aufheben und abändern darf (vgl *Walter/Thienel,* Verfahren, 1396); da die UVS (der UBAS) keine Oberbehörden gegenüber den vorgeschalteten Administrativinstanzen sind (ist), kommt eine Aufhebung von deren Bescheiden nicht in Betracht (vgl *Thienel*, Verfahren, 140). Auch eine Nichtigerklärung von Bescheiden nach § 68 Abs 4 AVG kommt für die UVS nicht in Betracht, da zu dieser nur die Oberbehörden berufen sind. Da die UVS ihrerseits auch keine Oberbehörde aufweisen, können ihre Bescheide gleichfalls nicht nach dieser Bestimmung für nichtig erklärt oder nach § 68 Abs 2 oder 3 aufgehoben oder abgeändert werden. Nach hL richtet sich der Instanzenzug gegen Bescheide nach § 68 AVG nach jenem in der Hauptsache; dh gegen Aufhebungen, Abänderungen bzw Nichtigerklärungen von Bescheiden steht derselbe Instanzenzug offen, der auch in der Sache offen steht (vgl dazu *Walter/Mayer*, Verwaltungsverfahrensrecht, Rz 657 mwH).

1139 Problematisch ist jedoch der Fall, wenn eine Oberbehörde einen Bescheid nach § 68 AVG aufhebt, abändert bzw für nichtig erklärt, die nicht in den Instanzenzug bis vor einen UVS eingebunden ist. Dies könnte zB dann der Fall sein, wenn der BMI als Oberbehörde zum BAA einen Bescheid des BAA nach § 68 AVG aufhebt, abändert oder für nichtig erklärt (was nur dann rechtlich zulässig ist, wenn nicht der UBAS in der Sache entschieden hat). Diesfalls ist fraglich, ob eine Berufung gegen die bescheidmäßige Aufhebung, Abänderung oder Nichtigerklärung gem § 68 AVG durch dem BMI an den UBAS zu richten (vgl allgemein zu dieser Problematik *Thienel*, Verfahren 142 f), oder eine Beschwerde bei den Gerichtshöfen des öffentlichen Rechts einzubringen (ein ordentliches Rechtsmittel nicht mehr zulässig) ist. Vor diesem Hintergrund könnte man die Ansicht vertreten, daß diese Bescheide nach den allgemeinen Regeln des Behördenaufbaus zu bekämpfen wären; die Problematik resultiert daraus, daß einerseits die UVS (UBAS) zwar Berufungsbehörden, nicht aber Oberbehörden iSd Verfahrensgesetze sind, zugleich aber die Aufsichtsbefugnisse der Oberbehörden nicht beseitigt wurden; im Ergebnis bedeutet dies, daß der verfahrensrechtliche Instanzenzug und die hierarchische Überordnung hinsichtlich der Aufsicht auseinanderfallen können. Diese Ansicht würde wohl insofern gegen die Bestimmungen der Art 129a und 129c B-VG verstoßen, da jede Aufhebung, Abänderung oder Nichtigerklärung von Bescheiden neben einem formellrechtlichen Charakter auch einen materiellrechtlichen Charakter in sich trägt (zum Doppelcharakter solcher Bescheide siehe *Walter/Mayer*, Verwaltungsverfahrensrecht, Rz 657).

XIII. Anfechtung genereller Normen beim VfGH

1140 Die UVS (der UBAS) sind (ist) nach Art 129a Abs 3 iVm Art 89, 139 und 140 B-VG befugt, VO, G und StV, die sie anzuwenden haben, beim VfGH anzufechten. Für den UBAS bestimmt Art 129c B-VG zusätzlich, daß Art 89 B-VG sinngemäß auch für den unabhängigen Bundesasylsenat gilt. Liegt ein nach Art 89 Abs 2 B-VG anzuwendender Rechtsakt vor, so steht dem Gericht (einem UVS) nur eine eingeschränkte Befugnis zur Prüfung seiner Rechtmäßigkeit zu, nämlich insoweit, als es feststellen kann, ob es *Bedenken* hat. Ob Bedenken angebracht sind, ist nach objektiven Gesichtspunkten zu beurteilen. Ist dies der Fall, dann *hat* das Gericht (der UVS) einen Antrag auf Aufhebung an den Verfassungsgerichtshof zu stellen (*Mayer*, B-VG^2, 269). Der UBAS ist daher bei Vorliegen von *Bedenken verpflichtet*, einen Antrag auf Aufhebung des Gesetzes beim Verfassungsgerichtshof zu stellen (vgl VfSlg 3927, 10.640, 11.190, 11.248; VwSlgNF 7606 A). Ein Ermessen kommt ihm in diesem Bereich nicht zu (UBAS Gesetzesprüfungsantrag Sen 6. 2. 1998, 201.642/4-I/01/98; 30. 11. 1998, 206.259/1-I/03/98). Vor diesem Hintergrund sprach der UBAS in einem bei ihm anhängigen abgekürzten Berufungsverfahren in einer Einzelentscheidung vom 6. 4. 1998, 202.430/0-V/15/98, völlig unverständlicherweise aus, daß *„verfassungsrechtliche Bedenken (...) nicht Gegenstand eines Verwaltungsverfahrens (sind) und (...) in die diesbezüglichen weitwendigen Ausführungen des Berufungswerbers daher nicht einzutreten (war)“*. Gleichwohl hat der UBAS schon vor dieser Entscheidung von seinem Anfechtungsrecht Gebrauch gemacht, vgl dazu näher oben die Ausführungen zu § 32, Rz 922). Nach Art 89 B-VG ist durch BG zu bestimmen, welche Wirkungen die Anfechtung für das Verfahren des UVS hat. Nach § 57 und 62 VfGG dürfen die UVS im Falle eines Anfechtungsantrags bis zur Entscheidung des VfGH nur mehr jene Akte setzen, die durch das Erkenntnis des VfGH nicht beeinflußt werden können, oder die die Frage nicht abschließend regeln und keinen Aufschub gestatten. Der UVS hat daher – wie die Gerichte – nicht etwa sein Verfahren zur Gänze zu unterbrechen, sondern sich bloß auf die Vornahme solcher Verfahrenshandlungen zu beschränken, für die die Entscheidung des VfGH nicht präjudiziell ist, und im übrigen mit seiner Entscheidung zuzuwarten. Der Umstand, daß der UVS sein Verfahren nicht zu unterbrechen, sondern bloß zuzuwarten hat, bedeutet, daß der UVS auch während dieser Zeit unaufschiebbare Verfahrenshandlungen – wie etwa die Vernehmung von Zeugen – durchführen kann (*Walter/Mayer*, Verwaltungsverfahrensrecht; Rz 548/14).

1141 Obwohl dies in Art 139 Abs 4 und Art 140 Abs 4 B-VG nicht ausdrücklich vorgesehen ist, muß davon ausgegangen werden, daß die UVS auch bereits außer Kraft getretene VO, G und StV anfechten dürfen; dies folgt aus dem auch für die UVS geltenden Art 89 Abs 3 B-VG, wonach bei Anfechtung außer Kraft getretener genereller Normen ein Antrag auf Feststellung zu stellen ist, daß die Norm rechtswidrig war. Eine Anfechtung von Wiederverlautbarungen ist – offenbar auf Grund eines Redaktionsversehens – in Art 139a B-VG nicht vorgesehen und daher nach hL unzulässig (*Walter/Mayer*, Verwaltungsverfahrensrecht, Rz 548/14; *Thienel*, Verfahren, 123; aA *Aichlreiter*, Normenprüfung, 606 f, der eine analoge Anwendung des Art 139a B-VG vorschlägt).

1142 Ein Problem könnte darin bestehen, daß für den UVS auch während der Anfechtung einer generellen Norm beim VfGH grundsätzlich die Entscheidungspflicht nach § 73 Abs 1 AVG besteht, die durch Säumnisbeschwerde beim VwGH durchgesetzt werden könnte. Dies ist im Ergebnis zu verneinen, weil wegen der §§ 57 und 62 VfGG der Entscheidung des UVS ein gesetzlichen Hindernis entgegensteht, von dem auszugehen ist, daß es die Entscheidungspflicht hemmt (siehe dazu näher *Thienel*, Verfahren, 125).

7. Abschnitt

Internationaler Schutz der Asylwerber und Flüchtlinge

§ 39. (1) Asylwerbern ist jederzeit Gelegenheit zu geben, sich an den Hochkommissär der Vereinten Nationen für Flüchtlinge zu wenden.

(2) Der Hochkommissär der Vereinten Nationen für Flüchtlinge ist von der Einleitung eines Verfahrens über einen Asylantrag oder Asylerstreckungsantrag unverzüglich zu verständigen. Der Hochkommissär der Vereinten Nationen für Flüchtlinge ist weiters unverzüglich zu verständigen, wenn im Zuge einer Grenzkontrolle ein Antrags- und Befragungsformular ausgefüllt übergeben wird (§ 16 Abs. 2) oder gegen Asylwerber ein Verfahren zur Zurückweisung, Zurückschiebung, Ausweisung, Verhängung eines Aufenthaltsverbotes, Abschiebung oder Aberkennung des Asyls geführt wird.

(3) Anläßlich der Grenzkontrolle gestellte Anträge von Asylwerbern, die über einen Flugplatz eingereist sind, dürfen nur mit Zustimmung des Hochkommissärs der Vereinten Nationen für Flüchtlinge als offensichtlich unbegründet abgewiesen oder wegen bestehenden Schutzes in einem sicheren Drittstaat zurückgewiesen werden. Dies gilt nicht in Fällen, in denen die Zurückweisung deshalb erfolgt, weil ein anderer Staat vertraglich zur Prüfung des Asylantrages zuständig ist. Eine allenfalls verfügte Sicherung der Zurückweisung ist jedenfalls bis zum Ende des Tages zulässig, an dem die Äußerung des Hochkommissärs der Vereinten Nationen für Flüchtlinge einlangt.

(4) Der Hochkommissär der Vereinten Nationen für Flüchtlinge ist in allen diesen Verfahren berechtigt, Auskunft zu verlangen, Akteneinsicht zu nehmen (§ 17 AVG), bei Vernehmungen und mündlichen Verhandlungen vertreten zu sein und jederzeit mit den Betroffenen Kontakt aufzunehmen.

(5) Verwaltungsvorschriften zur Vollziehung dieses Bundesgesetzes sind dem Hochkommissär der Vereinten Nationen für Flüchtlinge unverzüglich zuzuleiten. Dasselbe gilt für Verwaltungsvorschriften zur Vollziehung des Fremdengesetzes, soweit sie für Asylwerber oder Flüchtlinge von Bedeutung sind.

(§ 39 Abs 3 erster Satz eingefügt durch BGBl I 1999/4)

RV: [30, 31]

Diese Bestimmung soll im wesentlichen den Intentionen des Art. 35 der Genfer Flüchtlingskonvention dienen, der eine intensive Zusammenarbeit zwischen den Vertragsstaaten der Genfer Flüchtlingskonvention und dem Hochkommissär der Vereinten Nationen für Flüchtlinge vorsieht. § 39 des Entwurfs legt demnach umfangreiche Mitwirkungsbefugnisse des Hochkommissärs der Vereinten Nationen für Flüchtlinge fest.

Der Hochkommissär ist grundsätzlich von der Einleitung eines Verfahrens zu verständigen, wenn ein Asylverfahren, ein Asylerstreckungsverfahren oder ein Verfahren an der Grenze angestrengt wird. Gleiches gilt, wenn gegen einen Asylwerber ein Verfahren zur Zurückweisung, Zurückschiebung, Ausweisung, Verhängung eines Aufenthaltsverbotes, Abschiebung oder Asylaberkennung geführt wird. [30] Diese Verständigungspflichten sollen all jene Fälle an den Hochkommissär herantragen, in denen potentielle Flüchtlinge von Asylverfahren oder fremdenpolizeilichen Verfahren betroffen sind.

Abs. 3 sieht besonderes für Verfahren auf Flugplätzen vor: Danach dürfen Anträge von Asylwerbern, die über einen Flugplatz eingereist sind, nur mit Zustimmung des Hochkommissärs der Vereinten Nationen für Flüchtlinge als offensichtlich unbegründet abgewiesen oder wegen bestehenden Schutzes in einem sicheren Drittstaat zurückgewiesen werden. Die fehlende Zustimmung des Hochkommissärs macht zwar einen derartigen Bescheid nicht schlechthin unwirksam, sondern bloß rechtswidrig.

Abs. 4 des § 39 entspricht im wesentlichen dem § 21 Abs. 2 zweiter Satz des Asylgesetzes 1991. Die Regelung des Abs. 5 ist Ausfluß des Art. 35 der Genfer Flüchtlingskonvention. [31]

AB: [7]

§ 39 Abs. 3 der Regierungsvorlage sieht für Asylwerber, die über einen Flugplatz einreisen, ein besonderes Verfahren unter Einbindung des Hochkommissärs der Vereinten Nationen für Flüchtlinge vor. Eine allenfalls verfügte Sicherung der Zurückweisung muß daher jedenfalls bis zum Einlangen der Äußerung des Hochkommissärs der Vereinten Nationen für Flüchtlinge zulässig sein. Da aber die Sicherung der Zurückweisung mit Einlangen der Äußerung des Hochkommissärs für Flüchtlinge nicht ‚augenblicklich' enden soll, sondern die Behörde einen minimalen zeitlichen Spielraum benötigt, soll die Sicherung der Zurückweisung erst mit Ende des Tages auslaufen, an dem die Äußerung des Hochkommissärs für Flüchtlinge einlangt; die Behörde kann dann innerhalb dieses Zeitraumes den Bescheid erlassen.

AB *(1494 BglNR 20. GP)*: [4]

Die Änderung in § 39 Abs. 3 erster Satz dient der Klarstellung des Begriffes des „Flughafenverfahrens". Die Einfügung der Wortfolge „Anläßlich der Grenzkontrolle gestellte" legt nunmehr unmißverständlich den Personenkreis fest, auf den sich Flughafenverfahren beziehen können. Jene Fremden, die zwar über einen Flugplatz eingereist sind – etwa sichtvermerksfrei oder mit einem Einreise- oder Aufenthaltstitel – und im Anschluß im Inland einen Asylantrag stellen, sind keine Fälle für ein „Flughafenverfahren" unter Einbindung des Flüchtlingshochkommissärs der Vereinten Nationen.

Inhaltsübersicht

I. Allgemeines

1143 Gem Art 35 Z 1 GFK verpflichten sich die vertragschließenden Staaten, das Büro des Hochkommissärs der Vereinten Nationen für Flüchtlinge oder jede andere Institution der Vereinten Nationen, die ihm nachfolgen könnte, in seiner Arbeit zu unterstützen und insb dessen Aufsichtspflichten bei der Anwendung der Bestimmungen dieses Abkommens zu erleichtern. Die vertragschließenden Staaten verpflichten sich, dem Büro des Hochkommissärs oder jeder anderen Institution der Vereinten Nationen, die ihm nachfolgen könnte, die in entsprechender Form verlangten Auskünfte und statistischen Daten zur Verfügung zu stellen, um die Abfassung von Berichten für die zuständigen Organe der Vereinten Nationen zu ermöglichen, und zwar betreffend die Rechtsstellung der Flüchtlinge, die Durchführung dieses Abkommens und Gesetze und Verordnungen und Dekrete, die für Flüchtlinge in Kraft stehen oder erlassen werden. Die vertragschließenden Staaten sollen die Gesetze und sonstige Bestimmungen, die sie veröffentlichen, um die Anwendung des vorliegenden Abkommens zu sichern, dem Generalsekretär der Vereinten Nationen mitteilen (Art 36 GFK).

1144 Dem UNHCR steht auf Grund des UNHCR-Statuts sowie nachfolgender Generalversammlungsresolutionen die Ausübung der Funktion von „international protection" hinsichtlich der unter sein Mandat fallenden Personen zu (siehe dazu para 1 des UNHCR-Statuts: „(…) shall assume the function of providing inernational protection (…)"). Es gibt keine allgemein gültige Definition des Begriffs „international protection". Er läßt sich nur anhand der Organisationspraxis des UNHCR und der damit übereinstimmenden Staatenpraxis erschließen (vgl *Türk*, Flüchtlingsschutz, 162).

1145 Der frühere Flüchtlingshochkommissar Félix *Schnyder* hat „international protection" so formuliert: „(…) de sauvegarder les droits et les intérêts des réfugiés, d'améliorer leur statut juridique de manière á les mettre autant que possible sur un pied d'égalité avec les ressortissants du pays où ils demeurent et, chose plus imprtance encore, les aider à cesser d'être des réfugiés" (siehe *Schnyder*, Les aspects, 346 f, 406 ff; zur früheren Entwicklung siehe va *Weis*, Protection, 193 ff, 211 ff). Paul *Weis* definierte diese Funktion folgendermaßen: „The function of international protection can best be described as the task of safeguarding the rights and legitimitate interests of refugees and of seeking to overcome any disabilities arising from their position as refugees" (*Weis*, UNHCR, 249). Atle *Grahl-Madsen* wiederum umschrieb „protection" so: „The word protection denotes measures of some kind or other taken by a subject of international law in order to safeguard or promote the integrity, rights, or interests of an individual. Protection may take many shapes" (*Grahl-Madsen* I, 381). Gilbert *Jaeger* definiert diese Funktion als „basée sur des instruments juridiques, mais une fonction comlexe administrative, diplomatique es qui comprend, si elle est conçue dans toute son ampleur, des activités de recherche et de diffusion" (*Jaeger*, Réfugiés, 58). Guy S. *Goodwin-Gill* versteht sie als „(…) first and foremost, action to secure human rights, with the objectives of re-establishment within community" (*Goodwin-Gill*, European Community´s Response, 1).

1146 Im Jahre 1994 hat UNHCR in der jährlich dem EXCOM vorzulegenden „Note on International Protection" folgende Begriffsdefiniton vorgenommen: „(…) International protection thus begins with securing admission, asylum and respect for basic human rights, including the principle of *non-refoulement*, without which the safety and even survival of the refugees is in jeopardy; it ends only with the attainment of a durable solution, ideally through the restoration of protection by the refugee's own country. It includes promoting the conclusion and supervising the application of international conventions for the protection of refugees at the global and regional level, promoting legislation and other measures at the national – and increasingly, regional – level to ensure that refugees are identified and accorded an approriate status and standard of treatment in their countries of asylum, and ensuring, with and through the national authorities, the safety and well-being of specific refugee groups and idividuals in asylum countries. Protection includes ensuring that the special needs of refugee women, particularly victims of violence, and of children, especially those separated from their families, are met. Since the ultimate goal of international protection must be to achieve a satisfactory solution for the refugee, the protection function also includes promoting with governments and other United Nations and international bodies measures to remove or attenuate the causes of refugee flight so as to establish conditions that would permit refugees to return safely to their homes, and, when this becomes veasible, facilitating, assisting and monitoring the safety of voluntary repatriation. If safe return ist not possible, in involves promoting and implementing the other durable solutions of resettlement or local integration" (siehe para 10 UNDoc A/AC.96/830 vom 7. 9. 1994; vgl auch UNDoc A/AC.96/750 vom 27. 8. 1990 und UNDoc A/AC.96/728 vom 2. 8. 1989).

1147 Der Grundgedanke ist die Wiederherstellung eines Schutzsystems, das die Beachtung der Menschenrechte für die spezifische Personengruppe der Flüchtlinge garantiert. Dies bedingt im besonderen auch die Suche und Förderung von dauerhaften Lösungen für bestimmte Flüchtlingssituationen, sei es im Wege von freiwilligen Rückkehrprogrammen, sei es im Wege einer lokalen Integration des Flüchtlings (vgl dazu *Türk*, Flüchtlingsschutz, 162 ff).

1148 Grundsätzlich bleibt anzumerken, daß die GFK generell in das österreichische Recht transfomiert (adoptiert) wurde und somit auch die Bestimmungen der Art 35 und 36 GFK dem österreichischen Rechtsbestand im Rang eines einfachen Gesetzes angehören. Die Bestimmung des § 40 AsylG 1997 derogiert der GFK nicht, sondern tritt neben diese (vgl dazu § 43 AsylG 1997). Während sich die Bestimmungen der Art 35 und 36 GFK sowie der „internationale Schutz" durch UNHCR auf materielle Flüchtlinge iSd GFK bzw des UNHCR-Statuts beziehen, richtet sich die Bestimmung des § 40 AsylG 1997 an Asylwerber; diese können, müssen aber nicht Flüchtlinge in einem materiellen Sinne sein.

II. UNHCR als Beteiligter in Asylverfahren

1149 Nach § 8 AVG ist bloß Beteiligter, wer die Tätigkeit einer Behörde in Anspruch nimmt bzw der, auf den sich die Tätigkeit einer Behörde bezieht, sofern er nicht an der Sache „vermöge eines Rechtsanspruchs oder eines rechtlichen Interesses" beteiligt ist. Beteiligter ist somit, wer an einer Verwaltungssache „weniger" als rechtlich geschützte Interessen hat (*Walter/Mayer*, Verwaltungsverfahrensrecht, Rz 128). Dies ist zB dann anzunehmen, wenn eine Person im Verfahren bloß „anzuhören" ist, ohne daß nach der Absicht des Gesetzgebers daraus zu schließen ist, daß dieses Anhörungsrecht einen Anspruch auf Berücksichtigung bestimmter Interessen einräumt (VwSlgNF 7288 A, 9540 A; VwGH 6. 3. 1979, 2376/78; 13. 2. 1984, 84/10/0011).

1150 Insb neuere Verwaltungsvorschriften sehen „Anhörungsrechte" in zahlreichen Fällen und für Anstalten, gesetzliche Interessensvertretungen und andere Behörden vor, wodurch eine gewisse Koordinierung bei der Besorgung von Verwaltungsaufgaben erreicht werden soll (vgl zB *Schäffer*, ZfV 1976, 14).

1151 Ein Beteiligter kann lediglich im Rahmen einer mündlichen Verhandlung an der Feststellung des Sachverhalts mitwirken (§ 40 Abs 1, § 43 Abs 2 AVG; VwSlgNF 8781 A). Werden Beteiligte dem Verfahren nicht beigezogen, so stellt dies gegenüber der Partei des Verfahrens einen (wesentlichen) Verfahrensmangel dar; der Beteiligte kann durch die Entscheidung der Verwaltungssache in keinem Recht verletzt werden (vgl auch VfSlg 9776); die Jud nimmt aber an, daß der Beteiligte ein subjektives Recht auf Anhörung hat, welches auch mit Beschwerde an den VwGH durchsetzbar ist (VwSlgNF 10.031 A, 11.396 A; VwGH 14. 12. 1981, 81/10/0125; vgl auch VwSlgNF 7618 A – verst Sen, 9135 A, 9540 A; VfSlg 10.366).

1152 Der UNHCR ist von der Einleitung eines Verfahrens über einen Asylantrag (§ 7 AsylG 1997) oder Asylerstreckungsantrag (§§ 10 und 11 leg cit) unverzüglich zu verständigen. Der UNHCR ist weiters zu verständigen, wenn im Zuge einer Grenzkontrolle ein Antrags- und Befragungsformular ausgefüllt übergeben wird (§ 16 Abs 2 AsylG 1997) oder gegen Asylwerber (per analogiam wohl auch gegen Asylberechtigte) ein Verfahren zur Zurückweisung (§ 52 FrG 1997), Zurückschiebung (§ 55 leg cit), Ausweisung (§§ 33 und 34 leg cit), Verhängung eines Aufenthaltsverbotes (§ 36 leg cit), Abschiebung (§ 56 leg cit) oder Aberkennung des Asyls (§ 14 AsylG 1997) geführt wird (§ 39 Abs 2 AsylG 1997). Der UNHCR ist in allen „diesen Verfahren" (gemeint sind die in § 40 Abs 2 und 3 leg cit angesprochenen Verfahren; vgl zu diesem weiten Verständnis 686 BlgNR 20. GP, 30 f) berechtigt, Auskunft zu verlangen, Akteneinsicht zu nehmen (§ 17 AVG), bei Vernehmungen und mündlichen Verhandlungen vertreten zu sein und jederzeit (auch während Vernehmungen und mündlichen Verhandlungen) mit den Betroffenen Kontakt aufzunehmen (§ 39 Abs 3 AsylG 1997); vice versa ist Asylwerbern jederzeit Gelegenheit zu geben, sich an den UNHCR zu wenden (§ 39 Abs 1 leg cit). Als Beteiligter kann der UNHCR im Rahmen mündlicher Verhandlungen an der Feststellung des Sachverhalts mitwirken (§ 40 Abs 1, § 43 Abs 2 AVG). Der UNHCR ist demnach auch von mündlichen Verhandlungen zu verständigen und zu diesen zu laden. Mit der Akteneinsicht steht dem UNHCR als Beteiligten ein typisches Parteienrecht zu.

1153 Eine besondere Rechtsposition kommt dem UNHCR nach § 39 Abs 3 AsylG 1997 zu. Nach dieser Bestimmung dürfen *„anläßlich der Grenzkontrolle gestellte Anträge von Asylwerbern"* (beachte aber, daß Fremde nicht mit „Stellung", sondern gem § 1 Z 3 AsylG 1997 erst mit „Einbringung" des Asylantrages zu „Asylwerbern" werden), *„die über einen Flugplatz eingereist sind, (...) nur mit Zustimmung des Hochkommissärs der Vereinten Nationen für Flüchtlinge als offensichtlich unbegründet abgewiesen oder wegen bestehenden Schutzes in einem sicheren Drittstaat zurückgewiesen werden"*. Dies gilt ausdrücklich nicht in jenen Fällen, in denen die Zurückweisung (des Asylantrags) deshalb erfolgt, weil ein anderer Staat vertraglich zur Prüfung des Asylantrags zuständig ist (§ 39 Abs 3 erster und zweiter Satz AsylG 1997). Die Zustimmung des UNHCR ist eine Rechtsbedingung für die Abweisung des Asylantrags als offensichtlich unbegründet (§ 6 leg cit) bzw die Zurückweisung des Asylantrages wegen Drittstaatsicherheit (§ 4 AsylG 1997); erfolgt die Zustimmung – aus welchen Gründen immer – nicht oder wird sie ausdrücklich verweigert, ist eine Abweisung des Asylantrags nach § 6 AsylG 1997 und die Zurückweisung des Asylantrags gem § 4 leg cit unzulässig, sofern Personen davon betroffen wären, die über einen Flugplatz eingereist sind.

1153a Die Bestimmung des § 39 Abs 3 AsylG 1997 in der Stammfassung hatte lediglich auf Anträge von Asylwerbern, die über einen Flugplatz eingereist sind, abgestellt; ein kausaler Zusammenhang eines Asylantrages von über einen Flugplatz eingereisten Asylwerbern mit der Grenzkontrolle war für das Zustimmungsrecht des UNHCR nicht erforderlich. Vor diesem Hintergrund hatte das BAA wiederholt versucht, das Zustimmungsrecht des UNHCR nach § 39 Abs 3 AsylG 1997 in der Fassung vor der AsylG-N 1998 dadurch zu eliminieren, daß man Asylwerber, die über den Flughafen Wien-Schwechat eingereist waren, zunächst die Grenzkontrolle passieren ließ, damit argumentierte, daß das Zustimmungsrecht des UNHCR lediglich im Hinblick auf Verfahren auf „Flugplätzen" bestünde und in der Folge den betreffenden Asylwerber ohne Zustimmung des UNHCR einem Verfahren nach § 6 AsylG 1997 (offensichtlich unbegründete Asylanträge) unterwarf. Der UBAS hat diese Vorgangsweise ausdrücklich mit der Begründung verworfen, daß es *„nicht zulässig (gewesen wäre), rechtswidrigerweise von der Vorführung des Asylwerbers nach § 17 Abs. 1 AsylG abzusehen, und damit die Anwendbarkeit der Sicherung der*

Zurückweisung nach § 19 Abs. 1 zu verhindern, den Inhalt des § 39 Abs. 3 so umzudeuten, daß – entgegen dem Wortlaut dieser Bestimmung – eine ‚Einreise' nicht vorliege und so die Rechtsbedingung der Zustimmung des UNHCR zu umgehen und in weiterer Folge dennoch mit einer Zurückweisung gem. § 4 AsylG oder einer Abweisung nach § 6 leg cit vorzugehen" (UBAS 2. 6. 1998, 202.992/0-I/03/98; vgl dazu auch die Ausführungen zu § 17 Rz 509).

Mit der AsylG-N 1998 hat der Gesetzgeber versucht, die Praxis des BAA dem Grunde nach zu rechtfertigen, oder wie in den Materialien formuliert wird, *„den Begriff des Flughafenverfahrens klarzustellen"* (1494 BlgNR 20. GP, 4), wobei sich § 39 Abs 3 AsylG 1997 allerdings nicht nur auf „Flughäfen", sondern auch auf „Flugplätze" bezieht. Durch eine Verknüpfung der Antragstellung mit der *„Grenzkontrolle"* soll bewirkt werden, daß *„jene Fremden, die zwar über einen Flugplatz eingereist sind – etwa sichtvermerksfrei oder mit einem Einreise- oder Aufenthaltstitel – und im Inland einen Asylantrag stellen"*, nicht unter den Anwendungsbereich des § 39 Abs 3 AsylG 1997 fallen. Im Lichte dessen schießt aber die Neufassung des § 39 Abs 3 leg cit durch die AsylG-N 1998 über das eigentliche Ziel: Es sind durchaus Fälle denkbar, in denen auf einem Flugplatz ein Asylantrag noch vor der Grenzkontrolle eingebracht wird und die Grenzkontrolle in diesen Fällen nicht „Anlaß für die Asylantragstellung" wird; solche sollen offenbar von der Bestimmung des § 39 Abs 3 leg cit erfaßt sein. Unter Antragstellung „anläßlich" der Grenzkontrolle ist – soweit ersichtlich – eine Antragstellung *„vor oder im Rahmen"* der Grenzkontrolle, aber nicht nach erfolgter Grenzkontrolle (nach Verlassen des Grenzkontrollbereiches) zu verstehen.

1153b Mit der Neuregelung des § 39 Abs 3 AsylG 1997 durch die AsylG-N 1998 hat der Gesetzgeber den eigentlichen Zweck des sog „Flughafenverfahrens" (eigentlich „Flugplatzverfahren") verfehlt (siehe dazu auch die Ausführungen zu § 32 Rz 918): Die sachlich unterschiedliche Behandlung von Verfahren betreffend Asylwerber, die über einen Flugplatz eingereist sind und solche, die über den Land- bzw. Wasserweg eingereist sind, ist insofern sachlich gerechtfertigt, als erstere im Hinblick auf die „Abschiebungsmöglichkeiten" grundsätzlich einem erhöhten Risiko unterliegen, da als mögliche Zielländer fremdenpolizeilicher Maßnahmen – neben dem Herkunftsstaat im Sinne des § 1 Z 4 AsylG 1997 und den „Dublinstaaten" – nicht nur die geographisch an Österreich grenzende Staaten in Frage kommen (UBAS 2. 6. 1998, 202.992/0-I/03/98); als mögliche Zielländer fremdenpolizeilicher Maßnahmen kommen grundsätzlich alle Staaten der Welt in Frage, wobei die Verfolgungssicherheit von möglichen Zielstaaten im Flugverkehr in der Regel wesentlich schwieriger zu prognostizieren ist. Diese Konstellation erfordert sachlich einen erhöhten Schutzmechanismus, der nach dem AsylG 1997 durch die Zustimmung des UNHCR bewirkt werden soll. Diesen, den eigentlichen Zweck des sog „Flughafenverfahrens" verfehlt die AsylG-N 1998 insofern, als auch Fremde, die lediglich über einen Flugplatz eingereist sind und den Asylantrag nicht „anläßlich der Grenzkontrolle" stellen, aufenthaltsbeendenden Maßnahmen auf dem Luftweg unterliegen und sohin einem erhöhtem Risiko ausgesetzt sein können.

1153c Es ist allerdings davon auszugehen, daß die Setzung aufenthaltsbeendender Maßnahmen auf dem Luftwege nicht ohne jede zeitliche Schranke möglich ist. Ob vor diesem Hintergrund der sachliche Anwendungsbereich des § 39 Abs 3 AsylG 1997 dahingehend teleologisch zu reduzieren ist, daß man eine entsprechende zeitliche Schranke setzt, nach der die Setzung aufenthaltsbeendender Maßnahmen nicht mehr möglich ist, bleibt fraglich. Im Lichte der des § 6 Asylgesetz 1997 ist allerdings anzumerken, daß der Heimatstaat völkerrechtlich dazu verhalten ist, seine eigenen Staatszugehörigen ohne jede zeitliche Schranke zu übernehmen (vgl dazu zB *Seidl-Hohenveldern*, Staaten, Rz 700; Art 12 Abs. 4 des internationalen Paktes über bürgerliche und politische Rechte BGBl 1978/591). Wo völkerrechtliche Verträge nicht zur Anwendung kommen, kann ein früherer Aufenthaltsstaat zur Übernahme einer Person nur – soweit solche greifbar sind – nach Regeln des Völkergewohnheitsrechts verpflichtet sein (vgl *Davy U.*, Flüchtlingsrecht I, 218), wobei vor diesem Hintergrund „Überstellungsfristen" nicht exakt feststellbar sind; jedoch ist mit größter Sicherheit anzunehmen, daß die *„völkergewohnheitsrechtlichen Rückübernahmsfristen"* nicht unter jenen Fristen liegen, die in einschlägigen Schubabkommen (Rückübernahmeabkommen) bzw im SDÜ bzw im Übereinkommen von Dublin vorgesehen sind. Sind nach einer Einreise über einen Flugplatz (völkergewohnheitsrechtliche) Übernahmepflichten anderer Staaten nicht mehr „effektuierbar", sind auch die für solche Fälle typischen Gefahrenmomente (vgl dazu UBAS 2. 6. 1998, 202.992/0-I/03/98) dem Grunde nach nicht mehr zu sichern.

1153d Für das „Zustimmungsrecht" des UNHCR (die Anwendbarkeit des § 39 Abs 3 AsylG 1997) ist nicht erforderlich, daß über den betreffenden Fremden eine Sicherung der Zurückweisung (aktuell) verfügt sein bzw verfügt worden sein muß (vgl UBAS 2. 6. 1998, 202.992/0-I/03/98); die Bestimmung des § 39 Abs 3 AsylG spricht lediglich von einer *„allenfalls verfügte(n) Sicherung der Zurückweisung"*. Im Lichte der Bestimmung des § 39 Abs 3 AsylG 1997 ist irrelevant, ob sich der Fremde (noch) auf dem Flugplatz befindet bzw (noch) der Sicherung der Zurückweisung der Zurückweisung nach § 19 Abs 1 AsylG unterliegt (vgl UBAS 2. 6. 1998, 202.992/0-I/03/98). Wesentliche Rechtsbedingungen für das Zustimmungsrecht des UNHCR sind die Einreise über einen Flugplatz und die Antragstellung anläßlich der Grenzkontrolle.

III. Allgemeine Verständigungspflichten

1154 Vor dem Hintergrund des Art 35 GFK bestimmt § 39 Abs 5 AsylG 1997, daß dem UNHCR Verwaltungsvorschriften zur Vollziehung dieses Bundesgesetzes unverzüglich zuzuleiten sind. Dasselbe gilt für Verwaltungsvorschriften zur Vollziehung des Fremdengesetzes, soweit sie für Asylwerber oder Flüchtlinge von Bedeutung sind. Weder dem Art 36 GFK noch der Bestimmung des § 39 Abs 5 AsylG 1997 ist zu entnehmen, welches Organ (welche Behörde) dem UNHCR die entsprechenden Verwaltungsvorschriften mitzuteilen hat. Unter Verwaltungsvorschriften sind Gesetze im materiellen Sinn zu verstehen. Gem Art 36 GFK sollen die vertragschließenden Staaten die Gesetze und sonstige Bestimmungen, die sie veröffentlichen, um die Anwendung des vorliegenden Abkommens zu sichern, (auch) dem Generalsekretär der Vereinten Nationen mitteilen.

1155 Die Bestimmung des § 39 Abs 5 AsylG 1997 steht mit der Übermittlungsermächtigung nach § 36 Abs 3 Z 3 leg cit in Zusammenhang. Nach dieser Bestimmung dürfen die in § 36 Abs 1 AsylG 1997 bezeichneten Daten dem Amt des Hochkommissärs der Vereinten Nationen für Flüchtlinge in Österreich übermittelt werden. Diese Ermächtigung erfaßt *„jedenfalls"* Namen, Geburtsort, Geburtsdatum, Geschlecht, erkennungsdienstliche Daten, Staatsangehörigkeit, Wohnsitze, die Namen der Eltern, Urkunden, Informationen über im Ausland eingebrachte Asylanträge und den Verfahrensstand (siehe dazu oben die Ausführungen zu § 36 Rz 1005).

8. Abschnitt

Förderung der Asylwerber und Flüchtlinge

Flüchtlingsberater

§ 40. (1) Zur Unterstützung von Fremden in Angelegenheiten des Asylrechts kann der Bundesminister für Inneres Flüchtlingsberater bestellen.

(2) Die Flüchtlingsberater haben Fremde auf Verlangen

1. über alle das Asylrecht betreffenden Fragen zu informieren;

2. bei der Stellung eines Asyl- oder Asylerstreckungsantrages zu unterstützen;

3. in Verfahren nach diesem Bundesgesetz oder nach dem Fremdengesetz zu vertreten, soweit nicht die Zuziehung eines Rechtsanwaltes gesetzlich vorgeschrieben ist;

4. bei der Übersetzung von Schriftstücken und Bereitstellung von Dolmetschern behilflich zu sein.

(3) Die Flüchtlingsberater werden vom Bundesminister für Inneres nach Anhörung des Hochkommissärs der Vereinten Nationen für die Flüchtlinge aus einer vom Österreichischen Rechtsanwaltskammertag erstellten Liste bestellt.

(4) Flüchtlingsberater müssen zum Nationalrat wählbar sein.

(5) Flüchtlingsberater, die Bedienstete des Bundes, eines Landes oder einer Gemeinde sind, haben Anspruch auf Ersatz von Reisekosten nach Maßgabe der Reisegebührenvorschriften des Bundes, andere Flüchtlingsberater auf Vergütung von Reisekosten, wie sie einem auf einer Dienstreise befindlichen Bundesbeamten der Gebührenstufe 3 nach der Reisegebührenvorschrift 1955 zusteht, sowie auf eine Entschädigung für den Zeit- und Arbeitsaufwand, die vom Bundesminister für Inneres im Einvernehmen mit dem Bundesminister für Finanzen festzusetzen ist.

RV: [31]

Diese Regelung entspricht fast wörtlich dem derzeit geltenden § 23 des Asylgesetzes 1991 mit einer Änderung in einem kleinen Detail: Wie die Praxis gezeigt hat, gibt es viele Personen, die sich in qualifizierter Weise für die Belange der Flüchtlinge einsetzen, ohne die rechtswissenschaftlichen Studien abgeschlossen zu haben. Aus diesem Grund wird vorgeschlagen, daß in Hinkunft Flüchtlingsberater nicht mehr „rechtskundig" im ursprünglichen Verständnis dieser Bestimmung sein müssen.

Inhaltsübersicht

I. Allgemeines

1156 Gem § 40 Abs 1 AsylG 1997 kann (dh „muß", weil jede Ermessensdeterminante fehlt; die Bestellungspflicht bezieht sich auf eine notwendige Anzahl von Flüchtlingsberatern; derzeit gibt es nach Angaben des BMI acht Flüchtlingsberater) der BMI zur Unterstützung von Fremden in Angelegenheiten des Asylrechts Flüchtlingsberater bestellen. Beachtenswert ist der Umstand, daß der Begriff „Asylrecht" an sich eine weitverstreute Querschnittsmaterie darstellt, die im einzelnen nur schwer umrissen werden kann (siehe dazu oben die Ausführungen zu § 1, Rz 37 ff). Die „Angelegenheiten des Asylrechts" gehen über die in § 40 Abs 2 AsylG 1997 genannten Agenden hinaus. Nach den Materialien zum gleichlautenden § 23 AsylG 1991 (270 BlgNR 18. GP, 22) zu schließen – dies tritt allerdings nicht wörtlich zutage –, ist die Aufzählung der Agenden des Flüchtlingsberaters in § 40 Abs 2 AsylG 1997 eine taxative, sodaß der Passus „in Angelegenheiten des Asylrechts" nur zierendes Beiwerk ist.

1157 Die Bestimmung des § 40 AsylG 1997 soll die besondere Situation, in der sich der Asylwerber befindet, berücksichtigen. Nach den Materialien zur im wesentlich gleichlautenden Bestimmung des AsylG 1991 (vgl 270 BlgNR 18. GP, 22 f) besteht die besondere Situation darin, daß sich der Asylwerber nicht nur in einer fremden Umgebung aufhält, sondern daß er unter Umständen auch mit erheblichen technischen wie psychologischen Schwierigkeiten zu kämpfen hat, wenn er seinen Fall den Behörden eines fremden Landes vortragen muß. Er soll daher von Personen betreut werden, die das zur Durchführung des Asylverfahrens erforderliche Wissen und die Erfahrung, sowie Verständnis für die besonderen Schwierigkeiten und Nöte, in denen sich der Asylwerber befindet, besitzen. Ob seitens des Asylwerbers ein subjektives Recht auf Unterstützung durch einen Flüchtlingsberater besteht, ist fraglich.

II. Bestellung und Aufgaben der Flüchtlingsberater

1158 Nach § 40 Abs 3 AsylG 1997 werden die Flüchtlingsberater vom BMI nach Anhörung des UNHCR aus einer vom Österreichischen Rechtsanwaltskammertag erstellten Liste bestellt. Auffällig ist, daß eine Abberufung von Flüchtlingsbetreuern im AsylG 1997 – wie dies auch im AsylG 1991 der Fall war – nicht vorgesehen ist. Gem § 40 Abs 2 leg cit haben (dh, daß unter der Rechtsbedingung „Verlangen eines Fremden" eine Rechtspflicht besteht) die Flüchtlingsberater Fremde auf Verlangen über alle das Asylrecht betreffenden Fragen zu informieren (§ 40 Abs 2 Z 1 AsylG 1997), bei der Stellung eines Asylantrags zu unterstützen (§ 40 Abs 2 Z 2 AsylG 1997), im Verfahren nach dem AsylG 1997 oder nach dem FrG 1997 zu vertreten, soweit nicht die Zuziehung eines Rechtsanwaltes gesetzlich vorgeschrieben ist (§ 40 Abs 2 Z 3 AsylG 1997; dies kommt nur für ein Verfahren vor dem VwGH und/oder VfGH in Betracht; vgl § 61a AVG; § 24 Abs 2 VwGG; § 17 Abs 2 VfGG), und bei der Übersetzung von Schriftstücken und Bereitstellung von Dolmetschern behilflich zu sein (§ 40 Abs 2 Z 4 AsylG 1997). Die Flüchtlingsberater müssen – im Gegensatz zum AsylG 1991 – nicht rechtskundig, sondern nur zum Nationalrat wählbar sein (§ 40 Abs 4 AsylG 1997).

1159 Das Tätigkeitsgebiet des Flüchtlingsberaters ist relativ weit gestaltet. Es umfaßt ua die Information über alle Fragen des *„Asylrechts"*. Ob der Begriff des „Asylrechts" in einem engen Sinn (vgl § 1 Z 2 AsylG 1997) oder in einem weiten Sinn (vgl dazu oben die Ausführungen zu § 1, Rz 56 ff) zu verstehen ist, bleibt fraglich. Eine weitere Pflicht des Flüchtlingsberaters betrifft die Unterstützung bei der Stellung eines Asylantrags. Nach der Systematik des AsylG 1997 dürfte hier in erster Linie nicht die Stellung des Asylantrags iSd § 3 Abs 2 leg cit, sondern die Einbringung des Asylantrags nach § 24 leg cit gemeint sein. Diese Unterstützungspflicht betrifft ua Manuduktionspflichten (im untechnischen Sinne), Formulierungsvorschläge, aber auch die Weiterleitung eines (schriftlichen) Asylantrages (dies allerdings auf

Gefahr des Asylwerbers (bzw des „Asylerstreckungswerbers"). Auch die Vertretungspflicht vor den Asylbehörden gem § 40 Abs 2 Z 3 AsylG 1997 gehört zu den Pflichten des Flüchtlingsberaters. Im gegebenen Zusammenhang bleibt anzumerken, daß die Vertretungspflicht des Flüchtlingsberaters zwar mit „Verlangen" aktualisiert werden kann bzw muß; eine „Deaktivierung" der Vertretungspflicht des Flüchtlingsberaters ist allerdings dem Gesetzeswortlaut nach nicht möglich. Als Vertreter des Fremden kann bzw muß (zum Wohl des Fremden besteht wohl eine Pflicht) der Flüchtlingsberater im Namen des Fremden einen Asylantrag stellen. Als letzte Pflicht trifft den Flüchtlingsberater (auf Verlangen) die Hilfeleistungspflicht bei der Übersetzung von Schriftstücken und die Bereitstellung von Dolmetschern. Hier wird der Flüchtlingsberater – wohl nur nach persönlichen Fähigkeiten – zum Sachverständigen; unter Schriftstücken können im gegebenen Zusammenhang nur Anbringen, nicht aber Beweismittel gemeint sein, weil die Übersetzung von Beweismitteln den Behörden obliegt (zu den Anbringen vgl aber auch § 24 Abs 2 AsylG 1997). Grundsätzlich müssen Flüchtlingsberater nur auf *„Verlangen"* tätig werden. Das Verlangen ist eine Prozeßhandlung und setzt als solche Prozeßfähigkeit (Handlungsfähigkeit) voraus; es spricht allerdings vieles dafür, daß hier – analog zu § 25 Abs 2 AsylG 1997 – die beschränkte Handlungsfähigkeit genügt, wenn die Interessen mündiger Minderjähriger von ihren gesetzlichen Vertretern nicht wahrgenommen werden können.

III. Entschädigung der Flüchtlingsberater

1160 Flüchtlingsberater, die Bedienstete (Beamte oder Vertragsbedienstete) des Bundes, eines Landes oder einer Gemeinde sind, haben Anspruch auf Ersatz der Reisekosten nach Maßgabe der RGV, andere (ehrenamtliche) Flüchtlingsberater auf Vergütung der Reisekosten, wie sie einem auf einer Dienstreise befindlichen Bundesbeamten der Gebührenstufe 3 nach der RGV zusteht, sowie auf eine Entschädigung für den Zeit- und Arbeitsaufwand, die vom BMI im Einvernehmen mit dem BMF festzusetzen ist (§ 40 Abs 5 AsylG 1991; siehe dazu 270 BlgNR 18. GP, 23). Fraglich ist, in welcher Form die Entschädigung für den Zeit- und Arbeitsaufwand festzusetzen ist. Da dieser Akt außenwirksam ist und sich an einen abstrakten Personenkreis richtet, ist davon auszugehen, daß die Festsetzung der Entschädigung in Form einer VO zu erfolgen hätte. Dies ist bis dato nicht geschehen. In der Praxis setzt man diese Entschädigung – soweit ersichtlich – in Form eines Vertrages fest, was insofern fragwürdig ist, als es sich hierbei um keinen Akt der Privatwirtschaftsverwaltung handelt. Im Einzelfall wäre die Entschädigung wohl in Form eines Bescheides hoheitlich zu bestimmen.

IV. Flüchtlingsberater als Vertreter und Vertrauensperson

1161 Das Institut der Flüchtlingsberatung gem § 40 AsylG 1997 tritt im Asylverfahren neben das Institut der Vertretung iSd § 10 AVG sowie der Vertrauensperson nach § 27 Abs 3 AsylG 1997, derogiert aber diesen Bestimmungen nicht, weil im gegebenen Zusammenhang ein Normenwiderspruch nicht vorliegt. Ein Asylwerber kann sich gleichzeitig eines Flüchtlingsberaters und (oder) eines sonstigen bevollmächtigten Vertreters (Rechtsbeistandes) sowie einer Vertrauensperson bedienen. Die Regeln über die gesetzliche Vertretung im Falle der Prozeßunfähigkeit sind auch hier zu beachten. Ein im Asylverfahren Prozeßunfähiger kann rechtswirksam keine Prozeßhandlungen – insb kein „Verlangen" iSd § 40 Abs 2 AsylG 1997 – vornehmen. Solche Prozeßhandlungen Prozeßunfähiger sind bis zur Sanierung der Prozeßhandlung durch den (gesetzlichen) Vertreter schwebend unwirksam (vgl dazu *Rohrböck*, Prozeßfähigkeit, 9 f).

1162 Das Rechtsinstitut der Flüchtlingsberatung zeigt Elemente einer gesetzlichen Vertretung (vgl § 40 Abs 2 Z 3 AsylG 1997). Der wesentliche Unterschied zur bevollmächtigten Vertretung liegt darin, daß die Flüchtlingsbetreuung nicht durch eine Vollmacht (im Innenverhältnis gekoppelt mit einem Auftrag bzw einer Ermächtigung), sondern durch *„Verlangen"* aktualisiert wird und die Pflichten (arg *„haben"* in § 40 Abs 2 AsylG 1997) des Flüchtlingsberaters zur Unterstützung und zur Vertretung auslöst.

Integrationshilfe

§ 41. (1) Fremden, denen Asyl gewährt wurde, kann Integrationshilfe gewährt werden. Durch Integrationshilfe soll ihre volle Einbeziehung in das österreichische wirtschaftliche, kulturelle und gesellschaftliche Leben und eine möglichst weitgehende Chancengleichheit mit österreichischen Staatsbürgern in diesen Bereichen herbeigeführt werden.

(2) Integrationshilfe sind insbesondere

1. Sprachkurse;

2. Kurse zur Aus- und Weiterbildung;

3. Veranstaltungen zur Einführung in die österreichische Kultur und Geschichte;

4. gemeinsame Veranstaltungen mit österreichischen Staatsbürgern zur Förderung des gegenseitigen Verständnisses;

5. Weitergabe von Informationen über den Wohnungsmarkt;

6. Leistungen des Fonds zur Integration von Flüchtlingen.

(3) Zur Durchführung der Integrationshilfe sind möglichst private, humanitäre und kirchliche Einrichtungen und Institutionen der freien Wohlfahrt oder der Gemeinden heranzuziehen. Die zu erbringenden Leistungen sind in einem privatrechtlichen Vertrag festzulegen, der auch den Kostenersatz zu regeln hat.

RV: [31]

Diese Bestimmung entspricht geltendem Recht und wurde nicht verändert (vgl § 24 des Asylgesetzes 1991).

Inhaltsübersicht

I. Allgemeines

1163 Nach den Materialien zur gleichlautenden Bestimmung des § 24 AsylG 1991 handelt es sich bei der Integrationshilfe um eine Reihe von Maßnahmen, die den Wirkungsbereich verschiedener Bundesministerien sowie den Wirkungsbereich der Länder umfassen (270 BlgNR 18. GP, 23). Fraglich ist, ob die Integrationshilfe im Rahmen der Hoheitsverwaltung oder im Rahmen der Privatwirtschaftsverwaltung zu erfolgen hat; obgleich man sich in der Praxis ausnahmslos der Formen der Privatwirtschaftsverwaltung bedient.

1164 Die Verfassung stellt es nach hL dem Gesetzgeber weithin frei, eine Angelegenheit, zB die Verteilung von Wohnungen, Stipendien, staatlichen Förderungen etc, entweder dem Bereich der Hoheitsverwaltung oder dem Bereich privatwirtschaftlicher Vollziehung zuweisen (*Walter/Mayer*, Bundesverfassungsrecht, Rz 565; einschränkend *Raschauer*, Handlungsformen). Die Kompetenzneutralität der nichthoheitlichen Verwaltung wird vom Gesetzgeber häufig dazu genutzt, um Kompetenzbindungen im Bereich der hoheitlichen Verwaltung zu umgehen („*Flucht aus der*

Kompetenzverteilung"; vgl *Adamovich/Funk*, Verfassungsrecht, 184). Soweit ersichtlich ist dies auch im Hinblick auf die Integrationshilfe der Fall; es handelt sich hier vor dem Hintergrund der Kompetenzverteilung im Kernbereich um den Tatbestand „Armenwesen" bzw „Bevölkerungspolitik" iSd Art 12 B-VG. Weder die Materialien noch der Gesetzeswortlaut selbst deuten irgendwie darauf hin, daß es sich bei § 41 AsylG 1997 um ein Grundsatzgesetz des Bundes handelt, sodaß davon ausgegangen werden muß, daß die Bestimmung des § 41 AsylG 1991 im Rahmen der Privatwirtschaftsverwaltung zu vollziehen ist. Grundsatzgesetze und Grundsatzbestimmungen wären als solche in der Kundmachung ausdrücklich zu bezeichnen (Art 12 Abs 4 B-VG).

1165 Die entscheidende Problematik dieser Frage liegt im Bereich des Rechtsschutzes. Das Rechtsschutzsystem des B-VG knüpft an die Rechtsformen hoheitlichen Verwaltungshandelns (VO, Bescheid, Akte unmittelbarerer behördlicher Befehls- und Zwangsgewalt) an und unterwirft ausschließlich solche Staatshandlungen der Kontrolle der UVS (des UBAS), des VwGH und des VfGH, die in hoheitliche Formen gekleidet sind. Auch gegen die Untätigkeit der Staatsorgane besteht nur in diesem Bereich eine Rechtsschutzmöglichkeit (vgl insb Art 132 B-VG; Amtshaftung). Die Privatwirtschaftsverwaltung unterliegt diesem Rechtsschutzsystem nicht; hier besteht im wesentlichen nur der Rechtsschutz durch die Zivilgerichte (vgl § 1 JN). Dieser Rechtsschutz ist indes mangelhaft: Der die Leistung verweigernde Staat kann in aller Regel nicht zum Abschluß von Verträgen gezwungen werden, auch wenn die Unterlassung aus unsachlichen Gründen erfolgt; ebensowenig kann ein Betroffener rechtlich verhindern, daß der Staat durch Gewährung von verschiedenen Leistungen (Darlehen, Subventionen etc) einigen juristischen oder natürlichen Personen Vorteile verschafft und andere benachteiligt.

1166 Dieser Mangel an Rechtsschutzmöglichkeit wird durch eine mögliche Doppelfunktion der Staatsorgane verschärft; für den Rechtsträger sind im Rahmen der Privatwirtschaftsverwaltung zumeist die Organe (zB BM) handlungsbefugt, die auch im Rahmen der Hoheitsverwaltung Entscheidungskompetenzen haben. Diese Problematik besteht selbst dann, wenn man davon ausgeht, daß das Legalitätsprinzip (Art 18 B-VG) – in welcher Intensität auch immer (vgl dazu *Walter/Mayer*, Bundesverfassungsrecht, Rz 570 ff; *Korinek/Holoubek*, Subventionsverwaltung, 3; VfSlg 7716, 7717, 8320; OGH 24. 11. 1988, 6 Ob 694/88; EvBl 1989/82) – auch in der Privatwirtschaftsverwaltung anwendbar ist (*Walter/Mayer*, Bundesverfassungsrecht, Rz 565).

II. Integrationshilfe und subjektives Recht

1167 Weder aus dem Text des § 41 AsylG 1997 noch aus den Materialien (auch zur im wesentlichen gleichlautenden Bestimmung des § 23 AsylG 1991) geht irgendwie hervor, ob es ein subjektives Recht auf Integrationshilfe gibt. Der Ausdruck „kann" läßt vorerst vermuten, daß die Gesetzesredaktoren über eine Ermessensbestimmung ein subjektives Recht ausschließen oder nur sehr verdünnt gewähren wollten. Dafür spricht auch die historische Entwicklung dieser Bestimmung. War in den ersten Entwürfen (vgl zB den Entwurf zum AsylG 1991 vom 19. 3. 1991; dieser Entwurf ist leider nicht öffentlich zugänglich) eine Bestimmung über Integrationshilfe überhaupt nicht vorgesehen, besagte der Entwurf vom 6. 8. 1991: *„Flüchtlingen, die Asyl haben, ist Integrationshilfe zu gewähren"*. Im Entwurf vom 28. 8. 1991 wurde das Wort *„ist"* durch *„kann"* ersetzt. Das Ermessen ist lediglich durch die Zweckbindung des § 41 Abs 1 zweiter Satz AsylG 1997 final determiniert.

1168 Von der Frage des Ermessens (Intensität der Bindung an das Gesetz) ist die Frage zu unterscheiden, ob das Gesetz einen Rechtsanspruch gewährt. Die Ermächtigung zur Ermessensübung betrifft ein Organ, die Durchsetzbarkeit eines (subjektiven) Rechts hingegen ein Rechtssubjekt. Es wäre falsch, diese beiden Rechtserscheinungen unabdingbar miteinander zu verknüpfen. Auch dort, wo Ermessen vorgesehen ist, bestehen Rechtsansprüche (*Mayer*, Integration, 9; siehe auch *Ringhofer*, Strukturprobleme, 35). Wesentliches Element eines subjektiven Rechts ist dessen Durchsetzbarkeit, also die einem Subjekt von der Rechtsordnung anerkannte Befugnis, zur Verfolgung eigener Interessen von einem anderen ein bestimmtes Tun, Unterlassen oder Dulden zu fordern. Subjektive Rechte können im öffentlichen wie im privaten Recht begründet sein.

1169 Die Bestimmung § 41 AsylG 1997 zeigt sich als Selbstbindungs- oder Statutargesetz (vgl zu den Selbstbindungs- bzw Statutargesetzen *Adamovich/Funk*, Verfassungsrecht, 184 f; *Wenger*, Selbstbindungsgesetze, 189 ff). Es ist das Wesen der Selbstbindungsgesetze, daß sie nur das Verhalten der Organe des Bundes oder eines Landes als Träger von Privatrechten, nicht aber die Rechtsstellung dritter Personen direkt regeln (vgl *Walter/Mayer*, Bundesverfassungsrecht, Rz 565). Selbstbindungsgesetze kommen generellen Weisungen in Gesetzesform gleich. Damit erweisen sich Selbstbindungsgesetze als nur unvollkommene Umsetzung des rechtsstaatlichen Prinzips, das den Rechtsstaat auch als Rechtsschutzgaranten begreift. Rechtsstaatliche Ziele werden nur dadurch erreicht, daß die Verletzung von Selbstbindungsgesetzen nur eine zivil-, disziplinar- und allenfalls strafrechtliche Haftung der Organwalter begründet; subjektive Rechte, die notfalls über Gerichte oder Verwaltungsbehörden durchgesetzt werden können, werden hingegen nicht eingeräumt. Die Gültigkeit eines Rechtsgeschäftes ist von der Einhaltung derartiger gesetzlicher Vorschriften unabhängig (*Rill*, Gliedstaatsverträge, 297). Ein subjektives Recht kann erst auf Grund eines privatrechtlichen Vertrages entstehen, das nur im Privatrechtsweg durchgesetzt werden kann.

III. Gegenstand der Integrationshilfe

1170 Gem § 41 AsylG 1997, kann Fremden, denen Asyl gewährt wurde, Integrationshilfe gewährt werden. Nach dem Wortlaut des Gesetzes soll durch Integrationshilfe die volle Einbeziehung der Asylberechtigten in das österreichische wirtschaftliche, kulturelle und gesellschaftliche Leben und eine möglichst weitgehende Chancengleichheit mit österreichischen Staatsbürgern in diesen Bereichen herbeigeführt werden. Nach Abs 2 dieser Bestimmung sind Integrationshilfe insb Sprachkurse, Kurse zur Aus- und Weiterbildung, Veranstaltungen zur Einführung in die österreichische Kultur und Geschichte, gemeinsame Veranstaltungen mit österreichischen Staatsbürgern zur Förderung des gegenseitigen Verständnisses, Weitergabe von Informationen über den Wohnungsmarkt und Leistungen des Fonds zur Integration von Flüchtlingen (die Satzung des Flüchtlingsfonds der Vereinten Nationen Wien wurde gem § 35 Abs 1 BG 27. 11. 1974 über Stiftungen und Fonds vom BMI unter Zahl 6.076/109-IV/7/91 genehmigt).

1171 Gem § 2 der Satzung des Fonds verfolgt der Fonds ausschließlich und unmittelbar den gemeinnützigen Zweck, die Integration von Flüchtlingen oder von anderen Personen, die sich um Asyl beworben haben und denen aus humanitären Gründen die Einreise in das Bundesgebiet und/oder der weitere Aufenthalt im Bundesgebiet gestattet wird, zu erleichtern. Der Wortlaut dieser Satzungsbestimmung geht – was den Kreis der berechtigten Personen betrifft – über den Kreis der Asylberechtigten hinaus. Gem § 4 Abs 1 lit a der Satzung wird das Fondsvermögen für Hilfs- und Betreuungsmaßnahmen zur Unterbringung, Sprachausbildung sowie für andere Maßnahmen zur gesellschaftlichen Integration verwendet. Diese Unterstützungen können der (dem) Begünstigten direkt oder über die Finanzierung von Projekten und Programmen zugute kommen.

1172 Der Integrationshilfe ist in § 41 Abs 2 AsylG 1997 nicht abschließend, sondern nur demonstrativ umrissen. Demnach können auch etwa Wohnungsdarlehen, Startwohnungen, Arbeitsvermittlung, verschiedene Projekte der Berufsfort- und Ausbildung, aber auch beispielsweise psychologische Betreuung für traumatisierte Flüchtlinge im Rahmen der Integrationshilfe gewährt werden. Die Integrationshilfe ist insgesamt final determiniert, sodaß nur derartige Leistungen im Rahmen der Integrationshilfe gewährt werden dürfen, welche die „volle Einbeziehung in das österreichische wirtschaftliche, kulturelle und gesellschaftliche Leben und eine möglichst weitgehende Chancengleicheit mit österreichischen Staatsbürgern" zum Ziel haben (vgl § 41 Abs 1 zweiter Satz AsylG 1997).

1173 Der Bund hat sich zur Integrationshilfe nach Möglichkeit anderer Rechtssubjekte, wie zB privater, humanitärer und kirchlicher Einrichtungen und Institutionen der freien Wohlfahrt (regelmäßig im Bereich der Länder) oder der Gemeinden zu bedienen, wobei die zu erbringenden Leistungen in einem privatrechtlichen Vertrag festzulegen sind. Diese vertraglich herangezogenen Rechtsträger handeln wohl in eigenem Namen, aber auf Rechnung des Bundes (vgl § 41 Abs 3 AsylG 1997). Erst wenn und nur insoweit die vertragliche Heranziehung eines der genannten Rechtssubjekte zur Integrationshilfe nicht möglich ist, darf der Bund selbst – gleichsam subsidiär – zur Integrationshilfe schreiten. Die Gültigkeit eines Vertrages wird von dieser Regelung allerdings nicht berührt.

9. Abschnitt

Schlußbestimmungen

Zeitlicher Geltungsbereich

§ 42. (1) (Verfassungsbestimmung) § 38 Abs. 1 tritt mit 1. Jänner 1998 in Kraft, gleichzeitig treten die §§ 25 Abs. 1 und 27 des Asylgesetzes 1991, BGBl. Nr. 8/1992, außer Kraft.

(2) Die übrigen Bestimmungen dieses Bundesgesetzes treten mit 1. Jänner 1998 in Kraft, gleichzeitig treten die übrigen Bestimmungen des Asylgesetzes 1991 außer Kraft.

(3) Die §§ 4, 5 Abs. 3, 15 Abs. 2 und 3, 21 Abs. 1, 22, 29, 30 Abs. 2, 32, 37 Abs. 1, 39 Abs. 3 sowie § 44 Abs. 7 in der Fassung des Bundesgesetzes BGBl. I Nr. 4/1999 treten mit 1. Jänner 1999 in Kraft.

(§ 42 Abs 3 angefügt durch BGBl I 1999/4)

RV: [31]

Diese Bestimmungen enthalten die notwendigen Anpassungs- und Inkrafttretensregelungen sowie Vollziehungsklausel. Bisher stand die gesamte Inkrafttretensregelung des § 27 – dies betrifft Bestimmungen im Verfassungsrang und einfachgesetzliche Bestimmungen im Asylgesetz gleichermaßen – im Verfassungsrang. Nunmehr soll sich die verfassungsrechtliche Regelung betreffend das Inkrafttreten nur mehr auf die verfassungsrechtlichen Bestimmungen in diesem Bundesgesetz beziehen, während die übrigen Teile dieses Gesetzes auf Grund einer einfachgesetzlichen Bestimmung in Kraft gesetzt werden sollen. Dies soll künftige Novellierungen des Asylgesetzes auch auf einfachgesetzlicher Basis ermöglichen.

Inhaltsübersicht

I. Allgemeines

1174 Die Bestimmung des § 42 AsylG 1997 regelt den sog „zeitlichen Geltungsbereich". Vom „zeitlichen Geltungsbereich" spricht man in verschiedenen Bedeutungen vom „zeitlichen Anwendungsbereich" (vgl zB VfSlg 4139, 4157, 6077; VwSlg-NF 7908 A) und differenziert zwischen zeitlichem Rechtsbedingungsbereich und zeitlichem Rechtsfolgenbereich (*Walter/Mayer*, Bundesverfassungsrecht, Rz 487; *Haller*, Prüfung).

1175 Genauer betrachtet regelt die Bestimmung des § 42 AsylG 1997 das Außerkrafttreten des AsylG 1991 und das Inkrafttreten des AsylG 1997. Als Stichtag ist der 1. Jänner 1998 normiert. Damit ist einerseits festgelegt, daß der zeitliche Rechtsbedingungsbereich (nicht jedoch der zeitliche Rechtsfolgenbereich; vgl dazu insb § 44 Abs 5 und 6 AsylG 1997) des AsylG 1991 mit Ablauf des 31. 12. 1997 endet, und andererseits, daß der zeitliche Rechtsbedingungsbereich und grundsätzlich der zeitliche Rechtsfolgenbereich des AsylG 1997 mit dem 1. 1. 1998 beginnen. Die Bestimmung des § 42 Abs 1 AsylG 1991 steht in Verfassungsrang, weil auch die entsprechenden Bestimmungen des AsylG 1991 (vgl insb § 25 Abs 1 und § 27 AsylG 1991) in Verfassungsrang gestanden waren.

II. Anpassung der Übergangsbestimmungen des AsylG 1991

1176 Mit der Verfassungsbestimmung des § 27 AsylG 1991 war das AsylG 1991 insgesamt mit Verfassungsbestimmung in Kraft gesetzt worden. Dies brachte mit sich, daß eine Abänderung des AsylG 1991 jedenfalls einer Verfassungsbestimmung bedurfte. Vor diesem Hintergrund wird die Bestimmung des § 27 AsylG 1991 durch Verfassungsbestimmung außer Kraft gesetzt, um gleichzeitig die Außerkrafttretensregelung für das AsylG 1991 im Range einer einfachen Gesetzesbestimmung halten zu können. Ob diese – eher komplizierte Vorgangsweise – gesetzestechnisch notwendig und zielführend war, soll hier dahingestellt bleiben.

1177 Zugleich wird auch die Verfassungsbestimmung des § 25 Abs 1 AsylG 1991 durch Verfassungsbestimmung aufgehoben. Diese Übergangsbestimmung hatte im Hinblick auf die einfachgesetzliche Regelung des Abs 2 dieser Bestimmung seinerzeit zu einer auffälligen Judikaturdivergenz im Hinblick auf das anzuwendende Verfahrensrecht und die Zuständigkeit des BAA geführt (siehe dazu *Rohrböck*, AsylG 1991, 230 ff). Nach der Jud des VfGH, der den Wortlaut der Bestimmung des § 25 Abs 1 und Abs 2 AsylG 1991 (Abs 2 stand im Rang eines einfachen Gesetzes) – wie er ausdrücklich ausführte – berichtigte, legte § 25 Abs 1 und 2 leg cit für die Übergangszeit ausschließlich die Behördenzuständigkeit fest, wobei mit dem Stichtag jedenfalls das Verfahren nach dem AsylG 1991 anzuwenden war (VfGH 16. 12. 1992, B1387/92 ua).

1178 Der VwGH hatte hingegen richtigerweise ausgesprochen, *„daß von dieser Regelung ausschließlich die Verfahren erfaßt sind, die* ***AM*** *1. Juni 1992 beim Bundesminister für Inneres anhängig sind. Stellt sich die weitere Frage, nach welchen Bestimmungen die anderen (nicht zum genannten Zeitpunkt beim Bundesminister für Inneres anhängigen) Verfahren zu Ende zu führen sind, so wird sie – ebenfalls auf Grund des Gesetzeswortlautes – hinsichtlich der am 1. Juni 1992 in erster Instanz anhängigen Verfahren eindeutig durch § 25 Abs 1 erster Satz Asylgesetz 1991 dahingehend beantwortet, daß hiefür (weiterhin) die bis zum Inkrafttreten dieses Bundesgesetzes geltende Rechtslage, also das Asylgesetz (1968), heranzuziehen ist. (...) Zweifelhaft könnte anhand des Wortlautes des § 25 Abs 1 erster Satz Asylgesetz 1991 – und dies ist im vorliegenden Beschwerdefall von Relevanz – allenfalls nur sein, ob die am 1. Juni 1992 in erster Instanz anhängigen Verfahren lediglich von der Erstbehörde (jeweilige Sicherheitsdirektion) oder auch noch vom Bundesminister für Inneres nach der alten Rechtslage zu Ende zu führen sind. Nimmt man letzteres nicht ohnehin schon auf Grund des Wortlautes des § 25 Abs 1 erster Satz Asylgesetz 1991 an, weil es sich bei dem Wort ‚Verfahren' um einen einheitlichen (das gesamte Asylverfahren vom Einlangen des Asylantrages bis zu seiner rechtskräftigen Erledigung umfassenden) Begriff handelt, (...) so kommt man auch im Wege verfassungskonformer Interpretation (...) zum selben Ergebnis. Die Behörde hätte daher (...) das (bei ihr erst nach dem 1. Juni 1992 anhängig gewordene) Verwaltungsverfahren gemäß § 25 Abs 1 erster Satz Asylgesetz 1991 nach der bis zum Inkrafttreten dieses Bundesgesetzes geltenden Rechtslage zu Ende zu führen gehabt"* (VwGH 31. 3. 1993, 92/01/0831). Der VwGH befand sich mit dieser Jud, die er in der Folge mehrmals unterstrichen hat (vgl VwGH 21. 4. 1993, 92/01/0961; 17. 6. 1993, 92/01/1007; 8. 7. 1993, 92/01/1023; vgl dazu auch den Beschluß des VwGH nach

§ 44 Abs 3 AsylG 1997 vom 19. 2. 1998, 95/20/0573, wo er seine Jud neuerlich unterstrich), in unauflöslichem Widerspruch zum VfGH. Dadurch, daß man die Verfassungsbestimmung des § 25 Abs 1 AsylG 1991 beseitigt, sollte diese Problematik gelöst werden. Auch dieser Ansatz mutet gesetzestechnisch äußerst kompliziert an; ob der angestrebte Erfolg erreicht wurde, bleibt zumindest fraglich.

III. Inkrafttretensbestimmungen

1179 Das AsylG 1997 enthält – mit Ausnahme der Bestimmung des § 42 Abs 1 AsylG 1997 selbst – keine Verfassungsbestimmung. Somit wird auf Basis einer einfachen Gesetzesbestimmung nach § 42 Abs 2 AsylG 1997 festgelegt, daß – abgesehen von den in Abs 1 leg cit genannten Regelungen (dies betrifft nur § 38 Abs 1 AsylG 1997) – die übrigen Bestimmungen des AsylG 1997 mit 1. Jänner 1998 in Kraft treten und gleichzeitig die übrigen Bestimmungen des AsylG 1991 (ausgenommen die in § 42 Abs 1 AsylG 1997 enthaltenen § 25 Abs 1 und § 27 AsylG 1991) außer Kraft treten. Das Inkrafttreten des § 38 Abs 1 AsylG 1997 wird mit Verfassungsbestimmung des § 42 Abs 1 AsylG 1997 verfügt, obwohl die Bestimmung des § 38 Abs 1 leg cit in ein einfaches Bundesgesetz gekleidet ist. Zudem sticht ins Auge, daß die Verfassungsbestimmung des § 10 Abs 1 AsylG 1991 mit der einfachgesetzlichen Bestimmung des § 42 Abs 2 AsylG 1997 außer Kraft gesetzt wurde.

1179a Die AsylG-N 1998 (BGBl I 1999/4) trat am 1. 1. 1999 in Kraft (§ 42 Abs 3 AsylG 1997) und hat die oben aufgezeigte Problematik nicht bereinigt. Die „verbindende Kraft“ eines BG beginnt – wenn in diesem nicht ausdrücklich anderes bestimmt ist (Rückwirkung oder Legisvakanz – gem Art 49 Abs 1 B-VG nach Ablauf des Tages, an dem das Stück des BGBl, das die Kundmachung enthält, herausgegeben und versendet wird. Das BGBl I 1999/4 wurde am 8. Jänner 1999 ausgegeben; die AsylG-N 1998 ist sohin – wenn auch nur für wenige Tage – *rückwirkend* in Kraft getreten. Dies ist insofern nicht bedenklich, als das Verfassungsrecht kein *allgemeines Verbot rückwirkender Gesetze* enthält (*Walter/Mayer*, Bundesverfassungsrecht, Rz 494; VfSlg 2009, 5051, 5411 ua); lediglich die Verfassungsbestimmung des Art 7 Abs 1 EMRK enthält das *Verbot rückwirkender Strafgesetze* (nullum crimen sine lege praevia; vgl auch § 1 StGB).

Verhältnis zur Genfer Flüchtlingskonvention

§ 43. Die Bestimmungen der Genfer Flüchtlingskonvention bleiben unberührt.

RV: *(siehe bei § 42)*

Inhaltsübersicht

I. Allgemeines

1180 Ganz allgemein ist mit der Bestimmung des § 43 AsylG 1997 der Vorrang der GFK gegenüber dem AsylG 1997 festgelegt (vgl dazu schon § 26 AsylG 1991). Widersprüche zwischen dem AsylG 1997 und der GFK werden dadurch zu scheinbaren (vorläufigen) Widersprüchen, die stets zu Gunsten der GFK aufzulösen sind, soweit der Wortlaut des AsylG 1997 dies zuläßt; die Bestimmungen des AsylG 1997 sind im Rahmen des möglichen Wortsinns gegenüber der GFK stets subsidiär (weitergehend *Rosenmayr*, Asylrecht, 541; *Steiner*, AsylR `92, 52). Ob die salvatorische Klausel des § 43 AsylG 1997 verhindert, daß eine Bestimmung des AsylG 1997, deren *klarer Wortlaut* mit der GFK in Konflikt steht, der GFK derogiert, ist fraglich (verneinend *Muzak*, Aufenthaltsberechtigung, 228 ff; *Mayer*, Wasserkraftwerke, 74; *ders*, ecolex 1995, 376; *Rill*, ZfV 1988, 483; zB VfSlg 11.393, 12.068; VwGH 15. 12. 1993, 93/01/1177). Sehr wohl wirkt aber die Bestimmung des § 43 AsylG 1997 als Interpretationshilfe. Vor diesem Hintergrund ist auf die Bestimmung des Art 5 GFK hinzuweisen, die im Hinblick auf Flüchtlinge ein Günstigkeitsprinzip enthält: Dieses Abkommen (die GFK) soll keinerlei Rechte oder Vorteile, die von einem vertragschließenden Staat vor oder neben diesem Abkommen gewährt wurden, beeinträchtigen. Im Lichte dessen liegt die Vermutung nahe, daß die Bestimmungen des AsylG 1997 der GFK dort vorgehen, wo sie für den Flüchtling iSd GFK „günstiger" sind.

II. Asylverfahren

1181 Ob die GFK, die generell in das österreichische Recht im Range eines einfachen Gesetzes transformiert wurde, eine eigenständige Verpflichtung der Vertragsparteien statuiert, die Flüchtlingseigenschaft von Personen, die behaupten, sie würden in konventionsrelevanter Weise verfolgt, zu prüfen, ist – im Gegensatz zum Dubliner Übereinkommen – fraglich (*Zimmermann*, Grundrecht, 76). Dem Wortlaut der GFK lassen sich keine verbindlichen Leitlinien darüber entnehmen, welche verfahrensrechtliche Pflichten die Vertragsstaaten gegenüber (materiellen) Flüchtlingen übernommen haben (*Zimmermann*, Grundrecht, 78; *Hailbronner*, Refoulement, 6;

ähnlich *Marx*, Konventionsflüchtlinge, 11). Daß aber irgendein Verfahren vonnöten ist, wenn die völkerrechtlichen Verpflichtungen aus der GFK nach den Prinzipien von Treu und Glauben erfüllt werden soll, liegt auf der Hand. Grundsätzlich bleibt es jedoch jedem der vertragschließenden Staaten in den Grenzen seiner sonstigen völkerrechtlichen Verpflichtungen (vgl zB EMRK; CCPR) überlassen, das Verfahren, welches er auf Grund seiner konstitutionellen und administrativen Struktur für angemessen hält, einzuführen und anzuwenden (vgl dazu Handbuch, 45 ff). Wichtig ist nur, daß das Verfahren zur Umsetzung der völkerrechtlichen Verpflichtungen auch geeignet ist.

1182 Empfehlungen für die Einhaltung gewisser Mindesstandards für solche Verfahren sind in den im Jahre 1977 verabschiedeten Entschließungen des EXCOM (Beschlüsse Nr 6, 7, 8 und 9 (XXVIII)) enthalten (vgl dazu bereits Annex 1 zum Gründungsvertrag der IRO, 18 UNTS 3). Ferner hat das Ministerkomitee des Europarates unter Bezugnahme auf die GFK im Jahre 1981 ebenfalls eine Empfehlung betreffend die Harmonisierung nationaler Asylverfahren angenommen, die weitgehend identische Grundsätze beinhaltet (Recommendation No R (81) 16 vom 5. 11. 1981; *Zimmermann*, Grundrecht, 79). Schlußendlich ist an dieser Stelle auf die Entschließung des Rates über Mindestgarantien für Asylverfahren vom 20. Juni 1995 hinzuweisen.

1183 Dadurch, daß die GFK generell in das österreichische Recht transformiert worden ist, stehen sich das AsylG 1997 und die GFK in gleichem Range gegenüber. Die lex-posterior bzw auch die lex-specialis-Regel kämen nur dann zur Anwendung, wenn ein an sich unauflösbarer Normenwiderspruch vorläge. Es widerspricht nicht der GFK, wenn das AsylG 1997 Asyl als das dauernde Einreise- und Aufenthaltsrecht (§ 1 Z 2 AsylG 1997) definiert, weil diese Bestimmung neben die GFK tritt und dieser nicht derogiert; einschlägige Bestimmungen der GFK kommen neben der Asylgewährung nach dem AsylG 1997 zur Anwendung.

1184 Es widerspricht zudem nicht der GFK, wenn das AsylG 1997 die Abschn B, D und E des Art 1 GFK im Rahmen der Asylgewährung nicht berücksichtigt und die Asylgewährung sowie die Feststellung der Flüchtlingseigenschaft auch für Personen vorsieht, für die die Voraussetzungen des Art 1 GFK nicht notwendigerweise vorliegt. Die GFK legt nur Mindesterfordernisse fest, verbietet es den Staaten aber nicht von vornherein, günstigere Regelungen anzuwenden. Nach dem Günstigkeitsprinzip des Art 5 GFK stehen „günstigere" Regelungen der GFK nicht entgegen. Es widerspricht allerdings Ziel und Zweck der GFK, wenn das AsylG 1997 die Asylgewährung und damit die Feststellung der Flüchtlingseigenschaft auf die Rechtsbedingung des Art 1 Abschn A Z 2 beschränkt und die „statutory refugees" davon ausschließt.

III. Feststellung der Flüchtlingseigenschaft

1185 Die GFK sieht keine „Feststellung der Flüchtlingseigenschaft" vor und schließt eine solche nicht aus. Es verstößt daher grundsätzlich nicht gegen die GFK, wenn das AsylG 1997 die Feststellung der Flüchtlingseigenschaft nur in jenen Fällen vorsieht, wenn es auch zur Asylgewährung kommt. Daß in dem Umstand, daß die Feststellung der Flüchtlingseigenschaft nur in Fällen der Asylgewährung, nicht aber in anderen Fällen einer (auf Dauer ausgerichteten) Aufenthaltsberechtigung vorgesehen ist, eine Diskriminierung der zuletzt angesprochenen (materiellen) Flüchtlinge gelegen ist und somit ein Verstoß gegen Art 3 GFK vorliegt, ist nicht auszuschließen.

Im Lichte der GFK teilweise problematisch ist allerdings die Aberkennung der Flüchtlingseigenschaft nach § 14 Abs 2 AsylG 1997: In den Fällen einer Aberkennung (di eine amtswegige Asylaberkennung nach § 14 Abs 1 leg cit) hat die Behörde mit der Aberkennung die Feststellung zu verbinden, daß damit dem Betroffenen die Flüchtlingseigenschaft kraft Gesetzes nicht mehr zukommt. Die Aberkennung der Flüchtlingseigenschaft gem § 14 Abs 2 AsylG 1997 greift auch bei Erfüllung von Asylverlusttatbeständen Platz, die nicht (zwangsläufig) den Verlust der Flüchtlingseigenschaft iSd GFK nach sich ziehen würden. Dies betrifft die Asylverlusttatbestände des § 14 Abs 1 Z 2, 3 und 5 AsylG 1997.

IV. Drittstaatsicherheit

1186 Die GFK kennt – im Gegensatz zum AsylG 1997 – keine Regelungen betreffend die Drittstaatsicherheit. Die Zulässigkeit derartiger Regelungen kann letztendlich nur vor dem Hintergrund des Sinns und Zwecks der GFK (vgl dazu Art 31 Abs 1 WVK) erschlossen werden. Sinn und Zweck der GFK ist va die Gewährung von Schutz in einem bestimmten Mindestmaß an schutzbedürftige Flüchtlinge iSd Art 1 GFK. Wenn die Schutzbedürftigkeit einer Person – aus welchen Gründen immer – entfällt, ist auch die Schutzgewährung an die betreffende Person vor dem Hintergrund des Sinns und Zwecks der GFK nicht (mehr) notwendig. Es widerspricht daher nicht der GFK, wenn ein Vertragsstaat unter diesen Bedingungen von einer Asylgewährung absieht. Diese Überlegungen gelten grundsätzlich auch für die Zuständigkeitsbestimmungen nach dem Dubliner Übereinkommen (vgl dazu § 5 AsylG 1997). Grundsätzlich können auch mehrseitige Völkerrechtsverträge (durch nachfolgende Verträge) einer Modifikation unterliegen; dies bindet jedoch nur die Vertragsparteien des nachfolgenden Vertrages zueinander und darf nicht dazu führen, daß die übrigen Vertragsparteien in dem Genuß ihrer Rechte auf Grund des Vertrages oder in der Erfüllung ihrer Pflichten beeinträchtigt werden (vgl dazu Art 41 WVK). Die Bestimmung des § 4 AsylG 1997 dürfte sich – im Gegensatz zu § 2 Abs 2 Z 3 AsylG 1991 – weitgehend in diesem Rahmen bewegen; Zweifel könnten jedoch im Hinblick auf die widerlegliche Rechtsvermutung der Drittstaatsicherheit gem § 4 Abs 3 AsylG 1997 auftreten. Die Vermutung der Drittstaatsicherheit kann – bei weiter Auslegung – in Einzelfällen dazu führen, daß von Drittstaatsicherheit ausgegangen wird, selbst wenn die Schutzbedürftigkeit iSd GFK im Einzelfall nicht entfallen ist.

V. Offensichtlich unbegründete Asylanträge

1187 Fraglich könnte sein, ob sich das Rechtsinstitut der „offensichtlich unbegründeten Asylanträge" (§ 6 AsylG 1997) vor der GFK rechtfertigen läßt. Zunächst ist festzuhalten, daß es sich hier um eine materielle Entscheidung handelt, die grundsätzlich an den Kriterien der GFK zu messen ist (*Zimmermann*, Grundrecht, 80; EXCOM-Beschluß Nr 30 (XXXIV) = UNDoc Nr 12 A (A/38/12/ Add 1)). Das Rechtsinstitut der offensichtlich unbegründeten Asylanträge darf unbestreitbar nicht dazu führen, daß dadurch eine unzulässige territoriale Einschränkung der GFK bewirkt wird. Unentbehrlich ist auch hier eine Einzelfalluntersuchung, ob sich aus dem Antrag oder aus sonstigen Indizien nicht doch ein Hinweis auf eine konventionsrelevante Verfolgung ergibt.

1188 Das Anerkennungsverfahren kann nicht in einer Weise generalisiert (vom Einzelfall abstrahiert) werden, daß bestimmte Staaten von vornherein als verfolgungssicher angesehen werden, was zur Folge hätte, daß deren Staatsangehörige *per se* keine Flüchtlinge sein könnten (vgl *Zimmermann*, Grundrecht, 80 f; für eine weitgehende Generalisierungsmöglichkeit bei gegebener Widerleglichkeit einer Rechtsvermutung *Hailbronner*, Concept). Würde man lediglich pauschalierte (negative) Entscheidungen über den Flüchtlingsstatus ganzer Personengruppen treffen, würden zugleich die individuellen Rechte des einzelnen Flüchtlings nicht mehr (mit der nötigen Sicherheit) gewährt werden können.

VI. Non-refoulement-Prüfung

1189 Die GFK kennt zwar ein refoulement-Verbot, jedoch ist in der GFK ein Verfahren betreffend eine non-refoulement-Prüfung nicht ausdrücklich vorgesehen. Es widerspricht aber nicht der GFK, wenn ein Staat ein besonderes Verfahren zur non-refoulement-Prüfung nach den Kriterien des Art 33 GFK (als Mindestanforderungen) vorsieht (vgl § 8 AsylG 1997, § 75 FrG 1997); dabei ist gleichgültig, ob die Asylbehörden oder die Fremdenpolizeibehörden die verfahrensgebundene non-refoulement-Prüfung vornehmen. Die GFK stellt es den Vertragsstaaten frei, auf welche Weise sie das refoulement-Verbot des Art 33 GFK einhalten, wenn es nur tatsächlich eingehalten wird. Vor diesem Hintergrund ist zu erwähnen, daß die Fremdenpolizeibehörden das refoulement-Verbot gem § 57 FrG 1997 in jedem Stadium von Amts wegen wahrzunehmen haben. Ob die Konstruktion der §§ 57 und 75 FrG 1997 mit der relativ eingeschränkten Antragslegitimation nach § 75 Abs 2 FrG 1997 ausreichend effektiv ist, mag fraglich sein. Neben Art 33 GFK ist auch Art 3 EMRK zu beachten

VII. Asylausschluß und Asylverlust

1190 Das AsylG 1997 zieht die Bestimmungen des Art 1 Abschn F und Art 33 Abs 2 GFK als „Asylausschlußtatbestände" heran (§ 13 AsylG 1997) und bewegt sich vor diesem Hintergrund durchaus im Rahmen der GFK. Gleiches gilt für den Asylverlusttatbestand nach § 14 Abs 1 Z 1 AsylG 1997, der auf die Endigungstatbestände des Art 1 Abschn C GFK verweist. Der Asylverlust nach dem Wegfall des für die Asylerstreckung maßgeblichen Grundes ohne Vorliegen eines anderen Asylerstreckungstatbestandes (§ 14 Abs 1 Z 1 AsylG 1997) ist – wie die Asylerstreckung selbst – der GFK fremd. An dieser Stelle ist darauf hinzuweisen, daß die Asylaberkennung nach § 14 Abs 1 Z 2 AsylG 1997 einem Asylverfahren nach § 7 AsylG 1997 nicht entgegensteht. Ihnen ist sohin der Weg zum Asyl in Österreich prinzipiell nicht versperrt.

1191 Gem § 14 Abs 1 Z 3 AsylG1997 ist Fremden Asyl von Amts wegen mit Bescheid abzuerkennen, wenn die Fremden den Mittelpunkt ihrer Lebensbeziehungen in einem anderen Staat haben. Ein derartiger Endigungstatbestand findet sich in Art 1 Abschn C GFK nicht, wobei nach hL die Endigungstatbestände der GFK in Art 1 Abschn C GFK abschließend aufgezählt sind. Dies bedeutet aber nicht zwangsläufig, daß der Asylverlusttatbestand des § 14 Abs 1 Z 3 AsylG 1997 zwangsläufig gegen die GFK verstößt. Zwischen den Endigungstatbeständen des Art 1 Abschn C GFK und des § 14 Abs 1 Z 3 AsylG 1997 (vgl dazu auch § 14 Abs 1 Z 5 leg cit) besteht ein wesentlicher Unterschied. Die Endigungstatbestände des Art 1 Abschn C GFK beenden die Flüchtlingseigenschaft iSd GFK, während die Asylverlusttatbestände des § 14 Abs 1 Z 3 und 5 AsylG 1997 die Flüchtlingseigenschaft nach der GFK unberührt lassen und nur das Asylrecht in Österreich zum Erlöschen bringen. Demgegenüber sieht allerdings § 14 Abs 2 AsylG 1997 vor, daß in den Fällen (nach dem Wortlaut sohin in allen Fällen) einer Aberkennung (gemeint ist die Asylaberkennung nach § 14 Abs 1 mit der Aberkennung die Feststellung zu verbinden ist, daß damit dem Betroffenen die Flüchtlingseigenschaft nicht mehr zukommt. Dies steht in den Fällen der Asylaberkennung nach § 14 Abs 1 Z 2, 3, und 5 AsylG 1997 in einem Spannungsverhältnis zur GFK.

1192 Der Mittelpunkt der Lebensbeziehungen in einem anderen Staat setzt wohl inhaltlich voraus, daß der betreffende Fremde in diesem Staat auch sicher ist und sohin die Schutzbedürftigkeit des Fremden entfällt. Entfällt die Schutzbedürftigkeit des betreffenden Fremden nicht, wird man nicht davon ausgehen können, daß ein Fremder in einem anderen Staat den Mittelpunkt seiner Lebensbeziehungen hat. Ähnlich wie das Konzept der Drittstaatsicherheit ist die Verträglichkeit des Asylverlusttatbestandes des § 14 Abs 1 Z 3 AsylG 1997 mit der GFK daran zu messen, ob er eine Erfüllung der völkerrechtlichen Verpflichtungen aus der GFK nach den Prinzipien von Treu und Glauben zuläßt, was bei sorgfältiger Anwendung dieser Bestimmung weitestgehend der Fall sein dürfte.

1193 Der Asylverlusttatbestand des § 14 Abs 1 Z 5 AsylG 1997 übernimmt den Wortlaut des Art 33 Z 2 GFK. Nach dieser Bestimmung kann der Vorteil des Art 33 Z 1 GFK (refoulement-Verbot) von einem Flüchtling nicht in Anspruch genommen werden, der aus gewichtigen Gründen eine Gefahr für die Sicherheit seines Aufenthaltslandes darstellt oder der, wegen eines besonders schweren Verbrechens rechtskräftig verurteilt, eine Gefahr für die Gemeinschaft des betreffenden Landes bedeutet. Wenn nun die GFK selbst unter der Voraussetzung, daß für einen Flüchtling im Zielstaat dessen Leben oder sine Freiheit aus den Gründen seiner Rasse, seiner Religion seiner Nationalität, seiner Zugehörigkeit zu einer bestimmten sozialen Gruppe oder seiner politischen Ansichten bedroht ist, die Ausweisung oder Zurückweisung des Flüchtlings gem Art 33 Z 2 leg cit zuläßt, wird man in der Ansicht nicht fehl gehen, daß unter den Voraussetzungen des Art 33 Z 2 GFK auch die Asylaberkennung mit der GFK vereinbar ist.

1194 § 14 Abs 1 Z 4 AsylG 1997 sieht die Asylaberkennung vor, wenn einer der in Art 1 Abschn F GFK genannten Ausschlußgründe eingetreten ist. Art 1 Abschn F GFK betrifft die sog „Asylunwürdigkeit“ und verhindert die Flüchtlingseigenschaft (auch nachträglich) a limine; dh unter den Rechtsbedingungen des Art 1 Abschn F GFK ist die Flüchtlingseigenschaft – sollte sie einmal bestanden haben – von Anfang an (ex tunc) beseitigt und kann nie (mehr) entstehen. Vor diesem Hintergrund muß man davon ausgehen, daß in diesem Fällen auch die bescheidmäßige Aberkennung von Asyl mit der GFK vereinbar ist; das bedeutet aber nicht – wie auch vor dem Hintergrund des Art 33 Z 2 GFK – zwangsweise, daß fremdenpolizeiliche Maßnahmen in jedem Fall auch mit der EMRK (insb Art 3 leg cit) vereinbar wären.

VIII. Einreise und Schutz vor Aufenthaltsbeendigung

1195 Das AsylG 1997 kennt ein besonderes Verfahren für die Einreise an der Bundesgrenze und die Einreise über einen Flugplatz (vgl dazu oben die Ausführungen zu § 17, Rz 509 ff). Die GFK selbst enthält vergleichbare Regelungen nicht; sie fordert jedoch auch in Verfahren an der Bundesgrenze oder an Flugplätzen die Einhaltung des Art 33 GFK betreffend das refoulement-Verbot; dies gilt gleichermaßen auch im Hinblick auf Art 3 EMRK (siehe dazu oben die Ausführungen zu § 1, Rz 110 ff und § 8, Rz 320 ff). In diesem Zusammenhang ist auch auf die Ausweisungsbeschränkungen nach der GFK zu verweisen. Die vertragschließenden Staaten sollen gem Art 32 Z 1 GFK keinen Flüchtling, der sich erlaubterweise auf ihrem Gebiet aufhält, ausweisen, es sei denn aus Gründen der Staatssicherheit oder der öffentlichen Ordnung. Nach Z 2 dieser Bestimmung soll die Ausweisung eines Flüchtlings nur in Ausführung einer Entscheidung erfolgen, die gemäß den gesetzlichen Verfahren erflossen ist. Dem Flüchtling soll, wenn keine zwingenden Gründe der nationalen Sicherheit entgegenstehen, erlaubt werden, Entlastungsbeweise zu liefern, gegen die Ausweisung zu berufen und sich zu diesem Zwecke vor der zuständigen Behörde oder vor einer oder mehreren Personen, die von den zuständigen Behörden besonders dafür bestimmt sind, vertreten zu lassen (vgl dazu auch Art 1 des 7. ZP EMRK). Gem Art 32 Z 3 GFK sollen die vertragschließenden Staaten solchen Flüchtlingen einen angemessenen Zeitraum gewähren, während dessen sie sich um die Einreise in ein anderes Land bewerben können. Die vertragschließenden Staaten behalten sich das Recht vor, während dieses Zeitraumes die notwendigen internen Maßnahmen zu treffen.

1196 Das AsylG 1997 bestimmt in § 21 Abs 2, daß kein Asylwerber in den Herkunftsstaat (§ 1 Z 4 leg cit) zurückgewiesen und überhaupt nicht zurückgeschoben oder abgeschoben werden darf. Fremde, deren Asylantrag rechtskräftig abgewiesen wurde, dürfen in den Herkunftsstaat nur zurückgewiesen, zurückgeschoben oder abgeschoben werden, wenn die Asylbehörde rechtskräftig festgestellt hat, daß dies nach § 57 FrG 1997 zulässig ist (§ 21 Abs 3 AsylG 1997). Zudem sind die Zurückweisungs- Zurückschiebungs- und Abschiebungsverbote des § 57 Abs 1 und 2 FrG 1997 in jedem Stadium eines fremdenpolizeilichen Verfahrens von Amts wegen wahrzunehmen. Auch die bescheidmäßige Feststellung stichhaltiger Gründe für die Annahme einer Bedrohung iSd § 57 Abs 1 und 2 FrG 1997 in einem vom Fremden bezeichneten Staat gem § 75 Abs 1 leg cit steht – ähnlich wie eine negative Feststellung nach § 8 AsylG 1997 – aufenthaltsbeendenden Maßnahmen entgegen (vgl dazu auch § 75 Abs 4 FrG 1997).

Übergangsbestimmungen

§ 44. (1) Am 1. Jänner 1998 bei den Asylbehörden anhängige Verfahren sind nach den Bestimmungen dieses Bundesgesetzes zu Ende zu führen. Der Bundesminister für Inneres hat die bei ihm anhängigen oder nach Aufhebung des Berufungsbescheides durch den Verfassungsgerichtshof oder den Verwaltungsgerichtshof anhängig werdenden Sachen dem unabhängigen Bundesasylsenat zuzuleiten. Eine Verpflichtung der Berufungsbehörde in Fällen, in denen die Entscheidung der Behörde erster Instanz vor dem 1. Jänner 1998 erging, eine non-refoulement-Prüfung vorzunehmen, besteht nicht.

(2) Verfahren betreffend Bescheide nach dem Asylgesetz 1991, die beim Verwaltungsgerichtshof oder beim Verfassungsgerichtshof angefochten sind, und nicht gemäß § 34 Abs. 1 VwGG oder § 19 Abs. 3 Z 2 lit. a, b, d oder e VfGG zurückzuweisen sind, treten mit dem Inkraftreten dieses Bundesgesetzes in das Stadium vor Erlassung des Berufungsbescheides zurück.

(3) Der Verwaltungsgerichtshof oder der Verfassungsgerichtshof hat die Beschwerde als unzulässig zurückzuweisen, die Parteien eines solchen höchstgerichtlichen Verfahrens haben die Kosten für ihre Aufwendungen selbst zu tragen. Der Verwaltungsgerichtshof oder der Verfassungsgerichtshof kann es unter Bedachtnahme auf die Notwendigkeit eines angemessenen Verhältnisses zwischen den beim unabhängigen Bundesasylsenat anhängigen Sachen und dessen personellen Ressourcen aufschieben, die Zurückweisungsbeschlüsse zu fassen. Hiebei hat er den jeweiligen Beschluß jedoch in Fällen, die

1. seit dem Jahr 1995 anhängig sind, längstens bis 31. März 1998,
2. seit dem 1. Halbjahr 1996 anhängig sind, längstens bis 30. Juni 1998,
3. seit dem 2. Halbjahr 1996 anhängig sind, längstens bis 31. Dezember 1998,
4. seit dem 1. Halbjahr 1997 anhängig sind, längstens bis 30. Juni 1999

zu fassen. Der Verwaltungsgerichtshof oder der Verfassungsgerichtshof hat die schriftliche Ausfertigung des Beschlusses samt den Akten des Verwaltungsverfahrens dem unabhängigen Bundesasylsenat zuzuleiten; die Frist des § 73 AVG beginnt in diesen Fällen mit dem Einlangen des Beschlusses bei der Asylbehörde zu laufen.

(4) Sofern den Asylwerbern nach diesem Bundesgesetz keine vorläufige Aufenthaltsberechtigung zukommt (§ 19), richtet sich deren Aufenthaltsrecht bis zur Entscheidung durch den unabhängigen Bundesasylsenat danach, ob sie auf Grund der Entscheidung des Verfassungsgerichtshofes oder des Verwaltungsgerichtshofes über die aufschiebende Wirkung ihrer Beschwerde während des höchstgerichtlichen Verfahrens zum Aufenthalt berechtigt waren oder nicht. Im übrigen richtet sich die Stellung der Asylwerber während dieser Zeit nach der eines Fremden, dessen Asylantrag rechtskräftig abgewiesen ist.

(5) Abweisliche Bescheide aufgrund des Asylgesetzes, BGBl. Nr. 126/1968, sowie des Asylgesetzes 1991 begründen in derselben Sache in Verfahren nach diesem Bundesgesetz den Zurückweisungstatbestand der entschiedenen Sache.

(6) Fremde, die nach dem Asylgesetz 1991 asylberechtigt waren, sowie solche Fremde, die vor dem 8. März 1968 nachweislich von einer österreichischen Sicherheitsbehörde als Flüchtling gemäß der Genfer Flüchtlingskonvention behandelt wurden, gelten auch im Sinne dieses Bundesgesetzes als Asylberechtigte. Bescheide, mit denen Fremden eine befristete Aufenthaltsberechtigung gemäß

§ 8 des Asylgesetzes 1991 erteilt wurde, gelten innerhalb ihres zeitlichen Geltungsbereiches als Bescheide gemäß § 15 dieses Bundesgesetzes.

(7) Am 1. Jänner 1999 bei den Asylbehörden anhängige Verfahren sind nach den Bestimmungen dieses Bundesgesetzes in der Fassung des Bundesgesetzes BGBl. I Nr. 4/1999 zu Ende zu führen. Berufungen, die gemäß § 32 Abs. 1 in der Fassung der Kundmachung BGBl. I Nr. 106/1998 rechtzeitig eingebracht wurden, gelten auch als nach § 32 Abs. 1 in der Fassung des Bundesgesetzes BGBl. I Nr. 4/1999 rechtzeitig eingebracht

(§ 44 Abs 2 idFd Kdm BGBl I 1998/106; § 44 Abs 7 angefügt durch BGBl I 1999/4)

RV: *(siehe bei § 42)*

AB: [7]

Die Einführung des unabhängigen Bundesasylsenates ist in Verbindung mit einem verfassungsgesetzlich normierten Ablehnungsrecht ein wesentlicher Schritt zur Entlastung des Verwaltungsgerichtshofes. Damit ist freilich das Problem der angefallenen Rückstände noch nicht gelöst. Nach dem vorliegenden Konzept sollen die beim Verwaltungsgerichtshof anhängigen Verfahren in das Stadium vor Erlassung des Berufungsbescheides zurücktreten und in der Folge – im Rahmen eines auf die Belastungssituation des unabhängigen Bundesasylsenates Bedacht nehmenden Zeitraumes – in die Entscheidungskompetenz dieser unabhängigen Behörde überstellt werden.

Die vorläufige Aufenthaltsberechtigung von Fremden, deren Beschwerden nach der Übergangsbestimmung als Berufung an den unabhängigen Bundesasylsenat fallen, richtet sich zunächst nach dem neuen Recht (§ 19). Darüber hinaus soll ihnen dann, wenn ihnen gegenwärtig auf Grund eines Beschlusses des Verwaltungsgerichtshofes über die aufschiebende Wirkung ein Aufenthaltsrecht zukommt, durch die Übergangsregelung keine Schlechterstellung auferlegt werden: In diesen Fällen sind sie bis zur Entscheidung des unabhängigen Bundesasylsenates zum Aufenthalt berechtigt.

Bei der Entscheidung über die Berufung soll es zu keinen weiteren Verzögerungen kommen, weshalb im Hinblick auf den Übergang der Zuständigkeit vom Bundesminister für Inneres auf den unabhängigen Bundesasylsenat die Zuleitung der Akten vom Höchstgericht direkt zur unabhängigen Asylbehörde erfolgen soll.

AB *(1494 BglNR 20. GP)*: [4]

Die Anfügung des Abs. 7 ist notwendig, um jene Fremden, die durch eine Berufung gemäß den Bestimmungen des AsylG 1997, BGBl. I Nr. 76/1997 (§ 32 Abs. 1), in der Fassung der Kundmachung, BGBl. I Nr. 106/1998, eingebracht haben, durch die Novelle nicht schlechter zu stellen.

Inhaltsübersicht

I. Allgemeines

1197 Die Schlußbestimmungen des § 25 AsylG 1991 hatten vorgesehen, daß die am Stichtag (1. Juni 1992) in erster Instanz anhängigen Verfahren nach der alten Rechtslage (AsylG 1968) zu Ende zu führen waren, während am Stichtag beim BMI anhängige Verfahren nach der neuen Rechtslage (AsylG 1991) zu Ende zu führen waren (vgl dazu *Rohrböck*, AsylG 1991, 230 ff). Dies hatte zu einer Aufsplittung des Asylverfahrens geführt, wobei diese Aufsplittung des Asylverfahrens (nicht zuletzt in zeitlicher Hinsicht) vor dem Hintergrund des Übergangsrechts zum AVG 1950 (Anlage zum AVG) überlagert war, das wiederum zu einer Trennung von „neuen" und „alten" AVG-Verfahren führte (siehe dazu die Anlage zum AVG, nämlich das „Übergangsrecht zum AVG 1950" BGBl 1991/51).

1198 Demgegenüber ist die Übergangsbestimmung des § 44 AsylG 1997 sichtlich von dem Bemühen geprägt, daß mit Inkrafttreten des AsylG 1997 ausschließlich das neue Asylverfahrensrecht, das neue materielle Asylrecht und die neue Behördenzuständigkeit zur Anwendung gelangen soll (vgl VwGH 30. 9. 1998, 98/20/0220; 98/20/0231). Das AsylG 1997 geht – freilich unter dem Gesichtspunkt der Entlastung der Gerichtshöfe des öffentlichen Rechts – noch einen Schritt weiter, indem im allgemeinen beim VwGH bzw VfGH anhängige Verfahren in das Stadium eines offenen Berufungsverfahrens zurücktreten, das wiederum nach der neuen Rechtslage zu finalisieren ist. Die Stammfassung des AsylG 1997 hatte im § 44 Abs 2 letzter Halbsatz vorgesehen, daß nur jene bei den Gerichtshöfen des öffentlichen Rechts anhängige Verfahren in das Stadium eines offenen Berufungsverfahrens zurücktreten, „sofern die Anfechtung vor Kundmachung dieses Bundesgesetzes erfolgte". Mit Erkenntnis vom 13. 6. 1998, G 78/98 hat der VfGH den letzten Halbsatz im § 44 Abs 2 AsylG 1997 BGBl I Z 6 als verfassungswidrig aufgehoben (siehe dazu die Ausführungen unter Rz 1207 ff). Die neue Rechtslage soll nicht dazu führen, daß mit Inkrafttreten des AsylG 1997 gegenüber dem AsylG 1991 eine „neue Verwaltungssache" vorliegt und somit neuerliche Entscheidungen ohne wesentliche Änderung des maßgebenden Sachverhalts zulässig werden. Ein besonderes Anliegen der Übergangsbestimmung ist es, den VwGH effektiv zu entlasten und nicht zugleich den UBAS zu überlasten. Ob und inwieweit dies gelungen ist, wird die Praxis zeigen.

1199 Die Entlastung der Gerichtshöfe des öffentlichen Rechts soll zudem – wie die Nov zum VfGG und VwGG (BGBl I 1997/88) zeigen – durch eine massive Erhöhung der Verfahrenskosten bewirkt werden, wovon aller Voraussicht nach besonders mittellose Fremde besonders betroffen sein dürften; gleichwohl ihnen idR das Rechtsinstitut der Verfahrenshilfe zur Verfügung steht (§ 61 VwGG; vgl näher *Oberndorfer*, Verwaltungsgerichtsbarkeit, 101), trifft gerade diesen Personenkreis ein erhöhtes Prozeßrisiko, wobei für mittellose Fremde ein Verfahren vor den Gerichtshöfen des öffentlichen Rechts insgesamt schwieriger wird. Gem § 17a erster Satz VfGG ist für *„Anträge einzelner, mit Ausnahme von Gebietskörperschaften nach § 15 Abs 1 – einschließlich der Beilagen – (...) spätestens im Zeitpunkt ihrer Überreichung eine Gebühr von 2.500 S zu entrichten"*. Gem § 24 Abs 3 erster Satz VwGG ist – im wesentlichen gleichlautend – für *„Beschwerden, Anträge auf Wiedereinsetzung in den vorigen Stand sowie Anträge auf Wiederaufnahme des Verfahrens einzelner, mit Ausnahme von Gebietskörperschaften – einschließlich der Bei-*

lagen –, (...) spätestens im Zeitpunkt ihrer Überreichung eine Gebühr von 2.500 S zu entrichten". Von dieser Gebührenerhöhung sind grundsätzlich Amtsbeschwerden nach § 38 Abs 5 zweiter Satz AsylG 1997 nicht betroffen. Wie diese Neuerungen der Nov 1997 des VfGG und VwGG im Lichte der Bestimmung des § 34 AsylG 1997 einzuordnen sind, ist fraglich, spricht doch § 34 AsylG 1997 von „Verfahren nach diesem Bundesgesetz" (gemeint ist das AsylG 1997), wählt sohin einen funktionellen und nicht einen organisatorischen Anknüpfungspunkt, und befreit *„die in Verfahren nach diesem Bundesgesetz notwendigen Eingaben, Vollmachtsurkunden, Niederschriften, Zeugnisse und ausländische Personenstandsurkunden sowie Verlängerungen von Aufenthaltsberechtigungen von den Stempelgebühren (...). Weiters sind für Amtshandlungen auf Grund oder unmittelbar für Zwecke dieses Bundesgesetzes Verwaltungsabgaben des Bundes sowie Barauslagen nicht zu entrichten."* Es steht sohin die Frage im Raum, ob Verfahren vor den Gerichtshöfen des öffentlichen Rechts im Lichte des § 34 AsylG 1997 „Verfahren nach dem AsylG 1997" sind, ob im Einzelfall die Eingaben „erforderlich" sind und ob es sich zudem im Einzelfall um eine der in § 34 AsylG genannten Urkunden handelt.

1200 Einen weiteren Beitrag zur Entlastung des VwGH soll das mit der Nov 1997 des VwGG (BGBl I 1997/88) neu geschaffene Ablehnungsrecht des VwGH leisten; die B-VG-Nov 1981 und die Nov BGBl 1984/296 haben bereits für den VfGH ein ähnliches Ablehnungsrecht geschaffen (Art 144 Abs 2 B-VG; vgl dazu *Walter/Mayer*, Bundesverfassungsrecht, Rz 1216; *Barfuß*, Entlastung; *Berchtold*, Entlastung; *Davy U.*, Ablehnungstatbestände; *Funk*, Entlastung; *Heller*, Rechtsschutz; *Kopp/Pressinger*, Entlastung). Gem § 33a VwGG kann *„der Verwaltungsgerichtshof (...) die Behandlung einer Beschwerde gegen einen Bescheid eines unabhängigen Verwaltungssenates"* (UVSL bzw UBAS) *„durch Beschluß ablehnen, wenn die Entscheidung nicht von der Lösung einer Rechtsfrage abhängt, der grundsätzliche Bedeutung zukommt, insbesondere weil sie von der Rechtsprechung des Verwaltungsgerichtshofes abweicht, eine solche Rechtsprechung fehlt oder die zu lösende Rechtsfrage in der bisherigen Rechtsprechung des Verwaltungsgerichtshofes abweicht, eine solche Rechtsprechung fehlt oder die zu lösende Rechtsfrage in der bisherigen Rechtsprechung des Verwaltungsgerichtshofes nicht einheitlich beantwortet wird (...)"*. Von diesem Ablehnungsrecht des VwGH sind grundsätzlich auch Amtsbeschwerden nach § 38 Abs 5 zweiter Satz AsylG 1997 betroffen.

1200a Gem § 44 Abs 7 erster Satz AsylG 1997 – eingefügt durch die AsylG-N 1998 – sind am 1. Jänner 1999 bei den Asylbehörden (BAA und UBAS) anhängige Verfahren nach den Bestimmungen dieses Bundesgesetzes in der Fassung des Bundesgesetzes BGBl I 1999/4 zu Ende zu führen (vgl dazu auch § 44 Abs 1 erster Satz leg cit). Dies bedeutet, daß alle nach dem 1. Jänner 1999 erlassenen Bescheide am AsylG 1997 idFd BGBl I 1999/4 zu messen sind (zu beachten ist zudem auch die AVG-N 1998, die ebenfalls am 1. 1. 1999 in Kraft getreten ist; vgl § 82 Abs 6 AVG); dies gilt grundsätzlich auch für die neu gefaßten Fristen im abgekürzten Berufungsverfahren nach § 32 Abs 1 und 3 AsylG 1997. Gem § 44 Abs 7 zweiter Satz AsylG 1997 gelten Berufungen, die gemäß § 32 Abs 1 idFdKdm BGBl I 1998/106 eingebracht wurden, auch nach § 32 Abs 1 idFd BGBl I 1999/4 als rechtzeitig eingebracht. Durch diese Fiktion soll eine Schlechterstellung von Asylwerbern durch die AsylG-N 1998 vermieden werden (vgl 1494 BlgNR 20. GP, 4). Die Kdm im BGBl I 1998/106 hat die Aufhebung der Wortfolge „§ 4 und" des § 32 Abs 1 erster Satz AsylG 1997 idF vor der AsylG-N 1998 durch den Verfassungsgerichtshof (VfGH 24. 6. 1998, G 31/98 ua; vgl dazu auch die Ausführungen zu § 32 Rz 913a) zum Gegenstand. Die Aufhebung dieser Wortfolge bewirkte – allerdings nur vor dem Hintergrund der Drittstaatsicherheit (§ 4 AsylG 1997) – den Entfall der Verkürzung der Berufungsfrist auf zwei Tage und stellte in diesem Punkt die allgemeine Rechtslage nach dem AVG (§ 63 Abs 5 AVG; zweiwöchige Berufungsfrist) wieder her; dies hatte allerdings keine Auswirkungen auf die Verkürzung der Berufungsfrist im Hinblick auf offensichtlich unbegründeter Asylanträge (§ 6 AsylG 1997) und der vertraglichen Unzuständigkeit (§ 5 AsylG 1997) auf zwei Tage nach § 32 Abs 1 erster Satz AsylG 1997 in der Stammfassung (vgl dazu auch den Anfechtungsantrag UBAS 30. 11. 1998, 206.259/1-I/03/98). Demgemäß wirkt die Bestimmung des § 44 Abs 7 zweiter Satz AsylG 1997 nur im Lichte der Drittstaatsicherheit nach § 4 AsylG 1997.

II. Kompetenzübergang vom BMI auf den UBAS

1201 Am 1. Jänner 1998 (Stichtag) bei den Asylbehörden (BAA und BMI) anhängige Verfahren sind nach den Bestimmungen des AsylG 1997 zu Ende zu führen, dh daß mit dem Stichtag die neuen Vorschriften zur Anwendung kommen und die Zuständigkeit der bisherigen Asylberufungsbehörde (BMI) auf den UBAS übergeht. Dies betrifft nicht nur die Fälle, die am Stichtag beim BAA oder beim BMI anhängig sind, sondern auch jene Fälle, die nach Aufhebung des Berufungsbescheids durch den VfGH oder VwGH nach dem Stichtag beim BMI anhängig werden (§ 44 Abs 1 zweiter Satz AsylG 1997). Ein Verfahren ist auch dann iSd § 44 Abs 1 AsylG 1997 bei den Asylbehörden anhängig, wenn der Stichtag in die Berufungsfrist fällt und die Berufung erst nach dem 1. Jänner 1998 aber innerhalb der gesetzlichen Frist erhoben wird. Ähnlich ist die Rechtslage wohl auch, wenn durch Stattgebung eines Antrags auf Wiedereinsetzung ein Fall in ein Stadium zurücktritt, in dem das Verfahren für den Stichtag (rückwirkend) wieder vor den Asylbehörde anhängig wird bzw der Stichtag bei Wiedereinsetzung in den vorigen Stand wieder in die (wiedereingesetzte) Berufungsfrist fällt und die Berufung rechtzeitig erhoben wird.

1202 Wenn die Regelung des § 44 Abs 1 den Stichtag mit dem 1. Jänner 1998 festsetzt, ist dies insofern etwas ungenau, als am 1. Jänner 1998 beim BMI keine Verfahren mehr anhängig sind, sondern diese bereits an diesem Tag an den UBAS übergehen; beim BMI sind Verfahren längstens bis 31. Dezember 1997 anhängig.

1203 Nach dem Wortlaut des § 44 Abs 1 AsylG 1997 sind nur solche Verfahren erfaßt, die entweder am 1. Jänner 1998 bei einer der (bisherigen) Asylbehörden anhängig sind oder nach einer Aufhebung des Berufungsbescheids durch den VwGH bzw VfGH nach dem 1. Jänner 1998 (wieder) beim BMI anhängig werden würden. Der Wortlaut erfaßt nicht zwingend jene Fälle die nicht am 1. Jänner bei einer Asylbehörde einschließlich BMI anhängig sind, jedoch nach dem Stichtag nach einer Wiederaufnahme des Verfahrens wieder bei einer Asylbehörde (auch BMI) anhängig werden. In diesen Fällen ist wohl Analogie zu § 44 Abs 1 leg cit indiziert.

III. Wiederaufnahme- und wiederaufgenommene Verfahren

1204 Grundsätzlich ist zwischen dem Wiederaufnahmeverfahren (indicium rescindens) und dem wiederaufgenommenen Verfahren (indicium rescissorium) zu unterscheiden. Zunächst stellt sich die Frage, ob wiederaufgenommene Verfahren, die am Stichtag nicht bei einer Asylbehörde anhängig waren, sondern erst später wieder anhängig werden, nach der neuen Rechtslage (AsylG 1997) eingeschlossen der neuen Zuständigkeitsregelungen zu Ende zu führen sind. Der Wortlaut des § 44 Abs 1 AsylG 1997 spricht solche Fälle nicht an, in denen am Stichtag (1. Jänner 1998) kein Verfahren bei den Asylbehörden (BAA und BMI) anhängig ist; dies jedoch mit der

Ausnahme, daß ein Verfahren nach dem Stichtag durch die Aufhebung des Berufungsbescheides durch den VwGH oder VfGH – gäbe es die Übergangsbestimmungen des § 44 AsylG 1997 nicht – wieder an den BMI zurückfallen würde. Nicht erfaßt ist der Fall, daß ein Verfahren nach dem Stichtag durch die Wiederaufnahme des Verfahrens wieder bei den „Asylbehörden" anhängig werden würde.

1205 Vor dem Hintergrund des § 44 Abs 1 AsylG 1997 und vor den Bestrebungen des Gesetzgebers, Asylverfahren ausschließlich dem neuen Regime des AsylG 1997 zu unterwerfen, wird man in der Annahme nicht fehl gehen, daß zumindest im Hinblick auf wiederaufgenommene Verfahren eine echte Gesetzeslücke (planwidrige Unvollständigkeit des Gesetzes) vorliegt. Folgt man dieser Ansicht, wären auch wiederaufgenommene Verfahren nach den Vorschriften des AsylG 1997 einschließlich der neuen Zuständigkeitsvorschriften weiterzuführen. In diese Richtung deutet auch die Bestimmung des § 42 Abs 1 und 2 AsylG 1997; diese Regelungen setzen die Bestimmungen des AsylG 1991 ohne jede Ausnahme mit dem 1. Jänner 1998 außer Kraft und beschränken mit diesem Zeitpunkt den zeitlichen Anwendungsbereich des AsylG 1991. Verneint man im gegebenen Zusammenhang eine Gesetzeslücke, käme für die angesprochenen Fälle das AsylG 1991 mit dessen Zuständigkeitsbestimmungen zur Anwendung; damit hätten das BAA und der BMI ein Asylgesetz anzuwenden, daß bereits außer Kraft getreten ist.

1206 Anders könnte die Lage im Hinblick auf das Wiederaufnahmeverfahren selbst sein; das AVG kennt dazu besondere Zuständigkeitsvorschriften. Zur Entscheidung über den Wiederaufnahmeantrag ist jene Behörde berufen, die den Bescheid in letzter Instanz erlassen hat, wenn jedoch in der Sache ein UVS entschieden hat, dieser (§ 69 Abs 4 AVG); ob die Behörde zu dieser Entscheidung zuständig war, ist gleichgültig (VwSlgNF 6849 A). Hat eine höhere Behörde lediglich eine prozessuale Entscheidung gefällt (zB Zurückweisung der Berufung), so ist sie, wenn es um eine Wiederaufnahme in merito geht, nicht die Behörde, die den Bescheid in letzter Instanz erlassen hat (VfSlg 9037; VwGH 30. 9. 1985, 85/10/0067); anders wäre dies, wenn es sich um die Wiederaufnahme des die Berufung zurückweisenden Verfahrens handelte (*Ringhofer*, 701). Die Behörde ist nur zur Entscheidung über die Wiederaufnahme – nicht notwendigerweise auch zu Entscheidungen im wiederaufgenommenen Verfahren – berufen (*Walter/Mayer*, Verwaltungsverfahrensrecht, Rz 599). Dies ergibt sich aus § 70 Abs 1 AVG, wonach die – die Wiederaufnahme verfügende – Behörde , wenn von ihr nicht sofort ein neuer Bescheid erlassen werden kann, zu bestimmen hat, inwieweit und in welcher Instanz – dh von welcher Behörde – das Verfahren wiederaufzunehmen ist (soweit dies auch UVS betrifft siehe dazu *Thienel*, Verfahren 23, der insoweit verfassungsrechtliche Bedenken sieht; anders *Mayer*, ÖJZ 1991, 259). Hat sich die Zuständigkeit zwischenzeitlich geändert, so soll nach der Jud jene Behörde zuständig sein, die nach der bestehenden Rechtslage zur Entscheidung berufen wäre (VfSlg 5592; VwSlgNF 8036 A; VwGH 21. 12. 1978, 2551/76; bezüglich örtlicher Zuständigkeit abweichend VwSlgNF 1557 A; vgl dazu auch § 303 Abs 3 BAO; grundsätzlich aA *Hellbling* I, 464). Sohin wären auch für das Wiederaufnahmeverfahren die neuen Zuständigkeitsvorschriften nach dem AsylG 1997 anzuwenden, dh daß hier der UBAS an die Stelle des BMI tritt (vgl dazu *Walter/Thienel*, Verfahren, 1470).

IV. Beim VwGH oder VfGH anhängige Verfahren

1207 Am Stichtag (1. Jänner 1998) beim VwGH oder VfGH anhängige Bescheidbeschwerdeverfahren betreffend Bescheide, die nach dem AsylG 1991 erlassen wurden, treten mit dem Stichtag in das Stadium vor Erlassung des Berufungsbescheides zurück. Dies gilt allerdings nur, wenn die Beschwerden nicht gemäß § 34 Abs 1 VwGG bzw § 19 Abs 3 Z 2 lit a, b, d oder e VfGG zurückzuweisen sind. Wird ein Berufungsbescheid durch einen der Gerichtshöfe des öffentlichen Rechts aufgehoben, kommt § 44 Abs 1 AsylG 1997 zum Tragen, sodaß auch in diesen Fällen der UBAS zur Erlassung der „Ersatzbescheide" und zur Durchführung des weiteren Verfahrens zuständig wird. Nach dem Wortlaut des § 44 Abs 2 AsylG 1997 ist in den dort angesprochenen Fällen eine Ablehnung der Beschwerde durch die Gerichtshöfe des öffentlichen Rechts nicht zulässig. Die – gesetzlich festgelegte unerstreckbare (VwSlgNF 7359 A) – Beschwerdefrist beginnt im Falle einer Bescheidbeschwerde mit der Zustellung – allenfalls mit der Verkündung – des Bescheides, bei objektiver Beschwerdeführung – wenn keine vorgeschriebene Zustellung erfolgte – ab Kenntnisnahme (§ 26 Abs 1und 2 VwGG; vgl dazu auch § 61 VwGG; § 82 Abs 1 VfGG; VfSlg 9068, 10.637). Der Postlauf ist in die Frist nicht einzurechnen (vgl § 62 Abs 1 VwGG iVm § 32 und 33 AVG; § 35 Abs 2 VfGG). Nach § 44 Abs 2 AsylG 1997 in der Stammfassung (BGBl I 1997/78) traten bei den Gerichtshöfen des öffentlichen Rechts anhängige Verfahren betreffend Bescheide nach dem AsylG 1991 nur dann in das Stadium vor Erlassung des Berufungsbescheides zurück, „sofern die Anfechtung vor Kundmachung dieses Bundesgesetzes (di 14. Juli 1997) erfolgte" (§ 44 Abs 2 letzter Halbsatz AsylG 1997 in der Stammfassung). Mit Erkenntnis vom 13. 6. 1998, G 78/98 hat der VfGH den letzten Halbsatz des § 44 Abs 2 AsylG 1997 in der Stammfassung als verfassungswidrig aufgehoben und gem Art 140 Abs 7 B-VG die Anlaßfallwirkung auf alle nach dem AsylG 1991 entschiedenen Fälle, hinsichtlich derer zum Entscheidungszeitpunkt eine Beschwerde bei einem Gerichtshof des öffentlichen Rechts anhängig war, ausgedehnt. Begründend hat der VfGH im wesentlichen ausgeführt, daß *„die geprüfte Gesetzesvorschrift dem durch das BVG BGBl 390/1973 (auch) an den Gesetzgeber gerichteten Verbot widerspricht, sachlich nicht begründbare Unterscheidungen zwischen Fremden vorzunehmen (s z.B. VfSlg. 14421/1996 mit weiteren Judikaturangaben)."*

1208 Beschwerden und sonstige Schriftsätze sind unmittelbar beim VwGH einzubringen. Von jedem Schriftsatz samt Beilagen sind so viele gleichlautende Ausfertigungen beizubringen, daß jeder vom Verwaltungsgerichtshof zu verständigenden Partei oder Behörde eine Ausfertigung zugestellt und überdies eine für die Akten des Gerichtshofes zurückbehalten werden kann. Sind die Beilagen sehr umfangreich, so kann die Beigabe von Abschriften unterbleiben (§ 24 Abs 1 VwGG). Die an den VfGH nach Art 137 bis 145 B-VG gerichteten Anträge sind – in entsprechender Anzahl (§ 17 Abs 1 VfGG) – schriftlich zu stellen (§ 15 Abs 1 VfGG), haben auf den Artikel des B-VG, auf Grund dessen der VfGH angerufen wird, Bezug zu nehmen und die Darstellung des Sachverhalts, aus dem der Antrag hergeleitet wird, und ein bestimmtes Begehren zu enthalten (§ 15 Abs 2 VfGG). Auch Rechtsausführungen sind zulässig (§ 17 Abs 4 VfGG). Im Regelfall müssen die Eingaben durch einen bevollmächtigten Rechtsanwalt eingebracht werden (§ 17 Abs 2 VfGG; absoluter Anwaltszwang; zur Verfassungsmäßigkeit eines Anwaltszwangs vgl – bejahend – VfSlg 7756); im übrigen besteht relativer Anwaltszwang.

1209 In Verfahren vor dem VwGH besteht nur insoweit absoluter Anwaltszwang, als die Beschwerden und Anträge auf Wiederaufnahme des Verfahrens und Wiedereinsetzung in den vorigen Stand der Unterschrift eines Anwalts bedürfen. Kein Anwaltszwang besteht für rechtskundige Angestellte einer Gebietskörperschaft, die dem Dienst- oder Ruhestand angehören und die in eigener Sache einschreiten (§ 24 Abs 2 VwGG). Im übrigen besteht relativer Anwaltszwang; dh die Parteien können ihre Sache selbst führen oder sich durch einen Rechtsanwalt – aber keine andere Person – vertreten lassen (§ 23 Abs 4 VwGG). Über den Inhalt einer Beschwerde vor dem VwGH ist angeordnet, daß diese folgendes zu enthalten hat (§ 28 Abs 1 VwGG): die Bezeichnung des angefochtenen Bescheides unter Anführung von Datum und allfälliger Geschäftszahl (*Oberndorfer*, Verwaltungsgerichtsbarkeit, 105), die Bezeichnung der Behörde, die den Bescheid erlassen hat (belangte Behörde).

1210 Zeigt eine beim VwGH eingebrachte Beschwerde, daß die Vorschriften über *Form und Inhalt* (§§ 23 f, 28 f VwGG) nicht eingehalten wurden, ist diese nicht schlechthin nichtig, sondern ist die Beschwerde zur Behebung der Mängel unter Anberaumung einer kurzen Frist zurückzustellen; die Versäumung dieser Frist oder eine nicht vollständige Befolgung des Verbesserungsauftrages gilt als Zurückziehung der Beschwerde (§ 34 Abs 2 VwGG), dh daß das Verfahren einzustellen ist; die Jud ist verschiedentlich unvertretbar streng (*Walter/Mayer*, Bundesverfassungsrecht, Rz 997; zutreffend kritisch auch *Arnold*, Wiedereinsetzung). Wird der Auftrag befolgt, so gilt die Beschwerde als ursprünglich richtig eingebracht. Im verfassungsgerichtlichen Verfahren ist eine Verbesserung nur bei Formmängeln vorgesehen (§ 18 VfGG). Ein diese Abweichungen rechtfertigender Umstand ist nicht zu sehen (*Walter/Mayer*, Bundesverfassungsrecht, Rz 997).

1211 Mit dem Stichtag treten gem § 44 Abs 2 AsylG 1997 nur jene Verfahren „betreffend Bescheide nach dem AsylG 1991" in das „Stadium vor Erlassung des Berufungsbescheides zurück", wenn die betreffenden Beschwerden nicht gem § 34 Abs 1 VwGG bzw § 19 Abs 3 Z 2 lit a, b, d, oder e VfGG *zurückzuweisen* sind. Gem § 34 Abs 1 VwGG sind Beschwerden ohne weiteres Verfahren in nicht öffentlicher Sitzung (in den Fällen der Nichteinhaltung der Beschwerdefrist, der Unzuständigkeit des VwGH und des Vorliegens einer entschiedenen Sache durch den Dreiersenat) zurückzuweisen, wenn eine der gesetzlichen Prozeßvoraussetzungen fehlt. Unter *„Prozeßvoraussetzungen"* sind jene Umstände zu verstehen, die vorliegen müssen (positive Prozeßvoraussetzungen) oder nicht vorliegen dürfen (negative Prozeßvoraussetzungen), damit das Gericht (die Behörde) in der Hauptsache (dh über den geltend gemachten Anspruch) verhandeln und erkennen kann.

1212 Nach dem VwGG ergeben sich nachstehende Prozeßvoraussetzungen: Einhaltung der Einbringungsfrist bzw im Fall einer Säumnisbeschwerde der Ablauf der sechsmonatigen oder in einem Materiengesetz festgelegten kürzeren (Entscheidungs-) Frist (§ 27 Abs 1 VwGG); Legitimation des Beschwerdeführers (vgl dazu *Walter/Mayer*, Bundesverfassungsrecht, Rz 992; VwGH 15. 10. 1985, 85/04/0141; § 62 Abs 1 VwGH iVm § 9 AVG); Nichtvorliegen einer entschiedenen Sache (vgl dazu *Walter/Mayer*, Bundesverfassungsrecht, Rz 993; VfSlg 7261; VwSlgNF 7177 A; VwGH 19. 11. 1969, 1699/69; *Oberndorfer*, Verwaltungsgerichtsbarkeit, 85; *Ringhofer*, Verwaltungsgerichtshof, 200, 233; *Berchtold*, ÖJZ 1975, 141); Nichtvorliegen der Gerichtsanhängigkeit (vgl dazu *Walter/Mayer*, Bundesverfassungsrecht, Rz 994; *Oberndorfer*, Verwaltungsgerichtsbarkeit, 84; VwSlgNF 1603 A, 4453 A, 5242 A; VwGH 30. 6. 1981, 81/07/0100; 25. 3. 1985, 85/10/0024); Rechtsschutzbedürfnis gleichbedeutend mit der sog *„Beschwer"* (vgl dazu *Walter/Mayer*, Bundesverfassungsrecht, Rz 995; *Oberndorfer*, Verwaltungsgerichtsbarkeit, 91; VwSlgNF 9842 A, 9919 A; VwGH 24. 4. 1953, 832/53; 11. 6. 1986, 86/01/0082).

1213 Das AsylG 1997 schließt die Anwendung des § 44 Abs 2 leg cit ausdrücklich nur in den Fällen des § 34 Abs 1 VwGG aus. Die Bestimmung des § 44 Abs 2 leg cit kommt jedoch in jenen Fällen zur Anwendung, in denen das verwaltungsgerichtliche Verfahren einzustellen wäre (zur Einstellung des verwaltungsgerichtlichen Verfahrens siehe *Walter/Mayer*, Bundesverfassungsrecht, Rz 997 ff). Die Einstellung des verwaltungsgerichtlichen Verfahrens ist im wesentlichen bei Nichtbefolgung eines Verbesserungsauftrages (§§ 23 f, 28 f VwGG; *Arnold*, Wiedereinsetzung), bei Nichtbeantwortung eines Vorhalts (vgl § 33 Abs 1 VwGG), Nichterstattung einer aufgetragenen Gegenäußerung (vgl § 36 Abs 7 VwGG), Unterlassung der Nachtragung der Begründung (§ 37 Abs 1 VwGG), Zurückziehung der Beschwerde (§ 33 Abs 1 VwGG; VwGH 3. 7. 1973, 759/72), und im Falle der Klaglosstellung (§ 33 Abs 1 VwGG; *Thienel*, Klaglosstellung; *Schwarzer*, Klaglosstellung) vorgesehen.

1214 Gem § 19 Abs 3 Z 2 VfGG kann ohne weiteres Verfahren und ohne vorangegangene Verhandlung in nichtöffentlicher Sitzung auf Antrag des Referenten die Zurückweisung eines Antrags beschlossen werden: wegen offenbarer Nichtzuständigkeit des VfGH (lit a leg cit); Versäumung einer gesetzlichen Frist (lit b leg cit); wegen nichtbehobenen Mangels der formellen Erfordernisse (lit c leg cit); rechtskräftig entschiedenen Sache (lit d leg cit); wegen Mangels der Legitimation (lit e leg cit). Die Anwendbarkeit des § 44 Abs 2 AsylG 1997 ist ausdrücklich nur in den Fällen des § 19 Abs 3 Z 2 lit a, b, d und e VfGG ausgeschlossen. Sie kommt jedoch etwa dann zur Anwendung, wenn die Beschwerde wegen nichtbehobenen Mangels der formellen Erfordernisse zurückzuweisen wäre (§ 19 Abs 3 Z 2 lit c leg cit), wenn das Beschwerdeverfahren gem § 19 Abs 3 Z 3 leg cit bei Zurücknahme des Antrags oder im Falle der Klaglosstellung (vgl dazu *Thienel*, Klaglosstellung; *Schwarzer*, Klaglosstellung) durch Beschluß einzustellen bzw die Behandlung der Beschwerde durch Beschluß nach Art 144 Abs 2 B-VG abzulehnen wäre (zur Ablehnungsermächtigung des VfGH siehe *Walter/Mayer*, Bundesverfassungsrecht, Rz 1216 ff; *Davy U.*, Ablehnungstatbestände; *Heller*, Rechtsschutz).

1215 Die Verfahren betreffend Bescheide nach dem AsylG 1991, die beim VwGH oder VfGH anhängig und nicht nach § 34 Abs 1 VwGG oder § 19 Abs 3 Z 2 lit a, b, d oder e VfGG zurückzuweisen sind, treten *„von Gesetzes wegen"* mit 1. Jänner 1998 in das Stadium vor Erlassung des Berufungsbescheides zurück; dies ist eine unmittelbare Gesetzeswirkung die an sich ungeachtet des – rechtmäßigen oder rechtswidrigen – Zrückweisungsbeschlusses des VwGH oder VfGH gem § 44 Abs 3 AsylG 1997 eintritt. Dies hat zur Folge, daß ein vor den Gerichtshöfen des öffentlichen Rechts bekämpfbarer Bescheid nicht (mehr) vorliegt. Dem folgend sieht § 44 Abs 3 AsylG 1997 vor, daß der VwGH bzw der VfGH die betreffende Beschwerde als unzulässig zurückzuweisen hat. Vor dem Hintergrund der Bestimmungen der §§ 34, 42 Abs 3 und § 63 Abs 1 VwGG hat der UBAS dazu in einer Senatsentscheidung ausgeführt: *„Wie der unabhängige Bundesasylsenat bereits mit Bescheid vom 11. 2. 1998, Zl 200.188/0-II/04/98, ausgesprochen hat, gilt die von § 63 Abs. 1 VwGG ausgehende (erweiterte) Bindungswirkung – ungeachtet der Verwendung des Begriffes ‚Verwaltungsbehörde' – auch für den unabhängigen Bundesasylsenat. Im gegenständlichen Fall wurde allerdings nicht einer Beschwerde ‚stattgegeben', sondern es wurde vielmehr die gegen den Bescheid des Bundesministers für Inneres gerichtete Beschwerde* ***zurückgewiesen****. Die Wirkung, daß das beim Verwaltungsgerichtshof anhängig gewesene – und mit dem erwähnten Beschluß auf der Ebene des Verwaltungsgerichtshofes abgeschlossene – Verfahren ‚in den Stand vor Erlassung des Berufungsbescheides zurücktritt', ergibt sich denn auch nicht aus § 42 Abs. 3 VwGG iVm mit einem aufhebenden Erkenntnis des Verwaltungsgerichtshofes, sondern unmittelbar bzw. ausschließlich aus § 44 Abs. 2 AsylG. Der zurückweisende Beschluß des VwGH vom 14. 1. 1998 bindet daher den unabhängigen Bundesasylsenat nicht im erweiterten Ausmaß des § 63 Abs. 1 VwGG, sondern nur innerhalb der allgemeinen Grenzen der Rechtskraft, daher insbesondere* ***nicht hinsichtlich der Begründung*** *(vgl OBERNDORFER, Die österreichische Verwaltungsgerichtsbarkeit, 184,* *mwN). Wie bereits dargestellt, wurde der Antrag vom 21. 1. 1995 auf Aufhebung des Asylaberkennungsbescheides ‚wegen Unzuständigkeit der Behörde' – womit erkennbar die Ausübung des der Behörde gemäß § 68 Abs. 4 Z. 1 AVG zustehenden Aufsichtsrechtes begehrt wurde – mit Bescheid der Sicherheitsdirektion vom 29. 5. 1995, Zl FrA 45/8-1989, „gemäß § 68 Abs. 7 AVG" zurückgewiesen und die hiegegen gerichtete Berufung vom Bundesminister für Inneres abgewiesen. Die Ausübung des der Behörde nach § 68 Abs. 2 bis 4 AVG zustehenden „Abänderungs- und Behebungsrechtes" steht in deren völlig* ***freien Belieben****, und es besteht weder ein Recht der Partei noch sonst eines Rechtsträgers darauf, das die Behörde verpflichten würde, davon Gebrauch zu machen. Darüber hinaus besteht nicht einmal ein Rechtsanspruch darauf, daß die Behörde ein derartiges Anbringen, mit dem die Ausübung des ‚Abänderungs- und Behebungsrechtes' begehrt wird, bescheidförmig ablehnt, es genügt dazu eine formlose Mitteilung. Nach dieser Regelung entzieht sich die Nichtausübung der Kompetenzen nach § 68 Abs. 2 bis 4 AVG – nicht auch deren Ausübung – der verwaltungsgerichtlichen Kontrolle vollständig, d.h. auch in Ansehung der Frage, ob die Behörde dabei von ihrem Ermessen ‚im Sinne des Gesetzes' (Art 130 Abs. 2 B-VG) Gebrauch gemacht hat (vgl RINGHOFER, Die österreichischen Verwaltungsverfahrensgesetze I, FN 36 zu § 68 AVG). Im gegenständlichen Fall – in dem die Ausübung des Abänderungs- und Behebungsrechtes von der Behörde, wenngleich bescheidmäßig,* ***abgelehnt*** *wurde – konnte daher der Beschwerdeführer im verwaltungsgerichtlichen Verfahren (...) denkunmöglich in einem subjektiven Recht verletzt worden sein, die dennoch erhobene Beschwerde war daher gemäß § 34 Abs. 1 VwGG (vgl OBERNDORFER, a. a. O., 87) – und demnach, entsprechend dem klaren Wortlaut des § 44 Abs. 2 AsylG, nicht nach dieser Gesetzesstelle – zurückzuweisen. Der erwähnte Beschluß des Verwaltungsgerichtshofes, durch dessen Spruch die Beschwerde ohne Angabe von Gesetzesstellen ‚zurückgewiesen' wurde und der weder im Spruch noch in der Begründung hinsichtlich der Spruchteile der Administrativbescheide differenziert, läßt nun nach Ansicht des unabhängigen Bundesasylsenates eine Deutung dahin zu, daß hinsichtlich der (...) erhobenen Beschwerde eine Zurückweisung gemäß § 34 Abs. 1 VwGG ausgesprochen werden sollte (vgl VwGH vom 30. 6. 1975, Zl 2343/74, VwSlg. 6720/F u. a.). Jedenfalls aber wird, wie oben ausgeführt, der unabhängige Bundesasylsenat durch die sich lediglich auf § 44 Abs. 2 AsylG beziehende Begründung des Beschlusses vom 14. 1. 1998 nicht gebunden, in Bezug auf das (...) erledigte Verfahren die Rechtswirkung des § 44 Abs. 2 AsylG (Zurücktreten des Verfahrens in das Stadium vor Erlassung des Berufungsbescheides) anzunehmen. Der unabhängige Bundesasylsenat geht vielmehr davon aus, daß dieses Verfahren durch den (...) Spruchteil des Ministerialbescheides iVm dem zurückweisenden Beschluß des Verwaltungsgerichtshofes vom 14. 1. 1998* ***endgültig*** *erledigt wurde, weshalb* ***diese*** *Angelegenheit seitens des unabhängigen Bundesasylsenates nicht neuerlich zu verhandeln war"* (UBAS Sen 3. 4. 1998, 201.875/3-II/06/98).

Die Kosten des Zurückweisungsverfahrens nach § 44 Abs 3 AsylG 1997 haben die Parteien selbst zu tragen, dh daß im Zusammenhang mit den Zurückweisungsbeschlüssen dem Beschwerdeführer keine Kosten zugesprochen (möglicherweise aber Kosten auferlegt) werden dürfen. Die Gerichtshöfe des öffentlichen Rechts können es unter Bedachtnahme auf die Notwendigkeit eines angemessenen Verhältnisses zwischen den beim UBAS anhängigen Sachen und dessen personellen Ressourcen aufschieben, die Zurückweisungsbeschlüsse zu fassen. Zentrale Ermessensdeterminante ist hier die Belastung des UBAS im Vergleich zu der personellen Ausstattung des betreffenden Gerichtshofes, die wiederum in Lichte seiner Auslastung zu sehen ist. Der betreffende Gerichtshof *hat* den Zurückweisungsbeschluß unter Berücksichtigung der objektiven Fristen nach § 44 Abs 3 AsylG 1997 aufzuschieben, wenn dies nach einer Interessenabwägung zwischen der Belastung des betreffenden Gerichtshofes im Lichte seiner personellen Möglichkeit und der erheblichen Belastung des UBAS geboten ist.

1216 Vor dem Hintergrund des Wortlautes *„Verfahren betreffend Bescheide nach dem Asylgesetz 1991"* ist fraglich, ob auch formellrechtliche Bescheide, die sich nur mittelbar auf ein Verfahren nach dem Asylgesetz 1991 beziehen, nach § 44 Abs 2 AsylG 1997 von Gesetzes wegen außer Kraft treten. Der VwGH hat gestützt auf § 44 Abs 3 leg cit in entsprechenden Zurückweisungsbeschlüssen auch verfahrensrechtliche Bescheide in den Regelungsgehalt des § 44 Abs 2 leg cit miteinbezogen und dazu ausgeführt: *„Mit einer gegen einen verfahrensrechtlichen Bescheid wird letzten Endes auf eine Entscheidung über die Aufrechterhaltung des Asyls abgezielt, die in Anwendung des Asylgesetzes 1991 zu ergehen hätte, weshalb die für materiellrechtliche Entscheidungen vorgesehenen verfahrensrechtlichen Regelungen auch in einem solchen Fall heranzuziehen sind"* (VwGH 14. 1. 1998, 95/01/0628; vgl aber dazu die Verfügung des VwGH 26. 1. 1998, 97/19/1738, vor dem Hintergrund des § 113 Abs 6 und 7 FrG, in dem streng zwischen verfahrensrechtlichen und meritorischen Bescheiden unterschieden wird). Der VwGH hat auch solche Bescheide nach § 44 Abs 3 AsylG 1997 durch Beschluß zurückgewiesen, die nach Ansicht des VwGH – wenngleich zu Unrecht – nicht nach dem AsylG 1968, sondern nach dem AsylG 1991 ergangen waren (vgl VwGH 19. 2. 1998, 95/20/0573).

1217 Der VwGH bzw der VfGH hat den betreffenden Zurückweisungsbeschluß jedenfalls innerhalb der Fristen des § 44 Abs 3 Z 1 bis 5 AsylG 1997 zu fällen: ist das Beschwerdeverfahren seit dem Jahre 1995 (oder länger) anhängig, ist der Zurückweisungsbeschluß längstens bis zum 31. März 1998 zu fällen (Z 1 leg cit); ist das Beschwerdeverfahren seit dem ersten Halbjahr 1996 (nicht aber bereits vor diesem Zeitraum) anhängig, ist der Zurückweisungsbeschluß längstens bis zum 30. Juni 1998 zu fällen (Z 2 leg cit); ist das Beschwerdeverfahren seit dem zweiten Halbjahr 1996 (nicht aber bereits vor diesem Zeitraum) anhängig, ist der Zurückweisungsbeschluß längstens bis zum 31. Dezember 1998 zu fällen (Z 3 leg cit); ist das Beschwerdeverfahren seit dem ersten Halbjahr 1997 (nicht aber bereits vor diesem Zeitraum) anhängig, ist der Zurückweisungsbeschluß längstens bis zum 30. Juni 1999 zu fällen. Die hier vorgesehenen Fristen enden nicht mit dem Datum der Zustellung des Zurückweisungsbeschlusses, sondern mit Datum der Fassung des Beschlusses; di idR jenes Datum, das im Zurückweisungsbeschluß aufscheint.

1218 Fraglich ist, ob die Gerichtshöfe des öffentlichen Rechts auch nach den in § 44 Abs 3 AsylG 1997 genannten Fristen in § 44 leg cit angesprochene Bescheidbeschwerden zurückweisen dürfen. Dies liegt insofern auf der Hand, als nach dem Wortlaut des § 44 Abs 2 AsylG 1997 die angesprochenen Beschwerdeverfahren unter den dort genannten Bedingungen jedenfalls in das Stadium vor Erlassung des Berufungsbescheides zurücktreten und somit eine essentielle Prozeßvoraussetzung vor den Gerichtshöfen des öffentlichen Rechts wegfällt. Vor diesem Hintergrund muß man wohl davon ausgehen, daß die Fassung eines Zurückweisungsbeschlusses nach § 44 Abs 3 leg cit durch die Gerichtshöfe des öffentlichen Rechts auch nach Ablauf der im § 44 Abs 3 AsylG 1997 vorgesehenen Fristen zulässig ist. Damit steht aber der gesetzliche Kompetenzübergang von den Gerichtshöfen des öffentlichen Rechts an den UBAS nach § 44 Abs 2 leg cit nicht unter der Bedingung eines (fristgerechten) Zurückweisungsbeschlusses durch die Gerichtshöfe des öffentlichen Rechts.

V. Entscheidungspflicht nach einem Kompetenzübergang an den UBAS

1219 § 73 Abs 1 AVG normiert, daß die Behörden verpflichtet sind, wenn in den Verwaltungsvorschriften nicht anderes bestimmt ist, über Anträge von Parteien (§ 8 AVG) und Berufungen ohne unnötigen Aufschub, spätestens aber sechs Monate nach deren Einlangen, den Bescheid zu erlassen haben. Diese Frist beginnt mit dem Tag an dem der Antrag der Behörde zukommt, dh in ihrer Einlaufstelle einlangt (nicht zur Post gegeben wird: VwSlgNF 6304 A; VwGH 10. 1. 1979, 1407/77; vgl auch VwSlgNF 5280 A). Bei Berufungen beginnt die Frist in dem Zeitpunkt, zu dem die Berufung bei der Behörde, die den Bescheid in erster Instanz erlassen hat, einlangt. Die Frist endet mit Ablauf jenes Tages, des sechsten darauffolgenden Monats, der nach seiner Zahl dem Einbringungsdatum entspricht (vgl *Walter/Mayer*, Verwaltungsverfahrensrecht, Rz 637; § 32 Abs 2 AVG). Die Entscheidungsfrist ist gewahrt, wenn bis zu diesem Tag der Bescheid erlassen, dh verkündet und/oder zugestellt wurde (VwGH 30. 3. 1993, 92/08/0234). Dabei muß es sich um einen die Verwaltungssache (meritorisch oder prozessual) gänzlich erledigenden Bescheid und keine Teil- oder Zwischenentscheidung handeln (*Körner*, Entscheidungspflicht, 253; *Putz*, ÖJZ 1947, 409).

1220 Im Lichte des § 44 AsylG 1997 sind zwei „Zuständigkeitsübergänge" vorgesehen: erstens der Kompetenzübergang vom BMI auf den UBAS und zweitens der Kompetenzübergang von den Gerichtshöfen des öffentlichen Rechts. Das AsylG 1997 enthält für den Kompetenzübergang vom BMI auf den UBAS keine Sonderregelung im Hinblick auf die Entscheidungsfrist. Dies bedeutet, daß die Entscheidungsfrist mit Einlangen der Berufung beim BAA zu laufen beginnt und nach Ablauf von sechs Monaten nach dem Tag des Einlangens beim BAA endet. Die Entscheidungsfrist wird durch den Kompetenzübergang vom BMI an den UBAS nicht gehemmt oder unterbrochen.

1221 Anders ist die Rechtslage im Hinblick auf den Kompetenzübergang von den Gerichtshöfen des öffentlichen Rechts an den UBAS. Dazu sieht § 44 Abs 3 letzter Halbsatz AsylG 1997 vor, daß die Frist des § 73 AVG mit Einlangen (idR Datum des Einlaufstempels) des Zurückweisungsbeschlusses nach § 33 Abs 3 erster Satz leg cit bei den Asylbehörden zu laufen beginnt. Da die Gerichtshöfe des öffentlichen Rechts die schriftliche Ausfertigung dieses Beschlusses samt den Akten des Verwaltungsverfahrens gem § 44 Abs 3 leg cit dem UBAS zu übermitteln hat, steht wohl außer Zweifel, daß unter Asylbehörde in diesem Zusammenhang der UBAS und nicht das BAA gemeint ist. Fraglich ist, ob der UBAS auch schon vor Beginn des Laufes der Entscheidungsfrist befugt ist, einen das Verfahren erledigenden Bescheid zu erlassen.

1222 Der UBAS hat grundsätzlich – auch nach einem Kompetenzübergang nach § 44 AsylG 1997 – in der Sache selbst zu entscheiden (siehe § 66 Abs 4 AVG; beachte aber § 32 Abs 2 AsylG 1997 und § 66 Abs 2 AVG). Besonderes gilt aber dann, wenn der dem Verfahren vor dem UBAS zugrunde liegende Bescheid nach dem AsylG 1968 von der Sicherheitsdirektion erlassen wurde. In diesen Fällen ist davon auszugehen, daß es durch das AsylG 1997 im Hinblick auf die sachliche Zuständigkeit zu einer Invalidation der Bescheide der Sicherheitsdirektion gekommen ist, zumal hier eine Übergangsbestimmung, die diese Fälle abdecken würde, fehlt (vgl dazu noch § 25 AsylG 1991; diese Bestimmung wurde durch § 45 AsylG 1997 aufgehoben). Dazu hat der UBAS festgehalten: *„Die Berufungsbehörde hat nicht nur ihre eigene Zuständigkeit, sondern auch die Zuständigkeit der Behörde erster Instanz in* *jeder Lage des Verfahrens zu prüfen (vgl WALTER/MAYER, Grundriß des österreichischen Verwaltungsverfahrensrechts, RZ 82 iVm RZ 547). Falls die Behörde erster Instanz zwar zum Zeitpunkt der Erlassung des angefochtenen Bescheides hiefür zuständig war, diese Zuständigkeit jedoch in der Folge verloren hat und auch keine spezielle, eine perpetuatio fori begründende Vorschrift anzuwenden ist, ist es (lediglich) Aufgabe der Berufungsbehörde, die zwischenzeitlich eingetretene Unzuständigkeit der Behörde erster Instanz aufzugreifen und auf diesem Wege eine Entscheidung der (nunmehr) zuständigen Behörde zu ermöglichen (vgl VwGH vom 21. 6. 1993, Zl 92/04/0144). Im gegenständlichen Fall ist die seinerzeit gemäß Art. I § 2 Abs 1 iVm Art. II des BG vom 7. 3. 1968, BGBl. Nr. 126, gegeben gewesene und gemäß § 25 Abs. 1 des Asylgesetzes 1991 aufrecht erhaltene Zuständigkeit der Behörde erster Instanz mit 1. 1. 1998 gemäß § 42 Abs. 1 iVm § 44 Abs. 1 AsylG weggefallen"* (UBAS 27. 2. 1998, 200.351/5-II/04/98; vgl auch die Senatsentscheidung UBAS 3. 4. 1998, 201.875/3-II/06/98). Der VwGH hat allerdings im Rahmen eines Säumnisverfahrens betreffend eine Berufung gegen einen Bescheid der nach Art I § 2 Abs 1 iVm Art II AsylG 1988 zuständigen Behörde (Sicherheitsdirektion) die zwischenzeitig eingetretene Unzuständigkeit der Sicherheitsdirektion im Lichte des § 44 AsylG 1997 nicht wahrgenommen, die Berufung abgewiesen und „dem Beschwerdeführer kein Asyl gewährt" (VwGH 26. 2. 1998, 95/20/0411). Der VwGH könnte sich etwa darauf stützen, daß insofern eine echte Gesetzeslücke vorliegt, als der Gesetzgeber die angesprochene Fallkonstellation nur irrtümlicherweise nicht geregelt hat; dies würde im Ergebnis bedeuten, daß der UBAS auch hier – ohne Wahrnehmung der mittlerweile eingetretenen Unzuständigkeit der Sicherheitsdirektion – in der Sache als Berufungsbehörde zu entscheiden hätte.

In weiterer Folge hat der VwGH die Ansicht des UBAS verworfen und ausdrücklich festgehalten: *„Die Übergangsvorschriften des § 44 Abs. 1 bis 3 AsylG beziehen sich auf alle bei den Asylbehörden anhängigen Verfahren (§ 44 Abs. 1 AsylG) bzw. auf alle Verfahren betreffend Bescheide nach dem Asylgesetz 1991 (§ 44 Abs. 2 und 3 AsylG), also sowohl auf Verfahren, in denen als Behörde erster Instanz die Sicherheitsdirektionen aufgetreten waren, die Verfahren am 1. Juni 1992 aber bereits beim Bundesminister für Inneres anhängig waren und es sich deshalb um Verfahren nach dem Asylgesetz 1991 handelt, als auch auf Bescheide, in denen bereits das Bundesasylamt Behörde erster Instanz war. Der Gesetzgeber gab mit diesen Bestimmungen zu erkennen, daß er in den bei den Höchstgerichten anhängigen Beschwerdefällen ohne Unterscheidung hinsichtlich der Art der Behörde erster Instanz alle (von Anfang an oder zuletzt) auf Grundlage des Asylgesetzes 1991 durchgeführten Verfahren in das Stadium vor Erlassung der Berufungsbescheide zurücktreten lassen und in all diesen Verfahren als zuständige Berufungsbehörde den unabhängigen Bundesasylsenat mit der weiteren Fortführung des Verfahrens – auf Grundlage des neuen AsylG – betrauen wollte. Gleiches gilt für die beim Bundesminister für Inneres am 1. Jänner 1998 anhängigen Verfahren. Dies geht auch aus dem Bericht des Ausschusses für innere Angelegenheiten, 755 BlgNR 20. GP, 7, hervor, wonach ,.... nach dem vorliegenden Konzept die beim Verwaltungsgerichtshof anhängigen Verfahren in das Stadium vor Erlassung des Berufungsbescheides zurücktreten und in der Folge – im Rahmen eines auf die Belastungssituation des unabhängigen Bundesasylsenates Bedacht nehmenden Zeitraumes – in die Entscheidungskompetenz dieser unabhängigen Behörde überstellt werden (sollen). ... Bei der Entscheidung über die Berufung soll es zu keinen weiteren Verzögerungen kommen, weshalb im Hinblick auf den Übergang der Zuständigkeit vom Bundesminister für Inneres auf den unabhängigen Bundesasylsenat die Zuteilung der Akten vom Höchstgericht direkt zur* *unabhängigen Asylbehörde erfolgen soll.' Die Übergangsbestimmungen stellen somit insofern eine Ergänzung des § 38 Abs. 1 AsylG dar, als der unabhängige Bundesasylsenat nicht nur als Berufungsbehörde gegen Bescheide des Bundesasylamtes, sondern auch zur Entscheidung über Berufungen gegen Bescheide der Sicherheitsdirektionen zuständig ist. Diese Zuständigkeit hat der unabhängige Bundesasylsenat mit dem angefochtenen Bescheid schließlich auch in Anspruch genommen, hätte er doch ansonsten die Berufung als unzulässig zurückweisen müssen. Der Verwaltungsgerichtshof vertritt in ständiger Rechtsprechung, daß die Behörden ihre sachliche und örtliche Zuständigkeit gemäß § 6 Abs. 1 AVG von Amts wegen wahrzunehmen haben; dies bedeutet, daß Änderungen der Zuständigkeitsvorschriften während des Verwaltungsverfahrens bis zur Erlassung des Bescheides, also bis zur Beendigung des jeweiligen behördlichen Handelns, stets zu beachten sind. Sowohl für die Behörden erster Instanz als auch für die Berufungsbehörden gilt, daß maßgebend für die Zuständigkeit zur Erlassung des jeweiligen Bescheides die im Zeitpunkt der Erlassung geltende Rechtslage ist (vgl. dazu Walter-Mayer, Grundriß des österreichischen Verwaltungsverfahsensrechts[6], Rz. 82, sowie die hg. Erkenntnisse vom 19. Dezember 1967, Zl. 940/67, vom 3. Mai 1983, Zl. 82/05/0162, vom 15. Februar 1984, Zl. 83/01/0399, vom 22. Februar 1994, Zl. 94/04/0008, 0018, 0019, vom 30. Mai 1995, Zl. 95/18/0120, vom 24. November 1995, Zl. 95/17/0009, sowie vom 22. Mai 1996, Zl. 95/21/0211, u.a.). Ändert sich die Sach- oder Rechtslage im Laufe des Verfahrens, d.h. vor Erlassung des Bescheides, so ist dieses von der nach der neuen Situation zuständigen Behörde weiterzuführen; anders als nach § 29 JN gibt es im Verwaltungsverfahren keine perpetuatio fori. Eine derartige „perpetuatio fori", die nach Ansicht der belangten Behörde im Fall der Nichtbehebung des erstinstanzlichen Bescheides in Ansehung der Zuständigkeit der Sicherheitsdirektion gegeben wäre und die weder im AVG noch in den bezughabenden Materiengesetzen vorgesehen sei, läge aber auch im Falle einer – nicht in einer ersatzlosen Behebung des erstinstanzlichen Bescheides liegenden – Sachentscheidung des unabhängigen Bundesasylsenates über die Berufung nicht vor. Im Zeitpunkt ihres behördlichen Handelns war die Sicherheitsdirektion unbestritten die zur Bescheiderlassung über den Asylantrag in erster Instanz zuständige Behörde; diese Zuständigkeit fiel im Zuge der Änderungen der Rechtslage weg, ohne daß die Sicherheitsdirektion sich unter Berufung auf ihre ehemals gegebene Zuständigkeit zu weiteren behördlichen Tätigkeiten veranlaßt fühlte. Der bloße Umstand, daß ein im Rahmen der ehemals gegebenen Zuständigkeit erlassener Bescheid nunmehr im (wieder offenen) Berufungsverfahren neuerlich einer Überprüfung durch die Berufungsbehörde unterzogen wird, führt nicht zu einer Perpetuierung der Zuständigkeit der Behörde erster Instanz, die im Widerspruch zur Zuständigkeitsregel nach der neuen Rechtslage stünde. Die Berufungsbehörde hat vielmehr zu prüfen, ob die Behörde erster Instanz zur Erlassung ihres Bescheides im damaligen Zeitpunkt zuständig war und den angefochtenen Bescheid inhaltlich am Maßstab des neuen Gesetzes zu messen. Eine nicht in einer Behebung des erstinstanzlichen Bescheides liegende Entscheidung über die Berufung durch die belangte Behörde ist aber nicht – wie die belangte Behörde offenbar annimmt – mit einer neuerlichen und damit außerhalb ihrer Zuständigkeit liegenden Entscheidung der Sicherheitsdirektion gleichzusetzen oder mit einer Feststellung einer aktuell gegebenen Zuständigkeit dieser Behörde zur Erlassung von erstinstanzlichen Asylbescheiden verknüpft. Die von der Berufungsbehörde erlassene Sachentscheidung tritt an die Stelle der unterinstanzlichen Entscheidung, die dadurch jegliche Wirkung verliert (vgl. unter anderem das ha. Erkenntnis vom 17. Februar 1992, Zl. 91/10/0240). Daß der unabhängige Bundesasylsenat aber zur Entschei-*

dung über die Berufung gegen den Bescheid der Sicherheitsdirektion – wie von ihm selbst auch angenommen – zuständig war, ergibt sich schon aus § 44 Abs. 1 bis 3 AsylG. Ein anderes Ergebnis ist entgegen der Ansicht der belangten Behörde auch aus dem hg. Erkenntnis vom 21. Juni 1993, Zl. 92/04/0144, nicht ableitbar. Wie der beschwerdeführende Bundesminister für Inneres zutreffend bemerkt, lag dem zitierten Erkenntnis ein besonders gestalteter Fall eines Parteiwechsels während eines Berufungsverfahrens vor, weil der Wechsel der Partei (statt einer Stadt mit eigenem Statut trat im Berufungsverfahren als deren Rechtsnachfolgerin eine Aktiengesellschaft als Bewilligungswerberin auf) – wäre er bereits im Verfahren erster Instanz erfolgt – dazu geführt hätte, daß das Verfahren von einer anderen Behörde in erster Instanz zu entscheiden gewesen wäre. Aufgrund dieses Parteiwechsels lag nicht mehr der Tatbestand eines Ansuchens einer Stadt mit eigenem Statut (gemäß § 334 Z 5 der Gew0) vor, sondern es stellte sich während des Berufungsverfahrens eine über die Sache des erstinstanzlichen Verfahrens hinausgehende Änderung des Verfahrensgegenstandes dar. Eine derartige Situation ist im vorliegenden Fall aber nicht gegeben. Verfahrensgegenstand war stets der Antrag (vom 13. Juli 1990) auf Gewährung von Asyl, eine durch einen nachträglichen Wechsel in der Person des Asylwerbers herbeigeführte Änderung der „Sache" des Verfahrens besteht im vorliegenden Fall nicht. Eine Vergleichbarkeit des von der belangten Behörde zitierten Falles mit dem vorliegenden ist somit nicht gegeben. Auch das in der Gegenschrift erstmals herangezogene Argument, der unabhängige Bundesasylsenat müsse quasi als Erstbehörde erstmals die Normen des Asylgesetzes 1997 bei der Berufungsentscheidung anwenden, vermag nicht zu überzeugen. Die belangte Behörde hat mangels anders lautender gesetzlicher Übergangsbestimmungen das neue Asylgesetz 1997 anzuwenden. Die Besonderheit, daß der unabhängige Bundesasylsenat die erste Behörde ist, die im Verwaltungsverfahren eines Asylwerbers auf Grundlage des AsylG entscheidet, betrifft aber auch alle jene Fälle, die gemäß § 44 Abs. 1 AsylG vom ursprünglich zur Berufungsentscheidung zuständigen Bundesminister für Inneres dem unabhängigen Bundesasylsenat zugeleitet wurden; auch in den vom Verfassungsgerichtshof oder Verwaltungsgerichtshof weitergeleiteten Fällen ist der unabhängige Bundesasylsenat nach dem Willen des Gesetzgebers die erste (und wohl in der Mehrzahl der Fälle die einzige) Behörde, die auf Grundlage des AsylG entscheidet. Eine Rückverweisung der vorliegenden im zeitlichen Geltungsbereich des alten Rechtes anhängig gewordenen Sache an die (nunmehrige oder schon bisher eingeschrittene) Behörde erster Instanz nur deshalb, weil die Berufungsbehörde sonst erstmals auf Grundlage des neuen Gesetzes zu entscheiden hat, ist nicht vorgesehen. Allerdings ist aus dem Blickpunkt der Berufungsbehörde das erstinstanzliche Verfahren am Maßstab des neuen Gesetzes zu messen (vgl. dazu das hg. Erkenntnis vom 19. März 1990, Zl. 98I18I0155). Die belangte Behörde verkannte somit die Rechtslage, wenn sie davon ausging, der Bescheid der Sicherheitsdirektion für das Bundesland Niederösterreich sei allein deshalb zu beheben, weil der Sicherheitsdirektion zwischenzeitig keine Zuständigkeit zur Entscheidung über Asylanträge mehr zukommt„ (VwGH 30. 9. 1998, 98/20/0220; vgl auch VwGH 30. 9. 1998, 98/20/0231).

VI. Vorläufige Aufenthaltsberechtigung

1223 Die Regelung des § 44 Abs 4 AsylG 1997 ist sichtlich von der Intention geprägt, Übergangsfälle im Hinblick auf die vorläufige Aufenthaltsberechtigung nicht schlechter als Asylwerber im Anwendungsbereich des AsylG 1991 zu stellen. Vor diesem Hintergrund sind Asylwerber mit Inkrafttreten des AsylG 1997 eo ipso dem Regime betreffend die vorläufige Aufenthaltsberechtigung nach § 19 AsylG 1997 unterworfen, gleichgültig, ob ihnen nach den Bestimmungen der §§ 6 und 7 AsylG 1991 eine vorläufige Aufenthaltsberechtigung zukam oder nicht. Dies bedeutet, daß Asylwerbern mit Inkrafttreten des AsylG 1997 entweder gem § 19 Abs 1 leg cit von Gesetzes wegen eine vorläufige Aufenthaltsberechtigung zukommt, oder daß ihnen gem § 19 Abs 2 leg cit die vorläufige Aufenthaltsberechtigung durch Aushändigung der Bescheinigung unverzüglich zuzuerkennen ist (siehe dazu oben die Ausführungen zu § 19, Rz 553 ff). Nur für solche Asylwerber, denen nach der Bestimmung des § 19 AsylG 1997 eine vorläufige Aufenthaltsberechtigung nicht zukommt (nicht zuzuerkennen ist), gelten die Kriterien der §§ 6 und 7 des AsylG 1991 weiter, wenn die Gerichtshöfe des öffentlichen Rechts der Beschwerde des betreffenden Fremden aufschiebende Wirkung zuerkannt haben (allgemein zu den Rechtswirkungen siehe *Puck*, Aufschiebende Wirkung).

1224 Vieldeutig ist die Bestimmung des § 44 Abs 4 letzter Satz des AsylG 1997. Nach dieser Bestimmung richtet sich im übrigen (dh abgesehen von der vorläufigen Aufenthaltsberechtigung) die Stellung der Asylwerber während dieser Zeit (dh während eines vor dem UBAS anhängigen Verfahrens, wenn der betreffende Fremde unter das „Übergangsregime" fällt) nach der eines Fremden, dessen Asylantrag abgewiesen wurde, dh daß die betreffenden Fremden nach der Definition des § 1 Z 3 AsylG 1997 eigentlich keine Asylwerber sind. Das bedeutet, daß Asylwerber grundsätzlich so gestellt sind, als wäre ihr Asylverfahren rechtskräftig abgewiesen worden. Dies gilt aber – abgesehen von der vorläufigen Aufenthaltsberechtigung – mit einer weiteren wesentlichen Ausnahme: Die gesetzliche – offenbar unwiderlegliche – Vermutung des rechtskräftig abgewiesenen Asylantrags nach § 44 Abs 4 letzter Satz AsylG 1997 begründet nicht die negative Prozeßvoraussetzung der res iudicata (§ 68 Abs 1 AVG; vgl dazu insb auch § 44 Abs 5 AsylG 1997), dh die Regelung des § 44 Abs 4 letzter Satz leg cit schließt Asylwerber (Fremde) nicht vom weiteren Asylverfahren aus.

1225 § 44 Abs 4 letzter Satz des AsylG 1997 hat im wesentlichen zur Folge, daß im Rahmen Übergangsregimes Fremde, deren Abweisung des Asylantrags durch den BMI bei einem der Gerichtshöfen des öffentlichen Rechts bekämpft ist und deren Verfahren gem § 44 Abs 3 leg cit in das Stadium vor Erlassung des Berufungsbescheids zurücktreten, derart gestellt sind, daß jene Vorschriften, die *Asylwerber* gegenüber sonstigen Fremden privilegieren, nicht anwendbar sind; dh daß die betroffenen Fremden – zumindest nach dem Wortlaut des Gesetzes – dem fremdenrechtlichen Regime unterworfen sind. Die in diesem Zusammenhang wichtige Bestimmung des § 21 AsylG 1997 berechtigt nach ihrem Wortlaut ausschließlich *Asylwerber*. Damit fehlt aber für den angesprochenen Personenkreis vor dem Hintergrund des § 44 Abs 4 letzer Satz leg cit eine essentielle Rechtsbedingung für die Anwendbarkeit des § 21 leg cit; dies gilt selbst dann, wenn den betreffenden Fremden die vorläufige Aufenthaltsberechtigung nach § 44 Abs 4 leg cit zukommen sollte. Nach der Konstruktion des § 21 AsylG 1997 ist die vorläufige Aufenthaltsberechtigung ohne die Stellung eines Asylwerbers weitestgehend wertlos (arg *„Asylwerber"* in § 21 Abs 1 und *„Asylwerber* mit vorläufiger Aufenthaltsberechtigung" nach § 21 Abs 2 AsylG 1997). Ob dieses Ergebnis im Sinne der Absichten des Gesetzgebers liegt, ist fraglich.

1226 Fraglich ist zudem, ob die Bestimmung des § 27 AsylG 1997 auf jene Fremden, die von der Übergangsregelung des § 44 Abs 4 letzter Satz leg cit betroffen sind, anzuwenden ist, da auch diese Bestimmung die Stellung eines *Asylwerbers* als Rechtsbedingung voraussetzt. Dies gilt insb für das in § 27 Abs 1 vorgesehene Unmittelbarkeitsprinzip. In diesem Zusammenhang ist jedoch darauf hinzuweisen, daß die Bestimmung des § 27 AsylG 1997 neben die Verfahrensgrundsätze des AVG tritt und den einschlägigen Bestimmungen des AVG nicht derogiert, da ein Normenwiderspruch zwischen den beiden Regelungsbereichen als notwendige Voraussetzung für die Heranziehung der Derogationsregeln nicht ersichtlich ist. Dies heißt im Ergebnis, daß für den Fall, daß die Bestimmung des § 27 AsylG 1997 für den genannten Personenkreis nicht anwendbar ist, grundsätzlich dennoch die Bestimmungen des AVG zur Anwendung kommen, die – abgesehen vom eingeschränkten Unmittelbarkeitsgrundsatz nach § 27 Abs 1 AsylG 1997 – weitestgehend gleiches vorsehen.

1227 Unklar ist überdies, ob die Vorschriften betreffend den Erkennungs- und Ermittlungsdienst (§§ 35 und 36 AsylG 1997) auf den von § 44 Abs 4 letzter Satz AsylG 1997 erfaßten Personenkreis anwendbar sind, sieht doch das AsylG 1997 die Anwendung dieser Bestimmungen nur für *Asylwerber* vor. Geht man davon aus, daß die Bestimmung des § 44 Abs 4 letzter Satz leg cit die dort angesprochenen Fremden so stellt, als wäre ihr Asylantrag rechtskräftig abgewiesen worden, und die betreffenden Fremden sohin keine Asylwerber im Sinne des Gesetzes sind, dann liegt die Vermutung nahe, daß die Bestimmungen der §§ 35 und 36 leg cit auf die von der Übergangsbestimmung des § 44 Abs 4 letzter Satz leg cit erfaßten Fremden nicht anwendbar sind. Ob dieses Ergebnis allerdings sachgerecht ist, bleibt dahingestellt.

1228 Zuletzt ist auch fraglich, ob die Bestimmung des § 39 Abs 1 AsylG 1997 auch für Fremde im Anwendungsbereich des § 44 Abs 4 letzter Satz leg cit gilt. Diese Bestimmung sieht vor, daß *Asylwerbern* jederzeit Gelegenheit zu geben ist, sich an den UNHCR zu wenden. Dazu ist jedoch anzumerken, daß die Regelung des § 39 Abs 1 leg cit neben Art 35 GFK anzuwenden ist und dieser Bestimmung nicht derogiert (vgl § 43 AsylG 1997). Gem Art 35 Z 1 GFK verpflichten sich die vertragschließenden Staaten, das Büro des Hochkommissärs der Vereinten Nationen für Flüchtlinge oder jede andere Institution der Vereinten Nationen, die ihm nachfolgen könnte, in seiner Arbeit zu unterstützen und insb dessen Aufsichtspflichten bei der Anwendung der Bestimmungen dieses Abkommens zu erleichtern. Die vertragschließenden Staaten verpflichten sich, dem Büro des Hochkommissärs oder jeder anderen Institution der Vereinten Nationen, die ihm nachfolgen könnte, die in entsprechender Form verlangten Auskünfte und statistischen Daten zur Verfügung zu stellen, um die Abfassung von Berichten für die zuständigen Organe der Vereinten Nationen zu ermöglichen, und zwar betreffend die Rechtsstellung der Flüchtlinge, die Durchführung dieses Abkommens und Gesetze und Verordnungen und Dekrete, die für Flüchtlinge in Kraft stehen oder erlassen werden. Die vertragschließenden Staaten sollen die Gesetze und sonstige Bestimmungen, die sie veröffentlichen, um die Anwendung des vorliegenden Abkommens zu sichern, dem Generalsekretär der Vereinten Nationen mitteilen (Art 36 GFK).

VII. Entschiedene Sachen

1229 Die objektiven Grenzen einer Bescheidwirkung ergeben sich grundsätzlich daraus, daß mit Bescheid über eine *bestimmte Verwaltungssache* entschieden wird. Diese wird dadurch zur *„entschiedenen Sache“* („res iudicata“). Diese ist wiederum durch den *angenommenen (anzunehmenden) Sachverhalt* in Relation zur *angewandten Rechtsvorschrift* bestimmt (*Ringhofer*, 660 f; *Mayer*, Parteibegriff, 488; *Walter/Thienel*, Verfahren, 1393). Vor diesem Hintergrund müßte man davon ausgehen, daß die objektiven Grenzen der Ablehnung von Asylanträgen (Asylausdehnungsanträgen) auf Grund der wesentlichen Änderung der anzuwendenden Rechtsvorschriften durch das AsylG 1997 einer neuerlichen Entscheidung über einen Asylantrag bei im wesentlichen unverändertem Sachverhalt nicht entgegenstünden; dh die Ablehnung eines Asylantrages nach dem AsylG 1991 würde vor dem Hintergrund des AsylG 1997 grundsätzlich keine „res iudicata" bewirken, sodaß auf Grund der geänderten Rechtslage Folgeanträge weitestgehend nicht unzulässig wären. Dem steht jedoch die Regelung des § 44 Abs 5 AsylG 1997 entgegen, die vorsieht, daß abweisliche Bescheide auf Grund des AsylG 1968 sowie des AsylG 1991 in derselben Sache (Feststellung der Vorausetzungen des Art 1 GFK nach dem AsylG 1968; Asylgewährung und/oder Asylausdehnung nach dem AsylG 1991) in Verfahren nach dem AsylG 1997 den Zurückweisungstatbestand der entschiedenen Sache begründen. Die Bedeutung nachträglicher Änderungen der maßgebenden Sach- und Rechtslage für die Rechtskraft von Bescheiden unterliegt freilich der Disposition des (materiellen) Gesetzgebers (*Walter/Thienel*, Verfahren, 1393 f).

1230 Unklar ist, was das AsylG 1997 in der Bestimmung des § 44 Abs 5 leg cit unter den Ausdruck *„in derselben Sache"* versteht. Dieser Begriff ist an dieser Stelle in sich unschlüssig. Würden sich Entscheidungen nach dem AsylG 1968, AsylG 1991 und dem AsylG 1997 auf *„dieselbe Sache"* beziehen, ergäbe sich *„res iudicata"* bereits aus dem AVG und die Regelung des § 44 Abs 5 AsylG 1997 wäre in dieser Form nicht notwendig. Vor diesem Hintergrund sind wohl nicht *„dieselben Sachen"* im technischen Sinn, sondern *„vergleichbare Sachen"* angesprochen. Man wird jedoch in der Annahme kaum fehlgehen, daß im Hinblick auf die bescheidmäßige Ablehnung Asylgewährung nach dem AsylG 1968 bzw dem AsylG 1991 und der Asylgewährung nach dem AsylG 1997 „dieselbe Sache" vorliegt. Gleiches gilt wohl für die Ablehnung der Asylausdehnung nach dem AsylG 1991 und der Asylerstreckung nach dem AsylG 1997.

VIII. Überleitung von Asylberechtigten und zum befristeten Aufenthalt berechtigter Fremder in das Regime des AsylG 1997

1231 Die Bestimmung des § 44 Abs 6 AsylG enthält die unwiderlegliche Vermutung, daß Fremde, die nach dem AsylG 1991 asylberechtigt waren, sowie solche Fremde, die vor dem 8. März 1968 nachweislich von einer österreichischen Sicherheitsbehörde (diese sind zugleich Fremdenpolizeibehörden) als Flüchtling gem der GFK behandelt wurden – dies kann sich nachweislich nur aus den damaligen fremdenpolizeilichen Akten ergeben, soweit diese noch verfügbar sind (zum Verfahren vor dem AsylG 1968 siehe *Ermacora*, JBL 1965, 602) –, auch nach dem AsylG 1997 als asylberechtigt gelten. Obwohl dies in der Bestimmung des § 44 Abs 6 AsylG 1997 nicht ausdrücklich erwähnt ist, gilt diese gesetzliche Vermutung auch für solche Fremde, für welche die Flüchtlingseigenschaft nach dem AsylG 1968 festgestellt und zwischenzeitig nicht aberkannt wurde, soweit sie zum Zeitpunkt des Inkrafttretens des AsylG 1991 (1. Juni 1992) zum unbefristeten Aufenthalt im Bundesgebiet berechtigt waren. Dies ergibt sich aus dem Verweis auf die Asylberechtigung nach dem AsylG 1991: Gem § 25 Abs 3 AsylG 1991 waren Fremde, die gemäß § 2 Abs 1 des AsylG 1968 als Flüchtlinge anerkannt wurden und zum Zeitpunkt des Inkrafttretens dieses BG (AsylG 1991) zum unbefristeten Aufenthalt im Bundesgebiet berechtigt waren, wie Fremde zu behandeln, denen gem § 3 AsylG 1991 Asyl gewährt wurde (siehe dazu *Rohrböck*, AsylG 1991, 233). Damit sind diese Fremden mittelbar auch im Sinne des AsylG 1997 als Asylberechtigte zu betrachten.

Die Bestimmung des § 44 Abs 6 AsylG 1997 bewirkt zwar, daß die betroffenen Fremden als asylberechtigt gelten, sie ersetzt allerdings die Feststellung der Flüchtlingseigenschaft nach § 12 leg cit nicht. Ob hier ein Antrag auf Feststellung der Flüchtlingseigenschaft zulässig ist, bleibt fraglich, wird aber im Hinblick auf den Wortlaut des § 3 Abs 1 letzter Satz AsylG 1997 zu verneinen sein; nach dieser Regelung ist ein gesonderter Antrag auf Feststellung der Flüchtlingseigenschaft nicht zulässig. Die von der Übergangsbestimmung des § 44 Abs 6 AsylG 1997 erfaßten Personen kommen sohin nicht in den Genuß der Feststellung der Flüchtlingseigenschaft nach § 12 AsylG 1997. Daß darin ein Fall der Diskriminierung entgegen der Bestimmung des Art 3 GFK gesehen werden kann, liegt auf der Hand (vgl dazu auch das BVG 3. 6. 1973 zur Durchführung des Internationalen Übereinkommens über die Beseitigung aller Formen rassischer Diskriminierung BGBl 1973/390). **1232**

Gem § 44 Abs 6 letzter Satz AsylG 1997 gelten Bescheide, mit denen Fremden eine befristete Aufenthaltsberechtigung gem § 8 AsylG 1991 erteilt wurde, innerhalb ihres zeitlichen Geltungsbereiches als Bescheide gem § 15 AsylG 1997. Gem § 8 Abs 1 AsylG 1991 konnte die Asylbehörde aus Anlaß der Erlassung eines Bescheides, mit dem ein Asylantrag abgewiesen wurde, in besonders berücksichtigungswürdigen Fällen einem Fremden von Amts wegen den befristeten Aufenthalt im Bundesgebiet bewilligen, wenn die Abschiebung rechtlich oder tatsächlich unmöglich war oder ihm wegen der Situation in seinem Heimatstaat oder – sofern er staatenlos war – in den Staat, in dem er zuletzt seinen gewöhnlichen Aufenthalt hatte, aus wichtigen Gründen nicht zugemutet werden konnte. Die befristete Aufenthaltsberechtigung konnte für höchstens ein Jahr erteilt werden und für jeweils höchstens ein weiteres Jahr verlängert werden (§ 8 Abs 2 AsylG 1991). § 44 Abs 6 letzter Satz AsylG 1997 fingiert die zeitlich noch gültigen Aufenthaltsbewilligungen nach dem AsylG 1991 nunmehr als befristete Aufenthaltsbewilligungen nach dem AsylG 1997 mit der ursprünglichen Gültigkeitsdauer; dies gilt wohl auch für jene Fälle, in denen die befristete Aufenthaltsberechtigung nach dem AsylG 1991 nicht bloß *„erteilt"*, sondern auch *„verlängert"* wurden. Die durch § 44 Abs 6 fingierten befristeten Aufenthaltsberechtigungen sind nach § 15 Abs 3 AsylG 1997 „verlängerbar" (im eigentlichen Sinne neuerlich erteilbar). **1233**

Verweisungen

§ 45. Verweisungen in diesem Bundesgesetz auf andere Bundesgesetze sind als Verweisungen auf die jeweils geltende Fassung zu verstehen. Soweit in anderen Bundesgesetzen auf Bestimmungen des Asylgesetzes 1991 verwiesen wird, treten an dessen Stelle die entsprechenden Bestimmungen dieses Bundesgesetzes.

RV: *(siehe bei § 42)*

1234 Die Bestimmung des § 45 AsylG 1997 regelt die Verweisungen des AsylG 1997 auf andere Bundesgesetze einerseits und Verweisungen auf das AsylG 1991 durch andere BG andererseits und legt in diesem Zusammenhang fest, daß an die Stelle der Verweisungen auf das AsylG 1991 in anderen Bundesgesetzen die entsprechenden Bestimmungen des AsylG 1997 treten. Das AsylG 1991 hatte in § 25 Abs 4 leg cit eine im wesentlichen gleichlautende Bestimmung betreffend das AsylG 1968 enthalten. § 45 AsylG 1997 legt die Verweisungen als dynamische Verweisungen fest und beschränkt diese aus kompetenzrechtlichen Gründen auf Bundesgesetze. Ob unter dem Begriff „Bundesgesetz" solche im formellen Sinn oder im materiellen Sinn zu verstehen sind, ist nach dem Wortlaut dieser Bestimmung unklar. Verfassungskonform wird man die Verweisungen auf Normen derselben normsetzenden Autorität einzuschränken haben.

1235 Das gesetzestechnische Instrument der dynamischen Verweisung besteht darin, daß eine Vorschrift andere Vorschriften „in ihrer jeweils geltenden Fassung" zu ihrem Inhalt erklärt. Soweit es sich dabei um Verweisungen auf Normen anderer normsetzender Autoritäten handelt (zB Verweisungen eines LG auf BG oder einer VO auf G), liegt meist eine Verletzung der Kompetenzverteilung zwischen Bund und Ländern oder zwischen Gesetzgebung und Vollziehung vor; solche Verweisungen sind sohin verfassungswidrige Delegationen (*Thienel*, Verweisungen; *Aichlreiter*, WBl 1991, 89; *Lang*, ÖStZ 1989, 11). Oft sind solche Verweisungen auch mangels ausreichender inhaltlicher Bestimmtheit verfassungswidrig (Art 18 Abs 1 B-VG; *Walter/Mayer*, Bundesverfassungsrecht, Rz 253; verfehlt VfSlg 11.281).

Vollziehung

§ 46. Mit der Vollziehung dieses Bundesgesetzes ist hinsichtlich des § 38 der Bundeskanzler, hinsichtlich des § 34, soweit es sich um Stempelgebühren handelt, der Bundesminister für Finanzen, hinsichtlich des § 41 der jeweils sachlich zuständige Bundesminister, hinsichtlich des § 16 Abs. 1, Abs. 2 erster Satz und Abs. 3 der Bundesminister für auswärtige Angelegenheiten, im übrigen der Bundesminister für Inneres, und zwar hinsichtlich des § 16 Abs. 2 zweiter Satz im Einvernehmen mit dem Bundesminister für auswärtige Angelegenheiten und hinsichtlich des § 40 Abs. 5 im Einvernehmen mit dem Bundesminister für Finanzen betraut.

RV: *(siehe bei § 42)*

1236 Das B-VG trifft über den Wirkungsbereich der einzelnen BM keine Regelungen, sondern sieht eine diesbezügliche Regelung durch einfaches BG vor (Art 77 Abs 2 B-VG) vor; lediglich auf Grund der Ermächtigung des Art 77 Abs 3 B-VG kann die bundesgesetzliche Zuständigkeitsregelung durch einen Verwaltungsakt durchbrochen werden. Nach dieser Bestimmung kann der BPräs durch gesetzesändernde (verfassungsunmittelbare) VO „die sachliche Leitung bestimmter zum Wirkungsbereich des BKA gehörender Angelegenheiten (...) unbeschadet des Fortbestandes ihrer Zugehörigkeit zum BKA“ einem BM übertragen (vgl dazu zB BGBl 1995/296). Diese BM können sich als Minister für den zugewiesenen Bereich (zB BM für Frauenpolitik) bezeichnen (§ 1 Abs 2 BMG).

1237 Das BMG weist den einzelnen BM einen *„allgemeinen Wirkungsbereich“*, dh bestimmte Sachgebiete, zu, in denen die einzelnen BM *alle Geschäfte der obersten Bundesverwaltung* zu besorgen haben; zu diesen Geschäften gehören nach § 2 Abs 3 BMG Akte der behördlichen Verwaltung, Akte der Verwaltung des Bundes als Träger von Privatrechten und Regierungsakte (letztere sind freilich auch Verwaltungsakte). Die einzelnen materiellen Sachgebiete, die von den BM zu besorgen sind, sind im 2. Teil der Anlage zum BMG aufgezählt; der 1. Teil der Anlage zählt hingegen jene Angelegenheiten auf, die von allen BM innerhalb ihres Ressorts wahrzunehmen sind (zB Personalangelegenheiten, Haushaltsangelegenheiten, Beschaffungswesen, Dienst- und Fachaufsicht gegenüber nachgeordneten Organen).

1238 Das BMG regelt mit der Zuweisung der einzelnen Sachgebiete zu den verschiedenen BM allerdings nur den *allgemeinen Wirkungsbereich* und läßt grundsätzlich (vgl aber § 16a BMG) alle bestehenden *besonderen Vorschriften* betreffend die Zuständigkeit der einzelnen BM (zB Vollzugsklauseln, besondere Kompetenzbestimmungen in materiellen G) unberührt (vgl dazu *Barfuß*, Ressortzuständigkeit). Die Zuweisung eines *allgemeinen Wirkungsbereiches* zu einem BM durch das BMG ermächtigt für sich allein noch nicht zur Setzung von Verwaltungsakten (Art 18 Abs 1 und 2 B-VG) und legt keine Zuständigkeit eines BM im administrativen Instanzenzug fest (*Mayer*, Staatsmonopole, 72); mit dieser Zuweisung wird den betreffenden BM nur ganz allgemein die Leitung und Verwaltung bestimmter Sachgebiete übertragen. Nach den EB zur RV zum BMG (483 BlgNR 13. GP, 22) hat die im BMG vorgenommene Festlegung des allgemeinen Wirkungsbereiches der BM etwa Bedeutung für die Zuständigkeit zur Vorbereitung einer RV; darüber hinaus wird auch eine gewisse Präzisierung verfassungsrechtlicher Vorschriften, die vom „zuständigen BM“ sprechen (zB Art 12 Abs 3, Art 15 Abs 7, Art 66, 67, Art 80 Abs 2, Art 103 Abs 4 B-VG), erreicht.

1239 Im Gegensatz zum *allgemeinen Wirkungsbereich* nach dem BMG legt die Vollzugsbestimmung des § 46 AsylG 1997 eine *konkrete Zuständigkeit* fest. Wieweit diese Zuständigkeit nun im einzelnen funktionell reicht, ist fraglich und kann nur im Hinblick auf die gesamte Rechtsordnung geklärt werden. Was den BMI betrifft, ist darauf hinzuweisen, daß dieser trotz der Vollzugsklausel des § 46 AsylG 1997 nicht im Wege des Instanzenzuges zuständig wird, soweit die Zuständigkeit des UBAS gegeben ist. In diesen Bereichen beschränkt sich die Zuständigkeit des BMI auf die Dienst- und Fachaufsicht gegenüber der nachgeordneten Behörde, nämlich das BAA.

1240 Gem § 46 AsylG 1997 ist hinsichtlich des § 38 leg cit der Bundeskanzler zur Vollziehung betraut. Dies ist vor dem Hintergrund des § 38 Abs 9 AsylG 1997 zu sehen; nach dieser Bestimmung obliegt die Beistellung der sachlichen und personellen Erfordernisse für den UBAS dem Bundeskanzler. Nur in diesem Bereich liegt eine konkrete Zuständigkeit des Bundeskanzlers vor. Hinsichtlich des § 34 AsylG 1997 wird die Zuständigkeit des BMF festgelegt, soweit es sich um Stempelgebühren handelt; im übrigen obliegt die Vollziehung des § 34 leg cit nicht etwa dem Bundeskanzler, sondern nach dem allgemeinen Grundsatz des § 46 leg cit dem BMI; dieser darf aber durch Weisungen auch hier nicht in die Entscheidungstätigkeit des UBAS eingreifen. Hinsichtlich des § 41 leg cit (Integrationshilfe) wird die Zuständigkeit der *„jeweils sachlich zuständige BM"* festgelegt. Die eigentliche Vollzugszuständigkeit zur Vollziehung der Integrationshilfe ergibt sich sohin erst aus anderen materiellen Zuständigkeitsvorschriften und richtet sich nach dem Wesen der einzelnen Maßnahme im Rahmen der Integrationshilfe. Hinsichtlich des § 16 Abs 1, Abs 2 erster Satz und Abs 3 AsylG 1997 ist der Bundesminister für auswärtige Angelegenheiten zur Vollziehung berufen. Dieser führt demnach die Dienst- und Fachaufsicht bei der Vollziehung der genannten Bestimmungen durch die österreichischen Berufsvertretungsbehörden im Ausland und ist diesen gegenüber im Rahmen dieser Bestimmungen auch weisungsbefugt.

1241 Gem § 46 AsylG 1997 ist der Bundesminister für Inneres hinsichtlich des § 16 Abs 2 zweiter Satz leg cit im Einvernehmen mit dem Bundesminister für auswärtige Angelegenheiten zur Vollziehung berufen. Gem § 16 Abs 2 zweiter Satz AsylG 1997 ist die Gestaltung und Text des Antrags- und Befragungsformulars vom BMI im Einvernehmen mit dem Bundesminister für auswärtige Angelegenheiten und nach Anhörung des UNHCR so festzulegen, daß dessen Ausfüllen der Festlegung des maßgeblichen Sachverhaltes dient. Zur Vollziehung des § 40 Abs 5 AsylG 1997 ist der BMI im Einvernehmen mit dem Bundesminister für Finanzen betraut. Gem § 49 Abs 5 leg cit haben Flüchtlingsberater, die Bedienstete des Bundes, eines Landes oder einer Gemeinde sind, Anspruch auf Ersatz von Reisekosten nach Maßgabe der Reisegebührenvorschriften des Bundes, andere Flüchtlingsberater auf Vergütung von Reisekosten, wie sie einem auf einer Dienstreise befindlichen Bundesbeamten der Gebührenstufe 3 nach der Reisegebührenvorschrift 1955 zusteht, sowie auf eine Entschädigung für den Zeit- und Arbeitsaufwand, die vom Bundesminister für Inneres im Einvernehmen mit dem Bundesminister für Finanzen festzusetzen ist. Die Festsetzung der Entschädigungssumme für den Zeit- und Arbeitsaufwand steht sohin dem BMI im Einvernehmen mit dem Bundesminister für Finanzen zu; die Bestimmung der Entschädigung im Einzelfall obliegt jedoch nach dem Wortlaut des § 46 iVm § 40 Abs 5 AsylG 1997 dem BMI. Wird jedoch die Entschädigung im Einzelfall mit Bescheid zugesprochen, legt § 38 Abs 1 AsylG 1997 (vgl dazu auch Art 129c B-VG) die Zuständigkeit des UBAS als Rechtsmittelbehörde fest.

Anhang 1

P. b. b. Erscheinungsort Wien, Verlagspostamt 1030 Wien

3189

BUNDESGESETZBLATT

FÜR DIE REPUBLIK ÖSTERREICH

Jahrgang 1997 **Ausgegeben am 30. Dezember 1997** **Teil II**

428. Verordnung: Asylgesetz-Durchführungsverordnung – AsylG-DV

428. Verordnung des Bundesministers für Inneres zur Durchführung des Asylgesetzes (Asylgesetz-Durchführungsverordnung – AsylG-DV)

Auf Grund der §§ 16 Abs. 2, 17 Abs. 3 und 19 Abs. 3 des Asylgesetzes 1997, BGBl. I Nr. 76, wird – hinsichtlich des § 16 Abs. 2 nach Anhörung des Hochkommissärs der Vereinten Nationen für Flüchtlinge und im Einvernehmen mit dem Bundesminister für auswärtige Angelegenheiten – verordnet:

§ 1. Das Antrags- und Befragungsformular hat hinsichtlich Gestaltung und Text der **Anlage A** zu entsprechen. Es ist zweisprachig, und zwar mit Ausfüllanleitungen, Leittexten und Erklärungen in Deutsch und zumindest in folgenden 25 Sprachen bereitzuhalten:

Albanisch, Amharisch, Arabisch, Armenisch, Bengalisch, Chinesisch, Englisch, Farsi, Französisch, Hindi, Khmer, Kurdisch, Pashtu, Portugiesisch, Punshabi, Rumänisch, Russisch, Serbokroatisch, Singalesisch, Somalisch, Spanisch, Tamilisch, Türkisch, Urdu, Vietnamesisch.

§ 2. Fremden, die an der Grenze einen Asylantrag mittels Antrags- und Befragungsformulares gestellt haben, hat die Grenzkontrollbehörde eine mit den Namen und dem Geburtsdatum des Betroffenen versehene Bestätigung auszufolgen; diese ist mit folgendem auf Asylwerber oder Asylwerberinnen abgestimmten Wortlaut zu versehen: „Der/Die Genannte hat Österreich um Schutz vor Verfolgung ersucht. Die endgültige Einreiseentscheidung wird auf Grund einer – derzeit noch nicht abgeschlossenen – Prüfung des Sachverhaltes durch die österreichischen Asylbehörden getroffen."

§ 3. (1) Das Aussehen der Bescheinigung über die vorläufige Aufenthaltsberechtigung hat der **Anlage B** zu entsprechen.

(2) Das Bundesasylamt ist ermächtigt, auf der Bescheinigung Vor- und Familiennamen der Asylwerber, ihr Geburtsdatum und ihre Staatsangehörigkeit ersichtlich zu machen und die Bescheinigung mit einer Nummer zu versehen. Schreibkundige Asylwerber haben die Bescheinigung vor der Behörde zu unterfertigen.

Schlögl

Anlage A

Raum für behördliche Vermerke – ***Bitte nicht ausfüllen!***	

Asylantrags- und Befragungsformular

gemäß § 16 Abs 2 des Asylgesetzes 1997, BGBl. I Nr. 76/1997

!		***Bitte beachten Sie!*** *Bitte benützen Sie ausschließlich den stark umrandeten Teil und füllen Sie das Formular vollständig, wahrheitsgetreu und leserlich aus oder kreuzen Sie die zutreffende Antwort an. Sollten Sie weiteren Platz benötigen, können Sie Beiblätter verwenden. Der freie Platz neben dem Ihnen verständlichen Text wird für die Übersetzung Ihrer Angaben benötigt; beschreiben Sie ihn daher bitte nicht!*

Antragsteller

1		Familienname(n)
2		Name(n) zur Zeit der Geburt (allfällig weitere jemals geführte Namen)
3		Vorname(n)
4		Staatsangehörigkeit(en), falls Antragsteller staatenlos, Staat des früheren gewöhnlichen Aufenthaltes

…/Deutsch

5	☐ | ☐	Geschlecht männlich ☐ | weiblich ☐
6		Geburtsdatum TT/MM/JJJJ
7		Geburtsort und Geburtsstaat
8		Letzte Wohnadresse im Herkunftsstaat (zB Heimatstaat)
9	☐ | ☐ | ☐ | ☐	Familienstand ledig ☐ | verheiratet ☐ | verwitwet ☐ | geschieden ☐
10		Religionsbekenntnis
11		Welcher Volksgruppe gehören Sie an?
12		Welche Sprache(n) sprechen Sie (bitte **alle** Sprachen anführen)?
13		Angaben zu Ihrer Ausbildung und zu Ihrem zuletzt ausgeübten Beruf (auch Dauer der Ausbildung bzw. des Arbeitsverhältnisses)
14	☐ | ☐	Haben Sie Militärdienst geleistet? ☐ nein | ☐ ja, von (TT/MM/JJJ) bis

15	☐ | ☐	Waren Sie jemals in Haft? ☐ nein | ☐ ja, aus folgenden Gründen:
16	☐ | ☐	Besteht ein Haftbefehl gegen Sie? ☐ nein | ☐ ja, aus folgenden Gründen:

Angehörige

Ehegatte (Ehegattin)

17		Familienname(n)
18		Vorname(n)
19		Staatsangehörigkeit(en)
20		Geburtsdatum TT/MM/JJJJ
21		Geburtsort und Geburtsstaat
22		Datum der Eheschließung TT/MM/JJJJ
23		derzeitiger Aufenthaltsort

…/Deutsch

Kinder. Bitte **alle** (eheliche, uneheliche) Kinder anführen (bei Bedarf bitte Beiblatt verwenden).

24				Familienname(n)	1.	2.	3.
25				Vorname(n)	1.	2.	3.
26				Staatsangehörigkeit(en)	1.	2.	3.
27				Geburtsdatum 1. (TT/MM/JJJJ) 2. (TT/MM/JJJJ) 3. (TT/MM/JJJJ)			
28				Geburtsort und Geburtsstaat	1.	2.	3.
29				derzeitiger Aufenthaltsort	1.	2.	3.

Eltern

30			Familienname(n)	Vater:	Mutter:
31			Vorname(n)		
32			Staatsangehörigkeit(en)		
33			Geburtsdatum Vater (TT/MM/JJJJ) Mutter (TT/MM/JJJJ)		

.../Deutsch

Nr.		
34		Geburtsort und Geburtsstaat Vater: | Mutter:
35		derzeitiger Aufenthaltsort

Dokumente

Nr.		
36	☐ | ☐ ☐ | ☐ | ☐	Haben Sie Ihren Reisepaß bei sich? ☐ nein | ☐ ja Handelt es sich dabei um ein amtlich ausgestelltes Reisedokument? ☐ nein | ☐ ja | ☐ ich weiß nicht
37	☐ | ☐ ☐ | ☐ ☐ | ☐ ☐	Haben Sie noch weitere Dokumente? ☐ Wehrdienstbuch | ☐ Geburtsurkunde ☐ Heiratsurkunde | ☐ Identitätsausweis ☐ Haftbefehle | ☐ keine ☐ sonstiges, und zwar

Reiseroute

Nr.		
38		Wo und wann haben Sie Ihren Herkunftsstaat verlassen?
39	☐ | ☐	Welche Verkehrsmittel haben Sie benützt (Bus, Bahn, Flugzeug, Schiff u. dgl.)? Bestehen Nachweise darüber (zB Tickets)? ☐ nein | ☐ ja

.../Deutsch

40

Durch welche Staaten sind Sie gereist und wie lange haben Sie sich in den einzelnen Staaten aufgehalten? (Bitte **alle** Staaten sowie die Dauer, zB „Ungarn 1. 1. bis 5. 1. 1998", angeben)

1.
von (TT/MM/JJJJ) bis

2.
von (TT/MM/JJJJ) bis

3.
von (TT/MM/JJJJ) bis

41

Haben Sie jemals einen Asylantrag gestellt?

☐ nein ☐ ja

Wenn ja, geben Sie bitte an, **wo und wann** Sie bereits vorher einen Asylantrag gestellt haben!

TT/MM/JJJJ

42

Warum suchen Sie nicht im Staat Ihres gegenwärtigen Aufenthaltes Schutz vor Verfolgung?

…/Deutsch

43
Beschreiben Sie Ihren Reiseweg ab Verlassen Ihres Herkunftsstaates bis an Ihren derzeitigen Aufenthaltsort wahrheitsgemäß und so detailliert wie möglich (bei Bedarf bitte Beiblatt verwenden)!

.../Deutsch

Fluchtgrund

!		***Bitte beachten Sie!*** ***Beantworten Sie wahrheitsgetreu und vollständig nachstehende wesentliche Fragen!***
44		Warum haben Sie Ihren Herkunftsstaat verlassen?

.../Deutsch

45		Warum suchen Sie in Österreich Schutz vor Verfolgung?
46		Was fürchten Sie bei Rückkehr in Ihren Herkunftsstaat?

…/Deutsch

47

Was ist Ihnen sonst noch wichtig mitzuteilen?

!

Bitte beachten Sie!

Händigen Sie Ihre Identitätsdokumente, sowie alle anderen Unterlagen, die geeignet sind, Ihr Vorbringen zu stützen, zur Anfertigung von Kopien dem österreichischen Beamten aus! Er wird Ihnen diese unverzüglich wieder zurückgeben.

48

Ich habe das Formular in der .... Sprache ausgefüllt und habe alles vorgebracht, was mir wichtig erschien. **Ich ersuche um Schutz vor Verfolgung und um Einreise.**

Datum

TT/MM/JJJJ

Unterschrift

.../Deutsch

Anlage B

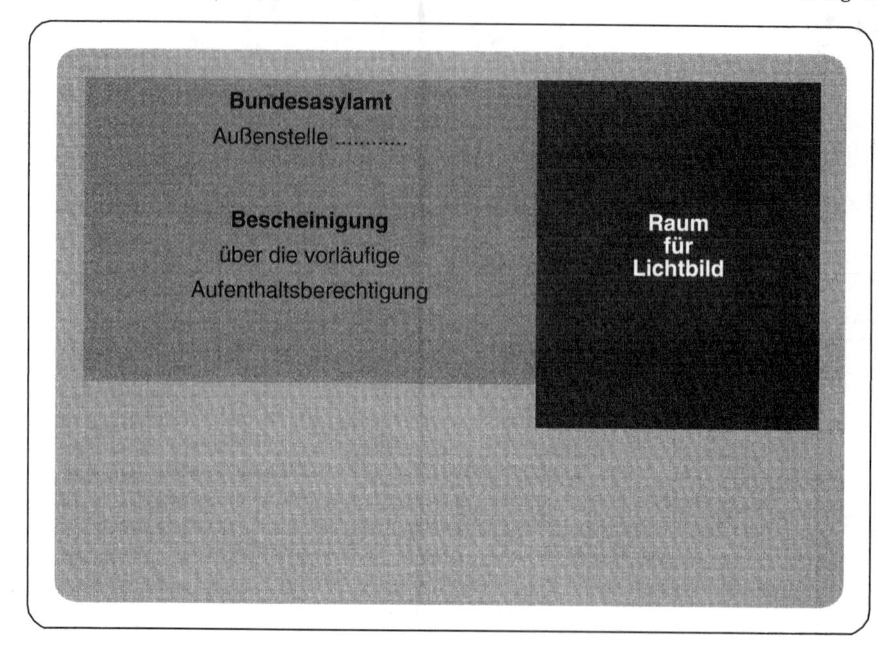

Originalgröße: 86 x 54 mm

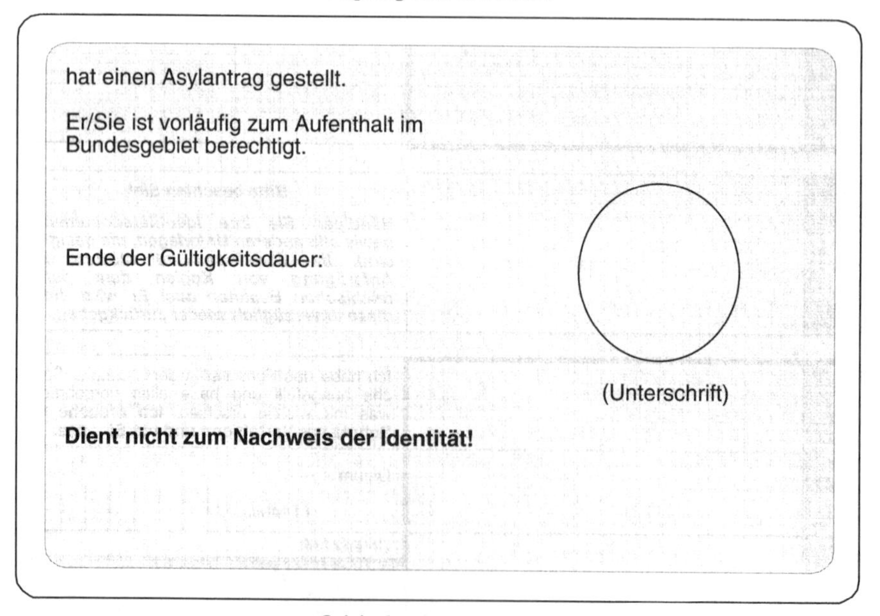

Originalgröße: 86 x 54 mm

Druck der Österreichischen Staatsdruckerei AG

403

BUNDESGESETZBLATT

FÜR DIE REPUBLIK ÖSTERREICH

Jahrgang 1955 Ausgegeben am 15. April 1955 17. Stück

55.

Nachdem die am 28. Juli 1951 in Genf unterzeichnete Konvention über die Rechtsstellung der Flüchtlinge, welche also lautet:

Convention Relating to the Status of Refugees

Preamble

THE HIGH CONTRACTING PARTIES,

Considering that the Charter of the United Nations and the Universal Declaration of Human Rights approved on 10 December 1948 by the General Assembly have affirmed the principle that human beings shall enjoy fundamental rights and freedoms without discrimination,

Considering that the United Nations has, on various occasions, manifested its profound concern for refugees and endeavoured to assure refugees the widest possible exercise of these fundamental rights and freedoms,

Considering that it is desirable to revise and consolidate previous international agreements relating to the status of refugees and to extend the scope of and the protection accorded by such instruments by means of a new agreement,

Considering that the grant of asylum may place unduly heavy burdens on certain countries, and that a satisfactory solution of a problem of which the United Nations has recogni-

Convention Relative au Statut des Réfugiés

Préambule

LES HAUTES PARTIES CONTRACTANTES,

Considérant que la Charte des Nations Unies et la Déclaration universelle des droits de l'homme approuvée le 10 décembre 1948 par l'Assemblée générale ont affirmé ce principe que les êtres humains, sans distinction, doivent jouir des droits de l'homme et des libertés fondamentales,

Considérant que l'Organisation des Nations Unies a, à plusieurs reprises, manifesté la profonde sollicitude qu'elle éprouve pour les réfugiés et qu'elle s'est préoccupée d'assurer à ceux-ci l'exercice le plus large possible des droits de l'homme et des libertés fondamentales,

Considérant qu'il est désirable de reviser et de codifier les accords internationaux antérieurs relatifs au statut des réfugiés et d'étendre l'application de ces instruments et la protection qu'ils constituent pour les réfugiés au moyen d'un nouvel accord,

Considérant qu'il peut résulter de l'octroi du droit d'asile des charges exceptionnellement lourdes pour certains pays et que la solution satisfaisante des problèmes dont l'Organisation

(Übersetzung)

Konvention über die Rechtsstellung der Flüchtlinge

Präambel

DIE HOHEN VERTRAGSCHLIESSENDEN PARTEIEN,

in der Erwägung, daß die Charta der Vereinten Nationen und die allgemeine Deklaration der Menschenrechte, genehmigt am 10. Dezember 1948 von der Generalversammlung, den Grundsatz enthält, daß die Menschen grundlegende Rechte und Freiheiten ohne Unterschied besitzen sollen,

in der Erwägung, daß die Vereinten Nationen bei verschiedenen Gelegenheiten ihre größte Anteilnahme an den Flüchtlingen bekanntgaben und sich bestrebten, den Flüchtlingen die größtmögliche Ausübung jener grundlegenden Rechte und Freiheiten zu sichern,

in der Erwägung, daß es wünschenswert wäre, frühere internationale Abkommen über die Rechtsstellung der Flüchtlinge zu verbessern und zu festigen, die Reichweite und den Schutz, die durch solche Abkommen gewährt werden, durch ein neues Abkommen auszuweiten,

in der Erwägung, daß die Ausübung des Asylrechtes überaus schwere Bürden manchen Ländern auferlegen und eine zufriedenstellende Lösung des Problems, dessen internationale

zed the international scope and nature cannot therefore be achieved without international co-operation,

Expressing the wish that all States, recognizing the social and humanitarian nature of the problem of refugees, will do everything within their power to prevent this problem from becoming a cause of tension between States,

Noting that the United Nations High Commissioner for Refugees is charged with the task of supervising international conventions providing for the protection of refugees, and recognizing that the effective co-ordination of measures taken to deal with this problem will depend upon the co-operation of States with the High Commissioner,

Have agreed as follows:

Chapter I

General Provisions

Article 1

Definition of the Term "Refugee"

A. For the purposes of the present Convention, the term "refugee" shall apply to any person who:

(1) Has been considered a refugee under the Arrangements of 12 May 1926 and 30 June 1928 or under the Conventions of 28 October 1933 and 10 February 1938, the Protocol of 14 September 1939 or the Constitution of the International Refugee Organization;

Decisions of non-eligibility taken by the International Refugee Organization during the period of its activities shall not prevent the status of refugee being accorded to per-

des Nations Unies a reconnu la portée et le caractère internationaux, ne saurait, dans cette hypothèse, être obtenue sans une solidarité internationale,

Exprimant le voeu que tous les Etats, reconnaissant le caractère social et humanitaire du problème des réfugiés, fassent tout ce qui est en leur pouvoir pour éviter que ce problème ne devienne une cause de tension entre Etats,

Prenant acte de ce que le Haut Commissaire des Nations Unies pour les réfugiés a pour tâche de veiller à l'application des conventions internationales qui assurent la protection des réfugiés, et reconnaissant que la coordination effective des mesures prises pour résoudre ce problème dépendra de la coopération des Etats avec le Haut Commissaire,

Sont convenues des dispositions ci-après:

Chapitre I

Dispositions Générales

Article Premier

Définition du terme «réfugié»

A. Aux fins de la présente Convention, le terme «réfugié» s'appliquera à toute personne:

1) Qui a été considérée comme réfugiée en application des Arrangements du 12 mai 1926 et du 30 juin 1928, ou en application des Conventions du 28 octobre 1933 et du 10 février 1938 et du Protocole du 14 septembre 1939, ou encore en application de la Constitution de l'Organisation internationale pour les réfugiés;

Les décisions de non-éligibilité prises par l'Organisation internationale pour les réfugiés pendant la durée de son mandat ne font pas obstacle à ce que la qualité de réfugié

Reichweite und Art die Vereinten Nationen anerkannt haben, nicht ohne internationale Zusammenarbeit erreicht werden kann,

in der Hoffnung, daß alle Staaten die soziale und menschenfreundliche Seite des Flüchtlingsproblemes anerkennen und alles, was in ihrer Macht steht, daransetzen, um zu verhindern, daß dieses Problem Grund einer Spannung zwischen den Staaten wird, endlich

in Kenntnis, daß der Hochkommissär der Vereinten Nationen für Flüchtlinge mit der Überwachung der internationalen Abkommen für den Schutz der Flüchtlinge betraut ist, und in Anerkennung dessen, daß die wirksame Durchführung der Maßnahmen, die dieses Problem behandeln, von der Zusammenarbeit der Staaten mit dem Hochkommissär abhängig sind,

sind über folgende Bestimmungen übereingekommen:

Kapitel I

Allgemeine Bestimmungen

Artikel 1

Definition des Ausdruckes „Flüchtling“

A. Als Flüchtling im Sinne dieses Abkommens ist anzusehen, wer:

1. gemäß den Vereinbarungen vom 12. Mai 1926 und 30. Juni 1928, den Abkommen vom 28. Oktober 1933 und 10. Februar 1938, dem Protokoll vom 14. September 1939 oder der Verfassung der Internationalen Flüchtlingsorganisation als Flüchtling angesehen worden ist.

Entscheidungen, die von der Internationalen Flüchtlingsorganisation während der Zeit ihrer Tätigkeit über die Anerkennung als Flüchtling getroffen worden sind, wer-

sons who fulfil the conditions of paragraph 2 of this section;

(2) As a result of events occurring before 1 January 1951 and owing to well-founded fear of being persecuted for reasons of race, religion, nationality, membership of a particular social group or political opinion, is outside the country of his nationality and is unable or, owing to such fear, is unwilling to avail himself of the protection of that country; or who, not having a nationality and being outside the country of his former habitual residence as a result of such events, is unable or, owing to such fear, is unwilling to return to it.

In the case of a person who has more than one nationality, the term "the country of his nationality" shall mean each of the countries of which he is a national, and a person shall not be deemed to be lacking the protection of the country of his nationality if, without any valid reason based on well-founded fear, he has not availed himself of the protection of one of the countries of which he is a national.

B. (1) For the purposes of this Convention, the words "events occurring before 1 January 1951" in article 1, section A, shall be understood to mean either

(a) "events occurring in Europe before 1 January 1951"; or
(b) "events occurring in Europe or elsewhere before 1 January 1951";

and each Contracting State shall make a declaration at the time of signature, ratification or accession, specifying which of

soit accordée à des personnes qui remplissent les conditions prévues au paragraphe 2 de la présente section;

2) Qui, par suite d'événements survenus avant le premier janvier 1951 et craignant avec raison d'être persécutée du fait de sa race, de sa religion, de sa nationalité, de son appartenance à un certain groupe social ou de ses opinions politiques, se trouve hors du pays dont elle a la nationalité et qui ne peut ou, du fait de cette crainte, ne veut se réclamer de la protection de ce pays; ou qui, si elle n'a pas de nationalité et se trouve hors du pays dans lequel elle avait sa résidence habituelle à la suite de tels événements, ne peut ou, en raison de ladite crainte, ne veut y retourner.

Dans le cas d'une personne qui a plus d'une nationalité, l'expression «du pays dont elle a la nationalité» vise chacun des pays dont cette personne a la nationalité. Ne sera pas considérée comme privée de la protection du pays dont elle a la nationalité, toute personne qui, sans raison valable fondée sur une crainte justifiée, ne s'est pas réclamée de la protection de l'un des pays dont elle a la nationalité.

B. 1) Aux fins de la présente Convention, les mots «événements survenus avant le premier janvier 1951» figurant à l'article 1, section A, pourront être compris dans le sens de soit

a) «événements survenus avant le premier janvier 1951 en Europe»; soit
b) «événements survenus avant le premier janvier 1951 en Europe ou ailleurs»;

et chaque Etat Contractant fera, au moment de la signature, de la ratification ou de l'adhésion, une déclaration précisant la

den nicht hindern, daß Personen, die die Bedingungen der Ziffer 2 dieses Abschnittes erfüllen, die Rechtsstellung von Flüchtlingen erhalten;

2. sich infolge von vor dem 1. Jänner 1951 eingetretenen Ereignissen aus wohlbegründeter Furcht, aus Gründen der Rasse, Religion, Nationalität, Zugehörigkeit zu einer bestimmten sozialen Gruppe oder der politischen Gesinnung verfolgt zu werden, außerhalb seines Heimatlandes befindet und nicht in der Lage oder im Hinblick auf diese Furcht nicht gewillt ist, sich des Schutzes dieses Landes zu bedienen; oder wer staatenlos ist, sich infolge obiger Umstände außerhalb des Landes seines gewöhnlichen Aufenthaltes befindet und nicht in der Lage oder im Hinblick auf diese Furcht nicht gewillt ist, in dieses Land zurückzukehren.

Falls jemand mehr als eine Staatsangehörigkeit hat, ist unter dem Heimatland jedes Land zu verstehen, dessen Staatsangehöriger er ist; wenn jemand ohne triftige, auf wohlbegründeter Furcht beruhende Ursache sich des Schutzes eines der Staaten, dessen Staatsangehöriger er ist, nicht bedient, soll er nicht als eine Person angesehen werden, der der Schutz des Heimatlandes versagt worden ist.

B. 1. Unter den im Artikel 1, Abschnitt A, angeführten „vor dem 1. Jänner 1951 eingetretenen Ereignissen" können im Sinne dieses Abkommens verstanden werden

a) Ereignisse, die vor dem 1. Jänner 1951 in Europa oder
b) Ereignisse, die vor dem 1. Jänner 1951 in Europa oder anderswo

eingetreten sind;

Jeder vertragschließende Staat wird im Zeitpunkte der Unterzeichnung, der Ratifikation oder des Beitrittes eine Erklä-

these meanings it applies for the purpose of its obligations under this Convention.

(2) Any Contracting State which has adopted alternative (a) may at any time extend its obligations by adopting alternative (b) by means of a notification addressed to the Secretary-General of the United Nations.

C. This Convention shall cease to apply to any person falling under the terms of section A if:

(1) He has voluntarily re-availed himself of the protection of the country of his nationality; or

(2) Having lost his nationality, he has voluntarily reacquired it; or

(3) He has acquired a new nationality, and enjoys the protection of the country of his new nationality; or

(4) He has voluntarily re-established himself in the country which he left or outside which he remained owing to fear of persecution; or

(5) He can no longer, because the circumstances in connexion with which he has been recognized as a refugee have ceased to exist, continue to refuse to avail himself of the protection of the country of his nationality;

Provided that this paragraph shall not apply to a refugee falling under section A (1) of this article who is able to invoke compelling reasons arising out of previous persecution for refusing to avail himself of the protection of the country of nationality;

(6) Being a person who has no nationality he is, because the circumstances in connexion with which he has been

portée qu'il entend donner à cette expression au point de vue des obligations assumées par lui en vertu de la présente Convention.

2) Tout Etat Contractant qui a adopté la formule a) pourra à tout moment étendre ses obligations en adoptant la formule b) par notification adressée au Secrétaire général des Nations Unies.

C. Cette Convention cessera, dans les cas ci-après, d'être applicable à toute personne visée par les dispositions de la section A ci-dessus:

1) Si elle s'est volontairement réclamée à nouveau de la protection du pays dont elle a la nationalité; ou

2) Si, ayant perdu sa nationalité, elle l'a volontairement recouvrée; ou

3) Si elle a acquis une nouvelle nationalité et jouit de la protection du pays dont elle a acquis la nationalité; ou

4) Si elle est retournée volontairement s'établir dans le pays qu'elle a quitté ou hors duquel elle est demeurée de crainte d'être persécutée; ou

5) Si, les circonstances à la suite desquelles elle a été reconnue comme réfugiée ayant cessé d'exister, elle ne peut plus continuer à refuser de se réclamer de la protection du pays dont elle a la nationalité;

Etant entendu, toutefois, que les dispositions du présent paragraphe ne s'appliqueront pas à tout réfugié visé au paragraphe 1 de la section A du présent article qui peut invoquer, pour refuser de se réclamer de la protection du pays dont il a la nationalité, des raisons impérieuses tenant à des persécutions antérieures;

6) S'agissant d'une personne qui n'a pas de nationalité, si, les circonstances à la suite desquelles elle a été reconnue

rung abgeben, an welche der beiden Alternativen er sich hinsichtlich der Verpflichtungen, die er mit diesem Abkommen auf sich nimmt, für gebunden erachtet.

2. Jeder vertragschließende Staat, der die Alternative a) angenommen hat, kann jederzeit seine Verpflichtungen durch Annahme der Alternative b) erweitern, indem er hievon dem Generalsekretär der Vereinten Nationen Mitteilung macht.

C. Dieses Abkommen wird auf eine Person, die unter die Bestimmungen des Abschnittes A fällt, nicht mehr angewendet werden, wenn sie

1. sich freiwillig wieder unter den Schutz ihres Heimatlandes gestellt hat; oder

2. die verlorene Staatsangehörigkeit freiwillig wieder erworben hat; oder

3. eine andere Staatsangehörigkeit erworben hat und den Schutz ihres neuen Heimatlandes genießt; oder

4. sich freiwillig in dem Staat, den sie aus Furcht vor Verfolgung verlassen oder nicht betreten hat, niedergelassen hat; oder

5. wenn die Umstände, auf Grund deren sie als Flüchtling anerkannt worden ist, nicht mehr bestehen und sie es daher nicht weiterhin ablehnen kann, sich unter den Schutz ihres Heimatlandes zu stellen.

Die Bestimmungen der Ziffer 5 sind nicht auf die in Ziffer 1 des Abschnittes A dieses Artikels genannten Flüchtlinge anzuwenden, wenn sie die Inanspruchnahme des Schutzes durch ihr Heimatland aus triftigen Gründen, die auf frühere Verfolgungen zurückgehen, ablehnen;

6. staatenlos ist und die Umstände, auf Grund deren sie als Flüchtling anerkannt worden ist, nicht mehr be-

recognized as a refugee have ceased to exist, able to return to the country of his former habitual residence;

Provided that this paragraph shall not apply to a refugee falling under section A (1) of this article who is able to invoke compelling reasons arising out of previous persecution for refusing to return to the country of his former habitual residence.

D. This Convention shall not apply to persons who are at present receiving from organs or agencies of the United Nations other than the United Nations High Commissioner for Refugees protection or assistance.

When such protection or assistance has ceased for any reason, without the position of such persons being definitively settled in accordance with the relevant resolutions adopted by the General Assembly of the United Nations, these persons shall *ipso facto* be entitled to the benefits of this Convention.

E. This Convention shall not apply to a person who is recognized by the competent authorities of the country in which he has taken residence as having the rights and obligations which are attached to the possession of the nationality of that country.

F. The provisions of this Convention shall not apply to any person with respect to whom there are serious reasons for considering that:

(a) he has committed a crime against peace, a war crime, or a crime against humanity, as defined in the international instruments drawn up to make provi-

comme réfugiée ayant cessé d'exister, elle est en mesure de retourner dans le pays dans lequel elle avait sa résidence habituelle;

Etant entendu, toutefois, que les dispositions du présent paragraphe ne s'appliqueront pas à tout réfugié visé au paragraphe 1 de la section A du présent article qui peut invoquer, pour refuser de retourner dans le pays dans lequel il avait sa résidence habituelle, des raisons impérieuses tenant à des persécutions antérieures.

D. Cette Convention ne sera pas applicable aux personnes qui bénéficient actuellement d'une protection ou d'une assistance de la part d'un organisme ou d'une institution des Nations Unies autre que le Haut Commissaire des Nations Unies pour les réfugiés.

Lorsque cette protection ou cette assistance aura cessé pour une raison quelconque, sans que le sort de ces personnes ait été définitivement réglé, conformément aux résolutions y relatives adoptées par l'Assemblée générale des Nations Unies, ces personnes bénéficieront de plein droit du régime de cette Convention.

E. Cette Convention ne sera pas applicable à une personne considérée par les autorités compétentes du pays dans lequel cette personne a établi sa résidence comme ayant les droits et les obligations attachés à la possession de la nationalité de ce pays.

F. Les dispositions de cette Convention ne seront pas applicables aux personnes dont on aura des raisons sérieuses de penser:

a) qu'elles ont commis un crime contre la paix, un crime de guerre ou un crime contre l'humanité, au sens des instruments internationaux élaborés

stehen, sie daher in der Lage ist, in ihr früheres Aufenthaltsland zurückzukehren.

Die Bestimmungen der Ziffer 6 sind jedoch auf die in Ziffer 1 des Abschnittes A dieses Artikels genannten Personen nicht anzuwenden, wenn sie die Inanspruchnahme des Schutzes durch ihr früheres Aufenthaltsland aus triftigen Gründen, die auf frühere Verfolgungen zurückgehen, ablehnen.

D. Dieses Abkommen wird auf Personen keine Anwendung finden, die derzeit von anderen Organen oder Organisationen der Vereinten Nationen als dem Hochkommissär der Vereinten Nationen für Flüchtlinge Schutz oder Hilfe erhalten.

Wenn dieser Schutz oder diese Hilfe aus irgendeinem Grunde wegfällt, ohne daß die Stellung dieser Personen gemäß den bezüglichen Beschlüssen der Generalversammlung der Vereinten Nationen endgültig geregelt ist, so werden diese Personen ipso facto der Vorteile dieses Abkommens teilhaftig.

E. Dieses Abkommen wird auf Personen keine Anwendung finden, die von den zuständigen Behörden des Landes, in dem sie Aufenthalt genommen haben, als im Besitze aller Rechte und Pflichten angesehen werden, die mit dem Besitze der Staatsangehörigkeit dieses Landes verbunden sind.

F. Die Bestimmungen dieses Abkommens sind auf Personen nicht anwendbar, hinsichtlich derer ernsthafte Gründe für den Verdacht bestehen, daß sie

a) ein Verbrechen gegen den Frieden, ein Kriegsverbrechen oder ein Verbrechen gegen die Menschlichkeit begangen haben, und zwar im Sinne jener

sion in respect of such crimes;

(b) he has committed a serious non-political crime outside the country of refuge prior to his admission to that country as a refugee;

(c) he has been guilty of acts contrary to the purposes and principles of the United Nations.

pour prévoir des dispositions relatives à ces crimes;

b) qu'elles ont commis un crime grave de droit commun en dehors du pays d'accueil avant d'y être admises comme réfugiés;

c) qu'elles se sont rendues coupables d'agissements contraires aux buts et aux principes des Nations Unies.

internationalen Einrichtungen, die ausgearbeitet wurden, um Bestimmungen gegen solche Verbrechen zu schaffen;

b) bevor sie als Flüchtlinge in das Gastland zugelassen wurden, ein schweres, nicht politisches Verbrechen begangen haben;

c) sich Handlungen schuldig gemacht haben, die sich gegen die Ziele und Prinzipien der Vereinten Nationen richten.

Article 2

General Obligations

Every refugee has duties to the country in which he finds himself, which require in particular that he conform to its laws and regulations as well as to measures taken for the maintenance of public order.

Article 2

Obligations générales

Tout réfugié a, à l'égard du pays où il se trouve, des devoirs qui comportent notamment l'obligation de se conformer aux lois et règlements ainsi qu'aux mesures prises pour le maintien de l'ordre public.

Artikel 2

Allgemeine Verpflichtungen

Jeder Flüchtling hat gegenüber dem Lande, wo er sich aufhält, Pflichten, die insbesondere darin bestehen, daß er sich dessen Gesetzen und Verordnungen sowie den Maßnahmen, die zur Erhaltung der öffentlichen Ordnung getroffen wurden, unterwirft.

Article 3

Non-discrimination

The Contracting States shall apply the provisions of this Convention to refugees without discrimination as to race, religion or country of origin.

Article 3

Non-discrimination

Les Etats Contractants appliqueront les dispositions de cette Convention aux réfugiés sans discrimination quant à la race, la religion ou le pays d'origine.

Artikel 3

Nicht-Diskriminierung

Die vertragschließenden Staaten sollen die Bestimmungen des vorliegenden Abkommens auf die Flüchtlinge anwenden, ohne bei ihnen einen Unterschied wegen ihrer Rasse, ihrer Religion oder ihres Herkunftslandes zu machen.

Article 4

Religion

The Contracting States shall accord to refugees within their territories treatment at least as favourable as that accorded to their nationals with respect to freedom to practice their religion and freedom as regards the religious education of their children.

Article 4

Religion

Les Etats Contractants accorderont aux réfugiés sur leur territoire un traitement au moins aussi favorable que celui accordé aux nationaux en ce qui concerne la liberté de pratiquer leur religion et en ce qui concerne la liberté d'instruction religieuse de leurs enfants.

Artikel 4

Religion

Die vertragschließenden Staaten sollen den auf ihrem Gebiete befindlichen Flüchtlingen bezüglich der Freiheit der Religionsausübung und der Freiheit des Religionsunterrichtes ihrer Kinder zumindest keine ungünstigere Behandlung als den eigenen Staatsangehörigen zuteil werden lassen.

Article 5

Rights granted apart from this Convention

Nothing in this Convention shall be deemed to impair any

Article 5

Droits accordés indépendamment de cette Convention

Aucune disposition de cette Convention ne porte atteinte

Artikel 5

Rechte außerhalb des Abkommens

Dieses Abkommen soll keinerlei Rechte oder Vorteile, die

rights and benefits granted by a Contracting State to refugees apart from this Convention.

aux autres droits et avantages accordés, indépendamment de cette Convention, aux réfugiés.

von einem vertragschließenden Staat vor oder neben diesem Abkommen gewährt wurden, beeinträchtigen.

Article 6

The Term "in the same circumstances"

For the purpose of this Convention, the term "in the same circumstances" implies that any requirements (including requirements as to length and conditions of sojourn or residence) which the particular individual would have to fulfil for the enjoyment of the right in question, if he were not a refugee, must be fulfilled by him, with the exception of requirements which by their nature a refugee is incapable of fulfilling.

Article 6

L'expression «dans les mêmes circonstances»

Aux fins de cette Convention, les termes «dans les mêmes circonstances» impliquent que toutes les conditions (et notamment celles qui ont trait à la durée et aux conditions de séjour ou de résidence) que l'intéressé devrait remplir, pour pouvoir exercer le droit en question, s'il n'était pas un réfugié, doivent être remplies par lui à l'exception des conditions qui, en raison de leur nature, ne peuvent être remplies par un réfugié.

Artikel 6

Ausdruck „unter den gleichen Umständen"

Im Sinne dieses Abkommens besagen die Worte „unter den gleichen Umständen", daß alle Bedingungen (einschließlich der Dauer und der Bedingungen des vorübergehenden oder gewöhnlichen Aufenthaltes) erfüllt werden müssen, wie sie von der in Frage stehenden Person zur Ausübung des betreffenden Rechtes zu erfüllen wären, wenn sie nicht ein Flüchtling wäre. Ausgenommen hievon sind nur jene Bedingungen, die ihrer Natur nach von einem Flüchtling nicht erfüllt werden können.

Article 7

Exemption from Reciprocity

1. Except where this Convention contains more favourable provisions, a Contracting State shall accord to refugees the same treatment as is accorded to aliens generally.

2. After a period of three years' residence, all refugees shall enjoy exemption from legislative reciprocity in the territory of the Contracting States.

3. Each Contracting State shall continue to accord to refugees the rights and benefits to which they were already entitled, in the absence of reciprocity, at the date of entry into force of this Convention for that State.

4. The Contracting States shall consider favourably the possibility of according to refugees, in the absence of reciprocity, rigths and benefits beyond those to which they are entitled according to paragraphs 2 and 3, and to extending exemption from reciprocity to refugees

Article 7

Dispense de réciprocité

1. Sous réserve des dispositions plus favorables prévues par cette Convention, tout Etat Contractant accordera aux réfugiés le régime qu'il accorde aux étrangers en général.

2. Après un délai de résidence de trois ans, tous les réfugiés bénéficieront, sur le territoire des Etats Contractants, de la dispense de réciprocité législative.

3. Tout Etat Contractant continuera à accorder aux réfugiés les droits et avantages auxquels ils pouvaient déjà prétendre, en l'absence de réciprocité, à la date d'entrée en vigueur de cette Convention pour ledit Etat.

4. Les Etats Contractants envisageront avec bienveillance la possibilité d'accorder aux réfugiés, en l'absence de réciprocité, des droits et des avantages outre ceux auxquels ils peuvent prétendre en vertu des paragraphes 2 et 3 ainsi que la possibilité de faire bénéficier de

Artikel 7

Ausnahmen von der Reziprozität

1. Wo dieses Abkommen keine günstigere Bestimmung enthält, muß ein vertragschließender Staat den Flüchtlingen die gleiche Behandlung zuteil werden lassen, wie sie gewöhnlich Ausländer erhalten.

2. Nach einem Aufenthalt von drei Jahren im Gebiete eines der vertragschließenden Staaten sollen auf Flüchtlinge die Bestimmungen über die gesetzliche Reziprozität nicht angewendet werden.

3. Die Rechte und Vorteile, die gewissen Flüchtlingen ohne Rücksicht auf Reziprozität schon am Tage des Inkrafttretens des vorliegenden Abkommens zukamen, sollen ihnen von den vertragschließenden Staaten auch weiterhin gewährt werden.

4. Die vertragschließenden Staaten sollen die Möglichkeit wohlwollend ins Auge fassen, den Flüchtlingen gewisse Rechte und Vorteile zu gewähren, die über die Rechte und Vorteile hinausgehen, auf die sie gemäß Ziffern 2 und 3 Anspruch erheben können; weiters sollen

who do not fulfil the conditions provided for in paragraphs 2 and 3.

5. The provisions of paragraphs 2 and 3 apply both to the rights an benefits referred to in articles 13, 18, 19, 21 and 22 of this Convention and to rights and benefits for which this Convention does not provide.

Article 8

Exemption from Exceptional Measures

With regard to exceptional measures which may be taken against the person, property or interests of nationals of a foreign State, the Contracting States shall not apply such measures to a refugee who is formally a national of the said State solely on account of such nationality. Contracting States which, under their legislation, are prevented from applying the general principle expressed in this article, shall, in appropriate cases, grant exemptions in favour of such refugees.

Article 9

Provisional Measures

Nothing in this Convention shall prevent a Contracting State, in time of war or other grave and exceptional circumstances, from taking provisionally measures which it considers to be essential to the national security in the case of a particular person, pending a determination by the Contracting State that that person is in fact a refugee and that the continuance of such measures is necessary in his case in the interests of national security.

la dispense de réciprocité des réfugiés qui ne remplissent pas les conditions visées aux paragraphes 2 et 3.

5. Les dispositions des paragraphes 2 et 3 ci-dessus s'appliquent aussi bien aux droits et avantages visés aux articles 13, 18, 19, 21 et 22 de cette Convention qu'aux droits et avantages qui ne sont pas prévus par elle.

Article 8

Dispense de mesures exceptionnelles

En ce qui concerne les mesures exceptionnelles qui peuvent être prises contre la personne, les biens ou les intérêts des ressortissants d'un Etat déterminé, les Etats Contractants n'appliqueront pas ces mesures à un réfugié ressortissant formellement dudit Etat uniquement en raison de sa nationalité. Les Etats Contractants qui, de par leur législation, ne peuvent appliquer le principe général consacré dans cet article accorderont dans des cas appropriés des dispenses en faveur de tels réfugiés.

Article 9

Mesures provisoires

Aucune des dispositions de la présente Convention n'a pour effet d'empêcher un Etat Contractant, en temps de guerre ou dans d'autres circonstances graves et exceptionnelles, de prendre provisoirement, à l'égard d'une personne déterminée, les mesures que cet Etat estime indispensables à la sécurité nationale, en attendant qu'il soit établi par ledit Etat Contractant que cette personne est effectivement un réfugié et que le maintien desdites mesures est nécessaire à son égard dans l'intérêt de sa sécurité nationale.

sie die Möglichkeit wohlwollend ins Auge fassen, solche Flüchtlinge, die die in Ziffern 2 und 3 vorgeschriebenen Bedingungen nicht erfüllen, vom Erfordernis der Reziprozität zu dispensieren.

5. Die Bestimmungen der Ziffern 2 und 3 finden auch auf die Rechte und Vorteile Anwendung, die in den Artikeln 13, 18, 19, 21 und 22 dieses Abkommens behandelt sind, sowie auch auf andere als in diesem Abkommen angeführte Rechte und Vorteile.

Artikel 8

Ausnahmen von Sondermaßnahmen

Die vertragschließenden Staaten werden Sondermaßnahmen, die gegen die Person, das Eigentum oder die Interessen von Staatsbürgern eines fremden Staates ergriffen werden können, nicht auf einen Flüchtling anwenden, der formell Staatsbürger des betreffenden Landes ist, nur weil er eine solche Staatsangehörigkeit besitzt. Die vertragschließenden Staaten, die nach ihrer Gesetzgebung den vorstehenden Grundsatz nicht anwenden können, werden in geeigneten Fällen Ausnahmen von der Anwendung der Sondermaßnahmen zugunsten der Flüchtlinge gewähren.

Artikel 9

Provisorische Maßnahmen

Nichts in diesem Abkommen soll einen vertragschließenden Staat in Kriegs- oder nationalen Notstandszeiten hindern, gegen jede Person provisorisch die für die Staatssicherheit erforderlichen Maßnahmen zu ergreifen, bis es geklärt ist, ob die betreffende Person tatsächlich ein Flüchtling ist und ob solche Maßnahmen in diesem Falle noch immer im Interesse der Staatssicherheit notwendig sind.

Article 10

Continuity of Residence

1. Where a refugee has been forcibly displaced during the Second World War and removed to the territory of a Contracting State, and is resident there, the period of such enforced sojourn shall be considered to have been lawful residence within that territory.

2. Where a refugee has been forcibly displaced during the Second World War from the territory of a Contracting State and has, prior to the date of entry into force of this Convention, returned there for the purpose of taking up residence, the period of residence before and after such enforced displacement shall be regarded as one uninterrupted period for any purposes for which uninterrupted residence is required.

Article 11

Refugee Seamen

In the case of refugees regularly serving as crew members on board a ship flying the flag of a Contracting State, that State shall give sympathetic consideration to their establishment on its territory and the issue of travel documents to them or their temporary admission to its territory particularly with a view to facilitating their establishment in another country.

Chapter II

Juridical Status

Article 12

Personal Status

1. The personal status of a refugee shall be governed by the law of the country of his domicile or, if he has no domicile, by the law of the country of his residence.

Article 10

Continuité de résidence

1. Lorsqu'un réfugié a été déporté au cours de la deuxième guerre mondiale et transporté sur le territoire de l'un des Etats Contractants et y réside, la durée de ce séjour forcé comptera comme résidence régulière sur ce territoire.

2. Lorsqu'un réfugié a été déporté du territoire d'un Etat Contractant au cours de la deuxième guerre mondiale et y est retourné avant l'entrée en vigueur de cette Convention pour y établir sa résidence, la période qui précède et celle qui suit cette déportation seront considérées, à toutes les fins pour lesquelles une résidence ininterrompue est nécessaire, comme ne constituant qu'une seule période ininterrompue.

Article 11

Gens de mer réfugiés

Dans le cas de réfugiés régulièrement employés comme membres de l'équipage à bord d'un navire battant pavillon d'un Etat Contractant, cet Etat examinera avec bienveillance la possibilité d'autoriser lesdits réfugiés à s'établir sur son territoire et de leur délivrer des titres de voyage ou les admettre à titre temporaire sur son territoire, afin, notamment, de faciliter leur établissement dans un autre pays.

Chapitre II

Condition Juridique

Article 12

Statut personnel

1. Le statut personnel de tout réfugié sera régi par la loi du pays de son domicile ou, à défaut de domicile, par la loi du pays de sa résidence.

Artikel 10

Ununterbrochene Aufenthaltsdauer

1. Wo ein Flüchtling zwangsweise während des zweiten Weltkrieges verschleppt und in das Gebiet eines vertragschließenden Staates gebracht wurde und dort wohnhaft ist, wird der Zeitraum eines solchen erzwungenen Aufenthaltes als gesetzmäßiger Wohnort innerhalb dieses Gebietes angesehen werden.

2. Wo ein Flüchtling zwangsweise während des zweiten Weltkrieges vom Gebiet eines vertragschließenden Staates verschleppt wurde, aber noch vor Inkrafttreten des gegenwärtigen Abkommens dorthin zurückkehrte, soll der Zeitraum vor und nach einer solchen zwangsweisen Verschleppung als nicht unterbrochener Zeitraum für alle Zwecke, wo ein ununterbrochener Aufenthalt notwendig ist, angesehen werden.

Artikel 11

Geflüchtete Seeleute

Bei Flüchtlingen, die ordnungsmäßig als Mitglieder der Besatzung eines Schiffes verwendet werden, das die Flagge eines der vertragschließenden Staaten führt, werden die betreffenden Staaten mit Wohlwollen die Möglichkeit untersuchen, die Flüchtlinge zu ermächtigen, sich auf ihrem Gebiet niederzulassen und ihnen Reisedokumente auszufolgen, oder sie provisorisch auf ihrem Gebiete zulassen, um insbesondere ihre Seßhaftmachung in einem anderen Lande zu erleichtern.

Kapitel II

Rechtsstellung

Artikel 12

Personenrechtliche Stellung

1. Die personenrechtliche Stellung eines Flüchtlings wird vom Gesetz seines Wohnsitzlandes oder, wenn er keinen Wohnsitz hat, vom Gesetz seines Aufenthaltslandes bestimmt.

2. Rights previously acquired by a refugee and dependent on personal status, more particularly rights attaching to marriage, shall be respected by a Contracting State, subject to compliance, if this be necessary, with the formalities required by the law of that State, provided that the right in question is one which would have been recognized by the law of that State had he not become a refugee.

2. Les droits, précédemment acquis par le réfugié et découlant du statut personnel, et notamment ceux qui résultent du mariage, seront respectés par tout Etat Contractant, sous réserve, le cas échéant, de l'accomplissement des formalités prévues par la législation dudit Etat, étant entendu, toutefois, que le droit en cause doit être de ceux qui auraient été reconnus par la législation dudit Etat si l'intéressé n'était devenu un réfugié.

2. Rechte, die von einem Flüchtling vorher erworben wurden und die auf der personenrechtlichen Stellung beruhen, insbesondere solche Rechte, die sich aus einer Verehelichung ergeben, sollen von den vertragschließenden Staaten anerkannt werden, vorausgesetzt, daß die nach der Gesetzgebung des betreffenden Staates allfällig vorgesehenen Formalitäten erfüllt worden sind. Voraussetzung ist weiters, daß es sich bei diesen Rechten um solche handelt, die von der Gesetzgebung des betreffenden Staates auch anerkannt werden würden, wenn die in Frage stehende Person nicht Flüchtling wäre.

Article 13

Movable and Immovable Property

The Contracting States shall accord to a refugee treatment as favourable as possible and, in any event, not less favourable than that accorded to aliens generally in the same circumstances, as regards the acquisition of movable and immovable property and other rights pertaining thereto, and to leases and other contracts relating to movable and immovable property.

Article 13

Propriété mobilière et immobilière

Les Etats Contractants accorderont à tout réfugié un traitement aussi favorable que possible et de toute façon un traitement qui ne soit pas moins favorable que celui qui est accordé, dans les mêmes circonstances, aux étrangers en général en ce qui concerne l'acquisition de la propriété mobilière et immobilière et autres droits s'y rapportant, le louage et les autres contrats relatifs à la propriété mobilière et immobilière.

Artikel 13

Bewegliches und unbewegliches Eigentum

Die vertragschließenden Staaten werden den Flüchtlingen beim Erwerb von beweglichem und unbeweglichem Eigentum und anderen dazugehörigen Rechten und bei der Abschließung von Miet- und anderen Verträgen über bewegliches und unbewegliches Eigentum eine möglichst günstige Behandlung zuteil werden lassen und auf alle Fälle keine schlechtere, als sie gewöhnlich Ausländern unter den gleichen Umständen gewährt wird.

Article 14

Artistic Rights and Industrial Property

In respect of the protection of industrial property, such as inventions, designs or models, trade marks, trade names, and of rights in literary, artistic and scientific works, a refugee shall be accorded in the country in which he has his habitual residence the same protection as is accorded to nationals of that country. In the territory of any other Contracting State, he shall be accorded the same protection as is accorded in that territory to nationals of the country in

Article 14

Propriété intellectuelle et industrielle

En matière de protection de la propriété industrielle, notamment d'inventions, dessins, modèles, marques de fabrique, nom commercial, et en matière de protection de la propriété littéraire, artistique et scientifique, tout réfugié bénéficiera dans le pays où il a sa résidence habituelle de la protection qui est accordée aux nationaux dudit pays. Dans le territoire de l'un quelconque des autres Etats Contractants, il bénéficiera de la protection qui est

Artikel 14

Geistiges und gewerbliches Eigentum

Bezüglich des Schutzes von gewerblichem Eigentum, wie Erfindungen, technischen Plänen oder Modellen, Schutzmarken und Handelsnamen und des Schutzes von literarischen, künstlerischen und wissenschaftlichen Arbeiten wird dem Flüchtling in dem Lande, in dem er seinen gewöhnlichen Aufenthalt hat, der gleiche Schutz gewährt werden wie den eigenen Staatsangehörigen des betreffenden Landes. Im Gebiete jedes anderen vertragschließenden which he has his habitual residence.

accordée dans ledit territoire aux nationaux du pays dans lequel il a sa résidence habituelle.

Staates wird dem Flüchtling der gleiche Schutz gewährt werden, der dort Staatsangehörigen des Landes gewährt wird, in dem er seinen gewöhnlichen Aufenthalt hat.

Article 15

Right of Association

As regards non-political and non-profitmaking associations and trade unions the Contracting States shall accord to refugees lawfully staying in their territory the most favourable treatment accorded to nationals of a foreign country, in the same circumstances.

Article 15

Droits d'association

Les Etats Contractants accorderont aux réfugiés qui résident régulièrement sur leur territoire, en ce qui concerne les associations à but non politique et non lucratif et les syndicats professionnels, le traitement le plus favorable accordé aux ressortissants d'un pays étranger, dans les mêmes circonstances.

Artikel 15

Vereinsrecht

Die vertragschließenden Staaten werden den Flüchtlingen, die sich erlaubterweise auf ihrem Gebiete aufhalten, die vorteilhafteste Behandlung bezüglich der unpolitischen und nicht auf Gewinn berechneten Vereine und Gewerkschaften gewähren, die unter den gleichen Umständen den Staatsangehörigen eines fremden Landes gewährt wird.

Article 16

Access to Courts

1. A refugee shall have free access to the courts of law on the territory of all Contracting States.

2. A refugee shall enjoy in the Contracting State in which he has his habitual residence the same treatment as a national in matters pertaining to access to the Courts, including legal assistance and exemption from cautio judicatum solvi.

3. A refugee shall be accorded in the matters referred to in paragraph 2 in countries other than that in which he has his habitual residence the treatment granted to a national of the country of his habitual residence.

Article 16

Droit d'ester en justice

1. Tout réfugié aura, sur le territoire des Etats Contractants, libre et facile accès devant les tribunaux.

2. Dans l'Etat Contractant où il a sa résidence habituelle, tout réfugié jouira du même traitement qu'un ressortissant en ce qui concerne l'accès aux tribunaux, y compris l'assistance judiciaire et l'exemption de la caution judicatum solvi.

3. Dans les Etats Contractants autres que celui où il a sa résidence habituelle, et en ce qui concerne les questions visées au paragraphe 2, tout réfugié jouira du même traitement qu'un national du pays dans lequel il a sa résidence habituelle.

Artikel 16

Zulassung zur Gerichtsbarkeit

1. Ein Flüchtling wird zu den Gerichten auf dem Gebiete der vertragschließenden Staaten zugelassen.

2. Ein Flüchtling wird in einem vertragschließenden Staat, in dessen Gebiet er seinen gewöhnlichen Aufenthalt hat, in bezug auf Zulassung zu den Gerichten einschließlich Armenrecht und Befreiung von der cautio judicatum solvi die gleiche Behandlung wie ein eigener Staatsangehöriger genießen.

3. Im Gebiete vertragschließender Staaten, in denen der Flüchtling nicht seinen gewöhnlichen Aufenthalt hat, wird er bei den in Ziffer 2 angeführten Angelegenheiten die gleiche Behandlung wie ein Staatsangehöriger des Landes genießen, in dem der Flüchtling seinen gewöhnlichen Aufenthalt hat.

Chapter III

Gainful Employment

Article 17

Wage-earning Employment

1. The Contracting States shall accord to refugees lawfully staying in their territory the most favourable treatment accorded to nationals of a foreign

Chapitre III

Emplois Lucratifs

Article 17

Professions salariées

1. Les Etats Contractants accorderont à tout réfugié résidant régulièrement sur leur territoire le traitement le plus favorable accordé, dans les

Kapitel III

Entgeltliche Verwendungen

Artikel 17

Anstellung

1. Die vertragschließenden Staaten werden den Flüchtlingen, die sich erlaubterweise auf ihrem Gebiete aufhalten, die günstigste Behandlung im Hinblick auf das

country in the same circumstances, as regards the right to engage in wage-earning employment.

2. In any case, restrictive measures imposed on aliens or the employment of aliens for the protection of the national labour market shall not be applied to a refugee who was already exempt from them at the date of entry into force of this Convention for the Contracting State concerned, or who fulfils one of the following conditions:

(a) He has completed three years' residence in the country;

(b) He has a spouse possessing the nationality of the country of residence. A refugee may not invoke the benefit of this provision if he has abandoned his spouse;

(c) He has one or more children possessing the nationality of the country of residence.

3. The Contracting States shall give sympathetic consideration to assimilating the rights of all refugees with regard to wage-earning employment to those of nationals, and in particular of those refugees who have entered their territory pursuant to programmes of labour recruitment or under immigration schemes.

Article 18

Self-employment

The Contracting States shall accord to a refugee lawfully in their territory treatment as favourable as possible and, in any event, not less favourable than that accorded to aliens generally in the same circumstances, as regards the right to engage on his own account in agriculture, industry, handicrafts and commerce and to establish

mêmes circonstances, aux ressortissants d'un pays étranger en ce qui concerne l'exercice d'une activité professionnelle salariée.

2. En tout cas, les mesures restrictives imposées aux étrangers ou à l'emploi d'étrangers pour la protection du marché national du travail ne seront pas applicables aux réfugiés qui en étaient déjà dispensés à la date de l'entrée en vigueur de cette Convention par l'Etat Contractant intéressé, ou qui remplissent l'une des conditions suivantes:

a) compter trois ans de résidence dans le pays;

b) avoir pour conjoint une personne possédant la nationalité du pays de résidence. Un réfugié ne pourrait invoquer le bénéfice de cette disposition au cas où il aurait abandonné son conjoint;

c) avoir un ou plusieurs enfants possédant la nationalité du pays de résidence.

3. Les Etats Contractants envisageront avec bienveillance l'adoption de mesures tendant à assimiler les droits de tous les réfugiés en ce qui concerne l'exercice des professions salariées à ceux de leurs nationaux et ce, notamment pour les réfugiés qui sont entrés sur leur territoire en application d'un programme de recrutement de la main-d'oeuvre ou d'un plan d'immigration.

Article 18

Professions non salariées

Les Etats Contractants accorderont aux réfugiés se trouvant régulièrement sur leur territoire le traitement aussi favorable que possible et en tout cas un traitement non moins favorable que celui accordé dans les mêmes circonstances aux étrangers en général, en ce qui concerne l'exercice d'une profession non salariée dans

Recht der Annahme einer Anstellung gewähren, die unter den gleichen Umständen Staatsangehörigen eines fremden Landes gewährt wird.

2. Auf jeden Fall sollen einschränkende Maßnahmen gegen Ausländer oder gegen die Anstellung von Ausländern zum Schutze des heimischen Arbeitsmarktes nicht auf Flüchtlinge angewendet werden, die bereits am Tage des Inkrafttretens dieses Abkommens für den betreffenden vertragschließenden Staat davon ausgenommen waren, oder die

a) sich bereits volle drei Jahre im Lande aufgehalten haben; oder

b) mit Staatsangehörigen ihres Aufenthaltslandes verheiratet sind (Flüchtlinge, die den Ehegatten verlassen haben, können sich auf diese Bestimmung nicht berufen); oder

c) eines oder mehrere Kinder besitzen, die die Staatsangehörigkeit des Aufenthaltslandes besitzen.

3. Die vertragschließenden Staaten werden die rechtliche Gleichstellung aller Flüchtlinge mit den eigenen Staatsangehörigen in bezug auf die Ausübung eines bezahlten Berufes wohlwollend in Erwägung ziehen, insbesondere bei Flüchtlingen, die auf Grund von Arbeitsanwerbung oder Einwanderungsplänen in ihr Gebiet einwandern.

Artikel 18

Selbständige Arbeit

Die vertragschließenden Staaten werden den Flüchtlingen, die sich erlaubterweise auf ihrem Gebiete aufhalten, im Hinblick auf das Recht, sich in der Landwirtschaft, Industrie, Gewerbe und Handel niederzulassen und Handels- und Industriegesellschaften zu gründen, die günstigste Behandlung zusichern, auf jeden Fall aber

commercial and industrial companies.

Article 19

Liberal Professions

1. Each Contracting State shall accord to refugees lawfully staying in their territory who hold diplomas recognized by the competent authorities of that State, and who are desirous of practising a liberal profession, treatment as favourable as possible and, in any event, not less favourable than that accorded to aliens generally in the same circumstances.

2. The Contracting States shall use their best endeavours consistently with their laws and constitutions to secure the settlement of such refugees in the territories, other than the metropolitan territory, for whose international relations they are responsible.

Chapter IV

Welfare

Article 20

Rationing

Where a rationing system exists, which applies to the population at large and regulates the general distribution of products in short supply, refugees shall be accorded the same treatment as nationals.

Article 21

Housing

As regards housing, the Contracting States, in so far as the matter is regulated by laws or regulations or is subject to the control of public authorities, shall accord to refugees lawfully staying in their territory treatment as favourable as possible and, in any event, not less favourable than that accorded

l'agriculture, l'industrie, l'artisanat et le commerce, ainsi que la création de sociétés commerciales et industrielles.

Article 19

Professions libérales

1. Tout Etat Contractant accordera aux réfugiés résidant régulièrement sur leur territoire, qui sont titulaires de diplômes reconnus par les autorités compétentes dudit Etat et qui sont désireux d'exercer une profession libérale, un traitement aussi favorable que possible et en tout cas un traitement non moins favorable que celui accordé, dans les mêmes circonstances, aux étrangers en général.

2. Les Etats Contractants feront tout ce qui est en leur pouvoir, conformément à leurs lois et constitutions, pour assurer l'installation de tels réfugiés dans les territoires, autres que le territoire métropolitain, dont ils assument la responsabilité des relations internationales.

Chapitre IV

Bien-Être

Article 20

Rationnement

Dans le cas où il existe un système de rationnement auquel est soumise la population dans son ensemble et qui réglemente la répartition générale de produits dont il y a pénurie, les réfugiés seront traités comme les nationaux.

Article 21

Logement

En ce qui concerne le logement, les Etats Contractants accorderont, dans la mesure où cette question tombe sous le coup des lois et règlements ou est soumise au contrôle des autorités publiques, aux réfugiés résidant régulièrement sur leur territoire un traitement aussi favorable que possible; ce

keine schlechtere, als sie im allgemeinen Ausländern unter den gleichen Umständen zuteil wird.

Artikel 19

Freie Berufe

1. Jeder vertragschließende Staat wird Flüchtlingen, die sich erlaubterweise auf seinem Gebiet aufhalten, Diplome besitzen, welche von den zuständigen Behörden des betreffenden Staates anerkannt wurden, und einen freien Beruf ausüben wollen, die günstigste Behandlung angedeihen lassen, auf keinen Fall aber eine schlechtere als die, die im allgemeinen Ausländern unter den gleichen Umständen gewährt wird.

2. Die vertragschließenden Staaten werden im Rahmen ihrer Gesetze und Verfassungen alle Anstrengungen machen, um die Ansiedlung solcher Flüchtlinge in den Gebieten außerhalb des Mutterlandes zu sichern, für deren internationale Beziehungen sie die Verantwortung tragen.

Kapitel IV

Lebensführung

Artikel 20

Bewirtschaftung

Wo ein Bewirtschaftungssystem besteht, das auf die breite Bevölkerung Anwendung findet und die allgemeine Verteilung von Mangelwaren regelt, sollen die Flüchtlinge wie eigene Staatsangehörige behandelt werden.

Artikel 21

Unterkunft

Bezüglich der Unterkunft sollen die vertragschließenden Staaten, soweit dies durch Gesetze und Verordnungen geregelt oder Gegenstand der Kontrolle von öffentlichen Behörden ist, den Flüchtlingen, die sich erlaubterweise auf ihrem Gebiete aufhalten, die günstigste Behandlung gewähren, auf kei-

to aliens generally in the same circumstances.

traitement ne saurait être, en tout cas, moins favorable que celui qui est accordé, dans les mêmes circonstances, aux étrangers en général.

nen Fall aber eine schlechtere, als sie gewöhnlich Ausländer unter den gleichen Umständen erhalten.

Article 22

Public Education

1. The Contracting States shall accord to refugees the same treatment as is accorded to nationals with respect to elementary education.

2. The Contracting States shall accord to refugees treatment as favourable as possible, and, in any event, not less favourable than that accorded to aliens generally in the same circumstances, with respect to education other than elementary education and, in particular, as regards access to studies, the recognition of foreign school certificates, diplomas and degrees, the remission of fees and charges and the award of scholarships.

Article 22

Education publique

1. Les Etats Contractants accorderont aux réfugiés le même traitement qu'aux nationaux en ce qui concerne l'enseignement primaire.

2. Les Etats Contractants accorderont aux réfugiés un traitement aussi favorable que possible, et en tout cas non moins favorable que celui qui est accordé aux étrangers en général dans les mêmes circonstances quant aux catégories d'enseignement autre que l'enseignement primaire et notamment en ce qui concerne l'accès aux études, la reconnaissance de certificats d'études, de diplômes et de titres universitaires délivrés à l'étranger la remise des droits et taxes et l'attribution de bourses d'études.

Artikel 22

Öffentlicher Unterricht

1. Die vertragschließenden Staaten werden den Flüchtlingen die gleiche Behandlung zuteil werden lassen, die eigene Staatsangehörige bezüglich der Pflichtschulen erhalten.

2. Die vertragschließenden Staaten werden Flüchtlingen eine ebenso günstige und jedenfalls keine ungünstigere Behandlung zuteil werden lassen, wie sie Ausländer im allgemeinen unter den gleichen Umständen hinsichtlich aller anderen Schulen als der Pflichtschulen genießen, insbesondere was die Zulassung zum Studium, die Anerkennung von ausländischen Studienzeugnissen, Diplomen und Universitätsgraden sowie den Gebührenerlaß und die Erteilung von Stipendien betrifft.

Article 23

Public Relief

The Contracting States shall accord to refugees lawfully staying in their territory the same treatment with respect to public relief and assistance as is accorded to their nationals.

Article 23

Assistance publique

Les Etats Contractants accorderont aux réfugiés résidant régulièrement sur leur territoire le même traitement en matière d'assistance et de secours publics qu'à leurs nationaux.

Artikel 23

Öffentliche Unterstützungen

Die vertragschließenden Staaten sollen den Flüchtlingen, die sich erlaubterweise auf ihrem Gebiete aufhalten, die gleiche Behandlung in der öffentlichen Unterstützung und Hilfeleistung gewähren, wie sie ihren eigenen Staatsbürgern zuteil wird.

Article 24

Labour Legislation and Social Security

1. The Contracting States shall accord to refugees lawfully staying in their territory the same treatment as is accorded to nationals in respect of the following matters:

(a) In so far as such matters are governed by laws or regulations or are subject

Article 24

Législation du travail et sécurité sociale

1. Les Etats Contractants accorderont aux réfugiés résidant régulièrement sur leur territoire le même traitement qu'aux nationaux en ce qui concerne les matières suivantes:

a) Dans la mesure où ces questions sont réglementées par la législation

Artikel 24

Arbeitsgesetzgebung und Sozialversicherung

1. Die vertragschließenden Staaten werden den Flüchtlingen, die sich erlaubterweise in ihrem Gebiete aufhalten, die gleiche Behandlung zuteil werden lassen, wie sie den eigenen Staatsangehörigen in folgenden Punkten gewährt wird:

a) soweit solche Angelegenheiten durch Gesetze und Verordnungen geregelt

to the control of administrative authorities: remuneration, including family allowances where these form part of remuneration, hours of work, overtime arrangements, holidays with pay, restrictions on home work, minimum age of employment, apprenticeship and training, women's work and the work of young persons, and the enjoyment of the benefits of collective bargaining;

(b) Social security (legal provisions in respect of employment injury, occupational diseases, maternity, sickness, disability, old age, death, unemployment, family responsibilities and any other contingency which, according to national laws or regulations, is covered by a social security scheme), subject to the following limitations;

(i) There may be appropriate arrangements for the maintenance of acquired rights and rights in course of acquisition;

(ii) National laws or regulations of the country of residence may prescribe special arrangements concerning benefits or portions of benefits which are payable wholly out of public funds, and concerning allowances paid to persons who do not fulfil the contribution conditions prescribed for the award of a normal pension.

2. The right to compensation for the death of a refugee result-

ou dépendent des autorités administratives: la rémunération, y compris les allocations familiales lorsque ces allocations font partie de la rémunération, la durée du travail, les heures supplémentaires, les congés payés, les restrictions au travail à domicile, l'âge d'admission à l'emploi, l'apprentissage et la formation professionnelle, le travail des femmes et des adolescents et la jouissance des avantages offerts par les conventions collectives;

b) La sécurité sociale (les dispositions légales relatives aux accidents du travail, aux maladies professionnelles, à la maternité, à la maladie, à l'invalidité, à la vieillesse et au décès, au chômage, aux charges de famille, ainsi qu'à tout autre risque qui, conformément à la législation nationale, est couvert par un système de sécurité sociale), sous réserve:

i) Des arrangements appropriés visant le maintien des droits acquis et des droits en cours d'acquisition;

ii) Des dispositions particulières prescrites par la législation nationale du pays de résidence et visant les prestations ou fractions de prestations payables exclusivement sur les fonds publics, ainsi que les allocations versées aux personnes qui ne réunissent pas les conditions de cotisation exigées pour l'attribution d'une pension normale.

2. Les droits à prestation ouverts par le décès d'un ré-

werden oder Gegenstand der Kontrolle von Verwaltungsbehörden sind: Remunerationen einschließlich Familienbeihilfen, wo diese einen Teil der Remunerationen darstellen, Arbeitsstunden, Überstundenvereinbarungen, bezahlter Urlaub, Beschränkungen bezüglich Heimarbeit, Mindestalter für Arbeitnehmer, Lehrzeit und Ausbildung, Frauenarbeit und Arbeit von Jugendlichen und Genuß der Vorteile des Kollektivvertrages.

b) Sozialversicherung (gesetzliche Bestimmungen über Arbeitsunfälle, Berufskrankheiten, Entbindungen, Krankheit, Arbeitsunfähigkeit, Alter, Todesfall, Arbeitslosigkeit, Familienverpflichtungen und sonstige Verpflichtungen, die nach den heimischen Gesetzen oder Verordnungen unter das Sozialversicherungswesen fallen) mit folgenden Einschränkungen:

aa) entsprechende Regelungen, betreffend die Erhaltung bereits erworbener beziehungsweise geltend gemachter Rechte, sind möglich;

bb) heimische Gesetze oder Verordnungen des Aufenthaltslandes können Sonderregelungen über ganz aus öffentlichen Geldern zahlbare Zuweisungen oder Teilzuweisungen vorschreiben sowie über Beihilfen an Personen, welche die für die Gewährung einer normalen Rente vorgeschriebenen Beitragsbedingungen nicht erfüllt haben.

2. Das Recht auf Vergütung beim Tode eines Flüchtlings

ing from employment injury or from occupational disease shall not be affected by the fact that the residence of the beneficiary is outside the territory of the Contracting State.

3. The Contracting States shall extend to refugees the benefits of agreements concluded between them, or which may be concluded between them in the future, concerning the maintenance of acquired rights and rights in the process of acquisition in regard to social security, subject only to the conditions which apply to nationals of the States signatory to the agreements in question.

4. The Contracting States will give sympathetic consideration to extending to refugees so far as possible the benefits of similar agreements which may at any time be in force between such Contracting States and non-contracting States.

fugié survenu du fait d'un accident du travail ou d'une maladie professionnelle ne seront pas affectés par le fait que l'ayant droit réside en dehors du territoire de l'Etat Contractant.

3. Les Etats Contractants étendront aux réfugiés le bénéfice des accords qu'ils ont conclus ou viendront à conclure entre eux, concernant le maintien des droits acquis ou en cours d'acquisition en matière de sécurité sociale, pour autant que les réfugiés réunissent les conditions prévues pour les nationaux des Pays signataires des accords en question.

4. Les Etats Contractants examineront avec bienveillance la possibilité d'étendre, dans toute la mesure du possible, aux réfugiés, le bénéfice d'accords similaires qui sont ou seront en vigueur entre ces Etats Contractants et des Etats non contractants.

durch Arbeitsunfall oder Berufskrankheit soll nicht dadurch beeinträchtigt werden, daß der Wohnort der Person, die auf die Vergütung Anspruch hat, sich außerhalb des Gebietes des vertragschließenden Staates befindet.

3. Die vertragschließenden Staaten sollen die Vorteile der von ihnen abgeschlossenen oder noch abzuschließenden Abkommen, betreffend die Aufrechterhaltung erworbener Rechte auf dem Gebiete der sozialen Sicherheit oder den Genuß solcher Rechte, die sie zu erwerben im Begriffe sind, auf die Flüchtlinge ausdehnen, soweit sie die von den Signatarstaaten der betreffenden Abkommen für ihre Staatsangehörigen vorgesehenen Bedingungen erfüllen.

4. Die vertragschließenden Staaten mögen trachten, soweit als möglich die Begünstigungen ähnlicher Abkommen, die zu irgendeinem Zeitpunkt zwischen ihnen und nichtvertragschließenden Staaten in Kraft stehen könnten, auf Flüchtlinge auszudehnen.

Chapter V

Administrative Measures

Article 25

Administrative Assistance

1. When the exercise of a right by a refugee would normally require the assistance of authorities of a foreign country to whom he cannot have recourse, the Contracting States in whose territory be is residing shall arrange that such assistance be afforded to him by their own authorities or by an international authority.

2. The authority or authorities mentioned in paragraph 1 shall deliver or cause to be delivered under their supervision to refugees such documents or certifications as would normally be delivered to aliens by or through their national authorities.

Chapitre V

Mesures Administratives

Article 25

Aide administrative

1. Lorsque l'exercice d'un droit par un réfugié nécessiterait normalement le concours d'autorités étrangères auxquelles il ne peut recourir, les Etats Contractants sur le territoire desquels il réside veilleront à ce que ce concours lui soit fourni soit par leurs propres autorités, soit par une autorité internationale.

2. La ou les autorités visées au paragraphe 1 délivreront ou feront délivrer, sous leur contrôle, aux réfugiés, les documents ou certificats qui normalement seraient délivrés à un étranger par ses autorités nationales ou par leur intermédiaire.

Kapitel V

Administrative Maßnahmen

Artikel 25

Verwaltungshilfe

1. Wenn die Ausübung eines Rechtes durch einen Flüchtling normalerweise die Hilfe fremder Behörden notwendig macht, an die er sich nicht wenden kann, so sollen die vertragschließenden Staaten, auf deren Gebiet er sich aufhält, Verfügungen treffen, daß diese Hilfe ihm, sei es von ihren eigenen Behörden oder von einer internationalen Behörde, gewährt wird.

2. Die in Ziffer 1 genannten Behörden sollen den Flüchtlingen Dokumente oder Bescheinigungen ausstellen oder unter ihrer Aufsicht ausstellen lassen, die normalerweise Ausländern von ihren eigenen staatlichen Behörden oder durch deren Vermittlung ausgestellt werden.

3. Documents or certifications so delivered shall stand in the stead of the official instruments delivered to aliens by or through their national authorities, and shall be given credence in the absence of proof to the contrary.

4. Subject to such exceptional treatment as may be granted to indigent persons, fees may be charged for the services mentioned herein, but such fees shall be moderate and commensurate with those charged to nationals for similar services.

5. The provisions of this article shall be without prejudice to articles 27 and 28.

Article 26

Freedom of Movement

Each Contracting State shall accord to refugees lawfully in its territory the right to choose their place of residence and to move freely within its territory, subject to any regulations applicable to aliens generally in the same circumstances.

Article 27

Identity Papers

The Contracting States shall issue identity papers to any refugee in their territory who does not possess a valid travel document.

Article 28

Travel Documents

1. The Contracting States shall issue to refugees lawfully staying in their territory travel documents for the purpose of travel outside their territory, unless compelling reasons of national security or public order otherwise require, and the provisions of the Schedule to this Convention shall apply with respect to such documents. The

3. Les documents ou certificats ainsi délivrés remplaceront les actes officiels délivrés à des étrangers par leurs autorités nationales ou par leur intermédiaire, et feront foi jusqu'à preuve du contraire.

4. Sous réserve des exceptions qui pourraient être admises en faveur des indigents, les services mentionnés dans le présent article pourront être rétribués; mais ces rétributions seront modérées et en rapport avec les perceptions opérées sur les nationaux à l'occasion de services analogues.

5. Les dispositions de cet article n'affectent en rien les articles 27 et 28.

Article 26

Liberté de circulation

Tout Etat Contractant accordera aux réfugiés se trouvant régulièrement sur son territoire le droit d'y choisir leur lieu de résidence et d'y circuler librement sous les réserves instituées par la réglementation applicable aux étrangers en général dans les mêmes circonstances.

Article 27

Pièces d'identité

Les Etats Contractants délivreront des pièces d'identité à tout réfugié se trouvant sur leur territoire et qui ne possède pas un titre de voyage valable.

Article 28

Titres de voyage

1. Les Etats Contractants délivreront aux réfugiés résidant régulièrement sur leur territoire, des titres de voyage destinés à leur permettre de voyager hors de ce territoire à moins que des raisons impérieuses de sécurité nationale ou d'ordre public ne s'y opposent; les dispositions de l'Annexe à cette Convention s'appliqueront

3. So ausgefolgte Dokumente oder Bescheinigungen werden die offiziellen Papiere, die Ausländern sonst von ihren nationalen Behörden oder durch deren Vermittlung ausgestellt werden, ersetzen und bis zum Gegenbeweis Glaubwürdigkeit besitzen.

4. Abgesehen von bedürftigen Flüchtlingen, denen eine Ausnahmebehandlung gewährt wird, können für die hier erwähnten Amtshandlungen Abgaben eingehoben werden; jedoch müssen diese gering und jenen Abgaben angemessen sein, die für ähnliche Dienste von eigenen Staatsbürgern eingehoben werden.

5. Die Bestimmungen dieses Artikels sollen die Artikel 27 und 28 nicht beeinflussen.

Artikel 26

Bewegungsfreiheit

Die vertragschließenden Staaten sollen den Flüchtlingen, die sich erlaubterweise auf ihrem Gebiete aufhalten, das Recht gewähren, ihren Wohnort zu wählen und frei innerhalb ihres Gebietes herumzureisen, genau so, wie dies auch Ausländern unter den gleichen Umständen freisteht.

Artikel 27

Identitätspapiere

Die vertragschließenden Staaten werden jedem Flüchtling in ihrem Gebiete, der kein gültiges Reisedokument besitzt, Identitätspapiere ausstellen.

Artikel 28

Reisedokumente

1. Die vertragschließenden Staaten werden an Flüchtlinge, die sich erlaubterweise auf ihrem Gebiet aufhalten, Reisedokumente ausstellen, um ihnen Reisen außerhalb der Landesgrenzen zu ermöglichen, vorausgesetzt, daß keine zwingenden Gründe der nationalen Sicherheit oder der öffentlichen Ordnung dagegensprechen; die Be-

Contracting States may issue such a travel document to any other refugee in their territory; they shall in particular give sympathetic consideration to the issue of such a travel document to refugees in their territory who are unable to obtain a travel document from the country of their lawful residence.

2. Travel documents issued to refugees under previous international agreements by parties thereto shall be recognized and treated by the Contracting States in the same way as if they had been issued pursuant to this article.

Article 29

Fiscal Charges

1. The Contracting States shall not impose upon refugees duties, charges or taxes, of any description whatsoever, other or higher than those which are or may be levied on their nationals in similar situations.

2. Nothing in the above paragraph shall prevent the application to refugees of the laws and regulations concerning charges in respect of the issue to aliens of administrative documents including identity papers.

Article 30

Transfer of Assets

1. A Contracting State shall, in conformity with its laws and regulations, permit refugees to transfer assets which they have brought into its territory, to another country where they have been admitted for the purposes of resettlement.

2. A Contracting State shall give sympathetic consideration to the application of refugees for permission to transfer assets

à ces documents. Les Etats Contractants pourront délivrer un tel titre de voyage à tout autre réfugié se trouvant sur leur territoire; ils accorderont une attention particulière aux cas de réfugiés se trouvant sur leur territoire et qui ne sont pas en mesure d'obtenir un titre de voyage du pays de leur résidence régulière.

2. Les documents de voyage délivrés aux termes d'accords internationaux antérieurs par les Parties à ces accords seront reconnus par les Etats Contractants, et traités comme s'ils avaient été délivrés aux réfugiés en vertu du présent article.

Article 29

Charges fiscales

1. Les Etats Contractants n'assujettiront pas les réfugiés à des droits, taxes, impôts, sous quelque dénomination que ce soit, autres ou plus élevés que ceux qui sont ou qui seront perçus sur leurs nationaux dans des situations analogues.

2. Les dispositions du paragraphe précédent ne s'opposent pas à l'application aux réfugiés des dispositions des lois et règlements concernant les taxes afférentes à la délivrance aux étrangers de documents administratifs, pièces d'identité y comprises.

Article 30

Transfert des avoirs

1. Tout Etat Contractant permettra aux réfugiés, conformément aux lois et règlements de leur pays, de transférer les avoirs qu'ils ont fait entrer sur son territoire, dans le territoire d'un autre pays où ils ont été admis afin de s'y réinstaller.

2. Tout Etat Contractant accordera sa bienveillante attention aux demandes présentées par des réfugiés qui désirent

stimmungen des Anhanges zu diesem Abkommen sind auf solche Dokumente anzuwenden. Die vertragschließenden Staaten können ein solches Reisedokument jedem anderen Flüchtling, der sich auf ihrem Gebiet befindet, ausstellen; sie sollen wohlwollend jene Flüchtlinge in ihrem Gebiet berücksichtigen, denen es nicht möglich ist, ein Reisedokument vom Lande ihres gewöhnlichen Aufenthaltes zu erhalten.

2. Reisedokumente, die auf Grund früherer internationaler Abkommen von dessen Parteien Flüchtlingen ausgestellt wurden, sollen anerkannt und von den vertragschließenden Staaten genau so behandelt werden, wie wenn sie gemäß dem vorliegenden Artikel ausgestellt worden wären.

Artikel 29

Steuern und Abgaben

1. Die vertragschließenden Staaten sollen Flüchtlingen in ihrem Gebiet keine Gebühren, Abgaben oder Steuern irgendwelcher Art auferlegen, die anders oder höher als jene sind, die von ihren eigenen Staatsangehörigen in einer ähnlichen Situation verlangt werden.

2. Ziffer 1 steht in keiner Weise der Anwendung von Gesetzen und Verordnungen auf Flüchtlinge, betreffend die Gebühren für die Ausstellung von Verwaltungsdokumenten einschließlich der Identitätspapiere an Ausländer, entgegen.

Artikel 30

Vermögenstransfer

1. Ein vertragschließender Staat wird im Rahmen seiner Gesetze und Verordnungen einem Flüchtling den Transfer seines Vermögens, das er in das Gebiet mitgebracht hat, in ein anderes Land gestatten, wenn er die Erlaubnis erhielt, sich dort niederzulassen.

2. Ein vertragschließender Staat wird das Gesuch eines Flüchtlings um Erlaubnis zum Transfer seines Vermögens, das

wherever they may be and which are necessary for their resettlement in another country to which they have been admitted.

Article 31
Refugees unlawfully in the Country of Refuge

1. The Contracting States shall not impose penalties, on account of their illegal entry or presence, on refugees who, coming directly from a territory where their life or freedom was threatened in the sense of article 1, enter or are present in their territory without authorization, provided they present themselves without delay to the authorities and show good cause for their illegal entry or presence.

2. The Contracting States shall not apply to the movements of such refugees restrictions other than those which are necessary and such restrictions shall only be applied until their status in the country is regularized or they obtain admission into another country. The Contracting States shall allow such refugees a reasonable period and all the necessary facilities to obtain admission into another country.

Article 32
Expulsion

1. The Contracting States shall not expel a refugee lawfully in their territory save on grounds of national security or public order.

2. The expulsion of such a refugee shall be only in pursuance of a decision reached in accordance with due process of law. Except where compelling reasons of national security otherwise require, the refugee shall be allowed to submit evidence to clear himself, and to appeal to and be represented for

obtenir l'autorisation de transférer tous autres avoirs nécessaires à leur réinstallation dans un autre pays où ils ont été admis afin de s'y réinstaller.

Article 31
Réfugiés en situation irrégulière dans le pays d'accueil

1. Les Etats Contractants n'appliqueront pas de sanctions pénales, du fait de leur entrée ou de leur séjour irréguliers, aux refugiés qui, arrivant directement du territoire où leur vie ou leur liberté était menacée au sens prévu par l'article premier, entrent ou se trouvent sur leur territoire sans autorisation, sous la réserve qu'ils se présentent sans délai aux autorités et leur exposent des raisons reconnues valables de leur entrée ou présence irrégulières.

2. Les Etats Contractants n'appliqueront aux déplacements de ces réfugiés d'autres restrictions que celles qui sont nécessaires; ces restrictions seront appliquées seulement en attendant que le statut de ces réfugiés dans le pays d'accueil ait été régularisé ou qu'ils aient réussi à se faire admettre dans un autre pays. En vue de cette dernière admission les Etats Contracants accorderont à ces réfugiés un délai raisonnable ainsi que toutes facilités nécessaires.

Article 32
Expulsion

1. Les Etats Contractants n'expulseront un réfugié se trouvant régulièrement sur leur territoire que pour des raisons de sécurité nationale ou d'ordre public.

2. L'expulsion de ce réfugié n'aura lieu qu'en exécution d'une décision rendue conformément à la procédure prévue par la loi. Le réfugié devra, sauf si des raisons impérieuses de sécurité nationale s'y opposent, être admis à fournir des preuves tendant à le disculper, à présenter un recours et à se

für die Niederlassung in einem anderen Lande, in dem er sich ansiedeln darf, notwendig ist, wo immer es auch sein mag, wohlwollend in Erwägung ziehen.

Artikel 31
Flüchtlinge ohne gesetzliche Einreise

1. Die vertragschließenden Staaten sollen keine Strafen wegen illegaler Einreise oder Anwesenheit über Flüchtlinge verhängen, die, direkt aus einem Gebiet kommend, wo ihr Leben oder ihre Freiheit im Sinne des Artikels 1 bedroht war, ohne Erlaubnis einreisen oder sich ohne Erlaubnis auf ihrem Gebiet befinden, vorausgesetzt, daß sie sich unverzüglich bei den Behörden melden und gute Gründe für ihre illegale Einreise oder Anwesenheit vorbringen.

2. Die vertragschließenden Staaten sollen solchen Flüchtlingen keine Bewegungsbeschränkungen auferlegen, außer denen, die notwendig sind; solche Beschränkungen sollen nur so lange bestehen, bis der Stand des Flüchtlings geordnet ist oder bis er die Erlaubnis erhält, in ein anderes Land einzureisen. Die vertragschließenden Staaten sollen solchen Flüchtlingen einen angemessenen Zeitraum zubilligen und alle nötigen Erleichterungen gewähren, damit sie die Einreisebewilligung in ein anderes Land erhalten.

Artikel 32
Ausweisung

1. Die vertragschließenden Staaten sollen keinen Flüchtling, der sich erlaubterweise auf ihrem Gebiet aufhält, ausweisen, es sei denn aus Gründen der Staatssicherheit oder der öffentlichen Ordnung.

2. Die Ausweisung eines solchen Flüchtlings soll nur in Ausführung einer Entscheidung erfolgen, die gemäß den gesetzlichen Verfahren erflossen ist. Dem Flüchtling soll, wenn keine zwingenden Gründe der nationalen Sicherheit dagegenstehen, erlaubt werden, Entlastungsbeweise zu liefern, gegen

the purpose before competent authority or a person or persons specially designated by the competent authority.

3. The Contracting States shall allow such a refugee a reasonable period within which to seek legal admission into another country. The Contracting States reserve the right to apply during that period such internal measures as they may deem necessary.

Article 33

Prohibition of Expulsion or Return ("Refoulement")

1. No Contracting State shall expel or return ("refouler") a refugee in any manner whatsoever to the frontiers of territories where his life or freedom would be threatened on account of his race, religion, nationality, membership of a particular social group or political opinion.

2. The benefit of the present provision may not, however, be claimed by a refugee whom there are reasonable grounds for regarding as a danger to the security of the country in which he is, or who, having been convicted by a final judgment of a particularly serious crime, constitutes a danger to the community of that country.

Article 34

Naturalization

The Contracting States shall as far as possible facilitate the assimilation and naturalization of refugees. They shall in particular make every effort to expedite naturalization proceedings and to reduce as far as possible the charges and costs of such proceedings.

faire représenter à cet effet devant une autorité compétente ou devant une ou plusieurs personnes spécialement désignées par l'autorité compétente.

3. Les Etats Contractants accorderont à un tel réfugié un délai raisonnable pour lui permettre de chercher à se faire admettre régulièrement dans un autre pays. Les Etats Contractants peuvent appliquer, pendant ce délai, telle mesure d'ordre interne qu'ils jugeront opportune.

Article 33

Défense d'expulsion et de refoulement

1. Aucun des Etats Contractants n'expulsera ou ne refoulera, de quelque manière que ce soit, un réfugié sur les frontières des territoires où sa vie ou sa liberté serait menacée en raison de sa race, de sa religion, de sa nationalité, de son appartenance à un certain groupe social ou de ses opinions politiques.

2. Le bénéfice de la présente disposition ne pourra toutefois être invoqué par un réfugié qu'il y aura des raisons sérieuses de considérer comme un danger pour la sécurité du pays où il se trouve ou qui, ayant été l'objet d'une condamnation définitive pour un crime ou délit particulièrement grave, constitue une menace pour la communauté dudit pays.

Article 34

Naturalisation

Les Etats Contractants faciliteront, dans toute la mesure du possible, l'assimilation et la naturalisation des réfugiés. Ils s'efforceront notamment d'accélérer la procédure de naturalisation et de réduire, dans toute la mesure du possible, les taxes et les frais de cette procédure.

die Ausweisung zu berufen und sich zu diesem Zwecke vor der zuständigen Behörde oder vor einer oder mehreren Personen, die von den zuständigen Behörden besonders dafür bestimmt sind, vertreten zu lassen.

3. Die vertragschließenden Staaten sollen solchen Flüchtlingen einen angemessenen Zeitraum gewähren, während dessen sie sich um die Einreise in ein anderes Land bewerben können. Die vertragschließenden Staaten behalten sich das Recht vor, während dieses Zeitraumes die notwendigen internen Maßnahmen zu treffen.

Artikel 33

Verbot der Ausweisung oder der Zurückweisung

1. Kein vertragschließender Staat darf einen Flüchtling in irgendeiner Form in ein Gebiet ausweisen oder zurückweisen, wo sein Leben oder seine Freiheit aus Gründen seiner Rasse, seiner Religion, seiner Nationalität, seiner Zugehörigkeit zu einer bestimmten sozialen Gruppe oder seiner politischen Ansichten bedroht wäre.

2. Der Vorteil dieser Bestimmung kann jedoch von einem Flüchtling nicht in Anspruch genommen werden, der aus gewichtigen Gründen eine Gefahr für die Sicherheit seines Aufenthaltslandes darstellt oder der, wegen eines besonders schweren Verbrechens rechtskräftig verurteilt, eine Gefahr für die Gemeinschaft des betreffenden Landes bedeutet.

Artikel 34

Naturalisierung

Die vertragschließenden Staaten sollen soweit als möglich die Gleichstellung und Einbürgerung von Flüchtlingen erleichtern. Sie sollen insbesondere alles tun, um das Einbürgerungsverfahren zu beschleunigen und soweit als möglich die Kosten eines solchen Verfahrens zu reduzieren.

Chapter VI
Executory and Transitory Provisions

Article 35
Co-operation of the National Authorities with the United Nations

1. The Contracting States undertake to co-operate with the Office of the United Nations High Commissioner for Refugees, or any other agency of the United Nations which may succeed it, in the exercise of its functions, and shall in particular facilitate its duty of supervising the application of the provisions of this Convention.

2. In order to enable the Office of the High Commissioner or any other agency of the United Nations which may succeed it, to make reports to the competent organs of the United Nations, the Contracting States undertake to provide them in the appropriate form with information and statistical data requested concerning:

(a) the condition of refugees,

(b) the implementation of this Convention, and

(c) laws, regulations and decrees which are, or may hereafter be, in force relating to refugees.

Article 36
Information on National Legislation

The Contracting States shall communicate to the Secretary-General of the United Nations the laws and regulations which they may adopt to ensure the application of this Convention.

Article 37
Relation to Previous Conventions

Without prejudice to article 28, paragraph 2, of this

Chapitre VI
Dispositions Exécutoires et Transitoires

Article 35
Coopération des autorités nationales avec les Nations Unies.

1. Les Etats Contractants s'engagent à coopérer avec le Haut Commissariat des Nations Unies pour les réfugiés, ou toute autre institution des Nations Unies qui lui succéderait, dans l'exercice de ses fonctions et en particulier à faciliter sa tâche de surveillance de l'application des dispositions de cette Convention.

2. Afin de permettre au Haut Commissariat ou à toute autre institution des Nations Unies qui lui succéderait de présenter des rapports aux organes compétents des Nations Unies, les Etats Contractants s'engagent à leur fournir dans la forme appropriée les informations et les données statistiques demandées relatives:

a) au statut des réfugiés,

b) à la mise en oeuvre de cette Convention, et

c) aux lois, règlements et décrets, qui sont ou entreront en vigueur en ce qui concerne les réfugiés.

Article 36
Renseignements portant sur les lois et règlements nationaux

Les Etats Contractants communiqueront au Secrétaire général des Nations Unies le texte des lois et des règlements qu'ils pourront promulguer pour assurer l'application de cette Convention.

Article 37
Relations avec les conventions antérieures

Sans préjudice des dispositions du paragraphe 2 de l'ar-

Kapitel VI
Durchführungs- und Übergangsbestimmungen

Artikel 35
Zusammenarbeit der nationalen Behörden mit den Vereinten Nationen

1. Die vertragschließenden Staaten verpflichten sich, das Büro des Hochkommissärs der Vereinten Nationen für Flüchtlinge oder jeder anderen Institution der Vereinten Nationen, die ihm nachfolgen könnte, in seiner Arbeit zu unterstützen und insbesondere dessen Aufsichtspflichten bei der Anwendung der Bestimmungen dieses Abkommens zu erleichtern.

2. Die vertragschließenden Staaten verpflichten sich, dem Büro des Hochkommissärs oder jeder anderen Institution der Vereinten Nationen, die ihm nachfolgen könnte, die in entsprechender Form verlangten Auskünfte und statistischen Daten zur Verfügung zu stellen, um die Abfassung von Berichten für die zuständigen Organe der Vereinten Nationen zu ermöglichen, und zwar betreffend

a) die Rechtsstellung der Flüchtlinge,

b) die Durchführung dieses Abkommens und

c) Gesetze, Verordnungen und Dekrete, die für Flüchtlinge in Kraft stehen oder erlassen werden.

Artikel 36
Mitteilungen über die nationale Gesetzgebung

Die vertragschließenden Staaten sollen die Gesetze und sonstige Bestimmungen, die sie veröffentlichen, um die Anwendung des vorliegenden Abkommens zu sichern, dem Generalsekretär der Vereinten Nationen mitteilen.

Artikel 37
Bezugnahme auf frühere Abkommen

Unbeschadet des Artikels 28, Ziffer 2, dieses Abkommens er-

Convention, this Convention replaces, as between parties to it, the Arrangements of 5 July 1922, 31 May 1924, 12 May 1926, 30 June 1928 and 30 July 1935, the Conventions of 28 October 1933 and 10 February 1938, the Protocol of 14 September 1939 and the Agreement of 15 October 1946.

ticle 28, cette Convention remplace, entre les Parties à la Convention, les accords des 5 juillet 1922, 31 mai 1924, 12 mai 1926, 30 juin 1928 et 30 juillet 1935, ainsi que les Conventions des 28 octobre 1933, 10 février 1938, le Protocole du 14 septembre 1939 et l'Accord du 15 octobre 1946.

setzt dieses Abkommen in den Beziehungen zwischen den Vertragspartnern die Vereinbarungen vom 5. Juli 1922, 31. Mai 1924, 12. Mai 1926, 30. Juni 1928 und 30. Juli 1935, dann die Abkommen vom 28. Oktober 1933, 10. Februar 1938, endlich das Protokoll vom 14. September 1939 und die Vereinbarung vom 15. Oktober 1946.

Chapter VII
Final Clauses
Article 38
Settlement of Disputes

Any dispute between parties to this Convention relating to its interpretation or application, which cannot be settled by other means, shall be referred to the International Court of Justice at the request of any one of the parties to the dispute.

Chapitre VII
Clauses Finales
Article 38
Règlement des différends

Tout différend entre les Parties à cette Convention relatif à son interprétation ou à son application, qui n'aura pu être réglé par d'autres moyens, sera soumis à la Cour internationale de Justice à la demande de l'une des Parties au différend.

Kapitel VII
Schlußbestimmungen
Artikel 38
Schlichtung von Streitfragen

Wenn sich in der Auslegung oder Anwendung dieses Abkommens Streitfragen zwischen den vertragschließenden Staaten ergeben sollten, die nicht auf andere Weise beigelegt werden können, soll eine solche Streitfrage auf Antrag eines der Streitteile dem Internationalen Gerichtshof vorgelegt werden.

Article 39
Signature, Ratification and Accession

1. This Convention shall be opened for signature at Geneva on 28 July 1951 and shall thereafter be deposited with the Secretary-General of the United Nations. It shall be open for signature at the European Office of the United Nations from 28 July to 31 August 1951 and shall be re-opened for signature at the Headquarters of the United Nations from 17 September 1951 to 31 December 1952.

2. This Convention shall be open for signature on behalf of all States Members of the United Nations, and also on behalf of any other State invited to attend the Conference of Plenipotentiaries on the Status of Refugees and Stateless Persons or to which an invitation to sign will have been addressed by the General Assembly. It shall be ratified and the instruments of ratification

Article 39
Signature, ratification et adhésion

1. Cette Convention sera ouverte à la signature à Genève le 28 juillet 1951 et, après cette date, déposée auprès du Secrétaire général des Nations Unies. Elle sera ouverte à la signature à l'Office européen des Nations Unies du 28 juillet au 31 août 1951, puis ouverte à nouveau à la signature au Siège de l'Organisation des Nations Unies du 17 septembre 1951 au 31 décembre 1952.

2. Cette Convention sera ouverte à la signature de tous les Etats Membres de l'Organisation des Nations Unies ainsi que de tout autre Etat non membre invité à la Conférence de plénipotentiaires sur le statut des réfugiés et des apatrides ou de tout Etat auquel l'Assemblée générale aura adressé une invitation à signer. Elle devra être ratifiée et les instruments de

Artikel 39
Unterzeichnung, Ratifizierung und Beitritt

1. Dieses Abkommen wird zur Unterzeichnung in Genf am 28. Juli 1951 offenstehen und sodann beim Generalsekretär der Vereinten Nationen hinterlegt werden. Es wird vom 28. Juli bis zum 31. August 1951 beim Europäischen Amt der Vereinten Nationen und später neuerlich am Sitze der Organisation der Vereinten Nationen vom 17. September 1951 bis 31. Dezember 1951 zur Unterzeichnung offen sein.

2. Dieses Abkommen wird allen Mitgliedstaaten der Organisation der Vereinten Nationen zur Unterzeichnung offenstehen, ebenso jedem Nicht-Mitgliedstaat, der zur bevollmächtigten Konferenz über das Statut der Flüchtlinge und Staatenlosen eingeladen wurde, sowie jedem Staate, der von der Generalversammlung die Einladung zur Unterzeichnung

shall be deposited with the Secretary-General of the United Nations.

3. This Convention shall be open from 28 July 1951 for accession by the States referred to in paragraph 2 of this article. Accession shall be effected by the deposit of an instrument of accession with the Secretary-General of the United Nations.

Article 40

Territorial Application Clause

1. Any State may, at the time of signature, ratification or accession, declare that this Convention shall extend to all or any of the territories for the international relations of which it is responsible. Such a declaration shall take effect when the Convention enters into force for the State concerned.

2. At any time thereafter any such extension shall be made by notification addressed to the Secretary-General of the United Nations and shall take effect as from the ninetieth day after the day of receipt by the Secretary-General of the United Nations of this notification, or as from the date of entry into force of the Convention for the State concerned, whichever is the later.

3. With respect to those territories to which this Convention is not extended at the time of signature, ratification or accession, each State concerned shall consider the possibility of taking the necessary steps in order to extend the application of this Convention to such territories, subject, where necessary for constitutional reasons, to the consent of the Governments of such territories.

ratification seront déposés auprès du Secrétaire général des Nations Unies.

3. Les Etats visés au paragraphe 2 du présent article pourront adhérer à cette Convention à dater du 28 juillet 1951. L'adhésion se fera par le dépôt d'un instrument d'adhésion auprès du Secrétaire général des Nations Unies.

Article 40

Clause d'application territoriale

1. Tout Etat pourra, au moment de la signature, ratification ou adhésion, déclarer que cette Convention s'étendra à l'ensemble des territoires qu'il représente sur le plan international, ou à l'un ou plusieurs d'entre eux. Une telle déclaration produira ses effets au moment de l'entrée en vigueur de la Convention pour ledit Etat.

2. A tout moment ultérieur cette extension se fera par notification adressée au Secrétaire général des Nations Unies et produira ses effets à partir du quatre-vingt-dixième jour qui suivra la date à laquelle le Secrétaire général des Nations Unies aura reçu la notification ou à la date d'entrée en vigueur de la Convention pour ledit Etat si cette dernière date est postérieure.

3. En ce qui concerne les territoires auxquels cette Convention ne s'appliquerait pas à la date de la signature, ratification ou adhésion, chaque Etat intéressé examinera la possibilité de prendre aussitôt que possible toutes mesures nécessaires afin d'aboutir à l'application de cette Convention auxdits territoires sous réserve, le cas échéant, de l'assentiment des gouvernements de ces territoires qui serait requis pour des raisons constitutionnelles.

erhält. Es soll ratifiziert werden; die Ratifikationsurkunden sollen beim Generalsekretär der Vereinten Nationen hinterlegt werden.

3. Die in Ziffer 2 dieses Artikels genannten Staaten können dem Abkommen vom 28. Juli 1951 an beitreten. Der Beitritt erfolgt durch Hinterlegung einer Beitrittserklärung beim Generalsekretär der Vereinten Nationen.

Artikel 40

Örtlicher Geltungsbereich

1. Jeder Staat kann im Zeitpunkt der Unterzeichnung, der Ratifizierung oder des Beitritts erklären, daß die Gültigkeit des vorliegenden Abkommens auf alle oder einige Gebiete oder auch auf ein einziges der Gebiete, für die er international verantwortlich ist, ausgedehnt wird. Eine solche Erklärung wird in dem Augenblick wirksam, in dem das Abkommen für den betreffenden Staat in Kraft tritt.

2. In jedem späteren Zeitpunkt wird eine solche Ausdehnung des Geltungsbereiches durch Mitteilung an den Generalsekretär der Vereinten Nationen bewirkt; sie wird vom 90. Tage nach dem Erhalt dieser Mitteilung an den Generalsekretär der Vereinten Nationen oder allenfalls zu jenem späteren Zeitpunkte wirksam, in dem das Abkommen für den betreffenden Staat in Kraft tritt.

3. Jeder in Betracht kommende Staat wird die Möglichkeit untersuchen, für die Gebiete, auf die sich die Gültigkeit des vorliegenden Abkommens im Zeitpunkte der Unterzeichnung, der Ratifizierung oder des Beitrittes nicht erstreckt, sobald als möglich alle Schritte zu unternehmen, um dort, wo dies aus Verfassungsgründen notwendig ist, die Zustimmung der Regierungen solcher Gebiete zur Anwendung des vorliegenden Abkommens zu erlangen.

Article 41

Federal Clause

In the case of a Federal or non-unitary State, the following provisions shall apply:

(a) With respect to those articles of this Convention that come within the legislative jurisdiction of the federal legislative authority, the obligations of the Federal Government shall to this extent be the same as those of Parties which are not Federal States;

(b) With respect to those articles of this Convention that come within the legislative jurisdiction of constituent States, provinces or cantons which are not, under the constitutional system of the federation, bound to take legislative action, the Federal Government shall bring such articles with a favourable recommendation to the notice of the appropriate authorities of states, provinces or cantons at the earliest possible moment.

(c) A Federal State Party to this Convention shall, at the request of any other Contracting State transmitted through the Secretary-General of the United Nations, supply a statement of the law and practice of the Federation and its constituent units in regard to any particular provision of the Convention showing the extent to which effect has been given to that provision by legislative or other action.

Article 41

Clause fédérale

Dans le cas d'un Etat fédératif ou non unitaire, les dispositions ci-après s'appliqueront:

a) En ce qui concerne les articles de cette Convention dont la mise en oeuvre relève de l'action législative du pouvoir législatif fédéral, les obligations du Gouvernement fédéral seront, dans cette mesure, les mêmes que celles des Parties qui ne sont pas des Etats fédératifs;

b) En ce qui concerne les articles de cette Convention dont l'application relève de l'action législative de chacun des états, provinces ou cantons constituants, qui ne sont pas, en vertu du système constitutionnel de la fédération, tenus de prendre des mesures législatives, le Gouvernement fédéral portera le plus tôt possible, et avec son avis favorable, lesdits articles à la connaissance des autorités compétentes des états, provinces ou cantons.

c) Un Etat fédératif Partie à cette Convention communiquera, à la demande de tout autre Etat Contractant qui lui aura été transmise par le Secrétaire général des Nations Unies, un exposé de la législation et des pratiques en vigueur dans la Fédération et ses unités constituantes en ce qui concerne telle ou telle disposition de la Convention, indiquant la mesure dans laquelle effet a été donné, par une action législative ou autre, à ladite disposition.

Artikel 41

Bundesstaatklausel

Bei Bundesstaaten oder Staaten, die nicht Einheitsstaaten sind, werden folgende Bestimmungen angewendet werden:

a) Bezüglich jener Artikel dieses Abkommens, deren Durchführung in die Zuständigkeit der Gesetzgebung des Bundes fällt, werden die Verpflichtungen des Bundes die gleichen sein, wie die solcher Vertragspartner, die nicht Bundesstaaten sind.

b) Bezüglich jener Artikel dieses Abkommens, deren Anwendung in die Zuständigkeit der Gesetzgebung der Gliedstaaten, Provinzen oder Kantone fällt, die nach der Bundesverfassung nicht verpflichtet sind, gesetzliche Maßnahmen zu ergreifen, soll der Bund sobald als möglich und mit einer befürwortenden Einbegleitung die genannten Artikel den zuständigen Behörden der Gliedstaaten, Provinzen oder Kantone zur Kenntnis bringen.

c) Ein Bundesstaat, der Vertragspartner dieses Abkommens ist, soll jedem anderen vertragschließenden Staat auf dessen Ersuchen, das ihm vom Generalsekretär der Vereinten Nationen übermittelt wurde, eine Zusammenstellung der Gesetze und praktischen Durchführungsmaßnahmen des Bundes oder der Gliedstaaten, betreffend die eine oder die andere Bestimmung des Abkommens, zusenden, in der dargestellt wird, inwieweit die betreffende Bestimmung durch einen Akt der Gesetzgebung oder auf andere Weise in die Tat umgesetzt wurde.

Article 42

Reservations

1. At the time of signature, ratification or accession, any State may make reservations to articles of the Convention other than to articles 1, 3, 4, 16 (1), 33, 36-46 inclusive.

2. Any State making a reservation in accordance with paragraph 1 of this article may at any time withdraw the reservation by a communication to that effect addressed to the Secretary-General of the United Nations.

Article 43

Entry into force

1. This Convention shall come into force on the ninetieth day following the day of deposit of the sixth instrument of ratification or accession.

2. For each State ratifying or acceding to the Convention after the deposit of the sixth instrument of ratification or accession, the Convention shall enter into force on the ninetieth day following the date of deposit by such State of its instrument of ratification or accession.

Article 44

Denunciation

1. Any Contracting State may denounce this Convention at any time by a notification addressed to the Secretary-General of the United Nations.

2. Such denunciation shall take effect for the Contracting State concerned one year from the date upon which it is received by the Secretary-General of the United Nations.

3. Any State which has made a declaration or notification under article 40 may, at any time thereafter, by a notification to the Secretary-General of the United Nations, declare

Article 42

Réserves

1. Au moment de la signature, de la ratification ou de l'adhésion, tout Etat pourra formuler des réserves aux articles de la Convention autres que les articles 1, 3, 4, 16 (1), 33, 36 à 46 inclus.

2. Tout Etat Contractant ayant formulé une réserve conformément au paragraphe 1 de cet article pourra à tout moment la retirer par une communication à cet effet adressée au Secrétaire général des Nations Unies.

Article 43

Entrée en vigueur

1. Cette Convention entrera en vigueur le quatre-vingt-dixième jour qui suivra la date du dépôt du sixième instrument de ratification ou d'adhésion.

2. Pour chacun des Etats qui ratifieront la Convention ou y adhéreront après le dépôt du sixième instrument de ratification ou d'adhésion, elle entrera en vigueur le quatre-vingt-dixième jour qui suivra la date du dépôt par cet Etat de son instrument de ratification ou d'adhésion.

Article 44

Dénonciation

1. Tout Etat Contractant pourra dénoncer la Convention à tout moment par notification adressée au Secrétaire général des Nations Unies.

2. La dénonciation prendra effet pour l'Etat intéressé un an après la date à laquelle elle aura été reçue par le Secrétaire général des Nations Unies.

3. Tout Etat qui a fait une declaration ou une notification conformément à l'article 40 pourra notifier ultérieurement au Secrétaire général des Nations Unies que la Convention

Artikel 42

Vorbehalte

1. Im Zeitpunkte der Unterzeichnung, Ratifizierung oder des Beitrittes kann jeder Staat Vorbehalte zu den Artikeln dieses Abkommens machen, außer zu den Artikeln 1, 3, 4, 16 Ziffer 1, 33, 36 bis 46.

2. Ein vertragschließender Staat, der Vorbehalte gemäß Ziffer 1 dieses Artikels macht, kann diese jederzeit durch eine Mitteilung an den Generalsekretär der Vereinten Nationen zurückziehen.

Artikel 43

Inkrafttreten

1. Dieses Abkommen tritt am 90. Tage nach dem Tage der Hinterlegung der 6. Ratifikations- oder Beitrittsurkunde in Kraft.

2. Für jeden Staat, der das Abkommen nach Hinterlegung der 6. Ratifikations- oder Beitrittsurkunde ratifiziert oder ihm beitritt, tritt das Abkommen am 90. Tage nach dem Tage der Hinterlegung der Ratifikations- oder Beitrittsurkunde durch diesen Staat in Kraft.

Artikel 44

Kündigung

1. Jeder vertragschließende Staat kann dieses Abkommen jederzeit durch eine schriftliche Notifikation an den Generalsekretär der Vereinten Nationen kündigen.

2. Die Kündigung wird für den betreffenden vertragschließenden Staat ein Jahr nach dem Datum des Einlangens dieser Notifikation beim Generalsekretär der Vereinten Nationen wirksam.

3. Jeder Staat, der eine Erklärung gemäß Artikel 40 abgab, kann jederzeit nachher dem Generalsekretär der Vereinten Nationen mitteilen, daß die Wirksamkeit des Abkom-

that the Convention shall cease to extend to such territory one year after the date of receipt of the notification by the Secretary-General.

cessera de s'appliquer à tout territoire désigné dans la notification. La Convention cessera alors de s'appliquer au territoire en question un an après la date à laquelle le Secrétaire général aura reçu cette notification.

mens für ein Gebiet, das in jener Notifikation bezeichnet wird, rückgängig gemacht wird. Diese Rückgängigmachung tritt ein Jahr nach dem Einlangen dieser Notifikation beim Generalsekretär in Kraft.

Article 45

Revision

1. Any Contracting State may request revision of this Convention at any time by a notification addressed to the Secretary-General of the United Nations.

2. The General Assembly of the United Nations shall recommend the steps, if any, to be taken in respect of such request.

Article 45

Revision

1. Tout Etat Contractant pourra en tout temps, par voie de notification adressée au Secrétaire général des Nations Unies, demander la revision de cette Convention.

2. L'Assemblée générale des Nations Unies recommandera les mesures à prendre, le cas échéant, au sujet de cette demande.

Artikel 45

Revision

1. Jeder vertragschließende Staat kann jederzeit durch eine schriftliche Notifikation an den Generalsekretär der Vereinten Nationen eine Revision dieses Abkommens beantragen.

2. Die Generalversammlung der Vereinten Nationen empfiehlt gegebenenfalls, welche Schritte auf einen solchen Antrag hin zu unternehmen sind.

Article 46

Notifications by the Secretary-General of the United Nations

The Secretary-General of the United Nations shall inform all Members of the United Nations and non-member States referred to in article 39:

(a) Of declarations and notifications in accordance with section B of article 1;

(b) Of signatures, ratifications and accessions in accordance with article 39;

(c) Of declarations and notifications in accordance with article 40;

(d) Of reservations and withdrawals in accordance with article 42;

(e) Of the date on which this Convention will come into force in accordance with article 43;

(f) Of denunciations and notifications in accordance with article 44;

(g) Of requests for revision in accordance with article 45.

Article 46

Notifications par le Secrétaire général des Nations Unies

Le Secrétaire général des Nations Unies notifiera à tous les Etats Membres des Nations Unies et aux Etats non membres visés à l'article 39:

a) Les déclarations et les notifications visées à la section B de l'article premier;

b) Les signatures, ratifications et adhésions visées à l'article 39;

c) Les déclarations et les notifications visées à l'article 40;

d) Les réserves formulées ou retirées visées à l'article 42;

e) La date à laquelle cette Convention entrera en vigueur, en application de l'article 43;

f) Les dénonciations et les notifications visées à l'article 44;

g) Les demandes de revision visées à l'article 45.

Artikel 46

Verständigungen durch den Generalsekretär der Vereinten Nationen

Der Generalsekretär der Vereinten Nationen soll alle Mitgliedstaaten und alle Nicht-Mitgliedstaaten der Vereinten Nationen, die im Artikel 39 genannt sind, verständigen von

a) Erklärungen und Notifizierungen, die im Artikel 1, Abschnitt B, genannt sind;

b) Unterschriften, Ratifikations- und Beitrittsurkunden gemäß Artikel 39;

c) Erklärungen und Notifizierungen, die im Artikel 40 genannt sind;

d) Vorbehalte, die gemäß Artikel 42 formuliert oder zurückgezogen wurden;

e) dem Datum des Inkrafttretens des Abkommens gemäß Artikel 43;

f) Kündigungen und Notifizierungen gemäß Artikel 44;

g) Revisionsanträgen gemäß Artikel 45.

In faith whereof the undersigned, duly authorized, have signed this Convention on behalf of their respective Governments,

Done at Geneva, this twenty-eighth day of July, one thousand nine hundred and fifty-one, in a single copy, of which the English and French texts are equally authentic and which shall remain deposited in the archives of the United Nations, and certified true copies of which shall be delivered to all Members of the United Nations and to the non-member States referred to in article 39.

Austria:

Dr. Karl Fritzer

(Übersetzung)

Subject to the following reservations: (a) the provisions of articles 6, 7 (2), 8, 17 (1 and 2), 23 and 25, are recognized only as recommendations and not as legally binding obligations; (b) the provisions of article 22 (1 and 2) are accepted only in so far as they apply to public education; (c) the provisions of article 31 (1) are accepted only in respect of refugees who have not, in the past, been the subject of a decision by a competent Austrian judicial or administrative authority prohibiting residence (Aufenthaltsverbot) or ordering expulsion (Ausweisung or Abschaffung); (d) the provisions of article 32 are accepted only in respect of refugees who are not ordered to be expelled for reasons of national security or public order, in pursuance of a measure based on criminal law, or for any other reason of public policy.

En foi de quoi, les soussignés, dûment autorisés, ont signé, au nom de leurs Gouvernements respectifs, la présente Convention,

Fait à Genève, le 28 juillet mil neuf cent cinquante et un, en un seul exemplaire dont les textes anglais et français font également foi et qui sera déposé dans les archives de l'Organisation des Nations Unies et dont les copies certifiées conformes seront remises à tous les Etats Membres des Nations Unies et aux Etats non membres visés à l'article 39.

Autriche:

Dr. Karl Fritzer

Sous les réserves qui suivent: a) les stipulations figurant aux articles 6, 7 (2), 8, 17 (1 et 2), 23 et 25 ne sont reconnues que comme des recommandations et non comme des obligations qui s'imposent juridiquement; b) les stipulations figurant à l'article 22 (1 et 2) ne sont acceptées que dans la mesure où elles s'appliquent à l'éducation publique; c) les stipulations figurant à l'article 31 (1) ne sont acceptées qu'en ce qui concerne les réfugiés qui n'ont pas fait l'objet dans le passé d'une décision émanant d'une autorité juridictionnelle ou administrative compétente autrichienne d'interdiction de séjour *(Aufenthaltsverbot)* ou d'expulsion *(Ausweisung* ou *Abschaffung);* d) les stipulations figurant à l'article 32 ne sont acceptées qu'en ce qui concerne les réfugiés qui ne feraient pas l'objet d'une expulsion pour des raisons de sécurité nationale ou d'ordre public, comme conséquence d'une mesure trouvant son fondement dans le droit pénal, ou pour un autre motif d'intérêt public.

Zu Urkund dessen haben die unterzeichneten Bevollmächtigten, die über die dazu erforderlichen Vollmachten verfügen, das vorliegende Abkommen im Namen ihrer Regierungen unterzeichnet.

Gegeben in Genf, am 28. Juli 1951, in einem einzigen Exemplar, dessen englischer und französischer Text je authentisch sind, das in den Archiven der Organisation der Vereinten Nationen hinterlegt werden wird und von dem legalisierte Kopien allen Mitgliedstaaten der Vereinten Nationen und den im Artikel 39 bezeichneten Nicht-Mitgliedstaaten übermittelt werden.

Österreich:

Dr. Karl Fritzer

Die Unterzeichnung erfolgt unter den ausdrücklichen Vorbehalten, daß die Republik Österreich a) die in den Artikeln 6, 7 Ziffer 2, 8, 17 Ziffern 1 und 2, 23 und 25 enthaltenen Bestimmungen für sich nicht als bindende Verpflichtung, sondern nur als Empfehlung anerkennt; b) die im Artikel 22, Ziffern 1 und 2, enthaltenen Bestimmungen nur hinsichtlich des öffentlichen Unterrichtes anerkennt; c) die im Artikel 31, Ziffer 1, enthaltenen Bestimmungen nur hinsichtlich solcher Flüchtlinge anerkennt, gegen die durch österreichische Gerichts- oder Verwaltungsbehörden ein Aufenthaltsverbot oder eine Ausweisung (Abschaffung) nicht schon früher verfügt wurde; d) die im Artikel 32 enthaltenen Bestimmungen nur hinsichtlich solcher Flüchtlinge anerkennt, die nicht aus Gründen der Staatssicherheit, der öffentlichen Ordnung, der Strafrechtspflege oder sonstiger öffentlicher Belange ausgewiesen werden.

It is also declared that, for the purpose of the obligations assumed by the Austrian Republic under this Convention, the words "events occurring before 1 January 1951" in article 1, section A, shall be understood as referring to events occurring in Europe or elsewhere before 1 January 1951.

Il est déclaré en outre qu'au point de vue des obligations assumées par la République d'Autriche en vertu de la Convention l'expression « événements survenus avant le premier janvier 1951 » figurant à l'article 1, section A, sera comprise comme se référant aux événements survenus avant le premier janvier 1951 en Europe ou ailleurs.

Die Unterzeichnung erfolgt weiters mit der Erklärung, daß sich die Republik Österreich hinsichtlich ihrer Verpflichtungen aus diesem Abkommen an die Alternative b) der Ziffer 1 des Abschnittes B des Artikels 1 dieses Abkommens für gebunden erachtet.

Auf den Abdruck der Vorbehalte der Länder Belgien, Kolumbien, Dänemark, Israel, Liechtenstein, Luxemburg, Niederlande, Norwegen, Schweden, Schweiz, Vereinigtes Königreich von Großbritannien und Nordirland sowie Jugoslawien wurde verzichtet.

Anhang zum BGBl 1955/55 siehe nächste Seite

Schedule

Paragraph 1

1. The travel document referred to in article 28 of this Convention shall be similar to the specimen annexed hereto.

2. The document shall be made out in at least two languages, one of which shall be English or French.

Paragraph 2

Subject to the regulations obtaining in the country of issue, children may be included in the travel document of a parent or, in exceptional circumstances, of another adult refugee.

Paragraph 3

The fees charged for issue of the document shall not exceed the lowest scale of charges for national passports.

Paragraph 4

Save in special or exceptional cases, the document shall be made valid for the largest possible number of countries.

Paragraph 5

The document shall have a validity of either one or two years, at the discretion of the issuing authority.

Paragraph 6

1. The renewal or extension of the validity of the document is a matter for the authority which issued it, so long as the holder has not established lawful residence in another territory and resides lawfully in the territory of the said authority. The issue of a new document is, under the same conditions, a matter for the authority which issued the former document.

Annexe

Paragraphe 1

1. Le titre de voyage visé par l'article 28 de cette Convention sera conforme au modèle joint en annexe.

2. Ce titre sera rédigé en deux langues au moins: l'une des deux sera la langue anglaise ou la langue française.

Paragraphe 2

Sous réserve des règlements du pays de délivrance, les enfants pourront être mentionnés dans le titre d'un parent, ou, dans des circonstances exceptionnelles, d'un autre réfugié adulte.

Paragraphe 3

Les droits à percevoir la délivrance du titre ne dépasseront pas le tarif le plus bas appliqué aux passeports nationaux.

Paragraphe 4

Sous réserve de cas spéciaux ou exceptionnels, le titre sera délivré pour le plus grand nombre possible de pays.

Paragraphe 5

La durée de validité du titre sera d'une année ou de deux années, au choix de l'autorité qui le délivre.

Paragraphe 6

1. Le renouvellement ou la prolongation de validité du titre est du ressort de l'autorité qui l'a délivré, aussi longtemps que le titulaire ne s'est pas établi régulièrement dans un autre territoire et réside régulièrement sur le territoire de ladite autorité. L'établissement d'un nouveau titre est, dans les mêmes conditions, du ressort de l'autorité qui a délivré l'ancien titre.

Anhang

Ziffer 1

1. Die Reisedokumente, auf die in Artikel 28 dieses Abkommens verwiesen wird, sollen dem beigeschlossenen Muster entsprechen.

2. Das Dokument soll mindestens in zwei Sprachen ausgefertigt sein, eine davon englisch oder französisch.

Ziffer 2

Gemäß den Bestimmungen im Ausstellungsland können Kinder im Reisedokument eines Elternteiles oder, in besonderen Fällen, im Reisedokument eines anderen erwachsenen Flüchtlings aufscheinen.

Ziffer 3

Die Gebühren für Ausstellung des Dokumentes sollen den niedrigsten Betrag für Pässe von Staatsangehörigen nicht übersteigen.

Ziffer 4

Außer in besonderen oder außergewöhnlichen Fällen soll das Dokument für die größtmöglichste Anzahl von Ländern Gültigkeit haben.

Ziffer 5

Das Dokument soll für ein oder zwei Jahre, je nach Ermessen der ausstellenden Behörde, Gültigkeit haben.

Ziffer 6

1. Die Erneuerung oder Verlängerung der Gültigkeit ist Sache der ausstellenden Behörde, solange der Inhaber des Dokumentes nicht in einem anderen Lande gesetzlichen Aufenthalt nimmt und erlaubterweise im Lande der besagten Behörde wohnt. Die Ausstellung eines neuen Dokumentes ist unter den gleichen Bedingungen Sache der Behörde, die das frühere Dokument ausgestellt hat.

2. Diplomatic or consular authorities, specially authorized for the purpose, shall be empowered to extend, for a period not exceeding six months, the validity of travel documents issued by their Governments.

3. The Contracting States shall give sympathetic consideration to renewing or extending the validity of travel documents or issuing new documents to refugees no longer lawfully resident in their territory who are unable to obtain a travel document from the country of their lawful residence.

Paragraph 7

The Contracting States shall recognize the validity of the documents issued in accordance with the provisions of article 28 of this Convention.

Paragraph 8

The competent authorities of the country to which the refugee desires to proceed shall, if they are prepared to admit him and if a visa is required, affix a visa on the document of which he is the holder.

Paragraph 9

1. The Contracting States undertake to issue transit visas to refugees who have obtained visas for a territory of final destination.

2. The issue of such visas may be refused on grounds which would justify refusal of a visa to any alien.

Paragraph 10

The fees for the issue of exit, entry or transit visas shall not exceed the lowest scale of char-

2. Les représentants diplomatiques ou consulaires, spécialement habilités à cet effet, auront qualité pour prolonger, pour une période qui ne dépassera pas six mois, la validité des titres de voyage délivrés par leurs gouvernements respectifs.

3. Les Etats Contractants examineront avec bienveillance la possibilité de renouveler ou de prolonger la validité des titres de voyage ou d'en délivrer de nouveaux à des réfugiés qui ne sont plus des résidents réguliers dans leur territoire dans les cas où ces réfugiés ne sont pas en mesure d'obtenir un titre de voyage du pays de leur résidence régulière.

Paragraphe 7

Les Etats Contractants reconnaîtront la validité des titres délivrés conformément aux dispositions de l'article 28 de cette Convention.

Paragraphe 8

Les autorités compétentes du pays dans lequel le réfugié désire se rendre apposeront, si elles sont disposées à l'admettre, un visa sur le titre dont il est détenteur, si un tel visa est nécessaire.

Paragraphe 9

1. Les Etats Contractants s'engagent à délivrer des visas de transit aux réfugiés ayant obtenu le visa d'un territoire de destination finale.

2. La délivrance de ce visa pourra être refusée pour les motifs pouvant justifier le refus de visa à tout étranger.

Paragraphe 10

Les droits afférents à la délivrance de visas de sortie, d'admission ou de transit ne dépas-

2. Ausdrücklich dazu berechtigte diplomatische oder konsularische Behörden sollen ermächtigt werden, die Gültigkeit der Reisedokumente, die von ihren Regierungen ausgestellt wurden, für einen sechs Monate nicht übersteigenden Zeitraum zu verlängern.

3. Die vertragschließenden Staaten werden die Erneuerung oder Verlängerung der Gültigkeit von Reisedokumenten oder die Ausstellung von neuen Dokumenten an Flüchtlinge, die nicht mehr erlaubterweise in ihrem Gebiet sind, denen es aber nicht möglich ist, von ihrem ordentlichen Aufenthaltsland ein Reisedokument zu erhalten, wohlwollend in Erwägung ziehen.

Ziffer 7

Die vertragschließenden Staaten werden die Gültigkeit der Dokumente anerkennen, die gemäß den Bestimmungen in Artikel 28 dieses Abkommens ausgestellt wurden.

Ziffer 8

Die zuständigen Behörden des Landes, in das der Flüchtling einreisen will, sollen, wenn dieses bereit ist, ihn einreisen zu lassen und wenn ein Visum erforderlich ist, das Visum auf dem Dokument, das er besitzt, anbringen.

Ziffer 9

1. Die vertragschließenden Staaten verpflichten sich, an Flüchtlinge, die ein Visum für ihr Endbestimmungsland erhalten haben, ein Transitvisum auszustellen.

2. Die Ausstellung eines solchen Visums kann verweigert werden, und zwar aus Gründen, die die Verweigerung eines Visums an jeden Ausländer rechtfertigen.

Ziffer 10

Die Gebühren für die Ausstellung von Ausreise-, Einreise- oder Transitvisa sollen die nied-

ges for visas on foreign passports.

Paragraph 11

When a refugee has lawfully taken up residence in the territory of another Contracting State, the responsibility for the issue of a new document, under the terms and conditions of article 28, shall be that of the competent authority of that territory, to which the refugee shall be entitled to apply.

Paragraph 12

The authority issuing a new document shall withdraw the old document and shall return it to the country of issue if it is stated in the document that it should be so returned; otherwise it shall withdraw and cancel the document.

Paragraph 13

1. Each Contracting State undertakes that the holder of a travel document issued by it in accordance with article 28 of this Convention shall be readmitted to its territory at any time during the period of its validity.

2. Subject to the provisions of the preceding sub-paragraph, a Contracting State may require the holder of the document to comply with such formalities as may be prescribed in regard to exit from or return to its territory.

3. The Contracting States reserve the right, in exceptional cases, or in cases where the refugee's stay is authorized for a specific period, when issuing the document, to limit the period during which the refugee may

seront pas le tarif le plus bas appliqué aux visas de passeports étrangers.

Paragraphe 11

Dans le cas d'un réfugié changeant de résidence et s'établissant régulièrement dans le territoire d'un autre Etat Contractant, la responsabilité de délivrer un nouveau titre incombera désormais, aux termes et aux conditions de l'article 28, à l'autorité compétente dudit territoire, à laquelle le réfugié aura le droit de présenter sa demande.

Paragraphe 12

L'autorité qui délivre un nouveau titre est tenue de retirer l'ancien titre et d'en faire retour au pays qui l'a délivré si l'ancien document spécifie qu'il doit être retourné au pays qui l'a délivré; en cas contraire, l'autorité qui délivre le titre nouveau retirera et annulera l'ancien.

Paragraphe 13

1. Chacun des Etats Contractants s'engage à permettre au titulaire d'un titre de voyage qui lui aura été délivré par ledit Etat en application de l'article 28 de cette Convention, de revenir sur son territoire à n'importe quel moment pendant la période de validité de ce titre.

2. Sous réserve des dispositions de l'alinéa précédent, un Etat Contractant peut exiger que le titulaire de ce titre se soumette à toutes les formalités qui peuvent être imposées à ceux qui sortent du pays ou à ceux qui y rentrent.

3. Les Etats Contractants se réservent la faculté, dans des cas exceptionnels, ou dans les cas où le permis de séjour du réfugié est valable pour une période déterminée, de limiter, au moment de la délivrance

rigsten Kosten für Visa in ausländischen Pässen nicht übersteigen.

Ziffer 11

Wenn ein Flüchtling erlaubterweise seinen Aufenthalt in dem Gebiet eines anderen vertragschließenden Staates genommen hat, so geht die Befugnis, ein neues Dokument auszustellen, gemäß den Bedingungen und Klauseln des Artikels 28 an die zuständige Behörde dieses Gebietes über, an die sich zu wenden der Flüchtling berechtigt ist.

Ziffer 12

Die Behörde, die ein neues Dokument ausstellt, soll das alte Dokument einziehen und dem Ausstellungsland retournieren, wenn dies im Dokument vorgeschrieben ist, andernfalls soll es eingezogen und entwertet werden.

Ziffer 13

1. Jeder vertragschließende Staat übernimmt die Pflicht, den Inhaber eines von ihm gemäß Artikel 28 dieses Abkommens ausgestellten Reisedokumentes in seinem Gebiet jederzeit während der Gültigkeitsdauer des Reisedokumentes wieder aufzunehmen.

2. Gemäß den Bestimmungen der Ziffer 1 kann ein vertragschließender Staat von dem Inhaber des Dokumentes verlangen, sich den Formalitäten zu unterziehen, die in bezug auf Ausreise oder Rückkehr in seinem Gebiet vorgeschrieben sind.

3. Die vertragschließenden Staaten behalten sich das Recht vor, in Ausnahmefällen oder in Fällen, wo einem Flüchtling nur für eine bestimmte Zeit der Aufenthalt gestattet wurde, bei Ausstellung des Reisedoku-

return to a period of not less than three months.	dudit titre, la période pendant laquelle le réfugié pourra rentrer, cette période ne pouvant être inférieure à trois mois.	mentes den Zeitraum für die Rückkehr auf nicht weniger als drei Monate zu begrenzen.
Paragraph 14	**Paragraphe 14**	**Ziffer 14**
Subject only to the terms of paragraph 13, the provisions of this Schedule in no way affect the laws and regulations governing the conditions of admission to, transit through, residence and establishment in, and departure from, the territories of the Contracting States.	Sous la seule réserve des stipulations du paragraphe 13, les dispositions de la présente annexe n'affectent en rien les lois et règlements régissant, dans les territoires des Etats Contractants, les conditions d'admission, de transit, de séjour, d'établissement et de sortie.	Die Bestimmungen des Anhanges — mit Ausnahme von Ziffer 13 — berühren in keiner Weise die Gesetze und Verordnungen, die die Einreisebedingungen, den Transitverkehr, den Aufenthalt und die Niederlassung in und die Abreise aus den Gebieten der vertragschließenden Staaten regeln.
Paragraph 15	**Paragraphe 15**	**Ziffer 15**
Neither the issue of the document nor the entries made thereon determine or affect the status of the holder, particularly as regards nationality.	La délivrance du titre, pas plus que les mentions y apposées, ne déterminent ni n'affectent le statut du détenteur, notamment en ce qui concerne la nationalité.	Weder die Ausstellung des Dokumentes noch die Eintragungen in diesem beeinflussen oder bestimmen die Stellung des Inhabers, besonders was die Staatsangehörigkeit anlangt.
Paragraph 16	**Paragraphe 16**	**Ziffer 16**
The issue of the document does not in any way entitle the holder to the protection of the diplomatic or consular authorities of the country of issue, and does not confer on these authorities a right of protection.	La délivrance du titre ne donne au détenteur aucun droit à la protection des représentants diplomatiques et consulaires du pays de délivrance, et ne confère pas à ces représentants un droit de protection.	Die Ausstellung des Dokumentes berechtigt den Inhaber auf keinen Fall, den Schutz der diplomatischen oder konsularischen Behörden des Ausstellungslandes in Anspruch zu nehmen; diese Behörden sind nicht berechtigt, das Schutzrecht auszuüben.

Annex zum BGBl 1955/55 siehe nächste Seite

Annex

Specimen Travel Document

The document will be in booklet form (approximately 15×10 centimetres).

It is recommended that it be so printed that any erasure or alteration by chemical or other means can be readily detected, and that the words "Convention of 28 July 1951" be printed in continuous repetition on each page, in the language of the issuing country.

(Cover of booklet)

Travel Document

(Convention of 28 July 1951)

No. ......

(1)

TRAVEL DOCUMENT

(Convention of 28 July 1951)

This document expires on .... unless its validity is extended or renewed.

Name ....

Forename(s) ....

Accompanied by .... child (children).

1. This document is issued solely with a view to providing the holder with a travel document which can serve in lieu of a national passport. It is without prejudice to and in no way affects the holder's nationality.

2. The holder is authorized to return to .... [state here the country whose authorities are issuing the document] on or before .... unless some later date is hereafter specified. [The period during which the holder is allowed to return must not be less than three months.]

3. Should the holder take up residence in a country other than that which issued the present document, he must, if he wishes to travel again, apply to the competent authorities of his country of residence for a new document. [The old travel document shall be withdrawn by the authority issuing the new document and returned to the authority which issued it.] [1])

(This document contains pages, exclusive of cover.)

[1]) The sentence in brackets to be inserted by Governments which so desire.

Annexe

Modèle du titre de voyage

Le titre aura la forme d'un carnet (15 cm×10 cm environ).

Il est recommandé qu'il soit imprimé de telle façon que les ratures ou altérations par des moyens chimiques ou autres puissent se remarquer facilement, et que les mots «Convention du 28 juillet 1951» soient imprimés en répétition continue sur chacune des pages, dans la langue du pays qui délivre le titre.

Couverture du carnet

Titre de voyage

(Convention du 28 juillet 1951)

N° ....

(1)

TITRE DE VOYAGE

(Convention du 28 juillet 1951)

Ce document expire le .... sauf prorogation de validité.

Nom ....

Prénom(s) ....

Accompagné de .... enfant(s).

1. Ce titre est délivré uniquement en vue de fournir au titulaire un document de voyage pouvant tenir lieu de passeport national. Il ne préjuge pas de la nationalité du titulaire et est sans effet sur celle-ci.

2. Le titulaire est autorisé à retourner en .... [indication du pays dont les autorités délivrent le titre] jusqu'au .... sauf mention ci-après d'une date ultérieure. [La période pendant laquelle le titulaire est autorisé à trois mois.]

3. En cas d'établissement dans un autre pays que celui où le présent titre a été délivré, le titulaire doit, s'il veut se déplacer à nouveau, faire la demande d'un nouveau titre aux autorités compétentes du pays de sa résidence. [L'ancien titre de voyage sera remis à l'autorité qui délivre le nouveau titre pour être renvoyé à l'autorité qui l'a délivré.] [1])

(Ce titre contient pages, non compris la couverture.)

[1]) La phrase entre crochets peut être insérée par les gouvernements qui le désirent.

Annex

Reisedokument-Muster

Das Dokument wird Buchform aufweisen (zirka 15×10 cm).

Es wird empfohlen, den Druck so auszuführen, daß Radierungen oder Veränderungen durch chemische oder sonstige Mittel schnell aufgedeckt werden können und daß die Worte „Konvention vom 28. Juli 1951" fortlaufend auf jeder Seite in der Sprache des ausstellenden Landes aufgedruckt werden.

(Einband)

REISEDOKUMENT

(Konvention vom 28. Juli 1951)

Nr. ......

(1)

Reisedokument

(Konvention vom 28. Juli 1951)

Dieses Dokument läuft am .... ab, falls es nicht verlängert oder erneuert wird.

Name ....

Vorname(n) ....

Begleitet von .... Kind (Kinder).

1. Dieses Dokument wird zu dem alleinigen Zweck ausgestellt, den Inhaber desselben mit einem Reisedokument, das an Stelle eines inländischen Passes dienen kann, zu versehen. Dieses Dokument präjudiziert in keiner Weise die Staatszugehörigkeit des Inhabers.

2. Der Inhaber dieses Dokumentes hat die Bewilligung, nach .... (hier ist das Land anzuführen, dessen Behörden dieses Dokument ausstellten) am oder vor .... zurückzukehren. (Dem Inhaber soll für die Rückkehr eine Zeit von mindestens 3 Monaten gewährt werden, falls nicht ein späteres Datum angegeben ist.)

3. Wenn der Inhaber dieses Dokumentes seinen Wohnort in einem anderen Lande nimmt als in jenem, das das vorliegende Dokument ausstellt, muß er, wenn er wieder eine Reise antreten will, sich an die zuständigen Behörden seines Aufenthaltslandes um die Ausstellung eines neuen Reisedokumentes wenden. (Das alte Reisedokument soll von der ausstellenden Behörde des neuen Dokumentes eingezogen und der Behörde, die es ausgestellt hat, retourniert werden.) [1])

(Dieses Dokument enthält .. Seiten, ausschließlich Einband.)

[1]) Dieser in Klammern gesetzte Satz soll von Regierungen, die dies wünschen, eingefügt werden.

(2)

Place and date of birth ....
Occupation ....
Present residence ....
*Maiden name and forename(s) of wife ....
....
*Name and forename(s) of husband ....
....

Description

Height ....
Hair ....
Colour of eyes ....
Nose ....
Shape of face ....
Complexion ....
Special peculiarities ....

Children accompanying holder

Name	Forename(s)
....	....
....	....
....	....
....	....

Place and date of birth	Sex
....	....
....	....
....	....
....	....

* Strike out whichever does not apply.

(This document contains .. pages, exclusive of cover.)

(3)

Photograph of holder and stamp of issuing authority

Finger-prints of holder (if required)

Signature of holder ....
....

(This document contains .. pages, exclusive of cover.)

(4)

1. This document ist valid for the following countries:

....
....
....
....

2. Document or documents on the basis of which the present document is issued:

....
....
....

(2)

Lieu et date de naissance ....
Profession ....
Résidence actuelle ....
*Nom (avant le mariage) et prénom(s) de l'épouse ....
....
*Nom et prénom(s) du mari ....
....
....

Signalement

Taille ....*
Cheveux ....
Couleur des yeux ....
Nez ....
Forme du visage ....
Teint ....
Signes particuliers ....

Enfants accompagnant le titulaire

Nom	Prénom(s)
....	....
....	....
....	....
....	....

Lieu et date de naissance	Sexe
....	....
....	....
....	....
....	....

* Biffer la mention inutile.

(Ce titre contient .. pages, non compris la couverture.)

(3)

Photographie du titulaire et cachet de l'autorité qui délivre le titre Empreintes digitales du titulaire (facultatif)

Signature du titulaire ....
....

(Ce titre contient .. pages, non compris la couverture.)

(4)

1. Ce titre est délivré pour les pays suivants:

....
....
....
....

2. Document ou documents sur la base duquel ou desquels le présent titre est délivré:

....
....
....

(2)

Ort und Datum der Geburt .....
Beruf ....
Derzeitiger Wohnort ....
Mädchenname und Vorname(n) der Ehegattin *) ....
....
Name und Vorname(n) des Ehegatten *) ....
....

Personsbeschreibung

Körpergröße ....
Haare ....
Farbe der Augen ....
Nase ....
Gesichtsform ....
Gesichtsfarbe ....
Besondere Kennzeichen ....

Kinder in Begleitung des Dokumenteninhabers

Name	Vorname(n)
....	....
....	....
....	....
....	....

Ort und Datum der Geburt	Geschlecht
....	....
....	....
....	....
....	....

*) Nichtzutreffendes ist zu streichen.

(Dieses Dokument enthält .. Seiten, ausschließlich Einband.)

(3)

Lichtbild des Dokumenteninhabers und Stempel der ausstellenden Behörde

Fingerabdrücke des Dokumenteninhabers (auf Verlangen)

Unterschrift des Inhabers ......
....

(Dieses Dokument enthält .. Seiten, ausschließlich Einband.)

(4)

1. Dieses Dokument ist für nachstehend genannte Länder gültig:

....
....
....
....

2. Dokument oder Dokumente, auf Grund derer das vorliegende Dokument ausgestellt wurde:

....
....
....

Issued at ....
Date ....
Signature and stamp of authority issuing the document:
Fee paid:
(This document contains .. pages, exclusive of cover.)

(5)

Extension or renewal of validity

Fee paid: From ....
To ....
Done at ...... Date ....
Signature and stamp of authority extending or renewing the validity of the document:

Extension or renewal of validity

Fee paid: From ....
To ....
Done at ...... Date ....
Signature and stamp of authority extending or renewing the validity of the document:
(This document contains .. pages, exclusive of cover.)

(6)

Extension or renewal of validity

Fee paid: From ....
To ....
Done at ...... Date ....
Signature and stamp of authority extending or renewing the validity of the document:

Extension or renewal of validity

Fee paid: From ....
To ....
Done at ...... Date ....
Signature and stamp of authority extending or renewing the validity of the document:
(This document contains .. pages, exclusive of cover.)

(7-32)

Visas

The name of the holder of the document must be repeated in each visa.
(This document contains .. pages, exclusive of cover.)

Délivré à ....
Date ....
Signature et cachet de l'autorité qui délivre le titre:
Taxe perçue:
(Ce titre contient .. pages, non compris la couverture.)

(5)

Prorogation de validité

Taxe perçue: du ....
au ....
Fait à .... le ....
Signature et cachet de l'autorité qui proroge la validité du titre:

Prorogation de validité

Taxe perçue: du ....
au ....
Fait à .... le ....
Signature et cachet de l'autorité qui proroge la validité du titre:
(Ce titre contient .. pages, non compris la couverture.)

(6)

Prorogation de validité

Taxe perçue: du ....
au ....
Fait à .... le ....
Signature et cachet de l'autorité qui proroge la validité du titre:

Prorogation de validité

Taxe perçue: du ....
au ....
Fait à .... le ....
Signature et cachet de l'autorité qui proroge la validité du titre:
(Ce titre contient .. pages, non compris la couverture.)

(7-32)

Visas

Reproduire dans chaque visa le nom du titulaire.
(Ce titre contient .. pages, non compris la couverture.)

Ausgestellt in ....
Datum ....
Unterschrift und Stempel der ausstellenden Behörde:
Kosten bezahlt:
(Dieses Dokument enthält .. Seiten, ausschließlich Einband.)

(5)

Verlängerung oder Erneuerung der Gültigkeit

Kosten bezahlt: vom ....
bis ....
in .... Datum ......
Unterschrift und Stempel der Behörde, die die Gültigkeit des Dokumentes verlängert oder erneuert:

Verlängerung oder Erneuerung der Gültigkeit

Kosten bezahlt: vom ....
bis ....
in .... Datum ......
Unterschrift und Stempel der Behörde, die die Gültigkeit des Dokumentes verlängert oder erneuert:
(Dieses Dokument enthält .. Seiten, ausschließlich Einband.)

(6)

Verlängerung oder Erneuerung der Gültigkeit

Kosten bezahlt: vom ....
bis ....
in .... Datum ......
Unterschrift und Stempel der Behörde, die die Gültigkeit des Dokumentes verlängert oder erneuert:

Verlängerung oder Erneuerung der Gültigkeit

Kosten bezahlt: vom ....
bis ....
in .... Datum ......
Unterschrift und Stempel der Behörde, die die Gültigkeit des Dokumentes verlängert oder erneuert:
(Dieses Dokument enthält .. Seiten, ausschließlich Einband.)

(7-32)

Visa

Der Name des Dokumenteninhabers muß auf jedem Visum wiederholt werden.
(Dieses Dokument enthält .. Seiten, ausschließlich Einband.)

die verfassungsmäßige Genehmigung des Nationalrates mit der Maßgabe erhalten hat, daß die bei der Unterzeichnung der Konvention in Genf gemachten Vorbehalte und Erklärungen bei der Ratifizierung der Konvention durch folgende Vorbehalte und Erklärungen ersetzt werden, und zwar:

„Die Ratifizierung erfolgt

a) unter dem Vorbehalt, daß die Republik Österreich die in den Art. 17, Z. 1 und 2, lit. a (hier jedoch mit Ausnahme des Satzes: ‚die bereits am Tage des Inkrafttretens .... bis .... davon ausgenommen waren, oder'), enthaltenen Bestimmungen für sich nicht als bindende Verpflichtung, sondern nur als Empfehlung anerkennt; weiters

b) mit der Maßgabe, daß die im Art. 22, Z. 1, angeführten Bestimmungen nicht auf die Gründung und Führung privater Pflichtschulen bezogen werden können, daß weiters unter den im Art. 23 angeführten ‚Öffentlichen Unterstützungen und Hilfeleistungen' nur Zuwendungen aus der Öffentlichen Fürsorge (Armenversorgung) und schließlich unter den im Art. 25, Z. 2 und 3, angeführten ‚Dokumenten oder Bescheinigungen' nur Identitätsausweise zu verstehen sind, die im Flüchtlingsabkommen vom 30. Juni 1928 erwähnt werden; endlich

c) mit der Erklärung, daß sich die Republik Österreich hinsichtlich ihrer Verpflichtungen aus diesem Abkommen an die Alternative b) der Ziffer 1 des Abschnittes B des Artikels 1 dieses Abkommens für gebunden erachtet."

erklärt der Bundespräsident diese Konvention für ratifiziert und verspricht im Namen der Republik Österreich die gewissenhafte Erfüllung der in dieser Konvention enthaltenen Bestimmungen.

Zu Urkund dessen ist die vorliegende Ratifikationsurkunde vom Bundespräsidenten unterzeichnet und von den Mitgliedern der Bundesregierung gegengezeichnet und mit dem Staatssiegel der Republik Österreich versehen worden.

Geschehen zu Wien, den 26. August 1954.

Anläßlich der Unterzeichnung der Konvention haben folgende Länder Erklärungen abgegeben und/bzw. Vorbehalte aufrechterhalten oder gemacht:

Bundesrepublik Deutschland, Frankreich, Australien, Belgien, Dänemark, Israel, Italien, Luxemburg, Monaco, Norwegen, Schweden, Vereinigtes Königreich von Großbritannien und Nordirland.

442

Da die Ratifikationsurkunde am 1. November 1954 beim Generalsekretär der Vereinten Nationen hinterlegt worden ist, ist die Konvention gemäß ihrem Artikel 43 Ziffer 2 für Österreich am 30. Jänner 1955 in Kraft getreten.

Folgende Staaten haben bis zum 15. November 1954 ihre Ratifikations- oder Beitrittsurkunden beim Generalsekretär der Vereinten Nationen hinterlegt: Australien (auch für die Norfolk-Insel sowie für Papua, Neu-Guinea und Nauru), Belgien, Dänemark (mit der Maßgabe, daß die Konvention auch auf Grönland anwendbar ist), die Bundesrepublik Deutschland, Frankreich (auch für alle Gebiete, für die Frankreich international verantwortlich ist), Israel, Italien, Luxemburg, Monaco, Norwegen, Schweden und das Vereinigte Königreich von Großbritannien und Nord-Irland (auch für die Kanalinseln und die Insel Man).

Anhang 3

BUNDESGESETZBLATT

FÜR DIE REPUBLIK ÖSTERREICH

Jahrgang 1974 Ausgegeben am 7. Feber 1974 29. Stück

78.

Der Nationalrat hat den Beitritt der Republik Österreich zu nachstehendem Protokoll beschlossen:

PROTOCOL RELATING TO THE STATUS OF REFUGEES

The States Parties to the present Protocol,

Considering that the Convention relating to the Status of Refugees done at Geneva on 28 July 1951 (hereinafter referred to as the Convention) covers only those persons who have become refugees as a result of events occurring before 1 January 1951,

Considering that new refugee situations have arisen since the Convention was adopted and that the refugees concerned may therefore not fall within the scope of the Convention,

Considering that it is desirable that equal status should be enjoyed by all refugees covered by the definition in the Convention irrespective of the dateline 1 January 1951,

Have agreed as follows:

Article I

GENERAL PROVISION

1. The States Parties to the present Protocol undertake to apply articles 2 to 34 inclusive of the Convention to refugees as hereinafter defined.

2. For the purpose of the present Protocol, the term "refugee" shall, except as regards the application of paragraph 3 of this article, mean any person within the definition of article 1 of the Convention as if the words "As a result of events occurring before 1 January 1951 and . . ." and the words ". . . as

PROTOCOLE RELATIF AU STATUT DES RÉFUGIÉS

Les Etats parties au présent Protocole,

Considérant que la Convention relative au statut des réfugiés signée à Genève le 28 juillet 1951 (ci-après dénommée la Convention) ne s'applique qu'aux personnes qui sont devenues réfugiées par suite d'événements survenus avant le 1er janvier 1951,

Considérant que de nouvelles catégories de réfugiés sont apparues depuis que la Convention a été adoptée et que, de ce fait, lesdits réfugiés peuvent ne pas être admis au bénéfice de la Convention,

Considérant qu'il est souhaitable que le même statut s'applique à tous les réfugiés couverts par la définition donnée dans la Convention sans qu'il soit tenu compte de la date limite du 1er janvier 1951,

Sont convenus de ce qui suit:

Article premier

DISPOSITION GENERALE

1. Les Etats parties au présent Protocole s'engagent à appliquer aux réfugiés, tels qu'ils sont définis ci-après, les articles 2 à 34 inclus de la Convention.

2. Aux fins du présent Protocole, le terme « réfugié », sauf en ce qui concerne l'application du paragraphe 3 du présent article, s'entend de toute personne répondant à la définition donnée à l'article premier de la Convention comme si les mots « par suite d'événements survenus avant le 1er

(Übersetzung)

PROTOKOLL ÜBER DIE RECHTSSTELLUNG DER FLÜCHTLINGE

Die Vertragsstaaten dieses Protokolls —

in der Erwägung, daß die am 28. Juli 1951 in Genf unterzeichnete Konvention über die Rechtsstellung der Flüchtlinge (im folgenden als „die Konvention" bezeichnet) nur auf Personen anwendbar ist, die auf Grund von vor dem 1. Jänner 1951 eingetretenen Ereignissen Flüchtlinge geworden sind,

in der Erwägung, daß seit der Annahme der Konvention neue Kategorien von Flüchtlingen entstanden sind und die betreffenden Flüchtlinge daher nicht in den Bereich der Konvention fallen können,

in der Erwägung, daß es wünschenswert ist, allen Flüchtlingen im Sinne der Konvention ohne Rücksicht auf den Stichtag des 1. Jänner 1951 die gleiche Rechtsstellung zu gewähren,

sind wie folgt übereingekommen:

Artikel I

ALLGEMEINE BESTIMMUNG

(1) Die Vertragsstaaten dieses Protokolls verpflichten sich, die Artikel 2 bis einschließlich 34 der Konvention auf Flüchtlinge, wie sie im nachstehenden definiert sind, anzuwenden.

(2) Im Sinne dieses Protokolls ist unter dem Ausdruck „Flüchtling", außer bei der Anwendung des Absatzes 3 dieses Artikels, jede unter die Begriffsbestimmung des Artikels 1 der Konvention fallende Person zu verstehen, so als wären die Worte „infolge von vor dem 1. Jänner 1951 eingetretenen Ereignissen"

a result of such events", in article 1 A (2) were omitted.

3. The present Protocol shall be applied by the States Parties hereto without any geographic limitation, save that existing declarations made by States already Parties to the Convention in accordance with article 1 B (1) (a) of the Convention, shall, unless extended under article 1 B (2) thereof, apply also under the present Protocol.

janvier 1951 et ...» et les mots «... à la suite de tels événements» ne figuraient pas au paragraphe 2 de la section A de l'article premier.

3. Le présent Protocole sera appliqué par les Etats qui y sont parties sans aucune limitation géographique; toutefois, les déclarations déjà faites, en vertu de l'alinéa a du paragraphe 1 de la section B de l'article premier de la Convention par des Etats déjà parties à celle-ci, s'appliqueront aussi sous le régime du présent Protocole, à moins que les obligations de l'Etat déclarant n'aient été étendues conformément au paragraphe 2 de la section B de l'article premier de la Convention.

und die Worte „infolge obiger Umstände" in Artikel 1 Abschnitt A Ziffer 2 nicht enthalten.

(3) Dieses Protokoll ist von den Vertragsstaaten ohne jede geographische Begrenzung anzuwenden, jedoch sind Erklärungen, die von Vertragsstaaten der Konvention bereits gemäß Artikel 1 Abschnitt B Ziffer 1 lit. a) der Konvention abgegeben wurden, auch nach diesem Protokoll anzuwenden, sofern sie nicht gemäß Artikel 1 Abschnitt B Ziffer 2 der Konvention erweitert wurden.

Article II

CO-OPERATION OF THE NATIONAL AUTHORITIES WITH THE UNITED NATIONS

1. The States Parties to the present Protocol undertake to co-operate with the Office of the United Nations High Commissioner for Refugees, or any other agency of the United Nations which may succeed it, in the exercise of its functions, and shall in particular facilitate its duty of supervising the application of the provisions of the present Protocol.

2. In order to enable the Office of the High Commissioner, or any other agency of the United Nations which may succeed it, to make reports to the competent organs of the United Nations, the States Parties to the present Protocol undertake to provide them with the information and statistical data requested, in the appropriate form, concerning:

(a) The condition of refugees;

(b) The implementation of the present Protocol;

Article II

COOPERATION DES AUTORITES NATIONALES AVEC LES NATIONS UNIES

1. Les Etats parties au présent Protocole s'engagent à coopérer avec le Haut Commissariat des Nations Unies pour les réfugiés ou toute autre institution des Nations Unies qui lui succéderait, dans l'exercice de ses fonctions et, en particulier, à faciliter sa tâche de surveillance de l'application des dispositions du présent Protocole.

2. Afin de permettre au Haut Commissariat ou à toute autre institution des Nations Unies qui lui succéderait de présenter des rapports aux organes compétents des Nations Unies, les Etats parties au présent Protocole s'engagent à leur fournir, dans la forme appropriée, les informations et les données statistiques demandées relatives:

a) Au statut des réfugiés;

b) A la mise en œuvre du présent Protocole;

Artikel II

ZUSAMMENARBEIT DER NATIONALEN BEHÖRDEN MIT DEN VEREINTEN NATIONEN

(1) Die Vertragsstaaten dieses Protokolls verpflichten sich, das Büro des Hochkommissärs der Vereinten Nationen für Flüchtlinge oder jede andere Institution der Vereinten Nationen, die ihm nachfolgen könnte, in seiner Arbeit zu unterstützen und insbesondere dessen Aufsichtspflicht bei der Anwendung der Bestimmungen dieses Protokolls zu erleichtern.

(2) Die Vertragsstaaten dieses Protokolls verpflichten sich, dem Büro des Hochkommissärs oder jeder anderen Institution der Vereinten Nationen, die ihm nachfolgen könnte, die in entsprechender Form verlangten Auskünfte und statistischen Daten zur Verfügung zu stellen, um die Abfassung von Berichten für die zuständigen Organe der Vereinten Nationen zu ermöglichen, und zwar betreffend

a) die Rechtsstellung der Flüchtlinge,

b) die Durchführung dieses Protokolls und

(c) Laws, regulations and decrees which are, or may hereafter be, in force

relating to refugees.

Article III

INFORMATION ON NATIONAL LEGISLATION

The States Parties to the present Protocol shall communicate to the Secretary-General of the United Nations the laws and regulations which they may adopt to ensure the application of the present Protocol.

Article IV

SETTLEMENT OF DISPUTES

Any dispute between States Parties to the present Protocol which relates to its interpretation or application and which cannot be settled by other means shall be referred to the International Court of Justice at the request of any one of the parties to the dispute.

Article V

ACCESSION

The present Protocol shall be open for accession on behalf of all States Parties to the Convention and of any other State Member of the United Nations or member of any of the specialized agencies or to which an invitation to accede may have been addressed by the General Assembly of the United Nations. Accession shall be effected by the deposit of an instrument of accession with the Secretary-General of the United Nations.

Article VI

FEDERAL CLAUSE

In the case of a Federal or non-unitary State, the following provisions shall apply:

c) Aux lois, règlements et décrets qui sont ou entreront en vigueur en ce qui

concerne les réfugiés.

Article III

RENSEIGNEMENTS PORTANT SUR LES LOIS ET REGLEMENTS NATIONAUX

Les Etats parties au présent Protocole communiqueront au Secrétaire général de l'Organisation des Nations Unies le texte des lois et des règlements qu'ils pourront promulguer pour assurer l'application du présent Protocole.

Article IV

REGLEMENT DES DIFFERENDS

Tout différend entre les parties au présent Protocole relatif à son interprétation et à son application, qui n'aurait pu être réglé par d'autres moyens, sera soumis à la Cour internationale de Justice à la demande de l'une des parties au différend.

Article V

ADHESION

Le présent Protocole sera ouvert à l'adhésion de tous les Etats parties à la Convention et de tout autre Etat Membre de l'Organisation des Nations Unies ou membre de l'une des institutions spécialisées ou de tout Etat auquel l'Assemblée générale aura adressé une invitation à adhérer au Protocole. L'adhésion se fera par le dépôt d'un instrument d'adhésion auprès du Secrétaire général de l'Organisation des Nations Unies.

Article VI

CLAUSE FEDERALE

Dans le cas d'un Etat fédératif ou non unitaire, les dispositions ci-après s'appliqueront:

c) Gesetze, Verordnungen und Dekrete, die für Flüchtlinge in Kraft stehen oder erlassen werden.

Artikel III

MITTEILUNGEN ÜBER DIE NATIONALE GESETZGEBUNG

Die Vertragsstaaten dieses Protokolls sollen die Gesetze und sonstige Bestimmungen, die sie veröffentlichen, um die Anwendung dieses Protokolls zu sichern, dem Generalsekretär der Vereinten Nationen mitteilen.

Artikel IV

SCHLICHTUNG VON STREITFRAGEN

Wenn sich in der Auslegung oder Anwendung dieses Protokolls Streitfragen zwischen den Vertragsstaaten ergeben sollten, die nicht auf andere Weise beigelegt werden können, soll eine solche Streitfrage auf Antrag eines der Streitteile dem Internationalen Gerichtshof vorgelegt werden.

Artikel V

BEITRITT

Dieses Protokoll wird allen Vertragsstaaten der Konvention und jedem anderen Mitgliedstaat der Vereinten Nationen oder einer ihrer Sonderorganisationen sowie jedem Staat, der von der Generalversammlung der Vereinten Nationen eingeladen wurde, dem Protokoll beizutreten, zum Beitritt offenstehen. Der Beitritt erfolgt durch die Hinterlegung einer Beitrittserklärung beim Generalsekretär der Vereinten Nationen.

Artikel VI

BUNDESSTAATKLAUSEL

Bei Bundesstaaten oder Staaten, die nicht Einheitsstaaten sind, werden folgende Bestimmungen angewendet werden:

(a) With respect to those articles of the Convention to be applied in accordance with article I, paragraph 1, of the present Protocol that come within the legislative jurisdiction of the federal legislative authority, the obligations of the Federal Government shall to this extent be the same as those of States Parties which are not Federal States;

(b) With respect to those articles of the Convention to be applied in accordance with article I, paragraph 1, of the present Protocol that come within the legislative jurisdiction of constituent States, provinces or cantons which are not, under the constitutional system of the federation, bound to take legislative action, the Federal Government shall bring such articles with a favourable recommendation to the notice of the appropriate authorities of States, provinces or cantons at the earliest possible moment;

(c) A Federal State Party to the present Protocol shall, at the request of any other State Party hereto transmitted through the Secretary-General of the United Nations, supply a statement of the law and practice of the Federation and its constituent units in regard to any particular provision of the Convention to be applied in accordance with article I, paragraph 1, of the present Protocol, showing the extent to which effect has been given to that provision by legislative or other action.

Article VII

RESERVATIONS AND DECLARATIONS

1. At the time of accession, any State may make reservations in respect of article IV of the present Protocol and in respect of the application in ac-

a) En ce qui concerne les articles de la Convention à appliquer conformément au paragraphe 1 de l'article premier du présent Protocole et dont la mise en œuvre relève de l'action législative du pouvoir législatif fédéral, les obligations du gouvernment fédéral seront, dans cette mesure, les mêmes que celles des Etats parties qui ne sont pas des Etats fédératifs;

b) En ce qui concerne les articles de la Convention à appliquer conformément au paragraphe 1 de l'article premier du présent Protocole et dont l'application relève de l'action législative de chacun des Etats, provinces ou cantons constituants, qui ne sont pas, en vertu du système constitutionnel de la fédération, tenus de prendre des mesures législatives, le gouvernement fédéral portera le plus tôt possible, et avec son avis favorable, lesdits articles à la connaissance des autorités compétentes des Etats, provinces ou cantons;

c) Un Etat fédératif partie au présent Protocole communiquera, à la demande de tout autre Etat partie au présent Protocole qui lui aura été transmise par le Secrétaire général de l'Organisation des Nations Unies, un exposé de la législation et des pratiques en vigueur dans la fédération et ses unités constituantes en ce qui concerne telle ou telle disposition de la Convention à appliquer conformément au paragraphe 1 de l'article premier du présent Protocole, indiquant la mesure dans laquelle effet a été donné, par son action législative ou autre, à ladite disposition.

Article VII

RESERVES ET DECLARATIONS

1. Au moment de son adhésion, tout Etat pourra formuler des réserves sur l'article IV du présent Protocole, et au sujet de l'application, en vertu

a) Bezüglich jener Artikel der Konvention, die gemäß Artikel I Absatz 1 dieses Protokolls anzuwenden sind, und deren Durchführung in die Zuständigkeit der Gesetzgebung des Bundes fällt, werden die Verpflichtungen des Bundes die gleichen sein, wie die solcher Vertragsstaaten, die nicht Bundesstaaten sind.

b) Bezüglich jener Artikel der Konvention, die gemäß Artikel I Absatz 1 dieses Protokolls anzuwenden sind, und deren Anwendung in die Zuständigkeit der Gesetzgebung der Gliedstaaten, Provinzen oder Kantone fällt, die nach der Bundesverfassung nicht verpflichtet sind gesetzliche Maßnahmen zu ergreifen, soll der Bund sobald als möglich und mit einer befürwortenden Einbegleitung die genannten Artikel den zuständigen Behörden der Gliedstaaten, Provinzen oder Kantone zur Kenntnis bringen.

c) Ein Bundesstaat, der Vertragspartner dieses Protokolls ist, soll jedem anderen vertragschließenden Staat auf dessen Ersuchen, das ihm vom Generalsekretär der Vereinten Nationen übermittelt wurde, eine Zusammenstellung der Gesetze und praktischen Durchführungsmaßnahmen des Bundes oder der Gliedstaaten, betreffend die eine oder die andere Bestimmung der Konvention, die gemäß Artikel I Absatz 1 dieses Protokolls anzuwenden ist, zusenden, in der dargestellt wird, inwieweit die betreffende Bestimmung durch einen Akt der Gesetzgebung oder auf andere Weise in die Tat umgesetzt wurde.

Artikel VII

VORBEHALTE UND ERKLÄRUNGEN

(1) Im Zeitpunkt seines Beitritts kann jeder Staat zu Artikel IV dieses Protokolls und hinsichtlich der Anwendung aller Bestimmungen der Konvention

cordance with article I of the present Protocol of any provisions of the Convention other than those contained in articles 1, 3, 4, 16 (1) and 33 thereof, provided that in the case of a State Party to the Convention reservations made under this article shall not extend to refugees in respect of whom the Convention applies.

2. Reservations made by States Parties to the Convention in accordance with article 42 thereof shall, unless withdrawn, be applicable in relation to their obligations under the present Protocol.

3. Any State making a reservation in accordance with paragraph 1 of this article may at any time withdraw such reservation by a communication to that effect addressed to the Secretary-General of the United Nations.

4. Declaration made under article 40, paragraphs 1 and 2, of the Convention by a State Party thereto which accedes to the present Protocol shall be deemed to apply in respect of the present Protocol, unless upon accession a notification to the contrary is addressed by the State Party concerned to the Secretary-General of the United Nations. The provisions of article 40, paragraphs 2 and 3, and of article 44, paragraph 3, of the Convention shall be deemed to apply **mutatis mutandis** to the present Protocol.

de l'article premier du présent Protocole, de toutes dispositions de la Convention autres que celles des articles premier, 3, 4, 16 (1) et 33, à condition que, dans le cas d'un Etat partie à la Convention, les réserves faites en vertu du présent article ne s'étendent pas aux réfugiés auxquels s'applique la Convention.

2. Les réserves faites par des Etats parties à la Convention conformément à l'article 42 de ladite Convention s'appliqueront, à moins qu'elles ne soient retirées, à leurs obligations découlant du présent Protocole.

3. Tout Etat formulant une réserve en vertu du paragraphe 1 du présent article peut la retirer à tout moment par une communication adressée à cet effet au Secrétaire général de l'Organisation des Nations Unies.

4. Les déclarations faites en vertu des paragraphes 1 et 2 de l'article 40 de la Convention, par un Etat partie à celle-ci, qui adhère au présent Protocole, seront censées s'appliquer sous le régime du présent Protocole, à moins que, au moment de l'adhésion, un avis contraire n'ait été notifié par la partie intéressée au Secrétaire général de l'Organisation des Nations Unies. Les dispositions des paragraphes 2 et 3 de l'article 40 et du paragraphe 3 de l'article 44 de la Convention seront censées s'appliquer, **mutatis mutandis,** au présent Protocole.

gemäß Artikel I dieses Protokolls, außer jenen der Artikel 1, 3, 4, 16 Ziffer 1, und 33, Vorbehalte machen, vorausgesetzt, daß bei einem Vertragsstaat der Konvention die nach diesem Artikel gemachten Vorbehalte sich nicht auf Flüchtlinge erstrecken, für die das Abkommen gilt.

(2) Vorbehalte, die von Vertragsstaaten der Konvention gemäß deren Artikel 42 gemacht wurden, sind, sofern sie nicht zurückgezogen werden, auf ihre Verpflichtungen nach diesem Protokoll anzuwenden.

(3) Jeder Staat, der einen Vorbehalt gemäß Absatz 1 dieses Artikels macht, kann ihn jederzeit durch eine entsprechende Mitteilung an den Generalsekretär der Vereinten Nationen zurückziehen.

(4) Die von einem Vertragsstaat der Konvention, der diesem Protokoll beitritt, gemäß Artikel 40, Ziffern 1 und 2 der Konvention abgegebenen Erklärungen sind auf dieses Protokoll anwendbar, sofern nicht der betreffende Vertragsstaat bei seinem Beitritt eine gegenteilige Mitteilung an den Generalsekretär der Vereinten Nationen richtet. Die Bestimmungen des Artikels 40, Ziffern 2 und 3 und Artikel 44, Ziffer 3 der Konvention sind sinngemäß auf dieses Protokoll anzuwenden.

Article VIII

ENTRY INTO FORCE

1. The present Protocol shall come into force on the day of deposit of the sixth instrument of accession.

2. For each State acceding to the Protocol after the deposit of the sixth instrument of accession, the Protocol shall come into force on the date of deposit by such State of its instrument of accession.

Article VIII

ENTREE EN VIGUEUR

1. Le présent Protocole entrera en vigueur à la date du dépôt du sixième instrument d'adhésion.

2. Pour chacun des Etats adhérant au Protocole après le dépôt du sixième instrument d'adhésion, le Protocole entrera en vigueur à la date où cet Etat aura déposé son instrument d'adhésion.

Artikel VIII

INKRAFTTRETEN

(1) Dieses Protokoll tritt am Tage der Hinterlegung der sechsten Beitrittsurkunde in Kraft.

(2) Für jeden Staat, der dem Protokoll nach Hinterlegung der sechsten Beitrittsurkunde beitritt, tritt das Protokoll an dem Tage in Kraft, an dem der betreffende Staat seine Beitrittsurkunde hinterlegt.

Article IX

DENUNCIATION

1. Any State Party hereto may denounce this Protocol at any time by a notification addressed to the Secretary-General of the United Nations.

2. Such denunciation shall take effect for the State Party concerned one year from the date on which it is received by the Secretary-General of the United Nations.

Article IX

DENONCIATION

1. Tout Etat partie au présent Protocole pourra le dénoncer à tout moment par notification adressée au Secrétaire général de l'Organisation des Nations Unies.

2. La dénonciation prendra effet, pour l'Etat intéressé, un an après la date à laquelle elle aura été reçue par le Secrétaire général de l'Organisation des Nations Unies.

Artikel IX

KÜNDIGUNG

(1) Jeder Vertragsstaat des Protokolls kann dieses jederzeit durch eine schriftliche Notifikation an den Generalsekretär der Vereinten Nationen kündigen.

(2) Die Kündigung wird für den betreffenden Vertragsstaat ein Jahr nach dem Datum ihres Einlangens beim Generalsekretär der Vereinten Nationen wirksam.

Article X

NOTIFICATIONS BY THE SECRETARY-GENERAL OF THE UNITED NATIONS

The Secretary-General of the United Nations shall inform the States referred to in article V above of the date of entry into force, accessions, reservations and withdrawals of reservations to and denunciations of the present Protocol, and of declarations and notifications relating hereto.

Article X

NOTIFICATIONS PAR LE SECRETAIRE GENERAL DE L'ORGANISATION DES NATIONS UNIES

Le Secrétaire général de l'Organisation des Nations Unies notifiera à tous les Etats visés à l'article V, en ce qui concerne le présent Protocole, les dates d'entrée en vigueur, d'adhésion, de dépôt et de retrait de réserves, de dénonciation et de déclarations et notifications s'y rapportant.

Artikel X

VERSTÄNDIGUNGEN DURCH DEN GENERALSEKRETÄR DER VEREINTEN NATIONEN

Der Generalsekretär der Vereinten Nationen gibt den im obigen Artikel V bezeichneten Staaten den Zeitpunkt des Inkrafttretens dieses Protokolls, die Beitritte, Vorbehalte und Zurücknahmen von Vorbehalten zum Protokoll, sowie diesbezügliche Kündigungen, Erklärungen und Notifizierungen bekannt.

Article XI

DEPOSIT IN THE ARCHIVES OF THE SECRETARIAT OF THE UNITED NATIONS

A copy of the present Protocol, of which the Chinese, English, French, Russian and Spanish texts are equally authentic, signed by the President of the General Assembly and by the Secretary-General of the United Nations, shall be deposited in the archives of the Secretariat of the United Nations. The Secretary-General will transmit certified copies thereof to all States Members of the United Nations and to the other States referred to in article V above.

Article XI

DEPOT DU PROTOCOLE AUX ARCHIVES DU SECRETARIAT DE L'ORGANISATION DES NATIONS UNIES

Un exemplaire du présent Protocole, dont les textes anglais, chinois, espagnol, français et russe font également foi, signé par le Président de l'Assemblée générale et par le Secrétaire général de l'Organisation des Nations Unies, sera déposé aux archives du Secrétariat de l'Organisation. Le Secrétaire général en transmettra copie certifiée conforme à tous les Etats Membres de l'Organisation des Nations Unies et aux autres Etats visés à l'article V.

Artikel XI

HINTERLEGUNG DES PROTOKOLLS IN DEN ARCHIVEN DES SEKRETARIATES DER VEREINTEN NATIONEN

Ein vom Präsidenten der Generalversammlung und vom Generalsekretär der Vereinten Nationen unterzeichnetes Exemplar dieses Protokolls, dessen chinesischer, englischer, französischer, russischer und spanischer Wortlaut gleichermaßen authentisch ist, wird in den Archiven des Sekretariates der Vereinten Nationen hinterlegt. Der Generalsekretär wird allen Mitgliedstaaten der Vereinten Nationen und den anderen in Artikel V bezeichneten Staaten beglaubigte Abschriften übermitteln.

Die vom Bundespräsidenten unterzeichnete und vom Bundeskanzler gegengezeichnete Beitrittsurkunde wurde am 5. September 1973 beim Generalsekretär der Vereinten Nationen hinterlegt; das Protokoll ist gemäß seinem Artikel VIII Absatz 2 am selben Tag in Kraft getreten.

Nach den bis 21. Dezember 1973 eingelangten Mitteilungen des Generalsekretärs der Vereinten Nationen gehören dem vorstehenden Protokoll außer Österreich folgende Staaten an:

Algerien, Argentinien, Äthiopien, Belgien, Botswana, Brasilien, Burundi, Chile, Dahomey, Dänemark, Bundesrepublik Deutschland, Ecuador, Elfenbeinküste, Fidschi, Finnland, Frankreich, Gabon, Gambia, Ghana, Griechenland, Guinea, Heiliger Stuhl, Irland, Island, Israel, Italien, Jugoslawien, Kamerun, Kanada, Kongo, Liechtenstein, Luxemburg, Mali, Malta, Marokko, Neuseeland, Niederlande (nur für das Königreich in Europa), Niger, Nigeria, Norwegen, Paraguay, Sambia, Schweden, Schweiz, Senegal, Swasiland, Tansania, Togo, Tunesien, Türkei, Uruguay, Vereinigtes Königreich Großbritannien und Nordirland, Vereinigte Staaten von Amerika, Zentralafrikanische Republik, Zypern.

Nachstehende Staaten haben anläßlich ihres Beitrittes oder der Abgabe ihrer Weitergeltungserklärung zum vorstehenden Protokoll folgende Vorbehalte erklärt oder sonstige Erklärungen abgegeben:

Äthiopien

Mit folgendem Vorbehalt hinsichtlich der Anwendung der am 28. Juli 1951 in Genf unterzeichneten Konvention über die Rechtsstellung der Flüchtlinge gemäß Artikel I des Protokolls:

„Die Bestimmungen der Artikel 8, 9, 17 (2) und 22 (1) der Konvention werden nur als Empfehlungen und nicht als rechtsverbindliche Verpflichtungen anerkannt."

Botswana

„Mit Vorbehalt hinsichtlich des Artikels IV des genannten Protokolls und hinsichtlich der Anwendung der Bestimmungen der Artikel 7, 17, 26, 31, 32 und 34 sowie des Artikels 12 Z. 1 der am 28. Juli 1951 in Genf unterzeichneten Konvention über die Rechtsstellung der Flüchtlinge gemäß Artikel I des Protokolls."

Burundi

1. Die Bestimmungen des Artikels 22 werden in bezug auf den Elementarunterricht nur angenommen,

(a) soweit sie sich auf den öffentlichen Unterricht und nicht auf den Privatunterricht beziehen;

b) mit der Maßgabe, daß die Behandlung, die für Flüchtlinge gilt, die günstigste ist, die Staatsangehörigen anderer Staaten gewährt wird.

2. Die Bestimmungen des Artikels 17 (1) und (2) werden als bloße Empfehlungen angenommen und werden keinesfalls so ausgelegt, daß sie unbedingt die Behandlung erforderlich machen, die den Staatsangehörigen von Ländern zuteil wird, mit denen die Republik Burundi allenfalls Übereinkommen regionaler, zollmäßiger, wirtschaftlicher oder politischer Art geschlossen hat.

3. Die Bestimmungen des Artikels 26 werden nur mit dem Vorbehalt angenommen, daß Flüchtlinge

(a) ihren Wohnort nicht in einem an ihr Herkunftsland angrenzenden Gebiet wählen;

b) in Ausübung ihres Rechtes auf Bewegungsfreiheit jedenfalls von jeglicher Betätigung oder jedem Übergriff subversiver Natur gegenüber dem Land, dessen Staatsangehörige sie sind, Abstand nehmen.

Chile

Mit den zur Konvention über die Rechtsstellung der Flüchtlinge erklärten Vorbehalten.

Finnland

Mit folgenden Vorbehalten hinsichtlich der Anwendung der Konvention über die Rechtsstellung der Flüchtlinge gemäß Artikel I des Protokolls:

„(1) Ein genereller Vorbehalt, wonach die Anwendung jener Bestimmungen der Konvention, die Flüchtlingen die günstigste Behandlung, die Staatsangehörigen eines fremden Landes gewährt wird, zusichern, durch den Umstand nicht berührt wird, daß Finnland den Staatsangehörigen von Dänemark, Island, Norwegen und Schweden oder den Staatsangehörigen eines dieser Länder besondere Rechte und Vergünstigungen derzeit einräumt oder vielleicht in Zukunft einräumen wird;

(2) Ein Vorbehalt zu Artikel 7 Z. 2, wonach Finnland nicht bereit ist, den Flüchtlingen, die die Voraussetzungen eines dreijährigen Aufenthaltes in Finnland erfüllen, generell eine Ausnahme von der gesetzlichen Reziprozität zu gewähren, die das finnische Recht als Voraussetzung dafür, daß ein Ausländer für das betreffende Recht oder die betreffende Vergünstigung in Betracht kommt, allenfalls festgelegt hat;

(3) Ein Vorbehalt zu Artikel 8, wonach dieser Artikel für Finnland nicht bindend ist;

(4) Ein Vorbehalt zu Artikel 12 Z. 1, wonach durch die Konvention die Bestimmung des derzeit in Geltung stehenden finnischen internatio-

nalen Privatrechtes nicht geändert wird, derzufolge sich der Personenstand eines Flüchtlings nach dem Recht des Landes, dessen Staatsangehöriger er ist, regelt;

(5) Ein Vorbehalt zu Artikel 24 Z. 1 (b) und Z. 3, wonach diese für Finnland nicht bindend sind;

(6) Ein Vorbehalt zu Artikel 25, wonach sich Finnland nicht gebunden erachtet, die Ausstellung einer Bescheinigung durch eine finnische Behörde an Stelle der Behörden eines fremden Landes zu veranlassen, wenn die für die Ausstellung einer solchen Bescheinigung erforderlichen Unterlagen in Finnland nicht vorhanden sind;

(7) Ein Vorbehalt hinsichtlich der Bestimmungen des Artikels 28 Z. 1. Finnland übernimmt die in dieser Ziffer festgelegten Verpflichtungen nicht, ist aber bereit, Reisepapiere, die von anderen vertragschließenden Staaten auf Grund dieses Artikels ausgestellt werden, anzuerkennen."

Frankreich

Die Regierung der Französischen Republik erklärt, daß sie beschlossen hat, die von ihr auf Grund der Konvention vom 28. Juli 1951 übernommenen Verpflichtungen im Sinne des Artikels 1 Abschnitt B Z. 2 dieser Konvention zu erweitern, und daß sie demnach das Protokoll vom 31. Jänner 1967 ohne geographische Beschränkung anwenden wird.

Ghana

„Die Regierung von Ghana erachtet sich an Artikel IV des Protokolls bezüglich der Beilegung von Streitigkeiten nicht gebunden."

Israel

„Die Regierung von Israel tritt dem Protokoll gemäß den Bestimmungen des Artikels VII (2) des Protokolls nach Maßgabe derselben Erklärungen und Vorbehalte bei, die sie anläßlich der Ratifikation der [am 28. Juli 1951 in Genf unterzeichneten] Konvention [über die Rechtsstellung der Flüchtlinge] erklärt hat."

Kongo

Das Protokoll wird mit Ausnahme des Artikels IV angenommen.

Malta

Gemäß Artikel VII (2) gelten die von der Regierung von Malta anläßlich der Hinterlegung ihrer Beitrittsurkunde am 17. Juni 1971 nach Artikel 42 der Konvention über die Rechtsstellung der Flüchtlinge vom 28. Juli 1951 angemeldeten Vorbehalte zu dieser Konvention auch in bezug auf ihre Verpflichtungen im Rahmen des vorliegenden Protokolls.

Niederlande

„Gemäß Artikel VII des Protokolls gelten alle vom Königreich der Niederlande anläßlich der Unterzeichnung und Ratifikation der am 28. Juli 1951 in Genf unterzeichneten Konvention über die Rechtsstellung der Flüchtlinge erklärten Vorbehalte auch für die sich aus dem Protokoll ergebenden Verpflichtungen."

Die Regierung der Niederlande erklärte in einer am 29. Juli 1971 eingelangten Mitteilung, daß das Protokoll auch auf Surinam ausgedehnt wird. Die Erweiterung des Geltungsbereiches erfolgt mit den Vorbehalten, die anläßlich des Beitrittes zum Protokoll erklärt wurden.

Swasiland

Mit den folgenden Vorbehalten hinsichtlich der Anwendung der am 28. Juli 1951 in Genf unterzeichneten Konvention über die Rechtsstellung der Flüchtlinge gemäß Artikel I des Protokolls:

„(1) Die Regierung des Königreiches Swasiland ist nicht in der Lage, die Verpflichtungen gemäß Artikel 22 der genannten Konvention zu übernehmen, und wird sich daher als nicht an die darin enthaltenen Bestimmungen gebunden erachten;

(2) Ebenso ist die Regierung des Königreiches Swasiland nicht in der Lage, die Verpflichtungen des Artikels 34 der genannten Konvention zu übernehmen, und muß sich daher ausdrücklich das Recht vorbehalten, die darin enthaltenen Bestimmungen nicht anzuwenden."

und mit der folgenden Erklärung:

„Die Regierung des Königreiches Swasiland hält es für wichtig, die Aufmerksamkeit darauf zu lenken, daß sie hiemit als Mitglied der Vereinten Nationen und nicht als vertragschließender Teil der genannten Konvention durch Rechtsnachfolge oder auf andere Weise beitritt."

Tansania

„. . . mit dem hiemit erklärten Vorbehalt, daß die Bestimmungen des Artikels IV des Protokolls nur mit der ausdrücklichen Zustimmung der Regierung der Vereinigten Republik Tansania auf die Republik Tansania anzuwenden sind."

Türkei

In der Beitrittsurkunde wird festgestellt, daß die Regierung der Türkischen Republik den Inhalt der gemäß Artikel 1 Abschnitt B der am 28. Juli 1951 in Genf unterzeichneten Konvention über die Rechtsstellung der Flüchtlinge abgegebenen Erklärung, wonach sie die Konvention nur auf Personen anwendet, die als Folge von Ereignissen in Europa Flüchtlinge geworden sind, ebenso wie den anläßlich der Ratifikation der Konvention angemeldeten Vorbehalt, wonach keine Bestimmung dieser Konvention so ausgelegt werden kann, daß Flüchtlingen mehr Rechte eingeräumt werden, als türkischen Staatsangehörigen in der Türkei zuerkannt werden, aufrechthält.

Vereinigtes Königreich Großbritannien und Nordirland

„(a) Gemäß den Bestimmungen des ersten Satzes von Artikel VII.4 des Protokolls schließt das Vereinigte Königreich hiemit die folgenden Gebiete, für deren internationale Beziehungen es verantwortlich ist, von der Anwendung des Protokolls aus: Jersey, Südrhodesien, Swasiland.

(b) Gemäß den Bestimmungen des zweiten Satzes von Artikel VII.4 des genannten Protokolls dehnt das Vereinigte Königreich hiemit die Anwendung des Protokolls auf die folgenden Gebiete aus, für deren internationale Beziehungen es verantwortlich ist: St. Lucia, Montserrat."

Die Regierung des Vereinigten Königreiches erklärte in einer am 20. April 1970 eingelangten Mitteilung, daß das Protokoll auf die Bahama-Inseln ausgedehnt wird.

Vereinigte Staaten von Amerika

Mit den folgenden Vorbehalten hinsichtlich der Anwendung der am 28. Juli 1951 in New York unterzeichneten Konvention über die Rechtsstellung der Flüchtlinge gemäß Artikel I des Protokolls:

„Die Vereinigten Staaten von Amerika legen Artikel 29 der Konvention dahingehend aus, daß er nur auf Flüchtlinge Anwendung findet, die in den Vereinigten Staaten wohnhaft sind, und behält sich das Recht vor, Flüchtlinge, die nicht ihren Wohnsitz in den Vereinigten Staaten haben, entsprechend ihren allgemeinen Vorschriften für nicht ansässige Ausländer zu besteuern.

Die Vereinigten Staaten von Amerika übernehmen die Verpflichtung des Artikels 24 Z. 1 (b) der Konvention nur insoweit, als diese nicht in bestimmten Fällen mit irgendwelchen Bestimmungen des Titels II (Renten-, Hinterbliebenen- und Invalidenversicherung) oder des Titels XVIII (Krankenhaus- und Ärzteversicherung für alte Menschen) des Sozialversicherungsgesetzes in Widerspruch steht. Die Vereinigten Staaten werden hinsichtlich einer solchen Bestimmung den sich erlaubterweise in ihrem Gebiet aufhaltenden Flüchtlingen eine Behandlung zuteil werden lassen, die nicht ungünstiger als jene ist, die Ausländern unter den gleichen Umständen allgemein gewährt wird."

Kreisky

Anhang 4

Dubliner Übereinkommen
BGBl III 1997/165

Übereinkommen über die Bestimmung des zuständigen Staates für die Prüfung eines in einem Mitgliedstaat der Europäischen Gemeinschaften gestellten Asylantrags samt Protokoll sowie Protokoll über die Berichtigung des Übereinkommens.

Der Nationalrat hat beschlossen:

1. Der Abschluß des nachstehenden Staatsvertrages samt Protokoll sowie Protokoll über die Berichtigung des Übereinkommens wird genehmigt.
2. Gemäß Art. 49 Abs. 2 B-VG sind die authentischen dänischen, englischen, französischen, gälischen, griechischen, italienischen, niederländischen, portugiesischen und spanischen Textfassungen dieses Staatsvertrages samt Protokollen dadurch kundzumachen, daß sie im Bundesministerium für auswärtige Angelegenheiten zur Einsichtnahme aufliegen.

ÜBEREINKOMMEN

ÜBER DIE BESTIMMUNG DES ZUSTÄNDIGEN STAATES FÜR DIE PRÜFUNG EINES IN EINEM MITGLIEDSTAAT DER EUROPÄISCHEN GEMEINSCHAFTEN GESTELLTEN ASYLANTRAGS

Seine Majestät der König der Belgier,
ihre Majestät die Königin von Dänemark,
der Präsident der Bundesrepublik Deutschland,
der Präsident der Griechischen Republik,
seine Majestät der König von Spanien,
der Präsident der Französischen Republik,
der Präsident Irlands,
der Präsident der Italienischen Republik,
seine Königliche Hoheit der Großherzog von Luxemburg,
ihre Majestät die Königin der Niederlande,
der Präsident der Portugiesischen Republik,
ihre Majestät die Königin des Vereinigten Königreichs Großbritannien und Nordirland –

IN ANBETRACHT des vom Europäischen Rat auf seiner Tagung in Straßburg am 8./9. Dezember 1989 gesetzten Ziels der Harmonisierung der Asylpolitiken,

ENTSCHLOSSEN, aus Verbundenheit mit ihrer gemeinsamen humanitären Tradition und gemäß den Bestimmungen des Genfer Abkommens vom 28. Juli 1951[1]) in

[1]) Kundgemacht in BGBl. Nr. 55/1955

der Fassung des Protokolls von New York vom 31. Jänner 1967[2]) über die Rechtsstellung der Flüchtlinge – nachstehend „Genfer Abkommen" bzw. „Protokoll von New York" genannt – den Flüchtlingen einen angemessenen Schutz zu bieten,

IN ANBETRACHT des gemeinsamen Ziels, einen Raum ohne Binnengrenzen zu schaffen, in dem insbesondere der freie Personenverkehr gemäß den Bestimmungen des Vertrags zur Gründung der Europäischen Wirtschaftsgemeinschaft in der durch die Einheitliche Europäische Akte geänderten Fassung gewährleistet wird,

IN DEM BEWUSSTSEIN, daß Maßnahmen erforderlich sind, um zu vermeiden, daß durch die Realisierung dieses Zieles Situationen entstehen, die dazu führen, daß der Asylbewerber zu lange im Ungewissen über den Ausgang seines Asylverfahrens gelassen wird, und in dem Bestreben, jedem Asylbewerber die Gewähr dafür zu bieten, daß sein Antrag von einem der Mitgliedstaaten geprüft wird, und ferner zu vermeiden, daß die Asylbewerber von einem Mitgliedstaat zum anderen abgeschoben werden, ohne daß einer dieser Staaten sich für die Prüfung des Asylantrags für zuständig erklärt,

IN DEM BESTREBEN, den mit dem Hohen Flüchtlingskommissär der Vereinten Nationen eingeleiteten Dialog zur Erreichung der vorstehend dargelegten Ziele fortzusetzen,

ENTSCHLOSSEN, bei der Anwendung dieses Übereinkommens mit verschiedenen Mitteln, unter anderem durch Informationsaustausch, eng zusammenzuarbeiten –

HABEN BESCHLOSSEN, dieses Übereinkommen zu schließen und haben zu diesem Zweck als Bevollmächtigte ernannt:

Seine Majestät der König der Belgier:
Melchior Wathelet
Vizepremierminister und Minister der Justiz und des Mittelstands

ihre Majestät die Königin von Dänemark:
Hans Engell
Minister der Justiz

der Präsident der Bundesrepublik Deutschland:
Dr. Helmut Rückriegel
Botschafter der Bundesrepublik Deutschland in Dublin
Wolfgang Schäuble
Bundesminister des Innern

der Präsident der Griechischen Republik:
Ioannis Vassiliades
Minister für öffentliche Ordnung

seine Majestät der König von Spanien:
José Luis Corcuera
Minister des Innern

[2]) Kundgemacht in BGBl. Nr. 78/1974

der Präsident der Französischen Republik:
Pierre Joxe
Minister des Innern

der Präsident Irlands:
Ray Burke
Minister der Justiz und Kommunikation

der Präsident der Italienischen Republik:
Antonio Gava
Minister des Innern

seine Königliche Hoheit der Großherzog von Luxemburg:
Marc Fischbach
Minister für Bildung, Minister der Justiz, Minister des öffentlichen Dienstes

ihre Majestät die Königin der Niederlande:
Ernst Maurits Henricus Hirsch Ballin
Minister der Justiz

für die Portugiesische Republik:
Manuel Pereira
Minister des Innern

für das Vereinigte Königreich Großbritannien und Nordirland:
David Waddington
Minister des Innern
Sir Nicholas Maxted Fenn, KCMG
Botschafter des Vereinigten Königreichs Großbritannien und Nordirland in Dublin

DIESE SIND nach Austausch ihrer in guter und gehöriger Form
befundenen Vollmachten

WIE FOLGT ÜBEREINGEKOMMEN:

Artikel 1

(1) Im Sinne dieses Übereinkommens gilt als

a) Ausländer: jede Person, die nicht Angehöriger eines Mitgliedstaates ist,
b) Asylantrag: Antrag, mit dem ein Ausländer einen Mitgliedstaat um Schutz nach dem Genfer Abkommen unter Berufung auf den Flüchtlingsstatus im Sinne von Artikel 1 des Genfer Abkommens in der Fassung des New Yorker Protokolls ersucht,
c) Asylbewerber: ein Ausländer, der einen Asylantrag gestellt hat, über den noch nicht endgültig befunden wurde,

d) Prüfung eines Asylantrags: die Gesamtheit der Prüfungsvorgänge, der Entscheidungen bzw. Urteile der zuständigen Stellen in bezug auf einen Asylantrag, mit Ausnahme der Verfahren zur Bestimmung des Staates, der gemäß den Bestimmungen des vorliegenden Übereinkommens für die Prüfung des Asylantrags zuständig ist,
e) Aufenthaltserlaubnis: jede von den Behörden eines Mitgliedstaates erteilte Erlaubnis, mit der der Aufenthalt eines Ausländers im Hoheitsgebiet dieses Staates gestattet wird, mit Ausnahme der Visa und Aufenthaltsgenehmigungen, die während der Prüfung eines Antrags auf Aufenthaltserlaubnis oder eines Asylantrags ausgestellt werden,
f) Einreisevisum: die Erlaubnis bzw. Entscheidung, mit der ein Mitgliedstaat die Einreise eines Ausländers in sein Hoheitsgebiet gestattet, sofern die übrigen Einreisebedingungen erfüllt sind,
g) Transitvisum: die Erlaubnis bzw. Entscheidung, mit der ein Mitgliedstaat die Durchreise eines Ausländers durch sein Hoheitsgebiet oder durch die Transitzone eines Hafens oder eines Flughafens gestattet, sofern die übrigen Durchreisebedingungen erfüllt sind.

(2) Die Art des Visums wird nach den Definitionen des Absatzes 1 Buchstaben f und g beurteilt.

Artikel 2

Die Mitgliedstaaten bekräftigen ihre Verpflichtungen nach dem Genfer Abkommen in der Fassung des Protokolls von New York, wobei die Anwendung dieser Übereinkünfte keiner geographischen Beschränkung unterliegt, sowie ihre Zusage, mit den Dienststellen des Hohen Flüchtlingskommissärs der Vereinten Nationen bei der Anwendung dieser Übereinkünfte zusammenzuarbeiten.

Artikel 3

(1) Die Mitgliedstaaten verpflichten sich, jeden Asylantrag zu prüfen, den ein Ausländer an der Grenze oder im Hoheitsgebiet eines Mitgliedstaates stellt.

(2) Dieser Antrag wird von einem einzigen Mitgliedstaat gemäß den in diesem Übereinkommen definierten Kriterien geprüft. Die in den Artikeln 4 bis 8 aufgeführten Kriterien werden in der Reihenfolge, in der sie aufgezählt sind, angewendet.

(3) Der Antrag wird von diesem Staat gemäß seinen innerstaatlichen Rechtsvorschriften und seinen internationalen Verpflichtungen geprüft.

(4) Jeder Mitgliedstaat hat unter der Voraussetzung, daß der Asylbewerber diesem Vorgehen zustimmt, das Recht, einen von einem Ausländer gestellten Asylantrag auch dann zu prüfen, wenn er auf Grund der in diesem Übereinkommen definierten Kriterien nicht zuständig ist. Der nach den genannten Kriterien zuständige Mitgliedstaat ist dann von seinen Verpflichtungen entbunden, die auf den Mitgliedstaat übergehen, der den Asylantrag zu prüfen wünscht. Dieser Mitgliedstaat unterrichtet den nach den genannten Kriterien verantwortlichen Mitgliedstaat, wenn letzterer mit dem betreffenden Antrag befaßt worden ist.

(5) Jeder Mitgliedstaat behält das Recht, einen Asylbewerber nach seinen innerstaatlichen Rechtsvorschriften unter Wahrung der Bestimmungen des Genfer Abkommens in der Fassung des New Yorker Protokolls in einen Drittstaat zurück- oder auszuweisen.

(6) Das Verfahren zur Bestimmung des Mitgliedstaates, der auf Grund dieses Übereinkommens für die Prüfung des Asylantrags zuständig ist, wird eingeleitet, sobald ein Asylantrag zum ersten Mal in einem Mitgliedstaat gestellt wird.

(7) Der Mitgliedstaat, bei dem der Asylantrag gestellt wurde, ist gehalten, einen Asylbewerber, der sich im Hoheitsgebiet eines anderen Mitgliedstaates befindet und dort einen Asylantrag gestellt hat, nachdem er seinen Antrag noch während des Ver-

fahrens zur Bestimmung des zuständigen Mitgliedstaates zurückgezogen hat, nach den Bestimmungen des Artikels 13 wieder aufzunehmen, um das Verfahren zur Bestimmung des für die Prüfung des Asylantrags zuständigen Mitgliedstaates zum Abschluß zu bringen. Diese Verpflichtung erlischt, wenn der Asylbewerber unterdessen das Hoheitsgebiet der Mitgliedstaaten mindestens drei Monate lang verlassen oder in einem Mitgliedstaat eine Aufenthaltserlaubnis für mehr als drei Monate erhalten hat.

Artikel 4

Hat der Asylbewerber einen Familienangehörigen, dem in einem Mitgliedstaat die Flüchtlingseigenschaft im Sinne des Genfer Abkommens in der Fassung des Protokolls von New York zuerkannt worden ist und der seinen legalen Wohnsitz in diesem Mitgliedstaat hat, so ist dieser Staat für die Prüfung des Asylantrags zuständig, sofern die betreffenden Personen dies wünschen. Bei dem betreffenden Familienangehörigen darf es sich nur um den Ehegatten des Asylbewerbers, sein unverheiratetes minderjähriges Kind unter achtzehn Jahren oder, sofern der Asylbewerber ein unverheiratetes minderjähriges Kind unter achtzehn Jahren ist, dessen Vater oder Mutter handeln.

Artikel 5

(1) Besitzt der Asylbewerber eine gültige Aufenthaltserlaubnis, so ist der Mitgliedstaat, der die Aufenthaltserlaubnis erteilt hat, für die Prüfung des Asylantrages zuständig.

(2) Besitzt der Asylbewerber ein gültiges Visum, so ist der Mitgliedstaat, der das Visum erteilt hat, für die Prüfung des Asylantrags zuständig, soweit nicht einer der nachstehenden Fälle vorliegt:

a) Ist dieses Visum mit schriftlicher Zustimmung eines anderen Mitgliedstaats erteilt worden, so ist dieser für die Prüfung des Asylantrags zuständig. Konsultiert ein Mitgliedstaat insbesondere aus Sicherheitsgründen zuvor die zentralen Behörden eines anderen Mitgliedstaats, so stellt dessen Zustimmung keine schriftliche Zustimmung im Sinne dieser Bestimmung dar.

b) Stellt der Asylbewerber, der ein Transitvisum besitzt, seinen Antrag in einem anderen Mitgliedstaat, in dem er nicht visumpflichtig ist, so ist dieser Mitgliedstaat für die Prüfung des Asylantrags zuständig.

c) Stellt der Asylbewerber, der ein Transitvisum besitzt, seinen Antrag in dem Staat, der ihm dieses Visum erteilt hat und der von den diplomatischen oder konsularischen Behörden des Bestimmungsmitgliedstaats eine schriftliche Bestätigung erhalten hat, derzufolge der von der Visumpflicht befreite Ausländer die Voraussetzungen für die Einreise in diesen Staat erfüllt, so ist letzterer für die Prüfung des Asylantrags zuständig.

(3) Besitzt der Asylbewerber mehrere gültige Aufenthaltsgenehmigungen oder Visa verschiedener Mitgliedstaaten, so ist für die Prüfung des Asylantrags in folgender Reihenfolge zuständig:

a) der Staat, der die Aufenthaltserlaubnis mit der längsten Gültigkeitsdauer erteilt hat, oder, bei gleicher Gültigkeitsdauer der Aufenthaltsgenehmigungen, der Staat, der die zuletzt ablaufende Aufenthaltserlaubnis erteilt hat;

b) der Staat, der das zuletzt ablaufende Visum erteilt hat, wenn es sich um Visa gleichen Typs handelt;

c) bei nicht gleichwertigen Visa der Staat, der das Visum mit der längsten Gültigkeitsdauer erteilt hat, oder, bei gleicher Gültigkeitsdauer, der Staat, der das zuletzt ablaufende Visum erteilt hat. Diese Bestimmung gilt nicht für den Fall, daß der Asylbewerber im Besitz eines oder mehrerer Transitvisa ist, die auf Vorlage eines Einreisevisums für einen anderen Mitgliedstaat erteilt worden sind. In diesem Fall ist dieser Staat zuständig.

(4) Besitzt der Asylbewerber nur eine oder mehrere seit weniger als zwei Jahren abgelaufene Aufenthaltsgenehmigungen oder ein oder mehrere seit weniger als sechs Monaten abgelaufene Visa, auf Grund deren er in das Hoheitsgebiet eines Mitgliedstaats einreisen konnte, so sind die Absätze 1, 2 und 3 anwendbar, solange der Ausländer das Hoheitsgebiet der Mitgliedstaaten nicht verlassen hat. Besitzt der Asylbewerber eine oder mehrere seit mehr als zwei Jahren abgelaufene Aufenthaltsgenehmigungen oder ein oder mehrere seit mehr als sechs Monaten abgelaufene Visa, auf Grund deren er in das Hoheitsgebiet eines Mitgliedstaats einreisen konnte, und hat der Ausländer das gemeinsame Hoheitsgebiet nicht verlassen, so ist der Mitgliedstaat zuständig, in dem der Antrag gestellt wird.

Artikel 6

Hat der Asylbewerber aus einem Drittstaat die Grenze eines Mitgliedstaates illegal auf dem Land-, See- oder Luftweg überschritten, so ist der Mitgliedstaat, über den er nachweislich eingereist ist, für die Antragsprüfung zuständig. Die Zuständigkeit dieses Staates erlischt jedoch, wenn sich der Ausländer nachweislich mindestens sechs Monate lang in dem Mitgliedstaat, in dem er den Asylantrag gestellt hat, aufgehalten hat, bevor er seinen Asylantrag einreichte. In diesem Fall ist der letztgenannte Staat für die Prüfung des Asylantrags zuständig.

Artikel 7

(1) Die Prüfung des Asylantrags obliegt dem Mitgliedstaat, der für die Kontrolle der Einreise des Ausländers in das Hoheitsgebiet der Mitgliedstaaten zuständig ist, es sei denn, daß der Ausländer, nachdem er legal in einen Mitgliedstaat, in dem für ihn kein Visumzwang besteht, eingereist ist, seinen Asylantrag in einem anderen Mitgliedstaat stellt, in dem er ebenfalls kein Einreisevisum vorweisen muß. In diesem Fall ist der letztgenannte Staat für die Prüfung des Asylantrags zuständig.

(2) Ein Mitgliedstaat, der die Durchreise durch die Transitzone seiner Flughäfen ohne Visum zuläßt, gilt im Falle von Reisenden, die die Transitzone nicht verlassen, für die Kontrolle der Einreise solange nicht als zuständig, bis ein Abkommen über die Modalitäten des Grenzübergangs an den Außengrenzen in Kraft tritt.

(3) Wird der Asylantrag beim Transit in einem Flughafen eines Mitgliedstaates gestellt, so ist dieser Mitgliedstaat zuständig.

Artikel 8

Kann auf der Grundlage der anderen in diesem Übereinkommen aufgeführten Kriterien kein für die Prüfung des Asylantrags zuständiger Staat bestimmt werden, so ist der erste Mitgliedstaat, bei dem der Asylantrag gestellt wird, für die Prüfung zuständig.

Artikel 9

Auch wenn ein Mitgliedstaat in Anwendung der in diesem Übereinkommen definierten Kriterien nicht zuständig ist, kann dieser auf Ersuchen eines anderen Mitgliedstaats und unter der Voraussetzung, daß der Asylbewerber dies wünscht, aus humanitären, insbesondere aus familiären oder kulturellen Gründen, einen Asylantrag prüfen. Ist der ersuchte Mitgliedstaat bereit, den Asylantrag zu prüfen, so geht die Zuständigkeit für die Prüfung des Asylantrags auf ihn über.

Artikel 10

(1) Der Mitgliedstaat, der nach den in diesem Übereinkommen definierten Kriterien für die Prüfung eines Asylantrags zuständig ist, ist verpflichtet:

a) den Asylbewerber, der einen Antrag in einem anderen Mitgliedstaat gestellt hat, gemäß den Bestimmungen des Artikels 11 aufzunehmen;

b) die Prüfung des Asylantrags bis zum Ende durchzuführen;

c) den Asylbewerber, dessen Antrag geprüft wird und der sich illegal in einem anderen Mitgliedstaat aufhält, wieder zuzulassen oder gemäß den Bestimmungen des Artikels 13 wieder aufzunehmen;
d) den Asylbewerber, der seinen in Prüfung befindlichen Antrag zurückgezogen und in einem anderen Mitgliedstaat einen Asylantrag gestellt hat, gemäß den Bestimmungen des Artikels 13 wieder aufzunehmen;
e) den Ausländer, dessen Antrag er abgelehnt hat und der sich illegal in einem anderen Mitgliedstaat aufhält, gemäß den Bestimmungen des Artikels 13 wieder aufzunehmen.

(2) Stellt ein Mitgliedstaat dem Asylbewerber eine Aufenthaltserlaubnis für einen Aufenthalt von mehr als drei Monaten aus, so gehen die Pflichten gemäß Absatz 1 Buchstaben a bis e auf diesen Staat über.

(3) Die Pflichten gemäß Absatz 1 Buchstaben a bis d erlöschen, wenn der betreffende Ausländer das Hoheitsgebiet der Mitgliedstaaten für eine Dauer von mindestens drei Monaten verlassen hat.

(4) Die Pflichten gemäß Absatz 1 Buchstaben a und e erlöschen, wenn der für die Prüfung des Asylantrags zuständige Staat nach der Rücknahme bzw. der Ablehnung des Antrags die erforderlichen Maßnahmen getroffen und durchgeführt hat, damit der Ausländer in sein Heimatland zurückkehrt oder sich in ein anderes Land, in das er rechtmäßig einreisen darf, begibt.

Artikel 11

(1) Hält der Mitgliedstaat, in dem ein Asylantrag gestellt wurde, einen anderen Mitgliedstaat für die Prüfung dieses Antrags für zuständig, so kann er so bald wie möglich, in jedem Fall aber innerhalb einer Frist von sechs Monaten nach der Einreichung des Asylantrags, letzteren ersuchen, den Asylbewerber aufzunehmen. Wird das Aufnahmegesuch nicht innerhalb von sechs Monaten unterbreitet, so ist der Staat, in dem der Asylantrag gestellt wurde, für die Prüfung des Asylantrags zuständig.

(2) Das Aufnahmegesuch muß Hinweise enthalten, aus denen die Behörden des ersuchten Staates entnehmen können, daß ihr Staat gemäß den in diesem Übereinkommen definierten Kriterien zuständig ist.

(3) Bei der Bestimmung des nach diesen Kriterien zuständigen Staates wird von der Situation ausgegangen, die zu dem Zeitpunkt gegeben ist, zu dem der Asylbewerber seinen Antrag zum ersten Mal in einem Mitgliedstaat stellt.

(4) Der Mitgliedstaat muß binnen drei Monaten, nachdem er hiermit befaßt wurde, über das Gesuch auf Aufnahme des Asylbewerbers entscheiden. Liegt bei Ablauf dieser Frist keine Antwort vor, so kommt dies einer Annahme des Aufnahmegesuchs gleich.

(5) Die Überstellung des Asylbewerbers durch den Mitgliedstaat, in dem der Asylantrag gestellt wurde, an den für die Prüfung des Antrags zuständigen Mitgliedstaat muß spätestens einen Monat nach Annahme des Aufnahmegesuchs oder einen Monat nach Ende des vom Ausländer gegebenenfalls gegen den Überstellungsbeschluß angestrengten Verfahrens erfolgen, sofern dieses aufschiebende Wirkung hat.

(6) Bestimmungen, die später im Rahmen des Artikels 18 festgelegt werden, können die besonderen Modalitäten für die Aufnahme regeln.

Artikel 12

Wird ein Asylantrag bei den zuständigen Behörden eines Mitgliedstaates von einem Asylbewerber gestellt, der sich im Hoheitsgebiet eines anderen Mitgliedstaates aufhält, so obliegt die Bestimmung des für die Prüfung des Asylantrags zuständigen Mitgliedstaates demjenigen Mitgliedstaat, in dessen Hoheitsgebiet sich der Asylbewerber aufhält. Dieser Mitgliedstaat wird von dem mit dem Asylantrag befaßten Mitgliedstaat unverzüglich unterrichtet und gilt dann für die Zwecke dieses Übereinkommens als derjenige Mitgliedstaat, in dem der Asylantrag gestellt worden ist.

Artikel 13

(1) In den in Artikel 3 Absatz 7 und den in Artikel 10 genannten Fällen wird ein Asylbewerber gemäß folgenden Modalitäten wiederaufgenommen:

a) der Antrag auf Wiederaufnahme des Asylbewerbers muß Hinweise enthalten, aus denen der ersuchte Staat entnehmen kann, daß er gemäß Artikel 3 Absatz 7 und Artikel 10 zuständig ist;

b) der Staat, der um Wiederaufnahme des Asylbewerbers ersucht wird, muß auf diesen Antrag binnen acht Tagen, nachdem er hiermit befaßt wurde, antworten. Er ist verpflichtet, den Asylbewerber schnellstmöglich und spätestens innerhalb einer Frist von einem Monat, nachdem er die Wiederaufnahme akzeptiert hat, wiederaufzunehmen.

(2) Bestimmungen, die später im Rahmen des Artikels 18 festgelegt werden, können die besonderen Modalitäten für die Wiederaufnahme regeln.

Artikel 14

(1) Die Mitgliedstaaten teilen einander folgendes mit:

- die Rechts- und Verwaltungsvorschriften oder die im Bereich des Asyls angewandten nationalen Praktiken,
- die statistischen Daten hinsichtlich der Anzahl der monatlich ankommenden Asylbewerber und die Aufschlüsselung nach Nationalitäten. Diese Daten sind vierteljährlich an das Generalsekretariat des Rates der Europäischen Gemeinschaften zu übermitteln, das für deren Weiterleitung an die Mitgliedstaaten, die Kommission der Europäischen Gemeinschaften und den Hohen Flüchtlingskommissär der Vereinten Nationen sorgt.

(2) Die Mitgliedstaaten können einander folgendes mitteilen:

- allgemeine Informationen über neue Entwicklungen im Bereich der Asylanträge;
- allgemeine Informationen über die Situation in den Heimat- oder Herkunftsländern der Asylbewerber.

(3) Wünscht ein Mitgliedstaat, daß die von ihm nach Absatz 2 erteilten Informationen vertraulich behandelt werden, so haben die anderen Mitgliedstaaten dies zu beachten.

Artikel 15

(1) Jeder Mitgliedstaat übermittelt jedem Mitgliedstaat, der dies beantragt, die personenbezogenen Informationen, die erforderlich sind, um

- den Mitgliedstaat zu bestimmen, der für die Prüfung des Asylantrags zuständig ist,
- die Prüfung des Asylantrags vorzunehmen,
- allen Verpflichtungen aus diesem Übereinkommen nachkommen zu können.

(2) Betreffen dürfen diese Informationen ausschließlich

- die Personalien des Asylbewerbers und gegebenenfalls der Angehörigen (Name, Vorname, gegebenenfalls früherer Name, Beinamen oder Pseudonyme, derzeitige und frühere Staatsangehörigkeit, Geburtsdatum und -ort),
- den Personalausweis oder den Reisepaß (Nummer, Gültigkeitsdauer, Ausstellungsdatum, ausstellende Behörde, Ausstellungsort usw.),
- sonstige zur Identifizierung des Asylbewerbers erforderliche Angaben,
- die Aufenthaltsorte und die Reisewege,

- die Aufenthaltserlaubnisse oder die durch einen Mitgliedstaat erteilten Visa,
- den Ort der Einreichung des Antrags,
- gegebenenfalls das Datum der Einreichung eines früheren Asylantrags, das Datum der Einreichung des jetzigen Antrags, den Stand des Verfahrens und den Tenor der gegebenenfalls getroffenen Entscheidung.

(3) Außerdem kann ein Mitgliedstaat einen anderen Mitgliedstaat ersuchen, ihm die Gründe, die der Asylbewerber zur Unterstützung seines Antrags angeführt hat, und gegebenenfalls die Gründe für die bezüglich seines Antrags getroffene Entscheidung mitzuteilen. Es liegt im Ermessen des ersuchten Mitgliedstaates zu beurteilen, ob er dem Ersuchen Folge leisten kann. Auf jeden Fall ist die Erteilung dieser Auskünfte von der Zustimmung des Asylbewerbers abhängig.

(4) Dieser Informationsaustausch erfolgt auf Antrag eines Mitgliedstaates und kann nur zwischen den Behörden stattfinden, die von jedem Mitgliedstaat dem in Artikel 18 genannten Ausschuß mitgeteilt werden.

(5) Die übermittelten Informationen dürfen nur zu den in Absatz 1 vorgesehenen Zwecken verwendet werden. Diese Informationen dürfen in jedem Mitgliedstaat nur den Behörden und Gerichten übermittelt werden, die beauftragt sind,

- den Mitgliedstaat festzustellen, der für Prüfung des Asylantrags zuständig ist,
- die Prüfung des Asylantrags vorzunehmen,
- alle Verpflichtungen aus diesem Übereinkommen durchzuführen.

(6) Der Mitgliedstaat, der die Daten übermittelt, sorgt für ihre Richtigkeit und ihre Aktualität. Zeigt sich, daß dieser Mitgliedstaat unrichtige Daten oder Daten übermittelt hat, die nicht hätten übermittelt werden dürfen, werden die Empfängermitgliedstaaten darüber unverzüglich informiert. Sie sind gehalten, diese Informationen zu berichtigen oder sie zu löschen.

(7) Ein Asylbewerber hat das Recht, sich die über seine Person ausgetauschten Informationen mitteilen zu lassen, solange sie verfügbar sind; er hat hierfür jeweils einen Antrag zu stellen. Stellt er fest, daß diese Informationen unrichtig sind oder nicht hätten übermittelt werden dürfen, hat er das Recht auf Berichtigung oder Löschung. Dieses Recht wird gemäß den in Absatz 6 vorgesehenen Bedingungen ausgeübt.

(8) In jedem betroffenen Mitgliedstaat werden die Weitergabe und der Erhalt der ausgetauschten Informationen vermerkt.

(9) Diese Daten werden nur so lange aufbewahrt, wie dies zu der Erreichung der mit dem Austausch der Daten verfolgten Zielsetzungen notwendig ist. Die Notwendigkeit der Aufbewahrung ist von dem betreffenden Mitgliedstaat zum geeigneten Zeitpunkt zu prüfen.

(10) Die so übermittelten Informationen genießen auf jeden Fall mindestens den Schutz, den der Empfängerstaat Informationen gleicher Art gewährt.

(11) Soweit die Daten nicht automatisiert, sondern auf sonstige Weise verarbeitet werden, hat jeder Mitgliedstaat geeignete Maßnahmen zu ergreifen, um die Einhaltung dieses Artikels durch wirksame Kontrollen zu gewährleisten. Sofern ein Mitgliedstaat über eine Stelle von der Art des in Absatz 12 genannten Gremiums verfügt, kann er ihr diese Kontrollaufgaben übertragen.

(12) Wünschen ein oder mehrere Mitgliedstaaten die in den Absätzen 2 und 3 aufgeführten Angaben ganz oder teilweise zu speichern, so ist dies nur möglich, wenn die betreffenden Länder Rechtsvorschriften für diese Datenverarbeitung erlassen haben, die die Durchführung der Grundsätze des Straßburger Übereinkommens zum Schutz des Menschen bei der automatischen Verarbeitung personenbezogener Daten vom 28. Jänner 1981[3]) verwirklichen, und wenn sie ein geeignetes nationales Gremium

[3]) Kundgemacht in BGBl. Nr. 317/1988

mit der unabhängigen Kontrolle der Behandlung und Verwendung der gemäß diesem Übereinkommen übermittelten Angaben beauftragt haben.

Artikel 16

(1) Jeder Mitgliedstaat kann dem in Artikel 18 genannten Ausschuß Vorschläge für eine Revision dieses Übereinkommens vorlegen, welche Schwierigkeiten bei seiner Anwendung beseitigen sollen.

(2) Sollte auf Grund der Verwirklichung der Ziele des Artikels 8a des Vertrags zur Gründung der Europäischen Wirtschaftsgemeinschaft und der Einführung einer harmonisierten Asylpolitik sowie einer gemeinsamen Visumpolitik eine Revision oder Änderung dieses Übereinkommens notwendig werden, so beruft der Mitgliedstaat, der den Vorsitz im Rat der Europäischen Gemeinschaften innehat, eine Tagung des in Artikel 18 genannten Ausschusses ein.

(3) Revisionen oder Änderungen dieses Übereinkommens werden von dem in Artikel 18 genannten Ausschuß beschlossen. Sie treten gemäß Artikel 22 in Kraft.

Artikel 17

(1) Ergeben sich für einen Mitgliedstaat auf Grund einer wesentlichen Änderung der Umstände, von denen bei Abschluß dieses Übereinkommens ausgegangen wurde, größere Schwierigkeiten, so kann dieser Mitgliedstaat den in Artikel 18 genannten Ausschuß ersuchen, den Mitgliedstaaten Vorschläge für gemeinsame Maßnahmen zur Behebung dieser Situation zu unterbreiten, oder die als erforderlich erachteten Revisionen oder Änderungen dieses Übereinkommens beschließen, für deren Inkrafttreten Artikel 16 Absatz 3 gilt.

(2) Dauert die in Absatz 1 beschriebene Situation nach Ablauf von sechs Monaten fort, so kann der Ausschuß denjenigen Mitgliedstaat, der von der Änderung betroffen ist, gemäß Artikel 18 Absatz 2 ermächtigen, die Anwendung der Bestimmungen des Übereinkommens zeitweilig auszusetzen, wobei jedoch die Verwirklichung der Ziele von Artikel 8a des Vertrags zur Gründung der Europäischen Wirtschaftsgemeinschaft nicht beeinträchtigt oder andere internationale Verpflichtungen der Mitgliedstaaten nicht verletzt werden dürfen.

(3) Während der Dauer der Aussetzung nach Absatz 2 führt der Ausschuß seine Beratungen zur Revision des Übereinkommens fort, falls er nicht vorher schon eine Einigung erzielt hat.

Artikel 18

(1) Es wird ein Ausschuß eingesetzt, in den die Regierungen der einzelnen Mitgliedstaaten jeweils einen Vertreter entsenden. Den Vorsitz in diesem Ausschuß führt der Mitgliedstaat, der den Vorsitz im Rat der Europäischen Gemeinschaften innehat. Die Kommission der Europäischen Gemeinschaften kann an den Beratungen des Ausschusses und der in Absatz 4 bezeichneten Arbeitsgruppen teilnehmen.

(2) Der Ausschuß ist beauftragt, auf Antrag eines oder mehrerer Mitgliedstaaten allgemeine Fragen bezüglich der Anwendung und Auslegung dieses Übereinkommens zu prüfen. Der Ausschuß legt die Maßnahmen nach Artikel 11 Absatz 6 und Artikel 13 Absatz 2 fest und erteilt die Ermächtigung nach Artikel 17 Absatz 2. Der Ausschuß beschließt Revisionen oder Änderungen dieses Übereinkommens gemäß den Artikeln 16 oder 17.

(3) Der Ausschuß faßt seine Beschlüsse einstimmig, außer im Fall des Artikels 17 Absatz 2, für den es der Stimmenmehrheit von zwei Dritteln seiner Mitglieder bedarf.

(4) Der Ausschuß legt seine Verfahrensregeln fest und kann Arbeitsgruppen einsetzen. Das Generalsekretariat des Rates der Europäischen Gemeinschaften nimmt die Sekretariatsgeschäfte des Ausschusses und der Arbeitsgruppen wahr.

Artikel 19

In bezug auf das Königreich Dänemark finden die Bestimmungen dieses Übereinkommens auf die Färöer und Grönland keine Anwendung, es sei denn, daß das Königreich Dänemark eine anderslautende Erklärung abgibt. Eine solche Erklärung kann jederzeit durch Mitteilung an die Regierung von Irland abgegeben werden; diese unterrichtet die Regierungen der übrigen Mitgliedstaaten.

In bezug auf die Französische Republik gelten die Bestimmungen dieses Übereinkommens nur für das europäische Hoheitsgebiet der Französischen Republik.

In bezug auf das Königreich der Niederlande gelten die Bestimmungen dieses Übereinkommens nur für das Gebiet des Königreichs der Niederlande in Europa.

In bezug auf das Vereinigte Königreich gelten die Bestimmungen dieses Übereinkommens nur für das Vereinigte Königreich Großbritannien und Nordirland. Sie gelten nicht für die europäischen Gebiete, deren Außenbeziehungen des Vereinigte Königreich wahrnimmt, es sei denn, daß das Vereinigte Königreich eine anderslautende Erklärung abgibt. Eine solche Erklärung kann jederzeit durch Mitteilung an die Regierung von Irland abgegeben werden; diese unterrichtet die Regierungen der übrigen Mitgliedstaaten.

Artikel 20

Zu diesem Übereinkommen können keine Vorbehalte eingelegt werden.

Artikel 21

(1) Dieses Übereinkommen steht jedem Staat, der Mitglied der Europäischen Gemeinschaften wird, zum Beitritt offen. Die Beitrittsurkunden werden bei der Regierung von Irland hinterlegt.

(2) Es tritt für jeden Staat, der ihm beitritt, am ersten Tag des dritten Monats nach Hinterlegung seiner Beitrittsurkunde in Kraft.

Artikel 22

(1) Dieses Übereinkommen bedarf der Ratifikation, Annahme oder Genehmigung. Die Ratifikations-, Annahme- oder Genehmigungsurkunden werden bei der Regierung von Irland hinterlegt.

(2) Die Regierung von Irland notifiziert den Regierungen der übrigen Mitgliedstaaten die Hinterlegung der Ratifikations-, Annahme- oder Genehmigungsurkunde.

(3) Dieses Übereinkommen tritt am ersten Tag des dritten Monats nach Hinterlegung der Ratifikations-, Annahme- oder Genehmigungsurkunde des Unterzeichnerstaates, der diese Förmlichkeit zuletzt vornimmt, in Kraft. Der Depositstaat für die Ratifikations-, Annahme- oder Genehmigungsurkunden unterrichtet die Mitgliedstaaten über den Zeitpunkt des Inkrafttretens dieses Übereinkommens.

Protokoll über die Konferenz der für Einwanderung zuständigen Minister der Mitgliedstaaten der Europäischen Gemeinschaften am 15. Juni 1990 in Dublin

Die Minister nahmen Kenntnis von dem Text des Entwurfs eines Übereinkommens über die Bestimmung des zuständigen Staates für die Prüfung eines in einem Mitgliedstaat der Europäischen Gemeinschaften gestellten Asylantrags.

Die Minister nahmen zur Kenntnis, daß

- elf Mitgliedstaaten in der Lage sind, das Übereinkommen zu unterzeichnen;
- der dänische Minister in einer Erklärung darauf hingewiesen hat, daß sein Land sich derzeit nicht in der Lage sehe, das genannte Übereinkommen zu unterzeichnen, daß er jedoch seine Bemühungen fortsetzen werde, damit auch Dänemark dieses Übereinkommen unterzeichnen könne.

Die Minister der elf Mitgliedstaaten beschlossen daher, das Übereinkommen zu unterzeichnen; für den Fall, daß Dänemark seinerseits bis zum 7. Dezember 1990 nicht unterzeichnet hätte, würden die meisten von ihnen ein Übereinkommen unterzeichnen, dessen Vertragsparteien diese Staaten wären.

Die Minister kommen überein, folgende Erklärungen in das Konferenzprotokoll aufzunehmen:

1. Die Vertragsparteien erklären hiermit, daß sie – um sicherzustellen, daß Asylbewerber über angemessene Garantien verfügen – die Möglichkeit offenlassen, die in diesem Übereinkommen vorgesehene Zusammenarbeit auf andere Staaten auszudehnen und diesen zu gestatten, mittels geeigneter Instrumente dieselben Verpflichtungen einzugehen, wie sie in diesem Übereinkommen vorgesehen sind.
2. Die Mitgliedstaaten sind der Auffassung, daß das Übereinkommen in Artikel 15 Absatz 6 einer Ergänzung, wonach nur Daten übermittelt werden dürfen, die in zulässiger Weise und gutgläubig erlangt wurden, nicht bedarf, weil sie dies als selbstverständlich und deshalb als nicht regelungsbedürftig ansehen.
3. Die Mitgliedstaaten kommen überein, dem Ausschuß alljährlich einen Bericht über die von ihnen durchgeführte Kontrolle des angemessenen Gebrauchs der in Artikel 15 genannten Informationen vorzulegen.
4. Die Mitgliedstaaten nehmen zur Kenntnis, daß es im Falle der Unmöglichkeit eines Einvernehmens über die Revision des Übereinkommens gemäß den Bestimmungen des Artikels 17 Absatz 2 nicht ausgeschlossen ist, andere im Völkerrecht vorgesehene Möglichkeiten in Anspruch zu nehmen.
5. Die Mitgliedstaaten sind der Auffassung, daß dieses Abkommen, wenn seine Anwendung auf Veranlassung eines Mitgliedstaats gemäß Artikel 17 ausgesetzt wird, weiterhin zwischen den übrigen Mitgliedstaaten Anwendung findet.
6. Die Mitgliedstaaten sind der Auffassung, daß der Entwurf eines Übereinkommens betreffend die Überschreitung der Außengrenzen der Mitgliedstaaten der Europäischen Gemeinschaften in engem Zusammenhang mit anderen zur Verwirklichung des Artikels 8a des EWG-Vertrags erforderlichen Übereinkünften steht, insbesondere dem Übereinkommen über die Bestimmung des zuständigen Staates für die Prüfung eines in einem Mitgliedstaat der Europäischen Gemeinschaften gestellten Asylantrags. Die Mitgliedstaaten betonen, daß es erforderlich ist, die den genannten Entwurf betreffenden Arbeiten so zu beschleunigen, daß sie vor Ende 1990 abgeschlossen sind. Das Übereinkommen betreffend die Überschreitung der Außengrenzen der Mitgliedstaaten der Europäischen Gemeinschaften sollte so bald wie möglich nach dem vorliegenden Übereinkommen in Kraft treten können.
7. Die Bundesrepublik Deutschland erklärt, daß die Deutsche Demokratische Republik im Verhältnis zur Bundesrepublik Deutschland nicht Ausland ist. Bezug nehmend auf die Erklärung der Regierung der Bundesrepublik Deutschland vom 25. März 1957 zu der Bestimmung des Begriffs „Deutscher Staatsangehöriger" im Anhang zum EWG-Vertrag weist die Bundesrepublik Deutschland darauf hin, daß dieses Übereinkommen auf Deutsche im Sinne der oben angeführten Erklärung nicht anwendbar ist.
8. Die Niederlande gehen von dem Grundsatz aus, daß – da es sich hier um eine Frage handelt, die alle zwölf Länder betrifft – das Genehmigungsverfahren in den Hauptstädten erst beginnt, wenn auch Dänemark das Übereinkommen unterzeichnet hat. Auf jeden Fall werden die Niederlande dieses Verfahren erst einleiten, nachdem Dänemark das Übereinkommen unterzeichnet hat.
9. Die Niederlande erklären zur Bestimmung des Begriffs „Asylantrag", daß sie die Worte „einen Mitgliedstaat um Schutz … ersucht" dahingehend auslegen, daß der Ausländer bei der Stellung seines Asylantrags unter Berufung auf seinen Flüchtlingsstatus darum ersucht, daß ihm in dieser Eigenschaft der Aufenthalt in dem betreffenden Mitgliedstaat gestattet wird.

10. Das Königreich Spanien erklärt, daß, sollte das Vereinigte Königreich gemäß Artikel 19 des Übereinkommens die Ausdehnung der Anwendung des Übereinkommens auf Gibraltar beschließen, diese Anwendung den spanischen Standpunkt in der Kontroverse mit dem Vereinigten Königreich hinsichtlich der Oberhoheit über Gibraltar unberührt läßt.

Die vom Präsidenten und vom Sekretär der Konferenz unterzeichnete Urschrift dieses Protokolls wird zusammen mit dem Übereinkommen bei der Regierung Irlands hinterlegt.

Eine Abschrift dieses Protokolls wird den Unterzeichnerstaaten zugestellt.

Protokoll über die Berichtigung des Übereinkommens über die Bestimmung des zuständigen Staates für die Prüfung eines in einem Mitgliedstaat der Europäischen Gemeinschaften gestellten Asylantrags

Irland in seiner Eigenschaft als Verwahrer des am 15. Juni 1990 in Dublin unterzeichneten Übereinkommens über die Bestimmung des zuständigen Staates für die Prüfung eines in einem Mitgliedstaat der Europäischen Gemeinschaften gestellten Asylantrags, im folgenden „Übereinkommen" genannt,

in Anbetracht dessen, daß der Text des Übereinkommens, das den Unterzeichnerstaaten am 25. Juli 1991 in beglaubigter Abschrift notifiziert worden ist, in Artikel 12 der spanischen Fassung des Übereinkommens einen Fehler enthält,

nach Unterrichtung der Unterzeichnerstaaten des Übereinkommens über diesen Fehler sowie nach Übermittlung eines Berichtigungsvorschlags, wobei eine Einspruchsfrist zu diesem Vorschlag festgelegt wurde,

in Anbetracht dessen, daß keiner der Vertragsstaaten innerhalb dieser Frist Einspruch erhoben hat,

hat am heutigen Tage die Berichtigung des betreffenden Fehlers, wie nachstehend aufgeführt, in der authentischen spanischen Fassung des Übereinkommens vorgenommen und dieses Protokoll über die Berichtigung erstellt, das den Vertragsstaaten in Abschrift übermittelt wird; der auf diese Weise berichtigte Text ersetzt die fehlerhafte Fassung.

(Es folgt die Zitierung des Art. 12 in der berichtigten spanischen Fassung)

GESCHEHEN zu Dublin am 24. November 1993, in einer Urschrift in dänischer, deutscher, englischer, französischer, griechischer, irischer, italienischer, niederländischer, portugiesischer und spanischer Sprache, wobei jeder Wortlaut gleichermaßen verbindlich ist; sie wird im Archiv der Regierung von Irland hinterlegt, die den übrigen Mitgliedstaaten jeweils eine beglaubigte Abschrift übermittelt.

Die vom Bundespräsidenten unterzeichnete und vom Bundeskanzler gegengezeichnete Beitrittsurkunde wurde am 29. Juli 1997 bei der Regierung von Irland hinterlegt; das Übereinkommen tritt gemäß seinem Art. 21 Abs. 2 für Österreich mit 1. Oktober 1997 in Kraft.

Nach Mitteilungen der Regierung von Irland haben folgende weitere Staaten das Übereinkommen ratifiziert bzw. angenommen oder sind ihm beigetreten: Belgien, Dänemark, Deutschland, Frankreich, Griechenland, Irland, Italien, Luxemburg, Niederlande, Portugal, Schweden, Spanien, Vereinigtes Königreich.

Klima

Anhang 5

Änderung des Bundes-Verfassungsgesetzes, mit dem das Bundes-Verfassungsgesetz geändert wird

BGBl. I Nr. 87/1997

Der Nationalrat hat beschlossen:

Das Bundes-Verfassungsgesetz, zuletzt geändert durch das Bundesgesetz BGBl. I Nr. 64/1997, wird wie folgt geändert:

1. Art. 7 Abs. 1 wird wie folgt ergänzt:
„Niemand darf wegen seiner Behinderung benachteiligt werden. Die Republik (Bund, Länder und Gemeinden) bekennt sich dazu, die Gleichbehandlung von behinderten und nichtbehinderten Menschen in allen Bereichen des täglichen Lebens zu gewährleisten."

2. Art. 69 Abs. 2 und 3 lauten:
„(2) Der Vizekanzler ist zur Vertretung des Bundeskanzlers in dessen gesamtem Wirkungsbereich berufen. Für den Fall der gleichzeitigen Verhinderung des Bundeskanzlers und des Vizekanzlers betraut der Bundespräsident ein Mitglied der Bundesregierung mit der Vertretung. Sind der Bundeskanzler und der Vizekanzler gleichzeitig verhindert, ohne daß ein Vertreter bestellt worden ist, so wird der Bundeskanzler durch das dienstälteste, bei gleichem Dienstalter durch das an Jahren älteste, nicht verhinderte Mitglied der Bundesregierung vertreten.
(3) Die Bundesregierung ist beschlußfähig, wenn mehr als die Hälfte ihrer Mitglieder anwesend ist."

3. Art. 73 Abs. 1 lautet:
„(1) Im Falle der zeitweiligen Verhinderung eines Bundesministers betraut der Bundespräsident auf Vorschlag des Bundeskanzlers im Einvernehmen mit dem zu vertretenden Bundesminister oder, falls dies nicht möglich ist, im Einvernehmen mit dem Vizekanzler einen der Bundesminister, einen dem verhinderten Bundesminister beigegebenen Staatssekretär oder einen leitenden Beamten des betreffenden Bundesministeriums mit der Vertretung. Dieser Vertreter trägt die gleiche Verantwortung wie ein Bundesminister (Art. 76). Ein Aufenthalt in einem anderen Mitgliedstaat der Europäischen Union gilt nicht als Verhinderung."

4. Dem Art. 73 wird folgender Abs. 3 angefügt:
„(3) Ein Mitglied der Bundesregierung, das sich in einem anderen Mitgliedstaat der Europäischen Union aufhält, kann seine Angelegenheiten im Nationalrat oder Bundesrat durch einen ihm beigegebenen Staatssekretär oder einen anderen Bundesminister wahrnehmen lassen. Ein Mitglied der Bundesregierung, das nicht vertreten ist, kann sein Stimmrecht in der Bundesregierung einem anderen Bundesminister übertragen; seine Verantwortlichkeit wird dadurch nicht berührt. Das Stimmrecht kann nur einem Mitglied der Bundesregierung übertragen werden, das nicht bereits mit der Vertretung eines anderen Mitgliedes der Bundesregierung betraut ist und dem nicht schon ein Stimmrecht übertragen worden ist."

5. In Art. 129 entfällt die Wortfolge „in den Ländern".

6. Nach Art. 129b wird folgender Abschnitt eingefügt:

„B. Unabhängiger Bundesasylsenat

Artikel 129c. (1) Durch Bundesgesetz kann ein weiterer unabhängiger Verwaltungssenat als oberste Berufungsbehörde in Asylsachen eingerichtet werden (unabhängiger Bundesasylsenat).

(2) Der unabhängige Bundesasylsenat besteht aus einem Vorsitzenden, einem Stellvertretenden Vorsitzenden und der erforderlichen Zahl von sonstigen Mitgliedern. Die Mitglieder werden vom Bundespräsidenten auf Vorschlag der Bundesregierung ernannt. Die Ernennung ist eine solche auf unbestimmte Dauer.

(3) Die Mitglieder des Senates sind bei Besorgung der ihnen zukommenden Aufgaben an keine Weisungen gebunden. Die Geschäfte sind vom unabhängigen Bundesasylsenat als Kollegium auf die Mitglieder jährlich im voraus zu verteilen; eine nach dieser Einteilung einem Mitglied zufallende Sache darf ihm nur im Falle der Behinderung durch Verfügung des Vorsitzenden abgenommen werden.

(4) Ein Mitglied des unabhängigen Bundesasylsenates kann seines Amtes nur durch die Vollversammlung enthoben werden. Ein Mitglied ist zu entheben, wenn es

1. schriftlich darum ansucht,
2. die österreichische Staatsbürgerschaft verliert,
3. infolge seiner körperlichen oder geistigen Verfassung seinen Aufgaben als Mitglied des Senates nicht erfüllen kann (Amtsunfähigkeit) und die Wiedererlangung der Amtsfähigkeit voraussichtlich ausgeschlossen ist,
4. infolge von Krankheit, Unfall oder Gebrechen länger als ein Jahr vom Dienst abwesend war und amtsunfähig ist oder
5. der Bestimmung des Abs. 5 nicht entspricht.

(5) Die Mitglieder des Senates müssen rechtskundig sein. Sie dürfen während der Ausübung ihres Amtes keine Tätigkeit ausüben, die Zweifel an der unabhängigen Ausübung ihres Amtes hervorrufen könnte.

(6) Art. 89 gilt sinngemäß auch für den unabhängigen Bundesasylsenat.

(7) Die näheren Bestimmungen werden durch Bundesgesetz getroffen. Darin wird insbesondere geregelt, in welchen Angelegenheiten der Senat durch mehrere und in welchen Angelegenheiten er durch einzelne Mitglieder entscheidet."

7. Die bisherigen Abschnitte B und C werden als Abschnitte C und D bezeichnet.

8. Art. 131 Abs. 3 lautet:

„(3) Der Verwaltungsgerichtshof kann die Behandlung einer Beschwerde gegen einen Bescheid eines unabhängigen Verwaltungssenates ablehnen, wenn die Entscheidung nicht von der Lösung einer Rechtsfrage abhängt, der grundsätzliche Bedeutung zukommt, insbesondere weil der unabhängige Verwaltungssenat von der Rechtsprechung des Verwaltungsgerichtshofes abweicht, eine solche Rechtsprechung fehlt oder die zu lösende Rechtsfrage in der bisherigen Rechtsprechung des Verwaltungsgerichtshofes nicht einheitlich beantwortet wird, in Verwaltungsstrafsachen außerdem nur dann, wenn nur eine geringe Geldstrafe verhängt wurde."

9. Art. 148d lautet:

„Artikel 148d. Die Volksanwaltschaft hat dem Nationalrat und dem Bundesrat jährlich über ihre Tätigkeit zu berichten. Die Mitglieder der Volksanwaltschaft haben das Recht, an den Verhandlungen über die Berichte der Volksanwaltschaft im Nationalrat und im Bundesrat sowie in deren Ausschüssen (Unterausschüssen) teilzunehmen und auf ihr Verlangen jedesmal gehört zu werden. Dieses Recht steht den Mitgliedern der Volksanwaltschaft auch hinsichtlich der Verhandlungen über die die Volksanwaltschaft betreffenden Kapitel des Entwurfes des Bundesfinanzgesetzes im Nationalrat und in seinen Ausschüssen (Unterausschüssen) zu. Näheres bestimmen das Bundesgesetz über die Geschäftsordnung des Nationalrates und die Geschäftsordnung des Bundesrates."

10. Dem Art. 151 wird folgender Abs. 17 angefügt:

„(17) Art. 69 Abs. 2 und 3, Art. 73 Abs. 1, Art. 73 Abs. 3 sowie Art. 148d in der Fassung des Bundesverfassungsgesetzes BGBl. I 87/1997 treten mit 1. September 1997, Art. 129, Abschnitt B des sechsten Hauptstückes, Art. 131 Abs. 3 und die neuen Abschnittsbezeichnungen im sechsten Hauptstück treten mit 1. Jänner 1998 in Kraft."

Klestil

Prammer

Anhang 6

Bundesgesetz über den unabhängigen Bundesasylsenat (UBASG)

BGBl. I Nr. 77/1997

Der Nationalrat hat beschlossen:

1. Abschnitt

Allgemeine Bestimmungen

Einrichtung

§ 1. Der unabhängige Bundesasylsenat wird beim Bundeskanzleramt mit Sitz in Wien errichtet.

2. Abschnitt

Organisation

Zusammensetzung, Ernennung der Mitglieder

§ 2. (1) Der unabhängige Bundesasylsenat besteht aus einem Vorsitzenden, einem Stellvertretenden Vorsitzenden und der erforderlichen Zahl von sonstigen Mitgliedern.

(2) Den Vorsitzenden, den Stellvertretenden Vorsitzenden und die übrigen Mitglieder ernennt der Bundespräsident auf Vorschlag der Bundesregierung nach vorausgegangener allgemeiner Bewerbung.

(3) Dem Vorschlag der Bundesregierung hat eine Ausschreibung zur allgemeinen Bewerbung voranzugehen. Sie ist im Amtsblatt zur Wiener Zeitung kundzumachen. Die Ausschreibung obliegt hinsichtlich des Vorsitzenden und des Stellvertretenden Vorsitzenden dem Bundeskanzler, im übrigen dem Vorsitzenden des Bundesasylsenates.

(4) Die Ernennung der Mitglieder des unabhängigen Bundesasylsenates erfolgt unbefristet.

(5) Zum Mitglied des unabhängigen Bundesasylsenats kann bestellt werden, wer

1. die österreichische Staatsbürgerschaft besitzt und zur Ausübung des Amtes geeignet ist,
2. das rechtswissenschaftliche Studium vollendet hat und
3. über Erfahrung in einem Beruf verfügt, für den die Vollendung der rechtswissenschaftlichen Studien oder eine vergleichbare Ausbildung vorgeschrieben ist. Für Berufsstellungen im Bereich des Asyl-, des Fremden- oder des Ausländerbeschäftigungsrechtes muß diese Erfahrung mindestens zwei Jahre, für sonstige Berufsstellungen mindestens vier Jahre gedauert haben.

Unvereinbarkeit

§ 3. (1) Mitglieder der Bundesregierung oder einer Landesregierung, Staatssekretäre, der Präsident des Rechnungshofes, Mitglieder der Volksanwaltschaft des Bundes, ein Landesvolksanwalt, Bürgermeister sowie Mitglieder eines allgemeinen Vertretungskörpers dürfen dem unabhängigen Bundesasylsenat nicht angehören. Zum Vorsitzenden oder Stellvertretenden Vorsitzenden des unabhängigen Bundesasylsenates darf überdies nicht bestellt werden, wer in den letzten vier Jahren Mitglied der Bundesregierung oder einer Landesregierung oder Staatssekretär gewesen ist.

(2) Die Mitglieder des unabhängigen Bundesasylsenates dürfen für die Dauer ihres Amtes keine Tätigkeit ausüben, die Zweifel an der unabhängigen Ausübung ihres Amtes hervorrufen könnte. Insbesondere ist die Ausübung einer Tätigkeit unzulässig, die weisungsgebunden zu besorgen ist.

(3) Die Mitglieder dürfen weiters keine Tätigkeit ausüben die

1. sie an der Erfüllung ihrer dienstlichen Aufgaben behindert oder
2. die Vermutung einer Befangenheit hervorruft oder
3. sonstige wesentliche dienstliche Interessen gefährdet.

(4) Die Mitglieder des unabhängigen Bundesasylsenates sind verpflichtet, Tätigkeiten, die sie neben ihrem Amte ausüben, unverzüglich dem Vorsitzenden zur Kenntnis zu bringen.

Unabhängigkeit, Ende des Amtes

§ 4. (1) Die Mitglieder des unabhängigen Bundesasylsenates sind bei der Besorgung aller ihrer nach § 38 AsylG zukommenden Tätigkeiten weisungsfrei und unabhängig.

(2) Das Amt eines Mitgliedes des unabhängigen Bundesasylsenates endet

1. durch Versetzung oder Übertritt in den Ruhestand oder
2. mit Ende des öffentlich-rechtlichen Dienstverhältnisses oder
3. mit der Enthebung vom Amt.

(3) Ein Mitglied darf nur durch Beschluß der Vollversammlung eines Amtes enthoben werden. Ein Mitglied ist zu entheben, wenn

1. ihm über sein Ansuchen die Verwendung bei einer anderen Dienststelle des Bundes zugesagt wurde oder
2. sich das Mitglied Verfehlungen von solcher Art oder Schwere zu Schulden kommen ließ, daß die weitere Ausübung des Amtes den Interessen des Amtes abträglich wäre oder
3. das Mitglied die österreichische Staatsbürgerschaft verliert.

(4) Auf das Verfahren der Amtsenthebung nach Abs. 3 Z 2 findet § 13 Abs. 4 Anwendung.

Vollversammlung

§ 5. (1) Der Vorsitzende, der Stellvertretende Vorsitzende und die übrigen Mitglieder bilden die Vollversammlung.

(2) Der Vollversammlung obliegt die Beschlußfassung über

1. die Geschäftsverteilung einschließlich der Bildung der Senate (§ 7),
2. die Geschäftsordnung (§ 11),
3. den Tätigkeitsbericht (§ 12),
4. die Zustimmung zur Heranziehung von Mitgliedern zu den Geschäften der Evidenzstelle (§ 6 Abs. 4),
5. die Amtsenthebung (§ 4).

(3) Beratungen und Abstimmungen in der Vollversammlung sind nicht öffentlich. Die Vollversammlung wird vom Vorsitzenden einberufen und geleitet.

(4) Die Vollversammlung ist beschlußfähig, wenn mindestens die Hälfte aller Mitglieder anwesend ist. Im Falle der Amtsenthebung (§ 4) ist eine Mehrheit von zwei Dritteln, in allen anderen Fällen die einfache Mehrheit für das Zustandekommen des

Beschlusses erforderlich. Eine Stimmenthaltung ist unzulässig. Bei Stimmengleichheit gibt die Stimme des Vorsitzenden den Ausschlag.

(5) Jedes Mitglied ist berechtigt, in der Vollversammlung Anträge zu stellen. Den übrigen Mitgliedern steht es frei, zu diesen Anträgen Gegenanträge und Änderungsanträge zu stellen. Alle Anträge sind zu begründen.

(6) Über die Beratung und Abstimmung ist ein Protokoll zu führen.

Leitung

§ 6. (1) Der Vorsitzende leitet den unabhängigen Bundesasylsenat. Ist er verhindert, so wird er vom Stellvertretenden Vorsitzenden, wenn auch dieser verhindert ist, von dem an Lebensjahren ältesten Mitglied des unabhängigen Bundesasylsenates vertreten. Dies gilt auch dann, wenn die Stelle des Vorsitzenden oder Stellvertretenden Vorsitzenden unbesetzt ist.

(2) Zur Leitung zählt insbesondere die Regelung des Dienstbetriebes und die Dienstaufsicht über das gesamte Personal. Der Vorsitzende kann in der Vollversammlung den Antrag stellen, daß im Rahmen der Geschäftsverteilung dem Stellvertretenden Vorsitzenden auch in Anwesenheit des Vorsitzenden Aufgaben der Leitung übertragen werden.

(3) Dem Vorsitzenden obliegt es auch, bei voller Wahrung der Unabhängigkeit der Mitglieder des unabhängigen Bundesasylsenates auf eine möglichst einheitliche Entscheidungspraxis hinzuwirken. Hiezu hat er eine Evidenzstelle einzurichten, die die Entscheidungen in einer übersichtlichen Art und Weise dokumentiert.

(4) Der Vorsitzende kann die Mitglieder des unabhängigen Bundesasylsenates mit ihrer Zustimmung zu den Geschäften der Evidenzstelle heranziehen, er kann nach Anhörung der Vollversammlung ein Mitglied mit dessen Zustimmung auf Dauer mit der Leitung der Evidenzstelle betrauen.

(5) Bei der Vorlage des Tätigkeitsberichtes (§ 12) hat der Vorsitzende dem Bundeskanzler auch über personelle und sachliche Erfordernisse zu berichten.

Geschäftsverteilung

§ 7. (1) Der unabhängige Bundesasylsenat entscheidet durch Einzelmitglieder. Abweichend davon ist eine Beschwerde einem Senat zuzuweisen, wenn

1. der Vorsitzende dies wegen der Wichtigkeit der Rechtssache verfügt oder
2. wenn das zur Entscheidung zuständige Mitglied der Auffassung ist, daß die Entscheidung ein Abgehen von der bisherigen Rechtsprechung des Bundesasylsenates oder des Verwaltungsgerichtshofes bedeuten würde oder die zu lösende Rechtsfrage in der bisherigen Rechtsprechung nicht einheitlich beantwortet ist.

(2) Vor Ablauf jedes Jahres hat die Vollversammlung für die Dauer des nächsten Jahres

1. die Bildung aus drei Mitgliedern bestehender Senate zu beschließen und deren Vorsitzende und Mitglieder sowie die Ersatzmitglieder zu bestimmen und
2. die Geschäftsverteilung für die Einzelmitglieder vorzunehmen.

(3) Die Vollversammlung hat für den Rest des Jahres die Geschäftsverteilung zu ändern, wenn dies insbesondere wegen Veränderungen im Personalstand oder wegen erhöhter Belastung eines Senates oder einzelner Mitglieder für den ordnungsgemäßen Geschäftsgang notwendig ist.

(4) Wenn die Vollversammlung

1. bis zum Beginn eines Kalenderjahres keine Geschäftsverteilung für dieses Kalenderjahr oder
2. eine notwendige Änderung der Geschäftsverteilung gemäß Abs. 3 nicht innerhalb von sechs Wochen beschlossen hat, hat der Vorsitzende eine vorläufige Geschäftsverteilung zu erlassen. Diese gilt solange, bis sie durch eine von der Voll-

versammlung beschlossene Geschäftsverteilung ersetzt wird. Der Vorsitzende muß spätestens vier Wochen nach Erlassung der Geschäftsverteilung eine Sitzung der Vollversammlung zur Erlassung der dauernden Geschäftsverteilung einberufen.

(5) Die Geschäftsverteilung ist vom Vorsitzenden des unabhängigen Bundesasylsenates zur allgemeinen Einsicht aufzulegen.

Geschäftszuweisung

§ **8.** (1) Der Vorsitzende des unabhängigen Bundesasylsenates weist die anfallenden Rechtssachen den nach der Geschäftsverteilung zuständigen Mitgliedern oder dem zuständigen Senat zu.

(2) Einem Mitglied dürfen Rechtssachen, für die es zuständig ist, nur im Falle seiner Behinderung durch Verfügung des Vorsitzenden des unabhängigen Bundesasylsenates abgenommen werden.

Aufgaben des Vorsitzenden eines Senates und des Berichters eines Senates

§ **9.** (1) Der Vorsitzende des Senates entscheidet, ob eine mündliche Verhandlung anberaumt wird. Er eröffnet, leitet und schließt die mündliche Verhandlung. Er verkündet die Beschlüsse des Senates und unterfertigt die schriftlichen Ausfertigungen.

(2) Dem Berichter kommt die Führung des Verfahrens bis zur Verhandlung zu. Die dabei erforderlichen Verfahrensanordnungen bedürfen keines Senatsbeschlusses. Der Berichter hat den Erledigungsentwurf auszuarbeiten und den Beschlußantrag im Senat zu stellen. Entspricht der Beschluß des Senates dem Antrag des Berichters, so hat der die Entscheidung auszuarbeiten. Beschließt der Senat den Antrag eines anderen Senatsmitgliedes, so obliegt diesem die Ausarbeitung der Entscheidung.

Beratung und Abstimmung

§ **10.** (1) Der Senat ist beschlußfähig, wenn alle Mitglieder anwesend sind.

(2) Die Beratung und die Abstimmung ist nicht öffentlich. Sie wird vom Vorsitzenden des Senates geleitet.

(3) Jedes Mitglied des Senates ist berechtigt, in der Beratung Anträge zu stellen. Den übrigen Mitgliedern steht es frei, zu diesen Anträgen Gegen- und Änderungsanträge zu stellen. Alle Anträge sind zu begründen.

(4) Der Vorsitzende des Senates bestimmt die Reihenfolge, in der über die Reihenfolge der Anträge abgestimmt wird, und die Reihenfolge der Stimmabgabe.

(5) Ein Antrag gilt als angenommen, wenn die Mehrheit der abgegebenen Stimmen auf ihn entfällt. Eine Stimmenthaltung ist unzulässig.

(6) Über die Beratung und Abstimmung ist ein Protokoll zu führen.

Geschäftsordnung

§ **11.** Die näheren Regelungen über die Geschäftsführung des Bundesasylsenates sind in der Geschäftsordnung vorzusehen. Die Geschäftsordnung ist von der Vollversammlung zu beschließen und vom Vorsitzenden zur allgemeinen Einsicht aufzulegen. In der Geschäftsordnung ist auch zu regeln, welches Mitglied im Verfahren vor einem Senat den Umfang und die Höhe der Gebühren für Zeugen und Beteiligte sowie nichtamtliche Sachverständige und nichtamtliche Dolmetscher festzusetzen hat.

(Anmerkung: Zu § 11 letzter Satz UBASG beachte aber §§ 52a, 51b und 53a Abs 2 AVG).

Tätigkeitsbericht

§ **12.** Der unabhängige Bundesasylsenat hat alle zwei Jahre einen Bericht über seine Tätigkeit und die dabei gesammelten Erfahrungen zu verfassen. Der Tätigkeitsbericht ist dem Bundeskanzler zu übermitteln und von ihm dem Nationalrat vorzulegen.

3. Abschnitt

Dienst- und Besoldungsrecht

Allgemeines

§ 13. (1) Durch die Ernennung zum Mitglied des unabhängigen Bundesasylsenates wird ein öffentlich-rechtliches Dienstverhältnis zum Bund begründet, soweit nicht bereits ein solches besteht.

(2) § 4 Abs. 1 Z 4 (Ernennungserfordernisse), die §§ 24 bis 35 (Grundausbildung), § 38 (Versetzung), die §§ 39 bis 41 (Dienstzuteilung und Verwendungsänderung), die §§ 41a bis 41f (Berufungskommission), §§ 138 und 139 (Ausbildungsphase, Verwendungszeiten und Grundausbildung) BDG 1979 finden keine Anwendung.

(3) §§ 91 bis 130 BDG 1979 gelten mit der Maßgabe, daß

1. der Disziplinaranwalt vom Bundeskanzler bestellt wird,
2. die Disziplinarkommisson und der Disziplinarsenat die Vollversammlung des unabhängigen Bundesasylsenates ist und
3. gegen Entscheidungen der Vollversammlung kein ordentliches Rechtsmittel zulässig ist.

(4) Die Funktionsbezeichnung nach § 2 Abs. 1 sind gleichzeitig die entsprechenden Amtstitel.

Dienstaufsicht

§ 14. Soweit das BDG 1979 dem Vorgesetzten oder Dienststellenleiter Aufgaben zuweist, sind sie vom Vorsitzenden des unabhängigen Bundesasylsenates wahrzunehmen. Im übrigen ist der Bundeskanzler Dienstbehörde.

Leistungsfeststellung

§ 15. (1) Die Leistungsfeststellung ist von der Vollversammlung auf Grund des Berichtes des Vorsitzenden des unabhängigen Bundesasylsenates oder auf Antrag des Mitgliedes des unabhängigen Bundesasylsenates mit Bescheid zu treffen.

(2) Die Bestimmungen der §§ 81 bis 86 sowie § 90 BDG 1979 sind anzuwenden.

(3) Gegen die Entscheidung der Vollversammlung ist kein ordentliches Rechtsmittel zulässig.

Besoldung

§ 16. (1) Für die Besoldung der Mitglieder des unabhängigen Bundesasylsenates gelten die Bestimmungen für Beamte des Allgemeinen Verwaltungsdienstes nach dem Gehaltsgesetz 1956, BGBl. Nr. 54.

(2) Es gebührt das Gehalt der Verwendungsgruppe A 1. Hinzu tritt

1. für das Mitglied die jeweilige Zulage der Funktionsgruppe 5,
2. für den Stellvertretenden Vorsitzenden die jeweilige Zulage der Funktionsgruppe 6.

(3) Dem Vorsitzenden gebührt ein Fixgehalt der Funktionsgruppe 7 der Verwendungsgruppe A 1 gemäß § 31 des Gehaltsgesetzes 1956.

(4) Für die Einstufung eines Mitgliedes des unabhängigen Bundesasylsenates in die Gehaltsstufe gelten die Bestimmungen über den Vorrückungsstichtag.

4. Abschnitt

Schlußbestimmungen

Verweisung auf andere Rechtsvorschriften

§ 17. Soweit in diesem Bundesgesetz auf andere Bundesgesetze verwiesen wird, bezieht sich dieser Verweis auf die jeweils geltende Fassung.

Inkrafttreten

§ **18.** (1) Dieses Bundesgesetz tritt mit 1. Jänner 1998 in Kraft.

(2) Die Maßnahmen, die für eine unverzügliche Aufnahme der Tätigkeit des unabhängigen Bundesasylsenates erforderlich sind, dürfen bereits von dem der Kundmachung dieses Bundesgesetzes folgenden Tag an getroffen werden.

Vollziehung

§ **19.** Mit der Vollziehung dieses Bundesgesetzes sind betraut:

1. Hinsichtlich des § 2 Abs. 2 die Bundesregierung und
2. im übrigen der Bundeskanzler.

Klestil

Klima

Anhang 7

Bundesgesetz über die Einreise, den Aufenthalt und die Niederlassung von Fremden (Fremdengesetz 1997 – FrG) BGBl. I Nr. 75/1997

(Auszug)

Verbot der Abschiebung, Zurückschiebung und Zurückweisung

§ 57. (1) Die Zurückweisung, Zurückschiebung oder Abschiebung Fremder in einen Staat ist unzulässig, wenn stichhaltige Gründe für die Annahme bestehen, daß sie Gefahr liefen, dort einer unmenschlichen Behandlung oder Strafe oder der Todesstrafe unterworfen zu werden.

(2) Die Zurückweisung oder Zurückschiebung Fremder in einen Staat ist unzulässig, wenn stichhaltige Gründe für die Annahme bestehen, daß dort ihr Leben oder ihre Freiheit aus Gründen ihrer Rasse, ihrer Religion, ihrer Nationalität, ihrer Zugehörigkeit zu einer bestimmten sozialen Gruppe oder ihrer politischen Ansichten bedroht wäre (Art. 33 Z 1 der Konvention über die Rechtsstellung der Flüchtlinge, BGBl. Nr. 55/1955, in der Fassung des Protokolles über die Rechtsstellung der Flüchtlinge, BGBl. Nr. 78/1974).

(3) Fremde, die sich auf eine der in Abs. 1 oder 2 genannten Gefahren berufen, dürfen erst zurückgewiesen oder zurückgeschoben werden, nachdem sie Gelegenheit hatten, entgegenstehende Gründe darzulegen. In Zweifelsfällen ist die Behörde vor der Zurückweisung vom Sachverhalt in Kenntnis zu setzen.

(4) Die Abschiebung Fremder in einen Staat, in dem sie zwar im Sinne des Abs. 2 jedoch nicht im Sinne des Abs. 1 bedroht sind, ist nur zulässig, wenn sie aus gewichtigen Gründen eine Gefahr für die Sicherheit der Republik darstellen oder wenn sie von einem inländischen Gericht wegen eines besonders schweren Verbrechens rechtskräftig verurteilt worden sind und wegen dieses strafbaren Verhaltens eine Gefahr für die Gemeinschaft bedeuten (Art. 33 Z 2 der Konvention über die Rechtsstellung der Flüchtlinge).

(5) Das Vorliegen der Voraussetzungen gemäß Abs. 4 ist mit Bescheid festzustellen. Dies obliegt in jenen Fällen, in denen ein Asylantrag abgewiesen wird oder in denen Asyl aberkannt wird, den Asylbehörden, sonst der Sicherheitsdirektion.

(6) Die Abschiebung Fremder in einen Staat ist unzulässig, solange der Abschiebung die Empfehlung einer einstweiligen Maßnahme durch die Europäische Kommission für Menschenrechte oder die Empfehlung einer vorläufigen Maßnahme durch den Europäischen Gerichtshof für Menschenrechte entgegensteht.

(7) Erweist sich die Zurückweisung, Zurückschiebung oder Abschiebung Fremder, deren Asylantrag gemäß § 4 des Asylgesetzes 1997 zurückgewiesen worden ist, in den Drittstaat als nicht möglich, so ist hievon das Bundesasylamt unverzüglich in Kenntnis zu setzen.

Feststellung der Unzulässigkeit der Abschiebung in einen bestimmten Staat

§ 75. (1) Auf Antrag eines Fremden hat die Behörde mit Bescheid festzustellen, ob stichhaltige Gründe für die Annahme bestehen, daß dieser Fremde in einem von ihm bezeichneten Staat gemäß § 57 Abs. 1 oder 2 bedroht ist. Dies gilt nicht, insoweit über die Frage der Unzulässigkeit der Abschiebung in einen bestimmten Staat die Entscheidung einer Asylbehörde vorliegt oder diese festgestellt hat, daß für den Fremden in einem Drittstaat Schutz vor Verfolgung besteht.

(2) Der Antrag kann nur während des Verfahrens zur Erlassung einer Ausweisung oder eines Aufenthaltsverbotes eingebracht werden; hierüber ist der Fremde rechtzeitig in Kenntnis zu setzen.

(3) Die Behörde kann in Fällen, in denen die Ermittlung des maßgeblichen Sachverhaltes auf besondere Schwierigkeiten stößt, eine Äußerung des Bundesasylamtes zum Vorliegen einer Bedrohung einholen. Über Berufungen gegen Bescheide, mit denen die Zulässigkeit der Abschiebung in einen bestimmten Staat festgestellt wurde, ist binnen Wochenfrist zu entscheiden, es sei denn, die Anhaltung hätte vorher geendet.

(4) Bis zur rechtskräftigen Entscheidung über den Antrag darf der Fremde in diesen Staat nicht abgeschoben werden. Nach Abschiebung des Fremden in einen anderen Staat ist das Feststellungsverfahren als gegenstandslos einzustellen.

(5) Der Bescheid, mit dem über einen Antrag gemäß Abs. 1 rechtskräftig entschieden wurde, ist auf Antrag oder von Amts wegen abzuändern, wenn sich der maßgebliche Sachverhalt wesentlich geändert hat, sodaß die Entscheidung hinsichtlich dieses Landes anders zu lauten hat. Bis zur rechtskräftigen Entscheidung über einen von dem Fremden eingebrachten Antrag darf dieser in den betroffenen Staat nur abgeschoben werden, wenn der Antrag offensichtlich wegen entschiedener Sache zurückzuweisen ist.

Konventionsreisepässe

§ 83. (1) Konventionsreisepässe sind Flüchtlingen auf Antrag auszustellen, denen in Österreich Asyl gewährt wird.

(2) Konventionsreisepässe können darüberhinaus Flüchtlingen, denen in einem anderen Staat Asyl gewährt wurde, auf Antrag ausgestellt werden, wenn sie kein gültiges Reisedokument besitzen und ohne Umgehung der Grenzkontrolle eingereist sind.

(3) Die Behörde hat bei Ausübung des ihr in Abs. 2 eingeräumten Ermessens einerseits auf die persönlichen Verhältnisse des Antragstellers, andererseits auf sicherheitspolizeiliche Belange sowie auf eine mögliche Beeinträchtigung der Beziehungen der Republik Österreich zu einem anderen Staat Bedacht zu nehmen.

(4) Konventionsreisepässe werden nach dem Muster des Annexes zur Konvention über die Rechtsstellung der Flüchtlinge ausgestellt. Sie umfassen 32 Seiten und dürfen nicht mit Zusatzblättern versehen werden.

(5) Für die Festsetzung der Gültigkeitsdauer und des Geltungsbereiches von Konventionsreisepässen sowie der Gültigkeitsdauer der Rückkehrberechtigung in Konventionsreisepässen gelten die Bestimmungen des Anhanges der Konvention über die Rechtsstellung der Flüchtlinge; im übrigen gelten die §§ 77 bis 82.

Stichwortverzeichnis

Die Angaben verweisen auf die Randzahlen; Hauptfundstellen sind durch **Fettdruck** hervorgehoben.